48

॥ ॐ ॥

श्रीविष्णुपुराण

(सचित्र, हिन्दी-अनुवादसहित)

त्वमेव माता च पिता त्वमेव
त्वमेव बन्धुश्च सखा त्वमेव।
त्वमेव विद्या द्रविणं त्वमेव
त्वमेव सर्वं मम देवदेव॥

अनुवादक

श्रीमुनिलाल गुप्त

सं० २०७४ तिरपनवाँ पुनर्मुद्रण ५,०००

कुल मुद्रण ३,१०,२५०

❖ मूल्य— ₹ [illegible]
([illegible] रुपये)

प्रकाशक एवं मुद्रक—

गीताप्रेस, गोरखपुर—२७३००५

(गोबिन्दभवन-कार्यालय, कोलकाता का संस्थान)

फोन : (०५५१) २३३४७२१, २३३१२५०, २३३३०३०

web : **gitapress.org** e-mail : **booksales@gitapress.org**

गीताप्रेस प्रकाशन gitapressbookshop.in से online खरीदें।

ॐ

निवेदन

अष्टादश महापुराणोंमें श्रीविष्णुपुराणका स्थान बहुत ऊँचा है। इसके रचयिता श्रीपराशरजी हैं। इसमें अन्य विषयोंके साथ भूगोल, ज्योतिष, कर्मकाण्ड, राजवंश और श्रीकृष्ण-चरित्र आदि कई प्रसंगोंका बड़ा ही अनूठा और विशद वर्णन किया गया है। भक्ति और ज्ञानकी प्रशान्त धारा तो इसमें सर्वत्र ही प्रच्छन्नरूपसे बह रही है। यद्यपि यह पुराण विष्णुपरक है तो भी भगवान् शंकरके लिये इसमें कहीं भी अनुदार भाव प्रकट नहीं किया गया। सम्पूर्ण ग्रन्थमें शिवजीका प्रसंग सम्भवतः श्रीकृष्ण-बाणासुर-संग्राममें ही आता है, सो वहाँ स्वयं भगवान् कृष्ण महादेवजीके साथ अपनी अभिन्नता प्रकट करते हुए श्रीमुखसे कहते हैं—

त्वया यदभयं दत्तं तद्दत्तमखिलं मया। मत्तोऽविभिन्नमात्मानं द्रष्टुमर्हसि शङ्कर॥ ४७॥
योऽहं स त्वं जगच्चेदं सदेवासुरमानुषम्। मत्तो नान्यदशेषं यत्तत्त्वं ज्ञातुमिहार्हसि॥ ४८॥
अविद्यामोहितात्मानः पुरुषा भिन्नदर्शिनः। वदन्ति भेदं पश्यन्ति चावयोरन्तरं हर॥ ४९॥

(अंश ५ अध्याय ३३)

हाँ, तृतीय अंशमें मायामोहके प्रसंगमें बौद्ध और जैनियोंके प्रति कुछ कटाक्ष अवश्य किये गये हैं। परन्तु इसका उत्तरदायित्व भी ग्रन्थकारकी अपेक्षा उस प्रसंगको ही अधिक है। वहाँ कर्मकाण्डका प्रसंग है और उक्त दोनों सम्प्रदाय वैदिक कर्मके विरोधी हैं, इसलिये उनके प्रति कुछ व्यंग-वृत्ति हो जाना स्वाभाविक ही है। अस्तु!

आज सर्वान्तर्यामी सर्वेश्वरकी असीम कृपासे मैं इस ग्रन्थरत्नका हिन्दी-अनुवाद पाठकोंके सम्मुख रखनेमें सफल हो सका हूँ—इससे मुझे बड़ा हर्ष हो रहा है। अभीतक हिन्दीमें इसका कोई भी अविकल अनुवाद प्रकाशित नहीं हुआ था। गीताप्रेसने इसे प्रकाशित करनेका उद्योग करके हिन्दी-साहित्यका बड़ा उपकार किया है। संस्कृतमें इसके ऊपर विष्णुचिति और श्रीधरी दो टीकाएँ हैं, जो वेंकटेश्वर स्टीमप्रेस बम्बईसे प्रकाशित हुई हैं। प्रस्तुत अनुवाद भी उन्हींके आधारपर किया गया है; तथा इसमें पूज्यपाद महामहोपाध्याय पं० श्रीपंचाननजी तर्करत्नद्वारा सम्पादित बंगला-अनुवादसे भी अच्छी सहायता ली गयी है। इसके लिये मैं श्रीपण्डितजीका अत्यन्त आभारी हूँ।

अनुवादमें यथासम्भव मूलका ही भावार्थ दिया गया है। जहाँ स्पष्ट करनेके लिये कोई बात ऊपरसे लिखी गयी है वहाँ [ ] ऐसा तथा जहाँ किसी शब्दका भाव व्यक्त करनेके लिये कुछ लिखा गया है वहाँ ( ) ऐसा कोष्ठ दिया गया है।

अन्तमें, जिन चराचरनियन्ता श्रीहरिकी प्रेरणासे मैंने, योग्यता न होते हुए भी, इस ओर बढ़नेका दुःसाहस किया है उनसे क्षमा माँगता हुआ उन लीलामयकी यह लीला उन्हींके चरणकमलोंमें समर्पित करता हूँ।

खुरजा
मार्ग० शु० २ सं० १९९०

विनीत
अनुवादक

॥ श्रीहरिः ॥

विषय-सूची

ॐ

श्रीमन्नारायणाय नमः

श्रीविष्णुपुराण

प्रथम अंश

नारायणं नमस्कृत्य नरं चैव नरोत्तमम्।
देवीं सरस्वतीं व्यासं ततो जयमुदीरयेत्॥

पहला अध्याय

ग्रन्थका उपोद्घात

श्रीसूत उवाच

ॐ पराशरं मुनिवरं कृतपौर्वाह्णिकक्रियम्।
मैत्रेयः परिपप्रच्छ प्रणिपत्याभिवाद्य च॥ १

त्वत्तो हि वेदाध्ययनमधीतमखिलं गुरो।
धर्मशास्त्राणि सर्वाणि तथाङ्गानि यथाक्रमम्॥ २

त्वत्प्रसादान्मुनिश्रेष्ठ मामन्ये नाकृतश्रमम्।
वक्ष्यन्ति सर्वशास्त्रेषु प्रायशो येऽपि विद्विषः॥ ३

सोऽहमिच्छामि धर्मज्ञ श्रोतुं त्वत्तो यथा जगत्।
बभूव भूयश्च यथा महाभाग भविष्यति॥ ४

यन्मयं च जगद्ब्रह्मन्यतश्चैतच्चराचरम्।
लीनमासीद्यथा यत्र लयमेष्यति यत्र च॥ ५

यत्प्रमाणानि भूतानि देवादीनां च सम्भवम्।
समुद्रपर्वतानां च संस्थानं च यथा भुवः॥ ६

सूर्यादीनां च संस्थानं प्रमाणं मुनिसत्तम।
देवादीनां तथा वंशान्मनून्मन्वन्तराणि च॥ ७

कल्पान् कल्पविभागांश्च चातुर्युगविकल्पितान्।
कल्पान्तस्य स्वरूपं च युगधर्मांश्च कृत्स्नशः॥ ८

श्रीसूतजी बोले—मैत्रेयजीने नित्यकर्मोंसे निवृत्त हुए मुनिवर पराशरजीको प्रणाम कर एवं उनके चरण छूकर पूछा—॥ १॥ ''हे गुरुदेव! मैंने आपहीसे सम्पूर्ण वेद, वेदांग और सकल धर्मशास्त्रोंका क्रमशः अध्ययन किया है॥ २॥ हे मुनिश्रेष्ठ! आपकी कृपासे मेरे विपक्षी भी मेरे लिये यह नहीं कह सकेंगे कि 'मैंने सम्पूर्ण शास्त्रोंके अभ्यासमें परिश्रम नहीं किया'॥ ३॥ हे धर्मज्ञ! हे महाभाग! अब मैं आपके मुखारविन्दसे यह सुनना चाहता हूँ कि यह जगत् किस प्रकार उत्पन्न हुआ और आगे भी (दूसरे कल्पके आरम्भमें) कैसे होगा?॥ ४॥ तथा हे ब्रह्मन्! इस संसारका उपादान-कारण क्या है? यह सम्पूर्ण चराचर किससे उत्पन्न हुआ है? यह पहले किसमें लीन था और आगे किसमें लीन हो जायगा?॥ ५॥ इसके अतिरिक्त [आकाश आदि] भूतोंका परिमाण, समुद्र, पर्वत तथा देवता आदिकी उत्पत्ति, पृथिवीका अधिष्ठान और सूर्य आदिका परिमाण तथा उनका आधार, देवता आदिके वंश, मनु, मन्वन्तर, [बार-बार आनेवाले] चारों युगोंमें विभक्त कल्प और कल्पोंके विभाग, प्रलयका स्वरूप, युगोंके

देवर्षिपार्थिवानां च चरितं यन्महामुने।
वेदशाखाप्रणयनं यथावद्व्यासकर्तृकम्॥ ९
धर्मांश्च ब्राह्मणादीनां तथा चाश्रमवासिनाम्।
श्रोतुमिच्छाम्यहं सर्वं त्वत्तो वासिष्ठनन्दन॥ १०
ब्रह्मन्प्रसादप्रवणं कुरुष्व मयि मानसम्।
येनाहमेतज्जानीयां त्वत्प्रसादान्महामुने॥ ११

श्रीपराशर उवाच

साधु मैत्रेय धर्मज्ञ स्मारितोऽस्मि पुरातनम्।
पितुः पिता मे भगवान् वसिष्ठो यदुवाच ह॥ १२
विश्वामित्रप्रयुक्तेन रक्षसा भक्षितः पुरा।
श्रुतस्तातस्ततः क्रोधो मैत्रेयाभून्ममातुलः॥ १३
ततोऽहं रक्षसां सत्रं विनाशाय समारभम्।
भस्मीभूताश्च शतशस्तस्मिन्सत्रे निशाचराः॥ १४
ततः सङ्क्षीयमाणेषु तेषु रक्षस्स्वशेषतः।
मामुवाच महाभागो वसिष्ठो मत्पितामहः॥ १५
अलमत्यन्तकोपेन तात मन्युमिमं जहि।
राक्षसा नापराध्यन्ति पितुस्ते विहितं हि तत्॥ १६
मूढानामेव भवति क्रोधो ज्ञानवतां कुतः।
हन्यते तात कः केन यतः स्वकृतभुक्पुमान्॥ १७
सञ्चितस्यापि महता वत्स क्लेशेन मानवैः।
यशसस्तपसश्चैव क्रोधो नाशकरः परः॥ १८
स्वर्गापवर्गव्यासेधकारणं परमर्षयः।
वर्जयन्ति सदा क्रोधं तात मा तद्वशो भव॥ १९
अलं निशाचरैर्दग्धैर्दीनैरनपकारिभिः।
सत्रं ते विरमत्वेतत्क्षमासारा हि साधवः॥ २०
एवं तातेन तेनाहमनुनीतो महात्मना।
उपसंहृतवान्सत्रं सद्यस्तद्वाक्यगौरवात्॥ २१
ततः प्रीतः स भगवान्वसिष्ठो मुनिसत्तमः।
सम्प्राप्तश्च तदा तत्र पुलस्त्यो ब्रह्मणः सुतः॥ २२
पितामहेन दत्तार्घ्यः कृतासनपरिग्रहः।
मामुवाच महाभागो मैत्रेय पुलहाग्रजः॥ २३

पृथक्-पृथक् सम्पूर्ण धर्म, देवर्षि और राजर्षियोंके चरित्र, श्रीव्यासजीकृत वैदिक शाखाओंकी यथावत् रचना तथा ब्राह्मणादि वर्ण और ब्रह्मचर्यादि आश्रमोंके धर्म—ये सब, हे महामुनि शक्तिनन्दन! मैं आपसे सुनना चाहता हूँ॥ ६—१०॥ हे ब्रह्मन्! आप मेरे प्रति अपना चित्त प्रसादोन्मुख कीजिये जिससे हे महामुने! मैं आपकी कृपासे यह सब जान सकूँ"॥ ११॥

श्रीपराशरजी बोले—"हे धर्मज्ञ मैत्रेय! मेरे पिताजीके पिता श्रीवसिष्ठजीने जिसका वर्णन किया था, उस पूर्व प्रसंगका तुमने मुझे अच्छा स्मरण कराया—[इसके लिये तुम धन्यवादके पात्र हो]॥ १२॥ हे मैत्रेय ! जब मैंने सुना कि पिताजीको विश्वामित्रकी प्रेरणासे राक्षसने खा लिया है, तो मुझको बड़ा भारी क्रोध हुआ॥ १३॥ तब राक्षसोंका ध्वंस करनेके लिये मैंने यज्ञ करना आरम्भ किया। उस यज्ञमें सैकड़ों राक्षस जलकर भस्म हो गये॥ १४॥ इस प्रकार उन राक्षसोंको सर्वथा नष्ट होते देख मेरे महाभाग पितामह वसिष्ठजी मुझसे बोले—॥ १५॥ "हे वत्स! अत्यन्त क्रोध करना ठीक नहीं, अब इसे शान्त करो। राक्षसोंका कुछ भी अपराध नहीं है, तुम्हारे पिताके लिये तो ऐसा ही होना था॥ १६॥ क्रोध तो मूर्खोंको ही हुआ करता है, विचारवानोंको भला कैसे हो सकता है? भैया! भला कौन किसीको मारता है? पुरुष स्वयं ही अपने कियेका फल भोगता है॥ १७॥ हे प्रियवर! यह क्रोध तो मनुष्यके अत्यन्त कष्टसे संचित यश और तपका भी प्रबल नाशक है॥ १८॥ हे तात! इस लोक और परलोक दोनोंको बिगाड़नेवाले इस क्रोधका महर्षिगण सर्वदा त्याग करते हैं, इसलिये तू इसके वशीभूत मत हो॥ १९॥ अब इन बेचारे निरपराध राक्षसोंको दग्ध करनेसे कोई लाभ नहीं; अपने इस यज्ञको समाप्त करो। साधुओंका धन तो सदा क्षमा ही है"॥ २०॥

महात्मा दादाजीके इस प्रकार समझानेपर उनकी बातोंके गौरवका विचार करके मैंने वह यज्ञ समाप्त कर दिया॥ २१॥ इससे मुनिश्रेष्ठ भगवान् वसिष्ठजी बहुत प्रसन्न हुए। उसी समय ब्रह्माजीके पुत्र पुलस्त्यजी वहाँ आये॥ २२॥ हे मैत्रेय! पितामह [वसिष्ठजी]-ने उन्हें अर्घ्य दिया, तब वे महर्षि पुलहके ज्येष्ठ भ्राता महाभाग पुलस्त्यजी आसन ग्रहण करके मुझसे बोले॥ २३॥

पुलस्त्य उवाच

वैरे महति यद्वाक्याद्गुरोरद्याश्रिता क्षमा।
त्वया तस्मात्समस्तानि भवाञ्छास्त्राणि वेत्स्यति॥ २४
सन्ततेर्न ममोच्छेदः क्रुद्धेनापि यतः कृतः।
त्वया तस्मान्महाभाग ददाम्यन्यं महावरम्॥ २५
पुराणसंहिताकर्ता भवान्वत्स भविष्यति।
देवतापारमार्थ्यं च यथावद्वेत्स्यते भवान्॥ २६
प्रवृत्ते च निवृत्ते च कर्मण्यस्तमला मतिः।
मत्प्रसादादसन्दिग्धा तव वत्स भविष्यति॥ २७
ततश्च प्राह भगवान्वसिष्ठो मे पितामहः।
पुलस्त्येन यदुक्तं ते सर्वमेतद्भविष्यति॥ २८
इति पूर्वं वसिष्ठेन पुलस्त्येन च धीमता।
यदुक्तं तत्स्मृतिं याति त्वत्प्रश्नादखिलं मम॥ २९
सोऽहं वदाम्यशेषं ते मैत्रेय परिपृच्छते।
पुराणसंहितां सम्यक् तां निबोध यथातथम्॥ ३०
विष्णोः सकाशादुद्भूतं जगत्तत्रैव च स्थितम्।
स्थितिसंयमकर्ताऽसौ जगतोऽस्य जगच्च सः॥ ३१

पुलस्त्यजी बोले—तुमने, चित्तमें बड़ा वैरभाव रहनेपर भी अपने बड़े-बूढ़े वसिष्ठजीके कहनेसे क्षमा स्वीकार की है, इसलिये तुम सम्पूर्ण शास्त्रोंके ज्ञाता होगे॥ २४॥ हे महाभाग! अत्यन्त क्रोधित होनेपर भी तुमने मेरी सन्तानका सर्वथा मूलोच्छेद नहीं किया; अतः मैं तुम्हें एक और उत्तम वर देता हूँ॥ २५॥ हे वत्स! तुम पुराणसंहिताके वक्ता होगे और देवताओंके यथार्थ स्वरूपको जानोगे॥ २६॥ तथा मेरे प्रसादसे तुम्हारी निर्मल बुद्धि प्रवृत्ति और निवृत्ति (भोग और मोक्ष)-के उत्पन्न करनेवाले कर्मोंमें निःसन्देह हो जायगी॥ २७॥ [पुलस्त्यजीके इस तरह कहनेके अनन्तर] फिर मेरे पितामह भगवान् वसिष्ठजी बोले "पुलस्त्यजीने जो कुछ कहा है, वह सभी सत्य होगा"॥ २८॥

हे मैत्रेय! इस प्रकार पूर्वकालमें बुद्धिमान् वसिष्ठजी और पुलस्त्यजीने जो कुछ कहा था, वह सब तुम्हारे प्रश्नसे मुझे स्मरण हो आया है॥ २९॥ अतः हे मैत्रेय! तुम्हारे पूछनेसे मैं उस सम्पूर्ण पुराणसंहिताको तुम्हें सुनाता हूँ; तुम उसे भली प्रकार ध्यान देकर सुनो॥ ३०॥ यह जगत् विष्णुसे उत्पन्न हुआ है, उन्हींमें स्थित है, वे ही इसकी स्थिति और लयके कर्ता हैं तथा यह जगत् भी वे ही हैं॥ ३१॥

इति श्रीविष्णुपुराणे प्रथमेंऽशे प्रथमोऽध्यायः॥ १॥

दूसरा अध्याय

चौबीस तत्त्वोंके विचारके साथ जगत्के उत्पत्ति-क्रमका वर्णन और विष्णुकी महिमा

श्रीपराशर उवाच

अविकाराय शुद्धाय नित्याय परमात्मने।
सदैकरूपरूपाय विष्णवे सर्वजिष्णवे॥ १
नमो हिरण्यगर्भाय हरये शङ्कराय च।
वासुदेवाय ताराय सर्गस्थित्यन्तकारिणे॥ २
एकानेकस्वरूपाय स्थूलसूक्ष्मात्मने नमः।
अव्यक्तव्यक्तरूपाय विष्णवे मुक्तिहेतवे॥ ३
सर्गस्थितिविनाशानां जगतो यो जगन्मयः।
मूलभूतो नमस्तस्मै विष्णवे परमात्मने॥ ४

श्रीपराशरजी बोले—जो ब्रह्मा, विष्णु और शंकररूपसे जगत्की उत्पत्ति, स्थिति और संहारके कारण हैं तथा अपने भक्तोंको संसार-सागरसे तारनेवाले हैं, उन विकाररहित, शुद्ध, अविनाशी, परमात्मा, सर्वदा एकरस, सर्वविजयी भगवान् वासुदेव विष्णुको नमस्कार है॥ १-२॥ जो एक होकर भी नाना रूपवाले हैं, स्थूल-सूक्ष्ममय हैं, अव्यक्त (कारण) एवं व्यक्त (कार्य) रूप हैं तथा [अपने अनन्य भक्तोंकी] मुक्तिके कारण हैं, [उन श्रीविष्णुभगवान्को नमस्कार है]॥ ३॥ जो विश्वरूप प्रभु विश्वकी उत्पत्ति, स्थिति और संहारके मूल-कारण हैं, उन परमात्मा विष्णुभगवान्को नमस्कार है॥ ४॥

आधारभूतं विश्वस्याप्यणीयांसमणीयसाम्।
प्रणम्य सर्वभूतस्थमच्युतं पुरुषोत्तमम्॥ ५
ज्ञानस्वरूपमत्यन्तनिर्मलं परमार्थतः।
तमेवार्थस्वरूपेण भ्रान्तिदर्शनतः स्थितम्॥ ६
विष्णुं ग्रसिष्णुं विश्वस्य स्थितौ सर्गे तथा प्रभुम्।
प्रणम्य जगतामीशमजमक्षयमव्ययम्॥ ७
कथयामि यथापूर्वं दक्षाद्यैर्मुनिसत्तमैः।
पृष्टः प्रोवाच भगवानब्जयोनिः पितामहः॥ ८
तैश्चोक्तं पुरुकुत्साय भूभुजे नर्मदातटे।
सारस्वताय तेनापि मह्यं सारस्वतेन च॥ ९
परः पराणां परमः परमात्मात्मसंस्थितः।
रूपवर्णादिनिर्देशविशेषणविवर्जितः॥ १०
अपक्षयविनाशाभ्यां परिणामर्धिजन्मभिः।
वर्जितः शक्यते वक्तुं यः सदास्तीति केवलम्॥ ११
सर्वत्रासौ समस्तं च वसत्यत्रेति वै यतः।
ततः स वासुदेवेति विद्वद्भिः परिपठ्यते॥ १२
तद्ब्रह्म परमं नित्यमजमक्षयमव्ययम्।
एकस्वरूपं तु सदा हेयाभावाच्च निर्मलम्॥ १३
तदेव सर्वमेवैतद्व्यक्ताव्यक्तस्वरूपवत्।
तथा पुरुषरूपेण कालरूपेण च स्थितम्॥ १४
परस्य ब्रह्मणो रूपं पुरुषः प्रथमं द्विज।
व्यक्ताव्यक्ते तथैवान्ये रूपे कालस्तथा परम्॥ १५
प्रधानपुरुषव्यक्तकालानां परमं हि यत्।
पश्यन्ति सूरयः शुद्धं तद्विष्णोः परमं पदम्॥ १६
प्रधानपुरुषव्यक्तकालास्तु प्रविभागशः।
रूपाणि स्थितिसर्गान्तव्यक्तिसद्भावहेतवः॥ १७
व्यक्तं विष्णुस्तथाव्यक्तं पुरुषः काल एव च।
क्रीडतो बालकस्येव चेष्टां तस्य निशामय॥ १८
अव्यक्तं कारणं यत्तत्प्रधानमृषिसत्तमैः।
प्रोच्यते प्रकृतिः सूक्ष्मा नित्यं सदसदात्मकम्॥ १९

जो विश्वके अधिष्ठान हैं, अतिसूक्ष्मसे भी सूक्ष्म हैं, सर्व प्राणियोंमें स्थित पुरुषोत्तम और अविनाशी हैं, जो परमार्थतः (वास्तवमें) अति निर्मल ज्ञानस्वरूप हैं, किन्तु अज्ञानवश नाना पदार्थरूपसे प्रतीत होते हैं, तथा जो [कालस्वरूपसे] जगत्की उत्पत्ति और स्थितिमें समर्थ एवं उसका संहार करनेवाले हैं, उन जगदीश्वर, अजन्मा, अक्षय और अव्यय भगवान् विष्णुको प्रणाम करके तुम्हें वह सारा प्रसंग क्रमशः सुनाता हूँ जो दक्ष आदि मुनिश्रेष्ठोंके पूछनेपर पितामह भगवान् ब्रह्माजीने उनसे कहा था॥ ५—८॥

वह प्रसंग दक्ष आदि मुनियोंने नर्मदा-तटपर राजा पुरुकुत्सको सुनाया था तथा पुरुकुत्सने सारस्वतसे और सारस्वतने मुझसे कहा था॥ ९॥ 'जो पर (प्रकृति)-से भी पर, परमश्रेष्ठ, अन्तरात्मामें स्थित परमात्मा, रूप, वर्ण, नाम और विशेषण आदिसे रहित है; जिसमें जन्म, वृद्धि, परिणाम, क्षय और नाश—इन छः विकारोंका सर्वथा अभाव है; जिसको सर्वदा केवल 'है' इतना ही कह सकते हैं, तथा जिनके लिये यह प्रसिद्ध है कि 'वे सर्वत्र हैं और उनमें समस्त विश्व बसा हुआ है—इसलिये ही विद्वान् जिसको वासुदेव कहते हैं' वही नित्य, अजन्मा, अक्षय, अव्यय, एकरस और हेय गुणोंके अभावके कारण निर्मल परब्रह्म है॥ १०—१३॥ वही इन सब व्यक्त (कार्य) और अव्यक्त (कारण) जगत्के रूपसे, तथा इसके साक्षी पुरुष और महाकारण कालके रूपसे स्थित है॥ १४॥ हे द्विज! परब्रह्मका प्रथम रूप पुरुष है, अव्यक्त (प्रकृति) और व्यक्त (महदादि) उसके अन्य रूप हैं तथा [सबको क्षोभित करनेवाला होनेसे] काल उसका परमरूप है॥ १५॥

इस प्रकार जो प्रधान, पुरुष, व्यक्त और काल—इन चारोंसे परे है तथा जिसे पण्डितजन ही देख पाते हैं वही भगवान् विष्णुका परमपद है॥ १६॥ प्रधान, पुरुष, व्यक्त और काल—ये [भगवान् विष्णुके] रूप पृथक्-पृथक् संसारकी उत्पत्ति, पालन और संहारके प्रकाश तथा उत्पादनमें कारण हैं॥ १७॥ भगवान् विष्णु जो व्यक्त, अव्यक्त, पुरुष और कालरूपसे स्थित होते हैं, इसे उनकी बालवत् क्रीडा ही समझो॥ १८॥

उनमेंसे अव्यक्त कारणको, जो सदसद्रूप (कारण-शक्तिविशिष्ट) और नित्य (सदा एकरस) है, श्रेष्ठ मुनिजन प्रधान तथा सूक्ष्म प्रकृति कहते हैं॥ १९॥

अक्षय्यं नान्यदाधारममेयमजरं ध्रुवम्।
शब्दस्पर्शविहीनं तद्रूपादिभिरसंहितम्॥ २०
त्रिगुणं तज्जगद्योनिरनादिप्रभवाप्ययम्।
तेनाग्रे सर्वमेवासीद्व्याप्तं वै प्रलयादनु॥ २१
वेदवादविदो विद्वन्नियता ब्रह्मवादिनः।
पठन्ति चैतमेवार्थं प्रधानप्रतिपादकम्॥ २२
नाहो न रात्रिर्न नभो न भूमि-
नासीत्तमोज्योतिरभूच्च नान्यत्।
श्रोत्रादिबुद्ध्यानुपलभ्यमेकं
प्राधानिकं ब्रह्म पुमांस्तदासीत्॥ २३
विष्णोः स्वरूपात्परतो हि ते द्वे
रूपे प्रधानं पुरुषश्च विप्र।
तस्यैव तेऽन्येन धृते वियुक्ते
रूपान्तरं तद्द्विज कालसंज्ञम्॥ २४
प्रकृतौ संस्थितं व्यक्तमतीतप्रलये तु यत्।
तस्मात्प्राकृतसंज्ञोऽयमुच्यते प्रतिसञ्चरः॥ २५
अनादिर्भगवान्कालो नान्तोऽस्य द्विज विद्यते।
अव्युच्छिन्नास्ततस्त्वेते सर्गस्थित्यन्तसंयमाः॥ २६
गुणसाम्ये ततस्तस्मिन्पृथक्पुंसि व्यवस्थिते।
कालस्वरूपं तद्विष्णोर्मैत्रेय परिवर्त्तते॥ २७
ततस्तु तत्परं ब्रह्म परमात्मा जगन्मयः।
सर्वगः सर्वभूतेशः सर्वात्मा परमेश्वरः॥ २८
प्रधानपुरुषौ चापि प्रविश्यात्मेच्छया हरिः।
क्षोभयामास सम्प्राप्ते सर्गकाले व्ययाव्ययौ॥ २९
यथा सन्निधिमात्रेण गन्धः क्षोभाय जायते।
मनसो नोपकर्तृत्वात्तथाऽसौ परमेश्वरः॥ ३०
स एव क्षोभको ब्रह्मन् क्षोभ्यश्च पुरुषोत्तमः।
स सङ्कोचविकासाभ्यां प्रधानत्वेऽपि च स्थितः॥ ३१
विकासाणुस्वरूपैश्च ब्रह्मरूपादिभिस्तथा।
व्यक्तस्वरूपश्च तथा विष्णुः सर्वेश्वरेश्वरः॥ ३२

वह क्षयरहित है, उसका कोई अन्य आधार भी नहीं है तथा अप्रमेय, अजर, निश्चल शब्द-स्पर्शादिशून्य और रूपादिरहित है॥ २०॥ वह त्रिगुणमय और जगत्का कारण है तथा स्वयं अनादि एवं उत्पत्ति और लयसे रहित है। यह सम्पूर्ण प्रपंच प्रलयकालसे लेकर सृष्टिके आदितक उसीसे व्याप्त था॥ २१॥ हे विद्वन्! श्रुतिके मर्मको जाननेवाले, श्रुतिपरायण ब्रह्मवेत्ता महात्मागण इसी अर्थको लक्ष्य करके प्रधानके प्रतिपादक इस (निम्नलिखित) श्लोकको कहा करते हैं—॥ २२॥ 'उस समय (प्रलयकालमें) न दिन था, न रात्रि थी, न आकाश था, न पृथिवी थी, न अन्धकार था, न प्रकाश था और न इनके अतिरिक्त कुछ और ही था। बस, श्रोत्रादि इन्द्रियों और बुद्धि आदिका अविषय एक प्रधान ब्रह्म और पुरुष ही था'॥ २३॥

हे विप्र! विष्णुके परम (उपाधिरहित) स्वरूपसे प्रधान और पुरुष—ये दो रूप हुए; उसी (विष्णु)-के जिस अन्य रूपके द्वारा वे दोनों [सृष्टि और प्रलयकालमें] संयुक्त और वियुक्त होते हैं, उस रूपान्तरका ही नाम 'काल' है॥ २४॥ बीते हुए प्रलयकालमें यह व्यक्त प्रपंच प्रकृतिमें लीन था, इसलिये प्रपंचके इस प्रलयको प्राकृत प्रलय कहते हैं॥ २५॥ हे द्विज! कालरूप भगवान् अनादि हैं, इनका अन्त नहीं है इसलिये संसारकी उत्पत्ति, स्थिति और प्रलय भी कभी नहीं रुकते [वे प्रवाहरूपसे निरन्तर होते रहते हैं]॥ २६॥

हे मैत्रेय! प्रलयकालमें प्रधान (प्रकृति)-के साम्यावस्थामें स्थित हो जानेपर और पुरुषके प्रकृतिसे पृथक् स्थित हो जानेपर विष्णुभगवान्का कालरूप [इन दोनोंको धारण करनेके लिये] प्रवृत्त होता है॥ २७॥ तदनन्तर [सर्गकाल उपस्थित होनेपर] उन परब्रह्म परमात्मा विश्वरूप सर्वव्यापी सर्वभूतेश्वर सर्वात्मा परमेश्वरने अपनी इच्छासे विकारी प्रधान और अविकारी पुरुषमें प्रविष्ट होकर उनको क्षोभित किया॥ २८-२९॥ जिस प्रकार क्रियाशील न होनेपर भी गन्ध अपनी सन्निधिमात्रसे ही मनको क्षुभित कर देता है उसी प्रकार परमेश्वर अपनी सन्निधिमात्रसे ही प्रधान और पुरुषको प्रेरित करते हैं॥ ३०॥ हे ब्रह्मन्! वह पुरुषोत्तम ही इनको क्षोभित करनेवाले हैं और वे ही क्षुब्ध होते हैं तथा संकोच (साम्य) और विकास (क्षोभ) युक्त प्रधानरूपसे भी वे ही स्थित हैं॥ ३१॥ ब्रह्मादि समस्त ईश्वरोंके ईश्वर वे विष्णु ही समष्टि-व्यष्टिरूप, ब्रह्मादि जीवरूप तथा महत्तत्त्वरूपसे स्थित हैं॥ ३२॥

गुणसाम्यात्ततस्तस्मात्क्षेत्रज्ञाधिष्ठितान्मुने।
गुणव्यञ्जनसम्भूतिः सर्गकाले द्विजोत्तम॥ ३३
प्रधानतत्त्वमुद्भूतं महान्तं तत्समावृणोत्।
सात्त्विको राजसश्चैव तामसश्च त्रिधा महान्॥ ३४
प्रधानतत्त्वेन समं त्वचा बीजमिवावृतम्।
वैकारिकस्तैजसश्च भूतादिश्चैव तामसः॥ ३५
त्रिविधोऽयमहङ्कारो महत्तत्त्वादजायत।
भूतेन्द्रियाणां हेतुस्स त्रिगुणत्वान्महामुने।
यथा प्रधानेन महान्महता स तथावृतः॥ ३६
भूतादिस्तु विकुर्वाणः शब्दतन्मात्रकं ततः।
ससर्ज शब्दतन्मात्रादाकाशं शब्दलक्षणम्॥ ३७
शब्दमात्रं तथाकाशं भूतादिः स समावृणोत्।
आकाशस्तु विकुर्वाणः स्पर्शमात्रं ससर्ज ह॥ ३८
बलवानभवद्वायुस्तस्य स्पर्शो गुणो मतः।
आकाशं शब्दमात्रं तु स्पर्शमात्रं समावृणोत्॥ ३९
ततो वायुर्विकुर्वाणो रूपमात्रं ससर्ज ह।
ज्योतिरुत्पद्यते वायोस्तद्रूपगुणमुच्यते॥ ४०
स्पर्शमात्रं तु वै वायू रूपमात्रं समावृणोत्।
ज्योतिश्चापि विकुर्वाणं रसमात्रं ससर्ज ह॥ ४१
सम्भवन्ति ततोऽम्भांसि रसाधाराणि तानि च।
रसमात्राणि चाम्भांसि रूपमात्रं समावृणोत्॥ ४२
विकुर्वाणानि चाम्भांसि गन्धमात्रं ससर्जिरे।
सङ्घतो जायते तस्मात्तस्य गन्धो गुणो मतः॥ ४३
तस्मिंस्तस्मिंस्तु तन्मात्रं तेन तन्मात्रता स्मृता॥ ४४
तन्मात्राण्यविशेषाणि अविशेषास्ततो हि ते॥ ४५
न शान्ता नापि घोरास्ते न मूढाश्चाविशेषिणः।
भूततन्मात्रसर्गोऽयमहङ्कारात्तु तामसात्॥ ४६
तैजसानीन्द्रियाण्याहुर्देवा वैकारिका दश।
एकादशं मनश्चात्र देवा वैकारिकाः स्मृताः॥ ४७

हे द्विजश्रेष्ठ! सर्गकालके प्राप्त होनेपर गुणोंकी साम्यावस्थारूप प्रधान जब विष्णुके क्षेत्रज्ञरूपसे अधिष्ठित हुआ तो उससे महत्तत्त्वकी उत्पत्ति हुई॥ ३३॥ उत्पन्न हुए महान्‌को प्रधानतत्त्वने आवृत किया; महत्तत्त्व सात्त्विक, राजस और तामस भेदसे तीन प्रकारका है। किन्तु जिस प्रकार बीज छिलकेसे समभावसे ढँका रहता है वैसे ही यह त्रिविध महत्तत्त्व प्रधान-तत्त्वसे सब ओर व्याप्त है। फिर त्रिविध महत्तत्त्वसे ही वैकारिक (सात्त्विक) तैजस (राजस) और तामस भूतादि तीन प्रकारका अहंकार उत्पन्न हुआ। हे महामुने! वह त्रिगुणात्मक होनेसे भूत और इन्द्रिय आदिका कारण है और प्रधानसे जैसे महत्तत्त्व व्याप्त है, वैसे ही महत्तत्त्वसे वह (अहंकार) व्याप्त है ॥ ३४—३६॥ भूतादि नामक तामस अहंकारने विकृत होकर शब्द-तन्मात्रा और उससे शब्द-गुणवाले आकाशकी रचना की॥ ३७॥ उस भूतादि तामस अहंकारने शब्द-तन्मात्रारूप आकाशको व्याप्त किया। फिर [शब्द-तन्मात्रारूप] आकाशने विकृत होकर स्पर्श-तन्मात्राको रचा॥ ३८॥ उस (स्पर्श-तन्मात्रा)-से बलवान् वायु हुआ, उसका गुण स्पर्श माना गया है। शब्द-तन्मात्रारूप आकाशने स्पर्श-तन्मात्रावाले वायुको आवृत किया है॥ ३९॥ फिर [स्पर्श-तन्मात्रारूप] वायुने विकृत होकर रूप-तन्मात्राकी सृष्टि की। (रूप-तन्मात्रायुक्त) वायुसे तेज उत्पन्न हुआ है, उसका गुण रूप कहा जाता है॥ ४०॥ स्पर्श-तन्मात्रारूप वायुने रूप-तन्मात्रावाले तेजको आवृत किया। फिर [रूप-तन्मात्रामय] तेजने भी विकृत होकर रस-तन्मात्राकी रचना की॥ ४१॥ उस (रस-तन्मात्रारूप)-से रस-गुणवाला जल हुआ। रस-तन्मात्रावाले जलको रूप-तन्मात्रामय तेजने आवृत किया॥ ४२॥ [रस-तन्मात्रारूप] जलने विकारको प्राप्त होकर गन्ध-तन्मात्राकी सृष्टि की, उससे पृथिवी उत्पन्न हुई है जिसका गुण गन्ध माना जाता है॥ ४३॥ उन-उन आकाशादि भूतोंमें तन्मात्रा है [अर्थात् केवल उनके गुण शब्दादि ही हैं] इसलिये वे तन्मात्रा (गुणरूप) ही कहे गये हैं॥ ४४॥ तन्मात्राओंमें विशेष भाव नहीं है इसलिये उनकी अविशेष संज्ञा है॥ ४५॥ वे अविशेष तन्मात्राएँ शान्त, घोर अथवा मूढ़ नहीं हैं [अर्थात् उनका सुख-दुःख या मोहरूपसे अनुभव नहीं हो सकता] इस प्रकार तामस अहंकारसे यह भूत-तन्मात्रारूप सर्ग हुआ है॥ ४६॥

दस इन्द्रियाँ तैजस अर्थात् राजस अहंकारसे और उनके अधिष्ठाता देवता वैकारिक अर्थात् सात्त्विक अहंकारसे उत्पन्न हुए कहे जाते हैं। इस प्रकार इन्द्रियोंके अधिष्ठाता दस देवता और ग्यारहवाँ मन वैकारिक (सात्त्विक) हैं॥ ४७॥

त्वक् चक्षुर्नासिका जिह्वा श्रोत्रमत्र च पञ्चमम्।
शब्दादीनामवाप्त्यर्थं बुद्धियुक्तानि वै द्विज॥ ४८
पायूपस्थौ करौ पादौ वाक् च मैत्रेय पञ्चमी।
विसर्गशिल्पगत्युक्ति कर्म तेषां च कथ्यते॥ ४९
आकाशवायुतेजांसि सलिलं पृथिवी तथा।
शब्दादिभिर्गुणैर्ब्रह्मन्संयुक्तान्युत्तरोत्तरैः॥ ५०
शान्ता घोराश्च मूढाश्च विशेषास्तेन ते स्मृताः॥ ५१
नानावीर्याः पृथग्भूतास्ततस्ते संहतिं विना।
नाशक्नुवन्प्रजाः स्त्रष्टुमसमागम्य कृत्स्नशः॥ ५२
समेत्यान्योन्यसंयोगं परस्परसमाश्रयाः।
एकसङ्घातलक्ष्याश्च सम्प्राप्यैक्यमशेषतः॥ ५३
पुरुषाधिष्ठितत्वाच्च प्रधानानुग्रहेण च।
महदाद्या विशेषान्ता ह्यण्डमुत्पादयन्ति ते॥ ५४
तत्क्रमेण विवृद्धं सज्जलबुद्बुदवत्समम्।
भूतेभ्योऽण्डं महाबुद्धे महत्तदुदकेशयम्।
प्राकृतं ब्रह्मरूपस्य विष्णोः स्थानमनुत्तमम्॥ ५५
तत्राव्यक्तस्वरूपोऽसौ व्यक्तरूपो जगत्पतिः।
विष्णुर्ब्रह्मस्वरूपेण स्वयमेव व्यवस्थितः॥ ५६
मेरुरुल्बमभूत्तस्य जरायुश्च महीधराः।
गर्भोदकं समुद्राश्च तस्यासन्सुमहात्मनः॥ ५७
साद्रिद्वीपसमुद्राश्च सज्योतिर्लोकसंग्रहः।
तस्मिन्नण्डेऽभवद्विप्र सदेवासुरमानुषः॥ ५८
वारिवह्न्यनिलाकाशैस्ततो भूतादिना बहिः।
वृतं दशगुणैरण्डं भूतादिर्महता तथा॥ ५९
अव्यक्तेनावृतो ब्रह्मंस्तैः सर्वैः सहितो महान्।
एभिरावरणैरण्डं सप्तभिः प्राकृतैर्वृतम्।
नारिकेलफलस्यान्तर्बीजं बाह्यदलैरिव॥ ६०
जुषन् रजो गुणं तत्र स्वयं विश्वेश्वरो हरिः।
ब्रह्मा भूत्वास्य जगतो विसृष्टौ सम्प्रवर्त्तते॥ ६१

हे द्विज! त्वक्, चक्षु, नासिका, जिह्वा और श्रोत्र—ये पाँचों बुद्धिकी सहायतासे शब्दादि विषयोंको ग्रहण करनेवाली पाँच ज्ञानेन्द्रियाँ हैं॥ ४८॥ हे मैत्रेय! पायु (गुदा), उपस्थ (लिंग), हस्त, पाद और वाक्—ये पाँच कर्मेन्द्रियाँ हैं। इनके कर्म [मल-मूत्रका] त्याग, शिल्प, गति और वचन बतलाये जाते हैं॥ ४९॥ आकाश, वायु, तेज, जल और पृथिवी—ये पाँचों भूत उत्तरोत्तर (क्रमशः) शब्द-स्पर्श आदि पाँच गुणोंसे युक्त हैं॥ ५०॥ ये पाँचों भूत शान्त घोर और मूढ हैं [अर्थात् सुख, दुःख और मोहयुक्त हैं] अतः ये विशेष कहलाते हैं*॥ ५१॥

इन भूतोंमें पृथक्-पृथक् नाना शक्तियाँ हैं। अतः वे परस्पर पूर्णतया मिले बिना संसारकी रचना नहीं कर सके॥ ५२॥ इसलिये एक-दूसरेके आश्रय रहनेवाले और एक ही संघातकी उत्पत्तिके लक्ष्यवाले महत्तत्त्वसे लेकर विशेषपर्यन्त प्रकृतिके इन सभी विकारोंने पुरुषसे अधिष्ठित होनेके कारण परस्पर मिलकर सर्वथा एक होकर प्रधान-तत्त्वके अनुग्रहसे अण्डकी उत्पत्ति की॥ ५३-५४॥ हे महाबुद्धे! जलके बुलबुलेके समान क्रमशः भूतोंसे बढ़ा हुआ वह गोलाकार और जलपर स्थित महान् अण्ड ब्रह्म (हिरण्यगर्भ) रूप विष्णुका अति उत्तम प्राकृत आधार हुआ॥ ५५॥ उसमें वे अव्यक्त-स्वरूप जगत्पति विष्णु व्यक्त हिरण्यगर्भरूपसे स्वयं ही विराजमान हुए॥ ५६॥ उन महात्मा हिरण्यगर्भका सुमेरु उल्ब (गर्भको ढँकनेवाली झिल्ली), अन्य पर्वत, जरायु (गर्भाशय) तथा समुद्र गर्भाशयस्थ रस था॥ ५७॥ हे विप्र! उस अण्डमें ही पर्वत और द्वीपादिके सहित समुद्र, ग्रह-गणके सहित सम्पूर्ण लोक तथा देव, असुर और मनुष्य आदि विविध प्राणिवर्ग प्रकट हुए॥ ५८॥ वह अण्ड पूर्व-पूर्वकी अपेक्षा दस-दस-गुण अधिक जल, अग्नि, वायु, आकाश और भूतादि अर्थात् तामस-अहंकारसे आवृत है तथा भूतादि महत्तत्त्वसे घिरा हुआ है॥ ५९॥ और इन सबके सहित वह महत्तत्त्व भी अव्यक्त प्रधानसे आवृत है। इस प्रकार जैसे नारियलके फलका भीतरी बीज बाहरसे कितने ही छिलकोंसे ढँका रहता है वैसे ही यह अण्ड इन सात प्राकृत आवरणोंसे घिरा हुआ है॥ ६०॥

उसमें स्थित हुए स्वयं विश्वेश्वर भगवान् विष्णु ब्रह्मा होकर रजोगुणका आश्रय लेकर इस संसारकी रचनामें प्रवृत्त होते हैं॥ ६१॥

* परस्पर मिलनेसे सभी भूत शान्त, घोर और मूढ प्रतीत होते हैं, पृथक्-पृथक् तो पृथिवी और जल शान्त हैं, तेज और वायु घोर हैं तथा आकाश मूढ है।

सृष्टं च पात्यनुयुगं यावत्कल्पविकल्पना।
सत्त्वभृद्भगवान्विष्णुरप्रमेयपराक्रमः ॥ ६२
तमोद्रेकी च कल्पान्ते रुद्ररूपी जनार्दनः।
मैत्रेयाखिलभूतानि भक्षयत्यतिदारुणः ॥ ६३
भक्षयित्वा च भूतानि जगत्येकार्णवीकृते।
नागपर्यङ्कशयने शेते च परमेश्वरः ॥ ६४
प्रबुद्धश्च पुनः सृष्टिं करोति ब्रह्मरूपधृक् ॥ ६५
सृष्टिस्थित्यन्तकरणीं ब्रह्मविष्णुशिवात्मिकाम्।
स संज्ञां याति भगवानेक एव जनार्दनः ॥ ६६
स्त्रष्टा सृजति चात्मानं विष्णुः पाल्यं च पाति च।
उपसंह्रियते चान्ते संहर्ता च स्वयं प्रभुः ॥ ६७
पृथिव्यापस्तथा तेजो वायुराकाश एव च।
सर्वेन्द्रियान्तःकरणं पुरुषाख्यं हि यज्जगत् ॥ ६८
स एव सर्वभूतात्मा विश्वरूपो यतोऽव्ययः।
सर्गादिकं तु तस्यैव भूतस्थमुपकारकम् ॥ ६९
स एव सृज्यः स च सर्गकर्ता
स एव पात्यत्ति च पाल्यते च।
ब्रह्माद्यवस्थाभिरशेषमूर्ति-
र्विष्णुर्वरिष्ठो वरदो वरेण्यः ॥ ७०

तथा रचना हो जानेपर सत्त्वगुण-विशिष्ट अतुल पराक्रमी भगवान् विष्णु उसका कल्पान्तपर्यन्त युग-युगमें पालन करते हैं॥ ६२॥ हे मैत्रेय! फिर कल्पका अन्त होनेपर अति दारुण तम:प्रधान रुद्ररूप धारण कर वे जनार्दन विष्णु ही समस्त भूतोंका भक्षण कर लेते हैं॥ ६३॥ इस प्रकार समस्त भूतोंका भक्षण कर संसारको जलमय करके वे परमेश्वर शेषशय्यापर शयन करते हैं॥ ६४॥ जगनेपर ब्रह्मारूप होकर वे फिर जगत्‌की रचना करते हैं॥ ६५॥ वह एक ही भगवान् जनार्दन जगत्‌की सृष्टि, स्थिति और संहारके लिये ब्रह्मा, विष्णु और शिव—इन तीन संज्ञाओंको धारण करते हैं॥ ६६॥ वे प्रभु विष्णु स्रष्टा (ब्रह्मा) होकर अपनी ही सृष्टि करते हैं, पालक विष्णु होकर पाल्यरूप अपना ही पालन करते हैं और अन्तमें स्वयं ही संहारक (शिव) तथा स्वयं ही उपसंहृत (लीन) होते हैं॥ ६७॥ पृथिवी, जल, तेज, वायु और आकाश तथा समस्त इन्द्रियाँ और अन्तःकरण आदि जितना जगत् है सब पुरुषरूप है और क्योंकि वह अव्यय विष्णु ही विश्वरूप और सब भूतोंके अन्तरात्मा हैं, इसलिये ब्रह्मादि प्राणियोंमें स्थित सर्गादिक भी उन्हींके उपकारक हैं। [अर्थात् जिस प्रकार ऋत्विजोंद्वारा किया हुआ हवन यजमानका उपकारक होता है, उसी तरह परमात्माके रचे हुए समस्त प्राणियोंद्वारा होनेवाली सृष्टि भी उन्हींकी उपकारक है]॥ ६८-६९॥ वे सर्वस्वरूप, श्रेष्ठ, वरदायक और वरेण्य (प्रार्थनाके योग्य) भगवान् विष्णु ही ब्रह्मा आदि अवस्थाओंद्वारा रचनेवाले हैं, वे ही रचे जाते हैं, वे ही पालते हैं, वे ही पालित होते हैं तथा वे ही संहार करते हैं [और स्वयं ही संहृत होते हैं]॥ ७०॥

इति श्रीविष्णुपुराणे प्रथमेंऽशे द्वितीयोऽध्यायः ॥ २ ॥

तीसरा अध्याय

ब्रह्मादिकी आयु और कालका स्वरूप

श्रीमैत्रेय उवाच

निर्गुणस्याप्रमेयस्य शुद्धस्याप्यमलात्मनः।
कथं सर्गादिकर्तृत्वं ब्रह्मणोऽभ्युपगम्यते॥ १

श्रीमैत्रेयजी बोले—हे भगवन्! जो ब्रह्म निर्गुण, अप्रमेय, शुद्ध और निर्मलात्मा है उसका सर्गादिका कर्ता होना कैसे सिद्ध हो सकता है?॥ १॥

श्रीपराशर उवाच

शक्तयः सर्वभावानामचिन्त्यज्ञानगोचराः।
यतोऽतो ब्रह्मणस्तास्तु सर्गाद्या भावशक्तयः।
भवन्ति तपतां श्रेष्ठ पावकस्य यथोष्णता॥ २
तन्निबोध यथा सर्गे भगवान्सम्प्रवर्त्तते।
नारायणाख्यो भगवान्ब्रह्मा लोकपितामहः॥ ३
उत्पन्नः प्रोच्यते विद्वन्नित्यमेवोपचारतः॥ ४
निजेन तस्य मानेन आयुर्वर्षशतं स्मृतम्।
तत्पराख्यं तदर्द्धं च परार्द्धमभिधीयते॥ ५
कालस्वरूपं विष्णोश्च यन्मयोक्तं तवानघ।
तेन तस्य निबोध त्वं परिमाणोपपादनम्॥ ६
अन्येषां चैव जन्तूनां चराणामचराश्च ये।
भूभूभृत्सागरादीनामशेषाणां च सत्तम॥ ७
काष्ठा पञ्चदशाख्याता निमेषा मुनिसत्तम।
काष्ठा त्रिंशत्कला त्रिंशत्कला मौहूर्तिको विधिः॥ ८
तावत्संख्यैरहोरात्रं मुहूर्त्तैर्मानुषं स्मृतम्।
अहोरात्राणि तावन्ति मासः पक्षद्वयात्मकः॥ ९
तैः षड्भिरयनं वर्षं द्वेऽयने दक्षिणोत्तरे।
अयनं दक्षिणं रात्रिर्देवानामुत्तरं दिनम्॥ १०
दिव्यैर्वर्षसहस्रैस्तु कृतत्रेतादिसंज्ञितम्।
चतुर्युगं द्वादशभिस्तद्विभागं निबोध मे॥ ११
चत्वारि त्रीणि द्वे चैकं कृतादिषु यथाक्रमम्।
दिव्याब्दानां सहस्राणि युगेष्वाहुः पुराविदः॥ १२
तत्प्रमाणैः शतैः सन्ध्या पूर्वा तत्राभिधीयते।
सन्ध्यांशश्चैव तत्तुल्यो युगस्यानन्तरो हि सः॥ १३
सन्ध्यासन्ध्यांशयोरन्तर्यः कालो मुनिसत्तम।
युगाख्यः स तु विज्ञेयः कृतत्रेतादिसंज्ञितः॥ १४
कृतं त्रेता द्वापरश्च कलिश्चैव चतुर्युगम्।
प्रोच्यते तत्सहस्रं च ब्रह्मणो दिवसं मुने॥ १५
ब्रह्मणो दिवसे ब्रह्मन्मनवस्तु चतुर्दश।
भवन्ति परिमाणं च तेषां कालकृतं शृणु॥ १६
सप्तर्षयः सुराः शक्रो मनुस्तत्सूनवो नृपाः।
एककाले हि सृज्यन्ते संह्रियन्ते च पूर्ववत्॥ १७

श्रीपराशरजी बोले—हे तपस्वियोंमें श्रेष्ठ मैत्रेय! समस्त भाव-पदार्थोंकी शक्तियाँ अचिन्त्य-ज्ञानकी विषय होती हैं; [उनमें कोई युक्ति काम नहीं देती] अतः अग्निकी शक्ति उष्णताके समान ब्रह्मकी भी सर्गादि-रचनारूप शक्तियाँ स्वाभाविक हैं॥ २॥ अब जिस प्रकार नारायण नामक लोक-पितामह भगवान् ब्रह्माजी सृष्टिकी रचनामें प्रवृत्त होते हैं सो सुनो। हे विद्वन्! वे सदा उपचारसे ही 'उत्पन्न हुए' कहलाते हैं॥ ३-४॥ उनके अपने परिमाणसे उनकी आयु सौ वर्षकी कही जाती है। उस (सौ वर्ष)-का नाम पर है, उसका आधा परार्द्ध कहलाता है॥ ५॥

हे अनघ! मैंने जो तुमसे विष्णुभगवान्‌का कालस्वरूप कहा था उसीके द्वारा उस ब्रह्माकी तथा और भी जो पृथिवी, पर्वत, समुद्र आदि चराचर जीव हैं उनकी आयुका परिमाण किया जाता है॥ ६-७॥ हे मुनिश्रेष्ठ! पन्द्रह निमेषको काष्ठा कहते हैं, तीस काष्ठाकी एक कला तथा तीस कलाका एक मुहूर्त्त होता है॥ ८॥ तीस मुहूर्त्तका मनुष्यका एक दिन-रात कहा जाता है और उतने ही दिन-रातका दो पक्षयुक्त एक मास होता है॥ ९॥ छः महीनोंका एक अयन और दक्षिणायन तथा उत्तरायण दो अयन मिलकर एक वर्ष होता है। दक्षिणायन देवताओंकी रात्रि है और उत्तरायण दिन॥ १०॥ देवताओंके बारह हजार वर्षोंके सतयुग, त्रेता, द्वापर और कलियुग नामक चार युग होते हैं। उनका अलग-अलग परिमाण मैं तुम्हें सुनाता हूँ॥ ११॥ पुरातत्त्वके जाननेवाले सतयुग आदिका परिमाण क्रमशः चार, तीन, दो और एक हजार दिव्य वर्ष बतलाते हैं॥ १२॥ प्रत्येक युगके पूर्व उतने ही सौ वर्षकी सन्ध्या बतायी जाती है और युगके पीछे उतने ही परिमाणवाले सन्ध्यांश होते हैं [अर्थात् सतयुग आदिके पूर्व क्रमशः चार, तीन, दो और एक सौ दिव्य वर्षकी सन्ध्याएँ और इतने ही वर्षके सन्ध्यांश होते हैं]॥ १३॥ हे मुनिश्रेष्ठ! इन सन्ध्या और सन्ध्यांशोंके बीचका जितना काल होता है, उसे ही सतयुग आदि नामवाले युग जानना चाहिये॥ १४॥

हे मुने! सतयुग, त्रेता, द्वापर और कलि ये मिलकर चतुर्युग कहलाते हैं; ऐसे हजार चतुर्युगका ब्रह्माका एक दिन होता है॥ १५॥ हे ब्रह्मन्! ब्रह्माके एक दिनमें चौदह मनु होते हैं। उनका कालकृत परिमाण सुनो॥ १६॥ सप्तर्षि, देवगण, इन्द्र, मनु और मनुके पुत्र राजालोग [पूर्वकल्पानुसार] एक ही कालमें रचे जाते हैं और एक ही कालमें उनका संहार किया जाता है॥ १७॥

चतुर्युगाणां संख्याता साधिका ह्येकसप्ततिः।
मन्वन्तरं मनोः कालः सुरादीनां च सत्तम॥ १८
अष्टौ शत सहस्राणि दिव्यया संख्यया स्मृतम्।
द्विपञ्चाशत्तथान्यानि सहस्राण्यधिकानि तु॥ १९
त्रिंशत्कोट्यस्तु सम्पूर्णाः संख्याताः संख्यया द्विज।
सप्तषष्टिस्तथान्यानि नियुतानि महामुने॥ २०
विंशतिस्तु सहस्राणि कालोऽयमधिकं विना।
मन्वन्तरस्य सङ्ख्येयं मानुषैर्वत्सरैर्द्विज॥ २१
चतुर्दशगुणो ह्येष कालो ब्राह्ममहः स्मृतम्।
ब्राह्मो नैमित्तिको नाम तस्यान्ते प्रतिसञ्चरः॥ २२
तदा हि दह्यते सर्वं त्रैलोक्यं भूर्भुवादिकम्।
जनं प्रयान्ति तापार्ता महर्लोकनिवासिनः॥ २३
एकार्णवे तु त्रैलोक्ये ब्रह्मा नारायणात्मकः।
भोगिशय्यां गतः शेते त्रैलोक्यग्रासबृंहितः॥ २४
जनस्थैर्योगिभिर्देवश्चिन्त्यमानोऽब्जसम्भवः।
तत्प्रमाणां हि तां रात्रिं तदन्ते सृजते पुनः॥ २५
एवं तु ब्रह्मणो वर्षमेवं वर्षशतं च यत्।
शतं हि तस्य वर्षाणां परमायुर्महात्मनः॥ २६
एकमस्य व्यतीतं तु परार्द्धं ब्रह्मणोऽनघ।
तस्यान्तेऽभून्महाकल्पः पाद्म इत्यभिविश्रुतः॥ २७
द्वितीयस्य परार्द्धस्य वर्तमानस्य वै द्विज।
वाराह इति कल्पोऽयं प्रथमः परिकीर्तितः॥ २८

हे सत्तम! इकहत्तर चतुर्युगसे कुछ अधिक* कालका एक मन्वन्तर होता है। यही मनु और देवता आदिका काल है॥ १८॥ इस प्रकार दिव्य वर्ष-गणनासे एक मन्वन्तरमें आठ लाख बावन हजार वर्ष बताये जाते हैं॥ १९॥ तथा हे महामुने! मानवी वर्ष-गणनाके अनुसार मन्वन्तरका परिमाण पूरे तीस करोड़ सरसठ लाख बीस हजार वर्ष है, इससे अधिक नहीं॥ २०-२१॥ इस कालका चौदह गुना ब्रह्माका दिन होता है, इसके अनन्तर नैमित्तिक नामवाला ब्राह्म-प्रलय होता है॥ २२॥

उस समय भूर्लोक, भुवर्लोक और स्वर्लोक तीनों जलने लगते हैं और महर्लोकमें रहनेवाले सिद्धगण अति सन्तप्त होकर जनलोकको चले जाते हैं॥ २३॥ इस प्रकार त्रिलोकीके जलमय हो जानेपर जनलोकवासी योगियोंद्वारा ध्यान किये जाते हुए नारायणरूप कमलयोनि ब्रह्माजी त्रिलोकीके ग्राससे तृप्त होकर दिनके बराबर ही परिमाणवाली उस रात्रिमें शेषशय्यापर शयन करते हैं और उसके बीत जानेपर पुनः संसारकी सृष्टि करते हैं॥ २४-२५॥ इसी प्रकार (पक्ष, मास आदि) गणनासे ब्रह्माका एक वर्ष और फिर सौ वर्ष होते हैं। ब्रह्माके सौ वर्ष ही उस महात्मा (ब्रह्मा) की परमायु हैं॥ २६॥ हे अनघ! उन ब्रह्माजीका एक परार्द्ध बीत चुका है। उसके अन्तमें पाद्म नामसे विख्यात महाकल्प हुआ था॥ २७॥ हे द्विज! इस समय वर्तमान उनके दूसरे परार्द्धका यह वाराह नामक पहला कल्प कहा गया है॥ २८॥

इति श्रीविष्णुपुराणे प्रथमेंऽशे तृतीयोऽध्यायः॥ ३॥

चौथा अध्याय

ब्रह्माजीकी उत्पत्ति वराहभगवान्‌द्वारा पृथिवीका उद्धार और ब्रह्माजीकी लोक-रचना

श्रीमैत्रेय उवाच

ब्रह्मा नारायणाख्योऽसौ कल्पादौ भगवान्यथा।
ससर्ज सर्वभूतानि तदाचक्ष्व महामुने॥ १

श्रीमैत्रेय बोले—हे महामुने! कल्पके आदिमें नारायणाख्य भगवान् ब्रह्माजीने जिस प्रकार समस्त भूतोंकी रचना की वह आप वर्णन कीजिये॥ १॥

* इकहत्तर चतुर्युगके हिसाबसे चौदह मन्वन्तरोंमें ९९४ चतुर्युग होते हैं और ब्रह्माके एक दिनमें एक हजार चतुर्युग होते हैं, अतः छः चतुर्युग और बचे। छः चतुर्युगका चौदहवाँ भाग कुछ कम पाँच हजार एक सौ तीन दिव्य वर्ष होता है, इस प्रकार एक मन्वन्तरमें इकहत्तर चतुर्युगके अतिरिक्त इतने दिव्य वर्ष और अधिक होते हैं।

श्रीपराशर उवाच

प्रजाः ससर्ज भगवान्ब्रह्मा नारायणात्मकः।
प्रजापतिपतिर्देवो यथा तन्मे निशामय॥ २
अतीतकल्पावसाने निशासुप्तोत्थितः प्रभुः।
सत्त्वोद्रिक्तस्तथा ब्रह्मा शून्यं लोकमवैक्षत॥ ३
नारायणः परोऽचिन्त्यः परेषामपि स प्रभुः।
ब्रह्मस्वरूपी भगवाननादिः सर्वसम्भवः॥ ४
इमं चोदाहरन्त्यत्र श्लोकं नारायणं प्रति।
ब्रह्मस्वरूपिणं देवं जगतः प्रभवाप्ययम्॥ ५
आपो नारा इति प्रोक्ता आपो वै नरसूनवः।
अयनं तस्य ताः पूर्वं तेन नारायणः स्मृतः॥ ६
तोयान्तःस्थां महीं ज्ञात्वा जगत्येकार्णवीकृते।
अनुमानात्तदुद्धारं कर्तुकामः प्रजापतिः॥ ७
अकरोत्स्वतनूमन्यां कल्पादिषु यथा पुरा।
मत्स्यकूर्मादिकां तद्वद्वाराहं वपुरास्थितः॥ ८
वेदयज्ञमयं रूपमशेषजगतः स्थितौ।
स्थितः स्थिरात्मा सर्वात्मा परमात्मा प्रजापतिः॥ ९
जनलोकगतैस्सिद्धैस्सनकाद्यैरभिष्टुतः।
प्रविवेश तदा तोयमात्माधारो धराधरः॥ १०
निरीक्ष्य तं तदा देवी पातालतलमागतम्।
तुष्टाव प्रणता भूत्वा भक्तिनम्रा वसुन्धरा॥ ११

पृथिव्युवाच

नमस्ते पुण्डरीकाक्ष शङ्खचक्रगदाधर।
मामुद्धरास्मादद्य त्वं त्वत्तोऽहं पूर्वमुत्थिता॥ १२
त्वयाहमुद्धृता पूर्वं त्वन्मयाहं जनार्दन।
तथान्यानि च भूतानि गगनादीन्यशेषतः॥ १३
नमस्ते परमात्मात्मन्पुरुषात्मन्नमोऽस्तु ते।
प्रधानव्यक्तभूताय कालभूताय ते नमः॥ १४
त्वं कर्ता सर्वभूतानां त्वं पाता त्वं विनाशकृत्।
सर्गादिषु प्रभो ब्रह्मविष्णुरुद्रात्मरूपधृक्॥ १५
सम्भक्षयित्वा सकलं जगत्येकार्णवीकृते।
शेषे त्वमेव गोविन्द चिन्त्यमानो मनीषिभिः॥ १६

श्रीपराशरजी बोले—प्रजापतियोंके स्वामी नारायणस्वरूप भगवान् ब्रह्माजीने जिस प्रकार प्रजाकी सृष्टि की थी वह मुझसे सुनो॥ २॥ पिछले कल्पका अन्त होनेपर रात्रिमें सोकर उठनेपर सत्त्वगुणके उद्रेकसे युक्त भगवान् ब्रह्माजीने सम्पूर्ण लोकोंको शून्यमय देखा॥ ३॥ वे भगवान् नारायण पर हैं, अचिन्त्य हैं, ब्रह्मा, शिव आदि ईश्वरोंके भी ईश्वर हैं, ब्रह्मस्वरूप हैं, अनादि हैं और सबकी उत्पत्तिके स्थान हैं॥ ४॥ [मनु आदि स्मृतिकार] उन ब्रह्मस्वरूप श्रीनारायणदेवके विषयमें जो इस जगत्की उत्पत्ति और लयके स्थान हैं, यह श्लोक कहते हैं॥ ५॥ नर [अर्थात् पुरुष—भगवान् पुरुषोत्तम]-से उत्पन्न होनेके कारण जलको 'नार' कहते हैं; वह नार (जल) ही उनका प्रथम अयन (निवास-स्थान) है। इसलिये भगवान्को 'नारायण' कहा है॥ ६॥

सम्पूर्ण जगत् जलमय हो रहा था। इसलिये प्रजापति ब्रह्माजीने अनुमानसे पृथिवीको जलके भीतर जान उसे बाहर निकालनेकी इच्छासे एक दूसरा शरीर धारण किया। उन्होंने पूर्व-कल्पोंके आदिमें जैसे मत्स्य, कूर्म आदि रूप धारण किये थे वैसे ही इस वाराह कल्पके आरम्भमें वेदयज्ञमय वाराह शरीर ग्रहण किया और सम्पूर्ण जगत्की स्थितिमें तत्पर हो सबके अन्तरात्मा और अविचल रूप वे परमात्मा प्रजापति ब्रह्माजी, जो पृथिवीको धारण करनेवाले और अपने ही आश्रयसे स्थित हैं, जन-लोकस्थित सनकादि सिद्धेश्वरोंसे स्तुति किये जाते हुए जलमें प्रविष्ट हुए॥ ७—१०॥ तब उन्हें पाताललोकमें आये देख देवी वसुन्धरा अति भक्तिविनम्र हो उनकी स्तुति करने लगी॥ ११॥

पृथिवी बोली—हे शंख, चक्र, गदा, पद्म धारण करनेवाले कमलनयन भगवन्! आपको नमस्कार है। आज आप इस पातालतलसे मेरा उद्धार कीजिये। पूर्वकालमें आपहीसे मैं उत्पन्न हुई थी॥ १२॥ हे जनार्दन! पहले भी आपहीने मेरा उद्धार किया था। और हे प्रभो! मेरे तथा आकाशादि अन्य सब भूतोंके भी आप ही उपादान-कारण हैं॥ १३॥ हे परमात्मस्वरूप! आपको नमस्कार है। हे पुरुषात्मन्! आपको नमस्कार है। हे प्रधान (कारण) और व्यक्त (कार्य) रूप! आपको नमस्कार है। हे कालस्वरूप! आपको बारम्बार नमस्कार है॥ १४॥ हे प्रभो! जगत्की सृष्टि आदिके लिये ब्रह्मा, विष्णु और रुद्ररूप धारण करनेवाले आप ही सम्पूर्ण भूतोंकी उत्पत्ति, पालन और नाश करनेवाले हैं॥ १५॥ और जगत्के एकार्णवरूप (जलमय) हो जानेपर, हे गोविन्द! सबको भक्षणकर अन्तमें आप ही मनीषिजनोंद्वारा चिन्तित होते हुए जलमें शयन करते हैं॥ १६॥

भवतो यत्परं तत्त्वं तन्न जानाति कश्चन।
अवतारेषु यद्रूपं तदर्चन्ति दिवौकसः॥ १७
त्वामाराध्य परं ब्रह्म याता मुक्तिं मुमुक्षवः।
वासुदेवमनाराध्य को मोक्षं समवाप्स्यति॥ १८
यत्किञ्चिन्मनसा ग्राह्यं यद्ग्राह्यं चक्षुरादिभिः।
बुद्ध्या च यत्परिच्छेद्यं तद्रूपमखिलं तव॥ १९
त्वन्मयाहं त्वदाधारा त्वत्सृष्टा त्वत्समाश्रया।
माधवीमिति लोकोऽयमभिधत्ते ततो हि माम्॥ २०
जयाखिलज्ञानमय जय स्थूलमयाव्यय।
जयाऽनन्त जयाव्यक्त जय व्यक्तमय प्रभो॥ २१
परापरात्मन्विश्वात्मञ्जय यज्ञपतेऽनघ।
त्वं यज्ञस्त्वं वषट्कारस्त्वमोङ्कारस्त्वमग्नयः॥ २२
त्वं वेदास्त्वं तदङ्गानि त्वं यज्ञपुरुषो हरे।
सूर्यादयो ग्रहास्तारा नक्षत्राण्यखिलं जगत्॥ २३
मूर्तामूर्तमदृश्यं च दृश्यं च पुरुषोत्तम।
यच्चोक्तं यच्च नैवोक्तं मयात्र परमेश्वर।
तत्सर्वं त्वं नमस्तुभ्यं भूयो भूयो नमो नमः॥ २४

श्रीपराशर उवाच

एवं संस्तूयमानस्तु पृथिव्या धरणीधरः।
सामस्वरध्वनिः श्रीमाञ्जगर्ज परिघर्घरम्॥ २५
ततः समुत्क्षिप्य धरां स्वदंष्ट्रया
महावराहः स्फुटपद्मलोचनः।
रसातलादुत्पलपत्रसन्निभः
समुत्थितो नील इवाचलो महान्॥ २६
उत्तिष्ठता तेन मुखानिलाहतं
तत्सम्भवाम्भो जनलोकसंश्रयान्।
प्रक्षालयामास हि तान्महाद्युतीन्
सनन्दनादीनपकल्मषान् मुनीन्॥ २७
प्रयान्ति तोयानि खुराग्रविक्षत-
रसातलेऽधः कृतशब्दसन्तति।
श्वासानिलास्ताः परितः प्रयान्ति
सिद्धा जने ये नियता वसन्ति॥ २८

हे प्रभो! आपका जो परतत्त्व है उसे तो कोई भी नहीं जानता; अतः आपका जो रूप अवतारोंमें प्रकट होता है उसीकी देवगण पूजा करते हैं॥ १७॥ आप परब्रह्मकी ही आराधना करके मुमुक्षुजन मुक्त होते हैं। भला वासुदेवकी आराधना किये बिना कौन मोक्ष प्राप्त कर सकता है?॥ १८॥ मनसे जो कुछ ग्रहण (संकल्प) किया जाता है, चक्षु आदि इन्द्रियोंसे जो कुछ ग्रहण (विषय) करनेयोग्य है, बुद्धिद्वारा जो कुछ विचारणीय है वह सब आपहीका रूप है॥ १९॥ हे प्रभो! मैं आपहीका रूप हूँ, आपहीके आश्रित हूँ और आपहीके द्वारा रची गयी हूँ तथा आपहीकी शरणमें हूँ। इसीलिये लोकमें मुझे 'माधवी' भी कहते हैं॥ २०॥ हे सम्पूर्ण ज्ञानमय! हे स्थूलमय! हे अव्यय! आपकी जय हो। हे अनन्त! हे अव्यक्त! हे व्यक्तमय प्रभो! आपकी जय हो॥ २१॥ हे परापर-स्वरूप! हे विश्वात्मन्! हे यज्ञपते! हे अनघ! आपकी जय हो। हे प्रभो! आप ही यज्ञ हैं, आप ही वषट्कार हैं, आप ही ओंकार हैं और आप ही (आहवनीयादि) अग्नियाँ हैं॥ २२॥ हे हरे! आप ही वेद, वेदांग और यज्ञपुरुष हैं तथा सूर्य आदि ग्रह, तारे, नक्षत्र और सम्पूर्ण जगत् भी आप ही हैं॥ २३॥ हे पुरुषोत्तम! हे परमेश्वर! मूर्त-अमूर्त, दृश्य-अदृश्य तथा जो कुछ मैंने कहा है और जो नहीं कहा, वह सब आप ही हैं। अतः आपको नमस्कार है, बारम्बार नमस्कार है॥ २४॥

श्रीपराशरजी बोले—पृथिवीद्वारा इस प्रकार स्तुति किये जानेपर सामस्वर ही जिनकी ध्वनि है उन भगवान् धरणीधरने घर्घर शब्दसे गर्जना की॥ २५॥ फिर विकसित कमलके समान नेत्रोंवाले उन महावराहने अपनी डाढ़ोंसे पृथिवीको उठा लिया और वे कमल-दलके समान श्याम तथा नीलाचलके सदृश विशालकाय भगवान् रसातलसे बाहर निकले॥ २६॥ निकलते समय उनके मुखके श्वाससे उछलते हुए जलने जनलोकमें रहनेवाले महातेजस्वी और निष्पाप सनन्दनादि मुनीश्वरोंको भिगो दिया॥ २७॥ जल बड़ा शब्द करता हुआ उनके खुरोंसे विदीर्ण हुए रसातलमें नीचेकी ओर जाने लगा और जनलोकमें रहनेवाले सिद्धगण उनके श्वास-वायुसे विक्षिप्त होकर इधर-उधर भागने लगे॥ २८॥

उत्तिष्ठतस्तस्य जलार्द्रकुक्षे-
महावराहस्य महीं विगृह्य।
विधुन्वतो वेदमयं शरीरं
रोमान्तरस्था मुनयः स्तुवन्ति॥ २९
तं तुष्टुवुस्तोषपरीतचेतसो
लोके जने ये निवसन्ति योगिनः।
सनन्दनाद्या ह्यतिनम्रकन्धरा
धराधरं धीरतरोद्धतेक्षणम्॥ ३०
जयेश्वराणां परमेश केशव
प्रभो गदाशङ्खधरासिचक्रधृक्।
प्रसूतिनाशस्थितिहेतुरीश्वर-
स्त्वमेव नान्यत्परमं च यत्पदम्॥ ३१
पादेषु वेदास्तव यूपदंष्ट्र
दन्तेषु यज्ञाश्चितयश्च वक्त्रे।
हुताशजिह्वोऽसि तनूरुहाणि
दर्भाः प्रभो यज्ञपुमांस्त्वमेव॥ ३२
विलोचने रात्र्यहनी महात्म-
न्सर्वाश्रयं ब्रह्म परं शिरस्ते।
सूक्तान्यशेषाणि सटाकलापो
घ्राणं समस्तानि हवींषि देव॥ ३३
स्रुक्तुण्ड सामस्वरधीरनाद
प्राग्वंशकायाखिलसत्रसन्धे।
पूर्तेष्टधर्मश्रवणोऽसि देव
सनातनात्मन्भगवन्प्रसीद॥ ३४
पदक्रमाक्रान्तभुवं भवन्त-
मादिस्थितं चाक्षर विश्वमूर्ते।
विश्वस्य विद्मः परमेश्वरोऽसि
प्रसीद नाथोऽसि परावरस्य॥ ३५
दंष्ट्राग्रविन्यस्तमशेषमेतद्-
भूमण्डलं नाथ विभाव्यते ते।
विगाहतः पद्मवनं विलग्नं
सरोजिनीपत्रमिवोढपङ्कम्॥ ३६
द्यावापृथिव्योरतुलप्रभाव
यदन्तरं तद्वपुषा तवैव।
व्याप्तं जगद्व्याप्तिसमर्थदीप्ते
हिताय विश्वस्य विभो भव त्वम्॥ ३७

जिनकी कुक्षि जलमें भीगी हुई है वे महावराह जिस समय अपने वेदमय शरीरको कँपाते हुए पृथिवीको लेकर बाहर निकले उस समय उनकी रोमावलीमें स्थित मुनिजन स्तुति करने लगे॥ २९॥ उन निश्शंक और उन्नत दृष्टिवाले धराधर भगवान्‌की जनलोकमें रहनेवाले सनन्दनादि योगीश्वरोंने प्रसन्नचित्तसे अति नम्रतापूर्वक सिर झुकाकर इस प्रकार स्तुति की॥ ३०॥

'हे ब्रह्मादि ईश्वरोंके भी परम ईश्वर! हे केशव! हे शंख-गदाधर! हे खड्ग-चक्रधारी प्रभो! आपकी जय हो। आप ही संसारकी उत्पत्ति, स्थिति और नाशके कारण हैं, तथा आप ही ईश्वर हैं और जिसे परम पद कहते हैं वह भी आपसे अतिरिक्त और कुछ नहीं है॥ ३१॥ हे यूपरूपी डाढ़ोंवाले प्रभो! आप ही यज्ञपुरुष हैं। आपके चरणोंमें चारों वेद हैं, दाँतोंमें यज्ञ हैं, मुखमें [श्येन चित आदि] चितियाँ हैं। हुताशन (यज्ञाग्नि) आपकी जिह्वा है तथा कुशाएँ रोमावलि हैं॥ ३२॥ हे महात्मन्! रात और दिन आपके नेत्र हैं तथा सबका आधारभूत परब्रह्म आपका सिर है। हे देव! वैष्णव आदि समस्त सूक्त आपके सटाकलाप (स्कन्धके रोम-गुच्छ) हैं और समग्र हवि आपके प्राण हैं॥ ३३॥ हे प्रभो! स्रुक् आपका तुण्ड (थूथनी) है, सामस्वर धीर-गम्भीर शब्द है, प्राग्वंश (यजमानगृह) शरीर है तथा सत्र शरीरकी सन्धियाँ हैं। हे देव! इष्ट (श्रौत) और पूर्त (स्मार्त) धर्म आपके कान हैं। हे नित्यस्वरूप भगवन्! प्रसन्न होइये॥ ३४॥ हे अक्षर! हे विश्वमूर्ते! अपने पाद-प्रहारसे भूमण्डलको व्याप्त करनेवाले आपको हम विश्वके आदिकारण समझते हैं। आप सम्पूर्ण चराचर जगत्‌के परमेश्वर और नाथ हैं; अतः प्रसन्न होइये॥ ३५॥ हे नाथ! आपकी डाढ़ोंपर रखा हुआ यह सम्पूर्ण भूमण्डल ऐसा प्रतीत होता है मानो कमलवनको रौंदते हुए गजराजके दाँतोंसे कोई कीचड़में सना हुआ कमलका पत्ता लगा हो॥ ३६॥ हे अनुपम प्रभावशाली प्रभो! पृथिवी और आकाशके बीचमें जितना अन्तर है वह आपके शरीरसे ही व्याप्त है। हे विश्वको व्याप्त करनेमें समर्थ तेजयुक्त प्रभो! आप विश्वका कल्याण कीजिये॥ ३७॥

परमार्थस्त्वमेवैको नान्योऽस्ति जगतः पते।
तवैष महिमा येन व्याप्तमेतच्चराचरम्॥ ३८
यदेतद् दृश्यते मूर्त्तमेतज्ज्ञानात्मनस्तव।
भ्रान्तिज्ञानेन पश्यन्ति जगद्रूपमयोगिनः॥ ३९
ज्ञानस्वरूपमखिलं जगदेतदबुद्धयः।
अर्थस्वरूपं पश्यन्तो भ्राम्यन्ते मोहसम्प्लवे॥ ४०
ये तु ज्ञानविदः शुद्धचेतसस्तेऽखिलं जगत्।
ज्ञानात्मकं प्रपश्यन्ति त्वद्रूपं परमेश्वर॥ ४१
प्रसीद सर्व सर्वात्मन्वासाय जगतामिमाम्।
उद्धरोर्वीममेयात्मञ्छन्नो देह्यब्जलोचन॥ ४२
सत्त्वोद्रिक्तोऽसि भगवन् गोविन्द पृथिवीमिमाम्।
समुद्धर भवायेश शन्नो देह्यब्जलोचन॥ ४३
सर्गप्रवृत्तिर्भवतो जगतामुपकारिणी।
भवत्वेषा नमस्तेऽस्तु शन्नो देह्यब्जलोचन॥ ४४

श्रीपराशर उवाच

एवं संस्तूयमानस्तु परमात्मा महीधरः।
उज्जहार क्षितिं क्षिप्रं न्यस्तवांश्च महाम्भसि॥ ४५
तस्योपरि जलौघस्य महती नौरिव स्थिता।
विततत्वात्तु देहस्य न मही याति सम्प्लवम्॥ ४६
ततः क्षितिं समां कृत्वा पृथिव्यां सोऽचिनोद्गिरीन्।
यथाविभागं भगवाननादिः परमेश्वरः॥ ४७
प्राक्सर्गदग्धानखिलान्पर्वतान्पृथिवीतले।
अमोघेन प्रभावेण ससर्जामोघवाञ्छितः॥ ४८
भूविभागं ततः कृत्वा सप्तद्वीपान्यथातथम्।
भूराद्यांश्चतुरो लोकान्पूर्ववत्समकल्पयत्॥ ४९
ब्रह्मरूपधरो देवस्ततोऽसौ रजसा वृतः।
चकार सृष्टिं भगवांश्चतुर्वक्त्रधरो हरिः॥ ५०
निमित्तमात्रमेवाऽसौ सृज्यानां सर्गकर्मणि।
प्रधानकारणीभूता यतो वै सृज्यशक्तयः॥ ५१
निमित्तमात्रं मुक्त्वैवं नान्यत्किञ्चिदपेक्षते।
नीयते तपतां श्रेष्ठ स्वशक्त्या वस्तु वस्तुताम्॥ ५२

हे जगत्पते! परमार्थ (सत्य वस्तु) तो एकमात्र आप ही हैं, आपके अतिरिक्त और कोई भी नहीं है। यह आपकी ही महिमा (माया) है जिससे यह सम्पूर्ण चराचर जगत् व्याप्त है॥ ३८॥ यह जो कुछ भी मूर्तिमान् जगत् दिखायी देता है ज्ञानस्वरूप आपहीका रूप है। अजितेन्द्रिय लोग भ्रमसे इसे जगत्-रूप देखते हैं॥ ३९॥ इस सम्पूर्ण ज्ञान-स्वरूप जगत्को बुद्धिहीन लोग अर्थरूप देखते हैं, अतः वे निरन्तर मोहमय संसार-सागरमें भटका करते हैं॥ ४०॥ हे परमेश्वर! जो लोग शुद्धचित्त और विज्ञानवेत्ता हैं वे इस सम्पूर्ण संसारको आपका ज्ञानात्मक स्वरूप ही देखते हैं॥ ४१॥ हे सर्व! हे सर्वात्मन्! प्रसन्न होइये। हे अप्रमेयात्मन्! हे कमलनयन! संसारके निवासके लिये पृथिवीका उद्धार करके हमको शान्ति प्रदान कीजिये॥ ४२॥ हे भगवन्! हे गोविन्द! इस समय आप सत्त्वप्रधान हैं; अतः हे ईश! जगत्के उद्भवके लिये आप इस पृथिवीका उद्धार कीजिये और हे कमलनयन! हमको शान्ति प्रदान कीजिये॥ ४३॥ आपके द्वारा यह सर्गकी प्रवृत्ति संसारका उपकार करनेवाली हो। हे कमलनयन! आपको नमस्कार है, आप हमको शान्ति प्रदान कीजिये॥ ४४॥

श्रीपराशरजी बोले—इस प्रकार स्तुति किये जानेपर पृथिवीको धारण करनेवाले परमात्मा वराहजीने उसे शीघ्र ही उठाकर अपार जलके ऊपर स्थापित कर दिया॥ ४५॥ उस जलसमूहके ऊपर वह एक बहुत बड़ी नौकाके समान स्थित है और बहुत विस्तृत आकार होनेके कारण उसमें डूबती नहीं है॥ ४६॥ फिर उन अनादि परमेश्वरने पृथिवीको समतल कर उसपर जहाँ-तहाँ पर्वतोंको विभाग करके स्थापित कर दिया॥ ४७॥ सत्यसंकल्प भगवान्‌ने अपने अमोघ प्रभावसे पूर्वकल्पके अन्तमें दग्ध हुए समस्त पर्वतोंको पृथिवी-तलपर यथास्थान रच दिया॥ ४८॥ तदनन्तर उन्होंने सप्तद्वीपादि-क्रमसे पृथिवीका यथायोग्य विभाग कर भूर्लोकादि चारों लोकोंकी पूर्ववत् कल्पना कर दी॥ ४९॥ फिर उन भगवान् हरिने रजोगुणसे युक्त हो चतुर्मुखधारी ब्रह्मारूप धारण कर सृष्टिकी रचना की॥ ५०॥ सृष्टिकी रचनामें भगवान् तो केवल निमित्तमात्र ही हैं, क्योंकि उसकी प्रधान कारण तो सृज्य पदार्थोंकी शक्तियाँ ही हैं॥ ५१॥ हे तपस्वियोंमें श्रेष्ठ मैत्रेय! वस्तुओंकी रचनामें निमित्तमात्रको छोड़कर और किसी बातकी आवश्यकता भी नहीं है, क्योंकि वस्तु तो अपनी ही [परिणाम] शक्तिसे वस्तुता (स्थूलरूपता) को प्राप्त हो जाती है॥ ५२॥

इति श्रीविष्णुपुराणे प्रथमेंऽशे चतुर्थोऽध्यायः॥ ४॥

पाँचवाँ अध्याय

अविद्यादि विविध सर्गोंका वर्णन

श्रीमैत्रेय उवाच

यथा ससर्ज देवोऽसौ देवर्षिपितृदानवान्।
मनुष्यतिर्यग्वृक्षादीन्भूव्योमसलिलौकसः॥ १
यद्गुणं यत्स्वभावं च यद्रूपं च जगद्द्विज।
सर्गादौ सृष्टवान्ब्रह्मा तन्ममाचक्ष्व कृत्स्नशः॥ २

श्रीपराशर उवाच

मैत्रेय कथयाम्येतच्छृणुष्व सुसमाहितः।
यथा ससर्ज देवोऽसौ देवादीनखिलान्विभुः॥ ३
सृष्टिं चिन्तयतस्तस्य कल्पादिषु यथा पुरा।
अबुद्धिपूर्वकः सर्गः प्रादुर्भूतस्तमोमयः॥ ४
तमो मोहो महामोहस्तामिस्रो ह्यन्धसंज्ञितः।
अविद्या पञ्चपर्वैषा प्रादुर्भूता महात्मनः॥ ५
पञ्चधाऽवस्थितः सर्गो ध्यायतोऽप्रतिबोधवान्।
बहिरन्तोऽप्रकाशश्च संवृतात्मा नगात्मकः॥ ६
मुख्या नगा यतः प्रोक्ता मुख्यसर्गस्ततस्त्वयम्॥ ७
तं दृष्ट्वाऽसाधकं सर्गममन्यदपरं पुनः॥ ८
तस्याभिध्यायतः सर्गस्तिर्यक्स्रोताभ्यवर्त्तत।
यस्मात्तिर्यक्प्रवृत्तिस्स तिर्यक्स्रोतास्ततः स्मृतः॥ ९
पश्वादयस्ते विख्यातास्तमः प्राया ह्यवेदिनः।
उत्पथग्राहिणश्चैव तेऽज्ञाने ज्ञानमानिनः॥ १०
अहङ्कृता अहम्माना अष्टाविंशद्वधात्मकाः।
अन्तः प्रकाशास्ते सर्वे आवृताश्च परस्परम्॥ ११

श्रीमैत्रेयजी बोले—हे द्विजराज! सर्गके आदिमें भगवान् ब्रह्माजीने पृथिवी, आकाश और जल आदिमें रहनेवाले देव, ऋषि, पितृगण, दानव, मनुष्य, तिर्यक् और वृक्षादिको जिस प्रकार रचा तथा जैसे गुण, स्वभाव और रूपवाले जगत्की रचना की वह सब आप मुझसे कहिये॥ १-२॥

श्रीपराशरजी बोले—हे मैत्रेय! भगवान् विभुने जिस प्रकार इस सर्गकी रचना की वह मैं तुमसे कहता हूँ; सावधान होकर सुनो॥ ३॥ सर्गके आदिमें ब्रह्माजीके पूर्ववत् सृष्टिका चिन्तन करनेपर पहले अबुद्धिपूर्वक [अर्थात् पहले-पहल असावधानी हो जानेसे] तमोगुणी सृष्टिका आविर्भाव हुआ॥ ४॥ उस महात्मासे प्रथम तम (अज्ञान), मोह, महामोह (भोगेच्छा), तामिस्र (क्रोध) और अन्धतामिस्र (अभिनिवेश) नामक पंचपर्वा (पाँच प्रकारकी) अविद्या उत्पन्न हुई॥ ५॥ उसके ध्यान करनेपर ज्ञानशून्य, बाहर-भीतरसे तमोमय और जड नगादि (वृक्ष-गुल्म-लता-वीरुत्-तृण) रूप पाँच प्रकारका सर्ग हुआ॥ ६॥ [वराहजीद्वारा सर्वप्रथम स्थापित होनेके कारण] नगादिको मुख्य कहा गया है, इसलिये यह सर्ग भी मुख्य सर्ग कहलाता है॥ ७॥

उस सृष्टिको पुरुषार्थकी असाधिका देखकर उन्होंने फिर अन्य सर्गके लिये ध्यान किया तो तिर्यक्-स्रोत-सृष्टि उत्पन्न हुई। यह सर्ग [वायुके समान] तिरछा चलनेवाला है इसलिये तिर्यक्-स्रोत कहलाता है॥ ८-९॥ ये पशु, पक्षी आदि नामसे प्रसिद्ध हैं—और प्रायः तमोमय (अज्ञानी), विवेकरहित अनुचित मार्गका अवलम्बन करनेवाले और विपरीत ज्ञानको ही यथार्थ ज्ञान माननेवाले होते हैं। ये सब अहंकारी, अभिमानी, अट्ठाईस वधोंसे युक्त* आन्तरिक सुख आदिको ही पूर्णतया समझनेवाले और परस्पर एक-दूसरेकी प्रवृत्तिको न जाननेवाले होते हैं॥ १०-११॥

---

* सांख्य-कारिकामें अट्ठाईस वधोंका वर्णन इस प्रकार किया है—

एकादशेन्द्रियवधाः सह बुद्धिवधैरशक्तिरुद्दिष्टा। सप्तदश वधा बुद्धेर्विपर्ययात्तुष्टिसिद्धीनाम्॥
आध्यात्मिक्यश्चतस्रः प्रकृत्युपादानकालभाग्याख्याः। बाह्या विषयोपरमात् पञ्च च नव तुष्टयोऽभिमताः॥
ऊहः शब्दोऽध्ययनं दुःखविघातास्त्रयः सुहृत्प्राप्तिः। दानश्च सिद्धयोऽष्टौ सिद्धेः पूर्वोऽङ्कुशस्त्रिविधा॥
(४९—५१)

ग्यारह इन्द्रियवध और तुष्टि तथा सिद्धिके विपर्ययसे सत्रह बुद्धि-वध—ये कुल अट्ठाईस वध अशक्ति कहलाते हैं। प्रकृति, उपादान, काल और भाग्य नामक चार आध्यात्मिक और पाँचों ज्ञानेन्द्रियोंके बाह्य विषयोंके निवृत्त हो जानेसे पाँच बाह्य—इस प्रकार

तमप्यसाधकं मत्वा ध्यायतोऽन्यस्ततोऽभवत्।
ऊर्ध्वस्रोतास्तृतीयस्तु सात्त्विकोर्ध्वमवर्त्तत॥ १२
ते सुखप्रीतिबहुला बहिरन्तस्त्वनावृताः।
प्रकाशा बहिरन्तश्च ऊर्ध्वस्रोतोद्भवाः स्मृताः॥ १३
तुष्टात्मनस्तृतीयस्तु देवसर्गस्तु स स्मृतः।
तस्मिन्सर्गेऽभवत्प्रीतिर्निष्पन्ने ब्रह्मणस्तदा॥ १४
ततोऽन्यं स तदा दध्यौ साधकं सर्गमुत्तमम्।
असाधकांस्तु तान् ज्ञात्वा मुख्यसर्गादिसम्भवान्॥ १५
तथाभिध्यायतस्तस्य सत्याभिध्यायिनस्ततः।
प्रादुर्बभूव चाव्यक्तादर्वाक्स्रोतास्तु साधकः॥ १६
यस्मादर्वाग्व्यवर्त्तन्त ततोऽर्वाक्स्रोतसस्तु ते।
ते च प्रकाशबहुलास्तमोद्रिक्ता रजोऽधिकाः॥ १७
तस्मात्ते दुःखबहुला भूयोभूयश्च कारिणः।
प्रकाशा बहिरन्तश्च मनुष्याः साधकास्तु ते॥ १८
इत्येते कथिताः सर्गाः षडत्र मुनिसत्तम।
प्रथमो महतः सर्गो विज्ञेयो ब्रह्मणस्तु सः॥ १९
तन्मात्राणां द्वितीयश्च भूतसर्गो हि स स्मृतः।
वैकारिकस्तृतीयस्तु सर्ग ऐन्द्रियकः स्मृतः॥ २०
इत्येष प्राकृतः सर्गः सम्भूतो बुद्धिपूर्वकः।
मुख्यसर्गश्चतुर्थस्तु मुख्या वै स्थावराः स्मृताः॥ २१

उस सर्गको भी पुरुषार्थका असाधक समझ पुनः चिन्तन करनेपर एक और सर्ग हुआ। वह ऊर्ध्व-स्रोतनामक तीसरा सात्त्विक सर्ग ऊपरके लोकोंमें रहने लगा॥ १२॥ वे ऊर्ध्व-स्रोत सृष्टिमें उत्पन्न हुए प्राणी विषय-सुखके प्रेमी, बाह्य और आन्तरिक दृष्टिसम्पन्न, तथा बाह्य और आन्तरिक ज्ञानयुक्त थे॥ १३॥ यह तीसरा देवसर्ग कहलाता है। इस सर्गके प्रादुर्भूत होनेसे सन्तुष्टचित्त ब्रह्माजीको अति प्रसन्नता हुई॥ १४॥

फिर, इन मुख्य सर्ग आदि तीनों प्रकारकी सृष्टियोंमें उत्पन्न हुए प्राणियोंको पुरुषार्थका असाधक जान उन्होंने एक और उत्तम साधक सर्गके लिये चिन्तन किया॥ १५॥ उन सत्यसंकल्प ब्रह्माजीके इस प्रकार चिन्तन करनेपर अव्यक्त (प्रकृति)-से पुरुषार्थका साधक अर्वाक्स्रोत नामक सर्ग प्रकट हुआ॥ १६॥ इस सर्गके प्राणी नीचे (पृथिवीपर) रहते हैं इसलिये वे 'अर्वाक्स्रोत' कहलाते हैं। उनमें सत्त्व, रज और तम तीनोंहीकी अधिकता होती है॥ १७॥ इसलिये वे दुःखबहुल, अत्यन्त क्रियाशील एवं बाह्य-आभ्यन्तर ज्ञानसे युक्त और साधक हैं। इस सर्गके प्राणी मनुष्य हैं॥ १८॥

हे मुनिश्रेष्ठ! इस प्रकार अबतक तुमसे छः सर्ग कहे। उनमें महत्तत्त्वको ब्रह्माका पहला सर्ग जानना चाहिये॥ १९॥ दूसरा सर्ग तन्मात्राओंका है, जिसे भूतसर्ग भी कहते हैं और तीसरा वैकारिक सर्ग है जो ऐन्द्रियिक (इन्द्रिय-सम्बन्धी) कहलाता है॥ २०॥ इस प्रकार बुद्धिपूर्वक उत्पन्न हुआ यह प्राकृत सर्ग हुआ। चौथा मुख्यसर्ग है। पर्वत-वृक्षादि स्थावर ही मुख्य सर्गके अन्तर्गत हैं॥ २१॥

कुल नौ तुष्टियाँ हैं तथा ऊहा, शब्द, अध्ययन, [आध्यात्मिक, आधिभौतिक और आधिदैविक] तीन दुःखविघात, सुहृत्प्राप्ति और दान—ये आठ सिद्धियाँ हैं। ये [इन्द्रियाशक्ति, तुष्टि, सिद्धिरूप] तीनों वध मुक्तिसे पूर्व विघ्नरूप हैं।

अन्धत्व-वधिरत्वादिसे लेकर पागलपनतक मनसहित ग्यारह इन्द्रियोंकी विपरीत अवस्थाएँ ग्यारह इन्द्रियवध हैं।

आठ प्रकारकी प्रकृतिमेंसे किसीमें चित्तका लय हो जानेसे अपनेको मुक्त मान लेना 'प्रकृति' नामवाली तुष्टि है। संन्याससे ही अपनेको कृतार्थ मान लेना 'उपादान' नामकी तुष्टि है। समय आनेपर स्वयं ही सिद्धि लाभ हो जायगी, ध्यानादि क्लेशकी क्या आवश्यकता है—ऐसा विचार करना 'काल' नामकी तुष्टि है और भाग्योदयसे सिद्धि हो जायगी—ऐसा विचार 'भाग्य' नामकी तुष्टि है। ये चारोंका आत्मासे सम्बन्ध है; अतः ये आध्यात्मिक तुष्टियाँ हैं। पदार्थोंके उपार्जन, रक्षण और व्यय आदिमें दोष देखकर उनसे उपराम हो जाना बाह्य तुष्टियाँ हैं। शब्दादि बाह्य विषय पाँच हैं, इसलिये बाह्य तुष्टियाँ भी पाँच ही हैं। इस प्रकार कुल नौ तुष्टियाँ हैं।

उपदेशकी अपेक्षा न करके स्वयं ही परमार्थका निश्चय कर लेना 'ऊहा' सिद्धि है। प्रसंगवश कहीं कुछ सुनकर उसीसे ज्ञानसिद्धि मान लेना 'शब्द' सिद्धि है। गुरुसे पढ़कर ही वस्तु प्राप्त हो गयी—ऐसा मान लेना 'अध्ययन' सिद्धि है। आध्यात्मिकादि त्रिविध दुःखोंका नाश हो जाना तीन प्रकारकी 'दुःखविघात' सिद्धि है। अभीष्ट पदार्थकी प्राप्ति हो जाना 'सुहृत्प्राप्ति' सिद्धि है। तथा विद्वान् या तपस्वियोंका संग प्राप्त हो जाना 'दान' नामिका सिद्धि है। इस प्रकार ये आठ सिद्धियाँ हैं।

तिर्यक्स्रोतास्तु यः प्रोक्तस्तैर्यग्योन्यः स उच्यते।
तदूर्ध्वस्रोतसां षष्ठो देवसर्गस्तु संस्मृतः॥ २२
ततोऽर्वाक्स्रोतसां सर्गः सप्तमः स तु मानुषः॥ २३
अष्टमोऽनुग्रहः सर्गः सात्त्विकस्तामसश्च सः।
पञ्चैते वैकृताः सर्गाः प्राकृतास्तु त्रयः स्मृताः॥ २४
प्राकृतो वैकृतश्चैव कौमारो नवमः स्मृतः।
इत्येते वै समाख्याता नव सर्गाः प्रजापतेः॥ २५
प्राकृता वैकृताश्चैव जगतो मूलहेतवः।
सृजतो जगदीशस्य किमन्यच्छ्रोतुमिच्छसि॥ २६

श्रीमैत्रेय उवाच

सङ्क्षेपात्कथितः सर्गो देवादीनां मुने त्वया।
विस्तराच्छ्रोतुमिच्छामि त्वत्तो मुनिवरोत्तम॥ २७

श्रीपराशर उवाच

कर्मभिर्भाविताः पूर्वैः कुशलाकुशलैस्तु ताः।
ख्यात्या तया ह्यनिर्मुक्ताः संहारे ह्युपसंहृताः॥ २८
स्थावरान्ताः सुराद्यास्तु प्रजा ब्रह्मंश्चतुर्विधाः।
ब्रह्मणः कुर्वतः सृष्टिं जज्ञिरे मानसास्तु ताः॥ २९
ततो देवासुरपितॄन्मनुष्यांश्च चतुष्टयम्।
सिसृक्षुरम्भांस्येतानि स्वमात्मानमयूयुजत्॥ ३०
युक्तात्मनस्तमोमात्रा ह्युद्रिक्ताऽभूत्प्रजापतेः।
सिसृक्षोर्जघनात्पूर्वमसुरा जज्ञिरे ततः॥ ३१
उत्ससर्ज ततस्तां तु तमोमात्रात्मिकां तनुम्।
सा तु त्यक्ता तनुस्तेन मैत्रेयाभूद्विभावरी॥ ३२
सिसृक्षुरन्यदेहस्थः प्रीतिमाप ततः सुराः।
सत्त्वोद्रिक्ताः समुद्भूता मुखतो ब्रह्मणो द्विज॥ ३३
त्यक्ता सापि तनुस्तेन सत्त्वप्रायमभूद्दिनम्।
ततो हि बलिनो रात्रावसुरा देवता दिवा॥ ३४
सत्त्वमात्रात्मिकामेव ततोऽन्यां जगृहे तनुम्।
पितृवन्मन्यमानस्य पितरस्तस्य जज्ञिरे॥ ३५
उत्ससर्ज ततस्तां तु पितॄन्सृष्ट्वापि स प्रभुः।
सा चोत्सृष्टाभवत्सन्ध्या दिननक्तान्तरस्थिता॥ ३६
रजोमात्रात्मिकामन्यां जगृहे स तनुं ततः।
रजोमात्रोत्कटा जाता मनुष्या द्विजसत्तम॥ ३७

पाँचवाँ जो तिर्यक्स्रोत बतलाया उसे तिर्यक् (कीट-पतंगादि) योनि भी कहते हैं। फिर छठा सर्ग ऊर्ध्व-स्रोताओंका है जो 'देवसर्ग' कहलाता है। उसके पश्चात् सातवाँ सर्ग अर्वाक्-स्रोताओंका है, वह मनुष्य-सर्ग है॥ २२-२३॥ आठवाँ अनुग्रह सर्ग है। वह सात्त्विक और तामसिक है। ये पाँच वैकृत (विकारी) सर्ग हैं और पहले तीन 'प्राकृत सर्ग' कहलाते हैं॥ २४॥ नवाँ कौमार सर्ग है जो प्राकृत और वैकृत भी है। इस प्रकार सृष्टि-रचनामें प्रवृत्त हुए जगदीश्वर प्रजापतिके प्राकृत और वैकृत नामक ये जगत्के मूलभूत नौ सर्ग तुम्हें सुनाये। अब और क्या सुनना चाहते हो?॥ २५-२६॥

श्रीमैत्रेयजी बोले— हे मुने! आपने इन देवादिकोंके सर्गोंका संक्षेपसे वर्णन किया। अब, हे मुनिश्रेष्ठ! मैं इन्हें आपके मुखारविन्दसे विस्तारपूर्वक सुनना चाहता हूँ॥ २७॥

श्रीपराशरजी बोले—हे मैत्रेय! सम्पूर्ण प्रजा अपने पूर्व-शुभाशुभ कर्मोंसे युक्त है; अतः प्रलयकालमें सबका लय होनेपर भी वह उनके संस्कारोंसे मुक्त नहीं होती॥ २८॥ हे ब्रह्मन्! ब्रह्माजीके सृष्टि-कर्ममें प्रवृत्त होनेपर देवताओंसे लेकर स्थावरपर्यन्त चार प्रकारकी सृष्टि हुई। वह केवल मनोमयी थी॥ २९॥

फिर देवता, असुर, पितृगण और मनुष्य—इन चारोंकी तथा जलकी सृष्टि करनेकी इच्छासे उन्होंने अपने शरीरका उपयोग किया॥ ३०॥ सृष्टि-रचनाकी कामनासे प्रजापतिके युक्तचित्त होनेपर तमोगुणकी वृद्धि हुई। अतः सबसे पहले उनकी जंघासे असुर उत्पन्न हुए॥ ३१॥ तब, हे मैत्रेय! उन्होंने उस तमोमय शरीरको छोड़ दिया, वह छोड़ा हुआ तमोमय शरीर ही रात्रि हुआ॥ ३२॥ फिर अन्य देहमें स्थित होनेपर सृष्टिकी कामनावाले उन प्रजापतिको अति प्रसन्नता हुई, और हे द्विज! उनके मुखसे सत्त्वप्रधान देवगण उत्पन्न हुए॥ ३३॥ तदनन्तर उस शरीरको भी उन्होंने त्याग दिया। वह त्यागा हुआ शरीर ही सत्त्वस्वरूप दिन हुआ। इसीलिये रात्रिमें असुर बलवान् होते हैं और दिनमें देवगणोंका बल विशेष होता है॥ ३४॥ फिर उन्होंने आंशिक सत्त्वमय अन्य शरीर ग्रहण किया और अपनेको पितृवत् मानते हुए [अपने पार्श्व-भागसे] पितृगणकी रचना की॥ ३५॥ पितृगणकी रचना कर उन्होंने उस शरीरको भी छोड़ दिया। वह त्यागा हुआ शरीर ही दिन और रात्रिके बीचमें स्थित सन्ध्या हुई॥ ३६॥ तत्पश्चात् उन्होंने आंशिक रजोमय अन्य शरीर धारण किया; हे द्विजश्रेष्ठ! उससे रजः-प्रधान मनुष्य उत्पन्न हुए॥ ३७॥

तामप्याशु स तत्याज तनुं सद्यः प्रजापतिः।
ज्योत्स्ना समभवत्सापि प्राक्सन्ध्या याऽभिधीयते॥ ३८
ज्योत्स्नागमे तु बलिनो मनुष्याः पितरस्तथा।
मैत्रेय सन्ध्यासमये तस्मादेते भवन्ति वै॥ ३९
ज्योत्स्ना रात्र्यहनी सन्ध्या चत्वार्येतानि वै प्रभोः।
ब्रह्मणस्तु शरीराणि त्रिगुणोपाश्रयाणि तु॥ ४०
रजोमात्रात्मिकामेव ततोऽन्यां जगृहे तनुम्।
ततः क्षुद् ब्रह्मणो जाता जज्ञे कामस्तया ततः॥ ४१
क्षुत्क्षामानन्धकारेऽथ सोऽसृजद्भगवांस्ततः।
विरूपाः श्मश्रुला जातास्तेऽभ्यधावंस्ततः प्रभुम्॥ ४२
मैवं भो रक्ष्यतामेष यैरुक्तं राक्षसास्तु ते।
ऊचुः खादाम इत्यन्ये ये ते यक्षास्तु जक्षणात्॥ ४३
अप्रियेण तु तान्दृष्ट्वा केशाः शीर्यन्त वेधसः।
हीनाश्च शिरसो भूयः समारोहन्त तच्छिरः॥ ४४
सर्पणात्तेऽभवन् सर्पा हीनत्वादहयः स्मृताः।
ततः क्रुद्धो जगत्स्रष्टा क्रोधात्मानो विनिर्ममे।
वर्णेन कपिशेनोग्रभूतास्ते पिशिताशनाः॥ ४५
गायतोऽङ्गात्समुत्पन्ना गन्धर्वास्तस्य तत्क्षणात्।
पिबन्तो जज्ञिरे वाचं गन्धर्वास्तेन ते द्विज॥ ४६
एतानि सृष्ट्वा भगवान्ब्रह्मा तच्छक्तिचोदितः।
ततः स्वच्छन्दतोऽन्यानि वयांसि वयसोऽसृजत्॥ ४७
अवयो वक्षसश्चक्रे मुखतोऽजाः स सृष्टवान्।
सृष्टवानुदराद्गाश्च पार्श्वाभ्यां च प्रजापतिः॥ ४८
पद्भ्यां चाश्वान्समातङ्गान्रासभान्गवयान्मृगान्।
उष्ट्रानश्वतरांश्चैव न्यङ्कूनन्याश्च जातयः॥ ४९
ओषध्यः फलमूलिन्यो रोमभ्यस्तस्य जज्ञिरे।
त्रेतायुगमुखे ब्रह्मा कल्पस्यादौ द्विजोत्तम।
सृष्ट्वा पश्वोषधीः सम्यग्युयोज स तदाध्वरे॥ ५०
गौरजः पुरुषो मेषश्चाश्वाश्वतरगर्दभाः।
एतान्ग्राम्यान्पशूनाहुरारण्यांश्च निबोध मे॥ ५१

फिर शीघ्र ही प्रजापतिने उस शरीरको भी त्याग दिया, वही ज्योत्स्ना हुआ, जिसे पूर्व-सन्ध्या अर्थात् प्रातःकाल कहते हैं॥ ३८॥ इसीलिये, हे मैत्रेय! प्रातःकाल होनेपर मनुष्य और सायंकालके समय पितर बलवान् होते हैं॥ ३९॥ इस प्रकार रात्रि, दिन, प्रातःकाल और सायंकाल ये चारों प्रभु ब्रह्माजीके ही शरीर हैं और तीनों गुणोंके आश्रय हैं॥ ४०॥

फिर ब्रह्माजीने एक और रजोमात्रात्मक शरीर धारण किया। उसके द्वारा ब्रह्माजीसे क्षुधा उत्पन्न हुई और क्षुधासे कामकी उत्पत्ति हुई॥ ४१॥ तब भगवान् प्रजापतिने अन्धकारमें स्थित होकर क्षुधाग्रस्त सृष्टिकी रचना की। उसमें बड़े कुरूप और दाढ़ी-मूँछवाले व्यक्ति उत्पन्न हुए। वे स्वयं ब्रह्माजीकी ओर ही [उन्हें भक्षण करनेके लिये] दौड़े॥ ४२॥ उनमेंसे जिन्होंने यह कहा कि 'ऐसा मत करो, इनकी रक्षा करो' वे 'राक्षस' कहलाये और जिन्होंने कहा 'हम खायेंगे' वे खानेकी वासनावाले होनेसे 'यक्ष' कहे गये॥ ४३॥

उनकी इस अनिष्ट प्रवृत्तिको देखकर ब्रह्माजीके केश सिरसे गिर गये और फिर पुनः उनके मस्तकपर आरूढ़ हुए। इस प्रकार ऊपर चढ़नेके कारण वे 'सर्प' कहलाये और नीचे गिरनेके कारण 'अहि' कहे गये। तदनन्तर जगत्-रचयिता ब्रह्माजीने क्रोधित होकर क्रोधयुक्त प्राणियोंकी रचना की; वे कपिश (कालापन लिये हुए पीले) वर्णके, अति उग्र स्वभाववाले तथा मांसाहारी हुए॥ ४४-४५॥ फिर गान करते समय उनके शरीरसे तुरन्त ही गन्धर्व उत्पन्न हुए। हे द्विज! वे वाणीका उच्चारण करते अर्थात् बोलते हुए उत्पन्न हुए थे, इसलिये 'गन्धर्व' कहलाये॥ ४६॥

इन सबकी रचना करके भगवान् ब्रह्माजीने पक्षियोंको, उनके पूर्व-कर्मोंसे प्रेरित होकर स्वच्छन्दतापूर्वक अपनी आयुसे रचा॥ ४७॥ तदनन्तर अपने वक्षःस्थलसे भेड़, मुखसे बकरी, उदर और पार्श्वभागसे गौ, पैरोंसे घोड़े, हाथी, गधे, वनगाय, मृग, ऊँट, खच्चर और न्यंकु आदि पशुओंकी रचना की॥ ४८-४९॥ उनके रोमोंसे फल-मूलरूप ओषधियाँ उत्पन्न हुईं। हे द्विजोत्तम! कल्पके आरम्भमें ही ब्रह्माजीने पशु और ओषधि आदिकी रचना करके फिर त्रेतायुगके आरम्भमें उन्हें यज्ञादि कर्मोंमें सम्मिलित किया॥ ५०॥ गौ, बकरी, पुरुष, भेड़, घोड़े, खच्चर और गधे ये सब गाँवोंमें

श्वापदा द्विखुरा हस्ती वानराः पक्षिपञ्चमाः।
औदकाः पशवः षष्ठाः सप्तमास्तु सरीसृपाः॥ ५२
गायत्रं च ऋचश्चैव त्रिवृत्सोमं रथन्तरम्।
अग्निष्टोमं च यज्ञानां निर्ममे प्रथमान्मुखात्॥ ५३
यजूंषि त्रैष्टुभं छन्दः स्तोमं पञ्चदशं तथा।
बृहत्साम तथोक्थं च दक्षिणादसृजन्मुखात्॥ ५४
सामानि जगतीछन्दः स्तोमं सप्तदशं तथा।
वैरूपमतिरात्रं च पश्चिमादसृजन्मुखात्॥ ५५
एकविंशमथर्वाणमाप्तोर्यामाणमेव च।
अनुष्टुभं च वैराजमुत्तरादसृजन्मुखात्॥ ५६
उच्चावचानि भूतानि गात्रेभ्यस्तस्य जज्ञिरे।
देवासुरपितॄन् सृष्ट्वा मनुष्यांश्च प्रजापतिः॥ ५७
ततः पुनः ससर्जादौ सङ्कल्पस्य पितामहः।
यक्षान् पिशाचान्गन्धर्वान् तथैवाप्सरसां गणान्॥ ५८
नरकिन्नररक्षांसि वयः पशुमृगोरगान्।
अव्ययं च व्ययं चैव यदिदं स्थाणुजङ्गमम्॥ ५९
तत्ससर्ज तदा ब्रह्मा भगवानादिकृत्प्रभुः।
तेषां ये यानि कर्माणि प्राक्सृष्ट्यां प्रतिपेदिरे।
तान्येव ते प्रपद्यन्ते सृज्यमानाः पुनः पुनः॥ ६०
हिंस्राहिंस्रे मृदुक्रूरे धर्माधर्मावृतानृते।
तद्भाविताः प्रपद्यन्ते तस्मात्तत्तस्य रोचते॥ ६१
इन्द्रियार्थेषु भूतेषु शरीरेषु च स प्रभुः।
नानात्वं विनियोगं च धातैवं व्यसृजत्स्वयम्॥ ६२
नाम रूपं च भूतानां कृत्यानां च प्रपञ्चनम्।
वेदशब्देभ्य एवादौ देवादीनां चकार सः॥ ६३
ऋषीणां नामधेयानि यथा वेदश्रुतानि वै।
तथा नियोगयोग्यानि ह्यन्येषामपि सोऽकरोत्॥ ६४
यथर्तुष्वृतुलिङ्गानि नानारूपाणि पर्यये।
दृश्यन्ते तानि तान्येव तथा भावा युगादिषु॥ ६५
करोत्येवंविधां सृष्टिं कल्पादौ स पुनः पुनः।
सिसृक्षाशक्तियुक्तोऽसौ सृज्यशक्तिप्रचोदितः॥ ६६

रहनेवाले पशु हैं। जंगली पशु ये हैं—श्वापद (व्याघ्र आदि), दो खुरवाले (वनगाय आदि), हाथी, बन्दर और पाँचवें पक्षी, छठे जलके जीव तथा सातवें सरीसृप आदि॥ ५१-५२॥ फिर अपने प्रथम (पूर्व) मुखसे ब्रह्माजीने गायत्री, ऋक्, त्रिवृत्सोम रथन्तर और अग्निष्टोम यज्ञोंको निर्मित किया॥ ५३॥ दक्षिण-मुखसे यजु, त्रैष्टुप्छन्द, पंचदशस्तोम, बृहत्साम तथा उक्थकी रचना की॥ ५४॥ पश्चिम-मुखसे साम, जगतीछन्द, सप्तदशस्तोम, वैरूप और अतिरात्रको उत्पन्न किया॥ ५५॥ तथा उत्तर-मुखसे उन्होंने एकविंशतिस्तोम, अथर्ववेद, आप्तोर्यामाण, अनुष्टुप्छन्द और वैराजकी सृष्टि की॥ ५६॥

इस प्रकार उनके शरीरसे समस्त ऊँच-नीच प्राणी उत्पन्न हुए। उन आदिकर्ता प्रजापति भगवान् ब्रह्माजीने देव, असुर, पितृगण और मनुष्योंकी सृष्टि कर तदनन्तर कल्पका आरम्भ होनेपर फिर यक्ष, पिशाच, गन्धर्व, अप्सरागण, मनुष्य, किन्नर, राक्षस, पशु, पक्षी, मृग और सर्प आदि सम्पूर्ण नित्य एवं अनित्य स्थावर-जंगम जगत्की रचना की। उनमेंसे जिनके जैसे-जैसे कर्म पूर्वकल्पोंमें थे पुनः-पुनः सृष्टि होनेपर उनकी उन्हींमें फिर प्रवृत्ति हो जाती है॥ ५७—६०॥ उस समय हिंसा-अहिंसा, मृदुता-कठोरता, धर्म-अधर्म, सत्य-मिथ्या—ये सब अपनी पूर्व-भावनाके अनुसार उन्हें प्राप्त हो जाते हैं, इसीसे ये उन्हें अच्छे लगने लगते हैं॥ ६१॥

इस प्रकार प्रभु विधाताने ही स्वयं इन्द्रियोंके विषय भूत और शरीर आदिमें विभिन्नता और व्यवहारको उत्पन्न किया है॥ ६२॥ उन्हींने कल्पके आरम्भमें देवता आदि प्राणियोंके वेदानुसार नाम और रूप तथा कार्य-विभागको निश्चित किया है॥ ६३॥ ऋषियों तथा अन्य प्राणियोंके भी वेदानुकूल नाम और यथायोग्य कर्मोंको उन्हींने निर्दिष्ट किया है॥ ६४॥ जिस प्रकार भिन्न-भिन्न ऋतुओंके पुनः-पुनः आनेपर उनके चिह्न और नाम-रूप आदि पूर्ववत् रहते हैं उसी प्रकार युगादिमें भी उनके पूर्व-भाव ही देखे जाते हैं॥ ६५॥ सिसृक्षा-शक्ति (सृष्टि-रचनाकी इच्छारूप शक्ति)-से युक्त वे ब्रह्माजी सृज्य-शक्ति (सृष्टिके प्रारब्ध)-की प्रेरणासे कल्पोंके आरम्भमें बारम्बार इसी प्रकार सृष्टिकी रचना किया करते हैं॥ ६६॥

इति श्रीविष्णुपुराणे प्रथमेंऽशे पञ्चमोऽध्यायः॥ ५॥

छठा अध्याय

चातुर्वर्ण्य-व्यवस्था, पृथिवी-विभाग और अन्नादिकी उत्पत्तिका वर्णन

श्रीमैत्रेय उवाच

अर्वाक्स्रोतास्तु कथितो भवता यस्तु मानुषः।
ब्रह्मन्विस्तरतो ब्रूहि ब्रह्मा तमसृजद्यथा॥ १
यथा च वर्णानसृजद्यद्गुणांश्च प्रजापतिः।
यच्च तेषां स्मृतं कर्म विप्रादीनां तदुच्यताम्॥ २

श्रीपराशर उवाच

सत्याभिध्यायिनः पूर्वं सिसृक्षोर्ब्रह्मणो जगत्।
अजायन्त द्विजश्रेष्ठ सत्त्वोद्रिक्ता मुखात्प्रजाः॥ ३
वक्षसो रजसोद्रिक्तास्तथा वै ब्रह्मणोऽभवन्।
रजसा तमसा चैव समुद्रिक्तास्तथोरुतः॥ ४
पद्भ्यामन्याः प्रजा ब्रह्मा ससर्ज द्विजसत्तम।
तमः प्रधानास्ताः सर्वाश्चातुर्वर्ण्यमिदं तत॥ ५
ब्राह्मणाः क्षत्रिया वैश्याः शूद्राश्च द्विजसत्तम।
पादोरुवक्षःस्थलतो मुखतश्च समुद्गताः॥ ६
यज्ञनिष्पत्तये सर्वमेतद् ब्रह्मा चकार वै।
चातुर्वर्ण्यं महाभाग यज्ञसाधनमुत्तमम्॥ ७
यज्ञैराप्यायिता देवा वृष्ट्युत्सर्गेण वै प्रजाः।
आप्याययन्ते धर्मज्ञ यज्ञाः कल्याणहेतवः॥ ८
निष्पाद्यन्ते नरैस्तैस्तु स्वधर्माभिरतैस्सदा।
विशुद्धाचरणोपेतैः सद्भिः सन्मार्गगामिभिः॥ ९
स्वर्गापवर्गौ मानुष्यात्प्राप्नुवन्ति नरा मुने।
यच्चाभिरुचितं स्थानं तद्यान्ति मनुजा द्विज॥ १०
प्रजास्ता ब्रह्मणा सृष्टाश्चातुर्वर्ण्यव्यवस्थिताः।
सम्यक्छ्रद्धासमाचारप्रवणा मुनिसत्तम॥ ११
यथेच्छावासनिरताः सर्वबाधाविवर्जिताः।
शुद्धान्तःकरणाः शुद्धाः कर्मानुष्ठाननिर्मलाः॥ १२
शुद्धे च तासां मनसि शुद्धेऽन्तः संस्थिते हरौ।
शुद्धज्ञानं प्रपश्यन्ति विष्ण्वाख्यं येन तत्पदम्॥ १३
ततः कालात्मको योऽसौ स चांशः कथितो हरेः।
स पातयत्यघं घोरमल्पमल्पाल्पसारवत्॥ १४

श्रीमैत्रेयजी बोले—हे भगवन्! आपने जो अर्वाक्-स्रोता मनुष्योंके विषयमें कहा उनकी सृष्टि ब्रह्माजीने किस प्रकार की—यह विस्तारपूर्वक कहिये॥ १॥ श्रीप्रजापतिने ब्राह्मणादि वर्णको जिन-जिन गुणोंसे युक्त और जिस प्रकार रचा तथा उनके जो-जो कर्तव्य-कर्म निधारित किये वह सब वर्णन कीजिये॥ २॥

श्रीपराशरजी बोले—हे द्विजश्रेष्ठ! जगत्-रचनाकी इच्छासे युक्त सत्यसंकल्प श्रीब्रह्माजीके मुखसे पहले सत्त्वप्रधान प्रजा उत्पन्न हुई॥ ३॥ तदनन्तर उनके वक्षःस्थलसे रजःप्रधान तथा जंघाओंसे रज और तमविशिष्ट सृष्टि हुई॥ ४॥ हे द्विजोत्तम! चरणोंसे ब्रह्माजीने एक और प्रकारकी प्रजा उत्पन्न की, वह तमःप्रधान थी। ये ही सब चारों वर्ण हुए॥ ५॥ इस प्रकार हे द्विजसत्तम! ब्राह्मण, क्षत्रिय, वैश्य और शूद्र ये चारों क्रमशः ब्रह्माजीके मुख, वक्षःस्थल, जानु और चरणोंसे उत्पन्न हुए॥ ६॥

हे महाभाग! ब्रह्माजीने यज्ञानुष्ठानके लिये ही यज्ञके उत्तम साधनरूप इस सम्पूर्ण चातुर्वर्ण्यकी रचना की थी॥ ७॥ हे धर्मज्ञ! यज्ञसे तृप्त होकर देवगण जल बरसाकर प्रजाको तृप्त करते हैं; अतः यज्ञ सर्वथा कल्याणका हेतु है॥ ८॥ जो मनुष्य सदा स्वधर्मपरायण, सदाचारी, सज्जन और सुमार्गगामी होते हैं उन्हींसे यज्ञका यथावत् अनुष्ठान हो सकता है॥ ९॥ हे मुने! [यज्ञके द्वारा] मनुष्य इस मनुष्य-शरीरसे ही स्वर्ग और अपवर्ग प्राप्त कर सकते हैं; तथा और भी जिस स्थानकी उन्हें इच्छा हो उसीको जा सकते हैं॥ १०॥

हे मुनिसत्तम! ब्रह्माजीद्वारा रची हुई वह चातुर्वर्ण्य-विभागमें स्थित प्रजा अति श्रद्धायुक्त आचरणवाली, स्वेच्छानुसार रहनेवाली, सम्पूर्ण बाधाओंसे रहित, शुद्ध अन्तःकरणवाली, सत्कुलोत्पन्न और पुण्य कर्मोंके अनुष्ठानसे परम पवित्र थी॥ ११-१२॥ उसका चित्त शुद्ध होनेके कारण उसमें निरन्तर शुद्धस्वरूप श्रीहरिके विराजमान रहनेसे उन्हें शुद्ध ज्ञान प्राप्त होता था जिससे वे भगवान्के उस 'विष्णु' नामक परम पदको देख पाते थे॥ १३॥ फिर (त्रेतायुगके आरम्भमें), हमने तुमसे भगवान्के जिस काल नामक अंशका पहले वर्णन किया है, वह अति अल्प सारवाले (सुखवाले) तुच्छ और घोर (दुःखमय) पापोंको प्रजामें प्रवृत्त कर देता है॥ १४॥

अधर्मबीजसमुद्भूतं तमोलोभसमुद्भवम्।
प्रजासु तासु मैत्रेय रागादिकमसाधकम्॥ १५
ततः सा सहजा सिद्धिस्तासां नातीव जायते।
रसोल्लासादयश्चान्याः सिद्ध्योऽष्टौ भवन्ति याः॥ १६
तासु क्षीणास्वशेषासु वर्द्धमाने च पातके।
द्वन्द्वाभिभवदुःखार्तास्ता भवन्ति ततः प्रजाः॥ १७
ततो दुर्गाणि ताश्चक्रुर्धान्वं पार्वतमौदकम्।
कृत्रिमं च तथा दुर्गं पुरखर्वटकादिकम्॥ १८
गृहाणि च यथान्यायं तेषु चक्रुः पुरादिषु।
शीतातपादिबाधानां प्रशमाय महामते॥ १९
प्रतीकारमिमं कृत्वा शीतादेस्ताः प्रजाः पुनः।
वार्तोपायं ततश्चक्रुर्हस्तसिद्धिं च कर्मजाम्॥ २०
व्रीहयश्च यवाश्चैव गोधूमाश्चाणवस्तिलाः।
प्रियङ्गवो ह्युदाराश्च कोरदूषाः सतीनकाः॥ २१
माषा मुद्गा मसूराश्च निष्पावाः सकुलत्थकाः।
आढक्यश्चणकाश्चैव शणाः सप्तदश स्मृताः॥ २२
इत्येता ओषधीनां तु ग्राम्यानां जातयो मुने।
ओषध्यो यज्ञियाश्चैव ग्राम्यारण्याश्चतुर्दश॥ २३

हे मैत्रेय! उससे प्रजामें पुरुषार्थका विघातक तथा अज्ञान और लोभको उत्पन्न करनेवाला रागादिरूप अधर्मका बीज उत्पन्न हो जाता है॥ १५॥ तभीसे उसे वह विष्णु-पद-प्राप्ति-रूप स्वाभाविक सिद्धि और रसोल्लास आदि अन्य अष्ट सिद्धियाँ[1] नहीं मिलतीं॥ १६॥

उन समस्त सिद्धियोंके क्षीण हो जाने और पापके बढ़ जानेसे फिर सम्पूर्ण प्रजा द्वन्द्व, ह्रास और दुःखसे आतुर हो गयी॥ १७॥ तब उसने मरुभूमि, पर्वत और जल आदिके स्वाभाविक तथा कृत्रिम दुर्ग और पुर तथा खर्वट[2] आदि स्थापित किये॥ १८॥ हे महामते! उन पुर आदिकोंमें शीत और घाम आदि बाधाओंसे बचनेके लिये उसने यथायोग्य घर बनाये॥ १९॥

इस प्रकार शीतोष्णादिसे बचनेका उपाय करके उस प्रजाने जीविकाके साधनरूप कृषि तथा कला-कौशल आदिकी रचना की॥ २०॥ हे मुने! धान, जौ, गेहूँ, छोटे धान्य, तिल, काँगनी, ज्वार, कोदो, छोटी मटर, उड़द, मूँग, मसूर, बड़ी मटर, कुलथी, राई, चना और सन—ये सत्रह ग्राम्य ओषधियोंकी जातियाँ हैं। ग्राम्य और वन्य दोनों प्रकारकी मिलाकर कुल चौदह ओषधियाँ याज्ञिक हैं।

१- रसोल्लासादि अष्ट-सिद्धियोंका वर्णन स्कन्दपुराणमें इस प्रकार किया है—

रसस्य स्वत एवान्तरुल्लासः स्यात्कृते युगे। रसोल्लासाख्यिका सिद्धिस्तया हन्ति क्षुधं नरः॥
स्त्र्यादीनां नैरपेक्ष्येण सदा तृप्ता प्रजास्तथा। द्वितीया सिद्धिरुद्दिष्टा सा तृप्तिर्मुनिसत्तमैः॥
धर्मोत्तमश्च योऽस्यासां सा तृतीयाऽभिधीयते। चतुर्थी तुल्यता तासामायुषः सुखरूपयोः॥
ऐकान्त्यबलबाहुल्यं विशोका नाम पञ्चमी। परमात्मपरत्वेन तपोध्यानादिनिष्ठिता॥
षष्ठी च कामचारित्वं सप्तमी सिद्धिरुच्यते। अष्टमी च तथा प्रोक्ता यत्रक्वचनशायिता॥

अर्थ—सत्ययुगमें रसका स्वयं ही उल्लास होता था। यही रसोल्लास नामकी सिद्धि है, उसके प्रभावसे मनुष्य भूखको नष्ट कर देता है। उस समय प्रजा स्त्री आदि भोगोंकी अपेक्षाके बिना ही सदा तृप्त रहती थी; इसीको मुनिश्रेष्ठोंने 'तृप्ति' नामक दूसरी सिद्धि कहा है। उनका जो उत्तम धर्म था वही उनकी तीसरी सिद्धि कही जाती है। उस समय सम्पूर्ण प्रजाके रूप और आयु एक-से थे, यही उनकी चौथी सिद्धि थी। बलकी ऐकान्तिकी अधिकता—यह 'विशोका' नामकी पाँचवीं सिद्धि है। परमात्मपरायण रहते हुए तप-ध्यानादिमें तत्पर रहना छठी सिद्धि है। स्वेच्छानुसार विचरना सातवीं सिद्धि कही जाती है तथा जहाँ-तहाँ मनकी मौज पड़े रहना आठवीं सिद्धि कही गयी है।

२- पहाड़ या नदीके तटपर बसे हुए छोटे-छोटे टोलोंको 'खर्वट' कहते हैं।

व्रीहयस्सयवा माषा गोधूमाश्चाणवस्तिलाः।
प्रियङ्गुसप्तमा ह्येते अष्टमास्तु कुलत्थकाः॥ २४
श्यामाकास्त्वथ नीवारा जर्तिलाः सगवेधुकाः।
तथा वेणुयवाः प्रोक्तास्तथा मर्कटका मुने॥ २५
ग्राम्यारण्याः स्मृता ह्येता ओषध्यस्तु चतुर्दश।
यज्ञनिष्पत्तये यज्ञस्तथासां हेतुरुत्तमः॥ २६
एताश्च सह यज्ञेन प्रजानां कारणं परम्।
परावरविदः प्राज्ञास्ततो यज्ञान्वितन्वते॥ २७
अहन्यहन्यनुष्ठानं यज्ञानां मुनिसत्तम।
उपकारकरं पुंसां क्रियमाणाघशान्तिदम्॥ २८
येषां तु कालसृष्टोऽसौ पापबिन्दुर्महामुने।
चेतःसु ववृधे चक्रुस्ते न यज्ञेषु मानसम्॥ २९
वेदवादांस्तथा वेदान्यज्ञकर्मादिकं च यत्।
तत्सर्वं निन्दयामासुर्यज्ञव्यासेधकारिणः॥ ३०
प्रवृत्तिमार्गव्युच्छित्तिकारिणो वेदनिन्दकाः।
दुरात्मानो दुराचारा बभूवुः कुटिलाशयाः॥ ३१
संसिद्धायां तु वार्तायां प्रजाः सृष्टा प्रजापतिः।
मर्यादां स्थापयामास यथास्थानं यथागुणम्॥ ३२
वर्णानामाश्रमाणां च धर्मान्धर्मभृतां वर।
लोकांश्च सर्ववर्णानां सम्यग्धर्मानुपालिनाम्॥ ३३
प्राजापत्यं ब्राह्मणानां स्मृतं स्थानं क्रियावताम्।
स्थानमैन्द्रं क्षत्रियाणां संग्रामेष्वनिवर्तिनाम्॥ ३४
वैश्यानां मारुतं स्थानं स्वधर्ममनुवर्तिनाम्।
गान्धर्वं शूद्रजातीनां परिचर्यानुवर्तिनाम्॥ ३५
अष्टाशीतिसहस्राणि मुनीनामूर्ध्वरेतसाम्।
स्मृतं तेषां तु यत्स्थानं तदेव गुरुवासिनाम्॥ ३६
सप्तर्षीणां तु यत्स्थानं स्मृतं तद्वै वनौकसाम्।
प्राजापत्यं गृहस्थानां न्यासिनां ब्रह्मसंज्ञितम्॥ ३७
योगिनाममृतं स्थानं स्वात्मसन्तोषकारिणाम्॥ ३८
एकान्तिनः सदा ब्रह्मध्यायिनो योगिनश्च ये।
तेषां तु परमं स्थानं यत्तत्पश्यन्ति सूरयः॥ ३९

उनके नाम ये हैं—धान, जौ, उड़द, गेहूँ, छोटे धान्य, तिल, काँगनी और कुलथी—ये आठ तथा श्यामाक (समाँ), नीबार, वनतिल, गवेधु, वेणुयव और मर्कट (मक्का)॥ २१—२५॥ ये चौदह ग्राम्य और वन्य ओषधियाँ यज्ञानुष्ठानकी सामग्री हैं और यज्ञ इनकी उत्पत्तिका प्रधान हेतु है॥ २६॥ यज्ञोंके सहित ये ओषधियाँ प्रजाकी वृद्धिका परम कारण हैं इसलिये इहलोक-परलोकके ज्ञाता पुरुष यज्ञोंका अनुष्ठान किया करते हैं॥ २७॥ हे मुनिश्रेष्ठ! नित्यप्रति किया जानेवाला यज्ञानुष्ठान मनुष्योंका परम उपकारक और उनके किये हुए पापोंको शान्त करनेवाला है॥ २८॥

हे महामुने! जिनके चित्तमें कालकी गतिसे पापका बीज बढ़ता है उन्हीं लोगोंका चित्त यज्ञमें प्रवृत्त नहीं होता॥ २९॥ उन यज्ञके विरोधियोंने वैदिक मत, वेद और यज्ञादि कर्म—सभीकी निन्दा की है॥ ३०॥ वे लोग दुरात्मा, दुराचारी, कुटिलमति, वेद-विनिन्दक और प्रवृत्तिमार्गका उच्छेद करनेवाले ही थे॥ ३१॥

हे धर्मवानोंमें श्रेष्ठ मैत्रेय! इस प्रकार कृषि आदि जीविकाके साधनोंके निश्चित हो जानेपर प्रजापति ब्रह्माजीने प्रजाकी रचना कर उनके स्थान और गुणोंके अनुसार मर्यादा, वर्ण और आश्रमोंके धर्म तथा अपने धर्मका भली प्रकार पालन करनेवाले समस्त वर्णोंके लोक आदिकी स्थापना की॥ ३२-३३॥ कर्मनिष्ठ ब्राह्मणोंका स्थान पितृलोक है, युद्ध-क्षेत्रसे कभी न हटनेवाले क्षत्रियोंका इन्द्रलोक है॥ ३४॥ तथा अपने धर्मका पालन करनेवाले वैश्योंका वायुलोक और सेवाधर्मपरायण शूद्रोंका गन्धर्वलोक है॥ ३५॥ अट्ठासी हजार ऊर्ध्वरेता मुनि हैं; उनका जो स्थान बताया गया है वही गुरुकुलवासी ब्रह्मचारियोंका स्थान है॥ ३६॥ इसी प्रकार वनवासी वानप्रस्थोंका स्थान सप्तर्षिलोक, गृहस्थोंका पितृलोक और संन्यासियोंका ब्रह्मलोक है तथा आत्मानुभवसे तृप्त योगियोंका स्थान अमरपद (मोक्ष) है॥ ३७-३८॥ जो निरन्तर एकान्तसेवी और ब्रह्मचिन्तनमें मग्न रहनेवाले योगिजन हैं उनका जो परमस्थान है उसे पण्डितजन ही देख पाते हैं॥ ३९॥

गत्वा गत्वा निवर्त्तन्ते चन्द्रसूर्यादयो ग्रहाः।
अद्यापि न निवर्त्तन्ते द्वादशाक्षरचिन्तकाः॥ ४०
तामिस्रमन्धतामिस्रं महारौरवरौरवौ।
असिपत्रवनं घोरं कालसूत्रमवीचिकम्॥ ४१
विनिन्दकानां वेदस्य यज्ञव्याघातकारिणाम्।
स्थानमेतत्समाख्यातं स्वधर्मत्यागिनश्च ये॥ ४२

चन्द्र और सूर्य आदि ग्रह भी अपने-अपने लोकोंमें जाकर फिर लौट आते हैं, किन्तु द्वादशाक्षर मन्त्र (ॐ नमो भगवते वासुदेवाय) का चिन्तन करनेवाले अभीतक मोक्षपदसे नहीं लौटे॥ ४०॥ तामिस्र, अन्धतामिस्र, महारौरव, रौरव, असिपत्रवन, घोर, कालसूत्र और अवीचिक आदि जो नरक हैं, वे वेदोंकी निन्दा और यज्ञोंका उच्छेद करनेवाले तथा स्वधर्म-विमुख पुरुषोंके स्थान कहे गये हैं॥ ४१-४२॥

इति श्रीविष्णुपुराणे प्रथमेंऽशे षष्ठोऽध्यायः॥ ६॥

सातवाँ अध्याय

मरीचि आदि प्रजापतिगण, तामसिक सर्ग, स्वायम्भुवमनु और शतरूपा तथा उनकी सन्तानका वर्णन

श्रीपराशर उवाच

ततोऽभिध्यायतस्तस्य जज्ञिरे मानसाः प्रजाः।
तच्छरीरसमुत्पन्नैः कार्यैस्तैः करणैः सह।
क्षेत्रज्ञाः समवर्त्तन्त गात्रेभ्यस्तस्य धीमतः॥ १
ते सर्वे समवर्त्तन्त ये मया प्रागुदाहृताः।
देवाद्याः स्थावरान्ताश्च त्रैगुण्यविषये स्थिताः॥ २
एवंभूतानि सृष्टानि चराणि स्थावराणि च॥ ३
यदास्य ताः प्रजाः सर्वा न व्यवर्धन्त धीमतः।
अथान्यान्मानसान्पुत्रान्सदृशानात्मनोऽसृजत्॥ ४
भृगुं पुलस्त्यं पुलहं क्रतुमङ्गिरसं तथा।
मरीचिं दक्षमत्रिं च वसिष्ठं चैव मानसान्॥ ५
नव ब्रह्माण इत्येते पुराणे निश्चयं गताः॥ ६
ख्यातिं भूतिं च सम्भूतिं क्षमां प्रीतिं तथैव च।
सन्नतिं च तथैवोर्ज्जामनसूयां तथैव च॥ ७
प्रसूतिं च ततः सृष्ट्वा ददौ तेषां महात्मनाम्।
पत्न्यो भवध्वमित्युक्त्वा तेषामेव तु दत्तवान्॥ ८
सनन्दनादयो ये च पूर्वसृष्टास्तु वेधसा।
न ते लोकेष्वसज्जन्त निरपेक्षाः प्रजासु ते॥ ९
सर्वे तेऽभ्यागतज्ञाना वीतरागा विमत्सराः।
तेष्वेवं निरपेक्षेषु लोकसृष्टौ महात्मनः॥ १०

श्रीपराशरजी बोले—फिर उन प्रजापतिके ध्यान करनेपर उनके देहस्वरूप भूतोंसे उत्पन्न हुए शरीर और इन्द्रियोंके सहित मानस प्रजा उत्पन्न हुई। उस समय मतिमान् ब्रह्माजीके जड शरीरसे ही चेतन जीवोंका प्रादुर्भाव हुआ॥ १॥ मैंने पहले जिनका वर्णन किया है, देवताओंसे लेकर स्थावरपर्यन्त वे सभी त्रिगुणात्मक चर और अचर जीव इसी प्रकार उत्पन्न हुए॥ २-३॥

जब महाबुद्धिमान् प्रजापतिकी वह प्रजा पुत्र-पौत्रादि-क्रमसे और न बढ़ी तब उन्होंने भृगु, पुलस्त्य, पुलह, क्रतु, अंगिरा, मरीचि, दक्ष, अत्रि और वसिष्ठ—इन अपने ही सदृश अन्य मानस-पुत्रोंकी सृष्टि की। पुराणोंमें ये नौ ब्रह्मा माने गये हैं॥ ४—६॥

फिर ख्याति, भूति, सम्भूति, क्षमा, प्रीति, सन्नति, ऊर्ज्जा, अनसूया तथा प्रसूति इन नौ कन्याओंको उत्पन्न कर, इन्हें उन महात्माओंको 'तुम इनकी पत्नी हो' ऐसा कहकर सौंप दिया॥ ७-८॥

ब्रह्माजीने पहले जिन सनन्दनादिको उत्पन्न किया था वे निरपेक्ष होनेके कारण सन्तान और संसार आदिमें प्रवृत्त नहीं हुए॥ ९॥ वे सभी ज्ञानसम्पन्न, विरक्त और मत्सरादि दोषोंसे रहित थे। उन महात्माओंको संसार-रचनासे

ब्रह्मणोऽभून्महान् क्रोधस्त्रैलोक्यदहनक्षमः।
तस्य क्रोधात्समुद्भूतज्वालामालातिदीपितम्।
ब्रह्मणोऽभूत्तदा सर्वं त्रैलोक्यमखिलं मुने॥ ११
भ्रुकुटीकुटिलात्तस्य ललाटात्क्रोधदीपितात्।
समुत्पन्नस्तदा रुद्रो मध्याह्नार्कसमप्रभः॥ १२
अर्धनारीनरवपुः प्रचण्डोऽतिशरीरवान्।
विभजात्मानमित्युक्त्वा तं ब्रह्मान्तर्दधे ततः॥ १३
तथोक्तोऽसौ द्विधा स्त्रीत्वं पुरुषत्वं तथाऽकरोत्।
विभेदपुरुषत्वं च दशधा चैकधा पुनः॥ १४
सौम्यासौम्यैस्तदा शान्ताऽशान्तैः स्त्रीत्वं च स प्रभुः।
विभेद बहुधा देवः स्वरूपैरसितैः सितैः॥ १५
ततो ब्रह्माऽऽत्मसम्भूतं पूर्वं स्वायम्भुवं प्रभुः।
आत्मानमेव कृतवान्प्रजापाल्ये मनुं द्विज॥ १६
शतरूपां च तां नारीं तपोनिर्धूतकल्मषाम्।
स्वायम्भुवो मनुर्देवः पत्नीत्वे जगृहे प्रभुः॥ १७
तस्मात्तु पुरुषाद्देवी शतरूपा व्यजायत।
प्रियव्रतोत्तानपादौ प्रसूत्याकूतिसंज्ञितम्॥ १८
कन्याद्वयं च धर्मज्ञ रूपौदार्यगुणान्वितम्।
ददौ प्रसूतिं दक्षाय आकूतिं रुचये पुरा॥ १९
प्रजापतिः स जग्राह तयोर्जज्ञे सदक्षिणः।
पुत्रो यज्ञो महाभाग दम्पत्योर्मिथुनं ततः॥ २०
यज्ञस्य दक्षिणायां तु पुत्रा द्वादश जज्ञिरे।
यामा इति समाख्याता देवाः स्वायम्भुवे मनौ॥ २१
प्रसूत्यां च तथा दक्षश्चतस्रो विंशतिस्तथा।
ससर्ज कन्यास्तासां च सम्यङ्‌ नामानि मे शृणु॥ २२
श्रद्धा लक्ष्मीर्धृतिस्तुष्टिर्मेधा पुष्टिस्तथा क्रिया।
बुद्धिर्लज्जा वपुः शान्तिः सिद्धिः कीर्तिस्त्रयोदशी॥ २३
पत्न्यर्थं प्रतिजग्राह धर्मो दाक्षायणीः प्रभुः।
ताभ्यः शिष्टाः यवीयस्य एकादश सुलोचनाः॥ २४
ख्यातिः सत्यथ सम्भूतिः स्मृतिः प्रीतिः क्षमा तथा।
सन्ततिश्चानसूया च ऊर्ज्जा स्वाहा स्वधा तथा॥ २५
भृगुर्गवो मरीचिश्च तथा चैवाङ्गिरा मुनिः।
पुलस्त्यः पुलहश्चैव क्रतुश्चर्षिवरस्तथा॥ २६

ब्रह्माजीको त्रिलोकीको भस्म कर देनेवाला महान् क्रोध उत्पन्न हुआ। हे मुने! उन ब्रह्माजीके क्रोधके कारण सम्पूर्ण त्रिलोकी ज्वाला-मालाओंसे अत्यन्त देदीप्यमान हो गयी॥ १०-११॥

उस समय उनकी टेढ़ी भृकुटि और क्रोध-सन्तप्त ललाटसे दोपहरके सूर्यके समान प्रकाशमान रुद्रकी उत्पत्ति हुई॥ १२॥ उसका अति प्रचण्ड शरीर आधा नर और आधा नारीरूप था। तब ब्रह्माजी 'अपने शरीरका विभाग कर' ऐसा कहकर अन्तर्धान हो गये॥ १३॥ ऐसा कहे जानेपर उस रुद्रने अपने शरीरस्थ स्त्री और पुरुष दोनों भागोंको अलग-अलग कर दिया और फिर पुरुष-भागको ग्यारह भागोंमें विभक्त किया॥ १४॥ तथा स्त्री-भागको भी सौम्य, क्रूर, शान्त-अशान्त और श्याम-गौर आदि कई रूपोंमें विभक्त कर दिया॥ १५॥

तदनन्तर, हे द्विज! अपनेसे उत्पन्न अपने ही स्वरूप स्वायम्भुवको ब्रह्माजीने प्रजा-पालनके लिये प्रथम मनु बनाया॥ १६॥ उन स्वायम्भुव मनुने [अपने ही साथ उत्पन्न हुई] तपके कारण निष्पाप शतरूपा नामकी स्त्रीको अपनी पत्नीरूपसे ग्रहण किया॥ १७॥ हे धर्मज्ञ! उन स्वायम्भुव मनुसे शतरूपा देवीने प्रियव्रत और उत्तानपादनामक दो पुत्र तथा उदार, रूप और गुणोंसे सम्पन्न प्रसूति और आकूति नामकी दो कन्याएँ उत्पन्न कीं। उनमेंसे प्रसूतिको दक्षके साथ तथा आकूतिको रुचि प्रजापतिके साथ विवाह दिया॥ १८-१९॥

हे महाभाग! रुचि प्रजापतिने उसे ग्रहण कर लिया। तब उन दम्पतीके यज्ञ और दक्षिणा—ये युगल (जुड़वाँ) सन्तान उत्पन्न हुईं॥ २०॥ यज्ञके दक्षिणासे बारह पुत्र हुए, जो स्वायम्भुव मन्वन्तरमें याम नामके देवता कहलाये॥ २१॥ तथा दक्षने प्रसूतिसे चौबीस कन्याएँ उत्पन्न कीं। मुझसे उनके शुभ नाम सुनो॥ २२॥ श्रद्धा, लक्ष्मी, धृति, तुष्टि, मेधा, पुष्टि, क्रिया, बुद्धि, लज्जा, वपु, शान्ति, सिद्धि और तेरहवीं कीर्ति—इन दक्ष-कन्याओंको धर्मने पत्नीरूपसे ग्रहण किया। इनसे छोटी शेष ग्यारह कन्याएँ ख्याति, सती, सम्भूति, स्मृति, प्रीति, क्षमा, सन्तति, अनसूया, ऊर्ज्जा, स्वाहा और स्वधा थीं॥ २३—२५॥ हे मुनिसत्तम! इन ख्याति आदि कन्याओंको क्रमशः भृगु, शिव, मरीचि, अंगिरा, पुलस्त्य,

अत्रिर्वसिष्ठो वह्निश्च पितरश्च यथाक्रमम्।
ख्यात्याद्या जगृहुः कन्या मुनयो मुनिसत्तम॥ २७
श्रद्धा कामं चला दर्पं नियमं धृतिरात्मजम्।
सन्तोषं च तथा तुष्टिर्लोभं पुष्टिरसूयत॥ २८
मेधा श्रुतं क्रिया दण्डं नयं विनयमेव च॥ २९
बोधं बुद्धिस्तथा लज्जा विनयं वपुरात्मजम्।
व्यवसायं प्रजज्ञे वै क्षेमं शान्तिरसूयत॥ ३०
सुखं सिद्धिर्यशः कीर्त्तिरित्येते धर्मसूनवः।
कामाद्रतिः सुतं हर्षं धर्मपौत्रमसूयत॥ ३१
हिंसा भार्या त्वधर्मस्य ततो जज्ञे तथानृतम्।
कन्या च निकृतिस्ताभ्यां भयं नरकमेव च॥ ३२
माया च वेदना चैव मिथुनं त्विदमेतयोः।
तयोर्जज्ञेऽथ वै माया मृत्युं भूतापहारिणम्॥ ३३
वेदना स्वसुतं चापि दुःखं जज्ञेऽथ रौरवात्।
मृत्योर्व्याधिजराशोकतृष्णाक्रोधाश्च जज्ञिरे॥ ३४
दुःखोत्तराः स्मृता ह्येते सर्वे चाधर्मलक्षणाः।
नैषां पुत्रोऽस्ति वै भार्या ते सर्वे ह्यूर्ध्वरेतसः॥ ३५
रौद्राण्येतानि रूपाणि विष्णोर्मुनिवरात्मज।
नित्यप्रलयहेतुत्वं जगतोऽस्य प्रयान्ति वै॥ ३६
दक्षो मरीचिरत्रिश्च भृग्वाद्याश्च प्रजेश्वराः।
जगत्यत्र महाभाग नित्यसर्गस्य हेतवः॥ ३७
मनवो मनुपुत्राश्च भूपा वीर्यधराश्च ये।
सन्मार्गनिरताः शूरास्ते सर्वे स्थितिकारिणः॥ ३८

श्रीमैत्रेय उवाच

येयं नित्या स्थितिर्ब्रह्मन्नित्यसर्गस्तथेरितः।
नित्याभावश्च तेषां वै स्वरूपं मम कथ्यताम्॥ ३९

श्रीपराशर उवाच

सर्गस्थितिविनाशांश्च भगवान्मधुसूदनः।
तैस्तै रूपैरचिन्त्यात्मा करोत्यव्याहतो विभुः॥ ४०
नैमित्तिकः प्राकृतिकस्तथैवात्यन्तिको द्विज।
नित्यश्च सर्वभूतानां प्रलयोऽयं चतुर्विधः॥ ४१

पुलह, क्रतु, अत्रि, वसिष्ठ—इन मुनियों तथा अग्नि और पितरोंने ग्रहण किया॥ २६-२७॥

श्रद्धासे काम, चला (लक्ष्मी) से दर्प, धृतिसे नियम, तुष्टिसे सन्तोष और पुष्टिसे लोभकी उत्पत्ति हुई॥ २८॥ तथा मेधासे श्रुत, क्रियासे दण्ड, नय और विनय, बुद्धिसे बोध, लज्जासे विनय, वपुसे उसका पुत्र व्यवसाय, शान्तिसे क्षेम, सिद्धिसे सुख और कीर्तिसे यशका जन्म हुआ; ये ही धर्मके पुत्र हैं। रतिने कामसे धर्मके पौत्र हर्षको उत्पन्न किया॥ २९—३१॥

अधर्मकी स्त्री हिंसा थी, उससे अनृत नामक पुत्र और निकृति नामकी कन्या उत्पन्न हुई। उन दोनोंसे भय और नरक नामके पुत्र तथा उनकी पत्नियाँ माया और वेदना नामकी कन्याएँ हुईं। उनमेंसे मायाने समस्त प्राणियोंका संहारकर्ता मृत्यु नामक पुत्र उत्पन्न किया॥ ३२-३३॥ वेदनाने भी रौरव (नरक)-के द्वारा अपने पुत्र दुःखको जन्म दिया और मृत्युसे व्याधि, जरा, शोक, तृष्णा और क्रोधकी उत्पत्ति हुई॥ ३४॥ ये सब अधर्मरूप हैं और 'दुःखोत्तर' नामसे प्रसिद्ध हैं, [क्योंकि इनसे परिणाममें दुःख ही प्राप्त होता है] इनके न कोई स्त्री है और न सन्तान। ये सब ऊर्ध्वरेता हैं॥ ३५॥ हे मुनिकुमार! ये भगवान् विष्णुके बड़े भयंकर रूप हैं और ये ही संसारके नित्य-प्रलयके कारण होते हैं॥ ३६॥ हे महाभाग! दक्ष, मरीचि, अत्रि और भृगु आदि प्रजापतिगण इस जगत्के नित्य-सर्गके कारण हैं॥ ३७॥ तथा मनु और मनुके पराक्रमी, सन्मार्गपरायण और शूर-वीर पुत्र राजागण इस संसारकी नित्य-स्थितिके कारण हैं॥ ३८॥

श्रीमैत्रेयजी बोले—हे ब्रह्मन्! आपने जो नित्य-स्थिति, नित्य-सर्ग और नित्य-प्रलयका उल्लेख किया सो कृपा करके मुझसे इनका स्वरूप वर्णन कीजिये॥ ३९॥

श्रीपराशरजी बोले—जिनकी गति कहीं नहीं रुकती वे अचिन्त्यात्मा सर्वव्यापक भगवान् मधुसूदन निरन्तर इन मनु आदि रूपोंसे संसारकी उत्पत्ति, स्थिति और नाश करते रहते हैं॥ ४०॥ हे द्विज! समस्त भूतोंका चार प्रकारका प्रलय है—नैमित्तिक, प्राकृतिक, आत्यन्तिक और नित्य॥ ४१॥

ब्राह्मो नैमित्तिकस्तत्र शेतेऽयं जगतीपतिः।
प्रयाति प्राकृते चैव ब्रह्माण्डं प्रकृतौ लयम्॥ ४२
ज्ञानादात्यन्तिकः प्रोक्तो योगिनः परमात्मनि।
नित्यः सदैव भूतानां यो विनाशो दिवानिशम्॥ ४३
प्रसूतिः प्रकृतेर्या तु सा सृष्टिः प्राकृता स्मृता।
दैनन्दिनी तथा प्रोक्ता यान्तरप्रलयादनु॥ ४४
भूतान्यनुदिनं यत्र जायन्ते मुनिसत्तम।
नित्यसर्गो हि स प्रोक्तः पुराणार्थविचक्षणैः॥ ४५
एवं सर्वशरीरेषु भगवान्भूतभावनः।
संस्थितः कुरुते विष्णुरुत्पत्तिस्थितिसंयमान्॥ ४६
सृष्टिस्थितिविनाशानां शक्तयः सर्वदेहिषु।
वैष्णव्यः परिवर्त्तन्ते मैत्रेयाहर्निशं समाः॥ ४७
गुणत्रयमयं ह्येतद्ब्रह्मन् शक्तित्रयं महत्।
योऽतियाति स यात्येव परं नावर्त्तते पुनः॥ ४८

उनमेंसे नैमित्तिक प्रलय ही ब्राह्म-प्रलय है, जिसमें जगत्पति ब्रह्माजी कल्पान्तमें शयन करते हैं; तथा प्राकृतिक प्रलयमें ब्रह्माण्ड प्रकृतिमें लीन हो जाता है॥ ४२॥ ज्ञानके द्वारा योगीका परमात्मामें लीन हो जाना आत्यन्तिक प्रलय है और रात-दिन जो भूतोंका क्षय होता है वही नित्य-प्रलय है॥ ४३॥ प्रकृतिसे महत्तत्त्वादिक्रमसे जो सृष्टि होती है वह प्राकृतिक सृष्टि कहलाती है और अवान्तर-प्रलयके अनन्तर जो [ब्रह्माके द्वारा] चराचर जगत्की उत्पत्ति होती है वह दैनन्दिनी सृष्टि कही जाती है॥ ४४॥ और हे मुनिश्रेष्ठ! जिसमें प्रतिदिन प्राणियोंकी उत्पत्ति होती रहती है उसे पुराणार्थमें कुशल महानुभावोंने नित्य-सृष्टि कहा है॥ ४५॥

इस प्रकार समस्त शरीरमें स्थित भूतभावन भगवान् विष्णु जगत्की उत्पत्ति, स्थिति और प्रलय करते रहते हैं॥ ४६॥ हे मैत्रेय! सृष्टि, स्थिति और विनाशकी इन वैष्णवी शक्तियोंका समस्त शरीरोंमें समान भावसे अहनिश संचार होता रहता है॥ ४७॥ हे ब्रह्मन्! ये तीनों महती शक्तियाँ त्रिगुणमयी हैं; अतः जो उन तीनों गुणोंका अतिक्रमण कर जाता है वह परमपदको ही प्राप्त कर लेता है, फिर जन्म-मरणादिके चक्रमें नहीं पड़ता॥ ४८॥

इति श्रीविष्णुपुराणे प्रथमेंऽशे सप्तमोऽध्यायः॥ ७॥

आठवाँ अध्याय

रौद्र-सृष्टि और भगवान् तथा लक्ष्मीजीकी सर्वव्यापकताका वर्णन

श्रीपराशर उवाच

कथितस्तामसः सर्गो ब्रह्मणस्ते महामुने।
रुद्रसर्गं प्रवक्ष्यामि तन्मे निगदतः शृणु॥ १
कल्पादावात्मनस्तुल्यं सुतं प्रध्यायतस्ततः।
प्रादुरासीत्प्रभोरङ्के कुमारो नीललोहितः॥ २
रुरोद सुस्वरं सोऽथ प्राद्रवद्द्विजसत्तम।
किं त्वं रोदिषि तं ब्रह्मा रुदन्तं प्रत्युवाच ह॥ ३
नाम देहीति तं सोऽथ प्रत्युवाच प्रजापतिः।
रुद्रस्त्वं देव नाम्नासि मा रोदीर्धैर्यमावह।
एवमुक्तः पुनः सोऽथ सप्तकृत्वो रुरोद वै॥ ४

श्रीपराशरजी बोले—हे महामुने! मैंने तुमसे ब्रह्माजीके तामस-सर्गका वर्णन किया, अब मैं रुद्र-सर्गका वर्णन करता हूँ, सो सुनो॥ १॥ कल्पके आदिमें अपने समान पुत्र उत्पन्न होनेके लिये चिन्तन करते हुए ब्रह्माजीकी गोदमें नीललोहित वर्णके एक कुमारका प्रादुर्भाव हुआ॥ २॥

हे द्विजोत्तम! जन्मके अनन्तर ही वह जोर-जोरसे रोने और इधर-उधर दौड़ने लगा। उसे रोता देख ब्रह्माजीने उससे पूछा—"तू क्यों रोता है?"॥ ३॥ उसने कहा—"मेरा नाम रखो।" तब ब्रह्माजी बोले—'हे देव! तेरा नाम रुद्र है, अब तू मत रो, धैर्य धारण कर।' ऐसा कहनेपर भी वह सात बार और रोया॥ ४॥

भगवान् श्रीविष्णु

लक्ष्मीजीका प्रादुर्भाव

अक्रूरको प्रथम दर्शन

कालयवन और श्रीकृष्ण

कंसकी मल्लशालामें श्रीबलराम

कंसकी मल्लशालामें श्रीकृष्ण

श्रीबलरामजीकी लातसे धरती फट गयी

पौण्ड्रकपर श्रीकृष्णका प्रहार

ततोऽन्यानि ददौ तस्मै सप्त नामानि वै प्रभुः।
स्थानानि चैषामष्टानां पत्नीः पुत्रांश्च स प्रभुः॥ ५
भवं शर्वमथेशानं तथा पशुपतिं द्विज।
भीममुग्रं महादेवमुवाच स पितामहः॥ ६
चक्रे नामान्यथैतानि स्थानान्येषां चकार सः।
सूर्यो जलं मही वायुर्वह्निराकाशमेव च।
दीक्षितो ब्राह्मणः सोम इत्येतास्तनवः क्रमात्॥ ७
सुवर्चला तथैवोषा विकेशी चापरा शिवा।
स्वाहा दिशस्तथा दीक्षा रोहिणी च यथाक्रमम्॥ ८
सूर्यादीनां द्विजश्रेष्ठ रुद्राद्यैर्नामभिः सह।
पत्न्यः स्मृता महाभाग तदपत्यानि मे शृणु॥ ९
एषां सूतिप्रसूतिभ्यामिदमापूरितं जगत्॥ १०
शनैश्चरस्तथा शुक्रो लोहिताङ्गो मनोजवः।
स्कन्दः सर्गोऽथ सन्तानो बुधश्चानुक्रमात्सुताः॥ ११
एवंप्रकारो रुद्रोऽसौ सतीं भार्यामनिन्दिताम्।
उपयेमे दुहितरं दक्षस्यैव प्रजापतेः॥ १२
दक्षकोपाच्च तत्याज सा सती स्वकलेवरम्।
हिमवद्दुहिता साऽभून्मेनायां द्विजसत्तम॥ १३
उपयेमे पुनश्चोमामनन्यां भगवान्हरः॥ १४
देवौ धातृविधातारौ भृगोः ख्यातिरसूयत।
श्रियं च देवदेवस्य पत्नी नारायणस्य या॥ १५

श्रीमैत्रेय उवाच

क्षीराब्धौ श्रीः समुत्पन्ना श्रूयतेऽमृतमन्थने।
भृगोः ख्यात्यां समुत्पन्नेत्येतदाह कथं भवान्॥ १६

श्रीपराशर उवाच

नित्यैवैषा जगन्माता विष्णोः श्रीरनपायिनी।
यथा सर्वगतो विष्णुस्तथैवेयं द्विजोत्तम॥ १७
अर्थो विष्णुरियं वाणी नीतिरेषा नयो हरिः।
बोधो विष्णुरियं बुद्धिर्धर्मोऽसौ सत्क्रिया त्वियम्॥ १८
स्रष्टा विष्णुरियं सृष्टिः श्रीर्भूमिर्भूधरो हरिः।
सन्तोषो भगवाँल्लक्ष्मीस्तुष्टिर्मैत्रेय शाश्वती॥ १९
इच्छा श्रीर्भगवान्कामो यज्ञोऽसौ दक्षिणा त्वियम्।
आज्याहुतिरसौ देवी पुरोडाशो जनार्दनः॥ २०

तब भगवान् ब्रह्माजीने उसके सात नाम और रखे; तथा उन आठोंके स्थान, स्त्री और पुत्र भी निश्चित किये॥ ५॥ हे द्विज! प्रजापतिने उसे भव, शर्व, ईशान, पशुपति, भीम, उग्र और महादेव कहकर सम्बोधन किया॥ ६॥ यही उसके नाम रखे और इनके स्थान भी निश्चित किये। सूर्य, जल, पृथिवी, वायु, अग्नि, आकाश, [यज्ञमें] दीक्षित ब्राह्मण और चन्द्रमा—ये क्रमशः उनकी मूर्तियाँ हैं॥ ७॥ हे द्विजश्रेष्ठ! रुद्र आदि नामोंके साथ उन सूर्य आदि मूर्तियोंकी क्रमशः सुवर्चला, ऊषा, विकेशी, अपरा, शिवा, स्वाहा, दिशा, दीक्षा और रोहिणी नामकी पत्नियाँ हैं। हे महाभाग! अब उनके पुत्रोंके नाम सुनो; उन्हींके पुत्र-पौत्रादिकोंसे यह सम्पूर्ण जगत् परिपूर्ण है॥ ८—१०॥ शनैश्चर, शुक्र, लोहितांग, मनोजव, स्कन्द, सर्ग, सन्तान और बुध—ये क्रमशः उनके पुत्र हैं॥ ११॥ ऐसे भगवान् रुद्रने प्रजापति दक्षकी अनिन्दिता पुत्री सतीको अपनी भार्यारूपसे ग्रहण किया॥ १२॥ हे द्विजसत्तम! उस सतीने दक्षपर कुपित होनेके कारण अपना शरीर त्याग दिया था। फिर वह मेनाके गर्भसे हिमाचलकी पुत्री (उमा) हुई। भगवान् शंकरने उस अनन्यपरायणा उमासे फिर भी विवाह किया॥ १३-१४॥ भृगुके द्वारा ख्यातिने धाता और विधातानामक दो देवताओंको तथा लक्ष्मीजीको जन्म दिया जो भगवान् विष्णुकी पत्नी हुईं॥ १५॥

श्रीमैत्रेयजी बोले—भगवन्! सुना जाता है कि लक्ष्मीजी तो अमृत-मन्थनके समय क्षीर-सागरसे उत्पन्न हुई थीं, फिर आप ऐसा कैसे कहते हैं कि वे भृगुके द्वारा ख्यातिसे उत्पन्न हुईं॥ १६॥

श्रीपराशरजी बोले—हे द्विजोत्तम! भगवान्‌का कभी संग न छोड़नेवाली जगज्जननी लक्ष्मीजी तो नित्य ही हैं और जिस प्रकार श्रीविष्णुभगवान् सर्वव्यापक हैं वैसे ही ये भी हैं॥ १७॥ विष्णु अर्थ हैं और ये वाणी हैं, हरि नियम हैं और ये नीति हैं, भगवान् विष्णु बोध हैं और ये बुद्धि हैं तथा वे धर्म हैं और ये सत्क्रिया हैं॥ १८॥ हे मैत्रेय! भगवान् जगत्‌के स्रष्टा हैं और लक्ष्मीजी सृष्टि हैं, श्रीहरि भूधर (पर्वत अथवा राजा) हैं और लक्ष्मीजी भूमि हैं तथा भगवान् सन्तोष हैं और लक्ष्मीजी नित्य-तुष्टि हैं॥ १९॥ भगवान् काम हैं और लक्ष्मीजी इच्छा हैं, वे यज्ञ हैं और ये दक्षिणा हैं, श्रीजनार्दन पुरोडाश हैं और देवी लक्ष्मीजी आज्याहुति (घृतकी आहुति) हैं॥ २०॥

पत्नीशाला मुने लक्ष्मीः प्राग्वंशो मधुसूदनः।
चितिर्लक्ष्मीर्हरिर्यूप इध्मा श्रीर्भगवान्कुशः॥ २१
सामस्वरूपी भगवानुद्गीतिः कमलालया।
स्वाहा लक्ष्मीर्जगन्नाथो वासुदेवो हुताशनः॥ २२
शङ्करो भगवाञ्छौरिर्गौरी लक्ष्मीर्द्विजोत्तम।
मैत्रेय केशवः सूर्यस्तत्प्रभा कमलालया॥ २३
विष्णुः पितृगणः पद्मा स्वधा शाश्वतपुष्टिदा।
द्यौः श्रीः सर्वात्मको विष्णुरवकाशोऽतिविस्तरः॥ २४
शशाङ्कः श्रीधरः कान्तिः श्रीस्तथैवानपायिनी।
धृतिर्लक्ष्मीर्जगच्चेष्टा वायुः सर्वत्रगो हरिः॥ २५
जलधिर्द्विज गोविन्दस्तद्वेला श्रीर्महामुने।
लक्ष्मीस्वरूपमिन्द्राणी देवेन्द्रो मधुसूदनः॥ २६
यमश्चक्रधरः साक्षाद्धूमोर्णा कमलालया।
ऋद्धिः श्रीः श्रीधरो देवः स्वयमेव धनेश्वरः॥ २७
गौरी लक्ष्मीर्महाभागा केशवो वरुणः स्वयम्।
श्रीर्देवसेना विप्रेन्द्र देवसेनापतिर्हरिः॥ २८
अवष्टम्भो गदापाणिः शक्तिर्लक्ष्मीर्द्विजोत्तम।
काष्ठा लक्ष्मीर्निमेषोऽसौ मुहूर्त्तोऽसौ कला त्वियम्॥ २९
ज्योत्स्ना लक्ष्मीः प्रदीपोऽसौ सर्वः सर्वेश्वरो हरिः।
लताभूता जगन्माता श्रीविष्णुर्द्रुमसंज्ञितः॥ ३०
विभावरी श्रीर्दिवसो देवश्चक्रगदाधरः।
वरप्रदो वरो विष्णुर्वधूः पद्मवनालया॥ ३१
नदस्वरूपी भगवाञ्छ्रीर्नदीरूपसंस्थिता।
ध्वजश्च पुण्डरीकाक्षः पताका कमलालया॥ ३२
तृष्णा लक्ष्मीर्जगन्नाथो लोभो नारायणः परः।
रती रागश्च मैत्रेय लक्ष्मीर्गोविन्द एव च॥ ३३
किं चातिबहुनोक्तेन सङ्क्षेपेणेदमुच्यते॥ ३४
देवतिर्यङ्मनुष्यादौ पुन्नामा भगवान्हरिः।
स्त्रीनाम्नी श्रीश्च विज्ञेया नानयोर्विद्यते परम्॥ ३५

हे मुने! मधुसूदन यजमानगृह हैं और लक्ष्मीजी पत्नीशाला हैं, श्रीहरि यूप हैं और लक्ष्मीजी चिति हैं तथा भगवान् कुशा हैं और लक्ष्मीजी इध्मा हैं॥ २१॥ भगवान् सामस्वरूप हैं और श्रीकमलादेवी उद्‌गीति हैं, जगत्पति भगवान् वासुदेव हुताशन हैं और लक्ष्मीजी स्वाहा हैं॥ २२॥ हे द्विजोत्तम! भगवान् विष्णु शंकर हैं और श्रीलक्ष्मीजी गौरी हैं तथा हे मैत्रेय! श्रीकेशव सूर्य हैं और कमलवासिनी श्रीलक्ष्मीजी उनकी प्रभा हैं॥ २३॥ श्रीविष्णु पितृगण हैं और श्रीकमला नित्य पुष्टिदायिनी स्वधा हैं, विष्णु अति विस्तीर्ण सर्वात्मक अवकाश हैं और लक्ष्मीजी स्वर्गलोक हैं॥ २४॥ भगवान् श्रीधर चन्द्रमा हैं और श्रीलक्ष्मीजी उनकी अक्षय कान्ति हैं, हरि सर्वगामी वायु हैं और लक्ष्मीजी जगच्चेष्टा (जगत्‌की गति) और धृति (आधार) हैं॥ २५॥ हे महामुने! श्रीगोविन्द समुद्र हैं और हे द्विज! लक्ष्मीजी उसकी तरंग हैं, भगवान् मधुसूदन देवराज इन्द्र हैं और लक्ष्मीजी इन्द्राणी हैं॥ २६॥ चक्रपाणि भगवान् यम हैं और श्रीकमला यमपत्नी धूमोर्णा हैं, देवाधिदेव श्रीविष्णु कुबेर हैं और श्रीलक्ष्मीजी साक्षात् ऋद्धि हैं॥ २७॥ श्रीकेशव स्वयं वरुण हैं और महाभागा लक्ष्मीजी गौरी हैं, हे द्विजराज! श्रीहरि देवसेनापति स्वामिकार्तिकेय हैं और श्रीलक्ष्मीजी देवसेना हैं॥ २८॥ हे द्विजोत्तम! भगवान् गदाधर आश्रय हैं और लक्ष्मीजी शक्ति हैं, भगवान् निमेष हैं और लक्ष्मीजी काष्ठा हैं, वे मुहूर्त हैं और ये कला हैं॥ २९॥ सर्वेश्वर सर्वरूप श्रीहरि दीपक हैं और श्रीलक्ष्मीजी ज्योति हैं, श्रीविष्णु वृक्षरूप हैं और जगन्माता श्रीलक्ष्मीजी लता हैं॥ ३०॥ चक्रगदाधरदेव श्रीविष्णु दिन हैं और लक्ष्मीजी रात्रि हैं, वरदायक श्रीहरि वर हैं और पद्मनिवासिनी श्रीलक्ष्मीजी वधू हैं॥ ३१॥ भगवान् नद हैं और श्रीजी नदी हैं, कमलनयन भगवान् ध्वजा हैं और कमलालया लक्ष्मीजी पताका हैं॥ ३२॥ जगदीश्वर परमात्मा नारायण लोभ हैं और लक्ष्मीजी तृष्णा हैं तथा हे मैत्रेय! रति और राग भी साक्षात् श्रीलक्ष्मी और गोविन्दरूप ही हैं॥ ३३॥ अधिक क्या कहा जाय? संक्षेपमें, यह कहना चाहिये कि देव, तिर्यक् और मनुष्य आदिमें पुरुषवाची भगवान् हरि हैं और स्त्रीवाची श्रीलक्ष्मीजी, इनके परे और कोई नहीं है॥ ३४-३५॥

इति श्रीविष्णुपुराणे प्रथमेंऽशे अष्टमोऽध्यायः॥ ८॥

नवाँ अध्याय

दुर्वासाजीके शापसे इन्द्रका पराजय, ब्रह्माजीकी स्तुतिसे प्रसन्न हुए भगवान्‌का प्रकट होकर देवताओंको समुद्र-मन्थनका उपदेश करना तथा देवता और दैत्योंका समुद्र-मन्थन

श्रीपराशर उवाच

इदं च शृणु मैत्रेय यत्पृष्टोऽहमिह त्वया।
श्रीसम्बन्धं मयाप्येतच्छ्रुतमासीन्मरीचितः॥ १
दुर्वासाः शङ्करस्यांशश्चचार पृथिवीमिमाम्।
स ददर्श स्रजं दिव्यामृषिर्विद्याधरीकरे॥ २
सन्तानकानामखिलं यस्या गन्धेन वासितम्।
अतिसेव्यमभूद्ब्रह्मन् तद्वनं वनचारिणाम्॥ ३
उन्मत्तव्रतधृग्विप्रस्तां दृष्ट्वा शोभनां स्रजम्।
तां ययाचे वरारोहां विद्याधरवधूं ततः॥ ४
याचिता तेन तन्वङ्गी मालां विद्याधराङ्गना।
ददौ तस्मै विशालाक्षी सादरं प्रणिपत्य तम्॥ ५
तामादायात्मनो मूर्ध्नि स्रजमुन्मत्तरूपधृक्।
कृत्वा स विप्रो मैत्रेय परिबभ्राम मेदिनीम्॥ ६
स ददर्श तमायान्तमुन्मत्तैरावते स्थितम्।
त्रैलोक्याधिपतिं देवं सह देवैः शचीपतिम्॥ ७
तामात्मनः स शिरसः स्रजमुन्मत्तषट्पदाम्।
आदायामरराजाय चिक्षेपोन्मत्तवन्मुनिः॥ ८
गृहीत्वाऽमरराजेन स्रगैरावतमूर्द्धनि।
न्यस्ता रराज कैलासशिखरे जाह्नवी यथा॥ ९
मदान्धकारिताक्षोऽसौ गन्धाकृष्टेन वारणः।
करेणाघ्राय चिक्षेप तां स्रजं धरणीतले॥ १०
ततश्चुक्रोध भगवान्दुर्वासा मुनिसत्तमः।
मैत्रेय देवराजं तं क्रुद्धश्चैतदुवाच ह॥ ११

दुर्वासा उवाच

ऐश्वर्यमददुष्टात्मन्नतिस्तब्धोऽसि वासव।
श्रियो धाम स्रजं यस्त्वं मद्दत्तां नाभिनन्दसि॥ १२
प्रसाद इति नोक्तं ते प्रणिपातपुरःसरम्।
हर्षोत्फुल्लकपोलेन न चापि शिरसा धृता॥ १३
मया दत्तामिमां मालां यस्मान्न बहु मन्यसे।
त्रैलोक्यश्रीरतो मूढ विनाशमुपयास्यति॥ १४

श्रीपराशरजी बोले—हे मैत्रेय ! तुमने इस समय मुझसे जिसके विषयमें पूछा है वह श्रीसम्बन्ध (लक्ष्मीजीका इतिहास) मैंने भी मरीचि ऋषिसे सुना था, वह मैं तुम्हें सुनाता हूँ, [सावधान होकर] सुनो॥ १॥ एक बार शंकरके अंशावतार श्रीदुर्वासाजी पृथिवीतलमें विचर रहे थे। घूमते-घूमते उन्होंने एक विद्याधरीके हाथोंमें सन्तानक पुष्पोंकी एक दिव्य माला देखी। हे ब्रह्मन्! उसकी गन्धसे सुवासित होकर वह वन वनवासियोंके लिये अति सेवनीय हो रहा था॥ २-३॥ तब उन उन्मत्तवृत्तिवाले विप्रवरने वह सुन्दर माला देखकर उसे उस विद्याधर-सुन्दरीसे माँगा॥ ४॥ उनके माँगनेपर उस बड़े-बड़े नेत्रोंवाली कृशांगी विद्याधरीने उन्हें आदरपूर्वक प्रणाम कर वह माला दे दी॥ ५॥

हे मैत्रेय! उन उन्मत्तवेषधारी विप्रवरने उसे लेकर अपने मस्तकपर डाल लिया और पृथिवीपर विचरने लगे॥ ६॥ इसी समय उन्होंने उन्मत्त ऐरावतपर चढ़कर देवताओंके साथ आते हुए त्रैलोक्याधिपति शचीपति इन्द्रको देखा॥ ७॥ उन्हें देखकर मुनिवर दुर्वासाने उन्मत्तके समान वह मतवाले भौंरोंसे गुंजायमान माला अपने सिरपरसे उतारकर देवराज इन्द्रके ऊपर फेंक दी॥ ८॥ देवराजने उसे लेकर ऐरावतके मस्तकपर डाल दी; उस समय वह ऐसी सुशोभित हुई मानो कैलास पर्वतके शिखरपर श्रीगंगाजी विराजमान हों॥ ९॥ उस मदोन्मत्त हाथीने भी उसकी गन्धसे आकर्षित हो उसे सूँडसे सूँघकर पृथिवीपर फेंक दिया॥ १०॥ हे मैत्रेय! यह देखकर मुनिश्रेष्ठ भगवान् दुर्वासाजी अति क्रोधित हुए और देवराज इन्द्रसे इस प्रकार बोले॥ ११॥

दुर्वासाजीने कहा—अरे ऐश्वर्यके मदसे दूषितचित्त इन्द्र! तू बड़ा ढीठ है, तूने मेरी दी हुई सम्पूर्ण शोभाकी धाम मालाका कुछ भी आदर नहीं किया!॥ १२॥ अरे ! तूने न तो प्रणाम करके 'बड़ी कृपा की' ऐसा ही कहा और न हर्षसे प्रसन्नवदन होकर उसे अपने सिरपर ही रखा॥ १३॥ रे मूढ़! तूने मेरी दी हुई मालाका कुछ भी मूल्य नहीं किया, इसलिये तेरा त्रिलोकीका वैभव नष्ट हो जायगा॥ १४॥

मां मन्यसे त्वं सदृशं नूनं शक्रेतरद्विजैः।
अतोऽवमानमस्मासु मानिना भवता कृतम्॥ १५
मद्दत्ता भवता यस्मात्क्षिप्ता माला महीतले।
तस्मात्प्रणष्टलक्ष्मीकं त्रैलोक्यं ते भविष्यति॥ १६
यस्य सञ्जातकोपस्य भयमेति चराचरम्।
तं त्वं मामतिगर्वेण देवराजावमन्यसे॥ १७

श्रीपराशर उवाच

महेन्द्रो वारणस्कन्धादवतीर्य त्वरान्वितः।
प्रसादयामास मुनिं दुर्वाससमकल्मषम्॥ १८
प्रसाद्यमानः स तदा प्रणिपातपुरःसरम्।
इत्युवाच सहस्राक्षं दुर्वासा मुनिसत्तमः॥ १९

दुर्वासा उवाच

नाहं कृपालुहृदयो न च मां भजते क्षमा।
अन्ये ते मुनयः शक्र दुर्वाससमवेहि माम्॥ २०
गौतमादिभिरन्यैस्त्वं गर्वमारोपितो मुधा।
अक्षान्तिसारसर्वस्वं दुर्वाससमवेहि माम्॥ २१
वसिष्ठाद्यैर्दयासारैस्स्तोत्रं कुर्वद्भिरुच्चकैः।
गर्वं गतोऽसि येनैवं मामप्यद्यावमन्यसे॥ २२
ज्वलज्जटाकलापस्य भृकुटीकुटिलं मुखम्।
निरीक्ष्य कस्त्रिभुवने मम यो न गतो भयम्॥ २३
नाहं क्षमिष्ये बहुना किमुक्तेन शतक्रतो।
विडम्बनामिमां भूयः करोष्यनुनयात्मिकाम्॥ २४

श्रीपराशर उवाच

इत्युक्त्वा प्रययौ विप्रो देवराजोऽपि तं पुनः।
आरुह्यैरावतं ब्रह्मन् प्रययावमरावतीम्॥ २५
ततः प्रभृति निःश्रीकं सशक्रं भुवनत्रयम्।
मैत्रेयासीदपध्वस्तं सङ्क्षीणौषधिवीरुधम्॥ २६
न यज्ञाः समवर्त्तन्त न तपस्यन्ति तापसाः।
न च दानादिधर्मेषु मनश्चक्रे तदा जनः॥ २७
निःसत्त्वाः सकला लोका लोभाद्युपहतेन्द्रियाः।
स्वल्पेऽपि हि बभूवुस्ते साभिलाषा द्विजोत्तम॥ २८
यतः सत्त्वं ततो लक्ष्मीः सत्त्वं भूत्यनुसारि च।
निःश्रीकाणां कुतः सत्त्वं विना तेन गुणाः कुतः॥ २९

इन्द्र! निश्चय ही तू मुझे और ब्राह्मणोंके समान ही समझता है, इसीलिये तुझ अति मानीने हमारा इस प्रकार अपमान किया है॥ १५॥ अच्छा, तूने मेरी दी हुई मालाको पृथिवीपर फेंका है इसलिये तेरा यह त्रिभुवन भी शीघ्र ही श्रीहीन हो जायगा॥ १६॥ रे देवराज! जिसके क्रुद्ध होनेपर सम्पूर्ण चराचर जगत् भयभीत हो जाता है उस मेरा ही तूने अति गर्वसे इस प्रकार अपमान किया!॥ १७॥

श्रीपराशरजी बोले—तब तो इन्द्रने तुरन्त ही ऐरावत हाथीसे उतरकर निष्पाप मुनिवर दुर्वासाजीको [अनुनय-विनय करके] प्रसन्न किया॥ १८॥ तब उसके प्रणामादि करनेसे प्रसन्न होकर मुनिश्रेष्ठ दुर्वासाजी उससे इस प्रकार कहने लगे॥ १९॥

दुर्वासाजी बोले—इन्द्र! मैं कृपालु-चित्त नहीं हूँ, मेरे अन्तःकरणमें क्षमाको स्थान नहीं है। वे मुनिजन तो और ही हैं; तुम समझो, मैं तो दुर्वासा हूँ न?॥ २०॥ गौतमादि अन्य मुनिजनोंने व्यर्थ ही तुझे इतना मुँह लगा लिया है; पर याद रख, मुझ दुर्वासाका सर्वस्व तो क्षमा न करना ही है॥ २१॥ दयामूर्ति वसिष्ठ आदिके बढ़-बढ़कर स्तुति करनेसे तू इतना गर्वीला हो गया कि आज मेरा भी अपमान करने चला है॥ २२॥ अरे! आज त्रिलोकीमें ऐसा कौन है जो मेरे प्रज्वलित जटाकलाप और टेढ़ी भृकुटिको देखकर भयभीत न हो जाय?॥ २३॥ रे शतक्रतो! तू बारम्बार अनुनय-विनय करनेका ढोंग क्यों करता है? तेरे इस कहने-सुननेसे क्या होगा? मैं क्षमा नहीं कर सकता॥ २४॥

श्रीपराशरजी बोले—हे ब्रह्मन्! इस प्रकार कह वे विप्रवर वहाँसे चल दिये और इन्द्र भी ऐरावतपर चढ़कर अमरावतीको चले गये॥ २५॥ हे मैत्रेय! तभीसे इन्द्रके सहित तीनों लोक वृक्ष-लता आदिके क्षीण हो जानेसे श्रीहीन और नष्ट-भ्रष्ट होने लगे॥ २६॥ तबसे यज्ञोंका होना बन्द हो गया, तपस्वियोंने तप करना छोड़ दिया तथा लोगोंका दान आदि धर्मोंमें चित्त नहीं रहा॥ २७॥ हे द्विजोत्तम! सम्पूर्ण लोक लोभादिके वशीभूत हो जानेसे सत्त्वशून्य (सामर्थ्यहीन) हो गये और तुच्छ वस्तुओंके लिये भी लालायित रहने लगे॥ २८॥ जहाँ सत्त्व होता है वहीं लक्ष्मी रहती है और सत्त्व भी लक्ष्मीका ही साथी है। श्रीहीनोंमें भला सत्त्व कहाँ? और बिना सत्त्वके गुण कैसे ठहर सकते हैं?॥ २९॥

बलशौर्याद्यभावश्च पुरुषाणां गुणैर्विना।
लङ्घनीयः समस्तस्य बलशौर्यविवर्जितः॥ ३०
भवत्यपध्वस्तमतिर्लङ्घितः प्रथितः पुमान्॥ ३१
एवमत्यन्तनिःश्रीके त्रैलोक्ये सत्त्ववर्जिते।
देवान् प्रति बलोद्योगं चक्रुर्दैतेयदानवाः॥ ३२
लोभाभिभूता निःश्रीका दैत्याः सत्त्वविवर्जिताः।
श्रिया विहीनैर्निःसत्त्वैर्देवैश्चक्रुस्ततो रणम्॥ ३३
विजितास्त्रिदशा दैत्यैरिन्द्राद्याः शरणं ययुः।
पितामहं महाभागं हुताशनपुरोगमाः॥ ३४
यथावत्कथितो देवैर्ब्रह्मा प्राह ततः सुरान्।
परावरेशं शरणं व्रजध्वमसुरार्दनम्॥ ३५
उत्पत्तिस्थितिनाशानामहेतुं हेतुमीश्वरम्।
प्रजापतिपतिं विष्णुमनन्तमपराजितम्॥ ३६
प्रधानपुंसोरजयोः कारणं कार्यभूतयोः।
प्रणतार्त्तिहरं विष्णुं स वः श्रेयो विधास्यति॥ ३७

श्रीपराशर उवाच

एवमुक्त्वा सुरान्सर्वान् ब्रह्मा लोकपितामहः।
क्षीरोदस्योत्तरं तीरं तैरेव सहितो ययौ॥ ३८
स गत्वा त्रिदशैः सर्वैः समवेतः पितामहः।
तुष्टाव वाग्भिरिष्टाभिः परावरपतिं हरिम्॥ ३९

ब्रह्मोवाच

नमामि सर्वं सर्वेशमनन्तमजमव्ययम्।
लोकधाम धराधारमप्रकाशमभेदिनम्॥ ४०
नारायणमणीयांसमशेषाणामणीयसाम्।
समस्तानां गरिष्ठं च भूरादीनां गरीयसाम्॥ ४१
यत्र सर्वं यतः सर्वमुत्पन्नं मत्पुरःसरम्।
सर्वभूतश्च यो देवः पराणामपि यः परः॥ ४२
परः परस्मात्पुरुषात्परमात्मस्वरूपधृक्।
योगिभिश्चिन्त्यते योऽसौ मुक्तिहेतोर्मुमुक्षुभिः॥ ४३
सत्त्वादयो न सन्तीशे यत्र च प्राकृता गुणाः।
स शुद्धः सर्वशुद्धेभ्यः पुमानाद्यः प्रसीदतु॥ ४४
कलाकाष्ठामुहूर्त्तादिकालसूत्रस्य गोचरे।
यस्य शक्तिर्न शुद्धस्य स नो विष्णुः प्रसीदतु॥ ४५

बिना गुणोंके पुरुषमें बल, शौर्य आदि सभीका अभाव हो जाता है और निर्बल तथा अशक्त पुरुष सभीसे अपमानित होता है॥ ३०॥ अपमानित होनेपर प्रतिष्ठित पुरुषकी बुद्धि बिगड़ जाती है॥ ३१॥

इस प्रकार त्रिलोकीके श्रीहीन और सत्त्वरहित हो जानेपर दैत्य और दानवोंने देवताओंपर चढ़ाई कर दी॥ ३२॥ सत्त्व और वैभवसे शून्य होनेपर भी दैत्योंने लोभवश निःसत्त्व और श्रीहीन देवताओंसे घोर युद्ध ठाना॥ ३३॥ अन्तमें दैत्योंद्वारा देवतालोग परास्त हुए। तब इन्द्रादि समस्त देवगण अग्निदेवको आगे कर महाभाग पितामह श्रीब्रह्माजीकी शरण गये॥ ३४॥ देवताओंसे सम्पूर्ण वृत्तान्त सुनकर श्रीब्रह्माजीने उनसे कहा, 'हे देवगण! तुम दैत्य-दलन परावरेश्वर भगवान् विष्णुकी शरण जाओ, जो [आरोपसे] संसारकी उत्पत्ति, स्थिति और संहारके कारण हैं किन्तु [वास्तवमें] कारण भी नहीं हैं और जो चराचरके ईश्वर, प्रजापतियोंके स्वामी, सर्वव्यापक, अनन्त और अजेय हैं तथा जो अजन्मा किन्तु कार्यरूपमें परिणत हुए प्रधान (मूलप्रकृति) और पुरुषके कारण हैं एवं शरणागतवत्सल हैं। [शरण जानेपर] वे अवश्य तुम्हारा मंगल करेंगे'॥ ३५—३७॥

श्रीपराशरजी बोले—हे मैत्रेय! सम्पूर्ण देवगणोंसे इस प्रकार कह लोकपितामह श्रीब्रह्माजी भी उनके साथ क्षीरसागरके उत्तरी तटपर गये॥ ३८॥ वहाँ पहुँचकर पितामह ब्रह्माजीने समस्त देवताओंके साथ परावरनाथ श्रीविष्णुभगवान्‌की अति मंगलमय वाक्योंसे स्तुति की॥ ३९॥

ब्रह्माजी कहने लगे—जो समस्त अणुओंसे भी अणु और पृथिवी आदि समस्त गुरुओं (भारी पदार्थों)-से भी गुरु (भारी) हैं; उन निखिललोकविश्राम, पृथिवीके आधारस्वरूप, अप्रकाश्य, अभेद्य, सर्वरूप, सर्वेश्वर, अनन्त, अज और अव्यय नारायणको मैं नमस्कार करता हूँ॥ ४०-४१॥ मेरे सहित सम्पूर्ण जगत् जिसमें स्थित है, जिससे उत्पन्न हुआ है और जो देव सर्वभूतमय है तथा जो पर (प्रधानादि) से भी पर है; जो पर पुरुषसे भी पर है, मुक्ति-लाभके लिये मोक्षकामी मुनिजन जिसका ध्यान धरते हैं तथा जिस ईश्वरमें सत्त्वादि प्राकृतिक गुणोंका सर्वथा अभाव है वह समस्त शुद्ध पदार्थोंसे भी परम शुद्ध परमात्मस्वरूप आदिपुरुष हमपर प्रसन्न हों॥ ४२—४४॥ जिस शुद्धस्वरूप भगवान्‌की शक्ति (विभूति) कला-काष्ठा और मुहूर्त आदि काल-क्रमका विषय नहीं है, वे भगवान् विष्णु हमपर प्रसन्न हों॥ ४५॥

प्रोच्यते परमेशो हि यः शुद्धोऽप्युपचारतः।
प्रसीदतु स नो विष्णुरात्मा यः सर्वदेहिनाम्॥ ४६
यः कारणं च कार्यं च कारणस्यापि कारणम्।
कार्यस्यापि च यः कार्यं प्रसीदतु स नो हरिः॥ ४७
कार्यकार्यस्य यत्कार्यं तत्कार्यस्यापि यः स्वयम्।
तत्कार्यकार्यभूतो यस्ततश्च प्रणताः स्म तम्॥ ४८
कारणं कारणस्यापि तस्य कारणकारणम्।
तत्कारणानां हेतुं तं प्रणताः स्म परेश्वरम्॥ ४९
भोक्तारं भोग्यभूतं च स्रष्टारं सृज्यमेव च।
कार्यकर्तृस्वरूपं तं प्रणताः स्म परं पदम्॥ ५०
विशुद्धबोधवन्नित्यमजमक्षयमव्ययम्।
अव्यक्तमविकारं यत्तद्विष्णोः परमं पदम्॥ ५१
न स्थूलं न च सूक्ष्मं यन्न विशेषणगोचरम्।
तत्पदं परमं विष्णोः प्रणमामः सदाऽमलम्॥ ५२
यस्यायुतायुतांशांशे विश्वशक्तिरियं स्थिता।
परब्रह्मस्वरूपं यत्प्रणमामस्तमव्ययम्॥ ५३
यद्योगिनः सदोद्युक्ताः पुण्यपापक्षयेऽक्षयम्।
पश्यन्ति प्रणवे चिन्त्यं तद्विष्णोः परमं पदम्॥ ५४
यन्न देवा न मुनयो न चाहं न च शङ्करः।
जानन्ति परमेशस्य तद्विष्णोः परमं पदम्॥ ५५
शक्तयो यस्य देवस्य ब्रह्मविष्णुशिवात्मिकाः।
भवन्त्यभूतपूर्वस्य तद्विष्णोः परमं पदम्॥ ५६
सर्वेश सर्वभूतात्मन्सर्व सर्वाश्रयाच्युत।
प्रसीद विष्णो भक्तानां व्रज नो दृष्टिगोचरम्॥ ५७

श्रीपराशर उवाच

इत्युदीरितमाकर्ण्य ब्रह्मणस्त्रिदशास्ततः।
प्रणम्योचुः प्रसीदेति व्रज नो दृष्टिगोचरम्॥ ५८
यन्नायं भगवान् ब्रह्मा जानाति परमं पदम्।
तन्नताः स्म जगद्धाम तव सर्वगताच्युत॥ ५९

जो शुद्धस्वरूप होकर भी उपचारसे परमेश्वर (परमा=महालक्ष्मी+ ईश्वर=पति) अर्थात् लक्ष्मीपति कहलाते हैं और जो समस्त देहधारियोंके आत्मा हैं वे श्रीविष्णुभगवान् हमपर प्रसन्न हों॥ ४६॥ जो कारण और कार्यरूप हैं तथा कारणके भी कारण और कार्यके भी कार्य हैं वे श्रीहरि हमपर प्रसन्न हों॥ ४७॥ जो कार्य (महत्तत्त्व)-के कार्य (अहंकार)-का भी कार्य (तन्मात्रापंचक) है उसके कार्य (भूतपंचक)-का भी कार्य (ब्रह्माण्ड) जो स्वयं है और जो उसके कार्य (ब्रह्मा-दक्षादि)-का भी कार्यभूत (प्रजापतियोंके पुत्र-पौत्रादि) है उसे हम प्रणाम करते हैं॥ ४८॥ तथा जो जगत्के कारण (ब्रह्मादि)-का कारण (ब्रह्माण्ड) और उसके कारण (भूतपंचक)-के कारण (पंचतन्मात्रा)-के कारणों (अहंकार-महत्तत्त्वादि)-का भी हेतु (मूलप्रकृति) है उस परमेश्वरको हम प्रणाम करते हैं॥ ४९॥ जो भोक्ता और भोग्य, स्रष्टा और सृज्य तथा कर्ता और कार्यरूप स्वयं ही है उस परमपदको हम प्रणाम करते हैं॥ ५०॥ जो विशुद्ध बोधस्वरूप, नित्य, अजन्मा, अक्षय, अव्यय, अव्यक्त और अविकारी है वही विष्णुका परमपद (परस्वरूप) है॥ ५१॥ जो न स्थूल है न सूक्ष्म और न किसी अन्य विशेषणका विषय है वही भगवान् विष्णुका नित्य-निर्मल परमपद है, हम उसको प्रणाम करते हैं॥ ५२॥ जिसके अयुतांश (दस हजारवें अंश) के अयुतांशमें यह विश्वरचनाकी शक्ति स्थित है तथा जो परब्रह्मस्वरूप है उस अव्ययको हम प्रणाम करते हैं॥ ५३॥ नित्य-युक्त योगिगण अपने पुण्य-पापादिका क्षय हो जानेपर ॐ कारद्वारा चिन्तनीय जिस अविनाशी पदका साक्षात्कार करते हैं वही भगवान् विष्णुका परमपद है॥ ५४॥ जिसको देवगण, मुनिगण, शंकर और मैं—कोई भी नहीं जान सकते वही परमेश्वर श्रीविष्णुका परमपद है॥ ५५॥ जिस अभूतपूर्व देवकी ब्रह्मा, विष्णु और शिवरूप शक्तियाँ हैं वही भगवान् विष्णुका परमपद है॥ ५६॥ हे सर्वेश्वर! हे सर्वभूतात्मन्! हे सर्वरूप! हे सर्वाधार! हे अच्युत! हे विष्णो! हम भक्तोंपर प्रसन्न होकर हमें दर्शन दीजिये॥ ५७॥

श्रीपराशरजी बोले—ब्रह्माजीके इन उद्गारोंको सुनकर देवगण भी प्रणाम करके बोले—'प्रभो! हमपर प्रसन्न होकर हमें दर्शन दीजिये॥ ५८॥ हे जगद्धाम सर्वगत अच्युत! जिसे ये भगवान् ब्रह्माजी भी नहीं जानते, आपके उस परमपदको हम प्रणाम करते हैं'॥ ५९॥

इत्यन्ते वचसस्तेषां देवानां ब्रह्मणस्तथा।
ऊचुर्देवर्षयस्सर्वे बृहस्पतिपुरोगमाः॥ ६०
आद्यो यज्ञपुमानीड्यः पूर्वेषां यश्च पूर्वजः।
तन्नताः स्म जगत्स्रष्टुः स्रष्टारमविशेषणम्॥ ६१
भगवन्भूतभव्येश यज्ञमूर्त्तिधराव्यय।
प्रसीद प्रणतानां त्वं सर्वेषां देहि दर्शनम्॥ ६२
एष ब्रह्मा सहास्माभिः सहरुद्रैस्त्रिलोचनः।
सर्वादित्यैः समं पूषा पावकोऽयं सहाग्निभिः॥ ६३
अश्विनौ वसवश्चेमे सर्वे चैते मरुद्गणाः।
साध्या विश्वे तथा देवा देवेन्द्रश्चायमीश्वरः॥ ६४
प्रणामप्रवणा नाथ दैत्यसैन्यैः पराजिताः।
शरणं त्वामनुप्राप्ताः समस्ता देवतागणाः॥ ६५

श्रीपराशर उवाच

एवं संस्तूयमानस्तु भगवाञ्छङ्खचक्रधृक्।
जगाम दर्शनं तेषां मैत्रेय परमेश्वरः॥ ६६
तं दृष्ट्वा ते तदा देवाः शङ्खचक्रगदाधरम्।
अपूर्वरूपसंस्थानं तेजसां राशिमूर्जितम्॥ ६७
प्रणम्य प्रणताः सर्वे संक्षोभस्तिमितेक्षणाः।
तुष्टुवुः पुण्डरीकाक्षं पितामहपुरोगमाः॥ ६८

देवा ऊचुः

नमो नमोऽविशेषस्त्वं त्वं ब्रह्मा त्वं पिनाकधृक्।
इन्द्रस्त्वमग्निः पवनो वरुणः सविता यमः॥ ६९
वसवो मरुतः साध्या विश्वेदेवगणाः भवान्।
योऽयं तवाग्रतो देव समीपं देवतागणः।
स त्वमेव जगत्स्रष्टा यतः सर्वगतो भवान्॥ ७०
त्वं यज्ञस्त्वं वषट्कारस्त्वमोङ्कारःप्रजापतिः।
विद्या वेद्यं च सर्वात्मंस्त्वन्मयं चाखिलं जगत्॥ ७१
त्वामार्त्ताः शरणं विष्णो प्रयाता दैत्यनिर्जिताः।
वयं प्रसीद सर्वात्मंस्तेजसाप्याययस्व नः॥ ७२
तावदार्त्तिस्तथा वाञ्छा तावन्मोहस्तथाऽसुखम्।
यावन्न याति शरणं त्वामशेषाघनाशनम्॥ ७३
त्वं प्रसादं प्रसन्नात्मन् प्रपन्नानां कुरुष्व नः।
तेजसां नाथ सर्वेषां स्वशक्त्याप्यायनं कुरु॥ ७४

तदनन्तर ब्रह्मा और देवगणोंके बोल चुकनेपर बृहस्पति आदि समस्त देवर्षिगण कहने लगे—॥ ६०॥ 'जो परम स्तवनीय आद्य यज्ञ-पुरुष हैं और पूर्वजोंके भी पूर्वपुरुष हैं उन जगत्के रचयिता निर्विशेष परमात्माको हम नमस्कार करते हैं॥ ६१॥ हे भूत-भव्येश यज्ञमूर्तिधर भगवन्! हे अव्यय! हम सब शरणागतोंपर आप प्रसन्न होइये और दर्शन दीजिये॥ ६२॥ हे नाथ! हमारे सहित ये ब्रह्माजी, रुद्रोंके सहित भगवान् शंकर, बारहों आदित्योंके सहित भगवान् पूषा, अग्नियोंके सहित पावक और ये दोनों अश्विनीकुमार, आठों वसु, समस्त मरुद्गण, साध्यगण, विश्वेदेव तथा देवराज इन्द्र ये सभी देवगण दैत्य-सेनासे पराजित होकर अति प्रणत हो आपकी शरणमें आये हैं'॥ ६३—६५॥

श्रीपराशरजी बोले—हे मैत्रेय! इस प्रकार स्तुति किये जानेपर शंख-चक्रधारी भगवान् परमेश्वर उनके सम्मुख प्रकट हुए॥ ६६॥ तब उस शंख-चक्रगदाधारी उत्कृष्ट तेजोराशिमय अपूर्व दिव्य मूर्तिको देखकर पितामह आदि समस्त देवगण अति विनयपूर्वक प्रणामकर क्षोभवश चकित-नयन हो उन कमलनयन भगवान्की स्तुति करने लगे॥ ६६—६८॥

देवगण बोले—हे प्रभो! आपको नमस्कार है, नमस्कार है। आप निर्विशेष हैं तथापि आप ही ब्रह्मा हैं, आप ही शंकर हैं तथा आप ही इन्द्र, अग्नि, पवन, वरुण, सूर्य और यमराज हैं॥ ६९॥ हे देव! वसुगण, मरुद्गण, साध्यगण और विश्वेदेवगण भी आप ही हैं तथा आपके सम्मुख जो यह देवसमुदाय है, हे जगत्स्रष्टा! वह भी आप ही हैं क्योंकि आप सर्वत्र परिपूर्ण हैं॥ ७०॥ आप ही यज्ञ हैं, आप ही वषट्कार हैं तथा आप ही ओंकार और प्रजापति हैं। हे सर्वात्मन्! विद्या, वेद्य और सम्पूर्ण जगत् आपहीका स्वरूप तो है॥ ७१॥ हे विष्णो! दैत्योंसे परास्त हुए हम आतुर होकर आपकी शरणमें आये हैं; हे सर्वस्वरूप! आप हमपर प्रसन्न होइये और अपने तेजसे हमें सशक्त कीजिये॥ ७२॥ हे प्रभो! जबतक जीव सम्पूर्ण पापोंको नष्ट करनेवाले आपकी शरणमें नहीं जाता तभीतक उसमें दीनता, इच्छा, मोह और दुःख आदि रहते हैं॥ ७३॥ हे प्रसन्नात्मन्! हम शरणागतोंपर आप प्रसन्न होइये और हे नाथ! अपनी शक्तिसे हम सब देवताओंके [खोये हुए] तेजको फिर बढ़ाइये॥ ७४॥

श्रीपराशर उवाच

एवं संस्तूयमानस्तु प्रणतैरमरैर्हरिः।
प्रसन्नदृष्टिर्भगवानिदमाह स विश्वकृत्॥ ७५
तेजसो भवतां देवाः करिष्याम्युपबृंहणम्।
वदाम्यहं यत्क्रियतां भवद्भिस्तदिदं सुराः॥ ७६
आनीय सहिता दैत्यैः क्षीराब्धौ सकलौषधीः।
प्रक्षिप्यात्रामृतार्थं ताः सकला दैत्यदानवैः।
मन्थानं मन्दरं कृत्वा नेत्रं कृत्वा च वासुकिम्॥ ७७
मथ्यताममृतं देवाः सहाये मय्यवस्थिते॥ ७८
सामपूर्वं च दैतेयास्तत्र साहाय्यकर्मणि।
सामान्यफलभोक्तारो यूयं वाच्या भविष्यथ॥ ७९
मथ्यमाने च तत्राब्धौ यत्समुत्पत्स्यतेऽमृतम्।
तत्पानाद्बलिनो यूयममराश्च भविष्यथ॥ ८०
तथा चाहं करिष्यामि ते यथा त्रिदशद्विषः।
न प्राप्स्यन्त्यमृतं देवाः केवलं क्लेशभागिनः॥ ८१

श्रीपराशर उवाच

इत्युक्ता देवदेवेन सर्व एव तदा सुराः।
सन्धानमसुरैः कृत्वा यत्नवन्तोऽमृतेऽभवन्॥ ८२
नानौषधीः समानीय देवदैतेयदानवाः।
क्षिप्त्वा क्षीराब्धिपयसि शरदभ्रामलत्विषि॥ ८३
मन्थानं मन्दरं कृत्वा नेत्रं कृत्वा च वासुकिम्।
ततो मथितुमारब्धा मैत्रेय तरसाऽमृतम्॥ ८४
विबुधाः सहिताः सर्वे यतः पुच्छं ततः कृताः।
कृष्णेन वासुकेर्दैत्याः पूर्वकाये निवेशिताः॥ ८५
ते तस्य मुखनिश्वासवह्नितापहतत्विषः।
निस्तेजसोऽसुराः सर्वे बभूवुरमितौजसः॥ ८६
तेनैव मुखनिश्वासवायुनास्तबलाहकैः।
पुच्छप्रदेशे वर्षद्भिस्तदा चाप्यायिताः सुराः॥ ८७
क्षीरोदमध्ये भगवान्कूर्मरूपी स्वयं हरिः।
मन्थनाद्रेरधिष्ठानं भ्रमतोऽभून्महामुने॥ ८८
रूपेणान्येन देवानां मध्ये चक्रगदाधरः।
चकर्ष नागराजानं दैत्यमध्येऽपरेण च॥ ८९

श्रीपराशरजी बोले—विनीत देवताओंद्वारा इस प्रकार स्तुति किये जानेपर विश्वकर्ता भगवान् हरि प्रसन्न होकर इस प्रकार बोले—॥ ७५॥ हे देवगण! मैं तुम्हारे तेजको फिर बढ़ाऊँगा; तुम इस समय मैं जो कुछ कहता हूँ वह करो॥ ७६॥ तुम दैत्योंके साथ सम्पूर्ण ओषधियाँ लाकर अमृतके लिये क्षीर-सागरमें डालो और मन्दराचलको मथानी तथा वासुकि नागको नेती बनाकर उसे दैत्य और दानवोंके सहित मेरी सहायतासे मथकर अमृत निकालो॥ ७७-७८॥ तुमलोग सामनीतिका अवलम्बन कर दैत्योंसे कहो कि 'इस काममें सहायता करनेसे आपलोग भी इसके फलमें समान भाग पायेंगे'॥ ७९॥ समुद्रके मथनेपर उससे जो अमृत निकलेगा उसका पान करनेसे तुम सबल और अमर हो जाओगे॥ ८०॥ हे देवगण! तुम्हारे लिये मैं ऐसी युक्ति करूँगा जिससे तुम्हारे द्वेषी दैत्योंको अमृत न मिल सकेगा और उनके हिस्सेमें केवल समुद्र-मन्थनका क्लेश ही आयेगा॥ ८१॥

श्रीपराशरजी बोले—तब देवदेव भगवान् विष्णुके ऐसा कहनेपर सभी देवगण दैत्योंसे सन्धि करके अमृतप्राप्तिके लिये यत्न करने लगे॥ ८२॥ हे मैत्रेय! देव, दानव और दैत्योंने नाना प्रकारकी ओषधियाँ लाकर उन्हें शरद्-ऋतुके आकाशकी-सी निर्मल कान्तिवाले क्षीर-सागरके जलमें डाला और मन्दराचलको मथानी तथा वासुकि नागको नेती बनाकर बड़े वेगसे अमृत मथना आरम्भ किया॥ ८३-८४॥ भगवान्‌ने जिस ओर वासुकिकी पूँछ थी उस ओर देवताओंको तथा जिस ओर मुख था उधर दैत्योंको नियुक्त किया॥ ८५॥ महातेजस्वी वासुकिके मुखसे निकलते हुए निःश्वासाग्निसे झुलसकर सभी दैत्यगण निस्तेज हो गये॥ ८६॥ और उसी श्वास-वायुसे विक्षिप्त हुए मेघोंके पूँछकी ओर बरसते रहनेसे देवताओंकी शक्ति बढ़ती गयी॥ ८७॥

हे महामुने! भगवान् स्वयं कूर्मरूप धारण कर क्षीर-सागरमें घूमते हुए मन्दराचलके आधार हुए॥ ८८॥ और वे ही चक्र-गदाधर भगवान् अपने एक अन्य रूपसे देवताओंमें और एक रूपसे दैत्योंमें मिलकर नागराजको खींचने लगे थे॥ ८९॥

उपर्याक्रान्तवाञ्छैलं बृहद्रूपेण केशवः।
तथापरेण मैत्रेय यन्न दृष्टं सुरासुरैः॥ ९०
तेजसा नागराजानं तथाप्यायितवान्हरिः।
अन्येन तेजसा देवानुपबृंहितवान्प्रभुः॥ ९१
मथ्यमाने ततस्तस्मिन्क्षीराब्धौ देवदानवैः।
हविर्धामाऽभवत्पूर्वं सुरभिः सुरपूजिता॥ ९२
जग्मुर्मुदं ततो देवा दानवाश्च महामुने।
व्याक्षिप्तचेतसश्चैव बभूवुः स्तिमितेक्षणाः॥ ९३
किमेतदिति सिद्धानां दिवि चिन्तयतां ततः।
बभूव वारुणी देवी मदाघूर्णितलोचना॥ ९४
कृतावर्तात्ततस्तस्मात्क्षीरोदाद्वासयञ्जगत्।
गन्धेन पारिजातोऽभूद्देवस्त्रीनन्दनस्तरुः॥ ९५
रूपौदार्यगुणोपेतस्तथा चाप्सरसां गणः।
क्षीरोदधेः समुत्पन्नो मैत्रेय परमाद्भुतः॥ ९६
ततः शीतांशुरभवज्जगृहे तं महेश्वरः।
जगृहुश्च विषं नागाः क्षीरोदाब्धिसमुत्थितम्॥ ९७
ततो धन्वन्तरिर्देवः श्वेताम्बरधरस्स्वयम्।
बिभ्रत्कमण्डलुं पूर्णममृतस्य समुत्थितः॥ ९८
ततः स्वस्थमनस्कास्ते सर्वे दैतेयदानवाः।
बभूवुर्मुदिताः सर्वे मैत्रेय मुनिभिः सह॥ ९९
ततः स्फुरत्कान्तिमती विकासिकमले स्थिता।
श्रीर्देवी पयसस्तस्मादुद्भूता धृतपङ्कजा॥ १००
तां तुष्टुवुर्मुदा युक्ताः श्रीसूक्तेन महर्षयः॥ १०१
विश्वावसुमुखास्तस्या गन्धर्वाः पुरतो जगुः।
घृताचीप्रमुखास्तत्र ननृतुश्चाप्सरोगणाः॥ १०२
गङ्गाद्याः सरितस्तोयैः स्नानार्थमुपतस्थिरे।
दिग्गजा हेमपात्रस्थमादाय विमलं जलम्।
स्नापयाञ्चक्रिरे देवीं सर्वलोकमहेश्वरीम्॥ १०३
क्षीरोदो रूपधृक्तस्यै मालामम्लानपङ्कजाम्।
ददौ विभूषणान्यङ्गे विश्वकर्मा चकार ह॥ १०४
दिव्यमाल्याम्बरधरा स्नाता भूषणभूषिता।
पश्यतां सर्वदेवानां ययौ वक्षःस्थलं हरेः॥ १०५

तथा हे मैत्रेय! एक अन्य विशाल रूपसे जो देवता और दैत्योंको दिखायी नहीं देता था श्रीकेशवने ऊपरसे पर्वतको दबा रखा था॥ ९०॥ भगवान् श्रीहरि अपने तेजसे नागराज वासुकिमें बलका संचार करते थे और अपने अन्य तेजसे वे देवताओंका बल बढ़ा रहे थे॥ ९१॥

इस प्रकार, देवता और दानवोंद्वारा क्षीर-समुद्रके मथे जानेपर पहले हवि (यज्ञ-सामग्री)-की आश्रयरूपा सुरपूजिता कामधेनु उत्पन्न हुई॥ ९२॥ हे महामुने! उस समय देव और दानवगण अति आनन्दित हुए और उसकी ओर चित्त खिंच जानेसे उनकी टकटकी बँध गयी॥ ९३॥ फिर स्वर्गलोकमें 'यह क्या है? यह क्या है?' इस प्रकार चिन्ता करते हुए सिद्धोंके समक्ष मदसे घूमते हुए नेत्रोंवाली वारुणीदेवी प्रकट हुई॥ ९४॥ और पुनः मन्थन करनेपर उस क्षीर-सागरसे, अपनी गन्धसे त्रिलोकीको सुगन्धित करनेवाला तथा सुर-सुन्दरियोंका आनन्दवर्धक कल्पवृक्ष उत्पन्न हुआ॥ ९५॥ हे मैत्रेय! तत्पश्चात् क्षीर-सागरसे रूप और उदारता आदि गुणोंसे युक्त अति अद्भुत अप्सराएँ प्रकट हुईं॥ ९६॥ फिर चन्द्रमा प्रकट हुआ जिसे महादेवजीने ग्रहण कर लिया। इसी प्रकार क्षीर-सागरसे उत्पन्न हुए विषको नागोंने ग्रहण किया॥ ९७॥ फिर श्वेतवस्त्रधारी साक्षात् भगवान् धन्वन्तरिजी अमृतसे भरा कमण्डलु लिये प्रकट हुए॥ ९८॥ हे मैत्रेय! उस समय मुनिगणके सहित समस्त दैत्य और दानवगण स्वस्थ-चित्त होकर अति प्रसन्न हुए॥ ९९॥

उसके पश्चात् विकसित कमलपर विराजमान स्फुटकान्तिमयी श्रीलक्ष्मीदेवी हाथोंमें कमल-पुष्प धारण किये क्षीर-समुद्रसे प्रकट हुईं॥ १००॥ उस समय महर्षिगण अति प्रसन्नतापूर्वक श्रीसूक्तद्वारा उनकी स्तुति करने लगे तथा विश्वावसु आदि गन्धर्वगण उनके सम्मुख गान और घृताची आदि अप्सराएँ नृत्य करने लगीं॥ १०१-१०२॥ उन्हें अपने जलसे स्नान करानेके लिये गंगा आदि नदियाँ स्वयं उपस्थित हुईं और दिग्गजोंने सुवर्ण-कलशोंमें भरे हुए उनके निर्मल जलसे सर्वलोक-महेश्वरी श्रीलक्ष्मीदेवीको स्नान कराया॥ १०३॥ क्षीर-सागरने मूर्तिमान् होकर उन्हें विकसित कमल-पुष्पोंकी माला दी तथा विश्वकर्माने उनके अंग-प्रत्यंगमें विविध आभूषण पहनाये॥ १०४॥ इस प्रकार दिव्य माला और वस्त्र धारण कर, दिव्य जलसे स्नान कर, दिव्य आभूषणोंसे विभूषित हो श्रीलक्ष्मीजी सम्पूर्ण देवताओंके देखते-देखते श्रीविष्णुभगवान्के वक्षःस्थलमें विराजमान हुईं॥ १०५॥

तया विलोकिता देवा हरिवक्षःस्थलस्थया।
लक्ष्म्या मैत्रेय सहसा परां निर्वृतिमागताः॥ १०६
उद्वेगं परमं जग्मुर्दैत्या विष्णुपराङ्मुखाः।
त्यक्ता लक्ष्म्या महाभाग विप्रचित्तिपुरोगमाः॥ १०७
ततस्ते जगृहुर्दैत्या धन्वन्तरिकरस्थितम्।
कमण्डलुं महावीर्या यत्रास्तेऽमृतमुत्तमम्॥ १०८
मायया मोहयित्वा तान्विष्णुः स्त्रीरूपसंस्थितः।
दानवेभ्यस्तदादाय देवेभ्यः प्रददौ प्रभुः॥ १०९
ततः पपुः सुरगणाः शक्राद्यास्तत्तदाऽमृतम्।
उद्यतायुधनिस्त्रिंशा दैत्यास्तांश्च समभ्ययुः॥ ११०
पीतेऽमृते च बलिभिर्देवैर्दैत्यचमूस्तदा।
बध्यमाना दिशो भेजे पातालं च विवेश वै॥ १११
ततो देवा मुदा युक्ताः शङ्खचक्रगदाभृतम्।
प्रणिपत्य यथापूर्वमाशासत्तत्त्रिविष्टपम्॥ ११२
ततः प्रसन्नभाः सूर्यः प्रययौ स्वेन वर्त्मना।
ज्योतींषि च यथामार्गं प्रययुर्मुनिसत्तम॥ ११३
जज्वाल भगवांश्चोच्चैश्चारुदीप्तिर्विभावसुः।
धर्मे च सर्वभूतानां तदा मतिरजायत॥ ११४
त्रैलोक्यं च श्रिया जुष्टं बभूव द्विजसत्तम।
शक्रश्च त्रिदशश्रेष्ठः पुनः श्रीमानजायत॥ ११५
सिंहासनगतः शक्रस्सम्प्राप्य त्रिदिवं पुनः।
देवराज्ये स्थितो देवीं तुष्टावाब्जकरां ततः॥ ११६

इन्द्र उवाच

नमस्ये सर्वलोकानां जननीमब्जसम्भवाम्।
श्रियमुन्निद्रपद्माक्षीं विष्णुवक्षःस्थलस्थिताम्॥ ११७
पद्मालयां पद्मकरां पद्मपत्रनिभेक्षणाम्।
वन्दे पद्ममुखीं देवीं पद्मनाभप्रियामहम्॥ ११८
त्वं सिद्धिस्त्वं स्वधा स्वाहा सुधा त्वं लोकपावनी।
सन्ध्या रात्रिः प्रभा भूतिर्मेधा श्रद्धा सरस्वती॥ ११९

हे मैत्रेय! श्रीहरि के वक्षःस्थलमें विराजमान श्रीलक्ष्मीजीका दर्शन कर देवताओंको अकस्मात् अत्यन्त प्रसन्नता प्राप्त हुई॥ १०६॥ और हे महाभाग! लक्ष्मीजीसे परित्यक्त होनेके कारण भगवान् विष्णुके विरोधी विप्रचित्ति आदि दैत्यगण परम उद्विग्न (व्याकुल) हुए॥ १०७॥ तब उन महाबलवान् दैत्योंने श्रीधन्वन्तरिजीके हाथसे वह कमण्डलु छीन लिया जिसमें अति उत्तम अमृत भरा हुआ था॥ १०८॥ अतः स्त्री (मोहिनी) रूपधारी भगवान् विष्णुने अपनी मायासे दानवोंको मोहित कर उनसे वह कमण्डलु लेकर देवताओंको दे दिया॥ १०९॥

तब इन्द्र आदि देवगण उस अमृतको पी गये; इससे दैत्यलोग अति तीखे खड्ग आदि शस्त्रोंसे सुसज्जित हो उनके ऊपर टूट पड़े॥ ११०॥ किन्तु अमृत-पानके कारण बलवान् हुए देवताओंद्वारा मारी-काटी जाकर दैत्योंकी सम्पूर्ण सेना दिशा-विदिशाओंमें भाग गयी और कुछ पाताललोकमें भी चली गयी॥ १११॥ फिर देवगण प्रसन्नतापूर्वक शंख-चक्र-गदा-धारी भगवान्‌को प्रणाम कर पहलेहीके समान स्वर्गका शासन करने लगे॥ ११२॥

हे मुनिश्रेष्ठ! उस समयसे प्रखर तेजोयुक्त भगवान् सूर्य अपने मार्गसे तथा अन्य तारागण भी अपने-अपने मार्गसे चलने लगे॥ ११३॥ सुन्दर दीप्तिशाली भगवान् अग्निदेव अत्यन्त प्रज्वलित हो उठे और उसी समयसे समस्त प्राणियोंकी धर्ममें प्रवृत्ति हो गयी॥ ११४॥ हे द्विजोत्तम! त्रिलोकी श्रीसम्पन्न हो गयी और देवताओंमें श्रेष्ठ इन्द्र भी पुनः श्रीमान् हो गये॥ ११५॥ तदनन्तर इन्द्रने स्वर्गलोकमें जाकर फिरसे देवराज्यपर अधिकार पाया और राजसिंहासनपर आरूढ़ हो पद्महस्ता श्रीलक्ष्मीजीकी इस प्रकार स्तुति की॥ ११६॥

इन्द्र बोले—सम्पूर्ण लोकोंकी जननी, विकसित कमलके सदृश नेत्रोंवाली, भगवान् विष्णुके वक्षःस्थलमें विराजमान कमलोद्भवा श्रीलक्ष्मीदेवीको मैं नमस्कार करता हूँ॥ ११७॥ कमल ही जिनका निवासस्थान है, कमल ही जिनके कर-कमलोंमें सुशोभित है, तथा कमल-दलके समान ही जिनके नेत्र हैं उन कमलमुखी कमलनाभ-प्रिया श्रीकमलादेवीकी मैं वन्दना करता हूँ॥ ११८॥ हे देवि! तुम सिद्धि हो, स्वधा हो, स्वाहा हो, सुधा हो और त्रिलोकीको पवित्र करनेवाली हो तथा तुम ही सन्ध्या, रात्रि, प्रभा, विभूति, मेधा, श्रद्धा और सरस्वती हो॥ ११९॥

यज्ञविद्या महाविद्या गुह्यविद्या च शोभने।
आत्मविद्या च देवि त्वं विमुक्तिफलदायिनी॥ १२०
आन्वीक्षिकी त्रयीवार्त्ता दण्डनीतिस्त्वमेव च।
सौम्यासौम्यैर्जगद्रूपैस्त्वयैतद्देवि पूरितम्॥ १२१
का त्वन्या त्वामृते देवि सर्वयज्ञमयं वपुः।
अध्यास्ते देवदेवस्य योगिचिन्त्यं गदाभृतः॥ १२२
त्वया देवि परित्यक्तं सकलं भुवनत्रयम्।
विनष्टप्रायमभवत्त्वयेदानीं समेधितम्॥ १२३
दाराः पुत्रास्तथागारसुहृद्धान्यधनादिकम्।
भवत्येतन्महाभागे नित्यं त्वद्वीक्षणान्नृणाम्॥ १२४
शरीरारोग्यमैश्वर्यमरिपक्षक्षयः सुखम्।
देवि त्वद्दृष्टिदृष्टानां पुरुषाणां न दुर्लभम्॥ १२५
त्वं माता सर्वलोकानां देवदेवो हरिः पिता।
त्वयैतद्विष्णुना चाम्ब जगद्व्याप्तं चराचरम्॥ १२६
मा नः कोशं तथा गोष्ठं मा गृहं मा परिच्छदम्।
मा शरीरं कलत्रं च त्यजेथाः सर्वपावनि॥ १२७
मा पुत्रान्मा सुहृद्वर्गं मा पशून्मा विभूषणम्।
त्यजेथा मम देवस्य विष्णोर्वक्षः स्थलालये॥ १२८
सत्त्वेन सत्यशौचाभ्यां तथा शीलादिभिर्गुणैः।
त्यज्यन्ते ते नराः सद्यः सन्त्यक्ता ये त्वयामले॥ १२९
त्वया विलोकिताः सद्यः शीलाद्यैरखिलैर्गुणैः।
कुलैश्वर्यैश्च युज्यन्ते पुरुषा निर्गुणा अपि॥ १३०
स श्लाघ्यः स गुणी धन्यः स कुलीनः स बुद्धिमान्।
स शूरः स च विक्रान्तो यस्त्वया देवि वीक्षितः॥ १३१
सद्यो वैगुण्यमायान्ति शीलाद्याः सकला गुणाः।
पराङ्मुखी जगद्धात्री यस्य त्वं विष्णुवल्लभे॥ १३२
न ते वर्णयितुं शक्ता गुणाञ्जिह्वापि वेधसः।
प्रसीद देवि पद्माक्षि मास्मांस्त्याक्षीः कदाचन॥ १३३

श्रीपराशर उवाच

एवं श्रीः संस्तुता सम्यक् प्राह देवी शतक्रतुम्।
शृण्वतां सर्वदेवानां सर्वभूतस्थिता द्विज॥ १३४

हे शोभने! यज्ञ-विद्या (कर्म-काण्ड), महाविद्या (उपासना) और गुह्यविद्या (इन्द्रजाल) तुम्हीं हो तथा हे देवि! तुम्हीं मुक्ति-फलदायिनी आत्मविद्या हो॥ १२०॥ हे देवि! आन्वीक्षिकी (तर्कविद्या), वेदत्रयी, वार्ता (शिल्पवाणिज्यादि) और दण्डनीति (राजनीति) भी तुम्हीं हो। तुम्हींने अपने शान्त और उग्र रूपोंसे यह समस्त संसार व्याप्त किया हुआ है॥ १२१॥ हे देवि! तुम्हारे बिना और ऐसी कौन स्त्री है जो देवदेव भगवान् गदाधरके योगिजनचिन्तित सर्वयज्ञमय शरीरका आश्रय पा सके॥ १२२॥ हे देवि! तुम्हारे छोड़ देनेपर सम्पूर्ण त्रिलोकी नष्टप्राय हो गयी थी; अब तुम्हींने उसे पुनः जीवन-दान दिया है॥ १२३॥ हे महाभागे! स्त्री, पुत्र, गृह, धन, धान्य तथा सुहृद् ये सब सदा आपहीके दृष्टिपातसे मनुष्योंको मिलते हैं॥ १२४॥ हे देवि! तुम्हारी कृपा-दृष्टिके पात्र पुरुषोंके लिये शारीरिक आरोग्य, ऐश्वर्य, शत्रु-पक्षका नाश और सुख आदि कुछ भी दुर्लभ नहीं हैं॥ १२५॥ तुम सम्पूर्ण लोकोंकी माता हो और देवदेव भगवान् हरि पिता हैं। हे मातः! तुमसे और श्रीविष्णुभगवान्से यह सकल चराचर जगत् व्याप्त है॥ १२६॥ हे सर्वपावनि मातेश्वरि! हमारे कोश (खजाना), गोष्ठ (पशुशाला), गृह, भोगसामग्री, शरीर और स्त्री आदिको आप कभी न त्यागें अर्थात् इनमें भरपूर रहें॥ १२७॥ अयि विष्णुवक्षःस्थल निवासिनि! हमारे पुत्र, सुहृद्, पशु और भूषण आदिको आप कभी न छोड़ें॥ १२८॥ हे अमले! जिन मनुष्योंको तुम छोड़ देती हो उन्हें सत्त्व (मानसिक बल), सत्य, शौच और शील आदि गुण भी शीघ्र ही त्याग देते हैं॥ १२९॥ और तुम्हारी कृपा-दृष्टि होनेपर तो गुणहीन पुरुष भी शीघ्र ही शील आदि सम्पूर्ण गुण और कुलीनता तथा ऐश्वर्य आदिसे सम्पन्न हो जाते है॥ १३०॥ हे देवि! जिसपर तुम्हारी कृपा-दृष्टि है वही प्रशंसनीय है, वही गुणी है, वही धन्यभाग्य है, वही कुलीन और बुद्धिमान् है तथा वही शूरवीर और पराक्रमी है॥ १३१॥ हे विष्णुप्रिये! हे जगज्जननि! तुम जिससे विमुख हो उसके तो शील आदि सभी गुण तुरन्त अवगुणरूप हो जाते हैं॥ १३२॥ हे देवि! तुम्हारे गुणोंका वर्णन करनेमें तो श्रीब्रह्माजीकी रसना भी समर्थ नहीं है। [फिर मैं क्या कर सकता हूँ?] अतः हे कमलनयने! अब मुझपर प्रसन्न हो और मुझे कभी न छोड़ो॥ १३३॥

श्रीपराशरजी बोले—हे द्विज! इस प्रकार सम्यक् स्तुति किये जानेपर सर्वभूतस्थिता श्रीलक्ष्मीजी सब देवताओंके सुनते हुए इन्द्रसे इस प्रकार बोलीं॥ १३४॥

श्रीरुवाच

परितुष्टास्मि देवेश स्तोत्रेणानेन ते हरे।
वरं वृणीष्व यस्त्विष्टो वरदाहं तवागता॥ १३५

इन्द्र उवाच

वरदा यदि मे देवि वरार्हो यदि वाप्यहम्।
त्रैलोक्यं न त्वया त्याज्यमेष मेऽस्तु वरः परः॥ १३६
स्तोत्रेण यस्तथैतेन त्वां स्तोष्यत्यब्धिसम्भवे।
स त्वया न परित्याज्यो द्वितीयोऽस्तु वरो मम॥ १३७

श्रीरुवाच

त्रैलोक्यं त्रिदशश्रेष्ठ न सन्त्यक्ष्यामि वासव।
दत्तो वरो मया यस्ते स्तोत्राराधनतुष्टया॥ १३८
यश्च सायं तथा प्रातः स्तोत्रेणानेन मानवः।
मां स्तोष्यति न तस्याहं भविष्यामि पराङ्मुखी॥ १३९

श्रीपराशर उवाच

एवं ददौ वरं देवी देवराजाय वै पुरा।
मैत्रेय श्रीर्महाभागा स्तोत्राराधनतोषिता॥ १४०
भृगोः ख्यात्यां समुत्पन्ना श्रीः पूर्वमुदधेः पुनः।
देवदानवयत्नेन प्रसूताऽमृतमन्थने॥ १४१
एवं यदा जगत्स्वामी देवदेवो जनार्दनः।
अवतारं करोत्येषा तदा श्रीस्तत्सहायिनी॥ १४२
पुनश्च पद्मादुत्पन्ना आदित्योऽभूद्यदा हरिः।
यदा तु भार्गवो रामस्तदाभूद्धरणी त्वियम्॥ १४३
राघवत्वेऽभवत्सीता रुक्मिणी कृष्णजन्मनि।
अन्येषु चावतारेषु विष्णोरेषानपायिनी॥ १४४
देवत्वे देवदेहेयं मनुष्यत्वे च मानुषी।
विष्णोर्देहानुरूपां वै करोत्येषात्मनस्तनुम्॥ १४५
यश्चैतच्छृणुयाज्जन्म लक्ष्म्या यश्च पठेन्नरः।
श्रियो न विच्युतिस्तस्य गृहे यावत्कुलत्रयम्॥ १४६
पठ्यते येषु चैवेयं गृहेषु श्रीस्तुतिर्मुने।
अलक्ष्मीः कलहाधारा न तेष्वास्ते कदाचन॥ १४७
एतत्ते कथितं ब्रह्मन्यन्मां त्वं परिपृच्छसि।
क्षीराब्धौ श्रीर्यथा जाता पूर्वं भृगुसुता सती॥ १४८

श्रीलक्ष्मीजी बोलीं—हे देवेश्वर इन्द्र! मैं तेरे इस स्तोत्रसे अति प्रसन्न हूँ; तुझको जो अभीष्ट हो वही वर माँग ले। मैं तुझे वर देनेके लिये ही यहाँ आयी हूँ॥ १३५॥

इन्द्र बोले—हे देवि! यदि आप वर देना चाहती हैं और मैं भी यदि वर पानेयोग्य हूँ तो मुझको पहला वर तो यही दीजिये कि आप इस त्रिलोकीका कभी त्याग न करें॥ १३६॥ और हे समुद्रसम्भवे! दूसरा वर मुझे यह दीजिये कि जो कोई आपकी इस स्तोत्रसे स्तुति करे उसे आप कभी न त्यागें॥ १३७॥

श्रीलक्ष्मीजी बोलीं—हे देवश्रेष्ठ इन्द्र! मैं अब इस त्रिलोकीको कभी न छोड़ूँगी। तेरे स्तोत्रसे प्रसन्न होकर मैं तुझे यह वर देती हूँ॥ १३८॥ तथा जो कोई मनुष्य प्रातःकाल और सायंकालके समय इस स्तोत्रसे मेरी स्तुति करेगा उससे भी मैं कभी विमुख न होऊँगी॥ १३९॥

श्रीपराशरजी बोले—हे मैत्रेय! इस प्रकार पूर्वकालमें महाभागा श्रीलक्ष्मीजीने देवराजकी स्तोत्ररूप आराधनासे सन्तुष्ट होकर उन्हें ये वर दिये॥ १४०॥ लक्ष्मीजी पहले भृगुजीके द्वारा ख्याति नामक स्त्रीसे उत्पन्न हुई थीं, फिर अमृत-मन्थनके समय देव और दानवोंके प्रयत्नसे वे समुद्रसे प्रकट हुईं॥ १४१॥ इस प्रकार संसारके स्वामी देवाधिदेव श्रीविष्णुभगवान् जब-जब अवतार धारण करते हैं तभी लक्ष्मीजी उनके साथ रहती हैं॥ १४२॥ जब श्रीहरि आदित्यरूप हुए तो वे पद्मसे फिर उत्पन्न हुईं [और पद्मा कहलायीं]। तथा जब वे परशुराम हुए तो ये पृथिवी हुईं॥ १४३॥ श्रीहरिके राम होनेपर ये सीताजी हुईं और कृष्णावतारमें श्रीरुक्मिणीजी हुईं। इसी प्रकार अन्य अवतारोंमें भी ये भगवान्से कभी पृथक् नहीं होतीं॥ १४४॥ भगवान्के देवरूप होनेपर ये दिव्य शरीर धारण करती हैं और मनुष्य होनेपर मानवीरूपसे प्रकट होती हैं। विष्णुभगवान्के शरीरके अनुरूप ही ये अपना शरीर भी बना लेती हैं॥ १४५॥ जो मनुष्य लक्ष्मीजीके जन्मकी इस कथाको सुनेगा अथवा पढ़ेगा उसके घरमें (वर्तमान आगामी और भूत) तीनों कुलोंके रहते हुए कभी लक्ष्मीका नाश न होगा॥ १४६॥ हे मुने! जिन घरोंमें लक्ष्मीजीके इस स्तोत्रका पाठ होता है उनमें कलहकी आधारभूता दरिद्रता कभी नहीं ठहर सकती॥ १४७॥ हे ब्रह्मन्! तुमने जो मुझसे पूछा था कि पहले भृगुजीकी पुत्री होकर फिर लक्ष्मीजी क्षीर-समुद्रसे कैसे उत्पन्न हुईं सो मैंने तुमसे यह सब वृत्तान्त कह दिया॥ १४८॥

इति सकलविभूत्यवाप्तिहेतुः
स्तुतिरियमिन्द्रमुखोद्गता हि लक्ष्म्याः।
अनुदिनमिह पठ्यते नृभिर्यै-
र्वसति न तेषु कदाचिदप्यलक्ष्मीः॥ १४९

इस प्रकार इन्द्रके मुखसे प्रकट हुई यह लक्ष्मीजीकी स्तुति सकल विभूतियोंकी प्राप्तिका कारण है। जो लोग इसका नित्यप्रति पाठ करेंगे उनके घरमें निर्धनता कभी नहीं रह सकेगी॥ १४९॥

इति श्रीविष्णुपुराणे प्रथमेंऽशे नवमोऽध्यायः॥ ९॥

दसवाँ अध्याय

भृगु, अग्नि और अग्निष्वात्तादि पितरोंकी सन्तानका वर्णन

श्रीमैत्रेय उवाच

कथितं मे त्वया सर्वं यत्पृष्टोऽसि मया मुने।
भृगुसर्गात्प्रभृत्येष सर्गो मे कथ्यतां पुनः॥ १

श्रीमैत्रेयजी बोले—हे मुने! मैंने आपसे जो कुछ पूछा था वह सब आपने वर्णन किया; अब भृगुजीकी सन्तानसे लेकर सम्पूर्ण सृष्टिका आप मुझसे फिर वर्णन कीजिये॥ १॥

श्रीपराशर उवाच

भृगोः ख्यात्यां समुत्पन्ना लक्ष्मीर्विष्णुपरिग्रहः।
तथा धातृविधातारौ ख्यात्यां जातौ सुतौ भृगोः॥ २
आयतिर्नियतिश्चैव मेरोः कन्ये महात्मनः।
भार्ये धातृविधात्रोस्ते तयोर्जातौ सुतावुभौ॥ ३
प्राणश्चैव मृकण्डुश्च मार्कण्डेयो मृकण्डुतः।
ततो वेदशिरा जज्ञे प्राणस्यापि सुतं शृणु॥ ४
प्राणस्य द्युतिमान्पुत्रो राजवांश्च ततोऽभवत्।
ततो वंशो महाभाग विस्तरं भार्गवो गतः॥ ५

श्रीपराशरजी बोले—भृगुजीके द्वारा ख्यातिसे विष्णुपत्नी लक्ष्मीजी और धाता, विधाता नामक दो पुत्र उत्पन्न हुए॥ २॥ महात्मा मेरुकी आयति और नियति-नाम्नी कन्याएँ धाता और विधाताकी स्त्रियाँ थीं; उनसे उनके प्राण और मृकण्डु नामक दो पुत्र हुए। मृकण्डुसे मार्कण्डेय और उनसे वेदशिराका जन्म हुआ। अब प्राणकी सन्तानका वर्णन सुनो॥ ३-४॥ प्राणका पुत्र द्युतिमान् और उसका पुत्र राजवान् हुआ। हे महाभाग! उस राजवान्से फिर भृगुवंशका बड़ा विस्तार हुआ॥ ५॥

पत्नी मरीचेः सम्भूतिः पौर्णमासमसूयत।
विरजाः पर्वतश्चैव तस्य पुत्रौ महात्मनः॥ ६
वंशसंकीर्तने पुत्रान्वदिष्येऽहं ततो द्विज।
स्मृतिश्चाङ्गिरसः पत्नी प्रसूता कन्यकास्तथा।
सिनीवाली कुहूश्चैव राका चानुमतिस्तथा॥ ७
अनसूया तथैवात्रेर्जज्ञे निष्कल्मषान्सुतान्।
सोमं दुर्वाससं चैव दत्तात्रेयं च योगिनम्॥ ८
प्रीत्यां पुलस्त्यभार्यायां दत्तोलिस्तत्सुतोऽभवत्।
पूर्वजन्मनि योऽगस्त्यः स्मृतः स्वायम्भुवेऽन्तरे॥ ९
कर्दमश्चोर्वरीयांश्च सहिष्णुश्च सुतास्त्रयः।
क्षमा तु सुषुवे भार्या पुलहस्य प्रजापतेः॥ १०

मरीचिकी पत्नी सम्भूतिने पौर्णमासको उत्पन्न किया। उस महात्माके विरजा और पर्वत दो पुत्र थे॥ ६॥ हे द्विज! उनके वंशका वर्णन करते समय मैं उन दोनोंकी सन्तानका वर्णन करूँगा। अंगिराकी पत्नी स्मृति थी, उसके सिनीवाली, कुहू, राका और अनुमति नामकी कन्याएँ हुईं॥ ७॥ अत्रिकी भार्या अनसूयाने चन्द्रमा, दुर्वासा और योगी दत्तात्रेय—इन निष्पाप पुत्रोंको जन्म दिया॥ ८॥ पुलस्त्यकी स्त्री प्रीतिसे दत्तोलिका जन्म हुआ जो अपने पूर्व जन्ममें स्वायम्भुव मन्वन्तरमें अगस्त्य कहा जाता था॥ ९॥ प्रजापति पुलहकी पत्नी क्षमासे कर्दम, उर्वरीयान् और सहिष्णु ये तीन पुत्र हुए॥ १०॥

क्रतोश्च सन्ततिर्भार्या वालखिल्यानसूयत।
षष्टिपुत्रसहस्राणि मुनीनामूर्ध्वरेतसाम्।
अङ्गुष्ठपर्वमात्राणां ज्वलद्भास्करतेजसाम्॥ ११
ऊर्जायां तु वसिष्ठस्य सप्ताजायन्त वै सुताः॥ १२
रजो गोत्रोर्द्ध्वबाहुश्च सवनश्चानघस्तथा।
सुतपाः शुक्र इत्येते सर्वे सप्तर्षयोऽमलाः॥ १३
योऽसावग्न्यभिमानी स्याद् ब्रह्मणस्तनयोऽग्रजः।
तस्मात्स्वाहा सुताँल्लेभे त्रीनुदारौजसो द्विज॥ १४
पावकं पवमानं तु शुचिं चापि जलाशिनम्॥ १५
तेषां तु सन्ततावन्ये चत्वारिंशच्च पञ्च च।
कथ्यन्ते वह्नयश्चैते पितापुत्रत्रयं च यत्॥ १६
एवमेकोनपञ्चाशद्वह्नयः परिकीर्तिताः॥ १७
पितरो ब्रह्मणा सृष्टा व्याख्याता ये मया द्विज।
अग्निष्वात्ता बर्हिषदोऽनग्नयः साग्नयश्च ये॥ १८
तेभ्यः स्वधा सुते जज्ञे मेनां वै धारिणीं तथा।
ते उभे ब्रह्मवादिन्यौ योगिन्यावप्युभे द्विज॥ १९
उत्तमज्ञानसम्पन्ने सर्वैः समुदितैर्गुणैः॥ २०
इत्येषा दक्षकन्यानां कथितापत्यसन्ततिः।
श्रद्धावान्संस्मरन्नेतामनपत्यो न जायते॥ २१

क्रतुकी सन्तति नामक भार्याने अँगूठेके पोरुओंके समान शरीरवाले तथा प्रखर सूर्यके समान तेजस्वी वालखिल्यादि साठ हजार ऊर्ध्वरेता मुनियोंको जन्म दिया॥ ११॥ वसिष्ठकी ऊर्जा नामक स्त्रीसे रज, गोत्र, ऊर्ध्वबाहु, सवन, अनघ, सुतपा और शुक्र ये सात पुत्र उत्पन्न हुए। ये निर्मल स्वभाववाले समस्त मुनिगण [तीसरे मन्वन्तरमें] सप्तर्षि हुए॥ १२-१३॥

हे द्विज! अग्निका अभिमानी देव, जो ब्रह्माजीका ज्येष्ठ पुत्र है, उसके द्वारा स्वाहा नामक पत्नीसे अति तेजस्वी पावक, पवमान और जलको भक्षण करनेवाला शुचि—ये तीन पुत्र हुए॥ १४-१५॥ इन तीनोंके [प्रत्येकके पन्द्रह-पन्द्रह पुत्रके क्रमसे] पैंतालीस सन्तानें हुईं। पिता अग्नि और उसके तीन पुत्रोंको मिलाकर ये सब अग्नि ही कहलाते हैं। इस प्रकार कुल उनचास (४९) अग्नि कहे गये हैं॥ १६-१७॥ हे द्विज! ब्रह्माजीद्वारा रचे गये जिन अनग्निक अग्निष्वात्ता और साग्निक बर्हिषद् आदि पितरोंके विषयमें तुमसे कहा था। उनके द्वारा स्वधाने मेना और धारिणी नामक दो कन्याएँ उत्पन्न कीं। वे दोनों ही उत्तम ज्ञानसे सम्पन्न और सभी गुणोंसे युक्त ब्रह्मवादिनी तथा योगिनी थीं॥ १८—२०॥

इस प्रकार यह दक्षकन्याओंकी वंशपरम्पराका वर्णन किया। जो कोई श्रद्धापूर्वक इसका स्मरण करता है वह निःसन्तान नहीं रहता॥ २१॥

इति श्रीविष्णुपुराणे प्रथमेंऽशे दशमोऽध्यायः॥ १०॥

ग्यारहवाँ अध्याय

ध्रुवका वनगमन और मरीचि आदि ऋषियोंसे भेंट

श्रीपराशर उवाच

प्रियव्रतोत्तानपादौ मनोः स्वायंभुवस्य तु।
द्वौ पुत्रौ तु महावीर्यौ धर्मज्ञौ कथितौ तव॥ १
तयोरुत्तानपादस्य सुरुच्यामुत्तमः सुतः।
अभीष्टायामभूद्ब्रह्मन्पितुरत्यन्तवल्लभः॥ २
सुनीतिर्नाम या राज्ञस्तस्यासीन्महिषी द्विज।
स नातिप्रीतिमांस्तस्यामभूद्यस्या ध्रुवः सुतः॥ ३

श्रीपराशरजी बोले—हे मैत्रेय! मैंने तुम्हें स्वायम्भुवमनुके प्रियव्रत एवं उत्तानपाद नामक दो महाबलवान् और धर्मज्ञ पुत्र बतलाये थे॥ १॥ हे ब्रह्मन्! उनमेंसे उत्तानपादकी प्रेयसी पत्नी सुरुचिसे पिताका अत्यन्त लाडला उत्तम नामक पुत्र हुआ॥ २॥ हे द्विज! उस राजाकी जो सुनीति नामक राजमहिषी थी उसमें उसका विशेष प्रेम न था। उसका पुत्र ध्रुव हुआ॥ ३॥

राजासनस्थितस्याङ्कं पितुर्भ्रातरमाश्रितम्।
दृष्ट्वोत्तमं ध्रुवश्चक्रे तमारोढुं मनोरथम्॥ ४
प्रत्यक्षं भूपतिस्तस्याः सुरुच्या नाभ्यनन्दत।
प्रणयेनागतं पुत्रमुत्सङ्गारोहणोत्सुकम्॥ ५
सपत्नीतनयं दृष्ट्वा तमङ्कारोहणोत्सुकम्।
स्वपुत्रं च तथारूढं सुरुचिर्वाक्यमब्रवीत्॥ ६
क्रियते किं वृथा वत्स महानेष मनोरथः।
अन्यस्त्रीगर्भजातेन ह्यसम्भूय ममोदरे॥ ७
उत्तमोत्तममप्राप्यमविवेको हि वाञ्छसि।
सत्यं सुतस्त्वमप्यस्य किन्तु न स्वं मया धृतः॥ ८
एतद्राजासनं सर्वभूभृत्संश्रयकेतनम्।
योग्यं ममैव पुत्रस्य किमात्मा क्लिश्यते त्वया॥ ९
उच्चैर्मनोरथस्तेऽयं मत्पुत्रस्येव किं वृथा।
सुनीत्यामात्मनो जन्म किं त्वया नावगम्यते॥ १०

श्रीपराशर उवाच

उत्सृज्य पितरं बालस्तच्छ्रुत्वा मातृभाषितम्।
जगाम कुपितो मातुर्निजाया द्विज मन्दिरम्॥ ११
तं दृष्ट्वा कुपितं पुत्रमीषत्प्रस्फुरिताधरम्।
सुनीतिरङ्कमारोप्य मैत्रेयेदमभाषत॥ १२
वत्स कः कोपहेतुस्ते कश्च त्वां नाभिनन्दति।
कोऽवजानाति पितरं वत्स यस्तेऽपराध्यति॥ १३

श्रीपराशर उवाच

इत्युक्तः सकलं मात्रे कथयामास तद्यथा।
सुरुचिः प्राह भूपालप्रत्यक्षमतिगर्विता॥ १४
विनिःश्वस्येति कथिते तस्मिन्पुत्रेण दुर्मनाः।
श्वासक्षामेक्षणा दीना सुनीतिर्वाक्यमब्रवीत्॥ १५

सुनीतिरुवाच

सुरुचिः सत्यमाहेदं मन्दभाग्योऽसि पुत्रक।
न हि पुण्यवतां वत्स सपत्नैरेवमुच्यते॥ १६
नोद्वेगस्तात कर्त्तव्यः कृतं यद्भवता पुरा।
तत्कोऽपहर्त्तुं शक्नोति दातुं कश्चाकृतं त्वया॥ १७
तत्त्वया नात्र कर्त्तव्यं दुःखं तद्वाक्यसम्भवम्॥ १८

एक दिन राजसिंहासनपर बैठे हुए पिताकी गोदमें अपने भाई उत्तमको बैठा देख ध्रुवकी इच्छा भी गोदमें बैठनेकी हुई॥ ४॥ किन्तु राजाने अपनी प्रेयसी सुरुचिके सामने, गोदमें चढ़नेके लिये उत्कण्ठित होकर प्रेमवश आये हुए उस पुत्रका आदर नहीं किया॥ ५॥ अपनी सौतके पुत्रको गोदमें चढ़नेके लिये उत्सुक और अपने पुत्रको गोदमें बैठा देख सुरुचि इस प्रकार कहने लगी॥ ६॥ "अरे लल्ला! बिना मेरे पेटसे उत्पन्न हुए किसी अन्य स्त्रीका पुत्र होकर भी तू व्यर्थ क्यों ऐसा बड़ा मनोरथ करता है?॥ ७॥ तू अविवेकी है, इसीलिये ऐसी अलभ्य उत्तमोत्तम वस्तुकी इच्छा करता है। यह ठीक है कि तू भी इन्हीं राजाका पुत्र है, तथापि मैंने तो तुझे अपने गर्भमें धारण नहीं किया!॥ ८॥ समस्त चक्रवर्ती राजाओंका आश्रयरूप यह राजसिंहासन तो मेरे ही पुत्रके योग्य है; तू व्यर्थ क्यों अपने चित्तको सन्ताप देता है?॥ ९॥ मेरे पुत्रके समान तुझे वृथा ही यह ऊँचा मनोरथ क्यों होता है? क्या तू नहीं जानता कि तेरा जन्म सुनीतिसे हुआ है?"॥ १०॥

श्रीपराशरजी बोले—हे द्विज! विमाताका ऐसा कथन सुन वह बालक कुपित हो पिताको छोड़कर अपनी माताके महलको चल दिया॥ ११॥ हे मैत्रेय! जिसके ओष्ठ कुछ-कुछ काँप रहे थे—ऐसे अपने पुत्रको क्रोधयुक्त देख सुनीतिने उसे गोदमें बिठाकर पूछा—॥ १२॥ "बेटा! तेरे क्रोधका क्या कारण है? तेरा किसने आदर नहीं किया? तेरा अपराध करके कौन तेरे पिताजीका अपमान करने चला है?"॥ १३॥

श्रीपराशरजी बोले—ऐसा पूछनेपर ध्रुवने अपनी मातासे वे सब बातें कह दीं जो अति गर्वीली सुरुचिने उससे पिताके सामने कही थीं॥ १४॥ अपने पुत्रके सिसक-सिसककर ऐसा कहनेपर दुःखिनी सुनीतिने खिन्नचित्त और दीर्घ निःश्वासके कारण मलिननयना होकर कहा॥ १५॥

सुनीति बोली—बेटा! सुरुचिने ठीक ही कहा है, अवश्य ही तू मन्दभाग्य है। हे वत्स! पुण्यवानोंसे उनके विपक्षी ऐसा नहीं कह सकते॥ १६॥ बच्चा! तू व्याकुल मत हो, क्योंकि तूने पूर्व-जन्मोंमें जो कुछ किया है उसे दूर कौन कर सकता है? और जो नहीं किया वह तुझे दे भी कौन सकता है? इसलिये तुझे उसके वाक्योंसे खेद नहीं करना चाहिये॥ १७-१८॥

राजासनं राजच्छत्रं वराश्ववरवारणाः।
यस्य पुण्यानि तस्यैते मत्वैतच्छाम्य पुत्रक॥ १९
अन्यजन्मकृतैः पुण्यैः सुरुच्यां सुरुचिर्नृपः।
भार्येति प्रोच्यते चान्या मद्विधा पुण्यवर्जिता॥ २०
पुण्योपचयसम्पन्नस्तस्याः पुत्रस्तथोत्तमः।
मम पुत्रस्तथा जातः स्वल्पपुण्यो ध्रुवो भवान्॥ २१
तथापि दुःखं न भवान् कर्त्तुमर्हति पुत्रक।
यस्य यावत्स तेनैव स्वेन तुष्यति मानवः॥ २२
यदि ते दुःखमत्यर्थं सुरुच्या वचसाभवत्।
तत्पुण्योपचये यत्नं कुरु सर्वफलप्रदे॥ २३
सुशीलो भव धर्मात्मा मैत्रः प्राणिहिते रतः।
निम्नं यथापः प्रवणाः पात्रमायान्ति सम्पदः॥ २४

ध्रुव उवाच

अम्ब यत्त्वमिदं प्रात्थ प्रशमाय वचो मम।
नैतद्दुर्वचसा भिन्ने हृदये मम तिष्ठति॥ २५
सोऽहं तथा यतिष्यामि यथा सर्वोत्तमोत्तमम्।
स्थानं प्राप्स्याम्यशेषाणां जगतामभिपूजितम्॥ २६
सुरुचिर्दयिता राज्ञस्तस्या जातोऽस्मि नोदरात्।
प्रभावं पश्य मेऽम्ब त्वं वृद्धस्यापि तवोदरे॥ २७
उत्तमः स मम भ्राता यो गर्भेण धृतस्तया।
स राजासनमाप्नोतु पित्रा दत्तं तथास्तु तत्॥ २८
नान्यदत्तमभीप्सामि स्थानमम्ब स्वकर्मणा।
इच्छामि तदहं स्थानं यन्न प्राप पिता मम॥ २९

श्रीपराशर उवाच

निर्जगाम गृहान्मातुरित्युक्त्वा मातरं ध्रुवः।
पुराच्च निर्गम्य ततस्तद्बाह्योपवनं ययौ॥ ३०
स ददर्श मुनींस्तत्र सप्त पूर्वागतान्ध्रुवः।
कृष्णाजिनोत्तरीयेषु विष्टरेषु समास्थितान्॥ ३१
स राजपुत्रस्तान्सर्वान्प्रणिपत्याभ्यभाषत।
प्रश्रयावनतः सम्यगभिवादनपूर्वकम्॥ ३२

ध्रुव उवाच

उत्तानपादतनयं मां निबोधत सत्तमाः।
जातं सुनीत्यां निर्वेदाद्युष्माकं प्राप्तमन्तिकम्॥ ३३

हे वत्स! जिसका पुण्य होता है उसीको राजासन, राजच्छत्र तथा उत्तम-उत्तम घोड़े और हाथी आदि मिलते हैं—ऐसा जानकर तू शान्त हो जा॥ १९॥ अन्य जन्मोंमें किये हुए पुण्य-कर्मोंके कारण ही सुरुचिमें राजाकी सुरुचि (प्रीति) है और पुण्यहीना होनेसे ही मुझ-जैसी स्त्री केवल भार्या (भरण करनेयोग्य) ही कही जाती है॥ २०॥ उसी प्रकार उसका पुत्र उत्तम भी बड़ा पुण्यपुंज-सम्पन्न है और मेरा पुत्र तू ध्रुव मेरे समान ही अल्प पुण्यवान् है॥ २१॥ तथापि बेटा! तुझे दुःखी नहीं होना चाहिये, क्योंकि जिस मनुष्यको जितना मिलता है वह अपनी ही पूँजीमें मग्न रहता है॥ २२॥ और यदि सुरुचिके वाक्योंसे तुझे अत्यन्त दुःख ही हुआ है तो सर्व फलदायक पुण्यके संग्रह करनेका प्रयत्न कर॥ २३॥ तू सुशील, पुण्यात्मा, प्रेमी और समस्त प्राणियोंका हितैषी बन, क्योंकि जैसे नीची भूमिकी ओर ढलकता हुआ जल अपने-आप ही पात्रमें आ जाता है वैसे ही सत्पात्र मनुष्यके पास स्वतः ही समस्त सम्पत्तियाँ आ जाती हैं॥ २४॥

ध्रुव बोला—माताजी! तुमने मेरे चित्तको शान्त करनेके लिये जो वचन कहे हैं वे दुर्वाक्योंसे बिंधे हुए मेरे हृदयमें तनिक भी नहीं ठहरते॥ २५॥ इसलिये मैं तो अब वही प्रयत्न करूँगा जिससे सम्पूर्ण लोकोंसे आदरणीय सर्वश्रेष्ठ पदको प्राप्त कर सकूँ॥ २६॥ राजाकी प्रेयसी तो अवश्य सुरुचि ही है और मैंने उसके उदरसे जन्म भी नहीं लिया है, तथापि हे माता! अपने गर्भमें बढ़े हुए मेरा प्रभाव भी तुम देखना॥ २७॥ उत्तम, जिसको उसने अपने गर्भमें धारण किया है, मेरा भाई ही है। पिताका दिया हुआ राजासन वही प्राप्त करे। [भगवान् करें] ऐसा ही हो॥ २८॥ माताजी! मैं किसी दूसरेके दिये हुए पदका इच्छुक नहीं हूँ; मैं तो अपने पुरुषार्थसे ही उस पदकी इच्छा करता हूँ जिसको पिताजीने भी नहीं प्राप्त किया है॥ २९॥

श्रीपराशरजी बोले—मातासे इस प्रकार कह ध्रुव उसके महलसे निकल पड़ा और फिर नगरसे बाहर आकर बाहरी उपवनमें पहुँचा॥ ३०॥

वहाँ ध्रुवने पहलेसे ही आये हुए सात मुनीश्वरोंको कृष्ण मृग-चर्मके बिछौनोंसे युक्त आसनोंपर बैठे देखा॥ ३१॥ उस राजकुमारने उन सबको प्रणाम कर अति नम्रता और समुचित अभिवादनादिपूर्वक उनसे कहा॥ ३२॥

ध्रुवने कहा—हे महात्माओ! मुझे आप सुनीतिसे

ऋषय ऊचुः

चतुःपञ्चाब्दसम्भूतो बालस्त्वं नृपनन्दन।
निर्वेदकारणं किञ्चित्तव नाद्यापि वर्त्तते॥ ३४
न चिन्त्यं भवतः किञ्चिद्ध्रियते भूपतिः पिता।
न चैवेष्टवियोगादि तव पश्याम बालक॥ ३५
शरीरे न च ते व्याधिरस्माभिरुपलक्ष्यते।
निर्वेदः किन्निमित्तस्ते कथ्यतां यदि विद्यते॥ ३६

श्रीपराशर उवाच

ततः स कथयामास सुरुच्या यदुदाहृतम्।
तन्निशम्य ततः प्रोचुर्मुनयस्ते परस्परम्॥ ३७
अहो क्षात्रं परं तेजो बालस्यापि यदक्षमा।
सपत्न्या मातुरुक्तं यद् हृदयान्नापसर्पति॥ ३८
भो भो क्षत्रियदायाद निर्वेदाद्यत्त्वयाधुना।
कर्तुं व्यवसितं तन्नः कथ्यतां यदि रोचते॥ ३९
यच्च कार्यं तवास्माभिः साहाय्यममितद्युते।
तदुच्यतां विवक्षुस्त्वमस्माभिरुपलक्ष्यसे॥ ४०

ध्रुव उवाच

नाहमर्थमभीप्सामि न राज्यं द्विजसत्तमाः।
तत्स्थानमेकमिच्छामि भुक्तं नान्येन यत्पुरा॥ ४१
एतन्मे क्रियतां सम्यक् कथ्यतां प्राप्यते यथा।
स्थानमग्र्यं समस्तेभ्यः स्थानेभ्यो मुनिसत्तमाः॥ ४२

मरीचिरुवाच

अनाराधितगोविन्दैर्नरैः स्थानं नृपात्मज।
न हि सम्प्राप्यते श्रेष्ठं तस्मादाराधयाच्युतम्॥ ४३

अत्रिरुवाच

परः पराणां पुरुषो यस्य तुष्टो जनार्दनः।
स प्राप्नोत्यक्षयं स्थानमेतत्सत्यं मयोदितम्॥ ४४

अङ्गिरा उवाच

यस्यान्तः सर्वमेवेदमच्युतस्याव्ययात्मनः।
तमाराधय गोविन्दं स्थानमग्र्यं यदीच्छसि॥ ४५

पुलस्त्य उवाच

परं ब्रह्म परं धाम योऽसौ ब्रह्म तथा परम्।
तमाराध्य हरिं याति मुक्तिमप्यतिदुर्लभाम्॥ ४६

उत्पन्न हुआ राजा उत्तानपादका पुत्र जानें। मैं आत्मग्लानिके कारण आपके निकट आया हूँ॥ ३३॥

ऋषि बोले—राजकुमार! अभी तो तू चार-पाँच वर्षका ही बालक है। अभी तेरे निर्वेदका कोई कारण नहीं दिखायी पड़ता॥ ३४॥ तुझे कोई चिन्ताका विषय भी नहीं है, क्योंकि अभी तेरा पिता राजा जीवित है और हे बालक! तेरी कोई इष्ट वस्तु खो गयी हो ऐसा भी हमें दिखायी नहीं देता॥ ३५॥ तथा हमें तेरे शरीरमें भी कोई व्याधि नहीं दीख पड़ती फिर बता, तेरी ग्लानिका क्या कारण है?॥ ३६॥

श्रीपराशरजी बोले—तब सुरुचिने उससे जो कुछ कहा था वह सब उसने कह सुनाया। उसे सुनकर वे ऋषिगण आपसमें इस प्रकार कहने लगे॥ ३७॥ 'अहो! क्षात्रतेज कैसा प्रबल है, जिससे बालकमें भी इतनी अक्षमा है कि अपनी विमाताका कथन उसके हृदयसे नहीं टलता'॥ ३८॥ हे क्षत्रियकुमार! इस निर्वेदके कारण तूने जो कुछ करनेका निश्चय किया है, यदि तुझे रुचे तो, वह हमलोगोंसे कह दे॥ ३९॥ और हे अतुलित तेजस्वी! यह भी बता कि हम तेरी क्या सहायता करें, क्योंकि हमें ऐसा प्रतीत होता है कि तू कुछ कहना चाहता है॥ ४०॥

ध्रुवने कहा—हे द्विजश्रेष्ठ! मुझे न तो धनकी इच्छा है और न राज्यकी; मैं तो केवल एक उसी स्थानको चाहता हूँ जिसको पहले कभी किसीने न भोगा हो॥ ४१॥ हे मुनिश्रेष्ठ! आपकी यही सहायता होगी कि आप मुझे भली प्रकार यह बता दें कि क्या करनेसे वह सबसे अग्रगण्य स्थान प्राप्त हो सकता है॥ ४२॥

मरीचि बोले—हे राजपुत्र! बिना गोविन्दकी आराधना किये मनुष्यको वह श्रेष्ठ स्थान नहीं मिल सकता; अतः तू श्रीअच्युतकी आराधना कर॥ ४३॥

अत्रि बोले—जो परा प्रकृति आदिसे भी परे हैं वे परमपुरुष जनार्दन जिससे सन्तुष्ट होते हैं उसीको वह अक्षयपद मिलता है यह मैं सत्य-सत्य कहता हूँ॥ ४४॥

अंगिरा बोले—यदि तू अग्र्यस्थानका इच्छुक है तो जिन अव्ययात्मा अच्युतमें यह सम्पूर्ण जगत् ओतप्रोत है, उन गोविन्दकी ही आराधना कर॥ ४५॥

पुलस्त्य बोले—जो परब्रह्म, परमधाम और परस्वरूप हैं, उन हरिकी आराधना करनेसे मनुष्य अति दुर्लभ मोक्षपदको भी प्राप्त कर लेता है॥ ४६॥

पुलह उवाच

ऐन्द्रमिन्द्रः परं स्थानं यमाराध्य जगत्पतिम्।
प्राप यज्ञपतिं विष्णुं तमाराधय सुव्रत॥ ४७

क्रतुरुवाच

यो यज्ञपुरुषो यज्ञो योगेशः परमः पुमान्।
तस्मिंस्तुष्टे यदप्राप्यं किं तदस्ति जनार्दने॥ ४८

वसिष्ठ उवाच

प्राप्नोष्याराधिते विष्णौ मनसा यद्यदिच्छसि।
त्रैलोक्यान्तर्गतं स्थानं किमु वत्सोत्तमोत्तमम्॥ ४९

ध्रुव उवाच

आराध्यः कथितो देवो भवद्भिः प्रणतस्य मे।
मया तत्परितोषाय यज्जप्तव्यं तदुच्यताम्॥ ५०
यथा चाराधनं तस्य मया कार्यं महात्मनः।
प्रसादसुमुखास्तन्मे कथयन्तु महर्षयः॥ ५१

ऋषय ऊचुः

राजपुत्र यथा विष्णोराराधनपरैर्नरैः।
कार्यमाराधनं तन्नो यथावच्छ्रोतुमर्हसि॥ ५२
बाह्यार्थादखिलाच्चित्तं त्याजयेत्प्रथमं नरः।
तस्मिन्नेव जगद्धाम्नि ततः कुर्वीत निश्चलम्॥ ५३
एवमेकाग्रचित्तेन तन्मयेन धृतात्मना।
जप्तव्यं यन्निबोधैतत्तन्नः पार्थिवनन्दनः॥ ५४
हिरण्यगर्भपुरुषप्रधानाव्यक्तरूपिणे।
ॐ नमो वासुदेवाय शुद्धज्ञानस्वरूपिणे॥ ५५
एतज्जजाप भगवान् जप्यं स्वायम्भुवो मनुः।
पितामहस्तव पुरा तस्य तुष्टो जनार्दनः॥ ५६
ददौ यथाभिलषितां सिद्धिं त्रैलोक्यदुर्लभाम्।
तथा त्वमपि गोविन्दं तोषयैतत्सदा जपन्॥ ५७

पुलह बोले—हे सुव्रत! जिन जगत्पतिकी आराधनासे इन्द्रने अत्युत्तम इन्द्रपद प्राप्त किया है, तू उन यज्ञपति भगवान् विष्णुकी आराधना कर॥ ४७॥

क्रतु बोले—जो परमपुरुष यज्ञपुरुष, यज्ञ और योगेश्वर हैं, उन जनार्दनके सन्तुष्ट होनेपर कौन-सी वस्तु दुर्लभ रह सकती है?॥ ४८॥

वसिष्ठ बोले—हे वत्स! विष्णुभगवान्‌की आराधना करनेपर तू अपने मनसे जो कुछ चाहेगा वही प्राप्त कर लेगा, फिर त्रिलोकीके उत्तमोत्तम स्थानकी तो बात ही क्या है?॥ ४९॥

ध्रुवने कहा—हे महर्षिगण! मुझ विनीतको आपने आराध्यदेव तो बता दिया। अब उसको प्रसन्न करनेके लिये मुझे क्या जपना चाहिये—यह बताइये। उस महापुरुषकी मुझे जिस प्रकार आराधना करनी चाहिये, वह आपलोग मुझसे प्रसन्नतापूर्वक कहिये॥ ५०-५१॥

ऋषिगण बोले—हे राजकुमार! विष्णुभगवान्‌की आराधनामें तत्पर पुरुषोंको जिस प्रकार उनकी उपासना करनी चाहिये वह तू हमसे यथावत् श्रवण कर॥ ५२॥ मनुष्यको चाहिये कि पहले सम्पूर्ण बाह्य विषयोंसे चित्तको हटावे और उसे एकमात्र उन जगदाधारमें ही स्थिर कर दे॥ ५३॥ हे राजकुमार! इस प्रकार एकाग्रचित्त होकर तन्मयभावसे जो कुछ जपना चाहिये, वह सुन—॥ ५४॥ 'ॐ हिरण्यगर्भ, पुरुष, प्रधान और अव्यक्तरूप शुद्ध ज्ञानस्वरूप वासुदेवको नमस्कार है'॥ ५५॥ इस (**ॐ नमो भगवते वासुदेवाय**) मन्त्रको पूर्वकालमें तेरे पितामह भगवान् स्वायम्भुव मनुने जपा था। तब उनसे सन्तुष्ट होकर श्रीजनार्दनने उन्हें त्रिलोकीमें दुर्लभ मनोवांछित सिद्धि दी थी। उसी प्रकार तू भी इसका निरन्तर जप करता हुआ श्रीगोविन्दको प्रसन्न कर॥ ५६-५७॥

इति श्रीविष्णुपुराणे प्रथमेंऽशे एकादशोऽध्यायः॥ ११॥

बारहवाँ अध्याय

ध्रुवकी तपस्यासे प्रसन्न हुए भगवान्‌का आविर्भाव और उसे ध्रुवपद-दान

श्रीपराशर उवाच

निशम्यैतदशेषेण मैत्रेय नृपतेः सुतः।
निर्जगाम वनात्तस्मात्प्रणिपत्य स तानृषीन्॥ १
कृतकृत्यमिवात्मानं मन्यमानस्ततो द्विज।
मधुसंज्ञं महापुण्यं जगाम यमुनातटम्॥ २
पुनश्च मधुसंज्ञेन दैत्येनाधिष्ठितं यतः।
ततो मधुवनं नाम्ना ख्यातमत्र महीतले॥ ३
हत्वा च लवणं रक्षो मधुपुत्रं महाबलम्।
शत्रुघ्नो मधुरां नाम पुरीं यत्र चकार वै॥ ४
यत्र वै देवदेवस्य सान्निध्यं हरिमेधसः।
सर्वपापहरे तस्मिंस्तपस्तीर्थे चकार सः॥ ५
मरीचिमुख्यैर्मुनिभिर्यथोद्दिष्टमभूत्तथा।
आत्मन्यशेषदेवेशं स्थितं विष्णुममन्यत॥ ६
अनन्यचेतसस्तस्य ध्यायतो भगवान्हरिः।
सर्वभूतगतो विप्र सर्वभावगतोऽभवत्॥ ७
मनस्यवस्थिते तस्मिन्विष्णौ मैत्रेय योगिनः।
न शशाक धरा भारमुद्वोढुं भूतधारिणी॥ ८
वामपादस्थिते तस्मिन्ननामार्द्धेन मेदिनी।
द्वितीयं च ननामार्द्धं क्षितेर्दक्षिणतः स्थिते॥ ९
पादाङ्गुष्ठेन सम्पीड्य यदा स वसुधां स्थितः।
तदा समस्ता वसुधा चचाल सह पर्वतैः॥ १०
नद्यो नदाः समुद्राश्च सङ्क्षोभं परमं ययुः।
तत्क्षोभादमराः क्षोभं परं जग्मुर्महामुने॥ ११
यामा नाम तदा देवा मैत्रेय परमाकुलाः।
इन्द्रेण सह सम्मन्त्र्य ध्यानभङ्गं प्रचक्रमुः॥ १२
कूष्माण्डा विविधै रूपैर्महेन्द्रेण महामुने।
समाधिभङ्गमत्यन्तमारब्धाः कर्त्तुमातुराः॥ १३
सुनीतिर्नाम तन्माता सास्त्रा तत्पुरतः स्थिता।
पुत्रेति करुणां वाचमाह मायामयी तदा॥ १४

श्रीपराशरजी बोले—हे मैत्रेय! यह सब सुनकर राजपुत्र ध्रुव उन ऋषियोंको प्रणामकर उस वनसे चल दिया॥ १॥ और हे द्विज! अपनेको कृतकृत्य-सा मानकर वह यमुनातटवर्ती अति पवित्र मधु नामक वनमें आया। आगे चलकर उस वनमें मधु नामक दैत्य रहने लगा था, इसलिये वह इस पृथ्वीतलमें मधुवन नामसे विख्यात हुआ॥ २-३॥ वहीं मधुके पुत्र लवण नामक महाबली राक्षसको मारकर शत्रुघ्नने मधुरा (मथुर) नामकी पुरी बसायी॥ ४॥ जिस (मधुवन)-में निरन्तर देवदेव श्रीहरिकी सन्निधि रहती है उसी सर्वपापापहारी तीर्थमें ध्रुवने तपस्या की॥ ५॥ मरीचि आदि मुनीश्वरोंने उसे जिस प्रकार उपदेश किया था उसने उसी प्रकार अपने हृदयमें विराजमान निखिलदेवेश्वर श्रीविष्णुभगवान्‌का ध्यान करना आरम्भ किया॥ ६॥ इस प्रकार हे विप्र! अनन्य-चित्त होकर ध्यान करते रहनेसे उसके हृदयमें सर्वभूतान्तर्यामी भगवान् हरि सर्वतोभावसे प्रकट हुए॥ ७॥

हे मैत्रेय! योगी ध्रुवके चित्तमें भगवान् विष्णुके स्थित हो जानेपर सर्वभूतोंको धारण करनेवाली पृथिवी उसका भार न सँभाल सकी॥ ८॥ उसके बायें चरणपर खड़े होनेसे पृथिवीका बायाँ आधा भाग झुक गया और फिर दाँयें चरणपर खड़े होनेसे दायाँ भाग झुक गया॥ ९॥ और जिस समय वह पैरके अँगूठेसे पृथिवीको (बीचसे) दबाकर खड़ा हुआ तो पर्वतोंके सहित समस्त भूमण्डल विचलित हो गया॥ १०॥ हे महामुने! उस समय नदी, नद और समुद्र आदि सभी अत्यन्त क्षुब्ध हो गये और उनके क्षोभसे देवताओंमें भी बड़ी हलचल मची॥ ११॥ हे मैत्रेय! तब याम नामक देवताओंने अत्यन्त व्याकुल हो इन्द्रके साथ परामर्श कर उसके ध्यानको भंग करनेका आयोजन किया॥ १२॥ हे महामुने! इन्द्रके साथ अति आतुर कूष्माण्ड नामक उपदेवताओंने नानारूप धारणकर उसकी समाधि भंग करना आरम्भ किया॥ १३॥

उस समय मायाहीसे रची हुई उसकी माता सुनीति नेत्रोंमें आँसू भरे उसके सामने प्रकट हुई और 'हे पुत्र! हे पुत्र!' ऐसा कहकर करुणायुक्त वचन बोलने लगी

पुत्रकास्मान्निवर्त्तस्व शरीरात्ययदारुणात्।
निर्बन्धतो मया लब्धो बहुभिस्त्वं मनोरथैः॥ १५
दीनामेकां परित्यक्तुमनाथां न त्वमर्हसि।
सपत्नीवचनाद्वत्स अगतेस्त्वं गतिर्मम॥ १६
क्व च त्वं पञ्चवर्षीयः क्व चैतद्दारुणं तपः।
निवर्ततां मनः कष्टान्निर्बन्धात्फलवर्जितात्॥ १७
कालः क्रीडनकानान्ते तदन्तेऽध्ययनस्य ते।
ततः समस्तभोगानां तदन्ते चेष्यते तपः॥ १८
कालः क्रीडनकानां यस्तव बालस्य पुत्रक।
तस्मिंस्त्वमिच्छसि तपः किं नाशायात्मनो रतः॥ १९
मत्प्रीतिः परमो धर्मो वयोऽवस्थाक्रियाक्रमम्।
अनुवर्त्तस्व मा मोहान्निवर्त्तास्मादधर्मतः॥ २०
परित्यजति वत्साद्य यद्येतन्न भवांस्तपः।
त्यक्ष्याम्यहमिह प्राणांस्ततो वै पश्यतस्तव॥ २१

श्रीपराशर उवाच

तां प्रलापवतीमेवं बाष्पाकुलविलोचनाम्।
समाहितमना विष्णौ पश्यन्नपि न दृष्टवान्॥ २२
वत्स वत्स सुघोराणि रक्षांस्येतानि भीषणे।
वनेऽभ्युद्यतशस्त्राणि समायान्त्यपगम्यताम्॥ २३
इत्युक्त्वा प्रययौ साथ रक्षांस्याविर्बभुस्ततः।
अभ्युद्यतोग्रशस्त्राणि ज्वालामालाकुलैर्मुखैः॥ २४
ततो नादानतीवोग्रान्राजपुत्रस्य ते पुरः।
मुमुचुर्दीप्तशस्त्राणि भ्रामयन्तो निशाचराः॥ २५
शिवाश्च शतशो नेदुः सज्वालाकवलैर्मुखैः।
त्रासाय तस्य बालस्य योगयुक्तस्य सर्वदा॥ २६
हन्यतां हन्यतामेष छिद्यतां छिद्यतामयम्।
भक्ष्यतां भक्ष्यतां चायमित्यूचुस्ते निशाचराः॥ २७
ततो नानाविधान्नादान् सिंहोष्ट्रमकराननाः।
त्रासाय राजपुत्रस्य नेदुस्ते रजनीचराः॥ २८
रक्षांसि तानि ते नादाःशिवास्तान्यायुधानि च।
गोविन्दासक्तचित्तस्य ययुर्नेन्द्रियगोचरम्॥ २९
एकाग्रचेताः सततं विष्णुमेवात्मसंश्रयम्।
दृष्टवान्पृथिवीनाथपुत्रो नान्यं कथञ्चन॥ ३०

[उसने कहा]—बेटा! तू शरीरको घुलानेवाले इस भयंकर तपका आग्रह छोड़ दे। मैंने बड़ी-बड़ी कामनाओंद्वारा तुझे प्राप्त किया है॥ १४-१५॥ अरे! मुझ अकेली, अनाथा, दुखियाको सौतके कटु वाक्योंसे छोड़ देना तुझे उचित नहीं है। बेटा! मुझ आश्रयहीनाका तो एकमात्र तू ही सहारा है॥ १६॥ कहाँ तो पाँच वर्षका तू और कहाँ तेरा यह अति उग्र तप? अरे! इस निष्फल क्लेशकारी आग्रहसे अपना मन मोड़ ले॥ १७॥ अभी तो तेरे खेलने-कूदनेका समय है, फिर अध्ययनका समय आयेगा, तदनन्तर समस्त भोगोंके भोगनेका और फिर अन्तमें तपस्या करना भी ठीक होगा॥ १८॥ बेटा! तुझ सुकुमार बालकका 'जो खेल-कूदका समय है उसीमें तू तपस्या करना चाहता है। तू इस प्रकार क्यों अपने सर्वनाशमें तत्पर हुआ है?॥ १९॥ तेरा परम धर्म तो मुझको प्रसन्न रखना ही है, अतः तू अपनी आयु और अवस्थाके अनुकूल कर्मोंमें ही लग, मोहका अनुवर्तन न कर और इस तपरूपी अधर्मसे निवृत्त हो॥ २०॥ बेटा! यदि आज तू इस तपस्याको न छोड़ेगा तो देख तेरे सामने ही मैं अपने प्राण छोड़ दूँगी॥ २१॥

श्रीपराशरजी बोले—हे मैत्रेय! भगवान् विष्णुमें चित्त स्थिर रहनेके कारण ध्रुवने उसे आँखोंमें आँसू भरकर इस प्रकार विलाप करती देखकर भी नहीं देखा॥ २२॥

तब, 'अरे बेटा! यहाँसे भाग-भाग! देख, इस महाभयंकर वनमें ये कैसे घोर राक्षस अस्त्र-शस्त्र उठाये आ रहे हैं'—ऐसा कहती हुई वह चली गयी और वहाँ जिनके मुखसे अग्निकी लपटें निकल रही थीं ऐसे अनेकों राक्षसगण अस्त्र-शस्त्र सँभाले प्रकट हो गये॥ २३-२४॥ उन राक्षसोंने अपने अति चमकीले शस्त्रोंको घुमाते हुए उस राजपुत्रके सामने बड़ा भयंकर कोलाहल किया॥ २५॥ उस नित्य-योगयुक्त बालकको भयभीत करनेके लिये अपने मुखसे अग्निकी लपटें निकालती हुई सैकड़ों स्यारियाँ घोर नाद करने लगीं॥ २६॥ वे राक्षसगण भी 'इसको मारो-मारो, काटो-काटो, खाओ-खाओ' इस प्रकार चिल्लाने लगे॥ २७॥ फिर सिंह, ऊँट और मकर आदिके-से मुखवाले वे राक्षस राजपुत्रको त्राण देनेके लिये नाना प्रकारसे गरजने लगे॥ २८॥

किन्तु उस भगवदासक्तचित्त बालकको वे राक्षस, उनके शब्द, स्यारियाँ और अस्त्र-शस्त्रादि कुछ भी दिखायी नहीं दिये॥ २९॥ वह राजपुत्र एकाग्रचित्तसे निरन्तर अपने आश्रयभूत विष्णुभगवान्को ही देखता रहा और उसने किसीकी ओर किसी भी प्रकार दृष्टिपात नहीं किया॥ ३०॥

ततः सर्वासु मायासु विलीनासु पुनः सुराः।
सङ्क्षोभं परमं जग्मुस्तत्पराभवशङ्किताः॥ ३१
ते समेत्य जगद्योनिमनादिनिधनं हरिम्।
शरण्यं शरणं यातास्तपसा तस्य तापिताः॥ ३२

देवा ऊचुः

देवदेव जगन्नाथ परेश पुरुषोत्तम।
ध्रुवस्य तपसा तप्तास्त्वां वयं शरणं गताः॥ ३३
दिने दिने कलालेशैः शशाङ्कः पूर्यते यथा।
तथायं तपसा देव प्रयात्यृद्धिमहर्निशम्॥ ३४
औत्तानपादितपसा वयमित्थं जनार्दन।
भीतास्त्वां शरणं यातास्तपसस्तं निवर्तय॥ ३५
न विद्मः किं स शक्रत्वं सूर्यत्वं किमभीप्सति।
वित्तपाम्बुपसोमानां साभिलाषः पदेषु किम्॥ ३६
तदस्माकं प्रसीदेश हृदयाच्छल्यमुद्धर।
उत्तानपादतनयं तपसः सन्निवर्त्तय॥ ३७

श्रीभगवानुवाच

नेन्द्रत्वं न च सूर्यत्वं नैवाम्बुपधनेशताम्।
प्रार्थयत्येष यं कामं तं करोम्यखिलं सुराः॥ ३८
यात देवा यथाकामं स्वस्थानं विगतज्वराः।
निवर्त्तयाम्यहं बालं तपस्यासक्तमानसम्॥ ३९

श्रीपराशर उवाच

इत्युक्ता देवदेवेन प्रणम्य त्रिदशास्ततः।
प्रययुः स्वानि धिष्ण्यानि शतक्रतुपुरोगमाः॥ ४०
भगवानपि सर्वात्मा तन्मयत्वेन तोषितः।
गत्वा ध्रुवमुवाचेदं चतुर्भुजवपुर्हरिः॥ ४१

श्रीभगवानुवाच

औत्तानपादे भद्रं ते तपसा परितोषितः।
वरदोऽहमनुप्राप्तो वरं वरय सुव्रत॥ ४२
बाह्यार्थनिरपेक्षं ते मयि चित्तं यदाहितम्।
तुष्टोऽहं भवतस्तेन तद्वृणीष्व वरं परम्॥ ४३

श्रीपराशर उवाच

श्रुत्वेत्थं गदितं तस्य देवदेवस्य बालकः।
उन्मीलिताक्षो ददृशे ध्यानदृष्टं हरिं पुरः॥ ४४

तब सम्पूर्ण मायाके लीन हो जानेपर उससे हार जानेकी आशंकासे देवताओंको बड़ा भय हुआ॥ ३१॥ अतः उसके तपसे सन्तप्त हो वे सब आपसमें मिलकर जगत्के आदि-कारण, शरणागतवत्सल, अनादि और अनन्त श्रीहरिकी शरणमें गये॥ ३२॥

देवता बोले—हे देवाधिदेव, जगन्नाथ, परमेश्वर, पुरुषोत्तम! हम सब ध्रुवकी तपस्यासे सन्तप्त होकर आपकी शरणमें आये हैं॥ ३३॥ हे देव! जिस प्रकार चन्द्रमा अपनी कलाओंसे प्रतिदिन बढ़ता है उसी प्रकार यह भी तपस्याके कारण रात-दिन उन्नत हो रहा है॥ ३४॥ हे जनार्दन! इस उत्तानपादके पुत्रकी तपस्यासे भयभीत होकर हम आपकी शरणमें आये हैं, आप उसे तपसे निवृत्त कीजिये॥ ३५॥ हम नहीं जानते, वह इन्द्रत्व चाहता है या सूर्यत्व अथवा उसे कुबेर, वरुण या चन्द्रमाके पदकी अभिलाषा है॥ ३६॥ अतः हे ईश! आप हमपर प्रसन्न होइये और इस उत्तानपादके पुत्रको तपसे निवृत्त करके हमारे हृदयका काँटा निकालिये॥ ३७॥

श्रीभगवान् बोले—हे सुरगण! उसे इन्द्र, सूर्य, वरुण अथवा कुबेर आदि किसीके पदकी अभिलाषा नहीं है, उसकी जो कुछ इच्छा है वह मैं सब पूर्ण करूँगा॥ ३८॥ हे देवगण! तुम निश्चिन्त होकर इच्छानुसार अपने-अपने स्थानोंको जाओ। मैं तपस्यामें लगे हुए उस बालकको निवृत्त करता हूँ॥ ३९॥

श्रीपराशरजी बोले—देवाधिदेव भगवान्के ऐसा कहनेपर इन्द्र आदि समस्त देवगण उन्हें प्रणामकर अपने-अपने स्थानोंको गये॥ ४०॥ सर्वात्मा भगवान् हरिने भी ध्रुवकी तन्मयतासे प्रसन्न हो उसके निकट चतुर्भुजरूपसे जाकर इस प्रकार कहा॥ ४१॥

श्रीभगवान् बोले—हे उत्तानपादके पुत्र ध्रुव! तेरा कल्याण हो। मैं तेरी तपस्यासे प्रसन्न होकर तुझे वर देनेके लिये प्रकट हुआ हूँ, हे सुव्रत! तू वर माँग॥ ४२॥ तूने सम्पूर्ण बाह्य विषयोंसे उपरत होकर अपने चित्तको मुझमें ही लगा दिया है। अतः मैं तुझसे अति सन्तुष्ट हूँ। अब तू अपनी इच्छानुसार श्रेष्ठ वर माँग॥ ४३॥

श्रीपराशरजी बोले—देवाधिदेव भगवान्के ऐसे वचन सुनकर बालक ध्रुवने आँखें खोलीं और अपनी ध्यानावस्थामें देखे हुए भगवान् हरिको साक्षात् अपने सम्मुख खड़े देखा॥ ४४॥

शङ्खचक्रगदाशार्ङ्गवरासिधरमच्युतम् ।
किरीटिनं समालोक्य जगाम शिरसा महीम् ॥ ४५
रोमाञ्चिताङ्गः सहसा साध्वसं परमं गतः ।
स्तवाय देवदेवस्य स चक्रे मानसं ध्रुवः ॥ ४६
किं वदामि स्तुतावस्य केनोक्तेनास्य संस्तुतिः ।
इत्याकुलमतिर्देवं तमेव शरणं ययौ ॥ ४७

ध्रुव उवाच

भगवन्यदि मे तोषं तपसा परमं गतः ।
स्तोतुं तदहमिच्छामि वरमेनं प्रयच्छ मे ॥ ४८
[ब्रह्माद्यैर्यस्य वेदज्ञैर्ज्ञायते यस्य नो गतिः ।
तं त्वां कथमहं देव स्तोतुं शक्नोमि बालकः ॥
त्वद्भक्तिप्रवणं ह्येतत्परमेश्वर मे मनः ।
स्तोतुं प्रवृत्तं त्वत्पादौ तत्र प्रज्ञां प्रयच्छ मे ॥]

श्रीपराशर उवाच

शङ्खप्रान्तेन गोविन्दस्तं पस्पर्श कृताञ्जलिम् ।
उत्तानपादतनयं द्विजवर्य जगत्पतिः ॥ ४९
अथ प्रसन्नवदनः स क्षणान्नृपनन्दनः ।
तुष्टाव प्रणतो भूत्वा भूतधातारमच्युतम् ॥ ५०

ध्रुव उवाच

भूमिरापोऽनलो वायुः खं मनो बुद्धिरेव च ।
भूतादिरादिप्रकृतिर्यस्य रूपं नतोऽस्मि तम् ॥ ५१
शुद्धः सूक्ष्मोऽखिलव्यापी प्रधानात्परतः पुमान् ।
यस्य रूपं नमस्तस्मै पुरुषाय गुणाशिने ॥ ५२
भूरादीनां समस्तानां गन्धादीनां च शाश्वतः ।
बुद्ध्यादीनां प्रधानस्य पुरुषस्य च यः परः ॥ ५३
तं ब्रह्मभूतमात्मानमशेषजगतः पतिम् ।
प्रपद्ये शरणं शुद्धं त्वद्रूपं परमेश्वर ॥ ५४
बृहत्त्वाद्बृंहणत्वाच्च यद्रूपं ब्रह्मसंज्ञितम् ।
तस्मै नमस्ते सर्वात्मन्योगिचिन्त्याविकारिणे ॥ ५५
सहस्रशीर्षा पुरुषः सहस्राक्षः सहस्रपात् ।
सर्वव्यापी भुवः स्पर्शादत्यतिष्ठद्दशाङ्गुलम् ॥ ५६

श्रीअच्युतको किरीट तथा शंख, चक्र, गदा, शार्ङ्ग धनुष और खड्ग धारण किये देख उसने पृथिवीपर सिर रखकर प्रणाम किया ॥ ४५ ॥ और सहसा रोमांचित तथा परम भयभीत होकर उसने देवदेवकी स्तुति करनेकी इच्छा की ॥ ४६ ॥ किन्तु 'इनकी स्तुतिके लिये मैं क्या कहूँ? क्या कहनेसे इनका स्तवन हो सकता है?' यह न जाननेके कारण वह चित्तमें व्याकुल हो गया और अन्तमें उसने उन देवदेवकी ही शरण ली ॥ ४७ ॥

ध्रुवने कहा—भगवन्! आप यदि मेरी तपस्यासे सन्तुष्ट हैं तो मैं आपकी स्तुति करना चाहता हूँ, आप मुझे यही वर दीजिये [जिससे मैं स्तुति कर सकूँ] ॥ ४८ ॥ [हे देव! जिनकी गति ब्रह्मा आदि वेदज्ञजन भी नहीं जानते; उन्हीं आपका मैं बालक कैसे स्तवन कर सकता हूँ। किन्तु हे परम प्रभो! आपकी भक्तिसे द्रवीभूत हुआ मेरा चित्त आपके चरणोंकी स्तुति करनेमें प्रवृत्त हो रहा है। अतः आप इसे उसके लिये बुद्धि प्रदान कीजिये]।

श्रीपराशरजी बोले—हे द्विजवर्य! तब जगत्पति श्रीगोविन्दने अपने सामने हाथ जोड़े खड़े हुए उस उत्तानपादके पुत्रको अपने (वेदमय) शंखके अन्त (वेदान्तमय) भागसे छू दिया ॥ ४९ ॥ तब तो एक क्षणमें ही वह राजकुमार प्रसन्न-मुखसे अति विनीत हो सर्वभूताधिष्ठान श्रीअच्युतकी स्तुति करने लगा ॥ ५० ॥

ध्रुव बोले—पृथिवी, जल, अग्नि, वायु, आकाश, मन, बुद्धि, अहंकार और मूल-प्रकृति—ये सब जिनके रूप हैं उन भगवान्‌को मैं नमस्कार करता हूँ ॥ ५१ ॥ जो अति शुद्ध, सूक्ष्म, सर्वव्यापक और प्रधानसे भी परे हैं, वह पुरुष जिनका रूप है उन गुण-भोक्ता परमपुरुषको मैं नमस्कार करता हूँ ॥ ५२ ॥ हे परमेश्वर! पृथिवी आदि समस्त भूत, गन्धादि उनके गुण, बुद्धि आदि अन्तःकरण-चतुष्टय तथा प्रधान और पुरुष(जीव)-से भी परे जो सनातन पुरुष हैं, उन आप निखिलब्रह्माण्डनायकके ब्रह्मभूत शुद्धस्वरूप आत्माकी मैं शरण हूँ ॥ ५३-५४ ॥ हे सर्वात्मन्! हे योगियोंके चिन्तनीय! व्यापक और वर्धनशील होनेके कारण आपका जो ब्रह्म नामक स्वरूप है, उस विकाररहित रूपको मैं नमस्कार करता हूँ ॥ ५५ ॥ हे प्रभो! आप हजारों मस्तकोंवाले, हजारों नेत्रोंवाले और हजारों चरणोंवाले परमपुरुष हैं, आप सर्वत्र व्याप्त हैं और [पृथिवी आदि आवरणोंके सहित] सम्पूर्ण ब्रह्माण्डको व्याप्त कर दस गुण महाप्रमाणसे स्थित हैं ॥ ५६ ॥

यद्भूतं यच्च वै भव्यं पुरुषोत्तम तद्भवान्।
त्वत्तो विराट् स्वराट् सम्राट् त्वत्तश्चाप्यधिपूरुषः॥ ५७
अत्यरिच्यत सोऽधश्च तिर्यगूर्ध्वं च वै भुवः।
त्वत्तो विश्वमिदं जातं त्वत्तो भूतभविष्यती॥ ५८
त्वद्रूपधारिणश्चान्तर्भूतं सर्वमिदं जगत्।
त्वत्तो यज्ञः सर्वहुतः पृषदाज्यं पशुर्द्विधा॥ ५९
त्वत्तः ऋचोऽथ सामानि त्वत्तश्छन्दांसि जज्ञिरे।
त्वत्तो यजूंष्यजायन्त त्वत्तोऽश्वाश्चैकतो दतः॥ ६०
गावस्त्वत्तः समुद्भूतास्त्वत्तोऽजा अवयो मृगाः।
त्वन्मुखाद्ब्राह्मणास्त्वत्तो बाहोः क्षत्रमजायत॥ ६१
वैश्यास्तवोरुजाः शूद्रास्तव पद्भ्यां समुद्गताः।
अक्ष्णोः सूर्योऽनिलः प्राणाच्चन्द्रमा मनसस्तव॥ ६२
प्राणोऽन्तःसुषिराज्जातो मुखादग्निरजायत।
नाभितो गगनं द्यौश्च शिरसः समवर्तत॥ ६३
दिशः श्रोत्रात्क्षितिः पद्भ्यां त्वत्तः सर्वमभूदिदम्॥ ६४
न्यग्रोधः सुमहानल्पे यथा बीजे व्यवस्थितः।
संयमे विश्वमखिलं बीजभूते तथा त्वयि॥ ६५
बीजादङ्कुरसम्भूतो न्यग्रोधस्तु समुत्थितः।
विस्तारं च यथा याति त्वत्तः सृष्टौ तथा जगत्॥ ६६
यथा हि कदली नान्या त्वक्पत्रादपि दृश्यते।
एवं विश्वस्य नान्यस्त्वं त्वत्स्थायीश्वर दृश्यते॥ ६७
ह्लादिनी सन्धिनी संवित्त्वय्येका सर्वसंस्थितौ।
ह्लादतापकरी मिश्रा त्वयि नो गुणवर्जिते॥ ६८
पृथग्भूतैकभूताय भूतभूताय ते नमः।
प्रभूतभूतभूताय तुभ्यं भूतात्मने नमः॥ ६९
व्यक्तं प्रधानपुरुषौ विराट् सम्राट् स्वराट् तथा।
विभाव्यतेऽन्तःकरणे पुरुषेष्वक्षयो भवान्॥ ७०
सर्वस्मिन्सर्वभूतस्त्वं सर्वः सर्वस्वरूपधृक्।
सर्वं त्वत्तस्ततश्च त्वं नमः सर्वात्मनेऽस्तु ते॥ ७१

हे पुरुषोत्तम! भूत और भविष्यत् जो कुछ पदार्थ हैं वे सब आप ही हैं तथा विराट्, स्वराट् ,सम्राट् और अधिपुरुष (ब्रह्मा) आदि भी सब आपहीसे उत्पन्न हुए हैं॥ ५७॥ वे ही आप इस पृथिवीके नीचे-ऊपर और इधर-उधर सब ओर बढ़े हुए हैं। यह सम्पूर्ण जगत् आपहीसे उत्पन्न हुआ है तथा आपहीसे भूत और भविष्यत् हुए हैं॥ ५८॥ यह सम्पूर्ण जगत् आपके स्वरूपभूत ब्रह्माण्डके अन्तर्गत है [फिर आपके अन्तर्गत होनेकी तो बात ही क्या है] जिसमें सभी पुरोडाशोंका हवन होता है वह यज्ञ, पृषदाज्य (दधि और घृत) तथा [ग्राम्य और वन्य] दो प्रकारके पशु आपहीसे उत्पन्न हुए हैं॥ ५९॥ आपहीसे ऋक्, साम और गायत्री आदि छन्द प्रकट हुए हैं, आपहीसे यजुर्वेदका प्रादुर्भाव हुआ है और आपहीसे अश्व तथा एक ओर दाँतवाले महिष आदि जीव उत्पन्न हुए हैं॥ ६०॥ आपहीसे गौओं, बकरियों, भेड़ों और मृगोंकी उत्पत्ति हुई है; आपहीके मुखसे ब्राह्मण, बाहुओंसे क्षत्रिय, जंघाओंसे वैश्य और चरणोंसे शूद्र प्रकट हुए हैं तथा आपहीके नेत्रोंसे सूर्य, प्राणसे वायु, मनसे चन्द्रमा, भीतरी छिद्र (नासारन्ध्र)-से प्राण, मुखसे अग्नि, नाभिसे आकाश, सिरसे स्वर्ग, श्रोत्रसे दिशाएँ और चरणोंसे पृथिवी आदि उत्पन्न हुए हैं; इस प्रकार हे प्रभो! यह सम्पूर्ण जगत् आपहीसे प्रकट हुआ है॥ ६१—६४॥ जिस प्रकार नन्हेंसे बीजमें बड़ा भारी वट-वृक्ष रहता है उसी प्रकार प्रलय-कालमें यह सम्पूर्ण जगत् बीज-स्वरूप आपहीमें लीन रहता है॥ ६५॥ जिस प्रकार बीजसे अंकुररूपमें प्रकट हुआ वट-वृक्ष बढ़कर अत्यन्त विस्तारवाला हो जाता है उसी प्रकार सृष्टिकालमें यह जगत् आपहीसे प्रकट होकर फैल जाता है॥ ६६॥ हे ईश्वर! जिस प्रकार केलेका पौधा छिलके और पत्तोंसे अलग दिखायी नहीं देता उसी प्रकार जगत्से आप पृथक् नहीं हैं, वह आपहीमें स्थित देखा जाता है॥ ६७॥ सबके आधारभूत आपमें ह्लादिनी (निरन्तर आह्लादित करनेवाली) और सन्धिनी (विच्छेदरहित) संवित् (विद्याशक्ति) अभिन्नरूपसे रहती हैं। आपमें (विषयजन्य) आह्लाद या ताप देनेवाली (सात्त्विकी या तामसी) अथवा उभयमिश्रा (राजसी) कोई भी संवित् नहीं है, क्योंकि आप निर्गुण हैं॥ ६८॥ आप [कार्यदृष्टिसे] पृथक्-रूप और [कारणदृष्टिसे] एकरूप हैं। आप ही भूतसूक्ष्म हैं और आप ही नाना जीवरूप हैं। हे भूतान्तरात्मन्! ऐसे आपको मैं नमस्कार करता हूँ॥ ६९॥ [योगियोंके द्वारा] अन्तःकरणमें आप ही महत्तत्त्व, प्रधान, पुरुष, विराट्, सम्राट् और स्वराट् आदि रूपोंसे भावना किये जाते हैं और [क्षयशील] पुरुषोंमें आप नित्य अक्षय हैं॥ ७०॥ आकाशादि सर्वभूतोंमें सार अर्थात् उनके गुणरूप आप ही हैं; समस्त रूपोंको धारण

सर्वात्मकोऽसि सर्वेश सर्वभूतस्थितो यतः।
कथयामि ततः किं ते सर्वं वेत्सि हृदि स्थितम्॥ ७२
सर्वात्मन्सर्वभूतेश सर्वसत्त्वसमुद्भव।
सर्वभूतो भवान्वेत्ति सर्वसत्त्वमनोरथम्॥ ७३
यो मे मनोरथो नाथ सफलः स त्वया कृतः।
तपश्च तप्तं सफलं यद्दृष्टोऽसि जगत्पते॥ ७४

श्रीभगवानुवाच

तपसस्तत्फलं प्राप्तं यद्दृष्टोऽहं त्वया ध्रुव।
मद्दर्शनं हि विफलं राजपुत्र न जायते॥ ७५
वरं वरय तस्मात्त्वं यथाभिमतमात्मनः।
सर्वं सम्पद्यते पुंसां मयि दृष्टिपथं गते॥ ७६

ध्रुव उवाच

भगवन्भूतभव्येश सर्वस्यास्ते भवान् हृदि।
किमज्ञातं तव ब्रह्मन्मनसा यन्मयेक्षितम्॥ ७७
तथापि तुभ्यं देवेश कथयिष्यामि यन्मया।
प्रार्थ्यते दुर्विनीतेन हृदयेनातिदुर्लभम्॥ ७८
किं वा सर्वजगत्स्रष्टः प्रसन्ने त्वयि दुर्लभम्।
त्वत्प्रसादफलं भुङ्क्ते त्रैलोक्यं मघवानपि॥ ७९
नैतद्राजासनं योग्यमजातस्य ममोदरात्।
इतिगर्वादवोचन्मां सपत्नी मातुरुच्चकैः॥ ८०
आधारभूतं जगतः सर्वेषामुत्तमोत्तमम्।
प्रार्थयामि प्रभो स्थानं त्वत्प्रसादादतोऽव्ययम्॥ ८१

श्रीभगवानुवाच

यत्त्वया प्रार्थ्यते स्थानमेतत्प्राप्स्यति वै भवान्।
त्वयाऽहं तोषितः पूर्वमन्यजन्मनि बालक॥ ८२
त्वमासीर्ब्राह्मणः पूर्वं मय्येकाग्रमतिः सदा।
मातापित्रोश्च शुश्रूषुर्निजधर्मानुपालकः॥ ८३
कालेन गच्छता मित्रं राजपुत्रस्तवाभवत्।
यौवनेऽखिलभोगाढ्यो दर्शनीयोज्ज्वलाकृतिः॥ ८४
तत्सङ्गात्तस्य तामृद्धिमवलोक्यातिदुर्लभाम्।
भवेयं राजपुत्रोऽहमिति वाञ्छा त्वया कृता॥ ८५

करनेवाले होनेसे सब कुछ आप ही हैं; सब कुछ आपहीसे हुआ है; अतएव सबके द्वारा आप ही हो रहे हैं इसलिये आप सर्वात्माको नमस्कार है॥ ७१॥ हे सर्वेश्वर! आप सर्वात्मक हैं; क्योंकि सम्पूर्ण भूतोंमें व्याप्त हैं; अतः मैं आपसे क्या कहूँ? आप स्वयं ही सब हृदयस्थित बातोंको जानते हैं॥ ७२॥ हे सर्वात्मन्! हे सर्वभूतेश्वर! हे सब भूतोंके आदि-स्थान! आप सर्वभूतरूपसे सभी प्राणियोंके मनोरथोंको जानते हैं॥ ७३॥ हे नाथ! मेरा जो कुछ मनोरथ था वह तो आपने सफल कर दिया और हे जगत्पते! मेरी तपस्या भी सफल हो गयी, क्योंकि मुझे आपका साक्षात् दर्शन प्राप्त हुआ॥ ७४॥

श्रीभगवान् बोले—हे ध्रुव! तुमको मेरा साक्षात् दर्शन प्राप्त हुआ, इससे अवश्य ही तेरी तपस्या तो सफल हो गयी; परन्तु हे राजकुमार! मेरा दर्शन भी तो कभी निष्फल नहीं होता॥ ७५॥ इसलिये तुझको जिस वरकी इच्छा हो वह माँग ले। मेरा दर्शन हो जानेपर पुरुषको सभी कुछ प्राप्त हो सकता है॥ ७६॥

ध्रुव बोले—हे भूतभव्येश्वर भगवन्! आप सभीके अन्तःकरणोंमें विराजमान हैं। हे ब्रह्मन्! मेरे मनकी जो कुछ अभिलाषा है वह क्या आपसे छिपी हुई है? ॥ ७७॥ तो भी, हे देवेश्वर! मैं दुर्विनीत जिस अति दुर्लभ वस्तुकी हृदयसे इच्छा करता हूँ उसे आपकी आज्ञानुसार आपके प्रति निवेदन करूँगा॥ ७८॥ हे समस्त संसारको रचनेवाले परमेश्वर! आपके प्रसन्न होनेपर (संसारमें) क्या दुर्लभ है? इन्द्र भी आपके कृपाकटाक्षके फलरूपसे ही त्रिलोकीको भोगता है॥ ७९॥

प्रभो! मेरी सौतेली माताने गर्वसे अति बढ़-बढ़कर मुझसे यह कहा था कि 'जो मेरे उदरसे उत्पन्न नहीं है उसके योग्य यह राजासन नहीं है'॥ ८०॥ अतः हे प्रभो! आपके प्रसादसे मैं उस सर्वोत्तम एवं अव्यय स्थानको प्राप्त करना चाहता हूँ जो सम्पूर्ण विश्वका आधारभूत हो॥ ८१॥

श्रीभगवान् बोले—अरे बालक! तूने अपने पूर्वजन्ममें भी मुझे सन्तुष्ट किया था, इसलिये तू जिस स्थानकी इच्छा करता है उसे अवश्य प्राप्त करेगा॥ ८२॥ पूर्व जन्ममें तू एक ब्राह्मण था और मुझमें निरन्तर एकाग्रचित्त रहनेवाला, माता-पिताका सेवक तथा स्वधर्मका पालन करनेवाला था॥ ८३॥ कालान्तरमें एक राजपुत्र तेरा मित्र हो गया। वह अपनी युवावस्थामें सम्पूर्ण भोगोंसे सम्पन्न और अति दर्शनीय रूपलावण्ययुक्त था॥ ८४॥ उसके संगसे उसके दुर्लभ वैभवको देखकर तेरी ऐसी इच्छा हुई कि 'मैं भी राजपुत्र होऊँ'॥ ८५॥

ततो यथाभिलषिता प्राप्ता ते राजपुत्रता।
उत्तानपादस्य गृहे जातोऽसि ध्रुव दुर्लभे॥ ८६
अन्येषां दुर्लभं स्थानं कुले स्वायम्भुवस्य यत्॥ ८७
तस्यैतदपरं बाल येनाहं परितोषितः।
मामाराध्य नरो मुक्तिमवाप्नोत्यविलम्बिताम्॥ ८८
मय्यर्पितमना बाल किमु स्वर्गादिकं पदम्॥ ८९
त्रैलोक्यादधिके स्थाने सर्वताराग्रहाश्रयः।
भविष्यति न सन्देहो मत्प्रसादाद्भवान्ध्रुव॥ ९०
सूर्यात्सोमात्तथा भौमात्सोमपुत्राद्बृहस्पतेः।
सितार्कतनयादीनां सर्वर्क्षाणां तथा ध्रुव॥ ९१
सप्तर्षीणामशेषाणां ये च वैमानिकाः सुराः।
सर्वेषामुपरि स्थानं तव दत्तं मया ध्रुव॥ ९२
केचिच्चतुर्युगं यावत्केचिन्मन्वन्तरं सुराः।
तिष्ठन्ति भवतो दत्ता मया वै कल्पसंस्थितिः॥ ९३
सुनीतिरपि ते माता त्वदासन्नातिनिर्मला।
विमाने तारका भूत्वा तावत्कालं निवत्स्यति॥ ९४
ये च त्वां मानवाः प्रातः सायं च सुसमाहिताः।
कीर्त्तयिष्यन्ति तेषां च महत्पुण्यं भविष्यति॥ ९५

श्रीपराशर उवाच

एवं पूर्वं जगन्नाथाद्देवदेवाज्जनार्दनात्।
वरं प्राप्य ध्रुवः स्थानमध्यास्ते स महामते॥ ९६
स्वयं शुश्रूषणाद्धर्म्यान्मातापित्रोश्च वै तथा।
द्वादशाक्षरमाहात्म्यात्तपसश्च प्रभावतः॥ ९७
तस्याभिमानमृद्धिं च महिमानं निरीक्ष्य हि।
देवासुराणामाचार्यः श्लोकमत्रोशना जगौ॥ ९८
अहोऽस्य तपसो वीर्यमहोऽस्य तपसः फलम्।
यदेनं पुरतः कृत्वा ध्रुवं सप्तर्षयः स्थिताः॥ ९९
ध्रुवस्य जननी चेयं सुनीतिर्नाम सूनृता।
अस्याश्च महिमानं कः शक्तो वर्णयितुं भुवि॥ १००

अतः हे ध्रुव! तुझको अपनी मनोवांछित राजपुत्रता प्राप्त हुई और जिन स्वायम्भुवमनुके कुलमें और किसीको स्थान मिलना अति दुर्लभ है, उन्हींके घरमें तूने उत्तानपादके यहाँ जन्म लिया॥ ८६-८७॥ अरे बालक! [औरोंके लिये यह स्थान कितना ही दुर्लभ हो परन्तु] जिसने मुझे सन्तुष्ट किया है उसके लिये तो यह अत्यन्त तुच्छ है। मेरी आराधना करनेसे तो मोक्षपद भी तत्काल प्राप्त हो सकता है, फिर जिसका चित्त निरन्तर मुझमें ही लगा हुआ है उसके लिये स्वर्गादि लोकोंका तो कहना ही क्या है?॥ ८८-८९॥ हे ध्रुव! मेरी कृपासे तू निस्सन्देह उस स्थानमें, जो त्रिलोकीमें सबसे उत्कृष्ट है, सम्पूर्ण ग्रह और तारामण्डलका आश्रय बनेगा॥ ९०॥ हे ध्रुव! मैं तुझे वह ध्रुव (निश्चल) स्थान देता हूँ जो सूर्य, चन्द्र, मंगल, बुध, बृहस्पति, शुक्र और शनि आदि ग्रहों, सभी नक्षत्रों, सप्तर्षियों और सम्पूर्ण विमानचारी देवगणोंसे ऊपर है॥ ९१-९२॥ देवताओंमेंसे कोई तो केवल चार युगतक और कोई एक मन्वन्तरतक ही रहते हैं; किन्तु तुझे मैं एक कल्पतकको स्थिति देता हूँ॥ ९३॥

तेरी माता सुनीति भी अति स्वच्छ तारारूपसे उतने ही समयतक तेरे पास एक विमानपर निवास करेगी॥ ९४॥ और जो लोग समाहित-चित्तसे सायंकाल और प्रातःकालके समय तेरा गुण-कीर्तन करेंगे उनको महान् पुण्य होगा॥ ९५॥

श्रीपराशरजी बोले—हे महामते! इस प्रकार पूर्वकालमें जगत्पति देवाधिदेव भगवान् जनार्दनसे वर पाकर ध्रुव उस अत्युत्तम स्थानमें स्थित हुए॥ ९६॥ हे मुने! अपने माता-पिताकी धर्मपूर्वक सेवा करनेसे तथा द्वादशाक्षर-मन्त्रके माहात्म्य और तपके प्रभावसे उनके मान, वैभव एवं प्रभावकी वृद्धि देखकर देव और असुरोंके आचार्य शुक्रदेवने ये श्लोक कहे हैं— ॥ ९७-९८॥

'अहो! इस ध्रुवके तपका कैसा प्रभाव है? अहो! इसकी तपस्याका कैसा अद्भुत फल है जो इस ध्रुवको ही आगे रखकर सप्तर्षिगण स्थित हो रहे हैं॥ ९९॥ इसकी यह सुनीति नामवाली माता भी अवश्य ही सत्य और हितकर वचन बोलनेवाली है*। संसारमें ऐसा कौन है

* सुनीतिने ध्रुवको पुण्योपार्जन करनेका उपदेश दिया था, जिसके आचरणसे उन्हें उत्तम लोक प्राप्त हुआ। अतएव 'सुनीति' सूनृता कही गयी है।

त्रैलोक्याश्रयतां प्राप्तं परं स्थानं स्थिरायति।
स्थानं प्राप्ता परं धृत्वा या कुक्षिविवरे ध्रुवम्॥ १०१
यश्चैतत्कीर्त्तयेन्नित्यं ध्रुवस्यारोहणं दिवि।
सर्वपापविनिर्मुक्तः स्वर्गलोके महीयते॥ १०२
स्थानभ्रंशं न चाप्नोति दिवि वा यदि वा भुवि।
सर्वकल्याणसंयुक्तो दीर्घकालं स जीवति॥ १०३

जो इसकी महिमाका वर्णन कर सके? जिसने अपनी कोखमें उस ध्रुवको धारण करके त्रिलोकीका आश्रयभूत अति उत्तम स्थान प्राप्त कर लिया, जो भविष्यमें भी स्थिर रहनेवाला है'॥ १००-१०१॥

जो व्यक्ति ध्रुवके इस दिव्यलोक-प्राप्तिके प्रसंगका कीर्तन करता है वह सब पापोंसे मुक्त होकर स्वर्गलोकमें पूजित होता है॥ १०२॥ वह स्वर्गमें रहे अथवा पृथिवीमें, कभी अपने स्थानसे च्युत नहीं होता तथा समस्त मंगलोंसे भरपूर रहकर बहुत कालतक जीवित रहता है॥ १०३॥

इति श्रीविष्णुपुराणे प्रथमेऽंशे द्वादशोऽध्यायः॥ १२॥

तेरहवाँ अध्याय

राजा वेन और पृथुका चरित्र

श्रीपराशर उवाच

ध्रुवाच्छिष्टिं च भव्यं च भव्याच्छम्भुर्व्यजायत।
शिष्टेराधत्त सुच्छाया पञ्चपुत्रानकल्मषान्॥ १
रिपुं रिपुञ्जयं विप्रं वृकलं वृकतेजसम्।
रिपोराधत्त बृहती चाक्षुषं सर्वतेजसम्॥ २
अजीजनत्पुष्करिण्यां वारुण्यां चाक्षुषो मनुम्।
प्रजापतेरात्मजायां वीरणस्य महात्मनः॥ ३
मनोरजायन्त दश नड्वलायां महौजसः।
कन्यायां तपतां श्रेष्ठ वैराजस्य प्रजापतेः॥ ४
कुरुः पुरुः शतद्युम्नस्तपस्वी सत्यवाञ्छुचिः।
अग्निष्टोमोऽतिरात्रश्च सुद्युम्नश्चेति ते नव।
अभिमन्युश्च दशमो नड्वलायां महौजसः॥ ५
कुरोरजनयत्पुत्रान् षडाग्नेयी महाप्रभान्।
अङ्गं सुमनसं ख्यातिं क्रतुमङ्गिरसं शिबिम्॥ ६
अङ्गात्सुनीथापत्यं वै वेनमेकमजायत।
प्रजार्थमृषयस्तस्य ममन्थुर्दक्षिणं करम्॥ ७
वेनस्य पाणौ मथिते सम्बभूव महामुने।
वैन्यो नाम महीपालो यः पृथुः परिकीर्त्तितः॥ ८
येन दुग्धा मही पूर्वं प्रजानां हितकारणात्॥ ९

श्रीपराशरजी बोले—हे मैत्रेय! ध्रुवसे [उसकी पत्नीने] शिष्टि और भव्यको उत्पन्न किया और भव्यसे शम्भुका जन्म हुआ तथा शिष्टिके द्वारा उसकी पत्नी सुच्छायाने रिपु, रिपुंजय, विप्र, वृकल और वृकतेजा नामक पाँच निष्पाप पुत्र उत्पन्न किये। उनमेंसे रिपुके द्वारा बृहतीके गर्भसे महातेजस्वी चाक्षुषका जन्म हुआ॥ १-२॥ चाक्षुषने अपनी भार्या पुष्करणीसे, जो वरुण-कुलमें उत्पन्न और महात्मा वीरण प्रजापतिकी पुत्री थी, मनुको उत्पन्न किया [जो छठे मन्वन्तरके अधिपति हुए]॥ ३॥ तपस्वियोंमें श्रेष्ठ मनुसे वैराज प्रजापतिकी पुत्री नड्वलाके गर्भमें दस महातेजस्वी पुत्र उत्पन्न हुए॥ ४॥ नड्वलासे कुरु, पुरु, शतद्युम्न, तपस्वी, सत्यवान्, शुचि, अग्निष्टोम, अतिरात्र तथा नवाँ सुद्युम्न और दसवाँ अभिमन्यु इन महातेजस्वी पुत्रोंका जन्म हुआ॥ ५॥ कुरुके द्वारा उसकी पत्नी आग्नेयीने अंग, सुमना, ख्याति, क्रतु, अंगिरा और शिबि इन छः परम तेजस्वी पुत्रोंको उत्पन्न किया॥ ६॥ अंगसे सुनीथाके वेन नामक पुत्र उत्पन्न हुआ। ऋषियोंने उस (वेन)-के दाहिने हाथका सन्तानके लिये मन्थन किया था॥ ७॥ हे महामुने! वेनके हाथका मन्थन करनेपर उससे वैन्य नामक महीपाल उत्पन्न हुए जो पृथु नामसे विख्यात हैं और जिन्होंने प्रजाके हितके लिये पूर्वकालमें पृथिवीको दुहा था॥ ८-९॥

श्रीमैत्रेय उवाच

किमर्थं मथितः पाणिर्वेनस्य परमर्षिभिः।
यत्र जज्ञे महावीर्यः स पृथुर्मुनिसत्तम॥ १०

श्रीपराशर उवाच

सुनीथा नाम या कन्या मृत्योः प्रथमतोऽभवत्।
अङ्गस्य भार्या सा दत्ता तस्यां वेनो व्यजायत॥ ११
स मातामहदोषेण तेन मृत्योः सुतात्मजः।
निसर्गादेष मैत्रेय दुष्ट एव व्यजायत॥ १२
अभिषिक्तो यदा राज्ये स वेनः परमर्षिभिः।
घोषयामास स तदा पृथिव्यां पृथिवीपतिः॥ १३
न यष्टव्यं न दातव्यं न होतव्यं कथञ्चन।
भोक्ता यज्ञस्य कस्त्वन्यो ह्यहं यज्ञपतिः प्रभुः॥ १४
ततस्तमृषयः पूर्वं सम्पूज्य पृथिवीपतिम्।
ऊचुः सामकलं वाक्यं मैत्रेय समुपस्थिताः॥ १५

ऋषय ऊचुः

भो भो राजन् शृणुष्व त्वं यद्वदाम महीपते।
राज्यदेहोपकाराय प्रजानां च हितं परम्॥ १६
दीर्घसत्रेण देवेशं सर्वयज्ञेश्वरं हरिम्।
पूजयिष्याम भद्रं ते तस्यांशस्ते भविष्यति॥ १७
यज्ञेन यज्ञपुरुषो विष्णुः सम्प्रीणितो नृप।
अस्माभिर्भवतः कामान्सर्वानेव प्रदास्यति॥ १८
यज्ञैर्यज्ञेश्वरो येषां राष्ट्रे सम्पूज्यते हरिः।
तेषां सर्वेप्सितावाप्तिं ददाति नृप भूभृताम्॥ १९

वेन उवाच

मत्तः कोऽभ्यधिकोऽन्योऽस्ति कश्चाराध्यो ममापरः।
कोऽयं हरिरिति ख्यातो यो वो यज्ञेश्वरो मतः॥ २०
ब्रह्मा जनार्दनः शम्भुरिन्द्रो वायुर्यमो रविः।
हुतभुग्वरुणो धाता पूषा भूमिर्निशाकरः॥ २१
एते चान्ये च ये देवाः शापानुग्रहकारिणः।
नृपस्यैते शरीरस्थाः सर्वदेवमयो नृपः॥ २२
एवं ज्ञात्वा मयाज्ञप्तं यद्यथा क्रियतां तथा।
न दातव्यं न यष्टव्यं न होतव्यं च भो द्विजाः॥ २३
भर्तृशुश्रूषणं धर्मो यथा स्त्रीणां परो मतः।
ममाज्ञापालनं धर्मो भवतां च तथा द्विजाः॥ २४

श्रीमैत्रेयजी बोले—हे मुनिश्रेष्ठ! परमर्षियोंने वेनके हाथको क्यों मथा जिससे महापराक्रमी पृथुका जन्म हुआ?॥ १०॥

श्रीपराशरजी बोले—हे मुने! मृत्युकी सुनीथा नामवाली जो प्रथम पुत्री थी वह अंगको पत्नीरूपसे दी (व्याही) गयी थी। उसीसे वेनका जन्म हुआ॥ ११॥ हे मैत्रेय! वह मृत्युकी कन्याका पुत्र अपने मातामह (नाना)-के दोषसे स्वभावसे ही दुष्ट प्रकृति हुआ॥ १२॥ उस वेनका जिस समय महर्षियोंद्वारा राजपदपर अभिषेक हुआ उसी समय उस पृथिवीपतिने संसारभरमें यह घोषणा कर दी कि 'भगवान्, यज्ञपुरुष मैं ही हूँ, मुझसे अतिरिक्त यज्ञका भोक्ता और स्वामी हो ही कौन सकता है? इसलिये कभी कोई यज्ञ, दान और हवन आदि न करे'॥ १३-१४॥ हे मैत्रेय! तब ऋषियोंने उस पृथिवीपतिके पास उपस्थित हो पहले उसकी खूब प्रशंसा कर सान्त्वनायुक्त मधुर वाणीसे कहा॥ १५॥

ऋषिगण बोले—हे राजन्! हे पृथिवीपते! तुम्हारे राज्य और देहके उपकार तथा प्रजाके हितके लिये हम जो बात कहते हैं, सुनो॥ १६॥ तुम्हारा कल्याण हो; देखो, हम बड़े-बड़े यज्ञोंद्वारा जो सर्व-यज्ञेश्वर देवाधिपति भगवान् हरिका पूजन करेंगे उसके फलमेंसे तुमको भी [छठा] भाग मिलेगा॥ १७॥ हे नृप! इस प्रकार यज्ञोंके द्वारा यज्ञपुरुष भगवान् विष्णु प्रसन्न होकर हमलोगोंके साथ तुम्हारी भी सकल कामनाएँ पूर्ण करेंगे॥ १८॥ हे राजन् जिन राजाओंके राज्यमें यज्ञेश्वर भगवान् हरिका यज्ञोंद्वारा पूजन किया जाता है, वे उनकी सभी कामनाओंको पूर्ण कर देते हैं॥ १९॥

वेन बोला—मुझसे भी बढ़कर ऐसा और कौन है जो मेरा भी पूजनीय है? जिसे तुम यज्ञेश्वर मानते हो वह 'हरि' कहलानेवाला कौन है?॥ २०॥ ब्रह्मा, विष्णु, महादेव, इन्द्र, वायु, यम, सूर्य, अग्नि, वरुण, धाता, पूषा, पृथिवी और चन्द्रमा तथा इनके अतिरिक्त और भी जितने देवता शाप और कृपा करनेमें समर्थ हैं वे सभी राजाके शरीरमें निवास करते हैं, इस प्रकार राजा सर्वदेवमय है॥ २१-२२॥ हे ब्राह्मणो! ऐसा जानकर मैंने जैसी जो कुछ आज्ञा की है वैसा ही करो। देखो, कोई भी दान, यज्ञ और हवन आदि न करे॥ २३॥ हे द्विजगण! स्त्रीका परमधर्म जैसे अपने पतिकी सेवा करना ही माना गया है वैसे ही आपलोगोंका धर्म भी मेरी आज्ञाका पालन करना ही है॥ २४॥

ऋषय ऊचुः

देह्यनुज्ञां महाराज मा धर्मो यातु सङ्क्षयम्।
हविषां परिणामोऽयं यदेतदखिलं जगत्॥ २५

श्रीपराशर उवाच

इति विज्ञाप्यमानोऽपि स वेनः परमर्षिभिः।
यदा ददाति नानुज्ञां प्रोक्तः प्रोक्तः पुनः पुनः॥ २६
ततस्ते मुनयः सर्वे कोपामर्षसमन्विताः।
हन्यतां हन्यतां पाप इत्यूचुस्ते परस्परम्॥ २७
यो यज्ञपुरुषं विष्णुमनादिनिधनं प्रभुम्।
विनिन्दत्यधमाचारो न स योग्यो भुवः पतिः॥ २८
इत्युक्त्वा मन्त्रपूतैस्तैः कुशैर्मुनिगणा नृपम्।
निजघ्नुर्निहतं पूर्वं भगवन्निन्दनादिना॥ २९
ततश्च मुनयो रेणुं ददृशुः सर्वतो द्विज।
किमेतदिति चासन्नान्पप्रच्छुस्ते जनांस्तदा॥ ३०
आख्यातं च जनैस्तेषां चोरीभूतैरराजके।
राष्ट्रे तु लोकैरारब्धं परस्वादानमातुरैः॥ ३१
तेषामुदीर्णवेगानां चोराणां मुनिसत्तमाः।
सुमहान् दृश्यते रेणुः परवित्तापहारिणाम्॥ ३२
ततः सम्मन्त्र्य ते सर्वे मुनयस्तस्य भूभृतः।
ममन्थुरूरुं पुत्रार्थमनपत्यस्य यत्नतः॥ ३३
मथ्यमानात्समुत्तस्थौ तस्योरोः पुरुषः किल।
दग्धस्थूणाप्रतीकाशः खर्वाटास्योऽतिह्रस्वकः॥ ३४
किं करोमीति तान्सर्वान्स विप्रानाह चातुरः।
निषीदेति तमूचुस्ते निषादस्तेन सोऽभवत्॥ ३५
ततस्तत्सम्भवा जाता विन्ध्यशैलनिवासिनः।
निषादा मुनिशार्दूल पापकर्मोपलक्षणाः॥ ३६
तेन द्वारेण तत्पापं निष्क्रान्तं तस्य भूपतेः।
निषादास्ते ततो जाता वेनकल्मषनाशनाः॥ ३७
तस्यैव दक्षिणं हस्तं ममन्थुस्ते ततो द्विजाः॥ ३८
मथ्यमाने च तत्राभूत्पृथुर्वैन्यः प्रतापवान्।
दीप्यमानः स्ववपुषा साक्षादग्निरिव ज्वलन्॥ ३९
आद्यमाजगवं नाम खात्पपात ततो धनुः।
शराश्च दिव्या नभसः कवचं च पपात ह॥ ४०

ऋषिगण बोले—महाराज! आप ऐसी आज्ञा दीजिये, जिससे धर्मका क्षय न हो। देखिये, यह सारा जगत् हवि (यज्ञमें हवन की हुई सामग्री)-का ही परिणाम है॥ २५॥

श्रीपराशरजी बोले—महर्षियोंके इस प्रकार बारम्बार समझाने और कहने-सुननेपर भी जब वेनने ऐसी आज्ञा नहीं दी तो वे अत्यन्त क्रुद्ध और अमर्षयुक्त होकर आपसमें कहने लगे—'इस पापीको मारो, मारो!॥ २६-२७॥ जो अनादि और अनन्त यज्ञपुरुष प्रभु विष्णुकी निन्दा करता है वह अनाचारी किसी प्रकार पृथिवीपति होनेके योग्य नहीं है'॥ २८॥ ऐसा कह मुनिगणोंने, भगवान्‌की निन्दा आदि करनेके कारण पहले ही मरे हुए उस राजाको मन्त्रसे पवित्र किये हुए कुशाओंसे मार डाला॥ २९॥

हे द्विज! तदनन्तर उन मुनीश्वरोंने सब ओर बड़ी धूलि उठती देखी, उसे देखकर उन्होंने अपने निकटवर्ती लोगोंसे पूछा—"यह क्या है?"॥ ३०॥ उन पुरुषोंने कहा—"राष्ट्रके राजाहीन हो जानेसे दीन-दुखिया लोगोंने चोर बनकर दूसरोंका धन लूटना आरम्भ कर दिया है॥ ३१॥ हे मुनिवरो! उन तीव्र वेगवाले परधनहारी चोरोंके उत्पातसे ही यह बड़ी भारी धूलि उड़ती दीख रही है"॥ ३२॥

तब उन सब मुनीश्वरोंने आपसमें सलाह कर उस पुत्रहीन राजाकी जंघाका पुत्रके लिये यत्नपूर्वक मन्थन किया॥ ३३॥ उसकी जंघाके मथनेपर उससे एक पुरुष उत्पन्न हुआ जो जले ठूँठके समान काला, अत्यन्त नाटा और छोटे मुखवाला था॥ ३४॥ उसने अति आतुर होकर उन सब ब्राह्मणोंसे कहा—'मैं क्या करूँ?" उन्होंने कहा—"निषीद (बैठ)" अतः वह 'निषाद' कहलाया॥ ३५॥ इसलिये हे मुनिशार्दूल! उससे उत्पन्न हुए लोग विन्ध्याचलनिवासी पाप-परायण निषादगण हुए॥ ३६॥ उस निषादरूप द्वारसे राजा वेनका सम्पूर्ण पाप निकल गया। अतः निषादगण वेनके पापोंका नाश करनेवाले हुए॥ ३७॥

फिर उन ब्राह्मणोंने उसके दायें हाथका मन्थन किया। उसका मन्थन करनेसे परम प्रतापी वेनसुवन पृथु प्रकट हुए, जो अपने शरीरसे प्रज्वलित अग्निके समान देदीप्यमान थे॥ ३८-३९॥ इसी समय आजगव नामक आद्य (सर्वप्रथम) धनुष और दिव्य बाण तथा कवच आकाशसे गिरे॥ ४०॥

तस्मिन् जाते तु भूतानि सम्प्रहृष्टानि सर्वशः ॥ ४१
सत्पुत्रेणैव जातेन वेनोऽपि त्रिदिवं ययौ।
पुन्नाम्नो नरकात् त्रातः सुतेन सुमहात्मना ॥ ४२
तं समुद्राश्च नद्यश्च रत्नान्यादाय सर्वशः।
तोयानि चाभिषेकार्थं सर्वाण्येवोपतस्थिरे ॥ ४३
पितामहश्च भगवान्देवैराङ्गिरसैः सह।
स्थावराणि च भूतानि जङ्गमानि च सर्वशः।
समागम्य तदा वैन्यमभ्यसिञ्चन्नराधिपम् ॥ ४४
हस्ते तु दक्षिणे चक्रं दृष्ट्वा तस्य पितामहः।
विष्णोरंशं पृथुं मत्वा परितोषं परं ययौ ॥ ४५
विष्णुचक्रं करे चिह्नं सर्वेषां चक्रवर्तिनाम्।
भवत्यव्याहतो यस्य प्रभावस्त्रिदशैरपि ॥ ४६
महता राजराज्येन पृथुर्वैन्यः प्रतापवान्।
सोऽभिषिक्तो महातेजा विधिवद्धर्मकोविदैः ॥ ४७
पित्राऽपरञ्जितास्तस्य प्रजास्तेनानुरञ्जिताः।
अनुरागात्ततस्तस्य नाम राजेत्यजायत ॥ ४८
आपस्तस्तम्भिरे चास्य समुद्रमभियास्यतः।
पर्वताश्च ददुर्मार्गं ध्वजभङ्गश्च नाभवत् ॥ ४९
अकृष्टपच्या पृथिवी सिद्ध्यन्त्यन्नानि चिन्तया।
सर्वकामदुघा गावः पुटके पुटके मधु ॥ ५०
तस्य वै जातमात्रस्य यज्ञे पैतामहे शुभे।
सूतः सूत्यां समुत्पन्नः सौत्येऽहनि महामतिः ॥ ५१
तस्मिन्नेव महायज्ञे जज्ञे प्राज्ञोऽथ मागधः।
प्रोक्तौ तदा मुनिवरैस्तावुभौ सूतमागधौ ॥ ५२
स्तूयतामेष नृपतिः पृथुर्वैन्यः प्रतापवान्।
कर्मैतदनुरूपं वां पात्रं स्तोत्रस्य चापरम् ॥ ५३
ततस्तावूचतुर्विप्रान्सर्वानेव कृताञ्जली।
अद्य जातस्य नो कर्म ज्ञायतेऽस्य महीपतेः ॥ ५४
गुणा न चास्य ज्ञायन्ते न चास्य प्रथितं यशः।
स्तोत्रं किमाश्रयं त्वस्य कार्यमस्माभिरुच्यताम् ॥ ५५

ऋषय ऊचुः

करिष्यत्येष यत्कर्म चक्रवर्ती महाबलः।
गुणा भविष्या ये चास्य तैरयं स्तूयतां नृपः ॥ ५६

उनके उत्पन्न होनेसे सभी जीवोंको अति आनन्द हुआ और केवल सत्पुत्रके ही जन्म लेनेसे वेन भी स्वर्गलोकको चला गया। इस प्रकार महात्मा पुत्रके कारण ही उसकी पुम् अर्थात् नरकसे रक्षा हुई ॥ ४१-४२ ॥

महाराज पृथुके अभिषेकके लिये सभी समुद्र और नदियाँ सब प्रकारके रत्न और जल लेकर उपस्थित हुए ॥ ४३ ॥ उस समय आंगिरस देवगणोंके सहित पितामह ब्रह्माजीने और समस्त स्थावर-जंगम प्राणियोंने वहाँ आकर महाराज वैन्य (वेनपुत्र)-का राज्याभिषेक किया ॥ ४४ ॥ उनके दाहिने हाथमें चक्रका चिह्न देखकर उन्हें विष्णुका अंश जान पितामह ब्रह्माजीको परम आनन्द हुआ ॥ ४५ ॥ यह श्रीविष्णुभगवान्के चक्रका चिह्न सभी चक्रवर्ती राजाओंके हाथमें हुआ करता है। उनका प्रभाव कभी देवताओंसे भी कुण्ठित नहीं होता ॥ ४६ ॥

इस प्रकार महातेजस्वी और परम प्रतापी वेनपुत्र धर्मकुशल महानुभावोंद्वारा विधिपूर्वक अति महान् राजराजेश्वरपदपर अभिषिक्त हुए ॥ ४७ ॥ जिस प्रजाको पिताने अपरक्त (अप्रसन्न) किया था उसीको उन्होंने अनुरंजित (प्रसन्न) किया, इसलिये अनुरंजन करनेसे उनका नाम 'राजा' हुआ ॥ ४८ ॥ जब वे समुद्रमें चलते थे तो जल बहनेसे रुक जाता था, पर्वत उन्हें मार्ग देते थे और उनकी ध्वजा कभी भंग नहीं हुई ॥ ४९ ॥ पृथिवी बिना जोते-बोये धान्य पकानेवाली थी; केवल चिन्तनमात्रसे ही अन्न सिद्ध हो जाता था, गौएँ कामधेनुरूपा थीं और पत्ते-पत्तेमें मधु भरा रहता था ॥ ५० ॥

राजा पृथुने उत्पन्न होते ही पैतामह यज्ञ किया; उससे सोमाभिषवके दिन सूति (सोमाभिषवभूमि)-से महामति सूतकी उत्पत्ति हुई ॥ ५१ ॥ उसी महायज्ञमें बुद्धिमान् मागधका भी जन्म हुआ। तब मुनिवरोंने उन दोनों सूत और मागधोंसे कहा— ॥ ५२ ॥ 'तुम इन प्रतापवान् वेनपुत्र महाराज पृथुकी स्तुति करो। तुम्हारे योग्य यही कार्य है और राजा भी स्तुतिके ही योग्य हैं' ॥ ५३ ॥ तब उन्होंने हाथ जोड़कर सब ब्राह्मणोंसे कहा—"ये महाराज तो आज ही उत्पन्न हुए हैं, हम इनके कोई कर्म तो जानते ही नहीं हैं ॥ ५४ ॥ अभी इनके न तो कोई गुण प्रकट हुए हैं और न यश ही विख्यात हुआ है; फिर कहिये, हम किस आधारपर इनकी स्तुति करें" ॥ ५५ ॥

ऋषिगण बोले—ये महाबली चक्रवर्ती महाराज भविष्यमें जो-जो कर्म करेंगे और इनके जो-जो भावी गुण होंगे उन्हींसे तुम इनका स्तवन करो ॥ ५६ ॥

श्रीपराशर उवाच

ततः स नृपतिस्तोषं तच्छ्रुत्वा परमं ययौ।
सद्गुणैः श्लाघ्यतामेति तस्माल्लभ्या गुणा मम॥ ५७
तस्माद्यदद्य स्तोत्रेण गुणनिर्वर्णनं त्विमौ।
करिष्येते करिष्यामि तदेवाहं समाहितः॥ ५८
यदिमौ वर्जनीयं च किञ्चिदत्र वदिष्यतः।
तदहं वर्जयिष्यामीत्येवं चक्रे मतिं नृपः॥ ५९
अथ तौ चक्रतुः स्तोत्रं पृथोर्वैन्यस्य धीमतः।
भविष्यैः कर्मभिः सम्यक् सुस्वरौ सूतमागधौ॥ ६०
सत्यवाग्दानशीलोऽयं सत्यसन्धो नरेश्वरः।
ह्रीमान्मैत्रः क्षमाशीलो विक्रान्तो दुष्टशासनः॥ ६१
धर्मज्ञश्च कृतज्ञश्च दयावान् प्रियभाषकः।
मान्यान्मानयिता यज्वा ब्रह्मण्यः साधुसम्मतः॥ ६२
समः शत्रौ च मित्रे च व्यवहारस्थितौ नृपः॥ ६३
सूतेनोक्तान् गुणानित्थं स तदा मागधेन च।
चकार हृदि तादृक् च कर्मणा कृतवानसौ॥ ६४
ततस्तु पृथिवीपालः पालयन्पृथिवीमिमाम्।
इयाज विविधैर्यज्ञैर्महद्भिर्भूरिदक्षिणैः॥ ६५
तं प्रजाः पृथिवीनाथमुपतस्थुः क्षुधार्दिताः।
ओषधीषु प्रणष्टासु तस्मिन्काले ह्यराजके।
तमूचुस्ते नताः पृष्टास्तत्रागमनकारणम्॥ ६६

प्रजा ऊचुः

अराजके नृपश्रेष्ठ धरित्र्या सकलौषधीः।
ग्रस्तास्ततः क्षयं यान्ति प्रजाः सर्वाः प्रजेश्वर॥ ६७
त्वन्नो वृत्तिप्रदो धात्रा प्रजापालो निरूपितः।
देहि नः क्षुत्परीतानां प्रजानां जीवनौषधीः॥ ६८

श्रीपराशर उवाच

ततस्तु नृपतिर्दिव्यमादायाजगवं धनुः।
शरांश्च दिव्यान्कुपितः सोन्वधावद्वसुन्धराम्॥ ६९
ततो ननाश त्वरिता गौर्भूत्वा च वसुन्धरा।
सा लोकान्ब्रह्मलोकादीन्सन्त्रासादगमन्मही॥ ७०
यत्र यत्र ययौ देवी सा तदा भूतधारिणी।
तत्र तत्र तु सा वैन्यं ददृशेऽभ्युद्यतायुधम्॥ ७१

श्रीपराशरजी बोले—यह सुनकर राजाको भी परम सन्तोष हुआ; उन्होंने सोचा 'मनुष्य सद्गुणोंके कारण ही प्रशंसाका पात्र होता है; अतः मुझको भी गुण उपार्जन करने चाहिये॥ ५७॥ इसलिये अब स्तुतिके द्वारा ये जिन गुणोंका वर्णन करेंगे मैं भी सावधानतापूर्वक वैसा ही करूँगा॥ ५८॥ यदि यहाँपर ये कुछ त्याज्य अवगुणोंको भी कहेंगे तो मैं उन्हें त्यागूँगा।' इस प्रकार राजाने अपने चित्तमें निश्चय किया॥ ५९॥ तदनन्तर उन (सूत और मागध) दोनोंने परम बुद्धिमान् वेननन्दन महाराज पृथुका, उनके भावी कर्मोंके आश्रयसे स्वरसहित भली प्रकार स्तवन किया॥ ६०॥ [उन्होंने कहा—] 'ये महाराज सत्यवादी, दानशील, सत्य मर्यादावाले, लज्जाशील, सुहृद्, क्षमाशील, पराक्रमी और दुष्टोंका दमन करनेवाले हैं॥ ६१॥ ये धर्मज्ञ, कृतज्ञ, दयावान्, प्रियभाषी, माननीयोंको मान देनेवाले, यज्ञपरायण, ब्रह्मण्य, साधुसमाजमें सम्मानित और शत्रु तथा मित्रके साथ समान व्यवहार करनेवाले हैं'॥ ६२-६३॥ इस प्रकार सूत और मागधके कहे हुए गुणोंको उन्होंने अपने चित्तमें धारण किया और उसी प्रकारके कार्य किये॥ ६४॥ तब उन पृथिवीपतिने पृथिवीका पालन करते हुए बड़ी-बड़ी दक्षिणाओंवाले अनेकों महान् यज्ञ किये॥ ६५॥ अराजकताके समय ओषधियोंके नष्ट हो जानेसे भूखसे व्याकुल हुई प्रजा पृथिवीनाथ पृथुके पास आयी और उनके पूछनेपर प्रणाम करके उनसे अपने आनेका कारण निवेदन किया॥ ६६॥

प्रजाने कहा—हे प्रजापति नृपश्रेष्ठ! अराजकताके समय पृथिवीने समस्त ओषधियाँ अपनेमें लीन कर ली हैं, अतः आपकी सम्पूर्ण प्रजा क्षीण हो रही है॥ ६७॥ विधाताने आपको हमारा जीवनदायक प्रजापति बनाया है; अतः क्षुधारूप महारोगसे पीड़ित हम प्रजाजनोंको आप जीवनरूप ओषधि दीजिये॥ ६८॥

श्रीपराशरजी बोले—यह सुनकर महाराज पृथु अपना आजगव नामक दिव्य धनुष और दिव्य बाण लेकर अत्यन्त क्रोधपूर्वक पृथिवीके पीछे दौड़े॥ ६९॥ तब भयसे अत्यन्त व्याकुल हुई पृथिवी गौका रूप धारणकर भागी और ब्रह्मलोक आदि सभी लोकोंमें गयी॥ ७०॥ समस्त भूतोंको धारण करनेवाली पृथिवी जहाँ-जहाँ भी गयी वहीं-वहीं उसने वेनपुत्र पृथुको शस्त्र-सन्धान किये अपने पीछे आते देखा॥ ७१॥

ततस्तं प्राह वसुधा पृथुं पृथुपराक्रमम्।
प्रवेपमाना तद्बाणपरित्राणपरायणा॥ ७२

पृथिव्युवाच

स्त्रीवधे त्वं महापापं किं नरेन्द्र न पश्यसि।
येन मां हन्तुमत्यर्थं प्रकरोषि नृपोद्यमम्॥ ७३

पृथुरुवाच

एकस्मिन् यत्र निधनं प्रापिते दुष्टकारिणि।
बहूनां भवति क्षेमं तस्य पुण्यप्रदो वधः॥ ७४

पृथिव्युवाच

प्रजानामुपकाराय यदि मां त्वं हनिष्यसि।
आधारः कः प्रजानां ते नृपश्रेष्ठ भविष्यति॥ ७५

पृथुरुवाच

त्वां हत्वा वसुधे बाणैर्मच्छासनपराङ्मुखीम्।
आत्मयोगबलेनेमा धारयिष्याम्यहं प्रजाः॥ ७६

श्रीपराशर उवाच

ततः प्रणम्य वसुधा तं भूयः प्राह पार्थिवम्।
प्रवेपिताङ्गी परमं साध्वसं समुपागता॥ ७७

पृथिव्युवाच

उपायतः समारब्धाः सर्वे सिद्ध्यन्त्युपक्रमाः।
तस्माद्वदाम्युपायं ते तं कुरुष्व यदीच्छसि॥ ७८
समस्ता या मया जीर्णा नरनाथ महौषधीः।
यदीच्छसि प्रदास्यामि ताः क्षीरपरिणामिनीः॥ ७९
तस्मात्प्रजाहितार्थाय मम धर्मभृतां वर।
तं तु वत्सं कुरुष्व त्वं क्षरेयं येन वत्सला॥ ८०
समां च कुरु सर्वत्र येन क्षीरं समन्ततः।
वरौषधीबीजभूतं बीजं सर्वत्र भावये॥ ८१

श्रीपराशर उवाच

तत उत्सारयामास शैलान् शतसहस्रशः।
धनुष्कोट्या तदा वैन्यस्तेन शैला विवर्द्धिताः॥ ८२
न हि पूर्वविसर्गे वै विषमे पृथिवीतले।
प्रविभागः पुराणां वा ग्रामाणां वा पुराऽभवत्॥ ८३
न सस्यानि न गोरक्ष्यं न कृषिर्न वणिक्पथः।
वैन्यात्प्रभृति मैत्रेय सर्वस्यैतस्य सम्भवः॥ ८४

तब उन प्रबल पराक्रमी महाराज पृथुसे, उनके बाणप्रहारसे बचनेकी कामनासे काँपती हुई पृथिवी इस प्रकार बोली॥ ७२॥

पृथिवीने कहा—हे राजेन्द्र! क्या आपको स्त्री-वधका महापाप नहीं दीख पड़ता, जो मुझे मारनेपर आप ऐसे उतारू हो रहे हैं?॥ ७३॥

पृथु बोले—जहाँ एक अनर्थकारीको मार देनेसे बहुतोंको सुख प्राप्त हो उसे मार देना ही पुण्यप्रद है॥ ७४॥

पृथिवी बोली—हे नृपश्रेष्ठ! यदि आप प्रजाके हितके लिये ही मुझे मारना चाहते हैं तो [मेरे मर जानेपर] आपकी प्रजाका आधार क्या होगा?॥ ७५॥

पृथुने कहा—अरी वसुधे! अपनी आज्ञाका उल्लंघन करनेवाली तुझे मारकर मैं अपने योगबलसे ही इस प्रजाको धारण करूँगा॥ ७६॥

श्रीपराशरजी बोले—तब अत्यन्त भयभीत एवं काँपती हुई पृथिवीने उन पृथिवीपतिको पुनः प्रणाम करके कहा॥ ७७॥

पृथिवी बोली—हे राजन्! यत्नपूर्वक आरम्भ किये हुए सभी कार्य सिद्ध हो जाते हैं। अतः मैं भी आपको एक उपाय बताती हूँ; यदि आपकी इच्छा हो तो वैसा ही करें॥ ७८॥ हे नरनाथ! मैंने जिन समस्त ओषधियोंको पचा लिया है उन्हें यदि आपकी इच्छा हो तो दुग्धरूपसे मैं दे सकती हूँ॥ ७९॥ अतः हे धर्मात्माओंमें श्रेष्ठ महाराज! आप प्रजाके हितके लिये कोई ऐसा वत्स (बछड़ा) बनाइये जिससे वात्सल्यवश मैं उन्हें दुग्धरूपसे निकाल सकूँ॥ ८०॥ और मुझको आप सर्वत्र समतल कर दीजिये जिससे मैं उत्तमोत्तम ओषधियोंके बीजरूप दुग्धको सर्वत्र उत्पन्न कर सकूँ॥ ८१॥

श्रीपराशरजी बोले—तब महाराज पृथुने अपने धनुषकी कोटिसे सैकड़ों-हजारों पर्वतोंको उखाड़ा और उन्हें एक स्थानपर इकट्ठा कर दिया॥ ८२॥ इससे पूर्व पृथिवीके समतल न होनेसे पुर और ग्राम आदिका कोई नियमित विभाग नहीं था॥ ८३॥ हे मैत्रेय! उस समय अन्न, गोरक्षा, कृषि और व्यापारका भी कोई क्रम न था। यह सब तो वेनपुत्र पृथुके समयसे ही आरम्भ हुआ है॥ ८४॥

यत्र यत्र समं त्वस्या भूमेरासीद्द्विजोत्तम।
तत्र तत्र प्रजाः सर्वा निवासं समरोचयन्॥ ८५
आहारः फलमूलानि प्रजानामभवत्तदा।
कृच्छ्रेण महता सोऽपि प्रणष्टास्वोषधीषु वै॥ ८६
स कल्पयित्वा वत्सं तु मनुं स्वायम्भुवं प्रभुम्।
स्वपाणौ पृथिवीनाथो दुदोह पृथिवीं पृथुः।
सस्यजातानि सर्वाणि प्रजानां हितकाम्यया॥ ८७
तेनान्नेन प्रजास्तात वर्तन्तेद्यापि नित्यशः॥ ८८
प्राणप्रदाता स पृथुर्यस्माद्भूमेरभूत्पिता।
ततस्तु पृथिवीसंज्ञामवापाखिलधारिणी॥ ८९
ततश्च देवैर्मुनिभिर्दैत्यै रक्षोभिरद्रिभिः।
गन्धर्वैरुरगैर्यक्षैः पितृभिस्तरुभिस्तथा॥ ९०
तत्तत्पात्रमुपादाय तत्तद्दुग्धं मुने पयः।
वत्सदोग्धृविशेषाश्च तेषां तद्योनयोऽभवन्॥ ९१
सैषा धात्री विधात्री च धारिणी पोषणी तथा।
सर्वस्य तु ततः पृथ्वी विष्णुपादतलोद्भवा॥ ९२
एवं प्रभावस्स पृथुः पुत्रो वेनस्य वीर्यवान्।
जज्ञे महीपतिः पूर्वो राजाभूज्जनरञ्जनात्॥ ९३
य इदं जन्म वैन्यस्य पृथोः संकीर्त्तयेन्नरः।
न तस्य दुष्कृतं किञ्चित्फलदायि प्रजायते॥ ९४
दुस्स्वप्नोपशमं नृणां शृण्वतामेतदुत्तमम्।
पृथोर्जन्म प्रभावश्च करोति सततं नृणाम्॥ ९५

हे द्विजोत्तम! जहाँ-जहाँ भूमि समतल थी वहीं-वहींपर प्रजाने निवास करना पसन्द किया॥ ८५॥ उस समयतक प्रजाका आहार केवल फल मूलादि ही था; वह भी ओषधियोंके नष्ट हो जानेसे बड़ा दुर्लभ हो गया था॥ ८६॥

तब पृथिवीपति पृथुने स्वायम्भुवमनुको बछड़ा बनाकर अपने हाथमें ही पृथिवीसे प्रजाके हितके लिये समस्त धान्योंको दुहा। हे तात! उसी अन्नके आधारसे अब भी सदा प्रजा जीवित रहती है॥ ८७-८८॥ महाराज पृथु प्राणदान करनेके कारण भूमिके पिता हुए,* इसलिये उस सर्वभूतधारिणीको 'पृथिवी' नाम मिला॥ ८९॥

हे मुने! फिर देवता, मुनि, दैत्य, राक्षस, पर्वत, गन्धर्व, सर्प, यक्ष और पितृगण आदिने अपने-अपने पात्रोंमें अपना अभिमत दूध दुहा तथा दुहनेवालोंके अनुसार उनके सजातीय ही दोग्धा और वत्स आदि हुए॥ ९०-९१॥ इसीलिये विष्णुभगवान्‌के चरणोंसे प्रकट हुई यह पृथिवी ही सबको जन्म देनेवाली, बनानेवाली तथा धारण और पोषण करनेवाली है॥ ९२॥ इस प्रकार पूर्वकालमें वेनके पुत्र महाराज पृथु ऐसे प्रभावशाली और वीर्यवान् हुए। प्रजाका रंजन करनेके कारण वे 'राजा' कहलाये॥ ९३॥

जो मनुष्य महाराज पृथुके इस चरित्रका कीर्तन करता है उसका कोई भी दुष्कर्म फलदायी नहीं होता॥ ९४॥ पृथुका यह अत्युत्तम जन्म-वृत्तान्त और उनका प्रभाव अपने सुननेवाले पुरुषोंके दुःस्वप्नोंको सर्वदा शान्त कर देता है॥ ९५॥

इति श्रीविष्णुपुराणे प्रथमेंऽशे त्रयोदशोऽध्यायः॥ १३॥

---

* जन्म देनेवाला, यज्ञोपवीत करानेवाला, अन्नदाता, भयसे रक्षा करनेवाला तथा जो विद्यादान करे—ये पाँचों पिता माने गये हैं; जैसे कहा है—

जनकश्चोपनेता च यश्च विद्याः प्रयच्छति। अन्नदाता भयत्राता पञ्चैते पितरः स्मृताः॥

चौदहवाँ अध्याय

प्राचीनबर्हिका जन्म और प्रचेताओंका भगवदाराधन

श्रीपराशर उवाच

पृथोः पुत्रौ तु धर्मज्ञौ जज्ञातेऽन्तर्द्धिवादिनौ।
शिखण्डिनी हविर्धानमन्तर्धानाद्व्यजायत॥ १

हविर्धानात् षडाग्नेयी धिषणाऽजनयत्सुतान्।
प्राचीनबर्हिषं शुक्रं गयं कृष्णं वृजाजिनौ॥ २

प्राचीनबर्हिर्भगवान्महानासीत्प्रजापतिः।
हविर्धानान्महाभाग येन संवर्धिताः प्रजाः॥ ३

प्राचीनाग्राः कुशास्तस्य पृथिव्यां विश्रुता मुने।
प्राचीनबर्हिरभवत्ख्यातो भुवि महाबलः॥ ४

समुद्रतनयायां तु कृतदारो महीपतिः।
महतस्तपसः पारे सवर्णायां महामते॥ ५

सवर्णाधत्त सामुद्री दश प्राचीनबर्हिषः।
सर्वे प्रचेतसो नाम धनुर्वेदस्य पारगाः॥ ६

अपृथग्धर्मचरणास्तेऽतप्यन्त महत्तपः।
दशवर्षसहस्राणि समुद्रसलिलेशयाः॥ ७

श्रीमैत्रेय उवाच

यदर्थं ते महात्मानस्तपस्तेपुर्महामुने।
प्रचेतसः समुद्राम्भस्येतदाख्यातुमर्हसि॥ ८

श्रीपराशर उवाच

पित्रा प्रचेतसः प्रोक्ताः प्रजार्थममितात्मना।
प्रजापतिनियुक्तेन बहुमानपुरस्सरम्॥ ९

प्राचीनबर्हिरुवाच

ब्रह्मणा देवदेवेन समादिष्टोऽस्म्यहं सुताः।
प्रजाः संवर्द्धनीयास्ते मया चोक्तं तथेति तत्॥ १०

तन्मम प्रीतये पुत्राः प्रजावृद्धिमतन्द्रिताः।
कुरुध्वं माननीया वः सम्यगाज्ञा प्रजापतेः॥ ११

श्रीपराशर उवाच

ततस्ते तत्पितुः श्रुत्वा वचनं नृपनन्दनाः।
तथेत्युक्त्वा च तं भूयः पप्रच्छुः पितरं मुने॥ १२

प्रचेतस ऊचुः

येन तात प्रजावृद्धौ समर्थाः कर्मणा वयम्।
भवेम तत् समस्तं नः कर्म व्याख्यातुमर्हसि॥ १३

श्रीपराशरजी बोले—हे मैत्रेय! पृथुके अन्तर्द्धान और वादी नामक दो धर्मज्ञ पुत्र हुए; उनमेंसे अन्तर्द्धानसे उसकी पत्नी शिखण्डिनीने हविर्धानको उत्पन्न किया॥ १॥ हविर्धानसे अग्निकुलीना धिषणाने प्राचीनबर्हि, शुक्र, गय, कृष्ण, वृज और अजिन—ये छः पुत्र उत्पन्न किये॥ २॥ हे महाभाग! हविर्धानसे उत्पन्न हुए भगवान् प्राचीनबर्हि एक महान् प्रजापति थे, जिन्होंने यज्ञके द्वारा अपनी प्रजाकी बहुत वृद्धि की॥ ३॥ हे मुने! उनके समयमें [यज्ञानुष्ठानकी अधिकताके कारण] प्राचीनाग्र कुश समस्त पृथिवीमें फैले हुए थे, इसलिये वे महाबली 'प्राचीनबर्हि' नामसे विख्यात हुए॥ ४॥

हे महामते! उन महीपतिने महान् तपस्याके अनन्तर समुद्रकी पुत्री सवर्णासे विवाह किया॥ ५॥ उस समुद्र-कन्या सवर्णाके प्राचीनबर्हिसे दस पुत्र हुए। वे प्रचेता-नामक सभी पुत्र धनुर्विद्याके पारगामी थे॥ ६॥ उन्होंने समुद्रके जलमें रहकर दस हजार वर्षतक समान धर्मका आचरण करते हुए घोर तपस्या की॥ ७॥

श्रीमैत्रेयजी बोले—हे महामुने! उन महात्मा प्रचेताओंने जिस लिये समुद्रके जलमें तपस्या की थी सो आप कहिये॥ ८॥

श्रीपराशरजी कहने लगे—हे मैत्रेय! एक बार प्रजापतिकी प्रेरणासे प्रचेताओंके महात्मा पिता प्राचीनबर्हिने उनसे अति सम्मानपूर्वक सन्तानोत्पत्तिके लिये इस प्रकार कहा॥ ९॥

प्राचीनबर्हि बोले—हे पुत्रो! देवाधिदेव ब्रह्माजीने मुझे आज्ञा दी है कि 'तुम प्रजाकी वृद्धि करो' और मैंने भी उनसे 'बहुत अच्छा' कह दिया है॥ १०॥ अतः हे पुत्रगण! तुम भी मेरी प्रसन्नताके लिये सावधानतापूर्वक प्रजाकी वृद्धि करो, क्योंकि प्रजापतिकी आज्ञा तुमको भी सर्वथा माननीय है॥ ११॥

श्रीपराशरजी बोले—हे मुने! उन राजकुमारोंने पिताके ये वचन सुनकर उनसे 'जो आज्ञा' ऐसा कहकर फिर पूछा॥ १२॥

प्रचेता बोले—हे तात! जिस कर्मसे हम प्रजा-वृद्धिमें समर्थ हो सकें उसकी आप हमसे भली प्रकार व्याख्या कीजिये॥ १३॥

पितोवाच

आराध्य वरदं विष्णुमिष्टप्राप्तिमसंशयम्।
समेति नान्यथा मर्त्यः किमन्यत्कथयामि वः॥ १४
तस्मात्प्रजाविवृद्ध्यर्थं सर्वभूतप्रभुं हरिम्।
आराधयत गोविन्दं यदि सिद्धिमभीप्सथ॥ १५
धर्ममर्थं च कामं च मोक्षं चान्विच्छतां सदा।
आराधनीयो भगवाननादिपुरुषोत्तम॥ १६
यस्मिन्नाराधिते सर्गं चकारादौ प्रजापतिः।
तमाराध्याच्युतं वृद्धिः प्रजानां वो भविष्यति॥ १७

श्रीपराशर उवाच

इत्येवमुक्तास्ते पित्रा पुत्राः प्रचेतसो दश।
मग्नाः पयोधिसलिले तपस्तेपुः समाहिताः॥ १८
दशवर्षसहस्राणि न्यस्तचित्ता जगत्पतौ।
नारायणे मुनिश्रेष्ठ सर्वलोकपरायणे॥ १९
तत्रैवावस्थिता देवमेकाग्रमनसो हरिम्।
तुष्टुवुर्यस्स्तुतः कामान् स्तोतुरिष्टान्प्रयच्छति॥ २०

श्रीमैत्रेय उवाच

स्तवं प्रचेतसो विष्णोः समुद्राम्भसि संस्थिताः।
चक्रुस्तन्मे मुनिश्रेष्ठ सुपुण्यं वक्तुमर्हसि॥ २१

श्रीपराशर उवाच

शृणु मैत्रेय गोविन्दं यथापूर्वं प्रचेतसः।
तुष्टुवुस्तन्मयीभूताः समुद्रसलिलेशयाः॥ २२

प्रचेतस ऊचुः

नताः स्म सर्ववचसां प्रतिष्ठा यत्र शाश्वती।
तमाद्यन्तमशेषस्य जगतः परमं प्रभुम्॥ २३
ज्योतिराद्यमनौपम्यमण्वनन्तमपारवत्।
योनिभूतमशेषस्य स्थावरस्य चरस्य च॥ २४
यस्याहः प्रथमं रूपमरूपस्य तथा निशा।
सन्ध्या च परमेशस्य तस्मै कालात्मने नमः॥ २५
भुज्यतेऽनुदिनं देवैः पितृभिश्च सुधात्मकः।
जीवभूतः समस्तस्य तस्मै सोमात्मने नमः॥ २६
यस्तमांस्यत्ति तीव्रात्मा प्रभाभिर्भासयन्नभः।
धर्मशीताम्भसां योनिस्तस्मै सूर्यात्मने नमः॥ २७

पिताने कहा—वरदायक भगवान् विष्णुकी आराधना करनेसे ही मनुष्यको निःसन्देह इष्ट वस्तुकी प्राप्ति होती है और किसी उपायसे नहीं। इसके सिवा और मैं तुमसे क्या कहूँ॥ १४॥ इसलिये यदि तुम सफलता चाहते हो तो प्रजा-वृद्धिके लिये सर्वभूतोंके स्वामी श्रीहरि गोविन्दकी उपासना करो॥ १५॥ धर्म, अर्थ, काम या मोक्षकी इच्छावालोंको सदा अनादि पुरुषोत्तम भगवान् विष्णुकी ही आराधना करनी चाहिये॥ १६॥ कल्पके आरम्भमें जिनकी उपासना करके प्रजापतिने संसारकी रचना की है, तुम उन अच्युतकी ही आराधना करो। इससे तुम्हारी सन्तानकी वृद्धि होगी॥ १७॥

श्रीपराशरजी बोले—पिताकी ऐसी आज्ञा होनेपर प्रचेता नामक दसों पुत्रोंने समुद्रके जलमें डूबे रहकर सावधानतापूर्वक तप करना आरम्भ कर दिया॥ १८॥ हे मुनिश्रेष्ठ! सर्वलोकाश्रय जगत्पति श्रीनारायणमें चित्त लगाये हुए उन्होंने दस हजार वर्षतक वहीं (जलमें ही) स्थित रहकर देवाधिदेव श्रीहरिकी एकाग्र-चित्तसे स्तुति की, जो अपनी स्तुति की जानेपर स्तुति करनेवालोंकी सभी कामनाएँ सफल कर देते हैं॥ १९-२०॥

श्रीमैत्रेयजी बोले—हे मुनिश्रेष्ठ! समुद्रके जलमें स्थित रहकर प्रचेताओंने भगवान् विष्णुकी जो अति पवित्र स्तुति की थी वह कृपया मुझसे कहिये॥ २१॥

श्रीपराशरजी बोले—हे मैत्रेय! पूर्वकालमें समुद्रमें स्थित रहकर प्रचेताओंने तन्मयभावसे श्रीगोविन्दकी जो स्तुति की, वह सुनो॥ २२॥

प्रचेताओंने कहा—जिनमें सम्पूर्ण वाक्योंकी नित्य-प्रतिष्ठा है [अर्थात् जो सम्पूर्ण वाक्योंके एकमात्र प्रतिपाद्य हैं] तथा जो जगत्की उत्पत्ति और प्रलयके कारण हैं उन निखिल-जगन्नायक परमप्रभुको हम नमस्कार करते हैं॥ २३॥ जो आद्य ज्योतिस्स्वरूप, अनुपम, अणु, अनन्त, अपार और समस्त चराचरके कारण हैं, तथा जिन रूपहीन परमेश्वरके दिन, रात्रि और सन्ध्या ही प्रथम रूप हैं, उन कालस्वरूप भगवान्को नमस्कार है॥ २४-२५॥ समस्त प्राणियोंके जीवनरूप जिनके अमृतमय स्वरूपको देव और पितृगण नित्यप्रति भोगते हैं—उन सोमस्वरूप प्रभुको नमस्कार है॥ २६॥ जो तीक्ष्णस्वरूप अपने तेजसे आकाशमण्डलको प्रकाशित करते हुए अन्धकारको भक्षण कर जाते हैं तथा जो घाम, शीत और जलके उद्गमस्थान हैं उन सूर्यस्वरूप [नारायण]-को नमस्कार है॥ २७॥

काठिन्यवान् यो बिभर्त्ति जगदेतदशेषतः ।
शब्दादिसंश्रयो व्यापी तस्मै भूम्यात्मने नमः ॥ २८
यद्योनिभूतं जगतो बीजं यत्सर्वदेहिनाम् ।
तत्तोयरूपमीशस्य नमामो हरिमेधसः ॥ २९
यो मुखं सर्वदेवानां हव्यभुक् कव्यभुक् तथा ।
पितृणां च नमस्तस्मै विष्णवे पावकात्मने ॥ ३०
पञ्चधावस्थितो देहे यश्चेष्टां कुरुतेऽनिशम् ।
आकाशयोनिर्भगवांस्तस्मै वाय्वात्मने नमः ॥ ३१
अवकाशमशेषाणां भूतानां यः प्रयच्छति ।
अनन्तमूर्तिमाञ्छुद्धस्तस्मै व्योमात्मने नमः ॥ ३२
समस्तेन्द्रियसर्गस्य यः सदा स्थानमुत्तमम् ।
तस्मै शब्दादिरूपाय नमः कृष्णाय वेधसे ॥ ३३
गृह्णाति विषयान्नित्यमिन्द्रियात्मा क्षराक्षरः ।
यस्तस्मै ज्ञानमूलाय नताः स्म हरिमेधसे ॥ ३४
गृहीतानिन्द्रियैरर्थानात्मने यः प्रयच्छति ।
अन्तःकरणरूपाय तस्मै विश्वात्मने नमः ॥ ३५
यस्मिन्ननन्ते सकलं विश्वं यस्मात्तथोद्गतम् ।
लयस्थानं च यस्तस्मै नमः प्रकृतिधर्मिणे ॥ ३६
शुद्धः सँल्लक्ष्यते भ्रान्त्या गुणवानिव योऽगुणः ।
तमात्मरूपिणं देवं नताः स्म पुरुषोत्तमम् ॥ ३७
अविकारमजं शुद्धं निर्गुणं यन्निरञ्जनम् ।
नताः स्म तत्परं ब्रह्म विष्णोर्यत्परमं पदम् ॥ ३८
अदीर्घह्रस्वमस्थूलमनण्वश्यामलोहितम् ।
अस्नेहच्छायमतनुमसक्तमशरीरिणम् ॥ ३९
अनाकाशमसंस्पर्शमगन्धमरसं च यत् ।
अचक्षुश्रोत्रमचलमवाक्पाणिममानसम् ॥ ४०
अनामगोत्रमसुखमतेजस्कमहेतुकम् ।
अभयं भ्रान्तिरहितमनिद्रमजरामरम् ॥ ४१
अरजोऽशब्दममृतमप्लुतं यदसंवृतम् ।
पूर्वापरे न वै यस्मिंस्तद्विष्णोः परमं पदम् ॥ ४२
परमेशत्वगुणवत्सर्वभूतमसंश्रयम् ।
नताः स्म तत्पदं विष्णोर्जिह्वादृग्गोचरं न यत् ॥ ४३

जो कठिनतायुक्त होकर इस सम्पूर्ण संसारको धारण करते हैं और शब्द आदि पाँचों विषयोंके आधार तथा व्यापक हैं, उन भूमिरूप भगवान्‌को नमस्कार है ॥ २८ ॥ जो संसारका योनिरूप है और समस्त देहधारियोंका बीज है, भगवान् हरिके उस जलस्वरूपको हम नमस्कार करते हैं ॥ २९ ॥ जो समस्त देवताओंका हव्यभुक् और पितृगणका कव्यभुक् मुख है, उस अग्निस्वरूप विष्णुभगवान्‌को नमस्कार है ॥ ३० ॥ जो प्राण, अपान आदि पाँच प्रकारसे देहमें स्थित होकर दिन-रात चेष्टा करता रहता है तथा जिसकी योनि आकाश है, उस वायुरूप भगवान्‌को नमस्कार है ॥ ३१ ॥ जो समस्त भूतोंको अवकाश देता है उस अनन्तमूर्ति और परम शुद्ध आकाशस्वरूप प्रभुको नमस्कार है ॥ ३२ ॥ समस्त इन्द्रिय-सृष्टिके जो उत्तम स्थान हैं उन शब्द-स्पर्शादिरूप विधाता श्रीकृष्णचन्द्रको नमस्कार है ॥ ३३ ॥ जो क्षर और अक्षर इन्द्रियरूपसे नित्य विषयोंको ग्रहण करते हैं उन ज्ञानमूल हरिको नमस्कार है ॥ ३४ ॥ इन्द्रियोंके द्वारा ग्रहण किये विषयोंको जो आत्माके सम्मुख उपस्थित करता है उस अन्तःकरणरूप विश्वात्माको नमस्कार है ॥ ३५ ॥ जिस अनन्तमें सकल विश्व स्थित है, जिससे वह उत्पन्न हुआ है और जो उसके लयका भी स्थान है उस प्रकृतिस्वरूप परमात्माको नमस्कार है ॥ ३६ ॥ जो शुद्ध और निर्गुण होकर भी भ्रमवश गुणयुक्त-से दिखायी देते हैं उन आत्मस्वरूप पुरुषोत्तमदेवको हम नमस्कार करते हैं ॥ ३७ ॥ जो अविकारी, अजन्मा, शुद्ध, निर्गुण, निर्मल और श्रीविष्णुका परमपद है उस ब्रह्मस्वरूपको हम नमस्कार करते हैं ॥ ३८ ॥ जो न लम्बा है, न पतला है, न मोटा है, न छोटा है और न काला है, न लाल है; जो स्नेह (द्रव), कान्ति तथा शरीरसे रहित एवं अनासक्त और अशरीरी (जीवसे भिन्न) है ॥ ३९ ॥

जो अवकाश स्पर्श, गन्ध और रससे रहित तथा आँख-कान-विहीन, अचल एवं जिह्वा, हाथ और मनसे रहित है ॥ ४० ॥ जो नाम, गोत्र, सुख और तेजसे शून्य तथा कारणहीन है; जिसमें भय, भ्रान्ति, निद्रा, जरा और मरण—इन (अवस्थाओं)-का अभाव है ॥ ४१ ॥ जो अरज (रजोगुणरहित), अशब्द, अमृत, अप्लुत (गतिशून्य) और असंवृत (अनाच्छादित) है एवं जिसमें पूर्वापर व्यवहारकी गति नहीं है वही भगवान् विष्णुका परमपद है ॥ ४२ ॥ जिसका ईशन (शासन) ही परमगुण है, जो सर्वरूप और अनाधार है तथा जिह्वा और दृष्टिका अविषय है, भगवान् विष्णुके उस परमपदको हम नमस्कार करते हैं ॥ ४३ ॥

श्रीपराशर उवाच

एवं प्रचेतसो विष्णुं स्तुवन्तस्तत्समाधयः।
दशवर्षसहस्राणि तपश्चेरुर्महार्णवे॥ ४४
ततः प्रसन्नो भगवांस्तेषामन्तर्जले हरिः।
ददौ दर्शनमुन्निद्रनीलोत्पलदलच्छविः॥ ४५
पतत्त्रिराजमारूढमवलोक्य प्रचेतसः।
प्रणिपेतुः शिरोभिस्तं भक्तिभारावनामितैः॥ ४६
ततस्तानाह भगवान्व्रियतामीप्सितो वरः।
प्रसादसुमुखोऽहं वो वरदः समुपस्थितः॥ ४७
ततस्तमूचुर्वरदं प्रणिपत्य प्रचेतसः।
यथा पित्रा समादिष्टं प्रजानां वृद्धिकारणम्॥ ४८
स चापि देवस्तं दत्त्वा यथाभिलषितं वरम्।
अन्तर्धानं जगामाशु ते च निश्चक्रमुर्जलात्॥ ४९

श्रीपराशरजी बोले—इस प्रकार श्रीविष्णुभगवान्‌में समाधिस्थ होकर प्रचेताओंने महासागरमें रहकर उनकी स्तुति करते हुए दस हजार वर्षतक तपस्या की ॥ ४४ ॥ तब भगवान् श्रीहरिने प्रसन्न होकर उन्हें खिले हुए नील कमलकी-सी आभायुक्त दिव्य छविसे जलके भीतर ही दर्शन दिया॥ ४५॥ प्रचेताओंने पक्षिराज गरुड़पर चढ़े हुए श्रीहरिको देखकर उन्हें भक्तिभावके भारसे झुके हुए मस्तकोंद्वारा प्रणाम किया॥ ४६॥

तब भगवान्‌ने उनसे कहा—"मैं तुमसे प्रसन्न होकर तुम्हें वर देनेके लिये आया हूँ, तुम अपना अभीष्ट वर माँगो"॥ ४७॥ तब प्रचेताओंने वरदायक श्रीहरिको प्रणाम कर, जिस प्रकार उनके पिताने उन्हें प्रजा-वृद्धिके लिये आज्ञा दी थी वह सब उनसे निवेदन की॥ ४८॥ तदनन्तर, भगवान् उन्हें अभीष्ट वर देकर अन्तर्धान हो गये और वे जलसे बाहर निकल आये॥ ४९॥

इति श्रीविष्णुपुराणे प्रथमेंऽशे चतुर्दशोऽध्यायः॥ १४॥

पन्द्रहवाँ अध्याय

प्रचेताओंका मारिषा नामक कन्याके साथ विवाह, दक्ष प्रजापतिकी उत्पत्ति एवं दक्षकी साठ कन्याओंके वंशका वर्णन

श्रीपराशर उवाच

तपश्चरत्सु पृथिवीं प्रचेतःसु महीरुहाः।
अरक्ष्यमाणामावव्रुर्बभूवाथ प्रजाक्षयः॥ १
नाशकन्मरुतो वातुं वृतं खमभवद्द्रुमैः।
दशवर्षसहस्राणि न शेकुश्चेष्टितुं प्रजाः॥ २
तान्दृष्ट्वा जलनिष्क्रान्ताः सर्वे क्रुद्धाः प्रचेतसः।
मुखेभ्यो वायुमग्निं च तेऽसृजन् जातमन्यवः॥ ३
उन्मूलानथ तान्वृक्षान्कृत्वा वायुरशोषयत्।
तानग्निरदहद्घोरस्तत्राभूद्द्रुमसङ्क्षयः॥ ४
द्रुमक्षयमथो दृष्ट्वा किञ्चिच्छिष्टेषु शाखिषु।
उपगम्याब्रवीदेतान् राजा सोमः प्रजापतीन्॥ ५

श्रीपराशरजी बोले—प्रचेताओंके तपस्यामें लगे रहनेसे [कृषि आदिद्वारा] किसी प्रकारकी रक्षा न होनेके कारण पृथिवीको वृक्षोंने ढँक लिया और प्रजा बहुत कुछ नष्ट हो गयी॥ १॥ आकाश वृक्षोंसे भर गया था। इसलिये दस हजार वर्षतक न तो वायु ही चला और न प्रजा ही किसी प्रकारकी चेष्टा कर सकी॥ २॥ जलसे निकलनेपर उन वृक्षोंको देखकर प्रचेतागण अति क्रोधित हुए और उन्होंने रोषपूर्वक अपने मुखसे वायु और अग्निको छोड़ा॥ ३॥ वायुने वृक्षोंको उखाड़-उखाड़कर सुखा दिया और प्रचण्ड अग्निने उन्हें जला डाला। इस प्रकार उस समय वहाँ वृक्षोंका नाश होने लगा॥ ४॥

तब वह भयंकर वृक्ष-प्रलय देखकर थोड़े-से वृक्षोंके रह जानेपर उनके राजा सोमने प्रजापति प्रचेताओंके पास जाकर कहा—॥ ५॥

कोपं यच्छत राजानः शृणुध्वं च वचो मम।
सन्धानं वः करिष्यामि सह क्षितिरुहैरहम्॥ ६
रत्नभूता च कन्येयं वार्क्षेयी वरवर्णिनी।
भविष्यज्जानता पूर्वं मया गोभिर्विवर्द्धिता॥ ७
मारिषा नाम नाम्नैषा वृक्षाणामिति निर्मिता।
भार्या वोऽस्तु महाभागा ध्रुवं वंशविवर्द्धिनी॥ ८
युष्माकं तेजसोऽर्द्धेन मम चार्द्धेन तेजसः।
अस्यामुत्पत्स्यते विद्वान्दक्षो नाम प्रजापतिः॥ ९
मम चांशेन संयुक्तो युष्मत्तेजोमयेन वै।
तेजसाग्निसमो भूयः प्रजाः संवर्द्धयिष्यति॥ १०
कण्डुर्नाम मुनिः पूर्वमासीद्वेदविदां वरः।
सुरम्ये गोमतीतीरे स तेपे परमं तपः॥ ११
तत्क्षोभाय सुरेन्द्रेण प्रम्लोचाख्या वराप्सराः।
प्रयुक्ता क्षोभयामास तमृषिं सा शुचिस्मिता॥ १२
क्षोभितः स तया सार्द्धं वर्षाणामधिकं शतम्।
अतिष्ठन्मन्दरद्रोण्यां विषयासक्तमानसः॥ १३
तं सा प्राह महाभाग गन्तुमिच्छाम्यहं दिवम्।
प्रसादसुमुखो ब्रह्मन्ननुज्ञां दातुमर्हसि॥ १४
तयैवमुक्तः स मुनिस्तस्यामासक्तमानसः।
दिनानि कतिचिद्भद्रे स्थीयतामित्यभाषत॥ १५
एवमुक्ता ततस्तेन साग्रं वर्षशतं पुनः।
बुभुजे विषयांस्तन्वी तेन साकं महात्मना॥ १६
अनुज्ञां देहि भगवन् व्रजामि त्रिदशालयम्।
उक्तस्तथेति स पुनः स्थीयतामित्यभाषत॥ १७
पुनर्गते वर्षशते साधिके सा शुभानना।
यामीत्याह दिवं ब्रह्मन्प्रणयस्मितशोभनम्॥ १८
उक्तस्तयैवं स मुनिरुपगुह्यायतेक्षणाम्।
इहास्यतां क्षणं सुभ्रु चिरकालं गमिष्यसि॥ १९
सा क्रीडमाना सुश्रोणी सह तेनर्षिणा पुनः।
शतद्वयं किञ्चिदूनं वर्षाणामन्वतिष्ठत॥ २०
गमनाय महाभाग देवराजनिवेशनम्।
प्रोक्तः प्रोक्तस्तया तन्व्या स्थीयतामित्यभाषत॥ २१

''हे नृपतिगण! आप क्रोध शान्त कीजिये और मैं जो कुछ कहता हूँ, सुनिये। मैं वृक्षोंके साथ आपलोगोंकी सन्धि करा दूँगा॥ ६॥ वृक्षोंसे उत्पन्न हुई इस सुन्दर वर्णवाली रत्नस्वरूपा कन्याका मैंने पहलेसे ही भविष्यको जानकर अपनी [अमृतमयी] किरणोंसे पालन-पोषण किया है॥ ७॥ वृक्षोंकी यह कन्या मारिषा नामसे प्रसिद्ध है, यह महाभागा इसलिये ही उत्पन्न की गयी है कि निश्चय ही तुम्हारे वंशको बढ़ानेवाली तुम्हारी भार्या हो॥ ८॥ मेरे और तुम लोगोंके आधे-आधे तेजसे इसके परम विद्वान् दक्ष नामक प्रजापति उत्पन्न होगा॥ ९॥ वह तुम लोगोंके तेजके सहित मेरे अंशसे युक्त होकर अपने तेजके कारण अग्निके समान होगा और प्रजाकी खूब वृद्धि करेगा॥ १०॥

पूर्वकालमें वेदवेत्ताओंमें श्रेष्ठ एक कण्डु नामक मुनीश्वर थे। उन्होंने गोमती नदीके परम रमणीक तटपर घोर तप किया॥ ११॥ तब इन्द्रने उन्हें तपोभ्रष्ट करनेके लिये प्रम्लोचा नामकी उत्तम अप्सराको नियुक्त किया। उस मंजुहासिनीने उन ऋषिश्रेष्ठको विचलित कर दिया॥ १२॥ उसके द्वारा क्षुब्ध होकर वे सौसे भी अधिक वर्षतक विषयासक्त-चित्तसे मन्दराचलकी कन्दरामें रहे॥ १३॥

तब, हे महाभाग! एक दिन उस अप्सराने कण्डु ऋषिसे कहा—''हे ब्रह्मन्! अब मैं स्वर्गलोकको जाना चाहती हूँ, आप प्रसन्नतापूर्वक मुझे आज्ञा दीजिये''॥ १४॥ उसके ऐसा कहनेपर उसमें आसक्तचित्त हुए मुनिने कहा—''भद्रे! अभी कुछ दिन और रहो''॥ १५॥ उनके ऐसा कहनेपर उस सुन्दरीने महात्मा कण्डुके साथ अगले सौ वर्षतक और रहकर नाना प्रकारके भोग भोगे॥ १६॥ तब भी, उसके यह पूछनेपर कि 'भगवन्! मुझे स्वर्गलोकको जानेकी आज्ञा दीजिये' ऋषिने यही कहा कि 'अभी और ठहरो'॥ १७॥ तदनन्तर सौ वर्षसे कुछ अधिक बीत जानेपर उस सुमुखीने प्रणययुक्त मुसकानसे सुशोभित वचनोंमें फिर कहा—''ब्रह्मन्! अब मैं स्वर्गको जाती हूँ''॥ १८॥ यह सुनकर मुनिने उस विशालाक्षीको आलिंगनकर कहा—'अयि सुभ्रु! अब तो तू बहुत दिनोंके लिये चली जायगी इसलिये क्षणभर तो और ठहर''॥ १९॥ तब वह सुश्रोणी (सुन्दर कमरवाली) उस ऋषिके साथ क्रीड़ा करती हुई दो सौ वर्षसे कुछ कम और रही॥ २०॥

हे महाभाग! इस प्रकार जब-जब वह सुन्दरी देवलोकको जानेके लिये कहती तभी-तभी कण्डु ऋषि उससे यही कहते कि 'अभी ठहर जा'॥ २१॥

तस्य शापभयाद्भीता दाक्षिण्येन च दक्षिणा।
प्रोक्ता प्रणयभङ्गार्त्तिवेदिनी न जहौ मुनिम्॥ २२
तया च रमतस्तस्य परमर्षेरहर्निशम्।
नवं नवमभूत्प्रेम मन्मथाविष्टचेतसः॥ २३
एकदा तु त्वरायुक्तो निश्चक्रामोटजान्मुनिः।
निष्क्रामन्तं च कुत्रेति गम्यते प्राह सा शुभा॥ २४
इत्युक्तः स तया प्राह परिवृत्तमहः शुभे।
सन्ध्योपास्तिं करिष्यामि क्रियालोपोऽन्यथा भवेत्॥ २५
ततः प्रहस्य सुदती तं सा प्राह महामुनिम्।
किमद्य सर्वधर्मज्ञ परिवृत्तमहस्तव॥ २६
बहूनां विप्र वर्षाणां परिवृत्तमहस्तव।
गतमेतन्न कुरुते विस्मयं कस्य कथ्यताम्॥ २७

मुनिरुवाच

प्रातस्त्वमागता भद्रे नदीतीरमिदं शुभम्।
मया दृष्टासि तन्वङ्गि प्रविष्टासि ममाश्रमम्॥ २८
इयं च वर्तते सन्ध्या परिणाममहर्गतम्।
उपहासः किमर्थोऽयं सद्भावः कथ्यतां मम॥ २९

प्रम्लोचोवाच

प्रत्यूषस्यागता ब्रह्मन् सत्यमेतन्न तन्मृषा।
नन्वस्य तस्य कालस्य गतान्यब्दशतानि ते॥ ३०

सोम उवाच

ततस्ससाध्वसो विप्रस्तां पप्रच्छायतेक्षणाम्।
कथ्यतां भीरु कः कालस्त्वया मे रमतः सह॥ ३१

प्रम्लोचोवाच

सप्तोत्तराण्यतीतानि नववर्षशतानि ते।
मासाश्च षट् तथैवान्यत्समतीतं दिनत्रयम्॥ ३२

ऋषिरुवाच

सत्यं भीरु वदस्येतत्परिहासोऽथ वा शुभे।
दिनमेकमहं मन्ये त्वया सार्द्धमिहासितम्॥ ३३

मुनिके इस प्रकार कहनेपर, प्रणयभंगकी पीड़ाको जाननेवाली उस दक्षिणाने* अपने दाक्षिण्यवश तथा मुनिके शापसे भयभीत होकर उन्हें न छोड़ा॥ २२॥ तथा उन महर्षि महोदयका भी कामासक्तचित्तसे उसके साथ अहर्निश रमण करते-करते, उसमें नित्य नूतन प्रेम बढ़ता गया॥ २३॥

एक दिन वे मुनिवर बड़ी शीघ्रतासे अपनी कुटीसे निकले। उनके निकलते समय वह सुन्दरी बोली—"आप कहाँ जाते हैं"॥ २४॥ उसके इस प्रकार पूछनेपर मुनिने कहा—"हे शुभे! दिन अस्त हो चुका है, इसलिये मैं सन्ध्योपासना करूँगा; नहीं तो नित्य-क्रिया नष्ट हो जायगी"॥ २५॥ तब उस सुन्दर दाँतोंवालीने उन मुनीश्वरसे हँसकर कहा—"हे सर्वधर्मज्ञ! क्या आज ही आपका दिन अस्त हुआ है?॥ २६॥ हे विप्र! अनेकों वर्षोंके पश्चात् आज आपका दिन अस्त हुआ है; इससे कहिये, किसको आश्चर्य न होगा?"॥ २७॥

मुनि बोले—भद्रे! नदीके इस सुन्दर तटपर तुम आज सबेरे ही तो आयी हो। [मुझे भली प्रकार स्मरण है] मैंने आज ही तुमको अपने आश्रममें प्रवेश करते देखा था॥ २८॥ अब दिनके समाप्त होनेपर यह सन्ध्याकाल हुआ है। फिर, सच तो कहो, ऐसा उपहास क्यों करती हो?॥ २९॥

प्रम्लोचा बोली—ब्रह्मन्! आपका यह कथन कि 'तुम सबेरे ही आयी हो' ठीक ही है, इसमें झूठ नहीं; परन्तु उस समयको तो आज सैकड़ों वर्ष बीत चुके॥ ३०॥

सोमने कहा—तब उन विप्रवरने उस विशालाक्षीसे कुछ घबड़ाकर पूछा—"अरी भीरु! ठीक-ठीक बता, तेरे साथ रमण करते मुझे कितना समय बीत गया?"॥ ३१॥

प्रम्लोचाने कहा—अबतक नौ सौ सात वर्ष, छः महीने तथा तीन दिन और भी बीत चुके हैं॥ ३२॥

ऋषि बोले—अयि भीरु! यह तू ठीक कहती है, या हे शुभे! मेरी हँसी करती है? मुझे तो ऐसा ही प्रतीत होता है कि मैं इस स्थानपर तेरे साथ केवल एक ही दिन रहा हूँ॥ ३३॥

---

* दक्षिणा नायिकाका लक्षण इस प्रकार कहा है—

या गौरवं भयं प्रेम सद्भावं पूर्वनायके।
न मुञ्चत्यन्यसक्तापि सा ज्ञेया दक्षिणा बुधैः॥

अन्य नायकमें आसक्त रहते हुए भी जो अपने पूर्व-नायकको गौरव, भय, प्रेम और सद्भावके कारण न छोड़ती हो उसे 'दक्षिणा' जानना चाहिये। दक्षिणाके गुणको 'दाक्षिण्य' कहते हैं।

प्रम्लोचोवाच

वदिष्याम्यनृतं ब्रह्मन्कथमत्र तवान्तिके।
विशेषेणाद्य भवता पृष्टा मार्गानुवर्तिना॥ ३४

सोम उवाच

निशम्य तद्वचः सत्यं स मुनिर्नृपनन्दनाः।
धिग्धिङ् मामित्यतीवेत्थं निनिन्दात्मानमात्मना॥ ३५

मुनिरुवाच

तपांसि मम नष्टानि हतं ब्रह्मविदां धनम्।
हतो विवेकः केनापि योषिन्मोहाय निर्मिता॥ ३६
ऊर्मिषट्कातिगं ब्रह्म ज्ञेयमात्मजयेन मे।
मतिरेषा हृता येन धिक् तं कामं महाग्रहम्॥ ३७
व्रतानि वेदवेद्याप्तिकारणान्यखिलानि च।
नरकग्राममार्गेण सङ्गेनापहृतानि मे॥ ३८
विनिन्द्येत्थं स धर्मज्ञः स्वयमात्मानमात्मना।
तामप्सरसमासीनामिदं वचनमब्रवीत्॥ ३९
गच्छ पापे यथाकामं यत्कार्यं तत्कृतं त्वया।
देवराजस्य मत्क्षोभं कुर्वन्त्या भावचेष्टितैः॥ ४०
न त्वां करोम्यहं भस्म क्रोधतीव्रेण वह्निना।
सतां सप्तपदं मैत्रमुषितोऽहं त्वया सह॥ ४१
अथवा तव को दोषः किं वा कुप्याम्यहं तव।
ममैव दोषो नितरां येनाहमजितेन्द्रियः॥ ४२
यया शक्रप्रियार्थिन्या कृतो मे तपसो व्ययः।
त्वया धिक्तां महामोहमञ्जूषां सुजुगुप्सिताम्॥ ४३

सोम उवाच

यावदित्थं स विप्रर्षिस्तां ब्रवीति सुमध्यमाम्।
तावद्गलत्स्वेदजला सा बभूवातिवेपथुः॥ ४४
प्रवेपमानां सततं स्विन्नगात्रलतां सतीम्।
गच्छ गच्छेति सक्रोधमुवाच मुनिसत्तमः॥ ४५
सा तु निर्भर्त्सिता तेन विनिष्क्रम्य तदाश्रमात्।
आकाशगामिनी स्वेदं ममार्ज तरुपल्लवैः॥ ४६

प्रम्लोचा बोली—हे ब्रह्मन्! आपके निकट मैं झूठ कैसे बोल सकती हूँ? और फिर विशेषतया उस समय जब कि आज आप अपने धर्म-मार्गका अनुसरण करनेमें तत्पर होकर मुझसे पूछ रहे हैं॥ ३४॥

सोमने कहा—हे राजकुमारो! उसके ये सत्य वचन सुनकर मुनिने 'मुझे धिक्कार है! मुझे धिक्कार है!' ऐसा कहकर स्वयं ही अपनेको बहुत कुछ भला-बुरा कहा॥ ३५॥

मुनि बोले—ओह! मेरा तप नष्ट हो गया, जो ब्रह्मवेत्ताओंका धन था वह लुट गया और विवेकबुद्धि मारी गयी। अहो! स्त्रीको तो किसीने मोह उपजानेके लिये ही रचा है॥ ३६॥ 'मुझे अपने मनको जीतकर छहों ऊर्मियों* से अतीत परब्रह्मको जानना चाहिये'—जिसने मेरी इस प्रकारकी बुद्धिको नष्ट कर दिया, उस कामरूपी महाग्रहको धिक्कार है॥ ३७॥ नरकग्रामके मार्गरूप इस स्त्रीके संगसे वेदवेद्य भगवान्‌की प्राप्तिके कारणरूप मेरे समस्त व्रत नष्ट हो गये॥ ३८॥

इस प्रकार उन धर्मज्ञ मुनिवरने अपने-आप ही अपनी निन्दा करते हुए वहाँ बैठी हुई उस अप्सरासे कहा—॥ ३९॥ "अरी पापिनि! अब तेरी जहाँ इच्छा हो चली जा, तूने अपनी भावभंगीसे मुझे मोहित करके इन्द्रका जो कार्य था वह पूरा कर लिया॥ ४०॥ मैं अपने क्रोधसे प्रज्वलित हुए अग्निद्वारा तुझे भस्म नहीं करता हूँ, क्योंकि सज्जनोंकी मित्रता सात पग साथ रहनेसे हो जाती है और मैं तो [इतने दिन] तेरे साथ निवास कर चुका हूँ॥ ४१॥ अथवा इसमें तेरा दोष भी क्या है, जो मैं तुझपर क्रोध करूँ? दोष तो सारा मेरा ही है, क्योंकि मैं बड़ा ही अजितेन्द्रिय हूँ॥ ४२॥ तू महामोहकी पिटारी और अत्यन्त निन्दनीया है। हाय! तूने इन्द्रके स्वार्थके लिये मेरी तपस्या नष्ट कर दी!! तुझे धिक्कार है!!!॥ ४३॥

सोमने कहा—वे ब्रह्मर्षि उस सुन्दरीसे जबतक ऐसा कहते रहे तबतक वह [भयके कारण] पसीनेमें सराबोर होकर अत्यन्त काँपती रही॥ ४४॥ इस प्रकार जिसका समस्त शरीर पसीनेमें डूबा हुआ था और जो भयसे थर-थर काँप रही थी उस प्रम्लोचासे मुनिश्रेष्ठ कण्डुने क्रोधपूर्वक कहा—'अरी! तू चली जा! चली जा!!॥ ४५॥

तब बारम्बार फटकारे जानेपर वह उस आश्रमसे निकली और आकाश-मार्गसे जाते हुए उसने अपना पसीना वृक्षके पत्तोंसे पोंछा॥ ४६॥

* क्षुधा, पिपासा, लोभ, मोह, जरा और मृत्यु—ये छः ऊर्मियाँ हैं।

निर्मार्जमाना गात्राणि गलत्स्वेदजलानि वै।
वृक्षाद्वृक्षं ययौ बाला तदग्रारुणपल्लवैः॥ ४७
ऋषिणा यस्तदा गर्भस्तस्या देहे समाहितः।
निर्जगाम स रोमाञ्चस्वेदरूपी तदङ्गतः॥ ४८
तं वृक्षा जगृहुर्गर्भमेकं चक्रे तु मारुतः।
मया चाप्यायितो गोभिः स तदा ववृधे शनैः॥ ४९
वृक्षाग्रगर्भसम्भूता मारिषाख्या वरानना।
तां प्रदास्यन्ति वो वृक्षाः कोप एष प्रशाम्यताम्॥ ५०
कण्डोरपत्यमेवं सा वृक्षेभ्यश्च समुद्गता।
ममापत्यं तथा वायोः प्रम्लोचातनया च सा॥ ५१

श्रीपराशर उवाच

स चापि भगवान् कण्डुः क्षीणे तपसि सत्तमः।
पुरुषोत्तमाख्यं मैत्रेय विष्णोरायतनं ययौ॥ ५२
तत्रैकाग्रमतिर्भूत्वा चकाराराधनं हरेः।
ब्रह्मपारमयं कुर्वञ्जपमेकाग्रमानसः।
ऊर्ध्वबाहुर्महायोगी स्थित्वासौ भूपनन्दनाः॥ ५३

प्रचेतस ऊचुः

ब्रह्मपारं मुनेः श्रोतुमिच्छामः परमं स्तवम्।
जपता कण्डुना देवो येनाराध्यत केशवः॥ ५४

सोम उवाच

पारं परं विष्णुरपारपारः
परः परेभ्यः परमार्थरूपी।
स ब्रह्मपारः परपारभूतः
परः पराणामपि पारपारः॥ ५५
स कारणं कारणतस्ततोऽपि
तस्यापि हेतुः परहेतुहेतुः।
कार्येषु चैवं सह कर्मकर्तृ-
रूपैरशेषैरवतीह सर्वम्॥ ५६
ब्रह्म प्रभुर्ब्रह्म स सर्वभूतो
ब्रह्म प्रजानां पतिरच्युतोऽसौ।
ब्रह्माव्ययं नित्यमजं स विष्णु-
रपक्षयाद्यैरखिलैरसङ्गि॥ ५७

वह बाला वृक्षोंके नवीन लाल-लाल पत्तोंसे अपने पसीनेसे तर शरीरको पोंछती हुई एक वृक्षसे दूसरे वृक्षपर चलती गयी॥ ४७॥ उस समय ऋषिने उसके शरीरमें जो गर्भ स्थापित किया था; वह भी रोमांचसे निकले हुए पसीनेके रूपमें उसके शरीरसे बाहर निकल आया॥ ४८॥ उस गर्भको वृक्षोंने ग्रहण कर लिया, उसे वायुने एकत्रित कर दिया और मैं अपनी किरणोंसे उसे पोषित करने लगा। इससे वह धीरे-धीरे बढ़ गया॥ ४९॥ वृक्षाग्रसे उत्पन्न हुई वह मारिषा नामकी सुमुखी कन्या तुम्हें वृक्षगण समर्पण करेंगे। अतः अब यह क्रोध शान्त करो॥ ५०॥ इस प्रकार वृक्षोंसे उत्पन्न हुई वह कन्या प्रम्लोचाकी पुत्री है तथा कण्डु मुनिकी, मेरी और वायुकी भी सन्तान है॥ ५१॥

श्रीपराशरजी बोले—हे मैत्रेय! [तब यह सोचकर कि प्रचेतागण योगभ्रष्टकी कन्या होनेसे मारिषाको अग्राह्य न समझें सोमदेवने कहा—] साधुश्रेष्ठ भगवान् कण्डु भी तपके क्षीण हो जानेसे पुरुषोत्तमक्षेत्र नामक भगवान् विष्णुकी निवास-भूमिको गये और हे राजपुत्रो! वहाँ वे महायोगी एकनिष्ठ होकर एकाग्रचित्तसे ब्रह्मपार-मन्त्रका जप करते हुए ऊर्ध्वबाहु रहकर श्रीविष्णुभगवान्‌की आराधना करने लगे॥ ५२-५३॥

प्रचेतागण बोले—हम कण्डु मुनिका ब्रह्मपार नामक परमस्तोत्र सुनना चाहते हैं, जिसका जप करते हुए उन्होंने श्रीकेशवकी आराधना की थी॥ ५४॥

सोमने कहा—[हे राजकुमारो! वह मन्त्र इस प्रकार है—] 'श्रीविष्णुभगवान् संसार-मार्गकी अन्तिम अवधि हैं, उनका पार पाना कठिन है, वे पर (आकाशादि)-से भी पर अर्थात् अनन्त हैं, अतः सत्यस्वरूप हैं। तपोनिष्ठ महात्माओंको ही वे प्राप्त हो सकते हैं, क्योंकि वे पर (अनात्म-प्रपंच)-से परे हैं तथा पर (इन्द्रियों)-के अगोचर परमात्मा हैं और [भक्तोंके] पालक एवं [उनके अभीष्टको] पूर्ण करनेवाले हैं॥ ५५॥ वे कारण (पंचभूत)-के कारण (पंचतन्मात्रा)-के हेतु (तामस-अहंकार) और उसके भी हेतु (महत्तत्त्व)-के हेतु (प्रधान)-के भी परम हेतु हैं और इस प्रकार समस्त कर्म और कर्ता आदिके सहित कार्यरूपसे स्थित सकल प्रपंचका पालन करते हैं॥ ५६॥ ब्रह्म ही प्रभु है, ब्रह्म ही सर्व जीवरूप है और ब्रह्म ही सकल प्रजाका पति (रक्षक) तथा अविनाशी है। वह ब्रह्म अव्यय, नित्य और अजन्मा है तथा वही क्षय आदि समस्त विकारोंसे शून्य विष्णु है॥ ५७॥

ब्रह्माक्षरमजं नित्यं यथाऽसौ पुरुषोत्तमः।
तथा रागादयो दोषाः प्रयान्तु प्रशमं मम॥ ५८

एतद्ब्रह्मपराख्यं वै संस्तवं परमं जपन्।
अवाप परमां सिद्धिं स तमाराध्य केशवम्॥ ५९

[इमं स्तवं यः पठति शृणुयाद्वापि नित्यशः।
स कामदोषैरखिलैर्मुक्तः प्राप्नोति वाञ्छितम्॥]

इयं च मारिषा पूर्वमासीद्या तां ब्रवीमि वः।
कार्यगौरवमेतस्याः कथने फलदायि वः॥ ६०

अपुत्रा प्रागियं विष्णुं मृते भर्त्तरि सत्तमा।
भूपपत्नी महाभागा तोषयामास भक्तितः॥ ६१

आराधितस्तया विष्णुः प्राह प्रत्यक्षतां गतः।
वरं वृणीष्वेति शुभे सा च प्राहात्मवाञ्छितम्॥ ६२

भगवन्बालवैधव्याद् वृथाजन्माहमीदृशी।
मन्दभाग्या समुद्भूता विफला च जगत्पते॥ ६३

भवन्तु पतयः श्लाघ्या मम जन्मनि जन्मनि।
त्वत्प्रसादात्तथा पुत्रः प्रजापतिसमोऽस्तु मे॥ ६४

कुलं शीलं वयः सत्यं दाक्षिण्यं क्षिप्रकारिता।
अविसंवादिता सत्त्वं वृद्धसेवा कृतज्ञता॥ ६५

रूपसम्पत्समायुक्ता सर्वस्य प्रियदर्शना।
अयोनिजा च जायेयं त्वत्प्रसादादधोक्षज॥ ६६

सोम उवाच

तयैवमुक्तो देवेशो हृषीकेश उवाच ताम्।
प्रणामनम्रामुत्थाप्य वरदः परमेश्वरः॥ ६७

देव उवाच

भविष्यन्ति महावीर्या एकस्मिन्नेव जन्मनि।
प्रख्यातोदारकर्माणो भवत्याः पतयो दश॥ ६८

पुत्रं च सुमहावीर्यं महाबलपराक्रमम्।
प्रजापतिगुणैर्युक्तं त्वमवाप्स्यसि शोभने॥ ६९

वंशानां तस्य कर्तृत्वं जगत्यस्मिन्भविष्यति।
त्रैलोक्यमखिला सूतिस्तस्य चापूरयिष्यति॥ ७०

क्योंकि वह अक्षर, अज और नित्य ब्रह्म ही पुरुषोत्तम भगवान् विष्णु हैं, इसलिये [उनका नित्य अनुरक्त भक्त होनेके कारण] मेरे राग आदि दोष शान्त हों'॥ ५८॥

इस ब्रह्मपार नामक परम स्तोत्रका जप करते हुए श्रीकेशवकी आराधना करनेसे उन मुनीश्वरने परमसिद्धि प्राप्त की॥ ५९॥ [जो पुरुष इस स्तवको नित्यप्रति पढ़ता या सुनता है वह काम आदि सकल दोषोंसे मुक्त होकर अपना मनोवांछित फल प्राप्त करता है।] अब मैं तुम्हें यह बताता हूँ कि यह मारिषा पूर्वजन्ममें कौन थी। यह बता देनेसे तुम्हारे कार्यका गौरव सफल होगा। [अर्थात् तुम प्रजा-वृद्धिरूप फल प्राप्त कर सकोगे]॥ ६०॥

यह साध्वी अपने पूर्व जन्ममें एक महारानी थी। पुत्रहीन अवस्थामें ही पतिके मर जानेपर इस महाभागाने अपने भक्तिभावसे विष्णुभगवान्‌को सन्तुष्ट किया॥ ६१॥ इसकी आराधनासे प्रसन्न हो विष्णुभगवान्‌ने प्रकट होकर कहा—"हे शुभे! वर माँग।" तब इसने अपनी मनोभिलाषा इस प्रकार कह सुनायी—॥ ६२॥ "भगवन्! बाल-विधवा होनेके कारण मेरा जन्म व्यर्थ ही हुआ। हे जगत्पते! मैं ऐसी अभागिनी हूँ कि फलहीन (पुत्रहीन) ही उत्पन्न हुई॥ ६३॥ अतः आपकी कृपासे जन्म-जन्ममें मेरे बड़े प्रशंसनीय पति हों और प्रजापति (ब्रह्माजी)-के समान पुत्र हो॥ ६४॥ और हे अधोक्षज! आपके प्रसादसे मैं भी कुल, शील, अवस्था, सत्य, दाक्षिण्य (कार्य-कुशलता), शीघ्रकारिता, अविसंवादिता (उलटा न कहना), सत्त्व, वृद्धसेवा और कृतज्ञता आदि गुणोंसे तथा सुन्दर रूपसम्पत्तिसे सम्पन्न और सबको प्रिय लगनेवाली अयोनिजा (माताके गर्भसे जन्म लिये बिना) ही उत्पन्न होऊँ'॥ ६५-६६॥

सोम बोले—उसके ऐसा कहनेपर वरदायक परमेश्वर देवाधिदेव श्रीहृषीकेशने प्रणामके लिये झुकी हुई उस बालाको उठाकर कहा॥ ६७॥

भगवान् बोले—तेरे एक ही जन्ममें बड़े पराक्रमी और विख्यात कर्मवीर दस पति होंगे और हे शोभने! उसी समय तुझे प्रजापतिके समान एक महावीर्यवान् एवं अत्यन्त बल-विक्रमयुक्त पुत्र भी प्राप्त होगा॥ ६८-६९॥ वह इस संसारमें कितने ही वंशोंको चलानेवाला होगा और उसकी सन्तान सम्पूर्ण त्रिलोकीमें फैल जायगी॥ ७०॥

त्वं चाप्ययोनिजा साध्वी रूपौदार्यगुणान्विता।
मनःप्रीतिकरी नृणां मत्प्रसादाद्भविष्यसि॥ ७१
इत्युक्त्वान्तर्दधे देवस्तां विशालविलोचनाम्।
सा चेयं मारिषा जाता युष्मत्पत्नी नृपात्मजाः॥ ७२

श्रीपराशर उवाच

ततः सोमस्य वचनाज्जगृहुस्ते प्रचेतसः।
संहृत्य कोपं वृक्षेभ्यः पत्नीधर्मेण मारिषाम्॥ ७३
दशभ्यस्तु प्रचेतोभ्यो मारिषायां प्रजापतिः।
जज्ञे दक्षो महाभागो यः पूर्वं ब्रह्मणोऽभवत्॥ ७४
स तु दक्षो महाभागस्सृष्ट्यर्थं सुमहामते।
पुत्रानुत्पादयामास प्रजासृष्ट्यर्थमात्मनः॥ ७५
अवरांश्च वरांश्चैव द्विपदोऽथ चतुष्पदान्।
आदेशं ब्रह्मणः कुर्वन् सृष्ट्यर्थं समुपस्थितः॥ ७६
स सृष्ट्वा मनसा दक्षः पश्चादसृजत स्त्रियः।
ददौ स दश धर्माय कश्यपाय त्रयोदश।
कालस्य नयने युक्ताः सप्तविंशतिमिन्दवे॥ ७७
तासु देवास्तथा दैत्या नागा गावस्तथा खगाः।
गन्धर्वाप्सरसश्चैव दानवाद्याश्च जज्ञिरे॥ ७८
ततः प्रभृति मैत्रेय प्रजा मैथुनसम्भवाः।
सङ्कल्पाद्दर्शनात्स्पर्शात्पूर्वेषामभवन् प्रजाः।
तपोविशेषैः सिद्धानां तदात्यन्ततपस्विनाम्॥ ७९

श्रीमैत्रेय उवाच

अङ्गुष्ठाद्दक्षिणाद्दक्षः पूर्वं जातो मया श्रुतः।
कथं प्राचेतसो भूयः समुत्पन्नो महामुने॥ ८०
एष मे संशयो ब्रह्मन्सुमहान्हृदि वर्त्तते।
यद्दौहित्रश्च सोमस्य पुनः श्वशुरतां गतः॥ ८१

श्रीपराशर उवाच

उत्पत्तिश्च निरोधश्च नित्यो भूतेषु सर्वदा।
ऋषयोऽत्र न मुह्यन्ति ये चान्ये दिव्यचक्षुषः॥ ८२
युगे युगे भवन्त्येते दक्षाद्या मुनिसत्तम।
पुनश्चैवं निरुद्ध्यन्ते विद्वांस्तत्र न मुह्यति॥ ८३
कानिष्ठ्यं ज्यैष्ठ्यमप्येषां पूर्वं नाभूद्द्विजोत्तम।
तप एव गरीयोऽभूत्प्रभावश्चैव कारणम्॥ ८४

तथा तू भी मेरी कृपासे उदाररूप-गुणसम्पन्ना, सुशीला और मनुष्योंके चित्तको प्रसन्न करनेवाली अयोनिजा ही उत्पन्न होगी॥ ७१॥ हे राजपुत्रो! उस विशालाक्षीसे ऐसा कह भगवान् अन्तर्धान हो गये और वही यह मारिषाके रूपसे उत्पन्न हुई तुम्हारी पत्नी है॥ ७२॥

श्रीपराशरजी बोले— तब सोमदेवके कहनेसे प्रचेताओंने अपना क्रोध शान्त किया और उस मारिषाको वृक्षोंसे पत्नीरूपमें ग्रहण किया॥ ७३॥ उन दसों प्रचेताओंसे मारिषाके महाभाग दक्ष प्रजापतिका जन्म हुआ, जो पहले ब्रह्माजीसे उत्पन्न हुए थे॥ ७४॥

हे महामते! उन महाभाग दक्षने, ब्रह्माजीकी आज्ञा पालते हुए सर्ग-रचनाके लिये उद्यत होकर उनकी अपनी सृष्टि बढ़ाने और सन्तान उत्पन्न करनेके लिये नीच-ऊँच तथा द्विपद-चतुष्पद आदि नाना प्रकारके जीवोंको पुत्ररूपसे उत्पन्न किया॥ ७५-७६॥ प्रजापति दक्षने पहले मनसे ही सृष्टि करके फिर स्त्रियोंकी उत्पत्ति की। उनमेंसे दस धर्मको और तेरह कश्यपको दीं तथा काल-परिवर्तनमें नियुक्त [अश्विनी आदि] सत्ताईस चन्द्रमाको विवाह दीं॥ ७७॥ उन्हींसे देवता, दैत्य, नाग, गौ, पक्षी, गन्धर्व, अप्सरा और दानव आदि उत्पन्न हुए॥ ७८॥ हे मैत्रेय! दक्षके समयसे ही प्रजाका मैथुन (स्त्री-पुरुष-सम्बन्ध) द्वारा उत्पन्न होना आरम्भ हुआ है। उससे पहले तो अत्यन्त तपस्वी प्राचीन सिद्ध पुरुषोंके तपोबलसे उनके संकल्प, दर्शन अथवा स्पर्शमात्रसे ही प्रजा उत्पन्न होती थी॥ ७९॥

श्रीमैत्रेयजी बोले—हे महामुने! मैंने तो सुना था कि दक्षका जन्म ब्रह्माजीके दायें अँगूठेसे हुआ था, फिर वे प्रचेताओंके पुत्र किस प्रकार हुए?॥ ८०॥ हे ब्रह्मन्! मेरे हृदयमें यह बड़ा सन्देह है कि सोमदेवके दौहित्र (धेवते) होकर भी फिर वे उनके श्वशुर हुए!॥ ८१॥

श्रीपराशरजी बोले—हे मैत्रेय! प्राणियोंके उत्पत्ति और नाश [प्रवाहरूपसे] निरन्तर हुआ करते हैं। इस विषयमें ऋषियों तथा अन्य दिव्यदृष्टि-पुरुषोंको कोई मोह नहीं होता॥ ८२॥ हे मुनिश्रेष्ठ! ये दक्षादि युग-युगमें होते हैं और फिर लीन हो जाते हैं; इसमें विद्वान्‌को किसी प्रकारका सन्देह नहीं होता॥ ८३॥ हे द्विजोत्तम! इनमें पहले किसी प्रकारकी ज्येष्ठता अथवा कनिष्ठता भी नहीं थी। उस समय तप और प्रभाव ही उनकी ज्येष्ठताका कारण होता था॥ ८४॥

श्रीमैत्रेय उवाच

देवानां दानवानां च गन्धर्वोरगरक्षसाम्।
उत्पत्तिं विस्तरेणेह मम ब्रह्मन्प्रकीर्त्तय॥ ८५

श्रीपराशर उवाच

प्रजाः सृजेति व्यादिष्टः पूर्वं दक्षः स्वयम्भुवा।
यथा ससर्ज भूतानि तथा शृणु महामुने॥ ८६
मानसान्येव भूतानि पूर्वं दक्षोऽसृजत्तदा।
देवानृषीन्सगन्धर्वानसुरान्पन्नगांस्तथा ॥ ८७
यदास्य सृजमानस्य न व्यवर्धन्त ताः प्रजाः।
ततः सञ्चिन्त्य स पुनः सृष्टिहेतोः प्रजापतिः॥ ८८
मैथुनेनैव धर्मेण सिसृक्षुर्विविधाः प्रजाः।
असिक्नीमावहत्कन्यां वीरणस्य प्रजापतेः।
सुतां सुतपसा युक्तां महतीं लोकधारिणीम्॥ ८९
अथ पुत्रसहस्राणि वैरुण्यां पञ्च वीर्यवान्।
असिक्न्यां जनयामास सर्गहेतोः प्रजापतिः॥ ९०
तान्दृष्ट्वा नारदो विप्र संविवर्द्धयिषून्प्रजाः।
सङ्गम्य प्रियसंवादो देवर्षिरिदमब्रवीत्॥ ९१
हे हर्यश्वा महावीर्याः प्रजा यूयं करिष्यथ।
ईदृशो दृश्यते यत्नो भवतां श्रूयतामिदम्॥ ९२
बालिशा बत यूयं वै नास्या जानीत वै भुवः।
अन्तरूर्ध्वमधश्चैव कथं सृक्ष्यथ वै प्रजाः॥ ९३
ऊर्ध्वं तिर्यगधश्चैव यदाऽप्रतिहता गतिः।
तदा कस्माद्भुवो नान्तं सर्वे द्रक्ष्यथ बालिशाः॥ ९४
ते तु तद्वचनं श्रुत्वा प्रयाताः सर्वतो दिशम्।
अद्यापि नो निवर्तन्ते समुद्रेभ्य इवापगाः॥ ९५
हर्यश्वेष्वथ नष्टेषु दक्षः प्राचेतसः पुनः।
वैरुण्यामथ पुत्राणां सहस्रमसृजत्प्रभुः॥ ९६
विवर्द्धयिषवस्ते तु शबलाश्वाः प्रजाः पुनः।
पूर्वोक्तं वचनं ब्रह्मन्नारदेनैव नोदिताः॥ ९७

श्रीमैत्रेयजी बोले—हे ब्रह्मन्! आप मुझसे देव, दानव, गन्धर्व, सर्प और राक्षसोंकी उत्पत्ति विस्तारपूर्वक कहिये॥ ८५॥

श्रीपराशरजी बोले—हे महामुने! स्वयम्भू-भगवान् ब्रह्माजीकी ऐसी आज्ञा होनेपर कि 'तुम प्रजा उत्पन्न करो' दक्षने पूर्वकालमें जिस प्रकार प्राणियोंकी रचना की थी वह सुनो॥ ८६॥ उस समय पहले तो दक्षने ऋषि, गन्धर्व, असुर और सर्प आदि मानसिक प्राणियोंको ही उत्पन्न किया॥ ८७॥ इस प्रकार रचना करते हुए जब उनकी वह प्रजा और न बढ़ी तो उन प्रजापतिने सृष्टिकी वृद्धिके लिये मनमें विचारकर मैथुनधर्मसे नाना प्रकारकी प्रजा उत्पन्न करनेकी इच्छासे वीरण प्रजापतिकी अति तपस्विनी और लोकधारिणी पुत्री असिक्नीसे विवाह किया॥ ८८-८९॥

तदनन्तर वीर्यवान् प्रजापति दक्षने सर्गकी वृद्धिके लिये वीरणसुता असिक्नीसे पाँच सहस्र पुत्र उत्पन्न किये॥ ९०॥ उन्हें प्रजा-वृद्धिके इच्छुक देख प्रियवादी देवर्षि नारदने उनके निकट जाकर इस प्रकार कहा—॥ ९१॥ "हे महापराक्रमी हर्यश्वगण! आप लोगोंकी ऐसी चेष्टा प्रतीत होती है कि आप प्रजा उत्पन्न करेंगे, सो मेरा यह कथन सुनो॥ ९२॥ खेदकी बात है, तुमलोग अभी निरे अनभिज्ञ हो क्योंकि तुम इस पृथिवीका मध्य, ऊर्ध्व (ऊपरी भाग) और अधः (नीचेका भाग) कुछ भी नहीं जानते, फिर प्रजाकी रचना किस प्रकार करोगे? देखो, तुम्हारी गति इस ब्रह्माण्डमें ऊपर-नीचे और इधर-उधर सब ओर अप्रतिहत (बे-रोक-टोक) है; अतः हे अज्ञानियो! तुम सब मिलकर इस पृथिवीका अन्त क्यों नहीं देखते?"॥ ९३-९४॥ नारदजीके ये वचन सुनकर वे सब भिन्न-भिन्न दिशाओंको चले गये और समुद्रमें जाकर जिस प्रकार नदियाँ नहीं लौटतीं उसी प्रकार वे भी आजतक नहीं लौटे॥ ९५॥

हर्यश्वोंके इस प्रकार चले जानेपर प्रचेताओंके पुत्र दक्षने वैरुणीसे एक सहस्र पुत्र और उत्पन्न किये॥ ९६॥ वे शबलाश्वगण भी प्रजा बढ़ानेके इच्छुक हुए, किन्तु हे ब्रह्मन्! उनसे नारदजीने ही फिर पूर्वोक्त बातें कह दीं।

अन्योऽन्यमूचुस्ते सर्वे सम्यगाह महामुनिः।
भ्रातॄणां पदवी चैव गन्तव्या नात्र संशयः॥ ९८
ज्ञात्वा प्रमाणं पृथ्व्याश्च प्रजास्त्रक्ष्यामहे ततः।
तेऽपि तेनैव मार्गेण प्रयाताः सर्वतोमुखम्।
अद्यापि न निवर्त्तन्ते समुद्रेभ्य इवापगाः॥ ९९
ततः प्रभृति वै भ्राता भ्रातुरन्वेषणे द्विज।
प्रयातो नश्यति तथा तन्न कार्यं विजानता॥ १००
तांश्चापि नष्टान् विज्ञाय पुत्रान् दक्षः प्रजापतिः।
क्रोधं चक्रे महाभागो नारदं स शशाप च॥ १०१
सर्गकामस्ततो विद्वान्स मैत्रेय प्रजापतिः।
षष्टिं दक्षोऽसृजत्कन्या वैरुण्यामिति नः श्रुतम्॥ १०२
ददौ स दश धर्माय कश्यपाय त्रयोदश।
सप्तविंशति सोमाय चतस्रोऽरिष्टनेमिने॥ १०३
द्वे चैव बहुपुत्राय द्वे चैवाङ्गिरसे तथा।
द्वे कृशाश्वाय विदुषे तासां नामानि मे शृणु॥ १०४
अरुन्धती वसुर्यामिर्लम्बा भानुर्मरुत्वती।
सङ्कल्पा च मुहूर्ता च साध्या विश्वा च तादृशी।
धर्मपत्न्यो दश त्वेतास्तास्वपत्यानि मे शृणु॥ १०५
विश्वेदेवास्तु विश्वायाः साध्या साध्यानजायत।
मरुत्वत्यां मरुत्वन्तो वसोश्च वसवः स्मृताः।
भानोस्तु भानवः पुत्रा मुहूर्तायां मुहूर्तजाः॥ १०६
लम्बायाश्चैव घोषोऽथ नागवीथी तु यामिजा॥ १०७
पृथिवीविषयं सर्वमरुन्धत्यामजायत।
सङ्कल्पायास्तु सर्वात्मा जज्ञे सङ्कल्प एव हि॥ १०८
ये त्वनेकवसुप्राणदेवा ज्योतिःपुरोगमाः।
वसवोऽष्टौ समाख्यातास्तेषां वक्ष्यामि विस्तरम्॥ १०९
आपो ध्रुवश्च सोमश्च धर्मश्चैवानिलोऽनलः।
प्रत्यूषश्च प्रभासश्च वसवो नामभिः स्मृताः॥ ११०
आपस्य पुत्रो वैतण्डः श्रमः शान्तो ध्वनिस्तथा।
ध्रुवस्य पुत्रो भगवान्कालो लोकप्रकालनः॥ १११
सोमस्य भगवान्वर्चा वर्चस्वी येन जायते॥ ११२
धर्मस्य पुत्रो द्रविणो हुतहव्यवहस्तथा।
मनोहरायां शिशिरः प्राणोऽथ वरुणस्तथा॥ ११३

तब वे सब आपसमें एक-दूसरेसे कहने लगे—'महामुनि नारदजी ठीक कहते हैं; हमको भी, इसमें सन्देह नहीं, अपने भाइयोंके मार्गका ही अवलम्बन करना चाहिये। हम भी पृथिवीका परिमाण जानकर ही सृष्टि करेंगे।' इस प्रकार वे भी उसी मार्गसे समस्त दिशाओंको चले गये और समुद्रगत नदियोंके समान आजतक नहीं लौटे॥ ९७—९९॥ हे द्विज! तबसे ही यदि भाईको खोजनेके लिये भाई ही जाय तो वह नष्ट हो जाता है, अतः विज्ञ पुरुषको ऐसा न करना चाहिये॥ १००॥

महाभाग दक्ष प्रजापतिने उन पुत्रोंको भी गये जान नारदजीपर बड़ा क्रोध किया और उन्हें शाप दे दिया॥ १०१॥ हे मैत्रेय! हमने सुना है कि फिर उस विद्वान् प्रजापतिने सर्गवृद्धिकी इच्छासे वैरुणीसे साठ कन्याएँ उत्पन्न कीं॥ १०२॥ उनमेंसे उन्होंने दस धर्मको, तेरह कश्यपको, सत्ताईस सोम (चन्द्रमा)-को और चार अरिष्टनेमिको दीं॥ १०३॥ तथा दो बहुपुत्र, दो अंगिरा और दो कृशाश्वको विवाहीं। अब उनके नाम सुनो॥ १०४॥ अरुन्धती, वसु, यामी, लम्बा, भानु, मरुत्वती, संकल्पा, मुहूर्ता, साध्या और विश्वा—ये दस धर्मकी पत्नियाँ थीं; अब तुम इनके पुत्रोंका विवरण सुनो॥ १०५॥ विश्वाके पुत्र विश्वेदेवा थे, साध्यासे साध्यगण हुए, मरुत्वतीसे मरुत्वान् और वसुसे वसुगण हुए तथा भानुसे भानु और मुहूर्तासे मुहूर्ताभिमानी देवगण हुए॥ १०६॥ लम्बासे घोष, यामीसे नागवीथी और अरुन्धतीसे समस्त पृथिवी-विषयक प्राणी हुए तथा संकल्पासे सर्वात्मक संकल्पकी उत्पत्ति हुई॥ १०७-१०८॥

नाना प्रकारका वसु (तेज अथवा धन) ही जिनका प्राण है ऐसे ज्योति आदि जो आठ वसुगण विख्यात हैं, अब मैं उनके वंशका विस्तार बताता हूँ॥ १०९॥ उनके नाम आप, ध्रुव, सोम, धर्म, अनिल (वायु), अनल (अग्नि), प्रत्यूष और प्रभास कहे जाते हैं॥ ११०॥ आपके पुत्र वैतण्ड, श्रम, शान्त और ध्वनि हुए तथा ध्रुवके पुत्र लोक-संहारक भगवान् काल हुए॥ १११॥ भगवान् वर्चा सोमके पुत्र थे जिनसे पुरुष वर्चस्वी (तेजस्वी) हो जाता है और धर्मके उनकी भार्या मनोहरासे द्रविण, हुत एवं हव्यवह तथा शिशिर, प्राण और वरुण नामक पुत्र हुए॥ ११२-११३॥

अनिलस्य शिवा भार्या तस्याः पुत्रो मनोजवः।
अविज्ञातगतिश्चैव द्वौ पुत्रावनिलस्य तु॥ ११४
अग्निपुत्रः कुमारस्तु शरस्तम्बे व्यजायत।
तस्य शाखो विशाखश्च नैगमेयश्च पृष्ठजाः॥ ११५
अपत्यं कृत्तिकानां तु कार्त्तिकेय इति स्मृतः॥ ११६
प्रत्यूषस्य विदुः पुत्रं ऋषि नाम्नाथ देवलम्।
द्वौ पुत्रौ देवलस्यापि क्षमावन्तौ मनीषिणौ॥ ११७
बृहस्पतेस्तु भगिनी वरस्त्री ब्रह्मचारिणी।
योगसिद्धा जगत्कृत्स्नमसक्ता विचरत्युत।
प्रभासस्य तु सा भार्या वसूनामष्टमस्य तु॥ ११८
विश्वकर्मा महाभागस्तस्यां जज्ञे प्रजापतिः।
कर्ता शिल्पसहस्राणां त्रिदशानां च वर्द्धकी॥ ११९
भूषणानां च सर्वेषां कर्ता शिल्पवतां वरः।
यः सर्वेषां विमानानि देवतानां चकार ह।
मनुष्याश्चोपजीवन्ति यस्य शिल्पं महात्मनः॥ १२०
तस्य पुत्रास्तु चत्वारस्तेषां नामानि मे शृणु।
अजैकपादहिर्बुध्न्यस्त्वष्टा रुद्रश्च वीर्यवान्।
त्वष्टुश्चाप्यात्मजः पुत्रो विश्वरूपो महातपाः॥ १२१
हरश्च बहुरूपश्च त्र्यम्बकश्चापराजितः।
वृषाकपिश्च शम्भुश्च कपर्दी रैवतः स्मृतः॥ १२२
मृगव्याधश्च शर्वश्च कपाली च महामुने।
एकादशैते कथिता रुद्रास्त्रिभुवनेश्वराः।
शतं त्वेकं समाख्यातं रुद्राणाममितौजसाम्॥ १२३
कश्यपस्य तु भार्या यास्तासां नामानि मे शृणु।
अदितिर्दितिर्दनुश्चैवारिष्टा च सुरसा खसा॥ १२४
सुरभिर्विनता चैव ताम्रा क्रोधवशा इरा।
कद्रुर्मुनिश्च धर्मज्ञ तदपत्यानि मे शृणु॥ १२५
पूर्वमन्वन्तरे श्रेष्ठा द्वादशासन्सुरोत्तमाः।
तुषिता नाम तेऽन्योऽन्यमूचुर्वैवस्वतेऽन्तरे॥ १२६
उपस्थितेऽतियशसश्चाक्षुषस्यान्तरे मनोः।
समवायीकृताः सर्वे समागम्य परस्परम्॥ १२७

अनिलकी पत्नी शिवा थी; उससे अनिलके मनोजव और अविज्ञातगति—ये दो पुत्र हुए॥ ११४॥ अग्निके पुत्र कुमार शरस्तम्ब (सरकण्डे)-से उत्पन्न हुए थे, ये कृत्तिकाओंके पुत्र होनेसे कार्तिकेय कहलाये। शाख, विशाख और नैगमेय इनके छोटे भाई थे॥ ११५-११६॥ देवल नामक ऋषिको प्रत्यूषका पुत्र कहा जाता है। इन देवलके भी दो क्षमाशील और मनीषी पुत्र हुए॥ ११७॥

बृहस्पतिजीकी बहिन वरस्त्री, जो ब्रह्मचारिणी और सिद्ध योगिनी थी तथा अनासक्त भावसे समस्त भूमण्डलमें विचरती थी, आठवें वसु प्रभासकी भार्या हुई॥ ११८॥ उससे सहस्रों शिल्पों (कारीगरियों)-के कर्ता और देवताओंके शिल्पी महाभाग प्रजापति विश्वकर्माका जन्म हुआ॥ ११९॥ जो समस्त शिल्पकारोंमें श्रेष्ठ और सब प्रकारके आभूषण बनानेवाले हुए तथा जिन्होंने देवताओंके सम्पूर्ण विमानोंकी रचना की और जिन महात्माकी [आविष्कृता] शिल्पविद्याके आश्रयसे बहुत-से मनुष्य जीवन-निर्वाह करते हैं॥ १२०॥ उन विश्वकर्माके चार पुत्र थे; उनके नाम सुनो। वे अजैकपाद, अहिर्बुध्न्य, त्वष्टा और परम पुरुषार्थी रुद्र थे। उनमेंसे त्वष्टाके पुत्र महातपस्वी विश्वरूप थे॥ १२१॥ हे महामुने! हर, बहुरूप, त्र्यम्बक, अपराजित, वृषाकपि, शम्भु, कपर्दी, रैवत, मृगव्याध, शर्व और कपाली—ये त्रिलोकीके अधीश्वर ग्यारह रुद्र कहे गये हैं। ऐसे सैकड़ों महातेजस्वी एकादश रुद्र प्रसिद्ध हैं॥ १२२-१२३॥

जो [दक्षकन्याएँ] कश्यपजीकी स्त्रियाँ हुईं उनके नाम सुनो—वे अदिति, दिति, दनु, अरिष्टा, सुरसा, खसा, सुरभि, विनता, ताम्रा, क्रोधवशा, इरा, कद्रु और मुनि थीं। हे धर्मज्ञ! अब तुम उनकी सन्तानका विवरण श्रवण करो॥ १२४-१२५॥

पूर्व (चाक्षुष) मन्वन्तरमें तुषित नामक बारह श्रेष्ठ देवगण थे। वे यशस्वी सुरश्रेष्ठ चाक्षुष मन्वन्तरके पश्चात् वैवस्वत-मन्वन्तरके उपस्थित होनेपर एक-दूसरेके पास जाकर मिले और परस्पर कहने लगे— ॥१२६—१२७॥

आगच्छत द्रुतं देवा अदितिं सम्प्रविश्य वै ।
मन्वन्तरे प्रसूयामस्तन्नः श्रेयो भवेदिति ॥ १२८
एवमुक्त्वा तु ते सर्वे चाक्षुषस्यान्तरे मनोः ।
मारीचात्कश्यपाज्जाता अदित्या दक्षकन्यया ॥ १२९
तत्र विष्णुश्च शक्रश्च जज्ञाते पुनरेव हि ।
अर्यमा चैव धाता च त्वष्टा पूषा तथैव च ॥ १३०
विवस्वान्सविता चैव मित्रो वरुण एव च ।
अंशुर्भगश्चातितेजा आदित्या द्वादश स्मृताः ॥ १३१
चाक्षुषस्यान्तरे पूर्वमासन्ये तुषिताः सुराः ।
वैवस्वतेऽन्तरे ते वै आदित्या द्वादश स्मृताः ॥ १३२
याः सप्तविंशतिः प्रोक्ताः सोमपत्न्योऽथ सुव्रताः ।
सर्वा नक्षत्रयोगिन्यस्तन्नाम्न्यश्चैव ताः स्मृताः ॥ १३३
तासामपत्यान्यभवन्दीप्तान्यमिततेजसाम् ।
अरिष्टनेमिपत्नीनामपत्यानीह षोडश ॥ १३४
बहुपुत्रस्य विदुषश्चतस्रो विद्युतः स्मृताः ॥ १३५
प्रत्यङ्गिरसजाः श्रेष्ठा ऋचो ब्रह्मर्षिसत्कृताः ।
कृशाश्वस्य तु देवर्षेर्देवप्रहरणाः स्मृताः ॥ १३६
एते युगसहस्रान्ते जायन्ते पुनरेव हि ।
सर्वे देवगणास्तात त्रयस्त्रिंशत्तु छन्दजाः ॥ १३७
तेषामपीह सततं निरोधोत्पत्तिरुच्यते ॥ १३८
यथा सूर्यस्य मैत्रेय उदयास्तमनाविह ।
एवं देवनिकायास्ते सम्भवन्ति युगे युगे ॥ १३९
दित्या पुत्रद्वयं जज्ञे कश्यपादिति नः श्रुतम् ।
हिरण्यकशिपुश्चैव हिरण्याक्षश्च दुर्जयः ॥ १४०
सिंहिका चाभवत्कन्या विप्रचित्तेः परिग्रहः ॥ १४१
हिरण्यकशिपोः पुत्राश्चत्वारः प्रथितौजसः ।
अनुह्लादश्च ह्लादश्च प्रह्लादश्चैव बुद्धिमान् ।
संह्लादश्च महावीर्या दैत्यवंशविवर्द्धनाः ॥ १४२

"हे देवगण! आओ, हमलोग शीघ्र ही अदितिके गर्भमें प्रवेश कर इस वैवस्वत-मन्वन्तरमें जन्म लें, इसीमें हमारा हित है" ॥ १२८ ॥ इस प्रकार चाक्षुष-मन्वन्तरमें निश्चयकर उन सबने मरीचिपुत्र कश्यपजीके यहाँ दक्षकन्या अदितिके गर्भसे जन्म लिया ॥ १२९ ॥ वे अति तेजस्वी उससे उत्पन्न होकर विष्णु, इन्द्र, अर्यमा, धाता, त्वष्टा, पूषा, विवस्वान्, सविता, मैत्र, वरुण, अंशु और भग नामक द्वादश आदित्य कहलाये ॥ १३०-१३१ ॥ इस प्रकार पहले चाक्षुष-मन्वन्तरमें जो तुषित नामक देवगण थे वे ही वैवस्वत-मन्वन्तरमें द्वादश आदित्य हुए ॥ १३२ ॥

सोमकी जिन सत्ताईस सुव्रता पत्नियोंके विषयमें पहले कह चुके हैं वे सब नक्षत्रयोगिनी हैं और उन नामोंसे ही विख्यात हैं ॥ १३३ ॥ उन अति तेजस्विनियोंसे अनेक प्रतिभाशाली पुत्र उत्पन्न हुए। अरिष्टनेमिकी पत्नियोंके सोलह पुत्र हुए। बुद्धिमान् बहुपुत्रकी भार्या [कपिला, अतिलोहिता, पीता और अशिता *नामक] चार प्रकारकी विद्युत् कही जाती हैं ॥ १३४-१३५ ॥ ब्रह्मर्षियोंसे सत्कृत ऋचाओंके अभिमानी देवश्रेष्ठ प्रत्यंगिरासे उत्पन्न हुए हैं तथा शास्त्रोंके अभिमानी देवप्रहरण नामक देवगण देवर्षि कृशाश्वकी सन्तान कहे जाते हैं ॥ १३६ ॥ हे तात! [आठ वसु, ग्यारह रुद्र, बारह आदित्य, प्रजापति और वषट्कार] ये तैंतीस वेदोक्त देवता अपनी इच्छानुसार जन्म लेनेवाले हैं। कहते हैं, इस लोकमें इनके उत्पत्ति और निरोध निरन्तर हुआ करते हैं। ये एक हजार युगके अनन्तर पुनः-पुनः उत्पन्न होते रहते हैं ॥ १३७-१३८ ॥ हे मैत्रेय! जिस प्रकार लोकमें सूर्यके अस्त और उदय निरन्तर हुआ करते हैं उसी प्रकार ये देवगण भी युग-युगमें उत्पन्न होते रहते हैं ॥ १३९ ॥

हमने सुना है दितिके कश्यपजीके वीर्यसे परम दुर्जय हिरण्यकशिपु और हिरण्याक्ष नामक दो पुत्र तथा सिंहिका नामकी एक कन्या हुई जो विप्रचित्तिको विवाही गयी ॥ १४०-१४१ ॥ हिरण्यकशिपुके अति तेजस्वी और महापराक्रमी अनुह्लाद, ह्लाद, बुद्धिमान् प्रह्लाद और संह्लाद नामक चार पुत्र हुए जो दैत्यवंशको बढ़ानेवाले थे ॥ १४२ ॥

* ज्योतिःशास्त्रमें कहा है—

वाताय कपिला विद्युदातपायातिलोहिता। पीता वर्षाय विज्ञेया दुर्भिक्षाय सिता भवेत् ॥

अर्थात् कपिल (भूरी) वर्णकी बिजली वायु लानेवाली, अत्यन्त लोहित धूप निकालनेवाली, पीतवर्णा वृष्टि लानेवाली और सिता (श्वेत) दुर्भिक्षकी सूचना देनेवाली होती है।

तेषां मध्ये महाभाग सर्वत्र समदृग्वशी।
प्रह्लादः परमां भक्तिं य उवाच जनार्दने॥ १४३
दैत्येन्द्रदीपितो वह्निः सर्वाङ्गोपचितो द्विज।
न ददाह च यं विप्र वासुदेवे हृदि स्थिते॥ १४४
महार्णवान्तःसलिले स्थितस्य चलतो मही।
चचाल सकला यस्य पाशबद्धस्य धीमतः॥ १४५
न भिन्नं विविधैः शस्त्रैर्यस्य दैत्येन्द्रपातितैः।
शरीरमद्रिकठिनं सर्वत्राच्युतचेतसः॥ १४६
विषानलोज्ज्वलमुखा यस्य दैत्यप्रचोदिताः।
नान्ताय सर्पपतयो बभूवुरुरुतेजसः॥ १४७
शैलैराक्रान्तदेहोऽपि यः स्मरन्पुरुषोत्तमम्।
तत्याज नात्मनः प्राणान् विष्णुस्मरण दंशितः॥ १४८
पतन्तमुच्चादवनिर्यमुपेत्य महामतिम्।
दधार दैत्यपतिना क्षिप्तं स्वर्गनिवासिना॥ १४९
यस्य संशोषको वायुर्देहे दैत्येन्द्रयोजितः।
अवाप सङ्क्षयं सद्यश्चित्तस्थे मधुसूदने॥ १५०
विषाणभङ्गमुन्मत्ता मदहानिं च दिग्गजाः।
यस्य वक्षःस्थले प्राप्ता दैत्येन्द्रपरिणामिताः॥ १५१
यस्य चोत्पादिता कृत्या दैत्यराजपुरोहितैः।
बभूव नान्ताय पुरा गोविन्दासक्तचेतसः॥ १५२
शम्बरस्य च मायानां सहस्रमतिमायिनः।
यस्मिन्प्रयुक्तं चक्रेण कृष्णस्य वितथीकृतम्॥ १५३
दैत्येन्द्रसूदोपहृतं यस्य हालाहलं विषम्।
जरयामास मतिमानविकारममत्सरी॥ १५४
समचेता जगत्यस्मिन्यः सर्वेष्वेव जन्तुषु।
यथात्मनि तथान्येषां परं मैत्रगुणान्वितः॥ १५५
धर्मात्मा सत्यशौर्यादिगुणानामाकरः परः।
उपमानमशेषाणां साधूनां यः सदाभवत्॥ १५६

हे महाभाग! उनमें प्रह्लादजी सर्वत्र समदर्शी और जितेन्द्रिय थे, जिन्होंने श्रीविष्णुभगवान्‌की परम भक्तिका वर्णन किया था॥ १४३॥ जिनको दैत्यराजद्वारा दीप्त किये हुए अग्निने उनके सर्वांगमें व्याप्त होकर भी, हृदयमें वासुदेव भगवान्‌के स्थित रहनेसे नहीं जला पाया॥ १४४॥ जिन महाबुद्धिमान्‌के पाशबद्ध होकर समुद्रके जलमें पड़े-पड़े इधर-उधर हिलने-डुलनेसे सारी पृथिवी हिलने लगी थी॥ १४५॥ जिनका पर्वतके समान कठोर शरीर, सर्वत्र भगवच्चित्त रहनेके कारण दैत्यराजके चलाये हुए अस्त्र-शस्त्रोंसे भी छिन्न-भिन्न नहीं हुआ ॥ १४६॥ दैत्यराजद्वारा प्रेरित विषाग्निसे प्रज्वलित मुखवाले सर्प भी जिन महातेजस्वीका अन्त नहीं कर सके॥ १४७॥ जिन्होंने भगवत्स्मरणरूपी कवच धारण किये रहनेके कारण पुरुषोत्तम भगवान्‌का स्मरण करते हुए पत्थरोंकी मार पड़नेपर भी अपने प्राणोंको नहीं छोड़ा॥ १४८॥ स्वर्गनिवासी दैत्यपतिद्वारा ऊपरसे गिराये जानेपर जिन महामतिको पृथिवीने पास जाकर बीचहीमें अपनी गोदमें धारण कर लिया॥ १४९॥ चित्तमें श्रीमधुसूदनभगवान्‌के स्थित रहनेसे दैत्यराजका नियुक्त किया हुआ सबका शोषण करनेवाला वायु जिनके शरीरमें लगनेसे शान्त हो गया॥ १५०॥ दैत्येन्द्रद्वारा आक्रमणके लिये नियुक्त उन्मत्त दिग्गजोंके दाँत जिनके वक्षःस्थलमें लगनेसे टूट गये और उनका सारा मद चूर्ण हो गया॥ १५१॥ पूर्वकालमें दैत्यराजके पुरोहितोंकी उत्पन्न की हुई कृत्या भी जिन गोविन्दासक्तचित्त भक्तराजके अन्तका कारण नहीं हो सकी॥ १५२॥ जिनके ऊपर प्रयुक्त की हुई अति मायावी शम्बरासुरकी हजारों मायाएँ श्रीकृष्णचन्द्रके चक्रसे व्यर्थ हो गयीं॥ १५३॥ जिन मतिमान् और निर्मत्सरने दैत्यराजके रसोइयोंके लाये हुए हलाहल विषको निर्विकार-भावसे पचा लिया॥ १५४॥ जो इस संसारमें समस्त प्राणियोंके प्रति समानचित्त और अपने समान ही दूसरोंके लिये भी परमप्रेमयुक्त थे॥ १५५॥ और जो परम धर्मात्मा महापुरुष, सत्य एवं शौर्य आदि गुणोंकी खानि तथा समस्त साधु-पुरुषोंके लिये उपमानस्वरूप हुए थे॥ १५६॥

इति श्रीविष्णुपुराणे प्रथमेंऽशे पञ्चदशोऽध्यायः॥ १५॥

सोलहवाँ अध्याय

नृसिंहावतारविषयक प्रश्न

श्रीमैत्रेय उवाच

कथितो भवता वंशो मानवानां महात्मनाम्।
कारणं चास्य जगतो विष्णुरेव सनातनः॥ १
यत्त्वेतद् भगवानाह प्रह्लादं दैत्यसत्तमम्।
ददाह नाग्निर्नास्त्रैश्च क्षुण्णस्तत्याज जीवितम्॥ २
जगाम वसुधा क्षोभं यत्राब्धिसलिले स्थिते।
पाशैर्बद्धे विचलति विक्षिप्ताङ्गैः समाहता॥ ३
शैलैराक्रान्तदेहोऽपि न ममार च यः पुरा।
त्वया चातीव माहात्म्यं कथितं यस्य धीमतः॥ ४
तस्य प्रभावमतुलं विष्णोर्भक्तिमतो मुने।
श्रोतुमिच्छामि यस्यैतच्चरितं दीप्ततेजसः॥ ५
किन्निमित्तमसौ शस्त्रैर्विक्षिप्तो दितिजैर्मुने।
किमर्थं चाब्धिसलिले विक्षिप्तो धर्मतत्परः॥ ६
आक्रान्तः पर्वतैः कस्माद्दष्टश्चैव महोरगैः।
क्षिप्तःकिमद्रिशिखरात्किं वा पावकसञ्चये॥ ७
दिग्दन्तिनां दन्तभूमिं स च कस्मान्निरूपितः।
संशोषकोऽनिलश्चास्य प्रयुक्तः किं महासुरैः॥ ८
कृत्यां च दैत्यगुरवो युयुजुस्तत्र किं मुने।
शम्बरश्चापि मायानां सहस्रं किं प्रयुक्तवान्॥ ९
हालाहलं विषमहो दैत्यसूदैर्महात्मनः।
कस्माद्दत्तं विनाशाय यज्जीर्णं तेन धीमता॥ १०
एतत्सर्वं महाभाग प्रह्लादस्य महात्मनः।
चरितं श्रोतुमिच्छामि महामाहात्म्यसूचकम्॥ ११
न हि कौतूहलं तत्र यद्दैत्यैर्न हतो हि सः।
अनन्यमनसो विष्णौ कः समर्थो निपातने॥ १२
तस्मिन्धर्मपरे नित्यं केशवाराधनोद्यते।
स्ववंशप्रभवैर्दैत्यैः कृतो द्वेषोऽतिदुष्करः॥ १३
धर्मात्मनि महाभागे विष्णुभक्ते विमत्सरे।
दैतेयैः प्रहृतं कस्मात्तन्ममाख्यातुमर्हसि॥ १४

श्रीमैत्रेयजी बोले—आपने महात्मा मनुपुत्रोंके वंशोंका वर्णन किया और यह भी बताया कि इस जगत्‌के सनातन कारण भगवान् विष्णु ही हैं॥ १॥ किन्तु, भगवन्! आपने जो कहा कि दैत्यश्रेष्ठ प्रह्लादजीको न तो अग्निने ही भस्म किया और न उन्होंने अस्त्र-शस्त्रोंसे आघात किये जानेपर ही अपने प्राणोंको छोड़ा॥ २॥ तथा पाशबद्ध होकर समुद्रके जलमें पड़े रहनेपर उनके हिलते-डुलते हुए अंगोंसे आहत होकर पृथिवी डगमगाने लगी॥ ३॥ और शरीरपर पत्थरोंकी बौछार पड़नेपर भी वे नहीं मरे। इस प्रकार जिन महाबुद्धिमान्‌का आपने बहुत ही महात्म्य वर्णन किया है॥ ४॥ हे मुने! जिन अति तेजस्वी माहात्माके ऐसे चरित्र हैं, मैं उन परम विष्णुभक्तका अतुलित प्रभाव सुनना चाहता हूँ॥ ५॥ हे मुनिवर! वे तो बड़े ही धर्मपरायण थे; फिर दैत्योंने उन्हें क्यों अस्त्र-शस्त्रोंसे पीड़ित किया और क्यों समुद्रके जलमें डाला?॥ ६॥ उन्होंने किसलिये उन्हें पर्वतोंसे दबाया? किस कारण सर्पोंसे डँसाया? क्यों पर्वतशिखरसे गिराया और क्यों अग्निमें डलवाया?॥ ७॥ उन महादैत्योंने उन्हें दिग्गजोंके दाँतोंसे क्यों रुँधवाया और क्यों सर्व शोषक वायुको उनके लिये नियुक्त किया?॥ ८॥ हे मुने! उनपर दैत्यगुरुओंने किसलिये कृत्याका प्रयोग किया और शम्बरासुरने क्यों अपनी सहस्रों मायाओंका वार किया?॥ ९॥ उन महात्माको मारनेके लिये दैत्यराजके रसोइयोंने, जिसे वे महाबुद्धिमान् पचा गये थे ऐसा हलाहल विष क्यों दिया?॥ १०॥

हे महाभाग! महात्मा प्रह्लादका यह सम्पूर्ण चरित्र, जो उनके महान् माहात्म्यका सूचक है, मैं सुनना चाहता हूँ॥ ११॥ यदि दैत्यगण उन्हें नहीं मार सके तो इसका मुझे कोई आश्चर्य नहीं है, क्योंकि जिसका मन अनन्यभावसे भगवान् विष्णुमें लगा हुआ है उसको भला कौन मार सकता है?॥ १२॥ [आश्चर्य तो इसीका है कि] जो नित्यधर्मपरायण और भगवदाराधनामें तत्पर रहते थे, उनसे उनके ही कुलमें उत्पन्न हुए दैत्योंने ऐसा अति दुष्कर द्वेष किया! [क्योंकि ऐसे समदर्शी और धर्मभीरु पुरुषोंसे तो किसीका भी द्वेष होना अत्यन्त कठिन है]॥ १३॥ उन धर्मात्मा, महाभाग, मत्सरहीन विष्णु-भक्तको दैत्योंने किस कारणसे इतना कष्ट दिया, सो आप मुझसे कहिये॥ १४॥

प्रहरन्ति महात्मानो विपक्षा अपि नेदृशे।
गुणैस्समन्विते साधौ किं पुनर्यः स्वपक्षजः॥ १५
तदेतत्कथ्यतां सर्वं विस्तरान्मुनिपुङ्गव।
दैत्येश्वरस्य चरितं श्रोतुमिच्छाम्यशेषतः॥ १६

महात्मालोग तो ऐसे गुण-सम्पन्न साधु पुरुषोंके विपक्षी होनेपर भी उनपर किसी प्रकारका प्रहार नहीं करते, फिर स्वपक्षमें होनेपर तो कहना ही क्या है?॥ १५॥ इसलिये हे मुनिश्रेष्ठ! यह सम्पूर्ण वृत्तान्त विस्तारपूर्वक वर्णन कीजिये। मैं उन दैत्यराजका सम्पूर्ण चरित्र सुनना चाहता हूँ॥ १६॥

इति श्रीविष्णुपुराणे प्रथमेंऽशे षोडशोऽध्यायः॥ १६॥

सत्रहवाँ अध्याय

हिरण्यकशिपुका दिग्विजय और प्रह्लाद-चरित

श्रीपराशर उवाच

मैत्रेय श्रूयतां सम्यक् चरितं तस्य धीमतः।
प्रह्लादस्य सदोदारचरितस्य महात्मनः॥ १
दितेः पुत्रो महावीर्यो हिरण्यकशिपुः पुरा।
त्रैलोक्यं वशमानिन्ये ब्रह्मणो वरदर्पितः॥ २
इन्द्रत्वमकरोद्दैत्यः स चासीत्सविता स्वयम्।
वायुरग्निरपां नाथः सोमश्चाभून्महासुरः॥ ३
धनानामधिपः सोऽभूत्स एवासीत्स्वयं यमः।
यज्ञभागानशेषांस्तु स स्वयं बुभुजेऽसुरः॥ ४
देवाः स्वर्गं परित्यज्य तत्त्रासान्मुनिसत्तम।
विचेरुरवनौ सर्वे बिभ्राणा मानुषीं तनुम्॥ ५
जित्वा त्रिभुवनं सर्वं त्रैलोक्यैश्वर्यदर्पितः।
उपगीयमानो गन्धर्वैर्बुभुजे विषयान्प्रियान्॥ ६
पानासक्तं महात्मानं हिरण्यकशिपुं तदा।
उपासान् चक्रिरे सर्वे सिद्धगन्धर्वपन्नगाः॥ ७
अवादयन् जगुश्चान्ये जयशब्दं तथापरे।
दैत्यराजस्य पुरतश्चक्रुः सिद्धा मुदान्विताः॥ ८
तत्र प्रनृत्ताप्सरसि स्फाटिकाभ्रमयेऽसुरः।
पपौ पानं मुदा युक्तः प्रासादे सुमनोहरे॥ ९
तस्य पुत्रो महाभागः प्रह्लादो नाम नामतः।
पपाठ बालपाठ्यानि गुरुगेहङ्गतोऽर्भकः॥ १०
एकदा तु स धर्मात्मा जगाम गुरुणा सह।
पानासक्तस्य पुरतः पितुर्दैत्यपतेस्तदा॥ ११

श्रीपराशरजी बोले—हे मैत्रेय! उन सर्वदा उदारचरित परमबुद्धिमान् महात्मा प्रह्लादजीका चरित्र तुम ध्यानपूर्वक श्रवण करो॥ १॥ पूर्वकालमें दितिके पुत्र महाबली हिरण्यकशिपुने ब्रह्माजीके वरसे गर्वयुक्त (सशक्त) होकर सम्पूर्ण त्रिलोकीको अपने वशीभूत कर लिया था॥ २॥ वह दैत्य इन्द्रपदका भोग करता था। वह महान् असुर स्वयं ही सूर्य, वायु, अग्नि, वरुण और चन्द्रमा बना हुआ था॥ ३॥ वह स्वयं ही कुबेर और यमराज भी था और वह असुर स्वयं ही सम्पूर्ण यज्ञ-भागोंको भोगता था॥ ४॥ हे मुनिसत्तम! उसके भयसे देवगण स्वर्गको छोड़कर मनुष्य-शरीर धारणकर भूमण्डलमें विचरते रहते थे॥ ५॥ इस प्रकार सम्पूर्ण त्रिलोकीको जीतकर त्रिभुवनके वैभवसे गर्वित हुआ और गन्धर्वोंसे अपनी स्तुति सुनता हुआ वह अपने अभीष्ट भोगोंको भोगता था॥ ६॥

उस समय उस मद्यपानासक्त महाकाय हिरण्यकशिपुकी ही समस्त सिद्ध, गन्धर्व और नाग आदि उपासना करते थे॥ ७॥ उस दैत्यराजके सामने कोई सिद्धगण तो बाजे बजाकर उसका यशोगान करते और कोई अति प्रसन्न होकर जयजयकार करते॥ ८॥ तथा वह असुरराज वहाँ स्फटिक एवं अभ्र-शिलाके बने हुए मनोहर महलमें, जहाँ अप्सराओंका उत्तम नृत्य हुआ करता था, प्रसन्नताके साथ मद्यपान करता रहता था॥ ९॥ उसका प्रह्लाद नामक महाभाग्यवान् पुत्र था। वह बालक गुरुके यहाँ जाकर बालोचित पाठ पढ़ने लगा॥ १०॥ एक दिन वह धर्मात्मा बालक गुरुजीके साथ अपने पिता दैत्यराजके पास गया जो उस समय मद्यपानमें लगा हुआ था॥ ११॥

पादप्रणामावनतं तमुत्थाप्य पिता सुतम्।
हिरण्यकशिपुः प्राह प्रह्लादममितौजसम्॥ १२

हिरण्यकशिपुरुवाच

पठ्यतां भवता वत्स सारभूतं सुभाषितम्।
कालेनैतावता यत्ते सदोद्युक्तेन शिक्षितम्॥ १३

प्रह्लाद उवाच

श्रूयतां तात वक्ष्यामि सारभूतं तवाज्ञया।
समाहितमना भूत्वा यन्मे चेतस्यवस्थितम्॥ १४
अनादिमध्यान्तमजमवृद्धिक्षयमच्युतम्।
प्रणतोऽस्म्यन्तसन्तानं सर्वकारणकारणम्॥ १५

श्रीपराशर उवाच

एतन्निशम्य दैत्येन्द्रः सकोपो रक्तलोचनः।
विलोक्य तद्गुरुं प्राह स्फुरिताधरपल्लवः॥ १६

हिरण्यकशिपुरुवाच

ब्रह्मबन्धो किमेतत्ते विपक्षस्तुतिसंहितम्।
असारं ग्राहितो बालो मामवज्ञाय दुर्मते॥ १७

गुरुरुवाच

दैत्येश्वर न कोपस्य वशमागन्तुमर्हसि।
ममोपदेशजनितं नायं वदति ते सुतः॥ १८

हिरण्यकशिपुरुवाच

अनुशिष्टोऽसि केनेदृग्वत्स प्रह्लाद कथ्यताम्।
मयोपदिष्टं नेत्येष प्रब्रवीति गुरुस्तव॥ १९

प्रह्लाद उवाच

शास्ता विष्णुरशेषस्य जगतो यो हृदि स्थितः।
तमृते परमात्मानं तात कः केन शास्यते॥ २०

हिरण्यकशिपुरुवाच

कोऽयं विष्णुः सुदुर्बुद्धे यं ब्रवीषि पुनः पुनः।
जगतामीश्वरस्येह पुरतः प्रसभं मम॥ २१

प्रह्लाद उवाच

न शब्दगोचरं यस्य योगिध्येयं परं पदम्।
यतो यश्च स्वयं विश्वं स विष्णुः परमेश्वरः॥ २२

हिरण्यकशिपुरुवाच

परमेश्वरसंज्ञोऽज्ञ किमन्यो मय्यवस्थिते।
तथापि मर्तुकामस्त्वं प्रब्रवीषि पुनः पुनः॥ २३

तब अपने चरणोंमें झुके हुए अपने परम तेजस्वी पुत्र प्रह्लादजीको उठाकर पिता हिरण्यकशिपुने कहा॥ १२॥

हिरण्यकशिपु बोला—वत्स! अबतक अध्ययनमें निरन्तर तत्पर रहकर तुमने जो कुछ पढ़ा है उसका सारभूत शुभ भाषण हमें सुनाओ॥ १३॥

प्रह्लादजी बोले—पिताजी! मेरे मनमें जो सबके सारांशरूपसे स्थित है वह मैं आपकी आज्ञानुसार सुनाता हूँ, सावधान होकर सुनिये॥ १४॥ जो आदि, मध्य और अन्तसे रहित, अजन्मा, वृद्धि-क्षय-शून्य और अच्युत हैं, समस्त कारणोंके कारण तथा जगत्‌के स्थिति और अन्तकर्ता उन श्रीहरिको मैं प्रणाम करता हूँ॥ १५॥

श्रीपराशरजी बोले—यह सुन दैत्यराज हिरण्यकशिपुने क्रोधसे नेत्र लाल कर प्रह्लादके गुरुकी ओर देखकर काँपते हुए ओठोंसे कहा॥ १६॥

हिरण्यकशिपु बोला—रे दुर्बुद्धि ब्राह्मणाधम! यह क्या? तूने मेरी अवज्ञा कर इस बालकको मेरे विपक्षीकी स्तुतिसे युक्त असार शिक्षा दी है!॥ १७॥

गुरुजीने कहा—दैत्यराज! आपको क्रोधके वशीभूत न होना चाहिये। आपका यह पुत्र मेरी सिखायी हुई बात नहीं कह रहा है॥ १८॥

हिरण्यकशिपु बोला—बेटा प्रह्लाद! बताओ तो तुमको यह शिक्षा किसने दी है? तुम्हारे गुरुजी कहते हैं कि मैंने तो इसे ऐसा उपदेश दिया नहीं है॥ १९॥

प्रह्लादजी बोले—पिताजी! हृदयमें स्थित भगवान् विष्णु ही तो सम्पूर्ण जगत्‌के उपदेशक हैं। उन परमात्माको छोड़कर और कौन किसीको कुछ सिखा सकता है?॥ २०॥

हिरण्यकशिपु बोला—अरे मूर्ख! जिस विष्णुका तू मुझ जगदीश्वरके सामने धृष्टतापूर्वक निश्शंक होकर बारम्बार वर्णन करता है, वह कौन है?॥ २१॥

प्रह्लादजी बोले—योगियोंके ध्यान करनेयोग्य जिसका परमपद वाणीका विषय नहीं हो सकता तथा जिससे विश्व प्रकट हुआ है और जो स्वयं विश्वरूप है वह परमेश्वर ही विष्णु है॥ २२॥

हिरण्यकशिपु बोला—अरे मूढ! मेरे रहते हुए और कौन परमेश्वर कहा जा सकता है? फिर भी तू मौतके मुखमें जानेकी इच्छासे बारम्बार ऐसा बक रहा है॥ २३॥

प्रह्लाद उवाच

न केवलं तात मम प्रजानां
स ब्रह्मभूतो भवतश्च विष्णुः।
धाता विधाता परमेश्वरश्च
प्रसीद कोपं कुरुषे किमर्थम्॥ २४

हिरण्यकशिपुरुवाच

प्रविष्टः कोऽस्य हृदये दुर्बुद्धेरतिपापकृत्।
येनेदृशान्यसाधूनि वदत्याविष्टमानसः॥ २५

प्रह्लाद उवाच

न केवलं मद्धृदयं स विष्णु-
राक्रम्य लोकानखिलानवस्थितः।
स मां त्वदादींश्च पितस्समस्ता-
न्समस्तचेष्टासु युनक्ति सर्वगः॥ २६

हिरण्यकशिपुरुवाच

निष्कास्यतामयं पापः शास्यतां च गुरोर्गृहे।
योजितो दुर्मतिः केन विपक्षविषयस्तुतौ॥ २७

श्रीपराशर उवाच

इत्युक्तोऽसौ तदा दैत्यैर्नीतो गुरुगृहं पुनः।
जग्राह विद्यामनिशं गुरुशुश्रूषणोद्यतः॥ २८
कालेऽतीतेऽपि महति प्रह्लादमसुरेश्वरः।
समाहूयाब्रवीद्गाथा काचित्पुत्रक गीयताम्॥ २९

प्रह्लाद उवाच

यतः प्रधानपुरुषौ यतश्चैतच्चराचरम्।
कारणं सकलस्यास्य स नो विष्णुः प्रसीदतु॥ ३०

हिरण्यकशिपुरुवाच

दुरात्मा वध्यतामेष नानेनार्थोऽस्ति जीवता।
स्वपक्षहानिकर्तृत्वाद्यः कुलाङ्गारतां गतः॥ ३१

श्रीपराशर उवाच

इत्याज्ञप्तास्ततस्तेन प्रगृहीतमहायुधाः।
उद्यतास्तस्य नाशाय दैत्याः शतसहस्रशः॥ ३२

प्रह्लाद उवाच

विष्णुः शस्त्रेषु युष्मासु मयि चासौ व्यवस्थितः।
दैतेयास्तेन सत्येन माक्रमन्त्वायुधानि मे॥ ३३

प्रह्लादजी बोले—हे तात! वह ब्रह्मभूत विष्णु तो केवल मेरा ही नहीं, बल्कि सम्पूर्ण प्रजा और आपका भी कर्ता, नियन्ता और परमेश्वर है। आप प्रसन्न होइये, व्यर्थ क्रोध क्यों करते हैं॥ २४॥

हिरण्यकशिपु बोला—अरे कौन पापी इस दुर्बुद्धि बालकके हृदयमें घुस बैठा है जिससे आविष्टचित्त होकर यह ऐसे अमंगल वचन बोलता है?॥ २५॥

प्रह्लादजी बोले—पिताजी! वे विष्णुभगवान् तो मेरे ही हृदयमें नहीं, बल्कि सम्पूर्ण लोकोंमें स्थित हैं। वे सर्वगामी तो मुझको, आप सबको और समस्त प्राणियोंको अपनी-अपनी चेष्टाओंमें प्रवृत्त करते हैं॥ २६॥

हिरण्यकशिपु बोला—इस पापीको यहाँसे निकालो और गुरुके यहाँ ले जाकर इसका भली प्रकार शासन करो। इस दुर्मतिको न जाने किसने मेरे विपक्षीकी प्रशंसामें नियुक्त कर दिया है?॥ २७॥

श्रीपराशरजी बोले—उसके ऐसा कहनेपर दैत्यगण उस बालकको फिर गुरुजीके यहाँ ले गये और वे वहाँ गुरुजीकी रात-दिन भली प्रकार सेवा-शुश्रूषा करते हुए विद्याध्ययन करने लगे॥ २८॥ बहुत काल व्यतीत हो जानेपर दैत्यराजने प्रह्लादजीको फिर बुलाया और कहा—'बेटा! आज कोई गाथा (कथा) सुनाओ'॥ २९॥

प्रह्लादजी बोले—जिनसे प्रधान, पुरुष और यह चराचर जगत् उत्पन्न हुआ है वे सकल प्रपंचके कारण श्रीविष्णुभगवान् हमपर प्रसन्न हों॥ ३०॥

हिरण्यकशिपु बोला—अरे! यह बड़ा दुरात्मा है। इसको मार डालो; अब इसके जीनेसे कोई लाभ नहीं है, क्योंकि स्वपक्षकी हानि करनेवाला होनेसे यह तो अपने कुलके लिये अंगाररूप हो गया है॥ ३१॥

श्रीपराशरजी बोले—उसकी ऐसी आज्ञा होनेपर सैकड़ों-हजारों दैत्यगण बड़े-बड़े अस्त्र-शस्त्र लेकर उन्हें मारनेके लिये तैयार हुए॥ ३२॥

प्रह्लादजी बोले—अरे दैत्यो! भगवान् विष्णु तो शस्त्रोंमें, तुमलोगोंमें और मुझमें—सर्वत्र ही स्थित हैं। इस सत्यके प्रभावसे इन अस्त्र-शस्त्रोंका मेरे ऊपर कोई प्रभाव न हो॥ ३३॥

श्रीपराशर उवाच

ततस्तैश्शतशो दैत्यैः शस्त्रौघैराहतोऽपि सन्।
नावाप वेदनामल्पामभूच्चैव पुनर्नवः॥ ३४

हिरण्यकशिपुरुवाच

दुर्बुद्धे विनिवर्तस्व वैरिपक्षस्तवादतः।
अभयं ते प्रयच्छामि मातिमूढमतिर्भव॥ ३५

प्रह्लाद उवाच

भयं भयानामपहारिणि स्थिते
मनस्यनन्ते मम कुत्र तिष्ठति।
यस्मिन्स्मृते जन्मजरान्तकादि-
भयानि सर्वाण्यपयान्ति तात॥ ३६

हिरण्यकशिपुरुवाच

भो भो सर्पाः दुराचारमेनमत्यन्तदुर्मतिम्।
विषज्वालाकुलैर्वक्त्रैः सद्यो नयत सङ्क्षयम्॥ ३७

श्रीपराशर उवाच

इत्युक्तास्ते ततः सर्पाः कुहकास्तक्षकादयः।
अदशन्त समस्तेषु गात्रेष्वतिविषोल्बणाः॥ ३८
स त्वासक्तमतिः कृष्णे दश्यमानो महोरगैः।
न विवेदात्मनो गात्रं तत्स्मृत्याह्लादसुस्थितः॥ ३९

सर्पा ऊचुः

दंष्ट्रा विशीर्णा मणयः स्फुटन्ति
फणेषु तापो हृदयेषु कम्पः।
नास्य त्वचः स्वल्पमपीह भिन्नं
प्रशाधि दैत्येश्वर कार्यमन्यत्॥ ४०

हिरण्यकशिपुरुवाच

हे दिग्गजाः सङ्कटदन्तमिश्रा
घ्नतैनमस्मद्रिपुपक्षभिन्नम्।
तज्जा विनाशाय भवन्ति तस्य
यथाऽरणेः प्रज्वलितो हुताशः॥ ४१

श्रीपराशर उवाच

ततः स दिग्गजैर्बालो भूभृच्छिखरसन्निभैः।
पातितो धरणीपृष्ठे विषाणैर्वावपीडितः॥ ४२
स्मरतस्तस्य गोविन्दमिभदन्ताः सहस्रशः।
शीर्णा वक्षःस्थलं प्राप्य स प्राह पितरं ततः॥ ४३

श्रीपराशरजी बोले—तब तो उन सैकड़ों दैत्योंके शस्त्र-समूहका आघात होनेपर भी उनको तनिक-सी भी वेदना न हुई, वे फिर भी ज्यों-के-त्यों नवीन बल-सम्पन्न ही रहे॥ ३४॥

हिरण्यकशिपु बोला—रे दुर्बुद्धे! अब तू विपक्षीकी स्तुति करना छोड़ दे; जा, मैं तुझे अभयदान देता हूँ, अब और अधिक नादान मत हो॥ ३५॥

प्रह्लादजी बोले—हे तात! जिनके स्मरणमात्रसे जन्म, जरा और मृत्यु आदिके समस्त भय दूर हो जाते हैं, उन सकल-भयहारी अनन्तके हृदयमें स्थित रहते मुझे भय कहाँ रह सकता है॥ ३६॥

हिरण्यकशिपु बोला—अरे सर्पो! इस अत्यन्त दुर्बुद्धि और दुराचारीको अपने विषाग्नि-सन्तप्त मुखोंसे काटकर शीघ्र ही नष्ट कर दो॥ ३७॥

श्रीपराशरजी बोले—ऐसी आज्ञा होनेपर अतिक्रूर और विषधर तक्षक आदि सर्पोंने उनके समस्त अंगोंमें काटा॥ ३८॥ किन्तु उन्हें तो श्रीकृष्णचन्द्रमें आसक्तचित्त रहनेके कारण भगवत्स्मरणके परमानन्दमें डूबे रहनेसे उन महासर्पोंके काटनेपर भी अपने शरीरकी कोई सुधि नहीं हुई॥ ३९॥

सर्प बोले—हे दैत्यराज! देखो, हमारी दाढ़ें टूट गयीं, मणियाँ चटखने लगीं, फणोंमें पीड़ा होने लगी और हृदय काँपने लगा, तथापि इसकी त्वचा तो जरा भी नहीं कटी। इसलिये अब आप हमें कोई और कार्य बताइये॥ ४०॥

हिरण्यकशिपु बोला—हे दिग्गजो! तुम सब अपने संकीर्ण दाँतोंको मिलाकर मेरे शत्रु-पक्षद्वारा [बहकाकर] मुझसे विमुख किये हुए इस बालकको मार डालो। देखो, जैसे अरणीसे उत्पन्न हुआ अग्नि उसीको जला डालता है उसी प्रकार कोई-कोई जिससे उत्पन्न होते हैं उसीके नाश करनेवाले हो जाते हैं॥ ४१॥

श्रीपराशरजी बोले—तब पर्वत-शिखरके समान विशालकाय दिग्गजोंने उस बालकको पृथिवीपर पटककर अपने दाँतोंसे खूब रौंदा॥ ४२॥ किन्तु श्रीगोविन्दका स्मरण करते रहनेसे हाथियोंके हजारों दाँत उनके वक्षःस्थलसे टकराकर टूट गये; तब उन्होंने पिता हिरण्यकशिपुसे कहा—॥ ४३॥

दन्ता गजानां कुलिशाग्रनिष्ठुराः
शीर्णा यदेते न बलं ममैतत्।
महाविपत्तापविनाशनोऽयं
जनार्दनानुस्मरणानुभावः ॥ ४४

हिरण्यकशिपुरुवाच

ज्वाल्यतामसुरा वह्निरपसर्पत दिग्गजाः।
वायो समेधयाग्निं त्वं दह्यतामेष पापकृत्॥ ४५

श्रीपराशर उवाच

महाकाष्ठचयस्थं तमसुरेन्द्रसुतं ततः।
प्रज्वाल्य दानवा वह्निं ददहुः स्वामिनोदिताः॥ ४६

प्रह्लाद उवाच

तातैष वह्निः पवनेरितोऽपि
न मां दहत्यत्र समन्ततोऽहम्।
पश्यामि पद्मास्तरणास्तृतानि
शीतानि सर्वाणि दिशाम्मुखानि॥ ४७

श्रीपराशर उवाच

अथ दैत्येश्वरं प्रोचुर्भार्गवस्यात्मजा द्विजाः।
पुरोहिता महात्मानः साम्ना संस्तूय वाग्मिनः॥ ४८

पुरोहिता ऊचुः

राजन्नियम्यतां कोपो बालेऽपि तनये निजे।
कोपो देवनिकायेषु तेषु ते सफलो यतः॥ ४९
तथातथैनं बालं ते शासितारो वयं नृप।
यथा विपक्षनाशाय विनीतस्ते भविष्यति॥ ५०
बालत्वं सर्वदोषाणां दैत्यराजास्पदं यतः।
ततोऽत्र कोपमत्यर्थं योक्तुमर्हसि नार्भके॥ ५१
न त्यक्ष्यति हरेः पक्षमस्माकं वचनाद्यदि।
ततः कृत्यां वधायास्य करिष्यामोऽनिवर्त्तिनीम्॥ ५२

श्रीपराशर उवाच

एवमभ्यर्थितस्तैस्तु दैत्यराजः पुरोहितैः।
दैत्यैर्निष्कासयामास पुत्रं पावकसञ्चयात्॥ ५३
ततो गुरुगृहे बालः स वसन्बालदानवान्।
अध्यापयामास मुहुरुपदेशान्तरे गुरोः॥ ५४

"ये जो हाथियोंके वज्रके समान कठोर दाँत टूट गये हैं इसमें मेरा कोई बल नहीं है; यह तो श्रीजनार्दन-भगवान्के महाविपत्ति और क्लेशोंके नष्ट करनेवाले स्मरणका ही प्रभाव है"॥ ४४॥

हिरण्यकशिपु बोला—अरे दिग्गजो! तुम हट जाओ। दैत्यगण! तुम अग्नि जलाओ, और हे वायु! तुम अग्निको प्रज्वलित करो जिससे इस पापीको जला डाला जाय॥ ४५॥

श्रीपराशरजी बोले—तब अपने स्वामीकी आज्ञासे दानवगण काष्ठके एक बड़े ढेरमें स्थित उस असुर राजकुमारको अग्नि प्रज्वलित करके जलाने लगे॥ ४६॥

प्रह्लादजी बोले—हे तात! पवनसे प्रेरित हुआ भी यह अग्नि मुझे नहीं जलाता। मुझको तो सभी दिशाएँ ऐसी शीतल प्रतीत होती हैं मानो मेरे चारों ओर कमल बिछे हुए हों॥ ४७॥

श्रीपराशरजी बोले—तदनन्तर, शुक्रजीके पुत्र बड़े वाग्मी महात्मा [षण्डामर्क आदि] पुरोहितगण सामनीतिसे दैत्यराजकी बड़ाई करते हुए बोले॥ ४८॥

पुरोहित बोले—हे राजन्! अपने इस बालक पुत्रके प्रति अपना क्रोध शान्त कीजिये; आपको तो देवताओंपर ही क्रोध करना चाहिये, क्योंकि उसकी सफलता तो वहीं है॥ ४९॥ हे राजन्! हम आपके इस बालकको ऐसी शिक्षा देंगे जिससे यह विपक्षके नाशका कारण होकर आपके प्रति अति विनीत हो जायगा॥ ५०॥ हे दैत्यराज! बाल्यावस्था तो सब प्रकारके दोषोंका आश्रय होती ही है, इसलिये आपको इस बालकपर अत्यन्त क्रोधका प्रयोग नहीं करना चाहिये॥ ५१॥ यदि हमारे कहनेसे भी यह विष्णुका पक्ष नहीं छोड़ेगा तो हम इसको नष्ट करनेके लिये किसी प्रकार न टलनेवाली कृत्या उत्पन्न करेंगे॥ ५२॥

श्रीपराशरजीने कहा—पुरोहितोंके इस प्रकार प्रार्थना करनेपर दैत्यराजने दैत्योंद्वारा प्रह्लादको अग्निसमूहसे बाहर निकलवाया॥ ५३॥ फिर प्रह्लादजी, गुरुजीके यहाँ रहते हुए उनके पढ़ा चुकनेपर अन्य दानवकुमारोंको बार-बार उपदेश देने लगे॥ ५४॥

प्रह्लाद उवाच

श्रूयतां परमार्थो मे दैतेया दितिजात्मजाः।
न चान्यथैतन्मन्तव्यं नात्र लोभादिकारणम्॥ ५५
जन्म बाल्यं ततः सर्वो जन्तुः प्राप्नोति यौवनम्।
अव्याहतैव भवति ततोऽनुदिवसं जरा॥ ५६
ततश्च मृत्युमभ्येति जन्तुर्दैत्येश्वरात्मजाः।
प्रत्यक्षं दृश्यते चैतदस्माकं भवतां तथा॥ ५७
मृतस्य च पुनर्जन्म भवत्येतच्च नान्यथा।
आगमोऽयं तथा यच्च नोपादानं विनोद्भवः॥ ५८
गर्भवासादि यावत्तु पुनर्जन्मोपपादनम्।
समस्तावस्थकं तावद्दुःखमेवावगम्यताम्॥ ५९
क्षुत्तृष्णोपशमं तद्वच्छीताद्युपशमं सुखम्।
मन्यते बालबुद्धित्वाद्दुःखमेव हि तत्पुनः॥ ६०
अत्यन्तस्तिमिताङ्गानां व्यायामेन सुखैषिणाम्।
भ्रान्तिज्ञानावृताक्षाणां दुःखमेव सुखायते॥ ६१
क्व शरीरमशेषाणां श्लेष्मादीनां महाचयः।
क्व कान्तिशोभासौन्दर्यरमणीयादयो गुणाः॥ ६२
मांसासृक्पूयविण्मूत्रस्नायुमज्जास्थिसंहतौ।
देहे चेत्प्रीतिमान् मूढो भविता नरकेऽप्यसौ॥ ६३
अग्नेः शीतेन तोयस्य तृषा भक्तस्य च क्षुधा।
क्रियते सुखकर्तृत्वं तद्विलोमस्य चेतरैः॥ ६४
करोति हे दैत्यसुता यावन्मात्रं परिग्रहम्।
तावन्मात्रं स एवास्य दुःखं चेतसि यच्छति॥ ६५
यावतः कुरुते जन्तुः सम्बन्धान्मनसः प्रियान्।
तावन्तोऽस्य निखन्यन्ते हृदये शोकशङ्कवः॥ ६६
यद्यद्गृहे तन्मनसि यत्र तत्रावतिष्ठतः।
नाशदाहोपकरणं तस्य तत्रैव तिष्ठति॥ ६७

प्रह्लादजी बोले—हे दैत्यकुलोत्पन्न असुर-बालको! सुनो, मैं तुम्हें परमार्थका उपदेश करता हूँ, तुम इसे अन्यथा न समझना, क्योंकि मेरे ऐसा कहनेमें किसी प्रकारका लोभादि कारण नहीं है॥ ५५॥ सभी जीव जन्म, बाल्यावस्था और फिर यौवन प्राप्त करते हैं, तत्पश्चात् दिन-दिन वृद्धावस्थाकी प्राप्ति भी अनिवार्य ही है॥ ५६॥ और हे दैत्यराजकुमारो! फिर यह जीव मृत्युके मुखमें चला जाता है, यह हम और तुम सभी प्रत्यक्ष देखते हैं॥ ५७॥ मरनेपर पुनर्जन्म होता है, यह नियम भी कभी नहीं टलता। इस विषयमें [श्रुति-स्मृतिरूप] आगम भी प्रमाण है कि बिना उपादानके कोई वस्तु उत्पन्न नहीं होती* ॥ ५८॥ पुनर्जन्म प्राप्त करानेवाली गर्भवास आदि जितनी अवस्थाएँ हैं उन सबको दुःखरूप ही जानो॥ ५९॥ मनुष्य मूर्खतावश क्षुधा, तृष्णा और शीतादिकी शान्तिको सुख मानते हैं, परन्तु वास्तवमें तो वे दुःखमात्र ही हैं॥ ६०॥ जिनका शरीर [वातादि दोषसे] अत्यन्त शिथिल हो जाता है उन्हें जिस प्रकार व्यायाम सुखप्रद प्रतीत होता है उसी प्रकार जिनकी दृष्टि भ्रान्तिज्ञानसे ढँकी हुई है उन्हें दुःख ही सुखरूप जान पड़ता है॥ ६१॥ अहो! कहाँ तो कफ आदि महाघृणित पदार्थोंका समूहरूप शरीर और कहाँ कान्ति, शोभा, सौन्दर्य एवं रमणीयता आदि दिव्य गुण? [तथापि मनुष्य इस घृणित शरीरमें कान्ति आदिका आरोप कर सुख मानने लगता है]॥ ६२॥ यदि किसी मूढ पुरुषकी मांस, रुधिर, पीब, विष्ठा, मूत्र, स्नायु, मज्जा और अस्थियोंके समूहरूप इस शरीरमें प्रीति हो सकती है तो उसे नरक भी प्रिय लग सकता है॥ ६३॥ अग्नि, जल और भात क्रमशः शीत, तृषा और क्षुधाके कारण ही सुखकारी होते हैं और इनके प्रतियोगी जल आदि भी अपनेसे भिन्न अग्नि आदिके कारण ही सुखके हेतु होते हैं॥ ६४॥

हे दैत्यकुमारो! विषयोंका जितना-जितना संग्रह किया जाता है उतना-उतना ही वे मनुष्यके चित्तमें दुःख बढ़ाते हैं॥ ६५॥ जीव अपने मनको प्रिय लगनेवाले जितने ही सम्बन्धोंको बढ़ाता जाता है उतने ही उसके हृदयमें शोकरूपी शल्य (काँटे) स्थिर होते जाते हैं॥ ६६॥ घरमें जो कुछ धन धान्यादि होते हैं मनुष्यके जहाँ-तहाँ (परदेशमें) रहनेपर भी वे पदार्थ उसके चित्तमें बने रहते हैं, और उनके नाश और दाह आदिकी सामग्री भी उसीमें मौजूद रहती है। [अर्थात् घरमें स्थित पदार्थोंके सुरक्षित रहनेपर भी मनःस्थिति पदार्थोंके नाश आदिकी भावनासे पदार्थ-नाशका दुःख प्राप्त हो जाता है]॥ ६७॥

* यह पुनर्जन्म होनेमें युक्ति है क्योंकि जबतक पूर्व-जन्मके किये हुए शुभाशुभ कर्मरूप कारणका होना न माना जाय तबतक वर्तमान जन्म भी सिद्ध नहीं हो सकता। इसी प्रकार, जब इस जन्ममें शुभाशुभका आरम्भ हुआ है तो इसका कार्यरूप पुनर्जन्म भी अवश्य होगा।

जन्मन्यत्र महद्दुःखं म्रियमाणस्य चापि तत्।
यातनासु यमस्योग्रं गर्भसङ्क्रमणेषु च॥ ६८

गर्भेषु सुखलेशोऽपि भवद्भिरनुमीयते।
यदि तत्कथ्यतामेवं सर्वं दुःखमयं जगत्॥ ६९

तदेवमतिदुःखानामास्पदेऽत्र भवार्णवे।
भवतां कथ्यते सत्यं विष्णुरेकः परायणः॥ ७०

मा जानीत वयं बाला देही देहेषु शाश्वतः।
जरायौवनजन्माद्या धर्मा देहस्य नात्मनः॥ ७१

बालोऽहं तावदिच्छातो यतिष्ये श्रेयसे युवा।
युवाहं वार्द्धके प्राप्ते करिष्याम्यात्मनो हितम्॥ ७२

वृद्धोऽहं मम कार्याणि समस्तानि न गोचरे।
किं करिष्यामि मन्दात्मा समर्थेन न यत्कृतम्॥ ७३

एवं दुराशया क्षिप्तमानसः पुरुषः सदा।
श्रेयसोऽभिमुखं याति न कदाचित्पिपासितः॥ ७४

बाल्ये क्रीडनकासक्ता यौवने विषयोन्मुखाः।
अज्ञा नयन्त्यशक्त्या च वार्द्धकं समुपस्थितम्॥ ७५

तस्माद्बाल्ये विवेकात्मा यतेत श्रेयसे सदा।
बाल्ययौवनवृद्धाद्यैर्देहभावैरसंयुतः॥ ७६

तदेतद्वो मयाख्यातं यदि जानीत नानृतम्।
तदस्मत्प्रीतये विष्णुः स्मर्यतां बन्धमुक्तिदः॥ ७७

प्रयासः स्मरणे कोऽस्य स्मृतो यच्छति शोभनम्।
पापक्षयश्च भवति स्मरतां तमहर्निशम्॥ ७८

सर्वभूतस्थिते तस्मिन्मतिर्मैत्री दिवानिशम्।
भवतां जायतामेवं सर्वक्लेशान्प्रहास्यथ॥ ७९

तापत्रयेणाभिहतं यदेतदखिलं जगत्।
तदा शोच्येषु भूतेषु द्वेषं प्राज्ञः करोति कः॥ ८०

इस प्रकार जीते-जी तो यहाँ महान् दुःख होता ही है, मरनेपर भी यम-यातनाओंका और गर्भ-प्रवेशका उग्र कष्ट भोगना पड़ता है॥ ६८॥ यदि तुम्हें गर्भवासमें लेशमात्र भी सुखका अनुमान होता हो तो कहो। सारा संसार इसी प्रकार अत्यन्त दुःखमय है॥ ६९॥ इसलिये दुःखोंके परम आश्रय इस संसार-समुद्रमें एकमात्र विष्णुभगवान् ही आप लोगोंकी परमगति हैं—यह मैं सर्वथा सत्य कहता हूँ॥ ७०॥

ऐसा मत समझो कि हम तो अभी बालक हैं, क्योंकि जरा, यौवन और जन्म आदि अवस्थाएँ तो देहके ही धर्म हैं, शरीरका अधिष्ठाता आत्मा तो नित्य है, उसमें यह कोई धर्म नहीं है॥ ७१॥ जो मनुष्य ऐसी दुराशाओंसे विक्षिप्तचित्त रहता है कि 'अभी मैं बालक हूँ इसलिये इच्छानुसार खेल-कूद लूँ, युवावस्था प्राप्त होनेपर कल्याण-साधनका यत्न करूँगा।' [फिर युवा होनेपर कहता है कि] 'अभी तो मैं युवा हूँ, बुढ़ापेमें आत्मकल्याण कर लूँगा।' और [वृद्ध होनेपर सोचता है कि] 'अब मैं बूढ़ा हो गया, अब तो मेरी इन्द्रियाँ अपने कर्मोंमें प्रवृत्त ही नहीं होतीं, शरीरके शिथिल हो जानेपर अब मैं क्या कर सकता हूँ? सामर्थ्य रहते तो मैंने कुछ किया ही नहीं।' वह अपने कल्याण-पथपर कभी अग्रसर नहीं होता; केवल भोग-तृष्णामें ही व्याकुल रहता है॥ ७२—७४॥ मूर्खलोग अपनी बाल्यावस्थामें खेल-कूदमें लगे रहते हैं, युवावस्थामें विषयोंमें फँस जाते हैं और बुढ़ापा आनेपर उसे असमर्थताके कारण व्यर्थ ही काटते हैं॥ ७५॥ इसलिये विवेकी पुरुषको चाहिये कि देहकी बाल्य, यौवन और वृद्ध आदि अवस्थाओंकी अपेक्षा न करके बाल्यावस्थामें ही अपने कल्याणका यत्न करे॥ ७६॥

मैंने तुमलोगोंसे जो कुछ कहा है उसे यदि तुम मिथ्या नहीं समझते तो मेरी प्रसन्नताके लिये ही बन्धनको छुटानेवाले श्रीविष्णुभगवान्का स्मरण करो॥ ७७॥ उनका स्मरण करनेमें परिश्रम भी क्या है? और स्मरणमात्रसे ही वे अति शुभ फल देते हैं तथा रात-दिन उन्हींका स्मरण करनेवालोंका पाप भी नष्ट हो जाता है॥ ७८॥ उन सर्वभूतस्थ प्रभुमें तुम्हारी बुद्धि अहर्निश लगी रहे और उनमें निरन्तर तुम्हारा प्रेम बढ़े; इस प्रकार तुम्हारे समस्त क्लेश दूर हो जायँगे॥ ७९॥

जब कि यह सभी संसार तापत्रयसे दग्ध हो रहा है तो इन बेचारे शोचनीय जीवोंसे कौन बुद्धिमान् द्वेष करेगा?॥ ८०॥

अथ भद्राणि भूतानि हीनशक्तिरहं परम्।
मुदं तदापि कुर्वीत हानिर्द्वेषफलं यतः॥ ८१
बद्धवैराणि भूतानि द्वेषं कुर्वन्ति चेत्ततः।
सुशोच्यान्यतिमोहेन व्याप्तानीति मनीषिणाम्॥ ८२
एते भिन्नदृशां दैत्या विकल्पाः कथिता मया।
कृत्वाभ्युपगमं तत्र सङ्क्षेपः श्रूयतां मम॥ ८३
विस्तारः सर्वभूतस्य विष्णोः सर्वमिदं जगत्।
द्रष्टव्यमात्मवत्तस्मादभेदेन विचक्षणैः॥ ८४
समुत्सृज्यासुरं भावं तस्माद्यूयं तथा वयम्।
तथा यत्नं करिष्यामो यथा प्राप्स्याम निर्वृतिम्॥ ८५
या नाग्निना न चार्केण नेन्दुना च न वायुना।
पर्जन्यवरुणाभ्यां वा न सिद्धैर्न च राक्षसैः॥ ८६
न यक्षैर्न च दैत्येन्द्रैर्नोरगैर्न च किन्नरैः।
न मनुष्यैर्न पशुभिर्दोषैर्नैवात्मसम्भवैः॥ ८७
ज्वराक्षिरोगातीसारप्लीहगुल्मादिकैस्तथा।
द्वेषेर्ष्यामत्सराद्यैर्वा रागलोभादिभिः क्षयम्॥ ८८
न चान्यैर्नीयते कैश्चिन्नित्या यात्यन्तनिर्मला।
तामाप्नोत्यमले न्यस्य केशवे हृदयं नरः॥ ८९
असारसंसारविवर्तनेषु
मा यात तोषं प्रसभं ब्रवीमि।
सर्वत्र दैत्यास्समतामुपेत
समत्वमाराधनमच्युतस्य॥ ९०
तस्मिन्प्रसन्ने किमिहास्त्यलभ्यं
धर्मार्थकामैरलमल्पकास्ते।
समाश्रिताद्ब्रह्मतरोरनन्ता-
न्निःसंशयं प्राप्स्यथ वै महत्फलम्॥ ९१

यदि [ऐसा दिखायी दे कि] 'और जीव तो आनन्दमें हैं, मैं ही परम शक्तिहीन हूँ' तब भी प्रसन्न ही होना चाहिये, क्योंकि द्वेषका फल तो दुःखरूप ही है॥ ८१॥ यदि कोई प्राणी वैरभावसे द्वेष भी करें तो विचारवानोंके लिये तो वे 'अहो! ये महामोहसे व्याप्त हैं!' इस प्रकार अत्यन्त शोचनीय ही हैं॥ ८२॥

हे दैत्यगण! ये मैंने भिन्न-भिन्न दृष्टिवालोंके विकल्प (भिन्न-भिन्न उपाय) कहे। अब उनका समन्वयपूर्वक संक्षिप्त विचार सुनो॥ ८३॥ यह सम्पूर्ण जगत् सर्वभूतमय भगवान् विष्णुका विस्तार है, अतः विचक्षण पुरुषोंको इसे आत्माके समान अभेदरूपसे देखना चाहिये॥ ८४॥ इसलिये दैत्यभावको छोड़कर हम और तुम ऐसा यत्न करें जिससे शान्ति लाभ कर सकें॥ ८५॥ जो [परम शान्ति] अग्नि, सूर्य, चन्द्रमा, वायु, मेघ, वरुण, सिद्ध, राक्षस, यक्ष, दैत्यराज, सर्प, किन्नर, मनुष्य, पशु और अपने दोषोंसे तथा ज्वर, नेत्ररोग, अतिसार, प्लीहा (तिल्ली) और गुल्म आदि रोगोंसे एवं द्वेष, ईर्ष्या, मत्सर, राग, लोभ और किसी अन्य भावसे भी कभी क्षीण नहीं होती, और जो सर्वदा अत्यन्त निर्मल है उसे मनुष्य अमलस्वरूप श्रीकेशवमें मनोनिवेश करनेसे प्राप्त कर लेता है॥ ८६—८९॥

हे दैत्यो! मैं आग्रहपूर्वक कहता हूँ, तुम इस असार संसारके विषयोंमें कभी सन्तुष्ट मत होना। तुम सर्वत्र समदृष्टि करो, क्योंकि समता ही श्रीअच्युतकी [वास्तविक] आराधना है॥ ९०॥ उन अच्युतके प्रसन्न होनेपर फिर संसारमें दुर्लभ ही क्या है? तुम धर्म, अर्थ और कामकी इच्छा कभी न करना; वे तो अत्यन्त तुच्छ हैं। उस ब्रह्मरूप महावृक्षका आश्रय लेनेपर तो तुम निःसन्देह [मोक्षरूप] महाफल प्राप्त कर लोगे॥ ९१॥

इति श्रीविष्णुपुराणे प्रथमेंऽशे सप्तदशोऽध्यायः॥ १७॥

अठारहवाँ अध्याय

प्रह्लादको मारनेके लिये विष, शस्त्र और अग्नि आदिका प्रयोग एवं प्रह्लादकृत भगवत्-स्तुति

श्रीपराशर उवाच

तस्यैतां दानवाश्चेष्टां दृष्ट्वा दैत्यपतेर्भयात्।
आचचख्युः स चोवाच सूदानाहूय सत्वरः॥ १

श्रीपराशरजी बोले—उनकी ऐसी चेष्टा देख दैत्योंने दैत्यराज हिरण्यकशिपुसे डरकर उससे सारा वृत्तान्त कह सुनाया, और उसने भी तुरन्त अपने रसोइयोंको बुलाकर कहा॥ १॥

हिरण्यकशिपुरुवाच

हे सूदा मम पुत्रोऽसावन्येषामपि दुर्मतिः।
कुमार्गदेशिको दुष्टो हन्यतामविलम्बितम्॥ २
हालाहलं विषं तस्य सर्वभक्षेषु दीयताम्।
अविज्ञातमसौ पापो हन्यतां मा विचार्यताम्॥ ३

हिरण्यकशिपु बोला—अरे सूदगण! मेरा यह दुष्ट और दुर्मति पुत्र औरोंको भी कुमार्गका उपदेश देता है, अतः तुम शीघ्र ही इसे मार डालो॥ २॥ तुम उसे उसके बिना जाने समस्त खाद्यपदार्थोंमें हलाहल विष मिलाकर दो और किसी प्रकारका शोच-विचार न कर उस पापीको मार डालो॥ ३॥

श्रीपराशर उवाच

ते तथैव ततश्चक्रुः प्रह्लादाय महात्मने।
विषदानं यथाज्ञप्तं पित्रा तस्य महात्मनः॥ ४
हालाहलं विषं घोरमनन्तोच्चारणेन सः।
अभिमन्त्र्य सहान्नेन मैत्रेय बुभुजे तदा॥ ५
अविकारं स तद्भुक्त्वा प्रह्लादः स्वस्थमानसः।
अनन्तख्यातिनिर्वीर्यं जरयामास तद्विषम्॥ ६
ततः सूदा भयत्रस्ता जीर्णं दृष्ट्वा महद्विषम्।
दैत्येश्वरमुपागम्य प्रणिपत्येदमब्रुवन्॥ ७

श्रीपराशरजी बोले—तब उन रसोइयोंने महात्मा प्रह्लादको, जैसी कि उनके पिताने आज्ञा दी थी उसीके अनुसार विष दे दिया॥ ४॥ हे मैत्रेय! तब वे उस घोर हलाहल विषको भगवन्नामके उच्चारणसे अभिमन्त्रित कर अन्नके साथ खा गये॥ ५॥ तथा भगवन्नामके प्रभावसे निस्तेज हुए उस विषको खाकर उसे बिना किसी विकारके पचाकर स्वस्थ चित्तसे स्थित रहे॥ ६॥ उस महान् विषको पचा हुआ देख रसोइयोंने भयसे व्याकुल हो हिरण्यकशिपुके पास जा उसे प्रणाम करके कहा॥ ७॥

सूदा ऊचुः

दैत्यराज विषं दत्तमस्माभिरतिभीषणम्।
जीर्णं तेन सहान्नेन प्रह्लादेन सुतेन ते॥ ८

सूदगण बोले—हे दैत्यराज! हमने आपकी आज्ञासे अत्यन्त तीक्ष्ण विष दिया था, तथापि आपके पुत्र प्रह्लादने उसे अन्नके साथ पचा लिया॥ ८॥

हिरण्यकशिपुरुवाच

त्वर्यतां त्वर्यतां हे हे सद्यो दैत्यपुरोहिताः।
कृत्यां तस्य विनाशाय उत्पादयत मा चिरम्॥ ९

हिरण्यकशिपु बोला—हे पुरोहितगण! शीघ्रता करो, शीघ्रता करो! उसे नष्ट करनेके लिये अब कृत्या उत्पन्न करो; और देरी न करो॥ ९॥

श्रीपराशर उवाच

सकाशमागम्य ततः प्रह्लादस्य पुरोहिताः।
सामपूर्वमथोचुस्ते प्रह्लादं विनयान्वितम्॥ १०

श्रीपराशरजी बोले—तब पुरोहितोंने अति विनीत प्रह्लादसे, उसके पास जाकर शान्तिपूर्वक कहा॥ १०॥

पुरोहिता ऊचुः

जातस्त्रैलोक्यविख्यात आयुष्मन्ब्रह्मणः कुले।
दैत्यराजस्य तनयो हिरण्यकशिपोर्भवान्॥ ११
किं देवैः किमनन्तेन किमन्येन तवाश्रयः।
पिता ते सर्वलोकानां त्वं तथैव भविष्यसि॥ १२

पुरोहित बोले—हे आयुष्मन्! तुम त्रिलोकीमें विख्यात ब्रह्माजीके कुलमें उत्पन्न हुए हो और दैत्यराज हिरण्यकशिपुके पुत्र हो॥ ११॥ तुम्हें देवता, अनन्त अथवा और भी किसीसे क्या प्रयोजन है? तुम्हारे पिता तुम्हारे तथा सम्पूर्ण लोकोंके आश्रय हैं और तुम भी ऐसे ही होगे॥ १२॥

तस्मात्परित्यजैनां त्वं विपक्षस्तवसंहिताम्।
श्लाघ्यः पिता समस्तानां गुरूणां परमो गुरुः॥ १३

प्रह्लाद उवाच

एवमेतन्महाभागाः श्लाघ्यमेतन्महाकुलम्।
मरीचेः सकलेऽप्यस्मिन् त्रैलोक्ये नान्यथा वदेत्॥ १४
पिता च मम सर्वस्मिञ्जगत्युत्कृष्टचेष्टितः।
एतदप्यवगच्छामि सत्यमत्रापि नानृतम्॥ १५
गुरूणामपि सर्वेषां पिता परमको गुरुः।
यदुक्तं भ्रान्तिस्तत्रापि स्वल्पापि हि न विद्यते॥ १६
पिता गुरुर्न सन्देहः पूजनीयः प्रयत्नतः।
तत्रापि नापराध्यामीत्येवं मनसि मे स्थितम्॥ १७
यत्त्वेतत्किमनन्तेनेत्युक्तं युष्माभिरीदृशम्।
को ब्रवीति यथान्याय्यं किं तु नैतद्वचोऽर्थवत्॥ १८
इत्युक्त्वा सोऽभवन्मौनी तेषां गौरवयन्त्रितः।
प्रहस्य च पुनः प्राह किमनन्तेन साध्विति॥ १९
साधु भो किमनन्तेन साधु भो गुरवो मम।
श्रूयतां यदनन्तेन यदि खेदं न यास्यथ॥ २०
धर्मार्थकाममोक्षाश्च पुरुषार्था उदाहृताः।
चतुष्टयमिदं यस्मात्तस्मात्किं किमिदं वचः॥ २१
मरीचिमिश्रैर्दक्षाद्यैस्तथैवान्यैरनन्ततः।
धर्मः प्राप्तस्तथा चान्यैरर्थः कामस्तथाऽपरैः॥ २२
तत्तत्त्ववेदिनो भूत्वा ज्ञानध्यानसमाधिभिः।
अवापुर्मुक्तिमपरे पुरुषा ध्वस्तबन्धनाः॥ २३
सम्पदैश्वर्यमाहात्म्यज्ञानसन्ततिकर्मणाम्।
विमुक्तेश्चैकतो लभ्यं मूलमाराधनं हरेः॥ २४
यतो धर्मार्थकामाख्यं मुक्तिश्चापि फलं द्विजाः।
तेनापि किं किमित्येवमनन्तेन किमुच्यते॥ २५
किं चापि बहुनोक्तेन भवन्तो गुरवो मम।
वदन्तु साधु वासाधु विवेकोऽस्माकमल्पकः॥ २६

इसलिये तुम यह विपक्षकी स्तुति करना छोड़ दो। तुम्हारे पिता सब प्रकार प्रशंसनीय हैं और वे ही समस्त गुरुओंमें परम गुरु हैं॥ १३॥

प्रह्लादजी बोले—हे महाभागगण! यह ठीक ही है। इस सम्पूर्ण त्रिलोकीमें भगवान् मरीचिका यह महान् कुल अवश्य ही प्रशंसनीय है। इसमें कोई कुछ भी अन्यथा नहीं कह सकता॥ १४॥ और मेरे पिताजी भी सम्पूर्ण जगत्में बहुत बड़े पराक्रमी हैं; यह भी मैं जानता हूँ। यह बात भी बिलकुल ठीक है, अन्यथा नहीं॥ १५॥ और आपने जो कहा कि समस्त गुरुओंमें पिता ही परम गुरु हैं—इसमें भी मुझे लेशमात्र सन्देह नहीं है॥ १६॥ पिताजी परम गुरु हैं और प्रयत्नपूर्वक पूजनीय हैं—इसमें कोई सन्देह नहीं। और मेरे चित्तमें भी यही विचार स्थित है कि मैं उनका कोई अपराध नहीं करूँगा॥ १७॥ किन्तु आपने जो यह कहा कि 'तुझे अनन्तसे क्या प्रयोजन है?' सो ऐसी बातको भला कौन न्यायोचित कह सकता है? आपका यह कथन किसी भी तरह ठीक नहीं है॥ १८॥

ऐसा कहकर वे उनका गौरव रखनेके लिये चुप हो गये और फिर हँसकर कहने लगे—'तुझे अनन्तसे क्या प्रयोजन है? इस विचारको धन्यवाद है!॥ १९॥ हे मेरे गुरुगण! आप कहते हैं कि तुझे अनन्तसे क्या प्रयोजन है? धन्यवाद है आपके इस विचारको! अच्छा, यदि आपको बुरा न लगे तो मुझे अनन्तसे जो प्रयोजन है सो सुनिये॥ २०॥ धर्म, अर्थ, काम और मोक्ष—ये चार पुरुषार्थ कहे जाते हैं। ये चारों ही जिनसे सिद्ध होते हैं, उनसे क्या प्रयोजन?—आपके इस कथनको क्या कहा जाय!॥ २१॥ उन अनन्तसे ही दक्ष और मरीचि आदि तथा अन्यान्य ऋषीश्वरोंको धर्म, किन्हीं अन्य मुनीश्वरोंको अर्थ एवं अन्य किन्हींको कामकी प्राप्ति हुई है॥ २२॥ किन्हीं अन्य महापुरुषोंने ज्ञान, ध्यान और समाधिके द्वारा उन्हींके तत्त्वको जानकर अपने संसार-बन्धनको काटकर मोक्षपद प्राप्त किया है॥ २३॥ अतः सम्पत्ति, ऐश्वर्य, माहात्म्य, ज्ञान, सन्तति और कर्म तथा मोक्ष—इन सबकी एकमात्र मूल श्रीहरिकी आराधना ही उपार्जनीय है॥ २४॥ हे द्विजगण! इस प्रकार, जिनसे अर्थ, धर्म, काम और मोक्ष ये चारों ही फल प्राप्त होते हैं उनके लिये भी आप ऐसा क्यों कहते हैं कि 'अनन्तसे तुझे क्या प्रयोजन है?' ॥ २५॥ और बहुत कहनेसे क्या लाभ? आपलोग तो मेरे गुरु हैं; उचित-अनुचित सभी कुछ कह सकते हैं। और मुझे तो विचार भी बहुत ही कम है॥ २६॥

बहुनात्र किमुक्तेन स एव जगतः पतिः।
स कर्ता च विकर्ता च संहर्ता च हृदि स्थितः॥ २७
स भोक्ता भोज्यमप्येवं स एव जगदीश्वरः।
भवद्भिरेतत्क्षन्तव्यं बाल्यादुक्तं तु यन्मया॥ २८

पुरोहिता ऊचुः

दह्यमानस्त्वमस्माभिरग्निना बाल रक्षितः।
भूयो न वक्ष्यसीत्येवं नैव ज्ञातोऽस्यबुद्धिमान्॥ २९
यदास्मद्वचनान्मोहग्राहं न त्यक्ष्यते भवान्।
ततः कृत्यां विनाशाय तव स्त्रक्ष्याम दुर्मते॥ ३०

प्रह्लाद उवाच

कः केन हन्यते जन्तुर्जन्तुः कः केन रक्ष्यते।
हन्ति रक्षति चैवात्मा ह्यसत्साधु समाचरन्॥ ३१
कर्मणा जायते सर्वं कर्मैव गतिसाधनम्।
तस्मात्सर्वप्रयत्नेन साधुकर्म समाचरेत्॥ ३२

श्रीपराशर उवाच

इत्युक्तास्तेन ते क्रुद्धा दैत्यराजपुरोहिताः।
कृत्यामुत्पादयामासुर्ज्वालामालोज्ज्वलाकृतिम्॥ ३३
अतिभीमा समागम्य पादन्यासक्षतक्षितिः।
शूलेन साधु सङ्क्रुद्धा तं जघानाशु वक्षसि॥ ३४
तत्तस्य हृदयं प्राप्य शूलं बालस्य दीप्तिमत्।
जगाम खण्डितं भूमौ तत्रापि शतधा गतम्॥ ३५
यत्रानपायी भगवान् हृद्यास्ते हरिरीश्वरः।
भङ्गो भवति वज्रस्य तत्र शूलस्य का कथा॥ ३६
अपापे तत्र पापैश्च पातिता दैत्ययाजकैः।
तानेव सा जघानाशु कृत्या नाशं जगाम च॥ ३७
कृत्यया दह्यमानांस्तान्विलोक्य स महामतिः।
त्राहि कृष्णेत्यनन्तेति वदन्नभ्यवपद्यत॥ ३८

प्रह्लाद उवाच

सर्वव्यापिन् जगद्रूप जगत्स्त्रष्टर्जनार्दन।
पाहि विप्रानिमानस्माद्दुःसहान्मन्त्रपावकात्॥ ३९

इस विषयमें अधिक क्या कहा जाय? [मेरे विचारसे तो] सबके अन्तःकरणोंमें स्थित एकमात्र वे ही संसारके स्वामी तथा उसके रचयिता, पालक और संहारक हैं॥ २७॥ वे ही भोक्ता और भोज्य तथा वे ही एकमात्र जगदीश्वर हैं। हे गुरुगण! मैंने बाल्यभावसे यदि कुछ अनुचित कहा हो तो आप क्षमा करें"॥ २८॥

पुरोहितगण बोले—अरे बालक! हमने तो यह समझकर कि तू फिर ऐसी बात न कहेगा तुझे अग्निमें जलनेसे बचाया है। हम यह नहीं जानते थे कि तू ऐसा बुद्धिहीन है?॥ २९॥ रे दुर्मते! यदि तू हमारे कहनेसे अपने इस मोहमय आग्रहको नहीं छोड़ेगा तो हम तुझे नष्ट करनेके लिये कृत्या उत्पन्न करेंगे॥ ३०॥

प्रह्लादजी बोले—कौन जीव किससे मारा जाता है और कौन किससे रक्षित होता है? शुभ और अशुभ आचरणोंके द्वारा आत्मा स्वयं ही अपनी रक्षा और नाश करता है॥ ३१॥ कर्मोंके कारण ही सब उत्पन्न होते हैं और कर्म ही उनकी शुभाशुभ गतियोंके साधन हैं। इसलिये प्रयत्नपूर्वक शुभकर्मोंका ही आचरण करना चाहिये॥ ३२॥

श्रीपराशरजी बोले—उनके ऐसा कहनेपर उन दैत्यराजके पुरोहितोंने क्रोधित होकर अग्निशिखाके समान प्रज्वलित शरीरवाली कृत्या उत्पन्न कर दी॥ ३३॥ उस अति भयंकरीने अपने पादाघातसे पृथिवीको कम्पित करते हुए वहाँ प्रकट होकर बड़े क्रोधसे प्रह्लादजीकी छातीमें त्रिशूलसे प्रहार किया॥ ३४॥ किन्तु उस बालकके वक्षःस्थलमें लगते ही वह तेजोमय त्रिशूल टूटकर पृथिवीपर गिर पड़ा और वहाँ गिरनेसे भी उसके सैकड़ों टुकड़े हो गये॥ ३५॥ जिस हृदयमें निरन्तर अक्षुण्णभावसे श्रीहरिभगवान् विराजते हैं उसमें लगनेसे तो वज्रके भी टूक-टूक हो जाते हैं, त्रिशूलकी तो बात ही क्या है?॥ ३६॥

उन पापी पुरोहितोंने उस निष्पाप बालकपर कृत्याका प्रयोग किया था; इसलिये तुरन्त ही उसने उनपर वार किया और स्वयं भी नष्ट हो गयी॥ ३७॥ अपने गुरुओंको कृत्याद्वारा जलाये जाते देख महामति प्रह्लाद 'हे कृष्ण! रक्षा करो! हे अनन्त! बचाओ!' ऐसा कहते हुए उनकी ओर दौड़े॥ ३८॥

प्रह्लादजी कहने लगे—हे सर्वव्यापी, विश्वरूप, विश्वस्त्रष्टा जनार्दन! इन ब्राह्मणोंकी इस मन्त्राग्निरूप दुःसह दुःखसे रक्षा करो॥ ३९॥

यथा सर्वेषु भूतेषु सर्वव्यापी जगद्गुरुः।
विष्णुरेव तथा सर्वे जीवन्त्वेते पुरोहिताः॥ ४०
यथा सर्वगतं विष्णुं मन्यमानोऽनपायिनम्।
चिन्तयाम्यरिपक्षेऽपि जीवन्त्वेते पुरोहिताः॥ ४१
ये हन्तुमागता दत्तं यैर्विषं यैर्हुताशनः।
यैर्दिग्गजैरहं क्षुण्णो दष्टः सर्पैश्च यैरपि॥ ४२
तेष्वहं मित्रभावेन समः पापोऽस्मि न क्वचित्।
यथा तेनाद्य सत्येन जीवन्त्वसुरयाजकाः॥ ४३

'सर्वव्यापी जगद्गुरु भगवान् विष्णु सभी प्राणियोंमें व्याप्त हैं'—इस सत्यके प्रभावसे ये पुरोहितगण जीवित हो जायँ॥ ४०॥ यदि मैं सर्वव्यापी और अक्षय श्रीविष्णुभगवान्को अपने विपक्षियोंमें भी देखता हूँ तो ये पुरोहितगण जीवित हो जायँ॥ ४१॥ जो लोग मुझे मारनेके लिये आये, जिन्होंने मुझे विष दिया, जिन्होंने आगमें जलाया, जिन्होंने दिग्गजोंसे पीड़ित कराया और जिन्होंने सर्पोंसे डँसाया उन सबके प्रति यदि मैं समान मित्रभावसे रहा हूँ और मेरी कभी पाप-बुद्धि नहीं हुई तो उस सत्यके प्रभावसे ये दैत्यपुरोहित जी उठें॥ ४२-४३॥

श्रीपराशर उवाच

इत्युक्तास्तेन ते सर्वे संस्पृष्टाश्च निरामयाः।
समुत्तस्थुर्द्विजा भूयस्तमूचुः प्रश्रयान्वितम्॥ ४४

श्रीपराशरजी बोले—ऐसा कहकर उनके स्पर्श करते ही वे ब्राह्मण स्वस्थ होकर उठ बैठे और उस विनयावनत बालकसे कहने लगे॥ ४४॥

पुरोहिता ऊचुः

दीर्घायुरप्रतिहतो बलवीर्यसमन्वितः।
पुत्रपौत्रधनैश्वर्यैर्युक्तो वत्स भवोत्तमः॥ ४५

पुरोहितगण बोले—हे वत्स! तू बड़ा श्रेष्ठ है। तू दीर्घायु, निर्द्वन्द्व, बल-वीर्यसम्पन्न तथा पुत्र, पौत्र एवं धन-ऐश्वर्यादिसे सम्पन्न हो॥ ४५॥

श्रीपराशर उवाच

इत्युक्त्वा तं ततो गत्वा यथावृत्तं पुरोहिताः।
दैत्यराजाय सकलमाचचख्युर्महामुने॥ ४६

श्रीपराशरजी बोले—हे महामुने! ऐसा कह पुरोहितोंने दैत्यराज हिरण्यकशिपुके पास जा उसे सारा समाचार ज्यों-का-त्यों सुना दिया॥ ४६॥

इति श्रीविष्णुपुराणे प्रथमेंऽशे अष्टादशोऽध्यायः॥ १८॥

उन्नीसवाँ अध्याय

प्रह्लादकृत भगवत्-गुण-वर्णन और प्रह्लादकी रक्षाके लिये भगवान्का सुदर्शनचक्रको भेजना

श्रीपराशर उवाच

हिरण्यकशिपुः श्रुत्वा तां कृत्यां वितथीकृताम्।
आहूय पुत्रं पप्रच्छ प्रभावस्यास्य कारणम्॥ १

श्रीपराशरजी बोले—हिरण्यकशिपुने कृत्याको भी विफल हुई सुन अपने पुत्र प्रह्लादको बुलाकर उनके इस प्रभावका कारण पूछा॥ १॥

हिरण्यकशिपुरुवाच

प्रह्लाद सुप्रभावोऽसि किमेतत्ते विचेष्टितम्।
एतन्मन्त्रादिजनितमुताहो सहजं तव॥ २

हिरण्यकशिपु बोला—अरे प्रह्लाद! तू बड़ा प्रभावशाली है! तेरी ये चेष्टाएँ मन्त्रादिजनित हैं या स्वाभाविक ही हैं॥ २॥

श्रीपराशर उवाच

एवं पृष्टस्तदा पित्रा प्रह्लादोऽसुरबालकः।
प्रणिपत्य पितुः पादाविदं वचनमब्रवीत्॥ ३

श्रीपराशरजी बोले—पिताके इस प्रकार पूछनेपर दैत्यकुमार प्रह्लादजीने उसके चरणोंमें प्रणाम कर इस प्रकार कहा—॥ ३॥

न मन्त्रादिकृतं तात न च नैसर्गिको मम।
प्रभाव एष सामान्यो यस्य यस्याच्युतो हृदि॥ ४
अन्येषां यो न पापानि चिन्तयत्यात्मनो यथा।
तस्य पापागमस्तात हेत्वभावान्न विद्यते॥ ५
कर्मणा मनसा वाचा परपीडां करोति यः।
तद्बीजं जन्म फलति प्रभूतं तस्य चाशुभम्॥ ६
सोऽहं न पापमिच्छामि न करोमि वदामि वा।
चिन्तयन्सर्वभूतस्थमात्मन्यपि च केशवम्॥ ७
शारीरं मानसं दुःखं दैवं भूतभवं तथा।
सर्वत्र शुभचित्तस्य तस्य मे जायते कुतः॥ ८
एवं सर्वेषु भूतेषु भक्तिरव्यभिचारिणी।
कर्तव्या पण्डितैर्ज्ञात्वा सर्वभूतमयं हरिम्॥ ९

श्रीपराशर उवाच

इति श्रुत्वा स दैत्येन्द्रः प्रासादशिखरे स्थितः।
क्रोधान्धकारितमुखः प्राह दैतेयकिङ्करान्॥ १०

हिरण्यकशिपुरुवाच

दुरात्मा क्षिप्यतामस्मात्प्रासादाच्छतयोजनात्।
गिरिपृष्ठे पतत्वस्मिन् शिलाभिन्नाङ्गसंहतिः॥ ११
ततस्तं चिक्षिपुः सर्वे बालं दैतेयदानवाः।
पपात सोप्यधः क्षिप्तो हृदयेनोद्वहन्हरिम्॥ १२
पतमानं जगद्धात्री जगद्धातरि केशवे।
भक्तियुक्तं दधारैनमुपसङ्गम्य मेदिनी॥ १३
ततो विलोक्य तं स्वस्थमविशीर्णास्थिपञ्जरम्।
हिरण्यकशिपुः प्राह शम्बरं मायिनां वरम्॥ १४

हिरण्यकशिपुरुवाच

नास्माभिः शक्यते हन्तुमसौ दुर्बुद्धिबालकः।
मायां वेत्ति भवांस्तस्मान्माययैनं निषूदय॥ १५

शम्बर उवाच

सूदयाम्येव दैत्येन्द्र पश्य मायाबलं मम।
सहस्रमत्र मायानां पश्य कोटिशतं तथा॥ १६

श्रीपराशर उवाच

ततः स ससृजे मायां प्रह्लादे शम्बरोऽसुरः।
विनाशमिच्छन्दुर्बुद्धिः सर्वत्र समदर्शिनि॥ १७

''पिताजी! मेरा यह प्रभाव न तो मन्त्रादिजनित है और न स्वाभाविक ही है, बल्कि जिस-जिसके हृदयमें श्रीअच्युतभगवान्‌का निवास होता है उसके लिये यह सामान्य बात है॥ ४॥ जो मनुष्य अपने समान दूसरोंका बुरा नहीं सोचता, हे तात! कोई कारण न रहनेसे उसका भी कभी बुरा नहीं होता॥ ५॥ जो मनुष्य मन, वचन या कर्मसे दूसरोंको कष्ट देता है उसके उस परपीडारूप बीजसे ही उत्पन्न हुआ उसको अत्यन्त अशुभ फल मिलता है॥ ६॥ अपने सहित समस्त प्राणियोंमें श्रीकेशवको वर्तमान समझकर मैं न तो किसीका बुरा चाहता हूँ और न कहता या करता ही हूँ॥ ७॥ इस प्रकार सर्वत्र शुभचित्त होनेसे मुझको शारीरिक, मानसिक, दैविक अथवा भौतिक दुःख किस प्रकार प्राप्त हो सकता है?॥ ८॥ इसी प्रकार भगवान्‌को सर्वभूतमय जानकर विद्वानोंको सभी प्राणियोंमें अविचल भक्ति (प्रेम) करनी चाहिये''॥ ९॥

श्रीपराशरजी बोले—अपने महलकी अट्टालिकापर बैठे हुए उस दैत्यराजने यह सुनकर क्रोधान्ध हो अपने दैत्य अनुचरोंसे कहा॥ १०॥

हिरण्यकशिपु बोला—यह बड़ा दुरात्मा है, इसे इस सौ योजन ऊँचे महलसे गिरा दो, जिससे यह इस पर्वतके ऊपर गिरे और शिलाओंसे इसके अंग-अंग छिन्न-भिन्न हो जायँ॥ ११॥

तब उन समस्त दैत्य और दानवोंने उन्हें महलसे गिरा दिया और वे भी उनके ढकेलनेसे हृदयमें श्रीहरिका स्मरण करते-करते नीचे गिर गये॥ १२॥ जगत्कर्ता भगवान् केशवके परमभक्त प्रह्लादजीके गिरते समय उन्हें जगद्धात्री पृथिवीने निकट जाकर अपनी गोदमें ले लिया॥ १३॥ तब बिना किसी हड्डी-पसलीके टूटे उन्हें स्वस्थ देख दैत्यराज हिरण्यकशिपुने परममायावी शम्बरासुरसे कहा॥ १४॥

हिरण्यकशिपु बोला—यह दुर्बुद्धि बालक कोई ऐसी माया जानता है जिससे यह हमसे नहीं मारा जा सकता, इसलिये आप मायासे ही इसे मार डालिये॥ १५॥

शम्बरासुर बोला—हे दैत्येन्द्र! इस बालकको मैं अभी मारे डालता हूँ, तुम मेरी मायाका बल देखो। देखो, मैं तुम्हें सैकड़ों-हजारों-करोड़ों मायाएँ दिखलाता हूँ॥ १६॥

श्रीपराशरजी बोले—तब उस दुर्बुद्धि शम्बरासुरने समदर्शी प्रह्लादके लिये, उनके नाशकी इच्छासे बहुत-सी मायाएँ रचीं॥ १७॥

समाहितमतिर्भूत्वा शम्बरेऽपि विमत्सरः।
मैत्रेय सोऽपि प्रह्लादः सस्मार मधुसूदनम्॥ १८
ततो भगवता तस्य रक्षार्थं चक्रमुत्तमम्।
आजगाम समाज्ञप्तं ज्वालामालि सुदर्शनम्॥ १९
तेन मायासहस्रं तच्छम्बरस्याशुगामिना।
बालस्य रक्षता देहमेकैकं च विशोधितम्॥ २०
संशोषकं तथा वायुं दैत्येन्द्रस्त्विदमब्रवीत्।
शीघ्रमेष ममादेशाद्दुरात्मा नीयतां क्षयम्॥ २१
तथेत्युक्त्वा तु सोऽप्येनं विवेश पवनो लघु।
शीतोऽतिरूक्षः शोषाय तद्देहस्यातिदुःसहः॥ २२
तेनाविष्टमथात्मानं स बुद्ध्वा दैत्यबालकः।
हृदयेन महात्मानं दधार धरणीधरम्॥ २३
हृदयस्थस्ततस्तस्य तं वायुमतिभीषणम्।
पपौ जनार्दनः क्रुद्धः स ययौ पवनः क्षयम्॥ २४
क्षीणासु सर्वमायासु पवने च क्षयं गते।
जगाम सोऽपि भवनं गुरोरेव महामतिः॥ २५
अहन्यहन्यथाचार्यो नीतिं राज्यफलप्रदाम्।
ग्राहयामास तं बालं राज्ञामुशनसा कृताम्॥ २६
गृहीतनीतिशास्त्रं तं विनीतं च यदा गुरुः।
मेने तदैनं तत्पित्रे कथयामास शिक्षितम्॥ २७

आचार्य उवाच

गृहीतनीतिशास्त्रस्ते पुत्रो दैत्यपते कृतः।
प्रह्लादस्तत्त्वतो वेत्ति भार्गवेण यदीरितम्॥ २८

हिरण्यकशिपुरुवाच

मित्रेषु वर्तेत कथमरिवर्गेषु भूपतिः।
प्रह्लाद त्रिषु लोकेषु मध्यस्थेषु कथं चरेत्॥ २९
कथं मन्त्रिष्वमात्येषु बाह्येष्वाभ्यन्तरेषु च।
चारेषु पौरवर्गेषु शङ्कितेष्वितरेषु च॥ ३०
कृत्याकृत्यविधानञ्च दुर्गाटविकसाधनम्।
प्रह्लाद कथ्यतां सम्यक् तथा कण्टकशोधनम्॥ ३१

किन्तु, हे मैत्रेय! शम्बरासुरके प्रति भी सर्वथा द्वेषहीन रहकर प्रह्लादजी सावधान चित्तसे श्रीमधुसूदनभगवान्का स्मरण करते रहे॥ १८॥ उस समय भगवान्की आज्ञासे उनकी रक्षाके लिये वहाँ ज्वाला-मालाओंसे युक्त सुदर्शनचक्र आ गया॥ १९॥ उस शीघ्रगामी सुदर्शनचक्रने उस बालककी रक्षा करते हुए शम्बरासुरकी सहस्रों मायाओंको एक-एक करके नष्ट कर दिया॥ २०॥

तब दैत्यराजने सबको सुखा डालनेवाले वायुसे कहा कि मेरी आज्ञासे तुम शीघ्र ही इस दुरात्माको नष्ट कर दो॥ २१॥ अतः उस अति तीव्र शीतल और रूक्ष वायुने, जो अति असहनीय था 'जो आज्ञा' कह उनके शरीरको सुखानेके लिये उसमें प्रवेश किया॥ २२॥ अपने शरीरमें वायुका आवेश हुआ जान दैत्यकुमार प्रह्लादने भगवान् धरणीधरको हृदयमें धारण किया॥ २३॥ उनके हृदयमें स्थित हुए श्रीजनार्दनने क्रुद्ध होकर उस भीषण वायुको पी लिया, इससे वह क्षीण हो गया॥ २४॥

इस प्रकार पवन और सम्पूर्ण मायाओंके क्षीण हो जानेपर महामति प्रह्लादजी अपने गुरुके घर चले गये॥ २५॥ तदनन्तर गुरुजी उन्हें नित्यप्रति शुक्राचार्यजीकी बनायी हुई राज्यफलप्रदायिनी राजनीतिका अध्ययन कराने लगे॥ २६॥ जब गुरुजीने उन्हें नीतिशास्त्रमें निपुण और विनयसम्पन्न देखा तो उनके पितासे कहा—'अब यह सुशिक्षित हो गया है'॥ २७॥

आचार्य बोले—हे दैत्यराज! अब हमने तुम्हारे पुत्रको नीतिशास्त्रमें पूर्णतया निपुण कर दिया है, भृगुनन्दन शुक्राचार्यजीने जो कुछ कहा है उसे प्रह्लाद तत्त्वतः जानता है॥ २८॥

हिरण्यकशिपु बोला—प्रह्लाद! [यह तो बता] राजाको मित्रोंसे कैसा बर्ताव करना चाहिये? और शत्रुओंसे कैसा? तथा त्रिलोकीमें जो मध्यस्थ (दोनों पक्षोंके हितचिन्तक) हों, उनसे किस प्रकार आचरण करे?॥ २९॥ मन्त्रियों, अमात्यों, बाह्य और अन्तःपुरके सेवकों, गुप्तचरों, पुरवासियों, शंकितों (जिन्हें जीतकर बलात् दास बना लिया हो) तथा अन्यान्य जनोंके प्रति किस प्रकार व्यवहार करना चाहिये?॥ ३०॥ हे प्रह्लाद! यह ठीक-ठीक बता कि करने और न करनेयोग्य कार्योंका विधान किस प्रकार करे, दुर्ग और आटविक (जंगली मनुष्य) आदिको किस प्रकार वशीभूत करे और गुप्त शत्रुरूप काँटेको कैसे निकाले?॥ ३१॥

एतच्चान्यच्च सकलमधीतं भवता यथा।
तथा मे कथ्यतां ज्ञातुं तवेच्छामि मनोगतम्॥ ३२

श्रीपराशर उवाच

प्रणिपत्य पितुः पादौ तदा प्रश्रयभूषणः।
प्रह्लादः प्राह दैत्येन्द्रं कृताञ्जलिपुटस्तथा॥ ३३

प्रह्लाद उवाच

ममोपदिष्टं सकलं गुरुणा नात्र संशयः।
गृहीतं तु मया किन्तु न सदेतन्मतं मम॥ ३४
साम चोपप्रदानं च भेददण्डौ तथापरौ।
उपायाः कथिताः सर्वे मित्रादीनां च साधने॥ ३५
तानेवाहं न पश्यामि मित्रादींस्तात मा क्रुधः।
साध्याभावे महाबाहो साधनैः किं प्रयोजनम्॥ ३६
सर्वभूतात्मके तात जगन्नाथे जगन्मये।
परमात्मनि गोविन्दे मित्रामित्रकथा कुतः॥ ३७
त्वय्यस्ति भगवान् विष्णुर्मयि चान्यत्र चास्ति सः।
यतस्ततोऽयं मित्रं मे शत्रुश्चेति पृथक्कुतः॥ ३८
तदेभिरलमत्यर्थं दुष्टारम्भोक्तिविस्तरैः।
अविद्यान्तर्गतैर्यत्नः कर्त्तव्यस्तात शोभने॥ ३९
विद्याबुद्धिरविद्यायामज्ञानात्तात जायते।
बालोऽग्निं किं न खद्योतमसुरेश्वर मन्यते॥ ४०
तत्कर्म यन्न बन्धाय सा विद्या या विमुक्तये।
आयासायापरं कर्म विद्यान्या शिल्पनैपुणम्॥ ४१
तदेतदवगम्याहमसारं सारमुत्तमम्।
निशामय महाभाग प्रणिपत्य ब्रवीमि ते॥ ४२
न चिन्तयति को राज्यं को धनं नाभिवाञ्छति।
तथापि भाव्यमेवैतदुभयं प्राप्यते नरैः॥ ४३
सर्व एव महाभाग महत्त्वं प्रति सोद्यमाः।
तथापि पुंसां भाग्यानि नोद्यमा भूतिहेतवः॥ ४४
जडानामविवेकानामशूराणामपि प्रभो।
भाग्यभोज्यानि राज्यानि सन्त्यनीतिमतामपि॥ ४५
तस्माद्यतेत पुण्येषु य इच्छेन्महतीं श्रियम्।
यतितव्यं समत्वे च निर्वाणमपि चेच्छता॥ ४६

यह सब तथा और भी जो कुछ तूने पढ़ा हो वह सब मुझे सुना, मैं तेरे मनके भावोंको जाननेके लिये बहुत उत्सुक हूँ॥ ३२॥

श्रीपराशरजी बोले—तब विनयभूषण प्रह्लादजीने पिताके चरणोंमें प्रणाम कर दैत्यराज हिरण्यकशिपुसे हाथ जोड़कर कहा॥ ३३॥

प्रह्लादजी बोले—पिताजी! इसमें सन्देह नहीं, गुरुजीने तो मुझे इन सभी विषयोंकी शिक्षा दी है, और मैं उन्हें समझ भी गया हूँ; परन्तु मेरा विचार है कि वे नीतियाँ अच्छी नहीं हैं॥ ३४॥ साम, दान तथा दण्ड और भेद—ये सब उपाय मित्रादिके साधनेके लिये बतलाये गये हैं॥ ३५॥ किन्तु, पिताजी! आप क्रोध न करें, मुझे तो कोई शत्रु-मित्र आदि दिखायी ही नहीं देते; और हे महाबाहो! जब कोई साध्य ही नहीं है तो इन साधनोंसे लेना ही क्या है?॥ ३६॥ हे तात! सर्वभूतात्मक जगन्नाथ जगन्मय परमात्मा गोविन्दमें भला शत्रु-मित्रकी बात ही कहाँ है?॥ ३७॥ श्रीविष्णुभगवान् तो आपमें, मुझमें और अन्यत्र भी सभी जगह वर्तमान हैं, फिर 'यह मेरा मित्र है और यह शत्रु है' ऐसे भेदभावको स्थान ही कहाँ है?॥ ३८॥ इसलिये, हे तात! अविद्याजन्य दुष्कर्मोंमें प्रवृत्त करनेवाले इस वाग्जालको सर्वथा छोड़कर अपने शुभके लिये ही यत्न करना चाहिये॥ ३९॥ हे दैत्यराज! अज्ञानके कारण ही मनुष्योंकी अविद्यामें विद्या-बुद्धि होती है। बालक क्या अज्ञानवश खद्योतको ही अग्नि नहीं समझ लेता?॥ ४०॥ कर्म वही है जो बन्धनका कारण न हो और विद्या भी वही है जो मुक्तिकी साधिका हो। इसके अतिरिक्त और कर्म तो परिश्रमरूप तथा अन्य विद्याएँ कला-कौशलमात्र ही हैं॥ ४१॥

हे महाभाग! इस प्रकार इन सबको असार समझकर अब आपको प्रणाम कर मैं उत्तम सार बतलाता हूँ, आप श्रवण कीजिये॥ ४२॥ राज्य पानेकी चिन्ता किसे नहीं होती और धनकी अभिलाषा भी किसको नहीं है? तथापि ये दोनों मिलते उन्हींको हैं जिन्हें मिलनेवाले होते हैं॥ ४३॥ हे महाभाग! महत्त्व-प्राप्तिके लिये सभी यत्न करते हैं, तथापि वैभवका कारण तो मनुष्यका भाग्य ही है, उद्यम नहीं॥ ४४॥ हे प्रभो! जड, अविवेकी, निर्बल और अनीतिज्ञोंको भी भाग्यवश नाना प्रकारके भोग और राज्यादि प्राप्त होते हैं॥ ४५॥ इसलिये जिसे महान् वैभवकी इच्छा हो उसे केवल पुण्यसंचयका ही यत्न करना चाहिये; और जिसे मोक्षकी इच्छा हो उसे भी समत्वलाभका ही प्रयत्न करना चाहिये॥ ४६॥

देवा मनुष्याः पशवः पक्षिवृक्षसरीसृपाः।
रूपमेतदनन्तस्य विष्णोर्भिन्नमिव स्थितम्॥ ४७
एतद्विजानता सर्वं जगत्स्थावरजङ्गमम्।
द्रष्टव्यमात्मवद्विष्णुर्यतोऽयं विश्वरूपधृक्॥ ४८
एवं ज्ञाते स भगवाननादिः परमेश्वरः।
प्रसीदत्यच्युतस्तस्मिन्प्रसन्ने क्लेशसङ्क्षयः॥ ४९

श्रीपराशर उवाच

एतच्छ्रुत्वा तु कोपेन समुत्थाय वरासनात्।
हिरण्यकशिपुः पुत्रं पदा वक्षस्यताडयत्॥ ५०
उवाच च स कोपेन सामर्षः प्रज्वलन्निव।
निष्पिष्य पाणिना पाणिं हन्तुकामो जगद्यथा॥ ५१

हिरण्यकशिपुरुवाच

हे विप्रचित्ते हे राहो हे बलैष महार्णवे।
नागपाशैर्दृढैर्बद्ध्वा क्षिप्यतां मा विलम्ब्यताम्॥ ५२
अन्यथा सकला लोकास्तथा दैतेयदानवाः।
अनुयास्यन्ति मूढस्य मतमस्य दुरात्मनः॥ ५३
बहुशो वारितोऽस्माभिरयं पापस्तथाप्यरेः।
स्तुतिं करोति दुष्टानां वध एवोपकारकः॥ ५४

श्रीपराशर उवाच

ततस्ते सत्वरा दैत्या बद्ध्वा तं नागबन्धनैः।
भर्तुराज्ञां पुरस्कृत्य चिक्षिपुः सलिलार्णवे॥ ५५
ततश्चचाल चलता प्रह्लादेन महार्णवः।
उद्वेलोऽभूत्परं क्षोभमुपेत्य च समन्ततः॥ ५६
भूर्लोकमखिलं दृष्ट्वा प्लाव्यमानं महाम्भसा।
हिरण्यकशिपुर्दैत्यानिदमाह महामते॥ ५७

हिरण्यकशिपुरुवाच

दैतेयाः सकलैः शैलैरत्रैव वरुणालये।
निश्छिद्रैः सर्वशः सर्वैश्चीयतामेष दुर्मतिः॥ ५८
नाग्निर्दहति नैवायं शस्त्रैश्छिन्नो न चोरगैः।
क्षयं नीतो न वातेन न विषेण न कृत्यया॥ ५९
न मायाभिर्न चैवोच्चात्पातितो न च दिग्गजैः।
बालोऽतिदुष्टचित्तोऽयं नानेनार्थोऽस्ति जीवता॥ ६०

देव, मनुष्य, पशु, पक्षी, वृक्ष और सरीसृप—ये सब भगवान् विष्णुसे भिन्न-से स्थित हुए भी वास्तवमें श्रीअनन्तके ही रूप हैं॥ ४७॥ इस बातको जाननेवाला पुरुष सम्पूर्ण चराचर जगत्को आत्मवत् देखे, क्योंकि यह सब विश्व-रूपधारी भगवान् विष्णु ही हैं॥ ४८॥ ऐसा जान लेनेपर वे अनादि परमेश्वर भगवान् अच्युत प्रसन्न होते हैं और उनके प्रसन्न होनेपर सभी क्लेश क्षीण हो जाते हैं॥ ४९॥

श्रीपराशरजी बोले—यह सुनकर हिरण्यकशिपुने क्रोधपूर्वक अपने राजसिंहासनसे उठकर पुत्र प्रह्लादके वक्षःस्थलमें लात मारी॥ ५०॥ और क्रोध तथा अमर्षसे जलते हुए मानो सम्पूर्ण संसारको मार डालेगा इस प्रकार हाथ मलता हुआ बोला॥ ५१॥

हिरण्यकशिपुने कहा—हे विप्रचित्ते! हे राहो! हे बल! तुमलोग इसे भली प्रकार नागपाशसे बाँधकर महासागरमें डाल दो, देरी मत करो॥ ५२॥ नहीं तो सम्पूर्ण लोक और दैत्य-दानव आदि भी इस मूढ दुरात्माके मतका ही अनुगमन करेंगे [अर्थात् इसकी तरह वे भी विष्णुभक्त हो जायँगे]॥ ५३॥ हमने इसे बहुतेरा रोका, तथापि यह दुष्ट शत्रुकी ही स्तुति किये जाता है। ठीक है, दुष्टोंको तो मार देना ही लाभदायक होता है॥ ५४॥

श्रीपराशरजी बोले—तब उन दैत्योंने अपने स्वामीकी आज्ञाको शिरोधार्य कर तुरन्त ही उन्हें नागपाशसे बाँधकर समुद्रमें डाल दिया॥ ५५॥ उस समय प्रह्लादजीके हिलने-डुलनेसे सम्पूर्ण महासागरमें हलचल मच गयी और अत्यन्त क्षोभके कारण उसमें सब ओर ऊँची-ऊँची लहरें उठने लगीं॥ ५६॥ हे महामते! उस महान् जल-पूरसे सम्पूर्ण पृथिवीको डूबती देख हिरण्यकशिपुने दैत्योंसे इस प्रकार कहा॥ ५७॥

हिरण्यकशिपु बोला—अरे दैत्यो! तुम इस दुर्मतिको इस समुद्रके भीतर ही किसी ओरसे खुला न रखकर सब ओरसे सम्पूर्ण पर्वतोंसे दबा दो॥ ५८॥ देखो, इसे न तो अग्निने जलाया, न यह शस्त्रोंसे कटा, न सर्पोंसे नष्ट हुआ और न वायु, विष और कृत्यासे ही क्षीण हुआ, तथा न यह मायाओंसे, ऊपरसे गिरानेसे अथवा दिग्गजोंसे ही मारा गया। यह बालक अत्यन्त दुष्ट-चित्त है, अब इसके जीवनका कोई प्रयोजन नहीं है॥ ५९-६०॥

तदेष तोयमध्ये तु समाक्रान्तो महीधरैः।
तिष्ठत्वब्दसहस्रान्तं प्राणान्हास्यति दुर्मतिः॥ ६१
ततो दैत्या दानवाश्च पर्वतैस्तं महोदधौ।
आक्रम्य चयनं चक्रुर्योजनानि सहस्रशः॥ ६२
स चित्तः पर्वतैरन्तः समुद्रस्य महामतिः।
तुष्टावाह्निकवेलायामेकाग्रमतिरच्युतम्॥ ६३

प्रह्लाद उवाच

नमस्ते पुण्डरीकाक्ष नमस्ते पुरुषोत्तम।
नमस्ते सर्वलोकात्मन्नमस्ते तिग्मचक्रिणे॥ ६४
नमो ब्रह्मण्यदेवाय गोब्राह्मणहिताय च।
जगद्धिताय कृष्णाय गोविन्दाय नमो नमः॥ ६५
ब्रह्मत्वे सृजते विश्वं स्थितौ पालयते पुनः।
रुद्ररूपाय कल्पान्ते नमस्तुभ्यं त्रिमूर्तये॥ ६६
देवा यक्षासुराः सिद्धा नागा गन्धर्वकिन्नराः।
पिशाचा राक्षसाश्चैव मनुष्याः पशवस्तथा॥ ६७
पक्षिणः स्थावराश्चैव पिपीलिकसरीसृपाः।
भूम्यापोऽग्निर्नभो वायुः शब्दःस्पर्शस्तथा रसः॥ ६८
रूपं गन्धो मनो बुद्धिरात्मा कालस्तथा गुणाः।
एतेषां परमार्थश्च सर्वमेतत्त्वमच्युत॥ ६९
विद्याविद्ये भवान्सत्यमसत्यं त्वं विषामृते।
प्रवृत्तं च निवृत्तं च कर्म वेदोदितं भवान्॥ ७०
समस्तकर्मभोक्ता च कर्मोपकरणानि च।
त्वमेव विष्णो सर्वाणि सर्वकर्मफलं च यत्॥ ७१
मय्यन्यत्र तथान्येषु भूतेषु भुवनेषु च।
तवैव व्याप्तिरैश्वर्यगुणसंसूचिकी प्रभो॥ ७२
त्वां योगिनश्चिन्तयन्ति त्वां यजन्ति च याजकाः।
हव्यकव्यभुगेकस्त्वं पितृदेवस्वरूपधृक्॥ ७३
रूपं महत्ते स्थितमत्र विश्वं
ततश्च सूक्ष्मं जगदेतदीश।
रूपाणि सर्वाणि च भूतभेदा-
स्तेष्वन्तरात्माख्यमतीव सूक्ष्मम्॥ ७४

अतः अब यह पर्वतोंसे लदा हुआ हजारों वर्षतक जलमें ही पड़ा रहे, इससे यह दुर्मति स्वयं ही प्राण छोड़ देगा॥ ६१॥

तब दैत्य और दानवोंने उसे समुद्रमें ही पर्वतोंसे ढँककर उसके ऊपर हजारों योजनका ढेर कर दिया॥ ६२॥ उन महामतिने समुद्रमें पर्वतोंसे लाद दिये जानेपर अपने नित्यकर्मोंके समय एकाग्रचित्तसे श्रीअच्युतभगवान्‌की इस प्रकार स्तुति की॥ ६३॥

प्रह्लादजी बोले—हे कमलनयन! आपको नमस्कार है। हे पुरुषोत्तम! आपको नमस्कार है। हे सर्वलोकात्मन्! आपको नमस्कार है। हे तीक्ष्णचक्रधारी प्रभो! आपको बारम्बार नमस्कार है॥ ६४॥ गो-ब्राह्मण-हितकारी ब्रह्मण्यदेव भगवान् कृष्णको नमस्कार है। जगत्-हितकारी श्रीगोविन्दको बारम्बार नमस्कार है॥ ६५॥

आप ब्रह्मारूपसे विश्वकी रचना करते हैं, फिर उसके स्थित हो जानेपर विष्णुरूपसे पालन करते हैं और अन्तमें रुद्ररूपसे संहार करते हैं—ऐसे त्रिमूर्तिधारी आपको नमस्कार है॥ ६६॥ हे अच्युत! देव, यक्ष, असुर, सिद्ध, नाग, गन्धर्व, किन्नर, पिशाच, राक्षस, मनुष्य, पशु, पक्षी, स्थावर, पिपीलिका (चींटी), सरीसृप, पृथिवी, जल, अग्नि, आकाश, वायु, शब्द, स्पर्श, रूप, रस, गन्ध, मन, बुद्धि, आत्मा, काल और गुण—इन सबके पारमार्थिक रूप आप ही हैं, वास्तवमें आप ही ये सब हैं॥ ६७—६९॥ आप ही विद्या और अविद्या, सत्य और असत्य तथा विष और अमृत हैं तथा आप ही वेदोक्त प्रवृत्त और निवृत्त कर्म हैं॥ ७०॥ हे विष्णो! आप ही समस्त कर्मोंके भोक्ता और उनकी सामग्री हैं तथा सर्व कर्मोंके जितने भी फल हैं वे सब भी आप ही हैं॥ ७१॥ हे प्रभो! मुझमें तथा अन्यत्र समस्त भूतों और भुवनोंमें आपहीके गुण और ऐश्वर्यकी सूचिका व्याप्ति हो रही है॥ ७२॥ योगिगण आपहीका ध्यान धरते हैं और याज्ञिकगण आपहीका यजन करते हैं, तथा पितृगण और देवगणके रूपसे एक आप ही हव्य और कव्यके भोक्ता हैं॥ ७३॥

हे ईश! यह निखिल ब्रह्माण्ड ही आपका स्थूल रूप है, उससे सूक्ष्म यह संसार (पृथिवीमण्डल) है, उससे भी सूक्ष्म ये भिन्न-भिन्न रूपधारी समस्त प्राणी हैं; उनमें भी जो अन्तरात्मा है वह और भी अत्यन्त सूक्ष्म है॥ ७४॥

तस्माच्च सूक्ष्मादिविशेषणाना-
मगोचरे यत्परमात्मरूपम्।
किमप्यचिन्त्यं तव रूपमस्ति
तस्मै नमस्ते पुरुषोत्तमाय॥ ७५
सर्वभूतेषु सर्वात्मन्या शक्तिरपरा तव।
गुणाश्रया नमस्तस्यै शाश्वतायै सुरेश्वर॥ ७६
यातीतगोचरा वाचां मनसां चाविशेषणा।
ज्ञानिज्ञानपरिच्छेद्या तां वन्दे स्वेश्वरीं पराम्॥ ७७
ॐ नमो वासुदेवाय तस्मै भगवते सदा।
व्यतिरिक्तं न यस्यास्ति व्यतिरिक्तोऽखिलस्य यः॥ ७८
नमस्तस्मै नमस्तस्मै नमस्तस्मै महात्मने।
नाम रूपं न यस्यैको योऽस्तित्वेनोपलभ्यते॥ ७९
यस्यावताररूपाणि समर्चन्ति दिवौकसः।
अपश्यन्तः परं रूपं नमस्तस्मै महात्मने॥ ८०
योऽन्तस्तिष्ठन्नशेषस्य पश्यतीशः शुभाशुभम्।
तं सर्वसाक्षिणं विश्वं नमस्ये परेश्वरम्॥ ८१
नमोऽस्तु विष्णवे तस्मै यस्याभिन्नमिदं जगत्।
ध्येयः स जगतामाद्यः स प्रसीदतु मेऽव्ययः॥ ८२
यत्रोतमेतत्प्रोतं च विश्वमक्षरमव्ययम्।
आधारभूतः सर्वस्य स प्रसीदतु मे हरिः॥ ८३
ॐ नमो विष्णवे तस्मै नमस्तस्मै पुनः पुनः।
यत्र सर्वं यतः सर्वं यः सर्वं सर्वसंश्रयः॥ ८४
सर्वगत्वादनन्तस्य स एवाहमवस्थितः।
मत्तः सर्वमहं सर्वं मयि सर्वं सनातने॥ ८५
अहमेवाक्षयो नित्यः परमात्मात्मसंश्रयः।
ब्रह्मसंज्ञोऽहमेवाग्रे तथान्ते च परः पुमान्॥ ८६

उससे भी परे जो सूक्ष्म आदि विशेषणोंका अविषय आपका कोई अचिन्त्य परमात्मस्वरूप है उन पुरुषोत्तमरूप आपको नमस्कार है॥ ७५॥ हे सर्वात्मन्! समस्त भूतोंमें आपकी जो गुणाश्रया पराशक्ति है, हे सुरेश्वर! उस नित्यस्वरूपिणीको नमस्कार है॥ ७६॥ जो वाणी और मनके परे है, विशेषणरहित तथा ज्ञानियोंके ज्ञानसे परिच्छेद्य है उस स्वतन्त्रा पराशक्तिकी मैं वन्दना करता हूँ॥ ७७॥ ॐ उन भगवान् वासुदेवको सदा नमस्कार है, जिनसे अतिरिक्त और कोई वस्तु नहीं है तथा जो स्वयं सबसे अतिरिक्त (असंग) हैं॥ ७८॥ जिनका कोई भी नाम अथवा रूप नहीं है और जो अपनी सत्तामात्रसे ही उपलब्ध होते हैं उन महात्माको नमस्कार है, नमस्कार है, नमस्कार है॥ ७९॥ जिनके पर स्वरूपको न जानते हुए ही देवतागण उनके अवतार-शरीरोंका सम्यक् अर्चन करते हैं उन महात्माको नमस्कार है॥ ८०॥ जो ईश्वर सबके अन्तःकरणोंमें स्थित होकर उनके शुभाशुभ कर्मोंको देखते हैं उन सर्वसाक्षी विश्वरूप परमेश्वरको मैं नमस्कार करता हूँ॥ ८१॥

जिनसे यह जगत् सर्वथा अभिन्न है उन श्रीविष्णु-भगवान्को नमस्कार है, वे जगत्के आदिकारण और योगियोंके ध्येय अव्यय हरि मुझपर प्रसन्न हों॥ ८२॥ जिनमें यह सम्पूर्ण विश्व ओतप्रोत है वे अक्षर, अव्यय और सबके आधारभूत हरि मुझपर प्रसन्न हों॥ ८३॥ ॐ जिनमें सब कुछ स्थित है, जिनसे सब उत्पन्न हुआ है और जो स्वयं सब कुछ तथा सबके आधार हैं, उन श्रीविष्णुभगवान्को नमस्कार है, उन्हें बारम्बार नमस्कार है॥ ८४॥ भगवान् अनन्त सर्वगामी हैं; अतः वे ही मेरे रूपसे स्थित हैं, इसलिये यह सम्पूर्ण जगत् मुझहीसे हुआ है, मैं ही यह सब कुछ हूँ और मुझ सनातनमें ही यह सब स्थित है॥ ८५॥ मैं ही अक्षय, नित्य और आत्माधार परमात्मा हूँ; तथा मैं ही जगत्के आदि और अन्तमें स्थित ब्रह्मसंज्ञक परमपुरुष हूँ॥ ८६॥

इति श्रीविष्णुपुराणे प्रथमेंऽशे एकोनविंशतितमोऽध्यायः॥ १९॥

बीसवाँ अध्याय

प्रह्लादकृत भगवत्-स्तुति और भगवान्‌का आविर्भाव

श्रीपराशर उवाच

एवं सञ्चिन्तयन्विष्णुमभेदेनात्मनो द्विज।
तन्मयत्वमवाप्याग्र्यं मेने चात्मानमच्युतम्॥ १
विसस्मार तथात्मानं नान्यत्किञ्चिदजानत।
अहमेवाव्ययोऽनन्तः परमात्मेत्यचिन्तयत्॥ २
तस्य तद्भावनायोगात्क्षीणपापस्य वै क्रमात्।
शुद्धेऽन्तःकरणे विष्णुस्तस्थौ ज्ञानमयोऽच्युतः॥ ३
योगप्रभावात्प्रह्लादे जाते विष्णुमयेऽसुरे।
चलत्युरगबन्धैस्तैर्मैत्रेय त्रुटितं क्षणात्॥ ४
भ्रान्तग्राहगणः सोर्मिर्ययौ क्षोभं महार्णवः।
चचाल च मही सर्वा सशैलवनकानना॥ ५
स च तं शैलसङ्घातं दैत्यैर्न्यस्तमथोपरि।
उत्क्षिप्य तस्मात्सलिलान्निश्चक्राम महामतिः॥ ६
दृष्ट्वा च स जगद्भूयो गगनाद्युपलक्षणम्।
प्रह्लादोऽस्मीति सस्मार पुनरात्मानमात्मनि॥ ७
तुष्टाव च पुनर्धीमाननादिं पुरुषोत्तमम्।
एकाग्रमतिरव्यग्रो यतवाक्कायमानसः॥ ८

प्रह्लाद उवाच

ॐ नमः परमार्थार्थ स्थूलसूक्ष्म क्षराक्षर।
व्यक्ताव्यक्त कलातीत सकलेश निरञ्जन॥ ९
गुणाञ्जन गुणाधार निर्गुणात्मन् गुणस्थित।
मूर्त्तामूर्तमहामूर्ते सूक्ष्ममूर्ते स्फुटास्फुट॥ १०
करालसौम्यरूपात्मन्विद्याऽविद्यामयाच्युत।
सदसद्रूपसद्भाव सदसद्भावभावन॥ ११
नित्यानित्यप्रपञ्चात्मन्निष्प्रपञ्चामलाश्रित।
एकानेक नमस्तुभ्यं वासुदेवादिकारण॥ १२

श्रीपराशरजी बोले—हे द्विज! इस प्रकार भगवान् विष्णुको अपनेसे अभिन्न चिन्तन करते-करते पूर्ण तन्मयता प्राप्त हो जानेसे उन्होंने अपनेको अच्युत रूप ही अनुभव किया॥ १॥ वे अपने-आपको भूल गये; उस समय उन्हें श्रीविष्णुभगवान्‌के अतिरिक्त और कुछ भी प्रतीत न होता था। बस, केवल यही भावना चित्तमें थी कि मैं ही अव्यय और अनन्त परमात्मा हूँ॥ २॥ उस भावनाके योगसे वे क्षीण-पाप हो गये और उनके शुद्ध अन्तःकरणमें ज्ञानस्वरूप अच्युत श्रीविष्णुभगवान् विराजमान हुए॥ ३॥

हे मैत्रेय! इस प्रकार योगबलसे असुर प्रह्लादजीके विष्णुमय हो जानेपर उनके विचलित होनेसे वे नागपाश एक क्षणभरमें ही टूट गये॥ ४॥ भ्रमणशील ग्राहगण और तरलतरंगोंसे पूर्ण सम्पूर्ण महासागर क्षुब्ध हो गया, तथा पर्वत और वनोपवनोंसे पूर्ण समस्त पृथिवी हिलने लगी॥ ५॥ तथा महामति प्रह्लादजी अपने ऊपर दैत्योंद्वारा लादे गये उस सम्पूर्ण पर्वत-समूहको दूर फेंककर जलसे बाहर निकल आये॥ ६॥ तब आकाशादिरूप जगत्‌को फिर देखकर उन्हें चित्तमें यह पुनः भान हुआ कि मैं प्रह्लाद हूँ॥ ७॥ और उन महाबुद्धिमान्‌ने मन, वाणी और शरीरके संयमपूर्वक धैर्य धारणकर एकाग्रचित्तसे पुनःभगवान् अनादि पुरुषोत्तमकी स्तुति की॥ ८॥

प्रह्लादजी कहने लगे—हे परमार्थ! हे अर्थ (दृश्यरूप)! हे स्थूलसूक्ष्म (जाग्रत्-स्वप्नदृश्य- स्वरूप)! हे क्षराक्षर (कार्य-कारणरूप)! हे व्यक्ताव्यक्त (दृश्यादृश्यस्वरूप)! हे कलातीत! हे सकलेश्वर! हे निरंजन देव! आपको नमस्कार है॥ ९॥ हे गुणोंको अनुरंजित करनेवाले! हे गुणाधार! हे निर्गुणात्मन्! हे गुणस्थित! हे मूर्त और अमूर्तरूप महामूर्तिमन्! हे सूक्ष्ममूर्ते! हे प्रकाशाप्रकाशस्वरूप! [आपको नमस्कार है]॥ १०॥ हे विकराल और सुन्दररूप! हे विद्या और अविद्यामय अच्युत! हे सदसत् (कार्यकारण) रूप जगत्‌के उद्भवस्थान और सदसज्जगत्‌के पालक! [आपको नमस्कार है]॥ ११॥ हे नित्यानित्य (आकाशघटादिरूप) प्रपंचात्मन्! हे प्रपंचसे पृथक् रहनेवाले! हे ज्ञानियोंके आश्रयरूप! हे एकानेकरूप आदिकारण वासुदेव! [आपको नमस्कार है]॥ १२॥

य: स्थूलसूक्ष्म: प्रकटप्रकाशो
य: सर्वभूतो न च सर्वभूत:।
विश्वं यतश्चैतदविश्वहेतो-
र्नमोऽस्तु तस्मै पुरुषोत्तमाय॥ १३

जो स्थूल-सूक्ष्मरूप और स्फुट-प्रकाशमय हैं, जो अधिष्ठानरूपसे सर्वभूतस्वरूप तथापि वस्तुत: सम्पूर्ण भूतादिसे परे हैं, विश्वके कारण न होनेपर भी जिनसे यह समस्त विश्व उत्पन्न हुआ है; उन पुरुषोत्तम भगवान्‌को नमस्कार है॥ १३॥

श्रीपराशर उवाच

तस्य तच्चेतसो देव: स्तुतिमित्थं प्रकुर्वत:।
आविर्बभूव भगवान् पीताम्बरधरो हरि:॥ १४
ससम्भ्रमस्तमालोक्य समुत्थायाकुलाक्षरम्।
नमोऽस्तु विष्णवेत्येतद् व्याजहारासकृद् द्विज॥ १५

श्रीपराशरजी बोले—उनके इस प्रकार तन्मयतापूर्वक स्तुति करनेपर पीताम्बरधारी देवाधिदेव भगवान् हरि प्रकट हुए॥ १४॥ हे द्विज! उन्हें सहसा प्रकट हुए देख वे खड़े हो गये और गद‍्गद वाणीसे 'विष्णुभगवान्‌को नमस्कार है! विष्णुभगवान्‌को नमस्कार है!' ऐसा बारम्बार कहने लगे॥ १५॥

प्रह्लाद उवाच

देव प्रपन्नार्त्तिहर प्रसादं कुरु केशव।
अवलोकनदानेन भूयो मां पावयाच्युत॥ १६

प्रह्लादजी बोले—हे शरणागत-दु:खहारी श्रीकेशवदेव! प्रसन्न होइये। हे अच्युत! अपने पुण्य-दर्शनोंसे मुझे फिर भी पवित्र कीजिये॥ १६॥

श्रीभगवानुवाच

कुर्वतस्ते प्रसन्नोऽहं भक्तिमव्यभिचारिणीम्।
यथाभिलषितो मत्त: प्रह्लाद व्रियतां वर:॥ १७

श्रीभगवान् बोले—हे प्रह्लाद! मैं तेरी अनन्यभक्तिसे अति प्रसन्न हूँ; तुझे जिस वरकी इच्छा हो माँग ले॥ १७॥

प्रह्लाद उवाच

नाथ योनिसहस्रेषु येषु येषु व्रजाम्यहम्।
तेषु तेष्वच्युताभक्तिरच्युतास्तु सदा त्वयि॥ १८
या प्रीतिरविवेकानां विषयेष्वनपायिनी।
त्वामनुस्मरत: सा मे हृदयान्मापसर्पतु॥ १९

प्रह्लादजी बोले—हे नाथ! सहस्रों योनियोंमेंसे मैं जिस-जिसमें भी जाऊँ उसी-उसीमें, हे अच्युत! आपमें मेरी सर्वदा अक्षुण्ण भक्ति रहे॥ १८॥ अविवेकी पुरुषोंकी विषयोंमें जैसी अविचल प्रीति होती है वैसी ही आपका स्मरण करते हुए मेरे हृदयसे कभी दूर न हो॥ १९॥

श्रीभगवानुवाच

मयि भक्तिस्तवास्त्येव भूयोऽप्येवं भविष्यति।
वरस्तु मत्त: प्रह्लाद व्रियतां यस्तवेप्सित:॥ २०

श्रीभगवान् बोले—हे प्रह्लाद! मुझमें तो तेरी भक्ति है ही और आगे भी ऐसी ही रहेगी; किन्तु इसके अतिरिक्त भी तुझे और जिस वरकी इच्छा हो मुझसे माँग ले॥ २०॥

प्रह्लाद उवाच

मयि द्वेषानुबन्धोऽभूत्संस्तुतावुद्यते तव।
मत्पितुस्तत्कृतं पापं देव तस्य प्रणश्यतु॥ २१
शस्त्राणि पातितान्यङ्गे क्षिप्तो यच्चाग्निसंहतौ।
दंशितश्चोरगैर्दत्तं यद्विषं मम भोजने॥ २२
बद्ध्वा समुद्रे यत्क्षिप्तो यच्चितोऽस्मि शिलोच्चयै:।
अन्यानि चाप्यसाधूनि यानि पित्रा कृतानि मे॥ २३
त्वयि भक्तिमतो द्वेषादघं तत्सम्भवं च यत्।
त्वत्प्रसादात्प्रभो सद्यस्तेन मुच्येत मे पिता॥ २४

प्रह्लादजी बोले—हे देव! आपकी स्तुतिमें प्रवृत्त होनेसे मेरे पिताके चित्तमें मेरे प्रति जो द्वेष हुआ है, उन्हें उससे जो पाप लगा है वह नष्ट हो जाय॥ २१॥ इसके अतिरिक्त [उनकी आज्ञासे] मेरे शरीरपर जो शस्त्राघात किये गये—मुझे अग्निसमूहमें डाला गया, सर्पोंसे कटवाया गया, भोजनमें विष दिया गया, बाँधकर समुद्रमें डाला गया, शिलाओंसे दबाया गया तथा और भी जो-जो दुर्व्यवहार पिताजीने मेरे साथ किये हैं, वे सब आपमें भक्ति रखनेवाले पुरुषके प्रति द्वेष होनेसे, उन्हें उनके कारण जो पाप लगा है, हे प्रभो! आपकी कृपासे मेरे पिता उससे शीघ्र ही मुक्त हो जायँ॥ २२—२४॥

श्रीभगवानुवाच

प्रह्लाद सर्वमेतत्ते मत्प्रसादाद्भविष्यति।
अन्यच्च ते वरं दद्मि व्रियतामसुरात्मज॥ २५

श्रीभगवान् बोले—हे प्रह्लाद! मेरी कृपासे तुम्हारी ये सब इच्छाएँ पूर्ण होंगी। हे असुरकुमार! मैं तुमको एक वर और भी देता हूँ, तुम्हें जो इच्छा हो माँग लो॥ २५॥

प्रह्लाद उवाच

कृतकृत्योऽस्मि भगवन्वरेणानेन यत्त्वयि।
भवित्री त्वत्प्रसादेन भक्तिरव्यभिचारिणी॥ २६
धर्मार्थकामैः किं तस्य मुक्तिस्तस्य करे स्थिता।
समस्तजगतां मूले यस्य भक्तिः स्थिरा त्वयि॥ २७

श्रीभगवानुवाच

यथा ते निश्चलं चेतो मयि भक्तिसमन्वितम्।
तथा त्वं मत्प्रसादेन निर्वाणं परमाप्स्यसि॥ २८

श्रीपराशर उवाच

इत्युक्त्वान्तर्दधे विष्णुस्तस्य मैत्रेय पश्यतः।
स चापि पुनरागम्य ववन्दे चरणौ पितुः॥ २९
तं पिता मूर्ध्न्युपाघ्राय परिष्वज्य च पीडितम्।
जीवसीत्याह वत्सेति बाष्पार्द्रनयनो द्विज॥ ३०
प्रीतिमांश्चाऽभवत्तस्मिन्ननुतापी महासुरः।
गुरुपित्रोश्चकारैवं शुश्रूषां सोऽपि धर्मवित्॥ ३१
पितर्युपरतिं नीते नरसिंहस्वरूपिणा।
विष्णुना सोऽपि दैत्यानां मैत्रेयाभूत्पतिस्ततः॥ ३२
ततो राज्यद्युतिं प्राप्य कर्मशुद्धिकरीं द्विज।
पुत्रपौत्रांश्च सुबहूनवाप्यैश्वर्यमेव च॥ ३३
क्षीणाधिकारः स यदा पुण्यपापविवर्जितः।
तदा स भगवद्ध्यानात्परं निर्वाणमाप्तवान्॥ ३४
एवंप्रभावो दैत्योऽसौ मैत्रेयासीन्महामतिः।
प्रह्लादो भगवद्भक्तो यं त्वं मामनुपृच्छसि॥ ३५
यस्त्वेतच्चरितं तस्य प्रह्लादस्य महात्मनः।
शृणोति तस्य पापानि सद्यो गच्छन्ति सङ्क्षयम्॥ ३६
अहोरात्रकृतं पापं प्रह्लादचरितं नरः।
शृण्वन् पठंश्च मैत्रेय व्यपोहति न संशयः॥ ३७
पौर्णमास्याममावास्यामष्टम्यामथ वा पठन्।
द्वादश्यां वा तदाप्नोति गोप्रदानफलं द्विज॥ ३८
प्रह्लादं सकलापत्सु यथा रक्षितवान्हरिः।
तथा रक्षति यस्तस्य शृणोति चरितं सदा॥ ३९

प्रह्लादजी बोले—हे भगवन्! मैं तो आपके इस वरसे ही कृतकृत्य हो गया कि आपकी कृपासे आपमें मेरी निरन्तर अविचल भक्ति रहेगी॥ २६॥ हे प्रभो! सम्पूर्ण जगत्के कारणरूप आपमें जिसकी निश्चल भक्ति है, मुक्ति भी उसकी मुट्ठीमें रहती है, फिर धर्म, अर्थ, कामसे तो उसे लेना ही क्या है?॥ २७॥

श्रीभगवान् बोले—हे प्रह्लाद! मेरी भक्तिसे युक्त तेरा चित्त जैसा निश्चल है उसके कारण तू मेरी कृपासे परम निर्वाणपद प्राप्त करेगा॥ २८॥

श्रीपराशरजी बोले—हे मैत्रेय! ऐसा कह भगवान् उनके देखते-देखते अन्तर्धान हो गये; और उन्होंने भी फिर आकर अपने पिताके चरणोंकी वन्दना की॥ २९॥ हे द्विज! तब पिता हिरण्यकशिपुने, जिसे नाना प्रकारसे पीड़ित किया था उस पुत्रका सिर सूँघकर, आँखोंमें आँसू भरकर कहा—'बेटा, जीता तो है!' ॥ ३०॥ वह महान् असुर अपने कियेपर पछताकर फिर प्रह्लादसे प्रेम करने लगा और इसी प्रकार धर्मज्ञ प्रह्लादजी भी अपने गुरु और माता-पिताकी सेवा-शुश्रूषा करने लगे॥ ३१॥ हे मैत्रेय! तदनन्तर नृसिंहरूपधारी भगवान् विष्णुद्वारा पिताके मारे जानेपर वे दैत्योंके राजा हुए॥ ३२॥ हे द्विज! फिर प्रारब्धक्षयकारिणी राज्यलक्ष्मी, बहुत-से पुत्र-पौत्रादि तथा परम ऐश्वर्य पाकर, कर्माधिकारके क्षीण होनेपर पुण्य-पापसे रहित हो भगवान्का ध्यान करते हुए उन्होंने परम निर्वाणपद प्राप्त किया॥ ३३-३४॥

हे मैत्रेय! जिनके विषयमें तुमने पूछा था वे परम भगवद्भक्त महामति दैत्यप्रवर प्रह्लादजी ऐसे प्रभावशाली हुए॥ ३५॥ उन महात्मा प्रह्लादजीके इस चरित्रको जो पुरुष सुनता है उसके पाप शीघ्र ही नष्ट हो जाते हैं॥ ३६॥ हे मैत्रेय! इसमें सन्देह नहीं कि मनुष्य प्रह्लाद-चरित्रके सुनने या पढ़नेसे दिन-रातके (निरन्तर) किये हुए पापसे अवश्य छूट जाता है॥ ३७॥ हे द्विज! पूर्णिमा, अमावास्या, अष्टमी अथवा द्वादशीको इसे पढ़नेसे मनुष्यको गोदानका फल मिलता है॥ ३८॥ जिस प्रकार भगवान्ने प्रह्लादजीकी सम्पूर्ण आपत्तियोंसे रक्षा की थी उसी प्रकार वे सर्वदा उसकी भी रक्षा करते हैं जो उनका चरित्र सुनता है॥ ३९॥

इति श्रीविष्णुपुराणे प्रथमेंऽशे विंशोऽध्यायः॥ २०॥

इक्कीसवाँ अध्याय

कश्यपजीकी अन्य स्त्रियोंके वंश एवं मरुद्गणकी उत्पत्तिका वर्णन

श्रीपराशर उवाच

संह्लादपुत्र आयुष्माञ्छिबिर्बाष्कल एव च।
विरोचनस्तु प्राह्लादिर्बलिर्जज्ञे विरोचनात्॥ १
बलेः पुत्रशतं त्वासीद्बाणज्येष्ठं महामुने।
हिरण्याक्षसुताश्चासन्सर्व एव महाबलाः॥ २
उत्कुरः शकुनिश्चैव भूतसन्तापनस्तथा।
महानाभो महाबाहुः कालनाभस्तथापरः॥ ३
अभवन्दनुपुत्राश्च द्विमूर्द्धा शम्बरस्तथा।
अयोमुखः शङ्कुशिराः कपिलः शङ्करस्तथा॥ ४
एकचक्रो महाबाहुस्तारकश्च महाबलः।
स्वर्भानुर्वृषपर्वा च पुलोमश्च महाबलः॥ ५
एते दनोः सुताः ख्याता विप्रचित्तिश्च वीर्यवान्॥ ६
स्वर्भानोस्तु प्रभा कन्या शर्मिष्ठा वार्षपर्वणी।
उपदानी हयशिराः प्रख्याता वरकन्यकाः॥ ७
वैश्वानरसुते चोभे पुलोमा कालका तथा।
उभे सुते महाभागे मारीचेस्तु परिग्रहः॥ ८
ताभ्यां पुत्रसहस्राणि षष्टिर्दानवसत्तमाः।
पौलोमाः कालकेयाश्च मारीचतनयाः स्मृताः॥ ९
ततोऽपरे महावीर्या दारुणास्त्वतिनिर्घृणाः।
सिंहिकायामथोत्पन्ना विप्रचित्तेः सुतास्तथा॥ १०
व्यंशः शल्यश्च बलवान् नभश्चैव महाबलः।
वातापी नमुचिश्चैव इल्वलः खसृमस्तथा॥ ११
अन्धको नरकश्चैव कालनाभस्तथैव च।
स्वर्भानुश्च महावीर्यो वक्त्रयोधी महासुरः॥ १२
एते वै दानवाः श्रेष्ठा दनुवंशविवर्द्धनाः।
एतेषां पुत्रपौत्राश्च शतशोऽथ सहस्रशः॥ १३
प्रह्लादस्य तु दैत्यस्य निवातकवचाः कुले।
समुत्पन्नाः सुमहता तपसा भावितात्मनः॥ १४
षट् सुताः सुमहासत्त्वास्ताम्राया: परिकीर्त्तिताः।
शुकी श्येनी च भासी च सुग्रीवीशुचिगृद्धिकाः॥ १५

श्रीपराशरजी बोले—संह्लादके पुत्र आयुष्मान् शिबि और बाष्कल थे तथा प्रह्लादके पुत्र विरोचन थे और विरोचनसे बलिका जन्म हुआ॥ १॥ हे महामुने! बलिके सौ पुत्र थे जिनमें बाणासुर सबसे बड़ा था। हिरण्याक्षके पुत्र उत्कुर, शकुनि, भूतसन्तापन, महानाभ, महाबाहु तथा कालनाभ आदि सभी महाबलवान् थे॥ २-३॥

(कश्यपजीकी एक दूसरी स्त्री) दनुके पुत्र द्विमूर्धा, शम्बर, अयोमुख, शंकुशिरा, कपिल, शंकर, एकचक्र, महाबाहु, तारक, महाबल, स्वर्भानु, वृषपर्वा, महाबली पुलोम और परमपराक्रमी विप्रचित्ति थे। ये सब दनुके पुत्र विख्यात हैं॥ ४—६॥ स्वर्भानुकी कन्या प्रभा थी तथा शर्मिष्ठा, उपदानी और हयशिरा—ये वृषपर्वाकी परम सुन्दरी कन्याएँ विख्यात हैं॥ ७॥ वैश्वानरकी पुलोमा और कालका दो पुत्रियाँ थीं। हे महाभाग! वे दोनों कन्याएँ मरीचिनन्दन कश्यपजीकी भार्या हुईं॥ ८॥ उनके पुत्र साठ हजार दानव-श्रेष्ठ हुए। मरीचिनन्दन कश्यपजीके वे सभी पुत्र पौलोम और कालकेय कहलाये॥ ९॥ इनके सिवा विप्रचित्तिके सिंहिकाके गर्भसे और भी बहुत-से महाबलवान्, भयंकर और अतिक्रूर पुत्र उत्पन्न हुए॥ १०॥ वे व्यंश, शल्य, बलवान् नभ, महाबली वातापी, नमुचि, इल्वल, खसृम, अन्धक, नरक, कालनाभ, महावीर, स्वर्भानु और महादैत्य वक्त्र योधी थे॥ ११-१२॥ ये सब दानवश्रेष्ठ दनुके वंशको बढ़ानेवाले थे। इनके और भी सैकड़ों-हजारों पुत्र-पौत्रादि हुए॥ १३॥ महान् तपस्याद्वारा आत्मज्ञानसम्पन्न दैत्यवर प्रह्लादजीके कुलमें निवातकवच नामक दैत्य उत्पन्न हुए॥ १४॥

कश्यपजीकी स्त्री ताम्राकी शुकी, श्येनी, भासी, सुग्रीवी, शुचि और गृद्ध्रिका—ये छः अति प्रभावशालिनी कन्याएँ कही जाती हैं॥ १५॥

शुकी शुकानजनयदुलूकप्रत्युलूकिकान्।
श्येनी श्येनांस्तथा भासी भासान्गृद्ध्रांश्च गृद्ध्र्यपि॥ १६
शुच्यौदकान्पक्षिगणान्सुग्रीवी तु व्यजायत।
अश्वानुष्ट्रान्गर्दभांश्च ताम्रावंशः प्रकीर्त्तितः॥ १७
विनतायास्तु द्वौ पुत्रौ विख्यातौ गरुडारुणौ।
सुपर्णः पततां श्रेष्ठो दारुणः पन्नगाशनः॥ १८
सुरसायां सहस्त्रं तु सर्पाणाममितौजसाम्।
अनेकशिरसां ब्रह्मन् खेचराणां महात्मनाम्॥ १९
काद्रवेयास्तु बलिनः सहस्त्रममितौजसः।
सुपर्णवशगा ब्रह्मन् जज्ञिरे नैकमस्तकाः॥ २०
तेषां प्रधानभूतास्तु शेषवासुकितक्षकाः।
शङ्खश्वेतो महापद्मः कम्बलाश्वतरौ तथा॥ २१
एलापुत्रस्तथा नागः कर्कोटकधनञ्जयौ।
एते चान्ये च बहवो दन्दशूका विषोल्बणाः॥ २२
गणं क्रोधवशं विद्धि तस्याः सर्वे च दंष्ट्रिणः।
स्थलजाः पक्षिणोऽब्जाश्च दारुणाः पिशिताशनाः॥ २३
क्रोधा तु जनयामास पिशाचांश्च महाबलान्।
गास्तु वै जनयामास सुरभिर्महिषांस्तथा।
इरावृक्षलतावल्लीस्तृणजातीश्च सर्वशः॥ २४
खसा तु यक्षरक्षांसि मुनिरप्सरसस्तथा।
अरिष्टा तु महासत्त्वान् गन्धर्वान्समजीजनत्॥ २५
एते कश्यपदायादाः कीर्त्तिताः स्थाणुजङ्गमाः।
तेषां पुत्राश्च पौत्राश्च शतशोऽथ सहस्त्रशः॥ २६
एष मन्वन्तरे सर्गो ब्रह्मन्स्वारोचिषे स्मृतः॥ २७
वैवस्वते च महति वारुणे वितते कृतौ।
जुह्वानस्य ब्रह्मणो वै प्रजासर्ग इहोच्यते॥ २८
पूर्वं यत्र तु सप्तर्षीनुत्पन्नान्सप्तमानसान्।
पितृत्वे कल्पयामास स्वयमेव पितामहः।
गन्धर्वभोगिदेवानां दानवानां च सत्तम॥ २९
दितिर्विनष्टपुत्रा वै तोषयामास काश्यपम्।
तया चाराधितः सम्यक् काश्यपस्तपतां वरः॥ ३०
वरेणच्छन्दयामास सा च वव्रे ततो वरम्।
पुत्रमिन्द्रवधार्थाय समर्थममितौजसम्॥ ३१

शुकीसे शुक, उलूक एवं उलूकोंके प्रतिपक्षी काक आदि उत्पन्न हुए तथा श्येनीसे श्येन (बाज), भासीसे भास और गृद्ध्रिकासे गृद्ध्रोंका जन्म हुआ॥ १६॥ शुचिसे जलके पक्षिगण और सुग्रीवीसे अश्व, उष्ट्र और गर्दभोंकी उत्पत्ति हुई। इस प्रकार यह ताम्राका वंश कहा जाता है॥ १७॥ विनताके गरुड और अरुण ये दो पुत्र विख्यात हैं। इनमें पक्षियोंमें श्रेष्ठ सुपर्ण (गरुडजी) अति भयंकर और सर्पोंको खानेवाले हैं॥ १८॥ हे ब्रह्मन्! सुरसासे सहस्रों सर्प उत्पन्न हुए जो बड़े ही प्रभावशाली, आकाशमें विचरनेवाले, अनेक शिरोंवाले और बड़े विशालकाय थे॥ १९॥ और कद्रूके पुत्र भी महाबली और अमित तेजस्वी अनेक सिरवाले सहस्रों सर्प ही हुए जो गरुडजीके वशवर्ती थे॥ २०॥ उनमेंसे शेष, वासुकि, तक्षक, शंखश्वेत, महापद्म, कम्बल, अश्वतर, एलापुत्र, नाग, कर्कोटक, धनंजय तथा और भी अनेक उग्र विषधर एवं काटनेवाले सर्प प्रधान हैं॥ २१-२२॥ क्रोधवशाके पुत्र क्रोधवशगण हैं। वे सभी बड़ी-बड़ी दाढ़ोंवाले, भयंकर और कच्चा मांस खानेवाले जलचर, स्थलचर एवं पक्षिगण हैं॥ २३॥ महाबली पिशाचोंको भी क्रोधाने ही जन्म दिया है। सुरभिसे गौ और महिष आदिकी उत्पत्ति हुई तथा इरासे वृक्ष, लता, बेल और सब प्रकारके तृण उत्पन्न हुए हैं॥ २४॥ खसाने यक्ष और राक्षसोंको, मुनिने अप्सराओंको तथा अरिष्टाने अति समर्थ गन्धर्वोंको जन्म दिया॥ २५॥ ये सब स्थावर-जंगम कश्यपजीकी सन्तान हुए। इनके और भी सैकड़ों-हजारों पुत्र-पौत्रादि हुए॥ २६॥ हे ब्रह्मन्! यह स्वारोचिष-मन्वन्तरकी सृष्टिका वर्णन कहा जाता है॥ २७॥ वैवस्वत-मन्वन्तरके आरम्भमें महान् वारुण यज्ञ हुआ, उसमें ब्रह्माजी होता थे, अब मैं उनकी प्रजाका वर्णन करता हूँ॥ २८॥

हे साधुश्रेष्ठ! पूर्व-मन्वन्तरमें जो सप्तर्षिगण स्वयं ब्रह्माजीके मानसपुत्ररूपसे उत्पन्न हुए थे, उन्हींको ब्रह्माजीने इस कल्पमें गन्धर्व, नाग, देव और दानवादिके पितृरूपसे निश्चित किया॥ २९॥ पुत्रोंके नष्ट हो जानेपर दितिने कश्यपजीको प्रसन्न किया। उसकी सम्यक् आराधनासे सन्तुष्ट हो तपस्वियोंमें श्रेष्ठ कश्यपजीने उसे वर देकर प्रसन्न किया। उस समय उसने इन्द्रके वध करनेमें समर्थ एक अति तेजस्वी पुत्रका वर माँगा॥ ३०-३१॥

स च तस्मै वरं प्रादाद्भार्यायै मुनिसत्तमः।
दत्त्वा च वरमत्युग्रं कश्यपस्तामुवाच ह॥ ३२
शक्रं पुत्रो निहन्ता ते यदि गर्भं शरच्छतम्।
समाहितातिप्रयता शौचिनी धारयिष्यसि॥ ३३
इत्येवमुक्त्वा तां देवीं सङ्गतः कश्यपो मुनिः।
दधार सा च तं गर्भं सम्यक्छौचसमन्विता॥ ३४
गर्भमात्मवधार्थाय ज्ञात्वा तं मघवानपि।
शुश्रूषुस्तामथागच्छद्विनयादमराधिपः॥ ३५
तस्याश्चैवान्तरप्रेप्सुरतिष्ठत्पाकशासनः।
ऊने वर्षशते चास्या ददर्शान्तरमात्मना॥ ३६
अकृत्वा पादयोः शौचं दितिः शयनमाविशत्।
निद्रा चाहारयामास तस्याः कुक्षिं प्रविश्य सः॥ ३७
वज्रपाणिर्महागर्भं चिच्छेदाथ स सप्तधा।
सम्पीड्यमानो वज्रेण स रुरोदातिदारुणम्॥ ३८
मा रोदीरिति तं शक्रः पुनः पुनरभाषत।
सोऽभवत्सप्तधा गर्भस्तमिन्द्रः कुपितः पुनः॥ ३९
एकैकं सप्तधा चक्रे वज्रेणारिविदारिणा।
मरुतो नाम देवास्ते बभूवुरतिवेगिनः॥ ४०
यदुक्तं वै भगवता तेनैव मरुतोऽभवन्।
देवा एकोनपञ्चाशत्सहाया वज्रपाणिनः॥ ४१

मुनिश्रेष्ठ कश्यपजीने अपनी भार्या दितिको वह वर दिया और उस अति उग्र वरको देते हुए वे उससे बोले—॥ ३२॥ "यदि तुम भगवान्‌के ध्यानमें तत्पर रहकर अपना गर्भ शौच* और संयमपूर्वक सौ वर्षतक धारण कर सकोगी तो तुम्हारा पुत्र इन्द्रको मारनेवाला होगा"॥ ३३॥ ऐसा कहकर मुनि कश्यपजीने उस देवीसे संगमन किया और उसने बड़े शौचपूर्वक रहते हुए वह गर्भ धारण किया॥ ३४॥

उस गर्भको अपने वधका कारण जान देवराज इन्द्र भी विनयपूर्वक उसकी सेवा करनेके लिये आ गये॥ ३५॥ उसके शौचादिमें कभी कोई अन्तर पड़े—यही देखनेकी इच्छासे इन्द्र वहाँ हर समय उपस्थित रहते थे। अन्तमें सौ वर्षमें कुछ ही कमी रहनेपर उन्होंने एक अन्तर देख ही लिया॥ ३६॥ एक दिन दिति बिना चरण-शुद्धि किये ही अपनी शय्यापर लेट गयी। उस समय निद्राने उसे घेर लिया। तब इन्द्र हाथमें वज्र लेकर उसकी कुक्षिमें घुस गये और उस महागर्भके सात टुकड़े कर डाले। इस प्रकार वज्रसे पीड़ित होनेसे वह गर्भ जोर-जोरसे रोने लगा॥ ३७-३८॥ इन्द्रने उससे पुनः-पुनः कहा कि 'मत रो'। किन्तु जब वह गर्भ सात भागोंमें विभक्त हो गया, [और फिर भी न मरा] तो इन्द्रने अत्यन्त कुपित हो अपने शत्रु-विनाशक वज्रसे एक-एकके सात-सात टुकड़े और कर दिये। वे ही अति वेगवान् मरुत् नामक देवता हुए॥ ३९-४०॥ भगवान् इन्द्रने जो उससे कहा था कि '**मा रोदीः**' (मत रो) इसीलिये वे मरुत् कहलाये। ये उनचास मरुद्‌गण इन्द्रके सहायक देवता हुए॥ ४१॥

इति श्रीविष्णुपुराणे प्रथमेऽंशे एकविंशोऽध्यायः॥ २१॥

---

* शौच आदि नियम मत्स्यपुराणमें इस प्रकार बतलाये गये हैं—

सन्ध्यायां नैव भोक्तव्यं गर्भिण्या वरवर्णिनि। न स्थातव्यं न गन्तव्यं वृक्षमूलेषु सर्वदा॥
वर्जयेत् कलहं लोके गात्रभङ्गं तथैव च। नोन्मुक्तकेशी तिष्ठेच्च नाशुचिः स्यात् कदाचन॥

हे सुन्दरि! गर्भिणी स्त्रीको चाहिये कि सायंकालमें भोजन न करे, वृक्षोंके नीचे न जाय और न वहाँ ठहरे ही तथा लोगोंके साथ कलह और अँगड़ाई लेना छोड़ दे, कभी केश खुला न रखे और न अपवित्र ही रहे।

तथा भागवतमें भी कहा है—'न हिंस्यात्सर्वभूतानि न शपेन्नानृतं वदेत्' इत्यादि। अर्थात् प्राणियोंकी हिंसा न करे, किसीको बुरा-भला न कहे और कभी झूठ न बोले।

बाईसवाँ अध्याय

विष्णुभगवान्‌की विभूति और जगत्‌की व्यवस्थाका वर्णन

श्रीपराशर उवाच

यदाभिषिक्तः स पृथुः पूर्वं राज्ये महर्षिभिः।
ततः क्रमेण राज्यानि ददौ लोकपितामहः॥ १
नक्षत्रग्रहविप्राणां वीरुधां चाप्यशेषतः।
सोमं राज्ये दधद्ब्रह्मा यज्ञानां तपसामपि॥ २
राज्ञां वैश्रवणं राज्ये जलानां वरुणं तथा।
आदित्यानां पतिं विष्णुं वसूनामथ पावकम्॥ ३
प्रजापतीनां दक्षं तु वासवं मरुतामपि।
दैत्यानां दानवानां च प्रह्लादमधिपं ददौ॥ ४
पितॄणां धर्मराजं तं यमं राज्येऽभ्यषेचयत्।
ऐरावतं गजेन्द्राणामशेषाणां पतिं ददौ॥ ५
पतत्त्रिणां तु गरुडं देवानामपि वासवम्।
उच्चैःश्रवसमश्वानां वृषभं तु गवामपि॥ ६
मृगाणां चैव सर्वेषां राज्ये सिंहं ददौ प्रभुः।
शेषं तु दन्दशूकानामकरोत्पतिमव्ययः॥ ७
हिमालयं स्थावराणां मुनीनां कपिलं मुनिम्।
नखिनां दंष्ट्रिणां चैव मृगाणां व्याघ्रमीश्वरम्॥ ८
वनस्पतीनां राजानं प्लक्षमेवाभ्यषेचयत्।
एवमेवान्यजातीनां प्राधान्येनाकरोत्प्रभून्॥ ९
एवं विभज्य राज्यानि दिशां पालाननन्तरम्।
प्रजापतिपतिर्ब्रह्मा स्थापयामास सर्वतः॥ १०
पूर्वस्यां दिशि राजानं वैराजस्य प्रजापतेः।
दिशापालं सुधन्वानं सुतं वै सोऽभ्यषेचयत्॥ ११
दक्षिणस्यां दिशि तथा कर्दमस्य प्रजापतेः।
पुत्रं शङ्खपदं नाम राजानं सोऽभ्यषेचयत्॥ १२
पश्चिमस्यां दिशि तथा रजसः पुत्रमच्युतम्।
केतुमन्तं महात्मानं राजानं सोऽभ्यषेचयत्॥ १३
तथा हिरण्यरोमाणं पर्जन्यस्य प्रजापतेः।
उदीच्यां दिशि दुर्द्धर्षं राजानमभ्यषेचयत्॥ १४
तैरियं पृथिवी सर्वा सप्तद्वीपा सपत्तना।
यथाप्रदेशमद्यापि धर्मतः परिपाल्यते॥ १५

श्रीपराशरजी बोले—पूर्वकालमें महर्षियोंने जब महाराज पृथुको राज्यपदपर अभिषिक्त किया तो लोक-पितामह श्रीब्रह्माजीने भी क्रमसे राज्योंका बँटवारा किया॥ १॥ ब्रह्माजीने नक्षत्र, ग्रह, ब्राह्मण, सम्पूर्ण वनस्पति और यज्ञ तथा तप आदिके राज्यपर चन्द्रमाको नियुक्त किया॥ २॥ इसी प्रकार विश्रवाके पुत्र कुबेरजीको राजाओंका, वरुणको जलोंका, विष्णुको आदित्योंका और अग्निको वसुगणोंका अधिपति बनाया॥ ३॥ दक्षको प्रजापतियोंका, इन्द्रको मरुद्गणका तथा प्रह्लादजीको दैत्य और दानवोंका आधिपत्य दिया॥ ४॥ पितृगणके राज्यपदपर धर्मराज यमको अभिषिक्त किया और सम्पूर्ण गजराजोंका स्वामित्व ऐरावतको दिया॥ ५॥ गरुडको पक्षियोंका, इन्द्रको देवताओंका, उच्चैःश्रवाको घोड़ोंका और वृषभको गौओंका अधिपति बनाया॥ ६॥ प्रभु ब्रह्माजीने समस्त मृगों (वन्यपशुओं)-का राज्य सिंहको दिया और सर्पोंका स्वामी शेषनागको बनाया॥ ७॥ स्थावरोंका स्वामी हिमालयको, मुनिजनोंका कपिलदेवजीको और नख तथा दाढ़वाले मृगगणका राजा व्याघ्र (बाघ)-को बनाया॥ ८॥ तथा प्लक्ष (पाकर)-को वनस्पतियोंका राजा किया। इसी प्रकार ब्रह्माजीने और-और जातियोंके प्राधान्यकी भी व्यवस्था की॥ ९॥

इस प्रकार राज्योंका विभाग करनेके अनन्तर प्रजापतियोंके स्वामी ब्रह्माजीने सब ओर दिक्पालोंकी स्थापना की॥ १०॥ उन्होंने पूर्व-दिशामें वैराज प्रजापतिके पुत्र राजा सुधन्वाको दिक्पालपदपर अभिषिक्त किया॥ ११॥ तथा दक्षिण-दिशामें कर्दम प्रजापतिके पुत्र राजा शंखपदकी नियुक्ति की॥ १२॥ कभी च्युत न होनेवाले रजसपुत्र महात्मा केतुमान्‌को उन्होंने पश्चिम-दिशामें स्थापित किया॥ १३॥ और पर्जन्य प्रजापतिके पुत्र अति दुर्द्धर्ष राजा हिरण्यरोमाको उत्तर-दिशामें अभिषिक्त किया॥ १४॥ वे आजतक सात द्वीप और अनेकों नगरोंसे युक्त इस सम्पूर्ण पृथिवीका अपने-अपने विभागानुसार धर्मपूर्वक पालन करते हैं॥ १५॥

एते सर्वे प्रवृत्तस्य स्थितौ विष्णोर्महात्मनः।
विभूतिभूता राजानो ये चान्ये मुनिसत्तम॥ १६
ये भविष्यन्ति ये भूताः सर्वे भूतेश्वरा द्विज।
ते सर्वे सर्वभूतस्य विष्णोरंशा द्विजोत्तम॥ १७
ये तु देवाधिपतयो ये च दैत्याधिपास्तथा।
दानवानां च ये नाथा ये नाथाः पिशिताशिनाम्॥ १८
पशूनां ये च पतयः पतयो ये च पक्षिणाम्।
मनुष्याणां च सर्पाणां नागानामधिपाश्च ये॥ १९
वृक्षाणां पर्वतानां च ग्रहाणां चापि येऽधिपाः।
अतीता वर्त्तमानाश्च ये भविष्यन्ति चापरे।
ते सर्वे सर्वभूतस्य विष्णोरंशसमुद्भवाः॥ २०
न हि पालनसामर्थ्यमृते सर्वेश्वरं हरिम्।
स्थितं स्थितौ महाप्राज्ञ भवत्यन्यस्य कस्यचित्॥ २१
सृजत्येष जगत्सृष्टौ स्थितौ पाति सनातनः।
हन्ति चैवान्तकत्वेन रजःसत्त्वादिसंश्रयः॥ २२
चतुर्विभागः संसृष्टौ चतुर्धा संस्थितः स्थितौ।
प्रलयं च करोत्यन्ते चतुर्भेदो जनार्दनः॥ २३
एकेनांशेन ब्रह्मासौ भवत्यव्यक्तमूर्त्तिमान्।
मरीचिमिश्राः पतयः प्रजानां चान्यभागशः॥ २४
कालस्तृतीयस्तस्यांशः सर्वभूतानि चापरः।
इत्थं चतुर्धा संसृष्टौ वर्त्ततेऽसौ रजोगुणः॥ २५
एकांशेनास्थितो विष्णुः करोति प्रतिपालनम्।
मन्वादिरूपश्चान्येन कालरूपोऽपरेण च॥ २६
सर्वभूतेषु चान्येन संस्थितः कुरुते स्थितिम्।
सत्त्वं गुणं समाश्रित्य जगतः पुरुषोत्तमः॥ २७
आश्रित्य तमसो वृत्तिमन्तकाले तथा पुनः।
रुद्रस्वरूपो भगवानेकांशेन भवत्यजः॥ २८
अग्न्यन्तकादिरूपेण भागेनान्येन वर्त्तते।
कालस्वरूपो भागो यस्सर्वभूतानि चापरः॥ २९
विनाशं कुर्वतस्तस्य चतुर्द्धैवं महात्मनः।
विभागकल्पना ब्रह्मन् कथ्यते सार्वकालिकी॥ ३०
ब्रह्मा दक्षादयः कालस्तथैवाखिलजन्तवः।
विभूतयो हरेरेता जगतः सृष्टिहेतवः॥ ३१

हे मुनिसत्तम! ये तथा अन्य भी जो सम्पूर्ण राजालोग हैं वे सभी विश्वके पालनमें प्रवृत्त परमात्मा श्रीविष्णुभगवान्‌के विभूतिरूप हैं॥ १६॥ हे द्विजोत्तम! जो-जो भूताधिपति पहले हो गये हैं और जो-जो आगे होंगे वे सभी सर्वभूत भगवान् विष्णुके अंश हैं॥ १७॥ जो-जो भी देवताओं, दैत्यों, दानवों और मांसभोजियोंके अधिपति हैं, जो-जो पशुओं, पक्षियों, मनुष्यों, सर्पों और नागोंके अधिनायक हैं, जो-जो वृक्षों, पर्वतों और ग्रहोंके स्वामी हैं तथा और भी भूत, भविष्यत् एवं वर्तमानकालीन जितने भूतेश्वर हैं वे सभी सर्वभूत भगवान् विष्णुके अंशसे उत्पन्न हुए हैं॥ १८—२०॥ हे महाप्राज्ञ! सृष्टिके पालन-कार्यमें प्रवृत्त सर्वेश्वर श्रीहरिको छोड़कर और किसीमें भी पालन करनेकी शक्ति नहीं है॥ २१॥ रजः और सत्त्वादि गुणोंके आश्रयसे वे सनातन प्रभु ही जगत्‌की रचनाके समय रचना करते हैं, स्थितिके समय पालन करते हैं और अन्तसमयमें कालरूपसे संहार करते हैं॥ २२॥

वे जनार्दन चार विभागसे सृष्टिके और चार विभागसे ही स्थितिके समय रहते हैं तथा चार रूप धारण करके ही अन्तमें प्रलय करते हैं॥ २३॥ एक अंशसे वे अव्यक्तस्वरूप ब्रह्मा होते हैं, दूसरे अंशसे मरीचि आदि प्रजापति होते हैं, उनका तीसरा अंश काल है और चौथा सम्पूर्ण प्राणी। इस प्रकार वे रजोगुणविशिष्ट होकर चार प्रकारसे सृष्टिके समय स्थित होते हैं॥ २४-२५॥ फिर वे पुरुषोत्तम सत्त्वगुणका आश्रय लेकर जगत्‌की स्थिति करते हैं। उस समय वे एक अंशसे विष्णु होकर पालन करते हैं, दूसरे अंशसे मनु आदि होते हैं तथा तीसरे अंशसे काल और चौथेसे सर्वभूतोंमें स्थित होते हैं॥ २६-२७॥ तथा अन्तकालमें वे अजन्मा भगवान् तमोगुणकी वृत्तिका आश्रय ले एक अंशसे रुद्ररूप, दूसरे भागसे अग्नि और अन्तकादि रूप, तीसरेसे कालरूप और चौथेसे सम्पूर्ण भूतस्वरूप हो जाते हैं॥ २८-२९॥ हे ब्रह्मन्! विनाश करनेके लिये उन महात्माकी यह चार प्रकारकी सार्वकालिक विभागकल्पना कही जाती है॥ ३०॥ ब्रह्मा, दक्ष आदि प्रजापतिगण, काल तथा समस्त प्राणी—ये श्रीहरिकी विभूतियाँ जगत्‌की सृष्टिकी कारण हैं॥ ३१॥

विष्णुर्मन्वादयः कालः सर्वभूतानि च द्विज।
स्थितेर्निमित्तभूतस्य विष्णोरेता विभूतयः॥ ३२
रुद्रः कालान्तकाद्याश्च समस्ताश्चैव जन्तवः।
चतुर्धा प्रलयायैता जनार्दनविभूतयः॥ ३३
जगदादौ तथा मध्ये सृष्टिराप्रलयाद् द्विज।
धात्रा मरीचिमिश्रैश्च क्रियते जन्तुभिस्तथा॥ ३४
ब्रह्मा सृजत्यादिकाले मरीचिप्रमुखास्ततः।
उत्पादयन्त्यपत्यानि जन्तवश्च प्रतिक्षणम्॥ ३५
कालेन न विना ब्रह्मा सृष्टिनिष्पादको द्विज।
न प्रजापतयः सर्वे न चैवाखिलजन्तवः॥ ३६
एवमेव विभागोऽयं स्थितावप्युपदिश्यते।
चतुर्धा तस्य देवस्य मैत्रेय प्रलये तथा॥ ३७
यत्किञ्चित्सृज्यते येन सत्त्वजातेन वै द्विज।
तस्य सृज्यस्य सम्भूतौ तत्सर्वं वै हरेस्तनुः॥ ३८
हन्ति यावच्च यत्किञ्चित्सत्त्वं स्थावरजङ्गमम्।
जनार्दनस्य तद्रौद्रं मैत्रेयान्तकरं वपुः॥ ३९
एवमेष जगत्स्रष्टा जगत्पाता तथा जगत्।
जगद्भक्षयिता देवः समस्तस्य जनार्दनः॥ ४०
सृष्टिस्थित्यन्तकालेषु त्रिधैवं सम्प्रवर्तते।
गुणप्रवृत्त्या परमं पदं तस्यागुणं महत्॥ ४१
तच्च ज्ञानमयं व्यापि स्वसंवेद्यमनौपमम्।
चतुष्प्रकारं तदपि स्वरूपं परमात्मनः॥ ४२

श्रीमैत्रेय उवाच

चतुष्प्रकारतां तस्य ब्रह्मभूतस्य हे मुने।
ममाचक्ष्व यथान्यायं यदुक्तं परमं पदम्॥ ४३

श्रीपराशर उवाच

मैत्रेय कारणं प्रोक्तं साधनं सर्ववस्तुषु।
साध्यं च वस्त्वभिमतं यत्साधयितुमात्मनः॥ ४४
योगिनो मुक्तिकामस्य प्राणायामादिसाधनम्।
साध्यं च परमं ब्रह्म पुनर्नावर्त्तते यतः॥ ४५

हे द्विज! विष्णु, मनु आदि, काल और समस्त भूतगण—ये जगत्‌की स्थितिके कारणरूप भगवान् विष्णुकी विभूतियाँ हैं॥ ३२॥ तथा रुद्र, काल, अन्तकादि और सकल जीव—श्रीजनार्दनकी ये चार विभूतियाँ प्रलयकी कारणरूप हैं॥ ३३॥

हे द्विज! जगत्‌के आदि और मध्यमें तथा प्रलय-पर्यन्त भी ब्रह्मा, मरीचि आदि तथा भिन्न-भिन्न जीवोंसे ही सृष्टि हुआ करती है॥ ३४॥ सृष्टिके आरम्भमें पहले ब्रह्माजी रचना करते हैं, फिर मरीचि आदि प्रजापतिगण और तदनन्तर समस्त जीव क्षण-क्षणमें सन्तान उत्पन्न करते रहते हैं॥ ३५॥ हे द्विज! कालके बिना ब्रह्मा, प्रजापति एवं अन्य समस्त प्राणी भी सृष्टि-रचना नहीं कर सकते [अतः भगवान् कालरूप विष्णु ही सर्वदा सृष्टिके कारण हैं]॥ ३६॥ हे मैत्रेय! इसी प्रकार जगत्‌की स्थिति और प्रलयमें भी उन देवदेवके चार-चार विभाग बताये जाते हैं॥ ३७॥ हे द्विज! जिस किसी जीवद्वारा जो कुछ भी रचना की जाती है उस उत्पन्न हुए जीवकी उत्पत्तिमें सर्वथा श्रीहरिका शरीर ही कारण है॥ ३८॥ हे मैत्रेय! इसी प्रकार जो कोई स्थावर-जंगम भूतोंमेंसे किसीको नष्ट करता है, वह नाश करनेवाला भी श्रीजनार्दनका अन्तकारक रौद्ररूप ही है॥ ३९॥ इस प्रकार वे जनार्दनदेव ही समस्त संसारके रचयिता, पालनकर्ता और संहारक हैं तथा वे ही स्वयं जगत्-रूप भी हैं॥ ४०॥ जगत्‌की उत्पत्ति, स्थिति और अन्तके समय वे इसी प्रकार तीनों गुणोंकी प्रेरणासे प्रवृत्त होते हैं, तथापि उनका परमपद महान् निर्गुण है॥ ४१॥ परमात्माका वह स्वरूप ज्ञानमय, व्यापक, स्वसंवेद्य (स्वयं-प्रकाश) और अनुपम है तथा वह भी चार प्रकारका ही है॥ ४२॥

श्रीमैत्रेयजी बोले—हे मुने! आपने जो भगवान्‌का परम पद कहा, वह चार प्रकारका कैसे है? यह आप मुझसे विधिपूर्वक कहिये॥ ४३॥

श्रीपराशरजी बोले—हे मैत्रेय! सब वस्तुओंका जो कारण होता है वही उनका साधन भी होता है और जिस अपनी अभिमत वस्तुकी सिद्धि की जाती है वही साध्य कहलाती है॥ ४४॥ मुक्तिकी इच्छावाले योगिजनोंके लिये प्राणायाम आदि साधन हैं और परब्रह्म ही साध्य है, जहाँसे फिर लौटना नहीं पड़ता॥ ४५॥

साधनालम्बनं ज्ञानं मुक्तये योगिनां हि यत्।
स भेदः प्रथमस्तस्य ब्रह्मभूतस्य वै मुने॥ ४६
युञ्जतः क्लेशमुक्त्यर्थं साध्यं यद्ब्रह्म योगिनः।
तदालम्बनविज्ञानं द्वितीयोंऽशो महामुने॥ ४७
उभयोस्त्वविभागेन साध्यसाधनयोर्हि यत्।
विज्ञानमद्वैतमयं तद्भागोऽन्यो मयोदितः॥ ४८
ज्ञानत्रयस्य वै तस्य विशेषो यो महामुने।
तन्निराकरणद्वारा दर्शितात्मस्वरूपवत्॥ ४९
निर्व्यापारमनाख्येयं व्याप्तिमात्रमनूपमम्।
आत्मसम्बोधविषयं सत्तामात्रमलक्षणम्॥ ५०
प्रशान्तमभयं शुद्धं दुर्विभाव्यमसंश्रयम्।
विष्णोर्ज्ञानमयस्योक्तं तज्ज्ञानं ब्रह्मसंज्ञितम्॥ ५१
तत्र ज्ञाननिरोधेन योगिनो यान्ति ये लयम्।
संसारकर्षणोप्तौ ते यान्ति निर्बीजतां द्विज॥ ५२
एवंप्रकारममलं नित्यं व्यापकमक्षयम्।
समस्तहेयरहितं विष्ण्वाख्यं परमं पदम्॥ ५३
तद्ब्रह्म परमं योगी यतो नावर्त्तते पुनः।
श्रयत्यपुण्योपरमे क्षीणक्लेशोऽतिनिर्मलः॥ ५४
द्वे रूपे ब्रह्मणस्तस्य मूर्त्तं चामूर्तमेव च।
क्षराक्षरस्वरूपे ते सर्वभूतेष्ववस्थिते॥ ५५
अक्षरं तत्परं ब्रह्म क्षरं सर्वमिदं जगत्।
एकदेशस्थितस्याग्नेर्ज्योत्स्ना विस्तारिणी यथा।
परस्य ब्रह्मणः शक्तिस्तथेदमखिलं जगत्॥ ५६
तत्राप्यासन्नदूरत्वाद्बहुत्वस्वल्पतामयः।
ज्योत्स्नाभेदोऽस्ति तच्छक्तेस्तद्वन्मैत्रेय विद्यते॥ ५७
ब्रह्मविष्णुशिवा ब्रह्मन्प्रधाना ब्रह्मशक्तयः।
ततश्च देवा मैत्रेय न्यूना दक्षादयस्ततः॥ ५८
ततो मनुष्याः पशवो मृगपक्षिसरीसृपाः।
न्यूनान्यूनतराश्चैव वृक्षगुल्मादयस्तथा॥ ५९
तदेतदक्षरं नित्यं जगन्मुनिवराखिलम्।
आविर्भावतिरोभावजन्मनाशविकल्पवत्॥ ६०

हे मुने! जो योगीकी मुक्तिका कारण है, वह 'साधनालम्बन-ज्ञान' ही उस ब्रह्मभूत परमपदका प्रथम भेद है* ॥ ४६ ॥ क्लेश-बन्धनसे मुक्त होनेके लिये योगाभ्यासी योगीका साध्यरूप जो ब्रह्म है, हे महामुने! उसका ज्ञान ही 'आलम्बन-विज्ञान' नामक दूसरा भेद है ॥ ४७ ॥ इन दोनों साध्य-साधनोंका अभेदपूर्वक जो 'अद्वैतमय ज्ञान' है उसीको मैं तीसरा भेद कहता हूँ ॥ ४८ ॥ और हे महामुने! उक्त तीनों प्रकारके ज्ञानकी विशेषताका निराकरण करनेपर अनुभव हुए आत्मस्वरूपके समान ज्ञानस्वरूप भगवान् विष्णुका जो निर्व्यापार अनिर्वचनीय, व्याप्तिमात्र, अनुपम, आत्मबोधस्वरूप, सत्तामात्र, अलक्षण, शान्त, अभय, शुद्ध, भावनातीत और आश्रयहीन रूप है, वह 'ब्रह्म' नामक ज्ञान [उसका चौथा भेद] है ॥ ४९—५१ ॥ हे द्विज! जो योगिजन अन्य ज्ञानोंका निरोधकर इस (चौथे भेद)-में ही लीन हो जाते हैं वे इस संसार-क्षेत्रके भीतर बीजारोपणरूप कर्म करनेमें निर्बीज (वासनारहित) होते हैं। [अर्थात् वे लोकसंग्रहके लिये कर्म करते भी रहते हैं तो भी उन्हें उन कर्मोंका कोई पाप-पुण्यरूप फल प्राप्त नहीं होता] ॥ ५२ ॥ इस प्रकारका वह निर्मल, नित्य, व्यापक, अक्षय और समस्त हेय गुणोंसे रहित विष्णु नामक परमपद है ॥ ५३ ॥ पुण्य-पापका क्षय और क्लेशोंकी निवृत्ति होनेपर जो अत्यन्त निर्मल हो जाता है वही योगी उस परब्रह्मका आश्रय लेता है जहाँसे वह फिर नहीं लौटता ॥ ५४ ॥

उस ब्रह्मके मूर्त और अमूर्त दो रूप हैं, जो क्षर और अक्षररूपसे समस्त प्राणियोंमें स्थित हैं ॥ ५५ ॥ अक्षर ही वह परब्रह्म है और क्षर सम्पूर्ण जगत् है। जिस प्रकार एकदेशीय अग्निका प्रकाश सर्वत्र फैला रहता है उसी प्रकार यह सम्पूर्ण जगत् परब्रह्मकी ही शक्ति है ॥ ५६ ॥ हे मैत्रेय! अग्निकी निकटता और दूरताके भेदसे जिस प्रकार उसके प्रकाशमें भी अधिकता और न्यूनताका भेद रहता है उसी प्रकार ब्रह्मकी शक्तिमें भी तारतम्य है ॥ ५७ ॥ हे ब्रह्मन्! ब्रह्मा, विष्णु और शिव ब्रह्मकी प्रधान शक्तियाँ हैं, उनसे न्यून देवगण हैं तथा उनके अनन्तर दक्ष आदि प्रजापतिगण हैं ॥ ५८ ॥ उनसे भी न्यून मनुष्य, पशु, पक्षी, मृग और सरीसृपादि हैं तथा उनसे भी अत्यन्त न्यून वृक्ष, गुल्म और लता आदि हैं ॥ ५९ ॥ अतः हे मुनिवर! आविर्भाव (उत्पन्न होना), तिरोभाव (छिप जाना), जन्म और नाश आदि विकल्पयुक्त भी यह सम्पूर्ण जगत् वास्तवमें नित्य और अक्षय ही है ॥ ६० ॥

* प्राणायामादि साधनविषयक ज्ञानको 'साधनालम्बन-ज्ञान' कहते हैं।

सर्वशक्तिमयो विष्णुः स्वरूपं ब्रह्मणः परम्।
मूर्त्तं यद्योगिभिः पूर्वं योगारम्भेषु चिन्त्यते॥ ६१
सालम्बनो महायोगः सबीजो यत्र संस्थितः।
मनस्यव्याहते सम्यग्युञ्जतां जायते मुने॥ ६२
स परः परशक्तीनां ब्रह्मणः समनन्तरम्।
मूर्त्तं ब्रह्म महाभाग सर्वब्रह्ममयो हरिः॥ ६३
तत्र सर्वमिदं प्रोतमोतं चैवाखिलं जगत्।
ततो जगज्जगत्तस्मिन्स जगच्चाखिलं मुने॥ ६४
क्षराक्षरमयो विष्णुर्बिभर्त्त्यखिलमीश्वरः।
पुरुषाव्याकृतमयं भूषणास्त्रस्वरूपवत्॥ ६५

श्रीमैत्रेय उवाच

भूषणास्त्रस्वरूपस्थं यच्चैतदखिलं जगत्।
बिभर्त्ति भगवान्विष्णुस्तन्ममाख्यातुमर्हसि॥ ६६

श्रीपराशर उवाच

नमस्कृत्याप्रमेयाय विष्णवे प्रभविष्णवे।
कथयामि यथाख्यातं वसिष्ठेन ममाभवत्॥ ६७
आत्मानमस्य जगतो निर्लेपमगुणामलम्।
बिभर्त्ति कौस्तुभमणिस्वरूपं भगवान्हरिः॥ ६८
श्रीवत्ससंस्थानधरमनन्तेन समाश्रितम्।
प्रधानं बुद्धिरप्यास्ते गदारूपेण माधवे॥ ६९
भूतादिमिन्द्रियादिं च द्विधाहङ्कारमीश्वरः।
बिभर्त्ति शङ्खरूपेण शार्ङ्गरूपेण च स्थितम्॥ ७०
चलत्स्वरूपमत्यन्तं जवेनान्तरितानिलम्।
चक्रस्वरूपं च मनो धत्ते विष्णुकरे स्थितम्॥ ७१
पञ्चरूपा तु या माला वैजयन्ती गदाभृतः।
सा भूतहेतुसङ्घाता भूतमाला च वै द्विज॥ ७२
यानीन्द्रियाण्यशेषाणि बुद्धिकर्मात्मकानि वै।
शररूपाण्यशेषाणि तानि धत्ते जनार्दनः॥ ७३
बिभर्त्ति यच्चासिरत्नमच्युतोऽत्यन्तनिर्मलम्।
विद्यामयं तु तज्ज्ञानमविद्याकोशसंस्थितम्॥ ७४
इत्थं पुमान्प्रधानं च बुद्ध्यहङ्कारमेव च।
भूतानि च हृषीकेशे मनः सर्वेन्द्रियाणि च।
विद्याविद्ये च मैत्रेय सर्वमेतत्समाश्रितम्॥ ७५

सर्वशक्तिमय विष्णु ही ब्रह्मके पर-स्वरूप तथा मूर्तरूप हैं जिनका योगिजन योगारम्भके पूर्व चिन्तन करते हैं॥ ६१॥ हे मुने! जिनमें मनको सम्यक्-प्रकारसे निरन्तर एकाग्र करनेवालोंको आलम्बनयुक्त सबीज (सम्प्रज्ञात) महायोगकी प्राप्ति होती है, हे महाभाग! हे सर्वब्रह्ममय श्रीविष्णुभगवान् समस्त परा शक्तियोंमें प्रधान और ब्रह्मके अत्यन्त निकटवर्ती मूर्त-ब्रह्मस्वरूप हैं॥ ६२-६३॥ हे मुने! उन्हींमें यह सम्पूर्ण जगत् ओतप्रोत है, उन्हींसे उत्पन्न हुआ है, उन्हींमें स्थित है और स्वयं वे ही समस्त जगत् हैं॥ ६४॥ क्षराक्षरमय (कार्य- कारण-रूप) ईश्वर विष्णु ही इस पुरुष-प्रकृतिमय सम्पूर्ण जगत्को अपने आभूषण और आयुधरूपसे धारण करते हैं॥ ६५॥

श्रीमैत्रेयजी बोले— भगवान् विष्णु इस संसारको भूषण और आयुधरूपसे किस प्रकार धारण करते हैं यह आप मुझसे कहिये॥ ६६॥

श्रीपराशरजी बोले— हे मुने! जगत्का पालन करनेवाले अप्रमेय श्रीविष्णुभगवान्को नमस्कार कर अब मैं, जिस प्रकार वसिष्ठजीने मुझसे कहा था वह तुम्हें सुनाता हूँ॥ ६७॥ इस जगत्के निर्लेप तथा निर्गुण और निर्मल आत्माको अर्थात् शुद्ध क्षेत्रज्ञ-स्वरूपको श्रीहरि कौस्तुभमणिरूपसे धारण करते हैं॥ ६८॥ श्रीअनन्तने प्रधानको श्रीवत्सरूपसे आश्रय दिया है और बुद्धि श्रीमाधवकी गदारूपसे स्थित है॥ ६९॥ भूतोंके कारण तामस अहंकार और इन्द्रियोंके कारण राजस अहंकार इन दोनोंको वे शंख और शार्ङ्ग धनुषरूपसे धारण करते हैं॥ ७०॥ अपने वेगसे पवनको भी पराजित करनेवाला अत्यन्त चंचल, सात्त्विक अहंकाररूप मन श्रीविष्णुभगवान्के कर-कमलोंमें स्थित चक्रका रूप धारण करता है॥ ७१॥ हे द्विज! भगवान् गदाधरकी जो [मुक्ता, माणिक्य, मरकत, इन्द्रनील और हीरकमयी] पंचरूपा वैजयन्ती माला है वह पंचतन्मात्राओं और पंचभूतोंका ही संघात है॥ ७२॥ जो ज्ञान और कर्ममयी इन्द्रियाँ हैं उन सबको श्रीजनार्दन भगवान् बाणरूपसे धारण करते हैं॥ ७३॥ भगवान् अच्युत जो अत्यन्त निर्मल खड्ग धारण करते हैं वह अविद्यामय कोशसे आच्छादित विद्यामय ज्ञान ही है॥ ७४॥ हे मैत्रेय! इस प्रकार पुरुष, प्रधान, बुद्धि, अहंकार, पंचभूत, मन, इन्द्रियाँ तथा विद्या और अविद्या सभी श्रीहृषीकेशमें आश्रित हैं॥ ७५॥

अस्त्रभूषणसंस्थानस्वरूपं रूपवर्जितः।
बिभर्त्ति मायारूपोऽसौ श्रेयसे प्राणिनां हरिः ॥ ७६
सविकारं प्रधानं च पुमांसमखिलं जगत्।
बिभर्त्ति पुण्डरीकाक्षस्तदेवं परमेश्वरः ॥ ७७
याविद्या या तथाविद्या यत्सद्यच्चासदव्ययम्।
तत्सर्वं सर्वभूतेशे मैत्रेय मधुसूदने ॥ ७८
कलाकाष्ठानिमेषादिदिनर्त्वयनहायनैः।
कालस्वरूपो भगवानपापो हरिरव्ययः ॥ ७९
भूर्लोकोऽथ भुवर्लोकः स्वर्लोको मुनिसत्तम।
महर्जनस्तपः सत्यं सप्त लोका इमे विभुः ॥ ८०
लोकात्ममूर्त्तिः सर्वेषां पूर्वेषामपि पूर्वजः।
आधारः सर्वविद्यानां स्वयमेव हरिः स्थितः ॥ ८१
देवमानुषपश्वादिस्वरूपैर्बहुभिः स्थितः।
ततः सर्वेश्वरोऽनन्तो भूतमूर्तिरमूर्त्तिमान् ॥ ८२
ऋचो यजूंषि सामानि तथैवाथर्वणानि वै।
इतिहासोपवेदाश्च वेदान्तेषु तथोक्तयः ॥ ८३
वेदाङ्गानि समस्तानि मन्वादिगदितानि च।
शास्त्राण्यशेषाण्याख्यानान्यनुवाकाश्च ये क्वचित् ॥ ८४
काव्यालापाश्च ये केचिद्गीतकान्यखिलानि च।
शब्दमूर्तिधरस्यैतद्वपुर्विष्णोर्महात्मनः ॥ ८५
यानि मूर्त्तान्यमूर्त्तानि यान्यत्रान्यत्र वा क्वचित्।
सन्ति वै वस्तुजातानि तानि सर्वाणि तद्वपुः ॥ ८६
अहं हरिः सर्वमिदं जनार्दनो
नान्यत्ततः कारणकार्यजातम्।
ईदृङ्मनो यस्य न तस्य भूयो
भवोद्भवा द्वन्द्वगदा भवन्ति ॥ ८७
इत्येष तेंऽशः प्रथमः पुराणस्यास्य वै द्विज।
यथावत्कथितो यस्मिञ्छ्रुते पापैः प्रमुच्यते ॥ ८८
कार्त्तिक्यां पुष्करस्नाने द्वादशाब्देन यत्फलम्।
तदस्य श्रवणात्सर्वं मैत्रेयाप्नोति मानवः ॥ ८९
देवर्षिपितृगन्धर्वयक्षादीनां च सम्भवम्।
भवन्ति शृण्वतः पुंसो देवाद्या वरदा मुने ॥ ९०

श्रीहरि रूपरहित होकर भी मायामयरूपसे प्राणियोंके कल्याणके लिये इन सबको अस्त्र और भूषणरूपसे धारण करते हैं॥ ७६ ॥ इस प्रकार वे कमलनयन परमेश्वर सविकार प्रधान [निर्विकार], पुरुष तथा सम्पूर्ण जगत्को धारण करते हैं॥ ७७ ॥ जो कुछ भी विद्या-अविद्या, सत्-असत् तथा अव्ययरूप है, हे मैत्रेय! वह सब सर्वभूतेश्वर श्रीमधुसूदनमें ही स्थित है॥ ७८ ॥ कला, काष्ठा, निमेष, दिन, ऋतु, अयन और वर्षरूपसे वे कालस्वरूप निष्पाप अव्यय श्रीहरि ही विराजमान हैं॥ ७९ ॥

हे मुनिश्रेष्ठ! भूर्लोक, भुवर्लोक और स्वर्लोक तथा मह, जन, तप और सत्य आदि सातों लोक भी सर्वव्यापक भगवान् ही हैं॥ ८० ॥ सभी पूर्वजोंके पूर्वज तथा समस्त विद्याओंके आधार श्रीहरि ही स्वयं लोकमयस्वरूपसे स्थित हैं॥ ८१ ॥ निराकार और सर्वेश्वर श्रीअनन्त ही भूतस्वरूप होकर देव, मनुष्य और पशु आदि नानारूपोंसे स्थित हैं॥ ८२ ॥ ऋक्, यजुः, साम और अथर्ववेद, इतिहास (महाभारतादि), उपवेद (आयुर्वेदादि), वेदान्तवाक्य, समस्त वेदांग, मनु आदि कथित समस्त धर्मशास्त्र, पुराणादि सकल शास्त्र, आख्यान, अनुवाक (कल्पसूत्र) तथा समस्त काव्य-चर्चा और राग-रागिनी आदि जो कुछ भी हैं वे सब शब्दमूर्तिधारी परमात्मा विष्णुका ही शरीर हैं॥ ८३—८५ ॥ इस लोकमें अथवा कहीं और भी जितने मूर्त, अमूर्त पदार्थ हैं, वे सब उन्हींका शरीर हैं॥ ८६ ॥ 'मैं तथा यह सम्पूर्ण जगत् जनार्दन श्रीहरि ही हैं; उनसे भिन्न और कुछ भी कार्य-कारणादि नहीं है'—जिसके चित्तमें ऐसी भावना है उसे फिर देहजन्य राग-द्वेषादि द्वन्द्वरूप रोगकी प्राप्ति नहीं होती॥ ८७ ॥

हे द्विज! इस प्रकार तुमसे इस पुराणके पहले अंशका यथावत् वर्णन किया। इसका श्रवण करनेसे मनुष्य समस्त पापोंसे मुक्त हो जाता है॥ ८८ ॥ हे मैत्रेय! बारह वर्षतक कार्तिक मासमें पुष्करक्षेत्रमें स्नान करनेसे जो फल होता है; वह सब मनुष्यको इसके श्रवणमात्रसे मिल जाता है॥ ८९ ॥ हे मुने! देव, ऋषि, गन्धर्व, पितृ और यक्ष आदिकी उत्पत्तिका श्रवण करनेवाले पुरुषको वे देवादि वरदायक हो जाते हैं॥ ९० ॥

इति श्रीविष्णुपुराणे प्रथमेंऽशे द्वाविंशोऽध्यायः ॥ २२ ॥

इति श्रीपराशरमुनिविरचिते श्रीविष्णुपरत्वनिर्णायके श्रीमति विष्णुमहापुराणे प्रथमोंऽशः समाप्तः ॥

ॐ

श्रीमन्नारायणाय नमः

श्रीविष्णुपुराण

द्वितीय अंश

पहला अध्याय

प्रियव्रतके वंशका वर्णन

श्रीमैत्रेय उवाच

भगवन्सम्यगाख्यातं ममैतदखिलं त्वया।
जगतः सर्गसम्बन्धि यत्पृष्टोऽसि गुरो मया॥ १
योऽयमंशो जगत्सृष्टिसम्बन्धो गदितस्त्वया।
तत्राहं श्रोतुमिच्छामि भूयोऽपि मुनिसत्तम॥ २
प्रियव्रतोत्तानपादौ सुतौ स्वायम्भुवस्य यौ।
तयोरुत्तानपादस्य ध्रुवः पुत्रस्त्वयोदितः॥ ३
प्रियव्रतस्य नैवोक्ता भवता द्विज सन्ततिः।
तामहं श्रोतुमिच्छामि प्रसन्नो वक्तुमर्हसि॥ ४

श्रीपराशर उवाच

कर्दमस्यात्मजां कन्यामुपयेमे प्रियव्रतः।
सम्राट् कुक्षिश्च तत्कन्ये दशपुत्रास्तथाऽपरे॥ ५
महाप्रज्ञा महावीर्या विनीता दयिता पितुः।
प्रियव्रतसुताः ख्यातास्तेषां नामानि मे शृणु॥ ६
आग्नीध्रश्चाग्निबाहुश्च वपुष्मान्द्युतिमांस्तथा।
मेधा मेधातिथिर्भव्यः सवनः पुत्र एव च॥ ७
ज्योतिष्मान्दशमस्तेषां सत्यनामा सुतोऽभवत्।
प्रियव्रतस्य पुत्रास्ते प्रख्याता बलवीर्यतः॥ ८
मेधाग्निबाहुपुत्रास्तु त्रयो योगपरायणाः।
जातिस्मरा महाभागा न राज्याय मनो दधुः॥ ९

श्रीमैत्रेयजी बोले—हे भगवन्! हे गुरो! मैंने जगत्की सृष्टिके विषयमें आपसे जो कुछ पूछा था वह सब आपने मुझसे भली प्रकार कह दिया॥ १॥ हे मुनिश्रेष्ठ! जगत्की सृष्टिसम्बन्धी आपने जो यह प्रथम अंश कहा है, उसकी एक बात मैं और सुनना चाहता हूँ॥ २॥ स्वायम्भुवमनुके जो प्रियव्रत और उत्तानपाद दो पुत्र थे, उनमेंसे उत्तानपादके पुत्र ध्रुवके विषयमें तो आपने कहा॥ ३॥ किंतु, हे द्विज! आपने प्रियव्रतकी सन्तानके विषयमें कुछ भी नहीं कहा, अतः मैं उसका वर्णन सुनना चाहता हूँ, सो आप प्रसन्नतापूर्वक कहिये॥ ४॥

श्रीपराशरजी बोले—प्रियव्रतने कर्दमजीकी पुत्रीसे विवाह किया था। उससे उनके सम्राट् और कुक्षि नामकी दो कन्याएँ तथा दस पुत्र हुए॥ ५॥ प्रियव्रतके पुत्र बड़े बुद्धिमान्, बलवान्, विनयसम्पन्न और अपने माता-पिताके अत्यन्त प्रिय कहे जाते हैं; उनके नाम सुनो—॥ ६॥ वे आग्नीध्र, अग्निबाहु, वपुष्मान्, द्युतिमान्, मेधा, मेधातिथि, भव्य, सवन और पुत्र थे तथा दसवाँ यथार्थनामा ज्योतिष्मान् था। वे प्रियव्रतके पुत्र अपने बल-पराक्रमके कारण विख्यात थे॥ ७-८॥ उनमें महाभाग मेधा, अग्निबाहु और पुत्र—ये तीन योगपरायण तथा अपने पूर्वजन्मका वृत्तान्त जाननेवाले थे। उन्होंने राज्य आदि भोगोंमें अपना चित्त नहीं लगाया॥ ९॥

निर्मलाः सर्वकालन्तु समस्तार्थेषु वै मुने।
चक्रुः क्रियां यथान्यायमफलाकाङ्क्षिणो हि ते ॥ १०
प्रियव्रतो ददौ तेषां सप्तानां मुनिसत्तम।
सप्तद्वीपानि मैत्रेय विभज्य सुमहात्मनाम्॥ ११
जम्बूद्वीपं महाभाग साग्नीध्राय ददौ पिता।
मेधातिथेस्तथा प्रादात्प्लक्षद्वीपं तथापरम्॥ १२
शाल्मले च वपुष्मन्तं नरेन्द्रमभिषिक्तवान्।
ज्योतिष्मन्तं कुशद्वीपे राजानं कृतवान्प्रभुः ॥ १३
द्युतिमन्तं च राजानं क्रौञ्चद्वीपे समादिशत्।
शाकद्वीपेश्वरं चापि भव्यं चक्रे प्रियव्रतः।
पुष्कराधिपतिं चक्रे सवनं चापि स प्रभुः ॥ १४
जम्बूद्वीपेश्वरो यस्तु आग्नीध्रो मुनिसत्तम॥ १५
तस्य पुत्रा बभूवुस्ते प्रजापतिसमा नव।
नाभिः किम्पुरुषश्चैव हरिवर्ष इलावृतः ॥ १६
रम्यो हिरण्वान्षष्ठश्च कुरुर्भद्राश्व एव च।
केतुमालस्तथैवान्यः साधुचेष्टोऽभवन्नृपः ॥ १७
जम्बूद्वीपविभागांश्च तेषां विप्र निशामय।
पित्रा दत्तं हिमाह्वं तु वर्षं नाभेस्तु दक्षिणम्॥ १८
हेमकूटं तथा वर्षं ददौ किम्पुरुषाय सः।
तृतीयं नैषधं वर्षं हरिवर्षाय दत्तवान्॥ १९
इलावृताय प्रददौ मेरुर्यत्र तु मध्यमः।
नीलाचलाश्रितं वर्षं रम्याय प्रददौ पिता॥ २०
श्वेतं तदुत्तरं वर्षं पित्रा दत्तं हिरण्वते॥ २१
यदुत्तरं शृङ्गवतो वर्षं तत्कुरवे ददौ।
मेरोः पूर्वेण यद्वर्षं भद्राश्वाय प्रदत्तवान्॥ २२
गन्धमादनवर्षं तु केतुमालाय दत्तवान्।
इत्येतानि ददौ तेभ्यः पुत्रेभ्यः स नरेश्वरः ॥ २३
वर्षेष्वेतेषु तान्पुत्रानभिषिच्य स भूमिपः।
शालग्रामं महापुण्यं मैत्रेय तपसे ययौ॥ २४
यानि किम्पुरुषादीनि वर्षाण्यष्टौ महामुने।
तेषांस्वाभाविकीसिद्धिः सुखप्रायाह्ययत्नतः ॥ २५

हे मुने! वे निर्मलचित्त और कर्म-फलकी इच्छासे रहित थे तथा समस्त विषयोंमें सदा न्यायानुकूल ही प्रवृत्त होते थे ॥ १० ॥

हे मुनिश्रेष्ठ! राजा प्रियव्रतने अपने शेष सात महात्मा पुत्रोंको सात द्वीप बाँट दिये॥ ११॥ हे महाभाग! पिता प्रियव्रतने आग्नीध्रको जम्बूद्वीप और मेधातिथिको प्लक्ष नामक दूसरा द्वीप दिया॥ १२॥ उन्होंने शाल्मलद्वीपमें वपुष्मान्को अभिषिक्त किया; ज्योतिष्मान्को कुशद्वीपका राजा बनाया॥ १३॥ द्युतिमान्को क्रौंचद्वीपके शासनपर नियुक्त किया, भव्यको प्रियव्रतने शाकद्वीपका स्वामी बनाया और सवनको पुष्करद्वीपका अधिपति किया॥ १४॥

हे मुनिसत्तम! उनमें जो जम्बूद्वीपके अधीश्वर राजा आग्नीध्र थे उनके प्रजापतिके समान नौ पुत्र हुए। वे नाभि, किम्पुरुष, हरिवर्ष, इलावृत, रम्य, हिरण्वान्, कुरु, भद्राश्व और सत्कर्मशील राजा केतुमाल थे॥ १५—१७॥ हे विप्र! अब उनके जम्बूद्वीपके विभाग सुनो। पिता आग्नीध्रने दक्षिणकी ओरका हिमवर्ष [जिसे अब भारतवर्ष कहते हैं] नाभिको दिया॥ १८॥ इसी प्रकार किम्पुरुषको हेमकूटवर्ष तथा हरिवर्षको तीसरा नैषधवर्ष दिया॥ १९॥ जिसके मध्यमें मेरुपर्वत है वह इलावृतवर्ष उन्होंने इलावृतको दिया तथा नीलाचलसे लगा हुआ वर्ष रम्यको दिया॥ २०॥

पिता आग्नीध्रने उसका उत्तरवर्ती श्वेतवर्ष हिरण्वान्को दिया तथा जो वर्ष शृंगवान्पर्वतके उत्तरमें स्थित है वह कुरुको और जो मेरुके पूर्वमें स्थित है वह भद्राश्वको दिया तथा केतुमालको गन्धमादनवर्ष दिया। इस प्रकार राजा आग्नीध्रने अपने पुत्रोंको ये वर्ष दिये॥ २१—२३॥ हे मैत्रेय! अपने पुत्रोंको इन वर्षोंमें अभिषिक्त कर वे तपस्याके लिये शालग्राम नामक महापवित्र क्षेत्रको चले गये॥ २४॥

हे महामुने! किम्पुरुष आदि जो आठ वर्ष हैं उनमें सुखकी बहुलता है और बिना यत्नके स्वभावसे ही समस्त भोग-सिद्धियाँ प्राप्त हो जाती हैं॥ २५॥

विपर्ययो न तेष्वस्ति जरामृत्युभयं न च।
धर्माधर्मौ न तेष्वास्तां नोत्तमाधममध्यमाः।
न तेष्वस्ति युगावस्था क्षेत्रेष्वष्टसु सर्वदा॥ २६
हिमाह्वयं तु वै वर्षं नाभेरासीन्महात्मनः।
तस्यर्षभोऽभवत्पुत्रो मेरुदेव्यां महाद्युतिः॥ २७
ऋषभाद्भरतो जज्ञे ज्येष्ठः पुत्रशतस्य सः।
कृत्वा राज्यं स्वधर्मेण तथेष्ट्वा विविधान्मखान्॥ २८
अभिषिच्य सुतं वीरं भरतं पृथिवीपतिः।
तपसे स महाभागः पुलहस्याश्रमं ययौ॥ २९
वानप्रस्थविधानेन तत्रापि कृतनिश्चयः।
तपस्तेपे यथान्यायमियाज स महीपतिः॥ ३०
तपसा कर्षितोऽत्यर्थं कृशो धमनिसन्ततः।
नग्नो वीटां मुखे कृत्वा वीराध्वानं ततो गतः॥ ३१
ततश्च भारतं वर्षमेतल्लोकेषु गीयते।
भरताय यतः पित्रा दत्तं प्रातिष्ठता वनम्॥ ३२
सुमतिर्भरतस्याभूत्पुत्रः परमधार्मिकः।
कृत्वा सम्यग्ददौ तस्मै राज्यमिष्टमखः पिता॥ ३३
पुत्रसङ्क्रामितश्रीस्तु भरतः स महीपतिः।
योगाभ्यासरतः प्राणान् शालग्रामेऽत्यजन्मुने॥ ३४
अजायत च विप्रोऽसौ योगिनां प्रवरे कुले।
मैत्रेय तस्य चरितं कथयिष्यामि ते पुनः॥ ३५
सुमतेस्तेजसस्तस्मादिन्द्रद्युम्नो व्यजायत।
परमेष्ठी ततस्तस्मात्प्रतिहारस्तदन्वयः॥ ३६
प्रतिहर्तेति विख्यात उत्पन्नस्तस्य चात्मजः।
भवस्तस्मादथोद्गीथः प्रस्तावस्तत्सुतो विभुः॥ ३७
पृथुस्ततस्ततो नक्तो नक्तस्यापि गयः सुतः।
नरो गयस्य तनयस्तत्पुत्रोऽभूद्विराट् ततः॥ ३८
तस्य पुत्रो महावीर्यो धीमांस्तस्मादजायत।
महान्तस्तत्सुतश्चाभून्मनस्युस्तस्य चात्मजः॥ ३९
त्वष्टा त्वष्टुश्च विरजो रजस्तस्याप्यभूत्सुतः।
शतजिद्रजसस्तस्य जज्ञे पुत्रशतं मुने॥ ४०

उनमें किसी प्रकारके विपर्यय (असुख या अकाल-मृत्यु आदि) तथा जरा-मृत्यु आदिका कोई भय नहीं होता और न धर्म, अधर्म अथवा उत्तम, अधम और मध्यम आदिका ही भेद है। उन आठ वर्षोंमें कभी कोई युगपरिवर्तन भी नहीं होता॥ २६॥

महात्मा नाभिका हिम नामक वर्ष था; उनके मेरुदेवीसे अतिशय कान्तिमान् ऋषभ नामक पुत्र हुआ॥ २७॥ ऋषभजीसे भरतका जन्म हुआ जो उनके सौ पुत्रोंमें सबसे बड़े थे। महाभाग पृथिवीपति ऋषभदेवजी धर्मपूर्वक राज्य-शासन तथा विविध यज्ञोंका अनुष्ठान करनेके अनन्तर अपने वीर पुत्र भरतको राज्याधिकार सौंपकर तपस्याके लिये पुलहाश्रमको चले गये॥ २८-२९॥ महाराज ऋषभने वहाँ भी वानप्रस्थ-आश्रमकी विधिसे रहते हुए निश्चयपूर्वक तपस्या की तथा नियमानुकूल यज्ञानुष्ठान किये॥ ३०॥ वे तपस्याके कारण सूखकर अत्यन्त कृश हो गये और उनके शरीरकी शिराएँ (रक्तवाहिनी नाड़ियाँ) दिखायी देने लगीं। अन्तमें अपने मुखमें एक पत्थरकी बटिया रखकर उन्होंने नग्नावस्थामें महाप्रस्थान किया॥ ३१॥

पिता ऋषभदेवजीने वन जाते समय अपना राज्य भरतजीको दिया था; अतः तबसे यह (हिमवर्ष) इस लोकमें भारतवर्ष नामसे प्रसिद्ध हुआ॥ ३२॥ भरतजीके सुमति नामक परम धार्मिक पुत्र हुआ। पिता भरतने यज्ञानुष्ठानपूर्वक यथेच्छ राज्य-सुख भोगकर उसे सुमतिको सौंप दिया॥ ३३॥ हे मुने! महाराज भरतने पुत्रको राज्यलक्ष्मी सौंपकर योगाभ्यासमें तत्पर हो अन्तमें शालग्रामक्षेत्रमें अपने प्राण छोड़ दिये॥ ३४॥ फिर इन्होंने योगियोंके पवित्र कुलमें ब्राह्मणरूपसे जन्म लिया। हे मैत्रेय! इनका वह चरित्र मैं तुमसे फिर कहूँगा॥ ३५॥

तदनन्तर सुमतिके वीर्यसे इन्द्रद्युम्नका जन्म हुआ, उससे परमेष्ठी और परमेष्ठीका पुत्र प्रतिहार हुआ॥ ३६॥ प्रतिहारके प्रतिहर्ता नामसे विख्यात पुत्र उत्पन्न हुआ तथा प्रतिहर्ताका पुत्र भव, भवका उद्गीथ और उद्गीथका पुत्र अति समर्थ प्रस्ताव हुआ॥ ३७॥ प्रस्तावका पृथु, पृथुका नक्त और नक्तका पुत्र गय हुआ। गयके नर और उसके विराट् नामक पुत्र हुआ॥ ३८॥ उसका पुत्र महावीर्य था, उससे धीमान्का जन्म हुआ तथा धीमान्का पुत्र महान्त और उसका पुत्र मनस्यु हुआ॥ ३९॥ मनस्युका पुत्र त्वष्टा, त्वष्टाका विरज और विरजका पुत्र रज हुआ। हे मुने! रजके पुत्र शतजित्के सौ पुत्र उत्पन्न हुए॥ ४०॥

विष्वग्ज्योतिः प्रधानास्ते यैरिमा वर्द्धिताःप्रजाः।
तैरिदं भारतं वर्षं नवभेदमलङ्कृतम्॥ ४१
तेषां वंशप्रसूतैश्च भुक्तेयं भारती पुरा।
कृतत्रेतादिसर्गेण युगाख्यामेकसप्ततिम्॥ ४२
एष स्वायम्भुवः सर्गो येनेदं पूरितं जगत्।
वाराहे तु मुने कल्पे पूर्वमन्वन्तराधिपः॥ ४३

उनमें विष्वग्ज्योति प्रधान था। उन सौ पुत्रोंसे यहाँकी प्रजा बहुत बढ़ गयी। तब उन्होंने इस भारतवर्षको नौ विभागोंसे विभूषित किया। [अर्थात् वे सब इसको नौ भागोंमें बाँटकर भोगने लगे]॥ ४१॥ उन्हींके वंशधरोंने पूर्वकालमें कृतत्रेतादि युगक्रमसे इकहत्तर युगपर्यन्त इस भारतभूमिको भोगा था॥ ४२॥ हे मुने! यही इस वाराहकल्पमें सबसे पहले मन्वन्तराधिप स्वायम्भुवमनुका वंश है, जिसने उस समय इस सम्पूर्ण संसारको व्याप्त किया हुआ था॥ ४३॥

इति श्रीविष्णुपुराणे द्वितीयेंऽशे प्रथमोऽध्यायः॥ १॥

दूसरा अध्याय

भूगोलका विवरण

श्रीमैत्रेय उवाच

कथितो भवता ब्रह्मन्सर्गः स्वायम्भुवश्च मे।
श्रोतुमिच्छाम्यहं त्वत्तः सकलं मण्डलं भुवः॥ १
यावन्तः सागरा द्वीपास्तथा वर्षाणि पर्वताः।
वनानि सरितः पुर्यो देवादीनां तथा मुने॥ २
यत्प्रमाणमिदं सर्वं यदाधारं यदात्मकम्।
संस्थानमस्य च मुने यथावद्वक्तुमर्हसि॥ ३

श्रीमैत्रेयजी बोले—हे ब्रह्मन्! आपने मुझसे स्वायम्भुवमनुके वंशका वर्णन किया। अब मैं आपके मुखारविन्दसे सम्पूर्ण पृथिवीमण्डलका विवरण सुनना चाहता हूँ॥ १॥ हे मुने! जितने भी सागर, द्वीप, वर्ष, पर्वत, वन, नदियाँ और देवता आदिकी पुरियाँ हैं, उन सबका जितना-जितना परिमाण है, जो आधार है, जो उपादान-कारण है और जैसा आकार है, वह सब आप यथावत् वर्णन कीजिये॥ २-३॥

श्रीपराशर उवाच

मैत्रेय श्रूयतामेतत्सङ्क्षेपाद् गदतो मम।
नास्य वर्षशतेनापि वक्तुं शक्यो हि विस्तरः॥ ४
जम्बूप्लक्षाह्वयौ द्वीपौ शाल्मलश्चापरो द्विज।
कुशः क्रौञ्चस्तथा शाकः पुष्करश्चैव सप्तमः॥ ५
एते द्वीपाः समुद्रैस्तु सप्त सप्तभिरावृताः।
लवणेक्षुसुरासर्पिर्दधिदुग्धजलैः समम्॥ ६

श्रीपराशरजी बोले—हे मैत्रेय! सुनो, मैं इन सब बातोंका संक्षेपसे वर्णन करता हूँ, इनका विस्तारपूर्वक वर्णन तो सौ वर्षमें भी नहीं हो सकता॥ ४॥ हे द्विज! जम्बू, प्लक्ष, शाल्मल, कुश, क्रौंच, शाक और सातवाँ पुष्कर—ये सातों द्वीप चारों ओरसे खारे पानी, इक्षुरस, मदिरा, घृत, दधि, दुग्ध और मीठे जलके सात समुद्रोंसे घिरे हुए हैं॥ ५-६॥

जम्बूद्वीपः समस्तानामेतेषां मध्यसंस्थितः।
तस्यापि मेरुर्मैत्रेय मध्ये कनकपर्वतः॥ ७
चतुराशीतिसाहस्त्रो योजनैरस्य चोच्छ्रयः॥ ८
प्रविष्टः षोडशाधस्ताद्द्वात्रिंशन्मूर्ध्नि विस्तृतः।
मूले षोडशसाहस्त्रो विस्तारस्तस्य सर्वशः॥ ९

हे मैत्रेय! जम्बूद्वीप इन सबके मध्यमें स्थित है और उसके भी बीचों-बीचमें सुवर्णमय सुमेरुपर्वत है॥ ७॥ इसकी ऊँचाई चौरासी हजार योजन है और नीचेकी ओर यह सोलह हजार योजन पृथिवीमें घुसा हुआ है। इसका विस्तार ऊपरी भागमें बत्तीस हजार योजन है तथा नीचे (तलैटीमें) केवल सोलह हजार योजन है। इस प्रकार

भूपद्मस्यास्य शैलोऽसौ कर्णिकाकारसंस्थितः ॥ १०
हिमवान्हेमकूटश्च निषधश्चास्य दक्षिणे।
नीलः श्वेतश्च शृङ्गी च उत्तरे वर्षपर्वताः ॥ ११

लक्षप्रमाणौ द्वौ मध्यौ दशहीनास्तथापरे।
सहस्रद्वितयोच्छ्रायास्तावद्विस्तारिणश्च ते ॥ १२
भारतं प्रथमं वर्षं ततः किम्पुरुषं स्मृतम्।
हरिवर्षं तथैवान्यन्मेरोर्दक्षिणतो द्विज ॥ १३

रम्यकं चोत्तरं वर्षं तस्यैवानु हिरण्मयम्।
उत्तराः कुरवश्चैव यथा वै भारतं तथा ॥ १४

नवसाहस्रमेकैकमेतेषां द्विजसत्तम।
इलावृतं च तन्मध्ये सौवर्णो मेरुरुच्छ्रितः ॥ १५
मेरोश्चतुर्दिशं तत्तु नवसाहस्रविस्तृतम्।
इलावृतं महाभाग चत्वारश्चात्र पर्वताः ॥ १६
विष्कम्भा रचिता मेरोर्योजनायुतमुच्छ्रिताः ॥ १७
पूर्वेण मन्दरो नाम दक्षिणे गन्धमादनः।
विपुलः पश्चिमे पार्श्वे सुपार्श्वश्चोत्तरे स्मृतः ॥ १८

कदम्बस्तेषु जम्बूश्च पिप्पलो वट एव च।
एकादशशतायामाः पादपा गिरिकेतवः ॥ १९
जम्बूद्वीपस्य सा जम्बूर्नामहेतुर्महामुने।
महागजप्रमाणानि जम्ब्वास्तस्याः फलानि वै।
पतन्ति भूभृतः पृष्ठे शीर्यमाणानि सर्वतः ॥ २०
रसेन तेषां प्रख्याता तत्र जाम्बूनदीति वै।
सरित्प्रवर्त्तते चापि पीयते तन्निवासिभिः ॥ २१

न स्वेदो न च दौर्गन्ध्यं न जरा नेन्द्रियक्षयः।
तत्पानात्स्वच्छमनसां जनानां तत्र जायते ॥ २२

तीरमृत्तद्रसं प्राप्य सुखवायुविशोषिता।
जाम्बूनदाख्यं भवति सुवर्णं सिद्धभूषणम् ॥ २३
भद्राश्वं पूर्वतो मेरोः केतुमालं च पश्चिमे।
वर्षे द्वे तु मुनिश्रेष्ठ तयोर्मध्यमिलावृतः ॥ २४

यह पर्वत इस पृथिवीरूप कमलकी कर्णिका (कोश) के समान है ॥ ८—१० ॥ इसके दक्षिणमें हिमवान्, हेमकूट और निषध तथा उत्तरमें नील, श्वेत और शृंगी नामक वर्षपर्वत हैं [जो भिन्न-भिन्न वर्षोंका विभाग करते हैं] ॥ ११ ॥ उनमें बीचके दो पर्वत [निषध और नील] एक-एक लाख योजनतक फैले हुए हैं, उनसे दूसरे-दूसरे दस-दस हजार योजन कम हैं। [अर्थात् हेमकूट और श्वेत नब्बे-नब्बे हजार योजन तथा हिमवान् और शृंगी अस्सी-अस्सी सहस्र योजनतक फैले हुए हैं।] वे सभी दो-दो सहस्र योजन ऊँचे और इतने ही चौड़े हैं ॥ १२ ॥

हे द्विज! मेरुपर्वतके दक्षिणकी ओर पहला भारतवर्ष है तथा दूसरा किम्पुरुषवर्ष और तीसरा हरिवर्ष है ॥ १३ ॥ उत्तरकी ओर प्रथम रम्यक, फिर हिरण्मय और तदनन्तर उत्तरकुरुवर्ष है जो [द्वीपमण्डलकी सीमापर होनेके कारण] भारतवर्षके समान [धनुषाकार] है ॥ १४ ॥ हे द्विजश्रेष्ठ! इनमेंसे प्रत्येकका विस्तार नौ-नौ हजार योजन है तथा इन सबके बीचमें इलावृतवर्ष है जिसमें सुवर्णमय सुमेरुपर्वत खड़ा हुआ है ॥ १५ ॥ हे महाभाग! यह इलावृतवर्ष सुमेरुके चारों ओर नौ हजार योजनतक फैला हुआ है। इसके चारों ओर चार पर्वत हैं ॥ १६ ॥ ये चारों पर्वत मानो सुमेरुको धारण करनेके लिये ईश्वरकृत कीलियाँ हैं [क्योंकि इनके बिना ऊपरसे विस्तृत और मूलमें संकुचित होनेके कारण सुमेरुके गिरनेकी सम्भावना है]। इनमेंसे मन्दराचल पूर्वमें, गन्धमादन दक्षिणमें, विपुल पश्चिममें और सुपार्श्व उत्तरमें है। ये सभी दस-दस हजार योजन ऊँचे हैं ॥ १७-१८ ॥ इनपर पर्वतोंकी ध्वजाओंके समान क्रमशः ग्यारह-ग्यारह सौ योजन ऊँचे कदम्ब, जम्बू, पीपल और वटके वृक्ष हैं ॥ १९ ॥

हे महामुने! इनमें जम्बू (जामुन) वृक्ष जम्बूद्वीपके नामका कारण है। उसके फल महान् गजराजके समान बड़े होते हैं। जब वे पर्वतपर गिरते हैं तो फटकर सब ओर फैल जाते हैं ॥ २० ॥ उनके रससे निकली जम्बू नामकी प्रसिद्ध नदी वहाँ बहती है, जिसका जल वहाँके रहनेवाले पीते हैं ॥ २१ ॥ उसका पान करनेसे वहाँके शुद्धचित्त लोगोंको पसीना, दुर्गन्ध, बुढ़ापा अथवा इन्द्रियक्षय नहीं होता ॥ २२ ॥ उसके किनारेकी मृत्तिका उस रससे मिलकर मन्द-मन्द वायुसे सूखनेपर जाम्बूनद नामक सुवर्ण हो जाती है, जो सिद्ध पुरुषोंका भूषण है ॥ २३ ॥ मेरुके पूर्वमें भद्राश्ववर्ष और पश्चिममें केतुमालवर्ष है तथा हे मुनिश्रेष्ठ! इन दोनोंके बीचमें इलावृतवर्ष है ॥ २४ ॥

वनं चैत्ररथं पूर्वे दक्षिणे गन्धमादनम्।
वैभ्राजं पश्चिमे तद्वदुत्तरे नन्दनं स्मृतम्॥ २५
अरुणोदं महाभद्रमसितोदं समानसम्।
सरांस्येतानि चत्वारि देवभोग्यानि सर्वदा॥ २६
शीताम्भश्च कुमुन्दश्च कुररी माल्यवांस्तथा।
वैकङ्कप्रमुखा मेरोः पूर्वतः केसराचलाः॥ २७
त्रिकूटः शिशिरश्चैव पतङ्गो रुचकस्तथा।
निषदाद्या दक्षिणतस्तस्य केसरपर्वताः॥ २८
शिखिवासाः सवैडूर्यः कपिलो गन्धमादनः।
जारुधिप्रमुखास्तद्वत्पश्चिमे केसराचलाः॥ २९
मेरोरनन्तराङ्गेषु जठरादिष्ववस्थिताः।
शङ्खकूटोऽथ ऋषभो हंसो नागस्तथापरः।
कालञ्जाद्याश्च तथा उत्तरे केसराचलाः॥ ३०
चतुर्दशसहस्राणि योजनानां महापुरी।
मेरोरुपरि मैत्रेय ब्रह्मणः प्रथिता दिवि॥ ३१
तस्यास्समन्ततश्चाष्टौ दिशासु विदिशासु च।
इन्द्रादिलोकपालानां प्रख्याताः प्रवराः पुरः॥ ३२
विष्णुपादविनिष्क्रान्ता प्लावयित्वेन्दुमण्डलम्।
समन्ताद् ब्रह्मणः पुर्यां गङ्गा पतति वै दिवः॥ ३३
सा तत्र पतिता दिक्षु चतुर्द्धा प्रतिपद्यते।
सीता चालकनन्दा च चक्षुर्भद्रा च वै क्रमात्॥ ३४
पूर्वेण शैलात्सीता तु शैलं यात्यन्तरिक्षगा।
ततश्च पूर्ववर्षेण भद्राश्वेनैति सार्णवम्॥ ३५
तथैवालकनन्दापि दक्षिणेनैत्य भारतम्।
प्रयाति सागरं भूत्वा सप्तभेदा महामुने॥ ३६
चक्षुश्च पश्चिमगिरीनतीत्य सकलांस्ततः।
पश्चिमं केतुमालाख्यं वर्षं गत्वैति सागरम्॥ ३७
भद्रा तथोत्तरगिरीनुत्तरांश्च तथा कुरून्।
अतीत्योत्तरमम्भोधिं समभ्येति महामुने॥ ३८
आनीलनिषधायामौ माल्यवद्गन्धमादनौ।
तयोर्मध्यगतो मेरुः कर्णिकाकारसंस्थितः॥ ३९
भारताः केतुमालाश्च भद्राश्वाः कुरवस्तथा।
पत्राणि लोकपद्मस्य मर्यादाशैलबाह्यतः॥ ४०

इसी प्रकार उसके पूर्वकी ओर चैत्ररथ, दक्षिणकी ओर गन्धमादन, पश्चिमकी ओर वैभ्राज और उत्तरकी ओर नन्दन नामक वन है॥ २५॥ तथा सर्वदा देवताओंसे सेवनीय अरुणोद, महाभद्र, असितोद और मानस—ये चार सरोवर हैं॥ २६॥

हे मैत्रेय! शीताम्भ, कुमुन्द, कुररी, माल्यवान् तथा वैकंक आदि पर्वत [भूपद्मकी कर्णिकारूप] मेरुके पूर्व-दिशाके केसराचल हैं॥ २७॥ त्रिकूट, शिशिर, पतंग, रुचक और निषाद आदि केसराचल उसके दक्षिण ओर हैं॥ २८॥ शिखिवासा, वैडूर्य, कपिल, गन्धमादन और जारुधि आदि उसके पश्चिमीय केसरपर्वत हैं॥ २९॥ तथा मेरुके अति समीपस्थ इलावृतवर्षमें और जठरादि देशोंमें स्थित शंखकूट, ऋषभ, हंस, नाग तथा कालंज आदि पर्वत उत्तरदिशाके केसराचल हैं॥ ३०॥

हे मैत्रेय! मेरुके ऊपर अन्तरिक्षमें चौदह सहस्र योजनके विस्तारवाली ब्रह्माजीकी महापुरी (ब्रह्मपुरी) है॥ ३१॥ उसके सब ओर दिशा एवं विदिशाओंमें इन्द्रादि लोकपालोंके आठ अति रमणीक और विख्यात नगर हैं॥ ३२॥ विष्णुपादोद्भवा श्रीगंगाजी चन्द्रमण्डलको चारों ओरसे आप्लावित कर स्वर्गलोकसे ब्रह्मपुरीमें गिरती हैं॥ ३३॥ वहाँ गिरनेपर वे चारों दिशाओंमें क्रमसे सीता, अलकनन्दा, चक्षु और भद्रा नामसे चार भागोंमें विभक्त हो जाती हैं॥ ३४॥ उनमेंसे सीता पूर्वकी ओर आकाश-मार्गसे एक पर्वतसे दूसरे पर्वतपर जाती हुई अन्तमें पूर्वस्थित भद्राश्ववर्षको पारकर समुद्रमें मिल जाती है॥ ३५॥ इसी प्रकार, हे महामुने! अलकनन्दा दक्षिण-दिशाकी ओर भारतवर्षमें आती है और सात भागोंमें विभक्त होकर समुद्रमें मिल जाती है॥ ३६॥ चक्षु पश्चिमदिशाके समस्त पर्वतोंको पारकर केतुमाल नामक वर्षमें बहती हुई अन्तमें सागरमें जा गिरती है॥ ३७॥ तथा हे महामुने! भद्रा उत्तरके पर्वतों और उत्तरकुरुवर्षको पार करती हुई उत्तरीय समुद्रमें मिल जाती है॥ ३८॥ माल्यवान् और गन्धमादनपर्वत उत्तर तथा दक्षिणकी ओर नीलाचल और निषधपर्वततक फैले हुए हैं। उन दोनोंके बीचमें कर्णिकाकार मेरुपर्वत स्थित है॥ ३९॥

हे मैत्रेय! मर्यादापर्वतोंके बहिर्भागमें स्थित भारत, केतुमाल, भद्राश्व और कुरुवर्ष इस लोकपद्मके पत्तोंके समान हैं॥ ४०॥

जठरो देवकूटश्च मर्यादापर्वतावुभौ।
तौ दक्षिणोत्तरायामावानीलनिषधायतौ॥ ४१
गन्धमादनकैलासौ पूर्वपश्चायतावुभौ।
अशीतियोजनायामावर्णवान्तर्व्यवस्थितौ॥ ४२
निषधः पारियात्रश्च मर्यादापर्वतावुभौ।
मेरोः पश्चिमदिग्भागे यथा पूर्वे तथा स्थितौ॥ ४३
त्रिशृङ्गो जारुधिश्चैव उत्तरौ वर्षपर्वतौ।
पूर्वपश्चायतावेतावर्णवान्तर्व्यवस्थितौ॥ ४४
इत्येते मुनिवर्योक्ता मर्यादापर्वतास्तव।
जठराद्याः स्थिता मेरोस्तेषां द्वौ द्वौ चतुर्दिशम्॥ ४५
मेरोश्चतुर्दिशं ये तु प्रोक्ताः केसरपर्वताः।
शीतान्ताद्या मुने तेषामतीव हि मनोरमाः।
शैलानामन्तरे द्रोण्यः सिद्धचारणसेविताः॥ ४६
सुरम्याणि तथा तासु काननानि पुराणि च।
लक्ष्मीविष्ण्वग्निसूर्यादिदेवानां मुनिसत्तम।
तास्वायतनवर्याणि जुष्टानि वरकिन्नरैः॥ ४७
गन्धर्वयक्षरक्षांसि तथा दैतेयदानवाः।
क्रीडन्ति तासु रम्यासु शैलद्रोणीष्वहर्निशम्॥ ४८
भौमा ह्येते स्मृताः स्वर्गा धर्मिणामालया मुने।
नैतेषु पापकर्माणो यान्ति जन्मशतैरपि॥ ४९
भद्राश्वे भगवान्विष्णुरास्ते हयशिरा द्विज।
वराहः केतुमाले तु भारते कूर्मरूपधृक्॥ ५०
मत्स्यरूपश्च गोविन्दः कुरुष्वास्ते जनार्दनः॥ ५१
विश्वरूपेण सर्वत्र सर्वः सर्वत्रगो हरिः।
सर्वस्याधारभूतोऽसौ मैत्रेयास्तेऽखिलात्मकः॥ ५२
यानि किम्पुरुषादीनि वर्षाण्यष्टौ महामुने।
न तेषु शोको नायासो नोद्वेगः क्षुद्भयादिकम्॥ ५३
स्वस्थाः प्रजा निरातङ्कास्सर्वदुःखविवर्जिताः।
दशद्वादशवर्षाणां सहस्राणि स्थिरायुषः॥ ५४
न तेषु वर्षते देवो भौमान्यम्भांसि तेषु वै।
कृतत्रेतादिकं नैव तेषु स्थानेषु कल्पना॥ ५५
सर्वेष्वेतेषु वर्षेषु सप्त सप्त कुलाचलाः।
नद्यश्च शतशस्तेभ्यः प्रसूता या द्विजोत्तम॥ ५६

जठर और देवकूट—ये दोनों मर्यादापर्वत हैं जो उत्तर और दक्षिणकी ओर नील तथा निषधपर्वततक फैले हुए हैं॥ ४१॥ पूर्व और पश्चिमकी ओर फैले हुए गन्धमादन और कैलास—ये दो पर्वत जिनका विस्तार अस्सी योजन है, समुद्रके भीतर स्थित हैं॥ ४२॥ पूर्वके समान मेरुकी पश्चिम ओर भी निषध और पारियात्र नामक दो मर्यादापर्वत स्थित हैं॥ ४३॥ उत्तरकी ओर त्रिशृंग और जारुधि नामक वर्षपर्वत हैं। ये दोनों पूर्व और पश्चिमकी ओर समुद्रके गर्भमें स्थित हैं॥ ४४॥ इस प्रकार, हे मुनिवर! तुमसे जठर आदि मर्यादापर्वतोंका वर्णन किया, जिनमेंसे दो-दो मेरुकी चारों दिशाओंमें स्थित हैं॥ ४५॥

हे मुने! मेरुके चारों ओर स्थित जिन शीतान्त आदि केसरपर्वतोंके विषयमें तुमसे कहा था, उनके बीचमें सिद्ध-चारणादिसे सेवित अति सुन्दर कन्दराएँ हैं॥ ४६॥ हे मुनिसत्तम! उनमें सुरम्य नगर तथा उपवन हैं और लक्ष्मी, विष्णु, अग्नि एवं सूर्य आदि देवताओंके अत्यन्त सुन्दर मन्दिर हैं जो सदा किन्नरश्रेष्ठोंसे सेवित रहते हैं॥ ४७॥ उन सुन्दर पर्वत-द्रोणियोंमें गन्धर्व, यक्ष, राक्षस, दैत्य और दानवादि अहर्निश क्रीडा करते हैं॥ ४८॥ हे मुने! ये सम्पूर्ण स्थान भौम (पृथिवीके) स्वर्ग कहलाते हैं; ये धार्मिक पुरुषोंके निवासस्थान हैं। पापकर्मा पुरुष इनमें सौ जन्ममें भी नहीं जा सकते॥ ४९॥

हे द्विज! श्रीविष्णुभगवान् भद्राश्ववर्षमें हयग्रीवरूपसे, केतुमालवर्षमें वराहरूपसे और भारतवर्षमें कूर्मरूपसे रहते हैं॥ ५०॥ तथा वे भक्तप्रतिपालक श्रीगोविन्द कुरुवर्षमें मत्स्यरूपसे रहते हैं। इस प्रकार वे सर्वमय सर्वगामी हरि विश्वरूपसे सर्वत्र ही रहते हैं। हे मैत्रेय! वे सबके आधारभूत और सर्वात्मक हैं॥ ५१-५२॥ हे महामुने! किम्पुरुष आदि जो आठ वर्ष हैं उनमें शोक, श्रम, उद्वेग और क्षुधाका भय आदि कुछ भी नहीं है॥ ५३॥ वहाँकी प्रजा स्वस्थ, आतंकहीन और समस्त दुःखोंसे रहित है तथा वहाँके लोग दस-बारह हजार वर्षकी स्थिर आयुवाले होते हैं॥ ५४॥ उनमें वर्षा कभी नहीं होती, केवल पार्थिव जल ही है और न उन स्थानोंमें कृतत्रेतादि युगोंकी ही कल्पना है॥ ५५॥ हे द्विजोत्तम! इन सभी वर्षोंमें सात-सात कुलपर्वत हैं और उनसे निकली हुई सैकड़ों नदियाँ हैं॥ ५६॥

इति श्रीविष्णुपुराणे द्वितीयेंऽशे द्वितीयोऽध्यायः॥ २॥

तीसरा अध्याय

भारतादि नौ खण्डोंका विभाग

श्रीपराशर उवाच

उत्तरं यत्समुद्रस्य हिमाद्रेश्चैव दक्षिणम्।
वर्षं तद्भारतं नाम भारती यत्र सन्ततिः॥ १
नवयोजनसाहस्रो विस्तारोऽस्य महामुने।
कर्मभूमिरियं स्वर्गमपवर्गं च गच्छताम्॥ २
महेन्द्रो मलयः सह्यः शुक्तिमानृक्षपर्वतः।
विन्ध्यश्च पारियात्रश्च सप्तात्र कुलपर्वताः॥ ३
अतः सम्प्राप्यते स्वर्गो मुक्तिमस्मात्प्रयान्ति वै।
तिर्यक्त्वं नरकं चापि यान्त्यतः पुरुषा मुने॥ ४
इतः स्वर्गश्च मोक्षश्च मध्यं चान्तश्च गम्यते।
न खल्वन्यत्र मर्त्यानां कर्म भूमौ विधीयते॥ ५
भारतस्यास्य वर्षस्य नवभेदान्निशामय।
इन्द्रद्वीपः कसेरुश्च ताम्रपर्णो गभस्तिमान्॥ ६
नागद्वीपस्तथा सौम्यो गन्धर्वस्त्वथ वारुणः।
अयं तु नवमस्तेषां द्वीपः सागरसंवृतः॥ ७
योजनानां सहस्रं तु द्वीपोऽयं दक्षिणोत्तरात्।
पूर्वे किराता यस्यान्ते पश्चिमे यवनाः स्थिताः॥ ८
ब्राह्मणाःक्षत्रिया वैश्या मध्ये शूद्राश्च भागशः।
इज्यायुधवणिज्याद्यैर्वर्तयन्तो व्यवस्थिताः॥ ९
शतद्रूचन्द्रभागाद्या हिमवत्पादनिर्गताः।
वेदस्मृतिमुखाद्याश्च पारियात्रोद्भवा मुने॥ १०
नर्मदा सुरसाद्याश्च नद्यो विन्ध्याद्रिनिर्गताः।
तापीपयोष्णीनिर्विन्ध्याप्रमुखा ऋक्षसम्भवाः॥ ११
गोदावरी भीमरथी कृष्णवेण्यादिकास्तथा।
सह्यपादोद्भवा नद्यः स्मृताः पापभयापहाः॥ १२
कृतमाला ताम्रपर्णीप्रमुखा मलयोद्भवाः।
त्रिसामा चार्यकुल्याद्या महेन्द्रप्रभवाः स्मृताः॥ १३
ऋषिकुल्याकुमाराद्याः शुक्तिमत्पादसम्भवाः।
आसां नद्युपनद्यश्च सन्त्यन्याश्च सहस्रशः॥ १४

श्रीपराशरजी बोले—हे मैत्रेय! जो समुद्रके उत्तर तथा हिमालयके दक्षिणमें स्थित है वह देश भारतवर्ष कहलाता है। उसमें भरतकी सन्तान बसी हुई है॥ १॥ हे महामुने! इसका विस्तार नौ हजार योजन है। यह स्वर्ग और अपवर्ग प्राप्त करनेवालोंकी कर्मभूमि है॥ २॥ इसमें महेन्द्र, मलय, सह्य, शुक्तिमान्, ऋक्ष, विन्ध्य और पारियात्र—ये सात कुलपर्वत हैं॥ ३॥ हे मुने! इसी देशमें मनुष्य शुभकर्मोंद्वारा स्वर्ग अथवा मोक्ष प्राप्त कर सकते हैं और यहींसे [पाप-कर्मोंमें प्रवृत्त होनेपर] वे नरक अथवा तिर्यग्योनिमें पड़ते हैं॥ ४॥ यहींसे [कर्मानुसार] स्वर्ग, मोक्ष, अन्तरिक्ष अथवा पाताल आदि लोकोंको प्राप्त किया जा सकता है, पृथिवीमें यहाँके सिवा और कहीं भी मनुष्यके लिये कर्मकी विधि नहीं है॥ ५॥

इस भारतवर्षके नौ भाग हैं; उनके नाम ये हैं—इन्द्रद्वीप, कसेरु, ताम्रपर्ण, गभस्तिमान्, नागद्वीप, सौम्य, गन्धर्व और वारुण तथा यह समुद्रसे घिरा हुआ द्वीप उनमें नवाँ है॥ ६-७॥ यह द्वीप उत्तरसे दक्षिणतक सहस्र योजन है। इसके पूर्वीय भागमें किरातलोग और पश्चिमीयमें यवन बसे हुए हैं॥ ८॥ तथा यज्ञ, युद्ध और व्यापार आदि अपने-अपने कर्मोंकी व्यवस्थाके अनुसार आचरण करते हुए ब्राह्मण, क्षत्रिय, वैश्य और शूद्रगण वर्णविभागानुसार मध्यमें रहते हैं॥ ९॥ हे मुने! इसकी शतद्रू और चन्द्रभागा आदि नदियाँ हिमालयकी तलैटीसे वेद और स्मृति आदि पारियात्र पर्वतसे, नर्मदा और सुरसा आदि विन्ध्याचलसे तथा तापी, पयोष्णी और निर्विन्ध्या आदि ऋक्षगिरिसे निकली हैं॥ १०-११॥ गोदावरी, भीमरथी और कृष्णवेणी आदि पापहारिणी नदियाँ सह्यपर्वतसे उत्पन्न हुई कही जाती हैं॥ १२॥ कृतमाला और ताम्रपर्णी आदि मलयाचलसे, त्रिसामा और आर्यकुल्या आदि महेन्द्रगिरिसे तथा ऋषिकुल्या और कुमारी आदि नदियाँ शुक्तिमान् पर्वतसे निकली हैं। इनकी और भी सहस्रों शाखा नदियाँ और उपनदियाँ हैं॥ १३-१४॥

तास्विमे कुरुपाञ्चाला मध्यदेशादयो जनाः।
पूर्वदेशादिकाश्चैव कामरूपनिवासिनः॥ १५
पुण्ड्राः कलिङ्गा मगधा दक्षिणाद्याश्च सर्वशः।
तथापरान्ताः सौराष्ट्राः शूराभीरास्तथार्बुदाः॥ १६
कारूषा मालवाश्चैव पारियात्रनिवासिनः।
सौवीराः सैन्धवा हूणाःसाल्वाःकोशलवासिनः।
माद्रारामास्तथाम्बष्ठाः पारसीकादयस्तथा॥ १७
आसां पिबन्ति सलिलं वसन्ति सहिताः सदा।
समीपतो महाभाग हृष्टपुष्टजनाकुलाः॥ १८
चत्वारि भारते वर्षे युगान्यत्र महामुने।
कृतं त्रेता द्वापरञ्च कलिश्चान्यत्र न क्वचित्॥ १९
तपस्तप्यन्ति मुनयो जुह्वते चात्र यज्विनः।
दानानि चात्र दीयन्ते परलोकार्थमादरात्॥ २०
पुरुषैर्यज्ञपुरुषो जम्बूद्वीपे सदेज्यते।
यज्ञैर्यज्ञमयो विष्णुरन्यद्वीपेषु चान्यथा॥ २१
अत्रापि भारतं श्रेष्ठं जम्बूद्वीपे महामुने।
यतो हि कर्मभूरेषा ह्यतोऽन्या भोगभूमयः॥ २२
अत्र जन्मसहस्राणां सहस्रैरपि सत्तम।
कदाचिल्लभते जन्तुर्मानुष्यं पुण्यसञ्चयात्॥ २३
गायन्ति देवाः किल गीतकानि
धन्यास्तु ते भारत भूमिभागे।
स्वर्गापवर्गास्पदमार्गभूते
भवन्ति भूयः पुरुषाः सुरत्वात्॥ २४
कर्माण्यसङ्कल्पिततत्फलानि
संन्यस्य विष्णौ परमात्मभूते।
अवाप्य तां कर्ममहीमनन्ते
तस्मिँल्लयं ये त्वमलाः प्रयान्ति॥ २५
जानीम नैतत् क्व वयं विलीने
स्वर्गप्रदे कर्मणि देहबन्धम्।
प्राप्स्याम धन्याः खलु ते मनुष्या
ये भारते नेन्द्रियविप्रहीनाः॥ २६

इन नदियोंके तटपर कुरु, पांचाल और मध्यदेशादिके रहनेवाले, पूर्वदेश और कामरूपके निवासी, पुण्ड्र, कलिंग, मगध और दाक्षिणात्यलोग, अपरान्तदेशवासी, सौराष्ट्रगण तथा शूर, आभीर और अर्बुदगण, कारूष, मालव और पारियात्रनिवासी, सौवीर, सैन्धव, हूण, साल्व और कोशल-देशवासी तथा माद्र, आराम, अम्बष्ठ और पारसीगण रहते हैं॥ १५—१७॥ हे महाभाग! वे लोग सदा आपसमें मिलकर रहते हैं और इन्हींका जल पान करते हैं। इनकी सन्निधिके कारण वे बड़े हृष्ट-पुष्ट रहते हैं॥ १८॥

हे मुने! इस भारतवर्षमें ही सत्ययुग, त्रेता, द्वापर और कलि नामक चार युग हैं, अन्यत्र कहीं नहीं॥ १९॥ इस देशमें परलोकके लिये मुनिजन तपस्या करते हैं, याज्ञिकलोग यज्ञानुष्ठान करते हैं और दानीजन आदरपूर्वक दान देते हैं॥ २०॥ जम्बूद्वीपमें यज्ञमय यज्ञपुरुष भगवान् विष्णुका सदा यज्ञोंद्वारा यजन किया जाता है, इसके अतिरिक्त अन्य द्वीपोंमें उनकी और-और प्रकारसे उपासना होती है॥ २१॥ हे महामुने! इस जम्बूद्वीपमें भी भारतवर्ष सर्वश्रेष्ठ है, क्योंकि यह कर्मभूमि है इसके अतिरिक्त अन्यान्य देश भोग-भूमियाँ हैं॥ २२॥ हे सत्तम! जीवको सहस्रों जन्मोंके अनन्तर महान् पुण्योंका उदय होनेपर ही कभी इस देशमें मनुष्य-जन्म प्राप्त होता है॥ २३॥ देवगण भी निरन्तर यही गान करते हैं कि 'जिन्होंने स्वर्ग और अपवर्गके मार्गभूत भारतवर्षमें जन्म लिया है वे पुरुष हम देवताओंकी अपेक्षा भी अधिक धन्य (बड़भागी) हैं॥ २४॥ जो लोग इस कर्मभूमिमें जन्म लेकर अपने फलाकांक्षासे रहित कर्मोंको परमात्म-स्वरूप श्रीविष्णुभगवान्को अर्पण करनेसे निर्मल (पापपुण्यसे रहित) होकर उन अनन्तमें ही लीन हो जाते हैं [वे धन्य हैं!]॥ २५॥

'पता नहीं, अपने स्वर्गप्रदकर्मोंका क्षय होनेपर हम कहाँ जन्म ग्रहण करेंगे! धन्य तो वे ही मनुष्य हैं जो भारतभूमिमें उत्पन्न होकर इन्द्रियोंकी शक्तिसे हीन नहीं हुए हैं'॥ २६॥

नववर्षं तु मैत्रेय जम्बूद्वीपमिदं मया।
लक्षयोजनविस्तारं सङ्क्षेपात्कथितं तव॥ २७
जम्बूद्वीपं समावृत्य लक्षयोजनविस्तरः।
मैत्रेय वलयाकारः स्थितः क्षारोदधिर्बहिः॥ २८

हे मैत्रेय! इस प्रकार लाख योजनके विस्तारवाले नववर्ष-विशिष्ट इस जम्बूद्वीपका मैंने तुमसे संक्षेपसे वर्णन किया॥ २७॥ हे मैत्रेय! इस जम्बूद्वीपको बाहर चारों ओरसे लाख योजनके विस्तारवाले वलयाकार खारे पानीके समुद्रने घेरा हुआ है॥ २८॥

इति श्रीविष्णुपुराणे द्वितीयेंऽशे तृतीयोऽध्यायः॥ ३॥

चौथा अध्याय

प्लक्ष तथा शाल्मल आदि द्वीपोंका विशेष वर्णन

श्रीपराशर उवाच

क्षारोदेन यथा द्वीपो जम्बूसंज्ञोऽभिवेष्टितः।
संवेष्ट्य क्षारमुदधिं प्लक्षद्वीपस्तथा स्थितः॥ १
जम्बूद्वीपस्य विस्तारः शतसाहस्रसम्मितः।
स एव द्विगुणो ब्रह्मन् प्लक्षद्वीप उदाहृतः॥ २
सप्त मेधातिथेः पुत्राः प्लक्षद्वीपेश्वरस्य वै।
ज्येष्ठः शान्तहयो नाम शिशिरस्तदनन्तरः॥ ३
सुखोदयस्तथानन्दः शिवः क्षेमक एव च।
ध्रुवश्च सप्तमस्तेषां प्लक्षद्वीपेश्वरा हि ते॥ ४
पूर्वं शान्तहयं वर्षं शिशिरं च सुखं तथा।
आनन्दं च शिवं चैव क्षेमकं ध्रुवमेव च॥ ५
मर्यादाकारकास्तेषां तथान्ये वर्षपर्वताः।
सप्तैव तेषां नामानि शृणुष्व मुनिसत्तम॥ ६
गोमेदश्चैव चन्द्रश्च नारदो दुन्दुभिस्तथा।
सोमकः सुमनाश्चैव वैभ्राजश्चैव सप्तमः॥ ७
वर्षाचलेषु रम्येषु वर्षेष्वेतेषु चानघाः।
वसन्ति देवगन्धर्वसहिताः सततं प्रजाः॥ ८
तेषु पुण्या जनपदाश्चिराच्च म्रियते जनः।
नाधयो व्याधयो वापि सर्वकालसुखं हि तत्॥ ९
तेषां नद्यस्तु सप्तैव वर्षाणां च समुद्रगाः।
नामतस्ताः प्रवक्ष्यामि श्रुताः पापं हरन्ति याः॥ १०
अनुतप्ता शिखी चैव विपाशा त्रिदिवाक्लमा।
अमृता सुकृता चैव सप्तैतास्तत्र निम्नगाः॥ ११

श्रीपराशरजी बोले— जिस प्रकार जम्बूद्वीप क्षारसमुद्रसे घिरा हुआ है उसी प्रकार क्षारसमुद्रको घेरे हुए प्लक्षद्वीप स्थित है॥ १॥ जम्बूद्वीपका विस्तार एक लक्ष योजन है; और हे ब्रह्मन्! प्लक्षद्वीपका उससे दूना कहा जाता है॥ २॥ प्लक्षद्वीपके स्वामी मेधातिथिके सात पुत्र हुए। उनमें सबसे बड़ा शान्तहय था और उससे छोटा शिशिर॥ ३॥ उनके अनन्तर क्रमशः सुखोदय, आनन्द, शिव और क्षेमक थे तथा सातवाँ ध्रुव था। ये सब प्लक्षद्वीपके अधीश्वर हुए॥ ४॥ [उनके अपने-अपने अधिकृत वर्षोंमें] प्रथम शान्तहयवर्ष है तथा अन्य शिशिरवर्ष, सुखोदयवर्ष, आनन्दवर्ष, शिववर्ष, क्षेमकवर्ष और ध्रुववर्ष हैं॥ ५॥ तथा उनकी मर्यादा निश्चित करनेवाले अन्य सात पर्वत हैं। हे मुनिश्रेष्ठ! उनके नाम ये हैं, सुनो—॥ ६॥ गोमेद, चन्द्र, नारद, दुन्दुभि, सोमक, सुमना और सातवाँ वैभ्राज॥ ७॥

इन अति सुरम्य वर्ष-पर्वतों और वर्षोंमें देवता और गन्धर्वोंके सहित सदा निष्पाप प्रजा निवास करती है॥ ८॥ वहाँके निवासीगण पुण्यवान् होते हैं और वे चिरकालतक जीवित रहकर मरते हैं; उनको किसी प्रकारकी आधि-व्याधि नहीं होती, निरन्तर सुख ही रहता है॥ ९॥ उन वर्षोंकी सात ही समुद्रगामिनी नदियाँ हैं। उनके नाम मैं तुम्हें बतलाता हूँ जिनके श्रवणमात्रसे वे पापोंको दूर कर देती हैं॥ १०॥ वहाँ अनुतप्ता, शिखी, विपाशा, त्रिदिवा, अक्लमा, अमृता और सुकृता—ये ही सात नदियाँ हैं॥ ११॥

एते शैलास्तथा नद्यः प्रधानाः कथितास्तव।
क्षुद्रशैलास्तथा नद्यस्तत्र सन्ति सहस्रशः।
ताः पिबन्ति सदा हृष्टा नदीर्जनपदास्तु ते॥ १२
अपसर्पिणी न तेषां वै न चैवोत्सर्पिणी द्विज।
न त्वेवास्ति युगावस्था तेषु स्थानेषु सप्तसु॥ १३
त्रेतायुगसमः कालः सर्वदैव महामते।
प्लक्षद्वीपादिषु ब्रह्मञ्छाकद्वीपान्तिकेषु वै॥ १४
पञ्च वर्षसहस्राणि जना जीवन्त्यनामयाः।
धर्माः पञ्च तथैतेषु वर्णाश्रमविभागशः॥ १५
वर्णाश्च तत्र चत्वारस्तान्निबोध वदामि ते॥ १६
आर्यकाः कुरराश्चैव विदिश्या भाविनश्च ते।
विप्रक्षत्रियवैश्यास्ते शूद्राश्च मुनिसत्तम॥ १७
जम्बूवृक्षप्रमाणस्तु तन्मध्ये सुमहांस्तरुः।
प्लक्षस्तन्नामसंज्ञोऽयं प्लक्षद्वीपो द्विजोत्तम॥ १८
इज्यते तत्र भगवांस्तैर्वर्णैरार्यकादिभिः।
सोमरूपी जगत्स्रष्टा सर्वः सर्वेश्वरो हरिः॥ १९
प्लक्षद्वीपप्रमाणेन प्लक्षद्वीपः समावृतः।
तथैवेक्षुरसोदेन परिवेषानुकारिणा॥ २०
इत्येवं तव मैत्रेय प्लक्षद्वीप उदाहृतः।
सङ्क्षेपेण मया भूयः शाल्मलं मे निशामय॥ २१
शाल्मलस्येश्वरो वीरो वपुष्मांस्तत्सुताञ्छृणु।
तेषां तु नामसंज्ञानि सप्तवर्षाणि तानि वै॥ २२
श्वेतोऽथ हरितश्चैव जीमूतो रोहितस्तथा।
वैद्युतो मानसश्चैव सुप्रभश्च महामुने॥ २३
शाल्मलेन समुद्रोऽसौ द्वीपेनेक्षुरसोदकः।
विस्तारद्विगुणेनाथ सर्वतः संवृतः स्थितः॥ २४
तत्रापि पर्वताः सप्त विज्ञेया रत्नयोनयः।
वर्षाभिव्यञ्जका ये तु तथा सप्त च निम्नगाः॥ २५
कुमुदश्चोन्नतश्चैव तृतीयश्च बलाहकः।
द्रोणो यत्र महौषध्यः स चतुर्थो महीधरः॥ २६
कङ्कस्तु पञ्चमः षष्ठो महिषः सप्तमस्तथा।
ककुद्मान्पर्वतवरः सरिन्नामानि मे शृणु॥ २७

यह मैंने तुमसे प्रधान-प्रधान पर्वत और नदियोंका वर्णन किया है; वहाँ छोटे-छोटे पर्वत और नदियाँ तो और भी सहस्रों हैं। उस देशके हृष्ट-पुष्ट लोग सदा उन नदियोंका जल पान करते हैं॥ १२॥ हे द्विज! उन लोगोंमें ह्रास अथवा वृद्धि नहीं होती और न उन सात वर्षोंमें युगकी ही कोई अवस्था है॥ १३॥ हे महामते! हे ब्रह्मन्! प्लक्षद्वीपसे लेकर शाकद्वीपपर्यन्त छहों द्वीपोंमें सदा त्रेतायुगके समान समय रहता है॥ १४॥ इन द्वीपोंके मनुष्य सदा नीरोग रहकर पाँच हजार वर्षतक जीते हैं और इनमें वर्णाश्रम-विभागानुसार पाँचों धर्म (अहिंसा, सत्य, अस्तेय, ब्रह्मचर्य और अपरिग्रह) वर्तमान रहते हैं॥ १५॥

वहाँ जो चार वर्ण हैं वह मैं तुमको सुनाता हूँ॥ १६॥ हे मुनिसत्तम! उस द्वीपमें जो आर्यक, कुरर, विदिश्य और भावी नामक जातियाँ हैं; वे ही क्रमसे ब्राह्मण, क्षत्रिय, वैश्य और शूद्र हैं॥ १७॥ हे द्विजोत्तम! उसीमें जम्बूवृक्षके ही परिमाणवाला एक प्लक्ष (पाकर)-का वृक्ष है, जिसके नामसे उसकी संज्ञा प्लक्षद्वीप हुई है॥ १८॥ वहाँ आर्यकादि वर्णोंद्वारा जगत्स्रष्टा, सर्वरूप, सर्वेश्वर भगवान् हरिका सोमरूपसे यजन किया जाता है॥ १९॥ प्लक्षद्वीप अपने ही बराबर परिमाणवाले वृत्ताकार इक्षुरसके समुद्रसे घिरा हुआ है॥ २०॥ हे मैत्रेय! इस प्रकार मैंने तुमसे संक्षेपमें प्लक्षद्वीपका वर्णन किया, अब तुम शाल्मलद्वीपका विवरण सुनो॥ २१॥

शाल्मलद्वीपके स्वामी वीरवर वपुष्मान् थे। उनके पुत्रोंके नाम सुनो—हे महामुने! वे श्वेत, हरित, जीमूत, रोहित, वैद्युत, मानस और सुप्रभ थे। उनके सात वर्ष उन्हींके नामानुसार संज्ञावाले हैं॥ २२-२३॥ यह (प्लक्षद्वीपको घेरनेवाला) इक्षुरसका समुद्र अपनेसे दूने विस्तारवाले इस शाल्मलद्वीपसे चारों ओरसे घिरा हुआ है॥ २४॥ वहाँ भी रत्नोंके उद्भवस्थानरूप सात पर्वत हैं, जो उसके सातों वर्षोंके विभाजक हैं तथा सात नदियाँ हैं॥ २५॥ पर्वतोंमें पहला कुमुद, दूसरा उन्नत और तीसरा बलाहक है तथा चौथा द्रोणाचल है, जिसमें नाना प्रकारकी महौषधियाँ हैं॥ २६॥ पाँचवाँ कंक, छठा महिष और सातवाँ गिरिवर ककुद्मान् है। अब नदियोंके नाम सुनो॥ २७॥

योनिस्तोया वितृष्णा च चन्द्रा मुक्ता विमोचनी।
निवृत्तिः सप्तमी तासां स्मृतास्ताः पापशान्तिदाः॥ २८
श्वेतञ्च हरितं चैव वैद्युतं मानसं तथा।
जीमूतं रोहितं चैव सुप्रभं चापि शोभनम्।
सप्तैतानि तु वर्षाणि चातुर्वर्ण्ययुतानि वै॥ २९
शाल्मले ये तु वर्णाश्च वसन्त्येते महामुने।
कपिलाश्चारुणाः पीताः कृष्णाश्चैव पृथक् पृथक्॥ ३०
ब्राह्मणाः क्षत्रिया वैश्याः शूद्राश्चैव यजन्ति तम्।
भगवन्तं समस्तस्य विष्णुमात्मानमव्ययम्।
वायुभूतं मखश्रेष्ठैर्यज्वानो यज्ञसंस्थितिम्॥ ३१
देवानामत्र सान्निध्यमतीव सुमनोहरे।
शाल्मलिः सुमहान्वृक्षो नाम्ना निर्वृतिकारकः॥ ३२
एष द्वीपः समुद्रेण सुरोदेन समावृतः।
विस्ताराच्छाल्मलस्यैव समेन तु समन्ततः॥ ३३
सुरोदकः परिवृतः कुशद्वीपेन सर्वतः।
शाल्मलस्य तु विस्ताराद् द्विगुणेन समन्ततः॥ ३४
ज्योतिष्मतः कुशद्वीपे सप्त पुत्राञ्छृणुष्व तान्॥ ३५
उद्भिदो वेणुमांश्चैव वैरथो लम्बनो धृतिः।
प्रभाकरोऽथ कपिलस्तन्नामा वर्षपद्धतिः॥ ३६
तस्मिन्वसन्ति मनुजाः सह दैतेयदानवैः।
तथैव देवगन्धर्वयक्षकिम्पुरुषादयः॥ ३७
वर्णास्तत्रापि चत्वारो निजानुष्ठानतत्पराः।
दमिनः शुष्मिणः स्नेहा मन्देहाश्च महामुने॥ ३८
ब्राह्मणाः क्षत्रिया वैश्याः शूद्राश्चानुक्रमोदिताः॥ ३९
यथोक्तकर्मकर्तृत्वात्स्वाधिकारक्षयाय ते।
तत्रैव तं कुशद्वीपे ब्रह्मरूपं जनार्दनम्।
यजन्तः क्षपयन्त्युग्रमधिकारफलप्रदम्॥ ४०
विद्रुमो हेमशैलश्च द्युतिमान् पुष्पवांस्तथा।
कुशेशयो हरिश्चैव सप्तमो मन्दराचलः॥ ४१
वर्षाचलास्तु सप्तैते तत्र द्वीपे महामुने।
नद्यश्च सप्त तासां तु शृणु नामान्यनुक्रमात्॥ ४२
धूतपापा शिवा चैव पवित्रा सम्मतिस्तथा।
विद्युदम्भा मही चान्या सर्वपापहरास्त्विमाः॥ ४३

वे योनि, तोया, वितृष्णा, चन्द्रा, मुक्ता, विमोचनी और निवृत्ति हैं तथा स्मरणमात्रसे ही सारे पापोंको शान्त कर देनेवाली हैं॥ २८॥ श्वेत, हरित, वैद्युत, मानस, जीमूत, रोहित और अति शोभायमान सुप्रभ—ये उसके चारों वर्णोंसे युक्त सात वर्ष हैं॥ २९॥ हे महामुने! शाल्मलद्वीपमें कपिल, अरुण, पीत और कृष्ण—ये चार वर्ण निवास करते हैं जो पृथक्-पृथक् क्रमशः ब्राह्मण, क्षत्रिय, वैश्य और शूद्र हैं। ये यजनशील लोग सबके आत्मा, अव्यय और यज्ञके आश्रय वायुरूप विष्णुभगवान्का श्रेष्ठ यज्ञोंद्वारा यजन करते हैं॥ ३०-३१॥ इस अत्यन्त मनोहर द्वीपमें देवगण सदा विराजमान रहते हैं। इसमें शाल्मल (सेमल)-का एक महान् वृक्ष है जो अपने नामसे ही अत्यन्त शान्तिदायक है॥ ३२॥ यह द्वीप अपने समान ही विस्तारवाले एक मदिराके समुद्रसे सब ओरसे पूर्णतया घिरा हुआ है॥ ३३॥ और यह सुरासमुद्र शाल्मलद्वीपसे दूने विस्तारवाले कुशद्वीपद्वारा सब ओरसे परिवेष्टित है॥ ३४॥

कुशद्वीपमें [वहाँके अधिपति] ज्योतिष्मान्के सात पुत्र थे, उनके नाम सुनो। वे उद्भिद, वेणुमान्, वैरथ, लम्बन, धृति, प्रभाकर और कपिल थे। उनके नामानुसार ही वहाँके वर्षोंके नाम पड़े॥ ३५-३६॥ उसमें दैत्य और दानवोंके सहित मनुष्य तथा देव, गन्धर्व, यक्ष और किन्नर आदि निवास करते हैं॥ ३७॥ हे महामुने! वहाँ भी अपने-अपने कर्मोंमें तत्पर दमी, शुष्मी, स्नेह और मन्देहनामक चार ही वर्ण हैं, जो क्रमशः ब्राह्मण, क्षत्रिय, वैश्य और शूद्र ही हैं॥ ३८-३९॥ अपने प्रारब्धक्षयके निमित्त शास्त्रानुकूल कर्म करते हुए वहाँ कुशद्वीपमें ही वे ब्रह्मरूप जनार्दनकी उपासनाद्वारा अपने प्रारब्धफलके देनेवाले अत्युग्र अहंकारका क्षय करते हैं॥ ४०॥ हे महामुने! उस द्वीपमें विद्रुम, हेमशैल, द्युतिमान्, पुष्पवान्, कुशेशय, हरि और सातवाँ मन्दराचल—ये सात वर्षपर्वत हैं। तथा उसमें सात ही नदियाँ हैं, उनके नाम क्रमशः सुनो—॥ ४१-४२॥ वे धूतपापा, शिवा, पवित्रा, सम्मति, विद्युत्, अम्भा और मही हैं। ये सम्पूर्ण पापोंको हरनेवाली हैं॥ ४३॥

अन्याः सहस्रशस्तत्र क्षुद्रनद्यस्तथाचलाः ।
कुशद्वीपे कुशस्तम्बः संज्ञया तस्य तत्स्मृतम् ॥ ४४
तत्प्रमाणेन स द्वीपो घृतोदेन समावृतः ।
घृतोदश्च समुद्रो वै क्रौञ्चद्वीपेन संवृतः ॥ ४५
क्रौञ्चद्वीपो महाभाग श्रूयताञ्चापरो महान् ।
कुशद्वीपस्य विस्ताराद् द्विगुणो यस्य विस्तरः ॥ ४६
क्रौञ्चद्वीपे द्युतिमतः पुत्रास्तस्य महात्मनः ।
तन्नामानि च वर्षाणि तेषां चक्रे महीपतिः ॥ ४७
कुशलो मन्दगश्चोष्णः पीवरोऽथान्धकारकः ।
मुनिश्च दुन्दुभिश्चैव सप्तैते तत्सुता मुने ॥ ४८
तत्रापि देवगन्धर्वसेविताः सुमनोहराः ।
वर्षाचला महाबुद्धे तेषां नामानि मे शृणु ॥ ४९
क्रौञ्चश्च वामनश्चैव तृतीयश्चान्धकारकः ।
चतुर्थो रत्नशैलश्च स्वाहिनी हयसन्निभः ॥ ५०
दिवावृत्पञ्चमश्चात्र तथान्यः पुण्डरीकवान् ।
दुन्दुभिश्च महाशैलो द्विगुणास्ते परस्परम् ।
द्वीपा द्वीपेषु ये शैला यथा द्वीपेषु ते तथा ॥ ५१
वर्षेष्वेतेषु रम्येषु तथा शैलवरेषु च ।
निवसन्ति निरातङ्काः सह देवगणैः प्रजाः ॥ ५२
पुष्कराः पुष्कला धन्यास्तिष्याख्याश्च महामुने ।
ब्राह्मणाः क्षत्रिया वैश्याः शूद्राश्चानुक्रमोदिताः ॥ ५३
नदीर्मैत्रेय ते तत्र याः पिबन्ति शृणुष्व ताः ।
सप्तप्रधानाः शतशस्तत्रान्याः क्षुद्रनिम्नगाः ॥ ५४
गौरी कुमुद्वती चैव सन्ध्या रात्रिर्मनोजवा ।
क्षान्तिश्च पुण्डरीका च सप्तैता वर्षनिम्नगाः ॥ ५५
तत्रापि विष्णुर्भगवान्पुष्कराद्यैर्जनार्दनः ।
यागै रुद्रस्वरूपश्च इज्यते यज्ञसन्निधौ ॥ ५६
क्रौञ्चद्वीपः समुद्रेण दधिमण्डोदकेन च ।
आवृतः सर्वतः क्रौञ्चद्वीपतुल्येन मानतः ॥ ५७
दधिमण्डोदकश्चापि शाकद्वीपेन संवृतः ।
क्रौञ्चद्वीपस्य विस्ताराद् द्विगुणेन महामुने ॥ ५८
शाकद्वीपेश्वरस्यापि भव्यस्य सुमहात्मनः ।
सप्तैव तनयास्तेषां ददौ वर्षाणि सप्त सः ॥ ५९

वहाँ और भी सहस्रों छोटी-छोटी नदियाँ और पर्वत हैं। कुशद्वीपमें एक कुशका झाड़ है। उसीके कारण इसका यह नाम पड़ा है॥ ४४॥ यह द्वीप अपने ही बराबर विस्तारवाले घीके समुद्रसे घिरा हुआ है और वह घृत-समुद्र क्रौंचद्वीपसे परिवेष्टित है॥ ४५॥

हे महाभाग! अब इसके अगले क्रौंचनामक महाद्वीपके विषयमें सुनो, जिसका विस्तार कुशद्वीपसे दूना है॥ ४६॥ क्रौंचद्वीपमें महात्मा द्युतिमान्‌के जो पुत्र थे; उनके नामानुसार ही महाराज द्युतिमान्‌ने उनके वर्षोंके नाम रखे॥ ४७॥ हे मुने! उसके कुशल, मन्दग, उष्ण, पीवर, अन्धकारक, मुनि और दुन्दुभि—ये सात पुत्र थे॥ ४८॥ वहाँ भी देवता और गन्धर्वोंसे सेवित अति मनोहर सात वर्षपर्वत हैं। हे महाबुद्धे! उनके नाम सुनो—॥ ४९॥ उनमें पहला क्रौंच, दूसरा वामन, तीसरा अन्धकारक, चौथा घोड़ीके मुखके समान रत्नमय स्वाहिनी पर्वत, पाँचवाँ दिवावृत्, छठा पुण्डरीकवान् और सातवाँ महापर्वत दुन्दुभि है। वे द्वीप परस्पर एक-दूसरेसे दूने हैं; और उन्हींकी भाँति उनके पर्वत भी [उत्तरोत्तर द्विगुण] हैं॥ ५०-५१॥ इन सुरम्य वर्षों और पर्वतश्रेष्ठोंमें देवगणोंके सहित सम्पूर्ण प्रजा निर्भय होकर रहती है॥ ५२॥ हे महामुने! वहाँके ब्राह्मण, क्षत्रिय, वैश्य और शूद्र क्रमसे पुष्कर, पुष्कल, धन्य और तिष्य कहलाते हैं॥ ५३॥ हे मैत्रेय! वहाँ जिनका जल पान किया जाता है उन नदियोंका विवरण सुनो। उस द्वीपमें सात प्रधान तथा अन्य सैकड़ों क्षुद्र नदियाँ हैं॥ ५४॥ वे सात वर्षनदियाँ गौरी, कुमुद्वती, सन्ध्या, रात्रि, मनोजवा, क्षान्ति और पुण्डरीका हैं॥ ५५॥ वहाँ भी रुद्ररूपी जनार्दन भगवान् विष्णुकी पुष्करादि वर्णोंद्वारा यज्ञादिसे पूजा की जाती है॥ ५६॥ यह क्रौंचद्वीप चारों ओरसे अपने तुल्य परिमाणवाले दधिमण्ड (मट्ठे)-के समुद्रसे घिरा हुआ है॥ ५७॥ और हे महामुने! यह मट्ठेका समुद्र भी शाकद्वीपसे घिरा हुआ है, जो विस्तारमें क्रौंचद्वीपसे दूना है॥ ५८॥

शाकद्वीपके राजा महात्मा भव्यके भी सात ही पुत्र थे। उनको भी उन्होंने पृथक्-पृथक् सात वर्ष दिये॥ ५९॥

जलदश्च कुमारश्च सुकुमारो मरीचकः ।
कुसुमोदश्च मौदाकिः सप्तमश्च महाद्रुमः ॥ ६०
तत्संज्ञान्येव तत्रापि सप्त वर्षाण्यनुक्रमात् ।
तत्रापि पर्वताः सप्त वर्षविच्छेदकारिणः ॥ ६१
पूर्वस्तत्रोदयगिरिर्जलाधारस्तथापरः ।
तथा रैवतकः श्यामस्तथैवास्तगिरिर्द्विज ।
आम्बिकेयस्तथा रम्यः केसरी पर्वतोत्तमः ॥ ६२
शाकस्तत्र महावृक्षः सिद्धगन्धर्वसेवितः ।
यत्रत्यवातसंस्पर्शादाह्लादो जायते परः ॥ ६३
तत्र पुण्या जनपदाश्चातुर्वर्ण्यसमन्विताः ।
नद्यश्चात्र महापुण्याः सर्वपापभयापहाः ॥ ६४
सुकुमारी कुमारी च नलिनी धेनुका च या ।
इक्षुश्च वेणुका चैव गभस्ती सप्तमी तथा ॥ ६५
अन्याश्च शतशस्तत्र क्षुद्रनद्यो महामुने ।
महीधरास्तथा सन्ति शतशोऽथ सहस्रशः ॥ ६६
ताः पिबन्ति मुदा युक्ता जलदादिषु ये स्थिताः ।
वर्षेषु ते जनपदाः स्वर्गादभ्येत्य मेदिनीम् ॥ ६७
धर्महानिर्न तेष्वस्ति न सङ्घर्षः परस्परम् ।
मर्यादाव्युत्क्रमो नापि तेषु देशेषु सप्तसु ॥ ६८
मगाश्च मागधाश्चैव मानसा मन्दगास्तथा ।
मगा ब्राह्मणभूयिष्ठा मागधाः क्षत्रियास्तथा ।
वैश्यास्तु मानसास्तेषां शूद्रास्तेषां तु मन्दगाः ॥ ६९
शाकद्वीपे तु तैर्विष्णुः सूर्यरूपधरो मुने ।
यथोक्तैरिज्यते सम्यक्कर्मभिर्नियतात्मभिः ॥ ७०
शाकद्वीपस्तु मैत्रेय क्षीरोदेन समावृतः ।
शाकद्वीपप्रमाणेन वलयेनेव वेष्टितः ॥ ७१
क्षीराब्धिः सर्वतो ब्रह्मन्पुष्कराख्येन वेष्टितः ।
द्वीपेन शाकद्वीपात्तु द्विगुणेन समन्ततः ॥ ७२
पुष्करे सवनस्यापि महावीरोऽभवत्सुतः ।
धातकिश्च तयोस्तत्र द्वे वर्षे नामचिह्निते ।
महावीरं तथैवान्यद्धातकीखण्डसंज्ञितम् ॥ ७३
एकश्चात्र महाभाग प्रख्यातो वर्षपर्वतः ।
मानसोत्तरसंज्ञो वै मध्यतो वलयाकृतिः ॥ ७४

वे सात पुत्र जलद, कुमार, सुकुमार, मरीचक, कुसुमोद, मौदाकि और महाद्रुम थे। उन्हींके नामानुसार वहाँ क्रमशः सात वर्ष हैं और वहाँ भी वर्षोंका विभाग करनेवाले सात ही पर्वत हैं॥ ६०-६१ ॥ हे द्विज! वहाँ पहला पर्वत उदयाचल है और दूसरा जलाधार; तथा अन्य पर्वत रैवतक, श्याम, अस्ताचल, आम्बिकेय और अति सुरम्य गिरिश्रेष्ठ केसरी हैं॥ ६२ ॥ वहाँ सिद्ध और गन्धर्वोंसे सेवित एक अति महान् शाकवृक्ष है, जिसके वायुका स्पर्श करनेसे हृदयमें परम आह्लाद उत्पन्न होता है॥ ६३ ॥ वहाँ चातुर्वर्ण्यसे युक्त अति पवित्र देश और समस्त पाप तथा भयको दूर करनेवाली सुकुमारी, कुमारी, नलिनी, धेनुका, इक्षु, वेणुका और गभस्ती—ये सात महापवित्र नदियाँ हैं॥ ६४-६५ ॥ हे महामुने! इनके सिवा उस द्वीपमें और भी सैकड़ों छोटी-छोटी नदियाँ और सैकड़ों-हजारों पर्वत हैं॥ ६६ ॥ स्वर्ग-भोगके अनन्तर जिन्होंने पृथिवी-तलपर आकर जलद आदि वर्षोंमें जन्म ग्रहण किया है वे लोग प्रसन्न होकर उनका जल पान करते हैं॥ ६७ ॥ उन सातों वर्षोंमें धर्मका ह्रास पारस्परिक संघर्ष (कलह) अथवा मर्यादाका उल्लंघन कभी नहीं होता॥ ६८ ॥ वहाँ मग, मागध, मानस और मन्दग—ये चार वर्ण हैं। इनमें मग सर्वश्रेष्ठ ब्राह्मण हैं, मागध क्षत्रिय हैं, मानस वैश्य हैं तथा मन्दग शूद्र हैं॥ ६९ ॥ हे मुने! शाकद्वीपमें शास्त्रानुकूल कर्म करनेवाले पूर्वोक्त चारों वर्णोंद्वारा संयत चित्तसे विधिपूर्वक सूर्यरूपधारी भगवान् विष्णुकी उपासना की जाती है॥ ७० ॥ हे मैत्रेय! वह शाकद्वीप अपने ही बराबर विस्तारवाले मण्डलाकार दुग्धके समुद्रसे घिरा हुआ है॥ ७१ ॥ और हे ब्रह्मन्! वह क्षीर-समुद्र शाकद्वीपसे दूने परिमाणवाले पुष्करद्वीपसे परिवेष्टित है॥ ७२ ॥

पुष्करद्वीपमें वहाँके अधिपति महाराज सवनके महावीर और धातकि नामक दो पुत्र हुए। अतः उन दोनोंके नामानुसार उसमें महावीर-खण्ड और धातकी-खण्ड नामक दो वर्ष हैं ॥ ७३ ॥ हे महाभाग! इसमें मानसोत्तर नामक एक ही वर्ष-पर्वत कहा जाता है जो इसके मध्यमें वलयाकार स्थित है तथा पचास सहस्र

योजनानां सहस्राणि ऊर्ध्वं पञ्चाशदुच्छ्रितः।
तावदेव च विस्तीर्णः सर्वतः परिमण्डलः॥ ७५
पुष्करद्वीपवलयं मध्येन विभजन्निव।
स्थितोऽसौ तेन विच्छिन्नं जातं तद्वर्षकद्वयम्॥ ७६
वलयाकारमेकैकं तयोर्वर्षं तथा गिरिः॥ ७७
दशवर्षसहस्राणि तत्र जीवन्ति मानवाः।
निरामया विशोकाश्च रागद्वेषादिवर्जिताः॥ ७८
अधमोत्तमौ न तेष्वास्तां न वध्यवधकौ द्विज।
नेर्ष्यासूया भयं द्वेषो दोषो लोभादिको न च॥ ७९
महावीरं बहिर्वर्षं धातकीखण्डमन्ततः।
मानसोत्तरशैलस्य देवदैत्यादिसेवितम्॥ ८०
सत्यानृते न तत्रास्तां द्वीपे पुष्करसंज्ञिते।
न तत्र नद्यः शैला वा द्वीपे वर्षद्वयान्विते॥ ८१
तुल्यवेषास्तु मनुजा देवास्तत्रैकरूपिणः।
वर्णाश्रमाचारहीनं धर्माचरणवर्जितम्॥ ८२
त्रयी वार्ता दण्डनीतिशुश्रूषारहितञ्च यत्।
वर्षद्वयं तु मैत्रेय भौमः स्वर्गोऽयमुत्तमः॥ ८३
सर्वर्तुसुखदः कालो जरारोगादिवर्जितः।
धातकीखण्डसंज्ञेऽथ महावीरे च वै मुने॥ ८४
न्यग्रोधः पुष्करद्वीपे ब्रह्मणः स्थानमुत्तमम्।
तस्मिन्निवसति ब्रह्मा पूज्यमानः सुरासुरैः॥ ८५
स्वादूदकेनोदधिना पुष्करः परिवेष्टितः।
समेन पुष्करस्यैव विस्तारान्मण्डलं तथा॥ ८६
एवं द्वीपाः समुद्रैश्च सप्त सप्तभिरावृताः।
द्वीपश्चैव समुद्रश्च समानौ द्विगुणौ परौ॥ ८७
पयांसि सर्वदा सर्वसमुद्रेषु समानि वै।
न्यूनातिरिक्तता तेषां कदाचिन्नैव जायते॥ ८८
स्थालीस्थमग्निसंयोगादुद्रेकि सलिलं यथा।
तथेन्दुवृद्धौ सलिलमम्भोधौ मुनिसत्तम॥ ८९
अन्यूनानतिरिक्ताश्च वर्धन्त्यापो ह्रसन्ति च।
उदयास्तमनेष्विन्दोः पक्षयोः शुक्लकृष्णयोः॥ ९०

योजन ऊँचा और इतना ही सब ओर गोलाकार फैला हुआ है॥ ७४-७५॥ यह पर्वत पुष्करद्वीपरूप गोलेको मानो बीचमेंसे विभक्त कर रहा है और इससे विभक्त होनेसे उसमें दो वर्ष हो गये हैं; उनमेंसे प्रत्येक वर्ष और वह पर्वत वलयाकार ही है॥ ७६-७७॥ वहाँके मनुष्य रोग, शोक और राग-द्वेषादिसे रहित हुए दस सहस्र वर्षतक जीवित रहते हैं॥ ७८॥ हे द्विज! उनमें उत्तम-अधम अथवा वध्य-वधक आदि (विरोधी) भाव नहीं हैं और न उनमें ईर्ष्या, असूया, भय, द्वेष और लोभादि दोष ही हैं॥ ७९॥ महावीरवर्ष मानसोत्तर पर्वतके बाहरकी ओर है और धातकी-खण्ड भीतरकी ओर। इनमें देव और दैत्य आदि निवास करते हैं॥ ८०॥ दो खण्डोंसे युक्त उस पुष्करद्वीपमें सत्य और मिथ्याका व्यवहार नहीं है और न उसमें पर्वत तथा नदियाँ ही हैं॥ ८१॥ वहाँके मनुष्य और देवगण समान वेष और समान रूपवाले होते हैं। हे मैत्रेय! वर्णाश्रमाचारसे हीन, काम्य कर्मोंसे रहित तथा वेदत्रयी, कृषि, दण्डनीति और शुश्रूषा आदिसे शून्य वे दोनों वर्ष तो मानो अत्युत्तम भौम (पृथिवीके) स्वर्ग हैं॥ ८२-८३॥ हे मुने! उन महावीर और धातकी-खण्ड नामक वर्षोंमें काल (समय) समस्त ऋतुओंमें सुखदायक और जरा तथा रोगादिसे रहित रहता है॥ ८४॥ पुष्करद्वीपमें ब्रह्माजीका उत्तम निवासस्थान एक न्यग्रोध (वट)-का वृक्ष है, जहाँ देवता और दानवादिसे पूजित श्रीब्रह्माजी विराजते हैं॥ ८५॥ पुष्करद्वीप चारों ओरसे अपने ही समान विस्तारवाले मीठे पानीके समुद्रसे मण्डलके समान घिरा हुआ है॥ ८६॥

इस प्रकार सातों द्वीप सात समुद्रोंसे घिरे हुए हैं और वे द्वीप तथा [उन्हें घेरनेवाले] समुद्र परस्पर समान हैं, और उत्तरोत्तर दूने होते गये हैं॥ ८७॥ सभी समुद्रोंमें सदा समान जल रहता है, उसमें कभी न्यूनता अथवा अधिकता नहीं होती॥ ८८॥ हे मुनिश्रेष्ठ! पात्रका जल जिस प्रकार अग्निका संयोग होनेसे उबलने लगता है उसी प्रकार चन्द्रमाकी कलाओंके बढ़नेसे समुद्रका जल भी बढ़ने लगता है॥ ८९॥ शुक्ल और कृष्ण पक्षोंमें चन्द्रमाके उदय और अस्तसे न्यूनाधिक न होते हुए ही जल घटता और बढ़ता है॥ ९०॥

दशोत्तराणि पञ्चैव ह्यङ्गुलानां शतानि वै।
अपां वृद्धिक्षयौ दृष्टौ सामुद्रीणां महामुने॥ ९१
भोजनं पुष्करद्वीपे तत्र स्वयमुपस्थितम्।
षड्रसं भुञ्जते विप्र प्रजाः सर्वाः सदैव हि॥ ९२
स्वादूदकस्य परितो दृश्यतेऽलोकसंस्थितिः।
द्विगुणा काञ्चनी भूमिः सर्वजन्तुविवर्जिता॥ ९३
लोकालोकस्ततश्शैलो योजनायुतविस्तृतः।
उच्छ्रायेणापि तावन्ति सहस्राण्यचलो हि सः॥ ९४
ततस्तमः समावृत्य तं शैलं सर्वतः स्थितम्।
तमश्चाण्डकटाहेन समन्तात्परिवेष्टितम्॥ ९५
पञ्चाशत्कोटिविस्तारा सेयमुर्वी महामुने।
सहैवाण्डकटाहेन सद्वीपाब्धिमहीधरा॥ ९६
सेयं धात्री विधात्री च सर्वभूतगुणाधिका।
आधारभूता सर्वेषां मैत्रेय जगतामिति॥ ९७

हे महामुने! समुद्रके जलकी वृद्धि और क्षय पाँच सौ दस (५१०) अंगुलतक देखी जाती है॥ ९१॥ हे विप्र! पुष्करद्वीपमें सम्पूर्ण प्रजावर्ग सर्वदा [बिना प्रयत्नके] अपने-आप ही प्राप्त हुए षड्रस भोजनका आहार करते हैं॥ ९२॥

स्वादूदक (मीठे पानीके) समुद्रके चारों ओर लोक-निवाससे शून्य और समस्त जीवोंसे रहित उससे दूनी सुवर्णमयी भूमि दिखायी देती है॥ ९३॥ वहाँ दस सहस्र योजन विस्तारवाला लोकालोक-पर्वत है। वह पर्वत ऊँचाईमें भी उतने ही सहस्र योजन है॥ ९४॥ उसके आगे उस पर्वतको सब ओरसे आवृतकर घोर अन्धकार छाया हुआ है, तथा वह अन्धकार चारों ओरसे ब्रह्माण्ड-कटाहसे आवृत है॥ ९५॥ हे महामुने! अण्डकटाहके सहित द्वीप, समुद्र और पर्वतादियुक्त यह समस्त भूमण्डल पचास करोड़ योजन विस्तारवाला है॥ ९६॥ हे मैत्रेय! आकाशादि समस्त भूतोंसे अधिक गुणवाली यह पृथिवी सम्पूर्ण जगत्‌की आधारभूता और उसका पालन तथा उद्भव करनेवाली है॥ ९७॥

इति श्रीविष्णुपुराणे द्वितीयेंऽशे चतुर्थोऽध्यायः॥ ४॥

पाँचवाँ अध्याय

सात पाताललोकोंका वर्णन

श्रीपराशर उवाच

विस्तार एष कथितः पृथिव्या भवतो मया।
सप्ततिस्तु सहस्राणि द्विजोच्छ्रायोऽपि कथ्यते॥ १
दशसाहस्रमेकैकं पातालं मुनिसत्तम।
अतलं वितलं चैव नितलं च गभस्तिमत्।
महाख्यं सुतलं चाग्र्यं पातालं चापि सप्तमम्॥ २
शुक्लकृष्णारुणाः पीताः शर्कराः शैलकाञ्चनाः।
भूमयो यत्र मैत्रेय वरप्रासादमण्डिताः॥ ३
तेषु दानवदैतेया यक्षाश्च शतशस्तथा।
निवसन्ति महानागजातयश्च महामुने॥ ४
स्वर्लोकादपि रम्याणि पातालानीति नारदः।
प्राह स्वर्गसदां मध्ये पातालाभ्यागतो दिवि॥ ५
आह्लादकारिणः शुभ्रा मणयो यत्र सुप्रभाः।
नागाभरणभूषासु पातालं केन तत्समम्॥ ६

श्रीपराशरजी बोले—हे द्विज! मैंने तुमसे यह पृथिवीका विस्तार कहा; इसकी ऊँचाई भी सत्तर सहस्र योजन कही जाती है॥ १॥ हे मुनिसत्तम! अतल, वितल, नितल, गभस्तिमान्, महातल, सुतल और पाताल—इन सातोंमेंसे प्रत्येक दस-दस सहस्र योजनकी दूरीपर है॥ २॥ हे मैत्रेय! सुन्दर महलोंसे सुशोभित वहाँकी भूमियाँ शुक्ल, कृष्ण, अरुण और पीत वर्णकी तथा शर्करामयी (कँकरीली), शैली (पत्थरकी) और सुवर्णमयी है॥ ३॥ हे महामुने! उनमें दानव, दैत्य, यक्ष और बड़े-बड़े नाग आदिकोंकी सैकड़ों जातियाँ निवास करती हैं॥ ४॥

एक बार नारदजीने पाताललोकसे स्वर्गमें आकर वहाँके निवासियोंसे कहा था कि 'पाताल तो स्वर्गसे भी अधिक सुन्दर है'॥ ५॥ जहाँ नागगणके आभूषणोंमें सुन्दर प्रभायुक्त आह्लादकारिणी शुभ्र मणियाँ जड़ी हुई हैं उस पातालको किसके समान कहें?॥ ६॥

दैत्यदानवकन्याभिरितश्चेतश्च शोभिते।
पाताले कस्य न प्रीतिर्विमुक्तस्यापि जायते॥ ७
दिवार्करश्मयो यत्र प्रभां तन्वन्ति नातपम्।
शशिरश्मिर्न शीताय निशि द्योताय केवलम्॥ ८
भक्ष्यभोज्यमहापानमुदितैरपि भोगिभिः।
यत्र न ज्ञायते कालो गतोऽपि दनुजादिभिः॥ ९
वनानि नद्यो रम्याणि सरांसि कमलाकराः।
पुंस्कोकिलाभिलापाश्च मनोज्ञान्यम्बराणि च॥ १०
भूषणान्यतिशुभ्राणि गन्धाढ्यं चानुलेपनम्।
वीणावेणुमृदङ्गानां स्वनास्तूर्याणि च द्विज॥ ११
एतान्यन्यानि चोदारभाग्यभोग्यानि दानवैः।
दैत्योरगैश्च भुज्यन्ते पातालान्तरगोचरैः॥ १२
पातालानामधश्चास्ते विष्णोर्या तामसी तनुः।
शेषाख्या यद्गुणान्वक्तुं न शक्ता दैत्यदानवाः॥ १३
योऽनन्तः पठ्यते सिद्धैर्देवो देवर्षिपूजितः।
स सहस्रशिरा व्यक्तस्वस्तिकामलभूषणः॥ १४
फणामणिसहस्रेण यः स विद्योतयन्दिशः।
सर्वान्करोति निर्वीर्यान् हिताय जगतोऽसुरान्॥ १५
मदाघूर्णितनेत्रोऽसौ यः सदैवैककुण्डलः।
किरीटी स्रग्धरो भाति साग्निः श्वेत इवाचलः॥ १६
नीलवासा मदोत्सिक्तः श्वेतहारोपशोभितः।
साभ्रगङ्गाप्रवाहोऽसौ कैलासाद्रिरिवापरः॥ १७
लाङ्गलासक्तहस्ताग्रो बिभ्रन्मुसलमुत्तमम्।
उपास्यते स्वयं कान्त्या यो वारुण्या च मूर्त्तया॥ १८
कल्पान्ते यस्य वक्त्रेभ्यो विषानलशिखोज्ज्वलः।
संकर्षणात्मको रुद्रो निष्क्रम्यात्ति जगत्त्रयम्॥ १९
स बिभ्रच्छेखरीभूतमशेषं क्षितिमण्डलम्।
आस्ते पातालमूलस्थः शेषोऽशेषसुरार्चितः॥ २०
तस्य वीर्यं प्रभावश्च स्वरूपं रूपमेव च।
न हि वर्णयितुं शक्यं ज्ञातुं च त्रिदशैरपि॥ २१
यस्यैषा सकला पृथ्वी फणामणिशिखारुणा।
आस्ते कुसुममालेव कस्तद्वीर्यं वदिष्यति॥ २२

जहाँ-तहाँ दैत्य और दानवोंकी कन्याओंसे सुशोभित पातालमें किस मुक्त पुरुषकी भी प्रीति न होगी॥ ७॥ जहाँ दिनमें सूर्यकी किरणें केवल प्रकाश ही करती हैं, घाम नहीं करतीं; तथा रातमें चन्द्रमाकी किरणोंसे शीत नहीं होता, केवल चाँदनी ही फैलती है॥ ८॥ जहाँ भक्ष्य, भोज्य और महापानादिके भोगोंसे आनन्दित सर्पों तथा दानवादिकोंको समय जाता हुआ भी प्रतीत नहीं होता॥ ९॥ जहाँ सुन्दर वन, नदियाँ, रमणीय सरोवर और कमलोंके वन हैं, जहाँ नरकोकिलोंकी सुमधुर कूक गूँजती है एवं आकाश मनोहारी है॥ १०॥ और हे द्विज! जहाँ पातालनिवासी दैत्य, दानव एवं नागगणद्वारा अति स्वच्छ आभूषण, सुगन्धमय अनुलेपन, वीणा, वेणु और मृदंगादिके स्वर तथा तूर्य—ये सब एवं भाग्यशालियोंके भोगनेयोग्य और भी अनेक भोग भोगे जाते हैं॥ ११-१२॥

पातालोंके नीचे विष्णुभगवान्का शेष नामक जो तमोमय विग्रह है उसके गुणोंका दैत्य अथवा दानवगण भी वर्णन नहीं कर सकते॥ १३॥ जिन देवर्षिपूजित देवका सिद्धगण 'अनन्त' कहकर बखान करते हैं वे अति निर्मल, स्पष्ट स्वस्तिक चिह्नोंसे विभूषित तथा सहस्र सिरवाले हैं॥ १४॥ जो अपने फणोंकी सहस्र मणियोंसे सम्पूर्ण दिशाओंको देदीप्यमान करते हुए संसारके कल्याणके लिये समस्त असुरोंको वीर्यहीन करते रहते हैं॥ १५॥ मदके कारण अरुण नयन, सदैव एक ही कुण्डल पहने हुए तथा मुकुट और माला आदि धारण किये जो अग्नियुक्त श्वेत पर्वतके समान सुशोभित हैं॥ १६॥ मदसे उन्मत्त हुए जो नीलाम्बर तथा श्वेत हारोंसे सुशोभित होकर मेघमाला और गंगाप्रवाहसे युक्त दूसरे कैलास-पर्वतके समान विराजमान हैं॥ १७॥ जो अपने हाथोंमें हल और उत्तम मूसल धारण किये हैं तथा जिनकी उपासना शोभा और वारुणी देवी स्वयं मूर्तिमती होकर करती हैं॥ १८॥ कल्पान्तमें जिनके मुखोंसे विषाग्निशिखाके समान देदीप्यमान संकर्षण नामक रुद्र निकलकर तीनो लोकोंका भक्षण कर जाता है॥ १९॥ व समस्त देवगणोंसे वन्दित शेषभगवान् अशेष भूमण्डलको मुकुटवत् धारण किये हुए पाताल-तलमें विराजमान हैं॥ २०॥ उनका बल-वीर्य, प्रभाव, स्वरूप (तत्त्व) और रूप (आकार) देवताओंसे भी नहीं जाना और कहा जा सकता॥ २१॥ जिनके फणोंकी मणियोंकी आभासे अरुण वर्ण हुई यह समस्त पृथिवी फूलोंकी मालाके समान रखी हुई है उनके बल-वीर्यका वर्णन भला कौन करेगा?॥ २२॥

यदा विजृम्भतेऽनन्तो मदाघूर्णितलोचनः।
तदा चलति भूरेषा साब्धितोया सकानना॥ २३

गन्धर्वाप्सरसः सिद्धाः किन्नरोरगचारणाः।
नान्तं गुणानां गच्छन्ति तेनानन्तोऽयमव्ययः॥ २४

यस्य नागवधूहस्तैर्लेपितं हरिचन्दनम्।
मुहुः श्वासानिलापास्तं याति दिक्षूदवासताम्॥ २५

यमाराध्य पुराणर्षिर्गर्गो ज्योतींषि तत्त्वतः।
ज्ञातवान्सकलं चैव निमित्तपठितं फलम्॥ २६

तेनेयं नागवर्येण शिरसा विधृता मही।
बिभर्ति मालां लोकानां सदेवासुरमानुषाम्॥ २७

जिस समय मदमत्तनयन शेषजी जमुहाई लेते हैं उस समय समुद्र और वन आदिके सहित यह सम्पूर्ण पृथिवी चलायमान हो जाती है॥ २३॥ इनके गुणोंका अन्त गन्धर्व, अप्सरा, सिद्ध, किन्नर, नाग और चारण आदि कोई भी नहीं पा सकते; इसलिये ये अविनाशी देव 'अनन्त' कहलाते हैं॥ २४॥ जिनका नाग-वधुओंद्वारा लेपित हरिचन्दन पुनः-पुनः श्वास-वायुसे छूट-छूटकर दिशाओंको सुगन्धित करता रहता है॥ २५॥ जिनकी आराधनासे पूर्वकालीन महर्षि गर्गने समस्त ज्योतिर्मण्डल (ग्रह-नक्षत्रादि) और शकुन-अपशकुनादि नैमित्तिक फलोंको तत्त्वतः जाना था॥ २६॥ उन नागश्रेष्ठ शेषजीने इस पृथिवीको अपने मस्तकपर धारण किया हुआ है, जो स्वयं भी देव, असुर और मनुष्योंके सहित सम्पूर्ण लोकमाला (पातालादि समस्त लोकों)-को धारण किये हुए हैं॥ २७॥

इति श्रीविष्णुपुराणे द्वितीयेंऽशे पञ्चमोऽध्यायः॥ ५॥

छठा अध्याय

भिन्न-भिन्न नरकोंका तथा भगवन्नामके माहात्म्यका वर्णन

श्रीपराशर उवाच

ततश्च नरका विप्र भुवोऽधः सलिलस्य च।
पापिनो येषु पात्यन्ते ताञ्छृणुष्व महामुने॥ १
रौरवः सूकरो रोधस्तालो विशसनस्तथा।
महाज्वालस्तप्तकुम्भो लवणोऽथ विलोहितः॥ २
रुधिराम्भो वैतरणिः कृमीशः कृमिभोजनः।
असिपत्रवनं कृष्णो लालाभक्षश्च दारुणः॥ ३
तथा पूयवहः पापो वह्निज्वालो ह्यधःशिराः।
सन्दंशः कालसूत्रश्च तमश्चावीचिरेव च॥ ४
श्वभोजनोऽथाप्रतिष्ठश्चाप्रचिश्च तथा परः।
इत्येवमादयश्चान्ये नरका भृशदारुणाः॥ ५
यमस्य विषये घोराः शस्त्राग्निभयदायिनः।
पतन्ति येषु पुरुषाः पापकर्मरतास्तु ये॥ ६
कूटसाक्षी तथाऽसम्यक्पक्षपातेन यो वदेत्।
यश्चान्यदनृतं वक्ति स नरो याति रौरवम्॥ ७
भ्रूणहा पुरहन्ता च गोघ्नश्च मुनिसत्तम।
यान्ति ते नरकं रोधं यश्चोच्छ्‌वासनिरोधकः॥ ८

श्रीपराशरजी बोले—हे विप्र! तदनन्तर पृथिवी और जलके नीचे नरक हैं जिनमें पापी लोग गिराये जाते हैं। हे महामुने! उनका विवरण सुनो॥ १॥ रौरव, सूकर, रोध, ताल, विशसन, महाज्वाल, तप्तकुम्भ, लवण, विलोहित, रुधिराम्भ, वैतरणि, कृमीश, कृमिभोजन, असिपत्रवन, कृष्ण, लालाभक्ष, दारुण, पूयवह, पाप, वह्निज्वाल, अधःशिरा, सन्दंश, कालसूत्र, तमस्, आवीचि, श्वभोजन, अप्रतिष्ठ और अप्रचि—ये सब तथा इनके सिवा और भी अनेकों महाभयंकर नरक हैं, जो यमराजके शासनाधीन हैं और अति दारुण शस्त्र-भय तथा अग्नि-भय देनेवाले हैं और जिनमें जो पुरुष पापरत होते हैं वे ही गिरते हैं॥ २—६॥

जो पुरुष कूटसाक्षी (झूठा गवाह अर्थात् जानकर भी न बतलानेवाला या कुछ-का-कुछ कहनेवाला) होता है अथवा जो पक्षपातसे यथार्थ नहीं बोलता और जो मिथ्याभाषण करता है वह रौरवनरकमें जाता है॥ ७॥ हे मुनिसत्तम! भ्रूण (गर्भ) नष्ट करनेवाले, ग्रामनाशक और गो-हत्यारे लोग रोध नामक नरकमें जाते हैं जो श्वासोच्छ्‌वासको रोकनेवाला है॥ ८॥

सुरापो ब्रह्महा हर्ता सुवर्णस्य च सूकरे।
प्रयान्ति नरके यश्च तैः संसर्गमुपैति वै॥ ९

राजन्यवैश्यहा ताले तथैव गुरुतल्पगः।
तप्तकुण्डे स्वसृगामी हन्ति राजभटांश्च यः॥ १०

साध्वीविक्रयकृद्बन्धपालः केसरिविक्रयी।
तप्तलोहे पतन्त्येते यश्च भक्तं परित्यजेत्॥ ११

स्नुषां सुतां चापि गत्वा महाज्वाले निपात्यते।
अवमन्ता गुरूणां यो यश्चाक्रोष्टा नराधमः॥ १२

वेददूषयिता यश्च वेदविक्रयिकश्च यः।
अगम्यगामी यश्च स्यात्ते यान्ति लवणं द्विज॥ १३

चोरो विलोहे पतति मर्यादादूषकस्तथा॥ १४

देवद्विजपितृद्वेष्टा रत्नदूषयिता च यः।
स याति कृमिभक्षे वै कृमीशे च दुरिष्टकृत्॥ १५

पितृदेवातिथींस्त्यक्त्वा पर्यश्नाति नराधमः।
लालाभक्षे स यात्युग्रे शरकर्त्ता च वेधके॥ १६

करोति कर्णिनो यश्च यश्च खड्गादिकृन्नरः।
प्रयान्त्येते विशसने नरके भृशदारुणे॥ १७

असत्प्रतिगृहीता तु नरके यात्यधोमुखे।
अयाज्ययाजकश्चैव तथा नक्षत्रसूचकः॥ १८

वेगी पूयवहे चैको याति मिष्टान्नभुङ्नरः॥ १९

लाक्षामांसरसानां च तिलानां लवणस्य च।
विक्रेता ब्राह्मणो याति तमेव नरकं द्विज॥ २०

मार्जारकुक्कुटच्छागश्ववराहविहङ्गमान्।
पोषयन्नरकं याति तमेव द्विजसत्तम॥ २१

रङ्गोपजीवी कैवर्त्तः कुण्डाशी गरदस्तथा।
सूची माहिषकश्चैव पर्वकारी च यो द्विजः॥ २२

मद्य-पान करनेवाला, ब्रह्मघाती, सुवर्ण चुरानेवाला तथा जो पुरुष इनका संग करता है ये सब सूकरनरकमें जाते हैं॥ ९॥ क्षत्रिय अथवा वैश्यका वध करनेवाला तालनरकमें तथा गुरु-स्त्रीके साथ गमन करनेवाला, भगिनीगामी और राजदूतोंको मारनेवाला पुरुष तप्तकुण्डनरकमें पड़ता है॥ १०॥ सती स्त्रीको बेचनेवाला, कारागृहरक्षक, अश्वविक्रेता और भक्तपुरुषका त्याग करनेवाला—ये सब लोग तप्तलोहनरकमें गिरते हैं॥ ११॥ पुत्रवधू और पुत्रीके साथ विषय करनेवाला पुरुष महाज्वालनरकमें गिराया जाता है, तथा जो नराधम गुरुजनोंका अपमान करनेवाला और उनसे दुर्वचन बोलनेवाला होता है तथा जो वेदकी निन्दा करनेवाला, वेद बेचनेवाला या अगम्या स्त्रीसे सम्भोग करता है, हे द्विज! वे सब लवणनरकमें जाते हैं॥ १२-१३॥ चोर तथा मर्यादाका उल्लंघन करनेवाला पुरुष विलोहितनरकमें गिरता है॥ १४॥ देव, द्विज और पितृगणसे द्वेष करनेवाला तथा रत्नको दूषित करनेवाला कृमिभक्षनरकमें और अनिष्ट यज्ञ करनेवाला कृमीशनरकमें जाता है॥ १५॥

जो नराधम पितृगण, देवगण और अतिथियोंको छोड़कर उनसे पहले भोजन कर लेता है वह अति उग्र लालाभक्षनरकमें पड़ता है; और बाण बनानेवाला वेधकनरकमें जाता है॥ १६॥ जो मनुष्य कर्णी नामक बाण बनाते हैं और जो खड्गादि शस्त्र बनानेवाले हैं वे अति दारुण विशसननरकमें गिरते हैं॥ १७॥ असत्-प्रतिग्रह (दूषित उपायोंसे धन-संग्रह) करनेवाला, अयाज्य-याजक और नक्षत्रोपजीवी (नक्षत्र-विद्याको न जानकर भी उसका ढोंग रचनेवाला) पुरुष अधोमुखनरकमें पड़ता है॥ १८॥ साहस (निष्ठुर कर्म) करनेवाला पुरुष पूयवहनरकमें जाता है, तथा [पुत्र-मित्रादिकी वंचना करके] अकेले ही स्वादु भोजन करनेवाला और लाख, मांस, रस, तिल तथा लवण आदि बेचनेवाला ब्राह्मण भी उसी (पूयवह) नरकमें गिरता है॥ १९-२०॥ हे द्विजश्रेष्ठ! बिलाव, कुक्कुट, छाग, अश्व, शूकर तथा पक्षियोंको [जीविकाके लिये] पालनेसे भी पुरुष उसी नरकमें जाता है॥ २१॥ नट या मल्लवृत्तिसे रहनेवाला, धीवरका कर्म करनेवाला, कुण्ड (उपपतिसे उत्पन्न सन्तान)-का अन्न खानेवाला, विष देनेवाला, चुगलखोर, स्त्रीकी असद्‌वृत्तिके आश्रय रहनेवाला, धन आदिके लोभसे बिना पर्वके अमावास्या आदि पर्वदिनोंका कार्य करानेवाला

आगारदाही मित्रघ्नः शाकुनिर्ग्रामयाजकः।
रुधिरान्धे पतन्त्येते सोमं विक्रीणते च ये॥ २३
मखहा ग्रामहन्ता च याति वैतरणीं नरः॥ २४
रेतःपातादिकर्त्तारो मर्यादाभेदिनो हि ये।
ते कृष्णे यान्त्यशौचाश्च कुहकाजीविनश्च ये॥ २५
असिपत्रवनं याति वनच्छेदी वृथैव यः।
औरभ्रिको मृगव्याधो वह्निज्वाले पतन्ति वै॥ २६
यान्त्येते द्विज तत्रैव ये चापाकेषु वह्निदाः॥ २७
व्रतानां लोपको यश्च स्वाश्रमाद्विच्युतश्च यः।
सन्दंशयातनामध्ये पततस्तावुभावपि॥ २८
दिवा स्वप्ने च स्कन्दन्ते ये नरा ब्रह्मचारिणः।
पुत्रैरध्यापिता ये च ते पतन्ति श्वभोजने॥ २९
एते चान्ये च नरकाः शतशोऽथ सहस्रशः।
येषु दुष्कृतकर्माणः पच्यन्ते यातनागताः॥ ३०
यथैव पापान्येतानि तथान्यानि सहस्रशः।
भुज्यन्ते तानि पुरुषैर्नरकान्तरगोचरैः॥ ३१
वर्णाश्रमविरुद्धं च कर्म कुर्वन्ति ये नराः।
कर्मणा मनसा वाचा निरयेषु पतन्ति ते॥ ३२
अधःशिरोभिर्दृश्यन्ते नारकैर्दिवि देवताः।
देवाश्चाधोमुखान्सर्वानधः पश्यन्ति नारकान्॥ ३३
स्थावराः कृमयोऽब्जाश्च पक्षिणः पशवो नराः।
धार्मिकास्त्रिदशास्तद्वन्मोक्षिणश्च यथाक्रमम्॥ ३४
सहस्रभागप्रथमा द्वितीयानुक्रमास्तथा।
सर्वे ह्येते महाभाग यावन्मुक्तिसमाश्रयाः॥ ३५
यावन्तो जन्तवः स्वर्गे तावन्तो नरकौकसः।
पापकृद्याति नरकं प्रायश्चित्तपराङ्मुखः॥ ३६
पापानामनुरूपाणि प्रायश्चित्तानि यद्यथा।
तथा तथैव संस्मृत्य प्रोक्तानि परमर्षिभिः॥ ३७
पापे गुरूणि गुरुणि स्वल्पान्यल्पे च तद्विदः।
प्रायश्चित्तानि मैत्रेय जगुः स्वायम्भुवादयः॥ ३८
प्रायश्चित्तान्यशेषाणि तपःकर्मात्मकानि वै।
यानि तेषामशेषाणां कृष्णानुस्मरणं परम्॥ ३९

द्विज, घरमें आग लगानेवाला, मित्रकी हत्या करनेवाला, शकुन आदि बतानेवाला, ग्रामका पुरोहित तथा सोम (मदिरा) बेचने-वाला—ये सब रुधिरान्धनरकमें गिरते हैं॥ २२-२३॥ यज्ञ अथवा ग्रामको नष्ट करनेवाला पुरुष वैतरणीनरकमें जाता है, तथा जो लोग वीर्यपातादि करनेवाले, खेतोंकी बाड़ तोड़नेवाले, अपवित्र और छलवृत्तिके आश्रय रहनेवाले होते हैं वे कृष्णनरकमें गिरते हैं॥ २४-२५॥

जो वृथा ही वनोंको काटता है वह असिपत्रवननरकमें जाता है। मेषोपजीवी (गड़रिये) और व्याधगण वह्निज्वालनरकमें गिरते हैं तथा हे द्विज! जो कच्चे घड़ों अथवा ईंट आदिको पकानेके लिये उनमें अग्नि डालते हैं, वे भी उस (वह्निज्वालनरक)-में ही जाते हैं॥ २६-२७॥ व्रतोंको लोप करनेवाले तथा अपने आश्रमसे पतित दोनों ही प्रकारके पुरुष सन्दंश नामक नरकमें गिरते हैं॥ २८॥ जिन ब्रह्मचारियोंका दिनमें तथा सोते समय [बुरी भावनासे] वीर्यपात हो जाता है, अथवा जो अपने ही पुत्रोंसे पढ़ते हैं वे लोग श्वभोजननरकमें गिरते हैं॥ २९॥

इस प्रकार, ये तथा अन्य सैकड़ों-हजारों नरक हैं, जिनमें दुष्कर्मी लोग नाना प्रकारकी यातनाएँ भोगा करते हैं॥ ३०॥ इन उपर्युक्त पापोंके समान और भी सहस्रों पाप-कर्म हैं, उनके फल मनुष्य भिन्न-भिन्न नरकोंमें भोगा करते हैं॥ ३१॥ जो लोग अपने वर्णाश्रम-धर्मके विरुद्ध मन, वचन अथवा कर्मसे कोई आचरण करते हैं वे नरकमें गिरते हैं॥ ३२॥ अधोमुखनरक निवासियोंको स्वर्गलोकमें देवगण दिखायी दिया करते हैं और देवता लोग नीचेके लोकोंमें नारकी जीवोंको देखते हैं॥ ३३॥ पापी लोग नरकभोगके अनन्तर क्रमसे स्थावर, कृमि, जलचर, पक्षी, पशु, मनुष्य, धार्मिक पुरुष, देवगण तथा मुमुक्षु होकर जन्म ग्रहण करते हैं॥ ३४॥ हे महाभाग! मुमुक्षुपर्यन्त इन सबमें दूसरोंकी अपेक्षा पहले प्राणी [संख्यामें] सहस्र गुण अधिक हैं॥ ३५॥ जितन जी स्वर्गमें हैं उतने ही नरकमें है, जो पापी पुरुष [अपने पापका] प्रायश्चित्त नहीं करते वे ही नरकमें जाते हैं॥ ३६॥

भिन्न-भिन्न पापोंके अनुरूप जो-जो प्रायश्चित्त हैं उन्हीं-उन्हींको महर्षियोंने वेदार्थका स्मरण करके बताया है॥ ३७॥ हे मैत्रेय! स्वायम्भुवमनु आदि स्मृतिकारोंने महान् पापोंके लिये महान् और अल्पोंके लिये अल्प प्रायश्चित्तोंकी व्यवस्था की है॥ ३८॥ किन्तु जितने भी तपस्यात्मक और कर्मात्मक प्रायश्चित्त हैं उन सबमें श्रीकृष्णस्मरण सर्वश्रेष्ठ है॥ ३९॥

कृते पापेऽनुतापो वै यस्य पुंसः प्रजायते।
प्रायश्चित्तं तु तस्यैकं हरिसंस्मरणं परम्॥ ४०
प्रातर्निशि तथा सन्ध्यामध्याह्नादिषु संस्मरन्।
नारायणमवाप्नोति सद्यः पापक्षयान्नरः॥ ४१
विष्णुसंस्मरणात्क्षीणसमस्तक्लेशसञ्चयः।
मुक्तिं प्रयाति स्वर्गाप्तिस्तस्य विघ्नोऽनुमीयते॥ ४२
वासुदेवे मनो यस्य जपहोमार्चनादिषु।
तस्यान्तरायो मैत्रेय देवेन्द्रत्वादिकं फलम्॥ ४३
क्व नाकपृष्ठगमनं पुनरावृत्तिलक्षणम्।
क्व जपो वासुदेवेति मुक्तिबीजमनुत्तमम्॥ ४४
तस्मादहर्निशं विष्णुं संस्मरन्पुरुषो मुने।
न याति नरकं मर्त्यः सङ्क्षीणाखिलपातकः॥ ४५
मनःप्रीतिकरः स्वर्गो नरकस्तद्विपर्ययः।
नरकस्वर्गसंज्ञे वै पापपुण्ये द्विजोत्तम॥ ४६
वस्त्वेकमेव दुःखाय सुखायेर्ष्यागमाय च।
कोपाय च यतस्तस्माद्वस्तु वस्त्वात्मकं कुतः॥ ४७
तदेव प्रीतये भूत्वा पुनर्दुःखाय जायते।
तदेव कोपाय यतः प्रसादाय च जायते॥ ४८
तस्माद्दुःखात्मकं नास्ति न च किञ्चित्सुखात्मकम्।
मनसः परिणामोऽयं सुखदुःखादिलक्षणः॥ ४९
ज्ञानमेव परं ब्रह्म ज्ञानं बन्धाय चेष्यते।
ज्ञानात्मकमिदं विश्वं न ज्ञानाद्विद्यते परम्॥ ५०
विद्याविद्येति मैत्रेय ज्ञानमेवोपधारय॥ ५१
एवमेतन्मयाख्यातं भवतो मण्डलं भुवः।
पातालानि च सर्वाणि तथैव नरका द्विज॥ ५२
समुद्राः पर्वताश्चैव द्वीपा वर्षाणि निम्नगाः।
सङ्क्षेपात्सर्वमाख्यातं किं भूयः श्रोतुमिच्छसि॥ ५३

जिस पुरुषके चित्तमें पाप-कर्मके अनन्तर पश्चात्ताप होता है उसके लिये ही प्रायश्चित्तोंका विधान है। किंतु यह हरिस्मरण तो एकमात्र स्वयं ही परम प्रायश्चित्त है॥ ४०॥ प्रातःकाल, सायंकाल, रात्रिमें अथवा मध्याह्नमें किसी भी समय श्रीनारायणका स्मरण करनेसे पुरुषके समस्त पाप तत्काल क्षीण हो जाते हैं॥ ४१॥ श्रीविष्णुभगवान्के स्मरणसे समस्त पापराशिके भस्म हो जानेसे पुरुष मोक्षपद प्राप्त कर लेता है, स्वर्ग-लाभ तो उसके लिये विघ्नरूप माना जाता है॥ ४२॥ हे मैत्रेय! जिसका चित्त जप, होम और अर्चनादि करते हुए निरन्तर भगवान् वासुदेवमें लगा रहता है उसके लिये इन्द्रपद आदि फल तो अन्तराय (विघ्न) हैं॥ ४३॥ कहाँ तो पुनर्जन्मके चक्रमें डालनेवाली स्वर्ग-प्राप्ति और कहाँ मोक्षका सर्वोत्तम बीज 'वासुदेव' नामका जप!॥ ४४॥

इसलिये हे मुने! श्रीविष्णुभगवान्का अहर्निश स्मरण करनेसे सम्पूर्ण पाप क्षीण हो जानेके कारण मनुष्य फिर नरकमें नहीं जाता॥ ४५॥ चित्तको प्रिय लगनेवाला ही स्वर्ग है और उसके विपरीत (अप्रिय लगनेवाला) ही नरक है। हे द्विजोत्तम! पाप और पुण्यहीके दूसरे नाम नरक और स्वर्ग हैं॥ ४६॥ जब कि एक ही वस्तु सुख और दुःख तथा ईर्ष्या और कोपका कारण हो जाती है तो उसमें वस्तुता (नियत स्वभावत्व) ही कहाँ है?॥ ४७॥ क्योंकि एक ही वस्तु कभी प्रीतिकी कारण होती है तो वही दूसरे समय दुःखदायिनी हो जाती है और वही कभी क्रोधकी हेतु होती है तो कभी प्रसन्नता देनेवाली हो जाती है॥ ४८॥ अतः कोई भी पदार्थ दुःखमय नहीं है और न कोई सुखमय है। ये सुख-दुःख तो मनके ही विकार हैं॥ ४९॥ [परमार्थतः] ज्ञान ही परब्रह्म है और [अविद्याकी उपाधिसे] वही बन्धनका कारण है। यह सम्पूर्ण विश्व ज्ञानमय ही है; ज्ञानसे भिन्न और कोई वस्तु नहीं है। हे मैत्रेय! विद्या और अविद्याको भी तुम ज्ञान ही समझो॥ ५०-५१॥

हे द्विज! इस प्रकार मैंने तुमसे समस्त भूमण्डल, सम्पूर्ण पाताललोक और नरकोंका वर्णन कर दिया॥ ५२॥ समुद्र, पर्वत, द्वीप, वर्ष और नदियाँ—इन सभीकी मैंने संक्षेपसे व्याख्या कर दी; अब, तुम और क्या सुनना चाहते हो?॥ ५३॥

इति श्रीविष्णुपुराणे द्वितीयेऽशे षष्ठोऽध्यायः॥ ६॥

सातवाँ अध्याय

भूर्भुवः आदि सात ऊर्ध्वलोकोंका वृत्तान्त

श्रीमैत्रेय उवाच

कथितं भूतलं ब्रह्मन्ममैतदखिलं त्वया।
भुवर्लोकादिकाँल्लोकाञ्छ्रोतुमिच्छाम्यहं मुने॥ १
तथैव ग्रहसंस्थानं प्रमाणानि यथा तथा।
समाचक्ष्व महाभाग तन्मह्यं परिपृच्छते॥ २

श्रीपराशर उवाच

रविचन्द्रमसोर्यावन्मयूखैरवभास्यते।
ससमुद्रसरिच्छैला तावती पृथिवी स्मृता॥ ३
यावत्प्रमाणा पृथिवी विस्तारपरिमण्डलात्।
नभस्तावत्प्रमाणं वै व्यासमण्डलतो द्विज॥ ४
भूमेर्योजनलक्षे तु सौरं मैत्रेय मण्डलम्।
लक्षाद्दिवाकरस्यापि मण्डलं शशिनः स्थितम्॥ ५
पूर्णे शतसहस्रे तु योजनानां निशाकरात्।
नक्षत्रमण्डलं कृत्स्नमुपरिष्टात्प्रकाशते॥ ६
द्वे लक्षे चोत्तरे ब्रह्मन् बुधो नक्षत्रमण्डलात्।
तावत्प्रमाणभागे तु बुधस्याप्युशनाः स्थितः॥ ७
अङ्गारकोऽपि शुक्रस्य तत्प्रमाणे व्यवस्थितः।
लक्षद्वये तु भौमस्य स्थितो देवपुरोहितः॥ ८
शौरिर्बृहस्पतेश्चोर्ध्वं द्विलक्षे समवस्थितः।
सप्तर्षिमण्डलं तस्माल्लक्षमेकं द्विजोत्तम॥ ९
ऋषिभ्यस्तु सहस्राणां शतादूर्ध्वं व्यवस्थितः।
मेढीभूतः समस्तस्य ज्योतिश्चक्रस्य वै ध्रुवः॥ १०
त्रैलोक्यमेतत्कथितमुत्सेधेन महामुने।
इज्याफलस्य भूरेषा इज्या चात्र प्रतिष्ठिता॥ ११
ध्रुवादूर्ध्वं महर्लोको यत्र ते कल्पवासिनः।
एकयोजनकोटिस्तु यत्र ते कल्पवासिनः॥ १२
द्वे कोटी तु जनो लोको यत्र ते ब्रह्मणः सुताः।
सनन्दनाद्याः प्रथिता मैत्रेयामलचेतसः॥ १३
चतुर्गुणोत्तरे चोर्ध्वं जनलोकात्तपः स्थितम्।
वैराजा यत्र ते देवाः स्थिता दाहविवर्जिताः॥ १४

श्रीमैत्रेयजी बोले—ब्रह्मन्! आपने मुझसे समस्त भूमण्डलका वर्णन किया। हे मुने! अब मैं भुवर्लोक आदि समस्त लोकोंके विषयमें सुनना चाहता हूँ॥ १॥ हे महाभाग! मुझ जिज्ञासुसे आप ग्रहगणकी स्थिति तथा उनके परिमाण आदिका यथावत् वर्णन कीजिये॥ २॥

श्रीपराशरजी बोले—जितनी दूरतक सूर्य और चन्द्रमाकी किरणोंका प्रकाश जाता है; समुद्र, नदी और पर्वतादिसे युक्त उतना प्रदेश पृथिवी कहलाता है॥ ३॥ हे द्विज! जितना पृथिवीका विस्तार और परिमण्डल (घेरा) है उतना ही विस्तार और परिमण्डल भुवर्लोकका भी है॥ ४॥ हे मैत्रेय! पृथिवीसे एक लाख योजन दूर सूर्यमण्डल है और सूर्यमण्डलसे भी एक लक्ष योजनके अन्तरपर चन्द्रमण्डल है॥ ५॥ चन्द्रमासे पूरे सौ हजार (एक लाख) योजन ऊपर सम्पूर्ण नक्षत्रमण्डल प्रकाशित हो रहा है॥ ६॥

हे ब्रह्मन्! नक्षत्रमण्डलसे दो लाख योजन ऊपर बुध और बुधसे भी दो लक्ष योजन ऊपर शुक्र स्थित हैं॥ ७॥ शुक्रसे इतनी ही दूरीपर मंगल हैं और मंगलसे भी दो लाख योजन ऊपर बृहस्पतिजी हैं॥ ८॥ हे द्विजोत्तम! बृहस्पतिजीसे दो लाख योजन ऊपर शनि हैं और शनिसे एक लक्ष योजनके अन्तरपर सप्तर्षिमण्डल है॥ ९॥ तथा सप्तर्षियोंसे भी सौ हजार योजन ऊपर समस्त ज्योतिश्चक्रकी नाभिरूप ध्रुवमण्डल स्थित है॥ १०॥ हे महामुने! मैंने तुमसे यह त्रिलोकीकी उच्चताके विषयमें वर्णन किया। यह त्रिलोकी यज्ञफलकी भोग-भूमि है और यज्ञानुष्ठानकी स्थिति इस भारतवर्षमें ही है॥ ११॥

ध्रुवसे एक करोड़ योजन ऊपर महर्लोक है, जहाँ कल्पान्त-पर्यन्त रहनेवाले भृगु आदि सिद्धगण रहते हैं॥ १२॥ हे मैत्रेय! उससे भी दो करोड़ योजन ऊपर जनलोक है जिसमें ब्रह्माजीके प्रख्यात पुत्र निर्मलचित्त सनकादि रहते हैं॥ १३॥ जनलोकसे चौगुना अर्थात् आठ करोड़ योजन ऊपर तपलोक है; वहाँ वैराज नामक देवगणोंका निवास है जिनका कभी दाह नहीं होता॥ १४॥

षड्गुणेन तपोलोकात्सत्यलोको विराजते।
अपुनर्मारका यत्र ब्रह्मलोको हि स स्मृतः॥ १५
पादगम्यन्तु यत्किञ्चिद्वस्त्वस्ति पृथिवीमयम्।
स भूर्लोकः समाख्यातो विस्तरोऽस्य मयोदितः॥ १६
भूमिसूर्यान्तरं यच्च सिद्धादिमुनिसेवितम्।
भुवर्लोकस्तु सोऽप्युक्तो द्वितीयो मुनिसत्तम॥ १७
ध्रुवसूर्यान्तरं यच्च नियुतानि चतुर्दश।
स्वर्लोकः सोऽपि गदितो लोकसंस्थानचिन्तकैः॥ १८
त्रैलोक्यमेतत्कृतकं मैत्रेय परिपठ्यते।
जनस्तपस्तथा सत्यमिति चाकृतकं त्रयम्॥ १९
कृतकाकृतयोर्मध्ये महर्लोक इति स्मृतः।
शून्यो भवति कल्पान्ते योऽत्यन्तं न विनश्यति॥ २०
एते सप्त मया लोका मैत्रेय कथितास्तव।
पातालानि च सप्तैव ब्रह्माण्डस्यैष विस्तरः॥ २१
एतदण्डकटाहेन तिर्यक् चोर्ध्वमधस्तथा।
कपित्थस्य यथा बीजं सर्वतो वै समावृतम्॥ २२
दशोत्तरेण पयसा मैत्रेयाण्डं च तद्वृतम्।
सर्वोऽम्बुपरिधानोऽसौ वह्निना वेष्टितो बहिः॥ २३
वह्निश्च वायुना वायुर्मैत्रेय नभसा वृतः।
भूतादिना नभः सोऽपि महता परिवेष्टितः।
दशोत्तराण्यशेषाणि मैत्रेयैतानि सप्त वै॥ २४
महान्तं च समावृत्य प्रधानं समवस्थितम्।
अनन्तस्य न तस्यान्तः संख्यानं चापि विद्यते॥ २५
तदनन्तमसंख्यातप्रमाणं चापि वै यतः।
हेतुभूतमशेषस्य प्रकृतिः सा परा मुने॥ २६
अण्डानां तु सहस्राणां सहस्राण्ययुतानि च।
ईदृशानां तथा तत्र कोटिकोटिशतानि च॥ २७
दारुण्यग्निर्यथा तैलं तिले तद्वत्पुमानपि।
प्रधानेऽवस्थितो व्यापी चेतनात्मात्मवेदनः॥ २८
प्रधानं च पुमांश्चैव सर्वभूतात्मभूतया।
विष्णुशक्त्या महाबुद्धे वृतौ संश्रयधर्मिणौ॥ २९

तपलोकसे छः गुना अर्थात् बारह करोड़ योजनके अन्तरपर सत्यलोक सुशोभित है जो ब्रह्मलोक भी कहलाता है और जिसमें फिर न मरनेवाले अमरगण निवास करते हैं॥ १५॥ जो भी पार्थिव वस्तु चरणसंचारके योग्य है वह भूर्लोक ही है। उसका विस्तार मैं कह चुका॥ १६॥ हे मुनिश्रेष्ठ! पृथिवी और सूर्यके मध्यमें जो सिद्धगण और मुनिगण-सेवित स्थान है, वही दूसरा भुवर्लोक है॥ १७॥ सूर्य और ध्रुवके बीचमें जो चौदह लक्ष योजनका अन्तर है, उसीको लोकस्थितिका विचार करनेवालोंने स्वर्लोक कहा है॥ १८॥ हे मैत्रेय! ये (भूः, भुवः, स्वः) 'कृतक' त्रैलोक्य कहलाते हैं और जन, तप तथा सत्य—ये तीनों 'अकृतक' लोक हैं॥ १९॥ इन कृतक और अकृतक त्रिलोकियोंके मध्यमें महर्लोक कहा जाता है, जो कल्पान्तमें केवल जनशून्य हो जाता है, अत्यन्त नष्ट नहीं होता [इसलिये यह 'कृतकाकृत' कहलाता है]॥ २०॥

हे मैत्रेय! इस प्रकार मैंने तुमसे ये सात लोक और सात ही पाताल कहे। इस ब्रह्माण्डका बस इतना ही विस्तार है॥ २१॥ यह ब्रह्माण्ड कपित्थ (कैथे)-के बीजके समान ऊपर-नीचे सब ओर अण्डकटाहसे घिरा हुआ है॥ २२॥ हे मैत्रेय! यह अण्ड अपनेसे दसगुने जलसे आवृत है और वह जलका सम्पूर्ण आवरण अग्निसे घिरा हुआ है॥ २३॥ अग्नि वायुसे और वायु आकाशसे परिवेष्टित है तथा आकाश भूतोंके कारण तामस अहंकार और अहंकार महत्तत्त्वसे घिरा हुआ है। हे मैत्रेय! ये सातों उत्तरोत्तर एक-दूसरेसे दसगुने हैं॥ २४॥ महत्तत्त्वको भी प्रधानने आवृत कर रखा है। वह अनन्त है; तथा उसका न कभी अन्त (नाश) होता है और न कोई संख्या ही है; क्योंकि हे मुने! वह अनन्त, असंख्येय, अपरिमेय और सम्पूर्ण जगत्का कारण है और वही परा प्रकृति है॥ २५-२६॥ उसमें ऐसे-ऐसे हजारों, लाखों तथा सैकड़ों करोड़ ब्रह्माण्ड हैं॥ २७॥ जिस प्रकार काष्ठमें अग्नि और तिलमें तैल रहता है उसी प्रकार स्वप्रकाश चेतनात्मा व्यापक पुरुष प्रधानमें स्थित है॥ २८॥ हे महाबुद्धे! ये संश्रयशील (आपसमें मिले हुए) प्रधान और पुरुष भी समस्त भूतोंकी स्वरूपभूता विष्णु-शक्तिसे आवृत हैं॥ २९॥

तयोः सैव पृथग्भावकारणं संश्रयस्य च।
क्षोभकारणभूता च सर्गकाले महामते॥ ३०
यथा सक्तं जले वातो बिभर्त्ति कणिकाशतम्।
शक्तिः सापि तथा विष्णोः प्रधानपुरुषात्मकम्॥ ३१
यथा च पादपो मूलस्कन्धशाखादिसंयुतः।
आदिबीजात्प्रभवति बीजान्यन्यानि वै ततः॥ ३२
प्रभवन्ति ततस्तेभ्यः सम्भवन्त्यपरे द्रुमाः।
तेऽपि तल्लक्षणद्रव्यकारणानुगता मुने॥ ३३
एवमव्याकृतात्पूर्वं जायन्ते महदादयः।
विशेषान्तास्ततस्तेभ्यः सम्भवन्त्यसुरादयः।
तेभ्यश्च पुत्रास्तेषां च पुत्राणामपरे सुताः॥ ३४
बीजाद्वृक्षप्ररोहेण यथा नापचयस्तरोः।
भूतानां भूतसर्गेण नैवास्त्यपचयस्तथा॥ ३५
सन्निधानाद्यथाकाशकालाद्याः कारणं तरोः।
तथैवापरिणामेन विश्वस्य भगवान्हरिः॥ ३६
व्रीहिबीजे यथा मूलं नालं पत्राङ्कुरौ तथा।
काण्डं कोषस्तु पुष्पं च क्षीरं तद्वच्च तण्डुलाः॥ ३७
तुषाः कणाश्च सन्तो वै यान्त्याविर्भावमात्मनः।
प्ररोहहेतुसामग्रीमासाद्य मुनिसत्तम॥ ३८
तथा कर्मस्वनेकेषु देवाद्याः समवस्थिताः।
विष्णुशक्तिं समासाद्य प्ररोहमुपयान्ति वै॥ ३९
स च विष्णुः परं ब्रह्म यतः सर्वमिदं जगत्।
जगच्च यो यत्र चेदं यस्मिंश्च लयमेष्यति॥ ४०
तद्ब्रह्म तत्परं धाम सदसत्परमं पदम्।
यस्य सर्वमभेदेन यतश्चैतच्चराचरम्॥ ४१
स एव मूलप्रकृतिर्व्यक्तरूपी जगच्च सः।
तस्मिन्नेव लयं सर्वं याति तत्र च तिष्ठति॥ ४२
कर्ता क्रियाणां स च इज्यते क्रतुः
स एव तत्कर्मफलं च तस्य।
स्त्रुगादि यत्साधनमप्यशेषं
हरेर्न किञ्चिद्व्यतिरिक्तमस्ति॥ ४३

हे महामते! वह विष्णु-शक्ति ही [प्रलयके समय] उनके पार्थक्य और [स्थितिके समय] उनके सम्मिलनकी हेतु है तथा सर्गारम्भके समय वही उनके क्षोभकी कारण है॥ ३०॥ जिस प्रकार जलके संसर्गसे वायु सैकड़ों जल-कणोंको धारण करता है उसी प्रकार भगवान् विष्णुकी शक्ति भी प्रधान-पुरुषमय जगत्‌को धारण करती है॥ ३१॥

हे मुने! जिस प्रकार आदि-बीजसे ही मूल, स्कन्ध और शाखा आदिके सहित वृक्ष उत्पन्न होता है और तदनन्तर उससे और भी बीज उत्पन्न होते हैं, तथा उन बीजोंसे अन्यान्य वृक्ष उत्पन्न होते हैं और वे भी उन्हीं लक्षण, द्रव्य और कारणोंसे युक्त होते हैं, उसी प्रकार पहले अव्याकृत (प्रधान)-से महत्तत्त्वसे लेकर पंचभूतपर्यन्त [सम्पूर्ण विकार] उत्पन्न होते हैं तथा उनसे देव, असुर आदिका जन्म होता है और फिर उनके पुत्र तथा उन पुत्रोंके अन्य पुत्र होते हैं॥ ३२—३४॥ अपने बीजसे अन्य वृक्षके उत्पन्न होनेसे जिस प्रकार पूर्ववृक्षकी कोई क्षति नहीं होती उसी प्रकार अन्य प्राणियोंके उत्पन्न होनेसे उनके जन्मदाता प्राणियोंका ह्रास नहीं होता॥ ३५॥

जिस प्रकार आकाश और काल आदि सन्निधिमात्रसे ही वृक्षके कारण होते हैं उसी प्रकार भगवान् श्रीहरि भी बिना परिणामके ही विश्वके कारण हैं॥ ३६॥ हे मुनिसत्तम! जिस प्रकार धानके बीजमें मूल, नाल, पत्ते, अंकुर, तना, कोष, पुष्प, क्षीर, तण्डुल, तुष और कण सभी रहते हैं; तथा अंकुरोत्पत्तिकी हेतुभूत [भूमि एवं जल आदि] सामग्रीके प्राप्त होनेपर वे प्रकट हो जाते हैं, उसी प्रकार अपने अनेक पूर्वकर्मोंमें स्थित देवता आदि विष्णु-शक्तिका आश्रय पानेपर आविर्भूत हो जाते हैं॥ ३७—३९॥ जिससे यह सम्पूर्ण जगत् उत्पन्न हुआ है, जो स्वयं जगत्‌रूपसे स्थित है, जिसमें यह स्थित है तथा जिसमें यह लीन हो जायगा वह परब्रह्म ही विष्णुभगवान् हैं॥ ४०॥ वह ब्रह्म ही उन (विष्णु)-का परमधाम (परस्वरूप) है, वह पद सत् और असत् दोनोंसे विलक्षण है तथा उससे अभिन्न हुआ ही यह सम्पूर्ण चराचर जगत् उससे उत्पन्न हुआ है॥ ४१॥ वही अव्यक्त मूलप्रकृति है, वही व्यक्तस्वरूप संसार है, उसीमें यह सम्पूर्ण जगत् लीन होता है तथा उसीके आश्रय स्थित है॥ ४२॥ यज्ञादि क्रियाओंका कर्ता वही है, यज्ञरूपसे उसीका यजन किया जाता है, और उन यज्ञादिका फलस्वरूप भी वही है तथा यज्ञके साधनरूप जो स्त्रुवा आदि हैं वे सब भी हरिसे अतिरिक्त और कुछ नहीं हैं॥ ४३॥

इति श्रीविष्णुपुराणे द्वितीयेंऽशे सप्तमोऽध्यायः॥ ७॥

आठवाँ अध्याय

सूर्य, नक्षत्र एवं राशियोंकी व्यवस्था तथा कालचक्र, लोकपाल और गंगाविर्भावका वर्णन

श्रीपराशर उवाच

व्याख्यातमेतद्ब्रह्माण्डसंस्थानं तव सुव्रत।
ततः प्रमाणसंस्थाने सूर्यादीनां शृणुष्व मे॥ १
योजनानां सहस्राणि भास्करस्य रथो नव।
ईषादण्डस्तथैवास्य द्विगुणो मुनिसत्तम॥ २
सार्धकोटिस्तथा सप्त नियुतान्यधिकानि वै।
योजनानां तु तस्याक्षस्तत्र चक्रं प्रतिष्ठितम्॥ ३
त्रिनाभिमति पञ्चारे षण्णेमिन्यक्षयात्मके।
संवत्सरमये कृत्स्नं कालचक्रं प्रतिष्ठितम्॥ ४
हयाश्च सप्तच्छन्दांसि तेषां नामानि मे शृणु।
गायत्री च बृहत्युष्णिग्जगती त्रिष्टुबेव च।
अनुष्टुप्पङ्क्तिरित्युक्ता छन्दांसि हरयो रवेः॥ ५
चत्वारिंशत्सहस्राणि द्वितीयोऽक्षो विवस्वतः।
पञ्चान्यानि तु सार्धानि स्यन्दनस्य महामते॥ ६
अक्षप्रमाणमुभयोः प्रमाणं तद्युगार्द्धयोः।
ह्रस्वोऽक्षस्तद्युगार्द्धेन ध्रुवाधारो रथस्य वै।
द्वितीयेऽक्षे तु तच्चक्रं संस्थितं मानसाचले॥ ७
मानसोत्तरशैलस्य पूर्वतो वासवी पुरी।
दक्षिणे तु यमस्यान्या प्रतीच्यां वरुणस्य च।
उत्तरेण च सोमस्य तासां नामानि मे शृणु॥ ८
वस्वौकसारा शक्रस्य याम्या संयमनी तथा।
पुरी सुखा जलेशस्य सोमस्य च विभावरी॥ ९
काष्ठां गतो दक्षिणतः क्षिप्तेषुरिव सर्पति।
मैत्रेय भगवान्भानुर्ज्योतिषां चक्रसंयुतः॥ १०
अहोरात्रव्यवस्थानकारणं भगवान् रविः।
देवयानः परः पन्था योगिनां क्लेशसङ्क्षये॥ ११
दिवसस्य रविर्मध्ये सर्वकालं व्यवस्थितः।
सर्वद्वीपेषु मैत्रेय निशार्द्धस्य च सम्मुखः॥ १२

श्रीपराशरजी बोले—हे सुव्रत! मैंने तुमसे यह ब्रह्माण्डकी स्थिति कही, अब सूर्य आदि ग्रहोंकी स्थिति और उनके परिमाण सुनो॥ १॥ हे मुनिश्रेष्ठ! सूर्यदेवके रथका विस्तार नौ हजार योजन है तथा इससे दूना उसका ईषा-दण्ड (जूआ और रथके बीचका भाग) है॥ २॥ उसका धुरा डेढ़ करोड़ सात लाख योजन लम्बा है जिसमें उसका पहिया लगा हुआ है॥ ३॥ उस पूर्वाह्न, मध्याह्न और पराह्नरूप तीन नाभि, परिवत्सरादि पाँच अरे और षड्-ऋतुरूप छः नेमिवाले अक्षयस्वरूप संवत्सरात्मक चक्रमें सम्पूर्ण कालचक्र स्थित है॥ ४॥ सात छन्द ही उसके घोड़े हैं, उनके नाम सुनो—गायत्री, बृहती, उष्णिक्, जगती, त्रिष्टुप् अनुष्टुप् और पंक्ति—ये छन्द ही सूर्यके सात घोड़े कहे गये हैं॥ ५॥ हे महामते! भगवान् सूर्यके रथका दूसरा धुरा साढ़े पैंतालीस सहस्र योजन लम्बा है॥ ६॥ दोनों धुरोंके परिमाणके तुल्य ही उसके युगार्द्धों (जूओं)-का परिमाण है, इनमेंसे छोटा धुरा उस रथके एक युगार्द्ध (जूए)-के सहित ध्रुवके आधारपर स्थित है और दूसरे धुरेका चक्र मानसोत्तरपर्वतपर स्थित है॥ ७॥

इस मानसोत्तरपर्वतके पूर्वमें इन्द्रकी, दक्षिणमें यमकी, पश्चिममें वरुणकी और उत्तरमें चन्द्रमाकी पुरी है; उन पुरियोंके नाम सुनो॥ ८॥ इन्द्रकी पुरी वस्वौकसारा है, यमकी संयमनी है, वरुणकी सुखा है तथा चन्द्रमाकी विभावरी है॥ ९॥ हे मैत्रेय! ज्योतिश्चक्रके सहित भगवान् भानु दक्षिण-दिशामें प्रवेशकर छोड़े हुए बाणके समान तीव्र वेगसे चलते हैं॥ १०॥

भगवान् सूर्यदेव दिन और रात्रिकी व्यवस्थाके कारण हैं और रागादि क्लेशोंके क्षीण हो जानेपर वे ही क्रममुक्तिभागी योगिजनोंके देवयान नामक श्रेष्ठ मार्ग हैं॥ ११॥ हे मैत्रेय! सभी द्वीपोंमें सर्वदा मध्याह्न तथा मध्यरात्रिके समय सूर्यदेव मध्य आकाशमें सामनेकी ओर रहते हैं*॥ १२॥

* अर्थात् जिस द्वीप या खण्डमें सूर्यदेव मध्याह्नके समय सम्मुख पड़ते हैं उसकी समान रेखापर दूसरी ओर स्थित द्वीपान्तरमें वे उसी प्रकार मध्यरात्रिके समय रहते हैं।

उदयास्तमने चैव सर्वकालं तु सम्मुखे।
विदिशासु त्वशेषासु तथा ब्रह्मन् दिशासु च॥ १३

यैर्यत्र दृश्यते भास्वान्स तेषामुदयः स्मृतः।
तिरोभावं च यत्रैति तत्रैवास्तमनं रवेः॥ १४

नैवास्तमनमर्कस्य नोदयः सर्वदा सतः।
उदयास्तमनाख्यं हि दर्शनादर्शनं रवेः॥ १५

शक्रादीनां पुरे तिष्ठन् स्पृशत्येष पुरत्रयम्।
विकोणौ द्वौ विकोणस्थस्त्रीन् कोणान्द्वे पुरे तथा॥ १६

उदितो वर्द्धमानाभिरामध्याह्नात्तपन् रविः।
ततः परं ह्रसन्तीभिर्गोभिरस्तं नियच्छति॥ १७

उदयास्तमनाभ्यां च स्मृते पूर्वापरे दिशौ।
यावत्पुरस्तात्तपति तावत्पृष्ठे च पार्श्वयोः॥ १८

ऋतेऽमरगिरेर्मेरोरुपरि ब्रह्मणः सभाम्।
ये ये मरीचयोऽर्कस्य प्रयान्ति ब्रह्मणः सभाम्।
ते ते निरस्तास्तद्भासा प्रतीपमुपयान्ति वै॥ १९

तस्माद्दिश्युत्तरस्यां वै दिवारात्रिः सदैव हि।
सर्वेषां द्वीपवर्षाणां मेरुरुत्तरतो यतः॥ २०

प्रभा विवस्वतो रात्रावस्तं गच्छति भास्करे।
विशत्यग्निमतो रात्रौ वह्निर्दूरात्प्रकाशते॥ २१

वह्नेः प्रभा तथा भानुर्दिनेष्वाविशति द्विज।
अतीव वह्निसंयोगादतः सूर्यः प्रकाशते॥ २२

तेजसी भास्कराग्नेये प्रकाशोष्णस्वरूपिणी।
परस्परानुप्रवेशादाप्यायेते दिवानिशम्॥ २३

दक्षिणोत्तरभूम्यर्द्धे समुत्तिष्ठति भास्करे।
अहोरात्रं विशत्यम्भस्तमःप्राकाश्यशीलवत्॥ २४

आताम्रा हि भवन्त्यापो दिवा नक्तप्रवेशनात्।
दिनं विशति चैवाम्भो भास्करेऽस्तमुपेयुषि।
तस्माच्छुक्ला भवन्त्यापो नक्तमह्नः प्रवेशनात्॥ २५

इसी प्रकार उदय और अस्त भी सदा एक-दूसरेके सम्मुख ही होते हैं। हे ब्रह्मन्! समस्त दिशा और विदिशाओंमें जहाँके लोग [रात्रिका अन्त होनेपर] सूर्यको जिस स्थानपर देखते हैं उनके लिये वहाँ उसका उदय होता है और जहाँ दिनके अन्तमें सूर्यका तिरोभाव होता है वहीं उसका अस्त कहा जाता है॥ १३-१४॥ सर्वदा एक रूपसे स्थित सूर्यदेवका वास्तवमें न उदय होता है और न अस्त; बस, उनका देखना और न देखना ही उनके उदय और अस्त हैं॥ १५॥ मध्याह्नकालमें इन्द्रादिमेंसे किसीकी पुरीपर प्रकाशित होते हुए सूर्यदेव [पार्श्ववर्ती दो पुरियोंके सहित] तीन पुरियों और दो कोणों (विदिशाओं)-को प्रकाशित करते हैं, इसी प्रकार अग्नि आदि कोणोंमेंसे किसी एक कोणमें प्रकाशित होते हुए वे [पार्श्ववर्ती दो कोणोंके सहित] तीन कोण और दो पुरियोंको प्रकाशित करते हैं॥ १६॥ सूर्यदेव उदय होनेके अनन्तर मध्याह्नपर्यन्त अपनी बढ़ती हुई किरणोंसे तपते हैं और फिर क्षीण होती हुई किरणोंसे अस्त हो जाते हैं *॥ १७॥

सूर्यके उदय और अस्तसे ही पूर्व तथा पश्चिम दिशाओंकी व्यवस्था हुई है। वास्तवमें तो, वे जिस प्रकार पूर्वमें प्रकाश करते हैं उसी प्रकार पश्चिम तथा पार्श्ववर्तिनी [उत्तर और दक्षिण] दिशाओंमें भी करते हैं॥ १८॥ सूर्यदेव देवपर्वत सुमेरुके ऊपर स्थित ब्रह्माजीकी सभाके अतिरिक्त और सभी स्थानोंको प्रकाशित करते हैं; उनकी जो किरणें ब्रह्माजीकी सभामें जाती हैं वे उसके तेजसे निरस्त होकर उलटी लौट आती हैं॥ १९॥ सुमेरुपर्वत समस्त द्वीप और वर्षोंके उत्तरमें है इसलिये उत्तरदिशामें (मेरुपर्वतपर) सदा [एक ओर] दिन और [दूसरी ओर] रात रहते हैं॥ २०॥ रात्रिके समय सूर्यके अस्त हो जानेपर उसका तेज अग्निमें प्रविष्ट हो जाता है; इसलिये उस समय अग्नि दूरहीसे प्रकाशित होने लगता है॥ २१॥ इसी प्रकार, हे द्विज! दिनके समय अग्निका तेज सूर्यमें प्रविष्ट हो जाता है; अतः अग्निके संयोगसे ही सूर्य अत्यन्त प्रखरतासे प्रकाशित होता है॥ २२॥ इस प्रकार सूर्य और अग्निके प्रकाश तथा उष्णतामय तेज परस्पर मिलकर दिन-रातमें वृद्धिको प्राप्त होते रहते हैं॥ २३॥

मेरुके दक्षिणी और उत्तरी भूम्यर्द्धमें सूर्यके प्रकाशित होते समय अन्धकारमयी रात्रि और प्रकाशमय दिन क्रमशः जलमें प्रवेश कर जाते हैं॥ २४॥ दिनके समय रात्रिके प्रवेश करनेसे ही जल कुछ ताम्रवर्ण दिखायी देता

* किरणोंकी वृद्धि, ह्रास एवं तीव्रता-मन्दता आदि सूर्यके समीप और दूर होनेसे मनुष्यके अनुभवके अनुसार कही गयी हैं।

एवं पुष्करमध्येन यदा याति दिवाकरः।
त्रिंशद्भागन्तु मेदिन्यास्तदा मौहूर्तिकी गतिः॥ २६
कुलालचक्रपर्यन्तो भ्रमन्नेष दिवाकरः।
करोत्यहस्तथा रात्रिं विमुञ्चन्मेदिनीं द्विज॥ २७
अयनस्योत्तरस्यादौ मकरं याति भास्करः।
ततः कुम्भं च मीनं च राशे राश्यन्तरं द्विज॥ २८
त्रिष्वेतेष्वथ भुक्तेषु ततो वैषुवतीं गतिम्।
प्रयाति सविता कुर्वन्नहोरात्रं ततः समम्॥ २९
ततो रात्रिः क्षयं याति वर्द्धतेऽनुदिनं दिनम्॥ ३०
ततश्च मिथुनस्यान्ते परां काष्ठामुपागतः।
राशिं कर्कटकं प्राप्य कुरुते दक्षिणायनम्॥ ३१
कुलालचक्रपर्यन्तो यथा शीघ्रं प्रवर्त्तते।
दक्षिणप्रक्रमे सूर्यस्तथा शीघ्रं प्रवर्तते॥ ३२
अतिवेगितया कालं वायुवेगबलाच्चरन्।
तस्मात्प्रकृष्टां भूमिं तु कालेनाल्पेन गच्छति॥ ३३
सूर्यो द्वादशभिः शैघ्र्यान्मुहूर्तैर्दक्षिणायने।
त्रयोदशार्द्धमृक्षाणामह्ना तु चरति द्विज।
मुहूर्तैस्तावदृक्षाणि नक्तमष्टादशैश्चरन्॥ ३४
कुलालचक्रमध्यस्थो यथा मन्दं प्रसर्पति।
तथोदगयने सूर्यः सर्पते मन्दविक्रमः॥ ३५
तस्माद्दीर्घेण कालेन भूमिमल्पां तु गच्छति।
अष्टादशमुहूर्तं यदुत्तरायणपश्चिमम्॥ ३६
अहर्भवति तच्चापि चरते मन्दविक्रमः॥ ३७
त्रयोदशार्द्धमह्ना तु ऋक्षाणां चरते रविः।
मुहूर्तैस्तावदृक्षाणि रात्रौ द्वादशभिश्चरन्॥ ३८
अतो मन्दतरं नाभ्यां चक्रं भ्रमति वै यथा।
मृत्पिण्ड इव मध्यस्थो ध्रुवो भ्रमति वै तथा॥ ३९

है, किन्तु सूर्य-अस्त हो जानेपर उसमें दिनका प्रवेश हो जाता है; इसलिये दिनके प्रवेशके कारण ही रात्रिके समय वह शुक्लवर्ण हो जाता है॥ २५॥

इस प्रकार जब सूर्य पुष्करद्वीपके मध्यमें पहुँचकर पृथ्वीका तीसवाँ भाग पार कर लेता है तो उसकी वह गति एक मुहूर्तकी होती है। [अर्थात् उतने भागके अतिक्रमण करनेमें उसे जितना समय लगता है वही मुहूर्त कहलाता है]॥ २६॥ हे द्विज! कुलाल-चक्र (कुम्हारके चाक) के सिरेपर घूमते हुए जीवके समान भ्रमण करता हुआ यह सूर्य पृथिवीके तीसों भागोंका अतिक्रमण करनेपर एक दिन-रात्रि करता है॥ २७॥ हे द्विज! उत्तरायणके आरम्भमें सूर्य सबसे पहले मकरराशिमें जाता है, उसके पश्चात् वह कुम्भ और मीन राशियोंमें एक राशिसे दूसरी राशिमें जाता है॥ २८॥ इन तीनों राशियोंको भोग चुकनेपर सूर्य रात्रि और दिनको समान करता हुआ वैषुवती गतिका अवलम्बन करता है, [अर्थात् वह भूमध्य-रेखाके बीचमें ही चलता है]॥ २९॥ उसके अनन्तर नित्यप्रति रात्रि क्षीण होने लगती है और दिन बढ़ने लगता है। फिर [मेष तथा वृष राशिका अतिक्रमण कर] मिथुनराशिसे निकलकर उत्तरायणकी अन्तिम सीमापर उपस्थित हो वह कर्कराशिमें पहुँचकर दक्षिणायनका आरम्भ करता है॥ ३०-३१॥ जिस प्रकार कुलाल-चक्रके सिरेपर स्थित जीव अति शीघ्रतासे घूमता है उसी प्रकार सूर्य भी दक्षिणायनको पार करनेमें अति शीघ्रतासे चलता है॥ ३२॥ अतः वह अति शीघ्रतापूर्वक वायुवेगसे चलते हुए अपने उत्कृष्ट मार्गको थोड़े समयमें ही पार कर लेता है॥ ३३॥ हे द्विज! दक्षिणायनमें दिनके समय शीघ्रतापूर्वक चलनेसे उस समयके साढ़े तेरह नक्षत्रोंको सूर्य बारह मुहूर्तोंमें पार कर लेता है, किन्तु रात्रिके समय (मन्दगामी होनेसे) उतने ही नक्षत्रोंको अठारह मुहूर्तोंमें पार करता है॥ ३४॥ कुलाल-चक्रके मध्यमें स्थित जीव जिस प्रकार धीरे-धीरे चलता है उसी प्रकार उत्तरायणके समय सूर्य मन्दगतिसे चलता है॥ ३५॥ इसलिये उस समय वह थोड़ी-सी भूमि भी अति दीर्घकालमें पार करता है, अतः उत्तरायणका अन्तिम दिन अठारह मुहूर्तका होता है, उस दिन भी सूर्य अति मन्दगतिसे चलता है और ज्योतिश्चक्रार्धके साढ़े तेरह नक्षत्रोंको एक दिनमें पार करता है किन्तु रात्रिके समय वह उतने ही (साढ़े तेरह) नक्षत्रोंको बारह मुहूर्तोंमें ही पार कर लेता है॥ ३६—३८॥ अतः जिस प्रकार नाभिदेशमें चक्रके मन्द-मन्द घूमनेसे वहाँका मृत्-पिण्ड भी मन्दगतिसे घूमता है उसी प्रकार ज्योतिश्चक्रके मध्यमें स्थित ध्रुव अति मन्द गतिसे घूमता है॥ ३९॥

कुलालचक्रनाभिस्तु यथा तत्रैव वर्तते।
ध्रुवस्तथा हि मैत्रेय तत्रैव परिवर्तते॥ ४०
उभयोः काष्ठयोर्मध्ये भ्रमतो मण्डलानि तु।
दिवा नक्तं च सूर्यस्य मन्दा शीघ्रा च वै गतिः॥ ४१
मन्दाह्नि यस्मिन्नयने शीघ्रा नक्तं तदा गतिः।
शीघ्रा निशि यदा चास्य तदा मन्दा दिवा गतिः॥ ४२
एकप्रमाणमेवैष मार्गं याति दिवाकरः।
अहोरात्रेण यो भुङ्क्ते समस्ता राशयो द्विज॥ ४३
षडेव राशीन् यो भुङ्क्ते रात्रावन्यांश्च षड्दिवा॥ ४४
राशिप्रमाणजनिता दीर्घह्रस्वात्मता दिने।
तथा निशायां राशीनां प्रमाणैर्लघुदीर्घता॥ ४५
दिनादेर्दीर्घह्रस्वत्वं तद्भोगेनैव जायते।
उत्तरे प्रक्रमे शीघ्रा निशि मन्दा गतिर्दिवा॥ ४६
दक्षिणे त्वयने चैव विपरीता विवस्वतः॥ ४७
उषा रात्रिः समाख्याता व्युष्टिश्चाप्युच्यते दिनम्।
प्रोच्यते च तथा सन्ध्या उषाव्युष्ट्योर्यदन्तरम्॥ ४८
सन्ध्याकाले च सम्प्राप्ते रौद्रे परमदारुणे।
मन्देहा राक्षसा घोराः सूर्यमिच्छन्ति खादितुम्॥ ४९
प्रजापतिकृतः शापस्तेषां मैत्रेय रक्षसाम्।
अक्षयत्वं शरीराणां मरणं च दिने दिने॥ ५०
ततः सूर्यस्य तैर्युद्धं भवत्यत्यन्तदारुणम्।
ततो द्विजोत्तमास्तोयं संक्षिपन्ति महामुने॥ ५१
ॐकारब्रह्मसंयुक्तं गायत्र्या चाभिमन्त्रितम्।
तेन दह्यन्ति ते पापा वज्रीभूतेन वारिणा॥ ५२
अग्निहोत्रे हूयते या समन्त्रा प्रथमाहुतिः।
सूर्यो ज्योतिः सहस्रांशुस्तया दीप्यति भास्करः॥ ५३
ओङ्कारो भगवान्विष्णुस्त्रिधामा वचसां पतिः।
तदुच्चारणतस्ते तु विनाशं यान्ति राक्षसाः॥ ५४
वैष्णवोऽशः परः सूर्यो योऽन्तर्ज्योतिरसम्प्लवम्।
अभिधायक ॐकारस्तस्य तत्प्रेरकः परः॥ ५५

हे मैत्रेय! जिस प्रकार कुलाल-चक्रकी नाभि अपने स्थानपर ही घूमती रहती है, उसी प्रकार ध्रुव भी अपने स्थानपर ही घूमता रहता है॥ ४०॥

इस प्रकार उत्तर तथा दक्षिण सीमाओंके मध्यमें मण्डलाकार घूमते रहनेसे सूर्यकी गति दिन अथवा रात्रिके समय मन्द अथवा शीघ्र हो जाती है॥ ४१॥ जिस अयनमें सूर्यकी गति दिनके समय मन्द होती है उसमें रात्रिके समय शीघ्र होती है तथा जिस समय रात्रि-कालमें शीघ्र होती है उस समय दिनमें मन्द हो जाती है॥ ४२॥ हे द्विज! सूर्यको सदा एक बराबर मार्ग ही पार करना पड़ता है; एक दिन-रात्रिमें यह समस्त राशियोंका भोग कर लेता है॥ ४३॥ सूर्य छः राशियोंको रात्रिके समय भोगता है और छःको दिनके समय। राशियोंके परिमाणानुसार ही दिनका बढ़ना-घटना होता है तथा रात्रिकी लघुता-दीर्घता भी राशियोंके परिमाणसे ही होती है॥ ४४-४५॥ राशियोंके भोगानुसार ही दिन अथवा रात्रिकी लघुता अथवा दीर्घता होती है। उत्तरायणमें सूर्यकी गति रात्रिकालमें शीघ्र होती है तथा दिनमें मन्द। दक्षिणायनमें उसकी गति इसके विपरीत होती है॥ ४६-४७॥

रात्रि उषा कहलाती है तथा दिन व्युष्टि (प्रभात) कहा जाता है; इन उषा तथा व्युष्टिके बीचके समयको सन्ध्या कहते हैं *॥ ४८॥ इस अति दारुण और भयानक सन्ध्याकालके उपस्थित होनेपर मन्देहा नामक भयंकर राक्षसगण सूर्यको खाना चाहते हैं॥ ४९॥ हे मैत्रेय! उन राक्षसोंको प्रजापतिका यह शाप है कि उनका शरीर अक्षय रहकर भी मरण नित्यप्रति हो॥ ५०॥ अतः सन्ध्याकालमें उनका सूर्यसे अति भीषण युद्ध होता है; हे महामुने! उस समय द्विजोत्तमगण जो ब्रह्मस्वरूप ॐकार तथा गायत्रीसे अभिमन्त्रित जल छोड़ते हैं, उस वज्रस्वरूप जलसे वे दुष्ट राक्षस दग्ध हो जाते हैं॥ ५१-५२॥ अग्निहोत्रमें जो '**सूर्यो ज्योतिः**' इत्यादि मन्त्रसे प्रथम आहुति दी जाती है उससे सहस्रांशु दिननाथ देदीप्यमान हो जाते हैं॥ ५३॥ ॐकार विश्व, तैजस् और प्राज्ञरूप तीन धामोंसे युक्त भगवान् विष्णु है तथा सम्पूर्ण वाणियों (वेदों)-का अधिपति है, उसके उच्चारणमात्रसे ही वे राक्षसगण नष्ट हो जाते हैं॥ ५४॥ सूर्य विष्णुभगवान्‌का अति श्रेष्ठ अंश और विकाररहित अन्तर्ज्योतिःस्वरूप है। ॐकार उसका वाचक है और वह उसे उन राक्षसोंके वधमें अत्यन्त प्रेरित करनेवाला है॥ ५५॥

* 'व्युष्टि' और 'उषा' दिन और रात्रिके वैदिक नाम हैं; यथा—'रात्रिर्वा उषा अहर्व्युष्टिः।'

तेन सम्प्रेरितं ज्योतिरोङ्कारेणाथ दीप्तिमत्।
दहत्यशेषरक्षांसि मन्देहाख्यान्यघानि वै॥ ५६
तस्मान्नोल्लङ्घनं कार्यं सन्ध्योपासनकर्मणः।
स हन्ति सूर्यं सन्ध्याया नोपास्तिं कुरुते तु यः॥ ५७
ततः प्रयाति भगवान्ब्राह्मणैरभिरक्षितः।
बालखिल्यादिभिश्चैव जगतः पालनोद्यतः॥ ५८
काष्ठा निमेषा दश पञ्च चैव
त्रिंशच्च काष्ठा गणयेत्कलां च।
त्रिंशत्कलश्चैव भवेन्मुहूर्त-
स्तैस्त्रिंशता रात्र्यहनी समेते॥ ५९
ह्रासवृद्धी त्वहर्भागैर्दिवसानां यथाक्रमम्।
सन्ध्या मुहूर्तमात्रा वै ह्रासवृद्ध्योः समा स्मृता॥ ६०
रेखाप्रभृत्यथादित्ये त्रिमुहूर्तगते रवौ।
प्रातः स्मृतस्ततः कालो भागश्चाह्नः स पञ्चमः॥ ६१
तस्मात्प्रातस्तनात्कालात्त्रिमुहूर्तस्तु सङ्गवः।
मध्याह्नस्त्रिमुहूर्तस्तु तस्मात्कालात्तु सङ्गवात्॥ ६२
तस्मान्माध्याह्निकात्कालादपराह्ण इति स्मृतः।
त्रय एव मुहूर्तास्तु कालभागः स्मृतो बुधैः॥ ६३
अपराह्णे व्यतीते तु कालः सायाह्न एव च।
दशपञ्चमुहूर्ता वै मुहूर्तास्त्रय एव च॥ ६४
दशपञ्चमुहूर्तं वै अहर्वैषुवतं स्मृतम्॥ ६५
वर्द्धते ह्रसते चैवाप्ययने दक्षिणोत्तरे।
अहस्तु ग्रसते रात्रिं रात्रिर्ग्रसति वासरम्॥ ६६
शरद्वसन्तयोर्मध्ये विषुवं तु विभाव्यते।
तुलामेषगते भानौ समरात्रिदिनं तु तत्॥ ६७
कर्कटावस्थिते भानौ दक्षिणायनमुच्यते।
उत्तरायणमप्युक्तं मकरस्थे दिवाकरे॥ ६८
त्रिंशन्मुहूर्तं कथितमहोरात्रं तु यन्मया।
तानि पञ्चदश ब्रह्मन् पक्ष इत्यभिधीयते॥ ६९
मासः पक्षद्वयेनोक्तो द्वौ मासौ चार्कजावृतुः।
ऋतुत्रयं चाप्ययनं द्वेऽयने वर्षसंज्ञिते॥ ७०

उस ॐकारकी प्रेरणासे अति प्रदीप्त होकर वह ज्योति मन्देहा नामक सम्पूर्ण पापी राक्षसोंको दग्ध कर देती है॥ ५६॥ इसलिये सन्ध्योपासन-कर्मका उल्लंघन कभी न करना चाहिये। जो पुरुष सन्ध्योपासन नहीं करता वह भगवान् सूर्यका घात करता है॥ ५७॥ तदनन्तर [उन राक्षसोंका वध करनेके पश्चात्] भगवान् सूर्य संसारके पालनमें प्रवृत्त हो बालखिल्यादि ब्राह्मणोंसे सुरक्षित होकर गमन करते हैं॥ ५८॥

पन्द्रह निमेषकी एक काष्ठा होती है और तीस काष्ठाकी एक कला गिनी जाती है। तीस कलाओंका एक मुहूर्त होता है और तीस मुहूर्तोंके सम्पूर्ण रात्रि-दिन होते हैं॥ ५९॥ दिनोंका ह्रास अथवा वृद्धि क्रमशः प्रातःकाल, मध्याह्नकाल आदि दिवसांशोंके ह्रास-वृद्धिके कारण होते हैं; किन्तु दिनोंके घटते-बढ़ते रहनेपर भी सन्ध्या सर्वदा समान भावसे एक मुहूर्तकी ही होती है॥ ६०॥ उदयसे लेकर सूर्यकी तीन मुहूर्तकी गतिके कालको 'प्रातःकाल' कहते हैं, यह सम्पूर्ण दिनका पाँचवाँ भाग होता है॥ ६१॥ इस प्रातःकालके अनन्तर तीन मुहूर्तका समय 'संगव' कहलाता है तथा संगवकालके पश्चात् तीन मुहूर्तका 'मध्याह्न' होता है॥ ६२॥ मध्याह्नकालसे पीछेका समय 'अपराह्ण' कहलाता है इस काल-भागको भी बुधजन तीन मुहूर्तका ही बताते हैं॥ ६३॥ अपराह्णके बीतनेपर 'सायाह्न' आता है। इस प्रकार [सम्पूर्ण दिनमें] पन्द्रह मुहूर्त और [प्रत्येक दिवसांशमें] तीन मुहूर्त होते हैं॥ ६४॥

वैषुवत दिवस पन्द्रह मुहूर्तका होता है, किन्तु उत्तरायण और दक्षिणायनमें क्रमशः उसके वृद्धि और ह्रास होने लगते हैं। इस प्रकार उत्तरायणमें दिन रात्रिका ग्रास करने लगता है और दक्षिणायनमें रात्रि दिनका ग्रास करती रहती है॥ ६५-६६॥ शरद् और वसन्त-ऋतुके मध्यमें सूर्यके तुला अथवा मेषराशिमें जानेपर 'विषुव' होता है। उस समय दिन और रात्रि समान होते हैं॥ ६७॥ सूर्यके कर्कराशिमें उपस्थित होनेपर दक्षिणायन कहा जाता है और उसके मकरराशिपर आनेसे उत्तरायण कहलाता है॥ ६८॥

हे ब्रह्मन्! मैंने जो तीस मुहूर्तके एक रात्रि-दिन कहे हैं, ऐसे पन्द्रह रात्रि-दिवसका एक 'पक्ष' कहा जाता है॥ ६९॥ दो पक्षका एक मास होता है, दो सौरमासकी एक ऋतु और तीन ऋतुका एक अयन होता है तथा दो अयन ही [मिलाकर] एक वर्ष कहे जाते हैं॥ ७०॥

संवत्सरादयः पञ्च चतुर्मासविकल्पिताः।
निश्चयः सर्वकालस्य युगमित्यभिधीयते॥ ७१
संवत्सरस्तु प्रथमो द्वितीयः परिवत्सरः।
इद्वत्सरस्तृतीयस्तु चतुर्थश्चानुवत्सरः।
वत्सरः पञ्चमश्चात्र कालोऽयं युगसंज्ञितः॥ ७२
यः श्वेतस्योत्तरः शैलः शृङ्गवानिति विश्रुतः।
त्रीणि तस्य तु शृङ्गाणि यैरयं शृङ्गवान्स्मृतः॥ ७३
दक्षिणं चोत्तरं चैव मध्यं वैषुवतं तथा।
शरद्वसन्तयोर्मध्ये तद्भानुः प्रतिपद्यते।
मेषादौ च तुलादौ च मैत्रेय विषुवत्स्थितः॥ ७४
तदा तुल्यमहोरात्रं करोति तिमिरापहः।
दशपञ्चमुहूर्तं वै तदेतदुभयं स्मृतम्॥ ७५
प्रथमे कृत्तिकाभागे यदा भास्वांस्तदा शशी।
विशाखानां चतुर्थेंऽशे मुने तिष्ठत्यसंशयम्॥ ७६
विशाखानां यदा सूर्यश्चरत्यंशं तृतीयकम्।
तदा चन्द्रं विजानीयात्कृत्तिकाशिरसि स्थितम्॥ ७७
तदैव विषुवाख्योऽयं कालः पुण्योऽभिधीयते।
तदा दानानि देयानि देवेभ्यः प्रयतात्मभिः॥ ७८
ब्राह्मणेभ्यः पितृभ्यश्च मुखमेतत्तु दानजम्।
दत्तदानस्तु विषुवे कृतकृत्योऽभिजायते॥ ७९
अहोरात्रार्द्धमासास्तु कलाःकाष्ठाःक्षणास्तथा।
पौर्णमासी तथा ज्ञेया अमावास्या तथैव च।
सिनीवाली कुहूश्चैव राका चानुमतिस्तथा॥ ८०
तपस्तपस्यौ मधुमाधवौ च
शुक्रः शुचिश्चायनमुत्तरं स्यात्।
नभोनभस्यौ च इषस्तथोर्ज-
स्सहःसहस्याविति दक्षिणं तत्॥ ८१

[सौर, सावन, चान्द्र तथा नाक्षत्र—इन] चार प्रकारके मासोंके अनुसार विविधरूपसे कल्पित संवत्सरादि पाँच प्रकारके वर्ष 'युग' कहलाते हैं यह युग ही [मलमासादि] सब प्रकारके काल-निर्णयका कारण कहा जाता है॥ ७१॥ उनमें पहला संवत्सर, दूसरा परिवत्सर, तीसरा इद्वत्सर, चौथा अनुवत्सर और पाँचवाँ वत्सर है। यह काल 'युग' नामसे विख्यात है॥ ७२॥

श्वेतवर्षके उत्तरमें जो शृंगवान् नामसे विख्यात पर्वत है उसके तीन शृंग हैं, जिनके कारण यह शृंगवान् कहा जाता है॥ ७३॥ उनमेंसे एक शृंग उत्तरमें, एक दक्षिणमें तथा एक मध्यमें है। मध्यशृंग ही 'वैषुवत' है। शरद् और वसन्त-ऋतुके मध्यमें सूर्य इस वैषुवतशृंगपर आते हैं; अतः हे मैत्रेय! मेष अथवा तुलाराशिके आरम्भमें तिमिरापहारी सूर्यदेव विषुवत्पर स्थित होकर दिन और रात्रिको समान परिमाण कर देते हैं। उस समय ये दोनों पन्द्रह-पन्द्रह मुहूर्तके होते हैं॥ ७४-७५॥ हे मुने! जिस समय सूर्य कृत्तिकानक्षत्रके प्रथम भाग अर्थात् मेषराशिके अन्तमें तथा चन्द्रमा निश्चय ही विशाखाके चतुर्थांश [अर्थात् वृश्चिकके आरम्भ]-में हों; अथवा जिस समय सूर्य विशाखाके तृतीय भाग अर्थात् तुलाके अन्तिमांशका भोग करते हों और चन्द्रमा कृत्तिकाके प्रथम भाग अर्थात् मेषान्तमें स्थित जान पड़ें तभी यह 'विषुव' नामक अति पवित्र काल कहा जाता है; इस समय देवता, ब्राह्मण और पितृगणके उद्देश्यसे संयतचित्त होकर दानादि देने चाहिये। यह समय दानग्रहणके लिये मानो देवताओंके खुले हुए मुखके समान है। अतः 'विषुव' कालमें दान करनेवाला मनुष्य कृतकृत्य हो जाता है॥ ७६—७९॥ यागादिके काल-निर्णयके लिये दिन, रात्रि, पक्ष, कला, काष्ठा और क्षण आदिका विषय भली प्रकार जानना चाहिये। राका और अनुमति दो प्रकारकी पूर्णमासी[1] तथा सिनीवाली और कुहू दो प्रकारकी अमावास्या[2] होती हैं॥ ८०॥ माघ-फाल्गुन, चैत्र-वैशाख तथा ज्येष्ठ-आषाढ़—ये छः मास उत्तरायण होते हैं और श्रावण-भाद्र, आश्विन-कार्तिक तथा अगहन-पौष—ये छः दक्षिणायन कहलाते हैं॥ ८१॥

१-जिस पूर्णिमामें पूर्णचन्द्र विराजमान होता है वह 'राका' कहलाती है तथा जिसमें एक कलाहीन होती है वह 'अनुमति' कही जाती है।

२-दृष्टचन्द्रा अमावास्याका नाम 'सिनीवाली' है और नष्टचन्द्राका नाम 'कुहू' है।

लोकालोकश्च यश्शैलः प्रागुक्तो भवतो मया।
लोकपालास्तु चत्वारस्तत्र तिष्ठन्ति सुव्रताः॥ ८२
सुधामा शङ्खपाच्चैव कर्दमस्यात्मजो द्विज।
हिरण्यरोमा चैवान्यश्चतुर्थः केतुमानपि॥ ८३
निर्द्वन्द्वा निरभिमाना निस्तन्द्रा निष्परिग्रहाः।
लोकपालाः स्थिता ह्येते लोकालोके चतुर्दिशम्॥ ८४
उत्तरं यदगस्त्यस्य अजवीथ्याश्च दक्षिणम्।
पितृयानः स वै पन्था वैश्वानरपथाद्बहिः॥ ८५
तत्रासते महात्मान ऋषयो येऽग्निहोत्रिणः।
भूतारम्भकृतं ब्रह्म शंसन्तो ऋत्विगुद्यताः।
प्रारभन्ते तु ये लोकास्तेषां पन्थाः स दक्षिणः॥ ८६
चलितं ते पुनर्ब्रह्म स्थापयन्ति युगे युगे।
सन्तत्या तपसा चैव मर्यादाभिः श्रुतेन च॥ ८७
जायमानास्तु पूर्वे च पश्चिमानां गृहेषु वै।
पश्चिमाश्चैव पूर्वेषां जायन्ते निधनेष्विह॥ ८८
एवमावर्तमानास्ते तिष्ठन्ति नियतव्रताः।
सवितुर्दक्षिणं मार्गं श्रिता ह्याचन्द्रतारकम्॥ ८९
नागवीथ्युत्तरं यच्च सप्तर्षिभ्यश्च दक्षिणम्।
उत्तरः सवितुः पन्था देवयानश्च स स्मृतः॥ ९०
तत्र ते वशिनः सिद्धा विमला ब्रह्मचारिणः।
सन्ततिं ते जुगुप्सन्ति तस्मान्मृत्युर्जितश्च तैः॥ ९१
अष्टाशीतिसहस्राणि मुनीनामूर्ध्वरेतसाम्।
उदक्पन्थानमर्यम्णः स्थितान्याभूतसम्प्लवम्॥ ९२
तेऽसम्प्रयोगाल्लोभस्य मैथुनस्य च वर्जनात्।
इच्छाद्वेषाप्रवृत्त्या च भूतारम्भविवर्जनात्॥ ९३
पुनश्च कामासंयोगाच्छब्दादेर्दोषदर्शनात्।
इत्येभिः कारणैः शुद्धास्तेऽमृतत्वं हि भेजिरे॥ ९४
आभूतसम्प्लवं स्थानममृतत्वं विभाव्यते।
त्रैलोक्यस्थितिकालोऽयमपुनर्मार उच्यते॥ ९५
ब्रह्महत्याश्वमेधाभ्यां पापपुण्यकृतो विधिः।
आभूतसम्प्लवान्तन्तु फलमुक्तं तयोर्द्विज॥ ९६

मैंने पहले तुमसे जिस लोकालोकपर्वतका वर्णन किया है, उसीपर चार व्रतशील लोकपाल निवास करते हैं॥ ८२॥ हे द्विज! सुधामा, कर्दमके पुत्र शंखपाद और हिरण्यरोमा तथा केतुमान्—ये चारों निर्द्वन्द्व, निरभिमान, निरालस्य और निष्परिग्रह लोकपालगण लोकालोक-पर्वतकी चारों दिशाओंमें स्थित हैं॥ ८३-८४॥

जो अगस्त्यके उत्तर तथा अजवीथिके दक्षिणमें वैश्वानरमार्गसे भिन्न [मृगवीथि नामक] मार्ग है वही पितृयानपथ है॥ ८५॥ उस पितृयानमार्गमें महात्मा-मुनिजन रहते हैं। जो लोग अग्निहोत्री होकर प्राणियोंकी उत्पत्तिके आरम्भक ब्रह्म (वेद)-की स्तुति करते हुए यज्ञानुष्ठानके लिये उद्यत हो कर्मका आरम्भ करते हैं वह (पितृयान) उनका दक्षिणमार्ग है॥ ८६॥ वे युग-युगान्तरमें विच्छिन्न हुए वैदिक धर्मकी सन्तान, तपस्या, वर्णाश्रम-मर्यादा और विविध शास्त्रोंके द्वारा पुनः स्थापना करते हैं॥ ८७॥ पूर्वतन धर्मप्रवर्तक ही अपनी उत्तरकालीन सन्तानके यहाँ उत्पन्न होते हैं और फिर उत्तरकालीन धर्म-प्रचारकगण अपने यहाँ सन्तानरूपसे उत्पन्न हुए अपने पितृगणके कुलोंमें जन्म लेते हैं॥ ८८॥ इस प्रकार, वे व्रतशील महर्षिगण चन्द्रमा और तारागणकी स्थितिपर्यन्त सूर्यके दक्षिणमार्गमें पुनः-पुनः आते-जाते रहते हैं॥ ८९॥

नागवीथिके उत्तर और सप्तर्षियोंके दक्षिणमें जो सूर्यका उत्तरीय मार्ग है उसे देवयानमार्ग कहते हैं॥ ९०॥ उसमें जो प्रसिद्ध निर्मलस्वभाव और जितेन्द्रिय ब्रह्मचारिगण निवास करते हैं वे सन्तानकी इच्छा नहीं करते, अतः उन्होंने मृत्युको जीत लिया है॥ ९१॥ सूर्यके उत्तरमार्गमें अस्सी हजार ऊर्ध्वरेता मुनिगण प्रलयकालपर्यन्त निवास करते हैं॥ ९२॥ उन्होंने लोभके असंयोग, मैथुनके त्याग, इच्छा और द्वेषकी अप्रवृत्ति, कर्मानुष्ठानके त्याग, काम-वासनाके असंयोग और शब्दादि विषयोंके दोषदर्शन इत्यादि कारणोंसे शुद्धचित्त होकर अमरता प्राप्त कर ली है॥ ९३-९४॥ भूतोंके प्रलयपर्यन्त स्थिर रहनेको ही अमरता कहते हैं। त्रिलोकीकी स्थितितकके इस कालको ही अपुनर्मार (पुनर्मृत्युरहित) कहा जाता है॥ ९५॥ हे द्विज! ब्रह्महत्या और अश्वमेधयज्ञसे जो पाप और पुण्य होते हैं उनका फल प्रलयपर्यन्त कहा गया है॥ ९६॥

यावन्मात्रे प्रदेशे तु मैत्रेयावस्थितो ध्रुवः।
क्षयमायाति तावत्तु भूमेराभूतसम्प्लवात्॥ ९७
ऊर्ध्वोत्तरमृषिभ्यस्तु ध्रुवो यत्र व्यवस्थितः।
एतद्विष्णुपदं दिव्यं तृतीयं व्योम्नि भासुरम्॥ ९८
निर्धूतदोषपङ्कानां यतीनां संयतात्मनाम्।
स्थानं तत्परमं विप्र पुण्यपापपरिक्षये॥ ९९
अपुण्यपुण्योपरमे क्षीणाशेषाप्तिहेतवः।
यत्र गत्वा न शोचन्ति तद्विष्णोः परमं पदम्॥ १००
धर्मध्रुवाद्यास्तिष्ठन्ति यत्र ते लोकसाक्षिणः।
तत्साष्र्ट्योत्पन्नयोगेद्धास्तद्विष्णोः परमं पदम्॥ १०१
यत्रोतमेतत्प्रोतं च यद्भूतं सचराचरम्।
भाव्यं च विश्वं मैत्रेय तद्विष्णोः परमं पदम्॥ १०२
दिवीव चक्षुराततं योगिनां तन्मयात्मनाम्।
विवेकज्ञानदृष्टं च तद्विष्णोः परमं पदम्॥ १०३
यस्मिन्प्रतिष्ठितो भास्वान्मेढीभूतः स्वयं ध्रुवः।
ध्रुवे च सर्वज्योतींषि ज्योतिःष्वम्भोमुचो द्विज॥ १०४
मेघेषु सङ्गता वृष्टिर्वृष्टेः सृष्टेश्च पोषणम्।
आप्यायनं च सर्वेषां देवादीनां महामुने॥ १०५
ततश्चाज्याहुतिद्वारा पोषितास्ते हविर्भुजः।
वृष्टेः कारणतां यान्ति भूतानां स्थितये पुनः॥ १०६
एवमेतत्पदं विष्णोस्तृतीयममलात्मकम्।
आधारभूतं लोकानां त्रयाणां वृष्टिकारणम्॥ १०७
ततः प्रभवति ब्रह्मन्सर्वपापहरा सरित्।
गङ्गा देवाङ्गनाङ्गानामनुलेपनपिञ्जरा॥ १०८
वामपादाम्बुजाङ्गुष्ठनखस्त्रोतोविनिर्गताम्।
विष्णोर्बिभर्ति यां भक्त्या शिरसाहर्निशं ध्रुवः॥ १०९
ततः सप्तर्षयो यस्याः प्राणायामपरायणाः।
तिष्ठन्ति वीचिमालाभिरुह्यमानजटा जले॥ ११०
वार्योघैः सन्ततैर्यस्याः प्लावितं शशिमण्डलम्।
भूयोऽधिकतरां कान्तिं वहत्येतदुह क्षये॥ १११

हे मैत्रेय! जितने प्रदेशमें ध्रुव स्थित है, पृथिवीसे लेकर उस प्रदेशपर्यन्त सम्पूर्ण देश प्रलयकालमें नष्ट हो जाता है॥ ९७॥ सप्तर्षियोंसे उत्तर-दिशामें ऊपरकी ओर जहाँ ध्रुव स्थित है वह अति तेजोमय स्थान ही आकाशमें विष्णुभगवान्का तीसरा दिव्यधाम है॥ ९८॥ हे विप्र! पुण्य-पापके क्षीण हो जानेपर दोष-पंकशून्य संयतात्मा मुनिजनोंका यही परमस्थान है॥ ९९॥ पाप-पुण्यके निवृत्त हो जाने तथा देह-प्राप्तिके सम्पूर्ण कारणोंके नष्ट हो जानेपर प्राणिगण जिस स्थानपर जाकर फिर शोक नहीं करते वही भगवान् विष्णुका परमपद है॥ १००॥ जहाँ भगवान्की समान ऐश्वर्यतासे प्राप्त हुए योगद्वारा सतेज होकर धर्म और ध्रुव आदि लोक-साक्षिगण निवास करते हैं वही भगवान् विष्णुका परमपद है॥ १०१॥ हे मैत्रेय! जिसमें यह भूत, भविष्यत् और वर्तमान चराचर जगत् ओत-प्रोत हो रहा है वही भगवान् विष्णुका परमपद है॥ १०२॥ जो तल्लीन योगिजनोंको आकाश-मण्डलमें देदीप्यमान सूर्यके समान सबके प्रकाशकरूपसे प्रतीत होता है तथा जिसका विवेक-ज्ञानसे ही प्रत्यक्ष होता है वही भगवान् विष्णुका परमपद है॥ १०३॥ हे द्विज! उस विष्णुपदमें ही सबके आधारभूत परम तेजस्वी ध्रुव स्थित हैं, तथा ध्रुवजीमें समस्त नक्षत्र, नक्षत्रोंमें मेघ और मेघोंमें वृष्टि आश्रित है। हे महामुने! उस वृष्टिसे ही समस्त सृष्टिका पोषण और सम्पूर्ण देव-मनुष्यादि प्राणियोंकी पुष्टि होती है॥ १०४-१०५॥ तदनन्तर गौ आदि प्राणियोंसे उत्पन्न दुग्ध और घृत आदिकी आहुतियोंसे परितुष्ट अग्निदेव ही प्राणियोंकी स्थितिके लिये पुनःवृष्टिके कारण होते हैं॥ १०६॥ इस प्रकार विष्णुभगवान्का यह निर्मल तृतीय लोक (ध्रुव) ही त्रिलोकीका आधारभूत और वृष्टिका आदिकारण है॥ १०७॥

हे ब्रह्मन्! इस विष्णुपदसे ही देवांगनाओंके अंगरागसे पाण्डुरवर्ण हुई-सी सर्वपापापहारिणी श्रीगंगाजी उत्पन्न हुई हैं॥ १०८॥ विष्णुभगवान्के वाम चरण-कमलके अँगूठेके नखरूप स्त्रोतसे निकली हुई उन गंगाजीको ध्रुव दिन-रात अपने मस्तकपर धारण करता है॥ १०९॥ तदनन्तर जिनके जलमें खड़े होकर प्राणायाम-परायण सप्तर्षिगण उनकी तरंगभंगीसे जटाकलापके कम्पायमान होते हुए, अघमर्षण-मन्त्रका जप करते हैं तथा जिनके विस्तृत जलसमूहसे आप्लावित

मेरुपृष्ठे पतत्युच्चैर्निष्क्रान्ता शशिमण्डलात्।
जगतः पावनार्थाय प्रयाति च चतुर्दिशम्॥ ११२
सीता चालकनन्दा च चक्षुर्भद्रा च संस्थिता।
एकैव या चतुर्भेदा दिग्भेदगतिलक्षणा॥ ११३
भेदं चालकनन्दाख्यं यस्याः शर्वोऽपि दक्षिणम्।
दधार शिरसा प्रीत्या वर्षाणामधिकं शतम्॥ ११४
शम्भोर्जटाकलापाच्च विनिष्क्रान्तास्थिशर्कराः।
प्लावयित्वा दिवं निन्ये या पापान्सगरात्मजान्॥ ११५
स्नातस्य सलिले यस्याः सद्यः पापं प्रणश्यति।
अपूर्वपुण्यप्राप्तिश्च सद्यो मैत्रेय जायते॥ ११६
दत्ताः पितृभ्यो यत्रापस्तनयैः श्रद्धयान्वितैः।
समाशतं प्रयच्छन्ति तृप्तिं मैत्रेय दुर्लभाम्॥ ११७
यस्यामिष्ट्वा महायज्ञैर्यज्ञेशं पुरुषोत्तमम्।
द्विज भूपाः परां सिद्धिमवापुर्दिवि चेह च॥ ११८
स्नानाद्विधूतपापाश्च यज्जलैर्यतयस्तथा।
केशवासक्तमनसः प्राप्ता निर्वाणमुत्तमम्॥ ११९
श्रुताऽभिलषिता दृष्टा स्पृष्टा पीताऽवगाहिता।
या पावयति भूतानि कीर्तिता च दिने दिने॥ १२०
गङ्गा गङ्गेति यैर्नाम योजनानां शतेष्वपि।
स्थितैरुच्चारितं हन्ति पापं जन्मत्रयार्जितम्॥ १२१
यतः सा पावनायालं त्रयाणां जगतामपि।
समुद्भूता परं तत्तु तृतीयं भगवत्पदम्॥ १२२

होकर चन्द्रमण्डल क्षयके अनन्तर पुनः पहलेसे भी अधिक कान्ति धारण करता है, वे श्रीगंगाजी चन्द्रमण्डलसे निकलकर मेरुपर्वतके ऊपर गिरती हैं और संसारको पवित्र करनेके लिये चारों दिशाओंमें जाती हैं॥ ११०—११२॥ चारों दिशाओंमें जानेसे वे एक ही सीता, अलकनन्दा, चक्षु और भद्र—इन चार भेदोंवाली हो जाती हैं॥ ११३॥ जिसके अलकनन्दा नामक दक्षिणीय भेदको भगवान् शंकरने अत्यन्त प्रीतिपूर्वक सौ वर्षसे भी अधिक अपने मस्तकपर धारण किया था, जिसने श्रीशंकरके जटाकलापसे निकलकर पापी सगरपुत्रोंके अस्थिचूर्णको आप्लावित कर उन्हें स्वर्गमें पहुँचा दिया। हे मैत्रेय! जिसके जलमें स्नान करनेसे शीघ्र ही समस्त पाप नष्ट हो जाते हैं और अपूर्व पुण्यकी प्राप्ति होती है॥ ११४—११६॥ जिसके प्रवाहमें पुत्रोंद्वारा पितरोंके लिये श्रद्धापूर्वक किया हुआ एक दिनका भी तर्पण उन्हें सौ वर्षतक दुर्लभ तृप्ति देता है॥ ११७॥ हे द्विज! जिसके तटपर राजाओंने महायज्ञोंसे यज्ञेश्वर भगवान् पुरुषोत्तमका यजन करके इहलोक और स्वर्गलोकमें परमसिद्धि लाभ की है॥ ११८॥ जिसके जलमें स्नान करनेसे निष्पाप हुए यतिजनोंने भगवान् केशवमें चित्त लगाकर अत्युत्तम निर्वाणपद प्राप्त किया है॥ ११९॥ जो अपना श्रवण, इच्छा, दर्शन, स्पर्श, जलपान, स्नान तथा यशोगान करनेसे ही नित्यप्रति प्राणियोंको पवित्र करती रहती है॥ १२०॥ तथा जिसका 'गंगा, गंगा' ऐसा नाम सौ योजनकी दूरीसे भी उच्चारण किये जानेपर [जीवके] तीन जन्मोंके संचित पापोंको नष्ट कर देता है॥ १२१॥ त्रिलोकीको पवित्र करनेमें समर्थ वह गंगा जिससे उत्पन्न हुई है, वही भगवान्का तीसरा परमपद है॥ १२२॥

इति श्रीविष्णुपुराणे द्वितीयेंऽशे अष्टमोऽध्यायः॥ ८॥

नवाँ अध्याय

ज्योतिश्चक्र और शिशुमारचक्र

श्रीपराशर उवाच

तारामयं भगवतः शिशुमाराकृति प्रभोः।
दिवि रूपं हरेर्यत्तु तस्य पुच्छे स्थितो ध्रुवः॥ १
सैष भ्रमन् भ्रामयति चन्द्रादित्यादिकान् ग्रहान्।
भ्रमन्तमनु तं यान्ति नक्षत्राणि च चक्रवत्॥ २

श्रीपराशरजी बोले—आकाशमें भगवान् विष्णुका जो शिशुमार (गिरगिट अथवा गोधा)-के समान आकार-वाला तारामय स्वरूप देखा जाता है, उसके पुच्छ-भागमें ध्रुव अवस्थित है॥ १॥ यह ध्रुव स्वयं घूमता हुआ चन्द्रमा और सूर्य आदि ग्रहोंको घुमाता है। उस भ्रमणशील ध्रुवके साथ नक्षत्रगण भी चक्रके समान घूमते रहते हैं॥ २॥

सूर्याचन्द्रमसौ तारा नक्षत्राणि ग्रहैः सह।
वातानीकमयैर्बन्धैर्ध्रुवे बद्धानि तानि वै॥ ३
शिशुमाराकृति प्रोक्तं यद्रूपं ज्योतिषां दिवि।
नारायणोऽयनं धाम्नां तस्याधारः स्वयं हृदि॥ ४
उत्तानपादपुत्रस्तु तमाराध्य जगत्पतिम्।
स ताराशिशुमारस्य ध्रुवः पुच्छे व्यवस्थितः॥ ५
आधारः शिशुमारस्य सर्वाध्यक्षो जनार्दनः।
ध्रुवस्य शिशुमारस्तु ध्रुवे भानुर्व्यवस्थितः॥ ६
तदाधारं जगच्चेदं सदेवासुरमानुषम्॥ ७
येन विप्र विधानेन तन्ममैकमनाः शृणु।
विवस्वानष्टभिर्मासैरादायापो रसात्मिकाः।
वर्षत्यम्बु ततश्चान्नमन्नादप्यखिलं जगत्॥ ८
विवस्वानंशुभिस्तीक्ष्णैरादाय जगतो जलम्।
सोमं पुष्णात्यथेन्दुश्च वायुनाडीमयैर्दिवि।
नालैर्विक्षिपतेऽभ्रेषु धूमाग्न्यनिलमूर्तिषु॥ ९
न भ्रश्यन्ति यतस्तेभ्यो जलान्यभ्राणि तान्यतः।
अभ्रस्थाः प्रपतन्त्यापो वायुना समुदीरिताः।
संस्कारं कालजनितं मैत्रेयासाद्य निर्मलाः॥ १०
सरित्समुद्रभौमास्तु तथापः प्राणिसम्भवाः।
चतुष्प्रकारा भगवानादत्ते सविता मुने॥ ११
आकाशगङ्गासलिलं तथादाय गभस्तिमान्।
अनभ्रगतमेवोर्व्यां सद्यः क्षिपति रश्मिभिः॥ १२
तस्य संस्पर्शनिर्धूतपापपङ्को द्विजोत्तम।
न याति नरकं मर्त्यो दिव्यं स्नानं हि तत्स्मृतम्॥ १३
दृष्टसूर्यं हि यद्वारि पतत्यभ्रैर्विना दिवः।
आकाशगङ्गासलिलं तद्गोभिः क्षिप्यते रवेः॥ १४
कृत्तिकादिषु ऋक्षेषु विषमेषु च यद्दिवः।
दृष्टार्कपतितं ज्ञेयं तद्गाङ्गं दिग्गजोज्झितम्॥ १५
युग्मर्क्षेषु च यत्तोयं पतत्यर्कोज्झितं दिवः।
तत्सूर्यरश्मिभिः सर्वं समादाय निरस्यते॥ १६
उभयं पुण्यमत्यर्थं नृणां पापभयापहम्।
आकाशगङ्गासलिलं दिव्यं स्नानं महामुने॥ १७

सूर्य, चन्द्रमा, तारे, नक्षत्र और अन्यान्य समस्त ग्रहगण वायु-मण्डलमयी डोरीसे ध्रुवके साथ बँधे हुए हैं॥ ३॥ मैंने तुमसे आकाशमें ग्रहगणके जिस शिशुमार-स्वरूपका वर्णन किया है, अनन्त तेजके आश्रय स्वयं भगवान् नारायण ही उसके हृदयस्थित आधार हैं॥ ४॥ उत्तानपादके पुत्र ध्रुवने उन जगत्पतिकी आराधना करके तारामय शिशुमारके पुच्छस्थानमें स्थिति प्राप्त की है॥ ५॥ शिशुमारके आधार सर्वेश्वर श्रीनारायण हैं, शिशुमार ध्रुवका आश्रय है और ध्रुवमें सूर्यदेव स्थित हैं तथा हे विप्र! जिस प्रकार देव, असुर और मनुष्यादिके सहित यह सम्पूर्ण जगत् सूर्यके आश्रित है, वह तुम एकाग्र होकर सुनो। सूर्य आठ मासतक अपनी किरणोंसे छः रसोंसे युक्त जलको ग्रहण करके उसे चार महीनोंमें बरसा देता है उससे अन्नकी उत्पत्ति होती है और अन्नहीसे सम्पूर्ण जगत् पोषित होता है॥ ६—८॥ सूर्य अपनी तीक्ष्ण रश्मियोंसे संसारका जल खींचकर उससे चन्द्रमाका पोषण करता है और चन्द्रमा आकाशमें वायुमयी नाड़ियोंके मार्गसे उसे धूम, अग्नि और वायुमय मेघोंमें पहुँचा देता है॥ ९॥ यह चन्द्रमाद्वारा प्राप्त जल मेघोंसे तुरन्त ही भ्रष्ट नहीं होता इसलिये 'अभ्र' कहलाता है। हे मैत्रेय! कालजनित संस्कारके प्राप्त होनेपर यह अभ्रस्थ जल निर्मल होकर वायुकी प्रेरणासे पृथिवीपर बरसने लगता है॥ १०॥

हे मुने! भगवान् सूर्यदेव नदी, समुद्र, पृथिवी तथा प्राणियोंसे उत्पन्न—इन चार प्रकारके जलोंका आकर्षण करते हैं॥ ११॥ तथा आकाशगंगाके जलको ग्रहण करके वे उसे बिना मेघादिके अपनी किरणोंसे ही तुरन्त पृथिवीपर बरसा देते हैं॥ १२॥ हे द्विजोत्तम! उसके स्पर्शमात्रसे पाप-पंकके धुल जानेसे मनुष्य नरकमें नहीं जाता। अतः वह दिव्य-स्नान कहलाता है॥ १३॥ सूर्यके दिखलायी देते हुए, बिना मेघोंके ही जो जल बरसता है वह सूर्यकी किरणोंद्वारा बरसाया हुआ आकाशगंगाका ही जल होता है॥ १४॥ कृत्तिका आदि विषम (अयुग्म) नक्षत्रोंमें जो जल सूर्यके प्रकाशित रहते हुए बरसता है उसे दिग्गजोंद्वारा बरसाया हुआ आकाशगंगाका जल समझना चाहिये॥ १५॥ [रोहिणी और आर्द्रा आदि] सम संख्यावाले नक्षत्रोंमें जिस जलको सूर्य बरसाता है वह सूर्यरश्मियोंद्वारा [आकाशगंगासे] ग्रहण करके ही बरसाया जाता है॥ १६॥ हे महामुने! आकाशगंगाके ये [सम तथा विषम नक्षत्रोंमें बरसनेवाले] दोनों प्रकारके जलमय दिव्य स्नान अत्यन्त पवित्र और मनुष्योंके पाप-भयको दूर करनेवाले हैं॥ १७॥

यत्तु मेघैः समुत्सृष्टं वारि तत्प्राणिनां द्विज।
पुष्णात्योषधयः सर्वा जीवनायामृतं हि तत्॥ १८

तेन वृद्धिं परां नीतः सकलश्चौषधीगणः।
साधकः फलपाकान्तः प्रजानां द्विज जायते॥ १९

तेन यज्ञान्यथाप्रोक्तान्मानवाः शास्त्रचक्षुषः।
कुर्वन्त्यहरहस्तैश्च देवानाप्याययन्ति ते॥ २०

एवं यज्ञाश्च वेदाश्च वर्णाश्च वृष्टिपूर्वकाः।
सर्वे देवनिकायाश्च सर्वे भूतगणाश्च ये॥ २१

वृष्ट्या धृतमिदं सर्वमन्नं निष्पाद्यते यया।
सापि निष्पाद्यते वृष्टिः सवित्रा मुनिसत्तम॥ २२

आधारभूतः सवितुर्ध्रुवो मुनिवरोत्तम।
ध्रुवस्य शिशुमारोऽसौ सोऽपि नारायणात्मकः॥ २३

हृदि नारायणस्तस्य शिशुमारस्य संस्थितः।
बिभर्ता सर्वभूतानामादिभूतः सनातनः॥ २४

हे द्विज! जो जल मेघोंद्वारा बरसाया जाता है वह प्राणियोंके जीवनके लिये अमृतरूप होता है और ओषधियोंका पोषण करता है॥ १८॥ हे विप्र! उस वृष्टिके जलसे परम वृद्धिको प्राप्त होकर समस्त ओषधियाँ और फल पकनेपर सूख जानेवाले [गोधूम, यव आदि अन्न] प्रजावर्गके [शरीरकी उत्पत्ति एवं पोषण आदिके] साधक होते हैं॥ १९॥ उनके द्वारा शास्त्रविद् मनीषिगण नित्यप्रति यथाविधि यज्ञानुष्ठान करके देवताओंको सन्तुष्ट करते हैं॥ २०॥ इस प्रकार सम्पूर्ण यज्ञ, वेद, ब्राह्मणादि वर्ण, समस्त देवसमूह और प्राणिगण वृष्टिके ही आश्रित हैं॥ २१॥ हे मुनिश्रेष्ठ! अन्नको उत्पन्न करनेवाली वृष्टि ही इन सबको धारण करती है तथा उस वृष्टिकी उत्पत्ति सूर्यसे होती है॥ २२॥

हे मुनिवरोत्तम! सूर्यका आधार ध्रुव है, ध्रुवका शिशुमार है तथा शिशुमारके आश्रय श्रीनारायण हैं॥ २३॥ उस शिशुमारके हृदयमें श्रीनारायण स्थित हैं जो समस्त प्राणियोंके पालनकर्ता तथा आदिभूत सनातन पुरुष हैं॥ २४॥

इति श्रीविष्णुपुराणे द्वितीयेंऽशे नवमोऽध्यायः॥ ९॥

दसवाँ अध्याय

द्वादश सूर्योंके नाम एवं अधिकारियोंका वर्णन

श्रीपराशर उवाच

साशीतिमण्डलशतं काष्ठयोरन्तरं द्वयोः।
आरोहणावरोहाभ्यां भानोरब्देन या गतिः॥ १

स रथोऽधिष्ठितो देवैरादित्यैर्ऋषिभिस्तथा।
गन्धर्वैरप्सरोभिश्च ग्रामणीसर्पराक्षसैः॥ २

धाता क्रतुस्थला चैव पुलस्त्यो वासुकिस्तथा।
रथभृद्ग्रामणीर्हेतिस्तुम्बुरुश्चैव सप्तमः॥ ३

एते वसन्ति वै चैत्रे मधुमासे सदैव हि।
मैत्रेय स्यन्दने भानोः सप्त मासाधिकारिणः॥ ४

अर्यमा पुलहश्चैव रथौजाः पुञ्जिकस्थला।
प्रहेतिः कच्छवीरश्च नारदश्च रथे रवेः॥ ५
माधवे निवसन्त्येते शुचिसंज्ञे निबोध मे॥ ६

श्रीपराशरजी बोले—आरोह और अवरोहके द्वारा सूर्यकी एक वर्षमें जितनी गति है उस सम्पूर्ण मार्गकी दोनों काष्ठाओंका अन्तर एक सौ अस्सी मण्डल है॥ १॥ सूर्यका रथ [प्रति मास] भिन्न-भिन्न आदित्य, ऋषि, गन्धर्व, अप्सरा, यक्ष, सर्प और राक्षसगणोंसे अधिष्ठित होता है॥ २॥ हे मैत्रेय! मधुमास चैत्रमें सूर्यके रथमें सर्वदा धाता नामक आदित्य, क्रतुस्थला अप्सरा, पुलस्त्य ऋषि, वासुकि सर्प, रथभृत् यक्ष, हेति राक्षस और तुम्बुरु गन्धर्व—ये सात मासाधिकारी रहते हैं॥ ३-४॥ तथा अर्यमा नामक आदित्य, पुलह ऋषि, रथौजा यक्ष, पुंजिकस्थला अप्सरा, प्रहेति राक्षस, कच्छवीर सर्प और नारद नामक गन्धर्व—ये वैशाख-मासमें सूर्यके रथपर निवास करते हैं। हे मैत्रेय! अब ज्येष्ठ-मासमें [निवास करनेवालोंके नाम] सुनो॥ ५-६॥

मित्रोऽत्रिस्तक्षको रक्षः पौरुषेयोऽथ मेनका।
हाहा रथस्वनश्चैव मैत्रेयैते वसन्ति वै॥ ७
वरुणो वसिष्ठो नागश्च सहजन्या हूहू रथः।
रथचित्रस्तथा शुक्रे वसन्त्याषाढसंज्ञके॥ ८
इन्द्रो विश्वावसुः स्रोत एलापुत्रस्तथाङ्गिराः।
प्रम्लोचा च नभस्येते सर्पिश्चार्के वसन्ति वै॥ ९
विवस्वानुग्रसेनश्च भृगुरापूरणस्तथा।
अनुम्लोचा शङ्खपालो व्याघ्रो भाद्रपदे तथा॥ १०
पूषा वसुरुचिर्वातो गौतमोऽथ धनञ्जयः।
सुषेणोऽन्यो घृताची च वसन्त्याश्वयुजे रवौ॥ ११
विश्वावसुर्भरद्वाजः पर्जन्यैरावतौ तथा।
विश्वाची सेनजिच्चापः कार्तिके च वसन्ति वै॥ १२
अंशकाश्यपताक्ष्र्यास्तु महापद्मस्तथोर्वशी।
चित्रसेनस्तथा विद्युन्मार्गशीर्षेऽधिकारिणः॥ १३
क्रतुर्भगस्तथोर्णायुः स्फूर्जः कर्कोटकस्तथा।
अरिष्टनेमिश्चैवान्या पूर्वचित्तिर्वराप्सराः॥ १४
पौषमासे वसन्त्येते सप्त भास्करमण्डले।
लोकप्रकाशनार्थाय विप्रवर्याधिकारिणः॥ १५
त्वष्टाथ जमदग्निश्च कम्बलोऽथ तिलोत्तमा।
ब्रह्मोपेतोऽथ ऋतजिद् धृतराष्ट्रोऽथ सप्तमः॥ १६
माघमासे वसन्त्येते सप्त मैत्रेय भास्करे।
श्रूयतां चापरे सूर्ये फाल्गुने निवसन्ति ये॥ १७
विष्णुरश्वतरो रम्भा सूर्यवर्चाश्च सत्यजित्।
विश्वामित्रस्तथा रक्षो यज्ञोपेतो महामुने॥ १८
मासेष्वेतेषु मैत्रेय वसन्त्येते तु सप्तकाः।
सवितुर्मण्डले ब्रह्मन्विष्णुशक्त्युपबृंहिताः॥ १९
स्तुवन्ति मुनयः सूर्यं गन्धर्वैर्गीयते पुरः।
नृत्यन्त्यप्सरसो यान्ति सूर्यस्यानु निशाचराः॥ २०
वहन्ति पन्नगा यक्षैः क्रियतेऽभीषुसङ्ग्रहः॥ २१

उस समय मित्र नामक आदित्य, अत्रि ऋषि, तक्षक सर्प, पौरुषेय राक्षस, मेनका अप्सरा, हाहा गन्धर्व और रथस्वन नामक यक्ष—ये उस रथमें वास करते हैं॥ ७॥ तथा आषाढ़-मासमें वरुण नामक आदित्य, वसिष्ठ ऋषि, नाग सर्प, सहजन्या अप्सरा, हूहू गन्धर्व, रथ राक्षस और रथचित्र नामक यक्ष उसमें रहते हैं॥ ८॥

श्रावण-मासमें इन्द्र नामक आदित्य, विश्वावसु गन्धर्व, स्रोत यक्ष, एलापुत्र सर्प, अंगिरा ऋषि, प्रम्लोचा अप्सरा और सर्पि नामक राक्षस सूर्यके रथमें बसते हैं॥ ९॥ तथा भाद्रपदमें विवस्वान् नामक आदित्य, उग्रसेन गन्धर्व, भृगु ऋषि, आपूरण यक्ष, अनुम्लोचा अप्सरा, शंखपाल सर्प और व्याघ्र नामक राक्षसका उसमें निवास होता है॥ १०॥

आश्विन-मासमें पूषा नामक आदित्य, वसुरुचि गन्धर्व, वात राक्षस, गौतम ऋषि, धनंजय सर्प, सुषेण गन्धर्व और घृताची नामकी अप्सराका उसमें वास होता है॥ ११॥ कार्तिक-मासमें उसमें विश्वावसु नामक गन्धर्व, भरद्वाज ऋषि, पर्जन्य आदित्य, ऐरावत सर्प, विश्वाची अप्सरा, सेनजित् यक्ष तथा आप नामक राक्षस रहते हैं॥ १२॥

मार्गशीर्षके अधिकारी अंश नामक आदित्य, काश्यप ऋषि, तार्क्ष्य यक्ष, महापद्म सर्प, उर्वशी अप्सरा, चित्रसेन गन्धर्व और विद्युत् नामक राक्षस हैं॥ १३॥ हे विप्रवर! पौष-मासमें क्रतु ऋषि, भग आदित्य, ऊर्णायु गन्धर्व, स्फूर्ज राक्षस, कर्कोटक सर्प, अरिष्टनेमि यक्ष तथा पूर्वचित्ति अप्सरा जगत्को प्रकाशित करनेके लिये सूर्यमण्डलमें रहते हैं॥ १४-१५॥

हे मैत्रेय! त्वष्टा नामक आदित्य, जमदग्नि ऋषि, कम्बल सर्प, तिलोत्तमा अप्सरा, ब्रह्मोपेत राक्षस, ऋतजित् यक्ष और धृतराष्ट्र गन्धर्व—ये सात माघ-मासमें भास्करमण्डलमें रहते हैं। अब, जो फाल्गुन-मासमें सूर्यके रथमें रहते हैं उनके नाम सुनो॥ १६-१७॥ हे महामुने! वे विष्णु नामक आदित्य, अश्वतर सर्प, रम्भा अप्सरा, सूर्यवर्चा गन्धर्व, सत्यजित् यक्ष, विश्वामित्र ऋषि और यज्ञोपेत नामक राक्षस हैं॥ १८॥

हे ब्रह्मन्! इस प्रकार विष्णुभगवान्‌की शक्तिसे तेजोमय हुए ये सात-सात गण एक-एक मासतक सूर्यमण्डलमें रहते हैं॥ १९॥ मुनिगण सूर्यकी स्तुति करते हैं, गन्धर्व सम्मुख रहकर उनका यशोगान करते हैं, अप्सराएँ नृत्य करती हैं, राक्षस रथके पीछे चलते हैं, सर्प वहन करनेके अनुकूल रथको सुसज्जित करते हैं और यक्षगण रथकी बागडोर सँभालते हैं

बालखिल्यास्तथैवैनं परिवार्य समासते॥ २२
सोऽयं सप्तगणः सूर्यमण्डले मुनिसत्तम।
हिमोष्णवारिवृष्टीनां हेतुः स्वसमयं गतः॥ २३

तथा नित्यसेवक बालखिल्यादि इसे सब ओरसे घेरे रहते हैं॥ २०—२२॥ हे मुनिसत्तम! सूर्यमण्डलके ये सात-सात गण ही अपने-अपने समयपर उपस्थित होकर शीत, ग्रीष्म और वर्षा आदिके कारण होते हैं॥ २३॥

इति श्रीविष्णुपुराणे द्वितीयेंऽशे दशमोऽध्यायः॥ १०॥

ग्यारहवाँ अध्याय

सूर्यशक्ति एवं वैष्णवी शक्तिका वर्णन

श्रीमैत्रेय उवाच

यदेतद्भगवानाह गणः सप्तविधो रवेः।
मण्डले हिमतापादेः कारणं तन्मया श्रुतम्॥ १
व्यापारश्चापि कथितो गन्धर्वोरगरक्षसाम्।
ऋषीणां बालखिल्यानां तथैवाप्सरसां गुरो॥ २
यक्षाणां च रथे भानोर्विष्णुशक्तिधृतात्मनाम्।
किं चादित्यस्य यत्कर्म तन्नात्रोक्तं त्वया मुने॥ ३
यदि सप्तगणो वारि हिममुष्णं च वर्षति।
तत्किमत्र रवेर्येन वृष्टिः सूर्यादितीर्यते॥ ४
विवस्वानुदितो मध्ये यात्यस्तमिति किं जनः।
ब्रवीत्येतत्समं कर्म यदि सप्तगणस्य तत्॥ ५

श्रीपराशर उवाच

मैत्रेय श्रूयतामेतद्यद्भवान्परिपृच्छति।
यथा सप्तगणेऽप्येकः प्राधान्येनाधिको रविः॥ ६
सर्वशक्तिः परा विष्णोर्ऋग्यजुःसामसंज्ञिता।
सैषा त्रयी तपत्यंहो जगतश्च हिनस्ति या॥ ७
सैष विष्णुः स्थितः स्थित्यां जगतः पालनोद्यतः।
ऋग्यजुःसामभूतोऽन्तः सवितुर्द्विज तिष्ठति॥ ८
मासि मासि रविर्यो यस्तत्र तत्र हि सा परा।
त्रयीमयी विष्णुशक्तिरवस्थानं करोति वै॥ ९
ऋचः स्तुवन्ति पूर्वाह्णे मध्याह्नेऽथ यजूंषि वै।
बृहद्रथन्तरादीनि सामान्यह्नः क्षये रविम्॥ १०

श्रीमैत्रेयजी बोले—भगवन्! आपने जो कहा कि सूर्यमण्डलमें स्थित सातों गण शीत-ग्रीष्म आदिके कारण होते हैं, सो मैंने सुना॥ १॥ हे गुरो! आपने सूर्यके रथमें स्थित और विष्णु-शक्तिसे प्रभावित गन्धर्व, सर्प, राक्षस, ऋषि, बालखिल्यादि, अप्सरा तथा यक्षोंके तो पृथक्-पृथक् व्यापार बतलाये, किंतु हे मुने! यह नहीं बतलाया कि सूर्यका कार्य क्या है?॥ २-३॥ यदि सातों गण ही शीत, ग्रीष्म और वर्षाके करनेवाले हैं तो फिर सूर्यका क्या प्रयोजन है? और यह कैसे कहा जाता है कि वृष्टि सूर्यसे होती है?॥ ४॥ यदि सातों गणोंका यह वृष्टि आदि कार्य समान ही है तो 'सूर्य उदय हुआ, अब मध्यमें है, अब अस्त होता है' ऐसा लोग क्यों कहते हैं?॥ ५॥

श्रीपराशरजी बोले—हे मैत्रेय! जो कुछ तुमने पूछा है उसका उत्तर सुनो, सूर्य सात गणोंमेंसे ही एक हैं तथापि उनमें प्रधान होनेसे उनकी विशेषता है॥ ६॥ भगवान् विष्णुकी जो सर्वशक्तिमयी ऋक्, यजुः, साम नामकी परा शक्ति है वह वेदत्रयी ही सूर्यको ताप प्रदान करती है और [उपासना किये जानेपर] संसारके समस्त पापोंको नष्ट कर देती है॥ ७॥ हे द्विज! जगत्की स्थिति और पालनके लिये वे ऋक्, यजुः और सामरूप विष्णु सूर्यके भीतर निवास करते हैं॥ ८॥ प्रत्येक मासमें जो-जो सूर्य होता है उसी-उसीमें वह वेदत्रयीरूपिणी विष्णुकी परा शक्ति निवास करती है॥ ९॥ पूर्वाह्नमें ऋक्, मध्याह्नमें बृहद्रथन्तरादि यजुः तथा सायंकालमें सामश्रुतियाँ सूर्यकी स्तुति करती हैं *॥ १०॥

* इस विषयमें यह श्रुति भी है—
'ऋचः पूर्वाह्णे दिवि देव ईयते यजुर्वेदे तिष्ठति मध्ये अह्नः सामवेदेनास्तमये महीयते।'

अङ्गमेषा त्रयी विष्णोर्ऋग्यजुःसामसंज्ञिता।
विष्णुशक्तिरवस्थानं सदादित्ये करोति सा॥ ११

न केवलं रवेः शक्तिर्वैष्णवी सा त्रयीमयी।
ब्रह्माथ पुरुषो रुद्रस्त्रयमेतत्त्रयीमयम्॥ १२

सर्गादौ ऋङ्मयो ब्रह्मा स्थितौ विष्णुर्यजुर्मयः।
रुद्रः साममयोऽन्ताय तस्मात्तस्याशुचिर्ध्वनिः॥ १३

एवं सा सात्त्विकी शक्तिर्वैष्णवी या त्रयीमयी।
आत्मसप्तगणस्थं तं भास्वन्तमधितिष्ठति॥ १४

तया चाधिष्ठितः सोऽपि जाज्वलीति स्वरश्मिभिः।
तमः समस्तजगतां नाशं नयति चाखिलम्॥ १५

स्तुवन्ति चैनं मुनयो गन्धर्वैर्गीयते पुरः।
नृत्यन्त्योऽप्सरसो यान्ति तस्य चानु निशाचराः॥ १६

वहन्ति पन्नगा यक्षैः क्रियतेऽभीषुसङ्ग्रहः।
बालखिल्यास्तथैवैनं परिवार्य समासते॥ १७

नोदेता नास्तमेता च कदाचिच्छक्तिरूपधृक्।
विष्णुर्विष्णोः पृथक् तस्य गणस्सप्तविधोऽप्ययम्॥ १८

स्तम्भस्थदर्पणस्येव योऽयमासन्नतां गतः।
छायादर्शनसंयोगं स तं प्राप्नोत्यथात्मनः॥ १९

एवं सा वैष्णवी शक्तिर्नैवापैति ततो द्विज।
मासानुमासं भास्वन्तमध्यास्ते तत्र संस्थितम्॥ २०

पितृदेवमनुष्यादीन्स सदाप्याययन्प्रभुः।
परिवर्तत्यहोरात्रकारणं सविता द्विज॥ २१

सूर्यरश्मिः सुषुम्णा यस्तर्पितस्तेन चन्द्रमाः।
कृष्णपक्षेऽमरैः शश्वत्पीयते वै सुधामयः॥ २२

पीतं तं द्विकलं सोमं कृष्णपक्षक्षये द्विज।
पिबन्ति पितरस्तेषां भास्करात्तर्पणं तथा॥ २३

आदत्ते रश्मिभिर्यन्तु क्षितिसंस्थं रसं रविः।
तमुत्सृजति भूतानां पुष्ट्यर्थं सस्यवृद्धये॥ २४

यह ऋक्-यजुः-सामस्वरूपिणी वेदत्रयी भगवान् विष्णुका ही अंग है। यह विष्णु-शक्ति सर्वदा आदित्यमें रहती है॥ ११॥

यह त्रयीमयी वैष्णवी शक्ति केवल सूर्यहीकी अधिष्ठात्री हो, सो नहीं; बल्कि ब्रह्मा, विष्णु और महादेव भी त्रयीमय ही हैं॥ १२॥ सर्गके आदिमें ब्रह्मा ऋङ्मय हैं, उसकी स्थितिके समय विष्णु यजुर्मय हैं तथा अन्तकालमें रुद्र साममय हैं। इसीलिये सामगानकी ध्वनि अपवित्र* मानी गयी है॥ १३॥ इस प्रकार वह त्रयीमयी सात्त्विकी वैष्णवी शक्ति अपने सप्तगणोंमें स्थित आदित्यमें ही [अतिशयरूपसे] अवस्थित होती है॥ १४॥ उससे अधिष्ठित सूर्यदेव भी अपनी प्रखर रश्मियोंसे अत्यन्त प्रज्वलित होकर संसारके सम्पूर्ण अन्धकारको नष्ट कर देते हैं॥ १५॥

उन सूर्यदेवकी मुनिगण स्तुति करते हैं, गन्धर्वगण उनके सम्मुख यशोगान करते हैं। अप्सराएँ नृत्य करती हुई चलती हैं, राक्षस रथके पीछे रहते हैं, सर्पगण रथका साज सजाते हैं और यक्ष घोड़ोंकी बागडोर सँभालते हैं तथा बालखिल्यादि रथको सब ओरसे घेरे रहते हैं॥ १६-१७॥ त्रयीशक्तिरूप भगवान् विष्णुका न कभी उदय होता है और न अस्त [अर्थात् वे स्थायीरूपसे सदा विद्यमान रहते हैं]; ये सात प्रकारके गण तो उनसे पृथक् हैं॥ १८॥ स्तम्भमें लगे हुए दर्पणके निकट जो कोई जाता है उसीको अपनी छाया दिखायी देने लगती है॥ १९॥ हे द्विज! इसी प्रकार वह वैष्णवी शक्ति सूर्यके रथसे कभी चलायमान नहीं होती और प्रत्येक मासमें पृथक्-पृथक् सूर्यके [परिवर्तित होकर] उसमें स्थित होनेपर वह उसकी अधिष्ठात्री होती है॥ २०॥

हे द्विज! दिन और रात्रिके कारणस्वरूप भगवान् सूर्य पितृगण, देवगण और मनुष्यादिको सदा तृप्त करते घूमते रहते हैं॥ २१॥ सूर्यकी जो सुषुम्ना नामकी किरण है उससे शुक्लपक्षमें चन्द्रमाका पोषण होता है और फिर कृष्णपक्षमें उस अमृतमय चन्द्रमाकी एक-एक कलाका देवगण निरन्तर पान करते हैं॥ २२॥ हे द्विज! कृष्णपक्षके क्षय होनेपर [चतुर्दशीके अनन्तर] दो कलायुक्त चन्द्रमाका पितृगण पान करते हैं। इस प्रकार सूर्यद्वारा पितृगणका तर्पण होता है॥ २३॥

सूर्य अपनी किरणोंसे पृथिवीसे जितना जल खींचता है उस सबको प्राणियोंकी पुष्टि और अन्नकी वृद्धिके लिये बरसा देता है॥ २४॥

* रुद्रके नाशकारी होनेसे उनका नाम अपवित्र माना गया है अतः सामगानके समय (रातमें) ऋक् तथा यजुर्वेदके अध्ययनका निषेध किया गया है। इसमें गौतमकी स्मृति प्रमाण है—'न सामध्वनावृग्यजुषी' अर्थात् सामगानके समय ऋक्-यजुःका अध्ययन न करे।

तेन प्रीणात्यशेषाणि भूतानि भगवान् रविः ।
पितृदेवमनुष्यादीनेवमाप्याययत्यसौ ॥ २५
पक्षतृप्तिं तु देवानां पितॄणां चैव मासिकीम् ।
शश्वत्तृप्तिं च मर्त्यानां मैत्रेयार्कः प्रयच्छति ॥ २६

उससे भगवान् सूर्य समस्त प्राणियोंको आनन्दित कर देते हैं और इस प्रकार वे देव, मनुष्य और पितृगण आदि सभीका पोषण करते हैं ॥ २५ ॥ हे मैत्रेय! इस रीतिसे सूर्यदेव देवताओंकी पाक्षिक, पितृगणकी मासिक तथा मनुष्योंकी नित्यप्रति तृप्ति करते रहते हैं ॥ २६ ॥

इति श्रीविष्णुपुराणे द्वितीयेंऽशे एकादशोऽध्यायः ॥ ११ ॥

बारहवाँ अध्याय

नवग्रहोंका वर्णन तथा लोकान्तरसम्बन्धी व्याख्यानका उपसंहार

श्रीपराशर उवाच

रथस्त्रिचक्रः सोमस्य कुन्दाभास्तस्य वाजिनः ।
वामदक्षिणतो युक्ता दश तेन चरत्यसौ ॥ १
वीथ्याश्रयाणि ऋक्षाणि ध्रुवाधारेण वेगिना ।
ह्रासवृद्धिक्रमस्तस्य रश्मीनां सवितुर्यथा ॥ २
अर्कस्येव हि तस्याश्वाः सकृद्युक्ता वहन्ति ते ।
कल्पमेकं मुनिश्रेष्ठ वारिगर्भसमुद्भवाः ॥ ३
क्षीणं पीतं सुरैः सोममाप्याययति दीप्तिमान् ।
मैत्रेयैककलं सन्तं रश्मिनैकेन भास्करः ॥ ४
क्रमेण येन पीतोऽसौ देवैस्तेन निशाकरम् ।
आप्याययत्यनुदिनं भास्करो वारितस्करः ॥ ५
सम्भृतं चार्धमासेन तत्सोमस्थं सुधामृतम् ।
पिबन्ति देवा मैत्रेय सुधाहारा यतोऽमराः ॥ ६
त्रयस्त्रिंशत्सहस्राणि त्रयस्त्रिंशच्छतानि च ।
त्रयस्त्रिंशत्तथा देवाः पिबन्ति क्षणदाकरम् ॥ ७
कलाद्वयावशिष्टस्तु प्रविष्टः सूर्यमण्डलम् ।
अमाख्यरश्मौ वसति अमावास्या ततः स्मृता ॥ ८
अप्सु तस्मिन्नहोरात्रे पूर्वं विशति चन्द्रमाः ।
ततो वीरुत्सु वसति प्रयात्यर्कं ततः क्रमात् ॥ ९
छिनत्ति वीरुधो यस्तु वीरुत्संस्थे निशाकरे ।
पत्रं वा पातयत्येकं ब्रह्महत्यां स विन्दति ॥ १०
सोमं पञ्चदशे भागे किञ्चिच्छिष्टे कलात्मके ।
अपराह्णे पितृगणा जघन्यं पर्युपासते ॥ ११

श्रीपराशरजी बोले— चन्द्रमाका रथ तीन पहियोंवाला है, उसके वाम तथा दक्षिण ओर कुन्द-कुसुमके समान श्वेतवर्ण दस घोड़े जुते हुए हैं। ध्रुवके आधारपर स्थित उस वेगशाली रथसे चन्द्रदेव भ्रमण करते हैं और नागवीथिपर आश्रित अश्विनी आदि नक्षत्रोंका भोग करते हैं। सूर्यके समान इनकी किरणोंके भी घटने-बढ़नेका निश्चित क्रम है ॥ १-२ ॥ हे मुनिश्रेष्ठ! सूर्यके समान समुद्रगर्भसे उत्पन्न हुए उसके घोड़े भी एक बार जोत दिये जानेपर एक कल्पपर्यन्त रथ खींचते रहते हैं ॥ ३ ॥ हे मैत्रेय! सुरगणके पान करते रहनेसे क्षीण हुए कलामात्र चन्द्रमाका प्रकाशमय सूर्यदेव अपनी एक किरणसे पुनः पोषण करते हैं ॥ ४ ॥ जिस क्रमसे देवगण चन्द्रमाका पान करते हैं उसी क्रमसे जलापहारी सूर्यदेव उन्हें शुक्ला प्रतिपदासे प्रतिदिन पुष्ट करते हैं ॥ ५ ॥ हे मैत्रेय! इस प्रकार आधे महीनेमें एकत्रित हुए चन्द्रमाके अमृतको देवगण फिर पीने लगते हैं क्योंकि देवताओंका आहार तो अमृत ही है ॥ ६ ॥ तैंतीस हजार, तैंतीस सौ, तैंतीस (३६३३३) देवगण चन्द्रस्थ अमृतका पान करते हैं ॥ ७ ॥ जिस समय दो कलामात्र रहा हुआ चन्द्रमा सूर्यमण्डलमें प्रवेश करके उसकी अमा नामक किरणमें रहता है वह तिथि अमावास्या कहलाती है ॥ ८ ॥ उस दिन रात्रिमें वह पहले तो जलमें प्रवेश करता है, फिर वृक्ष-लता आदिमें निवास करता है और तदनन्तर क्रमसे सूर्यमें चला जाता है ॥ ९ ॥ वृक्ष और लता आदिमें चन्द्रमाकी स्थितिके समय [अमावास्याको] जो उन्हें काटता है अथवा उनका एक पत्ता भी तोड़ता है उसे ब्रह्महत्याका पाप लगता है ॥ १० ॥ केवल पन्द्रहवीं कलारूप यत्किंचित् भागके बच रहनेपर उस क्षीण चन्द्रमाको पितृगण मध्याह्नोत्तर कालमें चारों ओरसे घेर लेते हैं ॥ ११ ॥

पिबन्ति द्विकलाकारं शिष्टा तस्य कला तु या।
सुधामृतमयी पुण्या तामिन्दोः पितरो मुने॥ १२

निस्सृतं तदमावास्यां गभस्तिभ्यः सुधामृतम्।
मासं तृप्तिमवाप्याग्र्यां पितरः सन्ति निर्वृताः।
सौम्या बर्हिषदश्चैव अग्निष्वात्ताश्च ते त्रिधा॥ १३

एवं देवान् सिते पक्षे कृष्णपक्षे तथा पितॄन्।
वीरुधश्चामृतमयैः शीतैरप्परमाणुभिः॥ १४

वीरुधौषधिनिष्पत्त्या मनुष्यपशुकीटकान्।
आप्याययति शीतांशुः प्राकाश्याह्लादनेन तु॥ १५

वाय्वग्निद्रव्यसम्भूतो रथश्चन्द्रसुतश्च च।
पिशङ्गैस्तुरगैर्युक्तः सोऽष्टाभिर्वायुवेगिभिः॥ १६

सवरूथः सानुकर्षो युक्तो भूसम्भवैर्हयैः।
सोपासङ्गपताकस्तु शुक्रस्यापि रथो महान्॥ १७

अष्टाश्वः काञ्चनः श्रीमान्भौमस्यापि रथो महान्।
पद्मरागारुणैरश्वैः संयुक्तो वह्निसम्भवैः॥ १८

अष्टाभिः पाण्डुरैर्युक्तो वाजिभिः काञ्चनो रथः।
तस्मिंस्तिष्ठति वर्षान्ते राशौ राशौ बृहस्पतिः॥ १९

आकाशसम्भवैरश्वैः शबलैः स्यन्दनं युतम्।
तमारुह्य शनैर्याति मन्दगामी शनैश्चरः॥ २०

स्वर्भानोस्तुरगा ह्यष्टौ भृङ्गाभा धूसरं रथम्।
सकृद्युक्तास्तु मैत्रेय वहन्त्यविरतं सदा॥ २१

आदित्यान्निस्सृतो राहुः सोमं गच्छति पर्वसु।
आदित्यमेति सोमाच्च पुनः सौरेषु पर्वसु॥ २२

तथा केतुरथस्याश्वा अप्यष्टौ वातरंहसः।
पलालधूमवर्णाभा लाक्षारसनिभारुणाः॥ २३

एते मया ग्रहाणां वै तवाख्याता रथा नव।
सर्वे ध्रुवे महाभाग प्रबद्धा वायुरश्मिभिः॥ २४

हे मुने! उस समय उस द्विकलाकार चन्द्रमाकी बची हुई अमृतमयी एक कलाका वे पितृगण पान करते हैं॥ १२॥ अमावास्याके दिन चन्द्र-रश्मिसे निकले हुए उस सुधामृतका पान करके अत्यन्त तृप्त हुए सौम्य, बर्हिषद् और अग्निष्वात्ता तीन प्रकारके पितृगण एक मासपर्यन्त सन्तुष्ट रहते हैं॥ १३॥ इस प्रकार चन्द्रदेव शुक्लपक्षमें देवताओंकी और कृष्णपक्षमें पितृगणकी पुष्टि करते हैं तथा अमृतमय शीतल जलकणोंसे लता-वृक्षादिका और लता-ओषधि आदि उत्पन्न करके तथा अपनी चन्द्रिकाद्वारा आह्लादित करके वे मनुष्य, पशु एवं कीट-पतंगादि सभी प्राणियोंका पोषण करते हैं॥ १४-१५॥

चन्द्रमाके पुत्र बुधका रथ वायु और अग्निमय द्रव्यका बना हुआ है और उसमें वायुके समान वेगशाली आठ पिशंगवर्ण घोड़े जुते हैं॥ १६॥ वरूथ[1], अनुकर्ष[2], उपासंग[3] और पताका तथा पृथिवीसे उत्पन्न हुए घोड़ोंके सहित शुक्रका रथ भी अति महान् है॥ १७॥ तथा मंगलका अति शोभायमान सुवर्ण-निर्मित महान् रथ भी अग्निसे उत्पन्न हुए, पद्मराग-मणिके समान, अरुणवर्ण, आठ घोड़ोंसे युक्त है॥ १८॥ जो आठ पाण्डुरवर्ण घोड़ोंसे युक्त सुवर्णका रथ है उसमें वर्षके अन्तमें प्रत्येक राशिमें बृहस्पतिजी विराजमान होते हैं॥ १९॥ आकाशसे उत्पन्न हुए विचित्रवर्ण घोड़ोंसे युक्त रथमें आरूढ़ होकर मन्दगामी शनैश्चरजी धीरे-धीरे चलते हैं॥ २०॥

राहुका रथ धूसर (मटियाले) वर्णका है, उसमें भ्रमरके समान कृष्णवर्ण आठ घोड़े जुते हुए हैं। हे मैत्रेय! एक बार जोत दिये जानेपर वे घोड़े निरन्तर चलते रहते हैं॥ २१॥ चन्द्रपर्वों (पूर्णिमा)-पर यह राहु सूर्यसे निकलकर चन्द्रमाके पास आता है तथा सौरपर्वों (अमावास्या)-पर यह चन्द्रमासे निकलकर सूर्यके निकट जाता है॥ २२॥ इसी प्रकार केतुके रथके वायुवेगशाली आठ घोड़े भी पुआलके धुएँकी-सी आभावाले तथा लाखके समान लाल रंगके हैं॥ २३॥

हे महाभाग! मैंने तुमसे यह नवों ग्रहोंके रथोंका वर्णन किया; ये सभी वायुमयी डोरीसे ध्रुवके साथ बँधे हुए हैं॥ २४॥

१. रथकी रक्षाके लिये बना हुआ लोहेका आवरण। २. रथका नीचेका भाग। ३. शस्त्र रखनेका स्थान।

ग्रहर्क्षताराधिष्ण्यानि ध्रुवे बद्धान्यशेषतः।
भ्रमन्त्युचितचारेण मैत्रेयानिलरश्मिभिः॥ २५
यावन्त्यश्चैव तारास्तास्तावन्तो वातरश्मयः।
सर्वे ध्रुवे निबद्धास्ते भ्रमन्तो भ्रामयन्ति तम्॥ २६
तैलपीडा यथा चक्रं भ्रमन्तो भ्रामयन्ति वै।
तथा भ्रमन्ति ज्योतींषि वातविद्धानि सर्वशः॥ २७
अलातचक्रवद्यान्ति वातचक्रेरितानि तु।
यस्माज्ज्योतींषि वहति प्रवहस्तेन स स्मृतः॥ २८
शिशुमारस्तु यः प्रोक्तः स ध्रुवो यत्र तिष्ठति।
सन्निवेशं च तस्यापि शृणुष्व मुनिसत्तम॥ २९
यदह्ना कुरुते पापं तं दृष्ट्वा निशि मुच्यते।
यावन्त्यश्चैव तारास्ताः शिशुमाराश्रिता दिवि।
तावन्त्येव तु वर्षाणि जीवत्यभ्यधिकानि च॥ ३०
उत्तानपादस्तस्याधो विज्ञेयो ह्युत्तरो हनुः।
यज्ञोऽधरश्च विज्ञेयो धर्मो मूर्द्धानमाश्रितः॥ ३१
हृदि नारायणश्चास्ते अश्विनौ पूर्वपादयोः।
वरुणश्चार्यमा चैव पश्चिमे तस्य सक्थिनी॥ ३२
शिश्नः संवत्सरस्तस्य मित्रोऽपानं समाश्रितः॥ ३३
पुच्छेऽग्निश्च महेन्द्रश्च कश्यपोऽथ ततो ध्रुवः।
तारका शिशुमारस्य नास्तमेति चतुष्टयम्॥ ३४
इत्येष सन्निवेशोऽयं पृथिव्या ज्योतिषां तथा।
द्वीपानामुदधीनां च पर्वतानां च कीर्तितः॥ ३५
वर्षाणां च नदीनां च ये च तेषु वसन्ति वै।
तेषां स्वरूपमाख्यातं सङ्क्षेपः श्रूयतां पुनः॥ ३६
यदम्बु वैष्णवः कायस्ततो विप्र वसुन्धरा।
पद्माकारा समुद्भूता पर्वताब्ध्यादिसंयुता॥ ३७
ज्योतींषि विष्णुर्भुवनानि विष्णु-
र्वनानि विष्णुर्गिरयो दिशश्च।
नद्यः समुद्राश्च स एव सर्वं
यदस्ति यन्नास्ति च विप्रवर्य॥ ३८
ज्ञानस्वरूपो भगवान्यतोऽसा-
वशेषमूर्तिर्न तु वस्तुभूतः।

हे मैत्रेय! समस्त ग्रह, नक्षत्र और तारामण्डल वायुमयी रज्जुसे ध्रुवके साथ बँधे हुए यथोचित प्रकारसे घूमते रहते हैं॥ २५॥ जितने तारागण हैं उतनी ही वायुमयी डोरियाँ हैं। उनसे बँधकर वे सब स्वयं घूमते तथा ध्रुवको घुमाते रहते हैं॥ २६॥ जिस प्रकार तेली लोग स्वयं घूमते हुए कोल्हूको भी घुमाते रहते हैं उसी प्रकार समस्त ग्रहगण वायुसे बँधकर घूमते रहते हैं॥ २७॥ क्योंकि इस वायुचक्रसे प्रेरित होकर समस्त ग्रहगण अलातचक्र (बनैती)-के समान घूमा करते हैं, इसलिये यह 'प्रवह' कहलाता है॥ २८॥

जिस शिशुमारचक्रका पहले वर्णन कर चुके हैं, तथा जहाँ ध्रुव स्थित है, हे मुनिश्रेष्ठ! अब तुम उसकी स्थितिका वर्णन सुनो॥ २९॥ रात्रिके समय उनका दर्शन करनेसे मनुष्य दिनमें जो कुछ पापकर्म करता है उनसे मुक्त हो जाता है तथा आकाशमण्डलमें जितने तारे इसके आश्रित हैं उतने ही अधिक वर्ष वह जीवित रहता है॥ ३०॥ उत्तानपाद उसकी ऊपरकी हनु (ठोड़ी) है और यज्ञ नीचेकी तथा धर्मने उसके मस्तकपर अधिकार कर रखा है॥ ३१॥ उसके हृदय-देशमें नारायण हैं, दोनों चरणोंमें अश्विनीकुमार हैं तथा जंघाओंमें वरुण और अर्यमा हैं॥ ३२॥ संवत्सर उसका शिश्न है, मित्रने उसके अपान-देशको आश्रित कर रखा है, तथा अग्नि, महेन्द्र, कश्यप और ध्रुव पुच्छभागमें स्थित हैं। शिशुमारके पुच्छभागमें स्थित ये अग्नि आदि चार तारे कभी अस्त नहीं होते॥ ३३-३४॥ इस प्रकार मैंने तुमसे पृथिवी, ग्रहगण, द्वीप, समुद्र, पर्वत, वर्ष और नदियोंका तथा जो-जो उनमें बसते हैं उन सभीके स्वरूपका वर्णन कर दिया। अब इसे संक्षेपसे फिर सुनो॥ ३५-३६॥

हे विप्र! भगवान् विष्णुका जो मूर्तरूप जल है उससे पर्वत और समुद्रादिके सहित कमलके समान आकारवाली पृथिवी उत्पन्न हुई॥ ३७॥ हे विप्रवर्य! तारागण, त्रिभुवन, वन, पर्वत, दिशाएँ, नदियाँ और समुद्र सभी भगवान् विष्णु ही हैं तथा और भी जो कुछ है अथवा नहीं है वह सब भी एकमात्र वे ही हैं॥ ३८॥ क्योंकि भगवान् विष्णु ज्ञानस्वरूप हैं इसलिये वे सर्वमय हैं, परिच्छिन्न

ततो हि शैलाब्धिधरादिभेदा-
ञ्जानीहि विज्ञानविजृम्भितानि॥ ३९
यदा तु शुद्धं निजरूपि सर्वं
कर्मक्षये ज्ञानमपास्तदोषम्।
तदा हि सङ्कल्पतरोः फलानि
भवन्ति नो वस्तुषु वस्तु भेदाः॥ ४०
वस्त्वस्ति किं कुत्रचिदादिमध्य-
पर्यन्तहीनं सततैकरूपम्।
यच्चान्यथात्वं द्विज याति भूयो
न तत्तथा तत्र कुतो हि तत्त्वम्॥ ४१
मही घटत्वं घटतः कपालिका
कपालिका चूर्णरजस्ततोऽणुः।
जनैः स्वकर्मस्तिमितात्मनिश्चयै-
रालक्ष्यते ब्रूहि किमत्र वस्तु॥ ४२
तस्मान्न विज्ञानमृतेऽस्ति किञ्चित्-
क्वचित्कदाचिद्द्विज वस्तुजातम्।
विज्ञानमेकं निजकर्मभेद-
विभिन्नचित्तैर्बहुधाभ्युपेतम्॥ ४३
ज्ञानं विशुद्धं विमलं विशोक-
मशेषलोभादिनिरस्तसङ्गम्।
एकं सदेकं परमः परेशः
स वासुदेवो न यतोऽन्यदस्ति॥ ४४
सद्भाव एवं भवतो मयोक्तो
ज्ञानं यथा सत्यमसत्यमन्यत्।
एतत्तु यत्संव्यवहारभूतं
तत्रापि चोक्तं भुवनाश्रितं ते॥ ४५
यज्ञः पशुर्वह्निरशेषऋत्विक्
सोमः सुराः स्वर्गमयश्च कामः।
इत्यादिकर्माश्रितमार्गदृष्टं
भूरादिभोगाश्च फलानि तेषाम्॥ ४६
यच्चैतद्भुवनगतं मया तवोक्तं
सर्वत्र व्रजति हि तत्र कर्मवश्यः।
ज्ञात्वैवं ध्रुवमचलं सदैकरूपं
तत्कुर्याद्विशति हि येन वासुदेवम्॥ ४७

पदार्थाकार नहीं हैं। अतः इन पर्वत, समुद्र और पृथिवी आदि भेदोंको तुम एकमात्र विज्ञानका ही विलास जानो॥ ३९॥ जिस समय जीव आत्मज्ञानके द्वारा दोषरहित होकर सम्पूर्ण कर्मोंका क्षय हो जानेसे अपने शुद्ध-स्वरूपमें स्थित हो जाता है उस समय आत्मवस्तुमें संकल्पवृक्षके फलरूप पदार्थ-भेदोंकी प्रतीति नहीं होती॥ ४०॥

हे द्विज! कोई भी घटादि वस्तु है ही कहाँ? आदि, मध्य और अन्तसे रहित नित्य एकरूप चित् ही तो सर्वत्र व्याप्त है। जो वस्तु पुनः-पुनः बदलती रहती है, पूर्ववत् नहीं रहती, उसमें वास्तविकता ही क्या है?॥ ४१॥ देखो, मृत्तिका ही घटरूप हो जाती है और फिर वही घटसे कपाल, कपालसे चूर्णरज और रजसे अणुरूप हो जाती है। तो फिर बताओ अपने कर्मोंके वशीभूत हुए मनुष्य आत्मस्वरूपको भूलकर इसमें कौन-सी सत्य वस्तु देखते हैं॥ ४२॥ अतः हे द्विज! विज्ञानसे अतिरिक्त कभी कहीं कोई पदार्थादि नहीं हैं। अपने-अपने कर्मोंके भेदसे भिन्न-भिन्न चित्तोंद्वारा एक ही विज्ञान नाना प्रकारसे मान लिया गया है॥ ४३॥ वह विज्ञान अति विशुद्ध, निर्मल, निःशोक और लोभादि समस्त दोषोंसे रहित है। वही एक सत्स्वरूप परम परमेश्वर वासुदेव है, जिससे पृथक् और कोई पदार्थ नहीं है॥ ४४॥

इस प्रकार मैंने तुमसे यह परमार्थका वर्णन किया है, केवल एक ज्ञान ही सत्य है, उससे भिन्न और सब असत्य है। इसके अतिरिक्त जो केवल व्यवहारमात्र है उस त्रिभुवनके विषयमें भी मैं तुमसे कह चुका॥ ४५॥ [इस ज्ञान-मार्गके अतिरिक्त] मैंने कर्म-मार्ग-सम्बन्धी यज्ञ, पशु, वह्नि, समस्त ऋत्विक्, सोम, सुरगण तथा स्वर्गमय कामना आदिका भी दिग्दर्शन करा दिया। भूर्लोकादिके सम्पूर्ण भोग इन कर्म-कलापोंके ही फल हैं॥ ४६॥ यह जो मैंने तुमसे त्रिभुवनगत लोकोंका वर्णन किया है इन्हींमें जीव कर्मवश घूमा करता है, ऐसा जानकर इससे विरक्त हो मनुष्यको वही करना चाहिये जिससे ध्रुव, अचल एवं सदा एकरूप भगवान् वासुदेवमें लीन हो जाय॥ ४७॥

इति श्रीविष्णुपुराणे द्वितीयेंऽशे द्वादशोऽध्यायः॥ १२॥

तेरहवाँ अध्याय

भरत-चरित्र

श्रीमैत्रेय उवाच

भगवन्सम्यगाख्यातं यत्पृष्टोऽसि मया किल।
भूसमुद्रादिसरितां संस्थानं ग्रहसंस्थितिः॥ १
विष्णवाधारं यथा चैतत्त्रैलोक्यं समवस्थितम्।
परमार्थस्तु ते प्रोक्तो यथा ज्ञानं प्रधानतः॥ २
यत्त्वेतद्भगवानाह भरतस्य महीपतेः।
श्रोतुमिच्छामि चरितं तन्ममाख्यातुमर्हसि॥ ३
भरतः स महीपालः शालग्रामेऽवसत्किल।
योगयुक्तः समाधाय वासुदेवे सदा मनः॥ ४
पुण्यदेशप्रभावेण ध्यायतश्च सदा हरिम्।
कथं तु नाऽभवन्मुक्तिर्यदभूत्स द्विजः पुनः॥ ५
विप्रत्वे च कृतं तेन यद्भूयः सुमहात्मना।
भरतेन मुनिश्रेष्ठ तत्सर्वं वक्तुमर्हसि॥ ६

श्रीपराशर उवाच

शालग्रामे महाभागो भगवन्न्यस्तमानसः।
स उवास चिरं कालं मैत्रेय पृथिवीपतिः॥ ७
अहिंसादिष्वशेषेषु गुणेषु गुणिनां वरः।
अवाप परमां काष्ठां मनसश्चापि संयमे॥ ८
यज्ञेशाच्युत गोविन्द माधवानन्त केशव।
कृष्ण विष्णो हृषीकेश वासुदेव नमोऽस्तु ते॥ ९
इति राजाह भरतो हरेर्नामानि केवलम्।
नान्यज्जगाद मैत्रेय किञ्चित्स्वप्नान्तरेऽपि च।
एतत्पदं तदर्थं च विना नान्यदचिन्तयत्॥ १०
समित्पुष्पकुशादानं चक्रे देवक्रियाकृते।
नान्यानि चक्रे कर्माणि निस्सङ्गो योगतापसः॥ ११
जगाम सोऽभिषेकार्थमेकदा तु महानदीम्।
सस्नौ तत्र तदा चक्रे स्नानस्यानन्तरक्रियाः॥ १२
अथाजगाम तत्तीरं जलं पातुं पिपासिता।
आसन्नप्रसवा ब्रह्मन्नेकैव हरिणी वनात्॥ १३

श्रीमैत्रेयजी बोले—हे भगवन्! मैंने पृथिवी, समुद्र, नदियों और ग्रहगणकी स्थिति आदिके विषयमें जो कुछ पूछा था सो सब आपने वर्णन कर दिया॥ १॥ उसके साथ ही आपने यह भी बतला दिया कि किस प्रकार यह समस्त त्रिलोकी भगवान् विष्णुके ही आश्रित है और कैसे परमार्थस्वरूप ज्ञान ही सबमें प्रधान है॥ २॥ किन्तु भगवन्! आपने पहले जिसकी चर्चा की थी वह राजा भरतका चरित्र मैं सुनना चाहता हूँ, कृपा करके कहिये॥ ३॥ कहते हैं, वे राजा भरत निरन्तर योगयुक्त होकर भगवान् वासुदेवमें चित्त लगाये शालग्रामक्षेत्रमें रहा करते थे॥ ४॥ इस प्रकार पुण्यदेशके प्रभाव और हरिचिन्तनसे भी उनकी मुक्ति क्यों नहीं हुई, जिससे उन्हें फिर ब्राह्मणका जन्म लेना पड़ा॥ ५॥ हे मुनिश्रेष्ठ! ब्राह्मण होकर भी उन महात्मा भरतजीने फिर जो कुछ किया वह सब आप कृपा करके मुझसे कहिये॥ ६॥

श्रीपराशरजी बोले—हे मैत्रेय! वे महाभाग पृथिवीपति भरतजी भगवान्‌में चित्त लगाये चिरकालतक शालग्रामक्षेत्रमें रहे॥ ७॥ गुणवानोंमें श्रेष्ठ उन भरतजीने अहिंसा आदि सम्पूर्ण गुण और मनके संयममें परम उत्कर्ष लाभ किया॥ ८॥ 'हे यज्ञेश! हे अच्युत! हे गोविन्द! हे माधव! हे अनन्त! हे केशव! हे कृष्ण! हे विष्णो! हे हृषीकेश! हे वासुदेव! आपको नमस्कार है'—इस प्रकार राजा भरत निरन्तर केवल भगवन्नामोंका ही उच्चारण किया करते थे। हे मैत्रेय! वे स्वप्नमें भी इस पदके अतिरिक्त और कुछ नहीं कहते थे और न कभी इसके अर्थके अतिरिक्त और कुछ चिन्तन ही करते थे॥ ९-१०॥ वे निःसंग, योगयुक्त और तपस्वी राजा भगवान्‌की पूजाके लिये केवल समिध, पुष्प और कुशाका ही संचय करते थे। इसके अतिरिक्त वे और कोई कर्म नहीं करते थे॥ ११॥

एक दिन वे स्नानके लिये नदीपर गये और वहाँ स्नान करनेके अनन्तर उन्होंने स्नानोत्तर क्रियाएँ कीं॥ १२॥ हे ब्रह्मन्! इतनेहीमें उस नदी-तीरपर एक आसन्नप्रसवा (शीघ्र ही बच्चा जननेवाली) प्यासी हरिणी वनमेंसे जल पीनेके लिये आयी॥ १३॥

ततः समभवत्तत्र पीतप्राये जले तथा।
सिंहस्य नादः सुमहान्सर्वप्राणिभयङ्करः॥ १४
ततः सा सहसा त्रासादाप्लुता निम्नगातटम्।
अत्युच्चारोहणेनास्या नद्यां गर्भः पपात ह॥ १५
तमूह्यमानं वेगेन वीचिमालापरिप्लुतम्।
जग्राह स नृपो गर्भात्पतितं मृगपोतकम्॥ १६
गर्भप्रच्युतिदोषेण प्रोत्तुङ्गाक्रमणेन च।
मैत्रेय सापि हरिणी पपात च ममार च॥ १७
हरिणीं तां विलोक्याथ विपन्नां नृपतापसः।
मृगपोतं समादाय निजमाश्रममागतः॥ १८
चकारानुदिनं चासौ मृगपोतस्य वै नृपः।
पोषणं पुष्यमाणश्च स तेन ववृधे मुने॥ १९
चचाराश्रमपर्यन्ते तृणानि गहनेषु सः।
दूरं गत्वा च शार्दूलत्रासादभ्याययौ पुनः॥ २०
प्रातर्गत्वातिदूरं च सायमायात्यथाश्रमम्।
पुनश्च भरतस्याभूदाश्रमस्योटजाजिरे॥ २१
तस्य तस्मिन्मृगे दूरसमीपपरिवर्तिनि।
आसीच्चेतः समासक्तं न ययावन्यतो द्विज॥ २२
विमुक्तराज्यतनयः प्रोज्झिताशेषबान्धवः।
ममत्वं स चकारोच्चैस्तस्मिन्हरिणबालके॥ २३
किं वृकैर्भक्षितो व्याघ्रैः किं सिंहेन निपातितः।
चिरायमाणे निष्क्रान्ते तस्यासीदिति मानसम्॥ २४
एषा वसुमती तस्य खुराग्रक्षतकर्बुरा।
प्रीतये मम जातोऽसौ क्व ममैणकबालकः॥ २५
विषाणाग्रेण मद्बाहुं कण्डूयनपरो हि सः।
क्षेमेणाभ्यागतोऽरण्यादपि मां सुखयिष्यति॥ २६
एते लूनशिखास्तस्य दशनैरचिरोद्गतैः।
कुशाः काशा विराजन्ते बटवः सामगा इव॥ २७
इत्थं चिरगते तस्मिन्स चक्रे मानसं मुनिः।
प्रीतिप्रसन्नवदनः पार्श्वस्थे चाभवन्मृगे॥ २८

उस समय जब वह प्रायः जल पी चुकी थी, वहाँ सब प्राणियोंको भयभीत कर देनेवाली सिंहकी गम्भीर गर्जना सुनायी पड़ी॥ १४॥ तब वह अत्यन्त भयभीत हो अकस्मात् उछलकर नदीके तटपर चढ़ गयी; अतः अत्यन्त उच्च स्थानपर चढ़नेके कारण उसका गर्भ नदीमें गिर गया॥ १५॥

नदीकी तरंगमालाओंमें पड़कर बहते हुए उस गर्भ-भ्रष्ट मृगबालकको राजा भरतने पकड़ लिया॥ १६॥ हे मैत्रेय! गर्भपातके दोषसे तथा बहुत ऊँचे उछलनेके कारण वह हरिणी भी पछाड़ खाकर गिर पड़ी और मर गयी॥ १७॥ उस हरिणीको मरी हुई देख तपस्वी भरत उसके बच्चेको अपने आश्रमपर ले आये॥ १८॥

हे मुने! फिर राजा भरत उस मृगछौनेका नित्यप्रति पालन-पोषण करने लगे और वह भी उनसे पोषित होकर दिन-दिन बढ़ने लगा॥ १९॥ वह बच्चा कभी तो उस आश्रमके आस-पास ही घास चरता रहता और कभी वनमें दूरतक जाकर फिर सिंहके भयसे लौट आता॥ २०॥ प्रातःकाल वह बहुत दूर भी चला जाता, तो भी सायंकालको फिर आश्रममें ही लौट आता और भरतजीके आश्रमकी पर्णशालाके आँगनमें पड़ रहता॥ २१॥

हे द्विज! इस प्रकार कभी पास और कभी दूर रहनेवाले उस मृगमें ही राजाका चित्त सर्वदा आसक्त रहने लगा, वह अन्य विषयोंकी ओर जाता ही नहीं था॥ २२॥ जिन्होंने सम्पूर्ण राज-पाट और अपने पुत्र तथा बन्धु-बान्धवोंको छोड़ दिया था वे ही भरतजी उस हरिणके बच्चेपर अत्यन्त ममता करने लगे॥ २३॥ उसे बाहर जानेके अनन्तर यदि लौटनेमें देरी हो जाती तो वे मन-ही-मन सोचने लगते—'अहो! उस बच्चेको आज किसी भेड़ियेने तो नहीं खा लिया? किसी सिंहके पंजेमें तो आज वह नहीं पड़ गया?॥ २४॥ देखो, उसके खुरोंके चिह्नोंसे यह पृथिवी कैसी चित्रित हो रही है? मेरी ही प्रसन्नताके लिये उत्पन्न हुआ वह मृगछौना न जाने आज कहाँ रह गया है?॥ २५॥ क्या वह वनसे कुशलपूर्वक लौटकर अपने सींगोंसे मेरी भुजाको खुजलाकर मुझे आनन्दित करेगा?॥ २६॥ देखो, उसके नवजात दाँतोंसे कटी हुई शिखावाले ये कुश और काश सामाध्यायी [शिखाहीन] ब्रह्मचारियोंके समान कैसे सुशोभित हो रहे हैं?॥ २७॥ देरके गये हुए उस बच्चेके निमित्त भरत मुनि इसी प्रकार चिन्ता करने लगते थे और जब वह उनके निकट आ जाता तो उसके प्रेमसे उनका मुख खिल जाता था॥ २८॥

समाधिभङ्गस्तस्यासीत्तन्मयत्वादृतात्मनः।
सन्त्यक्तराज्यभोगर्द्धिस्वजनस्यापि भूपतेः॥ २९

चपलं चपले तस्मिन्दूरगं दूरगामिनि।
मृगपोतेऽभवच्चित्तं स्थैर्यवत्तस्य भूपतेः॥ ३०

कालेन गच्छता सोऽथ कालं चक्रे महीपतिः।
पितेव सास्त्रं पुत्रेण मृगपोतेन वीक्षितः॥ ३१

मृगमेव तदाद्राक्षीत्त्यजन्प्राणानसावपि।
तन्मयत्वेन मैत्रेय नान्यत्किञ्चिदचिन्तयत्॥ ३२

ततश्च तत्कालकृतां भावनां प्राप्य तादृशीम्।
जम्बूमार्गे महारण्ये जातो जातिस्मरो मृगः॥ ३३

जातिस्मरत्वादुद्विग्नः संसारस्य द्विजोत्तम।
विहाय मातरं भूयः शालग्राममुपाययौ॥ ३४

शुष्कैस्तृणैस्तथा पर्णैः स कुर्वन्नात्मपोषणम्।
मृगत्वहेतुभूतस्य कर्मणो निष्कृतिं ययौ॥ ३५

तत्र चोत्सृष्टदेहोऽसौ जज्ञे जातिस्मरो द्विजः।
सदाचारवतां शुद्धे योगिनां प्रवरे कुले॥ ३६

सर्वविज्ञानसम्पन्नः सर्वशास्त्रार्थतत्त्ववित्।
अपश्यत्स च मैत्रेय आत्मानं प्रकृतेः परम्॥ ३७

आत्मनोऽधिगतज्ञानो देवादीनि महामुने।
सर्वभूतान्यभेदेन स ददर्श तदात्मनः॥ ३८

न पपाठ गुरुप्रोक्तं कृतोपनयनः श्रुतिम्।
न ददर्श च कर्माणि शास्त्राणि जगृहे न च॥ ३९

उक्तोऽपि बहुशः किञ्चिज्जडवाक्यमभाषत।
तदप्यसंस्कारगुणं ग्राम्यवाक्योक्तिसंश्रितम्॥ ४०

अपध्वस्तवपुः सोऽपि मलिनाम्बरधृग्द्विजः।
क्लिन्नदन्तान्तरः सर्वैः परिभूतः स नागरैः॥ ४१

सम्मानना परां हानिं योगर्द्धेः कुरुते यतः।
जनेनावमतो योगी योगसिद्धिं च विन्दति॥ ४२

इस प्रकार उसीमें आसक्तचित्त रहनेसे, राज्य, भोग, समृद्धि और स्वजनोंको त्याग देनेवाले भी राजा भरतकी समाधि भंग हो गयी॥ २९॥ उस राजाका स्थिरचित्त उस मृगके चंचल होनेपर चंचल हो जाता और दूर चले जानेपर दूर चला जाता॥ ३०॥

कालान्तरमें राजा भरतने, उस मृगबालकद्वारा पुत्रके सजल नयनोंसे देखे जाते हुए पिताके समान अपने प्राणोंका त्याग किया॥ ३१॥ हे मैत्रेय! राजा भी प्राण छोड़ते समय स्नेहवश उस मृगको ही देखता रहा तथा उसीमें तन्मय रहनेसे उसने और कुछ भी चिन्तन नहीं किया॥ ३२॥ तदनन्तर, उस समयकी सुदृढ़ भावनाके कारण वह जम्बूमार्ग (कालंजरपर्वत)-के घोर वनमें अपने पूर्वजन्मकी स्मृतिसे युक्त एक मृग हुआ॥ ३३॥ हे द्विजोत्तम! अपने पूर्वजन्मका स्मरण रहनेके कारण वह संसारसे उपरत हो गया और अपनी माताको छोड़कर फिर शालग्रामक्षेत्रमें आकर ही रहने लगा॥ ३४॥ वहाँ सूखे घास-फूँस और पत्तोंसे ही अपना शरीर-पोषण करता हुआ वह अपने मृगत्व-प्राप्तिके हेतुभूत कर्मोंका निराकरण करने लगा॥ ३५॥

तदनन्तर, उस शरीरको छोड़कर उसने सदाचार-सम्पन्न योगियोंके पवित्र कुलमें ब्राह्मण-जन्म ग्रहण किया। उस देहमें भी उसे अपने पूर्वजन्मका स्मरण बना रहा॥ ३६॥ हे मैत्रेय! वह सर्वविज्ञानसम्पन्न और समस्त शास्त्रोंके मर्मको जाननेवाला था तथा अपने आत्माको निरन्तर प्रकृतिसे परे देखता था॥ ३७॥ हे महामुने! आत्मज्ञानसम्पन्न होनेके कारण वह देवता आदि सम्पूर्ण प्राणियोंको अपनेसे अभिन्नरूपसे देखता था॥ ३८॥ उपनयन-संस्कार हो जानेपर वह गुरुके पढ़ानेपर भी वेद-पाठ नहीं करता था तथा न किसी कर्मकी ओर ध्यान देता और न कोई अन्य शास्त्र ही पढ़ता था॥ ३९॥ जब कोई उससे बहुत पूछताछ करता तो जडके समान कुछ असंस्कृत, असार एवं ग्रामीण वाक्योंसे मिले हुए वचन बोल देता॥ ४०॥ निरन्तर मैला-कुचैला शरीर, मलिन वस्त्र और अपरिमार्जित दन्तयुक्त रहनेके कारण वह ब्राह्मण सदा अपने नगरनिवासियोंसे अपमानित होता रहता था॥ ४१॥

हे मैत्रेय! योगश्रीके लिये सबसे अधिक हानिकारक सम्मान ही है, जो योगी अन्य मनुष्योंसे अपमानित होता है वह शीघ्र ही सिद्धि लाभ कर लेता है॥ ४२॥

तस्माच्चरेत वै योगी सतां धर्ममदूषयन्।
जना यथावमन्येरन्गच्छेयुर्नैव सङ्गतिम्॥ ४३
हिरण्यगर्भवचनं विचिन्त्येत्थं महामतिः।
आत्मानं दर्शयामास जडोन्मत्ताकृतिं जने॥ ४४
भुङ्क्ते कुल्माषव्रीह्यादिशाकं वन्यं फलं कणान्।
यद्यदाप्नोति सुबहु तदत्ते कालसंयमम्॥ ४५
पितर्युपरते सोऽथ भ्रातृभ्रातृव्यबान्धवैः।
कारितः क्षेत्रकर्मादि कदन्नाहारपोषितः॥ ४६
सतूक्षपीनावयवो जडकारी च कर्मणि।
सर्वलोकोपकरणं बभूवाहारवेतनः॥ ४७
तं तादृशमसंस्कारं विप्राकृतिविचेष्टितम्।
क्षत्ता पृषतराजस्य काल्यै पशुमकल्पयत्॥ ४८
रात्रौ तं समलङ्कृत्य वैशसस्य विधानतः।
अधिष्ठितं महाकाली ज्ञात्वा योगेश्वरं तथा॥ ४९
ततः खड्गं समादाय निशितं निशि सा तथा।
क्षत्तारं क्रूरकर्माणमच्छिनत्कण्ठमूलतः।
स्वपार्षदयुता देवी पपौ रुधिरमुल्बणम्॥ ५०
ततस्सौवीरराजस्य प्रयातस्य महात्मनः।
विष्टिकर्ताथ मन्येत विष्टियोग्योऽयमित्यपि॥ ५१
तं तादृशं महात्मानं भस्मच्छन्नमिवानलम्।
क्षत्ता सौवीरराजस्य विष्टियोग्यममन्यत॥ ५२
स राजा शिबिकारूढो गन्तुं कृतमतिर्द्विज।
बभूवेक्षुमतीतीरे कपिलर्षेर्वराश्रमम्॥ ५३
श्रेयः किमत्र संसारे दुःखप्राये नृणामिति।
प्रष्टुं तं मोक्षधर्मज्ञं कपिलाख्यं महामुनिम्॥ ५४
उवाह शिबिकां तस्य क्षत्तुर्वचनचोदितः।
नृणां विष्टिगृहीतानामन्येषां सोऽपि मध्यगः॥ ५५
गृहीतो विष्टिना विप्रः सर्वज्ञानैकभाजनः।
जातिस्मरोऽसौ पापस्य क्षयकाम उवाह ताम्॥ ५६
ययौ जडमतिः सोऽथ युगमात्रावलोकनम्।
कुर्वन्मतिमतां श्रेष्ठस्तदन्ये त्वरितं ययुः॥ ५७

अतः योगीको, सन्मार्गको दूषित न करते हुए ऐसा आचरण करना चाहिये जिससे लोग अपमान करें और संगतिसे दूर रहें॥ ४३॥ हिरण्यगर्भके इस सारयुक्त वचनको स्मरण रखते हुए वे महामति विप्रवर अपने-आपको लोगोंमें जड और उन्मत-सा ही प्रकट करते थे॥ ४४॥ कुल्माष (जौ आदि) धान, शाक, जंगली फल अथवा कण आदि जो कुछ भक्ष्य मिल जाता उस थोड़े-सेको भी बहुत मानकर वे उसीको खा लेते और अपना कालक्षेप करते रहते॥ ४५॥

फिर पिताके शान्त हो जानेपर उनके भाई-बन्धु उनका सड़े-गले अन्नसे पोषण करते हुए उनसे खेती-बारीका कार्य कराने लगे॥ ४६॥ वे बैलके समान पुष्ट शरीरवाले और कर्ममें जडवत् निश्चेष्ट थे। अतः केवल आहारमात्रसे ही वे सब लोगोंके यन्त्र बन जाते थे। [अर्थात् सभी लोग उन्हें आहारमात्र देकर अपना-अपना काम निकाल लिया करते थे]॥ ४७॥

उन्हें इस प्रकार संस्कारशून्य और ब्राह्मणवेषके विरुद्ध आचरणवाला देख रात्रिके समय पृषतराजके सेवकोंने बलिकी विधिसे सुसज्जितकर कालीका बलिपशु बनाया। किन्तु इस प्रकार एक परम योगीश्वरको बलिके लिये उपस्थित देख महाकालीने एक तीक्ष्ण खड्ग ले उस क्रूरकर्मा राजसेवकका गला काट डाला और अपने पार्षदोंसहित उसका तीखा रुधिर पान किया॥ ४८—५०॥

तदनन्तर, एक दिन महात्मा सौवीरराज कहीं जा रहे थे। उस समय उनके बेगारियोंने समझा कि यह भी बेगारके ही योग्य है॥ ५१॥ राजाके सेवकोंने भी भस्ममें छिपे हुए अग्निके समान उन महात्माका रंग-ढंग देखकर उन्हें बेगारके योग्य समझा॥ ५२॥ हे द्विज! उन सौवीरराजने मोक्षधर्मके ज्ञाता महामुनि कपिलसे यह पूछनेके लिये कि 'इस दुःखमय संसारमें मनुष्योंका श्रेय किसमें है' शिबिकापर चढ़कर इक्षुमती नदीके किनारे उन महर्षिके आश्रमपर जानेका विचार किया॥ ५३-५४॥

तब राजसेवकके कहनेसे भरत मुनि भी उसकी पालकीको अन्य बेगारियोंके बीचमें लगकर वहन करने लगे॥ ५५॥ इस प्रकार बेगारमें पकड़े जाकर अपने पूर्वजन्मका स्मरण रखनेवाले, सम्पूर्ण विज्ञानके एकमात्र पात्र वे विप्रवर अपने पापमय प्रारब्धका क्षय करनेके लिये उस शिबिकाको उठाकर चलने लगे॥ ५६॥ वे बुद्धिमानोंमें श्रेष्ठ द्विजवर तो चार हाथ भूमि देखते हुए मन्द-गतिसे चलते थे, किन्तु उनके अन्य साथी जल्दी-जल्दी चल रहे थे॥ ५७॥

विलोक्य नृपतिःसोऽथ विषमां शिबिकागतिम्।
किमेतदित्याह समं गम्यतां शिबिकावहाः॥ ५८
पुनस्तथैव शिबिकां विलोक्य विषमां हि सः।
नृपः किमेतदित्याह भवद्भिर्गम्यतेऽन्यथा॥ ५९
भूपतेर्वदतस्तस्य श्रुत्वेत्थं बहुशो वचः।
शिबिकावाहकाः प्रोचुरयं यातीत्यसत्वरम्॥ ६०

इस प्रकार शिबिकाकी विषम-गति देखकर राजाने कहा—"अरे शिबिकावाहको! यह क्या करते हो? समान गतिसे चलो"॥ ५८॥ किन्तु फिर भी उसकी गति उसी प्रकार विषम देखकर राजाने फिर कहा—"अरे क्या है? इस प्रकार असमान भावसे क्यों चलते हो?"॥ ५९॥ राजाके बार-बार ऐसे वचन सुनकर वे शिबिकावाहक [भरतजीको दिखाकर] कहने लगे—"हममेंसे एक यही धीरे-धीरे चलता है"॥ ६०॥

राजोवाच

किं श्रान्तोऽस्यल्पमध्वानं त्वयोढा शिबिका मम।
किमायाससहो न त्वं पीवानसि निरीक्ष्यसे॥ ६१

राजाने कहा—अरे, तूने तो अभी मेरी शिबिकाको थोड़ी ही दूर वहन किया है; क्या इतनेहीमें थक गया? तू वैसे तो बहुत मोटा-मुष्टण्डा दिखायी देता है, फिर क्या तुझसे इतना भी श्रम नहीं सहा जाता?॥ ६१॥

ब्राह्मण उवाच

नाहं पीवान्न चैवोढा शिबिका भवतो मया।
न श्रान्तोऽस्मि न चायासो सोढव्योऽस्ति महीपते॥ ६२

ब्राह्मण बोले—राजन्! मैं न मोटा हूँ और न मैंने आपकी शिबिका ही उठा रखी है। मैं थका भी नहीं हूँ और न मुझे श्रम सहन करनेकी ही आवश्यकता है॥ ६२॥

राजोवाच

प्रत्यक्षं दृश्यसे पीवानद्यापि शिबिका त्वयि।
श्रमश्च भारोद्वहने भवत्येव हि देहिनाम्॥ ६३

राजा बोले—अरे, तू तो प्रत्यक्ष ही मोटा दिखायी दे रहा है, इस समय भी शिबिका तेरे कन्धेपर रखी हुई है और बोझा ढोनेसे देहधारियोंको श्रम होता ही है॥ ६३॥

ब्राह्मण उवाच

प्रत्यक्षं भवता भूप यद्दृष्टं मम तद्वद।
बलवानबलश्चेति वाच्यं पश्चाद्विशेषणम्॥ ६४
त्वयोढा शिबिका चेति त्वय्यद्यापि च संस्थिता।
मिथ्यैतदत्र तु भवाञ्छृणोतु वचनं मम॥ ६५
भूमौ पादयुगं त्वास्ते जङ्घे पादद्वये स्थिते।
ऊर्वोर्जङ्घाद्वयावस्थौ तदाधारं तथोदरम्॥ ६६
वक्षःस्थलं तथा बाहू स्कन्धौ चोदरसंस्थितौ।
स्कन्धाश्रितेयं शिबिका मम भारोऽत्र किं कृतः॥ ६७
शिबिकायां स्थितं चेदं वपुस्त्वदुपलक्षितम्।
तत्र त्वमहमप्यत्र प्रोच्यते चेदमन्यथा॥ ६८
अहं त्वं च तथान्ये च भूतैरुह्याम पार्थिव।
गुणप्रवाहपतितो भूतवर्गोऽपि यात्ययम्॥ ६९
कर्मवश्या गुणाश्चैते सत्त्वाद्याः पृथिवीपते।
अविद्यासञ्चितं कर्म तच्चाशेषेषु जन्तुषु॥ ७०
आत्मा शुद्धोऽक्षरः शान्तो निर्गुणः प्रकृतेः परः।
प्रवृद्ध्यपचयौ नास्य एकस्याखिलजन्तुषु॥ ७१

ब्राह्मण बोले—राजन्! तुम्हें प्रत्यक्ष क्या दिखायी दे रहा है, मुझे पहले यही बताओ। उसके 'बलवान्' अथवा 'अबलवान्' आदि विशेषणोंकी बात तो पीछे करना॥ ६४॥ 'तूने मेरी शिबिकाका वहन किया है, इस समय भी वह तेरे ही कन्धोंपर रखी हुई है'—तुम्हारा ऐसा कहना सर्वथा मिथ्या है, अच्छा मेरी बात सुनो—॥ ६५॥ देखो, पृथिवीपर तो मेरे पैर रखे हैं, पैरोंके ऊपर जंघाएँ हैं और जंघाओंके ऊपर दोनों ऊरु तथा ऊरुओंके ऊपर उदर है॥ ६६॥ उदरके ऊपर वक्षःस्थल, बाहु और कन्धोंकी स्थिति है तथा कन्धोंके ऊपर यह शिबिका रखी है। इसमें मेरे ऊपर कैसे बोझा रहा?॥ ६७॥ इस शिबिकामें जिसे तुम्हारा कहा जाता है वह शरीर रखा हुआ है। वास्तवमें तो 'तुम वहाँ (शिबिकामें) हो और मैं यहाँ (पृथिवीपर) हूँ'—ऐसा कहना सर्वथा मिथ्या है॥ ६८॥ हे राजन्! मैं, तुम और अन्य भी समस्त जीव पंचभूतोंसे ही वहन किये जाते हैं। तथा यह भूतवर्ग भी गुणोंके प्रवाहमें पड़कर ही बहा जा रहा है॥ ६९॥ हे पृथिवीपते! ये सत्त्वादि गुण भी कर्मोंके वशीभूत हैं और समस्त जीवोंमें कर्म अविद्याजन्य ही हैं॥ ७०॥ आत्मा तो शुद्ध, अक्षर, शान्त, निर्गुण और प्रकृतिसे परे है तथा समस्त जीवोंमें वह एक ही ओत-प्रोत है। अतः उसके वृद्धि अथवा क्षय कभी नहीं होते॥ ७१॥

यदा नोपचयस्तस्य न चैवापचयो नृप।
तदा पीवानसीतीत्थं कया युक्त्या त्वयेरितम्॥ ७२
भूपादजङ्घाकट्यूरुजठरादिषु संस्थिते।
शिबिकेयं यथा स्कन्धे तथा भारः समस्त्वया॥ ७३
तथान्यैर्जन्तुभिर्भूप शिबिकोढा न केवलम्।
शैलद्रुमगृहोत्थोऽपि पृथिवी सम्भवोऽपि वा॥ ७४
यदा पुंसः पृथग्भावः प्राकृतैः कारणैर्नृप।
सोढव्यस्तु तदायासः कथं वा नृपते मया॥ ७५
यद्द्रव्या शिबिका चेयं तद्द्रव्यो भूतसंग्रहः।
भवतो मेऽखिलस्यास्य ममत्वेनोपबृंहितः॥ ७६

श्रीपराशर उवाच

एवमुक्त्वाभवन्मौनी स वहञ्छिबिकां द्विज।
सोऽपि राजावतीर्योर्व्यां तत्पादौ जगृहे त्वरन्॥ ७७

राजोवाच

भो भो विसृज्य शिबिकां प्रसादं कुरु मे द्विज।
कथ्यतां को भवानत्र जाल्मरूपधरः स्थितः॥ ७८
यो भवान्यन्निमित्तं वा यदागमनकारणम्।
तत्सर्वं कथ्यतां विद्वन्मह्यं शुश्रूषवे त्वया॥ ७९

ब्राह्मण उवाच

श्रूयतां सोऽहमित्येतद्वक्तुं भूप न शक्यते।
उपभोगनिमित्तं च सर्वत्रागमनक्रिया॥ ८०
सुखदुःखोपभोगौ तु तौ देहाद्युपपादकौ।
धर्माधर्मोद्भवौ भोक्तुं जन्तुर्देहादिमृच्छति॥ ८१
सर्वस्यैव हि भूपाल जन्तोः सर्वत्र कारणम्।
धर्माधर्मौ यतः कस्मात्कारणं पृच्छ्यते त्वया॥ ८२

राजोवाच

धर्माधर्मौ न सन्देहस्सर्वकार्येषु कारणम्।
उपभोगनिमित्तं च देहाद्देहान्तरागमः॥ ८३
यस्त्वेतद्भवता प्रोक्तं सोऽहमित्येतदात्मनः।
वक्तुं न शक्यते श्रोतुं तन्ममेच्छा प्रवर्तते॥ ८४

हे नृप! जब उसके उपचय (वृद्धि), अपचय (क्षय) ही नहीं होते तो तुमने यह बात किस युक्तिसे कही कि 'तू मोटा है?' ॥ ७२ ॥ यदि क्रमशः पृथिवी, पाद, जंघा, कटि, ऊरु और उदरपर स्थित कन्धोंपर रखी हुई यह शिबिका मेरे लिये भाररूप हो सकती है तो उसी प्रकार तुम्हारे लिये भी तो हो सकती है? [क्योंकि ये पृथिवी आदि तो जैसे तुमसे पृथक् हैं वैसे ही मुझ आत्मासे भी सर्वथा भिन्न हैं] ॥ ७३ ॥ तथा इस युक्तिसे तो अन्य समस्त जीवोंने भी केवल शिबिका ही नहीं, बल्कि सम्पूर्ण पर्वत, वृक्ष, गृह और पृथिवी आदिका भार उठा रखा है॥ ७४ ॥ हे राजन्! जब प्रकृतिजन्य कारणोंसे पुरुष सर्वथा भिन्न है तो उसका परिश्रम भी मुझको कैसे हो सकता है?॥ ७५ ॥ और जिस द्रव्यसे यह शिबिका बनी हुई है उसीसे यह आपका, मेरा अथवा और सबका शरीर भी बना है; जिसमें कि ममत्वका आरोप किया हुआ है॥ ७६ ॥

श्रीपराशरजी बोले—ऐसा कह वे द्विजवर शिबिकाको धारण किये हुए ही मौन हो गये; और राजाने भी तुरन्त पृथिवीपर उतरकर उनके चरण पकड़ लिये॥ ७७ ॥

राजा बोला—अहो द्विजराज! इस शिबिकाको छोड़कर आप मेरे ऊपर कृपा कीजिये। प्रभो! कृपया बताइये, इस जडवेषको धारण किये आप कौन हैं?॥ ७८ ॥ हे विद्वन्! आप कौन हैं? किस निमित्तसे यहाँ आपका आना हुआ? तथा आनेका क्या कारण है? यह सब आप मुझसे कहिये। मुझे आपके विषयमें सुननेकी बड़ी उत्कण्ठा हो रही है॥ ७९ ॥

ब्राह्मण बोले—हे राजन्! सुनो, मैं अमुक हूँ—यह बात कही नहीं जा सकती और तुमने जो मेरे यहाँ आनेका कारण पूछा सो आना-जाना आदि सभी क्रियाएँ कर्मफलके उपभोगके लिये ही हुआ करती हैं॥ ८० ॥ सुख-दुःखका भोग ही देह आदिकी प्राप्ति करानेवाला है तथा धर्माधर्मजन्य सुख-दुःखोंको भोगनेके लिये ही जीव देहादि धारण करता है॥ ८१ ॥ हे भूपाल! समस्त जीवोंकी सम्पूर्ण अवस्थाओंके कारण ये धर्म और अधर्म ही हैं, फिर विशेषरूपसे मेरे आगमनका कारण तुम क्यों पूछते हो?॥ ८२ ॥

राजा बोला—अवश्य ही, समस्त कार्योंमें धर्म और अधर्म ही कारण हैं और कर्मफलके उपभोगके लिये ही एक देहसे दूसरे देहमें जाना होता है॥ ८३ ॥ किन्तु आपने जो कहा कि 'मैं कौन हूँ—यह नहीं बताया जा सकता' इसी बातको सुननेकी मुझे इच्छा हो रही है॥ ८४ ॥

योऽस्ति सोऽहमिति ब्रह्मन्कथं वक्तुं न शक्यते।
आत्मन्येष न दोषाय शब्दोऽहमिति यो द्विज॥ ८५

ब्राह्मण उवाच

शब्दोऽहमिति दोषाय नात्मन्येष तथैव तत्।
अनात्मन्यात्मविज्ञानं शब्दो वा भ्रान्तिलक्षणः॥ ८६
जिह्वा ब्रवीत्यहमिति दन्तोष्ठौ तालुके नृप।
एते नाहं यतः सर्वे वाङ्निष्पादनहेतवः॥ ८७
किं हेतुभिर्वदत्येषा वागेवाहमिति स्वयम्।
अतः पीवानसीत्येतद्वक्तुमित्थं न युज्यते॥ ८८
पिण्डः पृथग्यतः पुंसः शिरःपाण्यादिलक्षणः।
ततोऽहमिति कुत्रैतां संज्ञां राजन्करोम्यहम्॥ ८९
यद्यन्योऽस्ति परः कोऽपि मत्तः पार्थिवसत्तम।
तदैषोऽहमयं चान्यो वक्तुमेवमपीष्यते॥ ९०
यदा समस्तदेहेषु पुमानेको व्यवस्थितः।
तदा हि को भवान्सोऽहमित्येतद्विफलं वचः॥ ९१
त्वं राजा शिबिका चेयमिमे वाहाः पुरःसराः।
अयं च भवतो लोको न सदेतन्नृपोच्यते॥ ९२
वृक्षाद्दारु ततश्चेयं शिबिका त्वदधिष्ठिता।
किं वृक्षसंज्ञा वास्याः स्याद्दारुसंज्ञाथ वा नृप॥ ९३
वृक्षारूढो महाराजो नायं वदति ते जनः।
न च दारुणि सर्वस्त्वां ब्रवीति शिबिकागतम्॥ ९४
शिबिका दारुसङ्घातो रचनास्थितिसंस्थितः।
अन्विष्यतां नृपश्रेष्ठ तद्भेदे शिबिका त्वया॥ ९५
एवं छत्रशलाकानां पृथग्भावे विमृश्यताम्।
क्व यातं छत्रमित्येष न्यायस्त्वयि तथा मयि॥ ९६
पुमान् स्त्री गौरजो वाजी कुञ्जरो विहगस्तरुः।
देहेषु लोकसंज्ञेयं विज्ञेया कर्महेतुषु॥ ९७
पुमान्न देवो न नरो न पशुर्न च पादपः।
शरीराकृतिभेदास्तु भूपैते कर्मयोनयः॥ ९८

हे ब्रह्मन्! 'जो है [अर्थात् जो आत्मा कर्ता-भोक्तारूपसे प्रतीत होता हुआ सदा सत्तारूपसे वर्तमान है] वही मैं हूँ'—ऐसा क्यों नहीं कहा जा सकता? हे द्विज! यह '**अहम्**' शब्द तो आत्मामें किसी प्रकारके दोषका कारण नहीं होता॥ ८५॥

ब्राह्मण बोले—हे राजन्! तुमने जो कहा कि '**अहम्**' शब्दसे आत्मामें कोई दोष नहीं आता सो ठीक ही है, किन्तु अनात्मामें ही आत्मत्वका ज्ञान करानेवाला भ्रान्तिमूलक '**अहम्**' शब्द ही दोषका कारण है॥ ८६॥ हे नृप! '**अहम्**' शब्दका उच्चारण जिह्वा, दन्त, ओष्ठ और तालुसे ही होता है, किन्तु ये सब उस शब्दके उच्चारणके कारण हैं, '**अहम्**' (मैं) नहीं॥ ८७॥ तो क्या जिह्वादि कारणोंके द्वारा यह वाणी ही स्वयं अपनेको '**अहम्**' कहती है? नहीं। अतः ऐसी स्थितिमें 'तू मोटा है' ऐसा कहना भी उचित नहीं है॥ ८८॥ सिर तथा कर-चरणादिरूप यह शरीर भी आत्मासे पृथक् ही है। अतः हे राजन्! इस '**अहम्**' शब्दका मैं कहाँ प्रयोग करूँ?॥ ८९॥ तथा हे नृपश्रेष्ठ! यदि मुझसे भिन्न कोई और भी सजातीय आत्मा हो तो भी 'यह मैं हूँ और यह अन्य है'—ऐसा कहा जा सकता था॥ ९०॥ किन्तु, जब समस्त शरीरोंमें एक ही आत्मा विराजमान है तब 'आप कौन हैं? मैं वह हूँ।' ये सब वाक्य निष्फल ही हैं॥ ९१॥

'तू राजा है, यह शिबिका है, ये सामने शिबिकावाहक हैं तथा ये सब तेरी प्रजा हैं'—हे नृप! इनमेंसे कोई भी बात परमार्थतः सत्य नहीं है॥ ९२॥ हे राजन्! वृक्षसे लकड़ी हुई और उससे तेरी यह शिबिका बनी; तो बता इसे लकड़ी कहा जाय या वृक्ष?॥ ९३॥ किन्तु 'महाराज वृक्षपर बैठे हैं' ऐसा कोई नहीं कहता और न कोई तुझे लकड़ीपर बैठा हुआ ही बताता है! सब लोग शिबिकामें बैठा हुआ ही कहते हैं॥ ९४॥ हे नृपश्रेष्ठ! रचनाविशेषमें स्थित लकड़ियोंका समूह ही तो शिबिका है। यदि वह उससे कोई भिन्न वस्तु है तो काष्ठको अलग करके उसे ढूँढ़ो॥ ९५॥ इसी प्रकार छत्रकी शलाकाओंको अलग रखकर छत्रका विचार करो कि वह कहाँ रहता है। यही न्याय तुममें और मुझमें लागू होता है [अर्थात् मेरे और तुम्हारे शरीर भी पंचभूतसे अतिरिक्त और कोई वस्तु नहीं हैं]॥ ९६॥ पुरुष, स्त्री, गौ, अज (बकरा), अश्व, गज, पक्षी और वृक्ष आदि लौकिक संज्ञाओंका प्रयोग कर्महेतुक शरीरोंमें ही जानना चाहिये॥ ९७॥ हे राजन्! पुरुष (जीव) तो न देवता है, न मनुष्य है, न पशु है और न वृक्ष है। ये सब तो कर्मजन्य शरीरोंकी आकृतियोंके ही भेद हैं॥ ९८॥

वस्तु राजेति यल्लोके यच्च राजभटात्मकम्।
तथान्यच्च नृपेत्थं तन्न सत्सङ्कल्पनामयम्॥ ९९
यत्तु कालान्तरेणापि नान्यां संज्ञामुपैति वै।
परिणामादिसम्भूतां तद्वस्तु नृप तच्च किम्॥ १००
त्वं राजा सर्वलोकस्य पितुः पुत्रो रिपो रिपुः।
पत्न्याः पतिः पिता सूनोः किं त्वां भूप वदाम्यहम्॥ १०१
त्वं किमेतच्छिरः किं नु ग्रीवा तव तथोदरम्।
किमु पादादिकं त्वं वा तवैतत्किं महीपते॥ १०२
समस्तावयवेभ्यस्त्वं पृथग्भूय व्यवस्थितः।
कोऽहमित्यत्र निपुणो भूत्वा चिन्तय पार्थिव॥ १०३
एवं व्यवस्थिते तत्त्वे मयाहमिति भाषितुम्।
पृथक्करणनिष्पाद्यं शक्यते नृपते कथम्॥ १०४

लोकमें धन, राजा, राजाके सैनिक तथा और भी जो-जो वस्तुएँ हैं, हे राजन् ! वे परमार्थतः सत्य नहीं हैं, केवल कल्पनामय ही हैं॥ ९९॥ जिस वस्तुकी परिणामादिके कारण होनेवाली कोई संज्ञा कालान्तरमें भी नहीं होती, वही परमार्थ-वस्तु है। हे राजन्! ऐसी वस्तु कौन-सी है?॥ १००॥ [तू अपनेहीको देख] समस्त प्रजाके लिये तू राजा है, पिताके लिये पुत्र है, शत्रुके लिये शत्रु है, पत्नीका पति है और पुत्रका पिता है। हे राजन्! बतला, मैं तुझे क्या कहूँ?॥ १०१॥ हे महीपते! तू क्या यह सिर है, अथवा ग्रीवा है या पेट अथवा पादादिमेंसे कोई है? तथा ये सिर आदि भी 'तेरे' क्या हैं?॥ १०२॥ हे पृथिवीश्वर! तू इन समस्त अवयवोंसे पृथक् है; अतः सावधान होकर विचार कि 'मैं कौन हूँ'॥ १०३॥ हे महाराज! आत्मतत्त्व इस प्रकार व्यवस्थित है। उसे सबसे पृथक् करके ही बताया जा सकता है। तो फिर, मैं उसे 'अहम्' शब्दसे कैसे बतला सकता हूँ?॥ १०४॥

इति श्रीविष्णुपुराणे द्वितीयेंऽशे त्रयोदशोध्यायः॥ १३॥

चौदहवाँ अध्याय

जडभरत और सौवीरनरेशका संवाद

श्रीपराशर उवाच

निशम्य तस्येति वचः परमार्थसमन्वितम्।
प्रश्रयावनतो भूत्वा तमाह नृपतिर्द्विजम्॥ १

राजोवाच

भगवन्यत्त्वया प्रोक्तं परमार्थमयं वचः।
श्रुते तस्मिन्भ्रमन्तीव मनसो मम वृत्तयः॥ २
एतद्विवेकविज्ञानं यदशेषेषु जन्तुषु।
भवता दर्शितं विप्र तत्परं प्रकृतेर्महत्॥ ३
नाहं वहामि शिबिकां शिबिका न मयि स्थिता।
शरीरमन्यदस्मत्तो येनेयं शिबिका धृता॥ ४
गुणप्रवृत्त्या भूतानां प्रवृत्तिः कर्मचोदिता।
प्रवर्तन्ते गुणा ह्येते किं ममेति त्वयोदितम्॥ ५
एतस्मिन्परमार्थज्ञ मम श्रोत्रपथं गते।
मनो विह्वलतामेति परमार्थार्थितां गतम्॥ ६

श्रीपराशरजी बोले—उनके ये परमार्थमय वचन सुनकर राजाने विनयावनत होकर उन विप्रवरसे कहा॥ १॥

राजा बोले—भगवन्! आपने जो परमार्थमय वचन कहे हैं उन्हें सुनकर मेरी मनोवृत्तियाँ भ्रान्त-सी हो गयी हैं॥ २॥ हे विप्र! आपने सम्पूर्ण जीवोंमें व्याप्त जिस असंग विज्ञानका दिग्दर्शन कराया है वह प्रकृतिसे परे ब्रह्म ही है [इसमें मुझे कोई सन्देह नहीं है]॥ ३॥ परंतु आपने जो कहा कि मैं शिबिकाको वहन नहीं कर रहा हूँ, शिबिका मेरे ऊपर नहीं है, जिसने इसे उठा रखा है वह शरीर मुझसे अत्यन्त पृथक् है। जीवोंकी प्रवृत्ति गुणों (सत्त्व, रज, तम)-की प्रेरणासे होती है और गुण कर्मोंसे प्रेरित होकर प्रवृत्त होते हैं—इसमें मेरा कर्तृत्व कैसे माना जा सकता है?॥ ४-५॥ हे परमार्थज्ञ! यह बात मेरे कानोंमें पड़ते ही मेरा मन परमार्थका जिज्ञासु होकर बड़ा उतावला हो रहा है॥ ६॥

पूर्वमेव महाभागं कपिलर्षिमहं द्विज।
प्रष्टुमभ्युद्यतो गत्वा श्रेयः किं त्वत्र शंस मे॥ ७
तदन्तरे च भवता यदेतद्वाक्यमीरितम्।
तेनैव परमार्थार्थं त्वयि चेतः प्रधावति॥ ८
कपिलर्षिर्भगवतः सर्वभूतस्य वै द्विज।
विष्णोरंशो जगन्मोहनाशायोर्वीमुपागतः॥ ९
स एव भगवान्नूनमस्माकं हितकाम्यया।
प्रत्यक्षतामत्र गतो यथैतद्भवतोच्यते॥ १०
तन्मह्यं प्रणताय त्वं यच्छ्रेयः परमं द्विज।
तद्वदाखिलविज्ञानजलवीच्युदधिर्भवान्॥ ११

ब्राह्मण उवाच

भूप पृच्छसि किं श्रेयः परमार्थं नु पृच्छसि।
श्रेयांस्यपरमार्थानि अशेषाणि च भूपते॥ १२
देवताराधनं कृत्वा धनसम्पदमिच्छति।
पुत्रानिच्छति राज्यं च श्रेयस्तस्यैव तन्नृप॥ १३
कर्म यज्ञात्मकं श्रेयः फलं स्वर्गाप्तिलक्षणम्।
श्रेयः प्रधानं च फले तदेवानभिसंहिते॥ १४
आत्मा ध्येयः सदा भूप योगयुक्तैस्तथा परम्।
श्रेयस्तस्यैव संयोगः श्रेयो यः परमात्मनः॥ १५
श्रेयांस्येवमनेकानि शतशोऽथ सहस्रशः।
सन्त्यत्र परमार्थस्तु न त्वेते श्रूयतां च मे॥ १६
धर्माय त्यज्यते किन्नु परमार्थो धनं यदि।
व्ययश्च क्रियते कस्मात्कामप्राप्त्युपलक्षणः॥ १७
पुत्रश्चेत्परमार्थः स्यात्सोऽप्यन्यस्य नरेश्वर।
परमार्थभूतः सोऽन्यस्य परमार्थो हि तत्पिता॥ १८
एवं न परमार्थोऽस्ति जगत्यस्मिञ्चराचरे।
परमार्थो हि कार्याणि कारणानामशेषतः॥ १९
राज्यादिप्राप्तिरत्रोक्ता परमार्थतया यदि।
परमार्था भवन्त्यत्र न भवन्ति च वै ततः॥ २०
ऋग्यजुःसामनिष्पाद्यं यज्ञकर्म मतं तव।
परमार्थभूतं तत्रापि श्रूयतां गदतो मम॥ २१

हे द्विज! मैं तो पहले ही महाभाग कपिल मुनिसे यह पूछनेके लिये कि बताइये 'संसारमें मनुष्योंका श्रेय किसमें है' उनके पास जानेको तत्पर हुआ हूँ॥ ७॥ किन्तु बीचहीमें, आपने जो वाक्य कहे हैं उन्हें सुनकर मेरा चित्त परमार्थ-श्रवण करनेके लिये आपकी ओर झुक गया है॥ ८॥ हे द्विज! ये कपिल मुनि सर्वभूत भगवान् विष्णुके ही अंश हैं। इन्होंने संसारका मोह दूर करनेके लिये ही पृथिवीपर अवतार लिया है॥ ९॥ किन्तु आप जो इस प्रकार भाषण कर रहे हैं उससे मुझे निश्चय होता है कि वे ही भगवान् कपिलदेव मेरे हितकी कामनासे यहाँ आपके रूपमें प्रकट हो गये हैं॥ १०॥ अतः हे द्विज! हमारा जो परम श्रेय हो वह आप मुझ विनीतसे कहिये। हे प्रभो! आप सम्पूर्ण विज्ञान-तरंगोंके मानो समुद्र ही हैं॥ ११॥

ब्राह्मण बोले—हे राजन्! तुम श्रेय पूछना चाहते हो या परमार्थ? क्योंकि हे भूपते! श्रेय तो सब अपारमार्थिक ही हैं॥ १२॥ हे नृप! जो पुरुष देवताओंकी आराधना करके धन, सम्पत्ति, पुत्र और राज्यादिकी इच्छा करता है उसके लिये तो वे ही परम श्रेय हैं॥ १३॥ जिसका फल स्वर्गलोककी प्राप्ति है वह यज्ञात्मक कर्म भी श्रेय है; किन्तु प्रधान श्रेय तो उसके फलकी इच्छा न करनेमें ही है॥ १४॥ अतः हे राजन्! योगयुक्त पुरुषोंको प्रकृति आदिसे अतीत उस आत्माका ही ध्यान करना चाहिये, क्योंकि उस परमात्माका संयोगरूप श्रेय ही वास्तविक श्रेय है॥ १५॥

इस प्रकार श्रेय तो सैकड़ों-हजारों प्रकारके अनेकों हैं, किंतु ये सब परमार्थ नहीं हैं। अब जो परमार्थ है सो सुनो—॥ १६ यदि धन ही परमार्थ है तो धर्मके लिये उसका त्याग क्यों किया जाता है? तथा इच्छित भोगोंकी प्राप्तिके लिये उसका व्यय क्यों किया जाता है? [अतः वह परमार्थ नहीं है]॥ १७॥ हे नरेश्वर! यदि पुत्रको परमार्थ कहा जाय तो वह तो अन्य (अपने पिता)-का परमार्थभूत है, तथा उसका पिता भी दूसरेका पुत्र होनेके कारण उस (अपने पिता)-का परमार्थ होगा॥ १८॥ अतः इस चराचर जगत्में पिताका कार्यरूप पुत्र भी परमार्थ नहीं है। क्योंकि फिर तो सभी कारणोंके कार्य परमार्थ हो जायँगे॥ १९॥ यदि संसारमें राज्यादिकी प्राप्तिको परमार्थ कहा जाय तो ये कभी रहते हैं और कभी नहीं रहते। अतः परमार्थ भी आगमापायी हो जायगा। [इसलिये राज्यादि भी परमार्थ नहीं हो सकते]॥ २०॥ यदि ऋक्, यजुः और सामरूप वेदत्रयीसे सम्पन्न होनेवाले यज्ञकर्मको परमार्थ मानते हो तो उसके विषयमें मेरा ऐसा विचार है—॥ २१॥

यत्तु निष्पाद्यते कार्यं मृदा कारणभूतया।
तत्कारणानुगमनाज्ज्ञायते नृप मृण्मयम्॥ २२

एवं विनाशिभिर्द्रव्यैः समिदाज्यकुशादिभिः।
निष्पाद्यते क्रिया या तु सा भवित्री विनाशिनी॥ २३

अनाशी परमार्थश्च प्राज्ञैरभ्युपगम्यते।
तत्तु नाशि न सन्देहो नाशिद्रव्योपपादितम्॥ २४

तदेवाफलदं कर्म परमार्थो मतस्तव।
मुक्तिसाधनभूतत्वात्परमार्थो न साधनम्॥ २५

ध्यानं चैवात्मनो भूप परमार्थार्थशब्दितम्।
भेदकारि परेभ्यस्तु परमार्थो न भेदवान्॥ २६

परमात्मात्मनोर्योगः परमार्थ इतीष्यते।
मिथ्यैतदन्यद्द्रव्यं हि नैति तद्द्रव्यतां यतः॥ २७

तस्माच्छ्रेयांस्यशेषाणि नृपैतानि न संशयः।
परमार्थस्तु भूपाल संक्षेपाच्छ्रूयतां मम॥ २८

एको व्यापी समः शुद्धो निर्गुणः प्रकृतेः परः।
जन्मवृद्ध्यादिरहित आत्मा सर्वगतोऽव्ययः॥ २९

परज्ञानमयोऽसद्भिर्नामजात्यादिभिर्विभुः।
न योगवान्न युक्तोऽभून्नैव पार्थिव योक्ष्यते॥ ३०

तस्यात्मपरदेहेषु सतोऽप्येकमयं हि यत्।
विज्ञानं परमार्थोऽसौ द्वैतिनोऽतथ्यदर्शिनः॥ ३१

वेणुरन्ध्रप्रभेदेन भेदः षड्जादिसंज्ञितः।
अभेदव्यापिनो वायोस्तथास्य परमात्मनः॥ ३२

एकस्वरूपभेदश्च बाह्यकर्मप्रवृत्तिजः।
देवादिभेदेऽपध्वस्ते नास्त्येवावरणे हि सः॥ ३३

हे नृप! जो वस्तु कारणरूपा मृत्तिकाका कार्य होती है वह कारणकी अनुगामिनी होनेसे मृत्तिकारूप ही जानी जाती है॥ २२॥ अतः जो क्रिया समिध, घृत और कुशा आदि नाशवान् द्रव्योंसे सम्पन्न होती है वह भी नाशवान् ही होगी॥ २३॥ किन्तु परमार्थको तो प्राज्ञ पुरुष अविनाशी बतलाते हैं और नाशवान् द्रव्योंसे निष्पन्न होनेके कारण कर्म [अथवा उनसे निष्पन्न होनेवाले स्वर्गादि] नाशवान् ही हैं—इसमें सन्देह नहीं॥ २४॥ यदि फलाशासे रहित निष्कामकर्मको परमार्थ मानते हो तो वह तो मुक्तिरूप फलका साधन होनेसे साधन ही है, परमार्थ नहीं॥ २५॥ यदि देहादिसे आत्माका पार्थक्य विचारकर उसके ध्यान करनेको परमार्थ कहा जाय तो वह तो अनात्मासे आत्माका भेद करनेवाला है और परमार्थमें भेद है नहीं [अतः वह भी परमार्थ नहीं हो सकता]॥ २६॥ यदि परमात्मा और जीवात्माके संयोगको परमार्थ कहें तो ऐसा कहना सर्वथा मिथ्या है, क्योंकि अन्य द्रव्यसे अन्य द्रव्यकी एकता कभी नहीं हो सकती*॥ २७॥

अतः हे राजन्! निःसन्देह ये सब श्रेय ही हैं, [परमार्थ नहीं] अब जो परमार्थ है वह मैं संक्षेपसे सुनाता हूँ, श्रवण करो॥ २८॥ आत्मा एक, व्यापक, सम, शुद्ध, निर्गुण और प्रकृतिसे परे है; वह जन्म-वृद्धि आदिसे रहित, सर्वव्यापी और अव्यय है॥ २९॥ हे राजन्! वह परम ज्ञानमय है, असत् नाम और जाति आदिसे उस सर्वव्यापकका संयोग न कभी हुआ, न है और न होगा॥ ३०॥ 'वह, अपने और अन्य प्राणियोंके शरीरमें विद्यमान रहते हुए भी, एक ही है'—इस प्रकारका जो विशेष ज्ञान है वही परमार्थ है; द्वैत भावनावाले पुरुष तो अपरमार्थदर्शी हैं॥ ३१॥ जिस प्रकार अभिन्न भावसे व्याप्त एक ही वायुके बाँसुरीके छिद्रोंके भेदसे षड्ज आदि भेद होते हैं उसी प्रकार [शरीरादि उपाधियोंके कारण] एक ही परमात्माके [देवता-मनुष्यादि] अनेक भेद प्रतीत होते हैं॥ ३२॥ एकरूप आत्माके जो नाना भेद हैं वे बाह्य देहादिकी कर्मप्रवृत्तिके कारण ही हुए हैं। देवादि शरीरोंके भेदका निराकरण हो जानेपर वह नहीं रहता। उसकी स्थिति तो अविद्याके आवरणतक ही है॥ ३३॥

इति श्रीविष्णुपुराणे द्वितीयेंऽशे चतुर्दशोऽध्यायः॥ १४॥

* अर्थात् यदि आत्मा परमात्मासे भिन्न है तब तो गौ और अश्वके समान उनकी एकता हो नहीं सकती और यदि बिम्ब-प्रतिबिम्बकी भाँति अभिन्न है तो उपाधिके निराकरणके अतिरिक्त और उनका संयोग ही क्या होगा?

पन्द्रहवाँ अध्याय

ऋभुका निदाघको अद्वैतज्ञानोपदेश

श्रीपराशर उवाच

इत्युक्ते मौनिनं भूयश्चिन्तयानं महीपतिम्।
प्रत्युवाचाथ विप्रोऽसावद्वैतान्तर्गतां कथाम्॥ १

ब्राह्मण उवाच

श्रूयतां नृपशार्दूल यद्गीतमृभुणा पुरा।
अवबोधं जनयता निदाघस्य महात्मनः॥ २
ऋभुर्नामाऽभवत्पुत्रो ब्रह्मणः परमेष्ठिनः।
विज्ञाततत्त्वसद्भावो निसर्गादेव भूपते॥ ३
तस्य शिष्यो निदाघोऽभूत्पुलस्त्यतनयः पुरा।
प्रादादशेषविज्ञानं स तस्मै परया मुदा॥ ४
अवाप्तज्ञानतन्त्रस्य न तस्याद्वैतवासना।
स ऋभुस्तर्कयामास निदाघस्य नरेश्वर॥ ५
देविकायास्तटे वीरनगरं नाम वै पुरम्।
समृद्धमतिरम्यं च पुलस्त्येन निवेशितम्॥ ६
रम्योपवनपर्यन्ते स तस्मिन्पार्थिवोत्तम।
निदाघो नाम योगज्ञ ऋभुशिष्योऽवसत्पुरा॥ ७
दिव्ये वर्षसहस्रे तु समतीतेऽस्य तत्पुरम्।
जगाम स ऋभुः शिष्यं निदाघमवलोककः॥ ८
स तस्य वैश्वदेवान्ते द्वारालोकनगोचरे।
स्थितस्तेन गृहीतार्घ्यो निजवेश्म प्रवेशितः॥ ९
प्रक्षालिताङ्घ्रिपाणिं च कृतासनपरिग्रहम्।
उवाच स द्विजश्रेष्ठो भुज्यतामिति सादरम्॥ १०

ऋभुरुवाच

भो विप्रवर्य भोक्तव्यं यदन्नं भवतो गृहे।
तत्कथ्यतां कदन्नेषु न प्रीतिः सततं मम॥ ११

निदाघ उवाच

सक्तुयावकवाट्यानामपूपानां च मे गृहे।
यद्रोचते द्विजश्रेष्ठ तत्त्वं भुङ्क्ष्व यथेच्छया॥ १२

ऋभुरुवाच

कदन्नानि द्विजैतानि मृष्टमन्नं प्रयच्छ मे।
संयावपायसादीनि द्रप्सफाणितवन्ति च॥ १३

श्रीपराशरजी बोले—हे मैत्रेय! ऐसा कहनेपर, राजाको मौन होकर मन-ही-मन सोच-विचार करते देख वे विप्रवर यह अद्वैत-सम्बन्धिनी कथा सुनाने लगे॥ १॥

ब्राह्मण बोले—हे राजशार्दूल! पूर्वकालमें महर्षि ऋभुने महात्मा निदाघको उपदेश करते हुए जो कुछ कहा था वह सुनो॥ २॥ हे भूपते! परमेष्ठी श्रीब्रह्माजीका ऋभु नामक एक पुत्र था, वह स्वभावसे ही परमार्थतत्त्वको जाननेवाला था॥ ३॥ पूर्वकालमें महर्षि पुलस्त्यका पुत्र निदाघ उन ऋभुका शिष्य था। उसे उन्होंने अति प्रसन्न होकर सम्पूर्ण तत्त्वज्ञानका उपदेश दिया था॥ ४॥ हे नरेश्वर! ऋभुने देखा कि सम्पूर्ण शास्त्रोंका ज्ञान होते हुए भी निदाघकी अद्वैतमें निष्ठा नहीं है॥ ५॥

उस समय देविकानदीके तीरपर पुलस्त्यजीका बसाया हुआ वीरनगर नामक एक अति रमणीक और समृद्धि-सम्पन्न नगर था॥ ६॥ हे पार्थिवोत्तम! रम्य उपवनोंसे सुशोभित उस पुरमें पूर्वकालमें ऋभुका शिष्य योगवेत्ता निदाघ रहता था॥ ७॥ महर्षि ऋभु अपने शिष्य निदाघको देखनेके लिये एक सहस्र दिव्यवर्ष बीतनेपर उस नगरमें गये॥ ८॥ जिस समय निदाघ बलिवैश्वदेवके अनन्तर अपने द्वारपर [अतिथियोंकी] प्रतीक्षा कर रहा था, वे उसके दृष्टिगोचर हुए और वह उन्हें द्वारपर पहुँच अर्घ्यदानपूर्वक अपने घरमें ले गया॥ ९॥ उस द्विजश्रेष्ठने उनके हाथ-पैर धुलाये और फिर आसनपर बिठाकर आदरपूर्वक कहा—'भोजन कीजिये'॥ १०॥

ऋभु बोले—हे विप्रवर! आपके यहाँ क्या-क्या अन्न भोजन करना होगा—यह बताइये, क्योंकि कुत्सित अन्नमें मेरी रुचि नहीं है॥ ११॥

निदाघने कहा—हे द्विजश्रेष्ठ! मेरे घरमें सत्तू, जौकी लप्सी, कन्द-मूल-फलादि तथा पूए बने हैं। आपको इनमेंसे जो कुछ रुचे वही भोजन कीजिये॥ १२॥

ऋभु बोले—हे द्विज! ये तो सभी कुत्सित अन्न हैं, मुझे तो तुम हलवा, खीर तथा मट्ठा और खाँड़से बने स्वादिष्ट भोजन कराओ॥ १३॥

निदाघ उवाच

हे हे शालिनि मद्गेहे यत्किञ्चिदतिशोभनम्।
भक्ष्योपसाधनं मृष्टं तेनास्यान्नं प्रसाधय॥ १४

ब्राह्मण उवाच

इत्युक्ता तेन सा पत्नी मृष्टमन्नं द्विजस्य यत्।
प्रसाधितवती तद्वै भर्तुर्वचनगौरवात्॥ १५
तं भुक्तवन्तमिच्छातो मृष्टमन्नं महामुनिम्।
निदाघः प्राह भूपाल प्रश्रयावनतः स्थितः॥ १६

निदाघ उवाच

अपि ते परमा तृप्तिरुत्पन्ना तुष्टिरेव च।
अपि ते मानसं स्वस्थमाहारेण कृतं द्विज॥ १७
क्व निवासो भवान्विप्र क्व च गन्तुं समुद्यतः।
आगम्यते च भवता यतस्तच्च द्विजोच्यताम्॥ १८

ऋभुरुवाच

क्षुद्यस्य तस्य भुक्तेऽन्ने तृप्तिर्ब्राह्मण जायते।
न मे क्षुन्नाभवत्तृप्तिः कस्मान्मां परिपृच्छसि॥ १९
वह्निना पार्थिवे धातौ क्षपिते क्षुत्समुद्भवः।
भवत्यम्भसि च क्षीणे नृणां तृडपि जायते॥ २०
क्षुत्तृष्णे देहधर्माख्ये न ममैते यतो द्विज।
ततः क्षुत्सम्भवाभावात्तृप्तिरस्त्येव मे सदा॥ २१
मनसः स्वस्थता तुष्टिश्चित्तधर्माविमौ द्विज।
चेतसो यस्य तत्पृच्छ पुमानेभिर्न युज्यते॥ २२
क्व निवासस्तवेत्युक्तं क्व गन्तासि च यत्त्वया।
कुतश्चागम्यते तत्र त्रितयेऽपि निबोध मे॥ २३
पुमान्सर्वगतो व्यापी आकाशवदयं यतः।
कुतः कुत्र क्व गन्तासीत्येतदप्यर्थवत्कथम्॥ २४
सोऽहं गन्ता न चागन्ता नैकदेशनिकेतनः।
त्वं चान्ये च न च त्वं च नान्ये नैवाहमप्यहम्॥ २५
मृष्टं न मृष्टमप्येषा जिज्ञासा मे कृता तव।
किं वक्ष्यसीति तत्रापि श्रूयतां द्विजसत्तम॥ २६
किमस्वाद्वथ वा मृष्टं भुञ्जतोऽस्ति द्विजोत्तम।
मृष्टमेव यदामृष्टं तदेवोद्वेगकारकम्॥ २७

तब निदाघने [अपनी स्त्रीसे] कहा—हे गृहदेवि! हमारे घरमें जो अच्छी-से-अच्छी वस्तु हो उसीसे इनके लिये अति स्वादिष्ट भोजन बनाओ॥ १४॥

ब्राह्मण (जडभरत)-ने कहा—उसके ऐसा कहनेपर उसकी पत्नीने अपने पतिकी आज्ञासे उन विप्रवरके लिये अति स्वादिष्ट अन्न तैयार किया॥ १५॥

हे राजन्! ऋभुके यथेच्छ भोजन कर चुकनेपर निदाघने अति विनीत होकर उन महामुनिसे कहा॥ १६॥

निदाघ बोले—हे द्विज! कहिये भोजन करके आपका चित्त स्वस्थ हुआ न? आप पूर्णतया तृप्त और सन्तुष्ट हो गये न?॥ १७॥ हे विप्रवर! कहिये आप कहाँ रहनेवाले हैं? कहाँ जानेकी तैयारीमें हैं? और कहाँसे पधारे हैं?॥ १८॥

ऋभु बोले—हे ब्राह्मण! जिसको क्षुधा लगती है उसीकी तृप्ति भी हुआ करती है। मुझको तो कभी क्षुधा ही नहीं लगी, फिर तृप्तिके विषयमें तुम क्या पूछते हो?॥ १९॥ जठराग्निके द्वारा पार्थिव (ठोस) धातुओंके क्षीण हो जानेसे मनुष्यको क्षुधाकी प्रतीति होती है और जलके क्षीण होनेसे तृषाका अनुभव होता है॥ २०॥ हे द्विज! ये क्षुधा और तृषा तो देहके ही धर्म हैं, मेरे नहीं; अतः कभी क्षुधित न होनेके कारण मैं तो सर्वदा तृप्त ही हूँ॥ २१॥ स्वस्थता और तुष्टि भी मनहीमें होते हैं, अतः ये मनहीके धर्म हैं; पुरुष (आत्मा)-से इनका कोई सम्बन्ध नहीं है। इसलिये हे द्विज! ये जिसके धर्म हैं उसीसे इनके विषयमें पूछो॥ २२॥ और तुमने जो पूछा कि 'आप कहाँ रहनेवाले हैं? कहाँ जा रहे हैं? तथा कहाँसे आये हैं' सो इन तीनोंके विषयमें मेरा मत सुनो—॥ २३॥ आत्मा सर्वगत है, क्योंकि यह आकाशके समान व्यापक है; अतः 'कहाँसे आये हो, कहाँ रहते हो और कहाँ जाओगे?' यह कथन भी कैसे सार्थक हो सकता है?॥ २४॥ मैं तो न कहीं जाता हूँ, न आता हूँ और न किसी एक स्थानपर रहता हूँ। [तू, मैं और अन्य पुरुष भी देहादिके कारण जैसे पृथक्-पृथक् दिखायी देते हैं वास्तवमें वैसे नहीं हैं] वस्तुतः तू तू नहीं है, अन्य अन्य नहीं है और मैं मैं नहीं हूँ॥ २५॥

वास्तवमें मधुर मधुर है भी नहीं; देखो, मैंने तुमसे जो मधुर अन्नकी याचना की थी उससे भी मैं यही देखना चाहता था कि 'तुम क्या कहते हो।' हे द्विजश्रेष्ठ! भोजन करनेवालेके लिये स्वादु और अस्वादु भी क्या है? क्योंकि स्वादिष्ट पदार्थ ही जब समयान्तरसे अस्वादु हो जाता है तो वही उद्वेगजनक होने लगता है॥ २६-२७॥

अमृष्टं जायते मृष्टं मृष्टादुद्विजते जनः।
आदिमध्यावसानेषु किमन्नं रुचिकारकम्॥ २८

मृण्मयं हि गृहं यद्वन्मृदा लिप्तं स्थिरं भवेत्।
पार्थिवोऽयं तथा देहः पार्थिवैः परमाणुभिः॥ २९

यवगोधूममुद्गादि घृतं तैलं पयो दधि।
गुडं फलादीनि तथा पार्थिवाः परमाणवः॥ ३०

तदेतद्भवता ज्ञात्वा मृष्टामृष्टविचारि यत्।
तन्मनस्समतालम्बि कार्यं साम्यं हि मुक्तये॥ ३१

ब्राह्मण उवाच

इत्याकर्ण्य वचस्तस्य परमार्थाश्रितं नृप।
प्रणिपत्य महाभागो निदाघो वाक्यमब्रवीत्॥ ३२

प्रसीद मद्धितार्थाय कथ्यतां यत्त्वमागतः।
नष्टो मोहस्तवाकर्ण्य वचांस्येतानि मे द्विज॥ ३३

ऋभुरुवाच

ऋभुरस्मि तवाचार्यः प्रज्ञादानाय ते द्विज।
इहागतोऽहं यास्यामि परमार्थस्तवोदितः॥ ३४

एवमेकमिदं विद्धि न भेदि सकलं जगत्।
वासुदेवाभिधेयस्य स्वरूपं परमात्मनः॥ ३५

ब्राह्मण उवाच

तथेत्युक्त्वा निदाघेन प्रणिपातपुरःसरम्।
पूजितः परया भक्त्या इच्छातः प्रययावृभुः॥ ३६

इसी प्रकार कभी अरुचिकर पदार्थ रुचिकर हो जाते हैं और रुचिकर पदार्थोंसे मनुष्यको उद्वेग हो जाता है। ऐसा अन्न भला कौन-सा है जो आदि, मध्य और अन्त तीनों कालमें रुचिकर ही हो?॥ २८॥ जिस प्रकार मिट्टीका घर मिट्टीसे लीपने-पोतनेसे दृढ़ होता है, उसी प्रकार यह पार्थिव देह पार्थिव अन्नके परमाणुओंसे पुष्ट हो जाता है॥ २९॥ जौ, गेहूँ, मूँग, घृत, तैल, दूध, दही, गुड़ और फल आदि सभी पदार्थ पार्थिव परमाणु ही तो हैं। [इनमेंसे किसको स्वादु कहें और किसको अस्वादु?]॥ ३०॥ अतः ऐसा जानकर तुम्हें इस स्वादु-अस्वादुका विचार करनेवाले चित्तको समदर्शी बनाना चाहिये, क्योंकि मोक्षका एकमात्र उपाय समता ही है॥ ३१॥

ब्राह्मण बोले—हे राजन्! उनके ऐसे परमार्थमय वचन सुनकर महाभाग निदाघने उन्हें प्रणाम करके कहा—॥ ३२॥ "प्रभो! आप प्रसन्न होइये! कृपया बतलाइये, मेरे कल्याणकी कामनासे आये हुए आप कौन हैं? हे द्विज! आपके इन वचनोंको सुनकर मेरा सम्पूर्ण मोह नष्ट हो गया है"॥ ३३॥

ऋभु बोले—हे द्विज! मैं तेरा गुरु ऋभु हूँ; तुझको सदसद्विवेकिनी बुद्धि प्रदान करनेके लिये मैं यहाँ आया था। अब मैं जाता हूँ; जो कुछ परमार्थ है वह मैंने तुझसे कह ही दिया है॥ ३४॥ इस परमार्थतत्त्वका विचार करते हुए तू इस सम्पूर्ण जगत्‌को एक वासुदेव परमात्माहीका स्वरूप जान; इसमें भेद-भाव बिलकुल नहीं है॥ ३५॥

ब्राह्मण बोले—तदनन्तर निदाघने 'बहुत अच्छा' कह उन्हें प्रणाम किया और फिर उससे परम भक्तिपूर्वक पूजित हो ऋभु स्वेच्छानुसार चले गये॥ ३६॥

इति श्रीविष्णुपुराणे द्वितीयेंऽशे पञ्चदशोऽध्यायः॥ १५॥

सोलहवाँ अध्याय

ऋभुकी आज्ञासे निदाघका अपने घरको लौटना

ब्राह्मण उवाच

ऋभुर्वर्षसहस्रे तु समतीते नरेश्वर।
निदाघज्ञानदानाय तदेव नगरं ययौ॥ १

नगरस्य बहिः सोऽथ निदाघं ददृशे मुनिः।
महाबलपरीवारे पुरं विशति पार्थिवे॥ २

ब्राह्मण बोले—हे नरेश्वर! तदनन्तर सहस्र वर्ष व्यतीत होनेपर महर्षि ऋभु निदाघको ज्ञानोपदेश करनेके लिये फिर उसी नगरको गये॥ १॥ वहाँ पहुँचनेपर उन्होंने देखा कि वहाँका राजा बहुत-सी सेना आदिके साथ बड़ी धूम-धामसे नगरमें प्रवेश कर

दूरे स्थितं महाभागं जनसम्मर्दवर्जकम्।
क्षुत्क्षामकण्ठमायान्तमरण्यात्ससमित्कुशम्॥ ३
दृष्ट्वा निदाघं स ऋभुरुपगम्याभिवाद्य च।
उवाच कस्मादेकान्ते स्थीयते भवता द्विज॥ ४

निदाघ उवाच

भो विप्र जनसम्मर्दो महानेष नरेश्वरः।
प्रविविक्षुः पुरं रम्यं तेनात्र स्थीयते मया॥ ५

ऋभुरुवाच

नराधिपोऽत्र कतमः कतमश्चेतरो जनः।
कथ्यतां मे द्विजश्रेष्ठ त्वमभिज्ञो मतो मम॥ ६

निदाघ उवाच

योऽयं गजेन्द्रमुन्मत्तमद्रिशृंगसमुच्छ्रितम्।
अधिरूढो नरेन्द्रोऽयं परिलोकस्तथेतरः॥ ७

ऋभुरुवाच

एतौ हि गजराजानौ युगपद्दर्शितौ मम।
भवता न विशेषेण पृथक्चिह्नोपलक्षणौ॥ ८
तत्कथ्यतां महाभाग विशेषो भवतानयोः।
ज्ञातुमिच्छाम्यहं कोऽत्र गजः को वा नराधिपः॥ ९

निदाघ उवाच

गजो योऽयमधो ब्रह्मन्नुपर्यस्यैष भूपतिः।
वाह्यवाहकसम्बन्धं को न जानाति वै द्विज॥ १०

ऋभुरुवाच

जानाम्यहं यथा ब्रह्मंस्तथा मामवबोधय।
अधःशब्दनिगद्यं हि किं चोर्ध्वमभिधीयते॥ ११

ब्राह्मण उवाच

इत्युक्तः सहसारुह्य निदाघः प्राह तमृभुम्।
श्रूयतां कथयाम्येष यन्मां त्वं परिपृच्छसि॥ १२
उपर्यहं यथा राजा त्वमधः कुञ्जरो यथा।
अवबोधाय ते ब्रह्मन्दृष्टान्तो दर्शितो मया॥ १३

ऋभुरुवाच

त्वं राजेव द्विजश्रेष्ठ स्थितोऽहं गजवद्यदि।
तदेतत्त्वं समाचक्ष्व कतमस्त्वमहं तथा॥ १४

रहा है और वनसे कुशा तथा समिध लेकर आया हुआ महाभाग निदाघ जनसमूहसे हटकर भूखा-प्यासा दूर खड़ा है॥ २-३॥

निदाघको देखकर ऋभु उसके निकट गये और उसका अभिवादन करके बोले—'हे द्विज! यहाँ एकान्तमें आप कैसे खड़े हैं'॥ ४॥

निदाघ बोले—हे विप्रवर! आज इस अति रमणीक नगरमें राजा जाना चाहता है, सो मार्गमें बड़ी भीड़ हो रही है; इसलिये मैं यहाँ खड़ा हूँ॥ ५॥

ऋभु बोले—हे द्विजश्रेष्ठ! मालूम होता है आप यहाँकी सब बातें जानते हैं। अतः कहिये इनमें राजा कौन है? और अन्य पुरुष कौन हैं?॥ ६॥

निदाघ बोले—यह जो पर्वतके समान ऊँचे मत्त गजराजपर चढ़ा हुआ है वही राजा है तथा दूसरे लोग परिजन हैं॥ ७॥

ऋभु बोले—आपने राजा और गज, दोनों एक साथ ही दिखाये, किंतु इन दोनोंके पृथक्-पृथक् विशेष चिह्न अथवा लक्षण नहीं बतलाये॥ ८॥ अतः हे महाभाग! इन दोनोंमें क्या-क्या विशेषताएँ हैं, यह बतलाइये। मैं यह जानना चाहता हूँ कि इनमें कौन राजा है और कौन गज है?॥ ९॥

निदाघ बोले—इनमें जो नीचे है वह गज है और उसके ऊपर राजा है। हे द्विज! इन दोनोंका वाह्य-वाहक-सम्बन्ध है—इस बातको कौन नहीं जानता?॥ १०॥

ऋभु बोले—[ठीक है, किन्तु] हे ब्रह्मन्! मुझे इस प्रकार समझाइये, जिससे मैं यह जान सकूँ कि 'नीचे' इस शब्दका वाच्य क्या है? और 'ऊपर' किसे कहते हैं॥ ११॥

ब्राह्मणने कहा—ऋभुके ऐसा कहनेपर निदाघने अकस्मात् उनके ऊपर चढ़कर कहा—"सुनिये, आपने जो पूछा है वही बतलाता हूँ—॥ १२॥ इस समय राजाकी भाँति मैं तो ऊपर हूँ और गजकी भाँति आप नीचे हैं। हे ब्रह्मन्! आपको समझानेके लिये ही मैंने यह दृष्टान्त दिखलाया है"॥ १३॥

ऋभु बोले—हे द्विजश्रेष्ठ! यदि आप राजाके समान हैं और मैं गजके समान हूँ तो यह बताइये कि आप कौन हैं? और मैं कौन हूँ?॥ १४॥

ब्राह्मण उवाच

इत्युक्तः सत्वरं तस्य प्रगृह्य चरणावुभौ।
निदाघस्त्वाह भगवानाचार्यस्त्वमृभुर्ध्रुवम्॥ १५
नान्यस्याद्वैतसंस्कारसंस्कृतं मानसं तथा।
यथाचार्यस्य तेन त्वां मन्ये प्राप्तमहं गुरुम्॥ १६

ऋभुरुवाच

तवोपदेशदानाय पूर्वशुश्रूषणादृतः।
गुरुस्नेहादृभुर्नाम निदाघ समुपागतः॥ १७
तदेतदुपदिष्टं ते सङ्क्षेपेण महामते।
परमार्थसारभूतं यत्तदद्वैतमशेषतः॥ १८

ब्राह्मण उवाच

एवमुक्त्वा ययौ विद्वान्निदाघं स ऋभुर्गुरुः।
निदाघोऽप्युपदेशेन तेनाद्वैतपरोऽभवत्॥ १९
सर्वभूतान्यभेदेन ददृशे स तदात्मनः।
यथा ब्रह्मपरो मुक्तिमवाप परमां द्विजः॥ २०
तथा त्वमपि धर्मज्ञ तुल्यात्मरिपुबान्धवः।
भव सर्वगतं जानन्नात्मानमवनीपते॥ २१
सितनीलादिभेदेन यथैकं दृश्यते नभः।
भ्रान्तिदृष्टिभिरात्मापि तथैकः सन्पृथक्पृथक्॥ २२
एकः समस्तं यदिहास्ति किञ्चि-
त्तदच्युतो नास्ति परं ततोऽन्यत्।
सोऽहं स च त्वं स च सर्वमेत-
दात्मस्वरूपं त्यज भेदमोहम्॥ २३

श्रीपराशर उवाच

इतीरितस्तेन स राजवर्य-
स्तत्याज भेदं परमार्थदृष्टिः।
स चापि जातिस्मरणाप्तबोध-
स्तत्रैव जन्मन्यपवर्गमाप॥ २४
इति भरतनरेन्द्रसारवृत्तं
कथयति यश्च शृणोति भक्तियुक्तः।
स विमलमतिरेति नात्ममोहं
भवति च संसरणेषु मुक्तियोग्यः॥ २५

ब्राह्मणने कहा—ऋभुके ऐसा कहनेपर निदाघने तुरन्त ही उनके दोनों चरण पकड़ लिये और कहा—'निश्चय ही आप आचार्यचरण महर्षि ऋभु हैं॥ १५॥ हमारे आचार्यजीके समान अद्वैत-संस्कारयुक्त चित्त और किसीका नहीं है; अतः मेरा विचार है कि आप हमारे गुरुजी ही आकर उपस्थित हुए हैं'॥ १६॥

ऋभु बोले—हे निदाघ! पहले तुमने सेवा-शुश्रूषा करके मेरा बहुत आदर किया था अतः तुम्हारे स्नेहवश मैं ऋभु नामक तुम्हारा गुरु ही तुमको उपदेश देनेके लिये आया हूँ॥ १७॥ हे महामते! 'समस्त पदार्थोंमें अद्वैत-आत्म-बुद्धि रखना' यही परमार्थका सार है जो मैंने तुम्हें संक्षेपमें उपदेश कर दिया॥ १८॥

ब्राह्मण बोले—निदाघसे ऐसा कह परम विद्वान् गुरुवर भगवान् ऋभु चले गये और उनके उपदेशसे निदाघ भी अद्वैत-चिन्तनमें तत्पर हो गया॥ १९॥ और समस्त प्राणियोंको अपनेसे अभिन्न देखने लगा हे धर्मज्ञ! हे पृथिवीपते! जिस प्रकार उस ब्रह्मपरायण ब्राह्मणने परम मोक्षपद प्राप्त किया, उसी प्रकार तू भी आत्मा, शत्रु और मित्रादिमें समान भाव रखकर अपनेको सर्वगत जानता हुआ मुक्ति लाभ कर॥ २०-२१॥ जिस प्रकार एक ही आकाश श्वेत-नील आदि भेदोंवाला दिखायी देता है, उसी प्रकार भ्रान्तदृष्टियोंको एक ही आत्मा पृथक्-पृथक् दीखता है॥ २२॥ इस संसारमें जो कुछ है वह सब एक आत्मा ही है और वह अविनाशी है, उससे अतिरिक्त और कुछ भी नहीं है; मैं, तू और ये सब आत्मस्वरूप ही हैं। अतः भेद-ज्ञानरूप मोहको छोड़॥ २३॥

श्रीपराशरजी बोले—उनके ऐसा कहनेपर सौवीरराजने परमार्थदृष्टिका आश्रय लेकर भेद-बुद्धिको छोड़ दिया और वे जातिस्मर ब्राह्मणश्रेष्ठ भी बोधयुक्त होनेसे उसी जन्ममें मुक्त हो गये॥ २४॥ इस प्रकार महाराज भरतके इतिहासके इस सारभूत वृत्तान्तको जो पुरुष भक्तिपूर्व कहता या सुनता है उसकी बुद्धि निर्मल हो जाती है, उसे कभी आत्म-विस्मृति नहीं होती और वह जन्म-जन्मान्तरमें मुक्तिकी योग्यता प्राप्त कर लेता है॥ २५॥

इति श्रीविष्णुपुराणे द्वितीयेंऽशे षोडशोऽध्यायः॥ १६॥

इति श्रीपराशरमुनिविरचिते श्रीविष्णुपरत्वनिर्णायके
श्रीमति विष्णुमहापुराणे द्वितीयोंऽशः समाप्तः॥

ॐ

श्रीमन्नारायणाय नमः

श्रीविष्णुपुराण

तृतीय अंश

पहला अध्याय

पहले सात मन्वन्तरोंके मनु, इन्द्र, देवता, सप्तर्षि और मनुपुत्रोंका वर्णन

श्रीमैत्रेय उवाच

कथिता गुरुणा सम्यग्भूसमुद्रादिसंस्थितिः।
सूर्यादीनां च संस्थानं ज्योतिषां चातिविस्तरात्॥ १
देवादीनां तथा सृष्टिर्ऋषीणां चापि वर्णिता।
चातुर्वर्ण्यस्य चोत्पत्तिस्तिर्यग्योनिगतस्य च॥ २
ध्रुवप्रह्लादचरितं विस्तराच्च त्वयोदितम्।
मन्वन्तराण्यशेषाणि श्रोतुमिच्छाम्यनुक्रमात्॥ ३
मन्वन्तराधिपांश्चैव शक्रदेवपुरोगमान्।
भवता कथितानेताञ्छ्रोतुमिच्छाम्यहं गुरो॥ ४

श्रीपराशर उवाच

अतीतानागतानीह यानि मन्वन्तराणि वै।
तान्यहं भवतः सम्यक्कथयामि यथाक्रमम्॥ ५
स्वायम्भुवो मनुः पूर्वं परः स्वारोचिषस्तथा।
उत्तमस्तामसश्चैव रैवतश्चाक्षुषस्तथा॥ ६
षडेते मनवोऽतीतास्साम्प्रतं तु रवेस्सुतः।
वैवस्वतोऽयं यस्यैतत्सप्तमं वर्तते‌ऽन्तरम्॥ ७
स्वायम्भुवं तु कथितं कल्पादावन्तरं मया।
देवास्सप्तर्षयश्चैव यथावत्कथिता मया॥ ८
अत ऊर्ध्वं प्रवक्ष्यामि मनोस्स्वारोचिषस्य तु।
मन्वन्तराधिपान्सम्यग्देवर्षींस्तत्सुतांस्तथा॥ ९
पारावतास्सतुषिता देवास्स्वारोचिषेऽन्तरे।
विपश्चित्तत्र देवेन्द्रो मैत्रेयासीन्महाबलः॥ १०
ऊर्ज्जः स्तम्भस्तथा प्राणो वातोऽथ पृषभस्तथा।
निरयश्च परीवांश्च तत्र सप्तर्षयोऽभवन्॥ ११
चैत्रकिम्पुरुषाद्याश्च सुतास्स्वारोचिषस्य तु।
द्वितीयमेतद्व्याख्यातमन्तरं श्रृणु चोत्तमम्॥ १२

श्रीमैत्रेयजी बोले—हे गुरुदेव! आपने पृथिवी और समुद्र आदिकी स्थिति तथा सूर्य आदि ग्रहगणके संस्थानका मुझसे भली प्रकार अति विस्तारपूर्वक वर्णन किया॥ १॥ आपने देवता आदि और ऋषिगणोंकी सृष्टि तथा चातुर्वर्ण्य एवं तिर्यक्-योनिगत जीवोंकी उत्पत्तिका भी वर्णन किया॥ २॥ ध्रुव और प्रह्लादके चरित्रोंको भी आपने विस्तारपूर्वक सुना दिया। अतः हे गुरो! अब मैं आपके मुखारविन्दसे सम्पूर्ण मन्वन्तर तथा इन्द्र और देवताओंके सहित मन्वन्तरोंके अधिपति समस्त मनुओंका वर्णन सुनना चाहता हूँ [आप वर्णन कीजिये]॥ ३-४॥

श्रीपराशरजी बोले—भूतकालमें जितने मन्वन्तर हुए हैं तथा आगे भी जो-जो होंगे, उन सबका मैं तुमसे क्रमशः वर्णन करता हूँ॥ ५॥ प्रथम मनु स्वायम्भुव थे। उनके अनन्तर क्रमशः स्वारोचिष, उत्तम, तामस, रैवत और चाक्षुष हुए॥ ६॥ ये छः मनु पूर्वकालमें हो चुके हैं। इस समय सूर्यपुत्र वैवस्वत मनु हैं, जिनका यह सातवाँ मन्वन्तर वर्तमान है॥ ७॥

कल्पके आदिमें जिस स्वायम्भुव-मन्वन्तरके विषयमें मैंने कहा है, उसके देवता और सप्तर्षियोंका तो मैं पहले ही यथावत् वर्णन कर चुका हूँ॥ ८॥ अब आगे मैं स्वारोचिष मनुके मन्वन्तराधिकारी देवता, ऋषि और मनुपुत्रोंका स्पष्टतया वर्णन करूँगा॥ ९॥ हे मैत्रेय! स्वारोचिषमन्वन्तरमें पारावत और तुषितगण देवता थे, महाबली विपश्चित् देवराज इन्द्र थे॥ १०॥ ऊर्ज्ज, स्तम्भ, प्राण, वात, पृषभ, निरय और परीवान्—ये उस समय सप्तर्षि थे॥ ११॥ तथा चैत्र और किम्पुरुष आदि स्वारोचिषमनुके पुत्र थे। इस प्रकार तुमसे द्वितीय मन्वन्तरका वर्णन कर दिया। अब उत्तम-मन्वन्तरका विवरण सुनो॥ १२॥

तृतीयेऽप्यन्तरे ब्रह्मन्नुत्तमो नाम यो मनुः ।
सुशान्तिर्नाम देवेन्द्रो मैत्रेयासीत्सुरेश्वरः ॥ १३
सुधामानस्तथा सत्या जपाश्चाथ प्रतर्दनाः ।
वशवर्तिनश्च पञ्चैते गणा द्वादशकास्स्मृताः ॥ १४
वसिष्ठतनया ह्येते सप्त सप्तर्षयोऽभवन् ।
अजः परशुदीप्ताद्यास्तथोत्तममनोस्सुताः ॥ १५

हे ब्रह्मन्! तीसरे मन्वन्तरमें उत्तम नामक मनु और सुशान्ति नामक देवाधिपति इन्द्र थे ॥ १३ ॥ उस समय सुधाम, सत्य, जप, प्रतर्दन और वशवर्ती—ये पाँच बारह-बारह देवताओंके गण थे ॥ १४ ॥ तथा वसिष्ठजीके सात पुत्र सप्तर्षिगण और अज, परशु एवं दीप्त आदि उत्तममनुके पुत्र थे ॥ १५ ॥

तामसस्यान्तरे देवास्सुपारा हरयस्तथा ।
सत्याश्च सुधियश्चैव सप्तविंशतिका गणाः ॥ १६
शिबिरिन्द्रस्तथा चासीच्छतयज्ञोपलक्षणः ।
सप्तर्षयश्च ये तेषां तेषां नामानि मे शृणु ॥ १७
ज्योतिर्धामा पृथुः काव्यश्चैत्रोऽग्निर्वनकस्तथा ।
पीवरश्चर्षयो ह्येते सप्त तत्रापि चान्तरे ॥ १८
नरः ख्यातिः केतुरूपो जानुजङ्घादयस्तथा ।
पुत्रास्तु तामसस्यासन् राजानस्सुमहाबलाः ॥ १९

तामस-मन्वन्तरमें सुपार, हरि, सत्य और सुधि—ये चार देवताओंके वर्ग थे और इनमेंसे प्रत्येक वर्गमें सत्ताईस-सत्ताईस देवगण थे ॥ १६ ॥ सौ अश्वमेधयज्ञवाला राजा शिबि इन्द्र था, तथा उस समय जो सप्तर्षिगण थे उनके नाम मुझसे सुनो— ॥ १७ ॥ ज्योतिर्धामा, पृथु, काव्य, चैत्र, अग्नि, वनक और पीवर—ये उस मन्वन्तरके सप्तर्षि थे ॥ १८ ॥ तथा नर, ख्याति, केतुरूप और जानुजंघ आदि तामसमनुके महाबली पुत्र ही उस समय राज्याधिकारी थे ॥ १९ ॥

पञ्चमे वापि मैत्रेय रैवतो नाम नामतः ।
मनुर्विभुश्च तत्रेन्द्रो देवांश्चात्रान्तरे शृणु ॥ २०
अमिताभा भूतरया वैकुण्ठास्ससुमेधसः ।
एते देवगणास्तत्र चतुर्दश चतुर्दश ॥ २१
हिरण्यरोमा वेदश्रीरूर्ध्वबाहुस्तथापरः ।
वेदबाहुस्सुधामा च पर्जन्यश्च महामुनिः ।
एते सप्तर्षयो विप्र तत्रासन् रैवतेऽन्तरे ॥ २२
बलबन्धुश्च सम्भाव्यस्सत्यकाद्याश्च तत्सुताः ।
नरेन्द्राश्च महावीर्या बभूवुर्मुनिसत्तम ॥ २३

हे मैत्रेय! पाँचवें मन्वन्तरमें रैवत नामक मनु और विभु नामक इन्द्र हुए तथा उस समय जो देवगण हुए उनके नाम सुनो— ॥ २० ॥ इस मन्वन्तरमें चौदह-चौदह देवताओंके अमिताभ, भूतरय, वैकुण्ठ और सुमेधा नामक गण थे ॥ २१ ॥ हे विप्र! इस रैवत-मन्वन्तरमें हिरण्यरोमा, वेदश्री, ऊर्ध्वबाहु, वेदबाहु, सुधामा, पर्जन्य और महामुनि—ये सात सप्तर्षिगण थे ॥ २२ ॥ हे मुनिसत्तम! उस समय रैवतमनुके महावीर्यशाली पुत्र बलबन्धु, सम्भाव्य और सत्यक आदि राजा थे ॥ २३ ॥

स्वारोचिषश्चोत्तमश्च तामसो रैवतस्तथा ।
प्रियव्रतान्वया ह्येते चत्वारो मनवस्स्मृताः ॥ २४
विष्णुमाराध्य तपसा स राजर्षिः प्रियव्रतः ।
मन्वन्तराधिपानेताँल्लब्धवानात्मवंशजान् ॥ २५

हे मैत्रेय! स्वारोचिष, उत्तम, तामस और रैवत—ये चार मनु, राजा प्रियव्रतके वंशधर कहे जाते हैं ॥ २४ ॥ राजर्षि प्रियव्रतने तपस्याद्वारा भगवान् विष्णुकी आराधना करके अपने वंशमें उत्पन्न हुए इन चार मन्वन्तराधिपोंको प्राप्त किया था ॥ २५ ॥

षष्ठे मन्वन्तरे चासीच्चाक्षुषाख्यस्तथा मनुः ।
मनोजवस्तथैवेन्द्रो देवानपि निबोध मे ॥ २६

आप्याः प्रसूता भव्याश्च पृथुकाश्च दिवौकसः ।
महानुभावा लेखाश्च पञ्चैते ह्यष्टका गणाः ॥ २७

छठे मन्वन्तरमें चाक्षुष नामक मनु और मनोजव नामक इन्द्र थे। उस समय जो देवगण थे उनके नाम सुनो— ॥ २६ ॥ उस समय आप्य, प्रसूत, भव्य, पृथुक और लेख—ये पाँच प्रकारके महानुभाव देवगण वर्तमान थे और इनमेंसे प्रत्येक गणमें आठ-आठ देवता थे ॥ २७ ॥

सुमेधा विरजाश्चैव हविष्मानुत्तमो मधुः।
अतिनामा सहिष्णुश्च सप्तासन्निति चर्षयः॥ २८
ऊरुः पूरुश्शतद्युम्नप्रमुखास्सुमहाबलाः।
चाक्षुषस्य मनोः पुत्राः पृथिवीपतयोऽभवन्॥ २९
विवस्वतस्सुतो विप्र श्राद्धदेवो महाद्युतिः।
मनुस्संवर्तते धीमान् साम्प्रतं सप्तमेऽन्तरे॥ ३०
आदित्यवसुरुद्राद्या देवाश्चात्र महामुने।
पुरन्दरस्तथैवात्र मैत्रेय त्रिदशेश्वरः॥ ३१
वसिष्ठः काश्यपोऽथात्रिर्जमदग्निस्सगौतमः।
विश्वामित्रभरद्वाजौ सप्त सप्तर्षयोऽभवन्॥ ३२
इक्ष्वाकुश्च नृगश्चैव धृष्टः शर्यातिरेव च।
नरिष्यन्तश्च विख्यातो नाभागोऽरिष्ट एव च॥ ३३
करूषश्च पृषध्रश्च सुमहाँल्लोकविश्रुतः।
मनोर्वैवस्वतस्यैते नव पुत्राः सुधार्मिकाः॥ ३४
विष्णुशक्तिरनौपम्या सत्त्वोद्रिक्ता स्थितौ स्थिता।
मन्वन्तरेष्वशेषेषु देवत्वेनाधितिष्ठति॥ ३५
अंशेन तस्या जज्ञेऽसौ यज्ञस्स्वायम्भुवेऽन्तरे।
आकूत्यां मानसो देव उत्पन्नः प्रथमेऽन्तरे॥ ३६
ततः पुनः स वै देवः प्राप्ते स्वारोचिषेऽन्तरे।
तुषितायां समुत्पन्नो ह्यजितस्तुषितैः सह॥ ३७
औत्तमेऽप्यन्तरे देवस्तुषितस्तु पुनस्स वै।
सत्यायामभवत्सत्यः सत्यैस्सह सुरोत्तमैः॥ ३८
तामसस्यान्तरे चैव सम्प्राप्ते पुनरेव हि।
हर्यायां हरिभिस्सार्धं हरिरेव बभूव ह॥ ३९
रैवतेऽप्यन्तरे देवस्सम्भूत्यां मानसो हरिः।
सम्भूतो रैवतैस्सार्धं देवैर्देववरो हरिः॥ ४०
चाक्षुषे चान्तरे देवो वैकुण्ठः पुरुषोत्तमः।
विकुण्ठायामसौ जज्ञे वैकुण्ठैर्दैवतैः सह॥ ४१
मन्वन्तरेऽत्र सम्प्राप्ते तथा वैवस्वते द्विज।
वामनः कश्यपाद्विष्णुरदित्यां सम्बभूव ह॥ ४२
त्रिभिः क्रमैरिमाँल्लोकाञ्जित्वा येन महात्मना।
पुरन्दराय त्रैलोक्यं दत्तं निहतकण्टकम्॥ ४३

उस मन्वन्तरमें सुमेधा, विरजा, हविष्मान्, उत्तम, मधु, अतिनामा और सहिष्णु—ये सात सप्तर्षि थे॥ २८॥ तथा चाक्षुषके अति बलवान् पुत्र ऊरु, पूरु और शतद्युम्न आदि राज्याधिकारी थे॥ २९॥

हे विप्र! इस समय इस सातवें मन्वन्तरमें सूर्यके पुत्र महातेजस्वी और बुद्धिमान् श्राद्धदेवजी मनु हैं॥ ३०॥ हे महामुने! इस मन्वन्तरमें आदित्य, वसु और रुद्र आदि देवगण हैं तथा पुरन्दर नामक इन्द्र है॥ ३१॥ इस समय वसिष्ठ, काश्यप, अत्रि, जमदग्नि, गौतम, विश्वामित्र और भरद्वाज—ये सात सप्तर्षि हैं॥ ३२॥ तथा वैवस्वत मनुके इक्ष्वाकु, नृग, धृष्ट, शर्याति, नरिष्यन्त, नाभाग, अरिष्ट, करूष और पृषध्र—ये अत्यन्त लोकप्रसिद्ध और धर्मात्मा नौ पुत्र हैं॥ ३३-३४॥

समस्त मन्वन्तरोंमें देवरूपसे स्थित भगवान् विष्णुकी अनुपम और सत्त्वप्रधाना शक्ति ही संसारकी स्थितिमें उसकी अधिष्ठात्री होती है॥ ३५॥ सबसे पहले स्वायम्भुव-मन्वन्तरमें मानसदेव यज्ञपुरुष उस विष्णुशक्तिके अंशसे ही आकूतिके गर्भसे उत्पन्न हुए थे॥ ३६॥ फिर स्वारोचिष-मन्वन्तरके उपस्थित होनेपर वे मानसदेव श्रीअजित ही तुषित नामक देवगणोंके साथ तुषितासे उत्पन्न हुए॥ ३७॥ फिर उत्तम-मन्वन्तरमें वे तुषितदेव ही देवश्रेष्ठ सत्यगणके सहित सत्यरूपसे सत्याके उदरसे प्रकट हुए॥ ३८॥ तामस-मन्वन्तरके प्राप्त होनेपर वे हरि-नाम देवगणके सहित हरिरूपसे हर्याके गर्भसे उत्पन्न हुए॥ ३९॥ तत्पश्चात् वे देवश्रेष्ठ हरि, रैवत-मन्वन्तरमें तत्कालीन देवगणके सहित सम्भूतिके उदरसे प्रकट होकर मानस नामसे विख्यात हुए॥ ४०॥ तथा चाक्षुष-मन्वन्तरमें वे पुरुषोत्तम भगवान् वैकुण्ठ नामक देवगणोंके सहित विकुण्ठासे उत्पन्न होकर वैकुण्ठ कहलाये॥ ४१॥ और हे द्विज! इस वैवस्वत-मन्वन्तरके प्राप्त होनेपर भगवान् विष्णु कश्यपजीद्वारा अदितिके गर्भसे वामनरूप होकर प्रकट हुए॥ ४२॥ उन महात्मा वामनजीने अपनी तीन डगोंसे सम्पूर्ण लोकोंको जीतकर यह निष्कण्टक त्रिलोकी इन्द्रको दे दी थी॥ ४३॥

इत्येतास्तनवस्तस्य सप्तमन्वन्तरेषु वै।
सप्तस्वेवाभवन्विप्र याभिः संवर्द्धिताः प्रजाः ॥ ४४
यस्माद्विष्टमिदं विश्वं तस्य शक्त्या महात्मनः।
तस्मात्स प्रोच्यते विष्णुर्विशेर्धातोः प्रवेशनात्॥ ४५
सर्वे च देवा मनवस्समस्ता-
स्सप्तर्षयो ये मनुसूनवश्च।
इन्द्रश्च योऽयं त्रिदशेशभूतो
विष्णोरशेषास्तु विभूतयस्ताः ॥ ४६

हे विप्र! इस प्रकार सातों मन्वन्तरोंमें भगवान्‌की ये सात मूर्तियाँ प्रकट हुईं, जिनसे (भविष्यमें) सम्पूर्ण प्रजाकी वृद्धि हुई॥ ४४॥ यह सम्पूर्ण विश्व उन परमात्माकी ही शक्तिसे व्याप्त है; अतः वे 'विष्णु' कहलाते हैं, क्योंकि 'विश्' धातुका अर्थ प्रवेश करना है॥ ४५॥ समस्त देवता, मनु, सप्तर्षि तथा मनुपुत्र और देवताओंके अधिपति इन्द्रगण—ये सब भगवान् विष्णुकी ही विभूतियाँ हैं॥ ४६॥

इति श्रीविष्णुपुराणे तृतीयेंऽशे प्रथमोऽध्यायः ॥ १ ॥

दूसरा अध्याय

सावर्णिमनुकी उत्पत्ति तथा आगामी सात मन्वन्तरोंके मनु, मनुपुत्र, देवता, इन्द्र और सप्तर्षियोंका वर्णन

श्रीमैत्रेय उवाच

प्रोक्तान्येतानि भवता सप्तमन्वन्तराणि वै।
भविष्याण्यपि विप्रर्षे ममाख्यातुं त्वमर्हसि॥ १

श्रीमैत्रेयजी बोले—हे विप्रर्षे! आपने यह सात अतीत मन्वन्तरोंकी कथा कही, अब आप मुझसे आगामी मन्वन्तरोंका भी वर्णन कीजिये॥ १॥

श्रीपराशर उवाच

सूर्यस्य पत्नी संज्ञाभूत्तनया विश्वकर्मणः।
मनुर्यमो यमी चैव तदपत्यानि वै मुने॥ २
असहन्ती तु सा भर्तुस्तेजश्छायां युयोज वै।
भर्तृशुश्रूषणेऽरण्यं स्वयं च तपसे ययौ॥ ३
संज्ञेयमित्यथार्कश्च छायायामात्मजत्रयम्।
शनैश्चरं मनुं चान्यं तपतीं चाप्यजीजनत्॥ ४

श्रीपराशरजी बोले—हे मुने! विश्वकर्माकी पुत्री संज्ञा सूर्यकी भार्या थी। उससे उनके मनु, यम और यमी—तीन सन्तानें हुईं॥ २॥ कालान्तरमें पतिका तेज सहन न कर सकनेके कारण संज्ञा छायाको पतिकी सेवामें नियुक्त कर स्वयं तपस्याके लिये वनको चली गयी॥ ३॥ सूर्यदेवने यह समझकर कि यह संज्ञा ही है, छायासे शनैश्चर, एक और मनु तथा तपती—ये तीन सन्तानें उत्पन्न कीं॥ ४॥

छायासंज्ञा ददौ शापं यमाय कुपिता यदा।
तदान्येयमसौ बुद्धिरित्यासीद्यमसूर्ययोः॥ ५
ततो विवस्वानाख्याते तयैवारण्यसंस्थिताम्।
समाधिदृष्ट्या तदृशे तामश्वां तपसि स्थिताम्॥ ६
वाजिरूपधरः सोऽथ तस्यां देवावथाश्विनौ।
जनयामास रेवन्तं रेतसोऽन्ते च भास्करः॥ ७
आनिन्ये च पुनः संज्ञां स्वस्थानं भगवान् रविः।
तेजसश्शमनं चास्य विश्वकर्मा चकार ह॥ ८

एक दिन जब छायारूपिणी संज्ञाने क्रोधित होकर [अपने पुत्रके पक्षपातसे] यमको शाप दिया, तब सूर्य और यमको विदित हुआ कि यह तो कोई और है॥ ५॥ तब छायाके द्वारा ही सारा रहस्य खुल जानेपर सूर्यदेवने समाधिमें स्थित होकर देखा कि संज्ञा घोड़ीका रूप धारण कर वनमें तपस्या कर रही है॥ ६॥ अतः उन्होंने भी अश्वरूप होकर उससे दो अश्विनीकुमार और रेतःस्रावके अनन्तर ही रेवन्तको उत्पन्न किया॥ ७॥

फिर भगवान् सूर्य संज्ञाको अपने स्थानपर ले आये तथा विश्वकर्माने उनके तेजको शान्त कर दिया॥ ८॥

भ्रममारोप्य सूर्यं तु तस्य तेजोनिशातनम्।
कृतवानष्टमं भागं स व्यशातयदव्ययम्॥ ९
यत्तस्माद्वैष्णवं तेजश्शातितं विश्वकर्मणा।
जाज्वल्यमानमपतत्तद्भूमौ मुनिसत्तम॥ १०
त्वष्टैव तेजसा तेन विष्णोश्चक्रमकल्पयत्।
त्रिशूलं चैव शर्वस्य शिबिकां धनदस्य च॥ ११
शक्तिं गुहस्य देवानामन्येषां च यदायुधम्।
तत्सर्वं तेजसा तेन विश्वकर्मा व्यवर्धयत्॥ १२
छायासंज्ञासुतो योऽसौ द्वितीयः कथितो मनुः।
पूर्वजस्य सवर्णोऽसौ सावर्णिस्तेन कथ्यते॥ १३
तस्य मन्वन्तरं ह्येतत्सावर्णिकमथाष्टमम्।
तच्छृणुष्व महाभाग भविष्यत्कथयामि ते॥ १४
सावर्णिस्तु मनुर्योऽसौ मैत्रेय भविता ततः।
सुतपाश्चामिताभाश्च मुख्याश्चापि तथा सुराः॥ १५
तेषां गणश्च देवानामेकैको विंशकः स्मृतः।
सप्तर्षीनपि वक्ष्यामि भविष्यान्मुनिसत्तम॥ १६
दीप्तिमान् गालवो रामः कृपो द्रौणिस्तथा परः।
मत्पुत्रश्च तथा व्यास ऋष्यशृङ्गश्च सप्तमः॥ १७
विष्णुप्रसादादनघः पातालान्तरगोचरः।
विरोचनसुतस्तेषां बलिरिन्द्रो भविष्यति॥ १८
विरजाश्चोर्वरीवांश्च निर्मोकाद्यास्तथापरे।
सावर्णेस्तु मनोः पुत्रा भविष्यन्ति नरेश्वराः॥ १९
नवमो दक्षसावर्णिर्भविष्यति मुने मनुः॥ २०
पारा मरीचिगर्भाश्च सुधर्माणस्तथा त्रिधा।
भविष्यन्ति तथा देवा ह्येकैको द्वादशो गणः॥ २१
तेषामिन्द्रो महावीर्यो भविष्यत्यद्भुतो द्विज॥ २२
सवनो द्युतिमान् भव्यो वसुर्मेधातिथिस्तथा।
ज्योतिष्मान् सप्तमः सत्यस्तत्रैते च महर्षयः॥ २३
धृतकेतुर्दीप्तिकेतुः पञ्चहस्तनिरामयौ।
पृथुश्रवाद्याश्च तथा दक्षसावर्णिकात्मजाः॥ २४
दशमो ब्रह्मसावर्णिर्भविष्यति मुने मनुः।
सुधामानो विशुद्धाश्च शतसंख्यास्तथा सुराः॥ २५

उन्होंने सूर्यको भ्रमियन्त्र (सान)-पर चढ़ाकर उनका तेज छाँटा, किन्तु वे उस अक्षुण्ण तेजका केवल अष्टमांश ही क्षीण कर सके॥ ९॥ हे मुनिसत्तम! सूर्यके जिस जाज्वल्यमान वैष्णव-तेजको विश्वकर्माने छाँटा था वह पृथिवीपर गिरा॥ १०॥ उस पृथिवीपर गिरे हुए सूर्य-तेजसे ही विश्वकर्माने विष्णुभगवान्‌का चक्र, शंकरका त्रिशूल, कुबेरका विमान, कार्तिकेयकी शक्ति बनायी तथा अन्य देवताओंके भी जो-जो शस्त्र थे उन्हें उससे पुष्ट किया॥ ११-१२॥ जिस छायासंज्ञाके पुत्र दूसरे मनुका ऊपर वर्णन कर चुके हैं वह अपने अग्रज मनुका सवर्ण होनेसे सावर्णि कहलाया॥ १३॥

हे महाभाग! सुनो, अब मैं उनके इस सावर्णिकनाम आठवें मन्वन्तरका, जो आगे होनेवाला है, वर्णन करता हूँ॥ १४॥ हे मैत्रेय! यह सावर्णि ही उस समय मनु होंगे तथा सुतप, अमिताभ और मुख्यगण देवता होंगे॥ १५॥ उन देवताओंका प्रत्येक गण बीस-बीसका समूह कहा जाता है। हे मुनिसत्तम! अब मैं आगे होनेवाले सप्तर्षि भी बतलाता हूँ॥ १६॥ उस समय दीप्तिमान्, गालव, राम, कृप, द्रोण-पुत्र अश्वत्थामा, मेरे पुत्र व्यास और सातवें ऋष्यशृंग—ये सप्तर्षि होंगे॥ १७॥ तथा पाताल-लोकवासी विरोचनके पुत्र बलि श्रीविष्णुभगवान्‌की कृपासे तत्कालीन इन्द्र और सावर्णिमनुके पुत्र विरजा, उर्वरीवान् एवं निर्मोक आदि तत्कालीन राजा होंगे॥ १८-१९॥

हे मुने! नवें मनु दक्षसावर्णि होंगे। उनके समय पार, मरीचिगर्भ और सुधर्मा नामक तीन देववर्ग होंगे, जिनमेंसे प्रत्येक वर्गमें बारह-बारह देवता होंगे; तथा हे द्विज! उनका नायक महापराक्रमी अद्भुत नामक इन्द्र होगा॥ २०—२२॥ सवन, द्युतिमान्, भव्य, वसु, मेधातिथि, ज्योतिष्मान् और सातवें सत्य—ये उस समयके सप्तर्षि होंगे तथा धृतकेतु, दीप्तिकेतु, पंचहस्त, निरामय और पृथुश्रवा आदि दक्षसावर्णिमनुके पुत्र होंगे॥ २३-२४॥

हे मुने! दसवें मनु ब्रह्मसावर्णि होंगे। उनके समय सुधामा और विशुद्ध नामक सौ-सौ देवताओंके दो गण होंगे॥ २५॥

तेषामिन्द्रश्च भविता शान्तिर्नाम महाबलः।
सप्तर्षयो भविष्यन्ति ये तथा ताञ्छृणुष्व ह॥ २६
हविष्मान्सुकृतस्सत्यस्तपोमूर्तिस्तथापरः।
नाभागोऽप्रतिमौजाश्च सत्यकेतुस्तथैव च॥ २७
सुक्षेत्रश्चोत्तमौजाश्च भूरिषेणादयो दश।
ब्रह्मसावर्णिपुत्रास्तु रक्षिष्यन्ति वसुन्धराम्॥ २८
एकादशश्च भविता धर्मसावर्णिको मनुः॥ २९
विहङ्गमाः कामगमा निर्वाणरतयस्तथा।
गणास्त्वेते तदा मुख्या देवानां च भविष्यताम्।
एकैकस्त्रिंशकस्तेषां गणश्चेन्द्रश्च वै वृषः॥ ३०
निःस्वरश्चाग्नितेजाश्च वपुष्मान्घृणिरारुणिः।
हविष्माननघश्चैव भाव्याः सप्तर्षयस्तथा॥ ३१
सर्वत्रगस्सुधर्मा च देवानीकादयस्तथा।
भविष्यन्ति मनोस्तस्य तनयाः पृथिवीश्वराः॥ ३२
रुद्रपुत्रस्तु सावर्णिर्भविता द्वादशो मनुः।
ऋतुधामा च तत्रेन्द्रो भविता शृणु मे सुरान्॥ ३३
हरिता रोहिता देवास्तथा सुमनसो द्विज।
सुकर्माणः सुरापाश्च दशकाः पञ्च वै गणाः॥ ३४
तपस्वी सुतपाश्चैव तपोमूर्तिस्तपोरतिः।
तपोधृतिर्द्युतिश्चान्यः सप्तमस्तु तपोधनः।
सप्तर्षयस्त्विमे तस्य पुत्रानपि निबोध मे॥ ३५
देववानुपदेवश्च देवश्रेष्ठादयस्तथा।
मनोस्तस्य महावीर्या भविष्यन्ति महानृपाः॥ ३६
त्रयोदशो रुचिर्नामा भविष्यति मुने मनुः॥ ३७
सुत्रामाणः सुकर्माणः सुधर्माणस्तथामराः।
त्रयस्त्रिंशद्विभेदास्ते देवानां यत्र वै गणाः॥ ३८
दिवस्पतिर्महावीर्यस्तेषामिन्द्रो भविष्यति॥ ३९
निर्मोहस्तत्त्वदर्शी च निष्प्रकम्प्यो निरुत्सुकः।
धृतिमानव्ययश्चान्यस्सप्तमस्सुतपा मुनिः।
सप्तर्षयस्त्वमी तस्य पुत्रानपि निबोध मे॥ ४०
चित्रसेनविचित्राद्या भविष्यन्ति महीक्षितः॥ ४१

महाबलवान् शान्ति उनका इन्द्र होगा तथा उस समय जो सप्तर्षिगण होंगे उनके नाम सुनो—॥ २६॥ उनके नाम हविष्मान्, सुकृत, सत्य, तपोमूर्ति, नाभाग, अप्रतिमौजा और सत्यकेतु हैं॥ २७॥ उस समय ब्रह्मसावर्णिमनुके सुक्षेत्र, उत्तमौजा और भूरिषेण आदि दस पुत्र पृथिवीकी रक्षा करेंगे॥ २८॥

ग्यारहवाँ मनु धर्मसावर्णि होगा। उस समय होनेवाले देवताओंके विहंगम, कामगम और निर्वाणरति नामक मुख्य गण होंगे—इनमेंसे प्रत्येकमें तीस-तीस देवता रहेंगे और वृष नामक इन्द्र होगा॥ २९-३०॥ उस समय होनेवाले सप्तर्षियोंके नाम निःस्वर, अग्नितेजा, वपुष्मान्, घृणि, आरुणि, हविष्मान् और अनघ हैं। तथा धर्मसावर्णि मनुके सर्वत्रग, सुधर्मा और देवानीक आदि पुत्र उस समयके राज्याधिकारी पृथिवीपति होंगे॥ ३१-३२॥

रुद्रपुत्र सावर्णि बारहवाँ मनु होगा। उसके समय ऋतुधामा नामक इन्द्र होगा तथा तत्कालीन देवताओंके नाम ये हैं सुनो—॥ ३३॥ हे द्विज! उस समय दस-दस देवताओंके हरित, रोहित, सुमना, सुकर्मा और सुराप नामक पाँच गण होंगे॥ ३४॥ तपस्वी, सुतपा, तपोमूर्ति, तपोरति, तपोधृति, तपोद्युति तथा तपोधन—ये सात सप्तर्षि होंगे। अब मनुपुत्रोंके नाम सुनो—॥ ३५॥ उस समय उस मनुके देववान्, उपदेव और देवश्रेष्ठ आदि महावीर्यशाली पुत्र तत्कालीन सम्राट् होंगे॥ ३६॥

हे मुने! तेरहवाँ रुचि नामक मनु होगा। इस मन्वन्तरमें सुत्रामा, सुकर्मा और सुधर्मा नामक देवगण होंगे इनमेंसे प्रत्येकमें तैंतीस-तैंतीस देवता रहेंगे; तथा महाबलवान् दिवस्पति उनका इन्द्र होगा॥ ३७—३९॥ निर्मोह, तत्त्वदर्शी, निष्प्रकम्प, निरुत्सुक, धृतिमान्, अव्यय और सुतपा—ये तत्कालीन सप्तर्षि होंगे। अब मनुपुत्रोंके नाम भी सुनो॥ ४०॥ उस मन्वन्तरमें चित्रसेन और विचित्र आदि मनुपुत्र राजा होंगे॥ ४१॥

भौमश्चतुर्दशश्चात्र मैत्रेय भविता मनुः।
शुचिरिन्द्रः सुरगणास्तत्र पञ्च शृणुष्व तान्॥ ४२
चाक्षुषाश्च पवित्राश्च कनिष्ठा भ्राजिकास्तथा।
वाचावृद्धाश्च वै देवास्सप्तर्षीनपि मे शृणु॥ ४३
अग्निबाहुः शुचिः शुक्रो मागधोऽग्निध्र एव च।
युक्तस्तथा जितश्चान्यो मनुपुत्रानतः शृणु॥ ४४
ऊरुगम्भीरबुद्ध्याद्या मनोस्तस्य सुता नृपाः।
कथिता मुनिशार्दूल पालयिष्यन्ति ये महीम्॥ ४५
चतुर्युगान्ते वेदानां जायते किल विप्लवः।
प्रवर्तयन्ति तानेत्य भुवं सप्तर्षयो दिवः॥ ४६
कृते कृते स्मृतेर्विप्र प्रणेता जायते मनुः।
देवा यज्ञभुजस्ते तु यावन्मन्वन्तरं तु तत्॥ ४७
भवन्ति ये मनोः पुत्रा यावन्मन्वन्तरं तु तैः।
तदन्वयोद्भवैश्चैव तावद्भूः परिपाल्यते॥ ४८
मनुस्सप्तर्षयो देवा भूपालाश्च मनोः सुताः।
मन्वन्तरे भवन्त्येते शक्रश्चैवाधिकारिणः॥ ४९
चतुर्दशभिरेतैस्तु गतैर्मन्वन्तरैर्द्विज।
सहस्रयुगपर्यन्तः कल्पो निश्शेष उच्यते॥ ५०
तावत्प्रमाणा च निशा ततो भवति सत्तम।
ब्रह्मरूपधरश्शेते शेषाहावम्बुसम्प्लवे॥ ५१
त्रैलोक्यमखिलं ग्रस्त्वा भगवानादिकृद्विभुः।
स्वमायासंस्थितो विप्र सर्वभूतो जनार्दनः॥ ५२
ततः प्रबुद्धो भगवान् यथा पूर्वं तथा पुनः।
सृष्टिं करोत्यव्ययात्मा कल्पे कल्पे रजोगुणः॥ ५३
मनवो भूभुजस्सेन्द्रा देवास्सप्तर्षयस्तथा।
सात्त्विकोंऽशः स्थितिकरो जगतो द्विजसत्तम॥ ५४
चतुर्युगेऽप्यसौ विष्णुः स्थितिव्यापारलक्षणः।
युगव्यवस्थां कुरुते यथा मैत्रेय तच्छृणु॥ ५५
कृते युगे परं ज्ञानं कपिलादिस्वरूपधृक्।
ददाति सर्वभूतात्मा सर्वभूतहिते रतः॥ ५६
चक्रवर्त्तिस्वरूपेण त्रेतायामपि स प्रभुः।
दुष्टानां निग्रहं कुर्वन्परिपाति जगत्त्रयम्॥ ५७

हे मैत्रेय! चौदहवाँ मनु भौम होगा। उस समय शुचि नामक इन्द्र और पाँच देवगण होंगे; उनके नाम सुनो—वे चाक्षुष, पवित्र, कनिष्ठ, भ्राजिक और वाचावृद्ध नामक देवता हैं। अब तत्कालीन सप्तर्षियोंके नाम भी सुनो॥ ४२-४३॥ उस समय अग्निबाहु, शुचि, शुक्र, मागध, अग्निध्र, युक्त और जित—ये सप्तर्षि होंगे। अब मनुपुत्रोंके विषयमें सुनो॥ ४४॥ हे मुनिशार्दूल! कहते हैं, उस मनुके ऊरु और गम्भीरबुद्धि आदि पुत्र होंगे जो राज्याधिकारी होकर पृथिवीका पालन करेंगे॥ ४५॥

प्रत्येक चतुर्युगके अन्तमें वेदोंका लोप हो जाता है, उस समय सप्तर्षिगण ही स्वर्गलोकसे पृथिवीमें अवतीर्ण होकर उनका प्रचार करते हैं॥ ४६॥ प्रत्येक सत्ययुगके आदिमें [मनुष्योंकी धर्म-मर्यादा स्थापित करनेके लिये] स्मृति-शास्त्रके रचयिता मनुका प्रादुर्भाव होता है; और उस मन्वन्तरके अन्त-पर्यन्त तत्कालीन देवगण यज्ञ-भागोंको भोगते हैं तथा मनुके पुत्र और उनके वंशधर मन्वन्तरके अन्ततक पृथिवीका पालन करते रहते हैं॥ ४७-४८॥ इस प्रकार मनु सप्तर्षि, देवता, इन्द्र तथा मनु-पुत्र राजागण—ये प्रत्येक मन्वन्तरके अधिकारी होते हैं॥ ४९॥

हे द्विज! इन चौदह मन्वन्तरोंके बीत जानेपर एक सहस्र युग रहनेवाला कल्प समाप्त हुआ कहा जाता है॥ ५०॥ हे साधुश्रेष्ठ! फिर इतने ही समयकी रात्रि होती है। उस समय ब्रह्मरूपधारी श्रीविष्णुभगवान् प्रलयकालीन जलके ऊपर शेष-शय्यापर शयन करते हैं॥ ५१॥ हे विप्र! तब आदिकर्ता सर्वव्यापक सर्वभूत भगवान् जनार्दन सम्पूर्ण त्रिलोकीका ग्रास कर अपनी मायामें स्थित रहते हैं॥ ५२॥ फिर [प्रलय-रात्रिका अन्त होनेपर] प्रत्येक कल्पके आदिमें अव्ययात्मा भगवान् जाग्रत् होकर रजोगुणका आश्रय कर सृष्टिकी रचना करते हैं॥ ५३॥ हे द्विजश्रेष्ठ! मनु, मनु-पुत्र राजागण, इन्द्र देवता तथा सप्तर्षि—ये सब जगत्का पालन करनेवाले भगवान्के सात्त्विक अंश हैं॥ ५४॥

हे मैत्रेय! स्थितिकारक भगवान् विष्णु चारों युगोंमें जिस प्रकार व्यवस्था करते हैं, सो सुनो— ॥ ५५॥ समस्त प्राणियोंके कल्याणमें तत्पर वे सर्वभूतात्मा सत्ययुगमें कपिल आदिरूप धारणकर परम ज्ञानका उपदेश करते हैं॥ ५६॥ त्रेतायुगमें वे सर्वसमर्थ प्रभु चक्रवर्ती भूपाल होकर दुष्टोंका दमन करके त्रिलोकीकी रक्षा करते हैं॥ ५७॥

वेदमेकं चतुर्भेदं कृत्वा शाखाशतैर्विभुः।
करोति बहुलं भूयो वेदव्यासस्वरूपधृक्॥ ५८
वेदांस्तु द्वापरे व्यस्य कलेरन्ते पुनर्हरिः।
कल्किस्वरूपी दुर्वृत्तान्मार्गे स्थापयति प्रभुः॥ ५९

तदनन्तर द्वापरयुगमें वे वेदव्यासरूप धारणकर एक वेदके चार विभाग करते हैं और सैकड़ों शाखाओंमें बाँटकर उसका बहुत विस्तार कर देते हैं॥ ५८॥ इस प्रकार द्वापरमें वेदोंका विस्तार कर कलियुगके अन्तमें भगवान् कल्किरूप धारणकर दुराचारी लोगोंको सन्मार्गमें प्रवृत्त करते हैं॥ ५९॥

एवमेतज्जगत्सर्वं शश्वत्पाति करोति च।
हन्ति चान्तेष्वनन्तात्मा नास्त्यस्माद्व्यतिरेकि यत्॥ ६०
भूतं भव्यं भविष्यं च सर्वभूतान्महात्मनः।
तदत्रान्यत्र वा विप्र सद्भावः कथितस्तव॥ ६१
मन्वन्तराण्यशेषाणि कथितानि मया तव।
मन्वन्तराधिपांश्चैव किमन्यत्कथयामि ते॥ ६२

इसी प्रकार अनन्तात्मा प्रभु निरन्तर इस सम्पूर्ण जगत्के उत्पत्ति, पालन और नाश करते रहते हैं। इस संसारमें ऐसी कोई वस्तु नहीं है जो उनसे भिन्न हो॥ ६०॥ हे विप्र! इहलोक और परलोकमें भूत, भविष्यत् और वर्तमान जितने भी पदार्थ हैं वे सब महात्मा भगवान् विष्णुसे ही उत्पन्न हुए हैं—यह सब मैं तुमसे कह चुका हूँ॥ ६१॥ मैंने तुमसे सम्पूर्ण मन्वन्तरों और मन्वन्तराधिकारियोंका वर्णन कर दिया। कहो, अब और क्या सुनाऊँ?॥ ६२॥

इति श्रीविष्णुपुराणे तृतीयेंऽशे द्वितीयोऽध्यायः॥ २॥

तीसरा अध्याय

चतुर्युगानुसार भिन्न-भिन्न व्यासोंके नाम तथा ब्रह्मज्ञानके माहात्म्यका वर्णन

श्रीमैत्रेय उवाच

ज्ञातमेतन्मया त्वत्तो यथा सर्वमिदं जगत्।
विष्णुर्विष्णौ विष्णुतश्च न परं विद्यते ततः॥ १
एतत्तु श्रोतुमिच्छामि व्यस्ता वेदा महात्मना।
वेदव्यासस्वरूपेण तथा तेन युगे युगे॥ २
यस्मिन्यस्मिन्युगे व्यासो यो य आसीन्महामुने।
तं तमाचक्ष्व भगवच्छाखाभेदांश्च मे वद॥ ३

श्रीमैत्रेयजी बोले—हे भगवन्! आपके कथनसे मैं यह जान गया कि किस प्रकार यह सम्पूर्ण जगत् विष्णुरूप है, विष्णुमें ही स्थित है, विष्णुसे ही उत्पन्न हुआ है तथा विष्णुसे अतिरिक्त और कुछ भी नहीं है?॥ १॥ अब मैं यह सुनना चाहता हूँ कि भगवान्ने वेदव्यासरूपसे युग-युगमें किस प्रकार वेदोंका विभाग किया॥ २॥ हे महामुने! हे भगवन्! जिस-जिस युगमें जो-जो वेदव्यास हुए उनका तथा वेदोंके सम्पूर्ण शाखा-भेदोंका आप मुझसे वर्णन कीजिये॥ ३॥

श्रीपराशर उवाच

वेदद्रुमस्य मैत्रेय शाखाभेदास्सहस्रशः।
न शक्तो विस्तराद्वक्तुं सङ्क्षेपेण शृणुष्व तम्॥ ४
द्वापरे द्वापरे विष्णुर्व्यासरूपी महामुने।
वेदमेकं सुबहुधा कुरुते जगतो हितः॥ ५
वीर्यं तेजो बलं चाल्पं मनुष्याणामवेक्ष्य च।
हिताय सर्वभूतानां वेदभेदान्करोति सः॥ ६
ययासौ कुरुते तन्वा वेदमेकं पृथक् प्रभुः।
वेदव्यासाभिधाना तु सा च मूर्तिर्मधुद्विषः॥ ७

श्रीपराशरजी बोले—हे मैत्रेय! वेदरूप वृक्षके सहस्रों शाखा-भेद हैं, उनका विस्तारसे वर्णन करनेमें तो कोई भी समर्थ नहीं है, अतः संक्षेपसे सुनो॥ ४॥ हे महामुने! प्रत्येक द्वापरयुगमें भगवान् विष्णु व्यासरूपसे अवतीर्ण होते हैं और संसारके कल्याणके लिये एक वेदके अनेक भेद कर देते हैं॥ ५॥ मनुष्योंके बल, वीर्य और तेजको अल्प जानकर वे समस्त प्राणियोंके हितके लिये वेदोंका विभाग करते हैं॥ ६॥ जिस शरीरके द्वारा वे प्रभु एक वेदके अनेक विभाग करते हैं भगवान् मधुसूदनकी उस मूर्तिका नाम वेदव्यास है॥ ७॥

यस्मिन्मन्वन्तरे व्यासा ये ये स्युस्तान्निबोध मे।
यथा च भेदश्शाखानां व्यासेन क्रियते मुने॥ ८
अष्टाविंशतिकृत्वो वै वेदो व्यस्तो महर्षिभिः।
वैवस्वतेऽन्तरे तस्मिन्द्वापरेषु पुनः पुनः॥ ९
वेदव्यासा व्यतीता ये ह्यष्टाविंशति सत्तम।
चतुर्धा यैः कृतो वेदो द्वापरेषु पुनः पुनः॥ १०
द्वापरे प्रथमे व्यस्तस्स्वयं वेदः स्वयम्भुवा।
द्वितीये द्वापरे चैव वेदव्यासः प्रजापतिः॥ ११
तृतीये चोशना व्यासश्चतुर्थे च बृहस्पतिः।
सविता पञ्चमे व्यासः षष्ठे मृत्युस्स्मृतः प्रभुः॥ १२
सप्तमे च तथैवेन्द्रो वसिष्ठश्चाष्टमे स्मृतः।
सारस्वतश्च नवमे त्रिधामा दशमे स्मृतः॥ १३
एकादशे तु त्रिशिखो भरद्वाजस्ततः परः।
त्रयोदशे चान्तरिक्षो वर्णी चापि चतुर्दशे॥ १४
त्रय्यारुणः पञ्चदशे षोडशे तु धनञ्जयः।
ऋतुञ्जयः सप्तदशे तदूर्ध्वं च जयस्स्मृतः॥ १५
ततो व्यासो भरद्वाजो भरद्वाजाच्च गौतमः।
गौतमादुत्तरो व्यासो हर्यात्मा योऽभिधीयते॥ १६
अथ हर्यात्मनोऽन्ते च स्मृतो वाजश्रवा मुनिः।
सोमशुष्मायणस्तस्मात्तृणबिन्दुरिति स्मृतः॥ १७
ऋक्षोऽभूद्भार्गवस्तस्माद्वाल्मीकिर्योऽभिधीयते।
तस्मादस्मत्पिता शक्तिर्व्यासस्तस्मादहं मुने॥ १८
जातुकर्णोऽभवन्मत्तः कृष्णद्वैपायनस्ततः।
अष्टाविंशतिरित्येते वेदव्यासाः पुरातनाः॥ १९
एको वेदश्चतुर्धा तु तैः कृतो द्वापरादिषु॥ २०
भविष्ये द्वापरे चापि द्रौणिर्व्यासो भविष्यति।
व्यतीते मम पुत्रेऽस्मिन् कृष्णद्वैपायने मुने॥ २१

ध्रुवमेकाक्षरं ब्रह्म ओमित्येव व्यवस्थितम्।
बृहत्वाद्बृंहणत्वाच्च तद्ब्रह्मेत्यभिधीयते॥ २२
प्रणवावस्थितं नित्यं भूर्भुवस्स्वरितीर्यते।
ऋग्यजुस्सामाथर्वाणो यत्तस्मै ब्रह्मणे नमः॥ २३

हे मुने! जिस-जिस मन्वन्तरमें जो-जो व्यास होते हैं और वे जिस-जिस प्रकार शाखाओंका विभाग करते हैं—वह मुझसे सुनो॥ ८॥ इस वैवस्वत-मन्वन्तरके प्रत्येक द्वापरयुगमें व्यास महर्षियोंने अबतक पुनः-पुनः अट्ठाईस बार वेदोंके विभाग किये हैं॥ ९॥ हे साधुश्रेष्ठ! जिन्होंने पुनः-पुनः द्वापरयुगमें वेदोंके चार-चार विभाग किये हैं उन अट्ठाईस व्यासोंका विवरण सुनो—॥ १०॥ पहले द्वापरमें स्वयं भगवान् ब्रह्माजीने वेदोंका विभाग किया था। दूसरे द्वापरके वेदव्यास प्रजापति हुए॥ ११॥ तीसरे द्वापरमें शुक्राचार्यजी और चौथेमें बृहस्पतिजी व्यास हुए तथा पाँचवेंमें सूर्य और छठेमें भगवान् मृत्यु व्यास कहलाये॥ १२॥ सातवें द्वापरके वेदव्यास इन्द्र, आठवेंके वसिष्ठ, नवेंके सारस्वत और दसवेंके त्रिधामा कहे जाते हैं॥ १३॥ ग्यारहवेंमें त्रिशिख, बारहवेंमें भरद्वाज, तेरहवेंमें अन्तरिक्ष और चौदहवेंमें वर्णी नामक व्यास हुए॥ १४॥ पन्द्रहवेंमें त्रय्यारुण, सोलहवेंमें धनंजय, सत्रहवेंमें ऋतुंजय और तदनन्तर अठारहवेंमें जय नामक व्यास हुए॥ १५॥ फिर उन्नीसवें व्यास भरद्वाज हुए, भरद्वाजके पीछे गौतम हुए और गौतमके पीछे जो व्यास हुए वे हर्यात्मा कहे जाते हैं॥ १६॥ हर्यात्माके अनन्तर वाजश्रवामुनि व्यास हुए तथा उनके पश्चात् सोमशुष्मवंशी तृणबिन्दु (तेईसवें) वेदव्यास कहलाये॥ १७॥ उनके पीछे भृगुवंशी ऋक्ष व्यास हुए जो वाल्मीकि कहलाये, तदनन्तर हमारे पिता शक्ति हुए और फिर मैं हुआ॥ १८॥ मेरे अनन्तर जातुकर्ण व्यास हुए और फिर कृष्णद्वैपायन—इस प्रकार ये अट्ठाईस व्यास प्राचीन हैं। इन्होंने द्वापरादि युगोंमें एक ही वेदके चार-चार विभाग किये हैं॥ १९-२०॥ हे मुने! मेरे पुत्र कृष्णद्वैपायनके अनन्तर आगामी द्वापरयुगमें द्रोण-पुत्र अश्वत्थामा वेदव्यास होंगे॥ २१॥

ॐ यह अविनाशी एकाक्षर ही ब्रह्म है। यह बृहत् और व्यापक है; इसलिये 'ब्रह्म' कहलाता है॥ २२॥ भूर्लोक, भुवर्लोक और स्वर्लोक—ये तीनों प्रणवरूप ब्रह्ममें ही स्थित हैं तथा प्रणव ही ऋक्, यजुः, साम और अथर्वरूप है; अतः उस ओंकाररूप ब्रह्मको नमस्कार है॥ २३॥

जगतः प्रलयोत्पत्त्योर्यत्तत्कारणसंज्ञितम्।
महतः परमं गुह्यं तस्मै सुब्रह्मणे नमः॥ २४
अगाधापारमक्षय्यं जगत्सम्मोहनालयम्।
स्वप्रकाशप्रवृत्तिभ्यां पुरुषार्थप्रयोजनम्॥ २५
सांख्यज्ञानवतां निष्ठा गतिश्शमदमात्मनाम्।
यत्तदव्यक्तममृतं प्रवृत्तिब्रह्म शाश्वतम्॥ २६
प्रधानमात्मयोनिश्च गुहासंस्थं च शब्द्यते।
अविभागं तथा शुक्रमक्षयं बहुधात्मकम्॥ २७
परमब्रह्मणे तस्मै नित्यमेव नमो नमः।
यद्रूपं वासुदेवस्य परमात्मस्वरूपिणः॥ २८
एतद्ब्रह्म त्रिधा भेदमभेदमपि स प्रभुः।
सर्वभेदेष्वभेदोऽसौ भिद्यते भिन्नबुद्धिभिः॥ २९
स ऋङ्मयस्साममयः सर्वात्मा स यजुर्मयः।
ऋग्यजुस्सामसारात्मा स एवात्मा शरीरिणाम्॥ ३०
स भिद्यते वेदमयस्ववेदं
करोति भेदैर्बहुभिस्सशाखम्।
शाखाप्रणेता स समस्तशाखा-
ज्ञानस्वरूपो भगवानसङ्गः॥ ३१

जो संसारके उत्पत्ति और प्रलयका कारण कहलाता है तथा महत्तत्त्वसे भी परम गुह्य (सूक्ष्म) है उस ओंकाररूप ब्रह्मको नमस्कार है॥ २४॥ जो अगाध, अपार और अक्षय है, संसारको मोहित करनेवाले तमोगुणका आश्रय है, तथा प्रकाशमय सत्त्वगुण और प्रवृत्तिरूप रजोगुणके द्वारा पुरुषोंके भोग और मोक्षरूप परमपुरुषार्थका हेतु है॥ २५॥ जो सांख्यज्ञानियोंकी परमनिष्ठा है, शम-दमशालियोंका गन्तव्य स्थान है, जो अव्यक्त और अविनाशी है तथा जो सक्रिय ब्रह्म होकर भी सदा रहनेवाला है॥ २६॥ जो स्वयम्भू, प्रधान और अन्तर्यामी कहलाता है तथा जो अविभाग, दीप्तिमान्, अक्षय और अनेक रूप है॥ २७॥ और जो परमात्मस्वरूप भगवान् वासुदेवका ही रूप (प्रतीक) है, उस ओंकाररूप परब्रह्मको सर्वदा बारम्बार नमस्कार है॥ २८॥ यह ओंकाररूप ब्रह्म अभिन्न होकर भी [अकार, उकार और मकाररूपसे] तीन भेदोंवाला है। यह समस्त भेदोंमें अभिन्नरूपसे स्थित है तथापि भेदबुद्धिसे भिन्न-भिन्न प्रतीत होता है॥ २९॥ वह सर्वात्मा ऋङ्मय, साममय और यजुर्मय है तथा ऋग्यजुः-सामका साररूप वह ओंकार ही सब शरीरधारियोंका आत्मा है॥ ३०॥ वह वेदमय है, वही ऋग्वेदादिरूपसे भिन्न हो जाता है और वही अपने वेदरूपको नाना शाखाओंमें विभक्त करता है तथा वह असंग भगवान् ही समस्त शाखाओंका रचयिता और उनका ज्ञानस्वरूप है॥ ३१॥

इति श्रीविष्णुपुराणे तृतीयेंऽशे तृतीयोऽध्यायः॥ ३॥

चौथा अध्याय

ऋग्वेदकी शाखाओंका विस्तार

श्रीपराशर उवाच

आद्यो वेदश्चतुष्पादः शतसाहस्रसम्मितः।
ततो दशगुणः कृत्स्नो यज्ञोऽयं सर्वकामधुक्॥ १
ततोऽत्र मत्सुतो व्यासो अष्टाविंशतिमेऽन्तरे।
वेदमेकं चतुष्पादं चतुर्धा व्यभजत्प्रभुः॥ २
यथा च तेन वै व्यस्ता वेदव्यासेन धीमता।
वेदास्तथा समस्तैस्तैर्व्यस्ता व्यस्तैस्तथा मया॥ ३
तदनेनैव वेदानां शाखाभेदान्द्विजोत्तम।
चतुर्युगेषु पठितान्समस्तेष्ववधारय॥ ४

श्रीपराशरजी बोले—सृष्टिके आदिमें ईश्वरसे आविर्भूत वेद ऋक्-यजुः आदि चार पादोंसे युक्त और एक लक्ष मन्त्रवाला था। उसीसे समस्त कामनाओंको देनेवाले अग्निहोत्रादि दस प्रकारके यज्ञोंका प्रचार हुआ॥ १॥ तदनन्तर अट्ठाईसवें द्वापरयुगमें मेरे पुत्र कृष्णद्वैपायनने इस चतुष्पादयुक्त एक ही वेदके चार भाग किये॥ २॥ परम बुद्धिमान् वेदव्यासने उनका जिस प्रकार विभाग किया है, ठीक उसी प्रकार अन्यान्य वेदव्यासोंने तथा मैंने भी पहले किया था॥ ३॥ अतः हे द्विज! समस्त चतुर्युगोंमें इन्हीं शाखाभेदोंसे वेदका पाठ होता है—ऐसा जानो॥ ४॥

कृष्णद्वैपायनं व्यासं विद्धि नारायणं प्रभुम्।
को ह्यन्यो भुवि मैत्रेय महाभारतकृद्भवेत्॥ ५
तेन व्यस्ता यथा वेदा मत्पुत्रेण महात्मना।
द्वापरे ह्यत्र मैत्रेय तस्मिञ्छृणु यथातथम्॥ ६
ब्रह्मणा चोदितो व्यासो वेदान्व्यस्तुं प्रचक्रमे।
अथ शिष्यान्प्रजग्राह चतुरो वेदपारगान्॥ ७
ऋग्वेदपाठकं पैलं जग्राह स महामुनिः।
वैशम्पायननामानं यजुर्वेदस्य चाग्रहीत्॥ ८
जैमिनिं सामवेदस्य तथैवाथर्ववेदवित्।
सुमन्तुस्तस्य शिष्योऽभूद्वेदव्यासस्य धीमतः॥ ९
रोमहर्षणनामानं महाबुद्धिं महामुनिः।
सूतं जग्राह शिष्यं स इतिहासपुराणयोः॥ १०
एक आसीद्यजुर्वेदस्तं चतुर्धा व्यकल्पयत्।
चातुर्होत्रमभूत्तस्मिंस्तेन यज्ञमथाकरोत्॥ ११
आध्वर्यवं यजुर्भिस्तु ऋग्भिर्होत्रं तथा मुनिः।
औद्गात्रं सामभिश्चक्रे ब्रह्मत्वं चाप्यथर्वभिः॥ १२
ततस्स ऋच उद्धृत्य ऋग्वेदं कृतवान्मुनिः।
यजूंषि च यजुर्वेदं सामवेदं च सामभिः॥ १३
राज्ञां चाथर्ववेदेन सर्वकर्माणि च प्रभुः।
कारयामास मैत्रेय ब्रह्मत्वं च यथास्थिति॥ १४
सोऽयमेको यथा वेदस्तरुस्तेन पृथक्कृतः।
चतुर्धाथ ततो जातं वेदपादपकाननम्॥ १५
बिभेद प्रथमं विप्र पैलो ऋग्वेदपादपम्।
इन्द्रप्रमितये प्रादाद्बाष्कलाय च संहिते॥ १६
चतुर्धा स बिभेदाथ बाष्कलोऽपि च संहिताम्।
बोध्यादिभ्यो ददौ ताश्च शिष्येभ्यस्स महामुनिः॥ १७
बोध्याग्निमाढकौ तद्वद्याज्ञवल्क्यपराशरौ।
प्रतिशाखास्तु शाखायास्तस्यास्ते जगृहुर्मुने॥ १८
इन्द्रप्रमितिरेकां तु संहितां स्वसुतं ततः।
माण्डुकेयं महात्मानं मैत्रेयाध्यापयत्तदा॥ १९
तस्य शिष्यप्रशिष्येभ्यः पुत्रशिष्यक्रमाद्ययौ॥ २०

भगवान् कृष्णद्वैपायनको तुम साक्षात् नारायण ही समझो, क्योंकि हे मैत्रेय! संसारमें नारायणके अतिरिक्त और कौन महाभारतका रचयिता हो सकता है?॥ ५॥

हे मैत्रेय! द्वापरयुगमें मेरे पुत्र महात्मा कृष्णद्वैपायनने जिस प्रकार वेदोंका विभाग किया था वह यथावत् सुनो॥ ६॥ जब ब्रह्माजीकी प्रेरणासे व्यासजीने वेदोंका विभाग करनेका उपक्रम किया, तो उन्होंने वेदका अन्ततक अध्ययन करनेमें समर्थ चार ऋषियोंको शिष्य बनाया॥ ७॥ उनमेंसे उन महामुनिने पैलको ऋग्वेद, वैशम्पायनको यजुर्वेद और जैमिनिको सामवेद पढ़ाया तथा उन मतिमान् व्यासजीका सुमन्तु नामक शिष्य अथर्ववेदका ज्ञाता हुआ॥ ८-९॥ इनके सिवा सूतजातीय महाबुद्धिमान् रोमहर्षणको महामुनि व्यासजीने अपने इतिहास और पुराणके विद्यार्थीरूपसे ग्रहण किया॥ १०॥

पूर्वकालमें यजुर्वेद एक ही था। उसके उन्होंने चार विभाग किये, अतः उसमें चातुर्होत्रकी प्रवृत्ति हुई और इस चातुर्होत्र-विधिसे ही उन्होंने यज्ञानुष्ठानकी व्यवस्था की॥ ११॥ व्यासजीने यजुःसे अध्वर्युके, ऋक्से होताके, सामसे उद्गाताके तथा अथर्ववेदसे ब्रह्माके कर्मकी स्थापना की॥ १२॥ तदनन्तर उन्होंने ऋक् तथा यजुःश्रुतियोंका उद्धार करके ऋग्वेद एवं यजुर्वेदकी और सामश्रुतियोंसे सामवेदकी रचना की॥ १३॥ हे मैत्रेय! अथर्ववेदके द्वारा भगवान् व्यासजीने सम्पूर्ण राज-कर्म और ब्रह्मत्वकी यथावत् व्यवस्था की॥ १४॥ इस प्रकार व्यासजीने वेदरूप एक वृक्षके चार विभाग कर दिये फिर विभक्त हुए उन चारोंसे वेदरूपी वृक्षोंका वन उत्पन्न हुआ॥ १५॥

हे विप्र! पहले पैलने ऋग्वेदरूप वृक्षके दो विभाग किये और उन दोनों शाखाओंको अपने शिष्य इन्द्रप्रमिति और बाष्कलको पढ़ाया॥ १६॥ फिर बाष्कलने भी अपनी शाखाके चार भाग किये और उन्हें बोध्य आदि अपने शिष्योंको दिया॥ १७॥ हे मुने! बाष्कलकी शाखाकी उन चारों प्रतिशाखाओंको उनके शिष्य बोध्य, आग्निमाढक, याज्ञवल्क्य और पराशरने ग्रहण किया॥ १८॥ हे मैत्रेयजी! इन्द्रप्रमितिने अपनी प्रतिशाखाको अपने पुत्र महात्मा माण्डुकेयको पढ़ाया॥ १९॥ इस प्रकार शिष्य-प्रशिष्य-क्रमसे उस शाखाका उनके पुत्र और शिष्योंमें प्रचार हुआ। इस

वेदमित्रस्तु शाकल्यः संहितां तामधीतवान्।
चकार संहिताः पञ्च शिष्येभ्यः प्रददौ च ताः॥ २१
तस्य शिष्यास्तु ये पञ्च तेषां नामानि मे शृणु।
मुद्गलो गोमुखश्चैव वात्स्यश्शालीय एव च।
शरीरः पञ्चमश्चासीन्मैत्रेय सुमहामतिः॥ २२
संहितात्रितयं चक्रे शाकपूर्णस्तथेतरः।
निरुक्तमकरोत्तद्वच्चतुर्थं मुनिसत्तम॥ २३
क्रौञ्चो वैतालिकस्तद्वद्बलाकश्च महामुनिः।
निरुक्तकृच्चतुर्थोऽभूद्वेदवेदाङ्गपारगः॥ २४
इत्येताः प्रतिशाखाभ्यो ह्यनुशाखा द्विजोत्तम।
बाष्कलश्चापरास्तिस्रस्संहिताः कृतवान्द्विज।
शिष्यः कालायनिर्गार्ग्यस्तृतीयश्च कथाजवः॥ २५
इत्येते बह्वृचाः प्रोक्ताः संहिता यैः प्रवर्तिताः॥ २६

शिष्य-परम्परासे ही शाकल्य वेदमित्रने उस संहिताको पढ़ा और उसको पाँच अनुशाखाओंमें विभक्त कर अपने पाँच शिष्योंको पढ़ाया॥ २०-२१॥ उसके जो पाँच शिष्य थे उनके नाम सुनो। हे मैत्रेय! वे मुद्गल, गोमुख, वात्स्य और शालीय तथा पाँचवें महामति शरीर थे॥ २२॥ हे मुनिसत्तम! उनके एक दूसरे शिष्य शाकपूर्णने तीन वेदसंहिताओंकी तथा चौथे एक निरुक्त-ग्रन्थकी रचना की॥ २३॥ [उन संहिताओंका अध्ययन करनेवाले उनके शिष्य] महामुनि क्रौंच, वैतालिक और बलाक थे तथा [निरुक्तका अध्ययन करनेवाले] एक चौथे शिष्य वेद-वेदांगके पारगामी निरुक्तकार हुए॥ २४॥ इस प्रकार वेदरूप वृक्षकी प्रतिशाखाओंसे अनुशाखाओंकी उत्पत्ति हुई। हे द्विजोत्तम! बाष्कलने और भी तीन संहिताओंकी रचना की। उनके [उन संहिताओंको पढ़नेवाले] शिष्य कालायनि, गार्ग्य तथा कथाजव थे। इस प्रकार जिन्होंने संहिताओंकी रचना की वे बह्वृच कहलाये॥ २५-२६॥

इति श्रीविष्णुपुराणे तृतीयेंऽशे चतुर्थोऽध्यायः॥ ४॥

पाँचवाँ अध्याय

शुक्लयजुर्वेद तथा तैत्तिरीय यजुःशाखाओंका वर्णन

श्रीपराशर उवाच

यजुर्वेदतरोश्शाखास्सप्तविंशन्महामुनिः।
वैशम्पायननामासौ व्यासशिष्यश्चकार वै॥ १
शिष्येभ्यः प्रददौ ताश्च जगृहुस्तेऽप्यनुक्रमात्॥ २
याज्ञवल्क्यस्तु तत्राभूद्ब्रह्मरातसुतो द्विज।
शिष्यः परमधर्मज्ञो गुरुवृत्तिपरस्सदा॥ ३
ऋषिर्योऽद्य महामेरोः समाजे नागमिष्यति।
तस्य वै सप्तरात्रात्तु ब्रह्महत्या भविष्यति॥ ४
पूर्वमेवं मुनिगणैस्समयो यः कृतो द्विज।
वैशम्पायन एकस्तु तं व्यतिक्रान्तवांस्तदा॥ ५
स्वस्रीयं बालकं सोऽथ पदा स्पृष्टमघातयत्॥ ६
शिष्यानाह स भो शिष्या ब्रह्महत्यापहं व्रतम्।
चरध्वं मत्कृते सर्वे न विचार्यमिदं तथा॥ ७

श्रीपराशरजी बोले—हे महामुने! व्यासजीके शिष्य वैशम्पायनने यजुर्वेदरूपी वृक्षकी सत्ताईस शाखाओंकी रचना की; और उन्हें अपने शिष्योंको पढ़ाया तथा शिष्योंने भी क्रमशः ग्रहण किया॥ १-२॥ हे द्विज! उनका एक परम धार्मिक और सदैव गुरुसेवामें तत्पर रहनेवाला शिष्य ब्रह्मरातका पुत्र याज्ञवल्क्य था॥ ३॥ [एक समय समस्त ऋषिगणने मिलकर यह नियम किया कि] जो कोई महामेरुपर स्थित हमारे इस समाजमें सम्मिलित न होगा उसको सात रात्रियोंके भीतर ही ब्रह्महत्या लगेगी॥ ४॥ हे द्विज! इस प्रकार मुनियोंने पहले जिस समयको नियत किया था उसका केवल एक वैशम्पायनने ही अतिक्रमण कर दिया॥ ५॥ इसके पश्चात् उन्होंने [प्रमादवश] पैरसे छूए हुए अपने भानजेकी हत्या कर डाली; तब उन्होंने अपने शिष्योंसे कहा—'हे शिष्यगण! तुम सब लोग किसी प्रकारका विचार न करके मेरे लिये ब्रह्महत्याको दूर करनेवाला व्रत करो'॥ ६-७॥

अथाह याज्ञवल्क्यस्तु किमेभिर्भगवन्द्विजैः।
क्लेशितैरल्पतेजोभिश्चरिष्येऽहमिदं व्रतम्॥ ८
ततः क्रुद्धो गुरुः प्राह याज्ञवल्क्यं महामुनिम्।
मुच्यतां यत्त्वयाधीतं मत्तो विप्रावमानक॥ ९
निस्तेजसो वदस्येनान्यत्त्वं ब्राह्मणपुङ्गवान्।
तेन शिष्येण नार्थोऽस्ति ममाज्ञाभङ्गकारिणा॥ १०
याज्ञवल्क्यस्ततः प्राह भक्त्यैतत्ते मयोदितम्।
ममाप्यलं त्वयाधीतं यन्मया तदिदं द्विज॥ ११

श्रीपराशर उवाच

इत्युक्तो रुधिराक्तानि सरूपाणि यजूंषि सः।
छर्दयित्वा ददौ तस्मै ययौ स स्वेच्छया मुनिः॥ १२
यजूंष्यथ विसृष्टानि याज्ञवल्क्येन वै द्विज।
जगृहुस्तित्तिरा भूत्वा तैत्तिरीयास्तु ते ततः॥ १३
ब्रह्महत्याव्रतं चीर्णं गुरुणा चोदितैस्तु यैः।
चरकाध्वर्यवस्ते तु चरणान्मुनिसत्तम॥ १४
याज्ञवल्क्योऽपि मैत्रेय प्राणायामपरायणः।
तुष्टाव प्रयतस्सूर्यं यजूंष्यभिलषंस्ततः॥ १५

याज्ञवल्क्य उवाच

नमस्सवित्रे द्वाराय मुक्तेरमिततेजसे।
ऋग्यजुस्सामभूताय त्रयीधाम्ने च ते नमः॥ १६
नमोऽग्नीषोमभूताय जगतः कारणात्मने।
भास्कराय परं तेजस्सौषुम्नरुचिबिभ्रते॥ १७
कलाकाष्ठानिमेषादिकालज्ञानात्मरूपिणे।
ध्येयाय विष्णुरूपाय परमाक्षररूपिणे॥ १८
बिभर्त्ति यस्सुरगणानाप्यायेन्दुं स्वरश्मिभिः।
स्वधामृतेन च पितॄंस्तस्मै तृप्त्यात्मने नमः॥ १९
हिमाम्बुघर्मवृष्टीनां कर्ता भर्ता च यः प्रभुः।
तस्मै त्रिकालरूपाय नमस्सूर्याय वेधसे॥ २०
अपहन्ति तमो यश्च जगतोऽस्य जगत्पतिः।
सत्त्वधामधरो देवो नमस्तस्मै विवस्वते॥ २१
सत्कर्मयोग्यो न जनो नैवापः शुद्धिकारणम्।
यस्मिन्ननुदिते तस्मै नमो देवाय भास्वते॥ २२

तब याज्ञवल्क्य बोले—"भगवन्! ये सब ब्राह्मण अत्यन्त निस्तेज हैं, इन्हें कष्ट देनेकी क्या आवश्यकता है? मैं अकेला ही इस व्रतका अनुष्ठान करूँगा"॥ ८॥ इससे गुरु वैशम्पायनजीने क्रोधित होकर महामुनि याज्ञवल्क्यसे कहा—"अरे ब्राह्मणोंका अपमान करनेवाले! तूने मुझसे जो कुछ पढ़ा है, वह सब त्याग दे॥ ९॥ तू इन समस्त द्विजश्रेष्ठोंको निस्तेज बताता है, मुझे तुझ-जैसे आज्ञा-भंगकारी शिष्यसे कोई प्रयोजन नहीं है"॥ १०॥ याज्ञवल्क्यने कहा—"हे द्विज! मैंने तो भक्तिवश आपसे ऐसा कहा था, मुझे भी आपसे कोई प्रयोजन नहीं है; लीजिये, मैंने आपसे जो कुछ पढ़ा है वह यह मौजूद है"॥ ११॥

श्रीपराशरजी बोले—ऐसा कह महामुनि याज्ञवल्क्यजीने रुधिरसे भरा हुआ मूर्तिमान् यजुर्वेद वमन करके उन्हें दे दिया; और स्वेच्छानुसार चले गये॥ १२॥ हे द्विज! याज्ञवल्क्यद्वारा वमन की हुई उन यजुःश्रुतियोंको अन्य शिष्योंने तित्तिर (तीतर) होकर ग्रहण कर लिया, इसलिये वे सब तैत्तिरीय कहलाये॥ १३॥ हे मुनिसत्तम! जिन विप्रगणने गुरुकी प्रेरणासे ब्रह्महत्या विनाशकव्रतका अनुष्ठान किया था, वे सब व्रताचरणके कारण यजुःशाखाध्यायी चरकाध्वर्यु हुए॥ १४॥ तदनन्तर याज्ञवल्क्यने भी यजुर्वेदकी प्राप्तिकी इच्छासे प्राणोंका संयम कर संयतचित्तसे सूर्यभगवान्की स्तुति की॥ १५॥

याज्ञवल्क्यजी बोले—अतुलित तेजस्वी, मुक्तिके द्वारस्वरूप तथा वेदत्रयरूप तेजसे सम्पन्न एवं ऋक्, यजुः तथा सामस्वरूप सवितादेवको नमस्कार है॥ १६॥ जो अग्निऔर चन्द्रमारूप, जगत्के कारण और सुषुम्न नामक परमतेजको धारण करनेवाले हैं, उन भगवान् भास्करको नमस्कार है॥ १७॥ कला, काष्ठा, निमेष आदि कालज्ञानके कारण तथा ध्यान करनेयोग्य परब्रह्मस्वरूप विष्णुमय श्रीसूर्यदेवको नमस्कार है॥ १८॥ जो अपनी किरणोंसे चन्द्रमाको पोषित करते हुए देवताओंको तथा स्वधारूप अमृतसे पितृगणको तृप्त करते हैं, उन तृप्तिरूप सूर्यदेवको नमस्कार है॥ १९॥ जो हिम, जल और उष्णताके कर्ता [अर्थात् शीत, वर्षा और ग्रीष्म आदि ऋतुओंके कारण] हैं और [जगत्का] पोषण करनेवाले हैं, उन त्रिकालमूर्ति विधाता भगवान् सूर्यको नमस्कार है॥ २०॥ जो जगत्पति इस सम्पूर्ण जगत्के अन्धकारको दूर करते हैं, उन सत्त्वमूर्तिधारी-विवस्वान्को नमस्कार है॥ २१॥ जिनके उदित हुए बिना मनुष्य सत्कर्ममें प्रवृत्त नहीं हो सकते और जल शुद्धिका कारण नहीं हो सकता, उन भास्वान्देवको नमस्कार है॥ २२॥

स्पृष्टो यदंशुभिर्लोकः क्रियायोग्यो हि जायते।
पवित्रताकारणाय तस्मै शुद्धात्मने नमः॥ २३

नमः सवित्रे सूर्याय भास्कराय विवस्वते।
आदित्यायादिभूताय देवादीनां नमो नमः॥ २४

हिरण्मयं रथं यस्य केतवोऽमृतवाजिनः।
वहन्ति भुवनालोकिचक्षुषं तं नमाम्यहम्॥ २५

जिनके किरण-समूहका स्पर्श होनेपर लोक कर्मानुष्ठानके योग्य होता है, उन पवित्रताके कारण, शुद्धस्वरूप सूर्यदेवको नमस्कार है॥ २३॥ भगवान् सविता, सूर्य, भास्कर और विवस्वान्‌को नमस्कार है; देवता आदि समस्त भूतोंके आदिभूत आदित्यदेवको बारम्बार नमस्कार है॥ २४॥ जिनका तेजोमय रथ है, [प्रज्ञारूप] ध्वजाएँ हैं, जिन्हें [छन्दोमय] अमर अश्वगण वहन करते हैं तथा जो त्रिभुवनको प्रकाशित करनेवाले नेत्ररूप हैं, उन सूर्यदेवको मैं नमस्कार करता हूँ॥ २५॥

श्रीपराशर उवाच

इत्येवमादिभिस्तेन स्तूयमानस्स वै रविः।
वाजिरूपधरः प्राह व्रियतामिति वाञ्छितम्॥ २६

याज्ञवल्क्यस्तदा प्राह प्रणिपत्य दिवाकरम्।
यजूंषि तानि मे देहि यानि सन्ति न मे गुरौ॥ २७

एवमुक्तो ददौ तस्मै यजूंषि भगवान् रविः।
अयातयामसंज्ञानि यानि वेत्ति न तद्गुरुः॥ २८

यजूंषि यैरधीतानि तानि विप्रैर्द्विजोत्तम।
वाजिनस्ते समाख्याताः सूर्योऽप्यश्वोऽभवद्यतः॥ २९

शाखाभेदास्तु तेषां वै दश पञ्च च वाजिनाम्।
काण्वाद्यास्सुमहाभाग याज्ञवल्क्याः प्रकीर्तिताः॥ ३०

श्रीपराशरजी बोले—उनके इस प्रकार स्तुति करनेपर भगवान् सूर्य अश्वरूपसे प्रकट होकर बोले—'तुम अपना अभीष्ट वर माँगो'॥ २६॥ तब याज्ञवल्क्यजीने उन्हें प्रणाम करके कहा—"आप मुझे उन यजुःश्रुतियोंका उपदेश कीजिये जिन्हें मेरे गुरुजी भी न जानते हों"॥ २७॥ उनके ऐसा कहनेपर भगवान् सूर्यने उन्हें अयातयाम नामक यजुःश्रुतियोंका उपदेश दिया जिन्हें उनके गुरु वैशम्पायनजी भी नहीं जानते थे॥ २८॥ हे द्विजोत्तम! उन श्रुतियोंको जिन ब्राह्मणोंने पढ़ा था वे वाजी नामसे विख्यात हुए क्योंकि उनका उपदेश करते समय सूर्य भी अश्वरूप हो गये थे॥ २९॥ हे महाभाग! उन वाजिश्रुतियोंकी काण्व आदि पन्द्रह शाखाएँ हैं; वे सब शाखाएँ महर्षि याज्ञवल्क्यकी प्रवृत्त की हुई कही जाती हैं॥ ३०॥

इति श्रीविष्णुपुराणे तृतीयेंऽशे पञ्चमोऽध्यायः॥ ५॥

छठा अध्याय

सामवेदकी शाखा, अठारह पुराण और चौदह विद्याओंके विभागका वर्णन

श्रीपराशर उवाच

सामवेदतरोश्शाखा व्यासशिष्यस्स जैमिनिः।
क्रमेण येन मैत्रेय बिभेद शृणु तन्मम॥ १

सुमन्तुस्तस्य पुत्रोऽभूत्सुकर्मास्याप्यभूत्सुतः।
अधीतवन्तौ चैकैकां संहितां तौ महामती॥ २

सहस्रसंहिताभेदं सुकर्मा तत्सुतस्ततः।
चकार तं च तच्छिष्यौ जगृहाते महाव्रतौ॥ ३

हिरण्यनाभः कौसल्यः पौष्पिञ्जिश्च द्विजोत्तम।
उदीच्यास्सामगाः शिष्यास्तस्य पञ्चशतं स्मृताः॥ ४

श्रीपराशरजी बोले—हे मैत्रेय! जिस क्रमसे व्यासजीके शिष्य जैमिनिने सामवेदकी शाखाओंका विभाग किया था, वह मुझसे सुनो॥ १॥ जैमिनिका पुत्र सुमन्तु था और उसका पुत्र सुकर्मा हुआ। उन दोनों महामति पुत्र-पौत्रोंने सामवेदकी एक-एक शाखाका अध्ययन किया॥ २॥ तदनन्तर सुमन्तुके पुत्र सुकर्माने अपनी सामवेदसंहिताके एक सहस्र शाखाभेद किये और हे द्विजोत्तम! उन्हें उसके कौसल्य हिरण्यनाभ तथा पौष्पिंजि नामक दो महाव्रती शिष्योंने ग्रहण किया। हिरण्यनाभके पाँच सौ शिष्य थे जो उदीच्य सामग कहलाये॥ ३-४॥

हिरण्यनाभात्तावत्यस्संहिता यैर्द्विजोत्तमैः।
गृहीतास्तेऽपि चोच्यन्ते पण्डितैः प्राच्यसामगाः॥ ५
लोकाक्षिनौधमिश्चैव कक्षीवाँल्लाङ्गलिस्तथा।
पौष्पिञ्जिशिष्यास्तद्भेदैस्संहिता बहुलीकृताः॥ ६
हिरण्यनाभशिष्यस्तु चतुर्विंशतिसंहिताः।
प्रोवाच कृतिनामासौ शिष्येभ्यश्च महामुनिः॥ ७
तैश्चापि सामवेदोऽसौ शाखाभिर्बहुलीकृतः।
अथर्वणामथो वक्ष्ये संहितानां समुच्चयम्॥ ८
अथर्ववेदं स मुनिस्सुमन्तुरमितद्युतिः।
शिष्यमध्यापयामास कबन्धं सोऽपि तं द्विधा।
कृत्वा तु देवदर्शाय तथा पथ्याय दत्तवान्॥ ९
देवदर्शस्य शिष्यास्तु मेधोब्रह्मबलिस्तथा।
शौल्कायनिः पिप्पलादस्तथान्यो द्विजसत्तम॥ १०
पथ्यस्यापि त्रयश्शिष्याः कृता यैर्द्विज संहिताः।
जाबालिः कुमुदादिश्च तृतीयश्शौनको द्विज॥ ११
शौनकस्तु द्विधा कृत्वा ददावेकां तु बभ्रवे।
द्वितीयां संहितां प्रादात्सैन्धवाय च संज्ञिने॥ १२
सैन्धवान्मुञ्जिकेशश्च द्वेधाभिन्नास्त्रिधा पुनः।
नक्षत्रकल्पो वेदानां संहितानां तथैव च॥ १३
चतुर्थस्स्यादांगिरसश्शान्तिकल्पश्च पञ्चमः।
श्रेष्ठास्त्वथर्वणामेते संहितानां विकल्पकाः॥ १४
आख्यानैश्चाप्युपाख्यानैर्गाथाभिः कल्पशुद्धिभिः।
पुराणसंहितां चक्रे पुराणार्थविशारदः॥ १५
प्रख्यातो व्यासशिष्योऽभूत्सूतो वै रोमहर्षणः।
पुराणसंहितां तस्मै ददौ व्यासो महामतिः॥ १६
सुमतिश्चाग्निवर्चाश्च मित्रायुश्शांसपायनः।
अकृतव्रणसावर्णी षट् शिष्यास्तस्य चाभवन्॥ १७
काश्यपः संहिताकर्ता सावर्णिश्शांसपायनः।
रोमहर्षणिका चान्या तिसृणां मूलसंहिता॥ १८
चतुष्टयेन भेदेन संहितानामिदं मुने॥ १९
आद्यं सर्वपुराणानां पुराणं ब्राह्ममुच्यते।
अष्टादशपुराणानि पुराणज्ञाः प्रचक्षते॥ २०

इसी प्रकार जिन अन्य द्विजोत्तमोंने इतनी ही संहिताएँ हिरण्यनाभसे और ग्रहण कीं उन्हें पण्डितजन प्राच्य सामग कहते हैं॥ ५॥ पौष्पिंजिके शिष्य लोकाक्षि, नौधमि, कक्षीवान् और लांगलि थे। उनके शिष्य-प्रशिष्योंने अपनी-अपनी संहिताओंके विभाग करके उन्हें बहुत बढ़ा दिया॥ ६॥ महामुनि कृति नामक हिरण्यनाभके एक और शिष्यने अपने शिष्योंको सामवेदकी चौबीस संहिताएँ पढ़ायीं॥ ७॥ फिर उन्होंने भी इस सामवेदका शाखाओंद्वारा खूब विस्तार किया। अब मैं अथर्ववेदकी संहिताओंके समुच्चयका वर्णन करता हूँ॥ ८॥

अथर्ववेदको सर्वप्रथम अमिततेजोमय सुमन्तु मुनिने अपने शिष्य कबन्धको पढ़ाया था, फिर कबन्धने उसके दो भाग कर उन्हें देवदर्श और पथ्य नामक अपने शिष्योंको दिया॥ ९॥ हे द्विजसत्तम! देवदर्शके शिष्य मेध, ब्रह्मबलि, शौल्कायनि और पिप्पलाद थे॥ १०॥ हे द्विज! पथ्यके भी जाबालि, कुमुदादि और शौनक नामक तीन शिष्य थे, जिन्होंने संहिताओंका विभाग किया॥ ११॥ शौनकने भी अपनी संहिताके दो विभाग करके उनमेंसे एक बभ्रुको तथा दूसरी सैन्धव नामक अपने शिष्यको दी॥ १२॥ सैन्धवसे पढ़कर मुंजिकेशने अपनी संहिताके पहले दो और फिर तीन [इस प्रकार पाँच] विभाग किये। नक्षत्रकल्प, वेदकल्प, संहिताकल्प, आंगिरसकल्प और शान्तिकल्प—उनके रचे हुए ये पाँच विकल्प अथर्ववेद-संहिताओंमें सर्वश्रेष्ठ हैं॥ १३-१४॥

तदनन्तर पुराणार्थविशारद व्यासजीने आख्यान, उपाख्यान, गाथा और कल्पशुद्धिके सहित पुराणसंहिताकी रचना की॥ १५॥ रोमहर्षण सूत व्यासजीके प्रसिद्ध शिष्य थे। महामति व्यासजीने उन्हें पुराणसंहिताका अध्ययन कराया॥ १६॥ उन सूतजीके सुमति, अग्निवर्चा, मित्रायु, शांसपायन, अकृतव्रण और सावर्णि—ये छः शिष्य थे॥ १७॥ काश्यपगोत्रीय अकृतव्रण, सावर्णि और शांसपायन—ये तीनों संहिताकर्ता हैं। उन तीनों संहिताओंकी आधार एक रोमहर्षणजीकी संहिता है। हे मुने! इन चारों संहिताओंकी सारभूत मैंने यह विष्णुपुराणसंहिता बनायी है॥ १८-१९॥ पुराणज्ञ पुरुष कुल अठारह पुराण बतलाते हैं; उन सबमें प्राचीनतम ब्रह्मपुराण है॥ २०॥

ब्राह्मं पाद्मं वैष्णवं च शैवं भागवतं तथा।
तथान्यं नारदीयं च मार्कण्डेयं च सप्तमम्॥ २१
आग्नेयमष्टमं चैव भविष्यन्नवमं स्मृतम्।
दशमं ब्रह्मवैवर्त्तं लैंगमेकादशं स्मृतम्॥ २२
वाराहं द्वादशं चैव स्कान्दं चात्र त्रयोदशम्।
चतुर्दशं वामनं च कौर्मं पञ्चदशं तथा॥ २३
मात्स्यं च गारुडं चैव ब्रह्माण्डं च ततः परम्।
महापुराणान्येतानि ह्यष्टादश महामुने॥ २४
तथा चोपपुराणानि मुनिभिः कथितानि च।
सर्गश्च प्रतिसर्गश्च वंशमन्वन्तराणि च।
सर्वेष्वेतेषु कथ्यन्ते वंशानुचरितं च यत्॥ २५
यदेतत्तव मैत्रेय पुराणं कथ्यते मया।
एतद्वैष्णवसंज्ञं वै पाद्मस्य समनन्तरम्॥ २६
सर्गे च प्रतिसर्गे च वंशमन्वन्तरादिषु।
कथ्यते भगवान्विष्णुरशेषेष्वेव सत्तम॥ २७
अङ्गानि वेदाश्चत्वारो मीमांसा न्यायविस्तरः।
पुराणं धर्मशास्त्रं च विद्या ह्येताश्चतुर्दश॥ २८
आयुर्वेदो धनुर्वेदो गान्धर्वश्चैव ते त्रयः।
अर्थशास्त्रं चतुर्थं तु विद्या ह्यष्टादशैव ताः॥ २९
ज्ञेया ब्रह्मर्षयः पूर्वं तेभ्यो देवर्षयः पुनः।
राजर्षयः पुनस्तेभ्य ऋषिप्रकृतयस्त्रयः॥ ३०
इति शाखास्समाख्याताश्शाखाभेदास्तथैव च।
कर्तारश्चैव शाखानां भेदहेतुस्तथोदितः॥ ३१
सर्वमन्वन्तरेष्वेवं शाखाभेदास्समाः स्मृताः।
प्राजापत्या श्रुतिर्नित्या तद्विकल्पास्त्विमे द्विज॥ ३२
एतत्ते कथितं सर्वं यत्पृष्टोऽहमिह त्वया।
मैत्रेय वेदसम्बन्धः किमन्यत्कथयामि ते॥ ३३

प्रथम पुराण ब्राह्म है, दूसरा पाद्म, तीसरा वैष्णव, चौथा शैव, पाँचवाँ भागवत, छठा नारदीय और सातवाँ मार्कण्डेय है॥ २१॥ इसी प्रकार आठवाँ आग्नेय, नवाँ भविष्यत्, दसवाँ ब्रह्मवैवर्त्त और ग्यारहवाँ पुराण लैङ्ग कहा जाता है॥ २२॥ तथा बारहवाँ वाराह, तेरहवाँ स्कान्द, चौदहवाँ वामन, पन्द्रहवाँ कौर्म, तथा इनके पश्चात् मात्स्य, गारुड और ब्रह्माण्डपुराण हैं। हे महामुने! ये ही अठारह महापुराण हैं॥ २३-२४॥ इनके अतिरिक्त मुनिजनोंने और भी अनेक उपपुराण बतलाये हैं। इन सभीमें सृष्टि, प्रलय, देवता आदिकोंके वंश, मन्वन्तर और भिन्न-भिन्न राजवंशोंके चरित्रोंका वर्णन किया गया है॥ २५॥

हे मैत्रेय! जिस पुराणको मैं तुम्हें सुना रहा हूँ वह पाद्मपुराणके अनन्तर कहा हुआ वैष्णव नामक महापुराण है॥ २६॥ हे साधुश्रेष्ठ! इसमें सर्ग, प्रतिसर्ग, वंश और मन्वन्तरादिका वर्णन करते हुए सर्वत्र केवल विष्णुभगवान्का ही वर्णन किया गया है॥ २७॥

छः वेदांग, चार वेद, मीमांसा, न्याय, पुराण और धर्मशास्त्र—ये ही चौदह विद्याएँ हैं॥ २८॥ इन्हींमें आयुर्वेद, धनुर्वेद और गान्धर्व इन तीनोंको तथा चौथे अर्थशास्त्रको मिला लेनेसे कुल अठारह विद्याएँ हो जाती हैं। ऋषियोंके तीन भेद हैं—प्रथम ब्रह्मर्षि, द्वितीय देवर्षि और फिर राजर्षि॥ २९-३०॥ इस प्रकार मैंने तुमसे वेदोंकी शाखा, शाखाओंके भेद, उनके रचयिता तथा शाखाभेदके कारणोंका भी वर्णन कर दिया॥ ३१॥ इसी प्रकार समस्त मन्वन्तरोंमें एक-से शाखाभेद रहते हैं; हे द्विज! प्रजापति ब्रह्माजीसे प्रकट होनेवाली श्रुति तो नित्य है, ये तो उसके विकल्पमात्र हैं॥ ३२॥ हे मैत्रेय! वेदके सम्बन्धमें तुमने मुझसे जो कुछ पूछा था वह मैंने सुना दिया; अब और क्या कहूँ?॥ ३३॥

इति श्रीविष्णुपुराणे तृतीयेंऽशे षष्ठोऽध्यायः॥ ६॥

सातवाँ अध्याय

यमगीता

श्रीमैत्रेय उवाच

यथावत्कथितं सर्वं यत्पृष्टोऽसि मया गुरो।
श्रोतुमिच्छाम्यहं त्वेकं तद्भवान्प्रब्रवीतु मे॥ १
सप्त द्वीपानि पातालविधयश्च महामुने।
सप्तलोकाश्च येऽन्तःस्था ब्रह्माण्डस्यास्य सर्वतः॥ २
स्थूलैः सूक्ष्मैस्तथा सूक्ष्मसूक्ष्मात्सूक्ष्मतरैस्तथा।
स्थूलात्स्थूलतरैश्चैव सर्वं प्राणिभिरावृतम्॥ ३
अंगुलस्याष्टभागोऽपि न सोऽस्ति मुनिसत्तम।
न सन्ति प्राणिनो यत्र कर्मबन्धनिबन्धनाः॥ ४
सर्वे चैते वशं यान्ति यमस्य भगवन् किल।
आयुषोऽन्ते तथा यान्ति यातनास्तत्प्रचोदिताः॥ ५
यातनाभ्यः परिभ्रष्टा देवाद्यास्वथ योनिषु।
जन्तवः परिवर्तन्ते शास्त्राणामेष निर्णयः॥ ६
सोऽहमिच्छामि तच्छ्रोतुं यमस्य वशवर्त्तिनः।
न भवन्ति नरा येन तत्कर्म कथयस्व मे॥ ७

श्रीपराशर उवाच

अयमेव मुने प्रश्नो नकुलेन महात्मना।
पृष्टः पितामहः प्राह भीष्मो यत्तच्छृणुष्व मे॥ ८

भीष्म उवाच

पुरा ममागतो वत्स सखा कालिङ्गको द्विजः।
स मामुवाच पृष्टो वै मया जातिस्मरो मुनिः॥ ९
तेनाख्यातमिदं सर्वमित्थं चैतद्भविष्यति।
तथा च तदभूद्वत्स यथोक्तं तेन धीमता॥ १०
स पृष्टश्च मया भूयः श्रद्दधानेन वै द्विजः।
यद्यदाह न तद्दृष्टमन्यथा हि मया क्वचित्॥ ११
एकदा तु मया पृष्टमेतद्यद्भवतोदितम्।
प्राह कालिङ्गको विप्रस्स्मृत्वा तस्य मुनेर्वचः॥ १२
जातिस्मरेण कथितो रहस्यः परमो मम।
यमकिङ्करयोर्योऽभूत्संवादस्तं ब्रवीमि ते॥ १३

श्रीमैत्रेयजी बोले—हे गुरो! मैंने जो कुछ पूछा था वह सब आपने यथावत् वर्णन किया। अब मैं एक बात और सुनना चाहता हूँ, वह आप मुझसे कहिये॥ १॥ हे महामुने! सातों द्वीप, सातों पाताल और सातों लोक—ये सभी स्थान जो इस ब्रह्माण्डके अन्तर्गत हैं, स्थूल, सूक्ष्म, सूक्ष्मतर, सूक्ष्मातिसूक्ष्म तथा स्थूल और स्थूलतर जीवोंसे भरे हुए हैं॥ २-३॥ हे मुनिसत्तम! एक अंगुलका आठवाँ भाग भी कोई ऐसा स्थान नहीं है जहाँ कर्म-बन्धनसे बँधे हुए जीव न रहते हों॥ ४॥ किंतु हे भगवन्! आयुके समाप्त होनेपर ये सभी यमराजके वशीभूत हो जाते हैं और उन्हींके आदेशानुसार नरक आदि नाना प्रकारकी यातनाएँ भोगते हैं॥ ५॥ तदनन्तर पाप-भोगके समाप्त होनेपर वे देवादि योनियोंमें घूमते रहते हैं—सकल शास्त्रोंका ऐसा ही मत है॥ ६॥ अतः आप मुझे वह कर्म बताइये जिसे करनेसे मनुष्य यमराजके वशीभूत नहीं होता; मैं आपसे यही सुनना चाहता हूँ॥ ७॥

श्रीपराशरजी बोले—हे मुने! यही प्रश्न महात्मा नकुलने पितामह भीष्मसे पूछा था। उसके उत्तरमें उन्होंने जो कुछ कहा था वह सुनो॥ ८॥

भीष्मजीने कहा—हे वत्स! पूर्वकालमें मेरे पास एक कलिंगदेशीय ब्राह्मण-मित्र आया और मुझसे बोला—'मेरे पूछनेपर एक जातिस्मर मुनिने बतलाया था कि ये सब बातें अमुक-अमुक प्रकार ही होंगी।' हे वत्स! उस बुद्धिमान्‌ने जो-जो बातें जिस-जिस प्रकार होनेको कही थीं वे सब ज्यों-की-त्यों हुईं॥ ९-१०॥ इस प्रकार उसमें श्रद्धा हो जानेसे मैंने उससे फिर कुछ और भी प्रश्न किये और उनके उत्तरमें उस द्विजश्रेष्ठने जो-जो बातें बतलायीं उनके विपरीत मैंने कभी कुछ नहीं देखा॥ ११॥ एक दिन, जो बात तुम मुझसे पूछते हो वही मैंने उस कालिंग ब्राह्मणसे पूछी। उस समय उसने उस मुनिके वचनोंको याद करके कहा कि उस जातिस्मर ब्राह्मणने, यम और उनके दूतोंके बीचमें जो संवाद हुआ था, वह अति गूढ़ रहस्य मुझे सुनाया था। वही मैं तुमसे कहता हूँ॥ १२-१३॥

कालिङ्ग उवाच

स्वपुरुषमभिवीक्ष्य पाशहस्तं
वदति यमः किल तस्य कर्णमूले।
परिहर मधुसूदनप्रपन्नान्-
प्रभुरहमन्यनृणामवैष्णवानाम्॥ १४
अहममरवरार्चितेन धात्रा
यम इति लोकहिताहिते नियुक्तः।
हरिगुरुवशगोऽस्मि न स्वतन्त्रः
प्रभवति संयमने ममापि विष्णुः॥ १५
कटकमुकुटकर्णिकादिभेदैः
कनकमभेदमपीष्यते यथैकम्।
सुरपशुमनुजादिकल्पनाभि-
र्हरिरखिलाभिरुदीर्यते तथैकः॥ १६
क्षितितलपरमाणवोऽनिलान्ते
पुनरुपयान्ति यथैकतां धरित्र्याः।
सुरपशुमनुजादयस्तथान्ते
गुणकलुषेण सनातनेन तेन॥ १७
हरिममरवरार्चिताङ्घ्रिपद्मं
प्रणमति यः परमार्थतो हि मर्त्यः।
तमपगतसमस्तपापबन्धं
व्रज परिहृत्य यथाग्निमाज्यसिक्तम्॥ १८
इति यमवचनं निशम्य पाशी
यमपुरुषस्तमुवाच धर्मराजम्।
कथय मम विभो समस्तधातु-
र्भवति हरेः खलु यादृशोऽस्य भक्तः॥ १९

यम उवाच

न चलति निजवर्णधर्मतो यः
सममतिरात्मसुहृद्विपक्षपक्षे।
न हरति न च हन्ति किञ्चिदुच्चैः
सितमनसं तमवेहि विष्णुभक्तम्॥ २०
कलिकलुषमलेन यस्य नात्मा
विमलमतेर्मलिनीकृतस्तमेनम्।
मनसि कृतजनार्दनं मनुष्यं
सततमवेहि हरेरतीवभक्तम्॥ २१

कालिंग बोला—अपने अनुचरको हाथमें पाश लिये देखकर यमराजने उसके कानमें कहा—'भगवान् मधुसूदनके शरणागत व्यक्तियोंको छोड़ देना, क्योंकि मैं वैष्णवोंसे अतिरिक्त और सब मनुष्योंका ही स्वामी हूँ॥ १४॥ देव-पूज्य विधाताने मुझे 'यम' नामसे लोकोंके पाप-पुण्यका विचार करनेके लिये नियुक्त किया है। मैं अपने गुरु श्रीहरिके वशीभूत हूँ, स्वतन्त्र नहीं हूँ। भगवान् विष्णु मेरा भी नियन्त्रण करनेमें समर्थ हैं॥ १५॥ जिस प्रकार सुवर्ण भेदरहित और एक होकर भी कटक, मुकुट तथा कर्णिका आदिके भेदसे नानारूप प्रतीत होता है उसी प्रकार एक ही हरिका देवता, मनुष्य और पशु आदि नाना-विध कल्पनाओंसे निर्देश किया जाता है॥ १६॥

जिस प्रकार वायुके शान्त होनेपर उसमें उड़ते हुए परमाणु पृथिवीसे मिलकर एक हो जाते हैं उसी प्रकार गुण-क्षोभसे उत्पन्न हुए समस्त देवता, मनुष्य और पशु आदि [उसका अन्त हो जानेपर] उस सनातन परमात्मामें लीन हो जाते हैं॥ १७॥ जो भगवान्‌के सुरवरवन्दित चरण-कमलोंकी परमार्थ-बुद्धिसे वन्दना करता है, घृताहुतिसे प्रज्वलित अग्निके समान समस्त पाप-बन्धनसे मुक्त हुए उस पुरुषको तुम दूरहीसे छोड़कर निकल जाना'॥ १८॥

यमराजके ऐसे वचन सुनकर पाशहस्त यमदूतने उनसे पूछा—'प्रभो! सबके विधाता भगवान् हरिका भक्त कैसा होता है, यह आप मुझसे कहिये'॥ १९॥

यमराज बोले—जो पुरुष अपने वर्ण-धर्मसे विचलित नहीं होता, अपने सुहृद् और विपक्षियोंके प्रति समान भाव रखता है, किसीका द्रव्य हरण नहीं करता तथा किसी जीवकी हिंसा नहीं करता उस अत्यन्त रागादि-शून्य और निर्मलचित्त व्यक्तिको भगवान् विष्णुका भक्त जानो॥ २०॥ जिस निर्मलमतिका चित्त कलि-कल्मषरूप मलसे मलिन नहीं हुआ और जिसने अपने हृदयमें श्रीजनार्दनको बसाया हुआ है उस मनुष्यको भगवान्‌का अतीव भक्त समझो॥ २१॥

कनकमपि रहस्यवेक्ष्य बुद्ध्या
तृणमिव यस्समवैति वै परस्वम्।
भवति च भगवत्यनन्यचेताः
पुरुषवरं तमवेहि विष्णुभक्तम्॥ २२
स्फटिकगिरिशिलामलः क्व विष्णु-
र्मनसि नृणां क्व च मत्सरादिदोषः।
न हि तुहिनमयूखरश्मिपुञ्जे
भवति हुताशनदीप्तिजः प्रतापः॥ २३
विमलमतिरमत्सरः प्रशान्त-
श्शुचिचरितोऽखिलसत्त्वमित्रभूतः।
प्रियहितवचनोऽस्तमानमायो
वसति सदा हृदि तस्य वासुदेवः॥ २४
वसति हृदि सनातने च तस्मिन्
भवति पुमाञ्जगतोऽस्य सौम्यरूपः।
क्षितिरसमतिरम्यमात्मनोऽन्तः
कथयति चारुतयैव शालपोतः॥ २५
यमनियमविधूतकल्मषाणा-
मनुदिनमच्युतसक्तमानसानाम्।
अपगतमदमानमत्सराणां
त्यज भट दूरतरेण मानवानाम्॥ २६
हृदि यदि भगवाननादिरास्ते
हरिरसिशङ्खगदाधरोऽव्ययात्मा।
तदघमघविघातकर्तृभिन्नं
भवति कथं सति चान्धकारमर्के॥ २७
हरति परधनं निहन्ति जन्तून्
वदति तथाऽनृतनिष्ठुराणि यश्च।
अशुभजनितदुर्मदस्य पुंसः
कलुषमतेर्हृदि तस्य नास्त्यनन्तः॥ २८
न सहति परसम्पदं विनिन्दां
कलुषमतिः कुरुते सतामसाधुः।
न यजति न ददाति यश्च सन्तं
मनसि न तस्य जनार्दनोऽधमस्य॥ २९

जो एकान्तमें पड़े हुए दूसरेके सोनेको देखकर भी उसे अपनी बुद्धिद्वारा तृणके समान समझता है और निरन्तर भगवान्‌का अनन्यभावसे चिन्तन करता है उस नरश्रेष्ठको विष्णुका भक्त जानो॥ २२॥ कहाँ तो स्फटिकगिरि-शिलाके समान अति निर्मल भगवान् विष्णु और कहाँ मनुष्योंके चित्तमें रहनेवाले राग-द्वेषादि दोष? [इन दोनोंका संयोग किसी प्रकार नहीं हो सकता] हिमकर (चन्द्रमा)-के किरण जालमें अग्नि-तेजकी उष्णता कभी नहीं रह सकती है॥ २३॥ जो व्यक्ति निर्मल-चित्त, मात्सर्यरहित, प्रशान्त, शुद्ध-चरित्र, समस्त जीवोंका सुहृद्, प्रिय और हितवादी तथा अभिमान एवं मायासे रहित होता है उसके हृदयमें भगवान् वासुदेव सर्वदा विराजमान रहते हैं॥ २४॥ उन सनातन भगवान्‌के हृदयमें विराजमान होनेपर पुरुष इस जगत्‌में सौम्यमूर्ति हो जाता है, जिस प्रकार नवीन शालवृक्ष अपने सौन्दर्यसे ही भीतर भरे हुए अति सुन्दर पार्थिव रसको बतला देता है॥ २५॥

हे दूत! यम और नियमके द्वारा जिनकी पापराशि दूर हो गयी है, जिनका हृदय निरन्तर श्रीअच्युतमें ही आसक्त रहता है, तथा जिनमें गर्व, अभिमान और मात्सर्यका लेश भी नहीं रहा है; उन मनुष्योंको तुम दूरहीसे त्याग देना॥ २६॥ यदि खड्ग, शंख और गदाधारी अव्ययात्मा भगवान् हरि हृदयमें विराजमान हैं तो उन पापनाशक भगवान्‌के द्वारा उसके सभी पाप नष्ट हो जाते हैं। सूर्यके रहते हुए भला अन्धकार कैसे ठहर सकता है?॥ २७॥ जो पुरुष दूसरोंका धन हरण करता है, जीवोंकी हिंसा करता है, तथा मिथ्या और कटुभाषण करता है उस अशुभ कर्मोन्मत्त दुष्टबुद्धिके हृदयमें भगवान् अनन्त नहीं टिक सकते॥ २८॥ जो कुमति दूसरोंके वैभवको नहीं देख सकता, जो दूसरोंकी निन्दा करता है, साधुजनोंका अपकार करता है तथा [सम्पन्न होकर भी] न तो श्रीविष्णुभगवान्‌की पूजा ही करता है और न [उनके भक्तोंको] दान ही देता है; उस अधमके हृदयमें श्रीजनार्दनका निवास कभी नहीं हो सकता॥ २९॥

परमसुहृदि बान्धवे कलत्रे
सुततनयापितृमातृभृत्यवर्गे ।
शठमतिरुपयाति योऽर्थतृष्णां
तमधमचेष्टमवेहि नास्य भक्तम्॥ ३०
अशुभमतिरसत्प्रवृत्तिसक्त-
स्सततमनार्यकुशीलसंगमत्तः ।
अनुदिनकृतपापबन्धयुक्तः
पुरुषपशुर्न हि वासुदेवभक्तः॥ ३१
सकलमिदमहं च वासुदेवः
परमपुमान्परमेश्वरस्स एकः ।
इति मतिरचला भवत्यनन्ते
हृदयगते व्रज तान्विहाय दूरात्॥ ३२
कमलनयन वासुदेव विष्णो
धरणिधराच्युत शङ्खचक्रपाणे ।
भव शरणमितीरयन्ति ये वै
त्यज भट दूरतरेण तानपापान्॥ ३३
वसति मनसि यस्य सोऽव्ययात्मा
पुरुषवरस्य न तस्य दृष्टिपाते ।
तव गतिरथ वा ममास्ति चक्र-
प्रतिहतवीर्यबलस्य सोऽन्यलोक्यः॥ ३४

कालिङ्ग उवाच

इति निजभटशासनाय देवो
रवितनयस्स किलाह धर्मराजः ।
मम कथितमिदं च तेन तुभ्यं
कुरुवर सम्यगिदं मयापि चोक्तम्॥ ३५

श्रीभीष्म उवाच

नकुलैतन्ममाख्यातं पूर्वं तेन द्विजन्मना ।
कलिङ्गदेशादभ्येत्य प्रीतेन सुमहात्मना॥ ३६
मयाप्येतद्यथान्यायं सम्यग्वत्स तवोदितम् ।
यथा विष्णुमृते नान्यत्त्राणं संसारसागरे॥ ३७
किंकराः पाशदण्डाश्च न यमो न च यातनाः ।
समर्थास्तस्य यस्यात्मा केशवालम्बनस्सदा॥ ३८

जो दुष्टबुद्धि अपने परम सुहृद्, बन्धु-बान्धव, स्त्री, पुत्र, कन्या, पिता तथा भृत्यवर्गके प्रति अर्थतृष्णा प्रकट करता है उस पापाचारीको भगवान्‌का भक्त मत समझो॥ ३०॥ जो दुर्बुद्धि पुरुष असत्कर्मोंमें लगा रहता है, नीच पुरुषोंके आचार और उन्हींके संगमें उन्मत्त रहता है तथा नित्यप्रति पापमय कर्मबन्धनसे ही बँधता जाता है वह मनुष्यरूप पशु ही है; वह भगवान् वासुदेवका भक्त नहीं हो सकता॥ ३१॥ यह सकल प्रपंच और मैं एक परमपुरुष परमेश्वर वासुदेव ही हैं, हृदयमें भगवान् अनन्तके स्थित होनेसे जिनकी ऐसी स्थिर बुद्धि हो गयी हो, उन्हें तुम दूरहीसे छोड़कर चले जाना॥ ३२॥ 'हे कमलनयन! हे वासुदेव! हे विष्णो! हे धरणिधर! हे अच्युत! हे शंख-चक्र-पाणे! आप हमें शरण दीजिये'—जो लोग इस प्रकार पुकारते हों उन निष्पाप व्यक्तियोंको तुम दूरसे ही त्याग देना॥ ३३॥

जिस पुरुषश्रेष्ठके अन्तःकरणमें वे अव्ययात्मा भगवान् विराजते हैं, उसका जहाँतक दृष्टिपात होता है वहाँतक भगवान्‌के चक्रके प्रभावसे अपने बल-वीर्य नष्ट हो जानेके कारण तुम्हारी अथवा मेरी गति नहीं हो सकती। वह (महापुरुष) तो अन्य (वैकुण्ठादि) लोकोंका पात्र है॥ ३४॥

कालिंग बोला—हे कुरुवर! अपने दूतको शिक्षा देनेके लिये सूर्यपुत्र धर्मराजने उससे इस प्रकार कहा। मुझसे यह प्रसंग उस जातिस्मर मुनिने कहा था और मैंने यह सम्पूर्ण कथा तुमको सुना दी है॥ ३५॥

श्रीभीष्मजी बोले—हे नकुल! पूर्वकालमें कलिंगदेशसे आये हुए उस महात्मा ब्राह्मणने प्रसन्न होकर मुझे यह सब विषय सुनाया था॥ ३६॥ हे वत्स! वही सम्पूर्ण वृत्तान्त, जिस प्रकार कि इस संसार-सागरमें एक विष्णुभगवान्‌को छोड़कर जीवका और कोई भी रक्षक नहीं है, मैंने ज्यों-का-त्यों तुम्हें सुना दिया॥ ३७॥ जिसका हृदय निरन्तर भगवत्परायण रहता है उसका यम, यमदूत, यमपाश, यमदण्ड अथवा यम-यातना कुछ भी नहीं बिगाड़ सकते॥ ३८॥

श्रीपराशर उवाच

एतन्मुने समाख्यातं गीतं वैवस्वतेन यत्।
त्वत्प्रश्नानुगतं सम्यक्किमन्यच्छ्रोतुमिच्छसि॥ ३९

श्रीपराशरजी बोले—हे मुने! तुम्हारे प्रश्नके अनुसार जो कुछ यमने कहा था, वह सब मैंने तुम्हें भली प्रकार सुना दिया, अब और क्या सुनना चाहते हो?॥ ३९॥

इति श्रीविष्णुपुराणे तृतीयेंऽशे सप्तमोऽध्यायः॥ ७॥

आठवाँ अध्याय

विष्णुभगवान्‌की आराधना और चातुर्वर्ण्य-धर्मका वर्णन

श्रीमैत्रेय उवाच

भगवन्भगवान्देवः संसारविजिगीषुभिः।
समाख्याहि जगन्नाथो विष्णुराराध्यते यथा॥ १
आराधिताच्च गोविन्दादाराधनपरैर्नरैः।
यत्प्राप्यते फलं श्रोतुं तच्चेच्छामि महामुने॥ २

श्रीमैत्रेयजी बोले—हे भगवन्! जो लोग संसारको जीतना चाहते हैं, वे जिस प्रकार जगत्पति भगवान् विष्णुकी उपासना करते हैं, वह वर्णन कीजिये॥ १॥ और हे महामुने! उन गोविन्दकी आराधना करनेपर आराधनपरायण पुरुषोंको जो फल मिलता है, वह भी मैं सुनना चाहता हूँ॥ २॥

श्रीपराशर उवाच

यत्पृच्छति भवानेतत्सगरेण महात्मना।
और्वः प्राह यथा पृष्टस्तन्मे निगदतश्शृणु॥ ३
सगरः प्रणिपत्यैनमौर्वं पप्रच्छ भार्गवम्।
विष्णोराराधनोपायसम्बन्धं मुनिसत्तम॥ ४
फलं चाराधिते विष्णौ यत्पुंसामभिजायते।
स चाह पृष्टो यत्नेन तस्मै तन्मेऽखिलं शृणु॥ ५

श्रीपराशरजी बोले—हे मैत्रेय! तुम जो कुछ पूछते हो यही बात महात्मा सगरने और्वसे पूछी थी। उसके उत्तरमें उन्होंने जो कुछ कहा वह मैं तुमको सुनाता हूँ, श्रवण करो॥ ३॥ हे मुनिश्रेष्ठ! सगरने भृगुवंशी महात्मा और्वको प्रणाम करके उनसे भगवान् विष्णुकी आराधनाके उपाय और विष्णुकी उपासना करनेसे मनुष्यको जो फल मिलता है उसके विषयमें पूछा था। उनके पूछनेपर और्वने यत्नपूर्वक जो कुछ कहा था वह सब सुनो॥ ४-५॥

और्व उवाच

भौमं मनोरथं स्वर्गं स्वर्गे रम्यं च यत्पदम्।
प्राप्नोत्याराधिते विष्णौ निर्वाणमपि चोत्तमम्॥ ६
यद्यदिच्छति यावच्च फलमाराधितेऽच्युते।
तत्तदाप्नोति राजेन्द्र भूरि स्वल्पमथापि वा॥ ७
यत्तु पृच्छसि भूपाल कथमाराध्यते हरिः।
तदहं सकलं तुभ्यं कथयामि निबोध मे॥ ८
वर्णाश्रमाचारवता पुरुषेण परः पुमान्।
विष्णुराराध्यते पन्था नान्यस्तत्तोषकारकः॥ ९
यजन्यज्ञान्यजत्येनं जपत्येनं जपन्नृप।
निघ्नन्नन्यान्हिनस्त्येनं सर्वभूतो यतो हरिः॥ १०

और्व बोले—भगवान् विष्णुकी आराधना करनेसे मनुष्य भूमण्डल-सम्बन्धी समस्त मनोरथ, स्वर्ग, स्वर्गसे भी श्रेष्ठ ब्रह्मपद और परम निर्वाण-पद भी प्राप्त कर लेता है॥ ६॥ हे राजेन्द्र! वह जिस-जिस फलकी जितनी-जितनी इच्छा करता है, अल्प हो या अधिक, श्रीअच्युतकी आराधनासे निश्चय ही वह सब प्राप्त कर लेता है॥ ७॥ और हे भूपाल! तुमने जो पूछा कि हरिकी आराधना किस प्रकार की जाय, सो सब मैं तुमसे कहता हूँ, सावधान होकर सुनो॥ ८॥ जो पुरुष वर्णाश्रम-धर्मका पालन करनेवाला है वही परमपुरुष विष्णुकी आराधना कर सकता है; उनको सन्तुष्ट करनेका और कोई मार्ग नहीं है॥ ९॥ हे नृप! यज्ञोंका यजन करनेवाला पुरुष उन (विष्णु) ही का यजन करता है, जप करनेवाला उन्हींका जप करता है और दूसरोंकी हिंसा करनेवाला उन्हींकी हिंसा करता है; क्योंकि भगवान् हरि सर्वभूतमय हैं॥ १०॥

तस्मात्सदाचारवता पुरुषेण जनार्दनः।
आराध्यते स्ववर्णोक्तधर्मानुष्ठानकारिणा॥ ११
ब्राह्मणः क्षत्रियो वैश्यः शूद्रश्च पृथिवीपते।
स्वधर्मतत्परो विष्णुमाराधयति नान्यथा॥ १२
परापवादं पैशुन्यमनृतं च न भाषते।
अन्योद्वेगकरं वापि तोष्यते तेन केशवः॥ १३
परदारपरद्रव्यपरहिंसासु यो रतिम्।
न करोति पुमान्भूप तोष्यते तेन केशवः॥ १४
न ताडयति नो हन्ति प्राणिनोऽन्यांश्च देहिनः।
यो मनुष्यो मनुष्येन्द्र तोष्यते तेन केशवः॥ १५
देवद्विजगुरूणां च शुश्रूषासु सदोद्यतः।
तोष्यते तेन गोविन्दः पुरुषेण नरेश्वर॥ १६
यथात्मनि च पुत्रे च सर्वभूतेषु यस्तथा।
हितकामो हरिस्तेन सर्वदा तोष्यते सुखम्॥ १७
यस्य रागादिदोषेण न दुष्टं नृप मानसम्।
विशुद्धचेतसा विष्णुस्तोष्यते तेन सर्वदा॥ १८
वर्णाश्रमेषु ये धर्माश्शास्त्रोक्ता नृपसत्तम।
तेषु तिष्ठन्नरो विष्णुमाराधयति नान्यथा॥ १९

सगर उवाच

तदहं श्रोतुमिच्छामि वर्णधर्मानशेषतः।
तथैवाश्रमधर्मांश्च द्विजवर्य ब्रवीहि तान्॥ २०

और्व उवाच

ब्राह्मणक्षत्रियविशां शूद्राणां च यथाक्रमम्।
त्वमेकाग्रमतिर्भूत्वा शृणु धर्मान्मयोदितान्॥ २१
दानं दद्याद्यजेद्देवान्यज्ञैस्स्वाध्यायतत्परः।
नित्योदकी भवेद्विप्रः कुर्याच्चाग्निपरिग्रहम्॥ २२
वृत्त्यर्थं याजयेच्चान्यानन्यानध्यापयेत्तथा।
कुर्यात्प्रतिग्रहादानं शुक्लार्थान्न्यायतो द्विजः॥ २३
सर्वभूतहितं कुर्यान्नाहितं कस्यचिद् द्विजः।
मैत्री समस्तभूतेषु ब्राह्मणस्योत्तमं धनम्॥ २४
ग्राव्णि रत्ने च पारक्ये समबुद्धिर्भवेद् द्विजः।
ऋतावभिगमः पत्न्यां शस्यते चास्य पार्थिव॥ २५

अतः सदाचारयुक्त पुरुष अपने वर्णके लिये विहित धर्मका आचरण करते हुए श्रीजनार्दनहीकी उपासना करता है॥ ११॥ हे पृथिवीपते! ब्राह्मण, क्षत्रिय, वैश्य और शूद्र अपने-अपने धर्मका पालन करते हुए ही विष्णुकी आराधना करते हैं, अन्य प्रकारसे नहीं॥ १२॥

जो पुरुष दूसरोंकी निन्दा, चुगली अथवा मिथ्याभाषण नहीं करता तथा ऐसा वचन भी नहीं बोलता जिससे दूसरोंको खेद हो, उससे निश्चय ही भगवान् केशव प्रसन्न रहते हैं॥ १३॥ हे राजन्! जो पुरुष दूसरोंकी स्त्री, धन और हिंसामें रुचि नहीं करता उससे सर्वदा ही भगवान् केशव सन्तुष्ट रहते हैं॥ १४॥ हे नरेन्द्र! जो मनुष्य किसी प्राणी अथवा [वृक्षादि] अन्य देहधारियोंको पीड़ित अथवा नष्ट नहीं करता उससे श्रीकेशव सन्तुष्ट रहते हैं॥ १५॥ जो पुरुष देवता, ब्राह्मण और गुरुजनोंकी सेवामें सदा तत्पर रहता है, हे नरेश्वर! उससे गोविन्द सदा प्रसन्न रहते हैं॥ १६॥ जो व्यक्ति स्वयं अपने और अपने पुत्रोंके समान ही समस्त प्राणियोंका भी हित-चिन्तक होता है वह सुगमतासे ही श्रीहरिको प्रसन्न कर लेता है॥ १७॥ हे नृप! जिसका चित्त रागादि दोषोंसे दूषित नहीं है उस विशुद्ध-चित्त पुरुषसे भगवान् विष्णु सदा सन्तुष्ट रहते हैं॥ १८॥ हे नृपश्रेष्ठ! शास्त्रोंमें जो-जो वर्णाश्रम-धर्म कहे हैं उन-उनका ही आचरण करके पुरुष विष्णुकी आराधना कर सकता है; और किसी प्रकार नहीं॥ १९॥

सगर बोले—हे द्विजश्रेष्ठ! अब मैं सम्पूर्ण वर्णधर्म और आश्रमधर्मोंको सुनना चाहता हूँ, कृपा करके वर्णन कीजिये॥ २०॥

और्व बोले—जिनका मैं वर्णन करता हूँ, उन ब्राह्मण, क्षत्रिय, वैश्य और शूद्रोंके धर्मोंका तुम एकाग्रचित्त होकर क्रमशः श्रवण करो॥ २१॥ ब्राह्मणका कर्तव्य है कि दान दे, यज्ञोंद्वारा देवताओंका यजन करे, स्वाध्यायशील हो, नित्य स्नान-तर्पण करे और अग्न्याधान आदि कर्म करता रहे॥ २२॥ ब्राह्मणको उचित है कि वृत्तिके लिये दूसरोंसे यज्ञ करावे, औरोंको पढ़ावे और न्यायोपार्जित शुद्ध धनमेंसे न्यायानुकूल द्रव्य संग्रह करे॥ २३॥ ब्राह्मणको कभी किसीका अहित नहीं करना चाहिये और सर्वदा समस्त प्राणियोंके हितमें तत्पर रहना चाहिये। सम्पूर्ण प्राणियोंमें मैत्री रखना ही ब्राह्मणका परम धन है॥ २४॥ पत्थरमें और पराये रत्नमें ब्राह्मणको समान-बुद्धि रखनी चाहिये। हे राजन्! पत्नीके विषयमें ऋतुगामी होना ही ब्राह्मणके लिये प्रशंसनीय कर्म है॥ २५॥

दानानि दद्यादिच्छातो द्विजेभ्यः क्षत्रियोऽपि वा।
यजेच्च विविधैर्यज्ञैरधीयीत च पार्थिवः॥ २६
शस्त्राजीवो महीरक्षा प्रवरा तस्य जीविका।
तत्रापि प्रथमः कल्पः पृथिवीपरिपालनम्॥ २७
धरित्रीपालनेनैव कृतकृत्या नराधिपाः।
भवन्ति नृपतेरंशा यतो यज्ञादिकर्मणाम्॥ २८
दुष्टानां शासनाद्राजा शिष्टानां परिपालनात्।
प्राप्नोत्यभिमताँल्लोकान्वर्णसंस्थां करोति यः॥ २९
पाशुपाल्यं च वाणिज्यं कृषिं च मनुजेश्वर।
वैश्याय जीविकां ब्रह्मा ददौ लोकपितामहः॥ ३०
तस्याप्यध्ययनं यज्ञो दानं धर्मश्च शस्यते।
नित्यनैमित्तिकादीनामनुष्ठानं च कर्मणाम्॥ ३१
द्विजातिसंश्रितं कर्म तादर्थ्यं तेन पोषणम्।
क्रयविक्रयजैर्वापि धनैः कारूद्भवेन वा॥ ३२
शूद्रस्य सन्नतिश्शौचं सेवा स्वामिन्यमायया।
अमन्त्रयज्ञो ह्यस्तेयं सत्सङ्गो विप्ररक्षणम्॥ ३३
दानं च दद्याच्छूद्रोऽपि पाकयज्ञैर्यजेत च।
पित्र्यादिकं च तत्सर्वं शूद्रः कुर्वीत तेन वै॥ ३४
भृत्यादिभरणार्थाय सर्वेषां च परिग्रहः।
ऋतुकालेऽभिगमनं स्वदारेषु महीपते॥ ३५
दया समस्तभूतेषु तितिक्षा नातिमानिता।
सत्यं शौचमनायासो मंगलं प्रियवादिता॥ ३६
मैत्र्यस्पृहा तथा तद्वदकार्पण्यं नरेश्वर।
अनसूया च सामान्यवर्णानां कथिता गुणाः॥ ३७
आश्रमाणां च सर्वेषामेते सामान्यलक्षणाः।
गुणांस्तथापद्धर्मांश्च विप्रादीनामिमाञ्छृणु॥ ३८
क्षात्रं कर्म द्विजस्योक्तं वैश्यं कर्म तथाऽपदि।
राजन्यस्य च वैश्योक्तं शूद्रकर्म न चैतयोः॥ ३९

क्षत्रियको उचित है कि ब्राह्मणोंको यथेच्छ दान दे, विविध यज्ञोंका अनुष्ठान करे और अध्ययन करे॥ २६॥ शस्त्र धारण करना और पृथिवीकी रक्षा करना ही क्षत्रियकी उत्तम आजीविका है; इनमें भी पृथिवी-पालन ही उत्कृष्टतर है॥ २७॥ पृथिवी-पालनसे ही राजालोग कृतकृत्य हो जाते हैं, क्योंकि पृथिवीमें होनेवाले यज्ञादि कर्मोंका अंश राजाको मिलता है॥ २८॥ जो राजा अपने वर्णधर्मको स्थिर रखता है वह दुष्टोंको दण्ड देने और साधुजनोंका पालन करनेसे अपने अभीष्ट लोकोंको प्राप्त कर लेता है॥ २९॥

हे नरनाथ! लोकपितामह ब्रह्माजीने वैश्योंको पशु-पालन, वाणिज्य और कृषि—ये जीविकारूपसे दिये हैं॥ ३०॥ अध्ययन, यज्ञ, दान और नित्य-नैमित्तिकादि कर्मोंका अनुष्ठान—ये कर्म उसके लिये भी विहित हैं॥ ३१॥

शूद्रका कर्तव्य यही है कि द्विजातियोंकी प्रयोजन-सिद्धिके लिये कर्म करे और उसीसे अपना पालन-पोषण करे, अथवा [आपत्कालमें, जब उक्त उपायसे जीविका-निर्वाह न हो सके तो] वस्तुओंके लेने-बेचने अथवा कारीगरीके कामोंसे निर्वाह करे॥ ३२॥ अति नम्रता, शौच, निष्कपट स्वामि-सेवा, मन्त्रहीन यज्ञ, अस्तेय, सत्संग और ब्राह्मणकी रक्षा करना—ये शूद्रके प्रधान कर्म हैं॥ ३३॥ हे राजन्! शूद्रको भी उचित है कि दान दे, बलिवैश्वदेव अथवा नमस्कार आदि अल्प यज्ञोंका अनुष्ठान करे, पितृश्राद्ध आदि कर्म करे, अपने आश्रित कुटुम्बियोंके भरण-पोषणके लिये सकल वर्णोंसे द्रव्य संग्रह करे और ऋतुकालमें अपनी ही स्त्रीसे प्रसंग करे॥ ३४-३५॥ हे नरेश्वर! इनके अतिरिक्त समस्त प्राणियोंपर दया, सहनशीलता, अमानिता, सत्य, शौच, अधिक परिश्रम न करना, मंगलाचरण, प्रियवादिता, मैत्री, निष्कामता, अकृपणता और किसीके दोष न देखना—ये समस्त वर्णोंके सामान्य गुण हैं॥ ३६-३७॥

सब वर्णोंके सामान्य लक्षण इसी प्रकार हैं। अब इन ब्राह्मणादि चारों वर्णोंके आपद्धर्म और गुणोंका श्रवण करो॥ ३८॥ आपत्तिके समय ब्राह्मणको क्षत्रिय और वैश्य-वर्णोंकी वृत्तिका अवलम्बन करना चाहिये तथा क्षत्रियको केवल वैश्यवृत्तिका ही आश्रय लेना चाहिये। ये दोनों शूद्रका कर्म (सेवा आदि) कभी न करें॥ ३९॥

सामर्थ्ये सति तत्त्याज्यमुभाभ्यामपि पार्थिव।
तदेवापदि कर्तव्यं न कुर्यात्कर्मसङ्करम्॥ ४०
इत्येते कथिता राजन्वर्णधर्मा मया तव।
धर्मानाश्रमिणां सम्यग्ब्रुवतो मे निशामय॥ ४१

हे राजन्! इन उपरोक्त वृत्तियोंको भी सामर्थ्य होनेपर त्याग दे; केवल आपत्कालमें ही इनका आश्रय ले, कर्म संकरता (कर्मोंका मेल) न करे॥ ४०॥ हे राजन्! इस प्रकार वर्णधर्मोंका वर्णन तो मैंने तुमसे कर दिया; अब आश्रम-धर्मोंका निरूपण और करता हूँ, सावधान होकर सुनो॥ ४१॥

इति श्रीविष्णुपुराणे तृतीयेंऽशे अष्टमोऽध्यायः॥ ८॥

नवाँ अध्याय

ब्रह्मचर्य आदि आश्रमोंका वर्णन

और्व उवाच

बालः कृतोपनयनो वेदाहरणतत्परः।
गुरुगेहे वसेद्भूप ब्रह्मचारी समाहितः॥ १
शौचाचारव्रतं तत्र कार्यं शुश्रूषणं गुरोः।
व्रतानि चरता ग्राह्यो वेदश्च कृतबुद्धिना॥ २
उभे सन्ध्ये रविं भूप तथैवाग्निं समाहितः।
उपतिष्ठेत्तदा कुर्याद्गुरोरप्यभिवादनम्॥ ३
स्थिते तिष्ठेद्व्रजेद्याते नीचैरासीत चासति।
शिष्यो गुरोर्नृपश्रेष्ठ प्रतिकूलं न सञ्चरेत्॥ ४
तेनैवोक्तं पठेद्वेदं नान्यचित्तः पुरस्स्थितः।
अनुज्ञातश्च भिक्षान्नमश्नीयाद्गुरुणा ततः॥ ५
अवगाहेदपः पूर्वमाचार्येणावगाहिताः।
समिज्जलादिकं चास्य कल्यं कल्यमुपानयेत्॥ ६
गृहीतग्राह्यवेदश्च ततोऽनुज्ञामवाप्य च।
गार्हस्थ्यमाविशेत्प्राज्ञो निष्पन्नगुरुनिष्कृतिः॥ ७
विधिनावाप्तदारस्तु धनं प्राप्य स्वकर्मणा।
गृहस्थकार्यमखिलं कुर्याद्भूपाल शक्तितः॥ ८
निवापेन पितॄनर्चन्यज्ञैर्देवांस्तथातिथीन्।
अन्नैर्मुनींश्च स्वाध्यायैरपत्येन प्रजापतिम्॥ ९
भूतानि बलिभिश्चैव वात्सल्येनाखिलं जगत्।
प्राप्नोति लोकान्पुरुषो निजकर्मसमार्जितान्॥ १०

और्व बोले—हे भूपते! बालकको चाहिये कि उपनयन-संस्कारके अनन्तर वेदाध्ययनमें तत्पर होकर ब्रह्मचर्यका अवलम्बन कर, सावधानतापूर्वक गुरुगृहमें निवास करे॥ १॥ वहाँ रहकर उसे शौच और आचार-व्रतका पालन करते हुए गुरुकी सेवा-शुश्रूषा करनी चाहिये तथा व्रतादिका आचरण करते हुए स्थिर-बुद्धिसे वेदाध्ययन करना चाहिये॥ २॥ हे राजन्! [प्रातःकाल और सायंकाल] दोनों सन्ध्याओंमें एकाग्र होकर सूर्य और अग्निकी उपासना करे तथा गुरुका अभिवादन करे॥ ३॥ गुरुके खड़े होनेपर खड़ा हो जाय, चलनेपर पीछे-पीछे चलने लगे तथा बैठ जानेपर नीचे बैठ जाय। हे नृपश्रेष्ठ! इस प्रकार कभी गुरुके विरुद्ध कोई आचरण न करे॥ ४॥ गुरुजीके कहनेपर ही उनके सामने बैठकर एकाग्रचित्तसे वेदाध्ययन करे और उनकी आज्ञा होनेपर ही भिक्षान्न भोजन करे॥ ५॥ जलमें प्रथम आचार्यके स्नान कर चुकनेपर फिर स्वयं स्नान करे तथा प्रतिदिन प्रातःकाल गुरुजीके लिये समिधा, जल, कुश और पुष्पादि लाकर जुटा दे॥ ६॥

इस प्रकार अपना अभिमत वेदपाठ समाप्त कर चुकनेपर बुद्धिमान् शिष्य गुरुजीकी आज्ञासे उन्हें गुरु-दक्षिणा देकर गृहस्थाश्रममें प्रवेश करे॥ ७॥ हे राजन्! फिर विधिपूर्वक पाणिग्रहण कर अपनी वर्णानुकूल वृत्तिसे द्रव्योपार्जन करता हुआ सामर्थ्यानुसार समस्त गृहकार्य करता रहे॥ ८॥ पिण्ड-दानादिसे पितृगणकी, यज्ञादिसे देवताओंकी, अन्नदानसे अतिथियोंकी, स्वाध्यायसे ऋषियोंकी, पुत्रोत्पत्तिसे प्रजापतिकी, बलियों (अन्नभाग)-से भूतगणकी तथा वात्सल्यभावसे सम्पूर्ण जगत्‌की पूजा करते हुए पुरुष अपने कर्मोंद्वारा मिले हुए उत्तमोत्तम लोकोंको प्राप्त कर लेता है॥ ९-१०॥

भिक्षाभुजश्च ये केचित्परिव्राड्ब्रह्मचारिणः।
तेऽप्यत्रैव प्रतिष्ठन्ते गार्हस्थ्यं तेन वै परम्॥ ११
वेदाहरणकार्याय तीर्थस्नानाय च प्रभो।
अटन्ति वसुधां विप्राः पृथिवीदर्शनाय च॥ १२
अनिकेता ह्यनाहारा यत्र सायंगृहाश्च ये।
तेषां गृहस्थः सर्वेषां प्रतिष्ठा योनिरेव च॥ १३
तेषां स्वागतदानादि वक्तव्यं मधुरं नृप।
गृहागतानां दद्याच्च शयनासनभोजनम्॥ १४
अतिथिर्यस्य भग्नाशो गृहात्प्रतिनिवर्तते।
स दत्त्वा दुष्कृतं तस्मै पुण्यमादाय गच्छति॥ १५
अवज्ञानमहंकारो दम्भश्चैव गृहे सतः।
परितापोपघातौ च पारुष्यं च न शस्यते॥ १६
यस्तु सम्यक्करोत्येवं गृहस्थः परमं विधिम्।
सर्वबन्धविनिर्मुक्तो लोकानाप्नोत्यनुत्तमान्॥ १७
वयःपरिणतो राजन्कृतकृत्यो गृहाश्रमी।
पुत्रेषु भार्यां निक्षिप्य वनं गच्छेत्सहैव वा॥ १८
पर्णमूलफलाहारः केशश्मश्रुजटाधरः।
भूमिशायी भवेत्तत्र मुनिस्सर्वातिथिर्नृप॥ १९
चर्मकाशकुशैः कुर्यात्परिधानोत्तरीयके।
तद्वत्त्रिषवणं स्नानं शस्तमस्य नरेश्वर॥ २०
देवताभ्यर्चनं होमस्सर्वाभ्यागतपूजनम्।
भिक्षा बलिप्रदानं च शस्तमस्य नरेश्वर॥ २१
वन्यस्नेहेन गात्राणामभ्यंगश्चास्य शस्यते।
तपश्च तस्य राजेन्द्र शीतोष्णादिसहिष्णुता॥ २२
यस्त्वेतां नियतश्चर्यां वानप्रस्थश्चरेन्मुनिः।
स दहत्यग्निवद्दोषाञ्जयेल्लोकांश्च शाश्वतान्॥ २३
चतुर्थश्चाश्रमो भिक्षोः प्रोच्यते यो मनीषिभिः।
तस्य स्वरूपं गदतो मम श्रोतुं नृपार्हसि॥ २४
पुत्रद्रव्यकलत्रेषु त्यक्तस्नेहो नराधिप।
चतुर्थमाश्रमस्थानं गच्छेन्निर्धूतमत्सरः॥ २५

जो केवल भिक्षावृत्तिसे ही रहनेवाले परिव्राजक और ब्रह्मचारी आदि हैं उनका आश्रय भी गृहस्थाश्रम ही है, अतः यह सर्वश्रेष्ठ है॥ ११॥ हे राजन्! विप्रगण वेदाध्ययन, तीर्थस्नान और देश-दर्शनके लिये पृथिवी-पर्यटन किया करते हैं॥ १२॥ उनमेंसे जिनका कोई निश्चित गृह अथवा भोजन प्रबन्ध नहीं होता और जो जहाँ सायंकाल हो जाता है वहीं ठहर जाते हैं, उन सबका आधार और मूल गृहस्थाश्रम ही है॥ १३॥ हे राजन्! ऐसे लोग जब घर आवें तो उनका कुशल-प्रश्न और मधुर वचनोंसे स्वागत करे तथा शय्या, आसन और भोजनके द्वारा उनका यथाशक्ति सत्कार करे॥ १४॥ जिसके घरसे अतिथि निराश होकर लौट जाता है उसे अपने समस्त दुष्कर्म देकर वह (अतिथि) उसके पुण्यकर्मोंको स्वयं ले जाता है॥ १५॥ गृहस्थके लिये अतिथिके प्रति अपमान, अहंकार और दम्भका आचरण करना, उसे देकर पछताना, उसपर प्रहार करना अथवा उससे कटुभाषण करना उचित नहीं है॥ १६॥ इस प्रकार जो गृहस्थ अपने परम धर्मका पूर्णतया पालन करता है वह समस्त बन्धनोंसे मुक्त होकर अत्युत्तम लोकोंको प्राप्त कर लेता है॥ १७॥

हे राजन्! इस प्रकार गृहस्थोचित कार्य करते-करते जिसकी अवस्था ढल गयी हो उस गृहस्थको उचित है कि स्त्रीको पुत्रोंके प्रति सौंपकर अथवा अपने साथ लेकर वनको चला जाय॥ १८॥ वहाँ पत्र, मूल, फल आदिका आहार करता हुआ, लोम, श्मश्रु (दाढ़ी-मूँछ) और जटाओंको धारण कर पृथिवीपर शयन करे और मुनिवृत्तिका अवलम्बन कर सब प्रकार अतिथिकी सेवा करे॥ १९॥ उसे चर्म, काश और कुशाओंसे अपना बिछौना तथा ओढ़नेका वस्त्र बनाना चाहिये। हे नरेश्वर! उस मुनिके लिये त्रिकाल-स्नानका विधान है॥ २०॥ इसी प्रकार देवपूजन, होम, सब अतिथियोंका सत्कार, भिक्षा और बलिवैश्वदेव भी उसके विहित कर्म हैं॥ २१॥ हे राजेन्द्र! वन्य तैलादिको शरीरमें मलना और शीतोष्णका सहन करते हुए तपस्यामें लगे रहना उसके प्रशस्त कर्म हैं॥ २२॥ जो वानप्रस्थ मुनि इन नियत कर्मोंका आचरण करता है वह अपने समस्त दोषोंको अग्निके समान भस्म कर देता है और नित्य-लोकोंको प्राप्त कर लेता है॥ २३॥

हे नृप! पण्डितगण जिस चतुर्थ आश्रमको भिक्षु-आश्रम कहते हैं अब मैं उसके स्वरूपका वर्णन करता हूँ, सावधान होकर सुनो॥ २४॥ हे नरेन्द्र! तृतीय आश्रमके अनन्तर पुत्र, द्रव्य और स्त्री आदिके स्नेहको सर्वथा त्यागकर तथा मात्सर्यको छोड़कर चतुर्थ आश्रममें प्रवेश करे॥ २५॥

त्रैवर्गिकांस्त्यजेत्सर्वानारम्भानवनीपते ।
मित्रादिषु समो मैत्रस्समस्तेष्वेव जन्तुषु ॥ २६
जरायुजाण्डजादीनां वाङ्मनःकायकर्मभिः ।
युक्तः कुर्वीत न द्रोहं सर्वसङ्गांश्च वर्जयेत् ॥ २७
एकरात्रस्थितिर्ग्रामे पञ्चरात्रस्थितिः पुरे ।
तथा तिष्ठेद्यथाप्रीतिर्द्वेषो वा नास्य जायते ॥ २८
प्राणयात्रानिमित्तं च व्यंगारे भुक्तवज्जने ।
काले प्रशस्तवर्णानां भिक्षार्थं पर्यटेद् गृहान् ॥ २९
कामः क्रोधस्तथा दर्पमोहलोभादयश्च ये ।
तांस्तु सर्वान्परित्यज्य परिव्राड् निर्ममो भवेत् ॥ ३०
अभयं सर्वभूतेभ्यो दत्त्वा यश्चरते मुनिः ।
तस्यापि सर्वभूतेभ्यो न भयं विद्यते क्वचित् ॥ ३१
कृत्वाग्निहोत्रं स्वशरीरसंस्थं
शारीरमग्निं स्वमुखे जुहोति ।
विप्रस्तु भैक्ष्योपहितैर्हविर्भि-
श्चिताग्निकानां व्रजति स्म लोकान् ॥ ३२
मोक्षाश्रमं यश्चरते यथोक्तं
शुचिस्सुखं कल्पितबुद्धियुक्तः ।
अनिन्धनं ज्योतिरिव प्रशान्तः
स ब्रह्मलोकं श्रयते द्विजातिः ॥ ३३

हे पृथिवीपते! भिक्षुको उचित है कि अर्थ, धर्म और कामरूप त्रिवर्गसम्बन्धी समस्त कर्मोंको छोड़ दे, शत्रु-मित्रादिमें समान भाव रखे और सभी जीवोंका सुहृद् हो॥ २६॥ निरन्तर समाहित रहकर जरायुज, अण्डज और स्वदेज आदि समस्त जीवोंसे मन, वाणी अथवा कर्मद्वारा कभी द्रोह न करे तथा सब प्रकारकी आसक्तियोंको त्याग दे॥ २७॥ ग्राममें एक रात और पुरमें पाँच रात्रितक रहे तथा इतने दिन भी तो इस प्रकार रहे जिससे किसीसे प्रेम अथवा द्वेष न हो॥ २८॥ जिस समय घरोंमें अग्नि शान्त हो जाय और लोग भोजन कर चुकें उस समय प्राणरक्षाके लिये उत्तम वर्णोंमें भिक्षाके लिये जाय॥ २९॥ परिव्राजकको चाहिये कि काम, क्रोध तथा दर्प, लोभ और मोह आदि समस्त दुर्गुणोंको छोड़कर ममताशून्य होकर रहे॥ ३०॥ जो मुनि समस्त प्राणियोंको अभयदान देकर विचरता है; उसको भी किसीसे कभी कोई भय नहीं होता॥ ३१॥ जो ब्राह्मण चतुर्थ आश्रममें अपने शरीरमें स्थित प्राणादिसहित जठराग्निके उद्देश्यसे अपने मुखमें भिक्षान्नरूप हविसे हवन करता है, वह ऐसा अग्निहोत्र करके अग्निहोत्रियोंके लोकोंको प्राप्त हो जाता है॥ ३२॥ जो ब्राह्मण [ब्रह्मसे भिन्न सभी मिथ्या है, सम्पूर्ण जगत् भगवान्‌का ही संकल्प है—ऐसे] बुद्धियोगसे युक्त होकर, यथाविधि आचरण करता हुआ इस मोक्षाश्रमका पवित्रता और सुखपूर्वक आचरण करता है, वह निरिन्धन अग्निके समान शान्त होता है और अन्तमें ब्रह्मलोक प्राप्त करता है॥ ३३॥

इति श्रीविष्णुपुराणे तृतीयेऽंशे नवमोऽध्यायः ॥ ९ ॥

दसवाँ अध्याय

जातकर्म, नामकरण और विवाह-संस्कारकी विधि

सगर उवाच

कथितं चातुराश्रम्यं चातुर्वर्ण्यक्रियास्तथा ।
पुंसः क्रियामहं श्रोतुमिच्छामि द्विजसत्तम ॥ १
नित्यनैमित्तिकाः काम्याः क्रियाः पुंसामशेषतः ।
समाख्याहि भृगुश्रेष्ठ सर्वज्ञो ह्यसि मे मतः ॥ २

और्व उवाच

यदेतदुक्तं भवता नित्यनैमित्तिकाश्रयम् ।
तदहं कथयिष्यामि शृणुष्वैकमना मम ॥ ३

सगर बोले—हे द्विजश्रेष्ठ! आपने चारों आश्रम और चारों वर्णोंके कर्मोंका वर्णन किया। अब मैं आपके द्वारा मनुष्योंके (षोडश संस्काररूप) कर्मोंको सुनना चाहता हूँ॥ १॥ हे भृगुश्रेष्ठ! मेरा विचार है कि आप सर्वज्ञ हैं। अतएव आप मनुष्योंके नित्य-नैमित्तिक और काम्य आदि सब प्रकारके कर्मोंका निरूपण कीजिये॥ २॥

और्व बोले—हे राजन्! आपने जो नित्य-नैमित्तिक आदि क्रियाकलापके विषयमें पूछा सो मैं सबका वर्णन करता हूँ, एकाग्रचित्त होकर सुनो॥ ३॥

जातस्य जातकर्मादिक्रियाकाण्डमशेषतः।
पुत्रस्य कुर्वीत पिता श्राद्धं चाभ्युदयात्मकम्॥ ४
युग्मांस्तु प्राङ्मुखान्विप्रान्भोजयेन्मनुजेश्वर।
यथा वृत्तिस्तथा कुर्याद्दैवं पित्र्यं द्विजन्मनाम्॥ ५

दध्ना यवैः सबदरैर्मिश्रान्पिण्डान्मुदा युतः।
नान्दीमुखेभ्यस्तीर्थेन दद्याद्दैवेन पार्थिव॥ ६
प्राजापत्येन वा सर्वमुपचारं प्रदक्षिणम्।
कुर्वीत तत्तथाशेषवृद्धिकालेषु भूपते॥ ७

ततश्च नाम कुर्वीत पितैव दशमेऽहनि।
देवपूर्वं नराख्यं हि शर्मवर्मादिसंयुतम्॥ ८
शर्मेति ब्राह्मणस्योक्तं वर्मेति क्षत्रसंश्रयम्।
गुप्तदासात्मकं नाम प्रशस्तं वैश्यशूद्रयोः॥ ९

नार्थहीनं न चाशस्तं नापशब्दयुतं तथा।
नामंगल्यं जुगुप्स्यं वा नाम कुर्यात्समाक्षरम्॥ १०

नातिदीर्घं नातिह्रस्वं नातिगुर्वक्षरान्वितम्।
सुखोच्चार्यं तु तन्नाम कुर्याद्यत्प्रवणाक्षरम्॥ ११

ततोऽनन्तरसंस्कारसंस्कृतो गुरुवेश्मनि।
यथोक्तविधिमाश्रित्य कुर्याद्विद्यापरिग्रहम्॥ १२

गृहीतविद्यो गुरवे दत्त्वा च गुरुदक्षिणाम्।
गार्हस्थ्यमिच्छन्भूपाल कुर्याद्दारपरिग्रहम्॥ १३

ब्रह्मचर्येण वा कालं कुर्यात्संकल्पपूर्वकम्।
गुरोश्शुश्रूषणं कुर्यात्तत्पुत्रादेरथापि वा॥ १४
वैखानसो वापि भवेत्परिव्राडथ वेच्छया।
पूर्वसंकल्पितं यादृक् तादृक्कुर्यान्नराधिप॥ १५

वर्षैरेकगुणां भार्यामुद्वहेत्त्रिगुणस्स्वयम्।
नातिकेशामकेशां वा नातिकृष्णां न पिंगलाम्॥ १६
निसर्गतोऽधिकांगीं वा न्यूनांगीमपि नोद्वहेत्।
नाविशुद्धां सरोमां वाकुलजां वापि रोगिणीम्॥ १७
न दुष्टां दुष्टवाक्यां वा व्यंगिनीं पितृमातृतः।
न श्मश्रुव्यञ्जनवतीं न चैव पुरुषाकृतिम्॥ १८

पुत्रके उत्पन्न होनेपर पिताको चाहिये कि उसके जातकर्म आदि सकल क्रियाकाण्ड और आभ्युदयिक श्राद्ध करे॥ ४॥ हे नरेश्वर! पूर्वाभिमुख बिठाकर युग्म ब्राह्मणोंको भोजन करावे तथा द्विजातियोंके व्यवहारके अनुसार देव और पितृपक्षकी तृप्तिके लिये श्राद्ध करे॥ ५॥ और हे राजन्! प्रसन्नतापूर्वक दैवतीर्थ (अँगुलियोंके अग्रभाग)–द्वारा नान्दीमुख पितृगणको दही, जौ और बदरीफल मिलाकर बनाये हुए पिण्ड दे॥ ६॥ अथवा प्राजापत्यतीर्थ (कनिष्ठिकाके मूल)–द्वारा सम्पूर्ण उपचारद्रव्योंका दान करे। इसी प्रकार [कन्या अथवा पुत्रोंके विवाह आदि] समस्त वृद्धिकालोंमें भी करे॥ ७॥

तदनन्तर पुत्रोत्पत्तिके दसवें दिन पिता नामकरण–संस्कार करे। पुरुषका नाम पुरुषवाचक होना चाहिये। उसके पूर्वमें देववाचक शब्द हो तथा पीछे शर्मा, वर्मा आदि होने चाहिये॥ ८॥ ब्राह्मणके नामके अन्तमें शर्मा, क्षत्रियके अन्तमें वर्मा तथा वैश्य और शूद्रोंके नामान्तमें क्रमशः गुप्त और दास शब्दोंका प्रयोग करना चाहिये॥ ९॥ नाम अर्थहीन, अविहित, अपशब्दयुक्त, अमांगलिक और निन्दनीय न होना चाहिये तथा उसके अक्षर समान होने चाहिये॥ १०॥ अति दीर्घ, अति लघु अथवा कठिन अक्षरोंसे युक्त नाम न रखे। जो सुखपूर्वक उच्चारण किया जा सके और जिसके पीछेके वर्ण लघु हों ऐसे नामका व्यवहार करे॥ ११॥

तदनन्तर उपनयन–संस्कार हो जानेपर गुरुगृहमें रहकर विधिपूर्वक विद्याध्ययन करे॥ १२॥ हे भूपाल! फिर विद्याध्ययन कर चुकनेपर गुरुको दक्षिणा देकर यदि गृहस्थाश्रममें प्रवेश करनेकी इच्छा हो तो विवाह कर ले॥ १३॥ या दृढ़ संकल्पपूर्वक नैष्ठिक ब्रह्मचर्य ग्रहणकर गुरु अथवा गुरुपुत्रोंकी सेवा–शुश्रूषा करता रहे॥ १४॥ अथवा अपनी इच्छानुसार वानप्रस्थ या संन्यास ग्रहण कर ले। हे राजन्! पहले जैसा संकल्प किया हो वैसा ही करे॥ १५॥

[यदि विवाह करना हो तो] अपनेसे तृतीयांश अवस्थावाली कन्यासे विवाह करे तथा अधिक या अल्प केशवाली अथवा अति साँवली या पाण्डुवर्णा (भूरे रंगकी) स्त्रीसे सम्बन्ध न करे॥ १६॥ जिसके जन्मसे ही अधिक या न्यून अंग हों, जो अपवित्र, रोमयुक्त, अकुलीना अथवा रोगिणी हो उस स्त्रीसे पाणिग्रहण न करे॥ १७॥ बुद्धिमान् पुरुषको उचित है कि जो दुष्ट स्वभाववाली हो, कटुभाषिणी हो, माता अथवा पिताके

न घर्घरस्वरां क्षामां तथा काकस्वरां न च।
नानिबन्धेक्षणां तद्वद्वृत्ताक्षीं नोद्वहेद्बुधः॥ १९

यस्याश्च रोमशे जङ्घे गुल्फौ यस्यास्तथोन्नतौ।
गण्डयोः कूपरौ यस्या हसन्त्यास्तां न चोद्वहेत्॥ २०

नातिरूक्षच्छविं पाण्डुकरजामरुणेक्षणाम्।
आपीनहस्तपादां च न कन्यामुद्वहेद् बुधः॥ २१

न वामनां नातिदीर्घां नोद्वहेत्संहतभ्रुवम्।
न चातिच्छिद्रदशनां न करालमुखीं नरः॥ २२

पञ्चमीं मातृपक्षाच्च पितृपक्षाच्च सप्तमीम्।
गृहस्थश्चोद्वहेत्कन्यां न्यायेन विधिना नृप॥ २३

ब्राह्मो दैवस्तथैवार्षः प्राजापत्यस्तथासुरः।
गान्धर्वराक्षसौ चान्यौ पैशाचश्चाष्टमो मतः॥ २४

एतेषां यस्य यो धर्मो वर्णस्योक्तो महर्षिभिः।
कुर्वीत दारग्रहणं तेनान्यं परिवर्जयेत्॥ २५

सधर्मचारिणीं प्राप्य गार्हस्थ्यं सहितस्तया।
समुद्वहेद्ददात्येतत्सम्यगूढं महाफलम्॥ २६

अनुसार अंगहीना हो, जिसके श्मश्रु (मूँछोंके) चिह्न हों, जो पुरुषके-से आकारवाली हो अथवा घर्घर शब्द करनेवाले अति मन्द या कौएके समान (कर्णकटु) स्वरवाली हो तथा पक्ष्मशून्या या गोल नेत्रोंवाली हो उस स्त्रीसे विवाह न करे॥ १८-१९॥ जिसकी जंघाओंपर रोम हों, जिसके गुल्फ (टखने) ऊँचे हों तथा हँसते समय जिसके कपोलोंमें गड्ढे पड़ते हों उस कन्यासे विवाह न करे॥ २०॥ जिसकी कान्ति अत्यन्त उदासीन न हो, नख पाण्डुवर्ण हों, नेत्र लाल हों तथा हाथ-पैर कुछ भारी हों, बुद्धिमान् पुरुष उस कन्यासे सम्बन्ध न करे॥ २१॥ जो अति वामन (नाटी) अथवा अति दीर्घ (लम्बी) हो, जिसकी भृकुटियाँ जुड़ी हुई हों, जिसके दाँतोंमें अधिक अन्तर हो तथा जो दन्तुर (आगेको दाँत निकले हुए) मुखवाली हो उस स्त्रीसे कभी विवाह न करे॥ २२॥ हे राजन्! मातृपक्षसे पाँचवीं पीढ़ीतक और पितृपक्षसे सातवीं पीढ़ीतक जिस कन्याका सम्बन्ध न हो, गृहस्थ पुरुषको नियमानुसार उसीसे विवाह करना चाहिये॥ २३॥ ब्राह्म, दैव, आर्ष, प्राजापत्य, आसुर, गान्धर्व, राक्षस और पैशाच—ये आठ प्रकारके विवाह हैं॥ २४॥ इनमेंसे जिस विवाहको जिस वर्णके लिये महर्षियोंने धर्मानुकूल कहा है उसीके द्वारा दार-परिग्रह करे, अन्य विधियोंको छोड़ दे॥ २५॥ इस प्रकार सहधर्मिणीको प्राप्तकर उसके साथ गार्हस्थ्यधर्मका पालन करे, क्योंकि उसका पालन करनेपर वह महान् फल देनेवाला होता है॥ २६॥

इति श्रीविष्णुपुराणे तृतीयेंऽशे दशमोऽध्यायः॥ १०॥

ग्यारहवाँ अध्याय

गृहस्थसम्बन्धी सदाचारका वर्णन

सगर उवाच

गृहस्थस्य सदाचारं श्रोतुमिच्छाम्यहं मुने।
लोकादस्मात्परस्माच्च यमातिष्ठन्न हीयते॥ १

और्व उवाच

श्रूयतां पृथिवीपाल सदाचारस्य लक्षणम्।
सदाचारवता पुंसा जितौ लोकावुभावपि॥ २

साधवः क्षीणदोषास्तु सच्छब्दः साधुवाचकः।
तेषामाचरणं यत्तु सदाचारस्स उच्यते॥ ३

सप्तर्षयोऽथ मनवः प्रजानां पतयस्तथा।
सदाचारस्य वक्तारः कर्तारश्च महीपते॥ ४

सगर बोले—हे मुने! मैं गृहस्थके सदाचारोंको सुनना चाहता हूँ, जिनका आचरण करनेसे वह इहलोक और परलोक दोनों जगह पतित नहीं होता॥ १॥

और्व बोले—हे पृथिवीपाल! तुम सदाचारके लक्षण सुनो। सदाचारी पुरुष इहलोक और परलोक दोनोंहीको जीत लेता है॥ २॥ 'सत्' शब्दका अर्थ साधु है, और साधु वही है जो दोषरहित हो। उस साधु पुरुषका जो आचरण होता है उसीको सदाचार कहते हैं॥ ३॥ हे राजन्! इस सदाचारके वक्ता और कर्ता सप्तर्षिगण, मनु एवं प्रजापति हैं॥ ४॥

ब्राह्मे मुहूर्ते चोत्थाय मनसा मतिमान्नृप।
प्रबुद्धश्चिन्तयेद्धर्ममर्थं चाप्यविरोधिनम्॥ ५
अपीडया तयोः काममुभयोरपि चिन्तयेत्।
दृष्टादृष्टविनाशाय त्रिवर्गे समदर्शिता॥ ६
परित्यजेदर्थकामौ धर्मपीडाकरौ नृप।
धर्ममप्यसुखोदर्कं लोकविद्विष्टमेव च॥ ७
ततः कल्यं समुत्थाय कुर्यान्मूत्रं नरेश्वर॥ ८
नैर्ऋत्यामिषुविक्षेपमतीत्याभ्यधिकं भुवः।
दूरादावसथान्मूत्रं पुरीषं च विसर्जयेत्॥ ९
पादावनेजनोच्छिष्टे प्रक्षिपेन्न गृहांगणे॥ १०
आत्मच्छायां तरुच्छायां गोसूर्याग्न्यनिलांस्तथा।
गुरुद्विजादींस्तु बुधो नाधिमेहेत्कदाचन॥ ११
न कृष्टे सस्यमध्ये वा गोव्रजे जनसंसदि।
न वर्त्मनि न नद्यादितीर्थेषु पुरुषर्षभ॥ १२
नाप्सु नैवाम्भसस्तीरे श्मशाने न समाचरेत्।
उत्सर्गं वै पुरीषस्य मूत्रस्य च विसर्जनम्॥ १३
उदङ्मुखो दिवा मूत्रं विपरीतमुखो निशि।
कुर्वीतानापदि प्राज्ञो मूत्रोत्सर्गं च पार्थिव॥ १४
तृणैरास्तीर्य वसुधां वस्त्रप्रावृतमस्तकः।
तिष्ठेन्नातिचिरं तत्र नैव किञ्चिदुदीरयेत्॥ १५
वल्मीकमूषिकोद्धृतां मृदं नान्तर्जलां तथा।
शौचावशिष्टां गेहाच्च नादद्याल्लेपसम्भवाम्॥ १६
अणुप्राण्युपपन्नां च हलोत्खातां च पार्थिव।
परित्यजेन्मृदो ह्येतास्सकलाश्शौचकर्मणि॥ १७
एका लिंगे गुदे तिस्रो दश वामकरे नृप।
हस्तद्वये च सप्त स्युर्मृदश्शौचोपपादिकाः॥ १८
अच्छेनागन्धलेपेन जलेनाबुद्बुदेन च।
आचामेच्च मृदं भूयस्तथादद्यात्समाहितः॥ १९
निष्पादिताङ्घ्रिशौचस्तु पादावभ्युक्ष्य तैः पुनः।
त्रिःपिबेत्सलिलं तेन तथा द्विः परिमार्जयेत्॥ २०
शीर्षण्यानि ततः खानि मूर्द्धानं च समालभेत्।
बाहू नाभिं च तोयेन हृदयं चापि संस्पृशेत्॥ २१

हे नृप! बुद्धिमान् पुरुष स्वस्थ चित्तसे ब्राह्ममुहूर्तमें जगकर अपने धर्म और धर्माविरोधी अर्थका चिन्तन करे॥ ५॥ तथा जिसमें धर्म और अर्थकी क्षति न हो ऐसे कामका भी चिन्तन करे। इस प्रकार दृष्ट और अदृष्ट अनिष्टकी निवृत्तिके लिये धर्म, अर्थ और काम इस त्रिवर्गके प्रति समान भाव रखना चाहिये॥ ६॥ हे नृप! धर्मविरुद्ध अर्थ और काम दोनोंका त्याग कर दे तथा ऐसे धर्मका भी आचरण न करे जो उत्तरकालमें दुःखमय अथवा समाज-विरुद्ध हो॥ ७॥

हे नरेश्वर! तदनन्तर ब्राह्ममुहूर्तमें उठकर प्रथम मूत्रत्याग करे। ग्रामसे नैर्ऋत्यकोणमें जितनी दूर बाण जा सकता है उससे आगे बढ़कर अथवा अपने निवास स्थानसे दूर जाकर मल-मूत्र त्याग करे। पैर धोया हुआ और जूठा जल अपने घरके आँगनमें न डाले॥ ८—१०॥ अपनी या वृक्षकी छायाके ऊपर तथा गौ, सूर्य, अग्नि, वायु, गुरु और द्विजातीय पुरुषके सामने बुद्धिमान् पुरुष कभी मल-मूत्र त्याग न करे॥ ११॥ इसी प्रकार हे पुरुषर्षभ! जुते हुए खेतमें, सस्यसम्पन्न भूमिमें, गौओंके गोष्ठमें, जन-समाजमें, मार्गके बीचमें, नदी आदि तीर्थस्थानोंमें, जल अथवा जलाशयके तटपर और श्मशानमें भी कभी मल-मूत्रका त्याग न करे॥ १२-१३॥ हे राजन्! कोई विशेष आपत्ति न हो तो प्राज्ञ पुरुषको चाहिये कि दिनके समय उत्तर-मुख और रात्रिके समय दक्षिण-मुख होकर मूत्रत्याग करे॥ १४॥ मल-त्यागके समय पृथिवीको तिनकोंसे और सिरको वस्त्रसे ढाँप ले तथा उस स्थानपर अधिक समयतक न रहे और न कुछ बोले ही॥ १५॥

हे राजन्! बाँबीकी, चूहोंद्वारा बिलसे निकाली हुई, जलके भीतरकी, शौचकर्मसे बची हुई, घरके लीपनकी, चींटी आदि छोटे-छोटे जीवोंद्वारा निकाली हुई और हलसे उखाड़ी हुई—इन सब प्रकारकी मृत्तिकाओंका शौच कर्ममें उपयोग न करे॥ १६-१७॥ हे नृप! लिंगमें एक बार, गुदामें तीन बार, बायें हाथमें दस बार और दोनों हाथोंमें सात बार मृत्तिका लगानेसे शौच सम्पन्न होता है॥ १८॥ तदनन्तर गन्ध और फेनरहित स्वच्छ जलसे आचमन करे। तथा फिर सावधानतापूर्वक बहुत-सी मृत्तिका ले॥ १९॥ उससे चरण-शुद्धि करनेके अनन्तर फिर पैर धोकर तीन बार कुल्ला करे और दो बार मुख धोवे॥ २०॥ तत्पश्चात् जल लेकर शिरोदेशमें स्थित इन्द्रियरन्ध्र, मूर्द्धा, बाहु, नाभि और हृदयको स्पर्श करे॥ २१॥

स्वाचान्तस्तु ततः कुर्यात्पुमान्केशप्रसाधनम्।
आदर्शाञ्जनमांगल्यं दूर्वाद्यालम्भनानि च॥ २२
ततस्ववर्णधर्मेण वृत्त्यर्थं च धनार्जनम्।
कुर्वीत श्रद्धासम्पन्नो यजेच्च पृथिवीपते॥ २३
सोमसंस्था हविस्संस्थाः पाकसंस्थास्तु संस्थिताः।
धने यतो मनुष्याणां यतेतातो धनार्जने॥ २४
नदीनदतटाकेषु देवखातजलेषु च।
नित्यक्रियार्थं स्नायीत गिरिप्रस्रवणेषु च॥ २५
कूपेषूद्धृततोयेन स्नानं कुर्वीत वा भुवि।
गृहेषूद्धृततोयेन ह्यथवा भुव्यसम्भवे॥ २६
शुचिवस्त्रधरः स्नातो देवर्षिपितृतर्पणम्।
तेषामेव हि तीर्थेन कुर्वीत सुसमाहितः॥ २७
त्रिरपः प्रीणनार्थाय देवानामपवर्जयेत्।
ऋषीणां च यथान्यायं सकृच्चापि प्रजापतेः॥ २८
पितॄणां प्रीणनार्थाय त्रिरपः पृथिवीपते।
पितामहेभ्यश्च तथा प्रीणयेत्प्रपितामहान्॥ २९
मातामहाय तत्पित्रे तत्पित्रे च समाहितः।
दद्यात्पैत्रेण तीर्थेन काम्यं चान्यच्छृणुष्व मे॥ ३०
मात्रे प्रमात्रे तन्मात्रे गुरुपत्न्यै तथा नृप।
गुरूणां मातुलानां च स्निग्धमित्राय भूभुजे॥ ३१
इदं चापि जपेदम्बु दद्यादात्मेच्छया नृप।
उपकाराय भूतानां कृतदेवादितर्पणम्॥ ३२
देवासुरास्तथा यक्षा नागगन्धर्वराक्षसाः।
पिशाचा गुह्यकास्सिद्धाः कूष्माण्डाः पशवः खगाः॥ ३३
जलेचरा भूनिलया वाय्वाहाराश्च जन्तवः।
तृप्तिमेतेन यान्त्वाशु मद्दत्तेनाम्बुनाखिलाः॥ ३४

फिर भली प्रकार स्नान करनेके अनन्तर केश सँवारे और दर्पण, अंजन तथा दूर्वा आदि मांगलिक द्रव्योंका यथाविधि व्यवहार करे॥ २२॥ तदनन्तर हे पृथिवीपते! अपने वर्णधर्मके अनुसार आजीविकाके लिये धनोपार्जन करे और श्रद्धापूर्वक यज्ञानुष्ठान करे॥ २३॥ सोमसंस्था, हविस्संस्था और पाकसंस्था—इन सब धर्म-कर्मोंका आधार धन ही है।* अतः मनुष्योंको धनोपार्जनका यत्न करना चाहिये॥ २४॥ नित्यकर्मोंके सम्पादनके लिये नदी, नद, तडाग, देवालयोंकी बावडी और पर्वतीय झरनोंमें स्नान करना चाहिये॥ २५॥ अथवा कुएँसे जल खींचकर उसके पासकी भूमिपर स्नान करे और यदि वहाँ भूमिपर स्नान करना सम्भव न हो तो कुएँसे खींचकर लाये हुए जलसे घरहीमें नहा ले॥ २६॥

स्नान करनेके अनन्तर शुद्ध वस्त्र धारण कर देवता, ऋषिगण और पितृगणका उन्हींके तीर्थोंसे तर्पण करे॥ २७॥ देवता और ऋषियोंके तर्पणके लिये तीन-तीन बार तथा प्रजापतिके लिये एक बार जल छोड़े॥ २८॥ हे पृथिवीपते! पितृगण और पितामहोंकी प्रसन्नताके लिये तीन बार जल छोड़े तथा इसी प्रकार प्रपितामहोंको भी सन्तुष्ट करे एवं मातामह (नाना) और उनके पिता तथा उनके पिताको भी सावधानतापूर्वक पितृ-तीर्थसे जलदान करे। अब काम्य तर्पणका वर्णन करता हूँ, श्रवण करो॥ २९-३०॥

'यह जल माताके लिये हो, यह प्रमाताके लिये हो, यह वृद्धाप्रमाताके लिये हो, यह गुरुपत्नीको, यह गुरुको, यह मामाको, यह प्रिय मित्रको तथा यह राजाको प्राप्त हो—हे राजन्! यह जपता हुआ समस्त भूतोंके हितके लिये देवादि तर्पण करके अपनी इच्छानुसार अभिलषित सम्बन्धीके लिये जलदान करे'॥ ३१-३२॥ [देवादि तर्पणके समय इस प्रकार कहे—] 'देव, असुर, यक्ष, नाग, गन्धर्व, राक्षस, पिशाच, गुह्यक, सिद्ध, कूष्माण्ड, पशु, पक्षी, जलचर, स्थलचर और वायु-भक्षक आदि सभी प्रकारके जीव मेरे दिये हुए इस जलसे तृप्त हों॥ ३३-३४॥

* गौतमस्मृतिके अष्टम अध्यायमें कहा है—

'औपासनमष्टका पार्वणश्राद्धः श्रावण्याग्रहायणी चैत्र्याश्वयुजीति सप्त पाकयज्ञसंस्थाः। अग्न्याधेयमग्निहोत्रं दर्शपूर्णमासाग्रयणं चातुर्मास्यानि निरूढपशुबन्धस्सौत्रामणीति सप्त हविर्यज्ञसंस्थाः। अग्निष्टोमोऽत्यग्निष्टोम उक्थः षोडशी वाजपेयोऽतिरात्राप्तोर्यामा इति सप्त सोमसंस्थाः।'

औपासन, अष्टका श्राद्ध, पार्वण श्राद्ध तथा श्रावण, अग्रहायण, चैत्र और आश्विन मासकी पूर्णिमाएँ—ये सात 'पाकयज्ञ-संस्था' हैं। अग्न्याधेय, अग्निहोत्र, दर्श-पूर्णमास, आग्रयण, चातुर्मास्य, यज्ञपशुबन्ध और सौत्रामणी—ये सात 'हविर्यज्ञसंस्था' हैं, यथा अग्निष्टोम, अत्यग्निष्टोम, उक्थ, षोडशी, वाजपेय, अतिरात्र और आप्तोर्याम—ये सात 'सोमयज्ञसंस्था' हैं।

नरकेषु समस्तेषु यातनासु च ये स्थिताः।
तेषामाप्यायनायैतद्दीयते सलिलं मया॥ ३५
ये बान्धवाबान्धवा वा येऽन्यजन्मनि बान्धवाः।
ते तृप्तिमखिला यान्तु ये चास्मत्तोयकांक्षिणः॥ ३६
यत्र क्वचनसंस्थानां क्षुत्तृष्णोपहतात्मनाम्।
इदमाप्यायनायास्तु मया दत्तं तिलोदकम्॥ ३७
काम्योदकप्रदानं ते मयैतत्कथितं नृप।
यद्दत्त्वा प्रीणयत्येतन्मनुष्यस्सकलं जगत्।
जगदाप्यायनोद्भूतं पुण्यमाप्नोति चानघ॥ ३८
दत्त्वा काम्योदकं सम्यगेतेभ्यः श्रद्धयान्वितः।
आचम्य च ततो दद्यात्सूर्याय सलिलाञ्जलिम्॥ ३९
नमो विवस्वते ब्रह्मभास्वते विष्णुतेजसे।
जगत्सवित्रे शुचये सवित्रे कर्मसाक्षिणे॥ ४०
ततो गृहार्चनं कुर्यादभीष्टसुरपूजनम्।
जलाभिषेकैः पुष्पैश्च धूपाद्यैश्च निवेदनम्॥ ४१
अपूर्वमग्निहोत्रं च कुर्यात्प्राग्ब्रह्मणे नृप॥ ४२
प्रजापतिं समुद्दिश्य दद्यादाहुतिमादरात्।
गुह्येभ्यः काश्यपायाथ ततोऽनुमतये क्रमात्॥ ४३
तच्छेषं मणिके पृथ्वीपर्जन्येभ्यः क्षिपेत्ततः।
द्वारे धातुर्विधातुश्च मध्ये च ब्रह्मणे क्षिपेत्॥ ४४
गृहस्य पुरुषव्याघ्र दिग्देवानपि मे शृणु॥ ४५
इन्द्राय धर्मराजाय वरुणाय तथेन्दवे।
प्राच्यादिषु बुधो दद्याद्धुतशेषात्मकं बलिम्॥ ४६
प्रागुत्तरे च दिग्भागे धन्वन्तरिबलिं बुधः।
निर्वपेद्वैश्वदेवं च कर्म कुर्यादतः परम्॥ ४७
वायव्यां वायवे दिक्षु समस्तासु यथादिशम्।
ब्रह्मणे चान्तरिक्षाय भानवे च क्षिपेद्बलिम्॥ ४८

जो प्राणी सम्पूर्ण नरकोंमें नाना प्रकारकी यातनाएँ भोग रहे हैं उनकी तृप्तिके लिये मैं यह जलदान करता हूँ॥ ३५॥ जो मेरे बन्धु अथवा अबन्धु हैं, तथा जो अन्य जन्मोंमें मेरे बन्धु थे एवं और भी जो-जो मुझसे जलकी इच्छा रखनेवाले हैं वे सब मेरे दिये हुए जलसे परितृप्त हों॥ ३६॥ क्षुधा और तृष्णासे व्याकुल जीव कहीं भी क्यों न हों मेरा दिया हुआ यह तिलोदक उनको तृप्ति प्रदान करे'॥ ३७॥ हे नृप! इस प्रकार मैंने तुमसे यह काम्य-तर्पणका निरूपण किया, जिसके करनेसे मनुष्य सकल संसारको तृप्त कर देता है और हे अनघ! इससे उसे जगत्की तृप्तिसे होनेवाला पुण्य प्राप्त होता है॥ ३८॥

इस प्रकार उपरोक्त जीवोंको श्रद्धापूर्वक काम्यजल-दान करनेके अनन्तर आचमन करे और फिर सूर्यदेवको जलांजलि दे॥ ३९॥ [उस समय इस प्रकार कहे—] 'भगवान् विवस्वान्को नमस्कार है जो वेद-वेद्य और विष्णुके तेजस्स्वरूप हैं तथा जगत्को उत्पन्न करनेवाले, अति पवित्र एवं कर्मोंके साक्षी हैं'॥ ४०॥

तदनन्तर जलाभिषेक और पुष्प तथा धूपादि निवेदन करता हुआ गृहदेव और इष्टदेवका पूजन करे॥ ४१॥ हे नृप! फिर अपूर्व अग्निहोत्र करे, उसमें पहले ब्रह्माको और तदनन्तर क्रमशः प्रजापति, गुह्य, काश्यप और अनुमतिको आदरपूर्वक आहुतियाँ दे॥ ४२-४३॥ उससे बचे हुए हव्यको पृथिवी और मेघके उद्देश्यसे उदकपात्रमें,* धाता और विधाताके उद्देश्यसे द्वारके दोनों ओर तथा ब्रह्माके उद्देश्यसे घरके मध्यमें छोड़ दे। हे पुरुषव्याघ्र! अब मैं दिक्पालगणकी पूजाका वर्णन करता हूँ, श्रवण करो॥ ४४-४५॥

बुद्धिमान् पुरुषको चाहिये कि पूर्व, दक्षिण, पश्चिम और उत्तर दिशाओंमें क्रमशः इन्द्र, यम, वरुण और चन्द्रमाके लिये हुतशिष्ट सामग्रीसे बलि प्रदान करे॥ ४६॥ पूर्व और उत्तर-दिशाओंमें धन्वन्तरिके लिये बलि दे तथा इसके अनन्तर बलिवैश्वदेव-कर्म करे॥ ४७॥ बलिवैश्वदेवके समय वायव्यकोणमें वायुको तथा अन्य समस्त दिशाओंमें वायु एवं उन दिशाओंको बलि दे, इसी प्रकार ब्रह्मा, अन्तरिक्ष और सूर्यको भी उनकी दिशाओंके अनुसार [अर्थात् मध्यमें] बलि प्रदान करे॥ ४८॥

* वह जल भरा पात्र जो अग्निहोत्र करते समय समीपमें रख लिया जाता है और जिसमें 'इदं न मम' कहकर आहुतिका शेष भाग छोड़ा जाता है।

विश्वेदेवान्विश्वभूतानथ विश्वपतीन्पितॄन्।
यक्षाणां च समुद्दिश्य बलिं दद्यान्नरेश्वर॥ ४९
ततोऽन्यदन्नमादाय भूमिभागे शुचौ बुधः।
दद्यादशेषभूतेभ्यस्स्वेच्छया सुसमाहितः॥ ५०
देवा मनुष्याः पशवो वयांसि
सिद्धास्सयक्षोरगदैत्यसङ्घाः।
प्रेताः पिशाचास्तरवस्समस्ता
ये चान्नमिच्छन्ति मयात्र दत्तम्॥ ५१
पिपीलिकाः कीटपतङ्गकाद्या
बुभुक्षिताः कर्मनिबन्धबद्धाः।
प्रयान्तु ते तृप्तिमिदं मयान्नं
तेभ्यो विसृष्टं सुखिनो भवन्तु॥ ५२
येषां न माता न पिता न बन्धु-
र्नैवान्नसिद्धिर्न तथान्नमस्ति।
तत्तृप्तयेऽन्नं भुवि दत्तमेतत्
ते यान्तु तृप्तिं मुदिता भवन्तु॥ ५३
भूतानि सर्वाणि तथान्नमेत-
दहं च विष्णुर्न ततोऽन्यदस्ति।
तस्मादहं भूतनिकायभूत-
मन्नं प्रयच्छामि भवाय तेषाम्॥ ५४
चतुर्दशो भूतगणो य एष
तत्र स्थिता येऽखिलभूतसङ्घाः।
तृप्त्यर्थमन्नं हि मया विसृष्टं
तेषामिदं ते मुदिता भवन्तु॥ ५५
इत्युच्चार्य नरो दद्यादन्नं श्रद्धासमन्वितः।
भुवि सर्वोपकाराय गृही सर्वाश्रयो यतः॥ ५६
श्वचाण्डालविहङ्गानां भुवि दद्यान्नरेश्वर।
ये चान्ये पतिताःकेचिदपुत्राः सन्ति मानवाः॥ ५७
ततो गोदोहमात्रं वै कालं तिष्ठेद् गृहाङ्गणे।
अतिथिग्रहणार्थाय तदूर्ध्वं तु यथेच्छया॥ ५८

फिर हे नरेश्वर! विश्वेदेवों, विश्वभूतों, विश्वपतियों, पितरों और यक्षोंके उद्देश्यसे [यथास्थान] बलि प्रदान करे॥ ४९॥

तदनन्तर बुद्धिमान् व्यक्ति और अन्न लेकर पवित्र पृथिवीपर समाहित चित्तसे बैठकर स्वेच्छानुसार समस्त प्राणियोंको बलि प्रदान करे॥ ५०॥ [उस समय इस प्रकार कहे—] 'देवता, मनुष्य, पशु, पक्षी, सिद्ध, यक्ष, सर्प, दैत्य, प्रेत, पिशाच, वृक्ष तथा और भी चींटी आदि कीट-पतंग जो अपने कर्मबन्धनसे बँधे हुए क्षुधातुर होकर मेरे दिये हुए अन्नकी इच्छा करते हैं, उन सबके लिये मैं यह अन्न दान करता हूँ। वे इससे परितृप्त और आनन्दित हों॥ ५१-५२॥ जिनके माता, पिता अथवा कोई और बन्धु नहीं हैं तथा अन्न प्रस्तुत करनेका साधन और अन्न भी नहीं है उनकी तृप्तिके लिये पृथिवीपर मैंने यह अन्न रखा है; वे इससे तृप्त होकर आनन्दित हों॥ ५३॥ सम्पूर्ण प्राणी, यह अन्न और मैं—सभी विष्णु हैं; क्योंकि उनसे भिन्न और कुछ है ही नहीं। अतः मैं समस्त भूतोंका शरीररूप यह अन्न उनके पोषणके लिये दान करता हूँ॥ ५४॥ यह जो चौदह प्रकारका* भूतसमुदाय है उसमें जितने भी प्राणिगण अवस्थित हैं उन सबकी तृप्तिके लिये मैंने यह अन्न प्रस्तुत किया है; वे इससे प्रसन्न हों'॥ ५५॥ इस प्रकार उच्चारण करके गृहस्थ पुरुष श्रद्धापूर्वक समस्त जीवोंके उपकारके लिये पृथिवीमें अन्नदान करे, क्योंकि गृहस्थ ही सबका आश्रय है॥ ५६॥ हे नरेश्वर! तदनन्तर कुत्ता, चाण्डाल, पक्षिगण तथा और भी जो कोई पतित एवं पुत्रहीन पुरुष हों उनकी तृप्तिके लिये पृथिवीमें बलिभाग रखे॥ ५७॥

फिर गो-दोहनकालपर्यन्त अथवा इच्छानुसार इससे भी कुछ अधिक देर अतिथि ग्रहण करनेके लिये घरके आँगनमें रहे॥ ५८॥

* चौदह भूतसमुदायोंका वर्णन इस प्रकार किया गया है—

अष्टविधं दैवत्वं तैर्यग्योन्यश्च पञ्चधा भवति। मानुष्यं चैकविधं समासतो भौतिकः सर्गः॥

अर्थात् आठ प्रकारका देवसम्बन्धी, पाँच प्रकारका तिर्यग्योनिसम्बन्धी और एक प्रकारका मनुष्ययोनिसम्बन्धी—यह संक्षेपसे भौतिक सर्ग कहलाता है। इनका पृथक्-पृथक् विवरण इस प्रकार है—

सिद्धगुह्यकगन्धर्वयक्षराक्षसपन्नगाः। विद्याधराः पिशाचाश्च निर्दिष्टा देवयोनयः॥

अतिथिं तत्र सम्प्राप्तं पूजयेत्स्वागतादिना।
तथासनप्रदानेन पादप्रक्षालनेन च॥ ५९
श्रद्धया चान्नदानेन प्रियप्रश्नोत्तरेण च।
गच्छतश्चानुयानेन प्रीतिमुत्पादयेद् गृही॥ ६०
अज्ञातकुलनामानमन्यदेशादुपागतम्।
पूजयेदतिथिं सम्यङ् नैकग्रामनिवासिनम्॥ ६१
अकिञ्चनमसम्बन्धमज्ञातकुलशीलिनम्।
असम्पूज्यातिथिं भुक्त्वा भोक्तुकामं व्रजत्यधः॥ ६२
स्वाध्यायगोत्राचरणमपृष्ट्वा च तथा कुलम्।
हिरण्यगर्भबुद्ध्या तं मन्येताभ्यागतं गृही॥ ६३
पित्रर्थं चापरं विप्रमेकमप्याशयेन्नृप।
तद्देश्यं विदिताचारसम्भूतिं पाञ्चयज्ञिकम्॥ ६४
अन्नाग्रञ्च समुद्धृत्य हन्तकारोपकल्पितम्।
निर्वापभूतं भूपाल श्रोत्रियायोपपादयेत्॥ ६५
दत्त्वा च भिक्षात्रितयं परिव्राड्ब्रह्मचारिणाम्।
इच्छया च बुधो दद्याद्विभवे सत्यवारितम्॥ ६६
इत्येतेऽतिथयः प्रोक्ताः प्रागुक्ता भिक्षवश्च ये।
चतुरः पूजयित्वैतान्नृप पापात्प्रमुच्यते॥ ६७
अतिथिर्यस्य भग्नाशो गृहात्प्रतिनिवर्तते।
स तस्मै दुष्कृतं दत्त्वा पुण्यमादाय गच्छति॥ ६८
धाता प्रजापतिः शक्रो वह्निर्वसुगणोऽर्यमा।
प्रविश्यातिथिमेते वै भुञ्जन्तेऽन्नं नरेश्वर॥ ६९
तस्मादतिथिपूजायां यतेत सततं नरः।
स केवलमघं भुङ्क्ते यो भुङ्क्ते ह्यतिथिं विना॥ ७०
ततः स्ववासिनीदुःखिगर्भिणीवृद्धबालकान्।
भोजयेत्संस्कृतान्नेन प्रथमं चरमं गृही॥ ७१

यदि अतिथि आ जाय तो उसका स्वागतादिसे तथा आसन देकर और चरण धोकर सत्कार करे॥ ५९॥ फिर श्रद्धापूर्वक भोजन कराकर मधुर वाणीसे प्रश्नोत्तर करके तथा उसके जानेके समय पीछे-पीछे जाकर उसको प्रसन्न करे॥ ६०॥ जिसके कुल और नामका कोई पता न हो तथा अन्य देशसे आया हो उसी अतिथिका सत्कार करे, अपने ही गाँवमें रहनेवाले पुरुषकी अतिथिरूपसे पूजा करनी उचित नहीं है॥ ६१॥ जिसके पास कोई सामग्री न हो, जिससे कोई सम्बन्ध न हो, जिसके कुल-शीलका कोई पता न हो और जो भोजन करना चाहता हो उस अतिथिका सत्कार किये बिना भोजन करनेसे मनुष्य अधोगतिको प्राप्त होता है॥ ६२॥ गृहस्थ पुरुषको चाहिये कि आये हुए अतिथिके अध्ययन, गोत्र, आचरण और कुल आदिके विषयमें कुछ भी न पूछकर हिरण्यगर्भ-बुद्धिसे उसकी पूजा करे॥ ६३॥ हे नृप! अतिथि-सत्कारके अनन्तर अपने ही देशके एक और पांचयज्ञिक ब्राह्मणको जिसके आचार और कुल आदिका ज्ञान हो पितृगणके लिये भोजन करावे॥ ६४॥ हे भूपाल! [मनुष्ययज्ञकी विधिसे **'मनुष्येभ्यो हन्त'** इत्यादि मन्त्रोच्चारणपूर्वक] पहले ही निकालकर अलग रखे हुए हन्तकार नामक अन्नसे उस श्रोत्रिय ब्राह्मणको भोजन करावे॥ ६५॥

इस प्रकार [देवता, अतिथि और ब्राह्मणको] ये तीन भिक्षाएँ देकर, यदि सामर्थ्य हो तो परिव्राजक और ब्रह्मचारियोंको भी बिना लौटाये हुए इच्छानुसार भिक्षा दे॥ ६६॥ तीन पहले तथा भिक्षुगण—ये चारों अतिथि कहलाते हैं। हे राजन्! इन चारोंका पूजन करनेसे मनुष्य समस्त पापोंसे मुक्त हो जाता है॥ ६७॥ जिसके घरसे अतिथि निराश होकर लौट जाता है उसे वह अपने पाप देकर उसके शुभकर्मोंको ले जाता है॥ ६८॥ हे नरेश्वर! धाता, प्रजापति, इन्द्र, अग्नि, वसुगण और अर्यमा—ये समस्त देवगण अतिथिमें प्रविष्ट होकर अन्न भोजन करते हैं॥ ६९॥ अतः मनुष्यको अतिथि-पूजाके लिये निरन्तर प्रयत्न करना चाहिये। जो पुरुष अतिथिके बिना भोजन करता है वह तो केवल पाप ही भोग करता है॥ ७०॥ तदनन्तर गृहस्थ पुरुष पितृगृहमें रहनेवाली विवाहिता कन्या, दुखिया और गर्भिणी स्त्री तथा वृद्ध और बालकोंको संस्कृत अन्नसे भोजन कराकर अन्तमें स्वयं भोजन करे॥ ७१॥

सरीसृपा वानराश्च पशवो मृगपक्षिणः। तिर्यञ्च इति कथ्यन्ते पञ्चैताः प्राणिजातयः॥

सिद्ध, गुह्यक, गन्धर्व, यक्ष, राक्षस, सर्प, विद्याधर और पिशाच—ये आठ देवयोनियाँ मानी गयी हैं तथा सरीसृप, वानर, पशु, मृग, (जंगली प्राणी) और पक्षी—ये पाँच तिर्यग् योनियाँ कही गयी हैं।

अभुक्तवत्सु चैतेषु भुञ्जन्भुङ्क्ते स दुष्कृतम्।
मृतश्च गत्वा नरकं श्लेष्मभुग्जायते नरः॥ ७२

अस्नाताशी मलं भुङ्क्ते ह्यजपी पूयशोणितम्।
असंस्कृतान्नभुङ्मूत्रं बालादिप्रथमं शकृत्॥ ७३

अहोमी च कृमीन्भुङ्क्ते अदत्त्वा विषमश्नुते॥ ७४

तस्माच्छृणुष्व राजेन्द्र यथा भुञ्जीत वै गृही।
भुञ्जतश्च यथा पुंसः पापबन्धो न जायते॥ ७५

इह चारोग्यविपुलं बलबुद्धिस्तथा नृप।
भवत्यरिष्टशान्तिश्च वैरिपक्षाभिचारिका॥ ७६

स्नातो यथावत्कृत्वा च देवर्षिपितृतर्पणम्।
प्रशस्तरत्नपाणिस्तु भुञ्जीत प्रयतो गृही॥ ७७

कृते जपे हुते वह्नौ शुद्धवस्त्रधरो नृप।
दत्त्वातिथिभ्यो विप्रेभ्यो गुरुभ्यस्संश्रिताय च।
पुण्यगन्धश्शस्तमाल्यधारी चैव नरेश्वर॥ ७८

एकवस्त्रधरोऽथार्द्रपाणिपादो महीपते।
विशुद्धवदनः प्रीतो भुञ्जीत न विदिङ्मुखः॥ ७९

प्राङ्मुखोदङ्मुखो वापि न चैवान्यमना नरः।
अन्नं प्रशस्तं पथ्यं च प्रोक्षितं प्रोक्षणोदकैः॥ ८०

न कुत्सिताहृतं नैव जुगुप्सावदसंस्कृतम्।
दत्त्वा तु भक्तं शिष्येभ्यः क्षुधितेभ्यस्तथा गृही॥ ८१

प्रशस्तशुद्धपात्रे तु भुञ्जीताकुपितो द्विजः॥ ८२

नासन्दिसंस्थिते पात्रे नादेशे च नरेश्वर।
नाकाले नातिसंकीर्णे दत्त्वाग्रं च नरोऽग्नये॥ ८३

मन्त्राभिमन्त्रितं शस्तं न च पर्युषितं नृप।
अन्यत्र फलमूलेभ्यश्शुष्कशाखादिकात्तथा॥ ८४

इन सबको भोजन कराये बिना जो स्वयं भोजन कर लेता है वह पापमय भोजन करता है और अन्तमें मरकर नरकमें श्लेष्मभोजी कीट होता है॥ ७२॥ जो व्यक्ति स्नान किये बिना भोजन करता है वह मल भक्षण करता है, जप किये बिना भोजन करनेवाला रक्त और पूय पान करता है, संस्कारहीन अन्न खानेवाला मूत्र पान करता है तथा जो बालक- वृद्ध आदिसे पहले आहार करता है वह विष्ठाहारी है। इसी प्रकार बिना होम किये भोजन करनेवाला मानो कीड़ोंको खाता है और बिना दान किये खानेवाला विष-भोजी है॥ ७३-७४॥

अतः हे राजेन्द्र! गृहस्थको जिस प्रकार भोजन करना चाहिये—जिस प्रकार भोजन करनेसे पुरुषको पाप-बन्धन नहीं होता तथा इहलोकमें अत्यन्त आरोग्य, बल, बुद्धिकी प्राप्ति और अरिष्टोंकी शान्ति होती है और जो शत्रुपक्षका ह्रास करनेवाली है—वह भोजनविधि सुनो॥ ७५-७६॥ गृहस्थको चाहिये कि स्नान करनेके अनन्तर यथाविधि देव, ऋषि और पितृगणका तर्पण करके हाथमें उत्तम रत्न धारण किये पवित्रतापूर्वक भोजन करे॥ ७७॥ हे नृप! जप तथा अग्निहोत्रके अनन्तर शुद्ध वस्त्र धारण कर अतिथि, ब्राह्मण, गुरुजन और अपने आश्रित (बालक एवं वृद्धों)-को भोजन करा सुन्दर सुगन्धयुक्त उत्तम पुष्पमाला तथा एक ही वस्त्र धारण किये हाथ-पाँव और मुँह धोकर प्रीतिपूर्वक भोजन करे। हे राजन्! भोजनके समय इधर-उधर न देखे॥ ७८-७९॥ मनुष्यको चाहिये कि पूर्व अथवा उत्तरकी ओर मुख करके, अन्यमना न होकर उत्तम और पथ्य अन्नको प्रोक्षणके लिये रखे हुए मन्त्रपूत जलसे छिड़क कर भोजन करे॥ ८०॥ जो अन्न दुराचारी व्यक्तिका लाया हुआ हो, घृणाजनक हो अथवा बलिवैश्वदेव आदि संस्कारशून्य हो उसको ग्रहण न करे। हे द्विज! गृहस्थ पुरुष अपने खाद्यमेंसे कुछ अंश अपने शिष्य तथा अन्य भूखे-प्यासोंको देकर उत्तम और शुद्ध पात्रमें शान्तचित्तसे भोजन करे॥ ८१-८२॥ हे नरेश्वर! किसी बेत आदिके आसन (कुर्सी आदि)-पर रखे हुए पात्रमें, अयोग्य स्थानमें, असमय (सन्ध्या आदि काल)-में अथवा अत्यन्त संकुचित स्थानमें कभी भोजन न करे। मनुष्यको चाहिये कि [परोसे हुए भोजनका] अग्र-भाग अग्निको देकर भोजन करे॥ ८३॥ हे नृप! जो अन्न मन्त्रपूत और प्रशस्त हो तथा जो बासी न हो उसीको भोजन करे। परंतु फल, मूल और सूखी शाखाओंको तथा बिना पकाये हुए लेह्य (चटनी) आदि और गुड़के पदार्थोंके

तद्वद्धारीतकेभ्यश्च गुडभक्ष्येभ्य एव च।
भुञ्जीतोद्धृतसाराणि न कदापि नरेश्वर॥ ८५
नाशेषं पुरुषोऽश्नीयादन्यत्र जगतीपते।
मध्वम्बुदधिसर्पिभ्यस्सक्तुभ्यश्च विवेकवान्॥ ८६
अश्नीयात्तन्मयो भूत्वा पूर्वं तु मधुरं रसम्।
लवणाम्लौ तथा मध्ये कटुतिक्तादिकांस्ततः॥ ८७
प्राग्द्रवं पुरुषोऽश्नीयान्मध्ये कठिनभोजनः।
अन्ते पुनर्द्रवाशी तु बलारोग्ये न मुञ्चति॥ ८८
अनिन्द्यं भक्षयेदित्थं वाग्यतोऽन्नमकुत्सयन्।
पञ्चग्रासं महामौनं प्राणाद्याप्यायनं हि तत्॥ ८९
भुक्त्वा सम्यगथाचम्य प्राङ्मुखोदङ्मुखोऽपि वा।
यथावत्पुनराचामेत्पाणी प्रक्षाल्य मूलतः॥ ९०
स्वस्थः प्रशान्तचित्तस्तु कृतासनपरिग्रहः।
अभीष्टदेवतानां तु कुर्वीत स्मरणं नरः॥ ९१
अग्निराप्याययेद्धातुं पार्थिवं पवनेरितः।
दत्तावकाशं नभसा जरयत्वस्तु मे सुखम्॥ ९२
अन्नं बलाय मे भूमेरपामग्न्यनिलस्य च।
भवत्येतत्परिणतं ममास्त्वव्याहतं सुखम्॥ ९३
प्राणापानसमानानामुदानव्यानयोस्तथा।
अन्नं पुष्टिकरं चास्तु ममाप्यव्याहतं सुखम्॥ ९४
अगस्तिरग्निर्बडवानलश्च
भुक्तं मयान्नं जरयत्वशेषम्।
सुखं च मे तत्परिणामसम्भवं
यच्छन्त्वरोगो मम चास्तु देहे॥ ९५
विष्णुस्समस्तेन्द्रियदेहदेही
प्रधानभूतो भगवान्यथैकः।
सत्येन तेनात्तमशेषमन्न-
मारोग्यदं मे परिणाममेतु॥ ९६
विष्णुरत्ता तथैवान्नं परिणामश्च वै तथा।
सत्येन तेन मद्भुक्तं जीर्यत्वन्नमिदं तथा॥ ९७
इत्युच्चार्य स्वहस्तेन परिमृज्य तथोदरम्।
अनायासप्रदायीनि कुर्यात्कर्माण्यतन्द्रितः॥ ९८

लिये ऐसा नियम नहीं है। हे नरेश्वर! सारहीन पदार्थोंको कभी न खाय॥ ८४-८५॥ हे पृथिवीपते! विवेकी पुरुष मधु, जल, दही, घी और सत्तूके सिवा और किसी पदार्थको पूरा न खाय॥ ८६॥

भोजन एकाग्रचित्त होकर करे तथा प्रथम मधुररस, फिर लवण और अम्ल (खट्टा)-रस तथा अन्तमें कटु और तीखे पदार्थोंको खाय॥ ८७॥ जो पुरुष पहले द्रव पदार्थोंको, बीचमें कठिन वस्तुओंको तथा अन्तमें फिर द्रव पदार्थोंको ही खाता है वह कभी बल तथा आरोग्यसे हीन नहीं होता॥ ८८॥ इस प्रकार वाणीका संयम करके अनिषिद्ध अन्न भोजन करे। अन्नकी निन्दा न करे। प्रथम पाँच ग्रास अत्यन्त मौन होकर ग्रहण करे, उनसे पंचप्राणोंकी तृप्ति होती है॥ ८९॥ भोजनके अनन्तर भली प्रकार आचमन करे और फिर पूर्व या उत्तरकी ओर मुख करके हाथोंको उनके मूलदेशतक धोकर विधिपूर्वक आचमन करे॥ ९०॥

तदनन्तर स्वस्थ और शान्त-चित्तसे आसनपर बैठकर अपने इष्टदेवोंका चिन्तन करे॥ ९१॥ [और इस प्रकार कहे—] "[प्राणरूप] पवनसे प्रज्वलित हुआ जठराग्नि आकाशके द्वारा अवकाशयुक्त अन्नका परिपाक करे और [फिर अन्नरससे] मेरे शरीरके पार्थिव धातुओंको पुष्ट करे जिससे मुझे सुख प्राप्त हो॥ ९२॥ यह अन्न मेरे शरीरस्थ पृथिवी, जल, अग्नि और वायुका बल बढ़ानेवाला हो और इन चारों तत्त्वोंके रूपमें परिणत हुआ यह अन्न ही मुझे निरन्तर सुख देनेवाला हो॥ ९३॥ यह अन्न मेरे प्राण, अपान, समान, उदान और व्यानकी पुष्टि करे तथा मुझे भी निर्बाध सुखकी प्राप्ति हो॥ ९४॥ मेरे खाये हुए सम्पूर्ण अन्नका अगस्ति नामक अग्नि और बडवानल परिपाक करें, मुझे उसके परिणामसे होनेवाला सुख प्रदान करें और उससे मेरे शरीरको आरोग्यता प्राप्त हो॥ ९५॥ 'देह और इन्द्रियादिके अधिष्ठाता एकमात्र भगवान् विष्णु ही प्रधान हैं'— इस सत्यके बलसे मेरा खाया हुआ समस्त अन्न परिपक्व होकर मुझे आरोग्यता प्रदान करे॥ ९६॥ 'भोजन करनेवाला, भोज्य अन्न और उसका परिपाक—ये सब विष्णु ही है'—इस सत्य भावनाके बलसे मेरा खाया हुआ यह अन्न पच जाय"॥ ९७॥ ऐसा कहकर अपने उदरपर हाथ फेरे और सावधान होकर अधिक श्रम उत्पन्न न करनेवाले कार्योंमें लग जाय॥ ९८॥

सच्छास्त्रादिविनोदेन सन्मार्गादविरोधिना।
दिनं नयेत्ततस्सन्ध्यामुपतिष्ठेत्समाहितः॥ ९९

दिनान्तसन्ध्यां सूर्येण पूर्वामृक्षैर्युतां बुधः।
उपतिष्ठेद्यथान्याय्यं सम्यगाचम्य पार्थिव॥ १००

सर्वकालमुपस्थानं सन्ध्ययोः पार्थिवेष्यते।
अन्यत्र सूतकाशौचविभ्रमातुरभीतितः॥ १०१

सूर्येणाभ्युदितो यश्च त्यक्तः सूर्येण वा स्वपन्।
अन्यत्रातुरभावात्तु प्रायश्चित्ती भवेन्नरः॥ १०२

तस्मादनुदिते सूर्ये समुत्थाय महीपते।
उपतिष्ठेन्नरस्सन्ध्यामस्वपंश्च दिनान्तजाम्॥ १०३

उपतिष्ठन्ति वै सन्ध्यां ये न पूर्वां न पश्चिमाम्।
व्रजन्ति ते दुरात्मानस्तामिस्रं नरकं नृप॥ १०४

पुनः पाकमुपादाय सायमप्यवनीपते।
वैश्वदेवनिमित्तं वै पत्न्यमन्त्रं बलिं हरेत्॥ १०५

तत्रापि श्वपचादिभ्यस्तथैवान्नविसर्जनम्॥ १०६

अतिथिं चागतं तत्र स्वशक्त्या पूजयेद् बुधः।
पादशौचासनप्रह्वस्वागतोक्त्या च पूजनम्।
ततश्चान्नप्रदानेन शयनेन च पार्थिव॥ १०७

दिवातिथौ तु विमुखे गते यत्पातकं नृप।
तदेवाष्टगुणं पुंसस्सूर्योढे विमुखे गते॥ १०८

तस्मात्स्वशक्त्या राजेन्द्र सूर्योढमतिथिं नरः।
पूजयेत्पूजिते तस्मिन्पूजितास्सर्वदेवताः॥ १०९

अन्नशाकाम्बुदानेन स्वशक्त्या पूजयेत्पुमान्।
शयनप्रस्तरमहीप्रदानैरथवापि तम्॥ ११०

कृतपादादिशौचस्तु भुक्त्वा सायं ततो गृही।
गच्छेच्छय्यामस्फुटितामपि दारुमयीं नृप॥ १११

नाविशालां न वै भग्नां नासमां मलिनां न च।
न च जन्तुमयीं शय्यामधितिष्ठेदनास्तृताम्॥ ११२

सच्छास्त्रोंका अवलोकन आदि सन्मार्गके अविरोधी विनोदोंसे शेष दिनको व्यतीत करे और फिर सायंकालके समय सावधानतापूर्वक सन्ध्योपासन करे॥ ९९॥

हे राजन्! बुद्धिमान् पुरुषको चाहिये कि सायंकालके समय सूर्यके रहते हुए और प्रातःकाल तारागणके चमकते हुए ही भली प्रकार आचमनादि करके विधिपूर्वक सन्ध्योपासन करे॥ १००॥ हे पार्थिव! सूतक (पुत्र-जन्मादिसे होनेवाली अशुचिता), अशौच (मृत्युसे होनेवाली अशुचिता), उन्माद, रोग और भय आदि कोई बाधा न हो तो प्रतिदिन ही सन्ध्योपासन करना चाहिये॥ १०१॥ जो पुरुष रुग्णावस्थाको छोड़कर और कभी सूर्यके उदय अथवा अस्तके समय सोता है वह प्रायश्चित्तका भागी होता है॥ १०२॥ अतः हे महीपते! गृहस्थ पुरुष सूर्योदयसे पूर्व ही उठकर प्रातःसन्ध्या करे और सायंकालमें भी तत्कालीन सन्ध्यावन्दन करे; सोवे नहीं॥ १०३॥ हे नृप! जो पुरुष प्रातः अथवा सायंकालीन सन्ध्योपासन नहीं करते वे दुरात्मा अन्धतामिस्र नरकमें पड़ते हैं॥ १०४॥

तदनन्तर हे पृथिवीपते! सायंकालके समय सिद्ध किये हुए अन्नसे गृहपत्नी मन्त्रहीन बलिवैश्वदेव करे; उस समय भी उसी प्रकार श्वपच आदिके लिये अन्नदान किया जाता है॥ १०५-१०६॥ बुद्धिमान् पुरुष उस समय आये हुए अतिथिका भी सामर्थ्यानुसार सत्कार करे। हे राजन्! प्रथम पाँव धुलाने, आसन देने और स्वागतसूचक विनम्र वचन कहनेसे तथा फिर भोजन कराने और शयन करानेसे अतिथिका सत्कार किया जाता है॥ १०७॥ हे नृप! दिनके समय अतिथिके लौट जानेसे जितना पाप लगता है उससे आठगुना पाप सूर्यास्तके समय लौटनेसे होता है॥ १०८॥ अतः हे राजेन्द्र! सूर्यास्तके समय आये हुए अतिथिका गृहस्थ पुरुष अपनी सामर्थ्यानुसार अवश्य सत्कार करे क्योंकि उसका पूजन करनेसे ही समस्त देवताओंका पूजन हो जाता है॥ १०९॥ मनुष्यको चाहिये कि अपनी शक्तिके अनुसार उसे भोजनके लिये अन्न, शाक या जल देकर तथा सोनेके लिये शय्या या घास-फूसका बिछौना अथवा पृथिवी ही देकर उसका सत्कार करे॥ ११०॥

हे नृप! तदनन्तर गृहस्थ पुरुष सायंकालका भोजन करके तथा हाथ-पाँव धोकर छिद्रादिहीन काष्ठमय शय्यापर लेट जाय॥ १११॥ जो काफी बड़ी न हो, टूटी हुई हो, ऊँची-नीची हो, मलिन हो अथवा जिसमें जीव हों या जिसपर कुछ बिछा हुआ न हो उस शय्यापर न सोवे॥ ११२॥

प्राच्यां दिशि शिरश्शस्तं याम्यायामथ वा नृप।
सदैव स्वपतः पुंसो विपरीतं तु रोगदम्॥ ११३

ऋतावुपगमश्शस्तस्स्वपत्न्यामवनीपते।
पुन्नामर्क्षे शुभे काले ज्येष्ठायुग्मासु रात्रिषु॥ ११४

नाद्यूनां तु स्त्रियं गच्छेन्नातुरां न रजस्वलाम्।
नानिष्टां न प्रकुपितां न त्रस्तां न च गर्भिणीम्॥ ११५

नादक्षिणां नान्यकामां नाकामां नान्ययोषितम्।
क्षुत्क्षामां नातिभुक्तां वा स्वयं चैभिर्गुणैर्युतः॥ ११६

स्नातस्स्त्रग्गन्धधृक्प्रीतो नाध्मातः क्षुधितोऽपि वा।
सकामस्सानुरागश्च व्यवायं पुरुषो व्रजेत्॥ ११७

चतुर्दश्यष्टमी चैव तथामा चाथ पूर्णिमा।
पर्वाण्येतानि राजेन्द्र रविसंक्रान्तिरेव च॥ ११८

तैलस्त्रीमांससम्भोगी सर्वेष्वेतेषु वै पुमान्।
विण्मूत्रभोजनं नाम प्रयाति नरकं मृतः॥ ११९

अशेषपर्वस्वेतेषु तस्मात्संयमिभिर्बुधैः।
भाव्यं सच्छास्त्रदेवेज्याध्यानजप्यपरैर्नरैः॥ १२०

नान्ययोनावयोनौ वा नोपयुक्तौषधस्तथा।
द्विजदेवगुरूणां च व्यवायी नाश्रमे भवेत्॥ १२१

चैत्यचत्वरतीर्थेषु नैव गोष्ठे चतुष्पथे।
नैव श्मशानोपवने सलिलेषु महीपते॥ १२२

प्रोक्तपर्वस्वशेषेषु नैव भूपाल सन्ध्ययोः।
गच्छेद्व्यवायं मतिमान्न मूत्रोच्चारपीडितः॥ १२३

पर्वस्वभिगमोऽधन्यो दिवा पापप्रदो नृप।
भुवि रोगावहो नृणामप्रशस्तो जलाशये॥ १२४

परदारान्न गच्छेच्च मनसापि कथञ्चन।
किमु वाचास्थिबन्धोऽपि नास्ति तेषु व्यवायिनाम्॥ १२५

हे नृप! सोनेके समय सदा पूर्व अथवा दक्षिणकी ओर सिर रखना चाहिये। इनके विपरीत दिशाओंकी ओर सिर रखनेसे रोगोंकी उत्पत्ति होती है॥ ११३॥

हे पृथ्वीपते! ऋतुकालमें अपनी ही स्त्रीसे संग करना उचित है। पुल्लिंग नक्षत्रमें युग्म और उनमें भी पीछेकी रात्रियोंमें शुभ समयमें स्त्रीप्रसंग करे॥ ११४॥ किन्तु यदि स्त्री अप्रसन्ना, रोगिणी, रजस्वला, निरभिलाषिणी, क्रोधिता, दुःखिनी अथवा गर्भिणी हो तो उसका संग न करे॥ ११५॥ जो सीधे स्वभावकी न हो, पराभिलाषिणी अथवा निरभिलाषिणी हो, क्षुधार्ता हो, अधिक भोजन किये हुए हो अथवा परस्त्री हो उसके पास न जाय; और यदि अपनेमें ये दोष हों तो भी स्त्रीगमन न करे॥ ११६॥ पुरुषको उचित है कि स्नान करनेके अनन्तर माला और गन्ध धारण कर काम और अनुरागयुक्त होकर स्त्रीगमन करे। जिस समय अति भोजन किया हो अथवा क्षुधित हो उस समय उसमें प्रवृत्त न हो॥ ११७॥

हे राजेन्द्र! चतुर्दशी, अष्टमी, अमावास्या, पूर्णिमा और सूर्यकी संक्रान्ति—ये सब पर्वदिन हैं॥ ११८॥ इन पर्वदिनोंमें तैल, स्त्री अथवा मांसका भोग करनेवाला पुरुष मरनेपर विष्ठा और मूत्रसे भरे नरकमें पड़ता है॥ ११९॥ संयमी और बुद्धिमान् पुरुषोंको इन समस्त पर्वदिनोंमें सच्छास्त्रावलोकन, देवोपासना, यज्ञानुष्ठान, ध्यान और जप आदिमें लगे रहना चाहिये॥ १२०॥ गौ-छाग आदि अन्य योनियोंसे, अयोनियोंसे, औषध-प्रयोगसे अथवा ब्राह्मण, देवता और गुरुके आश्रमोंमें कभी मैथुन न करे॥ १२१॥ हे पृथिवीपते! चैत्यवृक्षके नीचे, आँगनमें, तीर्थमें, पशुशालामें, चौराहेपर, श्मशानमें, उपवनमें अथवा जलमें भी मैथुन करना उचित नहीं है॥ १२२॥ हे राजन्! पूर्वोक्त समस्त पर्वदिनोंमें प्रातःकाल और सायंकालमें तथा मल-मूत्रके वेगके समय बुद्धिमान् पुरुष मैथुनमें प्रवृत्त न हो॥ १२३॥

हे नृप! पर्वदिनोंमें स्त्रीगमन करनेसे धनकी हानि होती है; दिनमें करनेसे पाप होता है, पृथिवीपर करनेसे रोग होते हैं और जलाशयमें स्त्रीप्रसंग करनेसे अमंगल होता है॥ १२४॥ परस्त्रीसे तो वाणीसे क्या, मनसे भी प्रसंग न करे, क्योंकि उनसे मैथुन करनेवालोंको अस्थि-बन्धन भी नहीं होता [अर्थात् उन्हें अस्थिशून्य कीटादि होना पड़ता है]॥ १२५॥

मृतो नरकमभ्येति हीयतेऽत्रापि चायुषः।
परदाररतिः पुंसामिह चामुत्र भीतिदा॥ १२६

इति मत्वा स्वदारेषु ऋतुमत्सु बुधो व्रजेत्।
यथोक्तदोषहीनेषु सकामेष्वनृतावपि॥ १२७

परस्त्रीकी आसक्ति पुरुषको इहलोक और परलोक दोनों जगह भय देनेवाली है; इहलोकमें उसकी आयु क्षीण हो जाती है और मरनेपर वह नरकमें जाता है॥ १२६॥ ऐसा जानकर बुद्धिमान् पुरुष उपरोक्त दोषोंसे रहित अपनी स्त्रीसे ही ऋतुकालमें प्रसंग करे तथा उसकी विशेष अभिलाषा हो तो बिना ऋतुकालके भी गमन करे॥ १२७॥

इति श्रीविष्णुपुराणे तृतीयेंऽशे एकादशोऽध्यायः॥ ११॥

बारहवाँ अध्याय

गृहस्थसम्बन्धी सदाचारका वर्णन

और्व उवाच

देवगोब्राह्मणान्सिद्धान्वृद्धाचार्यांस्तथार्चयेत्।
द्विकालं च नमेत्सन्ध्यामग्नीनुपचरेत्तथा॥ १

सदाऽनुपहते वस्त्रे प्रशस्ताश्च महौषधीः।
गारुडानि च रत्नानि बिभृयात्प्रयतो नरः॥ २

प्रस्निग्धामलकेशश्च सुगन्धश्चारुवेषधृक्।
सितास्सुमनसो हृद्या बिभृयाच्च नरस्सदा॥ ३

किञ्चित्परस्वं न हरेन्नाल्पमप्यप्रियं वदेत्।
प्रियं च नानृतं ब्रूयान्नान्यदोषानुदीरयेत्॥ ४

नान्यस्त्रियं तथा वैरं रोचयेत्पुरुषर्षभ।
न दुष्टं यानमारोहेत्कूलच्छायां न संश्रयेत्॥ ५

विद्विष्टपतितोन्मत्तबहुवैरादिकीटकैः।
बन्धकी बन्धकीभर्त्तुः क्षुद्रानृतकथैस्सह॥ ६

तथातिव्ययशीलैश्च परिवादरतैश्शठैः।
बुधो मैत्रीं न कुर्वीत नैकः पन्थानमाश्रयेत्॥ ७

नावगाहेज्जलौघस्य वेगमग्रे नरेश्वर।
प्रदीप्तं वेश्म न विशेन्नारोहेच्छिखरं तरोः॥ ८

न कुर्याद्दन्तसङ्घर्षं कुष्णीयाच्च न नासिकाम्।
नासंवृतमुखो जृम्भेच्छ्वासकासौ विसर्जयेत्॥ ९

नोच्चैर्हसेत्सशब्दं च न मुञ्चेत्पवनं बुधः।
नखान्न खादयेच्छिन्द्यान्न तृणं न महीं लिखेत्॥ १०

और्व बोले—गृहस्थ पुरुषको नित्यप्रति देवता, गौ, ब्राह्मण, सिद्धगण, वयोवृद्ध तथा आचार्यकी पूजा करनी चाहिये और दोनों समय सन्ध्यावन्दन तथा अग्निहोत्रादि कर्म करने चाहिये॥ १॥ गृहस्थ पुरुष सदा ही संयमपूर्वक रहकर बिना कहींसे कटे हुए दो वस्त्र, उत्तम ओषधियाँ और गारुड (मरकत आदि विष नष्ट करनेवाले) रत्न धारण करे॥ २॥ वह केशोंको स्वच्छ और चिकना रखे तथा सर्वदा सुगन्धयुक्त सुन्दर वेष और मनोहर श्वेतपुष्प धारण करे॥ ३॥ किसीका थोड़ा-सा भी धन हरण न करे और थोड़ा-सा भी अप्रिय भाषण न करे। जो मिथ्या हो ऐसा प्रिय वचन भी कभी न बोले और न कभी दूसरोंके दोषोंको ही कहे॥ ४॥ हे पुरुषश्रेष्ठ! दूसरोंकी स्त्री अथवा दूसरोंके साथ वैर करनेमें कभी रुचि न करे, निन्दित सवारीमें कभी न चढ़े और नदीतीरकी छायाका कभी आश्रय न ले॥ ५॥ बुद्धिमान् पुरुष लोकविद्विष्ट, पतित, उन्मत्त और जिसके बहुत-से शत्रु हों ऐसे परपीडक पुरुषोंके साथ तथा कुलटा, कुलटाके स्वामी, क्षुद्र, मिथ्यावादी अति व्ययशील, निन्दापरायण और दुष्ट पुरुषोंके साथ कभी मित्रता न करे और न कभी मार्गमें अकेला चले॥ ६-७॥ हे नरेश्वर! जलप्रवाहके वेगमें सामने पड़कर स्नान न करे, जलते हुए घरमें प्रवेश न करे और वृक्षकी चोटीपर न चढ़े॥ ८॥ दाँतोंको परस्पर न घिसे, नाकको न कुरेदे तथा मुखको बन्द किये हुए जमुहाई न ले और न बन्द मुखसे खाँसे या श्वास छोड़े॥ ९॥ बुद्धिमान् पुरुष जोरसे न हँसे और शब्द करते हुए अधोवायु न छोड़े; तथा नखोंको न चबावे, तिनका न तोड़े और पृथिवीपर भी न लिखे॥ १०॥

न श्मश्रु भक्षयेल्लोष्टं न मृद्‌नीयाद्विचक्षणः।
ज्योतींष्यमेध्यशस्तानि नाभिवीक्षेत च प्रभो॥ ११
नग्नां परस्त्रियं चैव सूर्यं चास्तमयोदये।
न हुंकुर्याच्छवं गन्धं शवगन्धो हि सोमजः॥ १२
चतुष्पथं चैत्यतरुं श्मशानोपवनानि च।
दुष्टस्त्रीसन्निकर्षं च वर्जयेन्निशि सर्वदा॥ १३
पूज्यदेवद्विजज्योतिश्छायां नातिक्रमेद् बुधः।
नैकश्शून्याटवीं गच्छेत्तथा शून्यगृहे वसेत्॥ १४
केशास्थिकण्टकामेध्यबलिभस्मतुषांस्तथा।
स्नानार्द्रधरणीं चैव दूरतः परिवर्जयेत्॥ १५
नानार्यानाश्रयेत्कांश्चिन्न जिह्मं रोचयेद् बुधः।
उपसर्पेन्न वै व्यालं चिरं तिष्ठेन्न वोत्थितः॥ १६
अतीव जागरस्वप्ने तद्वत्स्नानासने बुधः।
न सेवेत तथा शय्यां व्यायामं च नरेश्वर॥ १७
दंष्ट्रिणः शृंगिणश्चैव प्राज्ञो दूरेण वर्जयेत्।
अवश्यायं च राजेन्द्र पुरोवातातपौ तथा॥ १८
न स्नायान्न स्वपेन्नग्नो न चैवोपस्पृशेद् बुधः।
मुक्तकेशश्च नाचामेद्देवाद्यर्चां च वर्जयेत्॥ १९
होमदेवार्चनाद्यासु क्रियास्वाचमने तथा।
नैकवस्त्रः प्रवर्तेत द्विजवाचनिके जपे॥ २०
नासमञ्जसशीलैस्तु सहासीत कथञ्चन।
सद्‌वृत्तसन्निकर्षो हि क्षणार्द्धमपि शस्यते॥ २१
विरोधं नोत्तमैर्गच्छेन्नाधमैश्च सदा बुधः।
विवाहश्च विवादश्च तुल्यशीलैर्नृपेष्यते॥ २२
नारभेत कलिं प्राज्ञश्शुष्कवैरं च वर्जयेत्।
अप्यल्पहानिस्सोढव्या वैरेणार्थागमं त्यजेत्॥ २३
स्नातो नांगानि सम्मार्जेत्स्नानशाट्या न पाणिना।
न च निर्धूनयेत्केशान्नाचामेच्चैव चोत्थितः॥ २४
पादेन नाक्रमेत्पादं न पूज्याभिमुखं नयेत्।
नोच्चासनं गुरोरग्रे भजेताविनयान्वितः॥ २५
अपसव्यं न गच्छेच्च देवागारचतुष्पथान्।
मांगल्यपूज्यांश्च तथा विपरीतान्न दक्षिणम्॥ २६

हे प्रभो! विचक्षण पुरुष मूँछ-दाढ़ीके बालोंको न चबावे, दो ढेलोंको परस्पर न रगड़े और अपवित्र एवं निन्दित नक्षत्रोंको न देखे॥ ११॥ नग्न परस्त्रीको और उदय अथवा अस्त होते हुए सूर्यको न देखे तथा शव और शव-गन्धसे घृणा न करे, क्योंकि शव-गन्ध सोमका अंश है॥ १२॥ चौराहा, चैत्यवृक्ष, श्मशान, उपवन और दुष्टा स्त्रीकी समीपता—इन सबका रात्रिके समय सर्वदा त्याग करे॥ १३॥ बुद्धिमान् पुरुष अपने पूजनीय देवता, ब्राह्मण और तेजोमय पदार्थोंकी छायाको कभी न लाँघे तथा शून्य वनखण्डी और शून्य घरमें कभी अकेला न रहे॥ १४॥ केश, अस्थि, कण्टक, अपवित्र वस्तु, बलि, भस्म, तुष तथा स्नानके कारण भीगी हुई पृथिवीका दूरहीसे त्याग करे॥ १५॥ प्राज्ञ पुरुषको चाहिये कि अनार्य व्यक्तिका संग न करे, कुटिल पुरुषमें आसक्त न हो, सर्पके पास न जाय और जग पड़नेपर अधिक देरतक लेटा न रहे॥ १६॥ हे नरेश्वर! बुद्धिमान् पुरुष जागने, सोने, स्नान करने, बैठने, शय्यासेवन करने और व्यायाम करनेमें अधिक समय न लगावे॥ १७॥ हे राजेन्द्र! प्राज्ञ पुरुष दाँत और सींगवाले पशुओंको, ओसको तथा सामनेकी वायु और धूपका सर्वदा परित्याग करे॥ १८॥ नग्न होकर स्नान, शयन और आचमन न करे तथा केश खोलकर आचमन और देव-पूजन न करे॥ १९॥ होम तथा देवार्चन आदि क्रियाओंमें, आचमनमें, पुण्याहवाचनमें और जपमें एक वस्त्र धारण करके प्रवृत्त न हो॥ २०॥ संशयशील व्यक्तियोंके साथ कभी न रहे। सदाचारी पुरुषोंका तो आधे क्षणका संग भी अति प्रशंसनीय होता है॥ २१॥ बुद्धिमान् पुरुष उत्तम अथवा अधम व्यक्तियोंसे विरोध न करे। हे राजन्! विवाह और विवाद सदा समान व्यक्तियोंसे ही होना चाहिये॥ २२॥ प्राज्ञ पुरुष कलह न बढ़ावे तथा व्यर्थ वैरका भी त्याग करे। थोड़ी-सी हानि सह ले, किन्तु वैरसे कुछ लाभ होता हो तो उसे भी छोड़ दे॥ २३॥ स्नान करनेके अनन्तर स्नानसे भीगी हुई धोती अथवा हाथोंसे शरीरको न पोंछे तथा खड़े-खड़े केशोंको न झाड़े और आचमन भी न करे॥ २४॥ पैरके ऊपर पैर न रखे, गुरुजनोंके सामने पैर न फैलावे और धृष्टतापूर्वक उनके सामने कभी उच्चासनपर न बैठे॥ २५॥

देवालय, चौराहा, मांगलिक द्रव्य और पूज्य व्यक्ति—इन सबको बायीं ओर रखकर न निकले तथा इनके विपरीत वस्तुओंको दायीं ओर रखकर न जाय॥ २६॥

सोमार्काग्न्यम्बुवायूनां पूज्यानां च न सम्मुखम्।
कुर्यान्निष्ठीवविण्मूत्रसमुत्सर्गं च पण्डितः॥ २७
तिष्ठन्न मूत्रयेत्तद्वत्पथिष्वपि न मूत्रयेत्।
श्लेष्मविण्मूत्ररक्तानि सर्वदैव न लङ्घयेत्॥ २८
श्लेष्मशिङ्घाणिकोत्सर्गो नान्नकाले प्रशस्यते।
बलिमंगलजप्यादौ न होमे न महाजने॥ २९
योषितो नावमन्येत न चासां विश्वसेद् बुधः।
न चैवेर्ष्या भवेत्तासु न धिक्कुर्यात्कदाचन॥ ३०
मंगल्यपुष्परत्नाज्यपूज्याननभिवाद्य च।
न निष्क्रमेद् गृहात्प्राज्ञस्सदाचारपरो नरः॥ ३१
चतुष्पथान्नमस्कुर्यात्काले होमपरो भवेत्।
दीनानभ्युद्धरेत्साधूनुपासीत बहुश्रुतान्॥ ३२
देवर्षिपूजकस्सम्यक्पितृपिण्डोदकप्रदः।
सत्कर्ता चातिथीनां यः स लोकानुत्तमान्व्रजेत्॥ ३३
हितं मितं प्रियं काले वश्यात्मा योऽभिभाषते।
स याति लोकानाह्लादहेतुभूतान्नृपाक्षयान्॥ ३४
धीमान्ह्रीमान्क्षमायुक्तो ह्यास्तिको विनयान्वितः।
विद्याभिजनवृद्धानां याति लोकाननुत्तमान्॥ ३५
अकालगर्जितादौ च पर्वस्वाशौचकादिषु।
अनध्यायं बुधः कुर्यादुपरागादिके तथा॥ ३६
शमं नयति यः क्रुद्धान्सर्वबन्धुरमत्सरी।
भीताश्वासनकृत्साधुस्स्वर्गस्तस्याल्पकं फलम्॥ ३७
वर्षातपादिषु च्छत्री दण्डी रात्र्यटवीषु च।
शरीरत्राणकामो वै सोपानत्कस्सदा व्रजेत्॥ ३८
नोर्ध्वं न तिर्यग्दूरं वा न पश्यन्पर्यटेद् बुधः।
युगमात्रं महीपृष्ठं नरो गच्छेद्विलोकयन्॥ ३९
दोषहेतूनशेषांश्च वश्यात्मा यो निरस्यति।
तस्य धर्मार्थकामानां हानिर्नाल्पापि जायते॥ ४०
सदाचाररतः प्राज्ञो विद्याविनयशिक्षितः।
पापेऽप्यपापः परुषे ह्यभिधत्ते प्रियाणि यः।
मैत्रीद्रवान्तःकरणस्तस्य मुक्तिः करे स्थिता॥ ४१

चन्द्रमा, सूर्य, अग्नि, जल, वायु और पूज्य व्यक्तियोंके सम्मुख पण्डित पुरुष मल-मूत्र-त्याग न करे और न थूके ही॥ २७॥ खड़े-खड़े अथवा मार्गमें मूत्र-त्याग न करे तथा श्लेष्मा (थूक), विष्ठा, मूत्र और रक्तको कभी न लाँघे॥ २८॥ भोजन, देव-पूजा, मांगलिक कार्य और जप-होमादिके समय तथा महापुरुषोंके सामने थूकना और छींकना उचित नहीं है॥ २९॥ बुद्धिमान् पुरुष स्त्रियोंका अपमान न करे, उनका विश्वास भी न करे तथा उनसे ईर्ष्या और उनका तिरस्कार भी कभी न करे॥ ३०॥ सदाचार-परायण प्राज्ञ पुरुष मांगलिक द्रव्य, पुष्प, रत्न, घृत और पूज्य व्यक्तियोंका अभिवादन किये बिना कभी अपने घरसे न निकले॥ ३१॥ चौराहोंको नमस्कार करे, यथासमय अग्निहोत्र करे, दीन-दुःखियोंका उद्धार करे और बहुश्रुत साधु पुरुषोंका सत्संग करे॥ ३२॥

जो पुरुष देवता और ऋषियोंकी पूजा करता है, पितृगणको पिण्डोदक देता है और अतिथिका सत्कार करता है वह पुण्यलोकोंको जाता है॥ ३३॥ जो व्यक्ति जितेन्द्रिय होकर समयानुसार हित, मित और प्रिय भाषण करता है, हे राजन्! वह आनन्दके हेतुभूत अक्षय लोकोंको प्राप्त होता है॥ ३४॥ बुद्धिमान्, लज्जावान्, क्षमाशील, आस्तिक और विनयी पुरुष विद्वान् और कुलीन पुरुषोंके योग्य उत्तम लोकोंमें जाता है॥ ३५॥ अकाल मेघगर्जनके समय, पर्व-दिनोंपर, अशौच कालमें तथा चन्द्र और सूर्यग्रहणके समय बुद्धिमान् पुरुष अध्ययन न करे॥ ३६॥ जो व्यक्ति क्रोधितको शान्त करता है, सबका बन्धु है, मत्सरशून्य है, भयभीतको सान्त्वना देनेवाला है और साधु-स्वभाव है उसके लिये स्वर्ग तो बहुत थोड़ा फल है॥ ३७॥ जिसे शरीर-रक्षाकी इच्छा हो वह पुरुष वर्षा और धूपमें छाता लेकर निकले, रात्रिके समय और वनमें दण्ड लेकर जाय तथा जहाँ कहीं जाना हो सर्वदा जूते पहनकर जाय॥ ३८॥ बुद्धिमान् पुरुषको ऊपरकी ओर, इधर-उधर अथवा दूरके पदार्थोंको देखते हुए नहीं चलना चाहिये, केवल युगमात्र (चार हाथ) पृथिवीको देखता हुआ चले॥ ३९॥

जो जितेन्द्रिय दोषके समस्त हेतुओंको त्याग देता है उसके धर्म, अर्थ और कामकी थोड़ी-सी भी हानि नहीं होती॥ ४०॥ जो विद्या-विनय-सम्पन्न, सदाचारी प्राज्ञ पुरुष पापीके प्रति पापमय व्यवहार नहीं करता, कुटिल पुरुषोंसे प्रिय भाषण करता है तथा जिसका अन्तःकरण मैत्रीसे द्रवीभूत रहता है, मुक्ति उसकी मुट्ठीमें रहती है॥ ४१॥

ये कामक्रोधलोभानां वीतरागा न गोचरे।
सदाचारस्थितास्तेषामनुभावैर्धृता मही॥ ४२

जो वीतरागमहापुरुष कभी काम, क्रोध और लोभादिके वशीभूत नहीं होते तथा सर्वदा सदाचारमें स्थित रहते हैं उनके प्रभावसे ही पृथिवी टिकी हुई है॥ ४२॥

तस्मात्सत्यं वदेत्प्राज्ञो यत्परप्रीतिकारणम्।
सत्यं यत्परदुःखाय तदा मौनपरो भवेत्॥ ४३

अतः प्राज्ञ पुरुषको वही सत्य कहना चाहिये जो दूसरोंकी प्रसन्नताका कारण हो। यदि किसी सत्य वाक्यके कहनेसे दूसरोंको दुःख होता जाने तो मौन रहे॥ ४३॥

प्रियमुक्तं हितं नैतदिति मत्वा न तद्वदेत्।
श्रेयस्तत्र हितं वाच्यं यद्यप्यत्यन्तमप्रियम्॥ ४४

यदि प्रिय वाक्यको भी अहितकर समझे तो उसे न कहे; उस अवस्थामें तो हितकर वाक्य ही कहना अच्छा है, भले ही वह अत्यन्त अप्रिय क्यों न हो॥ ४४॥

प्राणिनामुपकाराय यथैवेह परत्र च।
कर्मणा मनसा वाचा तदेव मतिमान्भजेत्॥ ४५

जो कार्य इहलोक और परलोकमें प्राणियोंके हितका साधक हो मतिमान् पुरुष मन, वचन और कर्मसे उसीका आचरण करे॥ ४५॥

इति श्रीविष्णुपुराणे तृतीयेंऽशे द्वादशोऽध्यायः॥ १२॥

तेरहवाँ अध्याय

आभ्युदयिक श्राद्ध, प्रेतकर्म तथा श्राद्धादिका विचार

और्व उवाच

सचैलस्य पितुः स्नानं जाते पुत्रे विधीयते।
जातकर्म तदा कुर्याच्छ्राद्धमभ्युदये च यत्॥ १

और्व बोले—पुत्रके उत्पन्न होनेपर पिताको सचैल (वस्त्रोंसहित) स्नान करना चाहिये। उसके पश्चात् जातकर्म-संस्कार और आभ्युदयिक श्राद्ध करने चाहिये॥ १॥

युग्मान्देवांश्च पित्र्यांश्च सम्यक्सव्यक्रमाद् द्विजान्।
पूजयेद्भोजयेच्चैव तन्मना नान्यमानसः॥ २

फिर तन्मयभावसे अनन्यचित्त होकर देवता और पितृगणके लिये क्रमशः दायीं और बायीं ओर बिठाकर दो-दो ब्राह्मणोंका पूजन करे और उन्हें भोजन करावे॥ २॥

दध्यक्षतैस्सबदरैः प्राङ्मुखोदङ्मुखोऽपि वा।
देवतीर्थेन वै पिण्डान्दद्यात्कायेन वा नृप॥ ३

हे राजन्! पूर्व अथवा उत्तरकी ओर मुख करके दधि, अक्षत और बदरीफलसे बने हुए पिण्डोंको देवतीर्थ[1] या प्रजापतितीर्थसे[2] दान करे॥ ३॥

नान्दीमुखः पितृगणस्तेन श्राद्धेन पार्थिव।
प्रीयते तत्तु कर्त्तव्यं पुरुषैस्सर्ववृद्धिषु॥ ४

हे पृथिवीनाथ! इस आभ्युदयिक श्राद्धसे नान्दीमुख नामक पितृगण प्रसन्न होते हैं, अतः सब प्रकारकी अभिवृद्धिके समय पुरुषोंको इसका अनुष्ठान करना चाहिये॥ ४॥

कन्यापुत्रविवाहेषु प्रवेशेषु च वेश्मनः।
नामकर्मणि बालानां चूडाकर्मादिके तथा॥ ५
सीमन्तोन्नयने चैव पुत्रादिमुखदर्शने।
नान्दीमुखं पितृगणं पूजयेत्प्रयतो गृही॥ ६

कन्या और पुत्रके विवाहमें, गृहप्रवेशमें, बालकोंके नामकरण तथा चूडाकर्म आदि संस्कारोंमें, सीमन्तोन्नयन-संस्कारमें और पुत्र आदिके मुख देखनेके समय गृहस्थ पुरुष एकाग्रचित्तसे नान्दीमुख नामक पितृगणका पूजन करे॥ ५-६॥

पितृपूजाक्रमः प्रोक्तो वृद्धावेष सनातनः।
श्रूयतामवनीपाल प्रेतकर्मक्रियाविधिः॥ ७

हे पृथिवीपाल! आभ्युदयिक श्राद्धमें पितृपूजाका यह सनातन क्रम तुमको सुनाया, अब प्रेतक्रियाकी विधि सुनो॥ ७॥

प्रेतदेहं शुभैः स्नानैस्स्नापितं स्त्रग्विभूषितम्।
दग्ध्वा ग्रामाद्बहिः स्नात्वा सचैलस्सलिलाशये॥ ८

बन्धु-बान्धवोंको चाहिये कि भली प्रकार स्नान करानेके अनन्तर पुष्प-मालाओंसे विभूषित शवका गाँवके

१- अँगुलियोंके अग्रभाग। २- कनिष्ठिकाका मूलभाग।

यत्र तत्र स्थितायैतदमुकायेति वादिनः।
दक्षिणाभिमुखा दद्युर्बान्धवास्सलिलाञ्जलीन्॥ ९

प्रविष्टाश्च समं गोभिर्ग्रामं नक्षत्रदर्शने।
कटकर्म ततः कुर्युर्भूमौ प्रस्तरशायिनः॥ १०

दातव्योऽनुदिनं पिण्डः प्रेताय भुवि पार्थिव।
दिवा च भक्तं भोक्तव्यममांसं मनुजर्षभ॥ ११

दिनानि तानि चेच्छातः कर्तव्यं विप्रभोजनम्।
प्रेता यान्ति तथा तृप्तिं बन्धुवर्गेण भुञ्जता॥ १२

प्रथमेऽह्नि तृतीये च सप्तमे नवमे तथा।
वस्त्रत्यागबहिस्स्नाने कृत्वा दद्यात्तिलोदकम्॥ १३

चतुर्थेऽह्नि च कर्तव्यं तस्यास्थिचयनं नृप।
तदूर्ध्वमंगसंस्पर्शस्सपिण्डानामपीष्यते॥ १४

योग्यास्सर्वक्रियाणां तु समानसलिलास्तथा।
अनुलेपनपुष्पादिभोगादन्यत्र पार्थिव॥ १५

शय्यासनोपभोगश्च सपिण्डानामपीष्यते।
भस्मास्थिचयनादूर्ध्वं संयोगो न तु योषिताम्॥ १६

बाले देशान्तरस्थे च पतिते च मुनौ मृते।
सद्यश्शौचं तथेच्छातो जलाग्न्युद्बन्धनादिषु॥ १७

मृतबन्धोर्दशाहानि कुलस्यान्नं न भुज्यते।
दानं प्रतिग्रहो होमः स्वाध्यायश्च निवर्तते॥ १८

विप्रस्यैतद् द्वादशाहं राजन्यस्याप्यशौचकम्।
अर्धमासं तु वैश्यस्य मासं शूद्रस्य शुद्धये॥ १९

बाहर दाह करें और फिर जलाशयमें वस्त्रसहित स्नान कर दक्षिण-मुख होकर '**यत्र तत्र स्थितायैतदमुकाय**'[1] आदि वाक्यका उच्चारण करते हुए जलांजलि दें॥ ८-९॥

तदनन्तर गोधूलिके समय तारा-मण्डलके दीखने लगनेपर ग्राममें प्रवेश करें और कटकर्म (अशौच कृत्य) सम्पन्न करके पृथिवीपर तृणादिकी शय्यापर शयन करें॥ १०॥ हे पृथिवीपते! मृत पुरुषके लिये नित्यप्रति पृथिवीपर पिण्डदान करना चाहिये और हे पुरुषश्रेष्ठ! केवल दिनके समय मांसहीन भात खाना चाहिये॥ ११॥ अशौच कालमें, यदि ब्राह्मणोंकी इच्छा हो तो उन्हें भोजन कराना चाहिये, क्योंकि उस समय ब्राह्मण और बन्धुवर्गके भोजन करनेसे मृत जीवकी तृप्ति होती है॥ १२॥ अशौचके पहले, तीसरे, सातवें अथवा नवें दिन वस्त्र त्यागकर और बहिर्देशमें स्नान करके तिलोदक दे॥ १३॥

हे नृप! अशौचके चौथे दिन अस्थिचयन करना चाहिये; उसके अनन्तर अपने सपिण्ड बन्धुजनोंका अंग स्पर्श किया जा सकता है॥ १४॥ हे राजन्! उस समयसे समानोदक[2] पुरुष चन्दन और पुष्पधारण आदि क्रियाओंके सिवा [पंचयज्ञादि] और सब कर्म कर सकते हैं॥ १५॥ भस्म और अस्थिचयनके अनन्तर सपिण्ड पुरुषोंद्वारा शय्या और आसनका उपयोग तो किया जा सकता है, किन्तु स्त्री-संसर्ग नहीं किया जा सकता॥ १६॥ बालक, देशान्तरस्थित व्यक्ति, पतित और तपस्वीके मरनेपर तथा जल, अग्नि और उद्बन्धन (फाँसी लगाने) आदिद्वारा आत्मघात करनेपर शीघ्र ही अशौचकी निवृत्ति हो जाती है[3]॥ १७॥ मृतकके कुटुम्बका अन्न दस दिनतक न खाना चाहिये तथा अशौच कालमें दान, परिग्रह, होम और स्वाध्याय आदि कर्म भी न करने चाहिये॥ १८॥ यह [दस दिनका] अशौच ब्राह्मणका है; क्षत्रियका अशौच बारह दिन और वैश्यका पन्द्रह दिन रहता है तथा शूद्रकी अशौच-शुद्धि एक मासमें होती है॥ १९॥

१- अर्थात् हमलोग अमुक नाम-गोत्रवाले प्रेतके निमित्त, वे जहाँ कहीं भी हों, यह जल देते हैं।

२- समानोदक (तर्पणादिमें समान जलाधिकारी अर्थात् सगोत्र) और सपिण्ड (पिण्डाधिकारी)-की व्याख्या कूर्मपुराणमें इस प्रकार की है—

'सपिण्डता तु पुरुषे सप्तमे विनिवर्तते। समानोदकभावस्तु जन्मनाम्नोरवेदने॥

अर्थात् सातवीं पीढ़ीमें पुरुषकी सपिण्डता निवृत्त हो जाती है, किन्तु समानोदकभाव उसके जन्म और नामका पता न रहनेपर दूर होता है।

३- परन्तु माता-पिताके विषयमें यह नियम नहीं है; जैसा कि कहा है—

पितरौ चेन्मृतौ स्यातां दूरस्थोऽपि हि पुत्रकः। श्रुत्वा तद्दिनमारभ्य दशाहं सूतकी भवेत्॥

अयुजो भोजयेत्कामं द्विजानन्ते ततो दिने।
दद्याद्दर्भेषु पिण्डं च प्रेतायोच्छिष्टसन्निधौ॥ २०

वार्यायुधप्रतोदास्तु दण्डश्च द्विजभोजनात्।
स्प्रष्टव्योऽनन्तरं वर्णैः शुद्धेरन्ते ततः क्रमात्॥ २१

ततस्स्ववर्णधर्मा ये विप्रादीनामुदाहृताः।
तान्कुर्वीत पुमाञ्जीवेन्निजधर्मार्जनैस्तथा॥ २२

मृताहनि च कर्तव्यमेकोद्दिष्टमतः परम्।
आह्वानादिक्रियादैवनियोगरहितं हि तत्॥ २३

एकोऽर्घ्यस्तत्र दातव्यस्तथैवैकपवित्रकम्।
प्रेताय पिण्डो दातव्यो भुक्तवत्सु द्विजातिषु॥ २४

प्रश्नश्च तत्राभिरतिर्यजमानैर्द्विजन्मनाम्।
अक्षय्यममुकस्येति वक्तव्यं विरतौ तथा॥ २५

एकोद्दिष्टमयो धर्म इत्थमावत्सरात्स्मृतः।
सपिण्डीकरणं तस्मिन्काले राजेन्द्र तच्छृणु॥ २६

एकोद्दिष्टविधानेन कार्यं तदपि पार्थिव।
संवत्सरेऽथ षष्ठे वा मासे वा द्वादशेऽह्नि तत्॥ २७

तिलगन्धोदकैर्युक्तं तत्र पात्रचतुष्टयम्॥ २८

पात्रं प्रेतस्य तत्रैकं पैत्रं पात्रत्रयं तथा।
सेचयेत्पितृपात्रेषु प्रेतपात्रं ततस्त्रिषु॥ २९

ततः पितृत्वमापन्ने तस्मिन्प्रेते महीपते।
श्राद्धधर्मैरशेषैस्तु तत्पूर्वानर्चयेत्पितॄन्॥ ३०

पुत्रः पौत्रः प्रपौत्रो वा भ्राता वा भ्रातृसन्ततिः।
सपिण्डसन्ततिर्वापि क्रियार्हो नृप जायते॥ ३१

तेषामभावे सर्वेषां समानोदकसन्ततिः।
मातृपक्षसपिण्डेन सम्बद्धा ये जलेन वा॥ ३२

कुलद्वयेऽपि चोच्छिन्ने स्त्रीभिः कार्याः क्रिया नृप॥ ३३

सङ्घातान्तर्गतैर्वापि कार्याः प्रेतस्य च क्रियाः।
उत्सन्नबन्धुरिक्थाद्वा कारयेदवनीपतिः॥ ३४

अशौचके अन्तमें इच्छानुसार अयुग्म (तीन, पाँच, सात, नौ आदि) ब्राह्मणोंको भोजन करावे तथा उनकी उच्छिष्ट (जूठन)-के निकट प्रेतकी तृप्तिके लिये कुशापर पिण्डदान करे॥ २०॥ अशौच-शुद्धि हो जानेपर ब्रह्मभोजके अनन्तर ब्राह्मण आदि चारों वर्णोंको क्रमशः जल, शस्त्र, प्रतोद (कोड़ा) और लाठीका स्पर्श करना चाहिये॥ २१॥

तदनन्तर ब्राह्मण आदि वर्णोंके जो-जो जातीय धर्म बतलाये गये हैं उनका आचरण करे; और स्वधर्मानुसार उपार्जित जीविकासे निर्वाह करे॥ २२॥ फिर प्रतिमास मृत्युतिथिपर एकोद्दिष्ट श्राद्ध करे जो आवाहनादि क्रिया और विश्वेदेवसम्बन्धी ब्राह्मणके आमन्त्रण आदिसे रहित होने चाहिये॥ २३॥ उस समय एक अर्घ्य और एक पवित्रक देना चाहिये, तथा बहुत-से ब्राह्मणोंके भोजन करनेपर भी मृतकके लिये एक ही पिण्डदान करना चाहिये॥ २४॥ तदनन्तर यजमानके **'अभिरम्यताम्'** ऐसा कहनेपर ब्राह्मणगण **'अभिरताः स्मः'** ऐसा कहें और फिर पिण्डदान समाप्त होनेपर **'अमुकस्य अक्षय्यमिदमुपतिष्ठताम्'** इस वाक्यका उच्चारण करें॥ २५॥ इस प्रकार एक वर्षतक प्रतिमास एकोद्दिष्टकर्म करनेका विधान है। हे राजेन्द्र! वर्षके समाप्त होनेपर सपिण्डीकरण करे; उसकी विधि सुनो॥ २६॥

हे पार्थिव! इस सपिण्डीकरण कर्मको भी एक वर्ष, छः मास अथवा बारह दिनके अनन्तर एकोद्दिष्टश्राद्धकी विधिसे ही करना चाहिये॥ २७॥ इसमें तिल, गन्ध और जलसे युक्त चार पात्र रखे। इनमेंसे एक पात्र मृत-पुरुषका होता है तथा तीन पितृगणके होते हैं। फिर मृत-पुरुषके पात्रस्थित जलादिसे पितृगणके पात्रोंका सिंचन करे॥ २८-२९॥ इस प्रकार मृत-पुरुषको पितृत्व प्राप्त हो जानेपर सम्पूर्ण श्राद्धधर्मोंके द्वारा उस मृत-पुरुषसे ही आरम्भ कर पितृगणका पूजन करे॥ ३०॥ हे राजन्! पुत्र, पौत्र, प्रपौत्र, भाई, भतीजा अथवा अपनी सपिण्ड सन्ततिमें उत्पन्न हुआ पुरुष ही श्राद्धादि क्रिया करनेका अधिकारी होता है॥ ३१॥ यदि इन सबका अभाव हो तो समानोदककी सन्तति अथवा मातृपक्षके सपिण्ड अथवा समानोदकको इसका अधिकार है॥ ३२॥ हे राजन्! मातृकुल और पितृकुल दोनोंके नष्ट हो जानेपर स्त्री ही इस क्रियाको करे; अथवा [यदि स्त्री भी न हो तो] साथियोंमेंसे ही कोई करे या बान्धवहीन मृतकके धनसे राजा ही उसके सम्पूर्ण प्रेत-कर्म करे॥ ३३-३४॥

पूर्वाः क्रिया मध्यमाश्च तथा चैवोत्तराः क्रियाः।
त्रिप्रकाराः क्रियाः सर्वास्तासां भेदं शृणुष्व मे॥ ३५
आदाहवार्यायुधादिस्पर्शाद्यन्तास्तु याः क्रियाः।
ताः पूर्वा मध्यमा मासि मास्येकोद्दिष्टसंज्ञिताः॥ ३६
प्रेते पितृत्वमापन्ने सपिण्डीकरणादनु।
क्रियन्ते याः क्रियाः पित्र्याः प्रोच्यन्ते ता नृपोत्तराः॥ ३७
पितृमातृसपिण्डैस्तु समानसलिलैस्तथा।
सङ्घातान्तर्गतैर्वापि राज्ञा तद्धनहारिणा॥ ३८
पूर्वाः क्रियाश्च कर्तव्याः पुत्राद्यैरेव चोत्तराः।
दौहित्रैर्वा नृपश्रेष्ठ कार्यास्तत्तनयैस्तथा॥ ३९
मृताहनि च कर्तव्याः स्त्रीणामप्युत्तराः क्रियाः।
प्रतिसंवत्सरं राजन्नेकोद्दिष्टविधानतः॥ ४०
तस्मादुत्तरसंज्ञायाः क्रियास्ताः शृणु पार्थिव।
यथा यथा च कर्तव्या विधिना येन चानघ॥ ४१

सम्पूर्ण प्रेत-कर्म तीन प्रकारके हैं—पूर्वकर्म, मध्यमकर्म तथा उत्तरकर्म। इनके पृथक्-पृथक् लक्षण सुनो॥ ३५॥ दाहसे लेकर जल और शस्त्र आदिके स्पर्शपर्यन्त जितने कर्म हैं उनको पूर्वकर्म कहते हैं तथा प्रत्येक मासमें जो एकोद्दिष्ट श्राद्ध किया जाता है वह मध्यमकर्म कहलाता है॥ ३६॥ और हे नृप! सपिण्डीकरणके पश्चात् मृतक व्यक्तिके पितृत्वको प्राप्त हो जानेपर जो पितृकर्म किये जाते हैं वे उत्तरकर्म कहलाते हैं॥ ३७॥ माता, पिता, सपिण्ड, समानोदक, समूहके लोग अथवा उसके धनका अधिकारी राजा पूर्वकर्म कर सकते हैं; किंतु उत्तरकर्म केवल पुत्र, दौहित्र आदि अथवा उनकी सन्तानको ही करना चाहिये॥ ३८-३९॥ हे राजन्! प्रतिवर्ष मरण-दिनपर स्त्रियोंका भी उत्तरकर्म एकोद्दिष्ट श्राद्धकी विधिसे अवश्य करना चाहिये॥ ४०॥ अतः हे अनघ! उन उत्तरक्रियाओंको जिस-जिसको जिस-जिस विधिसे करना चाहिये, वह सुनो॥ ४१॥

इति श्रीविष्णुपुराणे तृतीयेंऽशे त्रयोदशोऽध्यायः॥ १३॥

चौदहवाँ अध्याय

श्राद्ध-प्रशंसा, श्राद्धमें पात्रापात्रका विचार

और्व उवाच

ब्रह्मेन्द्ररुद्रनासत्यसूर्याग्निवसुमारुतान्।
विश्वेदेवान्पितृगणान्वयांसि मनुजान्पशून्॥ १
सरीसृपानृषिगणान्यच्चान्यद्भूतसंज्ञितम्।
श्राद्धं श्रद्धान्वितः कुर्वन्प्रीणयत्यखिलं जगत्॥ २
मासि मास्यसिते पक्षे पञ्चदश्यां नरेश्वर।
तथाष्टकासु कुर्वीत काम्यान्कालाञ्छृणुष्व मे॥ ३
श्राद्धार्हमागतं द्रव्यं विशिष्टमथ वा द्विजम्।
श्राद्धं कुर्वीत विज्ञाय व्यतीपातेऽयने तथा॥ ४
विषुवे चापि सम्प्राप्ते ग्रहणे शशिसूर्ययोः।
समस्तेष्वेव भूपाल राशिष्वर्के च गच्छति॥ ५
नक्षत्रग्रहपीडासु दुष्टस्वप्नावलोकने।
इच्छाश्राद्धानि कुर्वीत नवसस्यागमे तथा॥ ६

और्व बोले—हे राजन्! श्रद्धासहित श्राद्धकर्म करनेसे मनुष्य ब्रह्मा, इन्द्र, रुद्र, अश्विनीकुमार, सूर्य, अग्नि, वसुगण, मरुद्गण, विश्वेदेव, पितृगण, पक्षी, मनुष्य, पशु, सरीसृप, ऋषिगण तथा भूतगण आदि सम्पूर्ण जगत्को प्रसन्न कर देता है॥ १-२॥ हे नरेश्वर! प्रत्येक मासके कृष्णपक्षकी पंचदशी (अमावास्या) और अष्टका (हेमन्त और शिशिर ऋतुओंके चार महीनोंकी शुक्लाष्टमियों)- पर श्राद्ध करे। [यह नित्यश्राद्धकाल है] अब काम्यश्राद्धका काल बतलाता हूँ, श्रवण करो॥ ३॥

जिस समय श्राद्धयोग्य पदार्थ या किसी विशिष्ट ब्राह्मणको घरमें आया जाने, अथवा जब उत्तरायण या दक्षिणायनका आरम्भ या व्यतीपात हो तब काम्य-श्राद्धका अनुष्ठान करे॥ ४॥ विषुवसंक्रान्तिपर, सूर्य और चन्द्रग्रहणपर, सूर्यके प्रत्येक राशिमें प्रवेश करते समय, नक्षत्र अथवा ग्रहकी पीडा होनेपर, दुःस्वप्न देखनेपर और घरमें नवीन अन्न आनेपर भी काम्यश्राद्ध करे॥ ५-६॥

अमावास्या यदा मैत्रविशाखास्वातियोगिनी।
श्राद्धैः पितृगणस्तृप्तिं तथाप्नोत्यष्टवार्षिकीम्॥ ७
अमावास्या यदा पुष्ये रौद्रे चर्क्षे पुनर्वसौ।
द्वादशाब्दं तदा तृप्तिं प्रयान्ति पितरोऽर्चिताः॥ ८
वासवाजैकपादर्क्षे पितॄणां तृप्तिमिच्छताम्।
वारुणे वाप्यमावास्या देवानामपि दुर्लभा॥ ९
नवस्वृक्षेष्वमावास्या यदैतेष्ववनीपते।
तदा हि तृप्तिदं श्राद्धं पितॄणां शृणु चापरम्॥ १०
गीतं सनत्कुमारेण यथैलाय महात्मने।
पृच्छते पितृभक्ताय प्रश्रयावनताय च॥ ११

श्रीसनत्कुमार उवाच

वैशाखमासस्य च या तृतीया
नवम्यसौ कार्तिकशुक्लपक्षे।
नभस्य मासस्य च कृष्णपक्ष
त्रयोदशी पञ्चदशी च माघे॥ १२
एता युगाद्याः कथिताः पुराणे-
ष्वनन्तपुण्यास्तिथयश्चतस्रः।
उपप्लवे चन्द्रमसो रवेश्च
त्रिष्वष्टकास्वप्ययनद्वये च॥ १३
पानीयमप्यत्र तिलैर्विमिश्रं
दद्यात्पितृभ्यः प्रयतो मनुष्यः।
श्राद्धं कृतं तेन समासहस्रं
रहस्यमेतत्पितरो वदन्ति॥ १४
माघेऽसिते पञ्चदशी कदाचि-
दुपैति योगं यदि वारुणेन।
ऋक्षेण कालस्स परः पितॄणां
न ह्यल्पपुण्यैर्नृप लभ्यतेऽसौ॥ १५
काले धनिष्ठा यदि नाम तस्मि-
न्भवेत्तु भूपाल तदा पितृभ्यः।
दत्तं जलान्नं प्रददाति तृप्तिं
वर्षायुतं तत्कुलजैर्मनुष्यैः॥ १६
तत्रैव चेद्भाद्रपदा नु पूर्वा
काले यथावत्क्रियते पितृभ्यः।

जो अमावास्या अनुराधा, विशाखा या स्वातिनक्षत्रयुक्ता हो उसमें श्राद्ध करनेसे पितृगण आठ वर्षतक तृप्त रहते हैं॥ ७॥ तथा जो अमावास्या पुष्य, आर्द्रा या पुनर्वसु नक्षत्रयुक्ता हो उसमें पूजित होनेसे पितृगण बारह वर्षतक तृप्त रहते हैं॥ ८॥

जो पुरुष पितृगण और देवगणको तृप्त करना चाहते हों उनके लिये धनिष्ठा, पूर्वाभाद्रपदा अथवा शतभिषानक्षत्रयुक्त अमावास्या अति दुर्लभ है॥ ९॥ हे पृथिवीपते! जब अमावास्या इन नौ नक्षत्रोंसे युक्त होती है उस समय किया हुआ श्राद्ध पितृगणको अत्यन्त तृप्तिदायक होता है। इनके अतिरिक्त पितृभक्त इलापुत्र महात्मा पुरूरवाके अति विनीत भावसे पूछनेपर श्रीसनत्कुमारजीने जिनका वर्णन किया था वे अन्य तिथियाँ भी सुनो॥ १०-११॥

श्रीसनत्कुमारजी बोले— वैशाखमासकी शुक्ला तृतीया, कार्तिक शुक्ला नवमी, भाद्रपद कृष्णा त्रयोदशी तथा माघमासकी अमावास्या—इन चार तिथियोंको पुराणोंमें 'युगाद्या' कहा है। ये चारों तिथियाँ अनन्त पुण्यदायिनी हैं। चन्द्रमा या सूर्यके ग्रहणके समय, तीन अष्टकाओंमें अथवा उत्तरायण या दक्षिणायनके आरम्भमें जो पुरुष एकाग्रचित्तसे पितृगणको तिलसहित जल भी दान करता है वह मानो एक सहस्र वर्षके लिये श्राद्ध कर देता है—यह परम रहस्य स्वयं पितृगण ही कहते हैं॥ १२—१४॥

यदि कदाचित् माघकी अमावास्याका शतभिषानक्षत्रसे योग हो जाय तो पितृगणकी तृप्तिके लिये यह परम उत्कृष्ट काल होता है। हे राजन्! अल्प पुण्यवान् पुरुषोंको ऐसा समय नहीं मिलता॥ १५॥ और यदि उस समय (माघकी अमावास्यामें) धनिष्ठानक्षत्रका योग हो तब तो अपने ही कुलमें उत्पन्न हुए पुरुषद्वारा दिये हुए अन्नोदकसे पितृगणकी दस सहस्र वर्षतक तृप्ति रहती है॥ १६॥ तथा यदि उसके साथ पूर्वाभाद्रपदनक्षत्रका योग हो और उस समय पितृगणके लिये श्राद्ध किया जाय तो उन्हें

श्राद्धं परां तृप्तिमुपेत्य तेन
युगं सहस्रं पितरस्स्वपन्ति॥ १७
गंगां शतद्रूं यमुनां विपाशां
सरस्वतीं नैमिषगोमतीं वा।
तत्रावगाह्यार्चनमादरेण
कृत्वा पितॄणां दुरितानि हन्ति॥ १८
गायन्ति चैतत्पितरः कदानु
वर्षामघातृप्तिमवाप्य भूयः।
माघासितान्ते शुभतीर्थतोयै-
र्यास्याम तृप्तिं तनयादिदत्तैः॥ १९
चित्तं च वित्तं च नृणां विशुद्धं
शस्तश्च कालः कथितो विधिश्च।
पात्रं यथोक्तं परमा च भक्ति-
र्नृणां प्रयच्छन्त्यभिवाञ्छितानि॥ २०
पितृगीतान्तथैवात्र श्लोकांस्ताञ्छृणु पार्थिव।
श्रुत्वा तथैव भवता भाव्यं तत्रादृतात्मना॥ २१
अपि धन्यः कुले जायादस्माकं मतिमान्नरः।
अकुर्वन्वित्तशाठ्यं यः पिण्डान्नो निर्वपिष्यति॥ २२
रत्नं वस्त्रं महायानं सर्वभोगादिकं वसु।
विभवे सति विप्रेभ्यो योऽस्मानुद्दिश्य दास्यति॥ २३
अन्नेन वा यथाशक्त्या कालेऽस्मिन्भक्तिनम्रधीः।
भोजयिष्यति विप्राग्र्यांस्तन्मात्रविभवो नरः॥ २४
असमर्थोऽन्नदानस्य धान्यमामं स्वशक्तितः।
प्रदास्यति द्विजाग्र्येभ्यः स्वल्पाल्पां वापि दक्षिणाम्॥ २५
तत्राप्यसामर्थ्ययुतः कराग्राग्रस्थितांस्तिलान्।
प्रणम्य द्विजमुख्याय कस्मैचिद्भूप दास्यति॥ २६
तिलैस्सप्ताष्टभिर्वापि समवेतं जलाञ्जलिम्।
भक्तिनम्रस्समुद्दिश्य भुव्यस्माकं प्रदास्यति॥ २७
यतः कुतश्चित्सम्प्राप्य गोभ्यो वापि गवाह्निकम्।
अभावे प्रीणयन्नस्माञ्छ्रद्धायुक्तः प्रदास्यति॥ २८
सर्वाभावे वनं गत्वा कक्षमूलप्रदर्शकः।
सूर्यादिलोकपालानामिदमुच्चैर्वदिष्यति॥ २९

परम तृप्ति प्राप्त होती है और वे एक सहस्र युगतक शयन करते रहते हैं॥ १७॥ गंगा, शतद्रू, यमुना, विपाशा, सरस्वती और नैमिषारण्यस्थिता गोमतीमें स्नान करके पितृगणका आदरपूर्वक अर्चन करनेसे मनुष्य समस्त पापोंको नष्ट कर देता है॥ १८॥ पितृगण सर्वदा यह गान करते हैं कि वर्षाकाल (भाद्रपद शुक्ला त्रयोदशी)-के मघानक्षत्रमें तृप्त होकर फिर माघकी अमावास्याको अपने पुत्र-पौत्रादिद्वारा दी गयी पुण्यतीर्थोंकी जलांजलिसे हम कब तृप्ति लाभ करेंगे'॥ १९॥ विशुद्ध चित्त, शुद्ध धन, प्रशस्त काल, उपर्युक्त विधि, योग्य पात्र औरपरम भक्ति—ये सब मनुष्यको इच्छित फल देते हैं॥ २०॥

हे पार्थिव! अब तुम पितृगणके गाये हुए कुछ श्लोकोंका श्रवण करो, उन्हें सुनकर तुम्हें आदरपूर्वक वैसा ही आचरण करना चाहिये॥ २१॥ [पितृगण कहते हैं—] 'हमारे कुलमें क्या कोई ऐसा मतिमान् धन्य पुरुष उत्पन्न होगा जो वित्तलोलुपताको छोड़कर हमें पिण्डदान देगा॥ २२॥ जो सम्पत्ति होनेपर हमारे उद्देश्यसे ब्राह्मणोंको रत्न, वस्त्र, यान और सम्पूर्ण भोगसामग्री देगा॥ २३॥ अथवा अन्न-वस्त्र मात्र वैभव होनेसे जो श्राद्धकालमें भक्ति-विनम्र चित्तसे उत्तम ब्राह्मणोंको यथाशक्ति अन्न ही भोजन करायेगा॥ २४॥ या अन्नदानमें भी असमर्थ होनेपर जो ब्राह्मणश्रेष्ठोंको कच्चा धान्य और थोड़ी-सी दक्षिणा ही देगा॥ २५॥ और यदि इसमें भी असमर्थ होगा तो किन्हीं द्विजश्रेष्ठको प्रणाम कर एक मुट्ठी तिल ही देगा॥ २६॥ अथवा हमारे उद्देश्यसे पृथिवीपर भक्ति-विनम्र चित्तसे सात-आठ तिलोंसे युक्त जलांजलि ही देगा॥ २७॥ और यदि इसका भी अभाव होगा तो कहीं-न-कहींसे एक दिनका चारा लाकर प्रीति और श्रद्धापूर्वक हमारे उद्देश्यसे गौको खिलायेगा॥ २८॥ तथा इन सभी वस्तुओंका अभाव होनेपर जो वनमें जाकर अपने कक्षमूल (बगल) को दिखाता हुआ सूर्य आदि दिक्पालोंसे उच्च स्वरसे यह कहेगा॥ २९॥

न मेऽस्ति वित्तं न धनं च नान्य-
च्छ्राद्धोपयोग्यं स्वपितॄन्नतोऽस्मि।
तृप्यन्तु भक्त्या पितरो मयैतौ
कृतौ भुजौ वर्त्मनि मारुतस्य॥ ३०

'मेरे पास श्राद्धकर्मके योग्य न वित्त है, न धन है और न कोई अन्य सामग्री है, अतः मैं अपने पितृगणको नमस्कार करता हूँ, वे मेरी भक्तिसे ही तृप्ति लाभ करें। मैंने अपनी दोनों भुजाएँ आकाशमें उठा रखी हैं''॥ ३०॥

और्व उवाच

इत्येतत्पितृभिर्गीतं भावाभावप्रयोजनम्।
यः करोति कृतं तेन श्राद्धं भवति पार्थिव॥ ३१

और्व बोले—हे राजन्! धनके होने अथवा न होनेपर पितृगणने जिस प्रकार बतलाया है वैसा ही जो पुरुष आचरण करता है वह उस आचारसे विधिपूर्वक श्राद्ध ही कर देता है॥ ३१॥

इति श्रीविष्णुपुराणे तृतीयेंऽशे चतुर्दशोऽध्यायः॥ १४॥

पन्द्रहवाँ अध्याय

श्राद्ध-विधि

और्व उवाच

ब्राह्मणान्भोजयेच्छ्राद्धे यद्गुणांस्तान्निबोध मे॥ १
त्रिणाचिकेतस्त्रिमधुस्त्रिसुपर्णःषडङ्गवित्।
वेदविच्छ्रोत्रियो योगी तथा वै ज्येष्ठसामगः॥ २
ऋत्विक्स्वस्त्रेयदौहित्रजामातृश्वशुरास्तथा।
मातुलोऽथ तपोनिष्ठः पञ्चाग्न्यभिरतस्तथा।
शिष्यास्सम्बन्धिनश्चैव मातापितृरतश्च यः॥ ३
एतान्नियोजयेच्छ्राद्धे पूर्वोक्तान्प्रथमे नृप।
ब्राह्मणान्पितृतुष्ट्यर्थमनुकल्पेष्वनन्तरान्॥ ४

और्व बोले—हे राजन्! श्राद्धकालमें जैसे गुणशील ब्राह्मणोंको भोजन कराना चाहिये वह बतलाता हूँ, सुनो। त्रिणाचिकेत[1], त्रिमधु[2], त्रिसुपर्ण[3], छहों वेदांगोंके जाननेवाले, वेदवेत्ता, श्रोत्रिय, योगी और ज्येष्ठसामग तथा ऋत्विक्, भानजे, दौहित्र, जामाता, श्वशुर, मामा, तपस्वी, पंचाग्नि तपनेवाले, शिष्य, सम्बन्धी और माता-पिताके प्रेमी इन ब्राह्मणोंको श्राद्धकर्ममें नियुक्त करे। इनमेंसे [त्रिणाचिकेत आदि] पहले कहे हुओंको पूर्वकालमें नियुक्त करे और [ऋत्विक् आदि] पीछे बतलाये हुओंको पितरोंकी तृप्तिके लिये उत्तरकर्ममें भोजन करावे॥ १—४॥

मित्रध्रुक्कुनखी क्लीबश्श्यावदन्तस्तथा द्विजः।
कन्यादूषयिता वह्निवेदोज्झस्सोमविक्रयी॥ ५
अभिशस्तस्तथा स्तेनः पिशुनो ग्रामयाजकः।
भृतकाध्यापकस्तद्वद्भृतकाध्यापितश्च यः॥ ६
परपूर्वापतिश्चैव मातापित्रोस्तथोज्झकः।
वृषलीसूतिपोष्टा च वृषलीपतिरेव च॥ ७
तथा देवलकश्चैव श्राद्धे नार्हति केतनम्॥ ८

मित्रघाती, स्वभावसे ही विकृत नखोंवाला, नपुंसक, काले दाँतोंवाला, कन्यागामी, अग्नि और वेदका त्याग करनेवाला, सोमरस बेचनेवाला, लोकनिन्दित, चोर, चुगलखोर, ग्रामपुरोहित, वेतन लेकर पढ़ानेवाला अथवा पढ़नेवाला, पुनर्विवाहिताका पति, माता-पिताका त्याग करनेवाला, शूद्रकी सन्तानका पालन करनेवाला, शूद्राका पति तथा देवोपजीवी ब्राह्मण श्राद्धमें निमन्त्रण देनेयोग्य नहीं है॥ ५—८॥

१-द्वितीय कठके अन्तर्गत 'अयं वाव यः पवते' इत्यादि तीन अनुवाकोंको 'त्रिणाचिकेत' कहते हैं, उसको पढ़नेवाला या उसका अनुष्ठान करनेवाला।

२-'मधुवाताः' इत्यादि ऋचाका अध्ययन और मधुव्रतका आचरण करनेवाला।

३-'ब्रह्ममेतु माम्' इत्यादि तीन अनुवाकोंका अध्ययन और तत्सम्बन्धी व्रत करनेवाला।

प्रथमेऽह्नि बुधश्शस्ताञ्छ्रोत्रियादीन्निमन्त्रयेत्।
कथयेच्च तथैवैषां नियोगान्पितृदैविकान्॥ ९
ततः क्रोधव्यवायादीनायासं तैर्द्विजैस्सह।
यजमानो न कुर्वीत दोषस्तत्र महानयम्॥ १०
श्राद्धे नियुक्तो भुक्त्वा वा भोजयित्वा नियुज्य च।
व्यवायी रेतसो गर्त्ते मज्जयत्यात्मनः पितॄन्॥ ११
तस्मात्प्रथममत्रोक्तं द्विजाग्र्याणां निमन्त्रणम्।
अनिमन्त्र्य द्विजानेवमागतान्भोजयेद्यतीन्॥ १२
पादशौचादिना गेहमागतान्पूजयेद् द्विजान्॥ १३
पवित्रपाणिराचान्तानासनेषूपवेशयेत्।
पितॄणामयुजो युग्मान्देवानामिच्छया द्विजान्॥ १४
देवानामेकमेकं वा पितॄणां च नियोजयेत्॥ १५
तथा मातामहश्राद्धं वैश्वदेवसमन्वितम्।
कुर्वीत भक्तिसम्पन्नस्तन्त्रं वा वैश्वदैविकम्॥ १६
प्राङ्मुखान्भोजयेद्विप्रान्देवानामुभयात्मकान्।
पितृमातामहानां च भोजयेच्चाप्युदङ्मुखान्॥ १७
पृथक्तयोः केचिदाहुः श्राद्धस्य करणं नृप।
एकत्रैकेन पाकेन वदन्त्यन्ये महर्षयः॥ १८
विष्टरार्थं कुशं दत्त्वा सम्पूज्यार्घ्यं विधानतः।
कुर्यादावाहनं प्राज्ञो देवानां तदनुज्ञया॥ १९
यवाम्बुना च देवानां दद्यादर्घ्यं विधानवित्।
स्रग्गन्धधूपदीपांश्च तेभ्यो दद्याद्यथाविधि॥ २०
पितॄणामपसव्यं तत्सर्वमेवोपकल्पयेत्।
अनुज्ञां च ततः प्राप्य दत्त्वा दर्भान्द्विधाकृतान्॥ २१
मन्त्रपूर्वं पितॄणां तु कुर्याच्चावाहनं बुधः।
तिलाम्बुना चापसव्यं दद्यादर्घ्यादिकं नृप॥ २२
काले तत्रातिथिं प्राप्तमन्नकामं नृपाध्वगम्।
ब्राह्मणैरभ्यनुज्ञातः कामं तमपि भोजयेत्॥ २३

श्राद्धके पहले दिन बुद्धिमान् पुरुष श्रोत्रिय आदि विहित ब्राह्मणोंको निमन्त्रित करे और उनसे यह कह दे कि 'आपको पितृ-श्राद्धमें और आपको विश्वेदेव-श्राद्धमें नियुक्त होना है'॥ ९॥ उन निमन्त्रित ब्राह्मणोंके सहित श्राद्ध करनेवाला पुरुष उस दिन क्रोधादि तथा स्त्रीगमन और परिश्रम आदि न करे, क्योंकि श्राद्ध करनेमें यह महान् दोष माना गया है॥ १०॥ श्राद्धमें निमन्त्रित होकर या भोजन करके अथवा निमन्त्रण करके या भोजन कराकर जो पुरुष स्त्री-प्रसंग करता है वह अपने पितृगणको मानो वीर्यके कुण्डमें डुबोता है॥ ११॥ अतः श्राद्धके प्रथम दिन पहले तो उपरोक्त गुणविशिष्ट द्विजश्रेष्ठोंको निमन्त्रित करे और यदि उस दिन कोई अनिमन्त्रित तपस्वी ब्राह्मण घर आ जायँ तो उन्हें भी भोजन करावे॥ १२॥

घर आये हुए ब्राह्मणोंका पहले पाद-शुद्धि आदिसे सत्कार करे; फिर हाथ धोकर उन्हें आचमन करानेके अनन्तर आसनपर बिठावे। अपनी सामर्थ्यानुसार पितृगणके लिये अयुग्म और देवगणके लिये युग्म ब्राह्मण नियुक्त करे अथवा दोनों पक्षोंके लिये एक-एक ब्राह्मणकी ही नियुक्ति करे॥ १३—१५॥ और इसी प्रकार वैश्वदेवके सहित मातामह-श्राद्ध करे अथवा पितृपक्ष और मातामह-पक्ष दोनोंके लिये भक्तिपूर्वक एक ही वैश्वदेव-श्राद्ध करे॥ १६॥ देव-पक्षके ब्राह्मणोंको पूर्वाभिमुख बिठाकर और पितृ-पक्ष तथा मातामह-पक्षके ब्राह्मणोंको उत्तर-मुख बिठाकर भोजन करावे॥ १७॥ हे नृप! कोई तो पितृ-पक्ष और मातामह-पक्षके श्राद्धोंको अलग-अलग करनेके लिये कहते हैं और कोई महर्षि दोनोंका एक साथ एक पाकमें ही अनुष्ठान करनेके पक्षमें हैं॥ १८॥ विज्ञ व्यक्ति प्रथम निमन्त्रित ब्राह्मणोंके बैठनेके लिये कुशा बिछाकर फिर अर्घ्यदान आदिसे विधिपूर्वक पूजा कर उनकी अनुमतिसे देवताओंका आवाहन करे॥ १९॥ तदनन्तर श्राद्धविधिको जाननेवाला पुरुष यव-मिश्रित जलसे देवताओंको अर्घ्यदान करे और उन्हें विधिपूर्वक धूप, दीप, गन्ध तथा माला आदि निवेदन करे॥ २०॥ ये समस्त उपचार पितृगणके लिये अपसव्य भावसे* निवेदन करे; और फिर ब्राह्मणोंकी अनुमतिसे दो भागोंमें बँटे हुए कुशाओंका दान करके मन्त्रोच्चारणपूर्वक पितृगणका आवाहन करे, तथा हे राजन्! अपसव्य-भावसे तिलोदकसे अर्घ्यादि दे॥ २१-२२॥

हे नृप! उस समय यदि कोई भूखा पथिक अतिथि-रूपसे आ जाय तो निमन्त्रित ब्राह्मणोंकी आज्ञासे उसे भी यथेच्छ भोजन करावे॥ २३॥

* यज्ञोपवीतको दायें कन्धेपर करके।

योगिनो विविधै रूपैर्नराणामुपकारिणः ।
भ्रमन्ति पृथिवीमेतामविज्ञातस्वरूपिणः ॥ २४
तस्मादभ्यर्चयेत्प्राप्तं श्राद्धकालेऽतिथिं बुधः ।
श्राद्धक्रियाफलं हन्ति नरेन्द्रापूजितोऽतिथिः ॥ २५
जुहुयाद्व्यञ्जनक्षारवर्जमन्नं ततोऽनले ।
अनुज्ञातो द्विजैस्तैस्तु त्रिकृत्वः पुरुषर्षभ ॥ २६
अग्नये कव्यवाहाय स्वाहेत्यादौ नृपाहुतिः ।
सोमाय वै पितृमते दातव्या तदनन्तरम् ॥ २७
वैवस्वताय चैवान्या तृतीया दीयते ततः ।
हुतावशिष्टमल्पान्नं विप्रपात्रेषु निर्वपेत् ॥ २८
ततोऽन्नं मृष्टमत्यर्थमभीष्टमतिसंस्कृतम् ।
दत्त्वा जुषध्वमिच्छातो वाच्यमेतदनिष्ठुरम् ॥ २९
भोक्तव्यं तैश्च तच्चित्तैर्मौनिभिस्सुमुखैः सुखम् ।
अक्रुद्ध्यता चात्वरता देयं तेनापि भक्तितः ॥ ३०
रक्षोघ्नमन्त्रपठनं भूमेरास्तरणं तिलैः ।
कृत्वा ध्येयास्स्वपितरस्त एव द्विजसत्तमाः ॥ ३१
पिता पितामहश्चैव तथैव प्रपितामहः ।
मम तृप्तिं प्रयान्त्वद्य विप्रदेहेषु संस्थिताः ॥ ३२
पिता पितामहश्चैव तथैव प्रपितामहः ।
मम तृप्तिं प्रयान्त्वद्य होमाप्यायितमूर्तयः ॥ ३३
पिता पितामहश्चैव तथैव प्रपितामहः ।
तृप्तिं प्रयान्तु पिण्डेन मया दत्तेन भूतले ॥ ३४
पिता पितामहश्चैव तथैव प्रपितामहः ।
तृप्तिं प्रयान्तु मे भक्त्या मयैतत्समुदाहृतम् ॥ ३५
मातामहस्तृप्तिमुपैतु तस्य
तथा पिता तस्य पिता ततोऽन्यः ।
विश्वे च देवाः परमां प्रयान्तु
तृप्तिं प्रणश्यन्तु च यातुधानाः ॥ ३६
यज्ञेश्वरो हव्यसमस्तकव्य-
भोक्ताव्ययात्मा हरिरीश्वरोऽत्र ।

अनेक अज्ञात-स्वरूप योगिगण मनुष्योंके कल्याणकी कामनासे नाना रूप धारणकर पृथिवीतलपर विचरते रहते हैं॥ २४॥ अतः विज्ञ पुरुष श्राद्धकालमें आये हुए अतिथिका अवश्य सत्कार करे। हे नरेन्द्र! उस समय अतिथिका सत्कार न करनेसे वह श्राद्ध-क्रियाके सम्पूर्ण फलको नष्ट कर देता है॥ २५॥

हे पुरुषश्रेष्ठ! तदनन्तर उन ब्राह्मणोंकी आज्ञासे शाक और लवणहीन अन्नसे अग्निमें तीन बार आहुति दे॥ २६॥ हे राजन्! उनमेंसे **'अग्नये कव्यवाहनाय स्वाहा'** इस मन्त्रसे पहली आहुति, **'सोमाय पितृमते स्वाहा'** इससे दूसरी और **'वैवस्वताय स्वाहा'** इस मन्त्रसे तीसरी आहुति दे। तदनन्तर आहुतियोंसे बचे हुए अन्नको थोड़ा-थोड़ा सब ब्राह्मणोंके पात्रोंमें परोस दे॥ २७-२८॥

फिर रुचिके अनुकूल अति संस्कारयुक्त मधुर अन्न सबको परोसे और अति मृदुल वाणीसे कहे कि 'आप भोजन कीजिये'॥ २९॥ ब्राह्मणोंको भी तद्गतचित्त और मौन होकर प्रसन्नमुखसे सुखपूर्वक भोजन करना चाहिये तथा यजमानको क्रोध और उतावलेपनको छोड़कर भक्तिपूर्वक परोसते रहना चाहिये॥ ३०॥ फिर 'रक्षोघ्न'* मन्त्रका पाठ कर श्राद्धभूमिपर तिल छिड़के तथा अपने पितृरूपसे उन द्विजश्रेष्ठोंका ही चिन्तन करे॥ ३१॥ [और कहे कि] 'इन ब्राह्मणोंके शरीरोंमें स्थित मेरे पिता, पितामह और प्रपितामह आदि आज तृप्ति लाभ करें॥ ३२॥ होमद्वारा सबल होकर मेरे पिता, पितामह और प्रपितामह आज तृप्ति लाभ करें॥ ३३॥ मैंने जो पृथिवीपर पिण्डदान किया है उससे मेरे पिता, पितामह और प्रपितामह तृप्ति लाभ करें॥ ३४॥ [श्राद्धरूपसे कुछ भी निवेदन न कर सकनेके कारण] मैंने भक्तिपूर्वक जो कुछ कहा है उस मेरे भक्तिभावसे ही मेरे पिता, पितामह और प्रपितामह तृप्ति लाभ करें॥ ३५॥ मेरे मातामह (नाना), उनके पिता और उनके भी पिता तथा विश्वेदेवगण परम तृप्ति लाभ करें तथा समस्त राक्षसगण नष्ट हों॥ ३६॥ यहाँ समस्त हव्य-कव्यके भोक्ता यज्ञेश्वर भगवान् हरि विराजमान हैं,

* 'ॐ अपहता असुरा रक्षाँसि वेदिषदः' इत्यादि।

तत्सन्निधानादपयान्तु सद्यो
रक्षांस्यशेषाण्यसुराश्च सर्वे ॥ ३७
तृप्तेष्वेतेषु विकिरेदन्नं विप्रेषु भूतले।
दद्यादाचमनार्थाय तेभ्यो वारि सकृत्सकृत् ॥ ३८
सुतृप्तैस्तैरनुज्ञातस्सर्वेणान्नेन भूतले।
सतिलेन ततः पिण्डान्सम्यग्दद्यात्समाहितः ॥ ३९
पितृतीर्थेन सतिलं तथैव सलिलाञ्जलिम्।
मातामहेभ्यस्तेनैव पिण्डांस्तीर्थेन निर्वपेत् ॥ ४०
दक्षिणाग्रेषु दर्भेषु पुष्पधूपादिपूजितम्।
स्वपित्रे प्रथमं पिण्डं दद्यादुच्छिष्टसन्निधौ ॥ ४१
पितामहाय चैवान्यं तत्पित्रे च तथापरम्।
दर्भमूले लेपभुजः प्रीणयेल्लेपघर्षणैः ॥ ४२
पिण्डैर्मातामहांस्तद्वद्गन्धमाल्यादिसंयुतैः।
पूजयित्वा द्विजाग्र्याणां दद्याच्चाचमनं ततः ॥ ४३
पितृभ्यः प्रथमं भक्त्या तन्मनस्को नरेश्वर।
सुस्वधेत्याशिषा युक्तां दद्याच्छक्त्या च दक्षिणाम् ॥ ४४
दत्त्वा च दक्षिणां तेभ्यो वाचयेद्वैश्वदेविकान्।
प्रीयन्तामिह ये विश्वेदेवास्तेन इतीरयेत् ॥ ४५
तथेति चोक्ते तैर्विप्रैः प्रार्थनीयास्तथाशिषः।
पश्चाद्विसर्जयेद्देवान्पूर्वं पित्र्यान्महीपते ॥ ४६
मातामहानामप्येवं सह देवैः क्रमः स्मृतः।
भोजने च स्वशक्त्या च दाने तद्वद्विसर्जने ॥ ४७
आपादशौचनात्पूर्वं कुर्याद्देवद्विजन्मसु।
विसर्जनं तु प्रथमं पैत्रमातामहेषु वै ॥ ४८
विसर्जयेत्प्रीतिवचस्सम्मान्याभ्यर्थितांस्ततः।
निवर्त्तेताभ्यनुज्ञात आद्वारंताननुव्रजेत् ॥ ४९
ततस्तु वैश्वदेवाख्यं कुर्यान्नित्यक्रियां बुधः।
भुञ्ज्याच्चैव समं पूज्यभृत्यबन्धुभिरात्मनः ॥ ५०
एवं श्राद्धं बुधः कुर्यात्पित्र्यं मातामहं तथा।
श्राद्धैराप्यायिता दद्युस्सर्वान्कामान्पितामहाः ॥ ५१

अतः उनकी सन्निधिके कारण समस्त राक्षस और असुरगण यहाँसे तुरन्त भाग जायँ'॥ ३७॥

तदनन्तर ब्राह्मणोंके तृप्त हो जानेपर थोड़ा-सा अन्न पृथिवीपर डाले और आचमनके लिये उन्हें एक-एक बार और जल दे॥ ३८॥ फिर भलीप्रकार तृप्त हुए उन ब्राह्मणोंकी आज्ञा होनेपर समाहितचित्तसे पृथिवीपर अन्न और तिलके पिण्ड-दान करे॥ ३९॥ और पितृतीर्थसे तिलयुक्त जलांजलि दे तथा मातामह आदिको भी उस पितृतीर्थसे ही पिण्ड-दान करे॥ ४०॥ ब्राह्मणोंके उच्छिष्ट (जूठन)-के निकट दक्षिणकी ओर अग्रभाग करके बिछाये हुए कुशाओंपर पहले अपने पिताके लिये पुष्प-धूपादिसे पूजित पिण्डदान करे॥ ४१॥ तत्पश्चात् एक पिण्ड पितामहके लिये और एक प्रपितामहके लिये दे और फिर कुशाओंके मूलमें हाथमें लगे अन्नको पोंछकर [**'लेपभागभुजस्तृप्यन्ताम्'** ऐसा उच्चारण करते हुए] लेपभोजी पितृगणको तृप्त करे॥ ४२॥ इसी प्रकार गन्ध और मालादियुक्त पिण्डोंसे मातामह आदिका पूजन कर फिर द्विजश्रेष्ठोंको आचमन करावे॥ ४३॥ और हे नरेश्वर! इसके पीछे भक्तिभावसे तन्मय होकर पहले पितृपक्षीय ब्राह्मणोंका 'सुस्वधा' यह आशीर्वाद ग्रहण करता हुआ यथाशक्ति दक्षिणा दे॥ ४४॥ फिर वैश्वदेविक ब्राह्मणोंके निकट जा उन्हें दक्षिणा देकर कहे कि 'इस दक्षिणासे विश्वेदेवगण प्रसन्न हों'॥ ४५॥ उन ब्राह्मणोंके 'तथास्तु' कहनेपर उनसे आशीर्वादके लिये प्रार्थना करे और फिर पहले पितृपक्षके और पीछे देवपक्षके ब्राह्मणोंको विदा करे॥ ४६॥ विश्वेदेवगणके सहित मातामह आदिके श्राद्धमें भी ब्राह्मण-भोजन, दान और विसर्जन आदिकी यही विधि बतलायी गयी है॥ ४७॥ पितृ और मातामह दोनों ही पक्षोंके श्राद्धोंमें पादशौच आदि सभी कर्म पहले देवपक्षके ब्राह्मणोंके करे; परन्तु विदा पहले पितृपक्षीय अथवा मातामहपक्षीय ब्राह्मणोंकी ही करे॥ ४८॥

तदनन्तर प्रीतिवचन और सम्मानपूर्वक ब्राह्मणोंको विदा करे और उनके जानेके समय द्वारतक उनके पीछे-पीछे जाय तथा जब वे आज्ञा दें तो लौट आवे॥ ४९॥ फिर विज्ञ पुरुष वैश्वदेव नामक नित्यकर्म करे और अपने पूज्य पुरुष, बन्धुजन तथा भृत्यगणके सहित स्वयं भोजन करे॥ ५०॥

बुद्धिमान् पुरुष इस प्रकार पैत्र्य और मातामह-श्राद्धका अनुष्ठान करे। श्राद्धसे तृप्त होकर पितृगण समस्त कामनाओंको पूर्ण कर देते हैं॥ ५१॥

त्रीणि श्राद्धे पवित्राणि दौहित्रः कुतपस्तिलाः ।
रजतस्य तथा दानं कथासंकीर्तनादिकम् ॥ ५२

वर्ज्यानि कुर्वता श्राद्धं क्रोधोऽध्वगमनं त्वरा ।
भोक्तुरप्यत्र राजेन्द्र त्रयमेतन्न शस्यते ॥ ५३

विश्वेदेवास्सपितरस्तथा मातामहा नृप ।
कुलं चाप्यायते पुंसां सर्वं श्राद्धं प्रकुर्वताम् ॥ ५४

सोमाधारः पितृगणो योगाधारश्च चन्द्रमाः ।
श्राद्धे योगिनियोगस्तु तस्माद्भूपाल शस्यते ॥ ५५

सहस्रस्यापि विप्राणां योगी चेत्पुरतः स्थितः ।
सर्वान्भोक्तॄंस्तारयति यजमानं तथा नृप ॥ ५६

दौहित्र (लड़कीका लड़का), कुतप (दिनका आठवाँ मुहूर्त) और तिल—ये तीन तथा चाँदीका दान और उसकी बातचीत करना—ये सब श्राद्धकालमें पवित्र माने गये हैं ॥ ५२ ॥ हे राजेन्द्र! श्राद्धकर्ताके लिये क्रोध, मार्गगमन और उतावलापन—ये तीन बातें वर्जित हैं; तथा श्राद्धमें भोजन करनेवालोंको भी इन तीनोंका करना उचित नहीं है ॥ ५३ ॥

हे राजन्! श्राद्ध करनेवाले पुरुषसे विश्वेदेवगण, पितृगण, मातामह तथा कुटुम्बीजन—सभी सन्तुष्ट रहते हैं ॥ ५४ ॥ हे भूपाल! पितृगणका आधार चन्द्रमा है और चन्द्रमाका आधार योग है, इसलिये श्राद्धमें योगिजनको नियुक्त करना अति उत्तम है ॥ ५५ ॥ हे राजन्! यदि श्राद्धभोजी एक सहस्त्र ब्राह्मणोंके सम्मुख एक योगी भी हो तो वह यजमानके सहित उन सबका उद्धार कर देता है ॥ ५६ ॥

इति श्रीविष्णुपुराणे तृतीयेंऽशे पञ्चदशोऽध्यायः ॥ १५ ॥

सोलहवाँ अध्याय

श्राद्ध-कर्ममें विहित और अविहित वस्तुओंका विचार

और्व उवाच

हविष्यमत्स्यमांसैस्तु शशस्य नकुलस्य च ।
सौकरच्छागलैणेयरौरवैर्गवयेन च ॥ १

औरभ्रगव्यैश्च तथा मासवृद्ध्या पितामहाः ।
प्रयान्ति तृप्तिं मांसैस्तु नित्यं वार्ध्रीणसामिषैः ॥ २

खड्गमांसमतीवात्र कालशाकं तथा मधु ।
शस्तानि कर्मण्यत्यन्ततृप्तिदानि नरेश्वर ॥ ३

और्व बोले—हवि, मत्स्य, शशक (खरगोश), नकुल, शूकर, छाग, कस्तूरिया मृग, कृष्ण मृग, गवय (वनगाय) और मेषके मांसोंसे तथा गव्य (गौके दूध-घी आदि)-से पितृगण क्रमशः एक-एक मास अधिक तृप्ति लाभ करते हैं और वार्ध्रीणस पक्षीके मांससे सदा तृप्त रहते हैं ॥ १-२ ॥ हे नरेश्वर ! श्राद्धकर्ममें गेंडेका मांस, कालशाक और मधु अत्यन्त प्रशस्त और अत्यन्त तृप्तिदायक हैं * ॥ ३ ॥

* इन तीन श्लोकोंका मूलके अनुसार अनुवाद कर दिया गया है। समझमें नहीं आता, इस व्यवस्थाका क्या रहस्य है? मालूम होता है, श्रुति-स्मृतिमें जहाँ कहीं मांसका विधान है, वह स्वाभाविक मांसभोजी मनुष्योंकी प्रवृत्तिको संकुचित और नियमित करनेके लिये ही है। सभी जगह उत्कृष्ट धर्म तो मांसभक्षणका सर्वथा त्याग ही माना गया है। मनुस्मृति अ० ५ में मांसप्रकरणका उपसंहार करते हुए श्लोक ४५ से ५६ तक मांसभक्षणकी निन्दा और निरामिष आहारकी भूरि-भूरि प्रशंसा की गयी है। श्राद्धकर्ममें मांस कितना निन्दनीय है, यह श्रीमद्भागवत सप्तम स्कन्ध अध्याय १५ के इन श्लोकोंसे स्पष्ट हो जाता है—

न दद्यादामिषं श्राद्धे न चाद्याद्धर्मतत्त्ववित् । मुन्यन्नैः स्यात्परा प्रीतिर्यथा न पशुहिंसया ॥ ७ ॥
नैतादृशः परो धर्मो नृणां सद्धर्ममिच्छताम् । न्यासो दण्डस्य भूतेषु मनोवाक्कायजस्य यः ॥ ८ ॥
द्रव्ययज्ञैर्यक्ष्यमाणं दृष्ट्वा भूतानि बिभ्यति । एष माऽकरुणो हन्यादतज्ज्ञो ह्यसुतृब् ध्रुवम् ॥ १० ॥

अर्थ-धर्मके मर्मको समझनेवाला पुरुष श्राद्धमें [खानेके लिये] मांस न दे और न स्वयं ही खाय, क्योंकि पितृगणकी तृप्ति जैसी मुनिजनोचित आहारसे होती है वैसी पशुहिंसासे नहीं होती ॥ ७ ॥ सद्धर्मकी इच्छावाले पुरुषोंके लिये 'सम्पूर्ण प्राणियोंके प्रति मन, वाणी और शरीरसे दण्डका त्याग कर देना'—इसके समान और कोई श्रेष्ठ धर्म नहीं है ॥ ८ ॥ पुरुषको द्रव्ययज्ञसे यजन करते देखकर जीव डरते हैं कि यह अपने ही प्राणोंका पोषण करनेवाला निर्दय अज्ञानी मुझे अवश्य मार डालेगा ॥ १० ॥

गयामुपेत्य यः श्राद्धं करोति पृथिवीपते।
सफलं तस्य तज्जन्म जायते पितृतुष्टिदम्॥ ४
प्रशान्तिकास्सनीवाराश्श्यामाका द्विविधास्तथा।
वन्यौषधीप्रधानास्तु श्राद्धार्हाः पुरुषर्षभ॥ ५
यवाः प्रियंगवो मुद्गा गोधूमा व्रीहयस्तिलाः।
निष्पावाः कोविदाराश्च सर्षपाश्चात्र शोभनाः॥ ६
अकृताग्रयणं यच्च धान्यजातं नरेश्वर।
राजमाषानणूंश्चैव मसूरांश्च विसर्जयेत्॥ ७
अलाबुं गृञ्जनं चैव पलाण्डुं पिण्डमूलकम्।
गान्धारककरम्बादिलवणान्यौषराणि च॥ ८
आरक्ताश्चैव निर्यासाः प्रत्यक्षलवणानि च।
वर्ज्यान्येतानि वै श्राद्धे यच्च वाचा न शस्यते॥ ९
नक्ताहृतमनुच्छिन्नं तृप्यते न च यत्र गौः।
दुर्गन्धि फेनिलं चाम्बु श्राद्धयोग्यं न पार्थिव॥ १०
क्षीरमेकशफानां यदौष्ट्रमाविकमेव च।
मार्गं च माहिषं चैव वर्जयेच्छ्राद्धकर्मणि॥ ११
षण्ढापविद्धचाण्डालपापिपाषण्डिरोगिभिः।
कृकवाकुश्वनग्नैश्च वानरग्रामसूकरैः॥ १२
उदक्यासूतकाशौचिमृतहारैश्च वीक्षिते।
श्राद्धे सुरा न पितरो भुञ्जते पुरुषर्षभ॥ १३
तस्मात्परिश्रिते कुर्याच्छ्राद्धं श्रद्धासमन्वितः।
उर्व्यां च तिलविक्षेपाद्यातुधानान्निवारयेत्॥ १४
नखादिना चोपपन्नं केशकीटादिभिर्नृप।
न चैवाभिषवैर्मिश्रमन्नं पर्युषितं तथा॥ १५
श्रद्धासमन्वितैर्दत्तं पितृभ्यो नामगोत्रतः।
यदाहारास्तु ते जातास्तदाहारत्वमेति तत्॥ १६
श्रूयते चापि पितृभिर्गीता गाथा महीपते।
इक्ष्वाकोर्मनुपुत्रस्य कलापोपवने पुरा॥ १७
अपि नस्ते भविष्यन्ति कुले सन्मार्गशीलिनः।
गयामुपेत्य ये पिण्डान्दास्यन्त्यस्माकमादरात्॥ १८
अपि नस्स कुले जायाद्यो नो दद्यात्त्रयोदशीम्।
पायसं मधुसर्पिर्भ्यां वर्षासु च मघासु च॥ १९

हे पृथिवीपते! जो पुरुष गयामें जाकर श्राद्ध करता है, उसका पितृगणको तृप्ति देनेवाला वह जन्म सफल हो जाता है॥ ४॥ हे पुरुषश्रेष्ठ! देवधान्य, नीवार और श्याम तथा श्वेत वर्णके श्यामाक (सावाँ) एवं प्रधान-प्रधान वनौषधियाँ श्राद्धके उपयुक्त द्रव्य हैं॥ ५॥ जौ, काँगनी, मूँग, गेहूँ, धान, तिल, मटर, कचनार और सरसों-इन सबका श्राद्धमें होना अच्छा है॥ ६॥

हे राजेश्वर! जिस अन्नसे नवान्न यज्ञ न किया गया हो तथा बड़े उड़द, छोटे उड़द, मसूर, कद्दू, गाजर, प्याज, शलजम, गान्धारक (शालिविशेष) बिना तुषके गिरे हुए धान्यका आटा, ऊसर भूमिमें उत्पन्न हुआ लवण, हींग आदि कुछ-कुछ लाल रंगकी वस्तुएँ, प्रत्यक्ष लवण और कुछ अन्य वस्तुएँ जिनका शास्त्रमें विधान नहीं है, श्राद्धकर्ममें त्याज्य हैं॥ ७—९॥ हे राजन्! जो रात्रिके समय लाया गया हो, अप्रतिष्ठित जलाशयका हो, जिसमें गौ तृप्त न हो सकती हो ऐसे गड्ढेका अथवा दुर्गन्ध या फेनयुक्त जल श्राद्धके योग्य नहीं होता॥ १०॥ एक खुरवालोंका, ऊँटनीका, भेड़का, मृगीका तथा भैंसका दूध श्राद्धकर्ममें काममें न ले॥ ११॥

हे पुरुषर्षभ! नपुंसक, अपविद्ध (सत्पुरुषोंद्वारा बहिष्कृत), चाण्डाल, पापी, पाषण्डी, रोगी, कुक्कुट, श्वान, नग्न (वैदिक कर्मको त्याग देनेवाला पुरुष) वानर, ग्राम्यशूकर, रजस्वला स्त्री, जन्म अथवा मरणके अशौचसे युक्त व्यक्ति और शव ले जानेवाले पुरुष—इनमेंसे किसीकी भी दृष्टि पड़ जानेसे देवगण अथवा पितृगण कोई भी श्राद्धमें अपना भाग नहीं लेते॥ १२-१३॥ अतः किसी घिरे हुए स्थानमें श्रद्धापूर्वक श्राद्धकर्म करे तथा पृथिवीमें तिल छिड़ककर राक्षसोंको निवृत्त कर दे॥ १४॥

हे राजन्! श्राद्धमें ऐसा अन्न न दे जिसमें नख, केश या कीड़े आदि हों या जो निचोड़कर निकाले हुए रससे युक्त हो या बासी हो॥ १५॥ श्रद्धायुक्त व्यक्तियोंद्वारा नाम और गोत्रके उच्चारणपूर्वक दिया हुआ अन्न पितृगणको वे जैसे आहारके योग्य होते हैं वैसा ही होकर उन्हें मिलता है॥ १६॥ हे राजन्! इस सम्बन्धमें एक गाथा सुनी जाती है जो पूर्वकालमें मनुपुत्र महाराज इक्ष्वाकुके प्रति पितृगणने कलाप उपवनमें कही थी॥ १७॥

'क्या हमारे कुलमें ऐसे सन्मार्ग-शील व्यक्ति होंगे जो गयामें जाकर हमारे लिये आदरपूर्वक पिण्डदान करेंगे?॥ १८॥ क्या हमारे कुलमें कोई ऐसा पुरुष होगा जो वर्षाकालकी मघानक्षत्रयुक्त त्रयोदशीको हमारे उद्देश्यसे मधु और घृतयुक्त पायस (खीर)-का दान करेगा?॥ १९॥

गौरीं वाप्युद्वहेत्कन्यां नीलं वा वृषमुत्सृजेत्।
यजेत वाश्वमेधेन विधिवद्दक्षिणावता॥ २०

अथवा गौरी कन्यासे विवाह करेगा, नीला वृषभ छोड़ेगा या दक्षिणासहित विधिपूर्वक अश्वमेध यज्ञ करेगा?'॥ २०॥

इति श्रीविष्णुपुराणे तृतीयेंऽशे षोडशोऽध्यायः॥ १६॥

सत्रहवाँ अध्याय

नग्नविषयक प्रश्न, देवताओंका पराजय, उनका भगवान्‌की शरणमें जाना और भगवान्‌का मायामोहको प्रकट करना

श्रीपराशर उवाच

इत्याह भगवानौर्वस्सगराय महात्मने।
सदाचारं पुरा सम्यङ् मैत्रेय परिपृच्छते॥ १
मयाप्येतदशेषेण कथितं भवतो द्विज।
समुल्लङ्घ्य सदाचारं कश्चिन्नाप्नोति शोभनम्॥ २

श्रीमैत्रेय उवाच

षण्ढापविद्धप्रमुखा विदिता भगवन्मया।
उदक्याद्याश्च मे सम्यङ् नग्नमिच्छामि वेदितुम्॥ ३
को नग्नः किं समाचारो नग्नसंज्ञां नरो लभेत्।
नग्नस्वरूपमिच्छामि यथावत्कथितं त्वया।
श्रोतुं धर्मभृतां श्रेष्ठ न ह्यस्त्यविदितं तव॥ ४

श्रीपराशर उवाच

ऋग्यजुस्सामसंज्ञेयं त्रयी वर्णावृतिर्द्विज।
एतामुज्झति यो मोहात्स नग्नः पातकी द्विजः॥ ५
त्रयी समस्तवर्णानां द्विज संवरणं यतः।
नग्नो भवत्युज्झितायामतस्तस्यां न संशयः॥ ६
इदं च श्रूयतामन्यद्यद्भीष्माय महात्मने।
कथयामास धर्मज्ञो वसिष्ठोऽस्मत्पितामहः॥ ७
मयापि तस्य गदतश्श्रुतमेतन्महात्मनः।
नग्नसम्बन्धि मैत्रेय यत्पृष्टोऽहमिह त्वया॥ ८
देवासुरमभूद्युद्धं दिव्यमब्दशतं पुरा।
तस्मिन्पराजिता देवा दैत्यैर्ह्लादपुरोगमैः॥ ९
क्षीरोदस्योत्तरं कूलं गत्वातप्यन्त वै तपः।
विष्णोराराधनार्थाय जगुश्चेमं स्तवं तदा॥ १०

श्रीपराशरजी बोले—हे मैत्रेय! पूर्वकालमें महात्मा सगरसे उनके पूछनेपर भगवान् और्वने इस प्रकार गृहस्थके सदाचारका निरूपण किया था॥ १॥ हे द्विज! मैंने भी तुमसे इसका पूर्णतया वर्णन कर दिया। कोई भी पुरुष सदाचारका उल्लंघन करके सद्‌गति नहीं पा सकता॥ २॥

श्रीमैत्रेयजी बोले—भगवन्! नपुंसक, अपविद्ध और रजस्वला आदिको तो मैं अच्छी तरह जानता हूँ [किन्तु यह नहीं जानता कि 'नग्न' किसको कहते हैं]। अतः इस समय मैं नग्नके विषयमें जानना चाहता हूँ॥ ३॥ नग्न कौन है? और किस प्रकारके आचरणवाला पुरुष नग्न संज्ञा प्राप्त करता है? हे धर्मात्माओंमें श्रेष्ठ! मैं आपके द्वारा नग्नके स्वरूपका यथावत् वर्णन सुनना चाहता हूँ; क्योंकि आपको कोई भी बात अविदित नहीं है॥ ४॥

श्रीपराशरजी बोले—हे द्विज! ऋक्, साम और यजुः यह वेदत्रयी वर्णोंका आवरणस्वरूप है। जो पुरुष मोहसे इसका त्याग कर देता है वह पापी 'नग्न' कहलाता है॥ ५॥ हे ब्रह्मन्! समस्त वर्णोंका संवरण (ढँकनेवाला वस्त्र) वेदत्रयी ही है; इसलिये उसका त्याग कर देनेपर पुरुष 'नग्न' हो जाता है, इसमें कोई सन्देह नहीं॥ ६॥ हमारे पितामह धर्मज्ञ वसिष्ठजीने इस विषयमें महात्मा भीष्मजीसे जो कुछ कहा था वह श्रवण करो॥ ७॥ हे मैत्रेय! तुमने जो मुझसे नग्नके विषयमें पूछा है, इस सम्बन्धमें भीष्मके प्रति वर्णन करते समय मैंने भी महात्मा वसिष्ठजीका कथन सुना था॥ ८॥

पूर्वकालमें किसी समय सौ दिव्यवर्षतक देवता और असुरोंका परस्पर युद्ध हुआ। उसमें ह्राद प्रभृति दैत्योंद्वारा देवगण पराजित हुए॥ ९॥ अतः देवगणने क्षीरसागरके उत्तरीय तटपर जाकर तपस्या की और भगवान् विष्णुकी आराधनाके लिये उस समय इस स्तवका गान किया॥ १०॥

देवा ऊचुः

आराधनाय लोकानां विष्णोरीशस्य यां गिरम्।
वक्ष्यामो भगवानाद्यस्तया विष्णुः प्रसीदतु॥ ११
यतो भूतान्यशेषाणि प्रसूतानि महात्मनः।
यस्मिंश्च लयमेष्यन्ति कस्तं स्तोतुमिहेश्वरः॥ १२
तथाप्यरातिविध्वंसध्वस्तवीर्याभयार्थिनः।
त्वां स्तोष्यामस्तवोक्तीनां याथार्थ्यं नैव गोचरे॥ १३
त्वमुर्वी सलिलं वह्निर्वायुराकाशमेव च।
समस्तमन्तःकरणं प्रधानं तत्परः पुमान्॥ १४
एकं तवैतद्भूतात्मन्मूर्त्तामूर्त्तमयं वपुः।
आब्रह्मस्तम्बपर्यन्तं स्थानकालविभेदवत्॥ १५
तत्रेश तव यत्पूर्वं त्वन्नाभिकमलोद्भवम्।
रूपं विश्वोपकाराय तस्मै ब्रह्मात्मने नमः॥ १६
शक्रार्करुद्रवस्वश्विमरुत्सोमादिभेदवत्।
वयमेकं स्वरूपं ते तस्मै देवात्मने नमः॥ १७
दम्भप्रायमसम्बोधि तितिक्षादमवर्जितम्।
यद्रूपं तव गोविन्द तस्मै दैत्यात्मने नमः॥ १८
नातिज्ञानवहा यस्मिन्नाड्यः स्तिमिततेजसि।
शब्दादिलोभि यत्तस्मै तुभ्यं यक्षात्मने नमः॥ १९
क्रौर्यमायामयं घोरं यच्च रूपं तवासितम्।
निशाचरात्मने तस्मै नमस्ते पुरुषोत्तम॥ २०
स्वर्गस्थधर्मिसद्धर्मफलोपकरणं तव।
धर्माख्यं च तथा रूपं नमस्तस्मै जनार्दन॥ २१
हर्षप्रायमसंसर्गि गतिमद्गमनादिषु।
सिद्धाख्यं तव यद्रूपं तस्मै सिद्धात्मने नमः॥ २२
अतितिक्षायनं क्रूरमुपभोगसहं हरे।
द्विजिह्वं तव यद्रूपं तस्मै नागात्मने नमः॥ २३
अवबोधि च यच्छान्तमदोषमपकल्मषम्।
ऋषिरूपात्मने तस्मै विष्णो रूपाय ते नमः॥ २४
भक्षयत्यथ कल्पान्ते भूतानि यदवारितम्।
त्वद्रूपं पुण्डरीकाक्ष तस्मै कालात्मने नमः॥ २५

देवगण बोले—हमलोग लोकनाथ भगवान् विष्णुकी आराधनाके लिये जिस वाणीका उच्चारण करते हैं, उससे वे आद्य-पुरुष श्रीविष्णुभगवान् प्रसन्न हों॥ ११॥ जिन परमात्मासे सम्पूर्ण भूत उत्पन्न हुए हैं और जिनमें वे सब अन्तमें लीन हो जायँगे, संसारमें उनकी स्तुति करनेमें कौन समर्थ है?॥ १२॥ हे प्रभो! यद्यपि आपका यथार्थ स्वरूप वाणीका विषय नहीं है तो भी शत्रुओंके हाथसे विध्वस्त होकर पराक्रमहीन हो जानेके कारण हम अभय-प्राप्तिके लिये आपकी स्तुति करते हैं॥ १३॥ पृथिवी, जल, अग्नि, वायु, आकाश, अन्तःकरण, मूल-प्रकृति और प्रकृतिसे परे पुरुष—ये सब आप ही हैं॥ १४॥ हे सर्वभूतात्मन्! ब्रह्मासे लेकर स्तम्बपर्यन्त स्थान और कालादि भेदयुक्त यह मूर्त्तामूर्त्त पदार्थमय सम्पूर्ण प्रपंच आपहीका शरीर है॥ १५॥ आपके नाभि-कमलसे विश्वके उपकारार्थ प्रकट हुआ जो आपका प्रथम रूप है, हे ईश्वर! उस ब्रह्मस्वरूपको नमस्कार है॥ १६॥ इन्द्र, सूर्य, रुद्र, वसु, अश्विनीकुमार, मरुद्‌गण और सोम आदि भेदयुक्त हमलोग भी आपहीका एक रूप हैं; अतः आपके उस देवरूपको नमस्कार है॥ १७॥ हे गोविन्द! जो दम्भमयी, अज्ञानमयी तथा तितिक्षा और दम्भसे शून्य है, आपकी उस दैत्य-मूर्तिको नमस्कार है॥ १८॥ जिस मन्दसत्त्व स्वरूपमें हृदयकी नाड़ियाँ अत्यन्त ज्ञानवाहिनी नहीं होतीं तथा जो शब्दादि विषयोंका लोभी होता है, आपके उस यक्षरूपको नमस्कार है॥ १९॥ हे पुरुषोत्तम! आपका जो क्रूरता और मायासे युक्त घोर तमोमय रूप है, उस राक्षसस्वरूपको नमस्कार है॥ २०॥ हे जनार्दन! जो स्वर्गमें रहनेवाले धार्मिक जनोंके यागादि सद्धर्मोंके फल (सुखादि)-की प्राप्ति करानेवाला आपका धर्म नामक रूप है उसे नमस्कार है॥ २१॥ जो जल-अग्नि आदि गमनीय स्थानोंमें जाकर भी सर्वदा निर्लिप्त और प्रसन्नतामय रहता है वह सिद्ध नामक रूप आपहीका है; ऐसे सिद्धस्वरूप आपको नमस्कार है॥ २२॥ हे हरे! जो अक्षमाका आश्रय अत्यन्त क्रूर और कामोपभोगमें समर्थ आपका द्विजिह्व (दो जीभवाला) रूप है, उन नागस्वरूप आपको नमस्कार है॥ २३॥ हे विष्णो! जो ज्ञानमय, शान्त, दोषरहित और कल्मषहीन है, उस आपके मुनिमय स्वरूपको नमस्कार है॥ २४॥ जो कल्पान्तमें अनिवार्यरूपसे समस्त भूतोंका भक्षण कर जाता है, हे पुण्डरीकाक्ष! आपके उस कालस्वरूपको नमस्कार है॥ २५॥

सम्भक्ष्य सर्वभूतानि देवादीन्यविशेषतः।
नृत्यत्यन्ते च यद्रूपं तस्मै रुद्रात्मने नमः॥ २६
प्रवृत्त्या रजसो यच्च कर्मणां करणात्मकम्।
जनार्दन नमस्तस्मै त्वद्रूपाय नरात्मने॥ २७
अष्टाविंशद्वधोपेतं यद्रूपं तामसं तव।
उन्मार्गगामि सर्वात्मंस्तस्मै वश्यात्मने नमः॥ २८
यज्ञाङ्गभूतं यद्रूपं जगतः स्थितिसाधनम्।
वृक्षादिभेदैष्षड्भेदि तस्मै मुख्यात्मने नमः॥ २९
तिर्यङ्मनुष्यदेवादि व्योमशब्दादिकं च यत्।
रूपं तवादेः सर्वस्य तस्मै सर्वात्मने नमः॥ ३०
प्रधानबुद्ध्यादिमयादशेषा-
द्यदन्यदस्मात्परमं परात्मन्।
रूपं तवाद्यं यदनन्यतुल्यं
तस्मै नमः कारणकारणाय॥ ३१
शुक्लादिदीर्घादिघनादिहीन-
मगोचरं यच्च विशेषणानाम्।
शुद्धातिशुद्धं परमर्षिदृश्यं
रूपाय तस्मै भगवन्नताः स्मः॥ ३२
यन्नः शरीरेषु यदन्यदेहे-
ष्वशेषवस्तुष्वजमक्षयं यत्।
तस्माच्च नान्यद्व्यतिरिक्तमस्ति
ब्रह्मस्वरूपाय नताः स्म तस्मै॥ ३३
सकलमिदमजस्य यस्य रूपं
परमपदात्मवतस्सनातनस्य ।
तमनिधनमशेषबीजभूतं
प्रभुममलं प्रणतास्स्म वासुदेवम्॥ ३४

श्रीपराशर उवाच

स्तोत्रस्य चावसाने ते ददृशुः परमेश्वरम्।
शङ्खचक्रगदापाणिं गरुडस्थं सुरा हरिम्॥ ३५

जो प्रलयकालमें देवता आदि समस्त प्राणियोंको सामान्य भावसे भक्षण करके नृत्य करता है आपके उस रुद्रस्वरूपको नमस्कार है॥ २६॥ रजोगुणकी प्रवृत्तिके कारण जो कर्मोंका करणरूप है, हे जनार्दन! आपके उस मनुष्यात्मक स्वरूपको नमस्कार है॥ २७॥ हे सर्वात्मन्! जो अट्ठाईस वध-युक्त* तमोमय और उन्मार्गगामी है आपके उस पशुरूपको नमस्कार है॥ २८॥ जो जगत्‌की स्थितिका साधन और यज्ञका अंगभूत है तथा वृक्ष, लता, गुल्म, वीरुध, तृण और गिरि—इन छः भेदोंसे युक्त हैं उन मुख्य (उद्भिद्)-रूप आपको नमस्कार है॥ २९॥ तिर्यक्, मनुष्य तथा देवता आदि प्राणी, आकाशादि पंचभूत और शब्दादि उनके गुण—ये सब, सबके आदिभूत आपहीके रूप हैं; अतः आप सर्वात्माको नमस्कार है॥ ३०॥

हे परमात्मन्! प्रधान और महत्तत्त्वादिरूप इस सम्पूर्ण जगत्‌से जो परे है, सबका आदि कारण है तथा जिसके समान कोई अन्य रूप नहीं है, आपके उस प्रकृति आदि कारणोंके भी कारण रूपको नमस्कार है॥ ३१॥ हे भगवन्! जो शुक्लादि रूपसे, दीर्घता आदि परिमाणसे तथा घनता आदि गुणोंसे रहित है, इस प्रकार जो समस्त विशेषणोंका अविषय है, तथा परमर्षियोंका दर्शनीय एवं शुद्धातिशुद्ध है, आपके उस स्वरूपको हम नमस्कार करते हैं॥ ३२॥ जो हमारे शरीरोंमें, अन्य प्राणियोंके शरीरोंमें तथा समस्त वस्तुओंमें वर्तमान है, अजन्मा और अविनाशी है तथा जिससे अतिरिक्त और कोई भी नहीं है, उस ब्रह्मस्वरूपको हम नमस्कार करते हैं॥ ३३॥ परम पद ब्रह्म ही जिनका आत्मा है ऐसे जिस सनातन और अजन्मा भगवान्‌का यह सकल प्रपंच रूप है, उस सबके बीजभूत, अविनाशी और निर्मल प्रभु वासुदेवको हम नमस्कार करते हैं॥ ३४॥

श्रीपराशरजी बोले—हे मैत्रेय! स्तोत्रके समाप्त हो जानेपर देवताओंने परमात्मा श्रीहरिको हाथमें शंख, चक्र और गदा लिये तथा गरुडपर आरूढ़ हुए अपने सम्मुख विराजमान देखा॥ ३५॥

* ग्यारह इन्द्रिय-वध, नौ तुष्टि-वध और आठ सिद्धि-वध—ये कुल अट्ठाईस वध हैं। इनका प्रथमांश पञ्चमाध्याय श्लोक दसकी टिप्पणीमें विस्तारपूर्वक वर्णन किया है।

तमूचुस्सकला देवाः प्रणिपातपुरस्सरम्।
प्रसीद नाथ दैत्येभ्यस्त्राहि नश्शरणार्थिनः॥ ३६
त्रैलोक्ययज्ञभागाश्च दैत्यैर्ह्रादपुरोगमैः।
हृता नो ब्रह्मणोऽप्याज्ञामुल्लङ्घ्य परमेश्वर॥ ३७
यद्यप्यशेषभूतस्य वयं ते च तवांशजाः।
तथाप्यविद्याभेदेन भिन्नं पश्यामहे जगत्॥ ३८
स्ववर्णधर्माभिरता वेदमार्गानुसारिणः।
न शक्यास्तेऽरयो हन्तुमस्माभिस्तपसावृताः॥ ३९
तमुपायमशेषात्मन्नस्माकं दातुमर्हसि।
येन तानसुरान्हन्तुं भवेम भगवन्क्षमाः॥ ४०

श्रीपराशर उवाच

इत्युक्तो भगवांस्तेभ्यो मायामोहं शरीरतः।
समुत्पाद्य ददौ विष्णुः प्राह चेदं सुरोत्तमान्॥ ४१
मायामोहोऽयमखिलान्दैत्यांस्तान्मोहयिष्यति।
ततो वध्या भविष्यन्ति वेदमार्गबहिष्कृताः॥ ४२
स्थितौ स्थितस्य मे वध्या यावन्तः परिपन्थिनः।
ब्रह्मणो ह्यधिकारस्य देवदैत्यादिकाः सुराः॥ ४३
तद्गच्छत न भीः कार्या मायामोहोऽयमग्रतः।
गच्छन्नद्योपकाराय भवतां भविता सुराः॥ ४४

श्रीपराशर उवाच

इत्युक्ताः प्रणिपत्यैनं ययुर्देवा यथागतम्।
मायामोहोऽपि तैस्सार्द्धं ययौ यत्र महासुराः॥ ४५

उन्हें देखकर समस्त देवताओंने प्रणाम करनेके अनन्तर उनसे कहा—"हे नाथ! प्रसन्न होइये और हम शरणागतोंकी दैत्योंसे रक्षा कीजिये॥ ३६॥ हे परमेश्वर! ह्राद प्रभृति दैत्यगणने ब्रह्माजीकी आज्ञाका भी उल्लंघन कर हमारे और त्रिलोकीके यज्ञभागोंका अपहरण कर लिया है॥ ३७॥ यद्यपि हम और वे सर्वभूत आपहीके अंशज हैं तथापि अविद्यावश हम जगत्को परस्पर भिन्न-भिन्न देखते हैं॥ ३८॥ हमारे शत्रुगण अपने वर्णधर्मका पालन करनेवाले, वेदमार्गावलम्बी और तपोनिष्ठ हैं, अतः वे हमसे नहीं मारे जा सकते॥ ३९॥ अतः हे सर्वात्मन्! जिससे हम उन असुरोंका वध करनेमें समर्थ हों ऐसा कोई उपाय आप हमें बतलाइये"॥ ४०॥

श्रीपराशरजी बोले—उनके ऐसा कहनेपर भगवान् विष्णुने अपने शरीरसे मायामोहको उत्पन्न किया और उसे देवताओंको देकर कहा—॥ ४१॥ "यह मायामोह उन सम्पूर्ण दैत्यगणको मोहित कर देगा, तब वे वेदमार्गका उल्लंघन करनेसे तुमलोगोंसे मारे जा सकेंगे॥ ४२॥ हे देवगण! जो कोई देवता अथवा दैत्य ब्रह्माजीके कार्यमें बाधा डालते हैं वे सृष्टिकी रक्षामें तत्पर मेरे वध्य होते हैं॥ ४३॥ अतः हे देवगण! अब तुम जाओ, डरो मत। यह मायामोह आगेसे जाकर तुम्हारा उपकार करेगा"॥ ४४॥

श्रीपराशरजी बोले—भगवान्की ऐसी आज्ञा होनेपर देवगण उन्हें प्रणाम कर जहाँसे आये थे वहाँ चले गये, तथा उनके साथ मायामोह भी जहाँ असुरगण थे वहाँ गया॥ ४५॥

इति श्रीविष्णुपुराणे तृतीयेंऽशे सप्तदशोऽध्यायः॥ १७॥

अठारहवाँ अध्याय

मायामोह और असुरोंका संवाद तथा राजा शतधनुकी कथा

श्रीपराशर उवाच

तपस्यभिरतान्सोऽथ मायामोहो महासुरान्।
मैत्रेय ददृशे गत्वा नर्मदातीरसंश्रितान्॥ १
ततो दिगम्बरो मुण्डो बर्हिपिच्छधरो द्विज।
मायामोहोऽसुरान् श्लक्ष्णमिदं वचनमब्रवीत्॥ २

श्रीपराशरजी बोले—हे मैत्रेय! तदनन्तर मायामोहने [देवताओंके साथ] जाकर देखा कि असुरगण नर्मदाके तटपर तपस्यामें लगे हुए हैं॥ १॥ तब उस मयूरपिच्छधारी दिगम्बर और मुण्डितकेश मायामोहने असुरोंसे अति मधुर वाणीमें इस प्रकार कहा॥ २॥

मायामोह उवाच

हे दैत्यपतयो ब्रूत यदर्थं तप्यते तपः।
ऐहिकं वाथ पारत्र्यं तपसः फलमिच्छथ॥ ३

असुरा ऊचुः

पारत्र्यफललाभाय तपश्चर्या महामते।
अस्माभिरियमारब्धा किं वा तेऽत्र विवक्षितम्॥ ४

मायामोह उवाच

कुरुध्वं मम वाक्यानि यदि मुक्तिमभीप्सथ।
अर्हध्वमेनं धर्मं च मुक्तिद्वारमसंवृतम्॥ ५
धर्मो विमुक्तेरर्होऽयं नैतस्मादपरो वरः।
अत्रैव संस्थिताः स्वर्गं विमुक्तिं वा गमिष्यथ॥ ६
अर्हध्वं धर्ममेतं च सर्वे यूयं महाबलाः॥ ७

श्रीपराशर उवाच

एवंप्रकारैर्बहुभिर्युक्तिदर्शनचर्चितैः।
मायामोहेन ते दैत्या वेदमार्गादपाकृताः॥ ८
धर्मायैतदधर्माय सदेतन्न सदित्यपि।
विमुक्तये त्विदं नैतद्विमुक्तिं सम्प्रयच्छति॥ ९
परमार्थोऽयमत्यर्थं परमार्थो न चाप्ययम्।
कार्यमेतदकार्यं च नैतदेवं स्फुटं त्विदम्॥ १०
दिग्वाससामयं धर्मो धर्मोऽयं बहुवाससाम्॥ ११
इत्यनेकान्तवादं च मायामोहेन नैकधा।
तेन दर्शयता दैत्यास्स्वधर्मं त्याजिता द्विज॥ १२
अर्हतैतं महाधर्मं मायामोहेन ते यतः।
प्रोक्तास्तमाश्रिता धर्ममार्हतास्तेन तेऽभवन्॥ १३
त्रयीधर्मसमुत्सर्गं मायामोहेन तेऽसुराः।
कारितास्तन्मया ह्यासंस्ततोऽन्ये तत्प्रचोदिताः॥ १४
तैरप्यन्ये परे तैश्च तैरप्यन्ये परे च तैः।
अल्पैरहोभिस्सन्त्यक्ता तैर्दैत्यैः प्रायशस्त्रयी॥ १५
पुनश्च रक्ताम्बरधृङ् मायामोहो जितेन्द्रियः।
अन्यानाहासुरान् गत्वा मृद्वल्पमधुराक्षरम्॥ १६
स्वर्गार्थं यदि वो वाञ्छा निर्वाणार्थमथासुराः।
तदलं पशुघातादिदुष्टधर्मैर्निबोधत॥ १७

मायामोह बोला—हे दैत्यपतिगण! कहिये, आपलोग किस उद्देश्यसे तपस्या कर रहे हैं, आपको किसी लौकिक फलकी इच्छा है या पारलौकिक की?॥ ३॥

असुरगण बोले—हे महामते! हमलोगोंने पारलौकिक फलकी कामनासे तपस्या आरम्भ की है। इस विषयमें तुमको हमसे क्या कहना है?॥ ४॥

मायामोह बोला—यदि आपलोगोंको मुक्तिकी इच्छा है तो जैसा मैं कहता हूँ वैसा करो। आपलोग मुक्तिके खुले द्वाररूप इस धर्मका आदर कीजिये॥ ५॥ यह धर्म मुक्तिमें परमोपयोगी है। इससे श्रेष्ठ अन्य कोई धर्म नहीं है। इसका अनुष्ठान करनेसे आपलोग स्वर्ग अथवा मुक्ति जिसकी कामना करेंगे प्राप्त कर लेंगे। आप सब लोग महाबलवान् हैं, अतः इस धर्मका आदर कीजिये॥ ६-७॥

श्रीपराशरजी बोले—इस प्रकार नाना प्रकारकी युक्तियोंसे अतिरंजित वाक्योंद्वारा मायामोहने दैत्यगणको वैदिक मार्गसे भ्रष्ट कर दिया॥ ८॥ 'यह धर्मयुक्त है और यह धर्मविरुद्ध है, यह सत् है और यह असत् है, यह मुक्तिकारक है और इससे मुक्ति नहीं होती, यह आत्यन्तिक परमार्थ है और यह परमार्थ नहीं है, यह कर्तव्य है और यह अकर्तव्य है, यह ऐसा नहीं है और यह स्पष्ट ऐसा ही है, यह दिगम्बरोंका धर्म है और यह साम्बरोंका धर्म है'—हे द्विज! ऐसे अनेक प्रकारके अनन्त वादोंको दिखलाकर मायामोहने उन दैत्योंको स्वधर्मसे च्युत कर दिया॥ ९—१२॥ मायामोहने दैत्योंसे कहा था कि आपलोग इस महाधर्मको 'अर्हत' अर्थात् इसका आदर कीजिये। अतः उस धर्मका अवलम्बन करनेसे वे 'आर्हत' कहलाये॥ १३॥

मायामोहने असुरगणको त्रयीधर्मसे विमुख कर दिया और वे मोहग्रस्त हो गये; तथा पीछे उन्होंने अन्य दैत्योंको भी इसी धर्ममें प्रवृत्त किया॥ १४॥ उन्होंने दूसरे दैत्योंको, दूसरोंने तीसरोंको, तीसरोंने चौथोंको तथा उन्होंने औरोंको इसी धर्ममें प्रवृत्त किया। इस प्रकार थोड़े ही दिनोंमें दैत्यगणने वेदत्रयीका प्रायः त्याग कर दिया॥ १५॥

तदनन्तर जितेन्द्रिय मायामोहने रक्तवस्त्र धारणकर अन्यान्य असुरोंके पास जा उनसे मृदु, अल्प और मधुर शब्दोंमें कहा—॥ १६॥ ''हे असुरगण! यदि तुमलोगोंको स्वर्ग अथवा मोक्षकी इच्छा है तो पशुहिंसा आदि दुष्टकर्मोंको त्यागकर बोध प्राप्त करो॥ १७॥

विज्ञानमयमेवैतदशेषमवगच्छत।
बुध्यध्वं मे वचः सम्यग्बुधैरेवमिहोदितम्॥ १८

जगदेतदनाधारं भ्रान्तिज्ञानार्थतत्परम्।
रागादिदुष्टमत्यर्थं भ्राम्यते भवसंकटे॥ १९

एवं बुध्यत बुध्यध्वं बुध्यतैवमितीरयन्।
मायामोहः स दैतेयान्धर्ममत्याजयन्निजम्॥ २०

नानाप्रकारवचनं स तेषां युक्तियोजितम्।
तथा तथा त्रयीधर्मं तत्यजुस्ते यथा यथा॥ २१

तेऽप्यन्येषां तथैवोचुरन्यैरन्ये तथोदिताः।
मैत्रेय तत्यजुर्धर्मं वेदस्मृत्युदितं परम्॥ २२

अन्यानप्यन्यपाषण्डप्रकारैर्बहुभिर्द्विज।
दैतेयान्मोहयामास मायामोहोऽतिमोहकृत्॥ २३

स्वल्पेनैव हि कालेन मायामोहेन तेऽसुराः।
मोहितास्तत्यजुस्सर्वां त्रयीमार्गाश्रितां कथाम्॥ २४

केचिद्विनिन्दां वेदानां देवानामपरे द्विज।
यज्ञकर्मकलापस्य तथान्ये च द्विजन्मनाम्॥ २५

नैतद्युक्तिसहं वाक्यं हिंसा धर्माय चेष्यते।
हवींष्यनलदग्धानि फलायेत्यर्भकोदितम्॥ २६

यज्ञैरनेकैर्देवत्वमवाप्येन्द्रेण भुज्यते।
शम्यादि यदि चेत्काष्ठं तद्वरं पत्रभुक्पशुः॥ २७

निहतस्य पशोर्यज्ञे स्वर्गप्राप्तिर्यदीष्यते।
स्वपिता यजमानेन किन्नु तस्मान्न हन्यते॥ २८

तृप्तये जायते पुंसो भुक्तमन्येन चेत्ततः।
कुर्याच्छ्राद्धं श्रमायान्नं न वहेयुः प्रवासिनः॥ २९

जनश्रद्धेयमित्येतदवगम्य ततोऽत्र वः।
उपेक्षा श्रेयसे वाक्यं रोचतां यन्मयेरितम्॥ ३०

न ह्याप्तवादा नभसो निपतन्ति महासुराः।
युक्तिमद्वचनं ग्राह्यं मयान्यैश्च भवद्विधैः॥ ३१

यह सम्पूर्ण जगत् विज्ञानमय है—ऐसा जानो। मेरे वाक्योंपर पूर्णतया ध्यान दो। इस विषयमें बुधजनोंका ऐसा ही मत है कि यह संसार अनाधार है, भ्रमजन्य पदार्थोंकी प्रतीतिपर ही स्थिर है तथा रागादि दोषोंसे दूषित है। इस संसारसंकटमें जीव अत्यन्त भटकता रहा है'' ॥ १८-१९ ॥ इस प्रकार 'बुध्यत (जानो), बुध्यध्वं (समझो), बुध्यत (जानो)' आदि शब्दोंसे बुद्धधर्मका निर्देश कर मायामोहने दैत्योंसे उनका निजधर्म छुड़ा दिया॥ २०॥ मायामोहने ऐसे नाना प्रकारके युक्तियुक्त वाक्य कहे जिससे उन दैत्यगणने त्रयीधर्मको त्याग दिया॥ २१॥ उन दैत्यगणने अन्य दैत्योंसे तथा उन्होंने अन्यान्यसे ऐसे ही वाक्य कहे। हे मैत्रेय! इस प्रकार उन्होंने श्रुतिस्मृतिविहित अपने परम धर्मको त्याग दिया॥ २२॥ हे द्विज! मोहकारी मायामोहने और भी अनेकानेक दैत्योंको भिन्न-भिन्न प्रकारके विविध पाखण्डोंसे मोहित कर दिया॥ २३॥ इस प्रकार थोड़े ही समयमें मायामोहके द्वारा मोहित होकर असुरगणने वैदिक धर्मकी बातचीत करना भी छोड़ दिया॥ २४॥

हे द्विज! उनमेंसे कोई वेदोंकी, कोई देवताओंकी, कोई याज्ञिक कर्म-कलापोंकी तथा कोई ब्राह्मणोंकी निन्दा करने लगे॥ २५॥ [वे कहने लगे—] ''हिंसासे भी धर्म होता है—यह बात किसी प्रकार युक्तिसंगत नहीं है। अग्निमें हवि जलानेसे फल होगा—यह भी बच्चोंकी-सी बात है॥ २६॥ अनेको यज्ञोंके द्वारा देवत्व लाभ करके यदि इन्द्रको शमी आदि काष्ठका ही भोजन करना पड़ता है तो इससे तो पत्ते खानेवाला पशु ही अच्छा है॥ २७॥ यदि यज्ञमें बलि किये गये पशुको स्वर्गकी प्राप्ति होती है तो यजमान अपने पिताको ही क्यों नहीं मार डालता?॥ २८॥ यदि किसी अन्य पुरुषके भोजन करनेसे भी किसी पुरुषकी तृप्ति हो सकती है तो विदेशकी यात्राके समय खाद्यपदार्थ ले जानेका परिश्रम करनेकी क्या आवश्यकता है; पुत्रगण घरपर ही श्राद्ध कर दिया करें॥ २९॥ अत: यह समझकर कि 'यह (श्राद्धादि कर्मकाण्ड) लोगोंकी अन्ध-श्रद्धा ही है' इसके प्रति उपेक्षा करनी चाहिये और अपने श्रेय:साधनके लिये जो कुछ मैंने कहा है उसमें रुचि करनी चाहिये॥ ३०॥ हे असुरगण! श्रुति आदि आप्तवाक्य कुछ आकाशसे नहीं गिरा करते। हम, तुम और अन्य सबको भी युक्तियुक्त वाक्योंको ग्रहण कर लेना चाहिये'॥ ३१॥

श्रीपराशर उवाच

मायामोहेन ते दैत्याः प्रकारैर्बहुभिस्तथा।
व्युत्थापिता यथा नैषां त्रयी कश्चिदरोचयत्॥ ३२
इत्थमुन्मार्गयातेषु तेषु दैत्येषु तेऽमराः।
उद्योगं परमं कृत्वा युद्धाय समुपस्थिताः॥ ३३
ततो दैवासुरं युद्धं पुनरेवाभवद् द्विज।
हताश्च तेऽसुरा देवैः सन्मार्गपरिपन्थिनः॥ ३४
स्वधर्मकवचं तेषामभूद्यत्प्रथमं द्विज।
तेन रक्षाभवत्पूर्वं नेशुर्नष्टे च तत्र ते॥ ३५
ततो मैत्रेय तन्मार्गवर्तिनो येऽभवञ्जनाः।
नग्नास्ते तैर्यतस्त्यक्तं त्रयीसंवरणं तथा॥ ३६
ब्रह्मचारी गृहस्थश्च वानप्रस्थस्तथाश्रमी।
परिव्राड् वा चतुर्थोऽत्र पञ्चमो नोपपद्यते॥ ३७
यस्तु सन्त्यज्य गार्हस्थ्यं वानप्रस्थो न जायते।
परिव्राट् चापि मैत्रेय स नग्नः पापकृन्नरः॥ ३८
नित्यानां कर्मणां विप्र तस्य हानिरहर्निशम्।
अकुर्वन्विहितं कर्म शक्तः पतति तद्दिने॥ ३९
प्रायश्चित्तेन महता शुद्धिमाप्नोत्यनापदि।
पक्षं नित्यक्रियाहानेः कर्त्ता मैत्रेय मानवः॥ ४०
संवत्सरं क्रियाहानिर्यस्य पुंसोऽभिजायते।
तस्यावलोकनात्सूर्यो निरीक्ष्यस्साधुभिस्सदा॥ ४१
स्पृष्टे स्नानं सचैलस्य शुद्धेर्हेतुर्महामते।
पुंसो भवति तस्योक्ता न शुद्धिः पापकर्मणः॥ ४२
देवर्षिपितृभूतानि यस्य निःश्वस्य वेश्मनि।
प्रयान्त्यनर्चितान्यत्र लोके तस्मान्न पापकृत्॥ ४३
सम्भाषणानुप्रश्नादि सहास्यां चैव कुर्वतः।
जायते तुल्यता तस्य तेनैव द्विज वत्सरात्॥ ४४
देवादिनिःश्वासहतं शरीरं यस्य वेश्म च।
न तेन संकरं कुर्याद् गृहासनपरिच्छदैः॥ ४५
अथ भुङ्क्ते गृहे तस्य करोत्यास्यां तथासने।
शेते चाप्येकशयने स सद्यस्तत्समो भवेत्॥ ४६

श्रीपराशरजी बोले—इस प्रकार अनेक युक्तियोंसे मायामोहने दैत्योंको विचलित कर दिया जिससे उनमेंसे किसीकी भी वेदत्रयीमें रुचि नहीं रही॥ ३२॥ इस प्रकार दैत्योंके विपरीत मार्गमें प्रवृत्त हो जानेपर देवगण खूब तैयारी करके उनके पास युद्धके लिये उपस्थित हुए॥ ३३॥

हे द्विज! तब देवता और असुरोंमें पुनः संग्राम छिड़ा। उसमें सन्मार्गविरोधी दैत्यगण देवताओंद्वारा मारे गये॥ ३४॥ हे द्विज! पहले दैत्योंके पास जो स्वधर्मरूप कवच था उसीसे उनकी रक्षा हुई थी। अबकी बार उसके नष्ट हो जानेसे वे भी नष्ट हो गये॥ ३५॥ हे मैत्रेय! उस समयसे जो लोग मायामोहद्वारा प्रवर्तित मार्गका अवलम्बन करनेवाले हुए; वे 'नग्न' कहलाये क्योंकि उन्होंने वेदत्रयीरूप वस्त्रको त्याग दिया था॥ ३६॥

ब्रह्मचारी, गृहस्थ, वानप्रस्थ और संन्यासी—ये चार ही आश्रमी हैं। इनके अतिरिक्त पाँचवाँ आश्रमी और कोई नहीं है॥ ३७॥ हे मैत्रेय! जो पुरुष गृहस्थाश्रमको छोड़नेके अनन्तर वानप्रस्थ या संन्यासी नहीं होता वह पापी भी नग्न ही है॥ ३८॥

हे विप्र! सामर्थ्य रहते हुए भी जो विहित कर्म नहीं करता वह उसी दिन पतित हो जाता है और उस एक दिन-रातमें ही उसके सम्पूर्ण नित्यकर्मोंका क्षय हो जाता है॥ ३९॥ हे मैत्रेय! आपत्तिकालको छोड़कर और किसी समय एक पक्षतक नित्यकर्मका त्याग करनेवाला पुरुष महान् प्रायश्चित्तसे ही शुद्ध हो सकता है॥ ४०॥ जो पुरुष एक वर्षतक नित्य-क्रिया नहीं करता उसपर दृष्टि पड़ जानेसे साधु पुरुषको सदा सूर्यका दर्शन करना चाहिये॥ ४१॥ हे महामते! ऐसे पुरुषका स्पर्श होनेपर वस्त्रसहित स्नान करनेसे शुद्धि हो सकती है और उस पापात्माकी शुद्धि तो किसी भी प्रकार नहीं हो सकती॥ ४२॥

जिस मनुष्यके घरसे देवगण, ऋषिगण, पितृगण और भूतगण बिना पूजित हुए निःश्वास छोड़ते अन्यत्र चले जाते हैं, लोकमें उससे बढ़कर और कोई पापी नहीं है॥ ४३॥ हे द्विज! ऐसे पुरुषके साथ एक वर्षतक सम्भाषण, कुशलप्रश्न और उठने-बैठनेसे मनुष्य उसीके समान पापात्मा हो जाता है॥ ४४॥ जिसका शरीर अथवा गृह देवता आदिके निःश्वाससे निहत है उसके साथ अपने गृह, आसन और वस्त्र आदिको न मिलावे॥ ४५॥ जो पुरुष उसके घरमें भोजन करता है, उसका आसन ग्रहण करता है अथवा उसके साथ एक ही शय्यापर शयन करता है वह शीघ्र ही उसीके समान हो जाता है॥ ४६॥

देवतापितृभूतानि तथानभ्यर्च्य योऽतिथीन्।
भुङ्क्ते स पातकं भुङ्क्ते निष्कृतिस्तस्य नेष्यते॥ ४७

ब्राह्मणाद्यास्तु ये वर्णास्स्वधर्मादन्यतोमुखाः।
यान्ति ते नग्नसंज्ञां तु हीनकर्मस्ववस्थिताः॥ ४८

चतुर्णां यत्र वर्णानां मैत्रेयात्यन्तसंकरः।
तत्रास्या साधुवृत्तीनामुपघाताय जायते॥ ४९

अनभ्यर्च्य ऋषीन्देवान्पितृभूतातिथींस्तथा।
यो भुङ्क्ते तस्य सँल्लापात्पतन्ति नरके नराः॥ ५०

तस्मादेतान्नरो नग्नांस्त्रयीसन्त्यागदूषितान्।
सर्वदा वर्जयेत्प्राज्ञ आलापस्पर्शनादिषु॥ ५१

श्रद्धावद्भिः कृतं यत्नाद्देवान्पितृपितामहान्।
न प्रीणयति तच्छ्राद्धं यद्येभिरवलोकितम्॥ ५२

श्रूयते च पुरा ख्यातो राजा शतधनुर्भुवि।
पत्नी च शैव्या तस्याभूदतिधर्मपरायणा॥ ५३

पतिव्रता महाभागा सत्यशौचदयान्विता।
सर्वलक्षणसम्पन्ना विनयेन नयेन च॥ ५४

स तु राजा तया सार्द्धं देवदेवं जनार्दनम्।
आराधयामास विभुं परमेण समाधिना॥ ५५

होमैर्जपैस्तथा दानैरुपवासैश्च भक्तितः।
पूजाभिश्चानुदिवसं तन्मना नान्यमानसः॥ ५६

एकदा तु समं स्नातौ तौ तु भार्यापती जले।
भागीरथ्यास्समुत्तीर्णौ कार्त्तिक्यां समुपोषितौ।
पाषण्डिनमपश्येतामायान्तं सम्मुखं द्विज॥ ५७

चापाचार्यस्य तस्यासौ सखा राज्ञो महात्मनः।
अतस्तद्गौरवात्तेन सखाभावमथाकरोत्॥ ५८

न तु सा वाग्यता देवी तस्य पत्नी पतिव्रता।
उपोषितास्मीति रविं तस्मिन्दृष्टे ददर्श च॥ ५९

समागम्य यथान्यायं दम्पती तौ यथाविधि।
विष्णोः पूजादिकं सर्वं कृतवन्तौ द्विजोत्तम॥ ६०

कालेन गच्छता राजा ममारासौ सपत्नजित्।
अन्वारुरोह तं देवी चितास्थं भूपतिं पतिम्॥ ६१

जो मनुष्य देवता, पितर, भूतगण और अतिथियोंका पूजन किये बिना स्वयं भोजन करता है वह पापमय भोजन करता है; उसकी शुभगति नहीं हो सकती॥ ४७॥

जो ब्राह्मणादि वर्ण स्वधर्मको छोड़कर परधर्मोंमें प्रवृत्त होते हैं अथवा हीनवृत्तिका अवलम्बन करते हैं वे 'नग्न' कहलाते हैं॥ ४८॥ हे मैत्रेय! जिस स्थानमें चारों वर्णोंका अत्यन्त मिश्रण हो उसमें रहनेसे पुरुषकी साधुवृत्तियोंका क्षय हो जाता है॥ ४९॥ जो पुरुष ऋषि, देव, पितृ, भूत और अतिथिगणका पूजन किये बिना भोजन करता है उससे सम्भाषण करनेसे भी लोग नरकमें पड़ते हैं॥ ५०॥ अतः वेदत्रयीके त्यागसे दूषित इन नग्नोंके साथ प्राज्ञपुरुष सर्वदा सम्भाषण और स्पर्श आदिका भी त्याग कर दे॥ ५१॥ यदि इनकी दृष्टि पड़ जाय तो श्रद्धावान् पुरुषोंका यत्नपूर्वक किया हुआ श्राद्ध देवता अथवा पितृ-पितामहगणकी तृप्ति नहीं करता॥ ५२॥

सुना जाता है, पूर्वकालमें पृथिवीतलपर शतधनु नामसे विख्यात एक राजा था। उसकी पत्नी शैव्या अत्यन्त धर्मपरायणा थी॥ ५३॥ वह महाभागा पतिव्रता, सत्य, शौच और दयासे युक्त तथा विनय और नीति आदि सम्पूर्ण सुलक्षणोंसे सम्पन्ना थी॥ ५४॥ उस महारानीके साथ राजा शतधनुने परम समाधिद्वारा सर्वव्यापक, देवदेव श्रीजनार्दनकी आराधना की॥ ५५॥ वे प्रतिदिन तन्मय होकर अनन्यभावसे होम, जप, दान, उपवास और पूजन आदिद्वारा भगवान्‌की भक्तिपूर्वक आराधना करने लगे॥ ५६॥ हे द्विज! एक दिन कार्तिकी पूर्णिमाको उपवास कर उन दोनों पति-पत्नियोंने श्रीगंगाजीमें एक साथ ही स्नान करनेके अनन्तर बाहर आनेपर एक पाखण्डीको सामने आता देखा॥ ५७॥ यह ब्राह्मण उस महात्मा राजाके धनुर्वेदाचार्यका मित्र था; अतः आचार्यके गौरववश राजाने भी उससे मित्रवत् व्यवहार किया॥ ५८॥ किन्तु उसकी पतिव्रता पत्नीने उसका कुछ भी आदर नहीं किया; वह मौन रही और यह सोचकर कि मैं उपोषिता (उपवासयुक्त) हूँ उसे देखकर सूर्यका दर्शन किया॥ ५९॥ हे द्विजोत्तम! फिर उन स्त्री-पुरुषोंने यथारीति आकर भगवान् विष्णुके पूजा आदिक सम्पूर्ण कर्म विधिपूर्वक किये॥ ६०॥

कालान्तरमें वह शत्रुजित् राजा मर गया। तब देवी शैव्याने भी चितारूढ़ महाराजका अनुगमन किया॥ ६१॥

स तु तेनापचारेण श्वा जज्ञे वसुधाधिपः।
उपोषितेन पाषण्डसँल्लापो यत्कृतोऽभवत्॥ ६२
सा तु जातिस्मरा जज्ञे काशीराजसुता शुभा।
सर्वविज्ञानसम्पूर्णा सर्वलक्षणपूजिता॥ ६३
तां पिता दातुकामोऽभूद्वराय विनिवारितः।
तयैव तन्व्या विरतो विवाहारम्भतो नृपः॥ ६४
ततस्सा दिव्यया दृष्ट्या दृष्ट्वा श्वानं निजं पतिम्।
विदिशाख्यं पुरं गत्वा तदवस्थं ददर्श तम्॥ ६५
तं दृष्ट्वैव महाभागं श्वभूतं तु पतिं तदा।
ददौ तस्मै वराहारं सत्कारप्रवणं शुभा॥ ६६
भुञ्जन्दत्तं तया सोऽन्नमतिमृष्टमभीप्सितम्।
स्वजातिललितं कुर्वन्बहु चाटु चकार वै॥ ६७
अतीव व्रीडिता बाला कुर्वता चाटु तेन सा।
प्रणामपूर्वमाहेदं दयितं तं कुयोनिजम्॥ ६८
स्मर्यतां तन्महाराज दाक्षिण्यललितं त्वया।
येन श्वयोनिमापन्नो मम चाटुकरो भवान्॥ ६९
पाषण्डिनं समाभाष्य तीर्थस्नानादनन्तरम्।
प्राप्तोऽसि कुत्सितां योनिं किन्न स्मरसि तत्प्रभो॥ ७०

श्रीपराशर उवाच

तयैवं स्मारिते तस्मिन्पूर्वजातिकृते तदा।
दध्यौ चिरमथावाप निर्वेदमतिदुर्लभम्॥ ७१
निर्विण्णचित्तस्स ततो निर्गम्य नगराद्बहिः।
मरुत्प्रपतनं कृत्वा शार्गालीं योनिमागतः॥ ७२
सापि द्वितीये सम्प्राप्ते वीक्ष्य दिव्येन चक्षुषा।
ज्ञात्वा श्रृगालं तं द्रष्टुं ययौ कोलाहलं गिरिम्॥ ७३
तत्रापि दृष्ट्वा तं प्राह शार्गालीं योनिमागतम्।
भर्त्तारमपि चार्वंगी तनया पृथिवीक्षितः॥ ७४
अपि स्मरसि राजेन्द्र श्वयोनिस्थस्य यन्मया।
प्रोक्तं ते पूर्वचरितं पाषण्डालापसंश्रयम्॥ ७५
पुनस्तयोक्तं स ज्ञात्वा सत्यं सत्यवतां वरः।
कानने स निराहारस्तत्याज स्वं कलेवरम्॥ ७६

राजा शतधनुने उपवास-अवस्थामें पाखण्डीसे वार्तालाप किया था। अतः उस पापके कारण उसने कुत्तेका जन्म लिया॥ ६२॥ तथा वह शुभलक्षणा काशीनरेशकी कन्या हुई, जो सब प्रकारके विज्ञानसे युक्त, सर्वलक्षणसम्पन्ना और जातिस्मरा (पूर्वजन्मका वृत्तान्त जाननेवाली) थी॥ ६३॥ राजाने उसे किसी वरको देनेकी इच्छा की, किन्तु उस सुन्दरीके ही रोक देनेपर वह उसके विवाहादिसे उपरत हो गये॥ ६४॥

तब उसने दिव्य दृष्टिसे अपने पतिको श्वान हुआ जान विदिशा नामक नगरमें जाकर उसे वहाँ कुत्तेकी अवस्थामें देखा॥ ६५॥ अपने महाभाग पतिको श्वानरूपमें देखकर उस सुन्दरीने उसे सत्कारपूर्वक अति उत्तम भोजन कराया॥ ६६॥ उसके दिये हुए उस अति मधुर और इच्छित अन्नको खाकर वह अपनी जातिके अनुकूल नाना प्रकारकी चाटुता प्रदर्शित करने लगा॥ ६७॥ उसके चाटुता करनेसे अत्यन्त संकुचित हो उस बालिकाने कुत्सित योनिमें उत्पन्न हुए उस अपने प्रियतमको प्रणाम कर उससे इस प्रकार कहा—॥ ६८॥ "महाराज! आप अपनी उस उदारताका स्मरण कीजिये जिसके कारण आज आप श्वान-योनिको प्राप्त होकर मेरे चाटुकार हुए हैं॥ ६९॥ हे प्रभो! क्या आपको यह स्मरण नहीं है कि तीर्थस्नानके अनन्तर पाखण्डीसे वार्तालाप करनेके कारण ही आपको यह कुत्सित योनि मिली है?"॥ ७०॥

श्रीपराशरजी बोले—काशिराजसुताद्वारा इस प्रकार स्मरण कराये जानेपर उसने बहुत देरतक अपने पूर्वजन्मका चिन्तन किया। तब उसे अति दुर्लभ निर्वेद प्राप्त हुआ॥ ७१॥ उसने अति उदास चित्तसे नगरके बाहर आ प्राण त्याग दिये और फिर श्रृगाल-योनिमें जन्म लिया॥ ७२॥ तब काशिराजकन्या दिव्य दृष्टिसे उसे दूसरे जन्ममें श्रृगाल हुआ जान उसे देखनेके लिये कोलाहल पर्वतपर गयी॥ ७३॥ वहाँ भी अपने पतिको श्रृगाल-योनिमें उत्पन्न हुआ देख वह सुन्दरी राजकन्या उससे बोली—॥ ७४॥ "हे राजेन्द्र! श्वान-योनिमें जन्म लेनेपर मैंने आपसे जो पाखण्डीसे वार्तालापविषयक पूर्वजन्मका वृत्तान्त कहा था क्या वह आपको स्मरण है?"॥ ७५॥ तब सत्यनिष्ठोंमें श्रेष्ठ राजा शतधनुने उसके इस प्रकार कहनेपर सारा सत्य वृत्तान्त जानकर निराहार रह वनमें अपना शरीर छोड़ दिया॥ ७६॥

भूयस्ततो वृको जज्ञे गत्वा तं निर्जने वने।
स्मारयामास भर्त्तारं पूर्ववृत्तमनिन्दिता॥ ७७
न त्वं वृको महाभाग राजा शतधनुर्भवान्।
श्वा भूत्वा त्वं श्रृगालोऽभूर्वृकत्वं साम्प्रतं गतः॥ ७८
स्मारितेन यदा त्यक्तस्तेनात्मा गृध्रतां गतः।
अपापा सा पुनश्चैनं बोधयामास भामिनी॥ ७९
नरेन्द्र स्मर्यतामात्मा ह्यलं ते गृध्रचेष्टया।
पाषण्डालापजातोऽयं दोषो यद्गृध्रतां गतः॥ ८०
ततः काकत्वमापन्नं समनन्तरजन्मनि।
उवाच तन्वी भर्त्तारमुपलभ्यात्मयोगतः॥ ८१
अशेषभूभृतः पूर्वं वश्या यस्मै बलिं ददुः।
स त्वं काकत्वमापन्नो जातोऽद्य बलिभुक् प्रभो॥ ८२
एवमेव च काकत्वे स्मारितस्य पुरातनम्।
तत्याज भूपतिः प्राणान्मयूरत्वमवाप च॥ ८३
मयूरत्वे ततस्सा वै चकारानुगतिं शुभा।
दत्तैः प्रतिक्षणं भोज्यैर्बाला तज्जातिभोजनैः॥ ८४
ततस्तु जनको राजा वाजिमेधं महाक्रतुम्।
चकार तस्यावभृथे स्नापयामास तं तदा॥ ८५
सस्नौ स्वयं च तन्वङ्गी स्मारयामास चापि तम्।
यथासौ श्वश्रृगालादियोनिं जग्राह पार्थिवः॥ ८६
स्मृतजन्मक्रमस्सोऽथ तत्याज स्वकलेवरम्।
जज्ञे स जनकस्यैव पुत्रोऽसौ सुमहात्मनः॥ ८७
ततस्सा पितरं तन्वी विवाहार्थमचोदयत्।
स चापि कारयामास तस्या राजा स्वयंवरम्॥ ८८
स्वयंवरे कृते सा तं सम्प्राप्तं पतिमात्मनः।
वरयामास भूयोऽपि भर्त्तृभावेन भामिनी॥ ८९
बुभुजे च तया सार्द्धं सम्भोगान्नृपनन्दनः।
पितर्युपरते राज्यं विदेहेषु चकार सः॥ ९०
इयाज यज्ञान्सुबहून्ददौ दानानि चार्थिनाम्।
पुत्रानुत्पादयामास युयुधे च सहारिभिः॥ ९१
राज्यं भुक्त्वा यथान्यायं पालयित्वा वसुन्धराम्।
तत्याज स प्रियान्प्राणान्संग्रामे धर्मतो नृपः॥ ९२

फिर वह एक भेड़िया हुआ; उस समय भी अनिन्दिता राजकन्याने उस निर्जन वनमें जाकर अपने पतिको उसके पूर्वजन्मका वृत्तान्त स्मरण कराया॥ ७७॥ [उसने कहा—] "हे महाभाग! तुम भेड़िया नहीं हो, तुम राजा शतधनु हो। तुम [अपने पूर्वजन्मोंमें] क्रमशः कुक्कुर और श्रृगाल होकर अब भेड़िया हुए हो"॥ ७८॥ इस प्रकार उसके स्मरण करानेपर राजाने जब भेड़ियेके शरीरको छोड़ा तो गृध्र-योनिमें जन्म लिया। उस समय भी उसकी निष्पाप भार्याने उसे फिर बोध कराया॥ ७९॥ 'हे नरेन्द्र! तुम अपने स्वरूपका स्मरण करो; इन गृध्र-चेष्टाओंको छोड़ो। पाखण्डीके साथ वार्तालाप करनेके दोषसे ही तुम गृध्र हुए हो'॥ ८०॥

फिर दूसरे जन्ममें काक-योनिको प्राप्त होनेपर भी अपने पतिको योगबलसे पाकर उस सुन्दरीने कहा—॥ ८१॥ "हे प्रभो! जिनके वशीभूत होकर सम्पूर्ण सामन्तगण नाना प्रकारकी वस्तुएँ भेंट करते थे वही आप आज काक-योनिको प्राप्त होकर बलिभोजी हुए हैं"॥ ८२॥ इसी प्रकार काक-योनिमें भी पूर्वजन्मका स्मरण कराये जानेपर राजाने अपने प्राण छोड़ दिये और फिर मयूर-योनिमें जन्म लिया॥ ८३॥

मयूरावस्थामें भी काशिराजकी कन्या उसे क्षण-क्षणमें अति सुन्दर मयूरोचित आहार देती हुई उसकी टहल करने लगी॥ ८४॥ उस समय राजा जनकने अश्वमेध नामक महायज्ञका अनुष्ठान किया; उस यज्ञमें अवभृथ-स्नानके समय उस मयूरको स्नान कराया॥ ८५॥ तब उस सुन्दरीने स्वयं भी स्नान कर राजाको यह स्मरण कराया कि किस प्रकार उसने श्वान और श्रृगाल आदि योनियाँ ग्रहण की थीं॥ ८६॥ अपनी जन्म-परम्पराका स्मरण होनेपर उसने अपना शरीर त्याग दिया और फिर महात्मा जनकजीके यहाँ ही पुत्ररूपसे जन्म लिया॥ ८७॥

तब उस सुन्दरीने अपने पिताको विवाहके लिये प्रेरित किया। उसकी प्रेरणासे राजाने उसके स्वयंवरका आयोजन किया॥ ८८॥ स्वयंवर होनेपर उस राजकन्याने स्वयंवरमें आये हुए अपने उस पतिको फिर पतिभावसे वरण कर लिया॥ ८९॥ उस राजकुमारने काशिराजसुताके साथ नाना प्रकारके भोग भोगे और फिर पिताके परलोकवासी होनेपर विदेहनगरका राज्य किया॥ ९०॥ उसने बहुत-से यज्ञ किये, याचकोंको नाना प्रकारसे दान दिये, बहुत-से पुत्र उत्पन्न किये और शत्रुओंके साथ अनेकों युद्ध किये॥ ९१॥ इस प्रकार उस राजाने पृथिवीका न्यायानुकूल पालन करते हुए राज्य-भोग किया और अन्तमें अपने प्रिय प्राणोंको धर्मयुद्धमें छोड़ा॥ ९२॥

ततश्चितास्थं तं भूयो भर्त्तारं सा शुभेक्षणा।
अन्वारुरोह विधिवद्यथापूर्वं मुदान्विता॥ ९३
ततोऽवाप तया सार्द्धं राजपुत्र्या स पार्थिवः।
ऐन्द्रानतीत्य वै लोकाँल्लोकान्प्राप तदाक्षयान्॥ ९४
स्वर्गाक्षयत्वमतुलं दाम्पत्यमतिदुर्लभम्।
प्राप्तं पुण्यफलं प्राप्य संशुद्धिं तां द्विजोत्तम॥ ९५
एष पाषण्डसम्भाषाद्दोषः प्रोक्तो मया द्विज।
तथाऽश्वमेधावभृथस्नानमाहात्म्यमेव च॥ ९६
तस्मात्पाषण्डिभिः पापैरालापस्पर्शनं त्यजेत्।
विशेषतः क्रियाकाले यज्ञादौ चापि दीक्षितः॥ ९७
क्रियाहानिर्गृहे यस्य मासमेकं प्रजायते।
तस्यावलोकनात्सूर्यं पश्येत मतिमान्नरः॥ ९८
किं पुनर्यैस्तु सन्त्यक्ता त्रयी सर्वात्मना द्विज।
पाषण्डभोजिभिः पापैर्वेदवादविरोधिभिः॥ ९९
सहालापस्तु संसर्गः सहास्या चातिपापिनी।
पाषण्डिभिर्दुराचारैस्तस्मात्तान्परिवर्जयेत्॥ १००
पाषण्डिनो विकर्मस्थान्वैडालव्रतिकाञ्छठान्।
हैतुकान्बकवृत्तींश्च वाङ्मात्रेणापि नार्चयेत्॥ १०१
दूरतस्तैस्तु सम्पर्कस्त्याज्यश्चाप्यतिपापिभिः।
पाषण्डिभिर्दुराचारैस्तस्मात्तान्परिवर्जयेत्॥ १०२
एते नग्नास्तवाख्याता दृष्टाः श्राद्धोपघातकाः।
येषां सम्भाषणात्पुंसां दिनपुण्यं प्रणश्यति॥ १०३
एते पाषण्डिनः पापा न ह्येतानालपेद् बुधः।
पुण्यं नश्यति सम्भाषादेतेषां तद्दिनोद्भवम्॥ १०४
पुंसां जटाधरणमौण्ड्यवतां वृथैव
मोघाशिनामखिलशौचनिराकृतानाम्।
तोयप्रदानपितृपिण्डबहिष्कृतानां
सम्भाषणादपि नरा नरकं प्रयान्ति॥ १०५

तब उस सुलोचनाने पहलेके समान फिर अपने चितारूढ पतिका विधिपूर्वक प्रसन्न-मनसे अनुगमन किया॥ ९३॥ इससे वह राजा उस राजकन्याके सहित इन्द्रलोकसे भी उत्कृष्ट अक्षय लोकोंको प्राप्त हुआ॥ ९४॥

हे द्विजश्रेष्ठ! इस प्रकार शुद्ध हो जानेपर उसने अतुलनीय अक्षय स्वर्ग, अति दुर्लभ दाम्पत्य और अपने पूर्वार्जित पुण्यका फल प्राप्त कर लिया॥ ९५॥

हे द्विज ! इस प्रकार मैंने तुमसे पाखण्डीसे सम्भाषण करनेका दोष और अश्वमेध-यज्ञमें स्नान करनेका माहात्म्य वर्णन कर दिया॥ ९६॥ इसलिये पाखण्डी और पापाचारियोंसे कभी वार्तालाप और स्पर्श न करे; विशेषतः नित्य-नैमित्तिक कर्मोंके समय और जो यज्ञादि क्रियाओंके लिये दीक्षित हो उसे तो उनका संसर्ग त्यागना अत्यन्त आवश्यक है॥ ९७॥ जिसके घरमें एक मासतक नित्यकर्मोंका अनुष्ठान न हुआ हो उसको देख लेनेपर बुद्धिमान् मनुष्य सूर्यका दर्शन करे॥ ९८॥ फिर जिन्होंने वेदत्रयीका सर्वथा त्याग कर दिया है तथा जो पाखण्डियोंका अन्न खाते और वैदिक मतका विरोध करते हैं उन पापात्माओंके दर्शनादि करनेपर तो कहना ही क्या है?॥ ९९॥ इन दुराचारी पाखण्डियोंके साथ वार्तालाप करने, सम्पर्क रखने और उठने-बैठनेमें महान् पाप होता है; इसलिये इन सब बातोंका त्याग करे॥ १००॥ पाखण्डी, विकर्मी, विडाल-व्रतवाले,* दुष्ट, स्वार्थी और बगुला-भक्त लोगोंका वाणीसे भी आदर न करे॥ १०१॥ इन पाखण्डी, दुराचारी और अति पापियोंका संसर्ग दूरहीसे त्यागने योग्य है। इसलिये इनका सर्वदा त्याग करे॥ १०२॥

इस प्रकार मैंने तुमसे नग्नोंकी व्याख्या की, जिनके दर्शनमात्रसे श्राद्ध नष्ट हो जाता है और जिनके साथ सम्भाषण करनेसे मनुष्यका एक दिनका पुण्य क्षीण हो जाता है॥ १०३॥ ये पाखण्डी बड़े पापी होते हैं, बुद्धिमान् पुरुष इनसे कभी सम्भाषण न करे। इनके साथ सम्भाषण करनेसे उस दिनका पुण्य नष्ट हो जाता है॥ १०४॥ जो बिना कारण ही जटा धारण करते अथवा मूँड़ मुड़ाते हैं, देवता, अतिथि आदिको भोजन कराये बिना स्वयं ही भोजन कर लेते हैं, सब प्रकारसे शौचहीन हैं तथा जल-दान और पितृ-पिण्ड आदिसे भी बहिष्कृत हैं, उन लोगोंसे वार्तालाप करनेसे भी लोग नरकमें जाते हैं॥ १०५॥

इति श्रीविष्णुपुराणे तृतीयेंऽशे अष्टादशोऽध्यायः॥ १८॥

इति श्रीपराशरमुनिविरचिते श्रीविष्णुपरत्वनिर्णायके
श्रीमति विष्णुमहापुराणे तृतीयोंऽशः समाप्तः।

* 'प्रच्छन्नानि च पापानि वैडालं नाम तद्व्रतम्'
अर्थात् छिपे-छिपे पाप करना वैडाल नामक व्रत है। जो वैसा करते हैं 'वे विडाल-व्रतवाले' कहलाते हैं।

ॐ

श्रीमन्नारायणाय नमः

श्रीविष्णुपुराण

चतुर्थ अंश

पहला अध्याय

वैवस्वतमनुके वंशका विवरण

श्रीमैत्रेय उवाच

भगवन्यन्नरैः कार्यं साधुकर्मण्यवस्थितैः।
तन्मह्यं गुरुणाख्यातं नित्यनैमित्तिकात्मकम्॥ १
वर्णधर्मास्तथाख्याता धर्मा ये चाश्रमेषु च।
श्रोतुमिच्छाम्यहं वंशं राज्ञां तद् ब्रूहि मे गुरो॥ २

श्रीपराशर उवाच

मैत्रेय श्रूयतामयमनेकयज्वशूरवीरधीरभूपालालंकृतो ब्रह्मादिर्मानवो वंशः॥ ३॥ तदस्य वंशस्यानुपूर्वीमशेषवंशपापप्रणाशनाय मैत्रेयैतां कथां शृणु॥ ४॥

तद्यथा सकलजगतामादिरनादिभूतस्स ऋग्यजुस्सामादिमयो भगवान् विष्णुस्तस्य ब्रह्मणो मूर्त्तं रूपं हिरण्यगर्भो ब्रह्माण्डभूतो ब्रह्मा भगवान् प्रागबभूव॥ ५॥ ब्रह्मणश्च दक्षिणाङ्गुष्ठजन्मा दक्षप्रजापतिः दक्षस्याप्यदितिरदितेर्विवस्वान् विवस्वतो मनुः॥ ६॥ मनोरिक्ष्वाकुनृगधृष्टशर्यातिनरिष्यन्तप्रांशुनाभागदिष्टकरूषपृषध्राख्या दश पुत्रा बभूवुः॥ ७॥

इष्टिं च मित्रावरुणयोर्मनुः पुत्रकामश्चकार॥ ८॥ तत्र तावदपह्नुते होतुरपचारादिला नाम कन्या बभूव॥ ९॥ सैवच मित्रावरुणयोः प्रसादात्सुद्युम्नो नाम मनोः पुत्रो मैत्रेय आसीत्॥ १०॥ पुनश्चेश्वरकोपात्स्त्री सती सा तु सोमसूनोर्बुधस्याश्रमसमीपे बभ्राम॥ ११॥

श्रीमैत्रेयजी बोले—हे भगवन्! सत्कर्ममें प्रवृत्त रहनेवाले पुरुषोंको जो करने चाहिये उन सम्पूर्ण नित्य-नैमित्तिक कर्मोंका आपने वर्णन कर दिया॥ १॥ हे गुरो! आपने वर्ण-धर्म और आश्रम-धर्मोंकी व्याख्या भी कर दी। अब मुझे राजवंशोंका विवरण सुननेकी इच्छा है, अतः उनका वर्णन कीजिये॥ २॥

श्रीपराशरजी बोले—हे मैत्रेय! अब तुम अनेकों यज्ञकर्ता, शूरवीर और धैर्यशाली भूपालोंसे सुशोभित इस मनुवंशका वर्णन सुनो जिसके आदिपुरुष श्रीब्रह्माजी हैं॥ ३॥ हे मैत्रेय! अपने वंशके सम्पूर्ण पापोंको नष्ट करनेके लिये इस वंश-परम्पराकी कथाका क्रमशः श्रवण करो॥ ४॥

उसका विवरण इस प्रकार है—सकल संसारके आदिकारण भगवान् विष्णु हैं। वे अनादि तथा ऋक्-यजु-सामःस्वरूप हैं। उन ब्रह्मस्वरूप भगवान् विष्णुके मूर्त्तरूप ब्रह्माण्डमय हिरण्यगर्भ भगवान् ब्रह्माजी सबसे पहले प्रकट हुए॥ ५॥ ब्रह्माजीके दायें अँगूठेसे दक्षप्रजापति हुए, दक्षसे अदिति हुई तथा अदितिसे विवस्वान् और विवस्वान्से मनुका जन्म हुआ॥ ६॥ मनुके इक्ष्वाकु, नृग, धृष्ट, शर्याति, नरिष्यन्त, प्रांशु, नाभाग, दिष्ट, करूष और पृषध्र नामक दस पुत्र हुए॥ ७॥

मनुने पुत्रकी इच्छासे मित्रावरुण नामक दो देवताओंके यज्ञका अनुष्ठान किया॥ ८॥ किन्तु होताके विपरीत संकल्पसे यज्ञमें विपर्यय हो जानेसे उनके 'इला' नामकी कन्या हुई॥ ९॥ हे मैत्रेय! मित्रावरुणकी कृपासे वह इला ही मनुका 'सुद्युम्न' नामक पुत्र हुई॥ १०॥ फिर महादेवजीके कोप (कोपप्रयुक्त शाप) से वह स्त्री होकर चन्द्रमाके पुत्र बुधके आश्रमके निकट घूमने लगी॥ ११॥

सानुरागश्च तस्यां बुधःपुरूरवसमात्मजमुत्पादयामास॥ १२॥ जातेऽपि तस्मिन्नमिततेजोभिः परमर्षिभिरिष्टिमय ऋङ्मयो यजुर्मयस्साममयोऽथर्वणमयस्सर्ववेदमयो मनोमयो ज्ञानमयो न किञ्चिन्मयोऽन्नमयो भगवान् यज्ञपुरुषस्वरूपी सुद्युम्नस्य पुंस्त्वमभिलषद्भिर्यथावदिष्टस्तत्प्रसादादिला पुनरपि सुद्युम्नोऽभवत् ॥ १३ ॥ तस्याप्युत्कलगयविनतास्त्रयः पुत्रा बभूवुः॥ १४॥ सुद्युम्नस्तु स्त्रीपूर्वकत्वाद्राज्यभागं न लेभे॥ १५॥ तत्पित्रा तु वसिष्ठवचनात्प्रतिष्ठानं नाम नगरं सुद्युम्नाय दत्तं तच्चासौ पुरूरवसे प्रादात्॥ १६॥

तदन्वयाश्च क्षत्रियास्सर्वे दिक्ष्वभवन्। पृषध्रस्तु मनुपुत्रो गुरुगोवधाच्छूद्रत्वमगमत्॥ १७॥ मनोः पुत्रः करूषः करूषात्कारूषाः क्षत्रिया महाबलपराक्रमा बभूवुः॥ १८॥ दिष्टपुत्रस्तु नाभागो वैश्यतामगमत्तस्माद्बलन्धनः पुत्रोऽभवत्॥ १९॥ बलन्धनाद्वत्सप्रीतिरुदारकीर्त्तिः॥ २०॥ वत्सप्रीतेः प्रांशुरभवत्॥ २१॥ प्रजापतिश्च प्रांशोरेकोऽभवत्॥ २२॥ ततश्च खनित्रः॥ २३॥ तस्माच्चाक्षुषः॥ २४॥ चाक्षुषाच्चातिबलपराक्रमो विंशोऽभवत्॥ २५॥ ततो विविंशकः॥ २६॥ तस्माच्च खनिनेत्रः॥ २७॥ ततश्चाति-विभूतिः॥ २८॥ अतिविभूतेरतिबलपराक्रमः करन्धमः पुत्रोऽभवत्॥ २९॥ तस्मादप्य-विक्षित्॥ ३०॥ अविक्षितोऽप्यतिबलपराक्रमः पुत्रो मरुत्तो नामाभवत्; यस्येमावद्यापि श्लोकौ गीयेते॥ ३१॥

मरुत्तस्य यथा यज्ञस्तथा कस्याभवद्भुवि।
सर्वं हिरण्मयं यस्य यज्ञवस्त्वतिशोभनम्॥ ३२॥
अमाद्य-दिन्द्रस्सोमेन दक्षिणाभिर्द्विजातयः।
मरुतः परिवेष्टारस्सदस्याश्च दिवौकसः॥ ३३॥

स मरुत्तश्चक्रवर्ती नरिष्यन्तनामानं पुत्रमवाप॥ ३४॥तस्माच्च दमः॥ ३५॥ दमस्य पुत्रो राजवर्द्धनो जज्ञे ॥ ३६॥राजवर्द्धनात्सुवृद्धिः॥ ३७॥

बुधने अनुरक्त होकर उस स्त्रीसे पुरूरवा नामक पुत्र उत्पन्न किया॥ १२॥ पुरूरवाके जन्मके अनन्तर भी परमर्षिगणने सुद्युम्नको पुरुषत्वलाभकी आकांक्षासे क्रतुमय ऋग्यजुःसामाथर्वमय, सर्ववेदमय, मनोमय, ज्ञानमय, अन्नमय और परमार्थतः अकिंचिन्मय भगवान् यज्ञपुरुषका यथावत् यजन किया। तब उनकी कृपासे इला फिर भी सुद्युम्न हो गयी॥ १३॥ उस (सुद्युम्न)-के भी उत्कल, गय और विनत नामक तीन पुत्र हुए॥ १४॥ पहले स्त्री होनेके कारण सुद्युम्नको राज्याधिकार प्राप्त नहीं हुआ॥ १५॥ वसिष्ठजीके कहनेसे उनके पिताने उन्हें प्रतिष्ठान नामक नगर दे दिया था, वही उन्होंने पुरूरवाको दिया॥ १६॥

पुरूरवाकी सन्तान सम्पूर्ण दिशाओंमें फैले हुए क्षत्रियगण हुए। मनुका पृषध्र नामक पुत्र गुरुकी गौका वध करनेके कारण शूद्र हो गया॥ १७॥ मनुका पुत्र करूष था। करूषसे कारूष नामक महाबली और पराक्रमी क्षत्रियगण उत्पन्न हुए॥ १८॥ दिष्टका पुत्र नाभाग वैश्य हो गया था; उससे बलन्धन नामका पुत्र हुआ॥ १९॥ बलन्धनसे महान् कीर्तिमान् वत्सप्रीति, वत्सप्रीतिसे प्रांशु और प्रांशुसे प्रजापति नामक इकलौता पुत्र हुआ॥ २०—२२॥ प्रजापतिसे खनित्र, खनित्रसे चाक्षुष तथा चाक्षुषसे अति बल-पराक्रम-सम्पन्न विंश हुआ॥ २३—२५॥ विंशसे विविंशक, विविंशकसे खनिनेत्र, खनिनेत्रसे अतिविभूति और अतिविभूतिसे अति बलवान् और शूरवीर करन्धम नामक पुत्र हुआ॥ २६—२९॥ करन्धमसे अविक्षित् हुआ और अविक्षित्के मरुत्त नामक अति बल-पराक्रमयुक्त पुत्र हुआ, जिसके विषयमें आजकल भी ये दो श्लोक गाये जाते हैं॥ ३०-३१॥

'मरुत्तका जैसा यज्ञ हुआ था वैसा इस पृथिवीपर और किसका हुआ है, जिसकी सभी याज्ञिक वस्तुएँ सुवर्णमय और अति सुन्दर थीं॥ ३२॥ उस यज्ञमें इन्द्र सोमरससे और ब्राह्मणगण दक्षिणासे परितृप्त हो गये थे, तथा उसमें मरुद्गण परोसनेवाले और देवगण सदस्य थे'॥ ३३॥

उस चक्रवर्ती मरुत्तके नरिष्यन्त नामक पुत्र हुआ तथा नरिष्यन्तके दम और दमके राजवर्द्धन नामक पुत्र उत्पन्न हुआ॥ ३४—३६॥ राजवर्द्धनसे सुवृद्धि,

सुवृद्धेः केवलः ॥ ३८ ॥ केवलात्सुधृतिरभूत् ॥ ३९ ॥ ततश्च नरः ॥ ४० ॥ तस्माच्चन्द्रः ॥ ४१ ॥ ततः केवलोऽभूत् ॥ ४२ ॥ केवलाद्बन्धुमान् ॥ ४३ ॥ बन्धुमतो वेगवान् ॥ ४४ ॥ वेगवतो बुधः ॥ ४५ ॥ ततश्च तृणबिन्दुः ॥ ४६ ॥ तस्याप्येका कन्या इलविला नाम ॥ ४७ ॥ ततश्चालम्बुषा नाम वराप्सरास्तृणबिन्दुं भेजे ॥ ४८ ॥ तस्यामप्यस्य विशालो जज्ञे यः पुरीं विशालां निर्ममे ॥ ४९ ॥

हेमचन्द्रश्च विशालस्य पुत्रोऽभवत् ॥ ५० ॥ ततश्चन्द्रः ॥ ५१ ॥ तत्तनयो धूम्राक्षः ॥ ५२ ॥ तस्यापि सृञ्जयोऽभूत् ॥ ५३ ॥ सृञ्जयात्सहदेवः ॥ ५४ ॥ ततश्च कृशाश्वो नाम पुत्रोऽभवत् ॥ ५५ ॥ सोमदत्तः कृशाश्वाज्जज्ञे योऽश्वमेधानां शतमाजहार ॥ ५६ ॥ तत्पुत्रो जनमेजयः ॥ ५७ ॥ जनमेजयात्सुमतिः ॥ ५८ ॥ एते वैशालिका भूभृतः ॥ ५९ ॥ श्लोकोऽप्यत्र गीयते ॥ ६० ॥

तृणबिन्दोः प्रसादेन सर्वे वैशालिका नृपाः ।
दीर्घायुषो महात्मानो वीर्यवन्तोऽतिधार्मिकाः ॥ ६१

शर्यातेः कन्या सुकन्या नामाभवत्, यामुपयेमे च्यवनः ॥ ६२ ॥ आनर्त्तनामा परमधार्मिकश्शर्यातिपुत्रोऽभवत् ॥ ६३ ॥ आनर्त्तस्यापि रेवतनामा पुत्रो यज्ञे योऽसावानर्त्तविषयं बुभुजे पुरीं च कुशस्थलीमध्युवास ॥ ६४ ॥

रेवतस्यापि रैवतः पुत्रः ककुद्मिनामा धर्मात्मा भ्रातृशतस्य ज्येष्ठोऽभवत् ॥ ६५ ॥ तस्य रेवती नाम कन्याभवत् ॥ ६६ ॥ स तामादाय कस्येयमर्हतीति भगवन्तमब्जयोनिं प्रष्टुं ब्रह्मलोकं जगाम ॥ ६७ ॥ तावच्च ब्रह्मणोऽन्तिके हाहाहूहूसंज्ञाभ्यां गन्धर्वाभ्यामतितानं नाम दिव्यं गान्धर्वमगीयत ॥ ६८ ॥ तच्च त्रिमार्गपरिवृत्तैरनेकयुगपरिवृत्तिं तिष्ठन्नपि रैवतश्शृण्वन्मुहूर्त्तमिव मेने ॥ ६९ ॥

गीतावसाने च भगवन्तमब्जयोनिं प्रणम्य रैवतः

सुवृद्धिसे केवल और केवलसे सुधृतिका जन्म हुआ ॥ ३७—३९ ॥ सुधृतिसे नर, नरसे चन्द्र और चन्द्रसे केवल हुआ ॥ ४०—४२ ॥ केवलसे बन्धुमान्, बन्धुमान्से वेगवान्, वेगवान्से बुध, बुधसे तृणबिन्दु तथा तृणबिन्दुसे पहले तो इलविला नामकी एक कन्या हुई थी, किन्तु पीछे अलम्बुषा नामकी एक सुन्दरी अप्सरा उसपर अनुरक्त हो गयी। उससे तृणबिन्दुके विशाल नामक पुत्र हुआ, जिसने विशाला नामकी पुरी बसायी ॥ ४३—४९ ॥

विशालका पुत्र हेमचन्द्र हुआ, हेमचन्द्रका चन्द्र, चन्द्रका धूम्राक्ष, धूम्राक्षका सृंजय, सृंजयका सहदेव और सहदेवका पुत्र कृशाश्व हुआ ॥ ५०—५५ ॥ कृशाश्वके सोमदत्त नामक पुत्र हुआ, जिसने सौ अश्वमेध-यज्ञ किये थे। उससे जनमेजय हुआ और जनमेजयसे सुमतिका जन्म हुआ। ये सब विशालवंशीय राजा हुए। इनके विषयमें यह श्लोक प्रसिद्ध है ॥ ५६—६० ॥ 'तृणबिन्दुके प्रसादसे विशालवंशीय समस्त राजालोग दीर्घायु, महात्मा, वीर्यवान् और अति धर्मपरायण हुए ॥ ६१ ॥

मनुपुत्र शर्यातिके सुकन्या नामवाली एक कन्या हुई, जिसका विवाह च्यवन ऋषिके साथ हुआ ॥ ६२ ॥ शर्यातिके आनर्त्त नामक एक परम धार्मिक पुत्र हुआ। आनर्त्तके रेवत नामका पुत्र हुआ जिसने कुशस्थली नामकी पुरीमें रहकर आनर्त्तदेशका राज्यभोग किया ॥ ६३-६४ ॥

रेवतका भी रैवत ककुद्मी नामक एक अति धर्मात्मा पुत्र था, जो अपने सौ भाइयोंमें सबसे बड़ा था ॥ ६५ ॥ उसके रेवती नामकी एक कन्या हुई ॥ ६६ ॥ महाराज रैवत उसे अपने साथ लेकर ब्रह्माजीसे यह पूछनेके लिये कि 'यह कन्या किस वरके योग्य है' ब्रह्मलोकको गये ॥ ६७ ॥ उस समय ब्रह्माजीके समीप हाहा और हूहू नामक दो गन्धर्व अतितान नामक दिव्य गान गा रहे थे ॥ ६८ ॥ वहाँ [गान-सम्बन्धी चित्रा, दक्षिणा और धात्री नामक] त्रिमार्गके परिवर्तनके साथ उनका विलक्षण गान सुनते हुए अनेकों युगोंके परिवर्तन-कालतक ठहरनेपर भी रैवतजीको केवल एक मुहूर्त ही बीता-सा मालूम हुआ ॥ ६९ ॥

गान समाप्त हो जानेपर रैवतने भगवान् कमलयोनिको

कन्यायोग्यं वरमपृच्छत्॥ ७०॥ ततश्चासौ भगवानकथयत कथय योऽभिमतस्ते वर इति ॥ ७१॥ पुनश्च प्रणम्य भगवते तस्मै यथाभिमतानात्मनस्स वरान् कथयामास। क एषां भगवतोऽभिमत इति यस्मै कन्यामिमां प्रयच्छामीति॥ ७२॥

ततः किञ्चिदवनतशिरास्ससस्मितं भगवानब्जयोनिराह॥ ७३॥ य एते भवतोऽभिमता नैतेषां साम्प्रतं पुत्रपौत्रापत्यापत्यसन्ततिरस्त्यवनीतले॥ ७४॥ बहूनि तवात्रैव गान्धर्वं शृण्वतश्चतुर्युगान्यतीतानि॥ ७५॥ साम्प्रतं महीतलेऽष्टाविंशतितममनोश्चतुर्युगमतीतप्रायं वर्तते ॥ ७६॥ आसन्नो हि कलिः॥ ७७॥ अन्यस्मै कन्यारत्नमिदं भवतैकाकिनाभिमताय देयम्॥ ७८॥ भवतोऽपि पुत्रमित्रकलत्रमन्त्रिभृत्यबन्धुबलकोशादयस्समस्ताः कालेनैतेनात्यन्तमतीताः ॥ ७९॥ ततः पुनरप्युत्पन्नसाध्वसो राजा भगवन्तं प्रणम्य पप्रच्छ॥ ८०॥ भगवन्नेवमवस्थिते मयेयं कस्मै देयेति॥ ८१॥ ततस्स भगवान् किञ्चिदवनम्रकन्धरः कृताञ्जलिर्भूत्वा सर्वलोकगुरुरम्भोजयोनिराह॥ ८२॥

श्रीब्रह्मोवाच

न ह्यादिमध्यान्तमजस्य यस्य
विद्मो वयं सर्वमयस्य धातुः।
न च स्वरूपं न परं स्वभावं
न चैव सारं परमेश्वरस्य॥ ८३
कलामुहूर्त्तादिमयश्च कालो
न यद्विभूतेः परिणामहेतुः।
अजन्मनाशस्य सदैकमूर्त्तेरनामरूपस्य सनातनस्य॥ ८४
यस्य प्रसादादहमच्युतस्य
भूतः प्रजासृष्टिकरोऽन्तकारी।
क्रोधाच्च रुद्रः स्थितिहेतुभूतो
यस्माच्च मध्ये पुरुषः परस्मात्॥ ८५

प्रणाम कर उनसे अपनी कन्याके योग्य वर पूछा॥ ७०॥ भगवान् ब्रह्माने कहा—"तुम्हें जो वर अभिमत हों उन्हें बताओ"॥ ७१॥ तब उन्होंने भगवान् ब्रह्माजीको पुनः प्रणाम कर अपने समस्त अभिमत वरोंका वर्णन किया और पूछा कि 'इनमेंसे आपको कौन वर पसन्द है जिसे मैं यह कन्या दूँ?'॥ ७२॥

इसपर भगवान् कमलयोनि कुछ सिर झुकाकर मुसकाते हुए बोले—॥ ७३॥ "तुमको जो-जो वर अभिमत हैं उनमेंसे तो अब पृथिवीपर किसीके पुत्र-पौत्रादिकी सन्तान भी नहीं है॥ ७४॥ क्योंकि यहाँ गन्धर्वोंका गान सुनते हुए तुम्हें कई चतुर्युग बीत चुके हैं॥ ७५॥ इस समय पृथिवीतलपर अट्ठाईसवें मनुका चतुर्युग प्रायः समाप्त हो चुका है॥ ७६॥ तथा कलियुगका प्रारम्भ होनेवाला है॥ ७७॥ अब तुम [अपने समान] अकेले ही रह गये हो, अतः यह कन्या-रत्न किसी और योग्य वरको दो। इतने समयमें तुम्हारे पुत्र, मित्र, कलत्र, मन्त्रिवर्ग, भृत्यगण, बन्धुगण, सेना और कोशादिका भी सर्वथा अभाव हो चुका है"॥ ७८-७९॥ तब तो राजा रैवतने अत्यन्त भयभीत हो भगवान् ब्रह्माजीको पुनः प्रणाम कर पूछा—॥ ८०॥ 'भगवन्! ऐसी बात है, तो अब मैं इसे किसको दूँ?'॥ ८१॥ तब सर्वलोकगुरु भगवान् कमलयोनि कुछ सिर झुकाये हाथ जोड़कर बोले॥ ८२॥

श्रीब्रह्माजीने कहा—जिस अजन्मा, सर्वमय, विधाता परमेश्वरका आदि, मध्य, अन्त, स्वरूप, स्वभाव और सार हम नहीं जान पाते॥ ८३॥ कलामुहूर्तादिमय काल भी जिसकी विभूतिके परिणामका कारण नहीं हो सकता, जिसका जन्म और मरण नहीं होता, जो सनातन और सर्वदा एकरूप है तथा जो नाम और रूपसे रहित है॥ ८४॥ जिस अच्युतकी कृपासे मैं प्रजाका उत्पत्तिकर्त्ता हूँ, जिसके क्रोधसे उत्पन्न हुआ रुद्र सृष्टिका अन्तकर्त्ता है तथा जिस परमात्मासे मध्यमें जगत्स्थितिकारी विष्णुरूप पुरुषका प्रादुर्भाव हुआ है॥ ८५॥

मद्रूपमास्थाय सृजत्यजो यः
स्थितौ च योऽसौ पुरुषस्वरूपी।
रुद्रस्वरूपेण च योऽत्ति विश्वं
धत्ते तथानन्तवपुस्समस्तम्॥ ८६
पाकाय योऽग्नित्वमुपैति लोका-
न्बिभर्त्ति पृथ्वीवपुरव्ययात्मा।
शक्रादिरूपी परिपाति विश्व-
मर्केन्दुरूपश्च तमो हिनस्ति॥ ८७
करोति चेष्टाश्श्वसनस्वरूपी
लोकस्य तृप्तिं च जलान्नरूपी।
ददाति विश्वस्थितिसंस्थितस्तु
सर्वावकाशं च नभस्स्वरूपी॥ ८८
यस्सृज्यते सर्गकृदात्मनैव
यः पाल्यते पालयिता च देवः।
विश्वात्मकस्संह्रियतेऽन्तकारी
पृथक् त्रयस्यास्य च योऽव्ययात्मा॥ ८९
यस्मिञ्जगद्यो जगदेतदाद्यो
यश्चाश्रितोऽस्मिञ्जगति स्वयम्भूः।
ससर्वभूतप्रभवो धरित्र्यां
स्वांशेन विष्णुर्नृपतेऽवतीर्णः॥ ९०
कुशस्थली या तव भूप रम्या
पुरी पुराभूदमरावतीव।
सा द्वारका सम्प्रति तत्र चास्ते
स केशवांशो बलदेवनामा॥ ९१
तस्मै त्वमेनां तनयां नरेन्द्र
प्रयच्छ मायामनुजाय जायाम्।
श्लाघ्यो वरोऽसौ तनया तवेयं
स्त्रीरत्नभूता सदृशो हि योगः॥ ९२

श्रीपराशर उवाच

इतीरितोऽसौ कमलोद्भवेन
भुवं समासाद्य पतिः प्रजानाम्।
ददर्श ह्रस्वान् पुरुषान् विरूपा-
नल्पौजसस्स्वल्पविवेकवीर्यान् ॥ ९३

जो अजन्मा मेरा रूप धारणकर संसारकी रचना करता है, स्थितिके समय जो पुरुषरूप है तथा जो रुद्ररूपसे सम्पूर्ण विश्वका ग्रास कर जाता है एवं अनन्तरूपसे सम्पूर्ण जगत्को धारण करता है॥ ८६॥ जो अव्ययात्मा पाकके लिये अग्निरूप हो जाता है, पृथिवीरूपसे सम्पूर्ण लोकोंको धारण करता है, इन्द्रादिरूपसे विश्वका पालन करता है और सूर्य तथा चन्द्ररूप होकर सम्पूर्ण अन्धकारका नाश करता है॥ ८७॥ जो श्वास-प्रश्वासरूपसे जीवोंमें चेष्टा करता है, जल और अन्नरूपसे लोककी तृप्ति करता है तथा विश्वकी स्थितिमें संलग्न रहकर जो आकाशरूपसे सबको अवकाश देता है॥ ८८॥ जो सृष्टिकर्ता होकर भी विश्वरूपसे आप ही अपनी रचना करता है, जगत्का पालन करनेवाला होकर भी आप ही पालित होता है तथा संहारकारी होकर भी स्वयं ही संहृत होता है औरजो इन तीनोंसे पृथक् इनका अविनाशी आत्मा है॥ ८९॥ जिसमें यह जगत् स्थित है, जो आदिपुरुष जगत्-स्वरूप है और इस जगत्के ही आश्रित तथा स्वयम्भू है, हे नृपते! सम्पूर्ण भूतोंका उद्भवस्थान वह विष्णु धरातलमें अपने अंशसे अवतीर्ण हुआ है॥ ९०॥

हे राजन्! पूर्वकालमें तुम्हारी जो अमरावतीके समान कुशस्थली नामकी पुरी थी वह अब द्वारकापुरी हो गयी है। वहीं वे बलदेव नामक भगवान् विष्णुके अंश विराजमान हैं॥ ९१॥ हे नरेन्द्र! तुम यह कन्या उन मायामानव श्रीबलदेवजीको पत्नीरूपसे दो। ये बलदेवजी संसारमें अति प्रशंसनीय हैं और तुम्हारी कन्या भी स्त्रियोंमें रत्नस्वरूपा है, अतः इनका योग सर्वथा उपयुक्त है॥ ९२॥

श्रीपराशरजी बोले—भगवान् ब्रह्माजीके ऐसा कहनेपर प्रजापति रैवत पृथिवीतलपर आये तो देखा कि सभी मनुष्य छोटे-छोटे, कुरूप, अल्पतेजोमय, अल्पवीर्य तथा विवेकहीन हो गये हैं॥ ९३॥

कुशस्थलीं तां च पुरीमुपेत्य
दृष्ट्वान्यरूपां प्रददौ स कन्याम्।
सीरायुधाय स्फटिकाचलाभ-
वक्षःस्थलायातुलधीर्नरेन्द्रः ॥ ९४
उच्चप्रमाणामिति तामवेक्ष्य
स्वलाङ्गलाग्रेण च तालकेतुः।
विनम्रयामास ततश्च सापि
बभूव सद्यो वनिता यथान्या ॥ ९५
तां रेवतीं रैवतभूपकन्यां
सीरायुधोऽसौ विधिनोपयेमे।
दत्त्वाथ कन्यां स नृपो जगाम
हिमालयं वै तपसे धृतात्मा ॥ ९६

अतुलबुद्धि महाराज रैवतने अपनी कुशस्थली नामकी पुरी और ही प्रकारकी देखी तथा स्फटिक-पर्वतके समान जिनका वक्षःस्थल है उन भगवान् हलायुधको अपनी कन्या दे दी ॥ ९४ ॥ भगवान् बलदेवजीने उसे बहुत ऊँची देखकर अपने हलके अग्रभागसे दबाकर नीची कर ली। तब रेवती भी तत्कालीन अन्य स्त्रियोंके समान (छोटे शरीरकी) हो गयी ॥ ९५ ॥ तदनन्तर बलरामजीने महाराज रैवतकी कन्या रेवतीसे विधिपूर्वक विवाह किया तथा राजा भी कन्यादान करनेके अनन्तर एकाग्रचित्तसे तपस्या करनेके लिये हिमालयपर चले गये ॥ ९६ ॥

इति श्रीविष्णुपुराणे चतुर्थेंऽशे प्रथमोऽध्यायः ॥ १ ॥

दूसरा अध्याय

इक्ष्वाकुके वंशका वर्णन तथा सौभरिचरित्र

श्रीपराशर उवाच

यावच्च ब्रह्मलोकात्स ककुद्मी रैवतो नाभ्येति तावत्पुण्यजनसंज्ञा राक्षसास्तामस्य पुरीं कुशस्थलीं निजघ्नुः ॥ १ ॥ तच्चास्य भ्रातृशतं पुण्यजनत्रासाद्दिशो भेजे ॥ २ ॥ तदन्वयाश्च क्षत्रियास्सर्वदिक्ष्वभवन् ॥ ३ ॥ धृष्टस्यापि धार्ष्टकं क्षत्रमभवत् ॥ ४ ॥ नाभागस्यात्मजो नाभागसंज्ञोऽभवत् ॥ ५ ॥ तस्याप्यम्बरीषः ॥ ६ ॥ अम्बरीषस्यापि विरूपोऽभवत् ॥ ७ ॥ विरूपात्पृषदश्वो जज्ञे ॥ ८ ॥ ततश्च रथीतरः ॥ ९ ॥ अत्रायं श्लोकः—

एते क्षत्रप्रसूता वै पुनश्चाङ्गिरसाः स्मृताः।
रथीतराणां प्रवराः क्षत्रोपेता द्विजातयः ॥ १० ॥

क्षुतवतश्च मनोरिक्ष्वाकुः पुत्रो जज्ञे घ्राणतः ॥ ११ ॥ तस्य पुत्रशतप्रधाना विकुक्षिनिमिदण्डाख्यास्त्रयः पुत्रा बभूवुः ॥ १२ ॥ शकुनिप्रमुखाः पञ्चाशत्पुत्रा उत्तरापथरक्षितारो बभूवुः ॥ १३ ॥

श्रीपराशरजी बोले—जिस समय रैवत ककुद्मी ब्रह्मलोकसे लौटकर नहीं आये थे उसी समय पुण्यजन नामक राक्षसोंने उनकी पुरी कुशस्थलीका ध्वंस कर दिया ॥ १ ॥ उनके सौ भाई पुण्यजन राक्षसोंके भयसे दसों दिशाओंमें भाग गये ॥ २ ॥ उन्हींके वंशमें उत्पन्न हुए क्षत्रियगण समस्त दिशाओंमें फैले ॥ ३ ॥ धृष्टके वंशमें धार्ष्टक नामक क्षत्रिय हुए ॥ ४ ॥

नाभागके नाभाग नामक पुत्र हुआ, नाभागका अम्बरीष और अम्बरीषका पुत्र विरूप हुआ। विरूपसे पृषदश्वका जन्म हुआ तथा उससे रथीतर हुआ ॥ ५—९ ॥ रथीतरके सम्बन्धमें यह श्लोक प्रसिद्ध है—'रथीतरके वंशज क्षत्रिय सन्तान होते हुए भी आंगिरस कहलाये; अतः वे क्षत्रोपेत ब्राह्मण हुए' ॥ १० ॥

छींकनेके समय मनुकी घ्राणेन्द्रियसे इक्ष्वाकु नामक पुत्रका जन्म हुआ ॥ ११ ॥ उनके सौ पुत्रोंमेंसे विकुक्षि, निमि और दण्ड नामक तीन पुत्र प्रधान हुए तथा उनके शकुनि आदि पचास पुत्र उत्तरापथके और शेष

चत्वारिंशदष्टौ च दक्षिणापथभूपालाः ॥ १४ ॥ स चेक्ष्वाकुरष्टकायाश्श्राद्धमुत्पाद्य श्राद्धार्हं मांसमानयेति विकुक्षिमाज्ञापयामास ॥ १५ ॥ स तथेति गृहीताज्ञो विधृतशरासनो वनमभ्येत्यानेकशो मृगान् हत्वा श्रान्तोऽतिक्षुत्परीतो विकुक्षिरेकं शशमभक्षयत्। शेषं च मांसमानीय पित्रे निवेदयामास ॥ १६ ॥

इक्ष्वाकुकुलाचार्यो वसिष्ठस्तत्प्रोक्षणाय चोदितः प्राह। अलमनेनामेध्येनामिषेण दुरात्मना तव पुत्रेणैतन्मांसमुपहतं यतोऽनेन शशो भक्षितः ॥ १७ ॥ ततश्चासौ विकुक्षिर्गुरुणैवमुक्तश्शशादसंज्ञामवाप पित्रा च परित्यक्तः ॥ १८ ॥ पितर्युपरते चासावखिलामेतां पृथ्वीं धर्मतश्शशास ॥ १९ ॥ शशादस्य तस्य पुरञ्जयो नाम पुत्रोऽभवत् ॥ २० ॥

तस्येदं चान्यत् ॥ २१ ॥ पुरा हि त्रेतायां देवासुरयुद्धमतिभीषणमभवत् ॥ २२ ॥ तत्र चातिबलिभिरसुरैरमराः पराजितास्ते भगवन्तं विष्णुमाराधयाञ्चक्रुः ॥ २३ ॥ प्रसन्नश्च देवानामनादिनिधनोऽखिलजगत्परायणो नारायणः प्राह ॥ २४ ॥ ज्ञातमेतन्मया युष्माभिर्यदभिलषितं तदर्थमिदं श्रूयताम् ॥ २५ ॥ पुरञ्जयो नाम राजर्षेश्शशादस्य तनयः क्षत्रियवरो यस्तस्य शरीरेऽहमंशेन स्वयमेवावतीर्य तानशेषानसुरान्निहनिष्यामि तद्भवद्भिः पुरञ्जयोऽसुरवधार्थमुद्योगं कार्यतामिति ॥ २६ ॥

एतच्च श्रुत्वा प्रणम्य भगवन्तं विष्णुममराः पुरञ्जयसकाशमाजग्मुरूचुश्चैनम् ॥ २७ ॥ भो भो क्षत्रियवर्यास्माभिरभ्यर्थितेन भवतास्माकमरातिवधोद्यतानां कर्तव्यं साहाय्यमिच्छामस्तद्भवतास्माकमभ्यागतानां प्रणयभङ्गो न कार्य इत्युक्तः पुरञ्जयः प्राह ॥ २८ ॥ त्रैलोक्यनाथो योऽयं युष्माकमिन्द्रः शतक्रतुरस्य यद्यहं स्कन्धाधिरूढो युष्माकमरातिभिस्सह योत्स्ये तदहं भवतां सहायः स्याम ॥ २९ ॥

अड़तालीस दक्षिणापथके शासक हुए ॥ १२—१४ ॥ इक्ष्वाकुने अष्टकाश्राद्धका आरम्भ कर अपने पुत्र विकुक्षिको आज्ञा दी कि श्राद्धके योग्य मांस लाओ ॥ १५ ॥ उसने 'बहुत अच्छा' कह उनकी आज्ञाको शिरोधार्य किया और धनुष-बाण लेकर वनमें आ अनेकों मृगोंका वध किया, किन्तु अति थका-माँदा और अत्यन्त भूखा होनेके कारण विकुक्षिने उनमेंसे एक शशक (खरगोश) खा लिया और बचा हुआ मांस लाकर अपने पिताको निवेदन किया ॥ १६ ॥

उस मांसका प्रोक्षण करनेके लिये प्रार्थना किये जानेपर इक्ष्वाकुके कुल-पुरोहित वसिष्ठजीने कहा—"इस अपवित्र मांसकी क्या आवश्यकता है? तुम्हारे दुरात्मा पुत्रने इसे भ्रष्ट कर दिया है, क्योंकि उसने इसमेंसे एक शशक खा लिया है" ॥ १७ ॥ गुरुके ऐसा कहनेपर, तभीसे विकुक्षिका नाम शशाद पड़ा और पिताने उसको त्याग दिया ॥ १८ ॥ पिताके मरनेके अनन्तर उसने इस पृथिवीका धर्मानुसार शासन किया ॥ १९ ॥ उस शशादके पुरंजय नामक पुत्र हुआ ॥ २० ॥

पुरंजयका भी यह एक दूसरा नाम पड़ा— ॥ २१ ॥ पूर्वकालमें त्रेतायुगमें एक बार अति भीषण देवासुरसंग्राम हुआ ॥ २२ ॥ उसमें महाबलवान् दैत्यगणसे पराजित हुए देवताओंने भगवान् विष्णुकी आराधना की ॥ २३ ॥ तब आदि-अन्त-शून्य, अशेष जगत्प्रतिपालक, श्रीनारायणने देवताओंसे प्रसन्न होकर कहा— ॥ २४ ॥ "आपलोगोंका जो कुछ अभीष्ट है वह मैंने जान लिया है। उसके विषयमें यह बात सुनिये— ॥ २५ ॥ राजर्षि शशादका जो पुरंजय नामक पुत्र है उस क्षत्रियश्रेष्ठके शरीरमें मैं अंशमात्रसे स्वयं अवतीर्ण होकर उन सम्पूर्ण दैत्योंका नाश करूँगा। अतः तुमलोग पुरंजयको दैत्योंके वधके लिये तैयार करो" ॥ २६ ॥

यह सुनकर देवताओंने विष्णुभगवान्‌को प्रणाम किया और पुरंजयके पास आकर उससे कहा— ॥ २७ ॥ "हे क्षत्रियश्रेष्ठ! हमलोग चाहते हैं कि अपने शत्रुओंके वधमें प्रवृत्त हमलोगोंकी आप सहायता करें। हम अभ्यागत जनोंका आप मानभंग न करें।" यह सुनकर पुरंजयने कहा— ॥ २८ ॥ "ये जो त्रैलोक्यनाथ शतक्रतु आपलोगोंके इन्द्र हैं यदि मैं इनके कन्धेपर चढ़कर आपके शत्रुओंसे युद्ध कर सकूँ तो आपलोगोंका सहायक हो सकता हूँ" ॥ २९ ॥

इत्याकर्ण्य समस्तदेवैरिन्द्रेण च बाढमित्येवं समन्वीप्सितम्॥ ३०॥ ततश्च शतक्रतोर्वृषरूपधारिणः ककुदि स्थितोऽतिरोषसमन्वितो भगवतश्चराचरगुरोरच्युतस्य तेजसाप्यायितो देवासुरसङ्ग्रामे समस्तानेवासुरान्निजघान॥ ३१॥ यतश्च वृषभककुदि स्थितेन राज्ञा दैतेयबलं निषूदितमतश्चासौ ककुत्स्थसंज्ञामवाप॥ ३२॥ ककुत्स्थस्याप्यनेनाः पुत्रोऽभवत् ॥ ३३॥ पृथुरनेनसः॥ ३४॥ पृथोर्विष्टराश्वः॥ ३५॥ तस्यापि चान्द्रो युवनाश्वः॥ ३६॥ चान्द्रस्य तस्य युवनाश्वस्य शावस्तः यः पुरीं शावस्तीं निवेशयामास॥ ३७॥ शावस्तस्य बृहदश्वः॥ ३८॥ तस्यापि कुवलयाश्वः॥ ३९॥ योऽसावुदकस्य महर्षेरपकारिणं धुन्धुनामानमसुरं वैष्णवेन तेजसाप्यायितः पुत्रसहस्त्रैरेकविंशद्भिः परिवृतो जघान धुन्धुमारसंज्ञामवाप॥ ४०॥ तस्य च तनयास्समस्ता एव धुन्धुमुखनिःश्वासाग्निना विप्लुष्टा विनेशुः॥ ४१॥ दृढाश्वचन्द्राश्वकपिलाश्वाश्च त्रयः केवलं शेषिताः॥ ४२॥

दृढाश्वाद्धर्यश्वः॥ ४३॥ तस्माच्च निकुम्भः॥ ४४॥ निकुम्भस्यामिताश्वः॥ ४५॥ ततश्च कृशाश्वः॥ ४६॥ तस्माच्च प्रसेनजित्॥ ४७॥ प्रसेनजितो युवनाश्वोऽभवत्॥ ४८॥ तस्य चापुत्रस्यातिनिर्वेदान्मुनीनामाश्रममण्डले निवसतो दयालुभिर्मुनिभिरपत्योत्पादनायेष्टिः कृता॥ ४९॥ तस्यां च मध्यरात्रौ निवृत्तायां मन्त्रपूतजलपूर्णं कलशं वेदिमध्ये निवेश्य ते मुनयः सुषुपुः॥ ५०॥ सुप्तेषु तेषु अतीव तृट्परीतस्स भूपालस्तमाश्रमं विवेश॥ ५१॥ सुप्तांश्च तानृषीन्नैवोत्थापयामास॥ ५२॥ तच्च कलशमपरिमेयमाहात्म्यमन्त्रपूतं पपौ॥ ५३॥ प्रबुद्धाश्च ऋषयः पप्रच्छुः केनैतन्मन्त्रपूतं वारि पीतम्॥ ५४॥ अत्र हि राज्ञो युवनाश्वस्य पत्नी महाबलपराक्रमं पुत्रं जनयिष्यति। इत्याकर्ण्य स राजा अजानता मया पीतमित्याह॥ ५५॥

यह सुनकर समस्त देवगण और इन्द्रने 'बहुत अच्छा'—ऐसा कहकर उनका कथन स्वीकार कर लिया॥ ३०॥ फिर वृषभ-रूपधारी इन्द्रकी पीठपर चढ़कर चराचरगुरु भगवान् अच्युतके तेजसे परिपूर्ण होकर राजा पुरंजयने रोषपूर्वक सभी दैत्योंको मार डाला॥ ३१॥ उस राजाने बैलके ककुद् (कन्धे)-पर बैठकर दैत्यसेनाका वध किया था, अतः उसका नाम ककुत्स्थ पड़ा॥ ३२॥ ककुत्स्थके अनेना नामक पुत्र हुआ॥ ३३॥ अनेनाके पृथु, पृथुके विष्टराश्व, उनके चान्द्र युवनाश्व तथा उस चान्द्र युवनाश्वके शावस्त नामक पुत्र हुआ जिसने शावस्ती पुरी बसायी थी॥ ३४—३७॥ शावस्तके बृहदश्व तथा बृहदश्वके कुवलयाश्वका जन्म हुआ, जिसने वैष्णवतेजसे पूर्णता लाभ कर अपने इक्कीस सहस्र पुत्रोंके साथ मिलकर महर्षि उदकके अपकारी धुन्धु नामक दैत्यको मारा था; अतः उनका नाम धुन्धुमार हुआ॥ ३८—४०॥ उनके सभी पुत्र धुन्धुके मुखसे निकले हुए निःश्वासाग्निसे जलकर मर गये॥ ४१॥ उनमेंसे केवल दृढाश्व, चन्द्राश्व और कपिलाश्व—ये तीन ही बचे थे॥ ४२॥

दृढाश्वसे हर्यश्व, हर्यश्वसे निकुम्भ, निकुम्भसे अमिताश्व, अमिताश्वसे कृशाश्व, कृशाश्वसे प्रसेनजित् और प्रसेनजित्से युवनाश्वका जन्म हुआ॥ ४३—४८॥ युवनाश्व निःसन्तान होनेके कारण खिन्न चित्तसे मुनीश्वरोंके आश्रमोंमें रहा करता था; उसके दुःखसे द्रवीभूत होकर दयालु मुनिजनोंने उसके पुत्र उत्पन्न होनेके लिये यज्ञानुष्ठान किया॥ ४९॥ आधी रातके समय उस यज्ञके समाप्त होनेपर मुनिजन मन्त्रपूत जलका कलश वेदीमें रखकर सो गये॥ ५०॥ उनके सो जानेपर अत्यन्त पिपासाकुल होकर राजाने उस स्थानमें प्रवेश किया। और सोये होनेके कारण उन ऋषियोंको उन्होंने नहीं जगाया॥ ५१-५२॥ तथा उस अपरिमित माहात्म्यशाली कलशके मन्त्रपूत जलको पी लिया॥ ५३॥ जागनेपर ऋषियोंने पूछा—'इस मन्त्रपूत जलको किसने पिया है?॥ ५४॥ इसका पान करनेपर ही युवनाश्वकी पत्नी महाबलविक्रमशील पुत्र उत्पन्न करेगी।' यह सुनकर राजाने कहा—''मैंने ही बिना जाने यह जल पी लिया है''॥ ५५॥

गर्भश्च युवनाश्वस्योदरे अभवत् क्रमेण च ववृधे॥ ५६॥ प्राप्तसमयश्च दक्षिणं कुक्षिमवनिपतेर्निर्भिद्य निश्चक्राम॥ ५७॥ न चासौ राजा ममार॥ ५८॥

जातो नामैष कं धास्यतीति ते मुनयः प्रोचुः॥ ५९॥ अथागत्य देवराजोऽब्रवीत् मामयं धास्यतीति॥ ६०॥ ततो मान्धातृनामा सोऽभवत्। वक्त्रे चास्य प्रदेशिनी देवेन्द्रेण न्यस्ता तां पपौ॥ ६१॥ तां चामृतस्राविणीमास्वाद्याह्नैव स व्यवर्द्धत॥ ६२॥ ततस्तु मान्धाता चक्रवर्ती सप्तद्वीपां महीं बुभुजे॥ ६३॥ तत्रायं श्लोकः॥ ६४॥

यावत्सूर्य उदेत्यस्तं यावच्च प्रतितिष्ठति।
सर्वं तद्यौवनाश्वस्य मान्धातुः क्षेत्रमुच्यते॥ ६५

मान्धाता शतबिन्दोर्दुहितरं बिन्दुमतीमुपयेमे॥ ६६॥ पुरुकुत्समम्बरीषं मुचुकुन्दं च तस्यां पुत्रत्रयमुत्पादयामास॥ ६७॥ पञ्चाशद्दुहितरस्तस्यामेव तस्य नृपतेर्बभूवुः॥ ६८॥

तस्मिन्नन्तरे बह्वृचश्च सौभरिर्नाम महर्षिरन्तर्जले द्वादशाब्दं कालमुवास॥ ६९॥ तत्र चान्तर्जले सम्मदो नामातिबहुप्रजोऽतिमात्रप्रमाणो मीनाधिपतिरासीत्॥ ७०॥ तस्य च पुत्रपौत्रदौहित्राः पृष्ठतोऽग्रतः पार्श्वयोः पक्षपुच्छशिरसां चोपरि भ्रमन्तस्तेनैव सदाहर्निशमतिनिर्वृता रेमिरे॥ ७१॥ स चापत्यस्पर्शोपचीयमानप्रहर्षप्रकर्षो बहुप्रकारं तस्य ऋषेः पश्यतस्तैरात्मजपुत्रपौत्रदौहित्रादिभिः सहानुदिनं सुतरां रेमे॥ ७२॥ अथान्तर्जलावस्थितस्सौभरिरेकाग्रतस्समाधिमपहायानुदिनं तस्य मत्स्यस्यात्मजपुत्रपौत्रदौहित्रादिभिस्सहातिरमणीयतामवेक्ष्याचिन्तयत्॥ ७३॥ अहो धन्योऽयमीदृशमनभिमतं योन्यन्तरमवाप्यैभिरात्मजपुत्रपौत्रदौहित्रादिभिस्सह रममाणोऽतीवास्माकं स्पृहामुत्पादयति॥ ७४॥

अतः युवनाश्वके उदरमें गर्भ स्थापित हो गया और क्रमशः बढ़ने लगा॥ ५६॥ यथासमय बालक राजाकी दायीं कोख फाड़कर निकल आया॥ ५७॥ किन्तु इससे राजाकी मृत्यु नहीं हुई॥ ५८॥

उसके जन्म लेनेपर मुनियोंने कहा—"यह बालक क्या पान करके जीवित रहेगा?"॥ ५९॥ उसी समय देवराज इन्द्रने आकर कहा—"यह मेरे आश्रय-जीवित रहेगा'॥ ६०॥ अतः उसका नाम मान्धाता हुआ। देवेन्द्रने उसके मुखमें अपनी तर्जनी (अँगूठेके पासकी) अँगुली दे दी और वह उसे पीने लगा। उस अमृतमयी अँगुलीका आस्वादन करनेसे वह एक ही दिनमें बढ़ गया॥ ६१-६२॥ तभीसे चक्रवर्ती मान्धाता सप्तद्वीपा पृथिवीका राज्य भोगने लगा॥ ६३॥ इसके विषयमें यह श्लोक कहा जाता है॥ ६४॥

'जहाँसे सूर्य उदय होता है और जहाँ अस्त होता है वह सभी क्षेत्र युवनाश्वके पुत्र मान्धाताका है'॥ ६५॥

मान्धाताने शतबिन्दुकी पुत्री बिन्दुमतीसे विवाह किया और उससे पुरुकुत्स, अम्बरीष और मुचुकुन्द नामक तीन पुत्र उत्पन्न किये तथा उसी (बिन्दुमती)-से उनके पचास कन्याएँ हुईं॥ ६६—६८॥

उसी समय बह्वृच सौभरि नामक महर्षिने बारह वर्षतक जलमें निवास किया॥ ६९॥ उस जलमें सम्मद नामक एक बहुत-सी सन्तानोंवाला और अति दीर्घकाय मत्स्यराज था॥ ७०॥ उसके पुत्र, पौत्र और दौहित्र आदि उसके आगे-पीछे तथा इधर-उधर पक्ष, पुच्छ और सिरके ऊपर घूमते हुए अति आनन्दित होकर रात-दिन उसीके साथ क्रीडा करते रहते थे॥ ७१॥ तथा वह भी अपनी सन्तानके सुकोमल स्पर्शसे अत्यन्त हर्षयुक्त होकर उन मुनिश्वरके देखते-देखते अपने पुत्र, पौत्र और दौहित्र आदिके साथ अहर्निश क्रीडा करता रहता था॥ ७२॥

इस प्रकार जलमें स्थित सौभरि ऋषिने एकाग्रतारूप समाधिको छोड़कर रात-दिन उस मत्स्यराजकी अपने पुत्र, पौत्र और दौहित्र आदिके साथ अति रमणीय क्रीडाओंको देखकर विचार किया—॥ ७३॥ 'अहो! यह धन्य है, जो ऐसी अनिष्ट योनिमें उत्पन्न होकर भी अपने इन पुत्र, पौत्र और दौहित्र आदिके साथ निरन्तर रमण करता हुआ हमारे हृदयमें डाह उत्पन्न करता है॥ ७४॥

वयमप्येवं पुत्रादिभिस्सह ललितं रंस्यामहे इत्येवमभिकाङ्क्षन् स तस्मादन्तर्जलान्निष्क्रम्य सन्तानाय निवेष्टुकामः कन्यार्थं मान्धातारं राजानमगच्छत्॥ ७५॥

आगमनश्रवणसमनन्तरं चोत्थाय तेन राज्ञा सम्यगर्घ्यादिना सम्पूजितः कृतासनपरिग्रहः सौभरिरुवाच राजानम्॥ ७६॥

सौभरिरुवाच

निवेष्टुकामोऽस्मि नरेन्द्र कन्यां
प्रयच्छ मे मा प्रणयं विभाङ्क्षीः।
न ह्यर्थिनः कार्यवशादुपेताः
ककुत्स्थवंशे विमुखाः प्रयान्ति॥ ७७
अन्येऽपि सन्त्येव नृपाः पृथिव्यां
मान्धातरेषां तनयाः प्रसूताः।
किं त्वर्थिनामर्थितदानदीक्षा-
कृतव्रतं श्लाघ्यमिदं कुलं ते॥ ७८
शतार्धसंख्यास्तव सन्ति कन्या-
स्तासां ममैकां नृपते प्रयच्छ।
यत्प्रार्थनाभङ्गभयाद्बिभेमि
तस्मादहं राजवरातिदुःखात्॥ ७९

श्रीपराशर उवाच

इति ऋषिवचनमाकर्ण्य स राजा जराजर्जरितदेहमृषिमालोक्य प्रत्याख्यानकातरस्तस्माच्च शापभीतो बिभ्यत्किञ्चिदधोमुखश्चिरं दध्यौ च॥ ८०॥

सौभरिरुवाच

नरेन्द्र कस्मात्समुपैषि चिन्ता-
मसह्यमुक्तं न मयात्र किञ्चित्।
यावश्यदेया तनया तयैव
कृतार्थता नो यदि किं न लभ्या॥ ८१

श्रीपराशर उवाच

अथ तस्य भगवतश्शापभीतस्सप्रश्रयस्तमुवाचासौ राजा॥ ८२॥

हम भी इसी प्रकार अपने पुत्रादिके साथ अति ललित क्रीडाएँ करेंगे।' ऐसी अभिलाषा करते हुए वे उस जलके भीतरसे निकल आये और सन्तानार्थ गृहस्थाश्रममें प्रवेश करनेकी कामनासे कन्या ग्रहण करनेके लिये राजा मान्धाताके पास आये॥ ७५॥

मुनिवरका आगमन सुन राजाने उठकर अर्घ्यदानादिसे उनका भली प्रकार पूजन किया। तदनन्तर सौभरि मुनिने आसन ग्रहण करके राजासे कहा॥ ७६॥

सौभरिजी बोले—हे राजन्! मैं कन्या-परिग्रहका अभिलाषी हूँ, अतः तुम मुझे एक कन्या दो; मेरा प्रणय भंग मत करो। ककुत्स्थवंशमें कार्यवश आया हुआ कोई भी प्रार्थी पुरुष कभी खाली हाथ नहीं लौटता॥ ७७॥ हे मान्धाता! पृथिवीतलमें और भी अनेक राजालोग हैं और उनके भी कन्याएँ उत्पन्न हुई हैं; किंतु याचकोंको माँगी हुई वस्तु दान देनेके नियममें दृढप्रतिज्ञ तो यह तुम्हारा प्रशंसनीय कुल ही है॥ ७८॥ हे राजन्! तुम्हारे पचास कन्याएँ हैं, उनमेंसे तुम मुझे केवल एक ही दे दो। हे नृपश्रेष्ठ! मैं इस समय प्रार्थनाभंगकी आशंकासे उत्पन्न अतिशय दुःखसे भयभीत हो रहा हूँ॥ ७९॥

श्रीपराशरजी बोले—ऋषिके ऐसे वचन सुनकर राजा उनके जराजीर्ण देहको देखकर शापके भयसे अस्वीकार करनेमें कातर हो उनसे डरते हुए कुछ नीचेको मुख करके मन-ही-मन चिन्ता करने लगे॥ ८०॥

सौभरिजी बोले—हे नरेन्द्र! तुम चिन्तित क्यों होते हो? मैंने इसमें कोई असह्य बात तो कही नहीं है; जो कन्या एक दिन तुम्हें अवश्य देनी ही है उससे ही यदि हम कृतार्थ हो सकें तो तुम क्या नहीं प्राप्त कर सकते हो?॥ ८१॥

श्रीपराशरजी बोले—तब भगवान् सौभरिके शापसे भयभीत हो राजा मान्धाताने नम्रतापूर्वक उनसे कहा॥ ८२॥

राजोवाच

भगवन् अस्मत्कुलस्थितिरियं य एव कन्याभिरुचितोऽभिजनवान्वरस्तस्मै कन्यां प्रदीयते भगवद्याच्ञा चास्मन्मनोरथानामप्यतिगोचरवर्त्तिनी कथमप्येषा सञ्जाता तदेवमुपस्थिते न विद्मः किं कुर्म इत्येतन्मया चिन्त्यत इत्यभिहिते च तेन भूभुजा मुनिरचिन्तयत्॥ ८३ ॥ अयमन्योऽस्मत्प्रत्याख्यानोपायो वृद्धोऽयमनभिमतः स्त्रीणां किमुत कन्यकानामित्यमुना सञ्चिन्त्यैतदभिहितमेवमस्तु तथा करिष्यामीति सञ्चिन्त्य मान्धातारमुवाच॥ ८४॥ यद्येवं तदादिश्यतामस्माकं प्रवेशाय कन्यान्तःपुरवर्षवरो यदि कन्यैव काचिन्मामभिलषति तदाहं दारसङ्ग्रहं करिष्यामि अन्यथा चेत्तदलमस्माकमेतेनातीतकालारम्भणेनेत्युक्त्वा विरराम॥ ८५ ॥

ततश्च मान्धात्रा मुनिशापशङ्कितेन कन्यान्तःपुरवर्षवरस्समाज्ञप्तः ॥ ८६ ॥ तेन सह कन्यान्तःपुरं प्रविशन्नेव भगवानखिलसिद्धगन्धर्वेभ्योऽतिशयेन कमनीयं रूपमकरोत्॥ ८७॥ प्रवेश्य च तमृषिमन्तःपुरे वर्षवरस्ताः कन्याः प्राह॥ ८८॥ भवतीनां जनयिता महाराजस्समाज्ञापयति ॥ ८९॥ अयमस्मान् ब्रह्मर्षिः कन्यार्थं समभ्यागतः॥ ९०॥ मया चास्य प्रतिज्ञातं यद्यस्मत्कन्या या काचिद्भगवन्तं वरयति तत्कन्यायाश्छन्दे नाहं परिपन्थानं करिष्यमीत्याकर्ण्य सर्वा एव ताः कन्याः सानुरागाः सप्रमदाः करेणव इवेभयूथपतिं तमृषिमहमहमिकया वरयाम्बभूवुरूचुश्च॥ ९१॥

अलं भगिन्योऽहमिमं वृणोमि
वृणोम्यहं नैष तवानुरूपः।
ममैष भर्त्ता विधिनैव सृष्ट-
स्सृष्टाहमस्योपशमं प्रयाहि॥ ९२
वृतो मयायं प्रथमं मयायं
गृहं विशन्नेव विहन्यसे किम्।

राजा बोले—भगवन्! हमारे कुलकी यह रीति है कि जिस सत्कुलोत्पन्न वरको कन्या पसन्द करती है वह उसीको दी जाती है। आपकी प्रार्थना तो हमारे मनोरथोंसे भी परे है। न जाने, किस प्रकार यह उत्पन्न हुई है? ऐसी अवस्थामें मैं नहीं जानता कि क्या करूँ? बस, मुझे यही चिन्ता है। महाराज मान्धाताके ऐसा कहनेपर मुनिवर सौभरिने विचार किया—॥ ८३॥ 'मुझको टाल देनेका यह एक और ही उपाय है। 'यह बूढ़ा है, प्रौढ़ा स्त्रियाँ भी इसे पसन्द नहीं कर सकतीं, फिर कन्याओंकी तो बात ही क्या है?' ऐसा सोचकर ही राजाने यह बात कही है। अच्छा, ऐसा ही सही, मैं भी ऐसा ही उपाय करूँगा।' यह सब सोचकर उन्होंने मान्धातासे कहा—॥ ८४॥ "यदि ऐसी बात है तो कन्याओंके अन्तःपुर-रक्षक नपुंसकको वहाँ मेरा प्रवेश करानेके लिये आज्ञा दो। यदि कोई कन्या ही मेरी इच्छा करेगी तो ही मैं स्त्री-ग्रहण करूँगा नहीं तो इस ढलती अवस्थामें मुझे इस व्यर्थ उद्योगका कोई प्रयोजन नहीं है।" ऐसा कहकर वे मौन हो गये॥ ८५॥

तब मुनिके शापकी आशंकासे मान्धाताने कन्याओंके अन्तःपुर-रक्षकको आज्ञा दे दी॥ ८६॥ उसके साथ अन्तःपुरमें प्रवेश करते हुए भगवान् सौभरिने अपना रूप सकल सिद्ध और गन्धर्वगणसे भी अतिशय मनोहर बना लिया॥ ८७॥ उन ऋषिवरको अन्तःपुरमें ले जाकर अन्तःपुर-रक्षकने उन कन्याओंसे कहा—॥ ८८॥ "तुम्हारे पिता महाराज मान्धाताकी आज्ञा है कि ये ब्रह्मर्षि हमारे पास एक कन्याके लिये पधारे हैं और मैंने इनसे प्रतिज्ञा की है कि मेरी जो कोई कन्या श्रीमान्‌को वरण करेगी उसकी स्वच्छन्दतामें मैं किसी प्रकारकी बाधा नहीं डालूँगा।" यह सुनकर उन सभी कन्याओंने यूथपति गजराजका वरण करनेवाली हथिनियोंके समान अनुराग और आनन्दपूर्वक 'अकेली मैं ही—अकेली मैं ही वरण करती हूँ' ऐसा कहते हुए उन्हें वरण कर लिया। वे परस्पर कहने लगीं—॥ ८९—९१॥ 'अरी बहिनो! व्यर्थ चेष्टा क्यों करती हो? मैं इनका वरण करती हूँ, ये तुम्हारे अनुरूप हैं भी नहीं। विधाताने ही इन्हें मेरा भर्त्ता और मुझे इनकी भार्या बनाया है। अतः तुम शान्त हो जाओ॥ ९२॥ अन्तःपुरमें आते ही सबसे पहले मैंने ही इन्हें वरण किया था, तुम क्यों मरी जाती हो?' इस प्रकार 'मैंने

मया मयेति क्षितिपात्मजानां
तदर्थमत्यर्थकलिर्बभूव ॥ ९३
यदा मुनिस्ताभिरतीवहार्दाद्-
वृतस्स कन्याभिरनिन्द्यकीर्तिः।
तदा स कन्याधिकृतो नृपाय
यथावदाचष्ट विनम्रमूर्त्तिः॥ ९४

श्रीपराशर उवाच

तदवगमात्किङ्किमेतत्कथमेतत्किं किं करोमि किं मयाभिहितमित्याकुलमतिरनिच्छन्नपि कथमपि राजानुमेने॥ ९५॥ कृतानुरूपविवाहश्च महर्षिस्सकला एव ताः कन्यास्वमाश्रममनयत्॥ ९६॥

तत्र चाशेषशिल्पकल्पप्रणेतारं धातारमिवान्यं विश्वकर्माणमाहूय सकलकन्यानामेकैकस्याः प्रोत्फुल्लपङ्कजाः कूजत्कलहंसकारण्डवादिविहङ्गमाभिरामजलाशयास्सोपधानाः सावकाशास्साधुशय्यापरिच्छदाः प्रासादाः क्रियन्तामित्यादिदेश॥ ९७॥

तच्च तथैवानुष्ठितमशेषशिल्पविशेषाचार्यस्त्वष्टा दर्शितवान्॥ ९८॥ ततः परमर्षिणा सौभरिणाज्ञप्तस्तेषु गृहेष्वनिवार्यानन्दनामा महानिधिरासाञ्चक्रे॥ ९९॥ ततोऽनवरतेन भक्ष्यभोज्यलेह्याद्युपभोगैरागतानुगतभृत्यादीनहर्निशमशेषगृहेषु ताः क्षितीशदुहितरो भोजयामासुः॥ १००॥

एकदा तु दुहितृस्नेहाकृष्टहृदयस्स महीपतिरतिदुःखितास्ता उत सुखिता वा इति विचिन्त्य तस्य महर्षेराश्रमसमीपमुपेत्य स्फुरदंशुमालाललामां स्फटिकमयप्रासादमालामतिरम्योपवनजलाशयां ददर्श॥ १०१॥

प्रविश्य चैकं प्रासादमात्मजां परिष्वज्य कृतासनपरिग्रहः प्रवृद्धस्नेहनयनाम्बुगर्भनयनोऽब्रवीत्॥ १०२॥ अप्यत्र वत्से भवत्याः सुखमुत किञ्चिदसुखमपि ते महर्षिस्स्नेहवानुत न,

वरण किया है—पहले मैंने वरण किया है' ऐसा कह-कहकर उन राजकन्याओंमें उनके लिये बड़ा कलह मच गया॥ ९३॥

जब उन समस्त कन्याओंने अतिशय अनुरागवश उन अनिन्द्यकीर्ति मुनिवरको वरण कर लिया तो कन्या-रक्षकने नम्रतापूर्वक राजासे सम्पूर्ण वृत्तान्त ज्यों-का-त्यों कह सुनाया॥ ९४॥

श्रीपराशरजी बोले—यह जानकर राजाने 'यह क्या कहता है?' 'यह कैसे हुआ?' 'मैं क्या करूँ?' 'मैंने क्यों उन्हें [अन्दर जानेके लिये] कहा था?' इस प्रकार सोचते हुए अत्यन्त व्याकुल चित्तसे इच्छा न होते हुए भी जैसे-तैसे अपने वचनका पालन किया और अपने अनुरूप विवाह-संस्कारके समाप्त होनेपर महर्षि सौभरि उन समस्त कन्याओंको अपने आश्रमपर ले गये॥ ९५-९६॥

वहाँ आकर उन्होंने दूसरे विधाताके समान अशेष-शिल्प-कल्प-प्रणेता विश्वकर्माको बुलाकर कहा कि इन समस्त कन्याओंमेंसे प्रत्येकके लिये पृथक्-पृथक् महल बनाओ, जिनमें खिले हुए कमल और कूजते हुए सुन्दर हंस तथा कारण्डव आदि जल-पक्षियोंसे सुशोभित जलाशय हों, सुन्दर उपधान (मसनद), शय्या और परिच्छद (ओढ़नेके वस्त्र) हों तथा पर्याप्त खुला हुआ स्थान हो॥ ९७॥

तब सम्पूर्ण शिल्प-विद्याके विशेष आचार्य विश्वकर्माने भी उनकी आज्ञानुसार सब कुछ तैयार करके उन्हें दिखलाया॥ ९८॥ तदनन्तर महर्षि सौभरिकी आज्ञासे उन महलोंमें अनिवार्यानन्द नामकी महानिधि निवास करने लगी॥ ९९॥ तब तो उन सम्पूर्ण महलोंमें नाना प्रकारके भक्ष्य, भोज्य और लेह्य आदि सामग्रियोंसे वे राजकन्याएँ आये हुए अतिथियों और अपने अनुगत भृत्यवर्गोंको तृप्त करने लगीं॥ १००॥

एक दिन पुत्रियोंके स्नेहसे आकर्षित होकर राजा मान्धाता यह देखनेके लिये कि वे अत्यन्त दुःखी हैं या सुखी? महर्षि सौभरिके आश्रमके निकट आये, तो उन्होंने वहाँ अति रमणीय उपवन और जलाशयोंसे युक्त स्फटिक-शिलाके महलोंकी पंक्ति देखी जो फैलती हुई मयूख-मालाओंसे अत्यन्त मनोहर मालूम पड़ती थी॥ १०१॥

तदनन्तर वे एक महलमें जाकर अपनी कन्याका स्नेहपूर्वक आलिंगन कर आसनपर बैठे और फिर बढ़ते हुए प्रेमके कारण नयनोंमें जल भरकर बोले—॥ १०२॥ "बेटी! तुमलोग यहाँ सुखपूर्वक हो न? तुम्हें किसी प्रकारका कष्ट तो नहीं है? महर्षि सौभरि

स्मर्यतेऽस्मद्गृहवास इत्युक्ता तं तनया पितरमाह॥ १०३॥ तातातिरमणीयः प्रासादोऽत्रातिमनोज्ञमुपवनमेते कलवाक्यविहङ्गमाभिरुताः प्रोत्फुल्लपद्माकरजलाशया मनोऽनुकूलभक्ष्यभोज्यानुलेपनवस्त्रभूषणादिभोगो मृदूनि शयनासनानि सर्वसम्पत्समेतं मे गार्हस्थ्यम्॥ १०४॥ तथापि केन वा जन्मभूमिर्न स्मर्यते॥ १०५॥ त्वत्प्रसादादिदमशेषमतिशोभनम्॥ १०६॥ किं त्वेकं ममैतद्दुःखकारणं यदस्मद्गृहान्महर्षिरयम्मद्भर्त्ता न निष्क्रामति ममैव केवलमतिप्रीत्या समीपपरिवर्ती नान्यासामस्मद्भगिनीनाम्॥ १०७॥ एवं च मम सोदर्योऽतिदुःखिता इत्येवमतिदुःखकारणमित्युक्तस्तया द्वितीयं प्रासादमुपेत्य स्वतनयां परिष्वज्योपविष्टस्तथैव पृष्टवान्॥ १०८॥ तयापि च सर्वमेतत्तत्प्रासादाद्युपभोगसुखं भृशमाख्यातं ममैव केवलमतिप्रीत्या पार्श्वपरिवर्त्ती, नान्यासामस्मद्भगिनीनामित्येवमादि श्रुत्वा समस्तप्रासादेषु राजा प्रविवेश तनयां तनयां तथैवापृच्छत् ॥ १०९॥ सर्वाभिश्च ताभिस्तथैवाभिहितः परितोषविस्मयनिर्भरविवशहृदयो भगवन्तं सौभरिमेकान्तावस्थितमुपेत्य कृतपूजोऽब्रवीत् ॥ ११०॥ दृष्टस्ते भगवन् सुमहानेष सिद्धिप्रभावो नैवंविधमन्यस्य कस्यचिदस्माभिर्विभूतिभिर्विलसितमुपलक्षितं यदेतद्भगवतस्तपसः फलमित्यभिपूज्य तमृषिं तत्रैव तेन ऋषिवर्येण सह किञ्चित्कालमभिमतोपभोगान् बुभुजे स्वपुरं च जगाम॥ १११॥

कालेन गच्छता तस्य तासु राजतनयासु पुत्रशतं सार्धमभवत्॥ ११२॥ अनुदिनानुरूढस्नेहप्रसरश्च स तत्रातीव ममताकृष्टहृदयोऽभवत् ॥ ११३॥ अप्येतेऽस्मत्पुत्राः कलभाषिणः पद्भ्यां गच्छेयुः अप्येते यौवनिनो भवेयुः, अपि कृतदारानेतान् पश्येयमप्येषां पुत्रा भवेयुः

तुमसे स्नेह करते हैं या नहीं? क्या तुम्हें हमारे घरकी भी याद आती है?'' पिताके ऐसा कहनेपर उस राजपुत्रीने कहा— ॥ १०३॥ ''पिताजी! यह महल अति रमणीय है, ये उपवनादि भी अतिशय मनोहर हैं, खिले हुए कमलोंसे युक्त इन जलाशयोंमें जलपक्षिगण सुन्दर बोली बोलते रहते हैं, भक्ष्य, भोज्य आदि खाद्य पदार्थ, उबटन और वस्त्राभूषण आदि भोग तथा सुकोमल शय्यासनादि सभी मनके अनुकूल हैं; इस प्रकार हमारा गार्हस्थ्य यद्यपि सर्वसम्पत्तिसम्पन्न है॥ १०४॥ तथापि अपनी जन्मभूमिकी याद भला किसको नहीं आती?॥ १०५॥ आपकी कृपासे यद्यपि सब कुछ मंगलमय है॥ १०६॥ तथापि मुझे एक बड़ा दुःख है कि हमारे पति ये महर्षि मेरे घरसे बाहर कभी नहीं जाते। अत्यन्त प्रीतिके कारण ये केवल मेरे ही पास रहते हैं, मेरी अन्य बहिनोंके पास ये जाते ही नहीं हैं॥ १०७॥ इस कारणसे मेरी बहिनें अति दुःखी होंगी। यही मेरे अति दुःखका कारण है।'' उसके ऐसा कहनेपर राजाने दूसरे महलमें आकर अपनी कन्याका आलिंगन किया और आसनपर बैठनेके अनन्तर उससे भी इसी प्रकार पूछा॥ १०८॥ उसने भी उसी प्रकार महल आदि सम्पूर्ण उपभोगोंके सुखका वर्णन किया और कहा कि अतिशय प्रीतिके कारण महर्षि केवल मेरे ही पास रहते हैं और किसी बहिनके पास नहीं जाते। इस प्रकार पूर्ववत् सुनकर राजा एक-एक करके प्रत्येक महलमें गये और प्रत्येक कन्यासे इसी प्रकार पूछा॥ १०९॥ और उन सबने भी वैसा ही उत्तर दिया। अन्तमें आनन्द और विस्मयके भारसे विवशचित्त होकर उन्होंने एकान्तमें स्थित भगवान् सौभरिकी पूजा करनेके अनन्तर उनसे कहा— ॥ ११०॥ ''भगवन्! आपकी ही योगसिद्धिका यह महान् प्रभाव देखा है। इस प्रकारके महान् वैभवके साथ और किसीको भी विलास करते हुए हमने नहीं देखा; सो यह सब आपकी तपस्याका ही फल है।'' इस प्रकार उनका अभिवादन कर वे कुछ कालतक उन मुनिवरके साथ ही अभिमत भोग भोगते रहे और अन्तमें अपने नगरको चले आये॥ १११॥

कालक्रमसे उन राजकन्याओंसे सौभरि मुनिके डेढ़ सौ पुत्र हुए॥ ११२॥ इस प्रकार दिन-दिन स्नेहका प्रसार होनेसे उनका हृदय अतिशय ममतामय हो गया॥ ११३॥ वे सोचने लगे—'क्या मेरे ये पुत्र मधुर

अप्येतत्पुत्रान्पुत्रसमन्वितान्पश्यामीत्यादिमनोरथा-
ननुदिनं कालसम्पत्तिप्रवृद्धानु-
पेक्ष्यैतच्चिन्तयामास॥ ११४॥ अहो मे
मोहस्यातिविस्तारः॥ ११५॥

मनोरथानां न समाप्तिरस्ति
वर्षायुतेनापि तथाब्दलक्षैः।
पूर्णेषु पूर्णेषु मनोरथाना-
मुत्पत्तयस्सन्ति पुनर्नवानाम्॥ ११६

पद्भ्यां गता यौवनिनश्च जाता
दारैश्च संयोगमिताः प्रसूताः।
दृष्टाः सुतास्तत्तनयप्रसूतिं
द्रष्टुं पुनर्वाञ्छति मेऽन्तरात्मा॥ ११७

द्रक्ष्यामि तेषामिति चेत्प्रसूतिं
मनोरथो मे भविता ततोऽन्यः।
पूर्णेऽपि तत्राप्यपरस्य जन्म
निवार्यते केन मनोरथस्य॥ ११८

आमृत्युतो नैव मनोरथाना-
मन्तोऽस्ति विज्ञातमिदं मयाद्य।
मनोरथासक्तिपरस्य चित्तं
न जायते वै परमार्थसङ्गि॥ ११९

स मे समाधिर्जलवासमित्र-
मत्स्यस्य सङ्गात्सहसैव नष्टः।
परिग्रहस्सङ्गकृतो मयायं
परिग्रहोत्था च ममातिलिप्सा॥ १२०

दुःखं यदैवैकशरीरजन्म
शतार्द्धसंख्याकमिदं प्रसूतम्।
परिग्रहेण क्षितिपात्मजानां
सुतैरनेकैर्बहुलीकृतं तत्॥ १२१

सुतात्मजैस्तत्तनयैश्च भूयो
भूयश्च तेषां च परिग्रहेण।
विस्तारमेष्यत्यतिदुःखहेतुः
परिग्रहो वै ममताभिधानः॥ १२२

बोलीसे बोलेंगे? अपने पाँवोंसे चलेंगे? क्या ये युवावस्थाको प्राप्त होंगे? उस समय क्या मैं इन्हें सपत्नीक देख सकूँगा? फिर क्या इनके पुत्र होंगे और मैं इन्हें अपने पुत्र-पौत्रोंसे युक्त देखूँगा?' इस प्रकार कालक्रमसे दिनानुदिन बढ़ते हुए इन मनोरथोंकी उपेक्षा कर वे सोचने लगे—॥ ११४॥ 'अहो! मेरे मोहका कैसा विस्तार है॥ ११५॥

इन मनोरथोंकी तो हजारों-लाखों वर्षोंमें भी समाप्ति नहीं हो सकती। उनमेंसे यदि कुछ पूर्ण भी हो जाते हैं तो उनके स्थानपर अन्य नये मनोरथोंकी उत्पत्ति हो जाती है॥ ११६॥ मेरे पुत्र पैरोंसे चलने लगे, फिर वे युवा हुए, उनका विवाह हुआ तथा उनके सन्तानें हुईं—यह सब तो मैं देख चुका; किन्तु अब मेरा चित्त उन पौत्रोंके पुत्र-जन्मको भी देखना चाहता है!॥ ११७॥ यदि उनका जन्म भी मैंने देख लिया तो फिर मेरे चित्तमें दूसरा मनोरथ उठेगा और यदि वह भी पूरा हो गया तो अन्य मनोरथकी उत्पत्तिको ही कौन रोक सकता है?॥ ११८॥

मैंने अब भली प्रकार समझ लिया है कि मृत्युपर्यन्त मनोरथोंका अन्त तो होना नहीं है और जिस चित्तमें मनोरथोंकी आसक्ति होती है वह कभी परमार्थमें लग नहीं सकता॥ ११९॥ अहो! मेरी वह समाधि जलवासके साथी मत्स्यके संगसे अकस्मात् नष्ट हो गयी और उस संगके कारण ही मैंने स्त्री और धन आदिका परिग्रह किया तथा परिग्रहके कारण ही अब मेरी तृष्णा बढ़ गयी है॥ १२०॥

एक शरीरका ग्रहण करना ही महान् दुःख है और मैंने तो इन राजकन्याओंका परिग्रह करके उसे पचास गुना कर दिया है। तथा अनेक पुत्रोंके कारण अब वह बहुत ही बढ़ गया है॥ १२१॥ अब आगे भी पुत्रोंके पुत्र तथा उनके पुत्रोंसे और उनका पुनः-पुनः विवाह-सम्बन्ध करनेसे वह और भी बढ़ेगा। यह ममतारूप विवाहसम्बन्ध अवश्य बड़े ही दुःखका कारण है॥ १२२॥

चीर्णं तपो यत्तु जलाश्रयेण
तस्यर्द्धिरेषा तपसोऽन्तरायः।
मत्स्यस्य सङ्गादभवच्च यो मे
सुतादिरागो मुषितोऽस्मि तेन॥ १२३
निस्सङ्गता मुक्तिपदं यतीनां
सङ्गादशेषाः प्रभवन्ति दोषाः।
आरूढयोगो विनिपात्यतेऽध-
स्सङ्गेन योगी किमुताल्पबुद्धिः॥ १२४
अहं चरिष्यामि तदात्मनोऽर्थे
परिग्रहग्राहगृहीतबुद्धिः ।
यदा हि भूयः परिहीनदोषो
जनस्य दुःखैर्भविता न दुःखी॥ १२५
सर्वस्य धातारमचिन्त्यरूप-
मणोरणीयांसमतिप्रमाणम् ।
सितासितं चेश्वरमीश्वराणा-
माराधयिष्ये तपसैव विष्णुम्॥ १२६
तस्मिन्नशेषौजसि सर्वरूपि-
ण्यव्यक्तविस्पष्टतनावनन्ते ।
ममाचलं चित्तमपेतदोषं
सदास्तु विष्णावभवाय भूयः॥ १२७
समस्तभूतादमलादनन्ता-
त्सर्वेश्वरादन्यदनादिमध्यात् ।
यस्मान्न किञ्चित्तमहं गुरूणां
परं गुरुं संश्रयमेमि विष्णुम्॥ १२८

श्रीपराशर उवाच

इत्यात्मानमात्मनैवाभिधायासौ सौभरिरपहाय पुत्रगृहासनपरिच्छदादिकमशेषमर्थजातं सकल-भार्यासमन्वितो वनं प्रविवेश॥ १२९॥ तत्राप्यनुदिनं वैखानसनिष्पाद्यमशेषक्रियाकलापं निष्पाद्य क्षपितसकलपापः परिपक्वमनोवृत्ति-रात्मन्यग्नीन्समारोप्य भिक्षुरभवत्॥ १३०॥ भगवत्यासज्याखिलं कर्मकलापं हित्वानन्तमज-मनादिनिधनमविकारमरणादिधर्ममवाप परमनन्तं परवतामच्युतं पदम्॥ १३१॥

जलाशयमें रहकर मैंने जो तपस्या की थी उसकी फलस्वरूपा यह सम्पत्ति तपस्याकी बाधक है। मत्स्यके संगसे मेरे चित्तमें जो पुत्र आदिका राग उत्पन्न हुआ था उसीने मुझे ठग लिया॥ १२३॥ निःसंगता ही यतियोंको मुक्ति देनेवाली है, सम्पूर्ण दोष संगसे ही उत्पन्न होते हैं। संगके कारण तो योगारूढ यति भी पतित हो जाते हैं, फिर मन्दमति मनुष्योंकी तो बात ही क्या है?॥ १२४॥

परिग्रहरूपी ग्राहने मेरी बुद्धिको पकड़ा हुआ है। इस समय मैं ऐसा उपाय करूँगा जिससे दोषोंसे मुक्त होकर फिर अपने कुटुम्बियोंके दुःखसे दुःखी न होऊँ॥ १२५॥ अब मैं सबके विधाता, अचिन्त्यरूप, अणुसे भी अणु और सबसे महान् सत्त्व एवं तमःस्वरूप तथा ईश्वरोंके भी ईश्वर भगवान् विष्णुकी तपस्या करके आराधना करूँगा॥ १२६॥ उन सम्पूर्ण तेजोमय, सर्वस्वरूप, अव्यक्त, विस्पष्टशरीर, अनन्त श्रीविष्णुभगवान्में मेरा दोषरहित चित्त सदा निश्चल रहे जिससे मुझे फिर जन्म न लेना पड़े॥ १२७॥ जिस सर्वरूप, अमल, अनन्त, सर्वेश्वर और आदि-मध्य-शून्यसे पृथक् और कुछ भी नहीं है उस गुरुजनोंके भी परम गुरु भगवान् विष्णुकी मैं शरण लेता हूँ'॥ १२८॥

श्रीपराशरजी बोले—इस प्रकार मन-ही-मन सोचकर सौभरि मुनि पुत्र, गृह, आसन, परिच्छद आदि सम्पूर्ण पदार्थोंको छोड़कर अपनी समस्त स्त्रियोंके सहित वनमें चले गये॥ १२९॥ वहाँ वानप्रस्थोंके योग्य समस्त क्रियाकलापका अनुष्ठान करते हुए सम्पूर्ण पापोंका क्षय हो जानेपर तथा मनोवृत्तिके राग-द्वेषहीन हो जानेपर, आहवनीयादि अग्नियोंको अपनेमें स्थापित कर संन्यासी हो गये॥ १३०॥ फिर भगवान्में आसक्त हो सम्पूर्ण कर्मकलापका त्याग कर परमात्मपरायण पुरुषोंके अच्युतपद (मोक्ष)-को प्राप्त किया, जो अजन्मा, अनादि, अविनाशी, विकार और मरणादि धर्मोंसे रहित, इन्द्रियादिसे अतीत तथा अनन्त है॥ १३१॥

इत्येतन्मान्धातृदुहितृसम्बन्धादाख्यातम् ॥ १३२ ॥ यश्चैतत्सौभरिचरितमनुस्मरति पठति पाठयति शृणोति श्रावयति धरत्यवधारयति लिखति लेखयति शिक्षयत्यध्यापयत्युपदिशति वा तस्य षड् जन्मानि दुस्सन्ततिरसद्धर्मो वाङ्मनसयोरसन्मार्गाचरणमशेषहेतुषु वा ममत्वं न भवति ॥ १३३ ॥

इस प्रकार मान्धाताकी कन्याओंके सम्बन्धमें मैंने इस चरित्रका वर्णन किया है। जो कोई इस सौभरि-चरित्रका स्मरण करता है, अथवा पढ़ता-पढ़ाता, सुनता-सुनाता, धारण करता-कराता, लिखता-लिखवाता तथा सीखता-सिखाता अथवा उपदेश करता है उसके छः जन्मोंतक दुःसन्तति, असद्धर्म और वाणी अथवा मनकी कुमार्गमें प्रवृत्ति तथा किसी भी पदार्थमें ममता नहीं होती ॥ १३२-१३३ ॥

इति श्रीविष्णुपुराणे चतुर्थेऽशे द्वितीयोऽध्यायः ॥ २ ॥

तीसरा अध्याय

मान्धाताकी सन्तति, त्रिशंकुका स्वर्गारोहण तथा सगरकी उत्पत्ति और विजय

अतश्च मान्धातुः पुत्रसन्ततिरभिधीयते ॥ १ ॥

अम्बरीषस्य मान्धातृतनयस्य युवनाश्वः पुत्रोऽभूत् ॥ २ ॥ तस्माद्धारीतः, यतोऽङ्गिरसो हारीताः ॥ ३ ॥ रसातले मौनेया नाम गन्धर्वा बभूवुष्षट्कोटिसंख्यातास्तैरशेषाणिनागकुलान्यपहृतप्रधानरत्नाधिपत्यान्यक्रियन्त ॥ ४ ॥ तैश्च गन्धर्ववीर्यावधूतैरुरगेश्वरैः स्तूयमानो भगवानशेषदेवेशः स्तवच्छ्रवणोन्मीलितोन्निद्रपुण्डरीकनयनो जलशयनो निद्रावसानात् प्रबुद्धः प्रणिपत्याभिहितः। भगवन्नस्माकमेतेभ्यो गन्धर्वेभ्यो भयमुत्पन्नं कथमुपशममेष्यतीति ॥ ५ ॥ आह च भगवाननादिनिधनपुरुषोत्तमो योऽसौ यौवनाश्वस्य मान्धातुः पुरुकुत्सनामा पुत्रस्तमहमनुप्रविश्य तानशेषान् दुष्टगन्धर्वानुपशमं नयिष्यामीति ॥ ६ ॥ तदाकर्ण्य भगवते जलशायिने कृतप्रणामाः पुनर्नागलोकमागताः पन्नगाधिपतयो नर्मदां च पुरुकुत्सानयनाय चोदयामासुः ॥ ७ ॥ सा चैनं रसातलं नीतवती ॥ ८ ॥

अब हम मान्धाताके पुत्रोंकी सन्तानका वर्णन करते हैं ॥ १ ॥ मान्धाताके पुत्र अम्बरीषके युवनाश्व नामक पुत्र हुआ ॥ २ ॥ उससे हारीत हुआ जिससे अंगिरा-गोत्रीय हारीतगण हुए ॥ ३ ॥ पूर्वकालमें रसातलमें मौनेय नामक छः करोड़ गन्धर्व रहते थे। उन्होंने समस्त नागकुलोंके प्रधान-प्रधान रत्न और अधिकार छीन लिये थे ॥ ४ ॥ गन्धर्वोंके पराक्रमसे अपमानित उन नागेश्वरोंद्वारा स्तुति किये जानेपर उसके श्रवण करनेसे जिनकी विकसित कमलसदृश आँखें खुल गयी हैं निद्राके अन्तमें जगे हुए उन जलशायी भगवान् सर्वदेवेश्वरको प्रणाम कर उनसे नागगणने कहा—"भगवन्! इन गन्धर्वोंसे उत्पन्न हुआ हमारा भय किस प्रकार शान्त होगा?" ॥ ५ ॥ तब आदि-अन्तरहित भगवान् पुरुषोत्तमने कहा—'युवनाश्वके पुत्र मान्धाताका जो यह पुरुकुत्स नामक पुत्र है उसमें प्रविष्ट होकर मैं उन सम्पूर्ण दुष्ट गन्धर्वोंका नाश कर दूँगा' ॥ ६ ॥ यह सुनकर भगवान् जलशायीको प्रणाम कर समस्त नागाधिपतिगण नागलोकमें लौट आये और पुरुकुत्सको लानेके लिये [अपनी बहिन एवं पुरुकुत्सकी भार्या] नर्मदाको प्रेरित किया ॥ ७ ॥ तदनन्तर नर्मदा पुरुकुत्सको रसातलमें ले आयी ॥ ८ ॥

रसातलगतश्चासौ भगवत्तेजसाप्यायितात्म-

रसातलमें पहुँचनेपर पुरुकुत्सने भगवान्के तेजसे

वीर्यस्सकलगन्धर्वान्निजघान॥ ९॥ पुनश्च स्वपुरमाजगाम॥ १०॥ सकलपन्नगाधिपतयश्च नर्मदायै वरं ददुः। यस्तेऽनुस्मरणसमवेतं नामग्रहणं करिष्यति न तस्य सर्पविषभयं भविष्यतीति॥ ११॥ अत्र च श्लोकः॥ १२॥

नर्मदायै नमः प्रातर्नर्मदायै नमो निशि।
नमोऽस्तु नर्मदे तुभ्यं त्राहि मां विषसर्पतः॥ १३

इत्युच्चार्याहर्निशमन्धकारप्रवेशे वा सर्पैर्न दश्यते न चापि कृतानुस्मरणभुजो विषमपि भुक्तमुपघाताय भवति॥ १४॥ पुरुकुत्साय सन्ततिविच्छेदो न भविष्यतीत्युरगपतयो वरं ददुः॥ १५॥

पुरुकुत्सो नर्मदायां त्रसद्दस्युमजीजनत्॥ १६॥ त्रसद्दस्युतस्सम्भूतोऽनरण्यः, यं रावणो दिग्विजये जघान॥ १७॥ अनरण्यस्य पृषदश्वः पृषदश्वस्य हर्यश्वः पुत्रोऽभवत्॥ १८॥ तस्य च हस्तः पुत्रोऽभवत्॥ १९॥ ततश्च सुमनास्तस्यापि त्रिधन्वा त्रिधन्वनस्त्रय्यारुणिः॥ २०॥ त्रय्यारुणेस्सत्यव्रतः, योऽसौ त्रिशङ्कुसंज्ञामवाप॥ २१॥ स चाण्डालतामुपगतश्च॥ २२॥ द्वादशवार्षिक्यामनावृष्ट्यां विश्वामित्रकलत्रापत्यपोषणार्थं चाण्डालप्रतिग्रहपरिहरणाय च जाह्नवीतीरन्यग्रोधे मृगमांसमनुदिनं बबन्ध॥ २३॥ स तु परितुष्टेन विश्वामित्रेण सशरीरस्स्वर्गमारोपितः॥ २४॥

त्रिशङ्कोर्हरिश्चन्द्रस्तस्माच्च रोहिताश्वस्ततश्च हरितो हरितस्य चञ्चुश्चञ्चोर्विजयवसुदेवौ रुरुको विजयाद्रुरुकस्य वृकः॥ २५॥ ततो वृकस्य बाहुर्योऽसौ हैहयतालजङ्घादिभिः पराजितोऽन्तर्वत्न्या महिष्या सह वनं प्रविवेश॥ २६॥ तस्याश्च सपत्न्या गर्भस्तम्भनाय गरो दत्तः॥ २७॥ तेनास्या गर्भस्सप्तवर्षाणि जठर एव तस्थौ॥ २८॥ स च बाहुर्वृद्धभावादौर्वाश्रमसमीपे ममार॥ २९॥ सा तस्य भार्या चितां कृत्वा

अपने शरीरका बल बढ़ जानेसे सम्पूर्ण गन्धर्वोंको मार डाला और फिर अपने नगरमें लौट आया॥ ९-१०॥ उस समय समस्त नागराजोंने नर्मदाको यह वर दिया कि जो कोई तेरा स्मरण करते हुए तेरा नाम लेगा उसको सर्प-विषसे कोई भय न होगा॥ ११॥ इस विषयमें यह श्लोक भी है—॥ १२॥

'नर्मदाको प्रातःकाल नमस्कार है और रात्रिकालमें भी नर्मदाको नमस्कार है। हे नर्मदे! तुमको बारम्बार नमस्कार है, तुम मेरी विष और सर्पसे रक्षा करो'॥ १३॥

इसका उच्चारण करते हुए दिन अथवा रात्रिमें किसी समय भी अन्धकारमें जानेसे सर्प नहीं काटता तथा इसका स्मरण करके भोजन करनेवालेका खाया हुआ विष भी घातक नहीं होता॥ १४॥ पुरुकुत्सको नागपतियोंने यह वर दिया कि तुम्हारी सन्तानका कभी अन्त न होगा॥ १५॥

पुरुकुत्सने नर्मदासे त्रसद्दस्यु नामक पुत्र उत्पन्न किया॥ १६॥ त्रसद्दस्युसे अनरण्य हुआ, जिसे दिग्विजयके समय रावणने मारा था॥ १७॥ अनरण्यके पृषदश्व, पृषदश्वके हर्यश्व, हर्यश्वके हस्त, हस्तके सुमना, सुमनाके त्रिधन्वा, त्रिधन्वाके त्रय्यारुणि और त्रय्यारुणिके सत्यव्रत नामक पुत्र हुआ, जो पीछे त्रिशंकु कहलाया॥ १८—२१॥

वह त्रिशंकु चाण्डाल हो गया था॥ २२॥ एक बार बारह वर्षतक अनावृष्टि रही। उस समय विश्वामित्र मुनिके स्त्री और बाल-बच्चोंके पोषणार्थ तथा अपनी चाण्डालताको छुड़ानेके लिये वह गंगाजीके तटपर एक वटके वृक्षपर प्रतिदिन मृगका मांस बाँध आता था॥ २३॥ इससे प्रसन्न होकर विश्वामित्रजीने उसे सदेह स्वर्ग भेज दिया॥ २४॥

त्रिशंकुसे हरिश्चन्द्र, हरिश्चन्द्रसे रोहिताश्व, रोहिताश्वसे हरित, हरितसे चंचु, चंचुसे विजय और वसुदेव, विजयसे रुरुक और रुरुकसे वृकका जन्म हुआ॥ २५॥ वृकके बाहु नामक पुत्र हुआ जो हैहय और तालजंघ आदि क्षत्रियोंसे पराजित होकर अपनी गर्भवती पटरानीके सहित वनमें चला गया था॥ २६॥ पटरानीकी सौतने उसका गर्भ रोकनेकी इच्छासे उसे विष खिला दिया॥ २७॥ उसके प्रभावसे उसका गर्भ सात वर्षतक गर्भाशयहीमें रहा॥ २८॥ अन्तमें, बाहु वृद्धावस्थाके कारण और्व मुनिके आश्रमके समीप मर गया॥ २९॥ तब उसकी पटरानीने चिता बनाकर

तमारोप्यानुमरणकृतनिश्चयाऽभूत् ॥ ३० ॥ अथैतामतीतानागतवर्त्तमानकालत्रयवेदी भगवानौर्वस्स्वाश्रमान्निर्गत्याब्रवीत् ॥ ३१ ॥ अलमलमनेनासद्ग्राहेणाखिलभूमण्डलपतिरतिवीर्यपराक्रमो नैकयज्ञकृदरातिपक्षक्षयकर्त्ता तवोदरे चक्रवर्ती तिष्ठति ॥ ३२ ॥ नैवमतिसाहसाध्यवसायिनी भवती भवत्वित्युक्ता सा तस्मादनुमरणनिर्बन्धाद्विरराम ॥ ३३ ॥ तेनैव च भगवता स्वाश्रममानीता ॥ ३४ ॥

तत्र कतिपयदिनाभ्यन्तरे च सहैव तेन गरेणातितेजस्वी बालको जज्ञे ॥ ३५ ॥ तस्यौर्वो जातकर्मादिक्रिया निष्पाद्य सगर इति नाम चकार ॥ ३६ ॥ कृतोपनयनं चैनमौर्वो वेदशास्त्राण्यस्त्रं चाग्नेयं भार्गवाख्यमध्यापयामास ॥ ३७ ॥

उत्पन्नबुद्धिश्च मातरमब्रवीत् ॥ ३८ ॥ अम्ब कथमत्र वयं क्व वा तातोऽस्माकमित्येवमादिपृच्छन्तं माता सर्वमेवावोचत् ॥ ३९ ॥ ततश्च पितृराज्यापहरणादमर्षितो हैहयतालजङ्घादिवधाय प्रतिज्ञामकरोत् ॥ ४० ॥ प्रायशश्च हैहयतालजङ्घाञ्जघान ॥ ४१ ॥ शकयवनकाम्बोजपारदपह्लवाः हन्यमानास्तत्कुलगुरुं वसिष्ठं शरणं जग्मुः ॥ ४२ ॥ अथैनान्वसिष्ठो जीवन्मृतकान् कृत्वा सगरमाह ॥ ४३ ॥ वत्सालमेभिर्जीवन्मृतकैरनुसृतैः ॥ ४४ ॥ एते च मयैव त्वत्प्रतिज्ञापरिपालनाय निजधर्मद्विजसंगपरित्यागं कारिताः ॥ ४५ ॥ तथेति तद्गुरुवचनमभिनन्द्य तेषां वेषान्यत्वमकारयत् ॥ ४६ ॥ यवनान्मुण्डितशिरसोऽर्द्धमुण्डिताञ्छकान् प्रलम्बकेशान् पारदान् पह्लवाञ्श्मश्रुधरान् निस्स्वाध्यायवषट्कारानेतानन्यांश्च क्षत्रियांश्चकार ॥ ४७ ॥ एते चात्मधर्मपरित्यागाद्ब्राह्मणैः परित्यक्ता म्लेच्छतां ययुः ॥ ४८ ॥ सगरोऽपि स्वमधिष्ठानमागम्यास्खलितचक्रस्सप्तद्वीपवतीमिमामुर्वीं प्रशशास ॥ ४९ ॥

उसपर पतिका शव स्थापित कर उसके साथ सती होनेका निश्चय किया ॥ ३० ॥ उसी समय भूत, भविष्यत् और वर्तमान तीनों कालके जाननेवाले भगवान् और्वने अपने आश्रमसे निकलकर उससे कहा— ॥ ३१ ॥ 'अयि साध्वि! इस व्यर्थ दुराग्रहको छोड़। तेरे उदरमें सम्पूर्ण भूमण्डलका स्वामी, अत्यन्त बल-पराक्रमशील, अनेक यज्ञोंका अनुष्ठान करनेवाला और शत्रुओंका नाश करनेवाला चक्रवर्ती राजा है ॥ ३२ ॥ तू ऐसे दुस्साहसका उद्योग न कर।' ऐसा कहे जानेपर वह अनुमरण (सती होने)-के आग्रहसे विरत हो गयी ॥ ३३ ॥ और भगवान् और्व उसे अपने आश्रमपर ले आये ॥ ३४ ॥

वहाँ कुछ ही दिनोंमें, उसके उस गर (विष)-के साथ ही एक अति तेजस्वी बालकने जन्म लिया ॥ ३५ ॥ भगवान् और्वने उसके जातकर्म आदि संस्कार कर उसका नाम 'सगर' रखा तथा उसका उपनयनसंस्कार होनेपर और्वने ही उसे वेद, शास्त्र एवं भार्गव नामक आग्नेय शस्त्रोंकी शिक्षा दी ॥ ३६-३७ ॥

बुद्धिका विकास होनेपर उस बालकने अपनी मातासे कहा— ॥ ३८ ॥ ''माँ! यह तो बता, इस तपोवनमें हम क्यों रहते हैं और हमारे पिता कहाँ हैं?'' इसी प्रकारके और भी प्रश्न पूछनेपर माताने उससे सम्पूर्ण वृत्तान्त कह दिया ॥ ३९ ॥ तब तो पिताके राज्यापहरणको सहन न कर सकनेके कारण उसने हैहय और तालजंघ आदि क्षत्रियोंको मार डालनेकी प्रतिज्ञा की और प्रायः सभी हैहय एवं तालजंघवंशीय राजाओंको नष्ट कर दिया ॥ ४०-४१ ॥ उनके पश्चात् शक, यवन, काम्बोज, पारद और पह्लवगण भी हताहत होकर सगरके कुलगुरु वसिष्ठजीकी शरणमें गये ॥ ४२ ॥ वसिष्ठजीने उन्हें जीवन्मृत (जीते हुए ही मरेके समान) करके सगरसे कहा— ''बेटा! इन जीते-जी मरे हुओंका पीछा करनेसे क्या लाभ है? ॥ ४४ ॥ देख, तेरी प्रतिज्ञाको पूर्ण करनेके लिये मैंने ही इन्हें स्वधर्म और द्विजातियोंके संसर्गसे वंचित कर दिया है'' ॥ ४५ ॥ राजाने 'जो आज्ञा' कहकर गुरुजीके कथनका अनुमोदन किया और उनके वेष बदलवा दिये ॥ ४६ ॥ उसने यवनोंके सिर मुड़वा दिये, शकोंको अर्द्धमुण्डित कर दिया, पारदोंके लम्बे-लम्बे केश रखवा दिये, पह्लवोंके मूँछ-दाढ़ी रखवा दीं तथा इनको और इनके समान अन्यान्य क्षत्रियोंको भी स्वाध्याय और वषट्कारादिसे बहिष्कृत कर दिया ॥ ४७ ॥ अपने धर्मको छोड़ देनेके कारण ब्राह्मणोंने भी इनका परित्याग कर दिया; अतः ये म्लेच्छ हो गये ॥ ४८ ॥ तदनन्तर महाराज सगर अपनी राजधानीमें आकर अप्रतिहत सैन्यसे युक्त हो इस सम्पूर्ण सप्तद्वीपवती पृथिवीका शासन करने लगे ॥ ४९ ॥

इति श्रीविष्णुपुराणे चतुर्थेऽशे तृतीयोऽध्यायः ॥ ३ ॥

चौथा अध्याय

सगर, सौदास, खट्वांग और भगवान् रामके चरित्रका वर्णन

श्रीपराशर उवाच

काश्यपदुहिता सुमतिर्विदर्भराजतनया केशिनी च द्वे भार्ये सगरस्यास्ताम्॥ १॥ ताभ्यां चापत्यार्थमौर्वः परमेण समाधिनाराधितो वरमदात्॥ २॥ एका वंशकरमेकं पुत्रमपरा षष्टिं पुत्रसहस्राणां जनयिष्यतीति यस्या यदभिमतं तदिच्छया गृह्यतामित्युक्ते केशिन्येकं वरयामास॥ ३॥ सुमतिः पुत्रसहस्राणि षष्टिं वव्रे॥ ४॥

तथेत्युक्ते अल्पैरहोभिः केशिनी पुत्रमेकमसमञ्जसनामान वंशकरमसूत॥ ५॥ काश्यपतनयायास्तु सुमत्याः षष्टिःपुत्रसहस्राण्यभवन् ॥ ६॥ तस्मादसमञ्जसादंशुमान्नाम कुमारो जज्ञे॥ ७॥ स त्वसमञ्जसो बालो बाल्यादेवासद्वृत्तोऽभूत्॥ ८॥ पिता चास्याचिन्तयदयमतीतबाल्यः सुबुद्धिमान् भविष्यतीति॥ ९॥ अथ तत्रापि च वयस्यतीते असच्चरितमेनं पिता तत्याज॥ १०॥ तान्यपि षष्टिः पुत्रसहस्राण्यसमञ्जसचरितमेवानुचक्रुः॥ ११॥

ततश्चासमञ्जसचरितानुकारिभिस्सागरैरपध्वस्तयज्ञादिसन्मार्गे जगति देवास्सकलविद्यामयमसंस्पृष्टमशेषदोषैर्भगवतः पुरुषोत्तमस्यांशभूतं कपिलं प्रणम्य तदर्थमूचुः॥ १२॥ भगवन्नेऽभिस्सगरतनयैरसमञ्जसचरितमनुगम्यते॥ १३॥ कथमेभिरसद्वृत्तमनुसरद्भिर्जगद्भविष्यतीति॥ १४॥ अत्यार्त्तजगत्परित्राणाय च भगवतोऽत्र शरीरग्रहणमित्याकर्ण्य भगवानाहाल्पैरेव दिनैर्विनङ्क्ष्यन्तीति॥ १५॥

श्रीपराशरजी बोले—काश्यपसुता सुमति और विदर्भराज-कन्या केशिनी ये राजा सगरकी दो स्त्रियाँ थीं॥ १॥ उनसे सन्तानोत्पत्तिके लिये परम समाधिद्वारा आराधना किये जानेपर भगवान् और्वने यह वर दिया॥ २॥ 'एकसे वंशकी वृद्धि करनेवाला एक पुत्र तथा दूसरीसे साठ हजार पुत्र उत्पन्न होंगे, इनमेंसे जिसको जो अभीष्ट हो वह इच्छापूर्वक उसीको ग्रहण कर सकती है।' उनके ऐसा कहनेपर केशिनीने एक तथा सुमतिने साठ हजार पुत्रोंका वर माँगा॥ ३-४॥

महर्षिके 'तथास्तु' कहनेपर कुछ ही दिनोंमें केशिनीने वंशको बढ़ानेवाले असमंजस नामक एक पुत्रको जन्म दिया और काश्यपकुमारी सुमतिसे साठ सहस्र पुत्र उत्पन्न हुए॥ ५-६॥ राजकुमार असमंजसके अंशुमान् नामक पुत्र हुआ॥ ७॥ यह असमंजस बाल्यावस्थासे ही बड़ा दुराचारी था॥ ८॥ पिताने सोचा कि बाल्यावस्थाके बीत जानेपर यह बहुत समझदार होगा॥ ९॥ किन्तु यौवनके बीत जानेपर भी जब उसका आचरण न सुधरा तो पिताने उसे त्याग दिया॥ १०॥ उनके साठ हजार पुत्रोंने भी असमंजसके चरित्रका ही अनुकरण किया॥ ११॥

तब असमंजसके चरित्रका अनुकरण करनेवाले उन सगरपुत्रोंद्वारा संसारमें यज्ञादि सन्मार्गका उच्छेद हो जानेपर सकल-विद्यानिधान, अशेषदोषहीन, भगवान् पुरुषोत्तमके अंशभूत श्रीकपिलदेवसे देवताओंने प्रणाम करनेके अनन्तर उनके विषयमें कहा—॥ १२॥ "भगवन्! राजा सगरके ये सभी पुत्र असमंजसके चरित्रका ही अनुसरण कर रहे हैं॥ १३॥ इन सबके असन्मार्गमें प्रवृत्त रहनेसे संसारकी क्या दशा होगी?॥ १४॥ प्रभो! संसारमें दीनजनोंकी रक्षाके लिये ही आपने यह शरीर ग्रहण किया है [अतः इस घोर आपत्तिसे संसारकी रक्षा कीजिये]।" यह सुनकर भगवान् कपिलने कहा—"ये सब थोड़े ही दिनोंमें नष्ट हो जायँगे"॥ १५॥

अत्रान्तरे च सगरो हयमेधमारभत॥ १६॥ तस्य च पुत्रैरधिष्ठितमस्याश्वं कोऽप्यपहृत्य भुवो बिलं प्रविवेश॥ १७॥ ततस्तत्तनयाश्चाश्वखुरगतिनिर्बन्धेनावनीमेकैको योजनं चख्नुः॥ १८॥ पाताले चाश्वं परिभ्रमन्तं तमवनीपतितनयास्ते ददृशुः॥ १९॥ नातिदूरेऽवस्थितं च भगवन्तमपघने शरत्कालेऽर्कमिव तेजोभिरनवरतमूर्ध्वमधश्चाशेष दिशश्चोद्भासयमानं हयहर्त्तारं कपिलर्षिमपश्यन्॥ २०॥

ततश्चोद्यतायुधा दुरात्मानोऽयमस्मदपकारी यज्ञविघ्नकारी हन्यतां हयहर्त्ता हन्यतामित्यवोचन्नभ्यधावंश्च॥ २१॥ ततस्तेनापि भगवता किञ्चिदीषत्परिवर्त्तितलोचनेनावलोकितास्स्वशरीरसमुत्थेनाऽग्निना दह्यमाना विनेशुः॥ २२॥

सगरोऽप्यवगम्याश्वानुसारि तत्पुत्रबलमशेषं परमर्षिणा कपिलेन तेजसा दग्धं ततोंऽशुमन्तमसमञ्जसपुत्रमश्वानयनाय युयोज॥ २३॥ स तु सगरतनयखातमार्गेण कपिलमुपगम्य भक्तिनम्रस्तदा तुष्टाव॥ २४॥ अथैनं भगवानाह॥ २५॥ गच्छैनं पितामहायाश्वं प्रापय वरं वृणीष्व च पुत्रक पौत्रश्च ते स्वर्गाद्गङ्गां भुवमानेष्यत इति॥ २६॥ अथांशुमानपि स्वर्यातानां ब्रह्मदण्डहतानामस्मत्पितॄणामस्वर्गयोग्यानां स्वर्गप्राप्तिकरं वरमस्माकं प्रयच्छेति प्रत्याह॥ २७॥ तदाकर्ण्य तं च भगवानाह उक्तमेवैतन्मयाद्य पौत्रस्ते त्रिदिवाद्गङ्गां भुवमानेष्यतीति॥ २८॥ तदम्भसा च संस्पृष्टेष्वस्थिभस्मसु एते च स्वर्गमारोक्ष्यन्ति॥ २९॥ भगवद्विष्णुपादांगुष्ठनिर्गतस्य हि जलस्यैतन्माहात्म्यम्॥ ३०॥ यन्न केवलमभिसन्धिपूर्वकं स्नानाद्युपभोगेषूपकारकमनभिसंहितमप्यपेतप्राणस्यास्थिचर्मस्नायुकेशाद्युपस्पृष्टं शरीरजमपि पतितं सद्यश्शरीरिणं स्वर्गं नयतीत्युक्तः प्रणम्य भगवतेऽश्वमादाय पितामह-

इसी समय सगरने अश्वमेध-यज्ञ आरम्भ किया॥ १६॥ उसमें उसके पुत्रोंद्वारा सुरक्षित घोड़ेको कोई व्यक्ति चुराकर पृथिवीमें घुस गया॥ १७॥ तब उस घोड़ेके खुरोंके चिह्नोंका अनुसरण करते हुए उनके पुत्रोंमेंसे प्रत्येकने एक-एक योजन पृथिवी खोद डाली॥ १८॥ तथा पातालमें पहुँचकर उन राजकुमारोंने अपने घोड़ेको फिरता हुआ देखा॥ १९॥ पासहीमें मेघावरणहीन शरत्कालके सूर्यके समान अपने तेजसे सम्पूर्ण दिशाओंको प्रकाशित करते हुए घोड़ेको चुरानेवाले परमर्षि कपिलको सिर झुकाये बैठे देखा॥ २०॥

तब तो वे दुरात्मा अपने अस्त्र-शस्त्रोंको उठाकर 'यही हमारा अपकारी और यज्ञमें विघ्न डालनेवाला है, इस घोड़ेको चुरानेवालेको मारो, मारो' ऐसा चिल्लाते हुए उनकी ओर दौड़े॥ २१॥ तब भगवान् कपिलदेवके कुछ आँख बदलकर देखते ही वे सब अपने ही शरीरसे उत्पन्न हुए अग्निमें जलकर नष्ट हो गये॥ २२॥

महाराज सगरको जब मालूम हुआ कि घोड़ेका अनुसरण करनेवाले उसके समस्त पुत्र महर्षि कपिलके तेजसे दग्ध हो गये हैं तो उन्होंने असमंजसके पुत्र अंशुमान्‌को घोड़ा ले आनेके लिये नियुक्त किया॥ २३॥ वह सगर-पुत्रोंद्वारा खोदे हुए मार्गसे कपिलजीके पास पहुँचा और भक्तिविनम्र होकर उनकी स्तुति की॥ २४॥ तब भगवान् कपिलने उससे कहा—"बेटा! जा, इस घोड़ेको ले जाकर अपने दादाको दे और तेरी जो इच्छा हो वही वर माँग ले। तेरा पौत्र गंगाजीको स्वर्गसे पृथिवीपर लायेगा"॥ २५-२६॥ इसपर अंशुमान्‌ने यही कहा कि मुझे ऐसा वर दीजिये जो ब्रह्मदण्डसे आहत होकर मरे हुए मेरे अस्वर्ग्य पितृगणको स्वर्गकी प्राप्ति करानेवाला हो॥ २७॥ यह सुनकर भगवान्‌ने कहा—"मैं तुझसे पहले ही कह चुका हूँ कि तेरा पौत्र गंगाजीको स्वर्गसे पृथिवीपर लायेगा॥ २८॥ उनके जलसे इनकी अस्थियोंकी भस्मका स्पर्श होते ही ये सब स्वर्गको चले जायँगे॥ २९॥ भगवान् विष्णुके चरणनखसे निकले हुए उस जलका ऐसा माहात्म्य है कि वह कामनापूर्वक केवल स्नानादि कार्योंमें ही उपयोगी हो—सो नहीं, अपितु, बिना कामनाके मृतक पुरुषके अस्थि, चर्म, स्नायु अथवा केश आदिका स्पर्श हो जानेसे या उसके शरीरका कोई अंग गिरनेसे भी वह देहधारीको तुरंत स्वर्गमें ले जाता है।" भगवान् कपिलके ऐसा कहनेपर वह उन्हें प्रणाम कर घोड़ेको लेकर

यज्ञमाजगाम ॥ ३१ ॥ सगरोऽप्यश्वमासाद्य तं यज्ञं समापयामास ॥ ३२ ॥ सागरं चात्मजप्रीत्या पुत्रत्वे कल्पितवान् ॥ ३३ ॥ तस्यांशुमतो दिलीपः पुत्रोऽभवत् ॥ ३४ ॥ दिलीपस्य भगीरथः योऽसौ गङ्गां स्वर्गादिहानीय भागीरथीसंज्ञां चकार ॥ ३५ ॥

भगीरथात्सुहोत्रस्सुहोत्राच्छ्रुतः, तस्यापि नाभागः ततोऽम्बरीषः, तत्पुत्रस्सिन्धुद्वीपः सिन्धुद्वीपादयुतायुः ॥ ३६ ॥ तत्पुत्रश्च ऋतुपर्णः, योऽसौ नलसहायोऽक्षहृदयज्ञोऽभूत् ॥ ३७ ॥

ऋतुपर्णपुत्रस्सर्वकामः ॥ ३८ ॥ तत्तनयस्सुदासः ॥ ३९ ॥ सुदासात्सौदासो मित्रसहनामा ॥ ४० ॥ स चाटव्यां मृगयार्थी पर्यटन् व्याघ्रद्वयमपश्यत् ॥ ४१ ॥ ताभ्यां तद्वनमपमृगं कृतं मत्वैकं तयोर्बाणेन जघान ॥ ४२ ॥ म्रियमाणश्चासावतिभीषणाकृतिरतिकरालवदनो राक्षसोऽभूत् ॥ ४३ ॥ द्वितीयोऽपि प्रतिक्रियां ते करिष्यामीत्युक्त्वान्तर्धानं जगाम ॥ ४४ ॥

कालेन गच्छता सौदासो यज्ञमयजत् ॥ ४५ ॥ परिनिष्ठितयज्ञे आचार्ये वसिष्ठे निष्क्रान्ते तद्रक्षो वसिष्ठरूपमास्थाय यज्ञावसाने मम नरमांसभोजनं देयमिति तत्संस्क्रियतां क्षणादागमिष्यामीत्युक्त्वा निष्क्रान्तः ॥ ४६ ॥ भूयश्च सूदवेषं कृत्वा राजाज्ञया मानुषं मांसं संस्कृत्य राज्ञे न्यवेदयत् ॥ ४७ ॥ असावपि हिरण्यपात्रे मांसमादाय वसिष्ठागमनप्रतीक्षकोऽभवत् ॥ ४८ ॥ आगताय वसिष्ठाय निवेदितवान् ॥ ४९ ॥

स चाप्यचिन्तयदहो अस्य राज्ञो दौश्शील्यं येनैतन्मांसमस्माकं प्रयच्छति किमेतद्द्रव्यजातमिति ध्यानपरोऽभवत् ॥ ५० ॥ अपश्यच्च तन्मांसं मानुषम् ॥ ५१ ॥ अतः क्रोधकलुषीकृतचेता राजनि शापमुत्ससर्ज ॥ ५२ ॥ यस्मादभोज्यमेतदस्मद्विधानां तपस्विनामवगच्छन्नपि भवान्मह्यं ददाति तस्मात्तवैवात्र लोलुपता भविष्यतीति ॥ ५३ ॥

अपने पितामहकी यज्ञशालामें आया ॥ ३०-३१ ॥ राजा सगरने भी घोड़ेके मिल जानेपर अपना यज्ञ समाप्त किया और [अपने पुत्रोंके खोदे हुए] सागरको ही अपत्य-स्नेहसे अपना पुत्र माना ॥ ३२-३३ ॥ उस अंशुमान्के दिलीप नामक पुत्र हुआ और दिलीपके भगीरथ हुआ जिसने गंगाजीको स्वर्गसे पृथिवीपर लाकर उनका नाम भागीरथी कर दिया ॥ ३४-३५ ॥

भगीरथसे सुहोत्र, सुहोत्रसे श्रुति, श्रुतिसे नाभाग, नाभागसे अम्बरीष, अम्बरीषसे सिन्धुद्वीप, सिन्धुद्वीपसे अयुतायु और अयुतायुसे ऋतुपर्ण नामक पुत्र हुआ जो राजा नलका सहायक और द्यूतक्रीडाका पारदर्शी था ॥ ३६-३७ ॥

ऋतुपर्णका पुत्र सर्वकाम था, उसका सुदास और सुदासका पुत्र सौदास मित्रसह हुआ ॥ ३८—४० ॥ एक दिन मृगयाके लिये वनमें घूमते-घूमते उसने दो व्याघ्र देखे ॥ ४१ ॥ इन्होंने सम्पूर्ण वनको मृगहीन कर दिया है—ऐसा समझकर उसने उनमेंसे एकको बाणसे मार डाला ॥ ४२ ॥ मरते समय वह अति भयंकररूप क्रूर-वदन राक्षस हो गया ॥ ४३ ॥ तथा दूसरा भी 'मैं इसका बदला लूँगा' ऐसा कहकर अन्तर्धान हो गया ॥ ४४ ॥

कालान्तरमें सौदासने एक यज्ञ किया ॥ ४५ ॥ यज्ञ समाप्त हो जानेपर जब आचार्य वसिष्ठ बाहर चले गये तब वह राक्षस वसिष्ठजीका रूप बनाकर बोला—'यज्ञके पूर्ण होनेपर मुझे नर-मांसयुक्त भोजन कराना चाहिये; अतः तुम ऐसा अन्न तैयार कराओ, मैं अभी आता हूँ' ऐसा कहकर वह बाहर चला गया ॥ ४६ ॥ फिर रसोइयेका वेष बनाकर राजाकी आज्ञासे उसने मनुष्यका मांस पकाकर उसे निवेदन किया ॥ ४७ ॥ राजा भी उसे सुवर्णपात्रमें रखकर वसिष्ठजीके आनेकी प्रतीक्षा करने लगा और उनके आते ही वह मांस निवेदन कर दिया ॥ ४८-४९ ॥

वसिष्ठजीने सोचा—'अहो! इस राजाकी कुटिलता तो देखो जो यह जान-बूझकर भी मुझे खानेके लिये यह मांस देता है।' फिर यह जाननेके लिये कि यह किसका है वे ध्यानस्थ हो गये ॥ ५० ॥ ध्यानावस्थामें उन्होंने देखा कि वह तो नरमांस है ॥ ५१ ॥ तब तो क्रोधके कारण क्षुब्धचित्त होकर उन्होंने राजाको यह शाप दिया ॥ ५२ ॥ 'क्योंकि तूने जान-बूझकर भी हमारे-जैसे तपस्वियोंके लिये अत्यन्त अभक्ष्य यह नरमांस मुझे खानेको दिया है इसलिये तेरी इसीमें लोलुपता होगी [अर्थात् तू राक्षस हो जायगा] ॥ ५३ ॥

अनन्तरं च तेनापि भगवतैवाभिहितोऽस्मीत्युक्ते किं किं मयाभिहितमिति मुनिः पुनरपि समाधौ तस्थौ॥ ५४॥ समाधिविज्ञानावगतार्थश्चानुग्रहं तस्मै चकार नात्यन्तिकमेतद्द्वादशाब्दं तव भोजनं भविष्यतीति॥ ५५॥ असावपि प्रतिगृह्योदकाञ्जलिं मुनिशापप्रदानायोद्यतो भगवन्नयमस्मद्गुरुर्नार्हस्येनं कुलदेवताभूतमाचार्यं शप्तुमिति मदयन्त्या स्वपत्न्या प्रसादितस्सस्याम्बुदरक्षणार्थं तच्छापाम्बु नोर्व्यां न चाकाशे चिक्षेप किं तु तेनैव स्वपदौ सिषेच॥ ५६॥ तेन च क्रोधाश्रितेनाम्बुना दग्धच्छायौ तत्पादौ कल्माषतामुपगतौ ततस्स कल्माषपादसंज्ञामवाप॥ ५७॥ वसिष्ठशापाच्च षष्ठे षष्ठे काले राक्षसस्वभावमेत्याटव्यां पर्यटन्ननेकशो मानुषानभक्षयत्॥ ५८॥

एकदा तु कञ्चिन्मुनिमृतुकाले भार्यासंगतं ददर्श॥ ५९॥ तयोश्च तमतिभीषणं राक्षसस्वरूपमवलोक्य त्रासाद्दम्पत्योः प्रधावितयोर्ब्राह्मणं जग्राह॥ ६०॥ ततस्सा ब्राह्मणी बहुशस्तमभियाचितवती॥ ६१॥ प्रसीदेक्ष्वाकुकुलतिलकभूतस्त्वं महाराजो मित्रसहो न राक्षसः॥ ६२॥ नार्हसि स्त्रीधर्मसुखाभिज्ञो मय्यकृतार्थायामस्मद्भर्त्तारं हन्तुमित्येवं बहुप्रकारं तस्यां विलपन्त्यां व्याघ्रः पशुमिवारण्येऽभिमतं तं ब्राह्मणमभक्षयत्॥ ६३॥

ततश्चातिकोपसमन्विता ब्राह्मणी तं राजानं शशाप॥ ६४॥ यस्मादेवं मय्यतृप्तायां त्वयायं मत्पतिर्भक्षितः तस्मात्त्वमपि कामोपभोगप्रवृत्तोऽन्तं प्राप्स्यसीति॥ ६५॥ शप्त्वा चैवं साग्निं प्रविवेश॥ ६६॥

ततस्तस्य द्वादशाब्दपर्यये विमुक्तशापस्य स्त्रीविषयाभिलाषिणो मदयन्ती तं स्मारयामास॥ ६७॥

तदनन्तर राजाके यह कहनेपर कि 'भगवन्! आपहीने ऐसी आज्ञा की थी,' वसिष्ठजी यह कहते हुए कि 'क्या मैंने ही ऐसा कहा था?' फिर समाधिस्थ हो गये॥ ५४॥ समाधिद्वारा यथार्थ बात जानकर उन्होंने राजापर अनुग्रह करते हुए कहा—"तू अधिक दिन नरमांस भोजन न करेगा, केवल बारह वर्ष ही तुझे ऐसा करना होगा"॥ ५५॥ वसिष्ठजीके ऐसा कहनेपर राजा सौदास भी अपनी अंजलिमें जल लेकर मुनीश्वरको शाप देनेके लिये उद्यत हुआ। किन्तु अपनी पत्नी मदयन्तीद्वारा 'भगवन्! ये हमारे कुलगुरु हैं, इन कुलदेवरूप आचार्यको शाप देना उचित नहीं है'—ऐसा कहे जानेसे शान्त हो गया तथा अन्न और मेघकी रक्षाके कारण उस शाप-जलको पृथिवी या आकाशमें नहीं फेंका, बल्कि उससे अपने पैरोंको ही भिगो लिया॥ ५६॥ उस क्रोधयुक्त जलसे उसके पैर झुलसकर कल्माषवर्ण (चितकबरे) हो गये। तभीसे उनका नाम कल्माषपाद हुआ॥ ५७॥ तथा वसिष्ठजीके शापके प्रभावसे छठे कालमें अर्थात् तीसरे दिनके अन्तिम भागमें वह राक्षस-स्वभाव धारणकर वनमें घूमते हुए अनेकों मनुष्योंको खाने लगा॥ ५८॥

एक दिन उसने एक मुनीश्वरको ऋतुकालके समय अपनी भार्यासे संगम करते देखा॥ ५९॥ उस अति भीषण राक्षस-रूपको देखकर भयसे भागते हुए उन दम्पतियोंमेंसे उसने ब्राह्मणको पकड़ लिया॥ ६०॥ तब ब्राह्मणीने उससे नाना प्रकारसे प्रार्थना की और कहा—"हे राजन्! प्रसन्न होइये। आप राक्षस नहीं हैं बल्कि इक्ष्वाकुकुलतिलक महाराज मित्रसह हैं॥ ६१-६२॥ आप स्त्री-संयोगके सुखको जाननेवाले हैं; मैं अतृप्त हूँ, मेरे पतिको मारना आपको उचित नहीं है।' इस प्रकार उसके नाना प्रकारसे विलाप करनेपर भी उसने उस ब्राह्मणको इस प्रकार भक्षण कर लिया जैसे बाघ अपने अभिमत पशुको वनमें पकड़कर खा जाता है॥ ६३॥

तब ब्राह्मणीने अत्यन्त क्रोधित होकर राजाको शाप दिया—॥ ६४॥ 'अरे! तूने मेरे अतृप्त रहते हुए भी इस प्रकार मेरे पतिको खा लिया, इसलिये कामोपभोगमें प्रवृत्त होते ही तेरा अन्त हो जायगा'॥ ६५॥ इस प्रकार शाप देकर वह अग्निमें प्रविष्ट हो गयी॥ ६६॥

तदनन्तर बारह वर्षके अन्तमें शापमुक्त हो जानेपर एक दिन विषय-कामनामें प्रवृत्त होनेपर रानी मदयन्तीने उसे ब्राह्मणीके शापका स्मरण करा दिया॥ ६७॥

ततः परमसौ स्त्रीभोगं तत्याज॥ ६८॥ वसिष्ठश्चापुत्रेण राज्ञा पुत्रार्थमभ्यर्थितो मदयन्त्यां गर्भाधानं चकार॥ ६९॥ यदा च सप्तवर्षाण्यसौ गर्भो न जज्ञे ततस्तं गर्भमश्मना सा देवी जघान॥ ७०॥ पुत्रश्चाजायत॥ ७१॥ तस्य चाश्मक इत्येव नामाभवत्॥ ७२॥ अश्मकस्य मूलको नाम पुत्रोऽभवत्॥ ७३॥ योऽसौ निःक्षत्रे क्ष्मातलेऽस्मिन् क्रियमाणे स्त्रीभिर्विवस्त्राभिः परिवार्य रक्षितस्ततस्तं नारीकवचमुदाहरन्ति॥ ७४॥

मूलकाद्दशरथस्तस्मादिलिविलस्ततश्चविश्वसहः॥ ७५॥ तस्माच्च खट्वाङ्गो योऽसौ देवासुरसङ्ग्रामे देवैरभ्यर्थितोऽसुराञ्जघान॥ ७६॥ स्वर्गे च कृतप्रियैर्देवैर्वरग्रहणाय चोदितः प्राह॥ ७७॥ यद्यवश्यं वरो ग्राह्यस्तन्ममायुः कथ्यतामिति॥ ७८॥ अनन्तरं च तैरुक्तं एकमुहूर्त्तप्रमाणं तवायुरित्युक्तोऽथास्खलितगतिना विमानेन लघिमगुणो मर्त्यलोकमागम्येदमाह॥ ७९॥ यथा न ब्राह्मणेभ्यस्सकाशादात्मापि मे प्रियतरो न च स्वधर्मोल्लङ्घनं मया कदाचिदप्यनुष्ठितं न च सकलदेवमानुषपशुपक्षिवृक्षादिकेष्वच्युतव्यतिरेकवती दृष्टिर्ममाभूत् तथा तमेवं मुनिजनानुस्मृतं भगवन्तमस्खलितगतिः प्रापयेयमित्यशेषदेवगुरौ भगवत्यनिर्देश्यवपुषि सत्तामात्रात्मन्यात्मानं परमात्मनि वासुदेवाख्ये युयोज तत्रैव च लयमवाप॥ ८०॥

अत्रापि श्रूयते श्लोको गीतस्सप्तर्षिभिः पुरा।
खट्वांगेन समो नान्यः कश्चिदुर्व्यां भविष्यति॥ ८१
येन स्वर्गादिहागम्य मुहूर्त्तं प्राप्य जीवितम्।
त्रयोऽभिसंहिता लोका बुद्ध्या सत्येन चैव हि॥ ८२

खट्वाङ्गाद्दीर्घबाहुः पुत्रोऽभवत्॥ ८३॥ ततो रघुरभवत्॥ ८४॥ तस्मादप्यजः॥ ८५॥ अजाद्दशरथः॥ ८६॥ तस्यापि भगवानब्जनाभो जगतः स्थित्यर्थमात्मांशेन रामलक्ष्मणभरतशत्रुघ्नरूपेण चतुर्द्धा पुत्रत्वमायासीत्॥ ८७॥

तभीसे राजाने स्त्री-सम्भोग त्याग दिया॥ ६८॥ पीछे पुत्रहीन राजाके प्रार्थना करनेपर वसिष्ठजीने मदयन्तीके गर्भाधान किया॥ ६९॥ जब उस गर्भने सात वर्ष व्यतीत होनेपर भी जन्म न लिया तो देवी मदयन्तीने उसपर पत्थरसे प्रहार किया॥ ७०॥ इससे उसी समय पुत्र उत्पन्न हुआ और उसका नाम अश्मक हुआ॥ ७१-७२॥ अश्मकके मूलक नामक पुत्र हुआ॥ ७३॥ जब परशुरामजीद्वारा यह पृथिवीतल क्षत्रियहीन किया जा रहा था उस समय उस (मूलक)-की रक्षा वस्त्रहीना स्त्रियोंने घेरकर की थी, इससे उसे नारीकवच भी कहते हैं॥ ७४॥

मूलकके दशरथ, दशरथके इलिविल, इलिविलके विश्वसह और विश्वसहके खट्वांग नामक पुत्र हुआ, जिसने देवासुरसंग्राममें देवताओंके प्रार्थना करनेपर दैत्योंका वध किया था॥ ७५-७६॥ इस प्रकार स्वर्गमें देवताओंका प्रिय करनेसे उनके द्वारा वर माँगनेके लिये प्रेरित किये जानेपर उसने कहा—॥ ७७॥ "यदि मुझे वर ग्रहण करना ही पड़ेगा तो आपलोग मेरी आयु बतलाइये"॥ ७८॥ तब देवताओंके यह कहनेपर कि तुम्हारी आयु केवल एक मुहूर्त और रही है वह [देवताओंके दिये हुए] एक अनवरुद्धगति विमानपर बैठकर बड़ी शीघ्रतासे मर्त्यलोकमें आया और कहने लगा—॥ ७९॥ 'यदि मुझे ब्राह्मणोंकी अपेक्षा कभी अपना आत्मा भी प्रियतर नहीं हुआ, यदि मैंने कभी स्वधर्मका उल्लंघन नहीं किया और सम्पूर्ण देव, मनुष्य, पशु, पक्षी और वृक्षादिमें श्रीअच्युतके अतिरिक्त मेरी अन्य दृष्टि नहीं हुई तो मैं निर्विघ्नतापूर्वक उन मुनिजनवन्दित प्रभुको प्राप्त होऊँ।' ऐसा कहते हुए राजा खट्वांगने सम्पूर्ण देवताओंके गुरु, अकथनीयस्वरूप, सत्तामात्र-शरीर, परमात्मा भगवान् वासुदेवमें अपना चित्त लगा दिया और उन्हींमें लीन हो गये॥ ८०॥

इस विषयमें भी पूर्वकालमें सप्तर्षियोंद्वारा कहा हुआ श्लोक सुना जाता है। [उसमें कहा है—] 'खट्वांगके समान पृथिवीतलमें अन्य कोई भी राजा नहीं होगा, जिसने एक मुहूर्तमात्र जीवनके रहते ही स्वर्गलोकसे भूमण्डलमें आकर अपनी बुद्धिद्वारा तीनों लोकोंको सत्यस्वरूप भगवान् वासुदेवमय देखा'॥ ८१-८२॥

खट्वांगसे दीर्घबाहु नामक पुत्र हुआ। दीर्घबाहुसे रघु, रघुसे अज और अजसे दशरथने जन्म लिया॥ ८३—८६॥ दशरथजीके भगवान् कमलनाभ जगत्‌की स्थितिके लिये अपने अंशोंसे राम, लक्ष्मण, भरत और शत्रुघ्न-इन चार रूपोंसे पुत्र-भावको प्राप्त हुए॥ ८७॥

रामोऽपि बाल एव विश्वामित्रयागरक्षणाय गच्छंस्ताटकां जघान॥ ८८॥ यज्ञे च मारीचमिषुवाताहतं समुद्रे चिक्षेप॥ ८९॥ सुबाहुप्रमुखांश्च क्षयमनयत्॥ ९०॥ दर्शनमात्रेणाहल्यामपापां चकार॥ ९१॥ जनकगृहे च माहेश्वरं चापमनायासेन बभञ्ज॥ ९२॥ सीतामयोनिजां जनकराजतनयां वीर्यशुल्कां लेभे॥ ९३॥ सकलक्षत्रियक्षयकारिणमशेषहैहयकुलधूमकेतुभूतं च परशुराममपास्तवीर्यबलावलेपं चकार॥ ९४॥

पितृवचनाच्चागणितराज्याभिलाषो भ्रातृभार्यासमेतो वनं प्रविवेश॥ ९५॥ विराधखरदूषणादीन् कबन्धवालिनौ च निजघान॥ ९६॥ बद्ध्वा चाम्भोनिधिमशेषराक्षसकुलक्षयं कृत्वा दशाननापहृतां भार्यां तद्वधादपहृतऽकलंकामप्यनलप्रवेशशुद्धामशेषदेवसङ्घैः स्तूयमानशीलां जनकराजकन्यामयोध्यामानिन्ये॥ ९७॥ ततश्चाभिषेकमङ्गलं मैत्रेय वर्षशतेनापि वक्तुं न शक्यते सङ्क्षेपेण श्रूयताम्॥ ९८॥

लक्ष्मणभरतशत्रुघ्नविभीषणसुग्रीवाङ्गदजाम्बवद्धनुमत्प्रभृतिभिस्समुत्फुल्लवदनैश्छत्रचामरादियुतैः सेव्यमानो दाशरथिर्ब्रह्मेन्द्राग्नियमनिर्ऋतिवरुणवायुकुबेरेशानप्रभृतिभिस्सर्वामरैर्वसिष्ठवामदेववाल्मीकिमार्कण्डेयविश्वामित्रभरद्वाजागस्त्यप्रभृतिभिर्मुनिवरैः ऋग्यजुस्सामाथर्वभिस्संस्तूयमानो नृत्यगीतवाद्याद्यखिललोकमङ्गलवाद्यैर्वीणावेणुमृदङ्गभेरीपटहशङ्खकाहलगोमुखप्रभृतिभिस्सुनादैस्समस्तभूभृतां मध्ये सकललोकरक्षार्थं यथोचितमभिषिक्तो दाशरथिः कोसलेन्द्रो रघुकुलतिलको जानकीप्रियो भ्रातृत्रयप्रियस्सिंहासनगत एकादशाब्दसहस्रं राज्यमकरोत्॥ ९९॥

रामजीने बाल्यावस्थामें ही विश्वामित्रजीकी यज्ञरक्षाके लिये जाते हुए मार्गमें ही ताटका राक्षसीको मारा, फिर यज्ञशालामें पहुँचकर मारीचको बाणरूपी वायुसे आहत कर समुद्रमें फेंक दिया और सुबाहु आदि राक्षसोंको नष्ट कर डाला॥ ८८—९०॥ उन्होंने अपने दर्शनमात्रसे अहल्याको निष्पाप किया, जनकजीके राजभवनमें बिना श्रम ही महादेवजीका धनुष तोड़ा और पुरुषार्थसे ही प्राप्त होनेवाली अयोनिजा जनकराजनन्दिनी श्रीसीताजीको पत्नीरूपसे प्राप्त किया॥ ९१—९३॥ और तदनन्तर सम्पूर्ण क्षत्रियोंको नष्ट करनेवाले, समस्त हैहयकुलके लिये अग्निस्वरूप परशुरामजीके बल-वीर्यका गर्व नष्ट किया॥ ९४॥

फिर पिताके वचनसे राज्यलक्ष्मीको कुछ भी न गिनकर भाई लक्ष्मण और धर्मपत्नी सीताके सहित वनमें चले गये॥ ९५॥ वहाँ विराध, खर, दूषण आदि राक्षस तथा कबन्ध और वालीका वध किया और समुद्रपर पुल बाँधकर सम्पूर्ण राक्षसकुलका विध्वंस किया तथा रावणद्वारा हरी हुई और उसके वधसे कलंकहीना होनेपर भी अग्नि-प्रवेशसे शुद्ध हुई समस्त देवगणोंसे प्रशंसित स्वभाववाली अपनी भार्या जनकराजकन्या सीताको अयोध्यामें ले आये॥ ९६-९७॥ हे मैत्रेय! उस समय उनके राज्याभिषेक-जैसा मंगल हुआ उसका तो सौ वर्षमें भी वर्णन नहीं किया जा सकता; तथापि संक्षेपसे सुनो॥ ९८॥

दशरथनन्दन श्रीरामचन्द्रजी प्रसन्नवदन लक्ष्मण, भरत, शत्रुघ्न, विभीषण, सुग्रीव, अंगद, जाम्बवान् और हनुमान् आदिसे छत्र-चामरादिद्वारा सेवित हो, ब्रह्मा, इन्द्र, अग्नि, यम, निर्ऋति, वरुण, वायु, कुबेर और ईशान आदि सम्पूर्ण देवगण, वसिष्ठ, वामदेव, वाल्मीकि, मार्कण्डेय, विश्वामित्र, भरद्वाज और अगस्त्य आदि मुनिजन तथा ऋक्, यजुः, साम और अथर्ववेदोंसे स्तुति किये जाते हुए तथा नृत्य, गीत, वाद्य आदि सम्पूर्ण मंगलसामग्रियोंसहित वीणा, वेणु, मृदंग, भेरी, पटह, शंख, काहल और गोमुख आदि बाजोंके घोषके साथ समस्त राजाओंके मध्यमें सम्पूर्ण लोकोंकी रक्षाके लिये विधिपूर्वक अभिषिक्त हुए। इस प्रकार दशरथकुमार कोसलाधिपति, रघुकुलतिलक, जानकीवल्लभ, तीनों भ्राताओंके प्रिय श्रीरामचन्द्रजीने सिंहासनारूढ़ होकर ग्यारह हजार वर्ष राज्य-शासन किया॥ ९९॥

भरतोऽपि गन्धर्वविषयसाधनाय गच्छन् संग्रामे गन्धर्वकोटीस्तिस्त्रो जघान॥ १००॥ शत्रुघ्नेनाप्यमितबलपराक्रमो मधुपुत्रो लवणो नाम राक्षसो निहतो मथुरा च निवेशिता॥ १०१॥ इत्येवमाद्यतिबलपराक्रमविक्रमणैरतिदुष्टसंहारिणोऽशेषस्य जगतो निष्पादितस्थितयो रामलक्ष्मणभरतशत्रुघ्नाः पुनरपि दिवमारूढाः॥ १०२॥ येऽपि तेषु भगवदंशेष्वनुरागिणः कोसलनगरजानपदास्तेऽपि तन्मनसस्तत्सालोक्यतामवापुः॥ १०३॥

अतिदुष्टसंहारिणो रामस्य कुशलवौ द्वौ पुत्रौ लक्ष्मणस्याङ्गदचन्द्रकेतू तक्षपुष्कलौ भरतस्य सुबाहुशूरसेनौ शत्रुघ्नस्य॥ १०४॥ कुशस्यातिथिरतिथेरपि निषधः पुत्रोऽभूत्॥ १०५॥ निषधस्याप्यनलस्तस्मादपि नभाः नभसः पुण्डरीकस्तत्तनयः क्षेमधन्वा तस्य च देवानीकस्तस्याप्यहीनकोऽहीनकस्यापि रुरुस्तस्य च पारियात्रकः पारियात्रकाद्देवलो देवलाद्वच्चलः, तस्याप्युत्कः, उत्काच्च वज्रनाभस्तस्माच्छङ्खणस्तस्माद्युषिताश्वस्ततश्च विश्वसहो जज्ञे॥ १०६॥ तस्माद्धिरण्यनाभो यो महायोगीश्वराज्जैमिनेश्शिष्याद्याज्ञवल्क्याद्योगमवाप॥ १०७॥ हिरण्यनाभस्य पुत्रः पुष्यस्तस्माद्ध्रुवसन्धिस्ततस्सुदर्शनस्तस्मादग्निवर्णस्ततश्शीघ्रगस्तस्मादपि मरुः पुत्रोऽभवत्॥ १०८॥ योऽसौ योगमास्थायाद्यापि कलापग्राममाश्रित्य तिष्ठति॥ १०९॥ आगामियुगे सूर्यवंशक्षत्रप्रवर्त्तयिता भविष्यति ॥ ११०॥ तस्यात्मजः प्रसुश्रुतस्तस्यापि सुसन्धिस्ततश्चाप्यमर्षस्तस्य च सहस्वांस्ततश्च विश्वभवः॥ १११॥ तस्य बृहद्बलः योऽर्जुनतनयेनाभिमन्युना भारतयुद्धे क्षयमनीयत॥ ११२॥

एते इक्ष्वाकुभूपालाः प्राधान्येन मयेरिताः।
एतेषां चरितं शृण्वन् सर्वपापैः प्रमुच्यते॥ ११३॥

भरतजीने भी गन्धर्वलोकको जीतनेके लिये जाकर युद्धमें तीन करोड़ गन्धर्वोंका वध किया और शत्रुघ्नजीने भी अतुलित बलशाली महापराक्रमी मधुपुत्र लवण राक्षसका संहार किया और मथुरा नामक नगरकी स्थापना की॥ १००-१०१॥ इस प्रकार अपने अतिशय बल-पराक्रमसे महान् दुष्टोंको नष्ट करनेवाले भगवान् राम, लक्ष्मण, भरत और शत्रुघ्न सम्पूर्ण जगत्की यथोचित व्यवस्था करनेके अनन्तर फिर स्वर्गलोकको पधारे॥ १०२॥ उनके साथ ही जो अयोध्यानिवासी उन भगवदंशस्वरूपोंके अतिशय अनुरागी थे उन्होंने भी तन्मय होनेके कारण सालोक्य-मुक्ति प्राप्त की॥ १०३॥

दुष्ट-दलन भगवान् रामके कुश और लव नामक दो पुत्र हुए। इसी प्रकार लक्ष्मणजीके अंगद और चन्द्रकेतु, भरतजीके तक्ष और पुष्कल तथा शत्रुघ्नजीके सुबाहु और शूरसेन नामक पुत्र हुए॥ १०४॥ कुशके अतिथि, अतिथिके निषध, निषधके अनल, अनलके नभ, नभके पुण्डरीक, पुण्डरीकके क्षेमधन्वा, क्षेमधन्वाके देवानीक, देवानीकके अहीनक, अहीनकके रुरु, रुरुके पारियात्रक, पारियात्रकके देवल, देवलके वच्चल, वच्चलके उत्क, उत्कके वज्रनाभ, वज्रनाभके शंखण, शंखणके युषिताश्व और युषिताश्वके विश्वसह नामक पुत्र हुआ॥ १०५-१०६ ॥ विश्वसहके हिरण्यनाभ नामक पुत्र हुआ जिसने जैमिनिके शिष्य महायोगीश्वर याज्ञवल्क्यजीसे योगविद्या प्राप्त की थी॥ १०७॥ हिरण्यनाभका पुत्र पुष्य था, उसका ध्रुवसन्धि, ध्रुवसन्धिका सुदर्शन, सुदर्शनका अग्निवर्ण, अग्निवर्णका शीघ्रग तथा शीघ्रगका पुत्र मरु हुआ जो इस समय भी योगाभ्यासमें तत्पर हुआ कलापग्राममें स्थित है॥ १०८-१०९॥ आगामी युगमें यह सूर्यवंशीय क्षत्रियोंका प्रवर्त्तक होगा॥ ११०॥ मरुका पुत्र प्रसुश्रुत, प्रसुश्रुतका सुसन्धि, सुसन्धिका अमर्ष, अमर्षका सहस्वान्, सहस्वान्का विश्वभव तथा विश्वभवका पुत्र बृहद्बल हुआ जिसको भारत युद्धमें अर्जुनके पुत्र अभिमन्युने मारा था॥ १११-११२॥

इस प्रकार मैंने यह इक्ष्वाकुकुलके प्रधान-प्रधान राजाओंका वर्णन किया। इनका चरित्र सुननेसे मनुष्य सकल पापोंसे मुक्त हो जाता है॥ ११३॥

इति श्रीविष्णुपुराणे चतुर्थेऽशे चतुर्थोऽध्यायः॥ ४॥

पाँचवाँ अध्याय

निमि-चरित्र और निमिवंशका वर्णन

श्रीपराशर उवाच

इक्ष्वाकुतनयो योऽसौ निमिर्नाम सहस्रं वत्सरं सत्रमारेभे॥ १॥ वसिष्ठं च होतारं वरयामास॥ २॥ तमाह वसिष्ठोऽहमिन्द्रेण पञ्चवर्षशतयागार्थं प्रथमं वृतः॥ ३॥ तदनन्तरं प्रतिपाल्यतामागतस्तवापि ऋत्विग्भविष्यामीत्युक्ते स पृथिवीपतिर्न किञ्चिदुक्तवान्॥ ४॥

वसिष्ठोऽप्यनेन समन्वीप्सितमित्यमरपतेर्यागमकरोत्॥ ५॥ सोऽपि तत्काल एवान्यैर्गौतमादिभिर्यागमकरोत्॥ ६॥

समाप्ते चामरपतेर्यागे त्वरया वसिष्ठो निमियज्ञं करिष्यामीत्याजगाम॥ ७॥ तत्कर्मकर्तृत्वं च गौतमस्य दृष्ट्वा स्वपते तस्मै राज्ञे मां प्रत्याख्यायैतदनेन गौतमाय कर्मान्तरं समर्पितं यस्मात्तस्मादयं विदेहो भविष्यतीति शापं ददौ॥ ८॥ प्रबुद्धश्चासाववनिपतिरपि प्राह॥ ९॥ यस्मान्मामसम्भाष्याज्ञानत एव शयानस्य शापोत्सर्गमसौ दुष्टगुरुश्चकार तस्मात्तस्यापि देहः पतिष्यतीति शापं दत्त्वा देहमत्यजत्॥ १०॥

तच्छापाच्च मित्रावरुणयोस्तेजसि वसिष्ठस्य चेतः प्रविष्टम्॥ ११॥ उर्वशीदर्शनादुद्भूतबीजप्रपातयोस्तयोस्सकाशाद्वसिष्ठो देहमपरं लेभे॥ १२॥ निमेरपि तच्छरीरमतिमनोहरगन्धतैलादिभिरुपसंस्क्रियमाणं नैव क्लेदादिकं दोषमवाप सद्यो मृत इव तस्थौ॥ १३॥

यज्ञसमाप्तौ भागग्रहणाय देवानागतानृत्विज ऊचुर्यजमानाय वरो दीयतामिति॥ १४॥ देवैश्च छन्दितोऽसौ निमिराह॥ १५॥ भगवन्तोऽखिलसंसारदुःखहन्तारः॥ १६॥ न ह्येतादृगन्यद्दुःखमस्ति यच्छरीरात्मनोर्वियोगे भवति॥ १७॥ तदहमिच्छामि सकललोकलोचनेषु वस्तुं न पुनश्शरीरग्रहणं कर्तुमित्येवमुक्तैर्देवैरसावशेष-

श्रीपराशरजी बोले—इक्ष्वाकुका जो निमि नामक पुत्र था उसने एक सहस्रवर्षमें समाप्त होनेवाले यज्ञका आरम्भ किया॥ १॥ उस यज्ञमें उसने वसिष्ठजीको होता वरण किया॥ २॥ वसिष्ठजीने उससे कहा कि पाँच सौ वर्षके यज्ञके लिये इन्द्रने मुझे पहले ही वरण कर लिया है॥ ३॥ अतः इतने समय तुम ठहर जाओ, वहाँसे आनेपर मैं तुम्हारा भी ऋत्विक् हो जाऊँगा। उनके ऐसा कहनेपर राजाने उन्हें कुछ भी उत्तर नहीं दिया॥ ४॥

वसिष्ठजीने यह समझकर कि राजाने उनका कथन स्वीकार कर लिया है इन्द्रका यज्ञ आरम्भ कर दिया॥ ५॥ किन्तु राजा निमि भी उसी समय गौतमादि अन्य होताओंद्वारा अपना यज्ञ करने लगे॥ ६॥

देवराज इन्द्रका यज्ञ समाप्त होते ही 'मुझे निमिका यज्ञ कराना है' इस विचारसे वसिष्ठजी भी तुरंत ही आ गये॥ ७॥ उस यज्ञमें अपना [होताका] कर्म गौतमको करते देख उन्होंने सोते हुए राजा निमिको यह शाप दिया कि 'इसने मेरी अवज्ञा करके सम्पूर्ण कर्मका भार गौतमको सौंपा है इसलिये यह देहहीन हो जायगा'॥ ८॥ सोकर उठनेपर राजा निमिने भी कहा—॥ ९॥ "इस दुष्ट गुरुने मुझसे बिना बातचीत किये अज्ञानतापूर्वक मुझ सोये हुएको शाप दिया है, इसलिये इसका देह भी नष्ट हो जायगा।" इस प्रकार शाप देकर राजाने अपना शरीर छोड़ दिया॥ १०॥

राजा निमिके शापसे वसिष्ठजीका लिंगदेह मित्रावरुणके वीर्यमें प्रविष्ट हुआ॥ ११॥ और उर्वशीके देखनेसे उसका वीर्य स्खलित होनेपर उसीसे उन्होंने दूसरा देह धारण किया॥ १२॥ निमिका शरीर भी अति मनोहर गन्ध और तैल आदिसे सुरक्षित रहनेके कारण गला-सड़ा नहीं, बल्कि तत्काल मरे हुए देहके समान ही रहा॥ १३॥

यज्ञ समाप्त होनेपर जब देवगण अपना भाग ग्रहण करनेके लिये आये तो उनसे ऋत्विक्‌गण बोले कि—"यजमानको वर दीजिये"॥ १४॥ देवताओंद्वारा प्रेरणा किये जानेपर राजा निमिने उनसे कहा—॥ १५॥ "भगवन्! आपलोग सम्पूर्ण संसार-दुःखको दूर करनेवाले हैं॥ १६॥ मेरे विचारमें शरीर और आत्माके वियोग होनेमें जैसा दुःख होता है वैसा और कोई दुःख नहीं है॥ १७॥ इसलिये मैं अब फिर शरीर ग्रहण करना नहीं चाहता, समस्त लोगोंके नेत्रोंमें ही वास करना चाहता हूँ।"

भूतानां नेत्रेष्ववतारितः ॥ १८ ॥ ततो भूतान्युन्मेषनिमेषं चक्रुः ॥ १९ ॥

अपुत्रस्य च भूभुजः शरीरमराजकभीरवो मुनयोऽरण्या ममन्थुः ॥ २० ॥ तत्र च कुमारो जज्ञे ॥ २१ ॥ जननाज्जनकसंज्ञां चावाप ॥ २२ ॥ अभूद्विदेहोऽस्य पितेति वैदेहः, मथनान्मिथिरिति ॥ २३ ॥ तस्योदावसुः पुत्रोऽभवत् ॥ २४ ॥ उदावसोर्नन्दिवर्द्धनस्ततस्सुकेतुः तस्माद्देवरात-स्ततश्च बृहदुक्थः तस्य च महावीर्यस्तस्यापि सुधृतिः ॥ २५ ॥ ततश्च धृष्टकेतुरजायत ॥ २६ ॥ धृष्टकेतोर्हर्यश्वस्तस्य च मनुर्मनोः प्रतीकः, तस्मात्कृतरथस्तस्य देवमीढः, तस्य च विबुधो विबुधस्य महाधृतिस्ततश्च कृतरातः, ततो महारोमा तस्य सुवर्णरोमा तत्पुत्रो ह्रस्वरोमा ह्रस्वरोम्णस्सीरध्वजोऽभवत् ॥ २७ ॥ तस्य पुत्रार्थं यजनभुवं कृषतः सीरे सीता दुहिता समुत्पन्ना ॥ २८ ॥

सीरध्वजस्य भ्राता सांकाश्याधिपतिः कुशध्वजनामासीत् ॥ २९ ॥ सीरध्वजस्यापत्यं भानुमान् भानुमतश्शतद्युम्नः तस्य तु शुचिः तस्माच्चोर्जनामा पुत्रो जज्ञे ॥ ३० ॥ तस्यापि शतध्वजः, ततः कृतिः कृतेरञ्जनः, तत्पुत्रः कुरुजित् ततोऽरिष्टनेमिः तस्माच्छ्रुतायुः श्रुतायुषः सुपार्श्वः तस्मात्सृञ्जयः, ततः क्षेमावी क्षेमाविनोऽनेनाः तस्माद्भौमरथः, तस्य सत्यरथः, तस्मादुपगुरुपगोरुपगुप्तः, तत्पुत्रः स्वागतस्तस्य च स्वानन्दः, तस्माच्च सुवर्चाः, तस्य च सुपार्श्वः, तस्यापि सुभाषः, तस्य सुश्रुतः तस्मात्सुश्रुताज्जयः तस्य पुत्रो विजयो विजयस्य ऋतः, ऋतात्सुनयः सुनयाद्वीत-हव्यः तस्माद्धृतिर्धृतेर्बहुलाश्वः, तस्य पुत्रः कृतिः ॥ ३१ ॥ कृतौ सन्तिष्ठतेऽयं जनकवंशः ॥ ३२ ॥ इत्येते मैथिलाः ॥ ३३ ॥ प्रायेणैते आत्मविद्याश्रयिणो भूपाला भवन्ति ॥ ३४ ॥

राजाके ऐसा कहनेपर देवताओंने उनको समस्त जीवोंके नेत्रोंमें अवस्थित कर दिया ॥ १८ ॥ तभीसे प्राणी निमेषोन्मेष (पलक खोलना-मूँदना) करने लगे हैं ॥ १९ ॥

तदनन्तर अराजकताके भयसे मुनिजनोंने उस पुत्रहीन राजाके शरीरको अरणि (शमीदण्ड)-से मँथा ॥ २० ॥ उससे एक कुमार उत्पन्न हुआ जो जन्म लेनेके कारण 'जनक' कहलाया ॥ २१-२२ ॥ इसके पिता विदेह थे इसलिये यह 'वैदेह' कहलाता है और मन्थनसे उत्पन्न होनेके कारण 'मिथि' भी कहा जाता है ॥ २३ ॥ उसके उदावसु नामक पुत्र हुआ ॥ २४ ॥ उदावसुके नन्दिवर्द्धन, नन्दिवर्द्धनके सुकेतु, सुकेतुके देवरात, देवरातके बृहदुक्थ, बृहदुक्थके महावीर्य, महावीर्यके सुधृति, सुधृतिके धृष्टकेतु, धृष्टकेतुके हर्यश्व, हर्यश्वके मनु, मनुके प्रतीक, प्रतीकके कृतरथ, कृतरथके देवमीढ, देवमीढके विबुध, विबुधके महाधृति, महाधृतिके कृतरात, कृतरातके महारोमा, महारोमाके सुवर्णरोमा, सुवर्णरोमाके ह्रस्वरोमा और ह्रस्वरोमाके सीरध्वज नामक पुत्र हुआ ॥ २५—२७ ॥ वह पुत्रकी कामनासे यज्ञभूमिको जोत रहा था। इसी समय हलके अग्र भागमें उसके सीता नामकी कन्या उत्पन्न हुई ॥ २८ ॥

सीरध्वजका भाई सांकाश्यनरेश कुशध्वज था ॥ २९ ॥ सीरध्वजके भानुमान् नामक पुत्र हुआ। भानुमान्के शतद्युम्न, शतद्युम्नके शुचि, शुचिके ऊर्जनामा, ऊर्जनामाके शतध्वज, शतध्वजके कृति, कृतिके अंजन, अंजनके कुरुजित्, कुरुजित्के अरिष्टनेमि, अरिष्टनेमिके श्रुतायु, श्रुतायुके सुपार्श्व, सुपार्श्वके सृंजय, सृंजयके क्षेमावी, क्षेमावीके अनेना, अनेनाके भौमरथ, भौमरथके सत्यरथ, सत्यरथके उपगु, उपगुके उपगुप्त, उपगुप्तके स्वागत, स्वागतके स्वानन्द, स्वानन्दके सुवर्चा, सुवर्चाके सुपार्श्व, सुपार्श्वके सुभाष, सुभाषके सुश्रुत, सुश्रुतके जय, जयके विजय, विजयके ऋत, ऋतके सुनय, सुनयके वीतहव्य, वीतहव्यके धृति, धृतिके बहुलाश्व और बहुलाश्वके कृति नामक पुत्र हुआ ॥ ३०-३१ ॥ कृतिमें ही इस जनकवंशकी समाप्ति हो जाती है ॥ ३२ ॥ ये ही मैथिलभूपालगण हैं ॥ ३३ ॥ प्रायः ये सभी राजालोग आत्मविद्याको आश्रय देनेवाले होते हैं ॥ ३४ ॥

इति श्रीविष्णुपुराणे चतुर्थेऽशे पञ्चमोऽध्यायः ॥ ५ ॥

छठा अध्याय

सोमवंशका वर्णन; चन्द्रमा, बुध और पुरूरवाका चरित्र

श्रीमैत्रेय उवाच

सूर्यस्य वंश्या भगवन्कथिता भवता मम।
सोमस्याप्यखिलान्वंश्याञ्छ्रोतुमिच्छामि पार्थिवान्॥ १
कीर्त्यते स्थिरकीर्तीनां येषामद्यापि सन्ततिः।
प्रसादसुमुखस्तान्मे ब्रह्मन्नाख्यातुमर्हसि॥ २

श्रीपराशर उवाच

श्रूयतां मुनिशार्दूल वंशः प्रथिततेजसः।
सोमस्यानुक्रमात्ख्याता यत्रोर्वीपतयोऽभवन्॥ ३

अयं हि वंशोऽतिबलपराक्रमद्युतिशीलचेष्टावद्भिरतिगुणान्वितैर्नहुषययातिकार्तवीर्यार्जुनादिभिर्भूपालैरलङ्कृतस्तमहं कथयामि श्रूयताम्॥ ४॥

अखिलजगत्स्रष्टुर्भगवतो नारायणस्य नाभिसरोजसमुद्भवाब्जयोनेर्ब्रह्मणः पुत्रोऽत्रिः॥ ५॥ अत्रेस्सोमः॥ ६॥ तं च भगवानब्जयोनिः अशेषौषधिद्विजनक्षत्राणामाधिपत्येऽभ्यषेचयत्॥ ७॥ स च राजसूयमकरोत्॥ ८॥ तत्प्रभावादत्युत्कृष्टाधिपत्याधिष्ठातृत्वाच्चैनं मद आविवेश॥ ९॥ मदावलेपाच्च सकलदेवगुरोर्बृहस्पतेस्तारां नाम पत्नीं जहार॥ १०॥ बहुशश्च बृहस्पतिचोदितेन भगवता ब्रह्मणा चोद्यमानः सकलैश्च देवर्षिभिर्याच्यमानोऽपि न मुमोच॥ ११॥

तस्य चन्द्रस्य च बृहस्पतेर्द्वेषादुशना पार्ष्णिग्राहोऽभूत्॥ १२॥ अङ्गिरसश्च सकाशादुपलब्धविद्यो भगवान्रुद्रो बृहस्पतेः साहाय्यमकरोत्॥ १३॥

यतश्चोशना ततो जम्भकुम्भाद्याः समस्ता एव दैत्यदानवनिकाया महान्तमुद्यमं चक्रुः॥ १४॥

मैत्रेयजी बोले—भगवन्! आपने सूर्यवंशीय राजाओंका वर्णन तो कर दिया, अब मैं सम्पूर्ण चन्द्रवंशीय भूपतियोंका वृत्तान्त भी सुनना चाहता हूँ। जिन स्थिरकीर्ति महाराजोंकी सन्ततिका सुयश आज भी गान किया जाता है, हे ब्रह्मन्! प्रसन्न-मुखसे आप उन्हींका वर्णन मुझसे कीजिये॥ १-२॥

श्रीपराशरजी बोले—हे मुनिशार्दूल! परम तेजस्वी चन्द्रमाके वंशका क्रमशः श्रवण करो जिसमें अनेकों विख्यात राजालोग हुए हैं॥ ३॥

यह वंश नहुष, ययाति, कार्तवीर्य और अर्जुन आदि अनेकों अति बल-पराक्रमशील, कान्तिमान्, क्रियावान् और सद्‌गुणसम्पन्न राजाओंसे अलंकृत हुआ है। सुनो, मैं उसका वर्णन करता हूँ॥ ४॥

सम्पूर्ण जगत्‌के रचयिता भगवान् नारायणके नाभि-कमलसे उत्पन्न हुए भगवान् ब्रह्माजीके पुत्र अत्रि प्रजापति थे॥ ५॥ इन अत्रिके पुत्र चन्द्रमा हुए॥ ६॥ कमल-योनि भगवान् ब्रह्माजीने उन्हें सम्पूर्ण औषधि, द्विजजन और नक्षत्रगणके आधिपत्यपर अभिषिक्त कर दिया था॥ ७॥ चन्द्रमाने राजसूय-यज्ञका अनुष्ठान किया॥ ८॥ अपने प्रभाव और अति उत्कृष्ट आधिपत्यके अधिकारी होनेसे चन्द्रमापर राजमद सवार हुआ॥ ९॥ तब मदोन्मत्त हो जानेके कारण उसने समस्त देवताओंके गुरु भगवान् बृहस्पतिजीकी भार्या ताराको हरण कर लिया॥ १०॥ तथा बृहस्पतिजीकी प्रेरणासे भगवान् ब्रह्माजीके बहुत कुछ कहने-सुनने और देवर्षियोंके माँगनेपर भी उसे न छोड़ा॥ ११॥

बृहस्पतिजीसे द्वेष करनेके कारण शुक्रजी भी चन्द्रमाके सहायक हो गये और अंगिरासे विद्या-लाभ करनेके कारण भगवान् रुद्रने बृहस्पतिकी सहायता की [क्योंकि बृहस्पतिजी अंगिराके पुत्र हैं]॥ १२-१३॥

जिस पक्षमें शुक्रजी थे उस ओरसे जम्भ और कुम्भ आदि समस्त दैत्य-दानवादिने भी [सहायता देनेमें] बड़ा उद्योग किया॥ १४॥

बृहस्पतेरपि सकलदेवसैन्ययुतः सहायः शक्रोऽभवत्॥ १५॥ एवं च तयोरतीवोग्रसंग्रामस्तारानिमित्तस्तारकामयो नामाभूत्॥ १६॥ ततश्च समस्तशस्त्राण्यसुरेषु रुद्रपुरोगमा देवा देवेषु चाशेषदानवा मुमुचुः॥ १७॥ एवं देवासुराहवसंक्षोभक्षुब्धहृदयमशेषमेव जगद्ब्रह्माणं शरणं जगाम॥ १८॥ ततश्च भगवानब्जयोनिरप्युशनसं शङ्करमसुरान्देवांश्च निवार्य बृहस्पतये तारामदापयत्॥ १९॥ तां चान्तःप्रसवामवलोक्य बृहस्पतिरप्याह॥ २०॥ नैष मम क्षेत्रे भवत्यान्यस्य सुतो धार्यस्समुत्सृजैनमलमलमतिधाष्ट्येनेति॥ २१॥

सा च तेनैवमुक्तातिपतिव्रता भर्तृवचनानन्तरं तमिषीकास्तम्बे गर्भमुत्ससर्ज॥ २२॥ स चोत्सृष्टमात्र एवातितेजसा देवानां तेजांस्याचिक्षेप॥ २३॥ बृहस्पतिमिन्दुं च तस्य कुमारस्यातिचारुतया साभिलाषौ दृष्ट्वा देवास्समुत्पन्नसन्देहास्तारां पप्रच्छुः॥ २४॥ सत्यं कथयास्माकमिति सुभगे सोमस्याथ वा बृहस्पतेरयं पुत्र इति॥ २५॥ एवं तैरुक्ता सा तारा ह्रिया किञ्चिन्नोवाच॥ २६॥ बहुशोऽप्यभिहिता यदासौ देवेभ्यो नाचचक्षे ततस्स कुमारस्तां शप्तुमुद्यतः प्राह॥ २७॥ दुष्टेऽम्ब कस्मान्मम तातं नाख्यासि॥ २८॥ अद्यैव ते व्यलीकलज्जावत्यास्तथा शास्तिमहं करोमि॥ २९॥ यथा च नैवमद्याप्यतिमन्थरवचना भविष्यसीति॥ ३०॥

अथ भगवान् पितामहः तं कुमारं सन्निवार्य स्वयमपृच्छत्तां ताराम्॥ ३१॥ कथय वत्से कस्यायमात्मजः सोमस्य वा बृहस्पतेर्वा इत्युक्ता लज्जमानाह सोमस्येति॥ ३२॥ ततः प्रस्फुरदुच्छ्वसितामलकपोलकान्तिर्भगवानुडुपतिःकुमारमालिंग्य साधु साधु वत्स प्राज्ञोऽसीति बुध इति तस्य च नाम चक्रे॥ ३३॥

तथा सकल देव-सेनाके सहित इन्द्र बृहस्पतिजीके सहायक हुए॥ १५॥ इस प्रकार ताराके लिये उनमें तारकामय नामक अत्यन्त घोर युद्ध छिड़ गया॥ १६॥ तब रुद्र आदि देवगण दानवोंके प्रति और दानवगण देवताओंके प्रति नाना प्रकारके शस्त्र छोड़ने लगे॥ १७॥ इस प्रकार देवासुर-संग्रामसे क्षुब्ध-चित्त हो सम्पूर्ण संसारने ब्रह्माजीकी शरण ली॥ १८॥ तब भगवान् कमल-योनिने भी शुक्र, रुद्र, दानव और देवगणको युद्धसे निवृत्त कर बृहस्पतिजीको तारा दिलवा दी॥ १९॥ उसे गर्भिणी देखकर बृहस्पतिजीने कहा—॥ २०॥ ''मेरे क्षेत्रमें तुझको दूसरेका पुत्र धारण करना उचित नहीं है; इसे दूर कर, अधिक धृष्टता करना ठीक नहीं''॥ २१॥

बृहस्पतिजीके ऐसा कहनेपर उस पतिव्रताने पतिके वचनानुसार वह गर्भ इषीकास्तम्ब (सींककी झाड़ी)-में छोड़ दिया॥ २२॥ उस छोड़े हुए गर्भने अपने तेजसे समस्त देवताओंके तेजको मलिन कर दिया॥ २३॥ तदनन्तर उस बालककी सुन्दरताके कारण बृहस्पति और चन्द्रमा दोनोंको उसे लेनेके लिये उत्सुक देख देवताओंने सन्देह हो जानेके कारण तारासे पूछा—॥ २४॥ ''हे सुभगे! तू हमको सच-सच बता, यह पुत्र बृहस्पतिका है या चन्द्रमाका?''॥ २५॥ उनके ऐसा कहनेपर ताराने लज्जावश कुछ भी न कहा॥ २६॥ जब बहुत कुछ कहनेपर भी वह देवताओंसे न बोली तो वह बालक उसे शाप देनेके लिये उद्यत होकर बोला—॥ २७॥ ''अरी दुष्टा माँ! तू मेरे पिताका नाम क्यों नहीं बतलाती? तुझ व्यर्थ लज्जावतीकी मैं अभी ऐसी गति करूँगा जिससे तू आजसे ही इस प्रकार अत्यन्त धीरे-धीरे बोलना भूल जायगी''॥ २८—३०॥

तदनन्तर पितामह श्रीब्रह्माजीने उस बालकको रोककर तारासे स्वयं ही पूछा—॥ ३१॥ ''बेटी! ठीक-ठीक बता यह पुत्र किसका है—बृहस्पतिका या चन्द्रमाका?'' इसपर उसने लज्जापूर्वक कहा—''चन्द्रमाका''॥ ३२॥ तब तो नक्षत्रपति भगवान् चन्द्रने उस बालकको हृदयसे लगाकर कहा—''बहुत ठीक, बहुत ठीक, बेटा! तुम बड़े बुद्धिमान् हो;'' और उनका नाम 'बुध' रख दिया। इस समय उनके निर्मल कपोलोंकी कान्ति उच्छ्वसित और देदीप्यमान हो रही थी॥ ३३॥

तदाख्यातमेवैतत् स च यथेलायामात्मजं पुरूरवसमुत्पादयामास॥ ३४॥ पुरूरवास्त्वतिदानशीलोऽतियज्वातितेजस्वी। यं सत्यवादिनमतिरूपवन्तं मनस्विनं मित्रावरुणशापान्मानुषे लोके मया वस्तव्यमिति कृतमतिरुर्वशी ददर्श॥ ३५॥ दृष्टमात्रे च तस्मिन्नपहाय मानमशेषमपास्य स्वर्गसुखाभिलाषं तन्मनस्का भूत्वा तमेवोपतस्थे॥ ३६॥ सोऽपि च तामतिशयितसकललोकस्त्रीकान्तिसौकुमार्यलावण्यगतिविलासहासादिगुणामवलोक्य तदायत्तचित्तवृत्तिर्बभूव॥ ३७॥ उभयमपि तन्मनस्कमनन्यदृष्टि परित्यक्तसमस्तान्यप्रयोजनमभूत्॥ ३८॥

राजा तु प्रागल्भ्यात्तामाह॥ ३९॥ सुभ्रु त्वामहमभिकामोऽस्मि प्रसीदानुरागमुद्वहेत्युक्ता लज्जावखण्डितमुर्वशी तं प्राह॥ ४०॥ भवत्वेवं यदि मे समयपरिपालनं भवान् करोतीत्याख्याते पुनरपि तामाह॥ ४१॥ आख्याहि मे समयमिति॥ ४२॥ अथ पृष्टा पुनरप्यब्रवीत्॥ ४३॥ शयनसमीपे ममोरणकद्वयं पुत्रभूतं नापनेयम् ॥ ४४॥ भवांश्च मया न नग्नो द्रष्टव्यः॥ ४५॥ घृतमात्रं च ममाहार इति॥ ४६॥ एवमेवेति भूपतिरप्याह॥ ४७॥

तया सह स चावनिपतिरलकायां चैत्ररथादिवनेष्वमलपद्मखण्डेषु मानसादिसरस्स्वतिरमणीयेषु रममाणः षष्टिवर्षसहस्राण्यनुदिनप्रवर्द्धमानप्रमोदोऽनयत्॥ ४८॥ उर्वशी च तदुपभोगात्प्रतिदिनप्रवर्द्धमानानुरागा अमरलोकवासेऽपि न स्पृहां चकार॥ ४९॥

विना चोर्वश्या सुरलोकोऽप्सरसां सिद्धगन्धर्वाणां च नातिरमणीयोऽभवत्॥ ५०॥ ततश्चोर्वशीपुरूरवसोस्समयविद्विश्वावसुर्गन्धर्वसमवेतो निशि शयनाभ्याशादेकमुरणकं जहार॥ ५१॥ तस्याकाशे नीयमानस्योर्वशी

बुधने जिस प्रकार इलासे अपने पुत्र पुरूरवाको उत्पन्न किया था उसका वर्णन पहले ही कर चुके हैं॥ ३४॥ पुरूरवा अति दानशील, अति याज्ञिक और अति तेजस्वी था। 'मित्रावरुणके शापसे मुझे मर्त्यलोकमें रहना पड़ेगा' ऐसा विचार करते हुए उर्वशी अप्सराकी दृष्टि उस अति सत्यवादी, रूपके धनी और मतिमान् राजा पुरूरवापर पड़ी॥ ३५॥ देखते ही वह सम्पूर्ण मान तथा स्वर्ग-सुखकी इच्छाको छोड़कर तन्मयभावसे उसीके पास आयी॥ ३६॥ राजा पुरूरवाका चित्त भी उसे संसारकी समस्त स्त्रियोंमें विशिष्ट तथा कान्ति-सुकुमारता, सुन्दरता, गतिविलास और मुसकान आदि गुणोंसे युक्त देखकर उसके वशीभूत हो गया॥ ३७॥ इस प्रकार वे दोनों ही परस्पर तन्मय और अनन्यचित्त होकर और सब कामोंको भूल गये॥ ३८॥

निदान राजाने निःसंकोच होकर कहा— ॥ ३९॥ "हे सुभ्रु! मैं तुम्हारी इच्छा करता हूँ, तुम प्रसन्न होकर मुझे प्रेम-दान दो।" राजाके ऐसा कहनेपर उर्वशीने भी लज्जावश स्खलित स्वरमें कहा— ॥ ४०॥ "यदि आप मेरी प्रतिज्ञाको निभा सकें तो अवश्य ऐसा ही हो सकता है।" यह सुनकर राजाने कहा— ॥ ४१॥ अच्छा, तुम अपनी प्रतिज्ञा मुझसे कहो॥ ४२॥ इस प्रकार पूछनेपर वह फिर बोली— ॥ ४३॥ "मेरे पुत्ररूप इन दो मेषों (भेड़ों)-को आप कभी मेरी शय्यासे दूर न कर सकेंगे॥ ४४॥ मैं कभी आपको नग्न न देखने पाऊँ॥ ४५॥ और केवल घृत ही मेरा आहार होगा—[यही मेरी तीन प्रतिज्ञाएँ हैं]"॥ ४६॥ तब राजाने कहा—"ऐसा ही होगा"॥ ४७॥

तदनन्तर राजा पुरूरवाने दिन-दिन बढ़ते हुए आनन्दके साथ कभी अलकापुरीके अन्तर्गत चैत्ररथ आदि वनोंमें और कभी सुन्दर पद्मखण्डोंसे युक्त अति रमणीय मानस आदि सरोवरोंमें विहार करते हुए साठ हजार वर्ष बिता दिये॥ ४८॥ उसके उपभोगसुखसे प्रतिदिन अनुरागके बढ़ते रहनेसे उर्वशीको भी देवलोकमें रहनेकी इच्छा नहीं रही॥ ४९॥

इधर उर्वशीके बिना अप्सराओं, सिद्धों और गन्धर्वोंको स्वर्गलोक अत्यन्त रमणीय नहीं मालूम होता था॥ ५०॥ अतः उर्वशी और पुरूरवाकी प्रतिज्ञाके जाननेवाले विश्वावसुने एक दिन रात्रिके समय गन्धर्वोंके साथ जाकर उसके शयनागारके पाससे एक मेषका हरण कर लिया॥ ५१॥ उसे आकाशमें ले जाते समय उर्वशीने

शब्दमश्रृणोत् ॥ ५२ ॥ एवमुवाच च ममानाथायाः पुत्रः केनापह्रियते कं शरणमुपयामीति ॥ ५३ ॥ तदाकर्ण्य राजा मां नग्नं देवी वीक्ष्यतीति न ययौ ॥ ५४ ॥ अथान्यमप्युरणकमादाय गन्धर्वा ययुः ॥ ५५ ॥ तस्याप्यपह्रियमाणस्याकर्ण्य शब्दमाकाशे पुनरप्यनाथास्म्यहमभर्तृका कापुरुषाश्रयेत्यार्त्तराविणी बभूव ॥ ५६ ॥

राजाप्यमर्षवशादन्धकारमेतदिति खड्गमादाय दुष्ट दुष्ट हतोऽसीति व्याहरन्नभ्यधावत् ॥ ५७ ॥ तावच्च गन्धर्वैरप्यतीवोज्ज्वला विद्युज्जनिता ॥ ५८ ॥ तत्प्रभया चोर्वशी राजानमपगताम्बरं दृष्ट्वापवृत्तसमया तत्क्षणादेवापक्रान्ता ॥ ५९ ॥ परित्यज्य तावप्युरणकौ गन्धर्वास्सुरलोकमुपगताः ॥ ६० ॥ राजापि च तौ मेषावादायातिहृष्टमनाः स्वशयनमायातो नोर्वशीं ददर्श ॥ ६१ ॥ तां चापश्यन् व्यपगताम्बर एवोन्मत्तरूपो बभ्राम ॥ ६२ ॥ कुरुक्षेत्रे चाम्भोजसरस्यन्याभिश्चतसृभिरप्सरोभिस्समवेतामुर्वशीं ददर्श ॥ ६३ ॥ ततश्चोन्मत्तरूपो जाये हे तिष्ठ मनसि घोरे तिष्ठ वचसि कपटिके तिष्ठेत्येवमनेकप्रकारं सूक्तमवोचत् ॥ ६४ ॥

आह चोर्वशी ॥ ६५ ॥ महाराजालमनेनाविवेकचेष्टितेन ॥ ६६ ॥ अन्तर्वत्न्यहमब्दान्ते भवतात्रागन्तव्यं कुमारस्ते भविष्यति एकां च निशामहं त्वया सह वत्स्यामीत्युक्तः प्रहृष्टस्स्वपुरं जगाम ॥ ६७ ॥

तासां चाप्सरसामुर्वशी कथयामास ॥ ६८ ॥ अयं स पुरुषोत्कृष्टो येनाहमेतावन्तं कालमनुरागाकृष्टमानसा सहोषितेति ॥ ६९ ॥ एवमुक्तास्ताश्चाप्सरस ऊचुः ॥ ७० ॥ साधु साध्वस्य रूपमप्यनेन सहास्माकमपि सर्वकालमास्या भवेदिति ॥ ७१ ॥

अब्दे च पूर्णे स राजा तत्राजगाम ॥ ७२ ॥

उसका शब्द सुना ॥ ५२ ॥ तब वह बोली—"मुझ अनाथाके पुत्रको कौन लिये जाता है, अब मैं किसकी शरण जाऊँ?" ॥ ५३ ॥ किन्तु यह सुनकर भी इस भयसे कि रानी मुझे नंगा देख लेगी, राजा नहीं उठा ॥ ५४ ॥ तदनन्तर गन्धर्वगण दूसरा भी मेष लेकर चल दिये ॥ ५५ ॥ उसे ले जाते समय उसका शब्द सुनकर भी उर्वशी 'हाय! मैं अनाथा और भर्तृहीना हूँ तथा एक कायरके अधीन हो गयी हूँ।' इस प्रकार कहती हुई वह आर्त्तस्वरसे विलाप करने लगी ॥ ५६ ॥

तब राजा यह सोचकर कि इस समय अन्धकार है [अतः रानी मुझे नग्न न देख सकेगी], क्रोधपूर्वक 'अरे दुष्ट! तू मारा गया' यह कहते हुए तलवार लेकर पीछे दौड़ा ॥ ५७ ॥ इसी समय गन्धर्वोंने अति उज्ज्वल विद्युत् प्रकट कर दी ॥ ५८ ॥ उसके प्रकाशमें राजाको वस्त्रहीन देखकर प्रतिज्ञा टूट जानेसे उर्वशी तुरन्त ही वहाँसे चली गयी ॥ ५९ ॥ गन्धर्वगण भी उन मेषोंको वहीं छोड़कर स्वर्गलोकमें चले गये ॥ ६० ॥ किन्तु जब राजा उन मेषोंको लिये हुए अति प्रसन्नचित्तसे अपने शयनागारमें आया तो वहाँ उसने उर्वशीको न देखा ॥ ६१ ॥ उसे न देखनेसे वह उस वस्त्रहीन-अवस्थामें ही पागलके समान घूमने लगा ॥ ६२ ॥ घूमते-घूमते उसने एक दिन कुरुक्षेत्रके कमल-सरोवरमें अन्य चार अप्सराओंके सहित उर्वशीको देखा ॥ ६३ ॥ उसे देखकर वह उन्मत्तके समान 'हे जाये! ठहर, अरी हृदयकी निष्ठुरे! खड़ी हो जा, अरी कपट रखनेवाली! वार्तालापके लिये तनिक ठहर जा'—ऐसे अनेक वचन कहने लगा ॥ ६४ ॥

उर्वशी बोली—"महाराज! इन अज्ञानियोंकी-सी चेष्टाओंसे कोई लाभ नहीं ॥ ६५-६६ ॥ इस समय मैं गर्भवती हूँ। एक वर्ष उपरान्त आप यहीं आ जावें, उस समय आपके एक पुत्र होगा और एक रात मैं भी आपके साथ रहूँगी।" उर्वशीके ऐसा कहनेपर राजा पुरूरवा प्रसन्नचित्तसे अपने नगरको चला गया ॥ ६७ ॥

तदनन्तर उर्वशीने अन्य अप्सराओंसे कहा— ॥ ६८ ॥ "ये वही पुरुषश्रेष्ठ हैं जिनके साथ मैं इतने दिनोंतक प्रेमाकृष्ट-चित्तसे भूमण्डलमें रही थी ॥ ६९ ॥ इसपर अन्य अप्सराओंने कहा— ॥ ७० ॥ "वाह! वाह! सचमुच इनका रूप बड़ा ही मनोहर है, इनके साथ तो सर्वदा हमारा भी सहवास हो" ॥ ७१ ॥

वर्ष समाप्त होनेपर राजा पुरूरवा वहाँ आये ॥ ७२ ॥

कुमारं चायुषमस्मै चोर्वशी ददौ॥ ७३॥ दत्त्वा चैकां निशां तेन राज्ञा सहोषित्वा पञ्च पुत्रोत्पत्तये गर्भमवाप॥ ७४॥ उवाचैनं राजानमस्मत्प्रीत्या महाराजाय सर्व एव गन्धर्वा वरदास्संवृत्ता व्रियतां च वर इति॥ ७५॥

आह च राजा॥ ७६॥ विजितसकलारातिरविहतेन्द्रियसामर्थ्यो बन्धुमानमितबलकोशोऽस्मि, नान्यदस्माकमुर्वशीसालोक्यात्प्राप्तव्यमस्ति तदहमनया सहोर्वश्या कालं नेतुमभिलषामीत्युक्ते गन्धर्वा राज्ञेऽग्निस्थालीं ददुः॥ ७७॥ ऊचुश्चैनमग्निमाम्नायानुसारी भूत्वा त्रिधा कृत्वोर्वशीसलोकतामनोरथमुद्दिश्य सम्यग्यजेथाः ततोऽवश्यमभिलषितमवाप्स्यसीत्युक्तस्तामग्निस्थालीमादाय जगाम॥ ७८॥

अन्तरटव्यामचिन्तयत्, अहो मेऽतीव मूढता किमहमकरवम्॥ ७९॥ वह्निस्थाली मयैषानीता नोर्वशीति॥ ८०॥ अथैनामटव्यामेवाग्निस्थालीं तत्याज स्वपुरं च जगाम॥ ८१॥ व्यतीतेऽर्द्धरात्रे विनिद्रश्चाचिन्तयत्॥ ८२॥ ममोर्वशीसालोक्यप्राप्त्यर्थमग्निस्थाली गन्धर्वैर्दत्ता सा च मयाटव्यां परित्यक्ता॥ ८३॥ तदहं तत्र तदाहरणाय यास्यामीत्युत्थाय तत्राप्युपगतो नाग्निस्थालीमपश्यत्॥ ८४॥ शमीगर्भं चाश्वत्थमग्निस्थालीस्थाने दृष्ट्वाचिन्तयत्॥ ८५॥ मयात्राग्निस्थाली निक्षिप्ता सा चाश्वत्थश्शमीगर्भोऽभूत्॥ ८६॥ तदेनमेवाहमग्निरूपमादाय स्वपुरमभिगम्यारणीं कृत्वा तदुत्पन्नाग्नेरुपास्तिं करिष्यामीति॥ ८७॥

एवमेव स्वपुरमभिगम्यारणिं चकार॥ ८८॥ तत्प्रमाणं चाङ्गुलैः कुर्वन् गायत्रीमपठत्॥ ८९॥

उस समय उर्वशीने उन्हें 'आयु' नामक एक बालक दिया॥ ७३॥ तथा उनके साथ एक रात रहकर पाँच पुत्र उत्पन्न करनेके लिये गर्भ धारण किया॥ ७४॥ और कहा—'हमारे पारस्परिक स्नेहके कारण सकल गन्धर्वगण महाराजको वरदान देना चाहते हैं अतः आप अभीष्ट वर माँगिये॥ ७५॥

राजा बोले—''मैंने समस्त शत्रुओंको जीत लिया है, मेरी इन्द्रियोंकी सामर्थ्य नष्ट नहीं हुई है, मैं बन्धुजन, असंख्य सेना और कोशसे भी सम्पन्न हूँ, इस समय उर्वशीके सहवासके अतिरिक्त मुझे और कुछ भी प्राप्तव्य नहीं है। अतः मैं इस उर्वशीके साथ ही काल-यापन करना चाहता हूँ।'' राजाके ऐसा कहनेपर गन्धर्वोंने उन्हें एक अग्निस्थाली (अग्नियुक्त पात्र) दी और कहा—''इस अग्निके वैदिक विधिसे गार्हपत्य, आहवनीय और दक्षिणाग्निरूप तीन भाग करके इसमें उर्वशीके सहवासकी कामनासे भलीभाँति यजन करो तो अवश्य ही तुम अपना अभीष्ट प्राप्त कर लोगे।'' गन्धर्वोंके ऐसा कहनेपर राजा उस अग्निस्थालीको लेकर चल दिये॥ ७६—७८॥

[मार्गमें] वनके अन्दर उन्होंने सोचा—'अहो! मैं कैसा मूर्ख हूँ ? मैंने यह क्या किया जो इस अग्निस्थालीको तो ले आया और उर्वशीको नहीं लाया'॥ ७९-८०॥ ऐसा सोचकर उस अग्निस्थालीको वनमें ही छोड़कर वे अपने नगरमें चले आये॥ ८१॥ आधीरात बीत जानेके बाद निद्रा टूटनेपर राजाने सोचा—॥ ८२॥ 'उर्वशीकी सन्निधि प्राप्त करनेके लिये ही गन्धर्वोंने मुझे वह अग्निस्थाली दी थी और मैंने उसे वनमें ही छोड़ दिया॥ ८३॥ अतः अब मुझे उसे लानेके लिये जाना चाहिये' ऐसा सोच उठकर वे वहाँ गये, किन्तु उन्होंने उस स्थालीको वहाँ न देखा॥ ८४॥ अग्निस्थालीके स्थानपर राजा पुरूरवाने एक शमीगर्भ पीपलके वृक्षको देखकर सोचा—॥ ८५॥ 'मैंने यहीं तो वह अग्निस्थाली फेंकी थी। वह स्थाली ही शमीगर्भ पीपल हो गयी है॥ ८६॥ अतः इस अग्निरूप अश्वत्थको ही अपने नगरमें ले जाकर इसकी अरणि बनाकर उससे उत्पन्न हुए अग्निकी ही उपासना करूँ'॥ ८७॥

ऐसा सोचकर राजा उस अश्वत्थको लेकर अपने नगरमें आये और उसकी अरणि बनायी॥ ८८॥ तदनन्तर उन्होंने उस काष्ठको एक-एक अंगुल करके गायत्री-मन्त्रका पाठ किया॥ ८९॥

पठतश्चाक्षरसंख्यान्येवाङ्गुलान्यरण्यभवत्॥ ९०॥ तत्राग्निं निर्मथ्याग्नित्रयमाम्नायानुसारी भूत्वा जुहाव॥ ९१॥ उर्वशीसालोक्यं फलमभिसंहितवान्॥ ९२॥ तेनैव चाग्निविधिना बहुविधान् यज्ञानिष्ट्वा गान्धर्वलोकानवाप्योर्वश्या सहावियोगमवाप॥ ९३॥ एकोऽग्निरादावभवत् एकेन त्वत्र मन्वन्तरे त्रेधा प्रवर्तिताः॥ ९४॥

उसके पाठसे गायत्रीकी अक्षर-संख्याके बराबर एक-एक अंगुलकी अरणियाँ हो गयीं॥ ९०॥ उनके मन्थनसे तीनों प्रकारके अग्नियोंको उत्पन्न कर उनमें वैदिक विधिसे हवन किया॥ ९१॥ तथा उर्वशीके सहवासरूप फलकी इच्छा की॥ ९२॥ तदनन्तर उसी अग्निसे नाना प्रकारके यज्ञोंका यजन करते हुए उन्होंने गन्धर्व-लोक प्राप्त किया और फिर उर्वशीसे उनका वियोग न हुआ॥ ९३॥ पूर्वकालमें एक ही अग्नि था, उस एकहीसे इस मन्वन्तरमें तीन प्रकारके अग्नियोंका प्रचार हुआ॥ ९४॥

इति श्रीविष्णुपुराणे चतुर्थेंऽशे षष्ठोऽध्यायः॥ ६॥

सातवाँ अध्याय

जह्नुका गंगापान तथा जमदग्नि और विश्वामित्रकी उत्पत्ति

श्रीपराशर उवाच

तस्याप्यायुर्धीमानमावसुर्विश्वावसुः श्रुतायुश्शतायुरयुतायुरितिसंज्ञाः षट् पुत्रा अभवन्॥ १॥ तथामावसोर्भीमनामा पुत्रोऽभवत्॥ २॥ भीमस्य काञ्चनः काञ्चनात्सुहोत्रस्तस्यापि जह्नुः॥ ३॥ योऽसौ यज्ञवाटमखिलं गङ्गाम्भसाप्लावितमवलोक्य क्रोधसंरक्तलोचनो भगवन्तं यज्ञपुरुषमात्मनि परमेण समाधिना समारोप्याखिलामेव गङ्गामपिबत्॥ ४॥ अथैनं देवर्षयः प्रसादयामासुः॥ ५॥ दुहितृत्वे चास्य गङ्गामनयन्॥ ६॥

श्रीपराशरजी बोले—राजा पुरूरवाके परम बुद्धिमान् आयु, अमावसु, विश्वावसु, श्रुतायु, शतायु और अयुतायु नामक छः पुत्र हुए॥ १॥ अमावसुके भीम, भीमके कांचन, कांचनके सुहोत्र और सुहोत्रके जह्नु नामक पुत्र हुआ जिसने अपनी सम्पूर्ण यज्ञशालाको गंगाजलसे आप्लावित देख क्रोधसे रक्तनयन हो भगवान् यज्ञपुरुषको परम समाधिके द्वारा अपनेमें स्थापित कर सम्पूर्ण गंगाजीको पी लिया था॥ २—४॥ तब देवर्षियोंने इन्हें प्रसन्न किया और गंगाजीको इनकी पुत्रीरूपसे पाकर ले गये॥ ५-६॥

जह्नोश्च सुमन्तुर्नाम पुत्रोऽभवत्॥ ७॥ तस्याप्यजकस्ततो बलाकाश्वस्तस्मात्कुशस्तस्यापि कुशाम्बकुशनाभाधूर्त्तरजसो वसुश्चेति चत्वारः पुत्रा बभूवुः॥ ८॥ तेषां कुशाम्बः शक्रतुल्यो मे पुत्रो भवेदिति तपश्चकार॥ ९॥ तं चोग्रतपसमवलोक्य मा भवत्वन्योऽस्मत्तुल्यवीर्य इत्यात्मनैवास्येन्द्रः पुत्रत्वमगच्छत्॥ १०॥ स गाधिर्नाम पुत्रः कौशिकोऽभवत्॥ ११॥

जह्नुके सुमन्तु नामक पुत्र हुआ॥ ७॥ सुमन्तुके अजक, अजकके बलाकाश्व, बलाकाश्वके कुश और कुशके कुशाम्ब, कुशनाभ, अधूर्त्तरजा और वसु नामक चार पुत्र हुए॥ ८॥ उनमेंसे कुशाम्बने इस इच्छासे कि मेरे इन्द्रके समान पुत्र हो, तपस्या की॥ ९॥ उसके उग्र तपको देखकर 'बलमें कोई अन्य मेरे समान न हो जाय' इस भयसे इन्द्र स्वयं ही इनका पुत्र हो गया॥ १०॥ वह गाधि नामक पुत्र कौशिक कहलाया॥ ११॥

गाधिश्च सत्यवतीं कन्यामजनयत्॥ १२॥

गाधिने सत्यवती नामकी कन्याको जन्म दिया॥ १२॥

तां च भार्गव ऋचीको वव्रे॥ १३॥ गाधिरप्यतिरोषणायातिवृद्धाय ब्राह्मणाय दातुमनिच्छन्नेकतश्श्यामकर्णानामिन्दुवर्चसामनिलरंहसामश्वानां सहस्त्रं कन्याशुल्कमयाचत॥ १४॥ तेनाप्यृषिणा वरुणसकाशादुपलभ्याश्वतीर्थोत्पन्नं तादृशमश्वसहस्त्रं दत्तम्॥ १५॥

ततस्तामृचीकः कन्यामुपयेमे॥ १६॥ ऋचीकश्च तस्याश्चरुमपत्यार्थं चकार॥ १७॥ तत्प्रसादितश्च तन्मात्रे क्षत्रवरपुत्रोत्पत्तये चरुमपरं साधयामास॥ १८॥ एष चरुर्भवत्या अयमपरश्चरुस्त्वन्मात्रा सम्यगुपयोज्य इत्युक्त्वा वनं जगाम॥ १९॥

उपयोगकाले च तां माता सत्यवतीमाह॥ २०॥ पुत्रि सर्व एवात्मपुत्रमतिगुणमभिलषति नात्मजायाभ्रातृगुणेष्वतीवादृतो भवतीति॥ २१॥ अतोऽर्हसि ममात्मीयं चरुं दातुं मदीयं चरुमात्मनोपयोक्तुम्॥ २२॥ मत्पुत्रेण हि सकलभूमण्डलपरिपालनं कार्यं कियद्वा ब्राह्मणस्य बलवीर्यसम्पदेत्युक्ता सा स्वचरुं मात्रे दत्तवती॥ २३॥

अथ वनादागत्य सत्यवतीमृषिरपश्यत्॥ २४॥ आह चैनामतिपापे किमिदमकार्यं भवत्या कृतमतिरौद्रं ते वपुर्लक्ष्यते॥ २५॥ नूनं त्वया त्वन्मातृसात्कृतश्चरुरुपयुक्तो न युक्तमेतत्॥ २६॥ मया हि तत्र चरौ सकलैश्वर्यवीर्यशौर्यबलसम्पदारोपिता त्वदीयचरावप्यखिलशान्तिज्ञानतितिक्षादिब्राह्मणगुणसम्पत्॥ २७॥ तच्च विपरीतं कुर्वत्यास्तवातिरौद्रास्त्रधारणपालननिष्ठः क्षत्रियाचारः पुत्रो भविष्यति तस्याश्चोपशमरुचिर्ब्राह्मणाचार इत्याकर्ण्यैव सा तस्य पादौ जग्राह॥ २८॥ प्रणिपत्य चैनमाह॥ २९॥ भगवन्मयैतदज्ञानादनुष्ठितं प्रसादं मे कुरु मैवंविधः पुत्रो भवतु काममेवंविधः पौत्रो भवत्वित्युक्ते मुनिरप्याह॥ ३०॥ एवमस्त्विति॥ ३१॥

उसे भृगुपुत्र ऋचीकने वरण किया॥ १३॥ गाधिने अति क्रोधी और अति वृद्ध ब्राह्मणको कन्या न देनेकी इच्छासे ऋचीकसे कन्याके मूल्यमें जो चन्द्रमाके समान कान्तिमान् और पवनके तुल्य वेगवान् हों, ऐसे एक सहस्त्र श्यामकर्ण घोड़े माँगे॥ १४॥ किन्तु महर्षि ऋचीकने अश्वतीर्थसे उत्पन्न हुए वैसे एक सहस्त्र घोड़े उन्हें वरुणसे लेकर दे दिये॥ १५॥

तब ऋचीकने उस कन्यासे विवाह किया॥ १६॥ [तदुपरान्त एक समय] उन्होंने सन्तानकी कामनासे सत्यवतीके लिये चरु (यज्ञीय खीर) तैयार किया॥ १७॥ और उसीके द्वारा प्रसन्न किये जानेपर एक क्षत्रियश्रेष्ठ पुत्रकी उत्पत्तिके लिये एक और चरु उसकी माताके लिये भी बनाया॥ १८॥ और 'यह चरु तुम्हारे लिये है तथा यह तुम्हारी माताके लिये—इनका तुम यथोचित उपयोग करना'—ऐसा कहकर वे वनको चले गये॥ १९॥

उनका उपयोग करते समय सत्यवतीकी माताने उससे कहा—॥ २०॥ "बेटी! सभी लोग अपने ही लिये सबसे अधिक गुणवान् पुत्र चाहते हैं, अपनी पत्नीके भाईके गुणोंमें किसीकी भी विशेष रुचि नहीं होती॥ २१॥ अतः तू अपना चरु तो मुझे दे दे और मेरा तू ले ले; क्योंकि मेरे पुत्रको तो सम्पूर्ण भूमण्डलका पालन करना होगा और ब्राह्मणकुमारको तो बल, वीर्य तथा सम्पत्ति आदिसे लेना ही क्या है।" ऐसा कहनेपर सत्यवतीने अपना चरु अपनी माताको दे दिया॥ २२-२३॥

वनसे लौटनेपर ऋषिने सत्यवतीको देखकर कहा—"अरी पापिनि! तूने ऐसा क्या अकार्य किया है जिससे तेरा शरीर ऐसा भयानक प्रतीत होता है॥ २४-२५॥ अवश्य ही तूने अपनी माताके लिये तैयार किये चरुका उपयोग किया है, सो ठीक नहीं है॥ २६॥ मैंने उसमें सम्पूर्ण ऐश्वर्य, पराक्रम, शूरता और बलकी सम्पत्तिका आरोपण किया था तथा तेरेमें शान्ति, ज्ञान, तितिक्षा आदि सम्पूर्ण ब्राह्मणोचित गुणोंका समावेश किया था॥ २७॥ उनका विपरीत उपयोग करनेसे तेरे अति भयानक अस्त्र-शस्त्रधारी पालन-कर्ममें तत्पर क्षत्रियके समान आचरणवाला पुत्र होगा और उसके शान्तिप्रिय ब्राह्मणाचारयुक्त पुत्र होगा।" यह सुनते ही सत्यवतीने उनके चरण पकड़ लिये और प्रणाम करके कहा—॥ २८-२९॥ "भगवन्! अज्ञानसे ही मैंने ऐसा किया है, अतः प्रसन्न होइये और ऐसा कीजिये जिससे मेरा पुत्र ऐसा न हो, भले ही पौत्र ऐसा हो जाय!" इसपर मुनिने कहा—'ऐसा ही हो।'॥ ३०-३१॥

अनन्तरं च सा जमदग्निमजीजनत्॥ ३२॥ तन्माता च विश्वामित्रं जनयामास॥ ३३॥ सत्यवत्यपि कौशिकी नाम नद्यभवत्॥ ३४॥

तदनन्तर उसने जमदग्निको जन्म दिया और उसकी माताने विश्वामित्रको उत्पन्न किया तथा सत्यवती कौशिकी नामकी नदी हो गयी॥ ३२—३४॥

जमदग्निरिक्ष्वाकुवंशोद्भवस्य रेणोस्तनयां रेणुकामुपयेमे॥ ३५॥ तस्यां चाशेषक्षत्रहन्तारं परशुरामसंज्ञं भगवतस्सकललोकगुरोर्नारायणस्यांशं जमदग्निरजीजनत्॥ ३६॥ विश्वामित्रपुत्रस्तु भार्गव एव शुनश्शेपो देवैर्दत्तः ततश्च देवरातनामाभवत्॥ ३७॥ ततश्चान्ये मधुच्छन्दोधनञ्जयकृतदेवाष्टककच्छपहारीतकाख्या विश्वामित्रपुत्रा बभूवुः॥ ३८॥ तेषां च बहूनि कौशिकगोत्राणि ऋष्यन्तरेषु विवाह्यान्यभवन्॥ ३९॥

जमदग्निने इक्ष्वाकुकुलोद्भव रेणुकी कन्या रेणुकासे विवाह किया॥ ३५॥ उससे जमदग्निके सम्पूर्ण क्षत्रियोंका ध्वंस करनेवाले भगवान् परशुरामजी उत्पन्न हुए जो सकल लोक-गुरु भगवान् नारायणके अंश थे॥ ३६॥ देवताओंने विश्वामित्रजीको भृगुवंशीय शुनःशेप पुत्ररूपसे दिया था। उसके पीछे उनके देवरात नामक एक पुत्र हुआ और फिर मधुच्छन्द, धनञ्जय, कृतदेव, अष्टक, कच्छप एवं हारीतक नामक और भी पुत्र हुए॥ ३७-३८॥ उनसे अन्यान्य ऋषिवंशोंमें विवाहने योग्य बहुत-से कौशिकगोत्रीय पुत्र-पौत्रादि हुए॥ ३९॥

इति श्रीविष्णुपुराणे चतुर्थेऽशे सप्तमोऽध्यायः॥ ७॥

आठवाँ अध्याय

काश्यवंशका वर्णन

श्रीपराशर उवाच

पुरूरवसो ज्येष्ठः पुत्रो यस्त्वायुर्नामा स राहोर्दुहितरमुपयेमे॥ १॥ तस्यां च पञ्च पुत्रानुत्पादयामास॥ २॥ नहुषक्षत्रवृद्धरम्भरजिसंज्ञास्तथैवानेनाः पञ्चमः पुत्रोऽभूत्॥ ३॥ क्षत्रवृद्धात्सुहोत्रः पुत्रोऽभवत्॥ ४॥ काश्यकाशगृत्समदास्त्रयस्तस्य पुत्रा बभूवुः॥ ५॥ गृत्समदस्य शौनकश्चातुर्वर्ण्यप्रवर्तयिताभूत्॥ ६॥

श्रीपराशरजी बोले—आयु नामक जो पुरूरवाका ज्येष्ठ पुत्र था उसने राहुकी कन्यासे विवाह किया॥ १॥ उससे उसके पाँच पुत्र हुए जिनके नाम क्रमशः नहुष, क्षत्रवृद्ध, रम्भ, रजि और अनेना थे॥ २-३॥ क्षत्रवृद्धके सुहोत्र नामक पुत्र हुआ और सुहोत्रके काश्य, काश तथा गृत्समद नामक तीन पुत्र हुए। गृत्समदका पुत्र शौनक चातुर्वर्ण्यका प्रवर्तक हुआ॥ ४—६॥

काश्यस्य काशेयः काशिराजः तस्माद्राष्ट्रः, राष्ट्रस्य दीर्घतपाः पुत्रोऽभवत्॥ ७॥ धन्वन्तरिस्तु दीर्घतपसः पुत्रोऽभवत्॥ ८॥ स हि संसिद्धकार्यकरणस्सकलसम्भूतिष्वशेषज्ञानविद् भगवता नारायणेन चातीतसम्भूतौ तस्मै वरो दत्तः॥ ९॥ काशिराजगोत्रेऽवतीर्य त्वमष्टधा सम्यगायुर्वेदं करिष्यसि यज्ञभागभुग्भविष्यसीति॥ १०॥

काश्यका पुत्र काशिराज काशेय हुआ। उसके राष्ट्र, राष्ट्रके दीर्घतपा और दीर्घतपाके धन्वन्तरि नामक पुत्र हुआ॥ ७-८॥ इस धन्वन्तरिके शरीर और इन्द्रियाँ जरा आदि विकारोंसे रहित थीं—तथा सभी जन्मोंमें यह सम्पूर्ण शास्त्रोंका जाननेवाला था। पूर्वजन्ममें भगवान् नारायणने उसे यह वर दिया था कि 'काशिराजके वंशमें उत्पन्न होकर तुम सम्पूर्ण आयुर्वेदको आठ भागोंमें विभक्त करोगे और यज्ञ-भागके भोक्ता होगे'॥ ९-१०॥

तस्य च धन्वन्तरेः पुत्रः केतुमान् केतुमतो भीमरथस्तस्यापि दिवोदासस्तस्यापि प्रतर्दनः ॥ ११ ॥ स च मद्रश्रेण्यवंशविनाशनादशेषशत्रवोऽनेन जिता इति शत्रुजिदभवत् ॥ १२ ॥ तेन च प्रीतिमतात्मपुत्रो वत्सवत्सेत्यभिहितो वत्सोऽभवत् ॥ १३ ॥ सत्यपरतया ऋतध्वजसंज्ञामवाप ॥ १४ ॥ ततश्च कुवलयनामानमश्वं लेभे ततः कुवलयाश्व इत्यस्यां पृथिव्यां प्रथितः ॥ १५ ॥ तस्य च वत्सस्य पुत्रोऽलर्कनामाभवद् यस्यायमद्यापि श्लोको गीयते ॥ १६ ॥

षष्टिवर्षसहस्राणि षष्टिवर्षशतानि च।
अलर्कादपरो नान्यो बुभुजे मेदिनीं युवा ॥ १७

तस्याप्यलर्कस्य सन्नतिनामाभवदात्मजः ॥ १८ ॥ सन्नतेः सुनीथस्तस्यापि सुकेतुस्तस्माच्च धर्मकेतुर्जज्ञे ॥ १९ ॥ ततश्च सत्यकेतुस्तस्माद्विभुस्तत्तनयस्सुविभुस्ततश्च सुकुमारस्तस्यापि धृष्टकेतुस्ततश्च वीतिहोत्रस्तस्माद्भार्गो भार्गस्य भार्गभूमिस्ततश्चातुर्वर्ण्यप्रवृत्तिरित्येते काश्यभूभृतः कथिताः ॥ २० ॥ रजेस्तु सन्ततिः श्रूयताम् ॥ २१ ॥

धन्वन्तरिका पुत्र केतुमान्, केतुमान्का भीमरथ, भीमरथका दिवोदास तथा दिवोदासका पुत्र प्रतर्दन हुआ ॥ ११ ॥ उसने मद्रश्रेण्यवंशका नाश करके समस्त शत्रुओंपर विजय प्राप्त की थी, इसलिये उसका नाम 'शत्रुजित्' हुआ ॥ १२ ॥ दिवोदासने अपने इस पुत्र (प्रतर्दन)-से अत्यन्त प्रेमवश 'वत्स, वत्स' कहा था, इसलिये इसका नाम 'वत्स' हुआ ॥ १३ ॥ अत्यन्त सत्यपरायण होनेके कारण इसका नाम 'ऋतध्वज' हुआ ॥ १४ ॥ तदनन्तर इसने कुवलय नामक अपूर्व अश्व प्राप्त किया। इसलिये यह इस पृथिवीतलपर 'कुवलयाश्व' नामसे विख्यात हुआ ॥ १५ ॥ इस वत्सके अलर्क नामक पुत्र हुआ जिसके विषयमें यह श्लोक आजतक गाया जाता है— ॥ १६ ॥

'पूर्वकालमें अलर्कके अतिरिक्त और किसीने भी छाछठ सहस्र वर्षतक युवावस्थामें रहकर पृथिवीका भोग नहीं किया' ॥ १७ ॥

उस अलर्कके भी सन्नति नामक पुत्र हुआ; सन्नतिके सुनीथ, सुनीथके सुकेतु, सुकेतुके धर्मकेतु, धर्मकेतुके सत्यकेतु, सत्यकेतुके विभु, विभुके सुविभु, सुविभुके सुकुमार, सुकुमारके धृष्टकेतु, धृष्टकेतुके वीतिहोत्र, वीतिहोत्रके भार्ग और भार्गके भार्गभूमि नामक पुत्र हुआ; भार्गभूमिसे चातुर्वर्ण्यका प्रचार हुआ। इस प्रकार काश्यवंशके राजाओंका वर्णन हो चुका अब रजिकी सन्तानका विवरण सुनो ॥ १८—२१ ॥

इति श्रीविष्णुपुराणे चतुर्थेऽशे अष्टमोऽध्यायः ॥ ८ ॥

नवाँ अध्याय

महाराज रजि और उनके पुत्रोंका चरित्र

श्रीपराशर उवाच

रजेस्तु पञ्च पुत्रशतान्यतुलबलपराक्रमसाराण्यासन् ॥ १ ॥ देवासुरसंग्रामारम्भे च परस्परवधेप्सवो देवाश्चासुराश्च ब्रह्माणमुपेत्य पप्रच्छुः ॥ २ ॥ भगवन्नस्माकमत्र विरोधे कतरः पक्षो जेता भविष्यतीति ॥ ३ ॥ अथाह भगवान् ॥ ४ ॥ येषामर्थे रजिरात्तायुधो योत्स्यति तत्पक्षो जेतेति ॥ ५ ॥

श्रीपराशरजी बोले—रजिके अतुलित बल-पराक्रमशाली पाँच सौ पुत्र थे ॥ १ ॥ एक बार देवासुर-संग्रामके आरम्भमें एक-दूसरेको मारनेकी इच्छावाले देवता और दैत्योंने ब्रह्माजीके पास जाकर पूछा—"भगवन्! हम दोनोंके पारस्परिक कलहमें कौन-सा पक्ष जीतेगा?" ॥ २-३ ॥ तब भगवान् ब्रह्माजी बोले—"जिस पक्षकी ओरसे राजा रजि शस्त्र धारणकर युद्ध करेगा उसी पक्षकी विजय होगी" ॥ ४-५ ॥

अथ दैत्यैरुपेत्य रजिरात्मसाहाय्यदानायाभ्यर्थितः प्राह॥ ६॥ योत्स्येऽहं भवतामर्थे यद्यहममरजयाद्भवतामिन्द्रो भविष्यामीत्याकर्ण्यैतत्तैरभिहितम्॥ ७॥ न वयमन्यथा वदिष्यामोऽन्यथा करिष्यामोऽस्माकमिन्द्रः प्रह्लादस्तदर्थमेवायमुद्यम इत्युक्त्वा गतेष्वसुरेषु देवैरप्यसाववनिपतिरेवमेवोक्तस्तेनापि च तथैवोक्ते देवैरिन्द्रस्त्वं भविष्यसीति समन्वीप्सितम्॥ ८॥

तब दैत्योंने जाकर रजिसे अपनी सहायताके लिये प्रार्थना की, इसपर रजि बोले—॥ ६॥ "यदि देवताओंको जीतनेपर मैं आपलोगोंका इन्द्र हो सकूँ तो आपके पक्षमें लड़ सकता हूँ॥ ७॥ यह सुनकर दैत्योंने कहा—"हमलोग एक बात कहकर उसके विरुद्ध दूसरी तरहका आचरण नहीं करते। हमारे इन्द्र तो प्रह्लादजी हैं और उन्हींके लिये हमारा यह सम्पूर्ण उद्योग है", ऐसा कहकर जब दैत्यगण चले गये तो देवताओंने भी आकर राजासे उसी प्रकार प्रार्थना की और उनसे भी उसने वही बात कही। तब देवताओंने यह कहकर कि 'आप ही हमारे इन्द्र होंगे' उसकी बात स्वीकार कर ली॥ ८॥

रजिनापि देवसैन्यसहायेनानेकैर्महास्त्रैस्तदशेषमहासुरबलं निषूदितम्॥ ९॥ अथ जितारिपक्षश्च देवेन्द्रो रजिचरणयुगलमात्मनः शिरसा निपीड्याह॥ १०॥ भयत्राणादन्नदानाद्भवानस्मत्पिताऽशेषलोकानामुत्तमोत्तमो भवान् यस्याहं पुत्रस्त्रिलोकेन्द्रः॥ ११॥

अतः रजिने देव-सेनाकी सहायता करते हुए अनेक महान् अस्त्रोंसे दैत्योंकी सम्पूर्ण सेना नष्ट कर दी॥ ९॥ तदनन्तर शत्रु-पक्षको जीत चुकनेपर देवराज इन्द्रने रजिके दोनों चरणोंको अपने मस्तकपर रखकर कहा—॥ १०॥ 'भयसे रक्षा करने और अन्न-दान देनेके कारण आप हमारे पिता हैं, आप सम्पूर्ण लोकोंमें सर्वोत्तम हैं; क्योंकि मैं त्रिलोकेन्द्र आपका पुत्र हूँ'॥ ११॥

स चापि राजा प्रहस्याह॥ १२॥ एवमस्त्वेवमस्त्वनतिक्रमणीया हि वैरिपक्षादप्यनेकविधचाटुवाक्यगर्भा प्रणतिरित्युक्त्वा स्वपुरं जगाम॥ १३॥

इसपर राजाने हँसकर कहा—'अच्छा, ऐसा ही सही। शत्रुपक्षकी भी नाना प्रकारकी चाटुवाक्ययुक्त अनुनय-विनयका अतिक्रमण करना उचित नहीं होता [फिर स्वपक्षकी तो बात ही क्या है]।' ऐसा कहकर वे अपनी राजधानीको चले गये॥ १२-१३॥

शतक्रतुरपीन्द्रत्वं चकार॥ १४॥ स्वर्याते तु रजौ नारदर्षिचोदिता रजिपुत्राश्शतक्रतुमात्मपितृपुत्रसमाचाराद्राज्यं याचितवन्तः॥ १५॥ अप्रदानेन च विजित्येन्द्रमतिबलिनः स्वयमिन्द्रत्वं चक्रुः॥ १६॥

इस प्रकार शतक्रतु ही इन्द्र-पदपर स्थित हुआ। पीछे, रजिके स्वर्गवासी होनेपर देवर्षि नारदजीकी प्रेरणासे रजिके पुत्रोंने अपने पिताके पुत्रभावको प्राप्त हुए शतक्रतुसे व्यवहारके अनुसार अपने पिताका राज्य माँगा॥ १४-१५॥ किन्तु जब उसने न दिया, तो उन महाबलवान् रजि-पुत्रोंने इन्द्रको जीतकर स्वयं ही इन्द्र-पदका भोग किया॥ १६॥

ततश्च बहुतिथे काले ह्यतीते बृहस्पतिमेकान्ते दृष्ट्वा अपहृतत्रैलोक्ययज्ञभागः शतक्रतुरुवाच॥ १७॥ बदरीफलमात्रमप्यर्हसि ममाप्यायनाय पुरोडाशखण्डं दातुमित्युक्तो बृहस्पतिरुवाच॥ १८॥ यद्येवं त्वयाहं पूर्वमेव चोदितस्स्यां तन्मया त्वदर्थं किमकर्त्तव्यमित्यल्पैरेवाहोभिस्त्वां निजं पदं प्रापयिष्यामीत्यभिधाय तेषामनुदिनमाभिचारिकं बुद्धिमोहाय शक्रस्य तेजोऽभिवृद्धये जुहाव॥ १९॥

फिर बहुत-सा समय बीत जानेपर एक दिन बृहस्पतिजीको एकान्तमें बैठे देख त्रिलोकीके यज्ञभागसे वंचित हुए शतक्रतुने उनसे कहा—॥ १७॥ क्या 'आप मेरी तृप्तिके लिये एक बेरके बराबर भी पुरोडाशखण्ड मुझे दे सकते हैं?' उनके ऐसा कहनेपर बृहस्पतिजी बोले—॥ १८॥ 'यदि ऐसा है, तो पहले ही तुमने मुझसे क्यों नहीं कहा? तुम्हारे लिये भला मैं क्या नहीं कर सकता? अच्छा, अब थोड़े ही दिनोंमें मैं तुम्हें अपने पदपर स्थित कर दूँगा।' ऐसा कह बृहस्पतिजी रजि-पुत्रोंकी बुद्धिको मोहित करनेके लिये अभिचार और इन्द्रकी तेजोवृद्धिके लिये हवन करने लगे॥ १९॥

ते चापि तेन बुद्धिमोहेनाभिभूयमाना ब्रह्मद्विषो धर्मत्यागिनो वेदवादपराङ्मुखा बभूवुः ॥ २० ॥ ततस्तानपेतधर्माचारानिन्द्रो जघान ॥ २१ ॥ पुरोहिताप्यायिततेजाश्च शक्रो दिवमाक्रमत् ॥ २२ ॥

बुद्धिको मोहित करनेवाले उस अभिचार-कर्मसे अभिभूत हो जानेके कारण रजि-पुत्र ब्राह्मण-विरोधी, धर्म-त्यागी और वेद-विमुख हो गये ॥ २० ॥ तब धर्माचारहीन हो जानेसे इन्द्रने उन्हें मार डाला ॥ २१ ॥ और पुरोहितजीके द्वारा तेजोवृद्ध होकर स्वर्गपर अपना अधिकार जमा लिया ॥ २२ ॥

एतदिन्द्रस्य स्वपदच्यवनादारोहणं श्रुत्वा पुरुषः स्वपदभ्रंशं दौरात्म्यं च नाप्नोति ॥ २३ ॥

इस प्रकार इन्द्रके अपने पदसे गिरकर उसपर फिर आरूढ़ होनेके इस प्रसंगको सुननेसे पुरुष अपने पदसे पतित नहीं होता और उसमें कभी दुष्टता नहीं आती ॥ २३ ॥

रम्भस्त्वनपत्योऽभवत् ॥ २४ ॥ क्षत्रवृद्धसुतः प्रतिक्षत्रोऽभवत् ॥ २५ ॥ तत्पुत्रः सञ्जयस्तस्यापि जयस्तस्यापि विजयस्तस्माच्च जज्ञे कृतः ॥ २६ ॥ तस्य च हर्यधनो हर्यधनसुतस्सहदेवस्तस्माद-दीनस्तस्य जयत्सेनस्ततश्च संस्कृतिस्तत्पुत्रः क्षत्रधर्मा इत्येते क्षत्रवृद्धस्य वंश्याः ॥ २७ ॥ ततो नहुषवंशं प्रवक्ष्यामि ॥ २८ ॥

[आयुका दूसरा पुत्र] रम्भ सन्तानहीन हुआ ॥ २४ ॥ क्षत्रवृद्धका पुत्र प्रतिक्षत्र हुआ, प्रतिक्षत्रका संजय, संजयका जय, जयका विजय, विजयका कृत, कृतका हर्यधन, हर्यधनका सहदेव, सहदेवका अदीन, अदीनका जयत्सेन, जयत्सेनका संस्कृति और संस्कृतिका पुत्र क्षत्रधर्मा हुआ। ये सब क्षत्रवृद्धके वंशज हुए ॥ २५—२७ ॥ अब मैं नहुषवंशका वर्णन करूँगा ॥ २८ ॥

इति श्रीविष्णुपुराणे चतुर्थेऽशे नवमोऽध्यायः ॥ ९ ॥

दसवाँ अध्याय

ययातिका चरित्र

श्रीपराशर उवाच

यतिययातिसंयात्यायातिवियातिकृतिसंज्ञा नहुषस्य षट् पुत्रा महाबलपराक्रमा बभूवुः ॥ १ ॥ यतिस्तु राज्यं नैच्छत् ॥ २ ॥ ययातिस्तु भूभृद-भवत् ॥ ३ ॥ उशनसश्च दुहितरं देवयानीं वार्षपर्वणीं च शर्मिष्ठामुपयेमे ॥ ४ ॥ अत्रानुवंशश्लोको भवति ॥ ५ ॥

श्रीपराशरजी बोले—नहुषके यति, ययाति, संयाति, आयाति, वियाति और कृति नामक छः महाबल-विक्रमशाली पुत्र हुए ॥ १ ॥ यतिने राज्यकी इच्छा नहीं की, इसलिये ययाति ही राजा हुआ ॥ २-३ ॥ ययातिने शुक्राचार्यजीकी पुत्री देवयानी और वृषपर्वाकी कन्या शर्मिष्ठासे विवाह किया था ॥ ४ ॥ उनके वंशके सम्बन्धमें यह श्लोक प्रसिद्ध है— ॥ ५ ॥

यदुं च तुर्वसुं चैव देवयानी व्यजायत।
द्रुह्युं चानुं च पूरुं च शर्मिष्ठा वार्षपर्वणी ॥ ६

'देवयानीने यदु और तुर्वसुको जन्म दिया तथा वृषपर्वाकी पुत्री शर्मिष्ठाने द्रुह्यु, अनु और पूरुको उत्पन्न किया' ॥ ६ ॥

काव्यशापाच्चाकालेनैव ययातिर्जरामवाप ॥ ७ ॥ प्रसन्नशुक्रवचनाच्च स्वजरां सङ्क्रामयितुं ज्येष्ठं पुत्रं यदुमुवाच ॥ ८ ॥ वत्स त्वन्मातामहशापादियमकालेनैव जरा ममोपस्थिता तामहं तस्यैवानुग्रहाद्भवतस्सञ्चारयामि ॥ ९ ॥

ययातिको शुक्राचार्यजीके शापसे असमय ही वृद्धावस्थाने घेर लिया था ॥ ७ ॥ पीछे शुक्रजीके प्रसन्न होकर कहनेपर उन्होंने अपनी वृद्धावस्थाको ग्रहण करनेके लिये बड़े पुत्र यदुसे कहा— ॥ ८ ॥ 'वत्स! तुम्हारे नानाजीके शापसे मुझे असमयमें ही वृद्धावस्थाने घेर लिया है, अब उन्हींकी कृपासे मैं उसे तुमको देना चाहता हूँ ॥ ९ ॥

एकं वर्षसहस्रमतृप्तोऽस्मि विषयेषु त्वद्वयसा विषयानहं भोक्तुमिच्छामि॥ १०॥ नात्र भवता प्रत्याख्यानं कर्त्तव्यमित्युक्तस्स यदुर्नैच्छत्तां जरामादातुम्॥ ११॥ तं च पिता शशाप त्वत्प्रसूतिर्न राज्यार्हा भविष्यतीति॥ १२॥

अनन्तरं च तुर्वसुं द्रुह्युमनुं च पृथिवीपतिर्जराग्रहणार्थं स्वयौवनप्रदानाय चाभ्यर्थयामास॥ १३॥ तैरप्येकैकेन प्रत्याख्यातस्ताञ्छशाप॥ १४॥ अथ शर्मिष्ठातनयमशेषकनीयांसं पूरुं तथैवाह॥ १५॥ स चातिप्रवणमतिः सबहुमानं पितरं प्रणम्य महाप्रसादोऽयमस्माकमित्युदारमभिधाय जरां जग्राह॥ १६॥ स्वकीयं च यौवनं स्वपित्रे ददौ॥ १७॥

सोऽपि पौरवं यौवनमासाद्य धर्माविरोधेन यथाकामं यथाकालोपपन्नं यथोत्साहं विषयांश्चचार॥ १८॥ सम्यक् च प्रजापालनमकरोत्॥ १९॥ विश्वाच्या देवयान्या च सहोपभोगं भुक्त्वा कामानामन्तं प्राप्स्यामीत्यनुदिनं उन्मनस्को बभूव॥ २०॥ अनुदिनं चोपभोगतः कामानतिरम्यान्मेने॥ २१॥ ततश्चैवमगायत॥ २२॥

न जातु कामः कामानामुपभोगेन शाम्यति।
हविषा कृष्णवर्त्मेव भूय एवाभिवर्द्धते॥ २३
यत्पृथिव्यां व्रीहियवं हिरण्यं पशवः स्त्रियः।
एकस्यापि न पर्याप्तं तस्मात्तृष्णां परित्यजेत्॥ २४
यदा न कुरुते भावं सर्वभूतेषु पापकम्।
समदृष्टेस्तदा पुंसः सर्वास्सुखमया दिशः॥ २५
या दुस्त्यजा दुर्मतिभिर्या न जीर्यति जीर्यतः।
तां तृष्णां सन्त्यजेत्प्राज्ञस्सुखेनैवाभिपूर्यते॥ २६
जीर्यन्ति जीर्यतः केशा दन्ता जीर्यन्ति जीर्यतः।
धनाशा जीविताशा च जीर्यतोऽपि न जीर्यतः॥ २७
पूर्णं वर्षसहस्रं मे विषयासक्तचेतसः।
तथाप्यनुदिनं तृष्णा मम तेषूपजायते॥ २८

मैं अभी विषय-भोगोंसे तृप्त नहीं हुआ हूँ, इसलिये एक सहस्र वर्षतक मैं तुम्हारी युवावस्थासे उन्हें भोगना चाहता हूँ॥ १०॥ इस विषयमें तुम्हें किसी प्रकारकी आनाकानी नहीं करनी चाहिये।' किन्तु पिताके ऐसा कहनेपर भी यदुने वृद्धावस्थाको ग्रहण करना न चाहा॥ ११॥ तब पिताने उसे शाप दिया कि तेरी सन्तान राज्य-पदके योग्य न होगी॥ १२॥

फिर राजा ययातिने तुर्वसु, द्रुह्यु और अनुसे भी अपना यौवन देकर वृद्धावस्था ग्रहण करनेके लिये कहा; तथा उनमेंसे प्रत्येकके अस्वीकार करनेपर उन्होंने उन सभीको शाप दे दिया॥ १३-१४॥ अन्तमें सबसे छोटे शर्मिष्ठाके पुत्र पूरुसे भी वही बात कही तो उसने अति नम्रता और आदरके साथ पिताको प्रणाम करके उदारतापूर्वक कहा—'यह तो हमारे ऊपर आपका महान् अनुग्रह है।' ऐसा कहकर पूरुने अपने पिताकी वृद्धावस्था ग्रहण कर उन्हें अपना यौवन दे दिया॥ १५—१७॥

राजा ययातिने पूरुका यौवन लेकर समयानुसार प्राप्त हुए यथेच्छ विषयोंको अपने उत्साहके अनुसार धर्मपूर्वक भोगा और अपनी प्रजाका भली प्रकार पालन किया॥ १८-१९॥ फिर विश्वाची और देवयानीके साथ विविध भोगोंको भोगते हुए 'मैं कामनाओंका अन्त कर दूँगा'—ऐसे सोचते-सोचते वे प्रतिदिन [भोगोंके लिये] उत्कण्ठित रहने लगे॥ २०॥ और निरन्तर भोगते रहनेसे उन कामनाओंको अत्यन्त प्रिय मानने लगे; तदुपरान्त उन्होंने इस प्रकार अपना उद्गार प्रकट किया॥ २१-२२॥

'भोगोंकी तृष्णा उनके भोगनेसे कभी शान्त नहीं होती, बल्कि घृताहुतिसे अग्निके समान वह बढ़ती ही जाती है॥ २३॥ सम्पूर्ण पृथिवीमें जितने भी धान्य, यव, सुवर्ण, पशु और स्त्रियाँ हैं वे सब एक मनुष्यके लिये भी सन्तोषजनक नहीं हैं, इसलिये तृष्णाको सर्वथा त्याग देना चाहिये॥ २४॥ जिस समय कोई पुरुष किसी भी प्राणीके लिये पापमयी भावना नहीं करता, उस समय उस समदर्शीके लिये सभी दिशाएँ सुखमयी हो जाती हैं॥ २५॥ दुर्मतियोंके लिये जो अत्यन्त दुस्त्यज है तथा वृद्धावस्थामें भी जो शिथिल नहीं होती, बुद्धिमान् पुरुष उस तृष्णाको त्यागकर सुखसे परिपूर्ण हो जाता है॥ २६॥ अवस्थाके जीर्ण होनेपर केश और दाँत तो जीर्ण हो जाते हैं किन्तु जीवन और धनकी आशाएँ उसके जीर्ण होनेपर भी नहीं जीर्ण होतीं॥ २७॥ विषयोंमें आसक्त रहते हुए मुझे एक सहस्र वर्ष बीत गये, फिर भी नित्य ही उनमें मेरी कामना होती है॥ २८॥

तस्मादेतामहं त्यक्त्वा ब्रह्मण्याधाय मानसम्।
निर्द्वन्द्वो निर्ममो भूत्वा चरिष्यामि मृगैस्सह॥ २९

अतः अब मैं इसे छोड़कर और अपने चित्तको भगवान्‌में ही स्थिरकर निर्द्वन्द्व और निर्मम होकर [वनमें] मृगोंके साथ विचरूँगा॥ २९॥

श्रीपराशर उवाच

पूरोस्सकाशादादाय जरां दत्त्वा च यौवनम्।
राज्येऽभिषिच्य पूरुं च प्रययौ तपसे वनम्॥ ३०
दिशि दक्षिणपूर्वस्यां तुर्वसुं च समादिशत्।
प्रतीच्यां च तथा द्रुह्युं दक्षिणायां ततो यदुम्॥ ३१
उदीच्यां च तथैवानुं कृत्वा मण्डलिनो नृपान्।
सर्वपृथ्वीपतिं पूरुं सोऽभिषिच्य वनं ययौ॥ ३२

श्रीपराशरजी बोले—तदनन्तर राजा ययातिने पूरुसे अपनी वृद्धावस्था लेकर उसका यौवन दे दिया और उसे राज्य-पदपर अभिषिक्त कर वनको चले गये॥ ३०॥ उन्होंने दक्षिण-पूर्व दिशामें तुर्वसुको, पश्चिममें द्रुह्युको, दक्षिणमें यदुको और उत्तरमें अनुको माण्डलिकपदपर नियुक्त किया; तथा पूरुको सम्पूर्ण भूमण्डलके राज्यपर अभिषिक्तकर स्वयं वनको चले गये॥ ३१-३२॥

इति श्रीविष्णुपुराणे चतुर्थेऽशे दशमोऽध्यायः॥ १०॥

ग्यारहवाँ अध्याय

यदुवंशका वर्णन और सहस्रार्जुनका चरित्र

श्रीपराशर उवाच

अतः परं ययातेः प्रथमपुत्रस्य यदोर्वंशमहं कथयामि॥ १॥ यत्राशेषलोकनिवासो मनुष्य-सिद्धगन्धर्वयक्षराक्षसगुह्यककिंपुरुषाप्सरउरग-विहगदैत्यदानवादित्यरुद्रवस्वश्विमरुद्देवर्षिभि-र्मुमुक्षुभिर्धर्मार्थकाममोक्षार्थिभिश्च तत्तत्फल-लाभाय सदाभिष्टुतोऽपरिच्छेद्यमाहात्म्यांशेन भगवाननादिनिधनो विष्णुरवततार॥ २॥ अत्र श्लोकः॥ ३॥

श्रीपराशरजी बोले—अब मैं ययातिके प्रथम पुत्र यदुके वंशका वर्णन करता हूँ, जिसमें कि मनुष्य, सिद्ध, गन्धर्व, यक्ष, राक्षस, गुह्यक, किंपुरुष, अप्सरा, सर्प, पक्षी, दैत्य, दानव, आदित्य, रुद्र, वसु, अश्विनीकुमार, मरुद्गण, देवर्षि, मुमुक्षु तथा धर्म, अर्थ, काम और मोक्षके अभिलाषी पुरुषोंद्वारा सर्वदा स्तुति किये जानेवाले, अखिललोक-विश्राम आद्यन्तहीन भगवान् विष्णुने अपने अपरिमित महत्त्वशाली अंशसे अवतार लिया था। इस विषयमें यह श्लोक प्रसिद्ध है—॥ १—३॥

यदोर्वंशं नरः श्रुत्वा सर्वपापैः प्रमुच्यते।
यत्रावतीर्णं कृष्णाख्यं परं ब्रह्म निराकृति॥ ४

'जिसमें श्रीकृष्ण नामक निराकार परब्रह्मने अवतार लिया था, उस यदुवंशका श्रवण करनेसे मनुष्य सम्पूर्ण पापोंसे मुक्त हो जाता है'॥ ४॥

सहस्रजित्क्रोष्टुनलनहुषसंज्ञाश्चत्वारो यदुपुत्रा बभूवुः॥ ५॥ सहस्रजित्पुत्रश्शतजित्॥ ६॥ तस्य हैहयहेहयवेणुहयास्त्रयः पुत्रा बभूवुः॥ ७॥ हैहयपुत्रो धर्मस्तस्यापि धर्मनेत्रस्ततः कुन्तिः कुन्तेः सहजित्॥ ८॥ तत्तनयो महिष्मान् योऽसौ माहिष्मतीं पुरीं निवासयामास॥ ९॥ तस्माद्भद्रश्रेण्यस्ततो दुर्दमस्तस्माद्धनको धनकस्य कृतवीर्यकृताग्नि

यदुके सहस्रजित्, क्रोष्टु, नल और नहुष नामक चार पुत्र हुए। सहस्रजित्‌के शतजित् और शतजित्‌के हैहय, हेहय तथा वेणुहय नामक तीन पुत्र हुए॥ ५—७॥ हैहयका पुत्र धर्म, धर्मका धर्मनेत्र, धर्मनेत्रका कुन्ति, कुन्तिका सहजित् तथा सहजित्‌का पुत्र महिष्मान् हुआ, जिसने माहिष्मतीपुरीको बसाया॥ ८-९॥ महिष्मान्‌के भद्रश्रेण्य, भद्रश्रेण्यके दुर्दम, दुर्दमके धनक तथा धनकके

कृतधर्मकृतौजसश्चत्वारः पुत्रा बभूवुः ॥ १० ॥

कृतवीर्यादर्जुनस्सप्तद्वीपाधिपतिर्बाहुसहस्रो जज्ञे ॥ ११ ॥ योऽसौ भगवदंशमत्रिकुलप्रसूतं दत्तात्रेयाख्यमाराध्य बाहुसहस्रमधर्मसेवा-निवारणं स्वधर्मसेवित्वं रणे पृथिवीजयं धर्मतश्चानु-पालनमरातिभ्योऽपराजयमखिलजगत्प्रख्यात-पुरुषाच्च मृत्युमित्येतान्वरानभिलषितवाँल्लेभे च ॥ १२ ॥ तेनेयमशेषद्वीपवती पृथिवी सम्यक्-परिपालिता ॥ १३ ॥ दशयज्ञसहस्रा-ण्यसावयजत् ॥ १४ ॥ तस्य च श्लोकोऽद्यापि गीयते ॥ १५ ॥

न नूनं कार्तवीर्यस्य गतिं यास्यन्ति पार्थिवाः।
यज्ञैर्दानैस्तपोभिर्वा प्रश्रयेण श्रुतेन च ॥ १६

अनष्टद्रव्यता च तस्य राज्येऽभवत् ॥ १७ ॥ एवं च पञ्चाशीतिवर्षसहस्राण्यव्याहतारोग्य-श्रीबलपराक्रमो राज्यमकरोत् ॥ १८ ॥ माहिष्मत्यां दिग्विजयाभ्यागतो नर्मदाजलावगाहन-क्रीडातिपानमदाकुलेनायत्नेनैव तेनाशेषदेवदैत्य-गन्धर्वेशजयोद्भूतमदावलेपोऽपि रावणः पशुरिव बद्ध्वा स्वनगरैकान्ते स्थापितः ॥ १९ ॥ यश्च पञ्चाशीतिवर्षसहस्रोपलक्षणकालावसाने भगवन्नारायणांशेन परशुरामेणोपसंहृतः ॥ २० ॥ तस्य च पुत्रशतप्रधानाः पञ्च पुत्रा बभूवुः शूरशूरसेनवृषसेनमधुजयध्वजसंज्ञाः ॥ २१ ॥

जयध्वजात्तालजङ्घः पुत्रोऽभवत् ॥ २२ ॥ तालजङ्घस्य तालजङ्घाख्यं पुत्रशतमासीत् ॥ २३ ॥ एषां ज्येष्ठो वीतिहोत्रस्तथान्यो भरतः ॥ २४ ॥ भरताद्वृषः ॥ २५ ॥ वृषस्य पुत्रो मधुरभवत् ॥ २६ ॥ तस्यापि वृष्णिप्रमुखं पुत्रशतमासीत् ॥ २७ ॥ यतो वृष्णिसंज्ञामेतद्गोत्रमवाप ॥ २८ ॥ मधुसंज्ञाहेतुश्च मधुरभवत् ॥ २९ ॥ यादवाश्च यदुनामोपलक्षणादिति ॥ ३० ॥

कृतवीर्य, कृताग्नि, कृतधर्म और कृतौजा नामक चार पुत्र हुए ॥ १० ॥

कृतवीर्यके सहस्र भुजाओंवाले सप्तद्वीपाधिपति अर्जुनका जन्म हुआ ॥ ११ ॥ सहस्रार्जुनने अत्रिकुलमें उत्पन्न भगवदंशरूप श्रीदत्तात्रेयजीकी उपासना कर 'सहस्र भुजाएँ, अधर्माचरणका निवारण, स्वधर्मका सेवन, युद्धके द्वारा सम्पूर्ण पृथिवीमण्डलका विजय, धर्मानुसार प्रजा-पालन, शत्रुओंसे अपराजय तथा त्रिलोकप्रसिद्ध पुरुषसे मृत्यु'— ऐसे कई वर माँगे और प्राप्त किये थे ॥ १२ ॥ अर्जुनने इस सम्पूर्ण सप्तद्वीपवती पृथिवीका पालन तथा दस हजार यज्ञोंका अनुष्ठान किया था ॥ १३-१४ ॥ उसके विषयमें यह श्लोक आजतक कहा जाता है— ॥ १५ ॥

'यज्ञ, दान, तप, विनय और विद्यामें कार्तवीर्य-सहस्रार्जुनकी समता कोई भी राजा नहीं कर सकता' ॥ १६ ॥

उसके राज्यमें कोई भी पदार्थ नष्ट नहीं होता था ॥ १७ ॥ इस प्रकार उसने बल, पराक्रम, आरोग्य और सम्पत्तिको सर्वथा सुरक्षित रखते हुए पचासी हजार वर्ष राज्य किया ॥ १८ ॥ एक दिन जब वह अतिशय मद्य-पानसे व्याकुल हुआ नर्मदा नदीमें जल-क्रीडा कर रहा था, उसकी राजधानी माहिष्मतीपुरीपर दिग्विजयके लिये आये हुए सम्पूर्ण देव, दानव, गन्धर्व और राजाओंके विजयमदसे उन्मत्त रावणने आक्रमण किया, उस समय उसने अनायास ही रावणको पशुके समान बाँधकर अपने नगरके एक निर्जन स्थानमें रख दिया ॥ १९ ॥ इस सहस्रार्जुनका पचासी हजार वर्ष व्यतीत होनेपर भगवान् नारायणके अंशावतार परशुरामजीने वध किया था ॥ २० ॥ इसके सौ पुत्रोंमेंसे शूर, शूरसेन, वृषसेन, मधु और जयध्वज—ये पाँच प्रधान थे ॥ २१ ॥

जयध्वजका पुत्र तालजंघ हुआ और तालजंघके तालजंघ नामक सौ पुत्र हुए इनमें सबसे बड़ा वीतिहोत्र तथा दूसरा भरत था ॥ २२—२४ ॥ भरतके वृष, वृषके मधु और मधुके वृष्णि आदि सौ पुत्र हुए ॥ २५—२७ ॥ वृष्णिके कारण यह वंश वृष्णि कहलाया ॥ २८ ॥ मधुके कारण इसकी मधु-संज्ञा हुई ॥ २९ ॥ और यदुके नामानुसार इस वंशके लोग यादव कहलाये ॥ ३० ॥

इति श्रीविष्णुपुराणे चतुर्थेऽंशे एकादशोऽध्यायः ॥ ११ ॥

बारहवाँ अध्याय

यदुपुत्र क्रोष्टुका वंश

श्रीपराशर उवाच

क्रोष्टोस्तु यदुपुत्रस्यात्मजो ध्वजिनीवान्॥ १॥ ततश्च स्वातिस्ततो रुशंकू रुशंकोश्चित्ररथः॥ २॥ तत्तनयश्शशिबिन्दुश्चतुर्दशमहारत्नेशश्चक्रवर्त्यभवत्॥ ३॥ तस्य च शतसहस्रं पत्नीनामभवत्॥ ४॥ दशलक्षसंख्याश्च पुत्राः॥ ५॥ तेषां च पृथुश्रवाः पृथुकर्मा पृथुकीर्तिः पृथुयशाः पृथुजयः पृथुदानः षट् पुत्राः प्रधानाः॥ ६॥ पृथुश्रवसश्च पुत्रः पृथुतमः॥ ७॥ तस्मादुशना यो वाजिमेधानां शतमाजहार॥ ८॥ तस्य च शितपुर्नाम पुत्रोऽभवत्॥ ९॥ तस्यापि रुक्मकवचस्ततः परावृत्॥ १०॥ परावृतो रुक्मेषुपृथुज्यामघवलितहरितसंज्ञास्तस्य पञ्चात्मजा बभूवुः॥ ११॥ तस्यायमद्यापि ज्यामघस्य श्लोको गीयते॥ १२॥

भार्यावश्यास्तु ये केचिद्भविष्यन्त्यथ वा मृताः।
तेषां तु ज्यामघः श्रेष्ठश्शैव्यापतिरभून्नृपः॥ १३

अपुत्रा तस्य सा पत्नी शैव्या नाम तथाप्यसौ।
अपत्यकामोऽपि भयान्नान्यां भार्यामविन्दत॥ १४

स त्वेकदा प्रभूतरथतुरगगजसम्मर्दातिदारुणे महाहवे युद्ध्यमानः सकलमेवारिचक्रमजयत्॥ १५

श्रीपराशरजी बोले—यदुपुत्र क्रोष्टुके ध्वजिनीवान् नामक पुत्र हुआ॥ १॥ उसके स्वाति, स्वातिके रुशंकु, रुशंकुके चित्ररथ और चित्ररथके शशिबिन्दु नामक पुत्र हुआ जो चौदहों महारत्नोंका* स्वामी तथा चक्रवर्ती सम्राट् था॥ २-३॥ शशिबिन्दुके एक लाख स्त्रियाँ और दस लाख पुत्र थे॥ ४-५॥ उनमें पृथुश्रवा, पृथुकर्मा, पृथुकीर्ति, पृथुयशा, पृथुजय और पृथुदान—ये छः पुत्र प्रधान थे॥ ६॥ पृथुश्रवाका पुत्र पृथुतम और उसका पुत्र उशना हुआ जिसने सौ अश्वमेध-यज्ञ किया था॥ ७-८॥ उशनाके शितपु नामक पुत्र हुआ॥ ९॥ शितपुके रुक्मकवच, रुक्मकवचके परावृत् तथा परावृत्के रुक्मेषु, पृथु, ज्यामघ, वलित और हरित नामक पाँच पुत्र हुए॥ १०-११॥ इनमेंसे ज्यामघके विषयमें अब भी यह श्लोक गाया जाता है—॥ १२॥

संसारमें स्त्रीके वशीभूत जो-जो लोग होंगे और जो-जो पहले हो चुके हैं उनमें शैव्याका पति राजा ज्यामघ ही सर्वश्रेष्ठ है॥ १३॥ उसकी स्त्री शैव्या यद्यपि निःसन्तान थी तथापि सन्तानकी इच्छा रहते हुए भी उसने उसके भयसे दूसरी स्त्रीसे विवाह नहीं किया॥ १४॥

एक दिन बहुत-से रथ, घोड़े और हाथियोंके संघट्टसे अत्यन्त भयानक महायुद्धमें लड़ते हुए उसने अपने समस्त शत्रुओंको जीत लिया॥ १५॥

---

* धर्मसंहितामें चौदह रत्नोंका उल्लेख इस प्रकार किया है—

'चक्रं रथो मणिः खड्गश्चर्म रत्नं च पञ्चमम्। केतुर्निधिश्च सप्तैव प्राणहीनानि चक्षते॥
भार्या पुरोहितश्चैव सेनानी रथकृच्च यः। पत्त्यश्वकलभाश्चेति प्राणिनः सप्त कीर्तिताः॥
चतुर्दशेति रत्नानि सर्वेषां चक्रवर्त्तिनाम्।'

अर्थात् चक्र, रथ, मणि, खड्ग, चर्म (ढाल), ध्वजा और निधि (खजाना)-ये सात प्राणहीन तथा स्त्री, पुरोहित, सेनापति, रथी, पदाति, अश्वारोही और गजारोही—ये सात प्राणयुक्त इस प्रकार कुल चौदह रत्न सब चक्रवर्त्तियोंके यहाँ रहते हैं।

तच्चारिचक्रमपास्तपुत्रकलत्रबन्धुबलकोशं स्वमधिष्ठानं परित्यज्य दिशः प्रति विद्रुतम्॥ १६॥ तस्मिंश्च विद्रुतेऽतित्रासलोलायतलोचनयुगलं त्राहि त्राहि मां तातांब भ्रातरित्याकुलविलापविधुरं स राजकन्यारत्नमद्राक्षीत्॥ १७॥ तद्दर्शनाच्च तस्यामनुरागानुगतान्तरात्मा स नृपोऽचिन्तयत्॥ १८॥ साध्विदं ममापत्यरहितस्य वन्ध्याभर्तुः साम्प्रतं विधिनापत्यकारणं कन्यारत्नमुपपादितम्॥ १९॥ तदेतत्समुद्वहामीति॥ २०॥ अथवैनां स्यन्दनमारोप्य स्वमधिष्ठानं नयामि॥ २१॥ तयैव देव्या शैव्ययाहमनुज्ञातस्समुद्वहामीति॥ २२॥

अथैनां रथमारोप्य स्वनगरमगच्छत्॥ २३॥ विजयिनं च राजानमशेषपौरभृत्यपरिजनामात्यसमेता शैव्या द्रष्टुमधिष्ठानद्वारमागता॥ २४॥ सा चावलोक्य राज्ञः सव्यपार्श्ववर्त्तिनीं कन्यामीषदुद्भूतामर्षस्फुरदधरपल्लवा राजानमवोचत्॥ २५॥ अतिचपलचित्तात्र स्यन्दने केयमारोपितेति॥ २६॥ असावप्यनालोचितोत्तरवचनोऽतिभयात्तामाह स्नुषा ममेयमिति॥ २७॥ अथैनं शैव्योवाच॥ २८॥

नाहं प्रसूता पुत्रेण नान्या पत्न्यभवत्तव।
स्नुषासम्बन्धता ह्येषा कतमेन सुतेन ते॥ २९

श्रीपराशर उवाच

इत्यात्मेर्ष्याकोपकलुषितवचनमुषितविवेको भयादुरुक्तपरिहारार्थमिदमवनीपतिराह॥ ३०॥ यस्ते जनिष्यत आत्मजस्तस्येयमनागतस्यैव भार्या निरूपितेत्याकर्ण्योद्भूतमृदुहासा तथेत्याह॥ ३१॥ प्रविवेश च राज्ञा सहाधिष्ठानम्॥ ३२॥

अनन्तरं चातिशुद्धलग्नहोरांशकावयवोक्तकृतपुत्रजन्मलाभगुणाद्वयसः परिणाममुपगतापि

उस समय वे समस्त शत्रुगण पुत्र, मित्र, स्त्री, सेना और कोशादिसे हीन होकर अपने-अपने स्थानोंको छोड़कर दिशा-विदिशाओंमें भाग गये॥ १६॥ उनके भाग जानेपर उसने एक राजकन्याको देखा जो अत्यन्त भयसे कातर हुई विशाल आँखोंसे [देखती हुई] 'हे तात, हे मातः, हे भ्रातः! मेरी रक्षा करो, रक्षा करो' इस प्रकार व्याकुलतापूर्वक विलाप कर रही थी॥ १७॥ उसको देखते ही उसमें अनुरक्त-चित्त हो जानेसे राजाने विचार किया॥ १८॥ 'यह अच्छा ही हुआ; मैं पुत्रहीन और वन्ध्याका पति हूँ; ऐसा मालूम होता है कि सन्तानकी कारणरूपा इस कन्यारत्नको विधाताने ही इस समय यहाँ भेजा है॥ १९॥ तो फिर मुझे इससे विवाह कर लेना चाहिये॥ २०॥ अथवा इसे अपने रथपर बैठाकर अपने निवासस्थानको लिये चलता हूँ, वहाँ देवी शैव्याकी आज्ञा लेकर ही इससे विवाह कर लूँगा'॥ २१-२२॥

तदनन्तर वे उसे रथपर चढ़ाकर अपने नगरको ले चले॥ २३॥ वहाँ विजयी राजाके दर्शनके लिये सम्पूर्ण पुरवासी, सेवक, कुटुम्बीजन और मन्त्रिवर्गके सहित महारानी शैव्या नगरके द्वारपर आयी हुई थी॥ २४॥ उसने राजाके वामभागमें बैठी हुई राजकन्याको देखकर क्रोधके कारण कुछ काँपते हुए होठोंसे कहा—॥ २५॥ "हे अति चपलचित्त! तुमने रथमें यह किसे बैठा रखी है?"॥ २६॥ राजाको भी जब कोई उत्तर न सूझा तो अत्यन्त डरते-डरते कहा—"यह मेरी पुत्रवधू है।"॥ २७॥ तब शैव्या बोली—॥ २८॥

"मेरे तो कोई पुत्र हुआ नहीं है और आपके दूसरी कोई स्त्री भी नहीं है, फिर किस पुत्रके कारण आपका इससे पुत्रवधूका सम्बन्ध हुआ?"॥ २९॥

श्रीपराशरजी बोले—इस प्रकार शैव्याके ईर्ष्या और क्रोध-कलुषित वचनोंसे विवेकहीन होकर भयके कारण कही हुई असंबद्ध बातके सन्देहको दूर करनेके लिये राजाने कहा—॥ ३०॥ "तुम्हारे जो पुत्र होनेवाला है उस भावी शिशुकी मैंने यह पहलेसे ही भार्या निश्चित कर दी है।" यह सुनकर रानीने मधुर मुसकानके साथ कहा—'अच्छा, ऐसा ही हो' और राजाके साथ नगरमें प्रवेश किया॥ ३१-३२॥

तदनन्तर पुत्र-लाभके गुणोंसे युक्त उस अति विशुद्ध लग्न होरांशक अवयवके समय हुए पुत्रजन्मविषयक वार्तालापके प्रभावसे गर्भधारणके योग्य अवस्था न

शैव्या स्वल्पैरेवाहोभिर्गर्भमवाप॥ ३३॥ कालेन च कुमारमजीजनत्॥ ३४॥ तस्य च विदर्भ इति पिता नाम चक्रे॥ ३५॥ स च तां स्नुषामुपयेमे॥ ३६॥ तस्यां चासौ क्रथकैशिकसंज्ञौ पुत्रावजनयत्॥ ३७॥ पुनश्च तृतीयं रोमपादसंज्ञं पुत्रमजीजनद्यो नारदादवाप्तज्ञानवानभवत्॥ ३८॥ रोमपादाद्बभ्रुर्बभ्रोर्धृतिर्धृतेः कैशिकः कैशिकस्यापि चेदिः पुत्रोऽभवद् यस्य सन्ततौ चैद्या भूपालाः॥ ३९॥

रहनेपर भी थोड़े ही दिनोंमें शैव्याके गर्भ रह गया और यथासमय एक पुत्र उत्पन्न हुआ॥ ३३-३४॥ पिताने उसका नाम विदर्भ रखा॥ ३५॥ और उसीके साथ उस पुत्रवधूका पाणिग्रहण हुआ॥ ३६॥ उससे विदर्भने क्रथ और कैशिक नामक दो पुत्र उत्पन्न किये॥ ३७॥ फिर रोमपाद नामक एक तीसरे पुत्रको जन्म दिया जो नारदजीके उपदेशसे ज्ञान-विज्ञान सम्पन्न हो गया था॥ ३८॥ रोमपादके बभ्रु, बभ्रुके धृति, धृतिके कैशिक और कैशिकके चेदि नामक पुत्र हुआ जिसकी सन्ततिमें चैद्य राजाओंने जन्म लिया॥ ३९॥

क्रथस्य स्नुषापुत्रस्य कुन्तिरभवत्॥ ४०॥ कुन्तेर्धृष्टिर्धृष्टेर्निधृतिर्निधृतेर्दशार्हस्ततश्च व्योमा तस्यापि जीमूतस्ततश्च विकृतिस्ततश्च भीमरथः, तस्मान्नवरथस्तस्यापि दशरथस्ततश्च शकुनिः, तत्तनयः करम्भिः करम्भेर्देवरातोऽभवत्॥ ४१॥ तस्माद्देवक्षत्रस्तस्यापि मधुर्मधोः कुमारवंशः कुमारवंशादनुरनोः पुरुमित्रःपृथिवीपतिरभवत्॥ ४२॥ ततश्चांशुस्तस्माच्च सत्वतः॥ ४३॥ सत्वतादेते सात्वताः॥ ४४॥ इत्येतां ज्यामघस्य सन्ततिं सम्यक् श्रद्धासमन्वितः श्रुत्वा पुमान् मैत्रेय स्वपापैः प्रमुच्यते॥ ४५॥

ज्यामघकी पुत्रवधूके पुत्र क्रथके कुन्ति नामक पुत्र हुआ॥ ४०॥ कुन्तिके धृष्टि, धृष्टिके निधृति, निधृतिके दशार्ह, दशार्हके व्योमा, व्योमाके जीमूत, जीमूतके विकृति, विकृतिके भीमरथ, भीमरथके नवरथ, नवरथके दशरथ, दशरथके शकुनि, शकुनिके करम्भि, करम्भिके देवरात, देवरातके देवक्षत्र, देवक्षत्रके मधु, मधुके कुमारवंश, कुमारवंशके अनु, अनुके राजा पुरुमित्र, पुरुमित्रके अंशु और अंशुके सत्वत नामक पुत्र हुआ तथा सत्वतसे सात्वतवंशका प्रादुर्भाव हुआ॥ ४१—४४॥ हे मैत्रेय! इस प्रकार ज्यामघकी सन्तानका श्रद्धापूर्वक भली प्रकार श्रवण करनेसे मनुष्य अपने समस्त पापोंसे मुक्त हो जाता है॥ ४५॥

इति श्रीविष्णुपुराणे चतुर्थेऽशे द्वादशोऽध्यायः॥ १२॥

तेरहवाँ अध्याय

सत्वतकी सन्ततिका वर्णन और स्यमन्तकमणिकी कथा

श्रीपराशर उवाच

भजनभजमानदिव्यान्धकदेवावृधमहाभोजवृष्णिसंज्ञास्सत्वतस्य पुत्रा बभूवुः॥ १॥ भजमानस्य निमिकृकणवृष्णयस्तथान्ये द्वैमात्राः शतजित्सहस्रजिदयुतजित्संज्ञास्त्रयः॥ २॥ देवावृधस्यापि बभ्रुः पुत्रोऽभवत्॥ ३॥ तयोश्चायं श्लोको गीयते॥ ४॥

यथैव श्रृणुमो दूरात्सम्पश्यामस्तथान्तिकात्।
बभ्रुः श्रेष्ठो मनुष्याणां देवैर्देवावृधस्समः॥ ५
पुरुषाः षट् च षष्टिश्च षट् सहस्राणि चाष्ट च।
तेऽमृतत्वमनुप्राप्ता बभ्रोर्देवावृधादपि॥ ६

श्रीपराशरजी बोले—सत्वतके भजन, भजमान, दिव्य, अन्धक, देवावृध महाभोज और वृष्णि नामक पुत्र हुए॥ १॥ भजमानके निमि, कृकण और वृष्णि तथा इनके तीन सौतेले भाई शतजित्, सहस्रजित् और अयुतजित्—ये छः पुत्र हुए॥ २॥ देवावृधके बभ्रु नामक पुत्र हुआ॥ ३॥ इन दोनों (पिता-पुत्रों)-के विषयमें यह श्लोक प्रसिद्ध है—॥ ४॥

'जैसा हमने दूरसे सुना था वैसा ही पास जाकर भी देखा; वास्तवमें बभ्रु मनुष्योंमें श्रेष्ठ है और देवावृध तो देवताओंके समान है॥ ५॥ बभ्रु और देवावृध [-के उपदेश किये हुए मार्गका अवलम्बन करने]-से क्रमशः छः हजार चौहत्तर (६०७४) मनुष्योंने अमरपद प्राप्त किया था'॥ ६॥

महाभोजस्त्वतिधर्मात्मा तस्यान्वये भोजा मृत्तिकावरपुरनिवासिनो मार्त्तिकावरा बभूवुः ॥ ७ ॥ वृष्णेः सुमित्रो युधाजिच्च पुत्रावभूताम् ॥ ८ ॥ ततश्चानमित्रस्तथानमित्रान्निघ्नः ॥ ९ ॥ निघ्नस्य प्रसेनसत्राजितौ ॥ १० ॥

तस्य च सत्राजितो भगवानादित्यः सखाभवत् ॥ ११ ॥ एकदा त्वम्भोनिधितीरसंश्रयः सूर्यं सत्राजित्तुष्टाव तन्मनस्कतया च भास्वानभिष्टूयमानोऽग्रतस्तस्थौ ॥ १२ ॥ ततस्त्वस्पष्टमूर्त्तिधरं चैनमालोक्य सत्राजित्सूर्यमाह ॥ १३ ॥ यथैव व्योम्नि वह्निपिण्डोपमं त्वामहमपश्यं तथैवाद्याग्रतो गतमप्यत्र भगवता किञ्चिन्न प्रसादीकृतं विशेषमुपलक्षयामीत्येवमुक्ते भगवता सूर्येण निजकण्ठादुन्मुच्य स्यमन्तकं नाम महामणिवरमवतार्यैकान्ते न्यस्तम् ॥ १४ ॥

ततस्तमाताम्रोज्ज्वलं ह्रस्ववपुषमीषदापिंगलनयनमादित्यमद्राक्षीत् ॥ १५ ॥ कृतप्रणिपातस्तवादिकं च सत्राजितमाह भगवानादित्यस्सहस्रदीधितिर्वरमस्मत्तोऽभिमतं वृणीष्वेति ॥ १६ ॥ स च तदेव मणिरत्नमयाचत ॥ १७ ॥ स चापि तस्मै तद्दत्त्वा दीधितिपतिर्वियति स्वधिष्ण्यमारुरोह ॥ १८ ॥

सत्राजिदप्यमलमणिरत्नसनाथकण्ठतया सूर्य इव तेजोभिरशेषदिगन्तराण्युद्भासयन् द्वारकां विवेश ॥ १९ ॥ द्वारकावासी जनस्तु तमायान्तमवेक्ष्य भगवन्तमादिपुरुषं पुरुषोत्तममवनिभारावतरणायांशेन मानुषरूपधारिणं प्रणिपत्याह ॥ २० ॥ भगवन् भवन्तं द्रष्टुं नूनमयमादित्य आयातीत्युक्तो भगवानुवाच ॥ २१ ॥ भगवान्नायमादित्यः सत्राजिदयमादित्यदत्तस्यमन्तकाख्यं महामणिरत्नं बिभ्रदत्रोपयाति ॥ २२ ॥ तदेनं विश्रब्धाः पश्यतेत्युक्तास्ते तथैव ददृशुः ॥ २३ ॥

स च तं स्यमन्तकमणिमात्मनिवेशने चक्रे ॥ २४ ॥

महाभोज बड़ा धर्मात्मा था, उसकी सन्तानमें भोजवंशी तथा मृत्तिकावरपुर निवासी मार्त्तिकावर नृपतिगण हुए ॥ ७ ॥ वृष्णिके दो पुत्र सुमित्र और युधाजित् हुए, उनमेंसे सुमित्रके अनमित्र, अनमित्रके निघ्न तथा निघ्नसे प्रसेन और सत्राजित्का जन्म हुआ ॥ ८—१० ॥

उस सत्राजित्के मित्र भगवान् आदित्य हुए ॥ ११ ॥ एक दिन समुद्र-तटपर बैठे हुए सत्राजित्ने सूर्यभगवान्की स्तुति की। उसके तन्मय होकर स्तुति करनेसे भगवान् भास्कर उसके सम्मुख प्रकट हुए ॥ १२ ॥ उस समय उनको अस्पष्ट मूर्ति धारण किये हुए देखकर सत्राजित्ने सूर्यसे कहा— ॥ १३ ॥ ''आकाशमें अग्निपिण्डके समान आपको जैसा मैंने देखा है वैसा ही सम्मुख आनेपर भी देख रहा हूँ। यहाँ आपकी प्रसादस्वरूप कुछ विशेषता मुझे नहीं दीखती।'' सत्राजित्के ऐसा कहनेपर भगवान् सूर्यने अपने गलेसे स्यमन्तक नामकी उत्तम महामणि उतारकर अलग रख दी ॥ १४ ॥

तब सत्राजित्ने भगवान् सूर्यको देखा—उनका शरीर किंचित् ताम्रवर्ण, अति उज्ज्वल और लघु था तथा उनके नेत्र कुछ पिंगलवर्ण थे ॥ १५ ॥ तदनन्तर सत्राजित्के प्रणाम तथा स्तुति आदि कर चुकनेपर सहस्रांशु भगवान् आदित्यने उससे कहा—''तुम अपना अभीष्ट वर माँगो'' ॥ १६ ॥ सत्राजित्ने उस स्यमन्तकमणिको ही माँगा ॥ १७ ॥ तब भगवान् सूर्य उसे वह मणि देकर अन्तरिक्षमें अपने स्थानको चले गये ॥ १८ ॥

फिर सत्राजित्ने उस निर्मल मणिरत्नसे अपना कण्ठ सुशोभित होनेके कारण तेजसे सूर्यके समान समस्त दिशाओंको प्रकाशित करते हुए द्वारकामें प्रवेश किया ॥ १९ ॥ द्वारकावासी लोगोंने उसे आते देख, पृथिवीका भार उतारनेके लिये अंशरूपसे अवतीर्ण हुए मनुष्यरूपधारी आदिपुरुष भगवान् पुरुषोत्तमसे प्रणाम करके कहा— ॥ २० ॥ ''भगवन्! आपके दर्शनोंके लिये निश्चय ही ये भगवान् सूर्यदेव आ रहे हैं'' उनके ऐसा कहनेपर भगवान्ने उनसे कहा— ॥ २१ ॥ ''ये भगवान् सूर्य नहीं हैं, सत्राजित् है। यह सूर्यभगवान्से प्राप्त हुई स्यमन्तक नामकी महामणिको धारणकर यहाँ आ रहा है ॥ २२ ॥ तुमलोग अब विश्वस्त होकर इसे देखो।'' भगवान्के ऐसा कहनेपर द्वारकावासी उसे उसी प्रकार देखने लगे ॥ २३ ॥

सत्राजित्ने वह स्यमन्तकमणि अपने घरमें रख दी ॥ २४ ॥

प्रतिदिनं तन्मणिरत्नमष्टौ कनकभारान्स्रवति ॥ २५ ॥ तत्प्रभावाच्च सकलस्यैव राष्ट्रस्योपसर्गानावृष्टिव्यालाग्निचोरदुर्भिक्षादिभयं न भवति ॥ २६ ॥ अच्युतोऽपि तद्दिव्यं रत्नमुग्रसेनस्य भूपतेर्योग्यमेतदिति लिप्सां चक्रे ॥ २७ ॥ गोत्रभेदभयाच्छक्तोऽपि न जहार ॥ २८ ॥

सत्राजिदप्यच्युतो मामेतद्याचयिष्यतीत्यवगम्य रत्नलोभाद्भ्रात्रे प्रसेनाय तद्रत्नमदात् ॥ २९ ॥ तच्च शुचिना ध्रियमाणमशेषमेव सुवर्णस्रवादिकं गुणजातमुत्पादयति अन्यथा धारयन्तमेव हन्तीत्यजानन्नसावपि प्रसेनस्तेन कण्ठसक्तेन स्यमन्तकेनाश्वमारुह्याटव्यां मृगयामगच्छत् ॥ ३० ॥ तत्र च सिंहाद्वधमवाप ॥ ३१ ॥ साश्वं च तं निहत्य सिंहोऽप्यमलमणिरत्नमास्याग्रेणादाय गन्तुमभ्युद्यतः, ऋक्षाधिपतिना जाम्बवता दृष्टो घातितश्च ॥ ३२ ॥ जाम्बवानप्यमलमणिरत्नमादाय स्वबिले प्रविवेश ॥ ३३ ॥ सुकुमारसंज्ञाय बालकाय च क्रीडनकमकरोत् ॥ ३४ ॥

अनागच्छति तस्मिन्प्रसेने कृष्णो मणिरत्नमभिलषितवान्स च प्राप्तवान्नूनमेतदस्य कर्मेत्यखिल एव यदुलोकः परस्परं कर्णाकर्ण्यकथयत् ॥ ३५ ॥

विदितलोकापवादवृत्तान्तश्च भगवान् सर्वयदुसैन्यपरिवारपरिवृतः प्रसेनाश्वपदवीमनुससार ॥ ३६ ॥ ददर्श चाश्वसमवेतं प्रसेनं सिंहेन विनिहतम् ॥ ३७ ॥ अखिलजनमध्ये सिंहपददर्शनकृतपरिशुद्धिः सिंहपदमनुससार ॥ ३८ ॥ ऋक्षपतिनिहतं च सिंहमप्यल्पे भूमिभागे दृष्ट्वा ततश्च तद्रत्नगौरवादृक्षस्यापि पदान्यनुययौ ॥ ३९ ॥ गिरितटे च सकलमेव तद्यदुसैन्यमवस्थाप्य तत्पदानुसारी ऋक्षबिलं प्रविवेश ॥ ४० ॥

अन्तःप्रविष्टश्च धात्र्याः सुकुमारकमुल्लालयन्त्या वाणीं शुश्राव ॥ ४१ ॥

वह मणि प्रतिदिन आठ भार सोना देती थी ॥ २५ ॥ उसके प्रभावसे सम्पूर्ण राष्ट्रमें रोग, अनावृष्टि तथा सर्प, अग्नि, चोर या दुर्भिक्ष आदिका भय नहीं रहता था ॥ २६ ॥ भगवान् अच्युतको भी ऐसी इच्छा हुई कि यह दिव्य रत्न तो राजा उग्रसेनके योग्य है ॥ २७ ॥ किन्तु जातीय विद्रोहके भयसे समर्थ होते हुए भी उन्होंने उसे छीना नहीं ॥ २८ ॥

सत्राजित्को जब यह मालूम हुआ कि भगवान् मुझसे यह रत्न माँगनेवाले हैं तो उसने लोभवश उसे अपने भाई प्रसेनको दे दिया ॥ २९ ॥ किन्तु इस बातको न जानते हुए कि पवित्रतापूर्वक धारण करनेसे तो यह मणि सुवर्ण-दान आदि अनेक गुण प्रकट करती है और अशुद्धावस्थामें धारण करनेसे घातक हो जाती है, प्रसेन उसे अपने गलेमें बाँधे हुए घोड़ेपर चढ़कर मृगयाके लिये वनको चला गया ॥ ३० ॥ वहाँ उसे एक सिंहने मार डाला ॥ ३१ ॥ जब वह सिंह घोड़ेके सहित उसे मारकर उस निर्मल मणिको अपने मुँहमें लेकर चलनेको तैयार हुआ तो उसी समय ऋक्षराज जाम्बवान्ने उसे देखकर मार डाला ॥ ३२ ॥ तदनन्तर उस निर्मल मणिरत्नको लेकर जाम्बवान् अपनी गुफामें आया ॥ ३३ ॥ और उसे सुकुमार नामक अपने बालकके लिये खिलौना बना लिया ॥ ३४ ॥

प्रसेनके न लौटनेपर सब यादवोंमें आपसमें यह कानाफूँसी होने लगी कि "कृष्ण इस मणिरत्नको लेना चाहते थे, अवश्य ही इन्हींने उसे ले लिया है— निश्चय यह इन्हींका काम है" ॥ ३५ ॥

इस लोकापवादका पता लगनेपर सम्पूर्ण यादवसेनाके सहित भगवान्ने प्रसेनके घोड़ेके चरण-चिह्नोंका अनुसरण किया और आगे जाकर देखा कि प्रसेनको घोड़ेसहित सिंहने मार डाला है ॥ ३६-३७ ॥ फिर सब लोगोंके बीच सिंहके चरण-चिह्न देख लिये जानेसे अपनी सफाई हो जानेपर भी भगवान्ने उन चिह्नोंका अनुसरण किया और थोड़ी ही दूरीपर ऋक्षराजद्वारा मारे हुए सिंहको देखा; किन्तु उस रत्नके महत्त्वके कारण उन्होंने जाम्बवान्के पद-चिह्नोंका भी अनुसरण किया ॥ ३८-३९ ॥ और सम्पूर्ण यादव-सेनाको पर्वतके तटपर छोड़कर ऋक्षराजके चरणोंका अनुसरण करते हुए स्वयं उनकी गुफामें घुस गये ॥ ४० ॥

भीतर जानेपर भगवान्ने सुकुमारको बहलाती हुई धात्रीकी यह वाणी सुनी— ॥ ४१ ॥

सिंहः प्रसेनमवधीत्सिंहो जाम्बवता हतः।
सुकुमारक मा रोदीस्तव ह्येष स्यमन्तकः॥ ४२

इत्याकर्ण्योपलब्धस्यमन्तकोऽन्तःप्रविष्टः कुमारक्रीडनकीकृतं च धात्र्या हस्ते तेजोभिर्जाज्वल्यमानं स्यमन्तकं ददर्श॥ ४३॥ तं च स्यमन्तकाभिलषितचक्षुषमपूर्वपुरुषमागतं समवेक्ष्य धात्री त्राहि त्राहीति व्याजहार॥ ४४॥

तदार्त्तरवश्रवणानन्तरं चामर्षपूर्णहृदयः स जाम्बवानाजगाम॥ ४५॥ तयोश्च परस्परमुद्धतामर्षयोर्युद्धमेकविंशतिदिनान्यभवत्॥ ४६॥ ते च यदुसैनिकास्तत्र सप्ताष्टदिनानि तन्निष्क्रान्तिमुदीक्षमाणास्तस्थुः॥ ४७॥ अनिष्क्रमणे च मधुरिपुरसाववश्यमत्र बिलेऽत्यन्तं नाशमवाप्तो भविष्यत्यन्यथा तस्य जीवतः कथमेतावन्ति दिनानि शत्रुजये व्याक्षेपो भविष्यतीति कृताध्यवसाया द्वारकामागम्य हतः कृष्ण इति कथयामासुः॥ ४८॥ तद्बान्धवाश्च तत्कालोचितमखिलमुत्तरक्रियाकलापं चक्रुः॥ ४९॥

ततश्चास्य युद्ध्यमानस्यातिश्रद्धादत्तविशिष्टोपपात्रयुक्तान्नतोयादिना श्रीकृष्णस्य बलप्राणपुष्टिरभूत्॥ ५०॥ इतरस्यानुदिनमतिगुरुपुरुषभेद्यमानस्य अतिनिष्ठुरप्रहारपातपीडिताखिलावयवस्य निराहारतया बलहानिरभूत्॥ ५१॥ निर्जितश्च भगवता जाम्बवान्प्रणिपत्य व्याजहार॥ ५२॥ सुरासुरगन्धर्वयक्षराक्षसादिभिरप्यखिलैर्भवान्न जेतुं शक्यः किमुतावनिगोचरैरल्पवीर्यैर्नरैर्नरावयवभूतैश्च तिर्यग्योन्यनुसृतिभिः किं पुनरस्मद्विधैरवश्यं भवताऽस्मत्स्वामिना रामेणेव नारायणस्य सकलजगत्परायणस्यांशेन भगवता भवितव्यमित्युक्तस्तस्मै भगवानखिलावनिभारावतरणार्थमवतरणमाचचक्षे॥ ५३॥ प्रीत्यभिव्यञ्जितकरतलस्पर्शनेन चैनमपगतयुद्धखेदं चकार॥ ५४॥

सिंहने प्रसेनको मारा और सिंहको जाम्बवान्ने; हे सुकुमार! तू रो मत यह स्यमन्तकमणि तेरी ही है॥ ४२॥

यह सुननेसे स्यमन्तकका पता लगनेपर भगवान्ने भीतर जाकर देखा कि सुकुमारके लिये खिलौना बनी हुई स्यमन्तकमणि धात्रीके हाथपर अपने तेजसे देदीप्यमान हो रही है॥ ४३॥ स्यमन्तकमणिकी ओर अभिलाषापूर्ण दृष्टिसे देखते हुए एक विलक्षण पुरुषको वहाँ आया देख धात्री 'त्राहि-त्राहि' करके चिल्लाने लगी॥ ४४॥

उसकी आर्त्त-वाणीको सुनकर जाम्बवान् क्रोधपूर्ण हृदयसे वहाँ आया॥ ४५॥ फिर परस्पर रोष बढ़ जानेसे उन दोनोंका इक्कीस दिनतक घोर युद्ध हुआ॥ ४६॥ पर्वतके पास भगवान्की प्रतीक्षा करनेवाले यादव-सैनिक सात-आठ दिनतक उनके गुफासे बाहर आनेकी बाट देखते रहे॥ ४७॥ किन्तु जब इतने दिनोंतक वे उसमेंसे न निकले तो उन्होंने समझा कि 'अवश्य ही श्रीमधुसूदन इस गुफामें मारे गये, नहीं तो जीवित रहनेपर शत्रुके जीतनेमें उन्हें इतने दिन क्यों लगते ?' ऐसा निश्चय कर वे द्वारकामें चले आये और वहाँ कह दिया कि श्रीकृष्ण मारे गये॥ ४८॥ उनके बन्धुओंने यह सुनकर समयोचित सम्पूर्ण और्ध्वदैहिक कर्म कर दिये॥ ४९॥

इधर, अति श्रद्धापूर्वक दिये हुए विशिष्ट पात्रोंसहित इनके अन्न और जलसे युद्ध करते समय श्रीकृष्णचन्द्रके बल और प्राणकी पुष्टि हो गयी॥ ५०॥ तथा अति महान् पुरुषके द्वारा मर्दित होते हुए उनके अत्यन्त निष्ठुर प्रहारोंके आघातसे पीडित शरीरवाले जाम्बवान्का बल निराहार रहनेसे क्षीण हो गया॥ ५१॥ अन्तमें भगवान्से पराजित होकर जाम्बवान्ने उन्हें प्रणाम करके कहा—॥ ५२॥ "भगवन्! आपको तो देवता, असुर, गन्धर्व, यक्ष, राक्षस आदि कोई भी नहीं जीत सकते, फिर पृथिवीतलपर रहनेवाले अल्पवीर्य मनुष्य अथवा मनुष्योंके अवयवभूत हम-जैसे तिर्यक्-योनिगत जीवोंकी तो बात ही क्या है? अवश्य ही आप हमारे प्रभु श्रीरामचन्द्रजीके समान सकल लोक-प्रतिपालक भगवान् नारायणके ही अंशसे प्रकट हुए हैं।" जाम्बवान्के ऐसा कहनेपर भगवान्ने पृथिवीका भार उतारनेके लिये अपने अवतार लेनेका सम्पूर्ण वृत्तान्त उससे कह दिया और उसे प्रीतिपूर्वक अपने हाथसे छूकर युद्धके श्रमसे रहित कर दिया॥ ५३-५४॥

स च प्रणिपत्य पुनरप्येनं प्रसाद्य जाम्बवतीं नाम कन्यां गृहागतायार्घ्यभूतां ग्राहयामास॥ ५५॥ स्यमन्तकमणिरत्नमपि प्रणिपत्य तस्मै प्रददौ॥ ५६॥ अच्युतोऽप्यतिप्रणतात्तस्माद-ग्राह्यमपि तन्मणिरत्नमात्मसंशोधनाय जग्राह॥ ५७॥ सह जाम्बवत्या स द्वारकामाजगाम॥ ५८॥

तदनन्तर जाम्बवान्‌ने पुनः प्रणाम करके उन्हें प्रसन्न किया और घरपर आये हुए भगवान्‌के लिये अर्घ्यस्वरूप अपनी जाम्बवती नामकी कन्या दे दी तथा उन्हें प्रणाम करके मणिरत्न स्यमन्तक भी दे दिया॥ ५५-५६॥ भगवान् अच्युतने भी उस अति विनीतसे लेनेयोग्य न होनेपर भी अपने कलंक-शोधनके लिये वह मणिरत्न ले लिया और जाम्बवतीके सहित द्वारकामें आये॥ ५७-५८॥

भगवदागमनोद्भूतहर्षोत्कर्षस्य द्वारकावासि-जनस्य कृष्णावलोकनात्तत्क्षणमेवातिपरिणत-वयसोऽपि नवयौवनमिवाभवत्॥ ५९॥ दिष्ट्यादिष्ट्येति सकलयादवाः स्त्रियश्च सभाजयामासुः॥ ६०॥ भगवानपि यथानुभूत-मशेषं यादवसमाजे यथावदाचचक्षे॥ ६१॥ स्यमन्तकं च सत्राजिते दत्त्वा मिथ्याभिशस्ति-परिशुद्धिमवाप ॥ ६२॥ जाम्बवतीं चान्तःपुरे निवेशयामास॥ ६३॥

उस समय भगवान् कृष्णचन्द्रके आगमनसे जिनके हर्षका वेग अत्यन्त बढ़ गया है उन द्वारकावासियोंमेंसे बहुत ढली हुई अवस्थावालोंमें भी उनके दर्शनके प्रभावसे तत्काल ही मानो नवयौवनका संचार हो गया॥ ५९॥ तथा सम्पूर्ण यादवगण और उनकी स्त्रियाँ 'अहोभाग्य! अहोभाग्य!!' ऐसा कहकर उनका अभिवादन करने लगीं॥ ६०॥ भगवान्‌ने भी जो-जो बात जैसे-जैसे हुई थी वह ज्यों-की-त्यों यादव-समाजमें सुना दी और सत्राजित्‌को स्यमन्तकमणि देकर मिथ्या कलंकसे छुटकारा पा लिया। फिर जाम्बवतीको अपने अन्तःपुरमें पहुँचा दिया॥ ६१—६३॥

सत्राजिदपि मयास्याभूतमलिनमारोपितमिति जातसन्त्रासात्स्वसुतां सत्यभामां भगवते भार्यार्थं ददौ॥ ६४॥ तां चाक्रूरकृतवर्मशतधन्वप्रमुखा यादवाः प्राग्वरयाम्बभूवुः॥ ६५॥ ततस्त-त्प्रदानादवज्ञातमेवात्मानं मन्यमानाः सत्राजिति वैरानुबन्धं चक्रुः॥ ६६॥

सत्राजित्‌ने भी यह सोचकर कि मैंने ही कृष्णचन्द्रको मिथ्या कलंक लगाया था, डरते-डरते उन्हें पत्नीरूपसे अपनी कन्या सत्यभामा विवाह दी॥ ६४॥ उस कन्याको अक्रूर, कृतवर्मा और शतधन्वा आदि यादवोंने पहले वरण किया था॥ ६५॥ अतः श्रीकृष्णचन्द्रके साथ उसे विवाह देनेसे उन्होंने अपना अपमान समझकर सत्राजित्‌से वैर बाँध लिया॥ ६६॥

अक्रूरकृतवर्मप्रमुखाश्च शतधन्वान-मूचुः॥ ६७॥ अयमतीव दुरात्मा सत्राजिद् योऽस्माभिर्भवता च प्रार्थितोऽप्यात्मजामस्मान् भवन्तं चाविगणय्य कृष्णाय दत्तवान्॥ ६८॥ तदलमनेन जीवता घातयित्वैनं तन्महारत्नं स्यमन्तकाख्यं त्वया किं न गृह्यते वयमभ्युप-पत्स्यामो यद्यच्युतस्तवोपरि वैरानुबन्धं करिष्यतीत्येवमुक्तस्तथेत्यसावप्याह॥ ६९॥

तदनन्तर अक्रूर और कृतवर्मा आदिने शतधन्वासे कहा—॥ ६७॥ "यह सत्राजित् बड़ा ही दुष्ट है, देखो, इसने हमारे और आपके माँगनेपर भी हमलोगोंको कुछ भी न समझकर अपनी कन्या कृष्णचन्द्रको दे दी॥ ६८॥ अतः अब इसके जीवनका प्रयोजन ही क्या है; इसको मारकर आप स्यमन्तक महामणि क्यों नहीं ले लेते हैं? पीछे, यदि अच्युत आपसे किसी प्रकारका विरोध करेंगे तो हमलोग भी आपका साथ देंगे।" उनके ऐसा कहनेपर शतधन्वाने कहा—"बहुत अच्छा, ऐसा ही करेंगे"॥ ६९॥

जतुगृहदग्धानां पाण्डुतनयानां विदित-परमार्थोऽपि भगवान् दुर्योधनप्रयत्नशैथिल्य-करणार्थं कुल्यकरणाय वारणावतं गतः॥ ७०॥

इसी समय पाण्डवोंके लाक्षागृहमें जलनेपर, यथार्थ बातको जानते हुए भी भगवान् कृष्णचन्द्र दुर्योधनके प्रयत्नको शिथिल करनेके उद्देश्यसे कुलोचित कर्म करनेके लिये वारणावत नगरको गये॥ ७०॥

गते च तस्मिन् सुप्तमेव सत्राजितं शतधन्वा जघान मणिरत्नं चाददात्॥ ७१॥ पितृवधामर्षपूर्णा च सत्यभामा शीघ्रं स्यन्दनमारूढा वारणावतं गत्वा भगवतेऽहं प्रतिपादितेत्यक्षान्तिमता शतधन्वनास्मत्पिता व्यापादितस्तच्च स्यमन्तकमणिरत्नमपहृतं यस्यावभासनेनापहृततिमिरं त्रैलोक्यं भविष्यति॥ ७२॥ तदियं त्वदीयापहासना तदालोच्य यदत्र युक्तं तत्क्रियतामिति कृष्णमाह॥ ७३॥

तया चैवमुक्तः परितुष्टान्तःकरणोऽपि कृष्णः सत्यभामाममर्षताम्रनयनः प्राह॥ ७४॥ सत्ये सत्यं ममैवैषापहासना नाहमेतां तस्य दुरात्मनस्सहिष्ये ॥ ७५॥ न ह्यनुल्लंघ्य वरपादपं तत्कृतनीडाश्रयिणो विहङ्गमा वध्यन्ते तदलममुनास्मत्पुरतः शोकप्रेरितवाक्यपरिकरेणेत्युक्त्वा द्वारकामभ्येत्यैकान्ते बलदेवं वासुदेवः प्राह॥ ७६॥ मृगयागतं प्रसेनमटव्यां मृगपतिर्जघान॥ ७७॥ सत्राजिदप्यधुना शतधन्वना निधनं प्रापितः॥ ७८॥ तदुभयविनाशात्तन्मणिरत्नमावाभ्यां सामान्यं भविष्यति॥ ७९॥ तदुत्तिष्ठारुह्यतां रथः शतधन्वनिधनायोद्यमं कुर्वित्यभिहितस्तथेति समन्वीप्सितवान्॥ ८०॥

कृतोद्यमौ च तावुभावुपलभ्य शतधन्वा कृतवर्माणमुपेत्य पार्ष्णिपूरणकर्मनिमित्तमचोदयत॥ ८१॥ आह चैनं कृतवर्मा॥ ८२॥ नाहं बलदेववासुदेवाभ्यां सह विरोधायालमित्युक्तश्चाक्रूरमचोदयत्॥ ८३॥असावप्याह॥ ८४॥ न हि कश्चिद्भगवता पादप्रहारपरिकम्पितजगत्त्रयेण सुररिपुवनितावैधव्यकारिणा प्रबलरिपुचक्राप्रतिहतचक्रेण चक्रिणा मदमुदितनयनावलोकिताखिलनिशातनेनातिगुरुवैरिवारणापकर्षणाविकृतमहिमोरुसीरेण सीरिणा च सह सकलजगद्वन्द्यानाममरवराणामपि योद्धुं समर्थः किमुताहम्॥ ८५॥

उनके चले जानेपर शतधन्वाने सोते हुए सत्राजित्को मारकर वह मणिरत्न ले लिया॥ ७१॥ पिताके वधसे क्रोधित हुई सत्यभामा तुरन्त ही रथपर चढ़कर वारणावत नगरमें पहुँची और भगवान् कृष्णसे बोली—"भगवन्! पिताजीने मुझे आपके करकमलोंमें सौंप दिया—इस बातको सहन न कर सकनेके कारण शतधन्वाने मेरे पिताजीको मार दिया है और उस स्यमन्तक नामक मणिरत्नको ले लिया है जिसके प्रकाशसे सम्पूर्ण त्रिलोकी भी अन्धकारशून्य हो जायगी॥ ७२॥ इसमें आपहीकी हँसी है इसलिये सब बातोंका विचार करके जैसा उचित समझें, करें"॥ ७३॥

सत्यभामाके ऐसा कहनेपर भगवान् श्रीकृष्णने मन-ही-मन प्रसन्न होनेपर भी उनसे क्रोधसे आँखें लाल करके कहा—॥ ७४॥ "सत्ये! अवश्य इसमें मेरी ही हँसी है, उस दुरात्माके इस कुकर्मको मैं सहन नहीं कर सकता, क्योंकि यदि ऊँचे वृक्षका उल्लंघन न किया जा सके तो उसपर घोंसला बनाकर रहनेवाले पक्षियोंको नहीं मार दिया जाता। [अर्थात् बड़े आदमियोंसे पार न पानेपर उनके आश्रितोंको नहीं दबाना चाहिये।] इसलिये अब तुम्हें हमारे सामने इन शोक-प्रेरित वाक्योंके कहनेकी और आवश्यकता नहीं है। [तुम शोक छोड़ दो, मैं इसका भली प्रकार बदला चुका दूँगा।]" सत्यभामासे इस प्रकार कह भगवान् वासुदेवने द्वारकामें आकर श्रीबलदेवजीसे एकान्तमें कहा—॥ ७५-७६॥ 'वनमें आखेटके लिये गये हुए प्रसेनको तो सिंहने मार दिया था॥ ७७॥ अब शतधन्वाने सत्राजित्को भी मार दिया है॥ ७८॥ इस प्रकार उन दोनोंके मारे जानेपर मणिरत्न स्यमन्तकपर हम दोनोंका समान अधिकार होगा॥ ७९॥ इसलिये उठिये और रथपर चढ़कर शतधन्वाके मारनेका प्रयत्न कीजिये।' कृष्णचन्द्रके ऐसा कहनेपर बलदेवजीने भी 'बहुत अच्छा' कह उसे स्वीकार किया॥ ८०॥

कृष्ण और बलदेवको [अपने वधके लिये] उद्यत जान शतधन्वाने कृतवर्माके पास जाकर सहायताके लिये प्रार्थना की॥ ८१॥ तब कृतवर्माने इससे कहा—॥ ८२॥ 'मैं बलदेव और वासुदेवसे विरोध करनेमें समर्थ नहीं हूँ।' उसके ऐसा कहनेपर शतधन्वाने अक्रूरसे सहायता माँगी, तो अक्रूरने भी कहा—॥ ८३-८४॥ 'जो अपने पाद-प्रहारसे त्रिलोकीको कम्पायमान कर देते हैं, देवशत्रु असुरगणकी स्त्रियोंको वैधव्यदान देते हैं तथा अति प्रबल शत्रु-सेनासे भी जिनका चक्र अप्रतिहत रहता है उन चक्रधारी भगवान् वासुदेवसे तथा जो अपने मदोन्मत्त नयनोंकी चितवनसे सबका दमन करनेवाले और भयंकर शत्रुसमूहरूप हाथियोंको खींचनेके लिये अखण्ड महिमाशाली प्रचण्ड हल धारण करनेवाले हैं उन श्रीहलधरसे युद्ध करनेमें तो निखिल-लोक-वन्दनीय देवगणमें भी कोई समर्थ नहीं है फिर मेरी तो बात ही क्या है?॥ ८५॥

तदन्यश्शरणमभिलष्यतामित्युक्तश्शतधनुराह॥ ८६॥ यद्यस्मत्परित्राणासमर्थं भवानात्मानमधिगच्छति तदयमस्मत्तस्तावन्मणिः संगृह्य रक्ष्यतामिति ॥८७॥ एवमुक्तः सोऽप्याह॥ ८८॥ यद्यन्त्यायामप्यवस्थायां न कस्मैचिद्भवान् कथयिष्यति तदहमेतं ग्रहीष्यामीति॥ ८९॥ तथेत्युक्ते चाक्रूरस्तन्मणिरत्नं जग्राह॥ ९०॥

इसलिये तुम दूसरेकी शरण लो' अक्रूरके ऐसा कहनेपर शतधन्वाने कहा—॥ ८६॥ 'अच्छा, यदि मेरी रक्षा करनेमें आप अपनेको सर्वथा असमर्थ समझते हैं तो मैं आपको यह मणि देता हूँ इसे लेकर इसीकी रक्षा कीजिये'॥ ८७॥ इसपर अक्रूरने कहा—॥ ८८॥ 'मैं इसे तभी ले सकता हूँ जब कि अन्तकाल उपस्थित होनेपर भी तुम किसीसे भी यह बात न कहो॥ ८९॥ शतधन्वाने कहा—'ऐसा ही होगा।' इसपर अक्रूरने वह मणिरत्न अपने पास रख लिया॥ ९०॥

शतधनुरप्यतुलवेगां शतयोजनवाहिनीं बडवामारुह्यापक्रान्तः॥ ९१॥ शैव्यसुग्रीवमेघपुष्पबलाहकाश्वचतुष्टययुक्तरथस्थितौ बलदेववासुदेवौ तमनुप्रयातौ॥ ९२॥ सा च बडवा शतयोजनप्रमाणमार्गमतीता पुनरपि वाह्यमाना मिथिलावनोद्देशे प्राणानुत्ससर्ज॥ ९३॥ शतधनुरपि तां परित्यज्य पदातिरेवाद्रवत्॥ ९४॥ कृष्णोऽपि बलभद्रमाह ॥ ९५॥ तावदत्र स्यन्दने भवता स्थेयमहमेनमधमाचारं पदातिरेव पदातिमनुगम्य यावद्घातयामि अत्र हि भूभागे दृष्टदोषास्सभया अतो नैतेऽश्वा भवतेमं भूमिभागमुल्लङ्घनीयाः॥ ९६॥ तथेत्युक्त्वा बलदेवो रथ एव तस्थौ॥ ९७॥

तदनन्तर शतधन्वा सौ योजनतक जानेवाली एक अत्यन्त वेगवती घोड़ीपर चढ़कर भागा॥ ९१॥ और शैव्य, सुग्रीव, मेघपुष्प तथा बलाहक नामक चार घोड़ोंवाले रथपर चढ़कर बलदेव और वासुदेवने भी उसका पीछा किया॥ ९२॥ सौ योजन मार्ग पार कर जानेपर पुनः आगे ले जानेसे उस घोड़ीने मिथिला देशके वनमें प्राण छोड़ दिये॥ ९३॥ तब शतधन्वा उसे छोड़कर पैदल ही भागा॥ ९४॥ उस समय श्रीकृष्णचन्द्रने बलभद्रजीसे कहा—॥ ९५॥ 'आप अभी रथमें ही रहिये मैं इस पैदल दौड़ते हुए दुराचारीको पैदल जाकर ही मारे डालता हूँ। यहाँ [घोड़ीके मरने आदि] दोषोंको देखनेसे घोड़े भयभीत हो रहे हैं, इसलिये आप इन्हें और आगे न बढ़ाइयेगा॥ ९६॥ तब बलदेवजी 'अच्छा' ऐसा कहकर रथमें ही बैठे रहे॥ ९७॥

कृष्णोऽपि द्विक्रोशमात्रं भूमिभागमनुसृत्य दूरस्थितस्यैव चक्रं क्षिप्त्वा शतधनुषश्शिरश्चिच्छेद॥ ९८॥ तच्छरीराम्बरादिषु च बहुप्रकारमन्विच्छन्नपि स्यमन्तकमणिं नावाप यदा तदोपगम्य बलभद्रमाह॥ ९९॥ वृथैवास्माभिः शतधनुर्घातितो न प्राप्तमखिलजगत्सारभूतं तन्महारत्नं स्यमन्तकाख्यमित्याकर्ण्योद्भूतकोपो बलदेवो

श्रीकृष्णचन्द्रने केवल दो ही कोसतक पीछाकर अपना चक्र फेंक दूर होनेपर भी शतधन्वाका सिर काट डाला॥ ९८॥ किन्तु उसके शरीर और वस्त्र आदिमें बहुत कुछ ढूँढ़नेपर भी जब स्यमन्तकमणिको न पाया तो बलभद्रजीके पास जाकर उनसे कहा—॥ ९९॥ ''हमने शतधन्वाको व्यर्थ ही मारा, क्योंकि उसके पास सम्पूर्ण संसारकी सारभूत स्यमन्तकमणि तो मिली ही नहीं।' यह सुनकर बलदेवजीने [यह समझकर कि श्रीकृष्णचन्द्र उस मणिको छिपानेके लिये ही ऐसी बातें बना रहे हैं]

वासुदेवमाह॥ १००॥ धिक्त्वां यस्त्वमेवमर्थलिप्सुरेतच्च ते भ्रातृत्वान्मया क्षान्तं तदयं पन्थास्स्वेच्छया गम्यतां न मे द्वारकया न त्वया न चाशेषबन्धुभिः कार्यमलमलमेभिर्ममाग्रतोऽलीकशपथैरित्याक्षिप्य तत्कथां कथञ्चित्प्रसाद्यमानोऽपि न तस्थौ॥ १०१॥ स विदेहपुरीं प्रविवेश॥ १०२॥

जनकराजश्चार्घ्यपूर्वकमेनं गृहं प्रवेशयामास॥ १०३॥ स तत्रैव च तस्थौ॥ १०४॥ वासुदेवोऽपि द्वारकामाजगाम॥ १०५॥ यावच्च जनकराजगृहे बलभद्रोऽवतस्थे तावद्धार्त्तराष्ट्रो दुर्योधनस्तत्सकाशाद्गदाशिक्षामशिक्षयत्॥ १०६॥ वर्षत्रयान्ते च बभ्रूग्रसेनप्रभृतिभिर्यादवैर्न तद्रत्नं कृष्णेनापहृतमिति कृतावगतिर्विदेहनगरीं गत्वा बलदेवस्सम्प्रत्याय्य द्वारकामानीतः॥ १०७॥

अक्रूरोऽप्युत्तममणिसमुद्भूतसुवर्णेन भगवद्ध्यानपरोऽनवरतं यज्ञानियाज॥ १०८॥ सवनगतौ हि क्षत्रियवैश्यौ निघ्नन्ब्रह्महा भवतीत्येवम्प्रकारं दीक्षाकवचं प्रविष्ट एव तस्थौ॥ १०९॥ द्विषष्टिवर्षाण्येवं तन्मणिप्रभावात्तत्रोपसर्गदुर्भिक्षमारिकामरणादिकं नाभूत्॥ ११०॥ अथाक्रूरपक्षीयैर्भोजैश्शत्रुघ्ने सात्वतस्य प्रपौत्रे व्यापादिते भोजैस्सहाक्रूरो द्वारकामपहायापक्रान्तः॥ १११॥ तदपक्रान्तिदिनादारभ्य तत्रोपसर्गदुर्भिक्षव्यालानावृष्टिमारिकाद्युपद्रवा बभूवुः॥ ११२॥

अथ यादवबलभद्रोग्रसेनसमवेतो मन्त्रममन्त्रयद् भगवानुरगारिकेतनः॥ ११३॥ किमिदमेकदेव प्रचुरोपद्रवागमनमेतदालोच्यतामित्युक्तेऽन्धकनामा यदुवृद्धः प्राह॥ ११४॥ अस्याक्रूरस्य पिता श्वफल्को यत्र यत्राभूत्तत्र तत्र दुर्भिक्षमारिकानावृष्ट्यादिकं नाभूत्॥ ११५॥ काशिराजस्य विषये त्वनावृष्ट्या च श्वफल्को

क्रोधपूर्वक भगवान् वासुदेवसे कहा— ॥ १००॥ 'तुमको धिक्कार है, तुम बड़े ही अर्थलोलुप हो; भाई होनेके कारण ही मैं तुम्हें क्षमा किये देता हूँ। तुम्हारा मार्ग खुला हुआ है, तुम खुशीसे जा सकते हो। अब मुझे तो द्वारकासे, तुमसे अथवा और सब सगे-सम्बन्धियोंसे कोई काम नहीं है। बस, मेरे आगे इन थोथी शपथोंका अब कोई प्रयोजन नहीं।' इस प्रकार उनकी बातको काटकर बहुत कुछ मनानेपर भी वे वहाँ न रुके और विदेहनगरको चले गये॥ १०१-१०२॥

विदेहनगरमें पहुँचनेपर राजा जनक उन्हें अर्घ्य देकर अपने घर ले आये और वे वहीं रहने लगे ॥ १०३-१०४॥ इधर भगवान् वासुदेव द्वारकामें चले आये॥ १०५॥ जितने दिनोंतक बलदेवजी राजा जनकके यहाँ रहे उतने दिनतक धृतराष्ट्रका पुत्र दुर्योधन उनसे गदायुद्ध सीखता रहा॥ १०६॥ अनन्तर बभ्रु और उग्रसेन आदि यादवोंके, जिन्हें यह ठीक मालूम था कि 'कृष्णने स्यमन्तकमणि नहीं ली है', विदेहनगरमें जाकर शपथपूर्वक विश्वास दिलानेपर बलदेवजी तीन वर्ष पश्चात् द्वारकामें चले आये॥ १०७॥

अक्रूरजी भी भगवद्ध्यान-परायण रहते हुए उस मणिरत्नसे प्राप्त सुवर्णके द्वारा निरन्तर यज्ञानुष्ठान करने लगे॥ १०८॥ यज्ञ-दीक्षित क्षत्रिय और वैश्योंके मारनेसे ब्रह्महत्या होती है, इसलिये अक्रूरजी सदा यज्ञदीक्षारूप कवच धारण ही किये रहते थे॥ १०९॥ उस मणिके प्रभावसे बासठ वर्षतक द्वारकामें रोग, दुर्भिक्ष, महामारी या मृत्यु आदि नहीं हुए॥ ११०॥ फिर अक्रूर-पक्षीय भोजवंशियोंद्वारा सात्वतके प्रपौत्र शत्रुघ्नके मारे जानेपर भोजोंके साथ अक्रूर भी द्वारकाको छोड़कर चले गये॥ १११॥ उनके जाते ही, उसी दिनसे द्वारकामें रोग, दुर्भिक्ष, सर्प, अनावृष्टि और मरी आदि उपद्रव होने लगे॥ ११२॥

तब गरुडध्वज भगवान् कृष्ण बलभद्र और उग्रसेन आदि यदुवंशियोंके साथ मिलकर सलाह करने लगे॥ ११३॥ 'इसका क्या कारण है जो एक साथ ही इतने उपद्रवोंका आगमन हुआ, इसपर विचार करना चाहिये।' उनके ऐसा कहनेपर अन्धक नामक एक वृद्ध यादवने कहा— ॥ ११४॥ 'अक्रूरके पिता श्वफल्क जहाँ-जहाँ रहते थे वहाँ-वहाँ दुर्भिक्ष, महामारी और अनावृष्टि आदि उपद्रव कभी नहीं होते थे॥ ११५॥ एक बार काशिराजके देशमें अनावृष्टि हुई थी। तब

नीतः ततश्च तत्क्षणाद्देवो ववर्ष॥ ११६॥

काशिराजपन्त्याश्च गर्भे कन्यारत्नं पूर्वमासीत्॥ ११७॥ सा च कन्या पूर्णेऽपि प्रसूतिकाले नैव निश्चक्राम॥ ११८॥ एवं च तस्य गर्भस्य द्वादशवर्षाण्यनिष्क्रामतो ययुः॥ ११९॥ काशिराजश्च तामात्मजां गर्भस्थामाह॥ १२०॥ पुत्रि कस्मान्न जायसे निष्क्रम्यतामास्यं ते द्रष्टुमिच्छामि एतां च मातरं किमिति चिरं क्लेशयसीत्युक्ता गर्भस्थैव व्याजहार॥ १२१॥ तात यद्येकैकां गां दिने दिने ब्राह्मणाय प्रयच्छसि तदाहमन्यैस्त्रिभिर्वर्षैरस्माद्गर्भात्तावदवश्यं निष्क्रमिष्यामीत्येतद्वचनमाकर्ण्य राजा दिने दिने ब्राह्मणाय गां प्रादात्॥ १२२॥ सापि तावता कालेन जाता॥ १२३॥

ततस्तस्याः पिता गान्दिनीति नाम चकार॥ १२४॥ तां च गान्दिनीं कन्यां श्वफल्कायोपकारिणे गृहमागतायार्घ्यभूतां प्रादात्॥ १२५॥ तस्यामयमक्रूरः श्वफल्काज्जज्ञे॥ १२६॥ तस्यैवंगुण-मिथुनादुत्पत्तिः॥ १२७॥ तत्कथमस्मिन्न-पक्रान्तेऽत्र दुर्भिक्षमारिकाद्युपद्रवा न भविष्यन्ति॥ १२८॥ तदयमत्रानीयतामलमति-गुणवत्यपराधान्वेषणेनेति यदुवृद्धस्यान्धकस्यै-तद्वचनमाकर्ण्य केशवोग्रसेनबलभद्रपुरोगमैर्यदुभिः कृतापराधतितिक्षुभिरभयं दत्त्वा श्वफल्कपुत्रः स्वपुरमानीतः॥ १२९॥ तत्र चागतमात्र एव तस्य स्यमन्तकमणेः प्रभावादनावृष्टिमारिकादुर्भिक्ष-व्यालाद्युपद्रवोपशमा बभूवुः॥ १३०॥

कृष्णश्चिन्तयामास॥ १३१॥ स्वल्पमेतत्-कारणं यदयं गान्दिन्यां श्वफल्केनाक्रूरो जनितः॥ १३२॥ सुमहांश्चायमनावृष्टिदुर्भिक्ष-मारिकाद्युपद्रवप्रतिषेधकारी प्रभावः॥ १३३॥ तन्नूनमस्य सकाशे स महामणिः स्यमन्तकाख्य-स्तिष्ठति॥ १३४॥ तस्य ह्येवंविधाः प्रभावाः श्रूयन्ते॥ १३५॥ अयमपि च यज्ञादनन्तर-

श्वफल्कको वहाँ ले जाते ही तत्काल वर्षा होने लगी॥ ११६॥

उस समय काशिराजकी रानीके गर्भमें एक कन्यारत्न थी॥ ११७॥ वह कन्या प्रसूतिकालके समाप्त होनेपर भी गर्भसे बाहर न आयी॥ ११८॥ इस प्रकार उस गर्भको प्रसव हुए बिना बारह वर्ष व्यतीत हो गये॥ ११९॥ तब काशिराजने अपनी उस गर्भस्थिता पुत्रीसे कहा—॥ १२०॥ 'बेटी! तू उत्पन्न क्यों नहीं होती? बाहर आ, मैं तेरा मुख देखना चाहता हूँ॥ १२१॥ अपनी इस माताको तू इतने दिनोंसे क्यों कष्ट दे रही है?' राजाके ऐसा कहनेपर उसने गर्भमें रहते हुए ही कहा—'पिताजी! यदि आप प्रतिदिन एक गौ ब्राह्मणको दान देंगे तो अगले तीन वर्ष बीतनेपर मैं अवश्य गर्भसे बाहर आ जाऊँगी।' इस बातको सुनकर राजा प्रतिदिन ब्राह्मणको एक गौ देने लगे॥ १२२॥ तब उतने समय (तीन वर्ष) बीतनेपर वह उत्पन्न हुई॥ १२३॥

पिताने उसका नाम गान्दिनी रखा॥ १२४॥ और उसे अपने उपकारक श्वफल्कको घर आनेपर अर्घ्यरूपसे दे दिया॥ १२५॥ उसीसे श्वफल्कके द्वारा इन अक्रूरजीका जन्म हुआ है॥ १२६॥ इनकी ऐसी गुणवान् माता-पितासे उत्पत्ति है तो फिर उनके चले जानेसे यहाँ दुर्भिक्ष और महामारी आदि उपद्रव क्यों न होंगे?॥ १२७-१२८॥ अतः उनको यहाँ ले आना चाहिये, अति गुणवान्के अपराधकी अधिक जाँच-पड़ताल करना ठीक नहीं है। यादववृद्ध अन्धकके ऐसे वचन सुनकर कृष्ण, उग्रसेन और बलभद्र आदि यादव श्वफल्कपुत्र अक्रूरके अपराधको भुलाकर उन्हें अभयदान देकर अपने नगरमें ले आये॥ १२९॥ उनके वहाँ आते ही स्यमन्तकमणिके प्रभावसे अनावृष्टि, महामारी, दुर्भिक्ष और सर्पभय आदि सभी उपद्रव शान्त हो गये॥ १३०॥

तब श्रीकृष्णचन्द्रने विचार किया॥ १३१॥ 'अक्रूरका जन्म गान्दिनीसे श्वफल्कके द्वारा हुआ है यह तो बहुत सामान्य कारण है॥ १३२॥ किन्तु अनावृष्टि, दुर्भिक्ष, महामारी आदि उपद्रवोंको शान्त कर देनेवाला इसका प्रभाव तो अति महान् है॥ १३३॥ अवश्य ही इसके पास वह स्यमन्तक नामक महामणि है॥ १३४॥ उसीका ऐसा प्रभाव सुना जाता है॥ १३५॥ इसे भी हम देखते हैं कि एक यज्ञके पीछे दूसरा और दूसरेके पीछे तीसरा इस प्रकार

मन्यत्क्रत्वन्तरं तस्यानन्तरमन्यद्यज्ञान्तरं चाजस्त्रमविच्छिन्नं यजतीति॥ १३६॥ अल्पोपादानं चास्यासंशयमत्रासौ मणिवरस्तिष्ठतीति कृताध्यवसायोऽन्यत्प्रयोजनमुद्दिश्य सकलयादवसमाजमात्मगृह एवाचीकरत्॥ १३७॥

तत्र चोपविष्टेष्वखिलेषु यदुषु पूर्वं प्रयोजनमुपन्यस्य पर्यवसित च तस्मिन् प्रसंगान्तरपरिहासकथामक्रूरेण कृत्वा जनार्दनस्तमक्रूरमाह॥ १३८॥ दानपते जानीम एव वयं यथा शतधन्वना तदिदमखिलजगत्सारभूतं स्यमन्तकं रत्नं भवतः समर्पितं तदशेषराष्ट्रोपकारकं भवत्सकाशे तिष्ठति तिष्ठतु सर्व एव वयं तत्प्रभावफलभुजः किं त्वेष बलभद्रोऽस्मानाशङ्कितवांस्तदस्मत्प्रीतये दर्शयस्वेत्यभिधाय जोषं स्थिते भगवति वासुदेवे सरत्नस्सोऽचिन्तयत्॥ १३९॥ किमत्रानुष्ठेयमन्यथा चेद् ब्रवीम्यहं तत्केवलाम्बरतिरोधानमन्विष्यन्तो रत्नमेते द्रक्ष्यन्ति अतिविरोधो न क्षेम इति सञ्चिन्त्य तमखिलजगत्कारणभूतं नारायणमाहाक्रूरः॥ १४०॥ भगवन्ममैतत्स्यमन्तकरत्नं शतधनुषा समर्पितमपगते च तस्मिन्नद्य श्वः परश्वो वा भगवान् याचयिष्यतीति कृतमतिरतिकृच्छ्रेणैतावन्तं कालमधारयम्॥ १४१॥ तस्य च धारणक्लेशेनाहमशेषोपभोगेष्वसङ्गिमानसो न वेद्मि स्वसुखकलामपि॥ १४२॥ एतावन्मात्रमप्यशेषराष्ट्रोपकारि धारयितुं न शक्नोति भवान्मन्यत इत्यात्मना न चोदितवान्॥ १४३॥ तदिदं स्यमन्तकरत्नं गृह्यतामिच्छया यस्याभिमतं तस्य समर्प्यताम्॥ १४४॥

ततः स्वोदरवस्त्रनिगोपितमतिलघुकनकसमुद्गकगतं प्रकटीकृतवान्॥ १४५॥ ततश्च निष्क्राम्य स्यमन्तकमणिं तस्मिन्यदुकुलसमाजे मुमोच॥ १४६॥ मुक्तमात्रे च तस्मिन्नतिकान्त्या तदखिलमास्थानमुद्योतितम्॥ १४७॥

निरन्तर अखण्ड यज्ञानुष्ठान करता रहता है॥ १३६॥ और इसके पास यज्ञके साधन [धन आदि] भी बहुत कम हैं; इसलिये इसमें सन्देह नहीं कि इसके पास स्यमन्तकमणि अवश्य है।' ऐसा निश्चयकर किसी और प्रयोजनके उद्देश्यसे उन्होंने सम्पूर्ण यादवोंको अपने महलमें एकत्रित किया॥ १३७॥

समस्त यदुवंशियोंके वहाँ आकर बैठ जानेके बाद प्रथम प्रयोजन बताकर उसका उपसंहार होनेपर प्रसंगान्तरसे अक्रूरके साथ परिहास करते हुए भगवान् कृष्णने उनसे कहा— ॥ १३८॥ ''हे दानपते! जिस प्रकार शतधन्वाने तुम्हें सम्पूर्ण संसारकी सारभूत वह स्यमन्तक नामकी महामणि सौंपी थी वह हमें सब मालूम है। वह सम्पूर्ण राष्ट्रका उपकार करती हुई तुम्हारे पास है तो रहे, उसके प्रभावका फल तो हम सभी भोगते हैं, किन्तु ये बलभद्रजी हमारे ऊपर सन्देह करते थे, इसलिये हमारी प्रसन्नताके लिये आप एक बार उसे दिखला दीजिये।'' भगवान् वासुदेवके ऐसा कहकर चुप हो जानेपर रत्न साथ ही लिये रहनेके कारण अक्रूरजी सोचने लगे— ॥ १३९॥ ''अब मुझे क्या करना चाहिये, यदि और किसी प्रकार कहता हूँ तो केवल वस्त्रोंके ओटमें टटोलनेपर ये उसे देख ही लेंगे और इनसे अत्यन्त विरोध करनेमें हमारा कुशल नहीं है।'' ऐसा सोचकर निखिल संसारके कारणस्वरूप श्रीनारायणसे अक्रूरजी बोले— ॥ १४०॥ ''भगवन्! शतधन्वाने मुझे वह मणि सौंप दी थी। उसके मर जानेपर मैंने यह सोचते हुए बड़ी ही कठिनतासे इसे इतने दिन अपने पास रखा है कि भगवान् आज, कल या परसों इसे माँगेंगे॥ १४१॥ इसकी चौकसीके क्लेशसे सम्पूर्ण भोगोंमें अनासक्तचित्त होनेके कारण मुझे सुखका लेशमात्र भी नहीं मिला॥ १४२॥ भगवान् ये विचार करते कि, यह सम्पूर्ण राष्ट्रके उपकारक इतने-से भारको भी नहीं उठा सकता, इसलिये स्वयं मैंने आपसे कहा नहीं॥ १४३॥ अब, लीजिये आपकी वह स्यमन्तकमणि यह रही, आपकी जिसे इच्छा हो उसे ही इसे दे दीजिये''॥ १४४॥

तब अक्रूरजीने अपने कटि-वस्त्रमें छिपायी हुई एक छोटी-सी सोनेकी पिटारीमें स्थित वह स्यमन्तकमणि प्रकट की और उस पिटारीसे निकालकर यादवसमाजमें रख दी॥ १४५-१४६॥ उसके रखते ही वह सम्पूर्ण स्थान उसकी तीव्र कान्तिसे देदीप्यमान होने लगा॥ १४७॥

अथाहाक्रूरः स एष मणिः शतधन्वनास्माकं समर्पितः यस्यायं स एनं गृह्णातु इति॥ १४८॥

तमालोक्य सर्वयादवानां साधुसाध्विति विस्मितमनसां वाचोऽश्रूयन्त॥ १४९॥ तमालोक्यातीव बलभद्रो ममायमच्युतेनैव सामान्यस्समन्वीप्सित इति कृतस्पृहोऽभूत् ॥ १५०॥ ममैवायं पितृधनमित्यतीव च सत्यभामापि स्पृहयाञ्चकार॥ १५१॥ बलसत्यावलोकनात्कृष्णोऽप्यात्मानं गोचक्रान्तरावस्थितमिव मेने॥ १५२॥ सकलयादवसमक्षं चाक्रूरमाह॥ १५३॥ एतद्धि मणिरत्नमात्मसंशोधनाय एतेषां यदूनां मया दर्शितम् एतच्च मम बलभद्रस्य च सामान्यं पितृधनं चैतत्सत्यभामाया नान्यस्यैतत्॥ १५४॥ एतच्च सर्वकालं शुचिना ब्रह्मचर्यादिगुणवता ध्रियमाणमशेषराष्ट्रस्योपकारकमशुचिना ध्रियमाणमाधारमेव हन्ति॥ १५५॥ अतोऽहमस्य षोडशस्त्रीसहस्रपरिग्रहादसमर्थो धारणे कथमेतत्सत्यभामा स्वीकरोति॥ १५६॥ आर्यबलभद्रेणापि मदिरापानाद्यशेषोपभोगपरित्यागः कार्यः॥ १५७॥ तदलं यदुलोकोऽयं बलभद्रः अहं च सत्या च त्वां दानपते प्रार्थयामः॥ १५८॥ तद्भवानेव धारयितुं समर्थः॥ १५९॥ त्वद्धृतं चास्य राष्ट्रस्योपकारकं तद्भवानशेषराष्ट्रनिमित्तमेतत्पूर्ववद्धारयत्वन्यन्न वक्तव्यमित्युक्तो दानपतिस्तथेत्याह जग्राह च तन्महारत्नम्॥ १६०॥ ततः प्रभृत्यक्रूरः प्रकटेनैव तेनातिजाज्वल्यमानेनात्मकण्ठावसक्तेनादित्य इवांशुमाली चचार॥ १६१॥

इत्येतद्भगवतो मिथ्याभिशस्तिक्षालनं यः स्मरति न तस्य कदाचिदल्पापि मिथ्याभिशस्तिर्भवति अव्याहताखिलेन्द्रियश्चाखिलपापमोक्षमवाप्नोति॥ १६२॥

तब अक्रूरजीने कहा—"मुझे यह मणि शतधन्वाने दी थी, यह जिसकी हो वह ले ले॥ १४८॥

उसको देखनेपर सभी यादवोंका विस्मयपूर्वक 'साधु, साधु' यह वचन सुना गया॥ १४९॥ उसे देखकर बलभद्रजीने 'अच्युतके ही समान इसपर मेरा भी अधिकार है' इस प्रकार अपनी अधिक स्पृहा दिखलायी॥ १५०॥ तथा 'यह मेरी ही पैतृक सम्पत्ति है' इस तरह सत्यभामाने भी उसके लिये अपनी उत्कट अभिलाषा प्रकट की॥ १५१॥ बलभद्र और सत्यभामाको देखकर कृष्णचन्द्रने अपनेको बैल और पहियेके बीचमें पड़े हुए जीवके समान दोनों ओरसे संकटग्रस्त देखा॥ १५२॥ और समस्त यादवोंके सामने वे अक्रूरजीसे बोले— ॥ १५३॥ "इस मणिरत्नको मैंने अपनी सफाई देनेके लिये ही इन यादवोंको दिखवाया था। इस मणिपर मेरा और बलभद्रजीका तो समान अधिकार है और सत्यभामाकी यह पैतृक सम्पत्ति है; और किसीका इसपर कोई अधिकार नहीं है॥ १५४॥ यह मणि सदा शुद्ध और ब्रह्मचर्य आदि गुणयुक्त रहकर धारण करनेसे सम्पूर्ण राष्ट्रका हित करती है और अशुद्धावस्थामें धारण करनेसे अपने आश्रयदाताको भी मार डालती है॥ १५५॥ मेरे सोलह हजार स्त्रियाँ हैं, इसलिये मैं इसके धारण करनेमें समर्थ नहीं हूँ, इसीलिये सत्यभामा भी इसको कैसे धारण कर सकती है?॥ १५६॥ आर्य बलभद्रको भी इसके कारणसे मदिरापान आदि सम्पूर्ण भोगोंको त्यागना पड़ेगा॥ १५७॥ इसलिये हे दानपते! ये यादवगण, बलभद्रजी, मैं और सत्यभामा सब मिलकर आपसे प्रार्थना करते हैं कि इसे धारण करनेमें आप ही समर्थ हैं॥ १५८-१५९॥ आपके धारण करनेसे यह सम्पूर्ण राष्ट्रका हित करेगी, इसलिये सम्पूर्ण राष्ट्रके मंगलके लिये आप ही इसे पूर्ववत् धारण कीजिये; इस विषयमें आप और कुछ भी न कहें।" भगवान्‌के ऐसा कहनेपर दानपति अक्रूरने 'जो आज्ञा' कह वह महारत्न ले लिया। तबसे अक्रूरजी सबके सामने उस अति देदीप्यमान मणिको अपने गलेमें धारणकर सूर्यके समान किरण-जालसे युक्त होकर विचरने लगे॥ १६०-१६१॥

भगवान्‌के मिथ्या-कलंक-शोधनरूप इस प्रसंगका जो कोई स्मरण करेगा उसे कभी थोड़ा-सा भी मिथ्या कलंक न लगेगा, उसकी समस्त इन्द्रियाँ समर्थ रहेंगी तथा वह समस्त पापोंसे मुक्त हो जायगा॥ १६२॥

इति श्रीविष्णुपुराणे चतुर्थेंऽशे त्रयोदशोऽध्यायः॥ १३॥

चौदहवाँ अध्याय

अनमित्र और अन्धकके वंशका वर्णन

श्रीपराशर उवाच

अनमित्रस्य पुत्रः शिनिर्नामाभवत्॥ १॥ तस्यापि सत्यकः सत्यकात्सात्यकिर्युयुधानापरनामा॥ २॥ तस्मादपि सञ्जयः तत्पुत्रश्च कुणिः कुणेर्युगन्धरः॥ ३॥ इत्येते शैनेयाः॥ ४॥

अनमित्रस्यान्वये पृश्निस्तस्मात् श्वफल्कः तत्प्रभावः कथित एव॥ ५॥ श्वफल्कस्यान्यः कनीयांश्चित्रको नाम भ्राता॥ ६॥ श्वफल्कादक्रूरो गान्दिन्यामभवत्॥ ७॥ तथोपमद्गुमृदामृदविश्वारिमेजयगिरिक्षत्रोपक्षत्रशतघ्नारिमर्दनधर्मदृग्दृष्टधर्मगन्धमोजवाहप्रतिवाहाख्याः पुत्राः॥ ८॥ सुताराख्या कन्या च॥ ९॥ देववानुपदेवश्चाक्रूरपुत्रौ॥ १०॥ पृथुविपृथुप्रमुखाश्चित्रकस्य पुत्रा बहवो बभूवुः॥ ११॥

कुकुरभजमानशुचिकम्बलबर्हिषाख्यास्तथान्धकस्य चत्वारः पुत्राः॥ १२॥ कुकुराद्धृष्टः तस्माच्च कपोतरोमा ततश्च विलोमा तस्मादपि तुम्बुरुसखोऽभवदनुसंज्ञश्च॥ १३॥ अनोरानकदुन्दुभिः, ततश्चाभिजिद् अभिजितः पुनर्वसुः॥ १४॥ तस्याप्याहुक आहुकी च कन्या॥ १५॥ आहुकस्य देवकोग्रसेनौ द्वौ पुत्रौ॥ १६॥ देववानुपदेवः सहदेवो देवरक्षितश्च देवकस्य चत्वारः पुत्राः॥ १७॥ तेषां वृकदेवोपदेवा देवरक्षिता श्रीदेवा शान्तिदेवा सहदेवा देवकी च सप्त भगिन्यः॥ १८॥ ताश्च सर्वा वसुदेव उपयेमे॥ १९॥ उग्रसेनस्यापि कंसन्यग्रोधसुनामानकाह्वशङ्कुसुभूमिराष्ट्रपालयुद्धतुष्टिसुतुष्टिमत्संज्ञाः पुत्रा बभूवुः॥ २०॥ कंसाकंसवतीसुतनुराष्ट्रपालिकाह्वाश्चोग्रसेनस्य तनूजाः कन्याः॥ २१॥

श्रीपराशरजी बोले—अनमित्रके शिनि नामक पुत्र हुआ; शिनिके सत्यक और सत्यकसे सात्यकिका जन्म हुआ जिसका दूसरा नाम युयुधान था॥ १-२॥ तदनन्तर सात्यकिके संजय, संजयके कुणि और कुणिसे युगन्धरका जन्म हुआ। ये सब शैनेय नामसे विख्यात हुए॥ ३-४॥

अनमित्रके वंशमें ही पृश्निका जन्म हुआ और पृश्निसे श्वफल्ककी उत्पत्ति हुई जिसका प्रभाव पहले वर्णन कर चुके हैं। श्वफल्कका चित्रक नामक एक छोटा भाई और था॥ ५-६॥ श्वफल्कके गान्दिनीसे अक्रूरका जन्म हुआ॥ ७॥ तथा [एक दूसरी स्त्रीसे] उपमद्गु, मृदामृद, विश्वारि, मेजय, गिरिक्षत्र, उपक्षत्र, शतघ्न, अरिमर्दन, धर्मदृक्, दृष्टधर्म, गन्धमोज, वाह और प्रतिवाह नामक पुत्र तथा सुतारानाम्नी कन्याका जन्म हुआ॥ ८-९॥ देववान् और उपदेव ये दो अक्रूरके पुत्र थे॥ १०॥ तथा चित्रकके पृथु, विपृथु आदि अनेक पुत्र थे॥ ११॥

कुकुर, भजमान, शुचिकम्बल और बर्हिष-ये चार अन्धकके पुत्र हुए॥ १२॥ इनमेंसे कुकुरसे धृष्ट, धृष्टसे कपोतरोमा, कपोतरोमासे विलोमा तथा विलोमासे तुम्बुरुके मित्र अनुका जन्म हुआ॥ १३॥ अनुसे आनकदुन्दुभि, उससे अभिजित्, अभिजित्से पुनर्वसु और पुनर्वसुसे आहुक नामक पुत्र और आहुकीनाम्नी कन्याका जन्म हुआ॥ १४-१५॥ आहुकके देवक और उग्रसेन नामक दो पुत्र हुए॥ १६॥ उनमेंसे देवकके देववान् उपदेव, सहदेव और देवरक्षित नामक चार पुत्र हुए॥ १७॥ इन चारोंकी वृकदेवा, उपदेवा, देवरक्षिता, श्रीदेवा, शान्तिदेवा, सहदेवा और देवकी-ये सात भगिनियाँ थीं॥ १८॥ ये सब वसुदेवजीको विवाही गयी थीं॥ १९॥ उग्रसेनके भी कंस, न्यग्रोध, सुनाम, आनकाह्व, शंकु, सुभूमि, राष्ट्रपाल, युद्धतुष्टि और सुतुष्टिमान् नामक पुत्र तथा कंसा, कंसवती, सुतनु और राष्ट्रपालिका नामकी कन्याएँ हुईं॥ २०-२१॥

भजमानाच्च विदूरथः पुत्रोऽभवत्॥ २२॥ विदूरथाच्छूरः शूराच्छमी शमिनः प्रतिक्षत्रः तस्मात्स्वयंभोजस्ततश्च हृदिकः॥ २३॥ तस्यापि कृतवर्मशतधनुर्देवार्हदेवगर्भाद्याः पुत्रा बभूवुः ॥ २४ ॥ देवगर्भस्यापि शूरः॥ २५॥ शूरस्यापि मारिषा नाम पत्न्यभवत्॥ २६॥ तस्यां चासौ दशपुत्रानजनयद्वसुदेवपूर्वान्॥ २७॥ वसुदेवस्य जातमात्रस्यैव तद्गृहे भगवदंशावतारमव्याहतदृष्ट्या पश्यद्भिर्देवैर्दिव्यानकदुन्दुभयो वादिताः॥ २८॥ ततश्चासावानकदुन्दुभिसंज्ञामवाप ॥ २९॥ तस्य च देवभागदेवश्रवोऽष्टककककुच्चक्र वत्सधारकसृञ्जयश्यामशमिकगण्डूषसंज्ञा नव भ्रातरोऽभवन्॥ ३०॥ पृथा श्रुतदेवा श्रुतकीर्तिः श्रुतश्रवा राजाधिदेवी च वसुदेवादीनां पञ्च भगिन्योऽभवन्॥ ३१॥

शूरस्य कुन्तिर्नाम सखाभवत्॥ ३२॥ तस्मै चापुत्राय पृथामात्मजां विधिना शूरो दत्तवान्॥ ३३॥ तां च पाण्डुरुवाह॥ ३४॥ तस्यां च धर्मानिलेन्द्रैर्युधिष्ठिरभीमसेनार्जुनाख्यास्त्रयः पुत्रास्समुत्पादिताः॥ ३५॥ पूर्वमेवानूढायाञ्च भगवता भास्वता कानीनः कर्णो नाम पुत्रोऽजन्यत॥ ३६॥ तस्याश्च सपत्नी माद्री नामाभूत्॥ ३७॥ तस्यां च नासत्यदस्राभ्यां नकुलसहदेवौ पाण्डोः पुत्रौ जनितौ॥ ३८॥

श्रुतदेवां तु वृद्धधर्मा नाम कारूश उपयेमे॥ ३९॥ तस्यां च दन्तवक्रो नाम महासुरो जज्ञे॥ ४०॥ श्रुतकीर्तिमपि केकयराज उपयेमे॥ ४१॥ तस्यां च सन्तर्दनादयः कैकेयाः पञ्च पुत्रा बभूवुः॥ ४२॥ राजाधिदेव्यामावन्त्यौ विन्दानुविन्दौ जज्ञाते॥ ४३॥ श्रुतश्रवसमपि चेदिराजो दमघोषनामोपयेमे॥ ४४॥ तस्यां च शिशुपालमुत्पादयामास ॥ ४५॥ स वा पूर्वमप्युदारविक्रमो दैत्यानामादिपुरुषो हिरण्यकशिपुरभवत्॥ ४६॥

भजमानका पुत्र विदूरथ हुआ; विदूरथके शूर, शूरके शमी, शमीके प्रतिक्षत्र, प्रतिक्षत्रके स्वयंभोज, स्वयंभोजके हृदिक तथा हृदिकके कृतवर्मा, शतधन्वा, देवार्ह और देवगर्भ आदि पुत्र हुए। देवगर्भके पुत्र शूरसेन थे॥ २२—२५॥ शूरसेनकी मारिषा नामकी पत्नी थी। उससे उन्होंने वसुदेव आदि दस पुत्र उत्पन्न किये॥ २६-२७॥ वसुदेवके जन्म लेते ही देवताओंने अपना अव्याहत दृष्टिसे यह देखकर कि इनके घरमें भगवान् अंशावतार लेंगे, आनक और दुन्दुभि आदि बाजे बजाये थे॥ २८॥ इसीलिये इनका नाम आनकदुन्दुभि भी हुआ॥ २९॥ इनके देवभाग, देवश्रवा, अष्टक, ककुच्चक्र, वत्सधारक, सृंजय, श्याम, शमिक और गण्डूष नामक नौ भाई थे॥ ३०॥ तथा इन वसुदेव आदि दस भाइयोंकी पृथा, श्रुतदेवा, श्रुतकीर्ति, श्रुतश्रवा और राजाधिदेवी—ये पाँच बहिनें थीं॥ ३१॥

शूरसेनके कुन्ति नामक एक मित्र थे॥ ३२॥ वे निःसन्तान थे, अतः शूरसेनने दत्तक-विधिसे उन्हें अपनी पृथा नामकी कन्या दे दी थी॥ ३३॥ उसका राजा पाण्डुके साथ विवाह हुआ॥ ३४॥ उसके धर्म, वायु और इन्द्रके द्वारा क्रमशः युधिष्ठिर, भीमसेन और अर्जुन नामक तीन पुत्र हुए॥ ३५॥ इनके पहले इसके अविवाहितावस्थामें ही भगवान् सूर्यके द्वारा कर्ण नामक एक कानीन* पुत्र और हुआ था॥ ३६॥ इसकी माद्री नामकी एक सपत्नी थी॥ ३७॥ उसके अश्विनीकुमारोंद्वारा नकुल और सहदेव नामक पाण्डुके दो पुत्र हुए॥ ३८॥

शूरसेनकी दूसरी कन्या श्रुतदेवाका कारूश-नरेश वृद्धधर्मासे विवाह हुआ था॥ ३९॥ उससे दन्तवक्र नामक महादैत्य उत्पन्न हुआ॥ ४०॥ श्रुतकीर्तिको केकयराजने विवाहा था॥ ४१॥ उससे केकय-नरेशके सन्तर्दन आदि पाँच पुत्र हुए॥ ४२॥ राजाधिदेवीसे अवन्तिदेशीय विन्द और अनुविन्दका जन्म हुआ॥ ४३॥ श्रुतश्रवाका भी चेदिराज दमघोषने पाणिग्रहण किया॥ ४४॥ उससे शिशुपालका जन्म हुआ॥ ४५॥ पूर्वजन्ममें यह अतिशय पराक्रमी हिरण्यकशिपु नामक दैत्योंका मूल पुरुष हुआ था जिसे सकल लोकगुरु

* अविवाहिता कन्याके गर्भसे हुए पुत्रको 'कानीन' कहते हैं।

यश्च भगवता सकललोकगुरुणा नरसिंहेन घातितः॥ ४७॥ पुनरपि अक्षयवीर्यशौर्यसम्पत्पराक्रमगुणस्समाक्रान्तसकलत्रैलोक्येश्वरप्रभावो दशाननो नामाभूत्॥ ४८॥ बहुकालोपभुक्तभगवत्सकाशावाप्तशरीरपातोद्भवपुण्यफलो भगवता राघवरूपिणा सोऽपि निधनमुपपादितः॥ ४९॥ पुनश्चेदिराजस्य दमघोषस्यात्मजशिशुपालनामाभवत्॥ ५०॥ शिशुपालत्वेऽपि भगवतो भूभारावतारणायावतीर्णांशस्य पुण्डरीकनयनाख्यस्योपरि द्वेषानुबन्धमतितराञ्चकार॥ ५१॥ भगवता च स निधनमुपनीतस्तत्रैव परमात्मभूते मनस एकाग्रतया सायुज्यमवाप॥ ५२॥ भगवान् यदि प्रसन्नो यथाभिलषितं ददाति तथा अप्रसन्नोऽपि निघ्नन् दिव्यमनुपमं स्थानं प्रयच्छति॥ ५३॥

भगवान् नृसिंहने मारा था॥ ४६-४७॥ तदनन्तर यह अक्षय, वीर्य, शौर्य, सम्पत्ति और पराक्रम आदि गुणोंसे सम्पन्न तथा समस्त त्रिभुवनके स्वामी इन्द्रके भी प्रभावको दबानेवाला दशानन हुआ॥ ४८॥ स्वयं भगवान्के हाथसे ही मारे जानेके पुण्यसे प्राप्त हुए नाना भोगोंको वह बहुत समयतक भोगते हुए अन्तमें राघवरूपधारी भगवान्के ही द्वारा मारा गया॥ ४९॥ उसके पीछे यह चेदिराज दमघोषका पुत्र शिशुपाल हुआ॥ ५०॥ शिशुपाल होनेपर भी वह भू-भार-हरणके लिये अवतीर्ण हुए भगवदंशस्वरूप भगवान् पुण्डरीकाक्षमें अत्यन्त द्वेषबुद्धि करने लगा॥ ५१॥ अन्तमें भगवान्के हाथसे ही मारे जानेपर उन परमात्मामें ही मन लगे रहनेके कारण सायुज्य-मोक्ष प्राप्त किया॥ ५२॥ भगवान् यदि प्रसन्न होते हैं तब जिस प्रकार यथेच्छ फल देते हैं, उसी प्रकार अप्रसन्न होकर मारनेपर भी वे अनुपम दिव्यलोककी प्राप्ति कराते हैं॥ ५३॥

इति श्रीविष्णुपुराणे चतुर्थेऽशे चतुर्दशोऽध्यायः॥ १४॥

पन्द्रहवाँ अध्याय

शिशुपालके पूर्व-जन्मान्तरोंका तथा वसुदेवजीकी सन्ततिका वर्णन

श्रीमैत्रेय उवाच

हिरण्यकशिपुत्वे च रावणत्वे च विष्णुना।
अवाप निहतो भोगानप्राप्यानमरैरपि॥ १
न लयं तत्र तेनैव निहतः स कथं पुनः।
सम्प्राप्तः शिशुपालत्वे सायुज्यं शाश्वते हरौ॥ २
एतदिच्छाम्यहं श्रोतुं सर्वधर्मभृतां वर।
कौतूहलपरेणैतत्पृष्टो मे वक्तुमर्हसि॥ ३

श्रीमैत्रेयजी बोले—भगवन्! पूर्वजन्मोंमें हिरण्यकशिपु और रावण होनेपर इस शिशुपालने भगवान् विष्णुके द्वारा मारे जानेसे देव-दुर्लभ भोगोंको तो प्राप्त किया, किन्तु यह उनमें लीन नहीं हुआ; फिर इस जन्ममें ही उनके द्वारा मारे जानेपर इसने सनातन पुरुष श्रीहरिमें सायुज्य-मोक्ष कैसे प्राप्त किया?॥ १-२॥ हे समस्त धर्मात्माओंमें श्रेष्ठ मुनिवर! यह बात सुननेकी मुझे बड़ी ही इच्छा है। मैंने अत्यन्त कुतूहलवश होकर आपसे यह प्रश्न किया है, कृपया इसका निरूपण कीजिये॥ ३॥

श्रीपराशर उवाच

दैत्येश्वरस्य वधायाखिललोकोत्पत्तिस्थितिविनाशकारिणा पूर्वं तनुग्रहणं कुर्वता नृसिंहरूपमाविष्कृतम्॥ ४॥ तत्र च हिरण्यकशिपोर्विष्णुरयमित्येतन्न मनस्यभूत्॥ ५॥ निरतिशयपुण्यसमुद्भूतमेतत्सत्त्वजातमिति॥ ६॥

श्रीपराशरजी बोले—प्रथम जन्ममें दैत्यराज हिरण्यकशिपुका वध करनेके लिये सम्पूर्ण लोकोंकी उत्पत्ति, स्थिति और नाश करनेवाले भगवान्ने शरीर ग्रहण करते समय नृसिंहरूप प्रकट किया था॥ ४॥ उस समय हिरण्यकशिपुके चित्तमें यह भाव नहीं हुआ था कि ये विष्णुभगवान् हैं॥ ५॥ केवल इतना ही विचार हुआ कि यह कोई निरतिशय पुण्य-समूहसे उत्पन्न हुआ प्राणी है॥ ६॥

रज उद्रेकप्रेरितैकाग्रमतिस्तद्भावनायोगात्ततोऽवाप्तवधहैतुकीं निरतिशयामेवाखिलत्रैलोक्याधिक्यधारिणीं दशाननत्वे भोगसम्पदमवाप ॥ ७ ॥ न तु स तस्मिन्ननादिनिधने परब्रह्मभूते भगवत्यनालम्बिनि कृते मनसस्तल्लयमवाप ॥ ८ ॥

एवं दशाननत्वेऽप्यनङ्गपराधीनतया जानकीसमासक्तचेतसा भगवता दाशरथिरूपधारिणा हतस्य तद्रूपदर्शनमेवासीत्, नायमच्युत इत्यासक्तिर्विपद्यतोऽन्तःकरणे मानुषबुद्धिरेव केवलमस्याभूत् ॥ ९ ॥

पुनरप्यच्युतविनिपातमात्रफलमखिलभूमण्डलश्लाघ्यचेदिराजकुले जन्म अव्याहतैश्वर्यं शिशुपालत्वेऽप्यवाप ॥ १० ॥ तत्र त्वखिलानामेव स भगवन्नाम्नां त्वङ्कारकारणमभवत् ॥ ११ ॥ ततश्च तत्कालकृतानां तेषामशेषाणामेवाच्युतनाम्नामनवरतमनेकजन्मसु वर्द्धितविद्वेषानुबन्धिचित्तो विनिन्दनसन्तर्जनादिषूच्चारणमकरोत् ॥ १२ ॥ तच्च रूपमुत्फुल्लपद्मदलामलाक्षमत्युज्ज्वलपीतवस्त्रधार्यमलकिरीटकेयूरहारकटकादिशोभितमुदारचतुर्बाहुशङ्खचक्रगदाधरमतिप्ररूढवैरानुभावादटनभोजनस्नानासनशयनादिष्वशेषावस्थान्तरेषु नान्यत्रोपययावस्य चेतसः ॥ १३ ॥ ततस्तमेवाक्रोशेषूच्चारयंस्तमेव हृदयेन धारयन्नात्मवधाय यावद्भगवद्धस्तचक्रांशुमालोज्ज्वलमक्षयतेजस्स्वरूपं ब्रह्मभूतमपगतद्वेषादिदोषं भगवन्तमद्राक्षीत् ॥ १४ ॥ तावच्च भगवच्चक्रेणाशुव्यापादितस्तत्स्मरणदग्धाखिलाघसञ्चयो भगवतान्तमुपनीतस्तस्मिन्नेव लयमुपययौ ॥ १५ ॥ एतत्तवाखिलं मयाभिहितम् ॥ १६ ॥ अयं हि भगवान् कीर्तितश्च संस्मृतश्च द्वेषानुबन्धेनापि अखिलसुरासुरादिदुर्लभं फलं प्रयच्छति किमुत सम्यग्भक्तिमतामिति ॥ १७ ॥

रजोगुणके उत्कर्षसे प्रेरित हो उसकी मति [उस विपरीत भावनाके अनुसार] दृढ़ हो गयी। अतः उसके भीतर ईश्वरीय भावनाका योग न होनेसे भगवान्के द्वारा मारे जानेके कारण ही रावणका जन्म लेनेपर उसने सम्पूर्ण त्रिलोकीमें सर्वाधिक भोग-सम्पत्ति प्राप्त की ॥ ७ ॥ उन अनादि-निधन, परब्रह्मस्वरूप, निराधार भगवान्में चित्त न लगानेके कारण वह उन्हींमें लीन नहीं हुआ ॥ ८ ॥

इसी प्रकार रावण होनेपर भी कामवश जानकीजीमें चित्त लग जानेसे भगवान् दशरथनन्दन रामके द्वारा मारे जानेपर केवल उनके रूपका ही दर्शन हुआ था; 'ये अच्युत हैं' ऐसी आसक्ति नहीं हुई, बल्कि मरते समय इसके अन्तःकरणमें केवल मनुष्यबुद्धि ही रही ॥ ९ ॥

फिर श्रीअच्युतके द्वारा मारे जानेके फलस्वरूप इसने सम्पूर्ण भूमण्डलमें प्रशंसित चेदिराजके कुलमें शिशुपालरूपसे जन्म लेकर भी अक्षय ऐश्वर्य प्राप्त किया ॥ १० ॥ उस जन्ममें वह भगवान्के प्रत्येक नामोंमें तुच्छताकी भावना करने लगा ॥ ११ ॥ उसका हृदय अनेक जन्मके द्वेषानुबन्धसे युक्त था, अतः वह उनकी निन्दा और तिरस्कार आदि करते हुए भगवान्के सम्पूर्ण समयानुसार लीलाकृत नामोंका निरन्तर उच्चारण करता था ॥ १२ ॥ खिले हुए कमलदलके समान जिसकी निर्मल आँखें हैं, जो उज्ज्वल पीताम्बर तथा निर्मल किरीट, केयूर, हार और कटकादि धारण किये हुए हैं तथा जिसकी लम्बी-लम्बी चार भुजाएँ हैं और जो शंख, चक्र, गदा और पद्म धारण किये हुए हैं, भगवान्का वह दिव्य रूप अत्यन्त वैरानुबन्धके कारण भ्रमण, भोजन, स्नान, आसन और शयन आदि सम्पूर्ण अवस्थाओंमें कभी उसके चित्तसे दूर न होता था ॥ १३ ॥ फिर गाली देते समय उन्हींका नामोच्चारण करते हुए और हृदयमें भी उन्हींका ध्यान धरते हुए जिस समय वह अपने वधके लिये हाथमें धारण किये चक्रके उज्ज्वल किरणजालसे सुशोभित, अक्षय तेजस्वरूप द्वेषादि सम्पूर्ण दोषोंसे रहित ब्रह्मभूत भगवान्को देख रहा था ॥ १४ ॥ उसी समय तुरन्त भगवच्चक्रसे मारा गया; भगवत्स्मरणके कारण सम्पूर्ण पापराशिके दग्ध हो जानेसे भगवान्के द्वारा उसका अन्त हुआ और वह उन्हींमें लीन हो गया ॥ १५ ॥ इस प्रकार इस सम्पूर्ण रहस्यका मैंने तुमसे वर्णन किया ॥ १६ ॥ अहो ! वे भगवान् तो द्वेषानुबन्धके कारण भी कीर्तन और स्मरण करनेसे सम्पूर्ण देवता और असुरोंको दुर्लभ परमफल देते हैं, फिर सम्यक् भक्तिसम्पन्न पुरुषोंकी तो बात ही क्या है ? ॥ १७ ॥

वसुदेवस्य त्वानकदुन्दुभेः पौरवीरोहिणीमदिराभद्रादेवकीप्रमुखा बह्व्यः पत्न्योऽभवन् ॥ १८ ॥ बलभद्रशठसारणदुर्मदादीन्पुत्रान्रोहिण्यामानकदुन्दुभिरुत्पादयामास ॥ १९ ॥ बलदेवोऽपि रेवत्यां विशठोल्मुकौ पुत्रावजनयत् ॥ २० ॥ सार्ष्टिमार्ष्टिशिशुसत्यधृतिप्रमुखाः सारणात्मजाः ॥ २१ ॥ भद्राश्वभद्रबाहुदुर्दमभूताद्या रोहिण्याः कुलजाः ॥ २२ ॥ नन्दोपनन्दकृतकाद्या मदिरायास्तनयाः ॥ २३ ॥ भद्रायाश्चोपनिधिगदाद्याः ॥ २४ ॥ वैशाल्यां च कौशिकमेकमेवाजनयत् ॥ २५ ॥

आनकदुन्दुभेर्देवक्यामपि कीर्तिमत्सुषेणोदायुभद्रसेनऋजुदासभद्रदेवाख्याः षट् पुत्रा जज्ञिरे ॥ २६ ॥ तांश्च सर्वानेव कंसो घातितवान् ॥ २७ ॥ अनन्तरं च सप्तमं गर्भमर्द्धरात्रे भगवत्प्रहिता योगनिद्रा रोहिण्या जठरमाकृष्य नीतवती ॥ २८ ॥ कर्षणाच्चासावपि संकर्षणाख्यामगमत् ॥ २९ ॥ ततश्च सकलजगन्महातरुमूलभूतो भूतभविष्यदादिसकलसुरासुरमुनिजनमनसामप्यगोचरोऽब्जभवप्रमुखैरनलमुखैः प्रणम्यावनिभारहरणाय प्रसादितो भगवाननादिमध्यनिधनो देवकीगर्भमवततार वासुदेवः ॥ ३० ॥ तत्प्रसादविवर्द्धमानोरुमहिमा च योगनिद्रा नन्दगोपपत्न्या यशोदाया गर्भमधिष्ठितवती ॥ ३१ ॥ सुप्रसन्नादित्यचन्द्रादिग्रहमव्यालादिभयं स्वस्थमानसमखिलमेवैतज्जगदपास्ताधर्ममभवत्तस्मिंश्च पुण्डरीकनयने जायमाने ॥ ३२ ॥ जातेन च तेनाखिलमेवैतत्सन्मार्गवर्त्ति जगदक्रियत् ॥ ३३ ॥

भगवतोऽप्यत्र मर्त्यलोकेऽवतीर्णस्य षोडशसहस्राण्येकोत्तरशताधिकानि भार्याणामभवन् ॥ ३४ ॥ तासां च रुक्मिणीसत्यभामाजाम्बवतीचारुहासिनीप्रमुखा ह्यष्टौ पत्न्यः प्रधाना बभूवुः ॥ ३५ ॥ तासु चाष्टावयुतानि लक्षं च पुत्राणां

आनकदुन्दुभि वसुदेवजीके पौरवी, रोहिणी, मदिरा, भद्रा और देवकी आदि बहुत-सी स्त्रियाँ थीं ॥ १८ ॥ उनमें रोहिणीसे वसुदेवजीने बलभद्र, शठ, सारण और दुर्मद आदि कई पुत्र उत्पन्न किये ॥ १९ ॥ तथा बलभद्रजीके रेवतीसे विशठ और उल्मुक नामक दो पुत्र हुए ॥ २० ॥ सार्ष्टि, मार्ष्टि, सत्य और धृति आदि सारणके पुत्र थे ॥ २१ ॥ इनके अतिरिक्त भद्राश्व, भद्रबाहु, दुर्दम और भूत आदि भी रोहिणीहीकी सन्तानमें थे ॥ २२ ॥ नन्द, उपनन्द और कृतक आदि मदिराके तथा उपनिधि और गद आदि भद्राके पुत्र थे ॥ २३-२४ ॥ वैशालीके गर्भसे कौशिक नामक केवल एक ही पुत्र हुआ ॥ २५ ॥

आनकदुन्दुभिके देवकीसे कीर्तिमान्, सुषेण, उदायु, भद्रसेन, ऋजुदास तथा भद्रदेव नामक छः पुत्र हुए ॥ २६ ॥ इन सबको कंसने मार डाला था ॥ २७ ॥ पीछे भगवान्की प्रेरणासे योगमायाने देवकीके सातवें गर्भको आधी रातके समय खींचकर रोहिणीकी कुक्षिमें स्थापित कर दिया ॥ २८ ॥ आकर्षण करनेसे इस गर्भका नाम संकर्षण हुआ ॥ २९ ॥ तदनन्तर सम्पूर्ण संसाररूप महावृक्षके मूलस्वरूप भूत, भविष्यत् और वर्तमानकालीन सम्पूर्ण देव, असुर और मुनिजनकी बुद्धिके अगम्य तथा ब्रह्मा और अग्नि आदि देवताओंद्वारा प्रणाम करके भूभारहरणके लिये प्रसन्न किये गये आदि, मध्य और अन्तहीन भगवान् वासुदेवने देवकीके गर्भसे अवतार लिया तथा उन्हींकी कृपासे बढ़ी हुई महिमावाली योगनिद्रा भी नन्दगोपकी पत्नी यशोदाके गर्भमें स्थित हुई ॥ ३०-३१ ॥ उन कमलनयन भगवान्के प्रकट होनेपर यह सम्पूर्ण जगत् प्रसन्न हुए सूर्य, चन्द्र आदि ग्रहोंसे सम्पन्न सर्पादिके भयसे शून्य, अधर्मादिसे रहित तथा स्वस्थचित्त हो गया ॥ ३२ ॥ उन्होंने प्रकट होकर इस सम्पूर्ण संसारको सन्मार्गावलम्बी कर दिया ॥ ३३ ॥

इस मर्त्यलोकमें अवतीर्ण हुए भगवान्की सोलह हजार एक सौ एक रानियाँ थीं ॥ ३४ ॥ उनमें रुक्मिणी, सत्यभामा, जाम्बवती और चारुहासिनी आदि आठ मुख्य थीं ॥ ३५ ॥ अनादि भगवान् अखिलमूर्तिने उनसे एक

भगवानखिलमूर्तिरनादिमानजनयत् ॥ ३६ ॥ तेषां च प्रद्युम्नचारुदेष्णसाम्बादयस्त्रयोदश प्रधानाः ॥ ३७ ॥ प्रद्युम्नोऽपि रुक्मिणस्तनयां रुक्मवतीं नामोपयेमे ॥ ३८ ॥ तस्यामनिरुद्धो जज्ञे ॥ ३९ ॥ अनिरुद्धोऽपि रुक्मिण एव पौत्रीं सुभद्रां नामोपयेमे ॥ ४० ॥ तस्यामस्य वज्रो जज्ञे ॥ ४१ ॥ वज्रस्य प्रतिबाहुस्तस्यापि सुचारुः ॥ ४२ ॥ एवमनेकशतसहस्रपुरुषसंख्यस्य यदुकुलस्य पुत्रसंख्या वर्षशतैरपि वक्तुं न शक्यते ॥ ४३ ॥ यतो हि श्लोकाविमावत्र चरितार्थौ ॥ ४४ ॥

तिस्रः कोट्यस्सहस्राणामष्टाशीतिशतानि च।
कुमाराणां गृहाचार्याश्चापयोगेषु ये रताः ॥ ४५
संख्यानं यादवानां कः करिष्यति महात्मनाम्।
यत्रायुतानामयुतलक्षेणास्ते सदाहुकः ॥ ४६
देवासुरे हता ये तु दैतेयास्सुमहाबलाः।
उत्पन्नास्ते मनुष्येषु जनोपद्रवकारिणः ॥ ४७
तेषामुत्सादनार्थाय भुवि देवा यदोः कुले।
अवतीर्णाः कुलशतं यत्रैकाभ्यधिकं द्विज ॥ ४८
विष्णुस्तेषां प्रमाणे च प्रभुत्वे च व्यवस्थितः।
निदेशस्थायिनस्तस्य ववृधुस्सर्वयादवाः ॥ ४९
इति प्रसूतिं वृष्णीनां यः शृणोति नरः सदा।
स सर्वैः पातकैर्मुक्तो विष्णुलोकं प्रपद्यते ॥ ५०

लाख अस्सी हजार पुत्र उत्पन्न किये ॥ ३६ ॥ उनमेंसे प्रद्युम्न, चारुदेष्ण और साम्ब आदि तेरह पुत्र प्रधान थे ॥ ३७ ॥ प्रद्युम्नने भी रुक्मीकी पुत्री रुक्मवतीसे विवाह किया था ॥ ३८ ॥ उससे अनिरुद्धका जन्म हुआ ॥ ३९ ॥ अनिरुद्धने भी रुक्मीकी पौत्री सुभद्रासे विवाह किया था ॥ ४० ॥ उससे वज्र उत्पन्न हुआ ॥ ४१ ॥ वज्रका पुत्र प्रतिबाहु तथा प्रतिबाहुका सुचारु था ॥ ४२ ॥ इस प्रकार सैकड़ों हजार पुरुषोंकी संख्यावाले यदुकुलकी सन्तानोंकी गणना सौ वर्षमें भी नहीं की जा सकती ॥ ४३ ॥ क्योंकि इस विषयमें ये दो श्लोक चरितार्थ हैं— ॥ ४४ ॥

जो गृहाचार्य यादवकुमारोंको धनुर्विद्याकी शिक्षा देनेमें तत्पर रहते थे उनकी संख्या तीन करोड़ अट्ठासी लाख थी, फिर उन महात्मा यादवोंकी गणना तो कर ही कौन सकता है? जहाँ हजारों और लाखोंकी संख्यामें सर्वदा यदुराज उग्रसेन रहते थे ॥ ४५-४६ ॥

देवासुर-संग्राममें जो महाबली दैत्यगण मारे गये थे वे मनुष्यलोकमें उपद्रव करनेवाले राजालोग होकर उत्पन्न हुए ॥ ४७ ॥ उनका नाश करनेके लिये देवताओंने यदुवंशमें जन्म लिया जिसमें कि एक सौ एक कुल थे ॥ ४८ ॥ उनका नियन्त्रण और स्वामित्व भगवान् विष्णुने ही किया। वे समस्त यादवगण उनकी आज्ञानुसार ही वृद्धिको प्राप्त हुए ॥ ४९ ॥ इस प्रकार जो पुरुष इस वृष्णिवंशकी उत्पत्तिके विवरणको सुनता है वह सम्पूर्ण पापोंसे मुक्त होकर विष्णुलोकको प्राप्त कर लेता है ॥ ५० ॥

इति श्रीविष्णुपुराणे चतुर्थेऽशे पञ्चदशोऽध्यायः ॥ १५ ॥

सोलहवाँ अध्याय

तुर्वसुके वंशका वर्णन

श्रीपराशर उवाच

इत्येष समासतस्ते यदोर्वंशः कथितः ॥ १ ॥ अथ तुर्वसोर्वंशमवधारय ॥ २ ॥ तुर्वसोर्वह्नि-रात्मजः, वह्नेर्भार्गो भार्गाद्भानुस्ततश्च त्रयीसानुस्तस्माच्च करन्दमस्तस्यापि मरुत्तः ॥ ३ ॥ सोऽनपत्योऽभवत् ॥ ४ ॥ ततश्च पौरवं दुष्यन्तं पुत्रमकल्पयत् ॥ ५ ॥ एवं ययातिशापात्तद्वंशः पौरवमेव वंशं समाश्रितवान् ॥ ६ ॥

श्रीपराशरजी बोले—इस प्रकार मैंने तुमसे संक्षेपसे यदुके वंशका वर्णन किया ॥ १ ॥ अब तुर्वसुके वंशका वर्णन सुनो ॥ २ ॥ तुर्वसुका पुत्र वह्नि था, वह्निका भार्ग, भार्गका भानु, भानुका त्रयीसानु, त्रयीसानुका करन्दम और करन्दमका पुत्र मरुत्त था ॥ ३ ॥ मरुत्त निस्सन्तान था ॥ ४ ॥ इसलिये उसने पुरुवंशीय दुष्यन्तको पुत्ररूपसे स्वीकार कर लिया ॥ ५ ॥ इस प्रकार ययातिके शापसे तुर्वसुके वंशने पुरुवंशका ही आश्रय लिया ॥ ६ ॥

इति श्रीविष्णुपुराणे चतुर्थेऽशे षोडशोऽध्यायः ॥ १६ ॥

सत्रहवाँ अध्याय

द्रुह्युवंश

श्रीपराशर उवाच

द्रुह्योस्तु तनयो बभ्रुः ॥ १ ॥ बभ्रोस्सेतुः ॥ २ ॥ सेतुपुत्र आरब्धनामा ॥ ३ ॥ आरब्धस्यात्मजो गान्धारो गान्धारस्य धर्मो धर्माद् घृतः घृताद् दुर्दमस्ततः प्रचेताः ॥ ४ ॥ प्रचेतसः पुत्रश्शतधर्मो बहुलानां म्लेच्छानामुदीच्यानामाधिपत्यमकरोत् ॥ ५ ॥

श्रीपराशरजी बोले—द्रुह्युका पुत्र बभ्रु था, बभ्रुका सेतु, सेतुका आरब्ध, आरब्धका गान्धार, गान्धारका धर्म, धर्मका घृत, घृतका दुर्दम, दुर्दमका प्रचेता तथा प्रचेताका पुत्र शतधर्म था। इसने उत्तरवर्ती बहुत-से म्लेच्छोंका आधिपत्य किया ॥ १—५ ॥

इति श्रीविष्णुपुराणे चतुर्थेऽशे सप्तदशोऽध्यायः ॥ १७ ॥

अठारहवाँ अध्याय

अनुवंश

श्रीपराशर उवाच

ययातेश्चतुर्थपुत्रस्यानोस्सभानलचक्षुःपरमेषु-संज्ञास्त्रयः पुत्राः बभूवुः ॥ १ ॥ सभानलपुत्रः कालानलः ॥ २ ॥ कालानलात्सृञ्जयः ॥ ३ ॥ सृञ्जयात्पुरञ्जयः ॥ ४ ॥ पुरञ्जयाज्जनमेजयः ॥ ५ ॥

श्रीपराशरजी बोले—ययातिके चौथे पुत्र अनुके सभानल, चक्षु और परमेषु नामक तीन पुत्र थे। सभानलका पुत्र कालानल हुआ तथा कालानलके सृंजय, सृंजयके पुरंजय, पुरंजयके जनमेजय,

तस्मान्महाशालः ॥ ६ ॥ तस्माच्च महामनाः ॥ ७ ॥ तस्मादुशीनरतितिक्षू द्वौ पुत्रावुत्पन्नौ ॥ ८ ॥

उशीनरस्यापि शिबिनृगनरकृमिवर्माख्याः पञ्च पुत्रा बभूवुः ॥ ९ ॥ पृषदर्भसुवीरकेकयमद्रकाश्चत्वारश्शिबिपुत्राः ॥ १० ॥ तितिक्षोरपि रुशद्रथः पुत्रोऽभूत् ॥ ११ ॥ तस्यापि हेमो हेमस्यापि सुतपाः सुतपसश्च बलिः ॥ १२ ॥ यस्य क्षेत्रे दीर्घतमसाङ्गवङ्गकलिङ्गसुह्यपौण्ड्राख्यं वालेयं क्षत्रमजन्यत ॥ १३ ॥ तन्नामसन्ततिसंज्ञाश्च पञ्चविषया बभूवुः ॥ १४ ॥ अङ्गादनपानस्ततो दिविरथस्तस्माद्धर्मरथः ॥ १५ ॥ ततश्चित्ररथो रोमपादसंज्ञः ॥ १६ ॥ यस्य दशरथो मित्रं जज्ञे ॥ १७ ॥ यस्याजपुत्रो दशरथश्शान्तां नाम कन्यामनपत्यस्य दुहितृत्वे युयोज ॥ १८ ॥

रोमपादाच्चतुरङ्गस्तस्मात्पृथुलाक्षः ॥ १९ ॥ ततश्चम्पो यश्चम्पां निवेशयामास ॥ २० ॥ चम्पस्य हर्यङ्गो नामात्मजोऽभूत् ॥ २१ ॥ हर्यङ्गाद्भद्ररथो भद्ररथाद्बृहद्रथो बृहद्रथाद्बृहत्कर्मा बृहत्कर्मणश्च बृहद्भानुस्तस्माच्च बृहन्मना बृहन्मनसो जयद्रथः ॥ २२ ॥ जयद्रथो ब्रह्मक्षत्रान्तरालसम्भूत्यां पत्न्यां विजयं नाम पुत्रमजीजनत् ॥ २३ ॥ विजयश्च धृतिं पुत्रमवाप ॥ २४ ॥ तस्यापि धृतव्रतः पुत्रोऽभूत् ॥ २५ ॥ धृतव्रतात्सत्यकर्मा ॥ २६ ॥ सत्यकर्मणस्त्वतिरथः ॥ २७ ॥ यो गङ्गाङ्गतो मञ्जूषागतं पृथापविद्धं कर्णं पुत्रमवाप ॥ २८ ॥ कर्णाद्वृषसेनः इत्येतदन्ता अङ्गवंश्याः ॥ २९ ॥ अतश्च पुरुवंशं श्रोतुमर्हसि ॥ ३० ॥

जनमेजयके महाशाल, महाशालके महामना और महामनाके उशीनर तथा तितिक्षु नामक दो पुत्र हुए ॥ १—८ ॥

उशीनरके शिबि, नृग, नर, कृमि और वर्म नामक पाँच पुत्र हुए ॥ ९ ॥ उनमेंसे शिबिके पृषदर्भ, सुवीर, केकय और मद्रक—ये चार पुत्र थे ॥ १० ॥ तितिक्षुका पुत्र रुशद्रथ हुआ। उसके हेम, हेमके सुतपा तथा सुतपाके बलि नामक पुत्र हुआ ॥ ११-१२ ॥ इस बलिके क्षेत्र (रानी)-में दीर्घतमा नामक मुनिने अंग, वंग, कलिंग, सुह्य और पौण्ड्र नामक पाँच वालेय क्षत्रिय उत्पन्न किये ॥ १३ ॥ इन बलिपुत्रोंकी सन्ततिके नामानुसार पाँच देशोंके भी ये ही नाम पड़े ॥ १४ ॥ इनमेंसे अंगसे अनपान, अनपानसे दिविरथ, दिविरथसे धर्मरथ और धर्मरथसे चित्ररथका जन्म हुआ जिसका दूसरा नाम रोमपाद था। इस रोमपादके मित्र दशरथजी थे, अजके पुत्र दशरथजीने रोमपादको सन्तानहीन देखकर उन्हें पुत्रीरूपसे अपनी शान्ता नामकी कन्या गोद दे दी थी ॥ १५—१८ ॥

रोमपादका पुत्र चतुरंग था। चतुरंगके पृथुलाक्ष तथा पृथुलाक्षके चम्प नामक पुत्र हुआ जिसने चम्पा नामकी पुरी बसायी थी ॥ १९-२० ॥ चम्पके हर्यंग नामक पुत्र हुआ, हर्यंगसे भद्ररथ, भद्ररथसे बृहद्रथ, बृहद्रथसे बृहत्कर्मा बृहत्कर्मासे बृहद्भानु, बृहद्भानुसे बृहन्मना, बृहन्मनासे जयद्रथका जन्म हुआ ॥ २१-२२ ॥ जयद्रथकी ब्राह्मण और क्षत्रियके संसर्गसे उत्पन्न हुई पत्नीके गर्भसे विजय नामक पुत्रका जन्म हुआ ॥ २३ ॥ विजयके धृति नामक पुत्र हुआ, धृतिके धृतव्रत, धृतव्रतके सत्यकर्मा और सत्यकर्माके अतिरथका जन्म हुआ जिसने कि [स्नानके लिये] गंगाजीमें जानेपर पिटारीमें रखकर पृथाद्वारा बहाये हुए कर्णको पुत्ररूपसे पाया था। इस कर्णका पुत्र वृषसेन था। बस, अंगवंश इतना ही है ॥ २४—२९ ॥ इसके आगे पुरुवंशका वर्णन सुनो ॥ ३० ॥

इति श्रीविष्णुपुराणे चतुर्थेंऽशे अष्टादशोऽध्यायः ॥ १८ ॥

उन्नीसवाँ अध्याय

पुरुवंश

श्रीपराशर उवाच

पुरोर्जनमेजयस्तस्यापि प्रचिन्वान् प्रचिन्वतः प्रवीरः प्रवीरान्मनस्युर्मनस्योश्चाभयदस्तस्यापि सुद्युस्सुद्योर्बहुगतस्तस्यापि संयातिस्संयातेरहंयातिस्ततो रौद्राश्वः ॥ १ ॥

ऋतेषुकक्षेषुस्थण्डिलेषुकृतेषुजलेषुधर्मेषुधृतेषुस्थलेषुसन्नतेषुवनेषुनामानो रौद्राश्वस्य दश पुत्रा बभूवुः ॥ २ ॥ ऋतेषोरन्तिनारः पुत्रोऽभूत् ॥ ३ ॥ सुमतिमप्रतिरथं ध्रुवं चाप्यन्तिनारः पुत्रानवाप ॥ ४ ॥ अप्रतिरथस्य कण्वः पुत्रोऽभूत् ॥ ५ ॥ तस्यापि मेधातिथिः ॥ ६ ॥ यतः काण्वायना द्विजा बभूवुः ॥ ७ ॥ अप्रतिरथस्यापरः पुत्रोऽभूदैलीनः ॥ ८ ॥ ऐलीनस्य दुष्यन्ताद्याश्चत्वारः पुत्रा बभूवुः ॥ ९ ॥ दुष्यन्ताच्चक्रवर्ती भरतोऽभूत् ॥ १० ॥ यन्नामहेतुर्देवैश्लोको गीयते ॥ ११ ॥

माता भस्त्रा पितुः पुत्रो येन जातः स एव सः ।
भरस्व पुत्रं दुष्यन्त मावमंस्थाश्शकुन्तलाम् ॥ १२ ॥

रेतोधाः पुत्रो नयति नरदेव यमक्षयात् ।
त्वं चास्य धाता गर्भस्य सत्यमाह शकुन्तला ॥ १३ ॥

भरतस्य पत्नीत्रये नव पुत्रा बभूवुः ॥ १४ ॥ नैते ममानुरूपा इत्यभिहितास्तन्मातरः परित्यागभयात्तत्पुत्राञ्जघ्नुः ॥ १५ ॥ ततोऽस्य वितथे पुत्रजन्मनि पुत्रार्थिनो मरुत्सोमयाजिनो दीर्घतमसः पाष्र्ण्यपास्तादबृहस्पतिवीर्यादुतथ्यपत्न्यां ममतायां समुत्पन्नो भरद्वाजाख्यः पुत्रो मरुद्भिर्दत्तः ॥ १६ ॥

श्रीपराशरजी बोले—पुरुका पुत्र जनमेजय था। जनमेजयका प्रचिन्वान्, प्रचिन्वान्‌का प्रवीर, प्रवीरका मनस्यु, मनस्युका अभयद, अभयदका सुद्यु, सुद्युका बहुगत, बहुगतका संयाति, संयातिका अहंयाति तथा अहंयातिका पुत्र रौद्राश्व था ॥ १ ॥

रौद्राश्वके ऋतेषु, कक्षेषु, स्थण्डिलेषु, कृतेषु, जलेषु, धर्मेषु, धृतेषु, स्थलेषु, सन्नतेषु और वनेषु नामक दस पुत्र थे ॥ २ ॥ ऋतेषुका पुत्र अन्तिनार हुआ तथा अन्तिनारके सुमति, अप्रतिरथ और ध्रुव नामक तीन पुत्रोंने जन्म लिया ॥ ३-४ ॥ इनमेंसे अप्रतिरथका पुत्र कण्व और कण्वका मेधातिथि हुआ जिसकी सन्तान काण्वायन ब्राह्मण हुए ॥ ५—७ ॥ अप्रतिरथका दूसरा पुत्र ऐलीन था ॥ ८ ॥ इस ऐलीनके दुष्यन्त आदि चार पुत्र हुए ॥ ९ ॥ दुष्यन्तके यहाँ चक्रवर्ती सम्राट् भरतका जन्म हुआ जिसके नामके विषयमें देवगणने इस श्लोकका गान किया था— ॥ १०-११ ॥

"माता तो केवल चमड़ेकी धौंकनीके समान है, पुत्रपर अधिकार तो पिताका ही है, पुत्र जिसके द्वारा जन्म ग्रहण करता है उसीका स्वरूप होता है। हे दुष्यन्त! तू इस पुत्रका पालन-पोषण कर, शकुन्तलाका अपमान न कर। हे नरदेव! अपने ही वीर्यसे उत्पन्न हुआ पुत्र अपने पिताको यमलोकसे [उद्धार कर स्वर्गलोकको] ले जाता है। 'इस पुत्रके आधान करनेवाले तुम्हीं हो'—शकुन्तलाने यह बात ठीक ही कही है' ॥ १२-१३ ॥

भरतके तीन स्त्रियाँ थीं जिनसे उनके नौ पुत्र हुए ॥ १४ ॥ भरतके यह कहनेपर कि 'ये मेरे अनुरूप नहीं हैं', उनकी माताओंने इस भयसे कि राजा हमको त्याग न दें, उन पुत्रोंको मार डाला ॥ १५ ॥ इस प्रकार पुत्र-जन्मके विफल हो जानेसे भरतने पुत्रकी कामनासे मरुत्सोम नामक यज्ञ किया। उस यज्ञके अन्तमें मरुद्गणने उन्हें भरद्वाज नामक एक बालक पुत्ररूपसे दिया जो उतथ्यपत्नी ममताके गर्भमें स्थित दीर्घतमा मुनिके पाद-प्रहारसे स्खलित हुए बृहस्पतिजीके वीर्यसे उत्पन्न हुआ था ॥ १६ ॥

तस्यापि नामनिर्वचनश्लोकः पठ्यते॥ १७॥

मूढे भर द्वाजमिमं भर द्वाजं बृहस्पते।
यातौ यदुक्त्वा पितरौ भरद्वाजस्ततस्त्वयम्॥ १८

भरद्वाजस्स वितथे पुत्रजन्मनि मरुद्भिर्दत्तस्ततो वितथसंज्ञामवाप॥ १९॥ वितथस्यापि मन्युः पुत्रोऽभवत्॥ २०॥ बृहत्क्षत्रमहावीर्यनरगर्गा अभवन्मन्युपुत्राः॥ २१॥ नरस्य सङ्कृतिस्सङ्कृते-र्गुरुप्रीतिरन्तिदेवौ॥ २२॥ गर्गाच्छिनिः, ततश्च गार्ग्याश्शैन्याः क्षत्रोपेता द्विजातयो बभूवुः॥ २३॥ महावीर्याच्च दुरुक्षयो नाम पुत्रोऽभवत्॥ २४॥ तस्य त्र्य्यारुणिः पुष्करिण्यो कपिश्च पुत्रत्रयमभूत्॥ २५॥ तच्च पुत्रत्रितयमपि पश्चाद्विप्रतामुपजगाम॥ २६॥ बृहत्क्षत्रस्य सुहोत्रः॥ २७॥ सुहोत्राद्धस्ती य इदं हस्तिनापुर-मावासयामास॥ २८॥

अजमीढद्विजमीढपुरुमीढास्त्रयो हस्तिनस्त-नयाः॥ २९॥ अजमीढात्कण्वः॥ ३०॥ कण्वान्मेधातिथिः॥ ३१॥ यतः काण्वायना द्विजाः॥ ३२॥ अजमीढस्यान्यः पुत्रो बृहदिषुः॥ ३३॥ बृहदिषोर्बृहद्धनुर्बृहद्धनुषश्च बृहत्कर्मा ततश्च जयद्रथस्तस्मादपि विश्वजित्॥ ३४॥ ततश्च सेनजित्॥ ३५॥ रुचिराश्वकाश्यदृढहनुवत्सहनुसंज्ञास्सेनजितः पुत्राः॥ ३६॥ रुचिराश्वपुत्रः पृथुसेनः पृथुसेनात्पारः॥ ३७॥ पारान्नीलः॥ ३८॥ तस्यैकशतं पुत्राणाम्॥ ३९॥ तेषां प्रधानः काम्पिल्याधिपतिस्समरः॥ ४०॥ समरस्यापि पारसुपारसदश्वास्त्रयः पुत्राः॥ ४१॥ सुपारात्पृथुः पृथोस्सुकृतिस्ततो विभ्राजः॥ ४२॥ तस्माच्चाणुहः॥ ४३॥ यश्शुकदुहितरं कीर्तिं नामोपयेमे॥ ४४॥ अणुहाद्ब्रह्मदत्तः॥ ४५॥ ततश्च विष्वक्सेनस्तस्मादुदक्सेनः॥ ४६॥ भल्लाभस्तस्य चात्मजः॥ ४७॥

उसके नामकरणके विषयमें भी यह श्लोक कहा जाता है— ॥ १७॥

''पुत्रोत्पत्तिके अनन्तर बृहस्पतिने ममतासे कहा—'हे मूढे! यह पुत्र द्वाज (हम दोनोंसे उत्पन्न हुआ) है तू इसका भरण कर।' तब ममताने भी कहा—'हे बृहस्पते! यह पुत्र द्वाज (हम दोनोंसे उत्पन्न हुआ) है अतः तुम इसका भरण करो।' इस प्रकार परस्पर विवाद करते हुए उसके माता-पिता चले गये, इसलिये उसका नाम 'भरद्वाज' पड़ा'' ॥ १८॥

पुत्र-जन्म वितथ (विफल) होनेपर मरुद्गणने राजा भरतको भरद्वाज दिया था, इसलिये उसका नाम 'वितथ' भी हुआ॥ १९॥ वितथका पुत्र मन्यु हुआ और मन्युके बृहत्क्षत्र, महावीर्य, नर और गर्ग आदि कई पुत्र हुए॥ २०-२१॥ नरका पुत्र संकृति और संकृतिके गुरुप्रीति एवं रन्तिदेव नामक दो पुत्र हुए॥ २२॥ गर्गसे शिनिका जन्म हुआ जिससे कि गार्ग्य और शैन्य नामसे विख्यात क्षत्रोपेत ब्राह्मण उत्पन्न हुए॥ २३॥ महावीर्यका पुत्र दुरुक्षय हुआ॥ २४॥ उसके त्र्य्यारुणि, पुष्करिण्य और कपि नामक तीन पुत्र हुए॥ २५॥ ये तीनों पुत्र पीछे ब्राह्मण हो गये थे॥ २६॥ बृहत्क्षत्रका पुत्र सुहोत्र, सुहोत्रका पुत्र हस्ती था जिसने यह हस्तिनापुर नामक नगर बसाया था॥ २७-२८॥

हस्तीके तीन पुत्र अजमीढ, द्विजमीढ और पुरुमीढ थे। अजमीढके कण्व और कण्वके मेधातिथि नामक पुत्र हुआ जिससे कि काण्वायन ब्राह्मण उत्पन्न हुए॥ २९—३२॥ अजमीढका दूसरा पुत्र बृहदिषु था॥ ३३॥ बृहदिषुके बृहद्धनु, बृहद्धनुके बृहत्कर्मा, बृहत्कर्माके जयद्रथ, जयद्रथके विश्वजित् तथा विश्वजित्के सेनजित्का जन्म हुआ। सेनजित्के रुचिराश्व, काश्य, दृढहनु और वत्सहनु नामक चार पुत्र हुए॥ ३४—३६॥ रुचिराश्वके पृथुसेन, पृथुसेनके पार और पारके नीलका जन्म हुआ। इस नीलके सौ पुत्र थे, जिनमें काम्पिल्यनरेश समर प्रधान था॥ ३७—४०॥ समरके पार, सुपार और सदश्व नामक तीन पुत्र थे॥ ४१॥ सुपारके पृथु, पृथुके सुकृति, सुकृतिके विभ्राज और विभ्राजके अणुह नामक पुत्र हुआ, जिसने शुककन्या कीर्तिसे विवाह किया था॥ ४२—४४॥ अणुहसे ब्रह्मदत्तका जन्म हुआ। ब्रह्मदत्तसे विष्वक्सेन, विष्वक्सेनसे उदक्सेन तथा उदक्सेनसे भल्लाभ नामक पुत्र उत्पन्न हुआ॥ ४५—४७॥

द्विजमीढस्य तु यवीनरसंज्ञः पुत्रः ॥ ४८ ॥ तस्यापि धृतिमांस्तस्माच्च सत्यधृतिस्ततश्च दृढनेमिस्तस्माच्च सुपार्श्वस्ततस्सुमतिस्ततश्च सन्नतिमान् ॥ ४९ ॥ सन्नतिमतः कृतःपुत्रोऽभूत् ॥ ५० ॥ यं हिरण्यनाभो योगमध्यापयामास ॥ ५१ ॥ यश्चतुर्विंशतिं प्राच्यसामगानां संहिताश्चकार ॥ ५२ ॥ कृताच्चोग्रायुधः ॥ ५३ ॥ येन प्राचुर्येण नीपक्षयः कृतः ॥ ५४ ॥ उग्रायुधात्क्षेम्यः क्षेम्यात्सुधीरस्तस्मादरिपुञ्जयस्तस्माच्च बहुरथ इत्येते पौरवाः ॥ ५५ ॥

अजमीढस्य नलिनी नाम पत्नी तस्या नीलसंज्ञः पुत्रोऽभवत् ॥ ५६ ॥ तस्मादपि शान्तिः शान्तेस्सुशान्तिस्सुशान्तेः पुरञ्जयस्तस्माच्च ऋक्षः ॥ ५७ ॥ ततश्च हर्यश्वः ॥ ५८ ॥ तस्मान्मुद्गलसृञ्जयबृहदिषुयवीनरकाम्पिल्यसंज्ञाः पञ्चानामेव तेषां विषयाणां रक्षणायालमेते मत्पुत्रा इति पित्राभिहिताः पाञ्चालाः ॥ ५९ ॥

मुद्गलाच्च मौद्गल्याः क्षत्रोपेता द्विजातयो बभूवुः ॥ ६० ॥ मुद्गलाद्बृहदश्वः ॥ ६१ ॥ बृहदश्वाद्दिवोदासोऽहल्या च मिथुनमभूत् ॥ ६२ ॥ शरद्वतश्चाहल्यायां शतानन्दोऽभवत् ॥ ६३ ॥ शतानन्दात्सत्यधृतिर्धनुर्वेदान्तगो जज्ञे ॥ ६४ ॥ सत्यधृतेर्वराप्सरसमुर्वशीं दृष्ट्वा रेतस्कन्नं शरस्तम्बे पपात ॥ ६५ ॥ तच्च द्विधागतमपत्यद्वयं कुमारः कन्या चाभवत् ॥ ६६ ॥ तौ च मृगयामुपयातश्शान्तनुर्दृष्ट्वा कृपया जग्राह ॥ ६७ ॥ ततः कुमारः कृपः कन्या चाश्वत्थाम्नो जननी कृपी द्रोणाचार्यस्य पत्न्यभवत् ॥ ६८ ॥

दिवोदासस्य पुत्रो मित्रायुः ॥ ६९ ॥ मित्रायोश्च्यवनो नाम राजा ॥ ७० ॥ च्यवनात्सुदासः सुदासात्सौदासः सौदासात्सहदेवस्तस्यापि सोमकः ॥ ७१ ॥ सोमकाज्जन्तुः पुत्रशतज्येष्ठोऽभवत् ॥ ७२ ॥ तेषां यवीयान् पृषतः पृषताद्द्रुपदस्तस्माच्च धृष्टद्युम्नस्ततो धृष्टकेतुः ॥ ७३ ॥

द्विजमीढका पुत्र यवीनर था ॥ ४८ ॥ उसका धृतिमान्, धृतिमान्‌का सत्यधृति, सत्यधृतिका दृढनेमि, दृढनेमिका सुपार्श्व, सुपार्श्वका सुमति, सुमतिका सन्नतिमान् तथा सन्नतिमान्‌का पुत्र कृत हुआ जिसे हिरण्यनाभने योगविद्याकी शिक्षा दी थी तथा जिसने प्राच्य सामग श्रुतियोंकी चौबीस संहिताएँ रची थीं ॥ ४९—५२ ॥ कृतका पुत्र उग्रायुध था जिसने अनेकों नीपवंशीय क्षत्रियोंका नाश किया ॥ ५३-५४ ॥ उग्रायुधके क्षेम्य, क्षेम्यके सुधीर, सुधीरके रिपुंजय और रिपुंजयसे बहुरथने जन्म लिया। ये सब पुरुवंशीय राजागण हुए ॥ ५५ ॥

अजमीढकी नलिनीनाम्नी एक भार्या थी। उसके नील नामक एक पुत्र हुआ ॥ ५६ ॥ नीलके शान्ति, शान्तिके सुशान्ति, सुशान्तिके पुरंजय, पुरंजयके ऋक्ष और ऋक्षके हर्यश्व नामक पुत्र हुआ ॥ ५७-५८ ॥ हर्यश्वके मुद्गल, सृंजय, बृहदिषु, यवीनर और काम्पिल्य नामक पाँच पुत्र हुए। पिताने कहा था कि मेरे ये पुत्र मेरे आश्रित पाँचों देशोंकी रक्षा करनेमें समर्थ हैं, इसलिये वे पांचाल कहलाये ॥ ५९ ॥

मुद्गलसे मौद्गल्य नामक क्षत्रोपेत ब्राह्मणोंकी उत्पत्ति हुई ॥ ६० ॥ मुद्गलसे बृहदश्व और बृहदश्वसे दिवोदास नामक पुत्र एवं अहल्या नामकी एक कन्याका जन्म हुआ ॥ ६१-६२ ॥ अहल्यासे महर्षि गौतमके द्वारा शतानन्दका जन्म हुआ ॥ ६३ ॥ शतानन्दसे धनुर्वेदका पारदर्शी सत्यधृति उत्पन्न हुआ ॥ ६४ ॥ एक बार अप्सराओंमें श्रेष्ठ उर्वशीको देखनेसे सत्यधृतिका वीर्य स्खलित होकर शरस्तम्ब (सरकण्डे)-पर पड़ा ॥ ६५ ॥ उससे दो भागोंमें बँट जानेके कारण पुत्र और पुत्रीरूप दो सन्तानें उत्पन्न हुईं ॥ ६६ ॥ उन्हें मृगयाके लिये गये हुए राजा शान्तनु कृपावश ले आये ॥ ६७ ॥ तदनन्तर पुत्रका नाम कृप हुआ और कन्या अश्वत्थामाकी माता द्रोणाचार्यकी पत्नी कृपी हुई ॥ ६८ ॥

दिवोदासका पुत्र मित्रायु हुआ ॥ ६९ ॥ मित्रायुका पुत्र च्यवन नामक राजा हुआ, च्यवनका सुदास, सुदासका सौदास, सौदासका सहदेव, सहदेवका सोमक और सोमकके सौ पुत्र हुए जिनमें जन्तु सबसे बड़ा और पृषत सबसे छोटा था। पृषतका पुत्र द्रुपद, द्रुपदका धृष्टद्युम्न और धृष्टद्युम्नका पुत्र धृष्टकेतु था ॥ ७०—७३ ॥

अजमीढस्यान्य ऋक्षनामा पुत्रोऽभवत्॥ ७४॥ तस्य संवरणः॥ ७५॥ संवरणात्कुरुः॥ ७६॥ य इदं धर्मक्षेत्रं कुरुक्षेत्रं चकार॥ ७७॥ सुधनुर्जह्नुपरीक्षित्प्रमुखाः कुरोः पुत्रा बभूवुः॥ ७८॥ सुधनुषः पुत्रस्सुहोत्रस्तस्माच्च्यवनश्च्यवनात् कृतकः॥ ७९॥ ततश्चोपरिचरो वसुः॥ ८०॥ बृहद्रथप्रत्यग्रकुशाम्बुकुचेलमात्स्यप्रमुखा वसोः पुत्रास्सप्ताजायन्त॥ ८१॥ बृहद्रथात्कुशाग्रः कुशाग्राद्वृषभो वृषभात् पुष्पवान् तस्मात्सत्यहितस्तस्मात्सुधन्वा तस्य च जतुः॥ ८२॥ बृहद्रथाच्चान्यश्शकलद्वयजन्मा जरया संहितो जरासन्धनामा॥ ८३॥ तस्मात्सहदेवस्सहदेवात्सोमपस्ततश्च श्रुतिश्रवाः॥ ८४॥ इत्येते मया मागधा भूपालाः कथिताः॥ ८५॥

अजमीढका ऋक्ष नामक एक पुत्र और था॥ ७४॥ उसका पुत्र संवरण हुआ तथा संवरणका पुत्र कुरु था जिसने कि धर्मक्षेत्र कुरुक्षेत्रकी स्थापना की॥ ७५—७७॥ कुरुके पुत्र सुधनु, जह्नु और परीक्षित् आदि हुए॥ ७८॥ सुधनुका पुत्र सुहोत्र था, सुहोत्रका च्यवन, च्यवनका कृतक और कृतकका पुत्र उपरिचर वसु हुआ॥ ७९-८०॥ वसुके बृहद्रथ, प्रत्यग्र, कुशाम्बु, कुचेल और मात्स्य आदि सात पुत्र थे॥ ८१॥ इनमेंसे बृहद्रथके कुशाग्र, कुशाग्रके वृषभ, वृषभके पुष्पवान्, पुष्पवान्के सत्यहित, सत्यहितके सुधन्वा और सुधन्वाके जतुका जन्म हुआ॥ ८२॥ बृहद्रथके दो खण्डोंमें विभक्त एक पुत्र और हुआ था जो कि जराके द्वारा जोड़ दिये जानेपर जरासन्ध कहलाया॥ ८३॥ उससे सहदेवका जन्म हुआ तथा सहदेवसे सोमप और सोमपसे श्रुतिश्रवाकी उत्पत्ति हुई॥ ८४॥ इस प्रकार मैंने तुमसे यह मागध भूपालोंका वर्णन कर दिया है॥ ८५॥

इति श्रीविष्णुपुराणे चतुर्थेंऽशे एकोनविंशोऽध्यायः॥ १९॥

बीसवाँ अध्याय

कुरुके वंशका वर्णन

श्रीपराशर उवाच

परीक्षितो जनमेजयश्रुतसेनोग्रसेनभीमसेनाश्चत्वारः पुत्राः॥ १॥ जह्नोस्तु सुरथो नामात्मजो बभूव॥ २॥ तस्यापि विदूरथः॥ ३॥ तस्मात्सार्वभौमस्सार्वभौमाज्जयत्सेनस्तस्मादाराधितस्ततश्चायुतायुरयुतायोरक्रोधनः॥ ४॥ तस्माद्देवातिथिः॥ ५॥ ततश्च ऋक्षोऽन्योऽभवत्॥ ६॥ ऋक्षाद्भीमसेनस्ततश्च दिलीपः॥ ७॥ दिलीपात् प्रतीपः॥ ८॥

श्रीपराशरजी बोले—[कुरुपुत्र] परीक्षित्के जनमेजय, श्रुतसेन, उग्रसेन और भीमसेन नामक चार पुत्र हुए, तथा जह्नुके सुरथ नामक एक पुत्र हुआ॥ १-२॥ सुरथके विदूरथका जन्म हुआ। विदूरथके सार्वभौम, सार्वभौमके जयत्सेन, जयत्सेनके आराधित, आराधितके अयुतायु, अयुतायुके अक्रोधन, अक्रोधनके देवातिथि तथा देवातिथिके [अजमीढके पुत्र ऋक्षसे भिन्न] दूसरे ऋक्षका जन्म हुआ॥ ३—६॥ ऋक्षसे भीमसेन, भीमसेनसे दिलीप और दिलीपसे प्रतीप नामक पुत्र हुआ॥ ७-८॥

तस्यापि देवापिशान्तनुबाह्लीकसंज्ञास्त्रयः पुत्रा बभूवुः॥ ९॥ देवापिर्बाल एवारण्यं विवेश॥ १०॥ शान्तनुस्तु महीपालोऽभूत्॥ ११॥ अयं च तस्य श्लोकः पृथिव्यां गीयते॥ १२॥

प्रतीपके देवापि, शान्तनु और बाह्लीक नामक तीन पुत्र हुए॥ ९॥ इनमेंसे देवापि बाल्यावस्थामें ही वनमें चला गया था अतः शान्तनु ही राजा हुआ॥ १०-११॥ उसके विषयमें पृथिवीतलपर यह श्लोक कहा जाता है-॥ १२॥

यं यं कराभ्यां स्पृशति जीर्णं यौवनमेति सः।
शान्तिं चाप्नोति येनाग्र्यां कर्मणा तेन शान्तनुः॥ १३

तस्य च शान्तनो राष्ट्रे द्वादशवर्षाणि देवो न ववर्ष॥ १४॥ ततश्चाशेषराष्ट्रविनाशमवेक्ष्यासौ राजा ब्राह्मणानपृच्छत् कस्मादस्माकं राष्ट्रे देवो न वर्षति को ममापराध इति॥ १५॥

ततश्च तमूचुर्ब्राह्मणाः॥ १६॥ अग्रजस्य ते हीयमवनिस्त्वया सम्भुज्यते अतः परिवेत्ता त्वमित्युक्तस्स राजा पुनस्तानपृच्छत्॥ १७॥ किं मयात्र विधेयमिति॥ १८॥

ततस्ते पुनरप्यूचुः॥ १९॥ यावद्देवापिर्न पतनादिभिर्दोषैरभिभूयते तावदेतत्तस्यार्हं राज्यम्॥ २०॥ तदलमेतेन तु तस्मै दीयतामित्युक्ते तस्य मन्त्रिप्रवरेणाश्मसारिणा तत्रारण्ये तपस्विनो वेदवादविरोधवक्तारः प्रयुक्ताः॥ २१॥ तैरस्याप्यतिऋजुमतेर्महीपतिपुत्रस्य बुद्धिर्वेदवादविरोधमार्गानुसारिण्यक्रियत॥ २२॥ राजा च शान्तनुर्द्विजवचनोत्पन्नपरिदेवनशोकस्तान् ब्राह्मणानग्रतः कृत्वाग्रजस्य प्रदानायारण्यं जगाम॥ २३॥

तदाश्रममुपगताश्च तमवनतमवनीपतिपुत्रं देवापिमुपतस्थुः॥ २४॥ ते ब्राह्मणा वेदवादानुबन्धीनि वचांसि राज्यमग्रजेन कर्त्तव्यमित्यर्थवन्ति तमूचुः॥ २५॥ असावपि देवापिर्वेदवादविरोधयुक्तिदूषितमनेकप्रकारं तानाह॥ २६॥ ततस्ते ब्राह्मणाश्शान्तनुमूचुः॥ २७॥ आगच्छ हे राजन्नलमत्रातिनिर्बन्धेन प्रशान्त एवासावनावृष्टिदोषः पतितोऽयमनादिकालमहितवेदवचनदूषणोच्चारणात्॥ २८॥ पतिते चाग्रजे नैव ते परिवेतृत्वं भवतीत्युक्तश्शान्तनुःस्वपुरमागम्य राज्यमकरोत्॥ २९॥ वेदवादविरोधवचनोच्चारणदूषिते च तस्मिन्देवापौ तिष्ठत्यपि ज्येष्ठभ्रातर्यखिलसस्यनिष्पत्तये ववर्ष भगवान्पर्जन्यः॥ ३०॥

''[राजा शान्तनु] जिसको-जिसको अपने हाथसे स्पर्श कर देते थे वे वृद्ध पुरुष भी युवावस्था प्राप्त कर लेते थे तथा उनके स्पर्शसे सम्पूर्ण जीव अत्युत्तम शान्तिलाभ करते थे, इसलिये वे शान्तनु कहलाते थे''॥ १३॥

एक बार महाराज शान्तनुके राज्यमें बारह वर्षतक वर्षा न हुई॥ १४॥ उस समय सम्पूर्ण देशको नष्ट होता देखकर राजाने ब्राह्मणोंसे पूछा—'हमारे राज्यमें वर्षा क्यों नहीं हुई? इसमें मेरा क्या अपराध है?'॥ १५॥

तब ब्राह्मणोंने उससे कहा—'यह राज्य तुम्हारे बड़े भाईका है किन्तु इसे तुम भोग रहे हो; इसलिये तुम परिवेत्ता हो।' उनके ऐसा कहनेपर राजा शान्तनुने उनसे फिर पूछा—'तो इस सम्बन्धमें मुझे अब क्या करना चाहिये?'॥ १६—१८॥

इसपर वे ब्राह्मण फिर बोले—'जबतक तुम्हारा बड़ा भाई देवापि किसी प्रकार पतित न हो तबतक यह राज्य उसीके योग्य है॥ १९-२०॥ अतः तुम इसे उसीको दे डालो, तुम्हारा इससे कोई प्रयोजन नहीं।' ब्राह्मणोंके ऐसा कहनेपर शान्तनुके मन्त्री अश्मसारीने वेदवादके विरुद्ध बोलनेवाले तपस्वियोंको वनमें नियुक्त किया॥ २१॥ उन्होंने अतिशय सरलमति राजकुमार देवापिकी बुद्धिको वेदवादके विरुद्ध मार्गमें प्रवृत्त कर दिया॥ २२॥ उधर राजा शान्तनु ब्राह्मणोंके कथनानुसार दुःख और शोकयुक्त होकर ब्राह्मणोंको आगे कर अपने बड़े भाईको राज्य देनेके लिये वनमें गये॥ २३॥

वनमें पहुँचनेपर वे ब्राह्मणगण परम विनीत राजकुमार देवापिके आश्रमपर उपस्थित हुए; और उससे 'ज्येष्ठ भ्राताको ही राज्य करना चाहिये'—इस अर्थके समर्थक अनेक वेदानुकूल वाक्य कहने लगे॥ २४-२५॥ किन्तु उस समय देवापिने वेदवादके विरुद्ध नाना प्रकारकी युक्तियोंसे दूषित बातें कीं॥ २६॥ तब उन ब्राह्मणोंने शान्तनुसे कहा—॥ २७॥ ''हे राजन्! चलो, अब यहाँ अधिक आग्रह करनेकी आवश्यकता नहीं। अब अनावृष्टिका दोष शान्त हो गया। अनादिकालसे पूजित वेदवाक्योंमें दोष बतलानेके कारण देवापि पतित हो गया है॥ २८॥ ज्येष्ठ भ्राताके पतित हो जानेसे अब तुम परिवेत्ता नहीं रहे।'' उनके ऐसा कहनेपर शान्तनु अपनी राजधानीको चले आये और राज्यशासन करने लगे॥ २९॥ वेदवादके विरुद्ध वचन बोलनेके कारण देवापिके पतित हो जानेसे, बड़े भाईके रहते हुए भी सम्पूर्ण धान्योंकी उत्पत्तिके लिये पर्जन्यदेव (मेघ) बरसने लगे॥ ३०॥

बाह्लीकात्सोमदत्तः पुत्रोऽभूत् ॥ ३१ ॥ सोमदत्तस्यापि भूरिभूरिश्रवःशल्यसंज्ञास्त्रयः पुत्रा बभूवुः ॥ ३२ ॥ शान्तनोरप्यमरनद्यां जाह्नव्यामुदारकीर्तिरशेषशास्त्रार्थविद्भीष्मः पुत्रोऽभूत् ॥ ३३ ॥ सत्यवत्यां च चित्राङ्गदविचित्रवीर्यौ द्वौ पुत्रावुत्पादयामास शान्तनुः ॥ ३४ ॥ चित्राङ्गदस्तु बाल एव चित्राङ्गदेनैव गन्धर्वेणाहवे निहतः ॥ ३५ ॥ विचित्रवीर्योऽपि काशिराजतनये अम्बिकाम्बालिके उपयेमे ॥ ३६ ॥ तदुपभोगातिखेदाच्च यक्ष्मणा गृहीतः स पञ्चत्वमगमत् ॥ ३७ ॥ सत्यवतीनियोगाच्च मत्पुत्रः कृष्णद्वैपायनो मातुर्वचनमनतिक्रमणीयमिति कृत्वा विचित्रवीर्यक्षेत्रे धृतराष्ट्रपाण्डू तत्प्रहितभुजिष्यायां विदुरं चोत्पादयामास ॥ ३८ ॥

धृतराष्ट्रोऽपि गान्धार्यां दुर्योधनदुश्शासनप्रधानं पुत्रशतमुत्पादयामास ॥ ३९ ॥ पाण्डोरप्यरण्ये मृगयायामृषिशापोपहतप्रजाजननसामर्थ्यस्य धर्मवायुशक्रैर्युधिष्ठिरभीमसेनार्जुनाः कुन्त्यां नकुलसहदेवौ चाश्विभ्यां माद्र्यां पञ्चपुत्रास्समुत्पादिताः ॥ ४० ॥ तेषां च द्रौपद्यां पञ्चैव पुत्रा बभूवुः ॥ ४१ ॥ युधिष्ठिरात्प्रतिविन्ध्यः भीमसेनाच्छ्रुतसेनः श्रुतकीर्त्तिरर्जुनाच्छ्रुतानीको नकुलाच्छ्रुतकर्मा सहदेवात् ॥ ४२ ॥

अन्ये च पाण्डवानामात्मजास्तद्यथा ॥ ४३ ॥ यौधेयी युधिष्ठिराद्देवकं पुत्रमवाप ॥ ४४ ॥ हिडिम्बा घटोत्कचं भीमसेनात्पुत्रं लेभे ॥ ४५ ॥ काशी च भीमसेनादेव सर्वगं सुतमवाप ॥ ४६ ॥ सहदेवाच्च विजया सुहोत्रं पुत्रमवाप ॥ ४७ ॥ रेणुमत्यां च नकुलोऽपि निरमित्रमजीजनत् ॥ ४८ ॥ अर्जुनस्याप्युलूप्यां नागकन्यायामिरावान्नाम पुत्रोऽभवत् ॥ ४९ ॥ मणिपुरपतिपुत्र्यां पुत्रिकाधर्मेण बभ्रुवाहनं नाम पुत्रमर्जुनोऽजनयत् ॥ ५० ॥ सुभद्रायां चार्भकत्वेऽपि योऽसावतिबलपराक्रमस्समस्तारातिरथजेता सोऽभिमन्युरजायत ॥ ५१ ॥

बाह्लीकके सोमदत्त नामक पुत्र हुआ तथा सोमदत्तके भूरि, भूरिश्रवा और शल्य नामक तीन पुत्र हुए ॥ ३१-३२ ॥ शान्तनुके गंगाजीसे अतिशय कीर्तिमान् तथा सम्पूर्ण शास्त्रोंका जाननेवाला भीष्म नामक पुत्र हुआ ॥ ३३ ॥ शान्तनुने सत्यवतीसे चित्रांगद और विचित्रवीर्य नामक दो पुत्र और भी उत्पन्न किये ॥ ३४ ॥ उनमेंसे चित्रांगदको तो बाल्यावस्थामें ही चित्रांगद नामक गन्धर्वने युद्धमें मार डाला ॥ ३५ ॥ विचित्रवीर्यने काशिराजकी पुत्री अम्बिका और अम्बालिकासे विवाह किया ॥ ३६ ॥ उनमें अत्यन्त भोगासक्त रहनेके कारण अतिशय खिन्न रहनेसे वह यक्ष्माके वशीभूत होकर [अकालहीमें] मर गया ॥ ३७ ॥ तदनन्तर मेरे पुत्र कृष्णद्वैपायनने सत्यवतीके नियुक्त करनेसे माताका वचन टालना उचित न जान विचित्रवीर्यकी पत्नियोंसे धृतराष्ट्र और पाण्डु नामक दो पुत्र उत्पन्न किये और उनकी भेजी हुई दासीसे विदुर नामक एक पुत्र उत्पन्न किया ॥ ३८ ॥

धृतराष्ट्रने भी गान्धारीसे दुर्योधन और दुःशासन आदि सौ पुत्रोंको जन्म दिया ॥ ३९ ॥ पाण्डु वनमें आखेट करते समय ऋषिके शापसे सन्तानोत्पादनमें असमर्थ हो गये थे अतः उनकी स्त्री कुन्तीसे धर्म, वायु और इन्द्रने क्रमशः युधिष्ठिर, भीम और अर्जुन नामक तीन पुत्र तथा माद्रीसे दोनों अश्विनीकुमारोंने नकुल और सहदेव नामक दो पुत्र उत्पन्न किये। इस प्रकार उनके पाँच पुत्र हुए ॥ ४० ॥ उन पाँचोंके द्रौपदीसे पाँच ही पुत्र हुए ॥ ४१ ॥ उनमेंसे युधिष्ठिरसे प्रतिविन्ध्य, भीमसेनसे श्रुतसेन, अर्जुनसे श्रुतकीर्ति, नकुलसे श्रुतानीक तथा सहदेवसे श्रुतकर्माका जन्म हुआ था ॥ ४२ ॥

इनके अतिरिक्त पाण्डवोंके और भी कई पुत्र हुए ॥ ४३ ॥ जैसे—युधिष्ठिरसे यौधेयीके देवक नामक पुत्र हुआ, भीमसेनसे हिडिम्बाके घटोत्कच और काशीसे सर्वग नामक पुत्र हुआ, सहदेवसे विजयाके सुहोत्रका जन्म हुआ, नकुलने रेणुमतीसे निरमित्रको उत्पन्न किया ॥ ४४—४८ ॥ अर्जुनके नागकन्या उलूपीसे इरावान् नामक पुत्र हुआ ॥ ४९ ॥ मणिपुर नरेशकी पुत्रीसे अर्जुनने पुत्रिका-धर्मानुसार बभ्रुवाहन नामक एक पुत्र उत्पन्न किया ॥ ५० ॥ तथा उसके सुभद्रासे अभिमन्युका जन्म हुआ जो कि बाल्यावस्थामें ही बड़ा बल-पराक्रम-सम्पन्न तथा अपने सम्पूर्ण शत्रुओंको जीतनेवाला था ॥ ५१ ॥

अभिमन्योरुत्तरायां परिक्षीणेषु कुरुष्वश्वत्थामप्रयुक्तब्रह्मास्त्रेण गर्भ एव भस्मीकृतो भगवतस्सकलसुरासुरवन्दितचरणयुगलस्यात्मेच्छया कारणमानुषरूपधारिणोऽनुभावात्पुनर्जीवितमवाप्य परीक्षिज्जज्ञे॥ ५२॥ योऽयं साम्प्रतमेतद्भूमण्डलमखण्डितायतिधर्मेण पालयतीति॥ ५३॥

तदनन्तर कुरुकुलके क्षीण हो जानेपर जो अश्वत्थामाके प्रहार किये हुए ब्रह्मास्त्रद्वारा गर्भमें ही भस्मीभूत हो चुका था किन्तु फिर, जिन्होंने अपनी इच्छासे ही माया-मानव-देह धारण किया है उन सकल सुरासुरवन्दितचरणारविन्द श्रीकृष्णचन्द्रके प्रभावसे पुनः जीवित हो गया; उस परीक्षित्‌ने अभिमन्युके द्वारा उत्तराके गर्भसे जन्म लिया जो कि इस समय इस प्रकार धर्मपूर्वक सम्पूर्ण भूमण्डलका शासन कर रहा है कि जिससे भविष्यमें भी उसकी सम्पत्ति क्षीण न हो॥ ५२-५३॥

इति श्रीविष्णुपुराणे चतुर्थेऽशे विंशोऽध्यायः॥ २०॥

इक्कीसवाँ अध्याय

भविष्यमें होनेवाले राजाओंका वर्णन

श्रीपराशर उवाच

अतः परं भविष्यानहं भूपालान्कीर्तयिष्यामि॥ १॥ योऽयं साम्प्रतमवनीपतिः परीक्षित्तस्यापि जनमेजयश्रुतसेनोग्रसेनभीमसेनाश्चत्वारः पुत्रा भविष्यन्ति॥ २॥ जनमेजयस्यापि शतानीको भविष्यति॥ ३॥ योऽसौ याज्ञवल्क्याद्वेदमधीत्य कृपादस्त्राण्यवाप्य विषमविषयविरक्तचित्तवृत्तिश्च शौनकोपदेशादात्मज्ञानप्रवीणः परं निर्वाणमवाप्स्यति॥ ४॥ शतानीकादश्वमेधदत्तो भविता॥ ५॥ तस्मादप्यधिसीमकृष्णः॥ ६॥ अधिसीमकृष्णान्निचक्नुः॥ ७॥ यो गङ्गयापहृते हस्तिनापुरे कौशाम्ब्यां निवत्स्यति॥ ८॥

श्रीपराशरजी बोले—अब मैं भविष्यमें होनेवाले राजाओंका वर्णन करता हूँ॥ १॥ इस समय जो परीक्षित् नामक महाराज हैं इनके जनमेजय, श्रुतसेन, उग्रसेन और भीमसेन नामक चार पुत्र होंगे॥ २॥ जनमेजयका पुत्र शतानीक होगा जो याज्ञवल्क्यसे वेदाध्ययनकर, कृपसे शस्त्रविद्या प्राप्तकर विषम विषयोंसे विरक्तचित्त हो महर्षि शौनकके उपदेशसे आत्मज्ञानमें निपुण होकर परमनिर्वाण-पद प्राप्त करेगा॥ ३-४॥ शतानीकका पुत्र अश्वमेधदत्त होगा॥ ५॥ उसके अधिसीमकृष्ण तथा अधिसीमकृष्णके निचक्नु नामक पुत्र होगा जो कि गंगाजीद्वारा हस्तिनापुरके बहा ले जानेपर कौशाम्बीपुरीमें निवास करेगा॥ ६—८॥

तस्याप्युष्णः पुत्रो भविता॥ ९॥ उष्णाद्विचित्ररथः॥ १०॥ ततः शुचिरथः॥ ११॥ तस्माद्वृष्णिमांस्ततस्सुषेणस्तस्यापि सुनीथस्सुनीथान्नृपचक्षुस्तस्मादपि सुखावलस्तस्य च पारिप्लवस्ततश्च सुनयस्तस्यापि मेधावी॥ १२॥ मेधाविनो रिपुञ्जयस्ततो मृदुस्तस्माच्च तिग्मस्तस्माद्बृहद्रथो बृहद्रथाद्वसुदानः॥ १३॥ ततोऽपरश्शतानीकः॥ १४॥ तस्माच्चोदयन

निचक्नुका पुत्र उष्ण होगा, उष्णका विचित्ररथ, विचित्ररथका शुचिरथ, शुचिरथका वृष्णिमान्, वृष्णिमान्‌का सुषेण, सुषेणका सुनीथ, सुनीथका नृप, नृपका चक्षु, चक्षुका सुखावल, सुखावलका पारिप्लव, पारिप्लवका सुनय, सुनयका मेधावी, मेधावीका रिपुंजय, रिपुंजयका मृदु, मृदुका तिग्म, तिग्मका बृहद्रथ, बृहद्रथका वसुदान, वसुदानका दूसरा शतानीक, शतानीकका उदयन,

उदयनादहीनरस्ततश्च दण्डपाणिस्ततो निरमित्रः ॥ १५ ॥ तस्माच्च क्षेमकः ॥ १६ ॥ अत्रायं श्लोकः ॥ १७ ॥

ब्रह्मक्षत्रस्य यो योनिर्वंशो राजर्षिसत्कृतः।
क्षेमकं प्राप्य राजानं संस्थानं प्राप्स्यते कलौ ॥ १८

उदयनका अहीनर, अहीनरका दण्डपाणि, दण्डपाणिका निरमित्र तथा निरमित्रका पुत्र क्षेमक होगा। इस विषयमें यह श्लोक प्रसिद्ध है—॥ ९—१७ ॥

'जो वंश ब्राह्मण और क्षत्रियोंकी उत्पत्तिका कारणरूप तथा नाना राजर्षियोंसे सभाजित है वह कलियुगमें राजा क्षेमके उत्पन्न होनेपर समाप्त हो जायगा'॥ १८ ॥

इति श्रीविष्णुपुराणे चतुर्थेंऽशे एकविंशोऽध्यायः ॥ २१ ॥

बाईसवाँ अध्याय

भविष्यमें होनेवाले इक्ष्वाकुवंशीय राजाओंका वर्णन

श्रीपराशर उवाच

अतश्चेक्ष्वाकवो भविष्याः पार्थिवाः कथ्यन्ते ॥ १ ॥ बृहद्बलस्य पुत्रो बृहत्क्षणः ॥ २ ॥ तस्मादुरुक्षयस्तस्माच्च वत्सव्यूहस्ततश्च प्रतिव्योमस्तस्मादपि दिवाकरः ॥ ३ ॥ तस्मात्सहदेवः सहदेवाद्बृहदश्वस्तत्सूनुर्भानुरथस्तस्य च प्रतीताश्वस्तस्यापि सुप्रतीकस्ततश्च मरुदेवस्ततः सुनक्षत्रस्तस्मात्किन्नरः ॥ ४ ॥ किन्नरादन्तरिक्षस्तस्मात्सुपर्णस्ततश्चामित्रजित् ॥ ५ ॥ ततश्च बृहद्भ्राजस्तस्यापि धर्मी धर्मिणः कृतञ्जयः ॥ ६ ॥ कृतञ्जयाद्रणञ्जयः ॥ ७ ॥ रणञ्जयात्सञ्जयस्तस्माच्छाक्यश्शाक्याच्छुद्धोदनस्तस्माद्राहुलस्ततः प्रसेनजित् ॥ ८ ॥ ततश्च क्षुद्रकस्ततश्च कुण्डकस्तस्मादपि सुरथः ॥ ९ ॥ तत्पुत्रश्च सुमित्रः ॥ १० ॥ इत्येते चेक्ष्वाकवो बृहद्बलान्वयाः ॥ ११ ॥

अत्रानुवंशश्लोकः ॥ १२ ॥

इक्ष्वाकूणामयं वंशस्सुमित्रान्तो भविष्यति।
यतस्तं प्राप्य राजानं संस्थां प्राप्स्यति वै कलौ ॥ १३

श्रीपराशरजी बोले—अब मैं भविष्यमें होनेवाले इक्ष्वाकुवंशीय राजाओंका वर्णन करता हूँ ॥ १ ॥ बृहद्बलका पुत्र बृहत्क्षण होगा, उसका उरुक्षय, उरुक्षयका वत्सव्यूह, वत्सव्यूहका प्रतिव्योम, प्रतिव्योमका दिवाकर, दिवाकरका सहदेव, सहदेवका बृहदश्व, बृहदश्वका भानुरथ, भानुरथका प्रतीताश्व, प्रतीताश्वका सुप्रतीक, सुप्रतीकका मरुदेव, मरुदेवका सुनक्षत्र, सुनक्षत्रका किन्नर, किन्नरका अन्तरिक्ष, अन्तरिक्षका सुपर्ण, सुपर्णका अमित्रजित्, अमित्रजित्का बृहद्राज, बृहद्राजका धर्मी, धर्मीका कृतंजय, कृतंजयका रणंजय, रणंजयका संजय, संजयका शाक्य, शाक्यका शुद्धोदन, शुद्धोदनका राहुल, राहुलका प्रसेनजित्, प्रसेनजित्का क्षुद्रक, क्षुद्रकका कुण्डक, कुण्डकका सुरथ और सुरथका सुमित्र नामक पुत्र होगा। ये सब इक्ष्वाकुके वंशमें बृहद्बलकी सन्तान होंगे ॥ २—११ ॥

इस वंशके सम्बन्धमें यह श्लोक प्रसिद्ध है—॥ १२ ॥

'यह इक्ष्वाकुवंश राजा सुमित्रतक रहेगा, क्योंकि कलियुगमें राजा सुमित्रके होनेपर फिर यह समाप्त हो जायगा'॥ १३ ॥

इति श्रीविष्णुपुराणे चतुर्थेंऽशे द्वाविंशोऽध्यायः ॥ २२ ॥

तेईसवाँ अध्याय

मगधवंशका वर्णन

श्रीपराशर उवाच

मागधानां बार्हद्रथानां भाविनामनुक्रमं कथयिष्यामि॥ १॥ अत्र हि वंशे महाबलपराक्रमा जरासन्धप्रधाना बभूवुः॥ २॥

जरासन्धस्य पुत्रः सहदेवः॥ ३॥ सहदेवात्सोमापिस्तस्य श्रुतश्रवास्तस्याप्ययुतायुस्ततश्च निरमित्रस्तत्तनयस्सुनेत्रस्तस्मादपि बृहत्कर्मा॥ ४॥ ततश्च सेनजित्ततश्च श्रुतञ्जयस्ततो विप्रस्तस्य च पुत्रश्शुचिनामा भविष्यति॥ ५॥ तस्यापि क्षेम्यस्ततश्च सुव्रतस्सुव्रताद्धर्मस्ततस्सुश्रवाः॥ ६॥ ततो दृढसेनः॥ ७॥ तस्मात्सुबलः॥ ८॥ सुबलात्सुनीतो भविता॥ ९॥ ततस्सत्यजित्॥ १०॥ तस्माद्विश्वजित्॥ ११॥ तस्यापि रिपुञ्जयः॥ १२॥ इत्येते बार्हद्रथा भूपतयो वर्षसहस्रमेकं भविष्यन्ति॥ १३॥

श्रीपराशरजी बोले—अब मैं मगधदेशीय बृहद्रथकी भावी सन्तानका अनुक्रमसे वर्णन करूँगा॥ १॥ इस वंशमें महाबलवान् और पराक्रमी जरासन्ध आदि राजागण प्रधान थे॥ २॥

जरासन्धका पुत्र सहदेव है॥ ३॥ सहदेवके सोमापि नामक पुत्र होगा, सोमापिके श्रुतश्रवा, श्रुतश्रवाके अयुतायु, अयुतायुके निरमित्र, निरमित्रके सुनेत्र, सुनेत्रके बृहत्कर्मा, बृहत्कर्माके सेनजित्, सेनजित्के श्रुतंजय, श्रुतंजयके विप्र तथा विप्रके शुचि नामक एक पुत्र होगा॥ ४-५॥ शुचिके क्षेम्य, क्षेम्यके सुव्रत, सुव्रतके धर्म, धर्मके सुश्रवा, सुश्रवाके दृढसेन, दृढसेनके सुबल, सुबलके सुनीत, सुनीतके सत्यजित्, सत्यजित्के विश्वजित् और विश्वजित्के रिपुंजयका जन्म होगा॥ ६—१२॥ इस प्रकारसे बृहद्रथवंशीय राजागण एक सहस्र वर्षपर्यन्त मगधमें शासन करेंगे॥ १३॥

इति श्रीविष्णुपुराणे चतुर्थेऽशे त्रयोविंशोऽध्यायः॥ २३॥

चौबीसवाँ अध्याय

कलियुगी राजाओं और कलिधर्मोंका वर्णन तथा राजवंश-वर्णनका उपसंहार

श्रीपराशर उवाच

योऽयं रिपुञ्जयो नाम बार्हद्रथोऽन्त्यस्तस्यामात्यो सुनिको नाम भविष्यति॥ १॥ स चैनं स्वामिनं हत्वा स्वपुत्रं प्रद्योतनामानमभिषेक्ष्यति॥ २॥ तस्यापि बलाकनामा पुत्रो भविता॥ ३॥ ततश्च विशाखयूपः॥ ४॥ तत्पुत्रो जनकः॥ ५॥ तस्य च नन्दिवर्द्धनः॥ ६॥ ततो नन्दी॥ ७॥ इत्येतेऽष्टत्रिंशदुत्तरमब्दशतं पञ्च प्रद्योताः पृथिवीं भोक्ष्यन्ति॥ ८॥

श्रीपराशरजी बोले—बृहद्रथवंशका रिपुंजय नामक जो अन्तिम राजा होगा उसका सुनिक नामक एक मन्त्री होगा। वह अपने स्वामी रिपुंजयको मारकर अपने पुत्र प्रद्योतका राज्याभिषेक करेगा। उसका पुत्र बलाक होगा, बलाकका विशाखयूप, विशाखयूपका जनक, जनकका नन्दिवर्द्धन तथा नन्दिवर्द्धनका पुत्र नन्दी होगा। ये पाँच प्रद्योतवंशीय नृपतिगण एक सौ अड़तीस वर्ष पृथिवीका पालन करेंगे॥ १—८॥

ततश्च शिशुनाभः ॥ ९ ॥ तत्पुत्रः काकवर्णो भविता ॥ १० ॥ तस्य च पुत्रः क्षेमधर्मा ॥ ११ ॥ तस्यापि क्षतौजाः ॥ १२ ॥ तत्पुत्रो विधिसारः ॥ १३ ॥ ततश्चाजातशत्रुः ॥ १४ ॥ तस्मादर्भकः ॥ १५ ॥ तस्माच्चोदयनः ॥ १६ ॥ तस्मादपि नन्दिवर्द्धनः ॥ १७ ॥ ततो महानन्दी ॥ १८ ॥ इत्येते शैशुनाभा भूपालास्त्रीणि वर्षशतानि द्विषष्ट्यधिकानि भविष्यन्ति ॥ १९ ॥

महानन्दिनस्ततश्शूद्रागर्भोद्भवोऽतिलुब्धोऽतिबलो महापद्मनामा नन्दः परशुराम इवापरोऽखिलक्षत्रान्तकारी भविष्यति ॥ २० ॥ ततः प्रभृति शूद्रा भूपाला भविष्यन्ति ॥ २१ ॥ स चैकच्छत्रामनुल्लङ्घितशासनो महापद्मः पृथिवीं भोक्ष्यते ॥ २२ ॥ तस्याप्यष्टौ सुतास्सुमाल्याद्या भवितारः ॥ २३ ॥ तस्य महापद्मस्यानु पृथिवीं भोक्ष्यन्ति ॥ २४ ॥ महापद्मपुत्राश्चैकं वर्षशतमवनीपतयो भविष्यन्ति ॥ २५ ॥ ततश्च नव चैतान्नन्दान् कौटिल्यो ब्राह्मणस्समुद्धरिष्यति ॥ २६ ॥ तेषामभावे मौर्याः पृथिवीं भोक्ष्यन्ति ॥ २७ ॥ कौटिल्य एव चन्द्रगुप्तमुत्पन्नं राज्येऽभिषेक्ष्यति ॥ २८ ॥

तस्यापि पुत्रो बिन्दुसारो भविष्यति ॥ २९ ॥ तस्याप्यशोकवर्द्धनस्ततस्सुयशास्ततश्च दशरथस्ततश्च संयुतस्ततश्शालिशूकस्तस्मात्सोमशर्मा तस्यापि सोमशर्मणश्शतधन्वा ॥ ३० ॥ तस्यापि बृहद्रथनामा भविता ॥ ३१ ॥ एवमेते मौर्य्या दश भूपतयो भविष्यन्ति अब्दशतं सप्तत्रिंशदुत्तरम् ॥ ३२ ॥ तेषामन्ते पृथिवीं दश शुङ्गा भोक्ष्यन्ति ॥ ३३ ॥ पुष्यमित्रस्सेनापतिस्स्वामिनं हत्वा राज्यं करिष्यति तस्यात्मजोऽग्निमित्रः ॥ ३४ ॥ तस्मात्सुज्येष्ठस्ततो वसुमित्रस्तस्मादप्युदंकस्ततः पुलिन्दकस्ततो घोषवसुस्तस्मादपि वज्रमित्रस्ततो

नन्दीका पुत्र शिशुनाभ होगा, शिशुनाभका काकवर्ण, काकवर्णका क्षेमधर्मा, क्षेमधर्माका क्षतौजा, क्षतौजाका विधिसार, विधिसारका अजातशत्रु, अजातशत्रुका अर्भक, अर्भकका उदयन, उदयनका नन्दिवर्द्धन और नन्दिवर्द्धनका पुत्र महानन्दी होगा। ये शिशुनाभवंशीय नृपतिगण तीन सौ बासठ वर्ष पृथिवीका शासन करेंगे ॥ ९—१९ ॥

महानन्दीके शूद्राके गर्भसे उत्पन्न महापद्म नामक नन्द दूसरे परशुरामके समान सम्पूर्ण क्षत्रियोंका नाश करनेवाला होगा। तबसे शूद्रजातीय राजा राज्य करेंगे। राजा महापद्म सम्पूर्ण पृथिवीका एकच्छत्र और अनुल्लंघित राज्य-शासन करेगा। उसके सुमाली आदि आठ पुत्र होंगे जो महापद्मके पीछे पृथिवीका राज्य भोगेंगे ॥ २०—२४ ॥ महापद्म और उसके पुत्र सौ वर्षतक पृथिवीका शासन करेंगे। तदनन्तर इन नवों नन्दोंको कौटिल्य नामक एक ब्राह्मण नष्ट करेगा, उनका अन्त होनेपर मौर्य नृपतिगण पृथिवीको भोगेंगे। कौटिल्य ही [मुरा नामकी दासीसे नन्दद्वारा] उत्पन्न हुए चन्द्रगुप्तको राज्याभिषिक्त करेगा। ॥ २५—२८ ॥

चन्द्रगुप्तका पुत्र बिन्दुसार, बिन्दुसारका अशोकवर्द्धन, अशोकवर्द्धनका सुयशा, सुयशाका दशरथ, दशरथका संयुत, संयुतका शालिशूक, शालिशूकका सोमशर्मा, सोमशर्माका शतधन्वा तथा शतधन्वाका पुत्र बृहद्रथ होगा। इस प्रकार एक सौ तिहत्तर वर्षतक ये दस मौर्यवंशी राजा राज्य करेंगे ॥ २९—३२ ॥ इनके अनन्तर पृथिवीमें दस शुंगवंशीय राजागण होंगे ॥ ३३ ॥ उनमें पहला पुष्यमित्र नामक सेनापति अपने स्वामीको मारकर स्वयं राज्य करेगा, उसका पुत्र अग्निमित्र होगा ॥ ३४ ॥ अग्निमित्रका पुत्र सुज्येष्ठ, सुज्येष्ठका वसुमित्र, वसुमित्रका उदंक, उदंकका पुलिन्दक, पुलिन्दकका घोषवसु, घोषवसुका वज्रमित्र, वज्रमित्रका

भागवतः ॥ ३५ ॥ तस्माद्देवभूतिः ॥ ३६ ॥ इत्येते शुङ्गा द्वादशोत्तरं वर्षशतं पृथिवीं भोक्ष्यन्ति ॥ ३७ ॥

ततः कण्वानेषा भूर्यास्यति ॥ ३८ ॥ देवभूतिं तु शुङ्गराजानं व्यसनिनं तस्यैवामात्यः काण्वो वसुदेवनामा तं निहत्य स्वयमवनीं भोक्ष्यति ॥ ३९ ॥ तस्य पुत्रो भूमित्रस्तस्यापि नारायणः ॥ ४० ॥ नारायणात्मजस्सुशर्मा ॥ ४१ ॥ एते काण्वायनाश्चत्वारः पञ्चचत्वारिंशद्वर्षाणि भूपतयो भविष्यन्ति ॥ ४२ ॥

सुशर्माणं तु काण्वं तद्भृत्यो बलिपुच्छकनामा हत्वान्ध्रजातीयो वसुधां भोक्ष्यति ॥ ४३ ॥ ततश्च कृष्णनामा तद्भ्राता पृथिवीपतिर्भविष्यति ॥ ४४ ॥ तस्यापि पुत्रः शान्तकर्णिस्तस्यापि पूर्णोत्सङ्गस्तत्पुत्रश्शातकर्णिस्तस्माच्चलम्बोदर-स्तस्माच्च पिलकस्ततो मेघस्वातिस्ततः पटुमान् ॥ ४५ ॥ ततश्चारिष्टकर्मा ततो हालाहलः ॥ ४६ ॥ हालाहलात्पललकस्ततः पुलिन्दसेनस्ततः सुन्दरस्ततश्शातकर्णिस्तत-शिवस्वातिस्ततश्च गोमतिपुत्रस्तत्पुत्रोऽलिमान् ॥ ४७ ॥ तस्यापि शान्तकर्णिस्ततः शिवश्रितस्ततश्च शिवस्कन्धस्तस्मादपि यज्ञश्रीस्ततो द्वियज्ञस्तस्माच्चन्द्रश्रीः ॥ ४८ ॥ तस्मात्पुलोमाचिः ॥ ४९ ॥ एवमेते त्रिंशच्चत्वार्यब्दशतानि षट्पञ्चाशदधिकानि पृथिवीं भोक्ष्यन्ति आन्ध्रभृत्याः ॥ ५० ॥ सप्ताभीरप्रभृतयो दश गर्दभिलाश्च भूभुजो भविष्यन्ति ॥ ५१ ॥ ततष्षोडश शका भूपतयो भवितारः ॥ ५२ ॥ ततश्चाष्टौ यवनाश्चतुर्दश तुरुष्कारा मुण्डाश्च त्रयोदश एकादश मौना एते वै पृथिवीपतयः पृथिवीं दशवर्षशतानि नवत्यधिकानि भोक्ष्यन्ति ॥ ५३ ॥

ततश्च एकादश भूपतयोऽब्दशतानि त्रीणि पृथिवीं भोक्ष्यन्ति ॥ ५४ ॥ तेषूत्सन्नेषु कैङ्किला यवना भूपतयो भविष्यन्त्यमूर्द्धाभिषिक्ताः ॥ ५५ ॥

भागवत और भागवतका पुत्र देवभूति होगा ॥ ३५-३६ ॥ ये शुंगनरेश एक सौ बारह वर्ष पृथिवीका भोग करेंगे ॥ ३७ ॥

इसके अनन्तर यह पृथिवी कण्व भूपालोंके अधिकारमें चली जायगी ॥ ३८ ॥ शुंगवंशीय अति व्यसनशील राजा देवभूतिको कण्ववंशीय वसुदेव नामक उसका मन्त्री मारकर स्वयं राज्य भोगेगा ॥ ३९ ॥ उसका पुत्र भूमित्र, भूमित्रका नारायण तथा नारायणका पुत्र सुशर्मा होगा ॥ ४०-४१ ॥ ये चार काण्व भूपतिगण पैंतालीस वर्ष पृथिवीके अधिपति रहेंगे ॥ ४२ ॥

कण्ववंशीय सुशर्माको उसका बलिपुच्छक नामवाला आन्ध्रजातीय सेवक मारकर स्वयं पृथिवीका भोग करेगा ॥ ४३ ॥ उसके पीछे उसका भाई कृष्ण पृथिवीका स्वामी होगा ॥ ४४ ॥ उसका पुत्र शान्तकर्णि होगा। शान्तकर्णिका पुत्र पूर्णोत्संग, पूर्णोत्संगका शातकर्णि, शातकर्णिका लम्बोदर, लम्बोदरका पिलक, पिलकका मेघस्वाति, मेघस्वातिका पटुमान्, पटुमान्का अरिष्टकर्मा, अरिष्टकर्माका हालाहल, हालाहलका पललक, पललकका पुलिन्दसेन, पुलिन्दसेनका सुन्दर, सुन्दरका शातकर्णि, [दूसरा] शातकर्णिका शिवस्वाति, शिवस्वातिका गोमतिपुत्र, गोमतिपुत्रका अलिमान्, अलिमान्का शान्तकर्णि [दूसरा], शान्तकर्णिका शिवश्रित, शिवश्रितका शिवस्कन्ध, शिवस्कन्धका यज्ञश्री, यज्ञश्रीका द्वियज्ञ, द्वियज्ञका चन्द्रश्री तथा चन्द्रश्रीका पुत्र पुलोमाचि होगा ॥ ४५—४९ ॥ इस प्रकार ये तीस आन्ध्रभृत्य राजागण चार सौ छप्पन वर्ष पृथिवीको भोगेंगे ॥ ५० ॥ इनके पीछे सात आभीर और दस गर्दभिल राजा होंगे ॥ ५१ ॥ फिर सोलह शक राजा होंगे ॥ ५२ ॥ उनके पीछे आठ यवन, चौदह तुर्क, तेरह मुण्ड (गुरुण्ड) और ग्यारह मौनजातीय राजालोग एक हजार नब्बे वर्ष पृथिवीका शासन करेंगे ॥ ५३ ॥

इनमेंसे भी ग्यारह मौन राजा पृथिवीको तीन सौ वर्षतक भोगेंगे ॥ ५४ ॥ इनके उच्छिन्न होनेपर कैंकिल नामक यवनजातीय अभिषेकरहित राजा होंगे ॥ ५५ ॥

तेषामपत्यं विन्ध्यशक्तिस्ततः पुरञ्जयस्तस्माद्रामचन्द्रस्तस्माद्धर्मवर्मा ततो वङ्गस्ततोऽभून्नन्दनस्ततस्सुनन्दी तद्भ्राता नन्दियशाश्शुक्रः प्रवीर एते वर्षशतं षड्वर्षाणि भूपतयो भविष्यन्ति॥ ५६॥ ततस्तत्पुत्रास्त्रयोदशैते बाह्लिकाश्च त्रयः॥ ५७॥ ततः पुष्पमित्राः पटुमित्रास्त्रयोदशैकलाश्च सप्तान्ध्राः॥ ५८॥ ततश्च कोशलायां तु नव चैव भूपतयो भविष्यन्ति॥ ५९॥ नैषधास्तु त एव॥ ६०॥

मगधायां तु विश्वस्फटिकसंज्ञोऽन्यान्वर्णान्करिष्यति॥ ६१॥ कैवर्त्तवटुपुलिन्दब्राह्मणान्राज्ये स्थापयिष्यति॥ ६२॥ उत्साद्याखिलक्षत्रजातिं नव नागाः पद्मावत्यां नाम पुर्यामनुगङ्गाप्रयागं गयायाञ्च मागधा गुप्ताश्च भोक्ष्यन्ति॥ ६३॥ कोशलान्ध्रपुण्ड्रताम्रलिप्तसमुद्रतटपुरीं च देवरक्षितो रक्षिता॥ ६४॥ कलिङ्गमाहिषमहेन्द्रभौमान् गुहा भोक्ष्यन्ति॥ ६५॥ नैषधनैमिषककालकोशकाञ्जनपदान्मणिधान्यकवंशा भोक्ष्यन्ति॥ ६६॥ त्रैराज्यमुषिकजनपदान्कनकाह्वयो भोक्ष्यति॥ ६७॥ सौराष्ट्रावन्तिशूद्राभीरान्नर्मदामरुभूविषयांश्च व्रात्यद्विजाभीरशूद्राद्या भोक्ष्यन्ति॥ ६८॥ सिन्धुतटदाविकोर्वीचन्द्रभागाकाश्मीरविषयांश्च व्रात्यम्लेच्छशूद्रादयो भोक्ष्यन्ति॥ ६९॥

एते च तुल्यकालास्सर्वे पृथिव्यां भूभुजो भविष्यन्ति॥ ७०॥ अल्पप्रसादा बृहत्कोपास्सर्वकालमनृताधर्मरुचयः स्त्रीबालगोवधकर्त्तारः परस्वादानरुचयोऽल्पसारास्तमिस्रप्राया उदितास्तमितप्राया अल्पायुषो महेच्छा ह्यल्पधर्मा लुब्धाश्च भविष्यन्ति॥ ७१॥ तैश्च विमिश्रा जनपदास्तच्छीलानुवर्त्तिनो राजाश्रयशुष्मिणो म्लेच्छाश्चार्याश्च विपर्ययेण वर्त्तमानाः प्रजाः क्षपयिष्यन्ति॥ ७२॥

उनका वंशधर विन्ध्यशक्ति होगा। विन्ध्यशक्तिका पुत्र पुरंजय होगा। पुरंजयका रामचन्द्र, रामचन्द्रका धर्मवर्मा, धर्मवर्माका वंग, वंगका नन्दन तथा नन्दनका पुत्र सुनन्दी होगा। सुनन्दीके नन्दियशा, शुक्र और प्रवीर ये तीन भाई होंगे। ये सब एक सौ छः वर्ष राज्य करेंगे॥ ५६॥ इसके पीछे तेरह इनके वंशके और तीन बाह्लिक राजा होंगे॥ ५७॥ उनके बाद तेरह पुष्पमित्र और पटुमित्र आदि तथा सात आन्ध्र माण्डलिक भूपतिगण होंगे॥ ५८॥ तथा नौ राजा क्रमशः कोसलदेशमें राज्य करेंगे॥ ५९॥ निषधदेशके स्वामी भी ये ही होंगे॥ ६०॥

मगधदेशमें विश्वस्फटिक नामक राजा अन्य वर्णोंको प्रवृत्त करेगा॥ ६१॥ वह कैवर्त्त, वटु, पुलिन्द और ब्राह्मणोंको राज्यमें नियुक्त करेगा॥ ६२॥ सम्पूर्ण क्षत्रिय-जातिको उच्छिन्न कर पद्मावतीपुरीमें नागगण तथा गंगाके निकटवर्ती प्रयाग और गयामें मागध और गुप्त राजालोग राज्य भोग करेंगे॥ ६३॥ कोसल, आन्ध्र, पुण्ड्र, ताम्रलिप्त और समुद्रतटवर्तिनी पुरीकी देवरक्षित नामक एक राजा रक्षा करेगा॥ ६४॥ कलिंग, माहिष, महेन्द्र और भौम आदि देशोंको गुह नरेश भोगेंगे॥ ६५॥ नैषध, नैमिषक और कालकोशक आदि जनपदोंको मणि-धान्यक-वंशीय राजा भोगेंगे॥ ६६॥ त्रैराज्य और मुषिक देशोंपर कनक नामक राजाका राज्य होगा॥ ६७॥ सौराष्ट्र, अवन्ति, शूद्र, आभीर तथा नर्मदा-तटवर्ती मरुभूमिपर व्रात्य द्विज, आभीर और शूद्र आदिका आधिपत्य होगा॥ ६८॥ समुद्रतट, दाविकोर्वी, चन्द्रभागा और काश्मीर आदि देशोंका व्रात्य, म्लेच्छ और शूद्र आदि राजागण भोग करेंगे॥ ६९॥

ये सम्पूर्ण राजालोग पृथिवीमें एक ही समयमें होंगे॥ ७०॥ ये थोड़ी प्रसन्नतावाले, अत्यन्त क्रोधी, सर्वदा अधर्म और मिथ्या भाषणमें रुचि रखनेवाले, स्त्री-बालक और गौओंकी हत्या करनेवाले, पर-धन-हरणमें रुचि रखनेवाले, अल्पशक्ति तमःप्रधान उत्थानके साथ ही पतनशील, अल्पायु, महती कामनावाले, अल्पपुण्य और अत्यन्त लोभी होंगे॥ ७१॥ ये सम्पूर्ण देशोंको परस्पर मिला देंगे तथा उन राजाओंके आश्रयसे ही बलवान् और उन्हींके स्वभावका अनुकरण करनेवाले म्लेच्छ तथा आर्यविपरीत आचरण करते हुए सारी प्रजाको नष्ट-भ्रष्ट कर देंगे॥ ७२॥

ततश्चानुदिनमल्पाल्पह्रासव्ययवच्छेदाद्धर्मार्थयोर्जगतस्सङ्क्षयो भविष्यति॥ ७३॥ ततश्चार्थ एवाभिजनहेतुः॥ ७४॥ बलमेवाशेषधर्महेतुः॥ ७५॥ अभिरुचिरेव दाम्पत्यसम्बन्धहेतुः॥ ७६॥ स्त्रीत्वमेवोपभोगहेतुः॥ ७७॥ अनृतमेव व्यवहारजयहेतुः॥ ७८॥ उन्नताम्बुतैव पृथिवीहेतुः॥ ७९॥ ब्रह्मसूत्रमेव विप्रत्वहेतुः॥ ८०॥ रत्नधातुतैव श्लाघ्यताहेतुः॥ ८१॥ लिङ्गधारणमेवाश्रमहेतुः॥ ८२॥ अन्याय एव वृत्तिहेतुः॥ ८३॥ दौर्बल्यमेवावृत्तिहेतुः॥ ८४॥ अभयप्रगल्भोच्चारणमेव पाण्डित्यहेतुः॥ ८५॥ अनाढ्यतैव साधुत्वहेतुः॥ ८६॥ स्नानमेव प्रसाधनहेतुः॥ ८७॥ दानमेव धर्महेतुः॥ ८८॥ स्वीकरणमेव विवाहहेतुः॥ ८९॥ सद्वेषधार्येव पात्रम्॥ ९०॥ दूरायतनोदकमेव तीर्थहेतुः॥ ९१॥ कपटवेषधारणमेव महत्त्वहेतुः॥ ९२॥ इत्येवमनेकदोषोत्तरे तु भूमण्डले सर्ववर्णेष्वेव यो यो बलवान्स स भूपतिर्भविष्यति॥ ९३॥

एवं चातिलुब्धकराजासहाश्शैलानामन्तरद्रोणीः प्रजास्संश्रयिष्यन्ति॥ ९४॥ मधुशाकमूलफलपत्रपुष्पाद्याहाराश्च भविष्यन्ति॥ ९५॥ तरुवल्कलपर्णचीरप्रावरणाश्चातिबहुप्रजाश्शीतवातातपवर्षसहाश्च भविष्यन्ति॥ ९६॥ न च कश्चित्त्रयोविंशतिवर्षाणि जीविष्यति अनवरतं चात्र कलियुगे क्षयमायात्यखिल एवैष जनः॥ ९७॥ श्रौते स्मार्त्ते च धर्मे विप्लवमत्यन्तमुपगते क्षीणप्राये च कलावशेषजगत्स्रष्टुश्चराचरगुरोरादिमध्यान्तरहितस्य ब्रह्ममयस्यात्मरूपिणो भगवतो वासुदेवस्यांशश्शम्बलग्रामप्रधानब्राह्मणस्य विष्णुयशसो गृहेऽष्टगुणर्द्धिसमन्वितःकल्किरूपी जगत्यत्रावतीर्य सकलम्लेच्छदस्युदुष्टाचरणचेतसामशेषाणामपरिच्छिन्नशक्तिमाहात्म्यः क्षयं करिष्यति

तब दिन-दिन धर्म और अर्थका थोड़ा-थोड़ा ह्रास तथा क्षय होनेके कारण संसारका क्षय हो जायगा॥ ७३॥ उस समय अर्थ ही कुलीनताका हेतु होगा; बल ही सम्पूर्ण धर्मका हेतु होगा; पारस्परिक रुचि ही दाम्पत्य-सम्बन्धकी हेतु होगी, स्त्रीत्व ही उपभोगका हेतु होगा [अर्थात् स्त्रीकी जाति-कुल आदिका विचार न होगा]; मिथ्या भाषण ही व्यवहारमें सफलता प्राप्त करनेका हेतु होगा; जलकी सुलभता और सुगमता ही पृथिवीकी स्वीकृतिका हेतु होगा [अर्थात् पुण्यक्षेत्रादिका कोई विचार न होगा। जहाँकी जलवायु उत्तम होगी वही भूमि उत्तम मानी जायगी]; यज्ञोपवीत ही ब्राह्मणत्वका हेतु होगा; रत्नादि धारण करना ही प्रशंसाका हेतु होगा; बाह्य चिह्न ही आश्रमोंके हेतु होंगे; अन्याय ही आजीविकाका हेतु होगा; दुर्बलता ही बेकारीका हेतु होगा; निर्भयतापूर्वक धृष्टताके साथ बोलना ही पाण्डित्यका हेतु होगा, निर्धनता ही साधुत्वका हेतु होगी; स्नान ही साधनका हेतु होगा; दान ही धर्मका हेतु होगा; स्वीकार कर लेना ही विवाहका हेतु होगा [अर्थात् संस्कार आदिकी अपेक्षा न कर पारस्परिक स्नेहबन्धनसे ही दाम्पत्य-सम्बन्ध स्थापित हो जायगा]; भली प्रकार बन-ठनकर रहनेवाला ही सुपात्र समझा जायगा; दूरदेशका जल ही तीर्थोदकत्वका हेतु होगा तथा छद्मवेश धारण ही गौरवका कारण होगा॥ ७४—९२॥ इस प्रकार पृथिवीमण्डलमें विविध दोषोंके फैल जानेसे सभी वर्णोंमें जो-जो बलवान् होगा वही-वही राजा बन बैठेगा॥ ९३॥

इस प्रकार अतिलोलुप राजाओंके कर-भारको सहन न कर सकनेके कारण प्रजा पर्वत-कन्दराओंका आश्रय लेगी तथा मधु, शाक, मूल, फल, पत्र और पुष्प आदि खाकर दिन काटेगी॥ ९४-९५॥ वृक्षोंके पत्र और वल्कल ही उनके पहनने तथा ओढ़नेके कपड़े होंगे। अधिक सन्तानें होंगी। सब लोग शीत, वायु, घाम और वर्षा आदिके कष्ट सहेंगे॥ ९६॥ कोई भी तेईस वर्षतक जीवित न रह सकेगा। इस प्रकार कलियुगमें यह सम्पूर्ण जनसमुदाय निरन्तर क्षीण होता रहेगा॥ ९७॥ इस प्रकार श्रौत और स्मार्तधर्मका अत्यन्त ह्रास हो जाने तथा कलियुगके प्रायः बीत जानेपर शम्बल (सम्भल) ग्रामनिवासी ब्राह्मणश्रेष्ठ विष्णुयशाके घर सम्पूर्ण संसारके रचयिता, चराचर गुरु, आदिमध्यान्तशून्य, ब्रह्ममय, आत्मस्वरूप भगवान् वासुदेव अपने अंशसे अष्टैश्वर्ययुक्त कल्किरूपसे संसारमें अवतार लेकर असीम शक्ति और माहात्म्यसे

स्वधर्मेषु चाखिलमेव संस्थापयिष्यति॥ ९८॥
अनन्तरं चाशेषकलेरवसाने निशावसाने विबुद्धानामिव तेषामेव जनपदानाममलस्फटिकविशुद्धा मतयो भविष्यन्ति॥ ९९॥ तेषां च बीजभूतानामशेषमनुष्याणां परिणतानामपि तत्कालकृतापत्यप्रसूतिर्भविष्यति॥ १००॥
तानि च तदपत्यानि कृतयुगानुसारीण्येव भविष्यन्ति॥ १०१॥

अत्रोच्यते

यदा चन्द्रश्च सूर्यश्च तथा तिष्यो बृहस्पतिः।
एकराशौ समेष्यन्ति तदा भवति वै कृतम्॥ १०२
अतीता वर्त्तमानाश्च तथैवानागताश्च ये।
एते वंशेषु भूपालाः कथिता मुनिसत्तम॥ १०३
यावत्परीक्षितो जन्म यावन्नन्दाभिषेचनम्।
एतद्वर्षसहस्रं तु ज्ञेयं पाञ्चशदुत्तरम्॥ १०४
सप्तर्षीणां तु यौ पूर्वौ दृश्येते ह्युदितौ दिवि।
तयोस्तु मध्ये नक्षत्रं दृश्येते यत्समं निशि॥ १०५
तेन सप्तर्षयो युक्तास्तिष्ठन्त्यब्दशतं नृणाम्।
ते तु पारीक्षिते काले मघास्वासन्द्विजोत्तम॥ १०६
तदा प्रवृत्तश्च कलिर्द्वादशाब्दशतात्मकः॥ १०७
यदैव भगवान्विष्णोरंशो यातो दिवं द्विज।
वसुदेवकुलोद्भूतस्तदैवात्रागतः कलिः॥ १०८
यावत्स पादपद्माभ्यां पस्पर्शेमां वसुन्धराम्।
तावत्पृथ्वीपरिष्वङ्गे समर्थो नाभवत्कलिः॥ १०९
गते सनातनस्यांशे विष्णोस्तत्र भुवो दिवम्।
तत्याज सानुजो राज्यं धर्मपुत्रो युधिष्ठिरः॥ ११०
विपरीतानि दृष्ट्वा च निमित्तानि हि पाण्डवः।
याते कृष्णे चकाराथ सोऽभिषेकं परीक्षितः॥ १११
प्रयास्यन्ति यदा चैते पूर्वाषाढां महर्षयः।
तदा नन्दात्प्रभृत्येष गतिवृद्धिं गमिष्यति॥ ११२

सम्पन्न हो सकल म्लेच्छ, दस्यु, दुष्टाचारी तथा दुष्ट चित्तोंका क्षय करेंगे और समस्त प्रजाको अपने-अपने धर्ममें नियुक्त करेंगे॥ ९८॥ इसके पश्चात् समस्त कलियुगके समाप्त हो जानेपर रात्रिके अन्तमें जागे हुओंके समान तत्कालीन लोगोंकी बुद्धि स्वच्छ, स्फटिकमणिके समान निर्मल हो जायगी॥ ९९॥ उन बीजभूत समस्त मनुष्योंसे उनकी अधिक अवस्था होनेपर भी उस समय सन्तान उत्पन्न हो सकेगी॥ १००॥ उनकी वे सन्तानें सत्ययुगके ही धर्मोंका अनुसरण करनेवाली होंगी॥ १०१॥

इस विषयमें ऐसा कहा जाता है कि—जिस समय चन्द्रमा, सूर्य और बृहस्पति पुष्यनक्षत्रमें स्थित होकर एक राशिपर एक साथ आवेंगे उसी समय सत्ययुगका आरम्भ हो जायगा*॥ १०२॥

हे मुनिश्रेष्ठ! तुमसे मैंने यह समस्त वंशोंके भूत, भविष्यत् और वर्तमान सम्पूर्ण राजाओंका वर्णन कर दिया॥ १०३॥

परीक्षित्के जन्मसे नन्दके अभिषेकतक एक हजार पचास वर्षका समय जानना चाहिये॥ १०४॥ सप्तर्षियोंमेंसे जो [पुलस्त्य और क्रतु] दो नक्षत्र आकाशमें पहले दिखायी देते हैं, उनके बीचमें रात्रिके समय जो [दक्षिणोत्तर रेखापर] समदेशमें स्थित [अश्विनी आदि] नक्षत्र हैं, उनमेंसे प्रत्येक नक्षत्रपर सप्तर्षिगण एक-एक सौ वर्ष रहते हैं। हे द्विजोत्तम! परीक्षित्के समयमें वे सप्तर्षिगण मघानक्षत्रपर थे। उसी समय बारह सौ वर्ष प्रमाणवाला कलियुग आरम्भ हुआ था॥ १०५—१०७॥ हे द्विज! जिस समय भगवान् विष्णुके अंशावतार भगवान् वासुदेव निजधामको पधारे थे उसी समय पृथिवीपर कलियुगका आगमन हुआ था॥ १०८॥ जबतक भगवान् अपने चरण-कमलोंसे इस पृथिवीका स्पर्श करते रहे, तबतक पृथिवीसे संसर्ग करनेकी कलियुगकी हिम्मत न पड़ी॥ १०९॥

सनातन पुरुष भगवान् विष्णुके अंशावतार श्रीकृष्णचन्द्रके स्वर्गलोक पधारनेपर भाइयोंके सहित धर्मपुत्र महाराज युधिष्ठिरने अपने राज्यको छोड दिया॥ ११०॥ कृष्णचन्द्रके अन्तर्धान हो जानेपर विपरीत लक्षणोंको देखकर पाण्डवोंने परीक्षित्को राज्यपदपर अभिषिक्त कर दिया॥ १११॥ जिस समय ये सप्तर्षिगण पूर्वाषाढानक्षत्रपर जायँगे उसी समय राजा नन्दके समयसे कलियुगका प्रभाव बढ़ेगा॥ ११२॥

* यद्यपि प्रति बारहवें वर्ष जब बृहस्पति कर्कराशिपर जाते हैं तो अमावास्यातिथिको पुष्यनक्षत्रपर इन तीनों ग्रहोंका योग होता है, तथापि 'समेष्यन्ति' पदसे एक साथ आनेपर सत्ययुगका आरम्भ कहा है; इसलिये उक्त समयपर अतिव्याप्तिदोष नहीं है।

यस्मिन् कृष्णो दिवं यातस्तस्मिन्नेव तदाहनि।
प्रतिपन्नं कलियुगं तस्य संख्यां निबोध मे॥ ११३
त्रीणि लक्षाणि वर्षाणां द्विज मानुष्यसंख्यया।
षष्टिश्चैव सहस्राणि भविष्यत्येष वै कलिः॥ ११४
शतानि तानि दिव्यानां सप्त पञ्च च संख्यया।
निश्शेषेण गते तस्मिन् भविष्यति पुनः कृतम्॥ ११५
ब्राह्मणाः क्षत्रिया वैश्याश्शूद्राश्च द्विजसत्तम।
युगे युगे महात्मानः समतीतास्सहस्रशः॥ ११६
बहुत्वान्नामधेयानां परिसंख्या कुले कुले।
पौनरुक्त्याद्धि साम्याच्च न मया परिकीर्त्तिता॥ ११७
देवापिः पौरवो राजा पुरुश्चेक्ष्वाकुवंशजः।
महायोगबलोपेतौ कलापग्रामसंश्रितौ॥ ११८
कृते युगे त्विहागम्य क्षत्रप्रवर्त्तकौ हि तौ।
भविष्यतो मनोर्वंशबीजभूतौ व्यवस्थितौ॥ ११९
एतेन क्रमयोगेन मनुपुत्रैर्वसुन्धरा।
कृतत्रेताद्वापराणि युगानि त्रीणि भुज्यते॥ १२०
कलौ ते बीजभूता वै केचित्तिष्ठन्ति वै मुने।
यथैव देवापिपुरू साम्प्रतं समधिष्ठितौ॥ १२१
एष तूद्देशतो वंशस्तवोक्तो भूभुजां मया।
निखिलो गदितुं शक्यो नैष वर्षशतैरपि॥ १२२
एते चान्ये च भूपाला यैरत्र क्षितिमण्डले।
कृतं ममत्वं मोहान्धैर्नित्यं हेयकलेवरे॥ १२३
कथं ममेयमचला मत्पुत्रस्य कथं मही।
मद्वंशस्येति चिन्तार्त्ता जग्मुरन्तमिमे नृपाः॥ १२४
तेभ्यः पूर्वतराश्चान्ये तेभ्यस्तेभ्यस्तथा परे।
भविष्याश्चैव यास्यन्ति तेषामन्ये च येऽप्यनु॥ १२५
विलोक्यात्मजयोद्योगं यात्राव्यग्रान्नराधिपान्।
पुष्पप्रहासैश्शरदि हसन्तीव वसुन्धरा॥ १२६
मैत्रेय पृथिवीगीताञ्छ्लोकांश्चात्र निबोध मे।
यानाह धर्मध्वजिने जनकायासितो मुनिः॥ १२७

जिस दिन भगवान् कृष्णचन्द्र परमधामको गये थे उसी दिन कलियुग उपस्थित हो गया था। अब तुम कलियुगकी वर्ष-संख्या सुनो—॥ ११३॥

हे द्विज! मानवी वर्षगणनाके अनुसार कलियुग तीन लाख साठ हजार वर्ष रहेगा॥ ११४॥ इसके पश्चात् बारह सौ दिव्य वर्षपर्यन्त कृतयुग रहेगा॥ ११५॥ हे द्विजश्रेष्ठ! प्रत्येक युगमें हजारों ब्राह्मण, क्षत्रिय, वैश्य और शूद्र महात्मागण हो गये हैं॥ ११६॥ उनके बहुत अधिक संख्यामें होनेसे तथा समानता होनेके कारण कुलोंमें पुनरुक्ति हो जानेके भयसे मैंने उन सबके नाम नहीं बतलाये हैं॥ ११७॥

पुरुवंशीय राजा देवापि तथा इक्ष्वाकुकुलोत्पन्न राजा पुरु—ये दोनों अत्यन्त योगबलसम्पन्न हैं और कलापग्राममें रहते हैं॥ ११८॥ सत्ययुगका आरम्भ होनेपर ये पुनः मर्त्यलोकमें आकर क्षत्रिय-कुलके प्रवर्त्तक होंगे। वे आगामी मनुवंशके बीजरूप हैं॥ ११९॥ सत्ययुग, त्रेता और द्वापर इन तीनों युगोंमें इसी क्रमसे मनुपुत्र पृथिवीका भोग करते हैं॥ १२०॥ फिर कलियुगमें उन्हींमेंसे कोई-कोई आगामी मनुसन्तानके बीजरूपसे स्थित रहते हैं जिस प्रकार कि आजकल देवापि और पुरु हैं॥ १२१॥

इस प्रकार मैंने तुमसे सम्पूर्ण राजवंशोंका यह संक्षिप्त वर्णन कर दिया है, इनका पूर्णतया वर्णन तो सौ वर्षमें भी नहीं किया जा सकता॥ १२२॥ इस हेय शरीरके मोहसे अन्धे हुए ये तथा और भी ऐसे अनेक भूपतिगण हो गये हैं जिन्होंने इस पृथिवीमण्डलको अपना-अपना माना है॥ १२३॥ 'यह पृथिवी किस प्रकार अचलभावसे मेरी, मेरे पुत्रकी अथवा मेरे वंशकी होगी?' इसी चिन्तामें व्याकुल हुए इन सभी राजाओंका अन्त हो गया॥ १२४॥ इसी चिन्तामें डूबे रहकर इन सम्पूर्ण राजाओंके पूर्व-पूर्वतरवर्ती राजालोग चले गये और इसीमें मगन रहकर आगामी भूपतिगण भी मृत्यु-मुखमें चले जायँगे॥ १२५॥ इस प्रकार अपनेको जीतनेके लिये राजाओंको अथक उद्योग करते देखकर वसुन्धरा शरत्कालीन पुष्पोंके रूपमें मानो हँस रही है॥ १२६॥

हे मैत्रेय! अब तुम पृथिवीके कहे हुए कुछ श्लोकोंको सुनो। पूर्वकालमें इन्हें असित मुनिने धर्मध्वजी राजा जनकको सुनाया था॥ १२७॥

पृथिव्युवाच

कथमेष नरेन्द्राणां मोहो बुद्धिमतामपि।
येन फेनसधर्माणोऽप्यतिविश्वस्तचेतसः॥ १२८
पूर्वमात्मजयं कृत्वा जेतुमिच्छन्ति मन्त्रिणः।
ततो भृत्यांश्च पौरांश्च जिगीषन्ते तथा रिपून्॥ १२९
क्रमेणानेन जेष्यामो वयं पृथ्वीं ससागराम्।
इत्यासक्तधियो मृत्युं न पश्यन्त्यविदूरगम्॥ १३०
समुद्रावरणं याति भूमण्डलमथो वशम्।
कियदात्मजयस्यैतन्मुक्तिरात्मजये फलम्॥ १३१
उत्सृज्य पूर्वजा याता यां नादाय गतः पिता।
तां मामतीवमूढत्वाज्जेतुमिच्छन्ति पार्थिवाः॥ १३२
मत्कृते पितृपुत्राणां भ्रातॄणां चापि विग्रहः।
जायतेऽत्यन्तमोहेन ममत्वादृतचेतसाम्॥ १३३
पृथ्वी ममेयं सकला ममैषा
मदन्वयस्यापि च शाश्वतीयम्।
यो यो मृतो ह्यत्र बभूव राजा
कुबुद्धिरासीदिति तस्य तस्य॥ १३४
दृष्ट्वा ममत्वादृतचित्तमेकं
विहाय मां मृत्युवशं व्रजन्तम्।
तस्यानु यस्तस्य कथं ममत्वं
हृद्यास्पदं मत्प्रभवं करोति॥ १३५
पृथ्वी ममैषाशु परित्यजैनां
वदन्ति ये दूतमुखैस्स्वशत्रून्।
नराधिपास्तेषु ममातिहासः
पुनश्च मूढेषु दयाभ्युपैति॥ १३६

श्रीपराशर उवाच

इत्येते धरणीगीताश्श्लोका मैत्रेय यैश्श्रुताः।
ममत्वं विलयं याति तपत्यर्के यथा हिमम्॥ १३७
इत्येष कथितः सम्यङ्मनोर्वंशो मया तव।
यत्र स्थितिप्रवृत्तस्य विष्णोरंशांशका नृपाः॥ १३८
शृणोति य इमं भक्त्या मनोर्वंशमनुक्रमात्।
तस्य पापमशेषं वै प्रणश्यत्यमलात्मनः॥ १३९

पृथिवी कहती है—अहो! बुद्धिमान् होते हुए भी इन राजाओंको यह कैसा मोह हो रहा है जिसके कारण ये बुलबुलेके समान क्षणस्थायी होते हुए भी अपनी स्थिरतामें इतना विश्वास रखते हैं॥ १२८॥ ये लोग प्रथम अपनेको जीतते हैं और फिर अपने मन्त्रियोंको तथा इसके अनन्तर ये क्रमशः अपने भृत्य, पुरवासी एवं शत्रुओंको जीतना चाहते हैं॥ १२९॥ 'इसी क्रमसे हम समुद्रपर्यन्त इस सम्पूर्ण पृथिवीको जीत लेंगे' ऐसी बुद्धिसे मोहित हुए ये लोग अपनी निकटवर्तिनी मृत्युको नहीं देखते॥ १३०॥ यदि समुद्रसे घिरा हुआ यह सम्पूर्ण भूमण्डल अपने वशमें हो ही जाय तो भी मनोजयकी अपेक्षा इसका मूल्य ही क्या है? क्योंकि मोक्ष तो मनोजयसे ही प्राप्त होता है॥ १३१॥ जिसे छोड़कर इनके पूर्वज चले गये तथा जिसे अपने साथ लेकर इनके पिता भी नहीं गये उसी मुझको अत्यन्त मूर्खताके कारण ये राजालोग जीतना चाहते हैं॥ १३२॥ जिनका चित्त ममतामय है उन पिता-पुत्र और भाइयोंमें अत्यन्त मोहके कारण मेरे ही लिये परस्पर कलह होता है॥ १३३॥ जो-जो राजालोग यहाँ हो चुके हैं उन सभीकी ऐसी कुबुद्धि रही है कि यह सम्पूर्ण पृथिवी मेरी ही है और मेरे पीछे यह सदा मेरी सन्तानकी ही रहेगी॥ १३४॥ इस प्रकार मेरेमें ममता करनेवाले एक राजाको, मुझे छोड़कर मृत्युके मुखमें जाते हुए देखकर भी न जाने कैसे उसका उत्तराधिकारी अपने हृदयमें मेरे लिये ममताको स्थान देता है?॥ १३५॥ जो राजालोग दूतोंके द्वारा अपने शत्रुओंसे इस प्रकार कहलाते हैं कि 'यह पृथिवी मेरी है, तुमलोग इसे तुरन्त छोड़कर चले जाओ' उनपर मुझे बड़ी हँसी आती है और फिर उन मूढ़ोंपर मुझे दया भी आ जाती है॥ १३६॥

श्रीपराशरजी बोले—हे मैत्रेय! पृथिवीके कहे हुए इन श्लोकोंको जो पुरुष सुनेगा उसकी ममता इसी प्रकार लीन हो जायगी जैसे सूर्यके तपते समय बर्फ पिघल जाता है॥ १३७॥ इस प्रकार मैंने तुमसे भली प्रकार मनुके वंशका वर्णन कर दिया। जिस वंशके राजागण स्थितिकारक भगवान् विष्णुके अंशके अंश थे॥ १३८॥ जो पुरुष इस मनुवंशका क्रमशः श्रवण करता है उस शुद्धात्माके सम्पूर्ण पाप नष्ट हो जाते हैं॥ १३९॥

धनधान्यर्द्धिमतुलां प्राप्नोत्यव्याहतेन्द्रियः।
श्रुत्वैवमखिलं वंशं प्रशस्तं शशिसूर्ययोः॥ १४०
इक्ष्वाकुजह्नुमान्धातृसगराविक्षितान्रघून्।
ययातिनहुषाद्यांश्च ज्ञात्वा निष्ठामुपागतान्॥ १४१
महाबलान्महावीर्याननन्तधनसञ्चयान्।
कृतान्कालेन बलिना कथाशेषान्नराधिपान्॥ १४२
श्रुत्वा न पुत्रदारादौ गृहक्षेत्रादिके तथा।
द्रव्यादौ वा कृतप्रज्ञो ममत्वं कुरुते नरः॥ १४३
तप्तं तपो यैः पुरुषप्रवीरै-
रुद्बाहुभिर्वर्षगणाननेकान्।
इष्ट्वा सुयज्ञैर्बलिनोऽतिवीर्याः
कृता नु कालेन कथावशेषाः॥ १४४
पृथुस्समस्तान्विचचारलोका-
नव्याहतो यो विजितारिचक्रः।
स कालवाताभिहतः प्रणष्टः
क्षिप्तं यथा शाल्मलितूलमग्नौ॥ १४५
यः कार्तवीर्यो बुभुजे समस्ता-
न्द्वीपान्समाक्रम्य हतारिचक्रः।
कथाप्रसङ्गेष्वभिधीयमान-
स्स एव सङ्कल्पविकल्पहेतुः॥ १४६
दशाननाविक्षितराघवाणा-
मैश्वर्यमुद्भासितदिङ्मुखानाम्।
भस्मापि शिष्टं न कथं क्षणेन
भ्रूभङ्गपातेन धिगन्तकस्य॥ १४७
कथाशरीरत्वमवाप यद्वै
मान्धातृनामा भुवि चक्रवर्ती।
श्रुत्वापि तत्को हि करोति साधु-
र्ममत्वमात्मन्यपि मन्दचेताः॥ १४८
भगीरथाद्यास्सगरः ककुत्स्थो
दशाननो राघवलक्ष्मणौ च।
युधिष्ठिराद्याश्च बभूवुरेते
सत्यं न मिथ्या क्वनु ते न विद्मः॥ १४९

जो मनुष्य जितेन्द्रिय होकर सूर्य और चन्द्रमाके इन प्रशंसनीय वंशोंका सम्पूर्ण वर्णन सुनता है, वह अतुलित धन-धान्य और सम्पत्ति प्राप्त करता है॥ १४०॥ महाबलवान्, महावीर्यशाली, अनन्त धन संचय करनेवाले तथा परम निष्ठावान् इक्ष्वाकु, जह्नु, मान्धाता, सगर, अविक्षित, रघुवंशीय राजागण तथा नहुष और ययाति आदिके चरित्रोंको सुनकर, जिन्हें कि कालने आज कथामात्र ही शेष रखा है, प्रज्ञावान् मनुष्य पुत्र, स्त्री, गृह, क्षेत्र और धन आदिमें ममता न करेगा॥ १४१—१४३॥

जिन पुरुषश्रेष्ठोंने ऊर्ध्वबाहु होकर अनेक वर्षपर्यन्त कठिन तपस्या की थी तथा विविध प्रकारके यज्ञोंका अनुष्ठान किया था, आज उन अति बलवान् और वीर्यशाली राजाओंकी कालने केवल कथामात्र ही छोड़ दी है॥ १४४॥ जो पृथु अपने शत्रुसमूहको जीतकर स्वच्छन्द-गतिसे समस्त लोकोंमें विचरता था आज वही काल-वायुकी प्रेरणासे अग्निमें फेंके हुए सेमरकी रूईके ढेरके समान नष्ट-भ्रष्ट हो गया है॥ १४५॥ जो कार्तवीर्य अपने शत्रु-मण्डलका संहारकर समस्त द्वीपोंको वशीभूतकर उन्हें भोगता था वही आज कथा-प्रसंगसे वर्णन करते समय उलटा संकल्प-विकल्पका हेतु होता है [अर्थात् उसका वर्णन करते समय यह सन्देह होता है कि वास्तवमें वह हुआ था या नहीं।]॥ १४६॥ समस्त दिशाओंको देदीप्यमान करनेवाले रावण, अविक्षित और रामचन्द्र आदिके [क्षणभंगुर] ऐश्वर्यको धिक्कार है। अन्यथा कालके क्षणिक कटाक्षपातके कारण आज उसका भस्ममात्र भी क्यों नहीं बच सका?॥ १४७॥ जो मान्धाता सम्पूर्ण भूमण्डलका चक्रवर्ती सम्राट् था आज उसका केवल कथामें ही पता चलता है। ऐसा कौन मन्दबुद्धि होगा जो यह सुनकर अपने शरीरमें भी ममता करेगा? [फिर पृथिवी आदिमें ममता करनेकी तो बात ही क्या है?]॥ १४८॥ भगीरथ, सगर, ककुत्स्थ, रावण, रामचन्द्र, लक्ष्मण और युधिष्ठिर आदि पहले हो गये हैं यह बात सर्वथा सत्य है, किसी प्रकार भी मिथ्या नहीं है; किन्तु अब वे कहाँ हैं इसका हमें पता नहीं॥ १४९॥

ये साम्प्रतं ये च नृपा भविष्याः
प्रोक्ता मया विप्रवरोग्रवीर्याः।
एते तथान्ये च तथाभिधेयाः
सर्वे भविष्यन्ति यथैव पूर्वे॥ १५०

हे विप्रवर! वर्तमान और भविष्यत्कालीन जिन-जिन महावीर्यशाली राजाओंका मैंने वर्णन किया है ये तथा अन्य लोग भी पूर्वोक्त राजाओंकी भाँति कथामात्र शेष रहेंगे॥ १५०॥

एतद्विदित्वा न नरेण कार्यं
ममत्वमात्मन्यपि पण्डितेन।
तिष्ठन्तु तावत्तनयात्मजाद्याः
क्षेत्रादयो ये च शरीरिणोऽन्ये॥ १५१

ऐसा जानकर पुत्र, पुत्री और क्षेत्र आदि तथा अन्य प्राणी तो अलग रहें, बुद्धिमान् मनुष्यको अपने शरीरमें भी ममता नहीं करनी चाहिये॥ १५१॥

इति श्रीविष्णुपुराणे चतुर्थेऽशे चतुर्विंशोऽध्यायः॥ २४॥

इति श्रीपराशरमुनिविरचिते श्रीविष्णुपरत्वनिर्णायके श्रीमति विष्णुमहापुराणे चतुर्थोंऽशः समाप्तः।

ॐ

श्रीमन्नारायणाय नमः

श्रीविष्णुपुराण

पञ्चम अंश

पहला अध्याय

वसुदेव-देवकीका विवाह, भारपीडिता पृथिवीका देवताओंके सहित क्षीरसमुद्रपर जाना और भगवान्‌का प्रकट होकर उसे धैर्य बँधाना, कृष्णावतारका उपक्रम

श्रीमैत्रेय उवाच

नृपाणां कथितस्सर्वो भवता वंशविस्तरः।
वंशानुचरितं चैव यथावदनुवर्णितम्॥ १

अंशावतारो ब्रह्मर्षे योऽयं यदुकुलोद्भवः।
विष्णोस्तं विस्तरेणाहं श्रोतुमिच्छामि तत्त्वतः॥ २

चकार यानि कर्माणि भगवान्पुरुषोत्तमः।
अंशांशेनावतीर्योर्व्यां तत्र तानि मुने वद॥ ३

श्रीपराशर उवाच

मैत्रेय श्रूयतामेतद्यत्पृष्टोऽहमिह त्वया।
विष्णोरंशांशसम्भूतिचरितं जगतो हितम्॥ ४

देवकस्य सुतां पूर्वं वसुदेवो महामुने।
उपयेमे महाभागां देवकीं देवतोपमाम्॥ ५

कंसस्तयोर्वररथं चोदयामास सारथिः।
वसुदेवस्य देवक्याः संयोगे भोजनन्दनः॥ ६

अथान्तरिक्षे वागुच्चैः कंसमाभाष्य सादरम्।
मेघगम्भीरनिर्घोषं समाभाष्येदमब्रवीत्॥ ७

यामेतां वहसे मूढ सह भर्त्रा रथे स्थिताम्।
अस्यास्तवाष्टमो गर्भः प्राणानपहरिष्यति॥ ८

श्रीपराशर उवाच

इत्याकर्ण्य समुत्पाट्य खड्‌गं कंसो महाबलः।
देवकीं हन्तुमारब्धो वसुदेवोऽब्रवीदिदम्॥ ९

श्रीमैत्रेयजी बोले—भगवन्! आपने राजाओंके सम्पूर्ण वंशोंका विस्तार तथा उनके चरित्रोंका क्रमशः यथावत् वर्णन किया॥ १॥ अब, हे ब्रह्मर्षे! यदुकुलमें जो भगवान् विष्णुका अंशावतार हुआ था, उसे मैं तत्त्वतः और विस्तारपूर्वक सुनना चाहता हूँ॥ २॥ हे मुने! भगवान् पुरुषोत्तमने अपने अंशांशसे पृथिवीपर अवतीर्ण होकर जो-जो कर्म किये थे, उन सबका आप मुझसे वर्णन कीजिये॥ ३॥

श्रीपराशरजी बोले—हे मैत्रेय! तुमने मुझसे जो पूछा है वह संसारमें परम मंगलकारी भगवान् विष्णुके अंशावतारका चरित्र सुनो॥ ४॥ हे महामुने! पूर्वकालमें देवककी महाभागयशालिनी पुत्री देवीस्वरूपा देवकीके साथ वसुदेवजीने विवाह किया॥ ५॥ वसुदेव और देवकीके वैवाहिक सम्बन्ध होनेके अनन्तर [विदा होते समय] भोजनन्दन कंस सारथि बनकर उन दोनोंका माङ्गलिक रथ हाँकने लगा॥ ६॥ उसी समय मेघके समान गम्भीर घोष करती हुई आकाशवाणी कंसको ऊँचे स्वरसे सम्बोधन करके यों बोली—॥ ७॥ "अरे मूढ़! पतिके साथ रथपर बैठी हुई जिस देवकीको तू लिये जा रहा है इसका आठवाँ गर्भ तेरे प्राण हर लेगा"॥ ८॥

श्रीपराशरजी बोले—यह सुनते ही महाबली कंस [म्यानसे] खड्ग निकालकर देवकीको मारनेके लिये उद्यत हुआ। तब वसुदेवजी यों कहने लगे—॥ ९॥

न हन्तव्या महाभाग देवकी भवतानघ।
समर्पयिष्ये सकलान्गर्भानस्योदरोद्भवान्॥ १०

श्रीपराशर उवाच

तथेत्याह ततः कंसो वसुदेवं द्विजोत्तम।
न घातयामास च तां देवकीं सत्यगौरवात्॥ ११
एतस्मिन्नेव काले तु भूरिभारावपीडिता।
जगाम धरणी मेरौ समाजं त्रिदिवौकसाम्॥ १२
सब्रह्मकान्सुरान्सर्वान्प्रणिपत्याथ मेदिनी।
कथयामास तत्सर्वं खेदात्करुणभाषिणी॥ १३

भूमिरुवाच

अग्निस्सुवर्णस्य गुरुर्गवां सूर्यः परो गुरुः।
ममाप्यखिललोकानां गुरुर्नारायणो गुरुः॥ १४
प्रजापतिपतिर्ब्रह्मा पूर्वेषामपि पूर्वजः।
कलाकाष्ठानिमेषात्मा कालश्चाव्यक्तमूर्त्तिमान्॥ १५
तदंशभूतस्सर्वेषां समूहो वस्सुरोत्तमाः॥ १६
आदित्या मरुतस्साध्या रुद्रा वस्वश्विवह्नयः।
पितरो ये च लोकानां स्त्रष्टारोऽत्रिपुरोगमाः॥ १७
एते तस्याप्रमेयस्य विष्णो रूपं महात्मनः॥ १८
यक्षराक्षसदैतेयपिशाचोरगदानवाः।
गन्धर्वाप्सरसश्चैव रूपं विष्णोर्महात्मनः॥ १९
ग्रहर्क्षतारकाचित्रगगनाग्निजलानिलाः।
अहं च विषयाश्चैव सर्वं विष्णुमयं जगत्॥ २०
तथाप्यनेकरूपस्य तस्य रूपाण्यहर्निशम्।
बाध्यबाधकतां यान्ति कल्लोला इव सागरे॥ २१
तत्साम्प्रतममी दैत्याः कालनेमिपुरोगमाः।
मर्त्यलोकं समाक्रम्य बाधन्तेऽहर्निशं प्रजाः॥ २२
कालनेमिर्हतो योऽसौ विष्णुना प्रभविष्णुना।
उग्रसेनसुतः कंसस्सम्भूतस्स महासुरः॥ २३
अरिष्टो धेनुकः केशी प्रलम्बो नरकस्तथा।
सुन्दोऽसुरस्तथात्युग्रो बाणश्चापि बलेस्सुतः॥ २४
तथान्ये च महावीर्या नृपाणां भवनेषु ये।
समुत्पन्ना दुरात्मानस्तान्न संख्यातुमुत्सहे॥ २५

"हे महाभाग! हे अनघ! आप देवकीका वध न करें; मैं इसके गर्भसे उत्पन्न हुए सभी बालक आपको सौंप दूँगा"॥ १०॥

श्रीपराशरजी बोले—हे द्विजोत्तम! तब सत्यके गौरवसे कंसने वसुदेवजीसे 'बहुत अच्छा' कह देवकीका वध नहीं किया॥ ११॥ इसी समय अत्यन्त भारसे पीडित होकर पृथिवी [गौका रूप धारणकर] सुमेरुपर्वतपर देवताओंके दलमें गयी॥ १२॥ वहाँ उसने ब्रह्माजीके सहित समस्त देवताओंको प्रणामकर खेदपूर्वक करुणस्वरसे बोलती हुई अपना सारा वृत्तान्त कहा॥ १३॥

पृथिवी बोली—जिस प्रकार अग्नि सुवर्णका तथा सूर्य गो (किरण)-समूहका परमगुरु है, उसी प्रकार सम्पूर्ण लोकोंके गुरु श्रीनारायण मेरे गुरु हैं॥ १४॥ वे प्रजापतियोंके पति और पूर्वजोंके पूर्वज ब्रह्माजी हैं तथा वे ही कला-काष्ठा-निमेष-स्वरूप अव्यक्त मूर्तिमान् काल हैं। हे देवश्रेष्ठगण! आप सब लोगोंका समूह भी उन्हींका अंशस्वरूप है॥ १५-१६॥ आदित्य, मरुद्गण, साध्यगण, रुद्र, वसु, अग्नि, पितृगण और अत्रि आदि प्रजापतिगण—ये सब अप्रमेय महात्मा विष्णुके ही रूप हैं॥ १७-१८॥ यक्ष, राक्षस, दैत्य, पिशाच, सर्प, दानव, गन्धर्व और अप्सरा आदि भी महात्मा विष्णुके ही रूप हैं॥ १९॥ ग्रह, नक्षत्र तथा तारागणोंसे चित्रित आकाश, अग्नि, जल, वायु, मैं और इन्द्रियोंके सम्पूर्ण विषय—यह सारा जगत् विष्णुमय ही है॥ २०॥ तथापि उन अनेक रूपधारी विष्णुके ये रूप समुद्रकी तरंगोंके समान रात-दिन एक-दूसरेके बाध्य-बाधक होते रहते हैं॥ २१॥

इस समय कालनेमि आदि दैत्यगण मर्त्यलोकपर अधिकार जमाकर अहर्निश जनताको क्लेशित कर रहे हैं॥ २२॥ जिस कालनेमिको सामर्थ्यवान् भगवान् विष्णुने मारा था, इस समय वही उग्रसेनके पुत्र महान् असुर कंसके रूपमें उत्पन्न हुआ है॥ २३॥ अरिष्ट, धेनुक, केशी, प्रलम्ब, नरक, सुन्द, बलिका पुत्र अति भयंकर बाणासुर तथा और भी जो महाबलवान् दुरात्मा राक्षस राजाओंके घरमें उत्पन्न हो गये हैं उनकी मैं गणना नहीं कर सकती॥ २४-२५॥

अक्षौहिण्योऽत्र बहुला दिव्यमूर्त्तिधरास्सुराः।
महाबलानां दृप्तानां दैत्येन्द्राणां ममोपरि॥ २६
तद्भूरिभारपीडार्त्ता न शक्नोम्यमरेश्वराः।
विभर्त्तुमात्मानमहमिति विज्ञापयामि वः॥ २७
क्रियतां तन्महाभागा मम भारावतारणम्।
यथा रसातलं नाहं गच्छेयमतिविह्वला॥ २८
इत्याकर्ण्य धरावाक्यमशेषैस्त्रिदशेश्वरैः।
भुवो भारावतारार्थं ब्रह्मा प्राह प्रचोदितः॥ २९

ब्रह्मोवाच

यथाह वसुधा सर्वं सत्यमेव दिवौकसः।
अहं भवो भवन्तश्च सर्वे नारायणात्मकाः॥ ३०
विभूतयश्च यास्तस्य तासामेव परस्परम्।
आधिक्यं न्यूनता बाध्यबाधकत्वेन वर्तते॥ ३१
तदागच्छत गच्छाम क्षीराब्धेस्तटमुत्तमम्।
तत्राराध्य हरिं तस्मै सर्वं विज्ञापयाम वै॥ ३२
सर्वथैव जगत्यर्थे स सर्वात्मा जगन्मयः।
सत्त्वांशेनावतीर्योर्व्यां धर्मस्य कुरुते स्थितिम्॥ ३३

श्रीपराशर उवाच

इत्युक्त्वा प्रययौ तत्र सह देवैः पितामहः।
समाहितमनाश्चैवं तुष्टाव गरुडध्वजम्॥ ३४

ब्रह्मोवाच

द्वे विद्ये त्वमनाम्नाय परा चैवापरा तथा।
त एव भवतो रूपे मूर्तामूर्तात्मिके प्रभो॥ ३५
द्वे ब्रह्मणी त्वणीयोऽतिस्थूलात्मन्सर्व सर्ववित्।
शब्दब्रह्म परं चैव ब्रह्म ब्रह्ममयस्य यत्॥ ३६
ऋग्वेदस्त्वं यजुर्वेदस्सामवेदस्त्वथर्वणः।
शिक्षा कल्पो निरुक्तं च च्छन्दो ज्यौतिषमेव च॥ ३७
इतिहासपुराणे च तथा व्याकरणं प्रभो।
मीमांसा न्यायशास्त्रं च धर्मशास्त्राण्यधोक्षज॥ ३८
आत्मात्मदेहगुणवद्विचाराचारि यद्वचः।
तदप्याद्यपते नान्यदध्यात्मात्मस्वरूपवत्॥ ३९

हे दिव्यमूर्तिधारी देवगण! इस समय मेरे ऊपर महाबलवान् और गर्वीले दैत्यराजोंकी अनेक अक्षौहिणी सेनाएँ हैं॥ २६॥ हे अमरेश्वरो! मैं आपलोगोंको यह बतलाये देती हूँ कि अब मैं उनके अत्यन्त भारसे पीडित होकर अपनेको धारण करनेमें सर्वथा असमर्थ हूँ॥ २७॥ अतः हे महाभागगण! आपलोग मेरे भार उतारनेका अब कोई ऐसा उपाय कीजिये जिससे मैं अत्यन्त व्याकुल होकर रसातलको न चली जाऊँ॥ २८॥

पृथिवीके इन वाक्योंको सुनकर उसके भार उतारनेके विषयमें समस्त देवताओंकी प्रेरणासे भगवान् ब्रह्माजीने कहना आरम्भ किया॥ २९॥

ब्रह्माजी बोले—हे देवगण! पृथिवीने जो कुछ कहा है वह सर्वथा सत्य ही है, वास्तवमें मैं, शंकर और आप सब लोग नारायणस्वरूप ही हैं॥ ३०॥ उनकी जो-जो विभूतियाँ हैं, उनकी परस्पर न्यूनता और अधिकता ही बाध्य तथा बाधकरूपसे रहा करती है॥ ३१॥ इसलिये आओ, अब हमलोग क्षीरसागरके पवित्र तटपर चलें, वहाँ श्रीहरिकी आराधना कर यह सम्पूर्ण वृत्तान्त उनसे निवेदन कर दें॥ ३२॥ वे विश्वरूप सर्वात्मा सर्वथा संसारके हितके लिये ही अपने शुद्ध सत्त्वांशसे अवतीर्ण होकर पृथिवीमें धर्मकी स्थापना करते हैं॥ ३३॥

श्रीपराशरजी बोले—ऐसा कहकर देवताओंके सहित पितामह ब्रह्माजी वहाँ गये और एकाग्रचित्तसे श्रीगरुडध्वज भगवान्‌की इस प्रकार स्तुति करने लगे॥ ३४॥

ब्रह्माजी बोले—हे वेदवाणीके अगोचर प्रभो! परा और अपरा—ये दोनों विद्याएँ आप ही हैं। हे नाथ! वे दोनों आपहीके मूर्त और अमूर्त रूप हैं॥ ३५॥ हे अत्यन्त सूक्ष्म! हे विराट्स्वरूप! हे सर्व! हे सर्वज्ञ! शब्दब्रह्म और परब्रह्म—ये दोनों आप ब्रह्ममयके ही रूप हैं॥ ३६॥ आप ही ऋग्वेद, यजुर्वेद, सामवेद और अथर्ववेद हैं तथा आप ही शिक्षा, कल्प, निरुक्त, छन्द और ज्योतिष्-शास्त्र हैं॥ ३७॥ हे प्रभो! हे अधोक्षज! इतिहास, पुराण, व्याकरण, मीमांसा, न्याय और धर्मशास्त्र—ये सब भी आप ही हैं॥ ३८॥

हे आद्यपते! जीवात्मा, परमात्मा, स्थूल-सूक्ष्म-देह तथा उनका कारण अव्यक्त—इन सबके विचारसे युक्त जो अन्तरात्मा और परमात्माके स्वरूपका बोधक [तत्त्वमसि] वाक्य है, वह भी आपसे भिन्न नहीं है॥ ३९॥

त्वमव्यक्तमनिर्देश्यमचिन्त्यानामवर्णवत्।
अपाणिपादरूपं च शुद्धं नित्यं परात्परम्॥ ४०
शृणोष्यकर्णः परिपश्यसि त्व-
मचक्षुरेको बहुरूपरूपः।
अपादहस्तो जवनो ग्रहीता
त्वं वेत्सि सर्वं न च सर्ववेद्यः॥ ४१
अणोरणीयांसमसत्स्वरूपं
त्वां पश्यतोऽज्ञाननिवृत्तिरग्र्या।
धीरस्य धीरस्य बिभर्त्ति नान्य-
द्वरेण्यरूपात्परतः परात्मन्॥ ४२
त्वं विश्वनाभिर्भुवनस्य गोप्ता
सर्वाणि भूतानि तवान्तराणि।
यद्भूतभव्यं यदणोरणीयः
पुमांस्त्वमेकः प्रकृतेः परस्तात्॥ ४३
एकश्चतुर्द्धा भगवान्हुताशो
वर्चोविभूतिं जगतो ददासि।
त्वं विश्वतश्चक्षुरनन्तमूर्ते
त्रेधा पदं त्वं निदधासि धातः॥ ४४
यथाग्निरेको बहुधा समिध्यते
विकारभेदैरविकाररूपः।
तथा भवान्सर्वगतैकरूपी
रूपाण्यशेषाण्यनुपुष्यतीश॥ ४५
एकं त्वमग्र्यं परमं पदं य-
त्पश्यन्ति त्वां सूरयो ज्ञानदृश्यम्।
त्वत्तो नान्यत्किञ्चिदस्ति स्वरूपं
यद्वा भूतं यच्च भव्यं परात्मन्॥ ४६
व्यक्ताव्यक्तस्वरूपस्त्वं समष्टिव्यष्टिरूपवान्।
सर्वज्ञस्सर्ववित्सर्वशक्तिज्ञानबलर्द्धिमान्॥ ४७
अन्यूनश्चाप्यवृद्धिश्च स्वाधीनो नादिमान्वशी।
क्लमतन्द्राभयक्रोधकामादिभिरसंयुतः॥ ४८
निरवद्यः परः प्राप्तेर्निरधिष्ठोऽक्षरः क्रमः।
सर्वेश्वरः पराधारो धाम्नां धामात्मकोऽक्षयः॥ ४९

आप अव्यक्त, अनिर्वाच्य, अचिन्त्य, नाम-वर्णसे रहित, हाथ-पाँव तथा रूपसे हीन, शुद्ध, सनातन और परसे भी पर हैं॥ ४०॥ आप कर्णहीन होकर भी सुनते हैं, नेत्रहीन होकर भी देखते हैं, एक होकर भी अनेक रूपोंमें प्रकट होते हैं, हस्त-पादादिसे रहित होकर भी बड़े वेगशाली और ग्रहण करनेवाले हैं तथा सबके अवेद्य होकर भी सबको जाननेवाले हैं॥ ४१॥ हे परात्मन्! जिस धीर पुरुषकी बुद्धि आपके श्रेष्ठतम रूपसे पृथक् और कुछ भी नहीं देखती, आपके अणुसे भी अणु और दृश्य-स्वरूपको देखनेवाले उस पुरुषकी आत्यन्तिक अज्ञाननिवृत्ति हो जाती है॥ ४२॥ आप विश्वके केन्द्र और त्रिभुवनके रक्षक हैं; सम्पूर्ण भूत आपहीमें स्थित हैं तथा जो कुछ भूत, भविष्यत् और अणुसे भी अणु है वह सब आप प्रकृतिसे परे एकमात्र परमपुरुष ही हैं॥ ४३॥ आप ही चार प्रकारका अग्नि होकर संसारको तेज और विभूति दान करते हैं। हे अनन्तमूर्ते! आपके नेत्र सब ओर हैं। हे धातः! आप ही [त्रिविक्रमावतारमें] तीनों लोकमें अपने तीन पग रखते हैं॥ ४४॥ हे ईश! जिस प्रकार एक ही अविकारी अग्नि विकृत होकर नाना प्रकारसे प्रज्वलित होता है, उसी प्रकार सर्वगतरूप एक आप ही अनन्त रूप धारण कर लेते हैं॥ ४५॥ एकमात्र जो श्रेष्ठ परमपद है; वह आप ही हैं, ज्ञानी पुरुष ज्ञानदृष्टिसे देखे जाने-योग्य आपको ही देखा करते हैं। हे परात्मन्! भूत और भविष्यत् जो कुछ स्वरूप है वह आपसे अतिरिक्त और कुछ भी नहीं है॥ ४६॥ आप व्यक्त और अव्यक्तस्वरूप हैं, समष्टि और व्यष्टिरूप हैं तथा आप ही सर्वज्ञ, सर्वसाक्षी, सर्वशक्तिमान् एवं सम्पूर्ण ज्ञान, बल और ऐश्वर्यसे युक्त हैं॥ ४७॥ आप ह्रास और वृद्धिसे रहित, स्वाधीन, अनादि और जितेन्द्रिय हैं तथा आपके अन्दर श्रम, तन्द्रा, भय, क्रोध और काम आदि नहीं हैं॥ ४८॥ आप अनिन्द्य, अप्राप्य, निराधार और अव्याहत गति हैं, आप सबके स्वामी, अन्य ब्रह्मादिके आश्रय तथा सूर्यादि तेजोंके तेज एवं अविनाशी हैं॥ ४९॥

सकलावरणातीत निरालम्बनभावन।
महाविभूतिसंस्थान नमस्ते पुरुषोत्तम॥ ५०
नाकारणात्कारणाद्वा कारणाकारणान्न च।
शरीरग्रहणं वापि धर्मत्राणाय केवलम्॥ ५१

श्रीपराशर उवाच

इत्येवं संस्तवं श्रुत्वा मनसा भगवानजः।
ब्रह्माणमाह प्रीतेन विश्वरूपं प्रकाशयन्॥ ५२

श्रीभगवानुवाच

भो भो ब्रह्मंस्त्वया मत्तस्सह देवैर्यदिष्यते।
तदुच्यतामशेषं च सिद्धमेवावधार्यताम्॥ ५३

श्रीपराशर उवाच

ततो ब्रह्मा हरेर्दिव्यं विश्वरूपमवेक्ष्य तत्।
तुष्टाव भूयो देवेषु साध्वसावनतात्मसु॥ ५४

ब्रह्मोवाच

नमो नमस्तेऽस्तु सहस्रकृत्वः
सहस्रबाहो बहुवक्त्रपाद।
नमो नमस्ते जगतः प्रवृत्ति-
विनाशसंस्थानकराप्रमेय॥ ५५
सूक्ष्मातिसूक्ष्मातिबृहत्प्रमाण
गरीयसामप्यतिगौरवात्मन्।
प्रधानबुद्धीन्द्रियवत्प्रधान-
मूलात्परात्मन्भगवन्प्रसीद॥ ५६
एषा मही देव महीप्रसूतै-
र्महासुरैः पीडितशैलबन्धा।
परायणं त्वां जगतामुपैति
भारावतारार्थमपारसार॥ ५७
एते वयं वृत्ररिपुस्तथायं
नासत्यदस्रौ वरुणस्तथैव।
इमे च रुद्रा वसवस्ससूर्या-
स्समीरणाग्निप्रमुखास्तथान्ये॥ ५८
सुरास्समस्तास्सुरनाथ कार्य-
मेभिर्मया यच्च तदीश सर्वम्।
आज्ञापयाज्ञां परिपालयन्त-
स्तवैव तिष्ठाम सदास्तदोषाः॥ ५९

आप समस्त आवरणशून्य, असहायोंके पालक और सम्पूर्ण महाविभूतियोंके आधार हैं, हे पुरुषोत्तम! आपको नमस्कार है॥ ५०॥ आप किसी कारण, अकारण अथवा कारणाकारणसे शरीर-ग्रहण नहीं करते, बल्कि केवल धर्म-रक्षाके लिये ही करते हैं॥ ५१॥

श्रीपराशरजी बोले—इस प्रकार स्तुति सुनकर भगवान् अज अपना विश्वरूप प्रकट करते हुए ब्रह्माजीसे प्रसन्नचित्तसे कहने लगे॥ ५२॥

श्रीभगवान् बोले—हे ब्रह्मन्! देवताओंके सहित तुमको मुझसे जिस वस्तुकी इच्छा हो वह सब कहो और उसे सिद्ध हुआ ही समझो॥ ५३॥

श्रीपराशरजी बोले—तब श्रीहरिके उस दिव्य विश्वरूपको देखकर समस्त देवताओंके भयसे विनीत हो जानेपर ब्रह्माजी पुनः स्तुति करने लगे॥ ५४॥

ब्रह्माजी बोले—हे सहस्रबाहो! हे अनन्तमुख एवं चरणवाले! आपको हजारों बार नमस्कार हो। हे जगत्की उत्पत्ति, स्थिति और विनाश करनेवाले! हे अप्रमेय! आपको बारम्बार नमस्कार हो॥ ५५॥ हे भगवन्! आप सूक्ष्मसे भी सूक्ष्म, गुरुसे भी गुरु और अति बृहत् प्रमाण हैं, तथा प्रधान (प्रकृति) महत्तत्त्व और अहंकारादिमें प्रधानभूत मूल पुरुषसे भी परे हैं; हे भगवन्! आप हमपर प्रसन्न होइये॥ ५६॥ हे देव! इस पृथिवीके पर्वतरूपी मूलबन्ध इसपर उत्पन्न हुए महान् असुरोंके उत्पातसे शिथिल हो गये हैं। अतः हे अपरिमितवीर्य! यह संसारका भार उतारनेके लिये आपकी शरणमें आयी है॥ ५७॥ हे सुरनाथ! हम और यह इन्द्र, अश्विनीकुमार तथा वरुण, ये रुद्रगण, वसुगण, सूर्य, वायु और अग्नि आदि अन्य समस्त देवगण यहाँ उपस्थित हैं, इन्हें अथवा मुझे जो कुछ करना उचित हो उन सब बातोंके लिये आज्ञा कीजिये। हे ईश! आपहीकी आज्ञाका पालन करते हुए हम सम्पूर्ण दोषोंसे मुक्त हो सकेंगे॥ ५८-५९॥

श्रीपराशर उवाच

एवं संस्तूयमानस्तु भगवान्परमेश्वरः।
उज्जहारात्मनः केशौ सितकृष्णौ महामुने॥ ६०
उवाच च सुरानेतौ मत्केशौ वसुधातले।
अवतीर्य भुवो भारक्लेशहानिं करिष्यतः॥ ६१
सुराश्च सकलास्स्वांशैरवतीर्य महीतले।
कुर्वन्तु युद्धमुन्मत्तैः पूर्वोत्पन्नैर्महासुरैः॥ ६२
ततः क्षयमशेषास्ते दैतेया धरणीतले।
प्रयास्यन्ति न सन्देहो मद्दृक्पातविचूर्णिताः॥ ६३
वसुदेवस्य या पत्नी देवकी देवतोपमा।
तत्रायमष्टमो गर्भो मत्केशो भविता सुराः॥ ६४
अवतीर्य च तत्रायं कंसं घातयिता भुवि।
कालनेमिं समुद्भूतमित्युक्त्वान्तर्दधे हरिः॥ ६५
अदृश्याय ततस्तस्मै प्रणिपत्य महामुने।
मेरुपृष्ठं सुरा जग्मुरवतेरुश्च भूतले॥ ६६
कंसाय चाष्टमो गर्भो देवक्या धरणीधरः।
भविष्यतीत्याचचक्षे भगवान्नारदो मुनिः॥ ६७
कंसोऽपि तदुपश्रुत्य नारदात्कुपितस्ततः।
देवकीं वसुदेवं च गृहे गुप्तावधारयत्॥ ६८
वसुदेवेन कंसाय तेनैवोक्तं यथा पुरा।
तथैव वसुदेवोऽपि पुत्रमर्पितवान्द्विज॥ ६९
हिरण्यकशिपोः पुत्राष्षड्गर्भा इति विश्रुताः।
विष्णुप्रयुक्ता तान्निद्रा क्रमाद्गर्भानयोजयत्॥ ७०
योगनिद्रा महामाया वैष्णवी मोहितं यया।
अविद्यया जगत्सर्वं तामाह भगवान्हरिः॥ ७१

श्रीभगवानुवाच

निद्रे गच्छ ममादेशात्पातालतलसंश्रयान्।
एकैकत्वेन षड्गर्भान्देवकीजठरं नय॥ ७२
हतेषु तेषु कंसेन शेषाख्योंऽशस्सतो मम।
अंशांशेनोदरे तस्यास्सप्तमः सम्भविष्यति॥ ७३

श्रीपराशरजी बोले—हे महामुने! इस प्रकार स्तुति किये जानेपर भगवान् परमेश्वरने अपने श्याम और श्वेत दो केश उखाड़े॥ ६०॥ और देवताओंसे बोले—'मेरे ये दोनों केश पृथिवीपर अवतार लेकर पृथिवीके भाररूप कष्टको दूर करेंगे॥ ६१॥ सब देवगण अपने-अपने अंशोंसे पृथिवीपर अवतार लेकर अपनेसे पूर्व उत्पन्न हुए उन्मत्त दैत्योंके साथ युद्ध करें॥ ६२॥ तब निःसन्देह पृथिवीतलपर सम्पूर्ण दैत्यगण मेरे दृष्टिपातसे दलित होकर क्षीण हो जायँगे॥ ६३॥ वसुदेवजीकी जो देवीके समान देवकी नामकी भार्या है उसके आठवें गर्भसे मेरा यह (श्याम) केश अवतार लेगा॥ ६४॥ और इस प्रकार यहाँ अवतार लेकर यह कालनेमिके अवतार कंसका वध करेगा।' ऐसा कहकर श्रीहरि अन्तर्धान हो गये॥ ६५॥ हे महामुने! भगवान्‌के अदृश्य हो जानेपर उन्हें प्रणाम करके देवगण सुमेरुपर्वतपर चले गये और फिर पृथिवीपर अवतीर्ण हुए॥ ६६॥

इसी समय भगवान् नारदजीने कंससे आकर कहा कि देवकीके आठवें गर्भमें भगवान् धरणीधर जन्म लेंगे॥ ६७॥ नारदजीसे यह समाचार पाकर कंसने कुपित होकर वसुदेव और देवकीको कारागृहमें बन्द कर दिया॥ ६८॥ हे द्विज! वसुदेवजी भी, जैसा कि उन्होंने पहले कह दिया था, अपने प्रत्येक पुत्रको कंसको सौंपते रहे॥ ६९॥ ऐसा सुना जाता है कि पहले छः गर्भ हिरण्यकशिपुके पुत्र थे। भगवान् विष्णुकी प्रेरणासे योगनिद्रा उन्हें क्रमशः गर्भमें स्थित करती रही *॥ ७०॥ जिस अविद्या-रूपिणीसे सम्पूर्ण जगत् मोहित हो रहा है, वह योगनिद्रा भगवान् विष्णुकी महामाया है उससे भगवान् श्रीहरिने कहा—॥ ७१॥

श्रीभगवान् बोले—हे निद्रे! जा, मेरी आज्ञासे तू पातालमें स्थित छः गर्भोंको एक-एक करके देवकीकी कुक्षिमें स्थापित कर दे॥ ७२॥ कंसद्वारा उन सबके मारे जानेपर शेष नामक मेरा अंश अपने अंशांससे देवकीके सातवें गर्भमें स्थित होगा॥ ७३॥

* ये बालक पूर्वजन्ममें हिरण्यकशिपुके भाई कालनेमिके पुत्र थे; इसीसे इन्हें उसका पुत्र कहा गया है। इन राक्षसकुमारोंने हिरण्यकशिपुका अनादर कर भगवान्‌की भक्ति की थी; अतः उसने कुपित होकर इन्हें शाप दिया कि तुमलोग अपने पिताके हाथसे ही मारे जाओगे। यह प्रसंग हरिवंशमें आया है।

गोकुले वसुदेवस्य भार्यान्या रोहिणी स्थिता।
तस्यास्स सम्भूतिसमं देवि नेयस्त्वयोदरम्॥ ७४
सप्तमो भोजराजस्य भयाद्रोधोपरोधतः।
देवक्याः पतितो गर्भ इति लोको वदिष्यति॥ ७५
गर्भसङ्कर्षणात्सोऽथ लोके सङ्कर्षणेति वै।
संज्ञामवाप्स्यते वीरश्श्वेताद्रिशिखरोपमः॥ ७६
ततोऽहं सम्भविष्यामि देवकीजठरे शुभे।
गर्भे त्वया यशोदाया गन्तव्यमविलम्बितम्॥ ७७
प्रावृट्काले च नभसि कृष्णाष्टम्यामहं निशि।
उत्पत्स्यामि नवम्यां तु प्रसूतिं त्वमवाप्स्यसि॥ ७८
यशोदाशयने मां तु देवक्यास्त्वामनिन्दिते।
मच्छक्तिप्रेरितमतिर्वसुदेवो नयिष्यति॥ ७९
कंसश्च त्वामुपादाय देवि शैलशिलातले।
प्रक्षेप्स्यत्यन्तरिक्षे च संस्थानं त्वमवाप्स्यसि॥ ८०
ततस्त्वां शतदृक्छक्रः प्रणम्य मम गौरवात्।
प्रणिपातानतशिरा भगिनीत्वे ग्रहीष्यति॥ ८१
त्वं च शुम्भनिशुम्भादीन्हत्वा दैत्यान्सहस्रशः।
स्थानैरनेकैः पृथिवीमशेषां मण्डयिष्यसि॥ ८२
त्वं भूतिः सन्नतिः क्षान्तिः कान्तिर्द्यौः पृथिवी धृतिः।
लज्जा पुष्टिरुषा या तु काचिदन्या त्वमेव सा॥ ८३
ये त्वामार्येति दुर्गेति वेदगर्भाम्बिकेति च।
भद्रेति भद्रकालीति क्षेमदा भाग्यदेति च॥ ८४
प्रातश्चैवापराह्णे च स्तोष्यन्त्यानम्रमूर्त्तयः।
तेषां हि प्रार्थितं सर्वं मत्प्रसादाद्भविष्यति॥ ८५
सुरामांसोपहारैश्च भक्ष्यभोज्यैश्च पूजिता।
नृणामशेषकामांस्त्वं प्रसन्ना सम्प्रदास्यसि॥ ८६
ते सर्वे सर्वदा भद्रे मत्प्रसादादसंशयम्।
असन्दिग्धा भविष्यन्ति गच्छ देवि यथोदितम्॥ ८७

हे देवि! गोकुलमें वसुदेवजीकी जो रोहिणी नामकी दूसरी भार्या रहती है उसके उदरमें उस सातवें गर्भको ले जाकर तू इस प्रकार स्थापित कर देना जिससे वह उसीके जठरसे उत्पन्न हुएके समान जान पड़े॥ ७४॥ उसके विषयमें संसार यही कहेगा कि कारागारमें बन्द होनेके कारण भोजराज कंसके भयसे देवकीका सातवाँ गर्भ गिर गया॥ ७५॥ वह श्वेत शैलशिखरके समान वीर पुरुष गर्भसे आकर्षण किये जानेके कारण संसारमें 'संकर्षण' नामसे प्रसिद्ध होगा॥ ७६॥

तदनन्तर, हे शुभे! देवकीके आठवें गर्भमें मैं स्थित होऊँगा। उस समय तू भी तुरंत ही यशोदाके गर्भमें चली जाना॥ ७७॥ वर्षा ऋतुमें भाद्रपद कृष्ण अष्टमीको रात्रिके समय मैं जन्म लूँगा और तू नवमीको उत्पन्न होगी॥ ७८॥ हे अनिन्दिते! उस समय मेरी शक्तिसे अपनी मति फिर जानेके कारण वसुदेवजी मुझे तो यशोदाके और तुझे देवकीके शयनगृहमें ले जायँगे॥ ७९॥ तब हे देवि! कंस तुझे पकड़कर पर्वत-शिलापर पटक देगा; उसके पटकते ही तू आकाशमें स्थित हो जायगी॥ ८०॥

उस समय मेरे गौरवसे सहस्रनयन इन्द्र सिर झुकाकर प्रणाम करनेके अनन्तर तुझे भगिनीरूपसे स्वीकार करेगा॥ ८१॥ तू भी शुम्भ, निशुम्भ आदि सहस्रों दैत्योंको मारकर अपने अनेक स्थानोंसे समस्त पृथिवीको सुशोभित करेगी॥ ८२॥ तू ही भूति, सन्नति, क्षान्ति और कान्ति है; तू ही आकाश, पृथिवी, धृति, लज्जा, पुष्टि और उषा है; इनके अतिरिक्त संसारमें और भी जो कोई शक्ति है वह सब तू ही है॥ ८३॥

जो लोग प्रातःकाल और सायंकालमें अत्यन्त नम्रतापूर्वक तुझे आर्या, दुर्गा, वेदगर्भा, अम्बिका, भद्रा, भद्रकाली, क्षेमदा और भाग्यदा आदि कहकर तेरी स्तुति करेंगे, उनकी समस्त कामनाएँ मेरी कृपासे पूर्ण हो जायँगी॥ ८४-८५॥ मदिरा और मांसकी भेंट चढ़ानेसे तथा भक्ष्य और भोज्य पदार्थोंद्वारा पूजा करनेसे प्रसन्न होकर तू मनुष्योंकी सम्पूर्ण कामनाओंको पूर्ण कर देगी॥ ८६॥ तेरे द्वारा दी हुई वे समस्त कामनाएँ मेरी कृपासे निस्सन्देह पूर्ण होंगी। हे देवि! अब तू मेरे बतलाये हुए स्थानको जा॥ ८७॥

इति श्रीविष्णुपुराणे पञ्चमेंऽशे प्रथमोऽध्यायः॥ १॥

दूसरा अध्याय

भगवान्‌का गर्भ-प्रवेश तथा देवगणद्वारा देवकीकी स्तुति

श्रीपराशर उवाच

यथोक्तं सा जगद्धात्री देवदेवेन वै तथा।
षड्गर्भगर्भविन्यासं चक्रे चान्यस्य कर्षणम्॥ १

सप्तमे रोहिणीं गर्भे प्राप्ते गर्भं ततो हरिः।
लोकत्रयोपकाराय देवक्याः प्रविवेश ह॥ २

योगनिद्रा यशोदायास्तस्मिन्नेव तथा दिने।
सम्भूता जठरे तद्वद्यथोक्तं परमेष्ठिना॥ ३

ततो ग्रहगणस्सम्यक्प्रचचार दिवि द्विज।
विष्णोरंशे भुवं याते ऋतवश्चाबभुश्शुभाः॥ ४

न सेहे देवकीं द्रष्टुं कश्चिदप्यतितेजसा।
जाज्वल्यमानां तां दृष्ट्वा मनांसि क्षोभमाययुः॥ ५

अदृष्टाः पुरुषैस्स्त्रीभिर्देवकीं देवतागणाः।
बिभ्राणां वपुषा विष्णुं तुष्टुवुस्तामहर्निशम्॥ ६

देवता ऊचुः

प्रकृतिस्त्वं परा सूक्ष्मा ब्रह्मगर्भाभवः पुरा।
ततो वाणी जगद्धातुर्वेदगर्भासि शोभने॥ ७

सृज्यस्वरूपगर्भासि सृष्टिभूता सनातने।
बीजभूता तु सर्वस्य यज्ञभूताभवस्त्रयी॥ ८

फलगर्भा त्वमेवेज्या वह्निगर्भा तथारणिः।
अदितिर्देवगर्भा त्वं दैत्यगर्भा तथा दितिः॥ ९

ज्योत्स्ना वासरगर्भा त्वं ज्ञानगर्भासि सन्ततिः।
नयगर्भा परा नीतिर्लज्जा त्वं प्रश्रयोद्वहा॥ १०

कामगर्भा तथेच्छा त्वं तुष्टिः सन्तोषगर्भिणी।
मेधा च बोधगर्भासि धैर्यगर्भोद्वहा धृतिः॥ ११

ग्रहर्क्षतारकागर्भा द्यौरस्याखिलहैतुकी।
एता विभूतयो देवि तथान्याश्च सहस्रशः।
तथासंख्या जगद्धात्रि साम्प्रतं जठरे तव॥ १२

श्रीपराशरजी बोले—हे मैत्रेय! देवदेव श्रीविष्णुभगवान्‌ने जैसा कहा था उसके अनुसार जगद्धात्री योगमायाने छः गर्भोंको देवकीके उदरमें स्थित किया और सातवेंको उसमेंसे निकाल लिया॥ १॥ इस प्रकार सातवें गर्भके रोहिणीके उदरमें पहुँच जानेपर श्रीहरिने तीनों लोकोंका उद्धार करनेकी इच्छासे देवकीके गर्भमें प्रवेश किया॥ २॥ भगवान् परमेश्वरके आज्ञानुसार योगमाया भी उसी दिन यशोदाके गर्भमें स्थित हुई॥ ३॥ हे द्विज! विष्णु-अंशके पृथिवीमें पधारनेपर आकाशमें ग्रहगण ठीक-ठीक गतिसे चलने लगे और ऋतुगण भी मंगलमय होकर शोभा पाने लगे॥ ४॥ उस समय अत्यन्त तेजसे देदीप्यमाना देवकीजीको कोई भी देख न सकता था। उन्हें देखकर [दर्शकोंके] चित्त थकित हो जाते थे॥ ५॥ तब देवतागण अन्य पुरुष तथा स्त्रियोंको दिखायी न देते हुए, अपने शरीरमें [गर्भरूपसे] भगवान् विष्णुको धारण करनेवाली देवकीजीकी अहर्निश स्तुति करने लगे॥ ६॥

देवता बोले—हे शोभने! तू पहले ब्रह्म-प्रतिबिम्बधारिणी मूलप्रकृति हुई थी और फिर जगद्विधाताकी वेदगर्भा वाणी हुई॥ ७॥ हे सनातने! तू ही सृज्य पदार्थोंको उत्पन्न करनेवाली और तू ही सृष्टिरूपा है; तू ही सबकी बीज-स्वरूपा यज्ञमयी वेदत्रयी हुई है॥ ८॥ तू ही फलमयी यज्ञक्रिया और अग्निमयी अरणि है तथा तू ही देवमाता अदिति और दैत्यप्रसू दिति है॥ ९॥ तू ही दिनकरी प्रभा और ज्ञानगर्भा गुरुशुश्रूषा है तथा तू ही न्यायमयी परमनीति और विनयसम्पन्ना लज्जा है॥ १०॥ तू ही काममयी इच्छा, सन्तोषमयी तुष्टि, बोधगर्भा प्रज्ञा और धैर्यधारिणी धृति है॥ ११॥ ग्रह, नक्षत्र और तारागणको धारण करनेवाला तथा [वृष्टि आदिके द्वारा इस अखिल विश्वका] कारणस्वरूप आकाश तू ही है। हे जगद्धात्रि! हे देवि! ये सब तथा और भी सहस्रों और असंख्य विभूतियाँ इस समय तेरे उदरमें स्थित हैं॥ १२॥

समुद्राद्रिनदीद्वीपवनपत्तनभूषणा ।
ग्रामखर्वटखेटाढ्या समस्ता पृथिवी शुभे ॥ १३
समस्तवह्नयोऽम्भांसि सकलाश्च समीरणाः ।
ग्रहर्क्षतारकाचित्रं विमानशतसंकुलम् ॥ १४
अवकाशमशेषस्य यद्ददाति नभःस्थलम् ।
भूर्लोकश्च भुवर्लोकस्स्वर्लोकोऽथ महर्जनः ॥ १५
तपश्च ब्रह्मलोकश्च ब्रह्माण्डमखिलं शुभे ।
तदन्तरे स्थिता देवा दैत्यगन्धर्वचारणाः ॥ १६
महोरगास्तथा यक्षा राक्षसाः प्रेतगुह्यकाः ।
मनुष्याः पशवश्चान्ये ये च जीवा यशस्विनि ॥ १७
तैरन्तःस्थैरनन्तोऽसौ सर्वगः सर्वभावनः ॥ १८
रूपकर्मस्वरूपाणि न परिच्छेदगोचरे ।
यस्याखिलप्रमाणानि स विष्णुर्गर्भगस्तव ॥ १९
त्वं स्वाहा त्वं स्वधा विद्या सुधा त्वं ज्योतिरम्बरे ।
त्वं सर्वलोकरक्षार्थमवतीर्णा महीतले ॥ २०
प्रसीद देवि सर्वस्य जगतश्शं शुभे कुरु ।
प्रीत्या तं धारयेशानं धृतं येनाखिलं जगत् ॥ २१

हे शुभे! समुद्र, पर्वत, नदी, द्वीप, वन और नगरोंसे सुशोभित तथा ग्राम, खर्वट और खेटादिसे सम्पन्न समस्त पृथिवी, सम्पूर्ण अग्नि और जल तथा समस्त वायु, ग्रह, नक्षत्र एवं तारागणोंसे चित्रित तथा सैकड़ों विमानोंसे पूर्ण सबको अवकाश देनेवाला आकाश, भूर्लोक, भुवर्लोक, स्वर्लोक तथा मह, जन, तप और ब्रह्मलोकपर्यन्त सम्पूर्ण ब्रह्माण्ड तथा उसके अन्तर्वर्ती देव, असुर, गन्धर्व, चारण, नाग, यक्ष, राक्षस, प्रेत, गुह्यक, मनुष्य, पशु और जो अन्यान्य जीव हैं, हे यशस्विनि! वे सभी अपने अन्तर्गत होनेके कारण जो श्रीअनन्त सर्वगामी और सर्वभावन हैं तथा जिनके रूप, कर्म, स्वभाव तथा [बालत्व महत्त्व आदि] समस्त परिमाण परिच्छेद (विचार)-के विषय नहीं हो सकते वे ही श्रीविष्णुभगवान् तेरे गर्भमें स्थित हैं॥ १३—१९॥ तू ही स्वाहा, स्वधा, विद्या, सुधा और आकाशस्थिता ज्योति है। सम्पूर्ण लोकोंकी रक्षाके लिये ही तूने पृथिवीमें अवतार लिया है॥ २०॥ हे देवि! तू प्रसन्न हो। हे शुभे! तू सम्पूर्ण जगत्का कल्याण कर। जिसने इस सम्पूर्ण जगत्को धारण किया है उस प्रभुको तू प्रीतिपूर्वक अपने गर्भमें धारण कर॥ २१॥

इति श्रीविष्णुपुराणे पञ्चमेंऽशे द्वितीयोऽध्यायः ॥ २ ॥

तीसरा अध्याय

भगवान्का आविर्भाव तथा योगमायाद्वारा कंसकी वंचना

श्रीपराशर उवाच

एवं संस्तूयमाना सा देवैर्देवमधारयत् ।
गर्भेण पुण्डरीकाक्षं जगतस्त्राणकारणम् ॥ १
ततोऽखिलजगत्पद्मबोधायाच्युतभानुना ।
देवकीपूर्वसन्ध्यायामाविर्भूतं महात्मना ॥ २
तज्जन्मदिनमत्यर्थमाह्लाद्यमलदिङ्मुखम् ।
बभूव सर्वलोकस्य कौमुदी शशिनो यथा ॥ ३
सन्तस्सन्तोषमधिकं प्रशमं चण्डमारुताः ।
प्रसादं निम्नगा याता जायमाने जनार्दने ॥ ४

श्रीपराशरजी बोले—हे मैत्रेय! देवताओंसे इस प्रकार स्तुति की जाती हुई देवकीजीने संसारकी रक्षाके कारण भगवान् पुण्डरीकाक्षको गर्भमें धारण किया॥ १॥ तदनन्तर सम्पूर्ण संसाररूप कमलको विकसित करनेके लिये देवकीरूप पूर्व सन्ध्यामें महात्मा अच्युतरूप सूर्यदेवका आविर्भाव हुआ॥ २॥ चन्द्रमाकी चाँदनीके समान भगवान्का जन्म-दिन सम्पूर्ण जगत्को आह्लादित करनेवाला हुआ और उस दिन सभी दिशाएँ अत्यन्त निर्मल हो गयीं॥ ३॥

श्रीजनार्दनके जन्म लेनेपर सन्तजनोंको परम सन्तोष हुआ, प्रचण्ड वायु शान्त हो गया तथा नदियाँ अत्यन्त स्वच्छ हो गयीं॥ ४॥

सिन्धवो निजशब्देन वाद्यं चक्रुर्मनोहरम्।
जगुर्गन्धर्वपतयो ननृतुश्चाप्सरोगणाः॥ ५
ससृजुः पुष्पवर्षाणि देवा भुव्यन्तरिक्षगाः।
जज्वलुश्चाग्नयश्शान्ता जायमाने जनार्दने॥ ६
मन्दं जगर्जुर्जलदाः पुष्पवृष्टिमुचो द्विज।
अर्द्धरात्रेऽखिलाधारे जायमाने जनार्दने॥ ७
फुल्लेन्दीवरपत्राभं चतुर्बाहुमुदीक्ष्य तम्।
श्रीवत्सवक्षसं जातं तुष्टावानकदुन्दुभिः॥ ८
अभिष्टूय च तं वाग्भिः प्रसन्नाभिर्महामतिः।
विज्ञापयामास तदा कंसाद्भीतो द्विजोत्तम॥ ९

वसुदेव उवाच

जातोऽसि देवदेवेश शङ्खचक्रगदाधरम्।
दिव्यरूपमिदं देव प्रसादेनोपसंहर॥ १०
अद्यैव देव कंसोऽयं कुरुते मम घातनम्।
अवतीर्ण इति ज्ञात्वा त्वमस्मिन्मम मन्दिरे॥ ११

देवक्युवाच

योऽनन्तरूपोऽखिलविश्वरूपो
गर्भेऽपि लोकान्वपुषा बिभर्त्ति।
प्रसीदतामेष स देवदेवो
यो माययाविष्कृतबालरूपः॥ १२
उपसंहर सर्वात्मन् रूपमेतच्चतुर्भुजम्।
जानातु मावतारं ते कंसोऽयं दितिजन्मजः॥ १३

श्रीभगवानुवाच

स्तुतोऽहं यत्त्वया पूर्वं पुत्रार्थिन्या तदद्य ते।
सफलं देवि सञ्जातं जातोऽहं यत्तवोदरात्॥ १४

श्रीपराशर उवाच

इत्युक्त्वा भगवांस्तूष्णीं बभूव मुनिसत्तम।
वसुदेवोऽपि तं रात्रावादाय प्रययौ बहिः॥ १५
मोहिताश्चाभवंस्तत्र रक्षिणो योगनिद्रया।
मथुराद्वारपालाश्च व्रजत्यानकदुन्दुभौ॥ १६

समुद्रगण अपने घोषसे मनोहर बाजे बजाने लगे, गन्धर्वराज गान करने लगे और अप्सराएँ नाचने लगीं॥ ५॥ श्रीजनार्दनके प्रकट होनेपर आकाशगामी देवगण पृथिवीपर पुष्प बरसाने लगे तथा शान्त हुए यज्ञाग्नि फिर प्रज्वलित हो गये॥ ६॥ हे द्विज! अर्द्धरात्रिके समय सर्वाधार भगवान् जनार्दनके आविर्भूत होनेपर पुष्पवर्षा करते हुए मेघगण मन्द-मन्द गर्जना करने लगे॥ ७॥

उन्हें खिले हुए कमलदलकी-सी आभावाले, चतुर्भुज और वक्षःस्थलमें श्रीवत्स-चिह्नसहित उत्पन्न हुए देख आनकदुन्दुभि वसुदेवजी स्तुति करने लगे॥ ८॥ हे द्विजोत्तम! महामति वसुदेवजीने प्रसादयुक्त वचनोंसे भगवान्‌की स्तुति कर कंससे भयभीत रहनेके कारण इस प्रकार निवेदन किया॥ ९॥

वसुदेवजी बोले—हे देवदेवेश्वर! यद्यपि आप [साक्षात् परमेश्वर] प्रकट हुए हैं, तथापि हे देव! मुझपर कृपा करके अब अपने इस शंख-चक्र-गदाधारी दिव्य रूपका उपसंहार कीजिये॥ १०॥ हे देव! यह पता लगते ही कि आप मेरे इस गृहमें अवतीर्ण हुए हैं, कंस इसी समय मेरा सर्वनाश कर देगा॥ ११॥

देवकीजी बोलीं—जो अनन्तरूप और अखिल-विश्वस्वरूप हैं, जो गर्भमें स्थित होकर भी अपने शरीरसे सम्पूर्ण लोकोंको धारण करते हैं तथा जिन्होंने अपनी मायासे ही बालरूप धारण किया है वे देवदेव हमपर प्रसन्न हों॥ १२॥ हे सर्वात्मन्! आप अपने इस चतुर्भुज रूपका उपसंहार कीजिये। भगवन्! यह राक्षसके अंशसे उत्पन्न* कंस आपके इस अवतारका वृत्तान्त न जानने पावे॥ १३॥

श्रीभगवान् बोले—हे देवि! पूर्वजन्ममें तूने जो पुत्रकी कामनासे मुझसे [पुत्ररूपसे उत्पन्न होनेके लिये] प्रार्थना की थी। आज मैंने तेरे गर्भसे जन्म लिया है—इससे तेरी वह कामना पूर्ण हो गयी॥ १४॥

श्रीपराशरजी बोले—हे मुनिश्रेष्ठ! ऐसा कहकर भगवान् मौन हो गये तथा वसुदेवजी भी उन्हें उस रात्रिमें ही लेकर बाहर निकले॥ १५॥ वसुदेवजीके बाहर जाते समय कारागृहरक्षक और मथुराके द्वारपाल योगनिद्राके प्रभावसे अचेत हो गये॥ १६॥

* द्रुमिल नामक राक्षसने राजा उग्रसेनका रूप धारण कर उनकी पत्नीसे संसर्ग किया था। उसीसे कंसका जन्म हुआ। यह कथा हरिवंशमें आयी है।

वर्षतां जलदानां च तोयमत्युल्बणं निशि।
संवृत्यानुययौ शेषः फणैरानकदुन्दुभिम्॥ १७
यमुनां चातिगम्भीरां नानावर्त्तशताकुलाम्।
वसुदेवो वहन्विष्णुं जानुमात्रवहां ययौ॥ १८
कंसस्य करदानाय तत्रैवाभ्यागतांस्तटे।
नन्दादीन् गोपवृद्धांश्च यमुनाया ददर्श सः॥ १९
तस्मिन्काले यशोदापि मोहिता योगनिद्रया।
तामेव कन्यां मैत्रेय प्रसूता मोहते जने॥ २०
वसुदेवोऽपि विन्यस्य बालमादाय दारिकाम्।
यशोदाशयनात्तूर्णमाजगामामितद्युतिः॥ २१
ददृशे च प्रबुद्धा सा यशोदा जातमात्मजम्।
नीलोत्पलदलश्यामं ततोऽत्यर्थं मुदं ययौ॥ २२
आदाय वसुदेवोऽपि दारिकां निजमन्दिरे।
देवकीशयने न्यस्य यथापूर्वमतिष्ठत॥ २३
ततो बालध्वनिं श्रुत्वा रक्षिणस्सहसोत्थिताः।
कंसायावेदयामासुर्देवकीप्रसवं द्विज॥ २४
कंसस्तूर्णमुपेत्यैनां ततो जग्राह बालिकाम्।
मुञ्च मुञ्चेति देवक्या सन्नकण्ठ्या निवारितः॥ २५
चिक्षेप च शिलापृष्ठे सा क्षिप्ता वियति स्थिता।
अवाप रूपं सुमहत्सायुधाष्टमहाभुजम्॥ २६
प्रजहास तथैवोच्चैः कंसं च रुषिताब्रवीत्।
किं मया क्षिप्तया कंस जातो यस्त्वां वधिष्यति॥ २७
सर्वस्वभूतो देवानामासीन्मृत्युः पुरा स ते।
तदेतत्सम्प्रधार्याशु क्रियतां हितमात्मनः॥ २८
इत्युक्त्वा प्रययौ देवी दिव्यस्त्रग्गन्धभूषणा।
पश्यतो भोजराजस्य स्तुता सिद्धैर्विहायसा॥ २९

उस रात्रिके समय वर्षा करते हुए मेघोंकी जलराशिको अपने फणोंसे रोककर श्रीशेषजी आनकदुन्दुभिके पीछे-पीछे चले॥ १७॥ भगवान् विष्णुको ले जाते हुए वसुदेवजी नाना प्रकारके सैकड़ों भँवरोंसे भरी हुई अत्यन्त गम्भीर यमुनाजीको घुटनोंतक रखकर ही पार कर गये॥ १८॥ उन्होंने वहाँ यमुनाजीके तटपर ही कंसको कर देनेके लिये आये हुए नन्द आदि वृद्ध गोपोंको भी देखा॥ १९॥ हे मैत्रेय! इसी समय योगनिद्राके प्रभावसे सब मनुष्योंके मोहित हो जानेपर मोहित हुई यशोदाने भी उसी कन्याको जन्म दिया॥ २०॥

तब अतिशय कान्तिमान् वसुदेवजी भी उस बालकको सुलाकर और कन्याको लेकर तुरन्त यशोदाके शयन-गृहसे चले आये॥ २१॥ जब यशोदाने जागनेपर देखा कि उसके एक नीलकमलदलके समान श्यामवर्ण पुत्र उत्पन्न हुआ है तो उसे अत्यन्त प्रसन्नता हुई॥ २२॥ इधर, वसुदेवजीने कन्याको ले जाकर अपने महलमें देवकीके शयनगृहमें सुला दिया और पूर्ववत् स्थित हो गये॥ २३॥

हे द्विज! तदनन्तर बालकके रोनेका शब्द सुनकर कारागृह-रक्षक सहसा उठ खड़े हुए और देवकीके सन्तान उत्पन्न होनेका वृत्तान्त कंसको सुना दिया॥ २४॥ यह सुनते ही कंसने तुरन्त जाकर देवकीके रुँधे हुए कण्ठसे 'छोड़, छोड़'—ऐसा कहकर रोकनेपर भी उस बालिकाको पकड़ लिया और उसे एक शिलापर पटक दिया। उसके पटकते ही वह आकाशमें स्थित हो गयी और उसने शस्त्रयुक्त एक महान् अष्टभुजरूप धारण कर लिया॥ २५-२६॥

तब उसने ऊँचे स्वरसे अट्टहास किया और कंससे रोषपूर्वक कहा—'अरे कंस! मुझे पटकनेसे तेरा क्या प्रयोजन सिद्ध हुआ? जो तेरा वध करेगा उसने तो [पहले ही] जन्म ले लिया है; देवताओंके सर्वस्व वे हरि ही तुम्हारे [कालनेमिरूप] पूर्वजन्ममें भी काल थे। अतः ऐसा जानकर तू शीघ्र ही अपने हितका उपाय कर'॥ २७-२८॥ ऐसा कह, वह दिव्य माला और चन्दनादिसे विभूषिता तथा सिद्धगणद्वारा स्तुति की जाती हुई देवी भोजराज कंसके देखते-देखते आकाशमार्गसे चली गयी॥ २९॥

इति श्रीविष्णुपुराणे पञ्चमेंऽशे तृतीयोऽध्यायः॥ ३॥

चौथा अध्याय

वसुदेव-देवकीका कारागारसे मोक्ष

श्रीपराशर उवाच

कंसस्तदोद्विग्नमनाः प्राह सर्वान्महासुरान्।
प्रलम्बकेशिप्रमुखानाहूयासुरपुंगवान्॥ १

कंस उवाच

हे प्रलम्ब महाबाहो केशिन् धेनुक पूतने।
अरिष्टाद्यास्तथैवान्ये श्रूयतां वचनं मम॥ २

मां हन्तुममरैर्यत्नः कृतः किल दुरात्मभिः।
मद्वीर्यतापितान्वीरो न त्वेतान्गणयाम्यहम्॥ ३

किमिन्द्रेणाल्पवीर्येण किं हरेणैकचारिणा।
हरिणा वापि किं साध्यं छिद्रेष्वसुरघातिना॥ ४

किमादित्यैः किं वसुभिरल्पवीर्यैः किमग्निभिः।
किं वान्यैरमरैः सर्वैर्मद्बाहुबलनिर्जितैः॥ ५

किं न दृष्टोऽमरपतिर्मया संयुगमेत्य सः।
पृष्ठेनैव वहन्बाणानपागच्छन्न वक्षसा॥ ६

मद्राष्ट्रे वारिता वृष्टिर्यदा शक्रेण किं तदा।
मद्बाणभिन्नैर्जलदैर्नापो मुक्ता यथेप्सिताः॥ ७

किमुर्व्यामवनीपाला मद्बाहुबलभीरवः।
न सर्वे सन्नतिं याता जरासन्धमृते गुरुम्॥ ८

अमरेषु ममावज्ञा जायते दैत्यपुंगवाः।
हास्यं मे जायते वीरास्तेषु यत्नपरेष्वपि॥ ९

तथापि खलु दुष्टानां तेषामप्यधिकं मया।
अपकाराय दैत्येन्द्रा यतनीयं दुरात्मनाम्॥ १०

तद्ये यशस्विनः केचित्पृथिव्यां ये च याजकाः।
कार्यो देवापकाराय तेषां सर्वात्मना वधः॥ ११

श्रीपराशरजी बोले—तब कंसने खिन्नचित्तसे प्रलम्ब और केशी आदि समस्त मुख्य-मुख्य असुरोंको बुलाकर कहा॥ १॥

कंस बोला—हे प्रलम्ब! हे महाबाहो केशिन्! हे धेनुक! हे पूतने! तथा हे अरिष्ट आदि अन्य असुरगण! मेरा वचन सुनो—॥ २॥ यह बात प्रसिद्ध हो रही है कि दुरात्मा देवताओंने मेरे मारनेके लिये कोई यत्न किया है; किन्तु मैं वीर पुरुष अपने वीर्यसे सताये हुए इन लोगोंको कुछ भी नहीं गिनता हूँ॥ ३॥ अल्पवीर्य इन्द्र, अकेले घूमनेवाले महादेव अथवा छिद्र (असावधानीका समय) ढूँढ़कर दैत्योंका वध करनेवाले विष्णुसे उनका क्या कार्य सिद्ध हो सकता है?॥ ४॥ मेरे बाहुबलसे दलित आदित्यों, अल्पवीर्य वसुगणों, अग्नियों अथवा अन्य समस्त देवताओंसे भी मेरा क्या अनिष्ट हो सकता है?॥ ५॥

आपलोगोंने क्या देखा नहीं था कि मेरे साथ युद्धभूमिमें आकर देवराज इन्द्र, वक्षःस्थलमें नहीं, अपनी पीठपर बाणोंकी बौछार सहता हुआ भाग गया था॥ ६॥ जिस समय इन्द्रने मेरे राज्यमें वर्षाका होना बन्द कर दिया था उस समय क्या मेघोंने मेरे बाणोंसे विंधकर ही यथेष्ट जल नहीं बरसाया?॥ ७॥ हमारे गुरु (श्वशुर) जरासन्धको छोड़कर क्या पृथिवीके और सभी नृपतिगण मेरे बाहुबलसे भयभीत होकर मेरे सामने सिर नहीं झुकाते?॥ ८॥

हे दैत्यश्रेष्ठगण! देवताओंके प्रति मेरे चित्तमें अवज्ञा होती है और हे वीरगण! उन्हें अपने (मेरे) वधका यत्न करते देखकर तो मुझे हँसी आती है॥ ९॥ तथापि हे दैत्येन्द्रो! उन दुष्ट और दुरात्माओंके अपकारके लिये मुझे और भी अधिक प्रयत्न करना चाहिये॥ १०॥ अतः पृथिवीमें जो कोई यशस्वी और यज्ञकर्ता हों उनका देवताओंके अपकारके लिये सर्वथा वध कर देना चाहिये॥ ११॥

उत्पन्नश्चापि मे मृत्युर्भूतपूर्वस्स वै किल।
इत्येतद्दारिका प्राह देवकीगर्भसम्भवा॥ १२
तस्माद्बालेषु च परो यत्नः कार्यो महीतले।
यत्रोद्रिक्तं बलं बाले स हन्तव्यः प्रयत्नतः॥ १३
इत्याज्ञाप्यासुरान्कंसः प्रविश्याशु गृहं ततः।
मुमोच वसुदेवं च देवकीं च निरोधतः॥ १४

कंस उवाच

युवयोर्घातिता गर्भा वृथैवैते मयाधुना।
कोऽप्यन्य एव नाशाय बालो मम समुद्गतः॥ १५
तदलं परितापेन नूनं तद्भाविनो हि ते।
अर्भका युवयोर्दोषाच्चायुषो यद्वियोजिताः॥ १६

श्रीपराशर उवाच

इत्याश्वास्य विमुक्त्वा च कंसस्तौ परिशंकितः।
अन्तर्गृहं द्विजश्रेष्ठ प्रविवेश ततः स्वकम्॥ १७

देवकीके गर्भसे उत्पन्न हुई बालिकाने यह भी कहा है कि, वह मेरा भूतपूर्व (प्रथम जन्मका) काल निश्चय ही उत्पन्न हो चुका है॥ १२॥ अतः आजकल पृथिवीपर उत्पन्न हुए बालकोंके विषयमें विशेष सावधानी रखनी चाहिये और जिस बालकमें विशेष बलका उद्रेक हो उसे यत्नपूर्वक मार डालना चाहिये॥ १३॥ असुरोंको इस प्रकार आज्ञा दे कंसने कारागृहमें जाकर तुरन्त ही वसुदेव और देवकीको बन्धनसे मुक्त कर दिया॥ १४॥

कंस बोला—मैंने अबतक आप दोनोंके बालकोंकी तो वृथा ही हत्या की, मेरा नाश करनेके लिये तो कोई और ही बालक उत्पन्न हो गया है॥ १५॥ परन्तु आपलोग इसका कुछ दु:ख न मानें; क्योंकि उन बालकोंकी होनहार ऐसी ही थी। आपलोगोंके प्रारब्धदोषसे ही उन बालकोंको अपने जीवनसे हाथ धोना पड़ा है॥ १६॥

श्रीपराशरजी बोले—हे द्विजश्रेष्ठ! उन्हें इस प्रकार ढाँढ़स बँधा और बन्धनसे मुक्तकर कंसने शंकित चित्तसे अपने अन्तःपुरमें प्रवेश किया॥ १७॥

इति श्रीविष्णुपुराणे पञ्चमेंऽशे चतुर्थोऽध्यायः॥ ४॥

पाँचवाँ अध्याय

पूतना-वध

श्रीपराशर उवाच

विमुक्तो वसुदेवोऽपि नन्दस्य शकटं गतः।
प्रहृष्टं दृष्टवान्नन्दं पुत्रो जातो ममेति वै॥ १
वसुदेवोऽपि तं प्राह दिष्ट्या दिष्ट्येति सादरम्।
वार्द्धकेऽपि समुत्पन्नस्तनयोऽयं तवाधुना॥ २
दत्तो हि वार्षिकस्सर्वो भवद्भिर्नृपतेः करः।
यदर्थमागतास्तस्मान्नात्र स्थेयं महाधनैः॥ ३
यदर्थमागताः कार्यं तन्निष्पन्नं किमास्यते।
भवद्भिर्गम्यतां नन्द तच्छीघ्रं निजगोकुलम्॥ ४
ममापि बालकस्तत्र रोहिणीप्रभवो हि यः।
स रक्षणीयो भवता यथायं तनयो निजः॥ ५
इत्युक्ताः प्रययुर्गोपा नन्दगोपपुरोगमाः।
शकटारोपितैर्भाण्डैः करं दत्त्वा महाबलाः॥ ६

श्रीपराशरजी बोले—बन्दीगृहसे छूटते ही वसुदेवजी नन्दजीके छकड़ेके पास गये तो उन्हें इस समाचारसे अत्यन्त प्रसन्न देखा कि 'मेरे पुत्रका जन्म हुआ है'॥ १॥ तब वसुदेवजीने भी उनसे आदरपूर्वक कहा—अब वृद्धावस्थामें भी आपने पुत्रका मुख देख लिया यह बड़े ही सौभाग्यकी बात है॥ २॥ आपलोग जिसलिये यहाँ आये थे वह राजाका सारा वार्षिक कर दे ही चुके हैं। यहाँ धनवान् पुरुषोंको और अधिक न ठहरना चाहिये॥ ३॥ आपलोग जिसलिये यहाँ आये थे वह कार्य पूरा हो चुका, अब और अधिक किसलिये ठहरे हुए हैं? [यहाँ देरतक ठहरना ठीक नहीं है] अतः हे नन्दजी! आपलोग शीघ्र ही अपने गोकुलको जाइये॥ ४॥ वहाँपर रोहिणीसे उत्पन्न हुआ जो मेरा पुत्र है उसकी भी आप उसी तरह रक्षा कीजियेगा जैसे अपने इस बालककी॥ ५॥

वसुदेवजीके ऐसा कहनेपर नन्द आदि महाबलवान् गोपगण छकड़ोंमें रखकर लाये हुए भाण्डोंसे कर चुकाकर चले गये॥ ६॥

वसतां गोकुले तेषां पूतना बालघातिनी।
सुप्तं कृष्णमुपादाय रात्रौ तस्मै स्तनं ददौ॥ ७
यस्मै यस्मै स्तनं रात्रौ पूतना सम्प्रयच्छति।
तस्य तस्य क्षणेनाङ्गं बालकस्योपहन्यते॥ ८
कृष्णस्तु तत्स्तनं गाढं कराभ्यामतिपीडितम्।
गृहीत्वा प्राणसहितं पपौ क्रोधसमन्वितः॥ ९
सातिमुक्तमहारावा विच्छिन्नस्नायुबन्धना।
पपात पूतना भूमौ म्रियमाणातिभीषणा॥ १०
तन्नादश्रुतिसन्त्रस्ताः प्रबुद्धास्ते व्रजौकसः।
ददृशुः पूतनोत्सङ्गे कृष्णं तां च निपातिताम्॥ ११
आदाय कृष्णं सन्त्रस्ता यशोदापि द्विजोत्तम।
गोपुच्छभ्रामणेनाथ बालदोषमपाकरोत्॥ १२
गोपुरीषमुपादाय नन्दगोपोऽपि मस्तके।
कृष्णस्य प्रददौ रक्षां कुर्वंश्चैतदुदीरयन्॥ १३

नन्दगोप उवाच

रक्षतु त्वामशेषाणां भूतानां प्रभवो हरिः।
यस्य नाभिसमुद्भूतपङ्कजादभवज्जगत्॥ १४
येन दंष्ट्राग्रविधृता धारयत्यवनिर्जगत्।
वराहरूपधृग्देवस्स त्वां रक्षतु केशवः॥ १५
नखाङ्कुरविनिर्भिन्नवैरिवक्षस्स्थलो विभुः।
नृसिंहरूपी सर्वत्र रक्षतु त्वां जनार्दनः॥ १६
वामनो रक्षतु सदा भवन्तं यः क्षणादभूत्।
त्रिविक्रमः क्रमाक्रान्तत्रैलोक्यः स्फुरदायुधः॥ १७
शिरस्ते पातु गोविन्दः कण्ठं रक्षतु केशवः।
गुह्यं च जठरं विष्णुर्जङ्घे पादौ जनार्दनः॥ १८
मुखं बाहू प्रबाहू च मनः सर्वेन्द्रियाणि च।
रक्षत्वव्याहतैश्वर्यस्तव नारायणोऽव्ययः॥ १९
शार्ङ्गचक्रगदापाणेश्शङ्खनादहताः क्षयम्।
गच्छन्तु प्रेतकूष्माण्डराक्षसा ये तवाहिताः॥ २०

उनके गोकुलमें रहते समय बालघातिनी पूतनाने रात्रिके समय सोये हुए कृष्णको गोदमें लेकर उनके मुखमें अपना स्तन दे दिया॥ ७॥ रात्रिके समय पूतना जिस-जिस बालकके मुखमें अपना स्तन दे देती थी उसीका शरीर तत्काल नष्ट हो जाता था॥ ८॥ कृष्णचन्द्रने क्रोधपूर्वक उसके स्तनको अपने हाथोंसे खूब दबाकर पकड़ लिया और उसे उसके प्राणोंके सहित पीने लगे॥ ९॥ तब स्नायु-बन्धनोंके शिथिल हो जानेसे पूतना घोर शब्द करती हुई मरते समय महाभयंकर रूप धारणकर पृथिवीपर गिर पड़ी॥ १०॥ उसके घोर नादको सुनकर भयभीत हुए व्रजवासीगण जाग उठे और देखा कि कृष्ण पूतनाकी गोदमें हैं और वह मारी गयी है॥ ११॥

हे द्विजोत्तम! तब भयभीता यशोदाने कृष्णको गोदमें लेकर उन्हें गौकी पूँछसे झाड़कर बालकका ग्रह-दोष निवारण किया॥ १२॥ नन्दगोपने भी आगेके वाक्य कहकर विधिपूर्वक रक्षा करते हुए कृष्णके मस्तकपर गोबरका चूर्ण लगाया॥ १३॥

नन्दगोप बोले—जिनकी नाभिसे प्रकट हुए कमलसे सम्पूर्ण जगत् उत्पन्न हुआ है वे सम्पूर्ण भूतोंके आदिस्थान श्रीहरि तेरी रक्षा करें॥ १४॥ जिनकी दाढ़ोंके अग्रभागपर स्थापित होकर भूमि सम्पूर्ण जगत्को धारण करती है, वे वराह-रूप-धारी श्रीकेशव तेरी रक्षा करें॥ १५॥ जिन विभुने अपने नखाग्रोंसे शत्रुके वक्षःस्थलको विदीर्ण कर दिया था, वे नृसिंहरूपी जनार्दन तेरी सर्वत्र रक्षा करें॥ १६॥ जिन्होंने क्षणमात्रमें सशस्त्र त्रिविक्रमरूप धारण करके अपने तीन पगोंसे त्रिलोकीको नाप लिया था, वे वामनभगवान् तेरी सर्वदा रक्षा करें॥ १७॥ गोविन्द तेरे सिरकी, केशव कण्ठकी, विष्णु गुह्यस्थान और जठरकी तथा जनार्दन जंघा और चरणोंकी रक्षा करें॥ १८॥ तेरे मुख, बाहु, प्रबाहु,* मन और सम्पूर्ण इन्द्रियोंकी अखण्ड-ऐश्वर्यसे सम्पन्न अविनाशी श्रीनारायण रक्षा करें॥ १९॥ तेरे अनिष्ट करनेवाले जो प्रेत, कूष्माण्ड और राक्षस हों वे शार्ङ्ग धनुष, चक्र और गदा धारण करनेवाले विष्णुभगवान्की शंख-ध्वनिसे नष्ट हो जायँ॥ २०॥

*घुटनेके नीचेका भाग।

त्वां पातु दिक्षु वैकुण्ठो विदिक्षु मधुसूदनः।
हृषीकेशोऽम्बरे भूमौ रक्षतु त्वां महीधरः॥ २१

भगवान् वैकुण्ठ दिशाओंमें, मधुसूदन विदिशाओं (कोणों)-में, हृषीकेश आकाशमें तथा पृथिवीको धारण करनेवाले श्रीशेषजी पृथिवीपर तेरी रक्षा करें॥ २१॥

श्रीपराशर उवाच

एवं कृतस्वस्त्ययनो नन्दगोपेन बालकः।
शायितश्शकटस्याधो बालपर्यङ्किकातले॥ २२
ते च गोपा महद्दृष्ट्वा पूतनायाः कलेवरम्।
मृतायाः परमं त्रासं विस्मयं च तदा ययुः॥ २३

श्रीपराशरजी बोले—इस प्रकार स्वस्तिवाचन कर नन्दगोपने बालक कृष्णको छकड़ेके नीचे एक खटोलेपर सुला दिया॥ २२॥ मरी हुई पूतनाके महान् कलेवरको देखकर उन सभी गोपोंको अत्यन्त भय और विस्मय हुआ॥ २३॥

इति श्रीविष्णुपुराणे पञ्चमेंऽशे पञ्चमोऽध्यायः॥ ५॥

छठा अध्याय

शकटभंजन, यमलार्जुन-उद्धार, व्रजवासियोंका गोकुलसे वृन्दावनमें जाना और वर्षा-वर्णन

श्रीपराशर उवाच

कदाचिच्छकटस्याधश्शयानो मधुसूदनः।
चिक्षेप चरणावूर्ध्वं स्तन्यार्थी प्ररुरोद ह॥ १
तस्य पादप्रहारेण शकटं परिवर्तितम्।
विध्वस्तकुम्भभाण्डं तद्विपरीतं पपात वै॥ २
ततो हाहाकृतं सर्वो गोपगोपीजनो द्विज।
आजगामाथ ददृशे बालमुत्तानशायिनम्॥ ३
गोपाः केनेति केनेदं शकटं परिवर्तितम्।
तत्रैव बालकाः प्रोचुर्बालेनानेन पातितम्॥ ४
रुदता दृष्टमस्माभिः पादविक्षेपपातितम्।
शकटं परिवृत्तं वै नैतदन्यस्य चेष्टितम्॥ ५

श्रीपराशरजी बोले—एक दिन छकड़ेके नीचे सोये हुए मधुसूदनने दूधके लिये रोते-रोते ऊपरको लात मारी॥ १॥ उनकी लात लगते ही वह छकड़ा लोट गया, उसमें रखे हुए कुम्भ और भाण्ड आदि फूट गये और वह उलटा जा पड़ा॥ २॥ हे द्विज! उस समय हाहाकार मच गया, समस्त गोप-गोपीगण वहाँ आ पहुँचे और उस बालकको उतान सोये हुए देखा॥ ३॥ तब गोपगण पूछने लगे कि 'इस छकड़ेको किसने उलट दिया, किसने उलट दिया?' तो वहाँपर खेलते हुए बालकोंने कहा—''इस कृष्णने ही गिराया है॥ ४॥ हमने अपनी आँखोंसे देखा है कि रोते-रोते इसकी लात लगनेसे ही यह छकड़ा गिरकर उलट गया है। यह और किसीका काम नहीं है''॥ ५॥

ततः पुनरतीवासन्गोपा विस्मयचेतसः।
नन्दगोपोऽपि जग्राह बालमत्यन्तविस्मितः॥ ६
यशोदा शकटारूढभग्नभाण्डकपालिकाः।
शकटं चार्चयामास दधिपुष्पफलाक्षतैः॥ ७

यह सुनकर गोपगणके चित्तमें अत्यन्त विस्मय हुआ तथा नन्दगोपने अत्यन्त चकित होकर बालकको उठा लिया॥ ६॥ फिर यशोदाने भी छकड़ेमें रखे हुए फूटे भाण्डोंके टुकड़ोंकी और उस छकड़ेकी दही, पुष्प, अक्षत और फल आदिसे पूजा की॥ ७॥

गर्गश्च गोकुले तत्र वसुदेवप्रचोदितः।
प्रच्छन्न एव गोपानां संस्कारानकरोत्तयोः॥ ८
ज्येष्ठं च राममित्याह कृष्णं चैव तथावरम्।
गर्गो मतिमतां श्रेष्ठो नाम कुर्वन्महामतिः॥ ९

इसी समय वसुदेवजीके कहनेसे गर्गाचार्यने गोपोंसे छिपे-छिपे गोकुलमें आकर उन दोनों बालकोंके [द्विजोचित] संस्कार किये॥ ८॥ उन दोनोंके नामकरण-संस्कार करते हुए महामति गर्गजीने बड़ेका नाम राम और छोटेका कृष्ण बतलाया॥ ९॥

स्वल्पेनैव तु कालेन रिङ्गिणौ तौ तदा व्रजे।
घृष्टजानुकरौ विप्र बभूवतुरुभावपि॥ १०
करीषभस्मदिग्धाङ्गौ भ्रममाणावितस्ततः।
न निवारयितुं शेके यशोदा तौ न रोहिणी॥ ११
गोवाटमध्ये क्रीडन्तौ वत्सवाटं गतौ पुनः।
तदहर्जातगोवत्सपुच्छाकर्षणतत्परौ॥ १२
यदा यशोदा तौ बालावेकस्थानचरावुभौ।
शशाक नो वारयितुं क्रीडन्तावतिचञ्चलौ॥ १३
दाम्ना मध्ये ततो बद्ध्वा बबन्ध तमुलूखले।
कृष्णमक्लिष्टकर्माणमाह चेदममर्षिता॥ १४
यदि शक्नोषि गच्छ त्वमतिचञ्चलचेष्टित।
इत्युक्त्वाथ निजं कर्म सा चकार कुटुम्बिनी॥ १५
व्यग्रायामथ तस्यां स कर्षमाण उलूखलम्।
यमलार्जुनमध्येन जगाम कमलेक्षणः॥ १६
कर्षता वृक्षयोर्मध्ये तिर्यग्गतमुलूखलम्।
भग्नावुत्तुङ्गशाखाग्रौ तेन तौ यमलार्जुनौ॥ १७
ततः कटकटाशब्दसमाकर्णनतत्परः।
आजगाम व्रजजनो ददर्श च महाद्रुमौ॥ १८
नवोद्गताल्पदन्तांशुसितहासं च बालकम्।
तयोर्मध्यगतं दाम्ना बद्धं गाढं तथोदरे॥ १९
ततश्च दामोदरतां स ययौ दामबन्धनात्॥ २०
गोपवृद्धास्ततः सर्वे नन्दगोपपुरोगमाः।
मन्त्रयामासुरुद्विग्ना महोत्पातातिभीरवः॥ २१
स्थानेनेह न नः कार्यं व्रजामोऽन्यन्महावनम्।
उत्पाता बहवो ह्यत्र दृश्यन्ते नाशहेतवः॥ २२
पूतनाया विनाशश्च शकटस्य विपर्ययः।
विना वातादिदोषेण द्रुमयोः पतनं तथा॥ २३
वृन्दावनमितः स्थानात्तस्माद्गच्छाम मा चिरम्।
यावद्भौममहोत्पातदोषो नाभिभवेद्व्रजम्॥ २४
इति कृत्वा मतिं सर्वे गमने ते व्रजौकसः।
ऊचुस्स्वं स्वं कुलं शीघ्रं गम्यतां मा विलम्बथ॥ २५

हे विप्र! वे दोनों बालक थोड़े ही दिनोंमें गौओंके गोष्ठमें रेंगते-रेंगते हाथ और घुटनोंके बल चलनेवाले हो गये॥ १०॥ गोबर और राख-भरे शरीरसे इधर-उधर घूमते हुए उन बालकोंको यशोदा और रोहिणी रोक नहीं सकती थीं॥ ११॥ कभी वे गौओंके घोषमें खेलते और कभी बछड़ोंके मध्यमें चले जाते तथा कभी उसी दिन जन्मे हुए बछड़ोंकी पूँछ पकड़कर खींचने लगते॥ १२॥

एक दिन जब यशोदा, सदा एक ही स्थानपर साथ-साथ खेलनेवाले उन दोनों अत्यन्त चंचल बालकोंको न रोक सकी तो उसने अनायास ही सब कर्म करनेवाले कृष्णको रस्सीसे कटिभागमें कसकर ऊखलमें बाँध दिया और रोषपूर्वक इस प्रकार कहने लगी—॥ १३-१४॥ "अरे चंचल! अब तुझमें सामर्थ्य हो तो चला जा।" ऐसा कहकर कुटुम्बिनी यशोदा अपने घरके धन्धेमें लग गयी॥ १५॥

उसके गृहकार्यमें व्यग्र हो जानेपर कमलनयन कृष्ण ऊखलको खींचते-खींचते यमलार्जुनके बीचमें गये॥ १६॥ और उन दोनों वृक्षोंके बीचमें तिरछी पड़ी हुई ऊखलको खींचते हुए उन्होंने ऊँची शाखाओंवाले यमलार्जुन वृक्षको उखाड़ डाला॥ १७॥ तब उनके उखड़नेका कट-कट शब्द सुनकर वहाँ व्रजवासीलोग दौड़ आये और उन दोनों महावृक्षोंको तथा उनके बीचमें कमरमें रस्सीसे कसकर बँधे हुए बालकको नन्हें-नन्हें अल्प दाँतोंकी श्वेत किरणोंसे शुभ्र हास करते देखा। तभीसे रस्सीसे बँधनेके कारण उनका नाम दामोदर पड़ा॥ १८—२०॥

तब नन्दगोप आदि समस्त वृद्ध गोपोंने महान् उत्पातोंके कारण अत्यन्त भयभीत होकर आपसमें यह सलाह की—॥ २१॥ 'अब इस स्थानपर रहनेका हमारा कोई प्रयोजन नहीं है, हमें किसी और महावनको चलना चाहिये, क्योंकि यहाँ नाशके कारणस्वरूप, पूतना-वध, छकडेका लोट जाना तथा आँधी आदि किसी दोषके बिना ही वृक्षोंका गिर पड़ना इत्यादि बहुत-से उत्पात दिखायी देने लगे हैं॥ २२-२३॥ अतः जबतक कोई भूमिसम्बन्धी महान् उत्पात व्रजको नष्ट न करे तबतक शीघ्र ही हमलोग इस स्थानसे वृन्दावनको चल दें'॥ २४॥

इस प्रकार वे समस्त व्रजवासी चलनेका विचारकर अपने-अपने कुटुम्बके लोगोंसे कहने लगे—'शीघ्र ही चलो, देरी मत करो'॥ २५॥

ततः क्षणेन प्रययुः शकटैर्गोधनैस्तथा।
यूथशो वत्सपालाश्च कालयन्तो व्रजौकसः॥ २६

द्रव्यावयवनिर्द्धूतं क्षणमात्रेण तत्तथा।
काकभाससमाकीर्णं व्रजस्थानमभूद्द्विज॥ २७

वृन्दावनं भगवता कृष्णेनाक्लिष्टकर्मणा।
शुभेन मनसा ध्यातं गवां सिद्धिमभीप्सता॥ २८

ततस्तत्रातिरूक्षेऽपि घर्मकाले द्विजोत्तम।
प्रावृट्काल इवोद्भूतं नवशष्पं समन्ततः॥ २९

स समावासितः सर्वो व्रजो वृन्दावने ततः।
शकटीवाटपर्यन्तश्चन्द्रार्द्धाकारसंस्थितिः॥ ३०

वत्सपालौ च संवृत्तौ रामदामोदरौ ततः।
एकस्थानस्थितौ गोष्ठे चेरतुर्बाललीलया॥ ३१

बर्हिपत्रकृतापीडौ वन्यपुष्पावतंसकौ।
गोपवेणुकृतातोद्यपत्रवाद्यकृतस्वनौ॥ ३२

काकपक्षधरौ बालौ कुमाराविव पावकी।
हसन्तौ च रमन्तौ च चेरतुः स्म महावनम्॥ ३३

क्वचिद्वहन्तावन्योन्यं क्रीडमानौ तथा परैः।
गोपपुत्रैस्समं वत्सांश्चारयन्तौ विचेरतुः॥ ३४

कालेन गच्छता तौ तु सप्तवर्षौ महाव्रजे।
सर्वस्य जगतः पालौ वत्सपालौ बभूवतुः॥ ३५

प्रावृट्कालस्ततोऽतीवमेघौघस्थगिताम्बरः।
बभूव वारिधाराभिरैक्यं कुर्वन्दिशामिव॥ ३६

प्ररूढनवशष्पाढ्या शक्रगोपाचिता मही।
तथा मारकतीवासीत्पद्मरागविभूषिता॥ ३७

ऊहुरुन्मार्गवाहीनि निम्नगाम्भांसि सर्वतः।
मनांसि दुर्विनीतानां प्राप्य लक्ष्मीं नवामिव॥ ३८

न रेजेऽन्तरितश्चन्द्रो निर्मलो मलिनैर्घनैः।
सद्वादिवादो मूर्खाणां प्रगल्भाभिरिवोक्तिभिः॥ ३९

तब वे व्रजवासी वत्सपाल दल बाँधकर एक क्षणमें ही छकड़ों और गौओंके साथ उन्हें हाँकते हुए चल दिये॥ २६॥ हे द्विज! वस्तुओंके अवशिष्टांशोंसे युक्त वह व्रजभूमि क्षणभरमें ही काक तथा भास आदि पक्षियोंसे व्याप्त हो गयी॥ २७॥

तब लीलाविहारी भगवान् कृष्णने गौओंकी अभिवृद्धिकी इच्छासे अपने शुद्धचित्तसे वृन्दावन (नित्य-वृन्दावनधाम)-का चिन्तन किया॥ २८॥ इससे, हे द्विजोत्तम! अत्यन्त रूक्ष ग्रीष्मकालमें भी वहाँ वर्षाऋतुके समान सब ओर नवीन दूब उत्पन्न हो गयी॥ २९॥ तब चारों ओर अर्द्धचन्द्राकारसे छकड़ोंकी बाड़ लगाकर वे समस्त व्रजवासी वृन्दावनमें रहने लगे॥ ३०॥

तदनन्तर राम और कृष्ण भी बछड़ोंके रक्षक हो गये और एक स्थानपर रहकर गोष्ठमें बाललीला करते हुए विचरने लगे॥ ३१॥ वे काकपक्षधारी दोनों बालक सिरपर मयूर-पिच्छका मुकुट धारणकर तथा वन्यपुष्पोंके कर्णभूषण पहन ग्वालोचित वंशी आदिसे सब प्रकारके बाजोंकी ध्वनि करते तथा पत्तोंके बाजेसे ही नाना प्रकारकी ध्वनि निकालते, स्कन्दके अंशभूत शाख-विशाख कुमारोंके समान हँसते और खेलते हुए उस महावनमें विचरने लगे॥ ३२-३३॥ कभी एक-दूसरेको अपने पीठपर ले जाते तथा कभी अन्य ग्वाल-बालोंके साथ खेलते हुए वे बछड़ोंको चराते साथ-साथ घूमते रहते॥ ३४॥ इस प्रकार उस महाव्रजमें रहते-रहते कुछ समय बीतनेपर वे निखिललोकपालक वत्सपाल सात वर्षके हो गये॥ ३५॥

तब मेघसमूहसे आकाशको आच्छादित करता हुआ तथा अतिशय वारिधाराओंसे दिशाओंको एकरूप करता हुआ वर्षाकाल आया॥ ३६॥ उस समय नवीन दूर्वाके बढ़ जाने और वीरबहूटियोंसे* व्याप्त हो जानेके कारण पृथिवी पद्मरागविभूषिता मरकतमयी-सी जान पड़ने लगी॥ ३७॥ जिस प्रकार नया धन पाकर दुष्ट पुरुषोंका चित्त उच्छृंखल हो जाता है, उसी प्रकार नदियोंका जल सब ओर अपना निर्दिष्ट मार्ग छोड़कर बहने लगा॥ ३८॥ जैसे मूर्ख मनुष्योंकी धृष्टतापूर्ण उक्तियोंसे अच्छे वक्ताकी वाणी भी मलिन पड़ जाती है वैसे ही मलिन मेघोंसे आच्छादित रहनेके कारण निर्मल चन्द्रमा भी शोभाहीन हो गया॥ ३९॥

* एक प्रकारके लाल कीड़े, जो वर्षा-कालमें उत्पन्न होते हैं, उन्हें शक्रगोप और वीरबहूटी कहते हैं।

निर्गुणेनापि चापेन शक्रस्य गगने पदम्।
अवाप्यताविवेकस्य नृपस्येव परिग्रहे॥ ४०

मेघपृष्ठे बलाकानां रराज विमला ततिः।
दुर्वृत्ते वृत्तचेष्टेव कुलीनस्यातिशोभना॥ ४१

न बबन्धाम्बरे स्थैर्यं विद्युदत्यन्तचञ्चला।
मैत्रीव प्रवरे पुंसि दुर्जनेन प्रयोजिता॥ ४२

मार्गा बभूवुरस्पष्टास्तृणशष्पचयावृताः।
अर्थान्तरमनुप्राप्ताः प्रजडानामिवोक्तयः॥ ४३

उन्मत्तशिखिसारङ्गे तस्मिन्काले महावने।
कृष्णरामौ मुदा युक्तौ गोपालैश्चेरतुस्सह॥ ४४

क्वचिद्गोभिस्समं रम्यं गेयतानरतावुभौ।
चेरतुः क्वचिदत्यर्थं शीतवृक्षतलाश्रितौ॥ ४५

क्वचित्कदम्बस्त्रक्चित्रौ मयूरस्त्रग्विराजितौ।
विलिप्तौ क्वचिदासातां विविधैर्गिरिधातुभिः॥ ४६

पर्णशय्यासु संसुप्तौ क्वचिन्निद्रान्तरैषिणौ।
क्वचिद्गर्जति जीमूते हाहाकाररवाकुलौ॥ ४७

गायतामन्यगोपानां प्रशंसापरमौ क्वचित्।
मयूरकेकानुगतौ गोपवेणुप्रवादकौ॥ ४८

इति नानाविधैर्भावैरुत्तमप्रीतिसंयुतौ।
क्रीडन्तौ तौ वने तस्मिंश्चेरतुस्तुष्टमानसौ॥ ४९

विकाले च समं गोभिर्गोपवृन्दसमन्वितौ।
विहृत्याथ यथायोगं व्रजमेत्य महाबलौ॥ ५०

गोपैस्समानैस्सहितौ क्रीडन्तावमराविव।
एवं तावूषतुस्तत्र रामकृष्णौ महाद्युती॥ ५१

जिस प्रकार विवेकहीन राजाके संगमें गुणहीन मनुष्य भी प्रतिष्ठा प्राप्त कर लेता है, उसी प्रकार आकाशमण्डलमें गुणरहित इन्द्र-धनुष स्थित हो गया॥ ४०॥ दुराचारी पुरुषमें कुलीन पुरुषकी निष्कपट शुभ चेष्टाके समान मेघमण्डलमें बगुलोंकी निर्मल पंक्ति सुशोभित होने लगी॥ ४१॥ श्रेष्ठ पुरुषके साथ दुर्जनकी मित्रताके समान अत्यन्त चंचला विद्युत् आकाशमें स्थिर न रह सकी॥ ४२॥ महामूर्ख मनुष्योंकी अन्यार्थिका उक्तियोंके समान मार्ग तृण और दूबसमूहसे आच्छादित होकर अस्पष्ट हो गये॥ ४३॥

उस समय उन्मत्त मयूर और चातकगणसे सुशोभित महावनमें कृष्ण और राम प्रसन्नतापूर्वक गोपकुमारोंके साथ विचरने लगे॥ ४४॥ वे दोनों कभी गौओंके साथ मनोहर गान और तान छेड़ते तथा कभी अत्यन्त शीतल वृक्षतलका आश्रय लेते हुए विचरते रहते थे॥ ४५॥ वे कभी तो कदम्बपुष्पोंके हारसे विचित्र वेष बना लेते, कभी मयूरपिच्छकी मालासे सुशोभित होते और कभी नाना प्रकारकी पर्वतीय धातुओंसे अपने शरीरको लिप्त कर लेते॥ ४६॥ कभी कुछ झपकी लेनेकी इच्छासे पत्तोंकी शय्यापर लेट जाते और कभी मेघके गर्जनेपर 'हा-हा' करके कोलाहल मचाने लगते॥ ४७॥ कभी दूसरे गोपोंके गानेपर आप दोनों उसकी प्रशंसा करते और कभी ग्वालोंकी-सी बाँसुरी बजाते हुए मयूरकी बोलीका अनुकरण करने लगते॥ ४८॥

इस प्रकार वे दोनों अत्यन्त प्रीतिके साथ नाना प्रकारके भावोंसे परस्पर खेलते हुए प्रसन्नचित्तसे उस वनमें विचरने लगे॥ ४९॥ सायंकालके समय वे महाबली बालक वनमें यथायोग्य विहार करनेके अनन्तर गौ और ग्वाल-बालोंके साथ व्रजमें लौट आते थे॥ ५०॥ इस तरह अपने समवयस्क गोपगणके साथ देवताओंके समान क्रीडा करते हुए वे महातेजस्वी राम और कृष्ण वहाँ रहने लगे॥ ५१॥

इति श्रीविष्णुपुराणे पञ्चमेंऽशे षष्ठोऽध्यायः॥ ६॥

सातवाँ अध्याय

कालिय-दमन

श्रीपराशर उवाच

एकदा तु विना रामं कृष्णो वृन्दावनं ययौ।
विचचार वृतो गोपैर्वन्यपुष्पस्रगुज्ज्वलः॥ १
स जगामाथ कालिन्दीं लोलकल्लोलशालिनीम्।
तीरसंलग्नफेनौघैर्हसन्तीमिव सर्वतः॥ २
तस्याञ्चातिमहाभीमं विषाग्निश्रितवारिकम्।
ह्रदं कालियनागस्य ददर्शातिविभीषणम्॥ ३
विषाग्निना प्रसरता दग्धतीरमहीरुहम्।
वाताहताम्बुविक्षेपस्पर्शदग्धविहङ्गमम्॥ ४
तमतीव महारौद्रं मृत्युवक्त्रमिवापरम्।
विलोक्य चिन्तयामास भगवान्मधुसूदनः॥ ५
अस्मिन्वसति दुष्टात्मा कालियोऽसौ विषायुधः।
यो मया निर्जितस्त्यक्त्वा दुष्टो नष्टः पयोनिधिम्॥ ६
तेनेयं दूषिता सर्वा यमुना सागरङ्गमा।
न नरैर्गोधनैश्चापि तृषार्तैरुपभुज्यते॥ ७
तदस्य नागराजस्य कर्तव्यो निग्रहो मया।
निस्त्रासास्तु सुखं येन चरेयुर्व्रजवासिनः॥ ८
एतदर्थं तु लोकेऽस्मिन्नवतारः कृतो मया।
यदेषामुत्पथस्थानां कार्या शान्तिर्दुरात्मनाम्॥ ९
तदेतं नातिदूरस्थं कदम्बमुरुशाखिनम्।
अधिरुह्य पतिष्यामि ह्रदेऽस्मिन्ननिलाशिनः॥ १०

श्रीपराशर उवाच

इत्थं विचिन्त्य बद्ध्वा च गाढं परिकरं ततः।
निपपात ह्रदे तत्र नागराजस्य वेगतः॥ ११
तेनातिपतता तत्र क्षोभितस्स महाह्रदः।
अत्यर्थं दूरजातांस्तु समसिञ्चन्महीरुहान्॥ १२

श्रीपराशरजी बोले—एक दिन रामको बिना साथ लिये कृष्ण अकेले ही वृन्दावनको गये और वहाँ वन्य पुष्पोंकी मालाओंसे सुशोभित हो गोपगणसे घिरे हुए विचरने लगे॥ १॥ घूमते-घूमते वे चंचल तरंगोंसे शोभित यमुनाके तटपर जा पहुँचे जो किनारोंपर फेनके इकट्ठे हो जानेसे मानो सब ओरसे हँस रही थी॥ २॥ यमुनाजीमें उन्होंने विषाग्निसे सन्तप्त जलवाला कालियनागका महाभयंकर कुण्ड देखा॥ ३॥ उसकी विषाग्निके प्रसारसे किनारेके वृक्ष जल गये थे और वायुके थपेड़ोंसे उछलते हुए जलकणोंका स्पर्श होनेसे पक्षिगण दग्ध हो जाते थे॥ ४॥

मृत्युके अपर मुखके समान उस महाभयंकर कुण्डको देखकर भगवान् मधुसूदनने विचार किया—॥ ५॥ 'इसमें दुष्टात्मा कालियनाग रहता है जिसका विष ही शस्त्र है और जो दुष्ट मुझ [अर्थात् मेरी विभूति गरुड]-से पराजित हो समुद्रको छोड़कर भाग आया है॥ ६॥ इसने इस समुद्रगामिनी सम्पूर्ण यमुनाको दूषित कर दिया है, अब इसका जल प्यासे मनुष्यों और गौओंके भी काममें नहीं आता है॥ ७॥ अतः मुझे इस नागराजका दमन करना चाहिये, जिससे व्रजवासी लोग निर्भय होकर सुखपूर्वक रह सकें॥ ८॥ 'इन कुमार्गगामी दुरात्माओंको शान्त करना चाहिये, इसलिये ही तो मैंने इस लोकमें अवतार लिया है॥ ९॥ अतः अब मैं इस ऊँची-ऊँची शाखाओंवाले पासहीके कदम्बवृक्षपर चढ़कर वायुभक्षी नागराजके कुण्डमें कूदता हूँ'॥ १०॥

श्रीपराशरजी बोले—हे मैत्रेय! ऐसा विचारकर भगवान् अपनी कमर कसकर वेगपूर्वक नागराजके कुण्डमें कूद पड़े॥ ११॥ उनके कूदनेसे उस महाह्रदने अत्यन्त क्षोभित होकर दूरस्थित वृक्षोंको भी भिगो दिया॥ १२॥

तेऽहिदुष्टविषज्वालातप्ताम्बुपवनोक्षिताः।
जज्वलुः पादपास्सद्यो ज्वालाव्याप्तदिगन्तराः॥ १३
आस्फोटयामास तदा कृष्णो नागह्रदे भुजम्।
तच्छब्दश्रवणाच्चाशु नागराजोऽभ्युपागमत्॥ १४
आताम्रनयनः कोपाद्विषज्वालाकुलैर्मुखैः।
वृतो महाविषैश्चान्यैरुरगैरनिलाशनैः॥ १५
नागपत्न्यश्च शतशो हारिहारोपशोभिताः।
प्रकम्पिततनुक्षेपचलत्कुण्डलकान्तयः॥ १६
ततः प्रवेष्टितस्सर्पैस्स कृष्णो भोगबन्धनैः।
ददंशुस्तेऽपि तं कृष्णं विषज्वालाकुलैर्मुखैः॥ १७
तं तत्र पतितं दृष्ट्वा सर्पभोगैर्निपीडितम्।
गोपा व्रजमुपागम्य चुक्रुशुः शोकलालसाः॥ १८

गोपा ऊचुः

एष मोहं गतः कृष्णो मग्नो वै कालियह्रदे।
भक्ष्यते नागराजेन तमागच्छत पश्यत॥ १९
तच्छ्रुत्वा तत्र ते गोपा वज्रपातोपमं वचः।
गोप्यश्च त्वरिता जग्मुर्यशोदाप्रमुखा ह्रदम्॥ २०
हा हा क्वासाविति जनो गोपीनामतिविह्वलः।
यशोदया समं भ्रान्तो द्रुतप्रस्खलितं ययौ॥ २१
नन्दगोपश्च गोपाश्च रामश्चाद्भुतविक्रमः।
त्वरितं यमुनां जग्मुः कृष्णदर्शनलालसाः॥ २२
ददृशुश्चापि ते तत्र सर्पराजवशंगतम्।
निष्प्रयत्नीकृतं कृष्णं सर्पभोगविवेष्टितम्॥ २३
नन्दगोपोऽपि निश्चेष्टो न्यस्य पुत्रमुखे दृशम्।
यशोदा च महाभागा बभूव मुनिसत्तम॥ २४
गोप्यस्त्वन्या रुदन्त्यश्च ददृशुः शोककातराः।
प्रोचुश्च केशवं प्रीत्या भयकातर्यगद्गदम्॥ २५

गोप्य ऊचुः

सर्वा यशोदया सार्धं विशामोऽत्र महाह्रदम्।
सर्पराजस्य नो गन्तुमस्माभिर्युज्यते व्रजम्॥ २६
दिवसः को विना सूर्यं विना चन्द्रेण का निशा।
विना वृषेण का गावो विना कृष्णेन को व्रजः॥ २७

उस सर्पके विषम विषकी ज्वालासे तपे हुए जलसे भीगनेके कारण वे वृक्ष तुरन्त ही जल उठे और उनकी ज्वालाओंसे सम्पूर्ण दिशाएँ व्याप्त हो गयीं॥ १३॥

तब कृष्णचन्द्रने उस नागकुण्डमें अपनी भुजाओंको ठोंका; उनका शब्द सुनते ही वह नागराज तुरंत उनके सम्मुख आ गया॥ १४॥ उसके नेत्र क्रोधसे कुछ ताम्रवर्ण हो रहे थे, मुखोंसे अग्निकी लपटें निकल रही थीं और वह महाविषैले अन्य वायुभक्षी सर्पोंसे घिरा हुआ था॥ १५॥ उसके साथमें मनोहर हारोंसे भूषिता और शरीर-कम्पनसे हिलते हुए कुण्डलोंकी कान्तिसे सुशोभिता सैकड़ों नागपत्नियाँ थीं॥ १६॥ तब सर्पोंने कुण्डलाकार होकर कृष्णचन्द्रको अपने शरीरसे बाँध लिया और अपने विषाग्नि-सन्तप्त मुखोंसे काटने लगे॥ १७॥

तदनन्तर गोपगण कृष्णचन्द्रको नागकुण्डमें गिरा हुआ और सर्पोंके फणोंसे पीडित होता देख व्रजमें चले आये और शोकसे व्याकुल होकर रोने लगे॥ १८॥

गोपगण बोले—आओ, आओ, देखो! यह कृष्ण कालीदहमें डूबकर मूर्च्छित हो गया है, देखो इसे नागराज खाये जाता है॥ १९॥ वज्रपातके समान उनके इन अमंगल वाक्योंको सुनकर गोपगण और यशोदा आदि गोपियाँ तुरंत ही कालीदहपर दौड़ आयीं॥ २०॥ 'हाय! हाय! वे कृष्ण कहाँ गये?' इस प्रकार अत्यन्त व्याकुलतापूर्वक रोती हुई गोपियाँ यशोदाके साथ शीघ्रतासे गिरती-पड़ती चलीं॥ २१॥ नन्दजी तथा अन्यान्य गोपगण और अद्भुत-विक्रमशाली बलरामजी भी कृष्णदर्शनकी लालसासे शीघ्रतापूर्वक यमुना-तटपर आये॥ २२॥

वहाँ आकर उन्होंने देखा कि कृष्णचन्द्र सर्पराजके चंगुलमें फँसे हुए हैं और उसने उन्हें अपने शरीरसे लपेटकर निरुपाय कर दिया है॥ २३॥ हे मुनिसत्तम! महाभागा यशोदा और नन्दगोप भी पुत्रके मुखपर टकटकी लगाकर चेष्टाशून्य हो गये॥ २४॥ अन्य गोपियोंने भी जब कृष्णचन्द्रको इस दशामें देखा तो वे शोकाकुल होकर रोने लगीं और भय तथा व्याकुलताके कारण गद्गदवाणीसे उनसे प्रीतिपूर्वक कहने लगीं॥ २५॥

गोपियाँ बोलीं—अब हम सब भी यशोदाके साथ इस सर्पराजके महाकुण्डमें ही डूबी जाती हैं, अब हमें व्रजमें जाना उचित नहीं है॥ २६॥ सूर्यके बिना दिन कैसा? चन्द्रमाके बिना रात्रि कैसी? साँड़के बिना गौएँ क्या? ऐसे ही कृष्णके बिना व्रजमें भी क्या रखा है?॥ २७॥

विनाकृता न यास्यामः कृष्णेनानेन गोकुलम्।
अरम्यं नातिसेव्यं च वारिहीनं यथा सरः॥ २८
यत्र नेन्दीवरदलश्यामकान्तिरयं हरिः।
तेनापि मातुर्वासेन रतिरस्तीति विस्मयः॥ २९
उत्फुल्लपङ्कजदलस्पष्टकान्तिविलोचनम्।
अपश्यन्त्यो हरिं दीनाः कथं गोष्ठे भविष्यथ॥ ३०
अत्यन्तमधुरालापहृताशेषमनोरथम्।
न विना पुण्डरीकाक्षं यास्यामो नन्दगोकुलम्॥ ३१
भोगेनावेष्टितस्यापि सर्पराजस्य पश्यत।
स्मितशोभि मुखं गोप्यः कृष्णस्यास्मद्विलोकने॥ ३२

श्रीपराशर उवाच

इति गोपीवचः श्रुत्वा रौहिणेयो महाबलः।
गोपांश्च त्रासविधुरान्विलोक्य स्तिमितेक्षणान्॥ ३३
नन्दं च दीनमत्यर्थं न्यस्तदृष्टिं सुतानने।
मूर्च्छाकुलां यशोदां च कृष्णमाहात्मसंज्ञया॥ ३४
किमिदं देवदेवेश भावोऽयं मानुषस्त्वया।
व्यज्यतेऽत्यन्तमात्मानं किमनन्तं न वेत्सि यत्॥ ३५
त्वमेव जगतो नाभिरराणामिव संश्रयः।
कर्त्तापहर्त्ता पाता च त्रैलौक्यं त्वं त्रयीमयः॥ ३६
सेन्द्रै रुद्राग्निवसुभिरादित्यैर्मरुदश्विभिः।
चिन्त्यसे त्वमचिन्त्यात्मन् समस्तैश्चैव योगिभिः॥ ३७
जगत्यर्थं जगन्नाथ भारावतरणेच्छया।
अवतीर्णोऽसि मर्त्येषु तवांशश्चाहमग्रजः॥ ३८
मनुष्यलीलां भगवन् भजता भवता सुराः।
विडम्बयन्तस्त्वल्लीलां सर्व एव सहासते॥ ३९
अवतार्य भवान्पूर्वं गोकुले तु सुराङ्गनाः।
क्रीडार्थमात्मनः पश्चादवतीर्णोऽसि शाश्वत॥ ४०
अत्रावतीर्णयोः कृष्ण गोपा एव हि बान्धवाः।
गोप्यश्च सीदतः कस्मादेतान्बन्धूनुपेक्षसे॥ ४१
दर्शितो मानुषो भावो दर्शितं बालचापलम्।
तदयं दम्यतां कृष्ण दुष्टात्मा दशनायुधः॥ ४२

कृष्णके बिना साथ लिये अब हम गोकुल नहीं जायँगी; क्योंकि इनके बिना वह जलहीन सरोवरके समान अत्यन्त अभव्य और असेव्य है॥ २८॥ जहाँ नीलकमलदलकी-सी आभावाले ये श्यामसुन्दर हरि नहीं हैं उस मातृ-मन्दिरसे भी प्रीति होना अत्यन्त आश्चर्य ही है॥ २९॥ अरी! खिले हुए कमलदलके सदृश कान्तियुक्त नेत्रोंवाले श्रीहरिको देखे बिना अत्यन्त दीन हुई तुम किस प्रकार व्रजमें रह सकोगी?॥ ३०॥ जिन्होंने अपनी अत्यन्त मनोहर बोलीसे हमारे सम्पूर्ण मनोरथोंको अपने वशीभूत कर लिया है, उन कमलनयन कृष्णचन्द्रके बिना हम नन्दजीके गोकुलको नहीं जायँगी॥ ३१॥ अरी गोपियो! देखो, सर्पराजके फणसे आवृत होकर भी श्रीकृष्णका मुख हमें देखकर मधुर मुसकानसे सुशोभित हो रहा है॥ ३२॥

श्रीपराशरजी बोले—गोपियोंके ऐसे वचन सुनकर तथा त्रासविह्वल चकितनेत्र गोपोंको, पुत्रके मुखपर दृष्टि लगाये अत्यन्त दीन नन्दजीको और मूर्च्छाकुल यशोदाको देखकर महाबली रोहिणीनन्दन बलरामजीने अपने संकेतमें कृष्णजीसे कहा— ॥ ३३-३४॥ "हे देवदेवेश्वर! क्या आप अपनेको अनन्त नहीं जानते? फिर किसलिये यह अत्यन्त मानव भाव व्यक्त कर रहे हैं॥ ३५॥ पहियोंकी नाभि जिस प्रकार अरोंका आश्रय होती है उसी प्रकार आप ही जगत्के आश्रय, कर्ता, हर्ता और रक्षक हैं तथा आप ही त्रैलोक्यस्वरूप और वेदत्रयीमय हैं॥ ३६॥ हे अचिन्त्यात्मन्! इन्द्र, रुद्र, अग्नि, वसु, आदित्य, मरुद्गण और अश्विनीकुमार तथा समस्त योगिजन आपहीका चिन्तन करते हैं॥ ३७॥ हे जगन्नाथ! संसारके हितके लिये पृथिवीका भार उतारनेकी इच्छासे ही आपने मर्त्यलोकमें अवतार लिया है; आपका अग्रज मैं भी आपहीका अंश हूँ॥ ३८॥ हे भगवन्! आपके मनुष्य-लीला करनेपर ये गोपवेषधारी समस्त देवगण भी आपकी लीलाओंका अनुकरण करते हुए आपहीके साथ रहते हैं॥ ३९॥ हे शाश्वत! पहले अपने विहारार्थ देवांगनाओंको गोपीरूपसे गोकुलमें अवतीर्णकर पीछे आपने अवतार लिया है॥ ४०॥ हे कृष्ण! यहाँ अवतीर्ण होनेपर हम दोनोंके तो ये गोप और गोपियाँ ही बान्धव हैं; फिर अपने इन दुःखी बान्धवोंकी आप क्यों उपेक्षा करते हैं॥ ४१॥ हे कृष्ण! यह मनुष्यभाव और बालचापल्य तो आप बहुत दिखा चुके, अब तो शीघ्र ही इस दुष्टात्माका जिसके शस्त्र दाँत ही हैं, दमन कीजिये"॥ ४२॥

श्रीपराशर उवाच

इति संस्मारितः कृष्णः स्मितभिन्नोष्ठसम्पुटः ।
आस्फोट्य मोचयामास स्वदेहं भोगिबन्धनात् ॥ ४३

आनम्य चापि हस्ताभ्यामुभाभ्यां मध्यमं शिरः ।
आरुह्याभुग्नशिरसः प्रणनर्त्तोरुविक्रमः ॥ ४४

प्राणाः फणेऽभवंश्चास्य कृष्णस्याङ्घ्रिनिकुट्टनैः ।
यत्रोन्नतिं च कुरुते ननामास्य ततश्शिरः ॥ ४५

मूर्च्छामुपाययौ भ्रान्त्या नागः कृष्णस्य रेचकैः ।
दण्डपातनिपातेन ववाम रुधिरं बहु ॥ ४६

तं विभुग्नशिरोग्रीवमास्येभ्यस्स्रुतशोणितम् ।
विलोक्यं करुणं जग्मुस्तत्पत्न्यो मधुसूदनम् ॥ ४७

नागपत्न्य ऊचुः

ज्ञातोऽसि देवदेवेश सर्वज्ञस्त्वमनुत्तमः ।
परं ज्योतिरचिन्त्यं यत्तदंशः परमेश्वरः ॥ ४८

न समर्थाः सुरास्स्तोतुं यमनन्यभवं विभुम् ।
स्वरूपवर्णनं तस्य कथं योषित्करिष्यति ॥ ४९

यस्याखिलमहीव्योमजलाग्निपवनात्मकम् ।
ब्रह्माण्डमल्पकाल्पांशः स्तोष्यामस्तं कथं वयम् ॥ ५०

यतन्तो न विदुर्नित्यं यत्स्वरूपं हि योगिनः ।
परमार्थमणोरल्पं स्थूलात्स्थूलं नताः स्म तम् ॥ ५१

न यस्य जन्मने धाता यस्य चान्ताय नान्तकः ।
स्थितिकर्त्ता न चान्योऽस्ति यस्य तस्मै नमस्सदा ॥ ५२

कोपः स्वल्पोऽपि ते नास्ति स्थितिपालनमेव ते ।
कारणं कालियस्यास्य दमने श्रूयतां वचः ॥ ५३

स्त्रियोऽनुकम्प्यास्साधूनां मूढा दीनाश्च जन्तवः ।
यतस्ततोऽस्य दीनस्य क्षम्यतां क्षमतां वर ॥ ५४

समस्तजगदाधारो भवानल्पबलः फणी ।
त्वत्पादपीडितो जह्यान्मुहूर्त्तार्द्धेन जीवितम् ॥ ५५

क्व पन्नगोऽल्पवीर्योऽयं क्व भवान्भुवनाश्रयः ।
प्रीतिद्वेषौ समोत्कृष्टगोचरौ भवतोऽव्यय ॥ ५६

श्रीपराशरजी बोले—इस प्रकार स्मरण कराये जानेपर, मधुर मुसकानसे अपने ओष्ठसम्पुटको खोलते हुए श्रीकृष्णचन्द्रने उछलकर अपने शरीरको सर्पके बन्धनसे छुड़ा लिया॥ ४३॥ और फिर अपने दोनों हाथोंसे उसका बीचका फण झुकाकर उस नतमस्तक सर्पके ऊपर चढ़कर बड़े वेगसे नाचने लगे॥ ४४॥

कृष्णचन्द्रके चरणोंकी धमकसे उसके प्राण मुखमें आ गये, वह अपने जिस मस्तकको उठाता उसीपर कूदकर भगवान् उसे झुका देते॥ ४५॥ श्रीकृष्णचन्द्रजीकी भ्रान्ति (भ्रम), रेचक तथा दण्डपात नामकी [नृत्यसम्बन्धिनी] गतियोंके ताडनसे वह महासर्प मूर्छित हो गया और उसने बहुत-सा रुधिर वमन किया॥ ४६॥ इस प्रकार उसके सिर और ग्रीवाओंको झुके हुए तथा मुखोंसे रुधिर बहता देख उसकी पत्नियाँ करुणासे भरकर श्रीकृष्णचन्द्रके पास आयीं॥ ४७॥

नागपत्नियाँ बोलीं—हे देवदेवेश्वर! हमने आपको पहचान लिया; आप सर्वज्ञ और सर्वश्रेष्ठ हैं, जो अचिन्त्य और परम ज्योति है आप उसीके अंश परमेश्वर हैं॥ ४८॥ जिन स्वयम्भू और व्यापक प्रभुकी स्तुति करनेमें देवगण भी समर्थ नहीं हैं उन्हीं आपके स्वरूपका हम स्त्रियाँ किस प्रकार वर्णन कर सकती हैं?॥ ४९॥ पृथिवी, आकाश, जल, अग्नि और वायुस्वरूप यह सम्पूर्ण ब्रह्माण्ड जिनका छोटे-से-छोटा अंश है, उसकी स्तुति हम किस प्रकार कर सकेंगी॥ ५०॥ योगिजन जिनके नित्यस्वरूपको यत्न करनेपर भी नहीं जान पाते तथा जो परमार्थरूप अणुसे भी अणु और स्थूलसे भी स्थूल है उसे हम नमस्कार करती हैं॥ ५१॥ जिनके जन्ममें विधाता और अन्तमें काल हेतु नहीं हैं तथा जिनका स्थितिकर्ता भी कोई अन्य नहीं है उन्हें सर्वदा नमस्कार करती हैं॥ ५२॥ इस कालियनागके दमनमें आपको थोड़ा-सा भी क्रोध नहीं है, केवल लोकरक्षा ही इसका हेतु है; अतः हमारा निवेदन सुनिये॥ ५३॥ हे क्षमाशीलोंमें श्रेष्ठ! साधु पुरुषोंको स्त्रियों तथा मूढ और दीन जन्तुओंपर सदा ही कृपा करनी चाहिये; अतः आप इस दीनका अपराध क्षमा कीजिये॥ ५४॥ प्रभो! आप सम्पूर्ण संसारके अधिष्ठान हैं और यह सर्प तो [आपकी अपेक्षा] अत्यन्त बलहीन है। आपके चरणोंसे पीडित होकर तो यह आधे मुहूर्तमें ही अपने प्राण छोड़ देगा॥ ५५॥

हे अव्यय! प्रीति समानसे और द्वेष उत्कृष्टसे देखे जाते हैं; फिर कहाँ तो यह अल्पवीर्य सर्प और कहाँ

ततः कुरु जगत्स्वामिन्प्रसादमवसीदतः।
प्राणांस्त्यजति नागोऽयं भर्तृभिक्षा प्रदीयताम्॥ ५७

भुवनेश जगन्नाथ महापुरुष पूर्वज।
प्राणांस्त्यजति नागोऽयं भर्तृभिक्षां प्रयच्छ नः॥ ५८

वेदान्तवेद्य देवेश दुष्टदैत्यनिबर्हण।
प्राणांस्त्यजति नागोऽयं भर्तृभिक्षा प्रदीयताम्॥ ५९

श्रीपराशर उवाच

इत्युक्ते ताभिराश्वस्य क्लान्तदेहोऽपि पन्नगः।
प्रसीद देवदेवेति प्राह वाक्यं शनैः शनैः॥ ६०

कालिय उवाच

तवाष्टगुणमैश्वर्यं नाथ स्वाभाविकं परम्।
निरस्तातिशयं यस्य तस्य स्तोष्यामि किन्वहम्॥ ६१

त्वं परस्त्वं परस्याद्यः परं त्वत्तः परात्मक।
परस्मात्परमो यस्त्वं तस्य स्तोष्यामि किन्वहम्॥ ६२

यस्माद्ब्रह्मा च रुद्रश्च चन्द्रेन्द्रमरुदश्विनः।
वसवश्च सहादित्यैस्तस्य स्तोष्यामि किन्वहम्॥ ६३

एकावयवसूक्ष्मांशो यस्यैतदखिलं जगत्।
कल्पनावयवस्यांशस्तस्य स्तोष्यामि किन्वहम्॥ ६४

सदसद्रूपिणो यस्य ब्रह्माद्यास्त्रिदशेश्वराः।
परमार्थं न जानन्ति तस्य स्तोष्यामि किन्वहम्॥ ६५

ब्रह्माद्यैरर्चितो यस्तु गन्धपुष्पानुलेपनैः।
नन्दनादिसमुद्भूतैस्सोऽर्च्यते वा कथं मया॥ ६६

यस्यावताररूपाणि देवराजस्सदार्चति।
न वेत्ति परमं रूपं सोऽर्च्यते वा कथं मया॥ ६७

विषयेभ्यस्समावृत्य सर्वाक्षाणि च योगिनः।
यमर्चयन्ति ध्यानेन सोऽर्च्यते वा कथं मया॥ ६८

हृदि संकल्प्य यद्रूपं ध्यानेनार्चन्ति योगिनः।
भावपुष्पादिना नाथः सोऽर्च्यते वा कथं मया॥ ६९

सोऽहं ते देवदेवेश नार्चनादौ स्तुतौ न च।
सामर्थ्यवान् कृपामात्रमनोवृत्तिः प्रसीद मे॥ ७०

अखिलभुवनाश्रय आप? [इसके साथ आपका द्वेष कैसा?] ॥ ५६ ॥ अतः हे जगत्स्वामिन्! इस दीनपर दया कीजिये। हे प्रभो! अब यह नाग अपने प्राण छोड़ने ही चाहता है; कृपया हमें पतिकी भिक्षा दीजिये॥ ५७॥ हे भुवनेश्वर! हे जगन्नाथ! हे महापुरुष! हे पूर्वज! यह नाग अब अपने प्राण छोड़ना ही चाहता है; कृपया आप हमें पतिकी भिक्षा दीजिये॥ ५८॥ हे वेदान्तवेद्यदेवेश्वर! हे दुष्ट-दैत्य-दलन!! अब यह नाग अपने प्राण छोड़ना ही चाहता है; आप हमें पतिकी भिक्षा दीजिये॥ ५९॥

श्रीपराशरजी बोले—नागपत्नियोंके ऐसा कहनेपर थका-माँदा होनेपर भी नागराज कुछ ढाँढस बाँधकर धीरे-धीरे कहने लगा "हे देवदेव! प्रसन्न होइये"॥ ६०॥

कालियनाग बोला—हे नाथ! आपका स्वाभाविक अष्टगुण विशिष्ट परम ऐश्वर्य निरतिशय है [अर्थात् आपसे बढ़कर किसीका भी ऐश्वर्य नहीं है], अतः मैं किस प्रकार आपकी स्तुति कर सकूँगा?॥ ६१ ॥ आप पर हैं, आप पर (मूलप्रकृति)-के भी आदिकारण हैं, हे परात्मक! परकी प्रवृत्ति भी आपहीसे हुई है,अतः आप परसे भी पर हैं फिर मैं किस प्रकार आपकी स्तुति कर सकूँगा?॥ ६२॥ जिनसे ब्रह्मा, रुद्र, चन्द्र, इन्द्र, मरुद्गण, अश्विनीकुमार, वसुगण और आदित्य आदि सभी उत्पन्न हुए हैं उन आपकी मैं किस प्रकार स्तुति कर सकूँगा?॥ ६३॥ यह सम्पूर्ण जगत् जिनके काल्पनिक अवयवका एक सूक्ष्म अवयवांशमात्र है, उन आपकी मैं किस प्रकार स्तुति कर सकूँगा?॥ ६४॥ जिन सदसत् (कार्य-कारण) स्वरूपके वास्तविक रूपको ब्रह्मा आदि देवेश्वरगण भी नहीं जानते उन आपकी मैं किस प्रकार स्तुति कर सकूँगा?॥ ६५॥ जिनकी पूजा ब्रह्मा आदि देवगण नन्दनवनके पुष्प, गन्ध और अनुलेपन आदिसे करते हैं उन आपकी मैं किस प्रकार पूजा कर सकता हूँ॥ ६६॥ देवराज इन्द्र जिनके अवताररूपोंकी सर्वदा पूजा करते हैं तथापि यथार्थ रूपको नहीं जान पाते, उन आपकी मैं किस प्रकार पूजा कर सकता हूँ?॥ ६७॥ योगिगण अपनी समस्त इन्द्रियोंको उनके विषयोंसे खींचकर जिनका ध्यानद्वारा पूजन करते हैं, उन आपकी मैं किस प्रकार पूजा कर सकता हूँ॥ ६८॥ जिन प्रभुके स्वरूपकी चित्तमें भावना करके योगिजन भावमय पुष्प आदिसे ध्यानद्वारा उपासना करते हैं उन आपकी मैं किस प्रकार पूजा कर सकता हूँ?॥ ६९॥

हे देवेश्वर! आपकी पूजा अथवा स्तुति करनेमें मैं

सर्पजातिरियं क्रूरा यस्यां जातोऽस्मि केशव।
तत्स्वभावोऽयमत्रास्ति नापराधो ममाच्युत॥ ७१
सृज्यते भवता सर्वं तथा संह्रियते जगत्।
जातिरूपस्वभावाश्च सृज्यन्ते सृजता त्वया॥ ७२
यथाहं भवता सृष्टो जात्या रूपेण चेश्वर।
स्वभावेन च संयुक्तस्तथेदं चेष्टितं मया॥ ७३
यद्यन्यथा प्रवर्तेयं देवदेव ततो मयि।
न्याय्यो दण्डनिपातो वै तवैव वचनं यथा॥ ७४
तथाप्यज्ञे जगत्स्वामिन्दण्डं पातितवान्मयि।
स श्लाघ्योऽयं परो दण्डस्त्वत्तो मे नान्यतो वरः॥ ७५
हतवीर्यो हतविषो दमितोऽहं त्वयाच्युत।
जीवितं दीयतामेकमाज्ञापय करोमि किम्॥ ७६

श्रीभगवानुवाच

नात्र स्थेयं त्वया सर्प कदाचिद्यमुनाजले।
सपुत्रपरिवारस्त्वं समुद्रसलिलं व्रज॥ ७७
मत्पदानि च ते सर्प दृष्ट्वा मूर्द्धनि सागरे।
गरुडः पन्नगरिपुस्त्वयि न प्रहरिष्यति॥ ७८

श्रीपराशर उवाच

इत्युक्त्वा सर्पराजं तं मुमोच भगवान्हरिः।
प्रणम्य सोऽपि कृष्णाय जगाम पयसां निधिम्॥ ७९
पश्यतां सर्वभूतानां सभृत्यसुतबान्धवः।
समस्तभार्यासहितः परित्यज्य स्वकं ह्रदम्॥ ८०
गते सर्पे परिष्वज्य मृतं पुनरिवागतम्।
गोपा मूर्द्धनि हार्देन सिषिचुर्नेत्रजैर्जलैः॥ ८१
कृष्णमक्लिष्टकर्माणमन्ये विस्मितचेतसः।
तुष्टुवुर्मुदिता गोपा दृष्ट्वा शिवजलां नदीम्॥ ८२
गीयमानः स गोपीभिश्चरितैस्साधुचेष्टितैः।
संस्तूयमानो गोपैश्च कृष्णो व्रजमुपागमत्॥ ८३

सर्वथा असमर्थ हूँ, मेरी चित्तवृत्ति तो केवल आपकी कृपाकी ओर ही लगी हुई है, अतः आप मुझपर प्रसन्न होइये॥ ७०॥ हे केशव! मेरा जिसमें जन्म हुआ है वह सर्पजाति अत्यन्त क्रूर होती है, यह मेरा जातीय स्वभाव है। हे अच्युत! इसमें मेरा कोई अपराध नहीं है॥ ७१॥ इस सम्पूर्ण जगत्‌की रचना और संहार आप ही करते हैं। संसारकी रचनाके साथ उसके जाति, रूप और स्वभावोंको भी आप ही बनाते हैं॥ ७२॥

हे ईश्वर! आपने मुझे जाति, रूप और स्वभावसे युक्त करके जैसा बनाया है उसीके अनुसार मैंने यह चेष्टा भी की है॥ ७३॥ हे देवदेव! यदि मेरा आचरण विपरीत हो तब तो अवश्य आपके कथनानुसार मुझे दण्ड देना उचित है॥ ७४॥ तथापि हे जगत्स्वामिन्! आपने मुझ अज्ञको जो दण्ड दिया है वह आपसे मिला हुआ दण्ड मेरे लिये कहीं अच्छा है, किन्तु दूसरेका वर भी अच्छा नहीं॥ ७५॥ हे अच्युत! आपने मेरे पुरुषार्थ और विषको नष्ट करके मेरा भली प्रकार मानमर्दन कर दिया है। अब केवल मुझे प्राणदान दीजिये और आज्ञा कीजिये कि मैं क्या करूँ?॥ ७६॥

श्रीभगवान् बोले—हे सर्प! अब तुझे इस यमुनाजलमें नहीं रहना चाहिये। तू शीघ्र ही अपने पुत्र और परिवारके सहित समुद्रके जलमें चला जा॥ ७७॥ तेरे मस्तकपर मेरे चरण-चिह्नोंको देखकर समुद्रमें रहते हुए भी सर्पोंका शत्रु गरुड तुझपर प्रहार नहीं करेगा॥ ७८॥

श्रीपराशरजी बोले—सर्पराज कालियसे ऐसा कह भगवान् हरिने उसे छोड़ दिया और वह उन्हें प्रणाम करके समस्त प्राणियोंके देखते-देखते अपने सेवक, पुत्र, बन्धु और स्त्रियोंके सहित अपने उस कुण्डको छोड़कर समुद्रको चला गया॥ ७९-८०॥ सर्पके चले जानेपर गोपगण, लौटे हुए मृत पुरुषके समान कृष्णचन्द्रको आलिंगनकर प्रीतिपूर्वक उनके मस्तकको नेत्रजलसे भिगोने लगे॥ ८१॥ कुछ अन्य गोपगण यमुनाको स्वच्छ जलवाली देख प्रसन्न होकर लीलाविहारी कृष्णचन्द्रकी विस्मितचित्तसे स्तुति करने लगे॥ ८२॥ तदनन्तर अपने उत्तम चरित्रोंके कारण गोपियोंसे गीयमान और गोपोंसे प्रशंसित होते हुए कृष्णचन्द्र व्रजमें चले आये॥ ८३॥

इति श्रीविष्णुपुराणे पञ्चमेंऽशे सप्तमोऽध्यायः॥ ७॥

आठवाँ अध्याय

धेनुकासुर-वध

श्रीपराशर उवाच

गाः पालयन्तौ च पुनः सहितौ बलकेशवौ।
भ्रममाणौ वने तस्मिन् रम्यं तालवनं गतौ॥ १
तत्तु तालवनं दिव्यं धेनुको नाम दानवः।
मृगमांसकृताहारः सदाध्यास्ते खराकृतिः॥ २
तत्तु तालवनं पक्वफलसम्पत्समन्वितम्।
दृष्ट्वा स्पृहान्विता गोपाः फलादानेऽब्रुवन्वचः॥ ३

गोपा ऊचुः

हे राम हे कृष्ण सदा धेनुकेनैष रक्ष्यते।
भूप्रदेशो यतस्तस्मात्पक्वानीमानि सन्ति वै॥ ४
फलानि पश्य तालानां गन्धामोदितदींशि वै।
वयमेतान्यभीप्सामः पात्यन्तां यदि रोचते॥ ५

श्रीपराशर उवाच

इति गोपकुमाराणां श्रुत्वा संकर्षणो वचः।
एतत्कर्त्तव्यमित्युक्त्वा पातयामास तानि वै।
कृष्णश्च पातयामास भुवि तानि फलानि वै॥ ६
फलानां पततां शब्दमाकर्ण्य सुदुरासदः।
आजगाम स दुष्टात्मा कोपाद्दैतेयगर्दभः॥ ७
पद्भ्यामुभाभ्यां स तदा पश्चिमाभ्यां बलं बली।
जघानोरसि ताभ्यां च स च तेनाभ्यगृह्यत॥ ८
गृहीत्वा भ्रामयामास सोऽम्बरे गतजीवितम्।
तस्मिन्नेव स चिक्षेप वेगेन तृणराजनि॥ ९
ततः फलान्यनेकानि तालाग्रान्निपतन्खरः।
पृथिव्यां पातयामास महावातो घनानिव॥ १०
अन्यानथ सजातीयानागतान्दैत्यगर्दभान्।
कृष्णश्चिक्षेप तालाग्रे बलभद्रश्च लीलया॥ ११
क्षणेनालङ्कृता पृथ्वी पक्वैस्तालफलैस्तदा।
दैत्यगर्दभदेहैश्च मैत्रेय शुशुभेऽधिकम्॥ १२
ततो गावो निराबाधास्तस्मिंस्तालवने द्विज।
नवशष्पं सुखं चेरुर्यन्न भुक्तमभूत्पुरा॥ १३

श्रीपराशरजी बोले—एक दिन बलराम और कृष्ण साथ-साथ गौ चराते अति रमणीय तालवनमें आये॥ १॥ उस दिव्य तालवनमें धेनुक नामक एक गधेके आकारवाला दैत्य मृगमांसका आहार करता हुआ सदा रहा करता था॥ २॥ उस तालवनको पके फलोंकी सम्पत्तिसे सम्पन्न देखकर उन्हें तोड़नेकी इच्छासे गोपगण बोले॥ ३॥

गोपोंने कहा—भैया राम और कृष्ण! इस भूमिप्रदेशकी रक्षा सदा धेनुकासुर करता है, इसीलिये यहाँ ऐसे पके-पके फल लगे हुए हैं॥ ४॥ अपनी गन्धसे सम्पूर्ण दिशाओंको आमोदित करनेवाले ये ताल-फल तो देखो; हमें इन्हें खानेकी इच्छा है; यदि आपको अच्छा लगे तो [थोड़े-से] झाड़ दीजिये॥ ५॥

श्रीपराशरजी बोले—गोपकुमारोंके ये वचन सुनकर बलरामजीने 'ऐसा ही करना चाहिये' यह कहकर फल गिरा दिये और पीछे कुछ फल कृष्णचन्द्रने भी पृथिवीपर गिराये॥ ६॥ गिरते हुए फलोंका शब्द सुनकर वह दुर्द्धर्ष और दुरात्मा गर्दभासुर क्रोधपूर्वक दौड़ आया और उस महाबलवान् असुरने अपने पिछले दो पैरोंसे बलरामजीकी छातीमें लात मारी। बलरामजीने उसके उन पैरोंको पकड़ लिया और आकाशमें घुमाने लगे। जब वह निर्जीव हो गया तो उसे अत्यन्त वेगसे उस तालवृक्षपर ही दे मारा॥ ७—९॥ उस गधेने गिरते-गिरते उस तालवृक्षसे बहुत-से फल इस प्रकार गिरा दिये जैसे प्रचण्ड वायु बादलोंको गिरा दे॥ १०॥ उसके सजातीय अन्य गर्दभासुरोंके आनेपर भी कृष्ण और रामने उन्हें अनायास ही तालवृक्षोंपर पटक दिया॥ ११॥ हे मैत्रेय! इस प्रकार एक क्षणमें ही पके हुए तालफलों और गर्दभासुरोंके देहोंसे विभूषिता होकर पृथिवी अत्यन्त सुशोभित होने लगी॥ १२॥ हे द्विज! तबसे उस तालवनमें गौएँ निर्विघ्न होकर सुखपूर्वक नवीन तृण चरने लगीं जो उन्हें पहले कभी चरनेको नसीब नहीं हुआ था॥ १३॥

इति श्रीविष्णुपुराणे पञ्चमेंऽशे अष्टमोऽध्यायः॥ ८॥

नवाँ अध्याय

प्रलम्ब-वध

श्रीपराशर उवाच

तस्मिन् रासभदैतेये सानुगे विनिपातिते।
सौम्यं तद्गोपगोपीनां रम्यं तालवनं बभौ॥ १

ततस्तौ जातहर्षौ तु वसुदेवसुतावुभौ।
हत्वा धेनुकदैतेयं भाण्डीरवटमागतौ॥ २

क्ष्वेलमानौ प्रगायन्तौ विचिन्वन्तौ च पादपान्।
चारयन्तौ च गा दूरे व्याहरन्तौ च नामभिः॥ ३

निर्योगपाशस्कन्धौ तौ वनमालाविभूषितौ।
शुशुभाते महात्मानौ बालशृङ्गाविवर्षभौ॥ ४

सुवर्णाञ्जनचूर्णाभ्यां तौ तदा रूषिताम्बरौ।
महेन्द्रायुधसंयुक्तौ श्वेतकृष्णाविवाम्बुदौ॥ ५

चेरतुर्लोकसिद्धाभिः क्रीडाभिरितरेतरम्।
समस्तलोकनाथानां नाथभूतौ भुवं गतौ॥ ६

मनुष्यधर्माभिरतौ मानयन्तौ मनुष्यताम्।
तज्जातिगुणयुक्ताभिः क्रीडाभिश्चेरतुर्वनम्॥ ७

ततस्त्वान्दोलिकाभिश्च नियुद्धैश्च महाबलौ।
व्यायामं चक्रतुस्तत्र क्षेपणीयैस्तथाश्मभिः॥ ८

तल्लिप्सुरसुरस्तत्र ह्युभयो रममाणयोः।
आजगाम प्रलम्बाख्यो गोपवेषतिरोहितः॥ ९

सोऽवगाहत निश्शंकस्तेषां मध्यममानुषः।
मानुषं वपुरास्थाय प्रलम्बो दानवोत्तमः॥ १०

तयोश्छिद्रान्तरप्रेप्सुरविषह्यममन्यत।
कृष्णं ततो रौहिणेयं हन्तुं चक्रे मनोरथम्॥ ११

हरिणाक्रीडनं नाम बालक्रीडनकं ततः।
प्रकुर्वन्तो हि ते सर्वे द्वौ द्वौ युगपदुत्थितौ॥ १२

श्रीपराशरजी बोले—अपने अनुचरोंसहित उस गर्दभासुरके मारे जानेपर वह सुरम्य तालवन गोप और गोपियोंके लिये सुखदायक हो गया॥ १॥ तदनन्तर धेनुकासुरको मारकर वे दोनों वसुदेवपुत्र प्रसन्नमनसे भाण्डीर नामक वटवृक्षके तले आये॥ २॥ कन्धेपर गौ बाँधनेकी रस्सी डाले और वनमालासे विभूषित हुए वे दोनों महात्मा बालक सिंहनाद करते, गाते, वृक्षोंपर चढ़ते, दूरतक गौएँ चराते तथा उनका नाम ले-लेकर पुकारते हुए नये सींगोंवाले बछड़ोंके समान सुशोभित हो रहे थे॥ ३-४॥ उन दोनोंके वस्त्र [क्रमशः] सुनहरी और श्याम रंगसे रँगे हुए थे अतः वे इन्द्रधनुषयुक्त श्वेत और श्याम मेघके समान जान पड़ते थे॥ ५॥ वे समस्त लोकपालोंके प्रभु पृथिवीपर अवतीर्ण होकर नाना प्रकारकी लौकिक लीलाओंसे परस्पर खेल रहे थे॥ ६॥ मनुष्यधर्ममें तत्पर रहकर मनुष्यताका सम्मान करते हुए वे मनुष्यजातिके गुणोंकी क्रीडाएँ करते हुए वनमें विचर रहे थे॥ ७॥ वे दोनों महाबली बालक कभी झूलामें झूलकर, कभी परस्पर मल्लयुद्धकर और कभी पत्थर फेंककर नाना प्रकारसे व्यायाम कर रहे थे॥ ८॥ इसी समय उन दोनों खेलते हुए बालकोंको उठा ले जानेकी इच्छासे प्रलम्ब नामक दैत्य गोपवेषमें अपनेको छिपाकर वहाँ आया॥ ९॥ दानवश्रेष्ठ प्रलम्ब मनुष्य न होनेपर भी मनुष्यरूप धारणकर निश्शंकभावसे उन बालकोंके बीच घुस गया॥ १०॥ उन दोनोंकी असावधानताका अवसर देखनेवाले उस दैत्यने कृष्णको तो सर्वथा अजेय समझा; अतः उसने बलरामजीको मारनेका निश्चय किया॥ ११॥

तदनन्तर वे समस्त ग्वालबाल हरिणाक्रीडन* नामक खेल खेलते हुए आपसमें एक साथ दो-दो बालक उठे॥ १२॥

* एक निश्चित लक्ष्यके पास दो-दो बालक एक-एक साथ हिरनकी भाँति उछलते हुए जाते हैं। जो दोनोंमें पहले पहुँच जाता है वह विजयी होता है, हारा हुआ बालक जीते हुएको अपनी पीठपर चढ़ाकर मुख्य स्थानतक ले आता है। यही हरिणाक्रीडन है।

श्रीदाम्ना सह गोविन्दः प्रलम्बेन तथा बलः।
गोपालैरपरैश्चान्ये गोपालाः पुप्लुवुस्ततः॥ १३
श्रीदामानं ततः कृष्णः प्रलम्बं रोहिणीसुतः।
जितवान्कृष्णपक्षीयैर्गोपैरन्ये पराजिताः॥ १४
ते वाहयन्तस्त्वन्योन्यं भाण्डीरं वटमेत्य वै।
पुनर्निववृतुस्सर्वे ये ये तत्र पराजिताः॥ १५
सङ्कर्षणं तु स्कन्धेन शीघ्रमुत्क्षिप्य दानवः।
नभस्स्थलं जगामाशु सचन्द्र इव वारिदः॥ १६
असहन् रौहिणेयस्य स भारं दानवोत्तमः।
ववृधे स महाकायः प्रावृषीव बलाहकः॥ १७
सङ्कर्षणस्तु तं दृष्ट्वा दग्धशैलोपमाकृतिम्।
स्रग्दामलम्बाभरणं मुकुटाटोपमस्तकम्॥ १८
रौद्रं शकटचक्राक्षं पादन्यासचलत्क्षितिम्।
अभीतमनसा तेन रक्षसा रोहिणीसुतः।
ह्रियमाणस्ततः कृष्णमिदं वचनमब्रवीत्॥ १९
कृष्ण कृष्ण ह्रिये ह्येष पर्वतोदग्रमूर्त्तिना।
केनापि पश्य दैत्येन गोपालच्छद्मरूपिणा॥ २०
यदत्र साम्प्रतं कार्यं मया मधुनिषूदन।
तत्कथ्यतां प्रयात्येष दुरात्मातित्वरान्वितः॥ २१

श्रीपराशर उवाच

तमाह रामं गोविन्दः स्मितभिन्नोष्ठसम्पुटः।
महात्मा रौहिणेयस्य बलवीर्यप्रमाणवित्॥ २२

श्रीकृष्ण उवाच

किमयं मानुषो भावो व्यक्तमेवावलम्ब्यते।
सर्वात्मन् सर्वगुह्यानां गुह्यगुह्यात्मना त्वया॥ २३
स्मराशेषजगद्बीजकारणं कारणाग्रजम्।
आत्मानमेकं तद्वच्च जगत्येकार्णवे च यत्॥ २४
किं न वेत्सि यथाहं च त्वं चैकं कारणं भुवः।
भारावतारणार्थाय मर्त्यलोकमुपागतौ॥ २५
नभश्शिरस्तेऽम्बुवहाश्च केशाः
पादौ क्षितिर्वक्त्रमनन्त वह्निः।

तब श्रीदामाके साथ कृष्णचन्द्र, प्रलम्बके साथ बलराम और इसी प्रकार अन्यान्य गोपोंके साथ और-और ग्वालबाल [होड़ बदकर] उछलते हुए चलने लगे॥ १३॥ अन्तमें, कृष्णचन्द्रने श्रीदामाको, बलरामजीने प्रलम्बको तथा अन्यान्य कृष्णपक्षीय गोपोंने अपने प्रतिपक्षियोंको हरा दिया॥ १४॥

उस खेलमें जो-जो बालक हारे थे, वे सब जीतनेवालोंको अपने-अपने कन्धोंपर चढ़ाकर भाण्डीरवटतक ले जाकर वहाँसे फिर लौट आये॥ १५॥ किन्तु प्रलम्बासुर अपने कन्धेपर बलरामजीको चढ़ाकर चन्द्रमाके सहित मेघके समान अत्यन्त वेगसे आकाशमण्डलको चल दिया॥ १६॥ वह दानवश्रेष्ठ रोहिणीनन्दन श्रीबलभद्रजीके भारको सहन न कर सकनेके कारण वर्षाकालीन मेघके समान बढ़कर अत्यन्त स्थूल शरीरवाला हो गया॥ १७॥ तब माला और आभूषण धारण किये, सिरपर मुकुट पहने, गाड़ीके पहियोंके समान भयानक नेत्रोंवाले, अपने पादप्रहारसे पृथिवीको कम्पायमान करते हुए तथा दग्धपर्वतके समान आकारवाले उस दैत्यको देखकर उस निर्भय राक्षसके द्वारा ले जाये जाते हुए बलभद्रजीने कृष्णचन्द्रसे कहा— ॥ १८-१९॥ "भैया कृष्ण! देखो, छद्मपूर्वक गोपवेष धारण करनेवाला कोई पर्वतके समान महाकाय दैत्य मुझे हरे लिये जाता है॥ २०॥ हे मधुसूदन! अब मुझे क्या करना चाहिये, यह बतलाओ। देखो, यह दुरात्मा बड़ी शीघ्रतासे दौड़ा जा रहा है"॥ २१॥

श्रीपराशरजी बोले—तब रोहिणीनन्दनके बलवीर्यको जाननेवाले महात्मा श्रीकृष्णचन्द्रने मधुर-मुसकानसे अपने ओष्ठसम्पुटको खोलते हुए उन बलरामजीसे कहा॥ २२॥

श्रीकृष्णचन्द्र बोले—हे सर्वात्मन्! आप सम्पूर्ण गुह्य पदार्थोंमें अत्यन्त गुह्यस्वरूप होकर भी यह स्पष्ट मानवभाव क्यों अवलम्बन कर रहे हैं?॥ २३॥ आप अपने उस स्वरूपका स्मरण कीजिये जो समस्त संसारका कारण तथा कारणका भी पूर्ववर्ती है और प्रलयकालमें भी स्थित रहनेवाला है॥ २४॥ क्या आपको मालूम नहीं है कि आप और मैं दोनों ही इस संसारके एकमात्र कारण हैं और पृथिवीका भार उतारनेके लिये ही मर्त्यलोकमें आये हैं॥ २५॥ हे अनन्त! आकाश आपका सिर है, मेघ केश

सोमो मनस्ते श्वसितं समीरणो
　　दिशश्चतस्त्रोऽव्यय बाहवस्ते॥ २६
सहस्त्रवक्त्रो भगवन्महात्मा
　　सहस्त्रहस्ताङ्घ्रिशरीरभेदः।
सहस्त्रपद्मोद्भवयोनिराद्य-
　　स्सहस्त्रशस्त्वां मुनयो गृणन्ति॥ २७
दिव्यं हि रूपं तव वेत्ति नान्यो
　　देवैरशेषैरवताररूपम्।
तदर्च्यते वेत्सि न किं यदन्ते
　　त्वय्येव विश्वं लयमभ्युपैति॥ २८
त्वया धृतेयं धरणी बिभर्ति
　　चराचरं विश्वमनन्तमूर्ते।
कृतादिभेदैरज कालरूपो
　　निमेषपूर्वो जगदेतदत्सि॥ २९
अत्तं यथा बाडववह्निनाम्बु
　　हिमस्वरूपं परिगृह्य कास्तम्*।
हिमाचले भानुमतोंऽशुसंगा-
　　ज्जलत्वमभ्येति पुनस्तदेव॥ ३०
एवं त्वया संहरणेऽत्तमेत-
　　ज्जगत्समस्तं त्वदधीनकं पुनः।
तवैव सर्गाय समुद्यतस्य
　　जगत्त्वमभ्येत्यनुकल्पमीश॥ ३१
भवानहं च विश्वात्मन्नेकमेव च कारणम्।
जगतोऽस्य जगत्यर्थे भेदेनावां व्यवस्थितौ॥ ३२
तत्स्मर्यताममेयात्मंस्त्वयात्मा जहि दानवम्।
मानुष्यमेवावलम्ब्य बन्धूनां क्रियतां हितम्॥ ३३

श्रीपराशर उवाच

इति संस्मारितो विप्र कृष्णेन सुमहात्मना।
विहस्य पीडयामास प्रलम्बं बलवान्बलः॥ ३४
मुष्टिना सोऽहनन्मूर्ध्नि कोपसंरक्तलोचनः।
तेन चास्य प्रहारेण बहिर्याते विलोचने॥ ३५

हैं, पृथिवी चरण हैं, अग्नि मुख है, चन्द्रमा मन है, वायु श्वास-प्रश्वास हैं और चारों दिशाएँ बाहु हैं॥ २६॥ हे भगवन्! आप महाकाय हैं, आपके सहस्त्र मुख हैं तथा सहस्त्रों हाथ, पाँव आदि शरीरके भेद हैं। आप सहस्त्रों ब्रह्माओंके आदिकारण हैं, मुनिजन आपका सहस्त्रों प्रकार वर्णन करते हैं॥ २७॥ आपके दिव्य रूपको [आपके अतिरिक्त] और कोई नहीं जानता, अतः समस्त देवगण आपके अवताररूपकी ही उपासना करते हैं। क्या आपको विदित नहीं है कि अन्तमें यह सम्पूर्ण विश्व आपहीमें लीन हो जाता है॥ २८॥ हे अनन्तमूर्ते! आपहीसे धारण की हुई यह पृथिवी सम्पूर्ण चराचर विश्वको धारण करती है। हे अज! निमेषादि कालस्वरूप आप ही कृतयुग आदि भेदोंसे इस जगत्का ग्रास करते हैं॥ २९॥ जिस प्रकार बडवानलसे पीया हुआ जल वायुद्वारा हिमालयतक पहुँचाये जानेपर हिमका रूप धारण कर लेता है और फिर सूर्यकिरणोंका संयोग होनेसे जलरूप हो जाता है, उसी प्रकार हे ईश! यह समस्त जगत् [रुद्रादिरूपसे] आपहीके द्वारा विनष्ट होकर आप [परमेश्वर]-के ही अधीन रहता है और फिर प्रत्येक कल्पमें आपके [हिरण्यगर्भरूपसे] सृष्टि-रचनामें प्रवृत्त होनेपर यह [विराट्‌रूपसे] स्थूल जगद्रूप हो जाता है॥ ३०-३१॥ हे विश्वात्मन्! आप और मैं दोनों ही इस जगत्के एकमात्र कारण हैं। संसारके हितके लिये ही हमने भिन्न-भिन्न रूप धारण किये हैं॥ ३२॥ अतः हे अमेयात्मन्! आप अपने स्वरूपको स्मरण कीजिये और मनुष्यभावका ही अवलम्बन कर इस दैत्यको मारकर बन्धुजनोंका हित-साधन कीजिये॥ ३३॥

श्रीपराशरजी बोले—हे विप्र! महात्मा कृष्णचन्द्रद्वारा इस प्रकार स्मरण कराये जानेपर महाबलवान् बलरामजी हँसते हुए प्रलम्बासुरको पीडित करने लगे॥ ३४॥ उन्होंने क्रोधसे नेत्र लाल करके उसके मस्तकपर एक घूँसा मारा, जिसकी चोटसे उस दैत्यके दोनों नेत्र बाहर निकल आये॥ ३५॥

* कम् अस्तम्=प्रक्षिप्तम्।

स निष्क्रासितमस्तिष्को मुखाच्छोणितमुद्वमन्।
निपपात महीपृष्ठे दैत्यवर्यो ममार च॥ ३६
प्रलम्बं निहतं दृष्ट्वा बलेनाद्भुतकर्मणा।
प्रहृष्टास्तुष्टुवुर्गोपास्साधुसाध्विति चाब्रुवन्॥ ३७
संस्तूयमानो गोपैस्तु रामो दैत्ये निपातिते।
प्रलम्बे सह कृष्णेन पुनर्गोकुलमाययौ॥ ३८

तदनन्तर वह दैत्यश्रेष्ठ मगज (मस्तिष्क) फट जानेपर मुखसे रक्त वमन करता हुआ पृथिवीपर गिर पड़ा और मर गया॥ ३६॥ अद्भुतकर्मा बलरामजीद्वारा प्रलम्बासुरको मरा हुआ देखकर गोपगण प्रसन्न होकर 'साधु, साधु' कहते हुए उनकी प्रशंसा करने लगे॥ ३७॥ प्रलम्बासुरके मारे जानेपर बलरामजी गोपोंद्वारा प्रशंसित होते हुए कृष्णचन्द्रके साथ गोकुलमें लौट आये॥ ३८॥

इति श्रीविष्णुपुराणे पञ्चमेंऽशे नवमोऽध्यायः॥ ९॥

दसवाँ अध्याय

शरद्वर्णन तथा गोवर्धनकी पूजा

श्रीपराशर उवाच

तयोर्विहरतोरेवं रामकेशवयोर्व्रजे।
प्रावृड् व्यतीता विकसत्सरोजा चाभवच्छरत्॥ १
अवापुस्तापमत्यर्थं शफर्यः पल्वलोदके।
पुत्रक्षेत्रादिसक्तेन ममत्वेन यथा गृही॥ २
मयूरा मौनमातस्थुः परित्यक्तमदा वने।
असारतां परिज्ञाय संसारस्येव योगिनः॥ ३
उत्सृज्य जलसर्वस्वं विमलास्सितमूर्त्तयः।
तत्यजुश्चाम्बरं मेघा गृहं विज्ञानिनो यथा॥ ४
शरत्सूर्यांशुतप्तानि ययुश्शोषं सरांसि च।
बह्वालम्बममत्वेन हृदयानीव देहिनाम्॥ ५
कुमुदैश्शरदम्भांसि योग्यतालक्षणं ययुः।
अवबोधैर्मनांसीव समत्वममलात्मनाम्॥ ६
तारकाविमले व्योम्नि रराजाखण्डमण्डलः।
चन्द्रश्चरमदेहात्मा योगी साधुकुले यथा॥ ७
शनकैश्शनकैस्तीरं तत्यजुश्च जलाशयाः।
ममत्वं क्षेत्रपुत्रादिरूढमुच्चैर्यथा बुधाः॥ ८
पूर्वं त्यक्तैस्सरोऽम्भोभिर्हंसा योगं पुनर्ययुः।
क्लेशैः कुयोगिनोऽशेषैरन्तरायहता इव॥ ९

श्रीपराशरजी बोले—इस प्रकार उन राम और कृष्णके व्रजमें विहार करते-करते वर्षाकाल बीत गया और प्रफुल्लित कमलोंसे युक्त शरद्-ऋतु आ गयी॥ १॥ जैसे गृहस्थ पुरुष पुत्र और क्षेत्र आदिमें लगी हुई ममतासे सन्ताप पाते हैं, उसी प्रकार मछलियाँ गड्ढोंके जलमें अत्यन्त ताप पाने लगीं॥ २॥ संसारकी असारताको जानकर जिस प्रकार योगिजन शान्त हो जाते हैं, उसी प्रकार मयूरगण मदहीन होकर मौन हो गये॥ ३॥ विज्ञानिगण [सब प्रकारकी ममता छोड़कर] जैसे घरका त्याग कर देते हैं, वैसे ही निर्मल श्वेत मेघोंने अपना जलरूप सर्वस्व छोड़कर आकाशमण्डलका परित्याग कर दिया॥ ४॥ विविध पदार्थोंमें ममता करनेसे जैसे देहधारियोंके हृदय सारहीन हो जाते हैं वैसे ही शरत्कालीन सूर्यके तापसे सरोवर सूख गये॥ ५॥ निर्मलचित्त पुरुषोंके मन जिस प्रकार ज्ञानद्वारा समता प्राप्त कर लेते हैं, उसी प्रकार शरत्कालीन जलोंको [स्वच्छताके कारण] कुमुदोंसे योग्य सम्बन्ध प्राप्त हो गया॥ ६॥ जिस प्रकार साधु-कुलमें चरम-देह-धारी योगी सुशोभित होता है, उसी प्रकार तारका-मण्डल-मण्डित निर्मल आकाशमें पूर्णचन्द्र विराजमान हुआ॥ ७॥

जिस प्रकार क्षेत्र और पुत्र आदिमें बढ़ी हुई ममताको विवेकीजन शनैः-शनैः त्याग देते हैं, वैसे ही जलाशयोंका जल धीरे-धीरे अपने तटको छोड़ने लगा॥ ८॥ जिस प्रकार अन्तरायों* (विघ्नों)-से विचलित हुए कुयोगियोंका

* अन्तराय नौ हैं—

'व्याधिस्त्यानसंशयप्रमादालस्याविरतिभ्रान्तिदर्शनालब्धभूमिकत्वानवस्थितत्वानि चित्तविक्षेपास्तेऽन्तरायाः। (यो० द० १। ३०)

निभृतोऽभवदत्यर्थं समुद्रः स्तिमितोदकः।
क्रमावाप्तमहायोगो निश्चलात्मा यथा यतिः॥ १०

सर्वत्रातिप्रसन्नानि सलिलानि तथाभवन्।
ज्ञाते सर्वगते विष्णौ मनांसीव सुमेधसाम्॥ ११

बभूव निर्मलं व्योम शरदा ध्वस्ततोयदम्।
योगाग्निदग्धक्लेशौघं योगिनामिव मानसम्॥ १२

सूर्यांशुजनितं तापं निन्ये तारापतिः शमम्।
अहंमानोद्भवं दुःखं विवेकः सुमहानिव॥ १३

नभसोऽब्दं भुवः पङ्कं कालुष्यं चाम्भसश्शरत्।
इन्द्रियाणीन्द्रियार्थेभ्यः प्रत्याहार इवाहरत्॥ १४

प्राणायाम इवाम्भोभिस्सरसां कृतपूरकैः।
अभ्यस्यतेऽनुदिवसं रेचकाकुम्भकादिभिः॥ १५

विमलाम्बरनक्षत्रे काले चाभ्यागते व्रजे।
ददर्शेन्द्रमहारम्भायोद्यतांस्तान्व्रजौकसः॥ १६

कृष्णस्तानुत्सुकान्दृष्ट्वा गोपानुत्सवलालसान्।
कौतूहलादिदं वाक्यं प्राह वृद्धान्महामतिः॥ १७

कोऽयं शक्रमखो नाम येन वो हर्ष आगतः।
प्राह तं नन्दगोपश्च पृच्छन्तमतिसादरम्॥ १८

नन्दगोप उवाच

मेघानां पयसां चेशो देवराजश्शतक्रतुः।
तेन सञ्चोदिता मेघा वर्षन्त्यम्बुमयं रसम्॥ १९

तद्वृष्टिजनितं सस्यं वयमन्ये च देहिनः।
वर्त्तयामोपयुञ्जानास्तर्पयामश्च देवताः॥ २०

क्षीरवत्य इमा गावो वत्सवत्यश्च निर्वृताः।
तेन संवर्द्धितैस्सस्यैस्तुष्टाः पुष्टा भवन्ति वै॥ २१

क्लेशों से पुनः संयोग हो* जाता है उसी प्रकार पहले छोड़े हुए सरोवरके जलसे हंसका पुनः संयोग हो गया॥ ९॥ क्रमशः महायोग (सम्प्रज्ञातसमाधि) प्राप्त कर लेनेपर जैसे यति निश्चलात्मा हो जाता है, वैसे ही जलके स्थिर हो जानेसे समुद्र निश्चल हो गया॥ १०॥ जिस प्रकार सर्वगत भगवान् विष्णुको जान लेनेपर मेधावी पुरुषोंके चित्त शान्त हो जाते हैं वैसे ही समस्त जलाशयोंका जल स्वच्छ हो गया॥ ११॥

योगाग्निद्वारा क्लेशसमूहके नष्ट हो जानेपर जैसे योगियोंके चित्त स्वच्छ हो जाते हैं उसी प्रकार शीतके कारण मेघोंके लीन हो जानेसे आकाश निर्मल हो गया॥ १२॥ जिस प्रकार अहंकारजनित महान् दुःखको विवेक शान्त कर देता है, उसी प्रकार सूर्यकिरणोंसे उत्पन्न हुए तापको चन्द्रमाने शान्त कर दिया॥ १३॥ प्रत्याहार जैसे इन्द्रियोंको उनके विषयोंसे खींच लेता है वैसे ही शरत्कालने आकाशसे मेघोंको, पृथिवीसे धूलिको और जलसे मलको दूर कर दिया॥ १४॥ [पानीसे भर जानेके कारण] मानो तालाबोंके जल पूरक कर चुकनेपर अब [स्थिर रहने और सूखनेसे] रात-दिन कुम्भक एवं रेचक क्रियाद्वारा प्राणायामका अभ्यास कर रहे हैं॥ १५॥

इस प्रकार व्रजमण्डलमें निर्मल आकाश और नक्षत्रमय शरत्कालके आनेपर श्रीकृष्णचन्द्रने समस्त व्रजवासियोंको इन्द्रका उत्सव मनानेके लिये तैयारी करते देखा॥ १६॥ महामति कृष्णने उन गोपोंको उत्सवकी उमंगसे अत्यन्त उत्साहपूर्ण देखकर कुतूहलवश अपने बड़े-बूढ़ोंसे पूछा— ॥ १७॥ "आपलोग जिसके लिये फूले नहीं समाते वह इन्द्रयज्ञ क्या है?" इस प्रकार अत्यन्त आदरपूर्वक पूछनेपर उनसे नन्दगोपने कहा— ॥ १८॥

नन्दगोप बोले—मेघ और जलका स्वामी देवराज इन्द्र है। उसकी प्रेरणासे ही मेघगण जलरूप रसकी वर्षा करते हैं॥ १९॥ हम और अन्य समस्त देहधारी उस वर्षासे उत्पन्न हुए अन्नको ही बर्तते हैं तथा उसीको उपयोगमें लाते हुए देवताओंको भी तृप्त करते हैं॥ २०॥ उस (वर्षा)-से बढ़े हुए अन्नसे ही तृप्त होकर ये गौएँ तुष्ट और

अर्थात् व्याधि, स्त्यान (साधनमें अप्रवृत्ति), संशय, प्रमाद, आलस्य, अविरति (वैराग्यहीनता), भ्रान्तिदर्शन, अलब्धभूमिकत्व (लक्ष्यकी उपलब्धि न होना) और अनवस्थितत्व (लक्ष्यमें स्थिर न होना) ये नौ अन्तराय हैं।

* क्लेश पाँच हैं; जैसे—

अविद्यास्मितारागद्वेषाभिनिवेशाः क्लेशाः। (यो० द० २। ३)

अर्थात् अविद्या, अस्मिता (अहंकार) राग, द्वेष और अभिनिवेश (मरणत्रास) ये पाँच क्लेश हैं।

नासस्या नातृणा भूमिर्न बुभुक्षार्दितो जनः ।
दृश्यते यत्र दृश्यन्ते वृष्टिमन्तो बलाहकाः ॥ २२
भौममेतत्पयो दुग्धं गोभिः सूर्यस्य वारिदैः ।
पर्जन्यस्सर्वलोकस्योद्भवाय भुवि वर्षति ॥ २३
तस्मात्प्रावृषि राजानस्सर्वे शक्रं मुदा युताः ।
मखैस्सुरेशमर्चन्ति वयमन्ये च मानवाः ॥ २४

श्रीपराशर उवाच

नन्दगोपस्य वचनं श्रुत्वेत्थं शक्रपूजने ।
रोषाय त्रिदशेन्द्रस्य प्राह दामोदरस्तदा ॥ २५
न वयं कृषिकर्त्तारो वाणिज्याजीविनो न च ।
गावोऽस्मद्दैवतं तात वयं वनचरा यतः ॥ २६
आन्वीक्षिकी त्रयी वार्त्ता दण्डनीतिस्तथा परा ।
विद्या चतुष्टयं चैतद्वार्त्तामात्रं शृणुष्व मे ॥ २७
कृषिर्वणिज्या तद्वच्च तृतीयं पशुपालनम् ।
विद्या ह्येका महाभाग वार्त्ता वृत्तित्रयाश्रया ॥ २८
कर्षकाणां कृषिर्वृत्तिः पण्यं विपणिजीविनाम् ।
अस्माकं गौः परा वृत्तिर्वार्त्ताभेदैरियं त्रिभिः ॥ २९
विद्यया यो यया युक्तस्तस्य सा दैवतं महत् ।
सैव पूज्यार्चनीया च सैव तस्योपकारिका ॥ ३०
यो यस्य फलमश्नन्वै पूजयत्यपरं नरः ।
इह च प्रेत्य चैवासौ न तदाप्नोति शोभनम् ॥ ३१
कृष्यान्ता प्रथिता सीमा सीमान्तं च पुनर्वनम् ।
वनान्ता गिरयस्सर्वे ते चास्माकं परा गतिः ॥ ३२
न द्वारबन्धावरणा न गृहक्षेत्रिणस्तथा ।
सुखिनस्त्वखिले लोके यथा वै चक्रचारिणः ॥ ३३
श्रूयन्ते गिरयश्चैव वनेऽस्मिन्कामरूपिणः ।
तत्तद्रूपं समास्थाय रमन्ते स्वेषु सानुषु ॥ ३४

पुष्ट होकर वत्सवती एवं दूध देनेवाली होती हैं ॥ २१ ॥ जिस भूमिपर बरसनेवाले मेघ दिखायी देते हैं, उसपर कभी अन्न और तृणका अभाव नहीं होता और न कभी वहाँके लोग भूखे रहते ही देखे जाते हैं ॥ २२ ॥ यह पर्जन्यदेव (इन्द्र) पृथिवीके जलको सूर्यकिरणोंद्वारा खींचकर सम्पूर्ण प्राणियोंकी वृद्धिके लिये उसे मेघोंद्वारा पृथिवीपर बरसा देते हैं। इसलिये वर्षा ऋतुमें समस्त राजालोग, हम और अन्य मनुष्यगण देवराज इन्द्रकी यज्ञोंद्वारा प्रसन्नतापूर्वक पूजा किया करते हैं ॥ २३-२४ ॥

श्रीपराशरजी बोले—इन्द्रकी पूजाके विषयमें नन्दजीके ऐसे वचन सुनकर श्रीदामोदर देवराजको कुपित करनेके लिये ही इस प्रकार कहने लगे— ॥ २५ ॥ "हे तात! हम न तो कृषक हैं और न व्यापारी, हमारे देवता तो गौएँ ही हैं; क्योंकि हमलोग वनचर हैं ॥ २६ ॥ आन्वीक्षिकी (तर्कशास्त्र), त्रयी (कर्मकाण्ड), दण्डनीति और वार्ता—ये चार विद्याएँ हैं, इनमेंसे केवल वार्ताका विवरण सुनो ॥ २७ ॥ हे महाभाग! वार्ता नामकी विद्या कृषि, वाणिज्य और पशुपालन इन तीन वृत्तियोंकी आश्रयभूता है ॥ २८ ॥ वार्ताके इन तीनों भेदोंमेंसे कृषि किसानोंकी, वाणिज्य व्यापारियोंकी और गोपालन हमलोगोंकी उत्तम वृत्ति है ॥ २९ ॥ जो व्यक्ति जिस विद्यासे युक्त है उसकी वही इष्टदेवता है, वही पूजा-अर्चाके योग्य है और वही परम उपकारिणी है ॥ ३० ॥ जो पुरुष एक व्यक्तिसे फल-लाभ करके अन्यकी पूजा करता है, उसका इहलोक अथवा परलोकमें कहीं भी शुभ नहीं होता ॥ ३१ ॥ खेतोंके अन्तमें सीमा है तथा सीमाके अन्तमें वन हैं और वनोंके अन्तमें समस्त पर्वत हैं; वे पर्वत ही हमारी परमगति हैं ॥ ३२ ॥ हमलोग न तो किंवाड़ें तथा भित्तिके अन्दर रहनेवाले हैं और न निश्चित गृह अथवा खेतवाले किसान ही हैं, बल्कि [वन-पर्वतादिमें स्वच्छन्द विचरनेवाले] हमलोग चक्रचारी* मुनियोंकी भाँति समस्त जनसमुदायमें सुखी हैं [अतः गृहस्थ किसानोंकी भाँति हमें इन्द्रकी पूजा करनेका कोई काम नहीं]" ॥ ३३ ॥

"सुना जाता है कि इस वनके पर्वतगण कामरूपी (इच्छानुसार रूप धारण करनेवाले) हैं। वे मनोवांछित रूप धारण करके अपने-अपने शिखरोंपर विहार किया करते हैं ॥ ३४ ॥

* चक्रचारी मुनि वे हैं जो शकट आदिसे सर्वत्र भ्रमण किया करते हैं और जिनका कोई खास निवास नहीं होता। जहाँ शाम हो जाती है वहीं रह जाते हैं। अतः उन्हें 'सायंगृह' भी कहते हैं।

यदा चैतैः प्रबाध्यन्ते तेषां ये काननौकसः।
तदा सिंहादिरूपैस्तान्घातयन्ति महीधराः॥ ३५
गिरियज्ञस्त्वयं तस्माद्गोयज्ञश्च प्रवर्त्यताम्।
किमस्माकं महेन्द्रेण गावश्शैलाश्च देवताः॥ ३६
मन्त्रयज्ञपरा विप्रास्सीरयज्ञाश्च कर्षकाः।
गिरिगोयज्ञशीलाश्च वयमद्रिवनाश्रयाः॥ ३७
तस्माद्गोवर्धनश्शैलो भवद्भिर्विविधार्हणैः।
अर्च्यतां पूज्यतां मेध्यान्पशून्हत्वा विधानतः॥ ३८
सर्वघोषस्य सन्दोहो गृह्यतां मा विचार्यताम्।
भोज्यन्तां तेन वै विप्रास्तथा ये चाभिवाञ्छकाः॥ ३९
तत्रार्चिते कृते होमे भोजितेषु द्विजातिषु।
शरत्पुष्पकृतापीडाः परिगच्छन्तु गोगणाः॥ ४०
एतन्मम मतं गोपास्सम्प्रीत्या क्रियते यदि।
ततः कृता भवेत्प्रीतिर्गवामद्रेस्तथा मम॥ ४१

श्रीपराशर उवाच

इति तस्य वचः श्रुत्वा नन्दाद्यास्ते व्रजौकसः।
प्रीत्युत्फुल्लमुखा गोपास्साधुसाध्वित्यथाब्रुवन्॥ ४२
शोभनं ते मतं वत्स यदेतद्भवतोदितम्।
तत्करिष्यामहे सर्वं गिरियज्ञः प्रवर्त्यताम्॥ ४३
तथा च कृतवन्तस्ते गिरियज्ञं व्रजौकसः।
दधिपायसमांसाद्यैर्ददुश्शैलबलिं ततः॥ ४४
द्विजांश्च भोजयामासुश्शतशोऽथ सहस्त्रशः॥ ४५
गावश्शैलं ततश्चक्रुरर्चितास्ताः प्रदक्षिणम्।
वृषभाश्चातिनर्दन्तस्सतोया जलदा इव॥ ४६
गिरिमूर्द्धनि कृष्णोऽपि शैलोऽहमिति मूर्तिमान्।
बुभुजेऽन्नं बहुतरं गोपवर्याहृतं द्विज॥ ४७
स्वेनैव कृष्णो रूपेण गोपैस्सह गिरेश्शिरः।
अधिरुह्यार्चयामास द्वितीयामात्मनस्तनुम्॥ ४८
अन्तर्द्धानं गते तस्मिन्गोपा लब्ध्वा ततो वरान्।
कृत्वा गिरिमखं गोष्ठं निजमभ्याययुः पुनः॥ ४९

जब कभी वनवासीगण इन गिरिदेवोंको किसी तरहकी बाधा पहुँचाते हैं तो वे सिंहादि रूप धारणकर उन्हें मार डालते हैं॥ ३५॥ अतः आजसे [इस इन्द्रयज्ञके स्थानमें] गिरियज्ञ अथवा गोयज्ञका प्रचार होना चाहिये। हमें इन्द्रसे क्या प्रयोजन है? हमारे देवता तो गौएँ और पर्वत ही हैं॥ ३६॥ ब्राह्मणलोग मन्त्र यज्ञ तथा कृषकगण सीरयज्ञ (हलका पूजन) करते हैं, अतः पर्वत और वनोंमें रहनेवाले हमलोगोंको गिरियज्ञ और गोयज्ञ करने चाहिये॥ ३७॥

''अतएव आपलोग विधिपूर्वक मेध्य पशुओंकी बलि देकर विविध सामग्रियोंसे गोवर्धनपर्वतकी अर्चा पूजा करें॥ ३८॥ आज सम्पूर्ण व्रजका दूध एकत्रित कर लो और उससे ब्राह्मणों तथा अन्यान्य याचकोंको भोजन कराओ; इस विषयमें और अधिक सोच-विचार मत करो॥ ३९॥ गोवर्धनकी पूजा, होम और ब्राह्मण-भोजन समाप्त होनेपर शरद्-ऋतुके पुष्पोंसे सजे हुए मस्तकवाली गौएँ गिरिराजकी प्रदक्षिणा करें॥ ४०॥ हे गोपगण! आपलोग यदि प्रीतिपूर्वक मेरी इस सम्मतिके अनुसार कार्य करेंगे तो इससे गौओंको, गिरिराज और मुझको अत्यन्त प्रसन्नता होगी''॥ ४१॥

श्रीपराशरजी बोले—कृष्णचन्द्रके इन वाक्योंको सुनकर नन्द आदि व्रजवासी गोपोंने प्रसन्नतासे खिले हुए मुखसे 'साधु, साधु' कहा॥ ४२॥ और बोले—हे वत्स! तुमने अपना जो विचार प्रकट किया है वह बड़ा ही सुन्दर है; हम सब ऐसा ही करेंगे; आज गिरियज्ञ किया जाय॥ ४३॥

तदनन्तर उन व्रजवासियोंने गिरियज्ञका अनुष्ठान किया तथा दही, खीर और मांस आदिसे पर्वतराजको बलि दी॥ ४४॥ सैकड़ों, हजारों ब्राह्मणोंको भोजन कराया तथा पुष्पार्चित गौओं और सजल जलधरके समान गर्जनेवाले साँड़ोंने गोवर्धनकी परिक्रमा की॥ ४५-४६॥ हे द्विज! उस समय कृष्णचन्द्रने पर्वतके शिखरपर अन्यरूपसे प्रकट होकर यह दिखलाते हुए कि मैं मूर्तिमान् गिरिराज हूँ, उन गोपश्रेष्ठोंके चढ़ाये हुए विविध व्यंजनोंको ग्रहण किया॥ ४७॥ कृष्णचन्द्रने अपने निजरूपसे गोपोंके साथ पर्वतराजके शिखरपर चढ़कर अपने ही दूसरे स्वरूपका पूजन किया॥ ४८॥ तदनन्तर उनके अन्तर्धान होनेपर गोपगण अपने अभीष्ट वर पाकर गिरियज्ञ समाप्त करके फिर अपने-अपने गोष्ठोंमें चले आये॥ ४९॥

इति श्रीविष्णुपुराणे पञ्चमेंऽशे दशमोऽध्यायः॥ १०॥

ग्यारहवाँ अध्याय

इन्द्रका कोप और श्रीकृष्णका गोवर्धन-धारण

श्रीपराशर उवाच

मखे प्रतिहते शक्रो मैत्रेयातिरुषान्वितः।
संवर्तकं नाम गणं तोयदानामथाब्रवीत्॥ १
भो भो मेघा निशम्यैतद्वचनं गदतो मम।
आज्ञानन्तरमेवाशु क्रियतामविचारितम्॥ २
नन्दगोपस्सुदुर्बुद्धिर्गोपैरन्यैस्सहायवान्।
कृष्णाश्रयबलाध्मातो मखभङ्गमचीकरत्॥ ३
आजीवो यः परस्तेषां गावस्तस्य च कारणम्।
ता गावो वृष्टिवातेन पीड्यन्तां वचनान्मम॥ ४
अहमप्यद्रिशृङ्गाभं तुङ्गमारुह्य वारणम्।
साहाय्यं वः करिष्यामि वाय्वम्बूत्सर्गयोजितम्॥ ५

श्रीपराशर उवाच

इत्याज्ञप्तास्ततस्तेन मुमुचुस्ते बलाहकाः।
वातवर्षं महाभीममभावाय गवां द्विज॥ ६
ततः क्षणेन पृथिवी ककुभोऽम्बरमेव च।
एकं धारामहासारपूरणेनाभवन्मुने॥ ७
विद्युल्लताकशाघातत्रस्तैरिव घनैर्घनम्।
नादापुरितदिक्चक्रैर्धारासारमपात्यत॥ ८
अन्धकारीकृते लोके वर्षद्भिरनिशं घनैः।
अधश्चोर्ध्वं च तिर्यक् च जगदाप्यमिवाभवत्॥ ९
गावस्तु तेन पतता वर्षवातेन वेगिना।
धूताः प्राणाञ्जहुस्सन्नत्रिकसक्थिशिरोधराः॥ १०
क्रोडेन वत्सानाक्रम्य तस्थुरन्या महामुने।
गावो विवत्साश्च कृता वारिपूरेण चापराः॥ ११
वत्साश्च दीनवदना वातकम्पितकन्धराः।
त्राहि त्राहीत्यल्पशब्दाः कृष्णमूचुरिवातुराः॥ १२

श्रीपराशरजी बोले—हे मैत्रेय! अपने यज्ञके रुक जानेसे इन्द्रने अत्यन्त रोषपूर्वक संवर्तक नामक मेघोंके दलसे इस प्रकार कहा—॥ १॥ "अरे मेघो! मेरा यह वचन सुनो और मैं जो कुछ कहूँ उसे मेरी आज्ञा सुनते ही, बिना कुछ सोचे-विचारे तुरन्त पूरा करो॥ २॥ देखो अन्य गोपोंके सहित दुर्बुद्धि नन्दगोपने कृष्णकी सहायताके बलसे अन्धा होकर मेरा यज्ञ भंग कर दिया है॥ ३॥ अतः जो उनकी परम जीविका और उनके गोपत्वका कारण है, उन गौओंको तुम मेरी आज्ञासे वर्षा और वायुके द्वारा पीडित कर दो॥ ४॥ मैं भी पर्वत शिखरके समान अत्यन्त ऊँचे अपने ऐरावत हाथीपर चढ़कर वायु और जल छोड़नेके समय तुम्हारी सहायता करूँगा"॥ ५॥

श्रीपराशरजी बोले—हे द्विज! इन्द्रकी ऐसी आज्ञा होनेपर गौओंको नष्ट करनेके लिये मेघोंने अति प्रचण्ड वायु और वर्षा छोड़ दी॥ ६॥ हे मुने! उस समय एक क्षणमें ही मेघोंकी छोड़ी हुई महान् जलधाराओंसे पृथिवी, दिशाएँ और आकाश एकरूप हो गये॥ ७॥ मेघगण मानो विद्युल्लतारूप दण्डाघातसे भयभीत होकर महान् शब्दसे दिशाओंको व्याप्त करते हुए मूसलाधार पानी बरसाने लगे॥ ८॥ इस प्रकार मेघोंके अहर्निश बरसनेसे संसारके अन्धकारपूर्ण हो जानेपर ऊपर-नीचे और सब ओरसे समस्त लोक जलमय-सा हो गया॥ ९॥

वर्षा और वायुके वेगपूर्वक चलते रहनेसे गौओंके कटि, जंघा और ग्रीवा आदि सुन्न हो गये और काँपते-काँपते अपने प्राण छोड़ने लगीं [अर्थात् मूर्च्छित हो गयीं]॥ १०॥ हे महामुने! कोई गौएँ तो अपने बछड़ोंको अपने नीचे छिपाये खड़ी रहीं और कोई जलके वेगसे वत्सहीना हो गयीं॥ ११॥ वायुसे काँपते हुए दीनवदन बछड़े मानो व्याकुल होकर मन्द-स्वरसे कृष्णचन्द्रसे 'रक्षा करो, रक्षा करो' ऐसा कहने लगे॥ १२॥

ततस्तद्गोकुलं सर्वं गोगोपीगोपसङ्कुलम्।
अतीवार्त्तं हरिर्दृष्ट्वा मैत्रेयाचिन्तयत्तदा॥ १३

एतत्कृतं महेन्द्रेण मखभंगविरोधिना।
तदेतदखिलं गोष्ठं त्रातव्यमधुना मया॥ १४

इममद्रिमहं धैर्यादुत्पाट्योरुशिलाघनम्।
धारयिष्यामि गोष्ठस्य पृथुच्छत्रमिवोपरि॥ १५

श्रीपराशर उवाच

इति कृत्वा मतिं कृष्णो गोवर्धनमहीधरम्।
उत्पाट्यैककरेणैव धारयामास लीलया॥ १६

गोपांश्चाह हसञ्छौरिस्समुत्पाटितभूधरः।
विशध्वमत्र त्वरिताः कृतं वर्षनिवारणम्॥ १७

सुनिवातेषु देशेषु यथा जोषमिहास्यताम्।
प्रविश्यतां न भेतव्यं गिरिपाताच्च निर्भयैः॥ १८

इत्युक्तास्तेन ते गोपा विविशुर्गोधनैस्सह।
शकटारोपितैर्भाण्डैर्गोप्यश्चासारपीडिताः॥ १९

कृष्णोऽपि तं दधारैव शैलमत्यन्तनिश्चलम्।
व्रजैकवासिभिर्हर्षविस्मिताक्षैर्निरीक्षितः॥ २०

गोपगोपीजनैर्हृष्टैः प्रीतिविस्तारितेक्षणैः।
संस्तूयमानचरितः कृष्णश्शैलमधारयत्॥ २१

सप्तरात्रं महामेघा ववर्षुर्नन्दगोकुले।
इन्द्रेण चोदिता विप्र गोपानां नाशकारिणा॥ २२

ततो धृते महाशैले परित्राते च गोकुले।
मिथ्याप्रतिज्ञो बलभिद्वारयामास तान्घनान्॥ २३

व्यभ्रे नभसि देवेन्द्रे वितथात्मवचस्यथ।
निष्क्रम्य गोकुलं हृष्टं स्वस्थानं पुनरागमत्॥ २४

मुमोच कृष्णोऽपि तदा गोवर्धनमहाचलम्।
स्वस्थाने विस्मितमुखैर्दृष्टस्तैस्तु व्रजौकसैः॥ २५

हे मैत्रेय! उस समय गो, गोपी और गोपगणके सहित सम्पूर्ण गोकुलको अत्यन्त व्याकुल देखकर श्रीहरिने विचारा॥ १३॥ यज्ञ-भंगके कारण विरोध मानकर यह सब करतूत इन्द्र ही कर रहा है; अतः अब मुझे सम्पूर्ण व्रजकी रक्षा करनी चाहिये॥ १४॥ अब मैं धैर्यपूर्वक बड़ी-बड़ी शिलाओंसे घनीभूत इस पर्वतको उखाड़कर इसे एक बड़े छत्रके समान व्रजके ऊपर धारण करूँगा॥ १५॥

श्रीपराशरजी बोले—श्रीकृष्णचन्द्रने ऐसा विचारकर गोवर्धनपर्वतको उखाड़ लिया और उसे लीलासे ही अपने एक हाथपर उठा लिया॥ १६॥ पर्वतको उखाड़ लेनेपर शूरनन्दन श्रीश्यामसुन्दरने गोपोंसे हँसकर कहा—"आओ, शीघ्र ही इस पर्वतके नीचे आ जाओ, मैंने वर्षासे बचनेका प्रबन्ध कर दिया है॥ १७॥ यहाँ वायुहीन स्थानोंमें आकर सुखपूर्वक बैठ जाओ; निर्भय होकर प्रवेश करो, पर्वतके गिरने आदिका भय मत करो"॥ १८॥

श्रीकृष्णचन्द्रके ऐसा कहनेपर जलकी धाराओंसे पीडित गोप और गोपी अपने बर्तन-भाँड़ोंको छकड़ोंमें रखकर गौओंके साथ पर्वतके नीचे चले गये॥ १९॥ व्रज वासियोंद्वारा हर्ष और विस्मयपूर्वक टकटकी लगाकर देखे जाते हुए श्रीकृष्णचन्द्र भी गिरिराजको अत्यन्त निश्चलतापूर्वक धारण किये रहे॥ २०॥ जो प्रीतिपूर्वक आँखें फाड़कर देख रहे थे उन हर्षितचित्त गोप और गोपियोंसे अपने चरितोंका स्तवन होते हुए श्रीकृष्णचन्द्र पर्वतको धारण किये रहे॥ २१॥

हे विप्र! गोपोंके नाशकर्ता इन्द्रकी प्रेरणासे नन्दजीके गोकुलमें सात रात्रितक महाभयंकर मेघ बरसते रहे॥ २२॥ किंतु जब श्रीकृष्णचन्द्रने पर्वत धारणकर गोकुलकी रक्षा की तो अपनी प्रतिज्ञा व्यर्थ हो जानेसे इन्द्रने मेघोंको रोक दिया॥ २३॥ आकाशके मेघहीन हो जानेसे इन्द्रकी प्रतिज्ञा भंग हो जानेपर समस्त गोकुलवासी वहाँसे निकलकर प्रसन्नतापूर्वक फिर अपने-अपने स्थानोंपर आ गये॥ २४॥ और कृष्णचन्द्रने भी उन व्रजवासियोंके विस्मयपूर्वक देखते-देखते गिरिराज गोवर्धनको अपने स्थानपर रख दिया॥ २५॥

इति श्रीविष्णुपुराणे पञ्चमेंऽशे एकादशोऽध्यायः॥ ११॥

बारहवाँ अध्याय

शक्र-कृष्ण-संवाद, कृष्ण-स्तुति

श्रीपराशर उवाच

धृते गोवर्धने शैले परित्राते च गोकुले।
रोचयामास कृष्णस्य दर्शनं पाकशासनः॥ १

सोऽधिरुह्य महानागमैरावतममित्रजित्।
गोवर्धनगिरौ कृष्णं ददर्श त्रिदशेश्वरः॥ २

चारयन्तं महावीर्यं गास्तु गोपवपुर्धरम्।
कृत्स्नस्य जगतो गोपं वृतं गोपकुमारकैः॥ ३

गरुडं च ददर्शोच्चैरन्तर्द्धानगतं द्विज।
कृतच्छायं हरेर्मूर्ध्नि पक्षाभ्यां पक्षिपुङ्गवम्॥ ४

अवरुह्य स नागेन्द्रादेकान्ते मधुसूदनम्।
शक्रस्सस्मितमाहेदं प्रीतिविस्तारितेक्षणः॥ ५

इन्द्र उवाच

कृष्ण कृष्ण शृणुष्वेदं यदर्थमहमागतः।
त्वत्समीपं महाबाहो नैतच्चिन्त्यं त्वयान्यथा॥ ६

भारावतारणार्थाय पृथिव्याः पृथिवीतले।
अवतीर्णोऽखिलाधार त्वमेव परमेश्वर॥ ७

मखभंगविरोधेन मया गोकुलनाशकाः।
समादिष्टा महामेघास्तैश्चेदं कदनं कृतम्॥ ८

त्रातास्ताश्च त्वया गावस्समुत्पाट्य महीधरम्।
तेनाहं तोषितो वीरकर्मणात्यद्भुतेन ते॥ ९

साधितं कृष्ण देवानामहं मन्ये प्रयोजनम्।
त्वयायमद्रिप्रवरः करेणैकेन यद्धृतः॥ १०

गोभिश्च चोदितः कृष्ण त्वत्सकाशमिहागतः।
त्वया त्राताभिरत्यर्थं युष्मत्सत्कारकारणात्॥ ११

स त्वां कृष्णाभिषेक्ष्यामि गवां वाक्यप्रचोदितः।
उपेन्द्रत्वे गवामिन्द्रो गोविन्दस्त्वं भविष्यसि॥ १२

श्रीपराशरजी बोले—इस प्रकार गोवर्धनपर्वतका धारण और गोकुलकी रक्षा हो जानेपर देवराज इन्द्रको श्रीकृष्णचन्द्रका दर्शन करनेकी इच्छा हुई॥ १॥ अतः शत्रुजित् देवराज गजराज ऐरावतपर चढ़कर गोवर्धनपर्वतपर आये और वहाँ सम्पूर्ण जगत्के रक्षक गोपवेषधारी महाबलवान् श्रीकृष्णचन्द्रको ग्वालबालोंके साथ गौएँ चराते देखा॥ २-३॥ हे द्विज! उन्होंने यह भी देखा कि पक्षिश्रेष्ठ गरुड अदृश्यभावसे उनके ऊपर रहकर अपने पंखोंसे उनकी छाया कर रहे हैं॥ ४॥ तब वे ऐरावतसे उतर पड़े और एकान्तमें श्रीमधुसूदनकी ओर प्रीतिपूर्वक दृष्टि फैलाते हुए मुसकाकर बोले॥ ५॥

इन्द्रने कहा—हे श्रीकृष्णचन्द्र! मैं जिसलिये आपके पास आया हूँ, वह सुनिये—हे महाबाहो! आप इसे अन्यथा न समझें॥ ६॥ हे अखिलाधार परमेश्वर! आपने पृथिवीका भार उतारनेके लिये ही पृथिवीपर अवतार लिया है॥ ७॥ यज्ञभंगसे विरोध मानकर ही मैंने गोकुलको नष्ट करनेके लिये महामेघोंको आज्ञा दी थी, उन्हींने यह संहार मचाया था॥ ८॥ किन्तु आपने पर्वतको उखाड़कर गौओंको बचा लिया। हे वीर! आपके इस अद्भुत कर्मसे मैं अति प्रसन्न हूँ॥ ९॥

हे कृष्ण! आपने जो अपने एक हाथपर गोवर्धन धारण किया है, इससे मैं देवताओंका प्रयोजन [आपके द्वारा] सिद्ध हुआ ही समझता हूँ॥ १०॥ [गोवंशकी रक्षाद्वारा] आपसे रक्षित [कामधेनु आदि] गौओंसे प्रेरित होकर ही मैं आपका विशेष सत्कार करनेके लिये यहाँ आपके पास आया हूँ॥ ११॥ हे कृष्ण! अब मैं गौओंके वाक्यानुसार ही आपका उपेन्द्र-पदपर अभिषेक करूँगा तथा आप गौओंके इन्द्र (स्वामी) हैं इसलिये आपका नाम 'गोविन्द' भी होगा॥ १२॥

श्रीपराशर उवाच

अथोपवाह्यादादाय घण्टामैरावताद्गजात्।
अभिषेकं तया चक्रे पवित्रजलपूर्णया॥ १३
क्रियमाणेऽभिषेके तु गावः कृष्णस्य तत्क्षणात्।
प्रस्रवोद्भूतदुग्धार्द्रां सद्यश्चक्रुर्वसुन्धराम्॥ १४
अभिषिच्य गवां वाक्यादुपेन्द्रं वै जनार्दनम्।
प्रीत्या सप्रश्रयं वाक्यं पुनराह शचीपतिः॥ १५
गवामेतत्कृतं वाक्यं तथान्यदपि मे शृणु।
यद्ब्रवीमि महाभाग भारावतरणेच्छया॥ १६
ममांशः पुरुषव्याघ्र पृथिव्यां पृथिवीधर।
अवतीर्णोऽर्जुनो नाम संरक्ष्यो भवता सदा॥ १७
भारावतरणे साह्यं स ते वीरः करिष्यति।
संरक्षणीयो भवता यथात्मा मधुसूदन॥ १८

श्रीभगवानुवाच

जानामि भारते वंशे जातं पार्थं तवांशतः।
तमहं पालयिष्यामि यावत्स्थास्यामि भूतले॥ १९
यावन्महीतले शक्र स्थास्याम्यहमरिन्दम।
न तावदर्जुनं कश्चिद्देवेन्द्र युधि जेष्यति॥ २०
कंसो नाम महाबाहुर्दैत्योऽरिष्टस्तथासुरः।
केशी कुवलयापीडो नरकाद्यास्तथा परे॥ २१
हतेषु तेषु देवेन्द्र भविष्यति महाहवः।
तत्र विद्धि सहस्राक्ष भारावतरणं कृतम्॥ २२
स त्वं गच्छ न सन्तापं पुत्रार्थे कर्तुमर्हसि।
नार्जुनस्य रिपुः कश्चिन्ममाग्रे प्रभविष्यति॥ २३
अर्जुनार्थे त्वहं सर्वान्युधिष्ठिरपुरोगमान्।
निवृत्ते भारते युद्धे कुन्त्यै दास्याम्यविक्षतान्॥ २४

श्रीपराशर उवाच

इत्युक्तः सम्परिष्वज्य देवराजो जनार्दनम्।
आरुह्यैरावतं नागं पुनरेव दिवं ययौ॥ २५
कृष्णो हि सहितो गोभिर्गोपालैश्च पुनर्व्रजम्।
आजगामाथ गोपीनां दृष्टिपूतेन वर्त्मना॥ २६

श्रीपराशरजी बोले—तदनन्तर इन्द्रने अपने वाहन गजराज ऐरावतका घण्टा लिया और उसमें पवित्र जल भरकर उससे कृष्णचन्द्रका अभिषेक किया॥ १३॥ श्रीकृष्णचन्द्रका अभिषेक होते समय गौओंने तुरन्त ही अपने स्तनोंसे टपकते हुए दुग्धसे पृथिवीको भिगो दिया॥ १४॥

इस प्रकार गौओंके कथनानुसार श्रीजनार्दनको उपेन्द्र-पदपर अभिषिक्त कर शचीपति इन्द्रने पुनः प्रीति और विनयपूर्वक कहा—॥ १५॥ "हे महाभाग! यह तो मैंने गौओंका वचन पूरा किया, अब पृथिवीके भार उतारनेकी इच्छासे मैं आपसे जो कुछ और निवेदन करता हूँ वह भी सुनिये॥ १६॥ हे पृथिवीधर! हे पुरुषसिंह! अर्जुन नामक मेरे अंशने पृथिवीपर अवतार लिया है; आप कृपा करके उसकी सर्वदा रक्षा करें॥ १७॥ हे मधुसूदन! वह वीर पृथिवीका भार उतारनेमें आपका साथ देगा, अतः आप उसकी अपने शरीरके समान ही रक्षा करें"॥ १८॥

श्रीभगवान् बोले—भरतवंशमें पृथाके पुत्र अर्जुनने तुम्हारे अंशसे अवतार लिया है—यह मैं जानता हूँ। मैं जबतक पृथिवीपर रहूँगा, उसकी रक्षा करूँगा॥ १९॥ हे शत्रुसूदन देवेन्द्र! मैं जबतक महीतलपर रहूँगा तबतक अर्जुनको युद्धमें कोई भी न जीत सकेगा॥ २०॥ हे देवेन्द्र! विशाल भुजाओंवाला कंस नामक दैत्य, अरिष्टासुर, केशी, कुवलयापीड और नरकासुर आदि अन्यान्य दैत्योंका नाश होनेपर यहाँ महाभारत-युद्ध होगा। हे सहस्राक्ष! उसी समय पृथिवीका भार उतरा हुआ समझना॥ २१-२२॥ अब तुम प्रसन्नतापूर्वक जाओ, अपने पुत्र अर्जुनके लिये तुम किसी प्रकारकी चिन्ता मत करो; मेरे रहते हुए अर्जुनका कोई भी शत्रु सफल न हो सकेगा॥ २३॥ अर्जुनके लिये ही मैं महाभारतके अन्तमें युधिष्ठिर आदि समस्त पाण्डवोंको अक्षत-शरीरसे कुन्तीको दूँगा॥ २४॥

श्रीपराशरजी बोले—कृष्णचन्द्रके ऐसा कहनेपर देवराज इन्द्र उनका आलिंगन कर ऐरावत हाथीपर आरूढ हो स्वर्गको चले गये॥ २५॥ तदनन्तर कृष्णचन्द्र भी गोपियोंके दृष्टिपातसे पवित्र हुए मार्गद्वारा गोपकुमारों और गौओंके साथ व्रजको लौट आये॥ २६॥

इति श्रीविष्णुपुराणे पञ्चमेंऽशे द्वादशोऽध्यायः॥ १२॥

तेरहवाँ अध्याय

गोपोंद्वारा भगवान्‌का प्रभाववर्णन तथा भगवान्‌का गोपियोंके साथ रासक्रीडा करना

श्रीपराशर उवाच

गते शक्रे तु गोपालाः कृष्णमक्लिष्टकारिणम्।
ऊचुः प्रीत्या धृतं दृष्ट्वा तेन गोवर्धनाचलम्॥ १

वयमस्मान्महाभाग भगवन्महतो भयात्।
गावश्च भवता त्राता गिरिधारणकर्मणा॥ २

बालक्रीडेयमतुला गोपालत्वं जुगुप्सितम्।
दिव्यं च भवतः कर्म किमेतत्तात कथ्यताम्॥ ३

कालियो दमितस्तोये धेनुको विनिपातितः।
धृतो गोवर्धनश्चायं शङ्कितानि मनांसि नः॥ ४

सत्यं सत्यं हरेः पादौ शपामोऽमितविक्रम।
यथावद्वीर्यमालोक्य न त्वां मन्यामहे नरम्॥ ५

प्रीतिः सस्त्रीकुमारस्य व्रजस्य त्वयि केशव।
कर्म चेदमशक्यं यत्समस्तैस्त्रिदशैरपि॥ ६

बालत्वं चातिवीर्यत्वं जन्म चास्मास्वशोभनम्।
चिन्त्यमानममेयात्मञ्छङ्का कृष्ण प्रयच्छति॥ ७

देवो वा दानवो वा त्वं यक्षो गन्धर्व एव वा।
किमस्माकं विचारेण बान्धवोऽसि नमोऽस्तु ते॥ ८

श्रीपराशर उवाच

क्षणं भूत्वा त्वसौ तूष्णीं किञ्चित्प्रणयकोपवान्।
इत्येवमुक्तस्तैर्गोपैः कृष्णोऽप्याह महामतिः॥ ९

श्रीभगवानुवाच

मत्सम्बन्धेन वो गोपा यदि लज्जा न जायते।
श्लाघ्यो वाहं ततः किं वो विचारेण प्रयोजनम्॥ १०

यदि वोऽस्ति मयि प्रीतिः श्लाघ्योऽहं भवतां यदि।
तदात्मबन्धुसदृशी बुद्धिर्वः क्रियतां मयि॥ ११

श्रीपराशरजी बोले—इन्द्रके चले जानेपर लीलाविहारी श्रीकृष्णचन्द्रको बिना प्रयास ही गोवर्धन-पर्वत धारण करते देख गोपगण उनसे प्रीतिपूर्वक बोले—॥ १॥ हे भगवन्! हे महाभाग! आपने गिरिराजको धारण कर हमारी और गौओंकी इस महान् भयसे रक्षा की है॥ २॥ हे तात! कहाँ आपकी यह अनुपम बाललीला, कहाँ निन्दित गोपजाति और कहाँ ये दिव्य कर्म? यह सब क्या है, कृपया हमें बतलाइये॥ ३॥ आपने यमुनाजलमें कालियनागका दमन किया, धेनुकासुरको मारा और फिर यह गोवर्धनपर्वत धारण किया; आपके इन अद्भुत कर्मोंसे हमारे चित्तमें बड़ी शंका हो रही है॥ ४॥ हे अमितविक्रम! हम भगवान् हरिके चरणोंकी शपथ करके आपसे सच-सच कहते हैं कि आपके ऐसे बल-वीर्यको देखकर हम आपको मनुष्य नहीं मान सकते॥ ५॥ हे केशव! स्त्री और बालकोंके सहित सभी व्रजवासियोंकी आपपर अत्यन्त प्रीति है। आपका यह कर्म तो देवताओंके लिये भी दुष्कर है॥ ६॥ हे कृष्ण! आपकी यह बाल्यावस्था, विचित्र बल-वीर्य और हम-जैसे नीच पुरुषोंमें जन्म लेना—हे अमेयात्मन्! ये सब बातें विचार करनेपर हमें शंकामें डाल देती हैं॥ ७॥ आप देवता हों, दानव हों, यक्ष हों अथवा गन्धर्व हों; इन बातोंका विचार करनेसे हमें क्या प्रयोजन है? हमारे तो आप बन्धु ही हैं, अतः आपको नमस्कार है॥ ८॥

श्रीपराशरजी बोले—गोपगणके ऐसा कहनेपर महामति कृष्णचन्द्र कुछ देरतक चुप रहे और फिर कुछ प्रणयजन्य कोपपूर्वक इस प्रकार कहने लगे—॥ ९॥

श्रीभगवान्‌ने कहा—हे गोपगण! यदि आपलोगोंको मेरे सम्बन्धसे किसी प्रकारकी लज्जा न हो तो मैं आपलोगोंसे प्रशंसनीय हूँ इस बातका विचार करनेकी भी क्या आवश्यकता है?॥ १०॥ यदि मुझमें आपकी प्रीति है और यदि मैं आपकी प्रशंसाका पात्र हूँ तो आपलोग मुझमें बान्धव-बुद्धि ही करें॥ ११॥

नाहं देवो न गन्धर्वो न यक्षो न च दानवः।
अहं वो बान्धवो जातो नैतच्चिन्त्यमितोऽन्यथा॥ १२

श्रीपराशर उवाच

इति श्रुत्वा हरेर्वाक्यं बद्धमौनास्ततो वनम्।
ययुर्गोपा महाभाग तस्मिन्प्रणयकोपिनि॥ १३
कृष्णस्तु विमलं व्योम शरच्चन्द्रस्य चन्द्रिकाम्।
तदा कुमुदिनीं फुल्लामामोदितदिगन्तराम्॥ १४
वनराजिं तथा कूजद्भृङ्गमालामनोहराम्।
विलोक्य सह गोपीभिर्मनश्चक्रे रतिं प्रति॥ १५
विना रामेण मधुरमतीव वनिताप्रियम्।
जगौ कलपदं शौरिस्तारमन्द्रकृतक्रमम्॥ १६
रम्यं गीतध्वनिं श्रुत्वा सन्त्यज्यावसथांस्तदा।
आजग्मुस्त्वरिता गोप्यो यत्रास्ते मधुसूदनः॥ १७
शनैश्शनैर्जगौ गोपी काचित्तस्य लयानुगम्।
दत्तावधाना काचिच्च तमेव मनसास्मरत्॥ १८
काचित्कृष्णेति कृष्णेति प्रोच्य लज्जामुपाययौ।
ययौ च काचित्प्रेमान्धा तत्पार्श्वमविलम्बितम्॥ १९
काचिच्चावसथस्यान्ते स्थित्वा दृष्ट्वा बहिर्गुरुम्।
तन्मयत्वेन गोविन्दं दध्यौ मीलितलोचना॥ २०
तच्चित्तविमलाह्लादक्षीणपुण्यचया तथा।
तदप्राप्तिमहादुःखविलीनाशेषपातका ॥ २१
चिन्तयन्ती जगत्सूतिं परब्रह्मस्वरूपिणम्।
निरुच्छ्वासतया मुक्तिं गतान्या गोपकन्यका॥ २२
गोपीपरिवृतो रात्रिं शरच्चन्द्रमनोरमाम्।
मानयामास गोविन्दो रासारम्भरसोत्सुकः॥ २३
गोप्यश्च वृन्दशः कृष्णचेष्टास्वायत्तमूर्तयः।
अन्यदेशं गते कृष्णे चेरुर्वृन्दावनान्तरम्॥ २४
कृष्णे निबद्धहृदया इदमूचुः परस्परम्॥ २५

मैं न देव हूँ, न गन्धर्व हूँ, न यक्ष हूँ और न दानव हूँ। मैं तो आपके बान्धवरूपसे ही उत्पन्न हुआ हूँ; आपलोगोंको इस विषयमें और कुछ विचार न करना चाहिये॥ १२॥

श्रीपराशरजी बोले—हे महाभाग! श्रीहरिके प्रणयकोपयुक्त होकर कहे हुए इन वाक्योंको सुनकर वे समस्त गोपगण चुपचाप वनको चले गये॥ १३॥

तब श्रीकृष्णचन्द्रने निर्मल आकाश, शरच्चन्द्रकी चन्द्रिका और दिशाओंको सुरभित करनेवाली विकसित कुमुदिनी तथा वन-खण्डीको मुखर मधुकरोंसे मनोहर देखकर गोपियोंके साथ रमण करनेकी इच्छा की॥ १४-१५॥ उस समय बलरामजीके बिना ही श्रीमुरलीमनोहर स्त्रियोंको प्रिय लगनेवाला अत्यन्त मधुर, अस्फुट एवं मृदुल पद ऊँचे और धीमे स्वरसे गाने लगे॥ १६॥ उनकी उस सुरम्य गीतध्वनिको सुनकर गोपियाँ अपने-अपने घरोंको छोड़कर तत्काल जहाँ श्रीमधुसूदन थे वहाँ चली आयीं॥ १७॥

वहाँ आकर कोई गोपी तो उनके स्वर-में-स्वर मिलाकर धीरे-धीरे गाने लगी और कोई मन-ही-मन उन्हींका स्मरण करने लगी॥ १८॥ कोई 'हे कृष्ण, हे कृष्ण' ऐसा कहती हुई लज्जावश संकुचित हो गयी और कोई प्रेमोन्मादिनी होकर तुरन्त उनके पास जा खड़ी हुई॥ १९॥ कोई गोपी बाहर गुरुजनोंको देखकर अपने घरमें ही रहकर आँख मूँदकर तन्मयभावसे श्रीगोविन्दका ध्यान करने लगी॥ २०॥ तथा कोई गोपकुमारी जगत्के कारण परब्रह्मस्वरूप श्रीकृष्णचन्द्रका चिन्तन करते-करते [मूर्च्छावस्थामें] प्राणापानके रुक जानेसे मुक्त हो गयी, क्योंकि भगवद्ध्यानके विमल आह्लादसे उसकी समस्त पुण्यराशि क्षीण हो गयी और भगवान्‌की अप्राप्तिके महान् दुःखसे उसके समस्त पाप लीन हो गये थे॥ २१-२२॥ गोपियोंसे घिरे हुए रासारम्भरूप रसके लिये उत्कण्ठित श्रीगोविन्दने उस शरच्चन्द्रसुशोभिता रात्रिको [रास करके] सम्मानित किया॥ २३॥

उस समय भगवान् कृष्णके अन्यत्र चले जानेपर कृष्णचेष्टाके अधीन हुईं गोपियाँ यूथ बनाकर वृन्दावनके अन्दर विचरने लगीं॥ २४॥ कृष्णमें निबद्धचित्त हुई वे व्रजांगनाएँ परस्पर इस प्रकार वार्तालाप करने लगीं—[उसमेंसे एक गोपी कहती थी—] "मैं ही कृष्ण हूँ; देखो, कैसी सुन्दर चालसे चलता हूँ; तनिक मेरी

कृष्णोऽहमेष ललितं व्रजाम्यालोक्यतां गतिः।
अन्या ब्रवीति कृष्णस्य मम गीतिर्निशम्यताम्॥ २६

दुष्टकालिय तिष्ठात्र कृष्णोऽहमिति चापरा।
बाहुमास्फोट्य कृष्णस्य लीलया सर्वमाददे॥ २७

अन्या ब्रवीति भो गोपा निश्शंकैः स्थीयतामिति।
अलं वृष्टिभयेनात्र धृतो गोवर्धनो मया॥ २८

धेनुकोऽयं मया क्षिप्तो विचरन्तु यथेच्छया।
गावो ब्रवीति चैवान्या कृष्णलीलानुसारिणी॥ २९

एवं नानाप्रकारासु कृष्णचेष्टासु तास्तदा।
गोप्यो व्यग्राः समं चेरू रम्यं वृन्दावनान्तरम्॥ ३०

विलोक्यैका भुवं प्राह गोपी गोपवराङ्गना।
पुलकाञ्चितसर्वाङ्गी विकासिनयनोत्पला॥ ३१

ध्वजवज्राङ्कुशाब्जाङ्क रेखावन्त्यालि पश्यत।
पदान्येतानि कृष्णस्य लीलाललितगामिनः॥ ३२

कापि तेन समायाता कृतपुण्या मदालसा।
पदानि तस्याश्चैतानि घनान्यल्पतनूनि च॥ ३३

पुष्पापचयमत्रोच्चैश्चक्रे दामोदरो ध्रुवम्।
येनाग्राक्रान्तमात्राणि पदान्यत्र महात्मनः॥ ३४

अत्रोपविश्य वै तेन काचित्पुष्पैरलंकृता।
अन्यजन्मनि सर्वात्मा विष्णुरभ्यर्चितस्तया॥ ३५

पुष्पबन्धनसम्मानकृतमानामपास्य ताम्।
नन्दगोपसुतो यातो मार्गेणानेन पश्यत॥ ३६

अनुयातैनमत्रान्या नितम्बभरमन्थरा।
या गन्तव्ये द्रुतं याति निम्नपादाग्रसंस्थितिः॥ ३७

हस्तन्यस्ताग्रहस्तेयं तेन याति तथा सखी।
अनायत्तपदन्यासा लक्ष्यते पदपद्धतिः॥ ३८

हस्तसंस्पर्शमात्रेण धूर्तेनैषा विमानिता।
नैराश्यान्मन्दगामिन्या निवृत्तं लक्ष्यते पदम्॥ ३९

गति तो देखो।'' दूसरी कहती—''कृष्ण तो मैं हूँ, अहा! मेरा गाना तो सुनो''॥ २५-२६॥ कोई अन्य गोपी भुजाएँ ठोंककर बोल उठती—''अरे दुष्ट कालिय! मैं कृष्ण हूँ, तनिक ठहर तो जा'' ऐसा कहकर वह कृष्णके सारे चरित्रोंका लीलापूर्वक अनुकरण करने लगती॥ २७॥ कोई और गोपी कहने लगती—''अरे गोपगण! मैंने गोवर्धन धारण कर लिया है, तुम वर्षासे मत डरो, निश्शंक होकर इसके नीचे आकर बैठ जाओ''॥ २८॥ कोई दूसरी गोपी कृष्णलीलाओंका अनुकरण करती हुई बोलने लगती—''मैंने धेनुकासुरको मार दिया है, अब यहाँ गौएँ स्वच्छन्द होकर विचरें''॥ २९॥

इस प्रकार समस्त गोपियाँ श्रीकृष्णचन्द्रकी नाना प्रकारकी चेष्टाओंमें व्यग्र होकर साथ-साथ अति सुरम्य वृन्दावनके अन्दर विचरने लगीं॥ ३०॥ खिले हुए कमल-जैसे नेत्रोंवाली एक सुन्दरी गोपांगना सर्वांग पुलकित हो पृथिवीकी ओर देखकर कहने लगी—॥ ३१॥ अरी आली! ये लीलाललितगामी कृष्णचन्द्रके ध्वजा, वज्र, अंकुश और कमल आदिकी रेखाओंसे सुशोभित पदचिह्न तो देखो॥ ३२॥ और देखो, उनके साथ कोई पुण्यवती मदमाती युवती भी आ गयी है, उसके ये घने छोटे-छोटे और पतले चरणचिह्न दिखायी दे रहे हैं॥ ३३॥ यहाँ निश्चय ही दामोदरने ऊँचे होकर पुष्पचयन किये हैं; इसी कारण यहाँ उन महात्माके चरणोंके केवल अग्रभाग ही अंकित हुए हैं॥ ३४॥ यहाँ बैठकर उन्होंने निश्चय ही किसी बड़भागिनीका पुष्पोंसे शृंगार किया है; अवश्य ही उसने अपने पूर्वजन्ममें सर्वात्मा श्रीविष्णुभगवान्‌की उपासना की होगी॥ ३५॥ और यह देखो, पुष्पबन्धनके सम्मानसे गर्विता होकर उसके मान करनेपर श्रीनन्दनन्दन उसे छोड़कर इस मार्गसे चले गये हैं॥ ३६॥ अरी सखियो! देखो, यहाँ कोई नितम्बभारके कारण मन्दगामिनी गोपी कृष्णचन्द्रके पीछे-पीछे गयी है। वह अपने गन्तव्य स्थानको तीव्रगतिसे गयी है, इसीसे उसके चरणचिह्नोंके अग्रभाग कुछ नीचे दिखायी देते हैं॥ ३७॥ यहाँ वह सखी उनके हाथमें अपना पाणिपल्लव देकर चली है, इसीसे उसके चरणचिह्न पराधीन-से दिखलायी देते हैं॥ ३८॥ देखो, यहाँसे उस मन्दगामिनीके निराश होकर लौटनेके चरणचिह्न दीख रहे हैं, मालूम होता है उस धूर्तने [उसकी अन्य आन्तरिक अभिलाषाओंको पूर्ण किये बिना ही] केवल कर-स्पर्श करके उसका अपमान किया है॥ ३९॥

नूनमुक्त्वा त्वरामीति पुनरेष्यामि तेऽन्तिकम्।
तेन कृष्णेन येनैषा त्वरिता पदपद्धतिः॥ ४०

प्रविष्टो गहनं कृष्णः पदमत्र न लक्ष्यते।
निवर्तध्वं शशाङ्कस्य नैतद्दीधितिगोचरे॥ ४१

निवृत्तास्तास्तदा गोप्यो निराशाः कृष्णदर्शने।
यमुनातीरमासाद्य जगुस्तच्चरितं तथा॥ ४२

ततो ददृशुरायान्तं विकासिमुखपंकजम्।
गोप्यस्त्रैलोक्यगोप्तारं कृष्णमक्लिष्टचेष्टितम्॥ ४३

काचिदालोक्य गोविन्दमायान्तमतिहर्षिता
कृष्ण कृष्णेति कृष्णेति प्राह नान्यदुदीरयत्॥ ४४

काचिद्भ्रूभङ्गुरं कृत्वा ललाटफलकं हरिम्।
विलोक्य नेत्रभृङ्गाभ्यां पपौ तन्मुखपंकजम्॥ ४५

काचिदालोक्य गोविन्दं निमीलितविलोचना।
तस्यैव रूपं ध्यायन्ती योगारूढेव सा बभौ॥ ४६

ततः काञ्चित्प्रियालापैः काञ्चिद्भ्रूभङ्गवीक्षितैः।
निन्येऽनुनयमन्यां च करस्पर्शेन माधवः॥ ४७

ताभिः प्रसन्नचित्ताभिर्गोपीभिस्सह सादरम्।
ररास रासगोष्ठीभिरुदारचरितो हरिः॥ ४८

रासमण्डलबन्धोऽपि कृष्णपार्श्वमनुज्झता।
गोपीजनेन नैवाभूदेकस्थानस्थिरात्मना॥ ४९

हस्तेन गृह्य चैकैकां गोपीनां रासमण्डलम्।
चकार तत्करस्पर्शनिमीलितदृशं हरिः॥ ५०

ततः प्रववृते रासश्चलद्वलयनिस्वनः।
अनुयातशरत्काव्यगेयगीतिरनुक्रमात् ॥ ५१

कृष्णश्शरच्चन्द्रमसं कौमुदीं कुमुदाकरम्।
जगौ गोपीजनस्त्वेकं कृष्णनाम पुनः पुनः॥ ५२

परिवृत्तिश्रमेणैका चलद्वलयलापिनीम्।
ददौ बाहुलतां स्कन्धे गोपी मधुनिघातिनः॥ ५३

यहाँ कृष्णने अवश्य उस गोपीसे कहा है '[तू यहीं बैठ] मैं शीघ्र ही जाता हूँ [इस वनमें रहनेवाले राक्षसको मारकर] पुनः तेरे पास लौट आऊँगा। इसीलिये यहाँ उनके चरणोंके चिह्न शीघ्र गतिके-से दीख रहे हैं'॥ ४०॥ यहाँसे कृष्णचन्द्र गहन वनमें चले गये हैं, इसीसे उनके चरण-चिह्न दिखलायी नहीं देते; अब सब लौट चलो; इस स्थानपर चन्द्रमाकी किरणें नहीं पहुँच सकतीं॥ ४१॥

तदनन्तर वे गोपियाँ कृष्ण-दर्शनसे निराश होकर लौट आयीं और यमुनातटपर आकर उनके चरितोंको गाने लगीं॥ ४२॥ तब गोपियोंने प्रसन्नमुखारविन्द त्रिभुवनरक्षक लीलाविहारी श्रीकृष्णचन्द्रको वहाँ आते देखा॥ ४३॥ उस समय कोई गोपी तो श्रीगोविन्दको आते देखकर अति हर्षित हो केवल 'कृष्ण! कृष्ण!! कृष्ण!!!' इतना ही कहती रह गयी और कुछ न बोल सकी॥ ४४॥ कोई [प्रणयकोपवश] अपनी भ्रूभंगीसे ललाट सिकोड़कर श्रीहरिको देखते हुए अपने नेत्ररूप भ्रमरोंद्वारा उनके मुखकमलका मकरन्द पान करने लगी॥ ४५॥ कोई गोपी गोविन्दको देख नेत्र मूँदकर उन्हींके रूपका ध्यान करती हुई योगारूढ-सी भासित होने लगी॥ ४६॥

तब श्रीमाधव किसीसे प्रिय भाषण करके, किसीकी ओर भ्रूभंगीसे देखकर और किसीका हाथ पकड़कर उन्हें मनाने लगे॥ ४७॥ फिर उदारचरित श्रीहरिने उन प्रसन्नचित्त गोपियोंके साथ रासमण्डल बनाकर आदरपूर्वक रमण किया॥ ४८॥ किन्तु उस समय कोई भी गोपी कृष्णचन्द्रकी सन्निधिको न छोड़ना चाहती थी; इसलिये एक ही स्थानपर स्थिर रहनेके कारण रासोचित मण्डल न बन सका॥ ४९॥ तब उन गोपियोंमेंसे एक-एकका हाथ पकड़कर श्रीहरिने रासमण्डलकी रचना की। उस समय उनके करस्पर्शसे प्रत्येक गोपीकी आँखें आनन्दसे मुँद जाती थीं॥ ५०॥

तदनन्तर रासक्रीडा आरम्भ हुई। उसमें गोपियोंके चंचल कंकणोंकी झनकार होने लगी और फिर क्रमशः शरद्वर्णन-सम्बन्धी गीत होने लगे॥ ५१॥ उस समय कृष्णचन्द्र चन्द्रमा, चन्द्रिका और कुमुदवन-सम्बन्धी गान करने लगे; किन्तु गोपियोंने तो बारम्बार केवल कृष्णनामका ही गान किया॥ ५२॥ फिर एक गोपीने नृत्य करते-करते थककर चंचल कंकणकी झनकारसे युक्त अपनी बाहुलता श्रीमधुसूदनके गलेमें डाल दी॥ ५३॥

काचित्प्रविलसद्बाहुः परिरभ्य चुचुम्ब तम्।
गोपी गीतस्तुतिव्याजान्निपुणा मधुसूदनम्॥ ५४
गोपीकपोलसंश्लेषमभिगम्य हरेर्भुजौ।
पुलकोद्गमसस्याय स्वेदाम्बुघनतां गतौ॥ ५५
रासगेयं जगौ कृष्णो यावत्तारतरध्वनिः।
साधु कृष्णेति कृष्णेति तावत्ता द्विगुणं जगुः॥ ५६
गतेऽनुगमनं चक्रुर्वलने सम्मुखं ययुः।
प्रतिलोमानुलोमाभ्यां भेजुर्गोपाङ्गना हरिम्॥ ५७
स तथा सह गोपीभी ररास मधुसूदनः।
यथाब्दकोटिप्रतिमः क्षणस्तेन विनाभवत्॥ ५८
ता वार्यमाणाः पतिभिः पितृभिर्भ्रातृभिस्तथा।
कृष्णं गोपाङ्गना रात्रौ रमयन्ति रतिप्रियाः॥ ५९
सोऽपि कैशोरकवयो मानयन्मधुसूदनः।
रेमे ताभिरमेयात्मा क्षपासु क्षपिताहितः॥ ६०
तद्भर्तृषु तथा तासु सर्वभूतेषु चेश्वरः।
आत्मस्वरूपरूपोऽसौ व्यापी वायुरिव स्थितः॥ ६१
यथा समस्तभूतेषु नभोऽग्निः पृथिवी जलम्।
वायुश्चात्मा तथैवासौ व्याप्य सर्वमवस्थितः॥ ६२

किसी निपुण गोपीने भगवान्‌के गानकी प्रशंसा करनेके बहाने भुजा फैलाकर श्रीमधुसूदनको आलिंगन करके चूम लिया॥ ५४॥ श्रीहरिकी भुजाएँ गोपियोंके कपोलोंका चुम्बन पाकर उन (कपोलों)-में पुलकावलिरूप धान्यकी उत्पत्तिके लिये स्वेदरूप जलके मेघ बन गयीं॥ ५५॥

कृष्णचन्द्र जितने उच्चस्वरसे रासोचित गान गाते थे उससे दूने शब्दसे गोपियाँ "धन्य कृष्ण! धन्य कृष्ण!!" की ही ध्वनि लगा रही थीं॥ ५६॥ भगवान्‌के आगे जानेपर गोपियाँ उनके पीछे जातीं और लौटनेपर सामने चलतीं, इस प्रकार वे अनुलोम और प्रतिलोम-गतिसे श्रीहरिका साथ देती थीं॥ ५७॥ श्रीमधुसूदन भी गोपियोंके साथ इस प्रकार रासक्रीडा कर रहे थे कि उनके बिना एक क्षण भी गोपियोंको करोड़ों वर्षोंके समान बीतता था॥ ५८॥ वे रास-रसिक गोपांगनाएँ पति, माता-पिता और भ्राता आदिके रोकनेपर भी रात्रिमें श्रीश्यामसुन्दरके साथ विहार करती थीं॥ ५९॥ शत्रुहन्ता अमेयात्मा श्रीमधुसूदन भी अपनी किशोरावस्थाका मान करते हुए रात्रिके समय उनके साथ रमण करते थे॥ ६०॥ वे सर्वव्यापी ईश्वर श्रीकृष्णचन्द्र गोपियोंमें, उनके पतियोंमें तथा समस्त प्राणियोंमें आत्मस्वरूपसे वायुके समान व्याप्त थे॥ ६१॥ जिस प्रकार आकाश, अग्नि, पृथिवी, जल, वायु और आत्मा समस्त प्राणियोंमें व्याप्त हैं उसी प्रकार वे भी सब पदार्थोंमें व्यापक हैं॥ ६२॥

इति श्रीविष्णुपुराणे पञ्चमेंऽशे त्रयोदशोऽध्यायः॥ १३॥

चौदहवाँ अध्याय

वृषभासुर-वध

श्रीपराशर उवाच

प्रदोषाग्रे कदाचित्तु रासासक्ते जनार्दने।
त्रासयन्समदो गोष्ठमरिष्टस्समुपागमत्॥ १
सतोयतोयदच्छायस्तीक्ष्णशृङ्गोऽर्कलोचनः।
खुराग्रपातैरत्यर्थं दारयन्धरणीतलम्॥ २
लेलिहानस्सनिष्पेषं जिह्वयोष्ठौ पुनः पुनः।
संरम्भाविद्धलाङ्गूलः कठिनस्कन्धबन्धनः॥ ३

श्रीपराशरजी बोले—एक दिन सायंकालके समय जब श्रीकृष्णचन्द्र रासक्रीडामें आसक्त थे, अरिष्ट नामक एक मदोन्मत्त असुर [वृषभरूप धारणकर] सबको भयभीत करता व्रजमें आया॥ १॥ इस अरिष्टासुरकी कान्ति सजल जलधरके समान कृष्णवर्ण थी, सींग अत्यन्त तीक्ष्ण थे, नेत्र सूर्यके समान तेजस्वी थे और अपने खुरोंकी चोटसे वह मानो पृथिवीको फाड़े डालता था॥ २॥ वह दाँत पीसता हुआ पुनः-पुनः अपनी जिह्वासे ओठोंको चाट रहा था, उसने क्रोधवश अपनी पूँछ उठा रखी थी तथा उसके स्कन्धबन्धन कठोर थे॥ ३॥

उदग्रककुदाभोगप्रमाणो दुरतिक्रमः।
विण्मूत्रलिप्तपृष्ठाङ्गो गवामुद्वेगकारकः॥ ४
प्रलम्बकण्ठोऽतिमुखस्तरुखाताङ्कितानन:।
पातयन्स गवां गर्भान्दैत्यो वृषभरूपधृक्॥ ५
सूदयंस्तापसानुग्रो वनानटति यस्सदा॥ ६
ततस्तमतिघोराक्षमवेक्ष्यातिभयातुराः ।
गोपा गोपस्त्रियश्चैव कृष्ण कृष्णेति चुक्रुशुः॥ ७
सिंहनादं ततश्चक्रे तलशब्दं च केशवः।
तच्छब्दश्रवणाच्चासौ दामोदरमुपाययौ॥ ८
अग्रन्यस्तविषाणाग्रः कृष्णकुक्षिकृतेक्षणः।
अभ्यधावत दुष्टात्मा कृष्णं वृषभदानवः॥ ९
आयान्तं दैत्यवृषभं दृष्ट्वा कृष्णो महाबलः।
न चचाल तदा स्थानादवज्ञास्मितलीलया॥ १०
आसन्नं चैव जग्राह ग्राहवन्मधुसूदनः।
जघान जानुना कुक्षौ विषाणग्रहणाचलम्॥ ११
तस्य दर्पबलं भङ्क्त्वा गृहीतस्य विषाणयोः।
अपीडयदरिष्टस्य कण्ठं क्लिन्नमिवाम्बरम्॥ १२
उत्पाट्य श‍ृङ्गमेकं तु तेनैवाताडयत्ततः।
ममार स महादैत्यो मुखाच्छोणितमुद्वमन्॥ १३
तुष्टुवुर्निहते तस्मिन्दैत्ये गोपा जनार्दनम्।
जम्भे हते सहस्राक्षं पुरा देवगणा यथा॥ १४

उसके ककुद (कुहान) और शरीरका प्रमाण अत्यन्त ऊँचा एवं दुर्लङ्घ्य था, पृष्ठभाग गोबर और मूत्रसे लिथड़ा हुआ था। तथा वह समस्त गौओंको भयभीत कर रहा था॥ ४॥ उसकी ग्रीवा अत्यन्त लम्बी और मुख वृक्षके खोंखलेके समान अति गम्भीर था। वह वृषभरूपधारी दैत्य गौओंके गर्भोंको गिराता हुआ और तपस्वियोंको मारता हुआ सदा वनमें विचरा करता था॥ ५-६॥

तब उस अति भयानक नेत्रोंवाले दैत्यको देखकर गोप और गोपांगनाएँ भयभीत होकर 'कृष्ण, कृष्ण' पुकारने लगीं॥ ७॥ उनका शब्द सुनकर श्रीकेशवने घोर सिंहनाद किया और ताली बजायी। उसे सुनते ही वह श्रीदामोदरकी ओर फिरा॥ ८॥ दुरात्मा वृषभासुर आगेको सींग करके तथा कृष्णचन्द्रकी कुक्षिमें दृष्टि लगाकर उनकी ओर दौड़ा॥ ९॥ किन्तु महाबली कृष्ण वृषभासुरको अपनी ओर आता देख अवहेलनासे लीलापूर्वक मुसकराते हुए उस स्थानसे विचलित न हुए॥ १०॥ निकट आनेपर श्रीमधुसूदनने उसे इस प्रकार पकड़ लिया जैसे ग्राह किसी क्षुद्र जीवको पकड़ लेता है; तथा सींग पकड़नेसे अचल हुए उस दैत्यकी कोखमें घुटनेसे प्रहार किया॥ ११॥

इस प्रकार सींग पकड़े हुए उस दैत्यका दर्प भंगकर भगवान्‌ने अरिष्टासुरकी ग्रीवाको गीले वस्त्रके समान मरोड़ दिया॥ १२॥ तदनन्तर उसका एक सींग उखाड़कर उसीसे उसपर आघात किया, जिससे वह महादैत्य मुखसे रक्त वमन करता हुआ मर गया॥ १३॥ जम्भके मरनेपर जैसे देवताओंने इन्द्रकी स्तुति की थी उसी प्रकार अरिष्टासुरके मरनेपर गोपगण श्रीजनार्दनकी प्रशंसा करने लगे॥ १४॥

इति श्रीविष्णुपुराणे पञ्चमेंऽशे चतुर्दशोऽध्यायः॥ १४॥

पन्द्रहवाँ अध्याय

कंसका श्रीकृष्णको बुलानेके लिये अक्रूरको भेजना

श्रीपराशर उवाच

ककुद्मति हतेऽरिष्टे धेनुके विनिपातिते।
प्रलम्बे निधनं नीते धृते गोवर्धनाचले॥ १
दमिते कालिये नागे भग्ने तुङ्गद्रुमद्वये।
हतायां पूतनायां च शकटे परिवर्तिते॥ २
कंसाय नारदः प्राह यथावृत्तमनुक्रमात्।
यशोदादेवकीगर्भपरिवृत्त्याद्यशेषतः॥ ३

श्रीपराशरजी बोले—वृषभरूपधारी अरिष्टासुर, धेनुक और प्रलम्ब आदिका वध, गोवर्धनपर्वतका धारण करना, कालियनागका दमन, दो विशाल वृक्षोंका उखाड़ना, पूतनावध तथा शकटका उलट देना आदि अनेक लीलाएँ हो जानेपर एक दिन नारदजीने कंसको, यशोदा और देवकीके गर्भ-परिवर्तनसे लेकर जैसा-जैसा हुआ था, वह सब वृत्तान्त क्रमशः सुना दिया॥ १—३॥

श्रुत्वा तत्सकलं कंसो नारदाद्देवदर्शनात्।
वसुदेवं प्रति तदा कोपं चक्रे सुदुर्मतिः॥ ४
सोऽतिकोपादुपालभ्य सर्वयादवसंसदि।
जगर्ह यादवांश्चैव कार्यं चैतदचिन्तयत्॥ ५
यावन्न बलमारूढौ रामकृष्णौ सुबालकौ।
तावदेव मया वध्यावसाध्यौ रूढयौवनौ॥ ६
चाणूरोऽत्र महावीर्यो मुष्टिकश्च महाबलः।
एताभ्यां मल्लयुद्धेन मारयिष्यामि दुर्मती॥ ७
धनुर्महमहायोगव्याजेनानीय तौ व्रजात्।
तथा तथा यतिष्यामि यास्येते सङ्क्षयं यथा॥ ८
श्वफल्कतनयं शूरमक्रूरं यदुपुङ्गवम्।
तयोरानयनार्थाय प्रेषयिष्यामि गोकुलम्॥ ९
वृन्दावनचरं घोरमादेक्ष्यामि च केशिनम्।
तत्रैवासावतिबलस्तावुभौ घातयिष्यति॥ १०
गजः कुवलयापीडो मत्सकाशमिहागतौ।
घातयिष्यति वा गोपौ वसुदेवसुतावुभौ॥ ११

देवदर्शन नारदजीसे ये सब बातें सुनकर दुर्बुद्धि कंसने वसुदेवजीके प्रति अत्यन्त क्रोध प्रकट किया॥ ४॥ उसने अत्यन्त कोपसे वसुदेवजीको सम्पूर्ण यादवोंकी सभामें डाँटा तथा समस्त यादवोंकी भी निन्दा की और यह कार्य विचारने लगा—'ये अत्यन्त बालक राम और कृष्ण जबतक पूर्ण बल प्राप्त नहीं करते हैं तभीतक मुझे इन्हें मार देना चाहिये; क्योंकि युवावस्था प्राप्त होनेपर तो ये अजेय हो जायँगे॥ ५-६॥ मेरे यहाँ महावीर्यशाली चाणूर और महाबली मुष्टिक-जैसे मल्ल हैं। मैं इनके साथ मल्लयुद्ध कराकर उन दोनों दुर्बुद्धियोंको मरवा डालूँगा॥ ७॥ उन्हें महान् धनुर्यज्ञके मिससे व्रजसे बुलाकर ऐसे-ऐसे उपाय करूँगा, जिससे वे नष्ट हो जायँ॥ ८॥ उन्हें लानेके लिये मैं श्वफल्कके पुत्र यादवश्रेष्ठ शूरवीर अक्रूरको गोकुल भेजूँगा॥ ९॥ साथ ही वृन्दावनमें विचरनेवाले घोर असुर केशीको भी आज्ञा दूँगा, जिससे वह महाबली दैत्य उन्हें वहीं नष्ट कर देगा॥ १०॥ अथवा [यदि किसी प्रकार बचकर] वे दोनों वसुदेवपुत्र गोप मेरे पास आ भी गये तो उन्हें मेरा कुवलयापीड हाथी मार डालेगा'॥ ११॥

श्रीपराशर उवाच

इत्यालोच्य स दुष्टात्मा कंसो रामजनार्दनौ।
हन्तुं कृतमतिर्वीरावक्रूरं वाक्यमब्रवीत्॥ १२

श्रीपराशरजी बोले—ऐसा सोचकर उस दुष्टात्मा कंसने वीरवर राम और कृष्णको मारनेका निश्चय कर अक्रूरजीसे कहा॥ १२॥

कंस उवाच

भो भो दानपते वाक्यं क्रियतां प्रीतये मम।
इतः स्यन्दनमारुह्य गम्यतां नन्दगोकुलम्॥ १३
वसुदेवसुतौ तत्र विष्णोरंशसमुद्भवौ।
नाशाय किल सम्भूतौ मम दुष्टौ प्रवर्द्धतः॥ १४
धनुर्महो ममाप्यत्र चतुर्दश्यां भविष्यति।
आनेयौ भवता गत्वा मल्लयुद्धाय तत्र तौ॥ १५
चाणूरमुष्टिकौ मल्लौ नियुद्धकुशलौ मम।
ताभ्यां सहानयोर्युद्धं सर्वलोकोऽत्र पश्यतु॥ १६
गजः कुवलयापीडो महामात्रप्रचोदितः।
स वा हनिष्यते पापौ वसुदेवात्मजौ शिशू॥ १७
तौ हत्वा वसुदेवं च नन्दगोपं च दुर्मतिम्।
हनिष्ये पितरं चैनमुग्रसेनं सुदुर्मतिम्॥ १८
ततस्समस्तगोपानां गोधनान्यखिलान्यहम्।
वित्तं चापहरिष्यामि दुष्टानां मद्वधैषिणाम्॥ १९
त्वामृते यादवाश्चैते द्विषो दानपते मम।
एतेषां च वधायाहं यतिष्येऽनुक्रमात्ततः॥ २०
तदा निष्कण्टकं सर्वं राज्यमेतदयादवम्।
प्रसाधिष्ये त्वया तस्मान्मत्प्रीत्यै वीर गम्यताम्॥ २१
यथा च माहिषं सर्पिर्दधि चाप्युपहार्य वै।
गोपास्समानयन्त्वाशु तथा वाच्यास्त्वया च ते॥ २२

श्रीपराशर उवाच

इत्याज्ञप्तस्तदाक्रूरो महाभागवतो द्विज।
प्रीतिमानभवत्कृष्णं श्वो द्रक्ष्यामीति सत्वरः॥ २३
तथेत्युक्त्वा च राजानं रथमारुह्य शोभनम्।
निश्चक्राम ततः पुर्या मथुराया मधुप्रियः॥ २४

कंस बोला—हे दानपते! मेरी प्रसन्नताके लिये आप मेरी एक बात स्वीकार कर लीजिये। यहाँसे रथपर चढ़कर आप नन्दके गोकुलको जाइये॥ १३॥ वहाँ वसुदेवके विष्णुअंशसे उत्पन्न दो पुत्र हैं। मेरे नाशके लिये उत्पन्न हुए वे दुष्ट बालक वहाँ पोषित हो रहे हैं॥ १४॥ मेरे यहाँ चतुर्दशीको धनुषयज्ञ होनेवाला है; अतः आप वहाँ जाकर उन्हें मल्लयुद्धके लिये ले आइये॥ १५॥ मेरे चाणूर और मुष्टिक नामक मल्ल युग्म-युद्धमें अति कुशल हैं, [उस धनुर्यज्ञके दिन] उन दोनोंके साथ मेरे इन पहलवानोंका द्वन्द्वयुद्ध यहाँ सब लोग देखें॥ १६॥ अथवा महावतसे प्रेरित हुआ कुवलयापीड नामक गजराज उन दोनों दुष्ट वसुदेव-पुत्र बालकोंको नष्ट कर देगा॥ १७॥ इस प्रकार उन्हें मारकर मैं दुर्मति वसुदेव, नन्दगोप और इस अपने मन्दमति पिता उग्रसेनको भी मार डालूँगा॥ १८॥ तदनन्तर, मेरे वधकी इच्छावाले इन समस्त दुष्ट गोपोंके सम्पूर्ण गोधन तथा धनको मैं छीन लूँगा॥ १९॥ हे दानपते! आपके अतिरिक्त ये सभी यादवगण मुझसे द्वेष करते हैं, अतः मैं क्रमशः इन सभीको नष्ट करनेका प्रयत्न करूँगा॥ २०॥ फिर मैं आपके साथ मिलकर इस यादवहीन राज्यको निर्विघ्नतापूर्वक भोगूँगा, अतः हे वीर! मेरी प्रसन्नताके लिये आप शीघ्र ही जाइये॥ २१॥ आप गोकुलमें पहुँचकर गोपगणोंसे इस प्रकार कहें जिससे वे माहिष्य (भैंसके) घृत और दधि आदि उपहारोंके सहित शीघ्र ही यहाँ आ जायँ॥ २२॥

श्रीपराशरजी बोले—हे द्विज! कंससे ऐसी आज्ञा पा महाभागवत अक्रूरजी 'कल मैं शीघ्र ही श्रीकृष्णचन्द्रको देखूँगा'—यह सोचकर अति प्रसन्न हुए॥ २३॥ माधव-प्रिय अक्रूरजी राजा कंससे 'जो आज्ञा' कह एक अति सुन्दर रथपर चढ़े और मथुरापुरीसे बाहर निकल आये॥ २४॥

इति श्रीविष्णुपुराणे पञ्चमेंऽशे पञ्चदशोऽध्यायः॥ १५॥

सोलहवाँ अध्याय

केशि-वध

श्रीपराशर उवाच

केशी चापि बलोदग्रः कंसदूतप्रचोदितः।
कृष्णस्य निधनाकाङ्क्षी वृन्दावनमुपागमत्॥ १
स खुरक्षतभूपृष्ठस्सटाक्षेपधुताम्बुदः।
द्रुतविक्रान्तचन्द्रार्कमार्गो गोपानुपाद्रवत्॥ २
तस्य हेषितशब्देन गोपाला दैत्यवाजिनः।
गोप्यश्च भयसंविग्ना गोविन्दं शरणं ययुः॥ ३
त्राहि त्राहीति गोविन्दः श्रुत्वा तेषां ततो वचः।
सतोयजलदध्वानगम्भीरमिदमुक्तवान्॥ ४
अलं त्रासेन गोपालाः केशिनः किं भयातुरैः।
भवद्भिर्गोपजातीयैर्वीरवीर्यं विलोप्यते॥ ५
किमनेनाल्पसारेण हेषिताटोपकारिणा।
दैतेयबलवाह्येन वल्गता दुष्टवाजिना॥ ६
एह्येहि दुष्ट कृष्णोऽहं पूष्णस्त्विव पिनाकधृक्।
पातयिष्यामि दशनान्वदनादखिलांस्तव॥ ७
इत्युक्त्वास्फोट्य गोविन्दः केशिनस्सम्मुखं ययौ।
विवृतास्यश्च सोऽप्येनं दैतेयाश्व उपाद्रवत्॥ ८
बाहुमाभोगिनं कृत्वा मुखे तस्य जनार्दनः।
प्रवेशयामास तदा केशिनो दुष्टवाजिनः॥ ९
केशिनो वदने तेन विशता कृष्णबाहुना।
शातिता दशनाः पेतुः सिताभ्रावयवा इव॥ १०
कृष्णस्य ववृधे बाहुः केशिदेहगतो द्विज।
विनाशाय यथा व्याधिरासम्भूतेरुपेक्षितः॥ ११
विपाटितोष्ठो बहुलं सफेनं रुधिरं वमन्।
सोऽक्षिणी विवृते चक्रे विशिष्टे मुक्तबन्धने॥ १२
जघान धरणीं पादैश्शकृन्मूत्रं समुत्सृजन्।
स्वेदार्द्रगात्रश्शान्तश्च निर्यत्नस्सोऽभवत्तदा॥ १३

श्रीपराशरजी बोले—हे मैत्रेय! इधर कंसके दूतद्वारा भेजा हुआ महाबली केशी भी कृष्णचन्द्रके वधकी इच्छासे [घोड़ेका रूप धारण कर] वृन्दावनमें आया॥ १॥ वह अपने खुरोंसे पृथिवीतलको खोदता, ग्रीवाके बालोंसे बादलोंको छिन्न-भिन्न करता तथा वेगसे चन्द्रमा और सूर्यके मार्गको भी पार करता गोपोंकी ओर दौड़ा॥ २॥ उस अश्वरूप दैत्यके हिनहिनानेके शब्दसे भयभीत होकर समस्त गोप और गोपियाँ श्रीगोविन्दकी शरणमें आये॥ ३॥ तब उनके त्राहि-त्राहि शब्दको सुनकर भगवान् कृष्णचन्द्र सजल मेघकी गर्जनाके समान गम्भीर वाणीसे बोले—॥ ४॥ "हे गोपालगण! आपलोग केशी (केशधारी अश्व)-से न डरें, आप तो गोप-जातिके हैं, फिर इस प्रकार भयभीत होकर आप अपने वीरोचित पुरुषार्थका लोप क्यों करते हैं?॥ ५॥ यह अल्पवीर्य, हिनहिनानेसे आतंक फैलानेवाला और नाचनेवाला दुष्ट अश्व जिसपर राक्षसगण बलपूर्वक चढ़ा करते हैं, आपलोगोंका क्या बिगाड़ सकता है?"॥ ६॥

[इस प्रकार गोपोंको धैर्य बँधाकर वे केशीसे कहने लगे—] "अरे दुष्ट! इधर आ, पिनाकधारी वीरभद्रने जिस प्रकार पूषाके दाँत उखाड़े थे, उसी प्रकार मैं कृष्ण तेरे मुखसे सारे दाँत गिरा दूँगा"॥ ७॥ ऐसा कहकर श्रीगोविन्द उछलकर केशीके सामने आये और वह अश्वरूपधारी दैत्य भी मुँह खोलकर उनकी ओर दौड़ा॥ ८॥ तब जनार्दनने अपनी बाँह फैलाकर उस अश्वरूपधारी दुष्ट दैत्यके मुखमें डाल दी॥ ९॥ केशीके मुखमें घुसी हुई भगवान् कृष्णकी बाहुसे टकराकर उसके समस्त दाँत शुभ्र मेघखण्डोंके समान टूटकर बाहर गिर पड़े॥ १०॥

हे द्विज! उत्पत्तिके समयसे ही उपेक्षा की गयी व्याधि जिस प्रकार नाश करनेके लिये बढ़ने लगती है, उसी प्रकार केशीके देहमें प्रविष्ट हुई कृष्णचन्द्रकी भुजा बढ़ने लगी॥ ११॥ अन्तमें ओठोंके फट जानेसे वह फेनसहित रुधिर वमन करने लगा और उसकी आँखें स्नायुबन्धनके ढीले हो जानेसे फूट गयीं॥ १२॥ तब वह मल-मूत्र छोड़ता हुआ पृथिवीपर पैर पटकने लगा, उसका शरीर पसीनेसे भरकर ठण्डा पड़ गया और वह निश्चेष्ट हो गया॥ १३॥

व्यादितास्यमहारन्ध्रस्सोऽसुरः कृष्णबाहुना।
निपातितो द्विधा भूमौ वैद्युतेन यथा द्रुमः॥ १४
द्विपादे पृष्ठपुच्छार्द्धे श्रवणैकाक्षिनासिके।
केशिनस्ते द्विधाभूते शकले द्वे विरेजतुः॥ १५
हत्वा तु केशिनं कृष्णो गोपालैर्मुदितैर्वृतः।
अनायस्ततनुस्स्वस्थो हसंस्तत्रैव तस्थिवान्॥ १६
ततो गोप्यश्च गोपाश्च हते केशिनि विस्मिताः।
तुष्टुवुः पुण्डरीकाक्षमनुरागमनोरमम्॥ १७
अथाहान्तर्हितो विप्र नारदो जलदे स्थितः।
केशिनं निहतं दृष्ट्वा हर्षनिर्भरमानसः॥ १८
साधु साधु जगन्नाथ लीलयैव यदच्युत।
निहतोऽयं त्वया केशी क्लेशदस्त्रिदिवौकसाम्॥ १९
युद्धोत्सुकोऽहमत्यर्थं नरवाजिमहाहवम्।
अभूतपूर्वमन्यत्र द्रष्टुं स्वर्गादिहागतः॥ २०
कर्माण्यत्रावतारे ते कृतानि मधुसूदन।
यानि तैर्विस्मितं चेतस्तोषमेतेन मे गतम्॥ २१
तुरङ्गस्यास्य शक्रोऽपि कृष्ण देवाश्च बिभ्यति।
धुतकेसरजालस्य हेषतोऽभ्रावलोकिनः॥ २२
यस्मात्त्वयैष दुष्टात्मा हतः केशी जनार्दन।
तस्मात्केशवनाम्ना त्वं लोके ख्यातो भविष्यसि॥ २३
स्वस्त्यस्तु ते गमिष्यामि कंसयुद्धेऽधुना पुनः।
परश्वोऽहं समेष्यामि त्वया केशिनिषूदन॥ २४
उग्रसेनसुते कंसे सानुगे विनिपातिते।
भारावतारकर्ता त्वं पृथिव्याः पृथिवीधर॥ २५
तत्रानेकप्रकाराणि युद्धानि पृथिवीक्षिताम्।
द्रष्टव्यानि मयायुष्मत्प्रणीतानि जनार्दन॥ २६
सोऽहं यास्यामि गोविन्द देवकार्यं महत्कृतम्।
त्वयैव विदितं सर्वं स्वस्ति तेऽस्तु व्रजाम्यहम्॥ २७
नारदे तु गते कृष्णस्सह गोपैस्सभाजितः।
विवेश गोकुलं गोपीनेत्रपानैकभाजनम्॥ २८

इस प्रकार श्रीकृष्णचन्द्रकी भुजासे जिसके मुखका विशाल रन्ध्र फैलाया गया है वह महान् असुर मरकर वज्रपातसे गिरे हुए वृक्षके समान दो खण्ड होकर पृथिवीपर गिर पड़ा॥ १४॥ केशीके शरीरके वे दोनों खण्ड दो पाँव, आधी पीठ, आधी मूँछ तथा एक-एक कान-आँख और नासिकारन्ध्रके सहित सुशोभित हुए॥ १५॥

इस प्रकार केशीको मारकर प्रसन्नचित्त ग्वालबालोंसे घिरे हुए श्रीकृष्णचन्द्र बिना श्रमके स्वस्थचित्तसे हँसते हुए वहीं खड़े रहे॥ १६॥ केशीके मारे जानेसे विस्मित हुए गोप और गोपियोंने अनुरागवश अत्यन्त मनोहर लगनेवाले कमलनयन श्रीश्यामसुन्दरकी स्तुति की॥ १७॥

हे विप्र! उसे मरा देख मेघपटलमें छिपे हुए श्रीनारदजी हर्षितचित्तसे कहने लगे— ॥ १८॥ ''हे जगन्नाथ! हे अच्युत!! आप धन्य हैं, धन्य हैं। अहा! आपने देवताओंको दुःख देनेवाले इस केशीको लीलासे ही मार डाला॥ १९॥ मैं मनुष्य और अश्वके इस पहले और कहीं न होनेवाले युद्धको देखनेके लिये ही अत्यन्त उत्कण्ठित होकर स्वर्गसे यहाँ आया था॥ २०॥ हे मधुसूदन! आपने अपने इस अवतारमें जो-जो कर्म किये हैं उनसे मेरा चित्त अत्यन्त विस्मित और सन्तुष्ट हो रहा है॥ २१॥ हे कृष्ण! जिस समय यह अश्व अपनी सटाओंको हिलाता और हींसता हुआ आकाशकी ओर देखता था तो इससे सम्पूर्ण देवगण और इन्द्र भी डर जाते थे॥ २२॥ हे जनार्दन! आपने इस दुष्टात्मा केशीको मारा है; इसलिये आप लोकमें 'केशव' नामसे विख्यात होंगे॥ २३॥ हे केशिनिषूदन! आपका कल्याण हो, अब मैं जाता हूँ। परसों कंसके साथ आपका युद्ध होनेके समय मैं फिर आऊँगा॥ २४॥ हे पृथिवीधर! अनुगामियों सहित उग्रसेनके पुत्र कंसके मारे जानेपर आप पृथिवीका भार उतार देंगे॥ २५॥ हे जनार्दन! उस समय मैं अनेक राजाओंके साथ आप आयुष्मान् पुरुषके किये हुए अनेक प्रकारके युद्ध देखूँगा॥ २६॥ हे गोविन्द! अब मैं जाना चाहता हूँ। आपने देवताओंका बहुत बड़ा कार्य किया है। आप सभी कुछ जानते हैं [मैं अधिक क्या कहूँ?] आपका मंगल हो, मैं जाता हूँ''॥ २७॥

तदनन्तर नारदजीके चले जानेपर गोपगणसे सम्मानित गोपियोंके नेत्रोंके एकमात्र दृश्य श्रीकृष्णचन्द्रने ग्वालबालोंके साथ गोकुलमें प्रवेश किया॥ २८॥

इति श्रीविष्णुपुराणे पञ्चमेंऽशे षोडशोऽध्यायः॥ १६॥

सत्रहवाँ अध्याय

अक्रूरजीकी गोकुलयात्रा

श्रीपराशर उवाच

अक्रूरोऽपि विनिष्क्रम्य स्यन्दनेनाशुगामिना।
कृष्णसंदर्शनाकाङ्क्षी प्रययौ नन्दगोकुलम्॥ १

चिन्तयामास चाक्रूरो नास्ति धन्यतरो मया।
योऽहमंशावतीर्णस्य मुखं द्रक्ष्यामि चक्रिणः॥ २

अद्य मे सफलं जन्म सुप्रभाताभवन्निशा।
यदुन्निद्राभपत्राक्षं विष्णोर्द्रक्ष्याम्यहं मुखम्॥ ३

पापं हरति यत्पुंसां स्मृतं सङ्कल्पनामयम्।
तत्पुण्डरीकनयनं विष्णोर्द्रक्ष्याम्यहं मुखम्॥ ४

विनिर्जग्मुर्यतो वेदा वेदाङ्गान्यखिलानि च।
द्रक्ष्यामि तत्परं धाम धाम्नां भगवतो मुखम्॥ ५

यज्ञेषु यज्ञपुरुषः पुरुषैः पुरुषोत्तमः।
इज्यते योऽखिलाधारस्तं द्रक्ष्यामि जगत्पतिम्॥ ६

इष्ट्वा यमिन्द्रो यज्ञानां शतेनामरराजताम्।
अवाप तमनन्तादिमहं द्रक्ष्यामि केशवम्॥ ७

न ब्रह्मा नेन्द्ररुद्राश्विवस्वादित्यमरुद्गणाः।
यस्य स्वरूपं जानन्ति प्रत्यक्षं याति मे हरिः॥ ८

सर्वात्मा सर्ववित्सर्वस्सर्वभूतेष्ववस्थितः।
यो ह्यचिन्त्योऽव्ययो व्यापी स वक्ष्यति मया सह॥ ९

मत्स्यकूर्मवराहाश्वसिंहरूपादिभिः स्थितिम्।
चकार जगतो योऽजः सोऽद्य मां प्रलपिष्यति॥ १०

साम्प्रतं च जगत्स्वामी कार्यमात्महृदि स्थितम्।
कर्तुं मनुष्यतां प्राप्तस्स्वेच्छादेहधृगव्ययः॥ ११

योऽनन्तः पृथिवीं धत्ते शेखरस्थितिसंस्थिताम्।
सोऽवतीर्णो जगत्यर्थे मामक्रूरेति वक्ष्यति॥ १२

श्रीपराशरजी बोले—अक्रूरजी भी तुरंत ही मथुरापुरीसे निकलकर श्रीकृष्ण-दर्शनकी लालसासे एक शीघ्रगामी रथद्वारा नन्दजीके गोकुलको चले॥ १॥ अक्रूरजी सोचने लगे 'आज मुझ-जैसा बड़भागी और कोई नहीं है; क्योंकि अपने अंशसे अवतीर्ण चक्रधारी श्रीविष्णुभगवान्‌का मुख मैं अपने नेत्रोंसे देखूँगा॥ २॥ आज मेरा जन्म सफल हो गया; आजकी रात्रि [अवश्य] सुन्दर प्रभातवाली थी, जिससे कि मैं आज खिले हुए कमलके समान नेत्रवाले श्रीविष्णुभगवान्‌के मुखका दर्शन करूँगा॥ ३॥ प्रभुका जो संकल्पमय मुखारविन्द स्मरणमात्रसे पुरुषोंके पापोंको दूर कर देता है, आज मैं विष्णुभगवान्‌के उसी कमलनयन मुखको देखूँगा॥ ४॥ जिससे सम्पूर्ण वेद और वेदांगोंकी उत्पत्ति हुई है, आज मैं सम्पूर्ण तेजस्वियोंके परम आश्रय उसी भगवत्-मुखारविन्दका दर्शन करूँगा॥ ५॥ समस्त पुरुषोंके द्वारा यज्ञोंमें जिन अखिल विश्वके आधारभूत पुरुषोत्तमका यज्ञपुरुषरूपसे यजन (पूजन) किया जाता है, आज मैं उन्हीं जगत्पतिका दर्शन करूँगा॥ ६॥ जिनका सौ यज्ञोंसे यजन करके इन्द्रने देवराज-पदवी प्राप्त की है, आज मैं उन्हीं अनादि और अनन्त केशवका दर्शन करूँगा॥ ७॥ जिनके स्वरूपको ब्रह्मा, इन्द्र, रुद्र, अश्विनीकुमार, वसुगण, आदित्य और मरुद्गण आदि कोई भी नहीं जानते आज वे ही हरि मेरे नेत्रोंके विषय होंगे॥ ८॥ जो सर्वात्मा, सर्वज्ञ, सर्वस्वरूप और सब भूतोंमें अवस्थित हैं तथा जो अचिन्त्य, अव्यय और सर्वव्यापक हैं, अहो! आज स्वयं वे ही मेरे साथ बातें करेंगे॥ ९॥ जिन अजन्माने मत्स्य, कूर्म, वराह, हयग्रीव और नृसिंह आदि रूप धारणकर जगत्‌की रक्षा की है, आज वे ही मुझसे वार्तालाप करेंगे॥ १०॥

'इस समय उन अव्ययात्मा जगत्प्रभुने अपने मनमें सोचा हुआ कार्य करनेके लिये अपनी ही इच्छासे मनुष्य-देह धारण किया है॥ ११॥ जो अनन्त (शेषजी) अपने मस्तकपर रखी हुई पृथिवीको धारण करते हैं, संसारके हितके लिये अवतीर्ण हुए वे ही आज मुझसे 'अक्रूर' कहकर बोलेंगे॥ १२॥

पितृपुत्रसुहृद्भ्रातृमातृबन्धुमयीमिमाम्।
यन्मायां नालमुत्तर्तुं जगत्तस्मै नमो नमः॥ १३
तरत्यविद्यां विततां हृदि यस्मिन्निवेशिते।
योगमायाममेयाय तस्मै विद्यात्मने नमः॥ १४
यज्वभिर्यज्ञपुरुषो वासुदेवश्च सात्वतैः।
वेदान्तवेदिभिर्विष्णुः प्रोच्यते यो नतोऽस्मि तम्॥ १५
यथा यत्र जगद्धाम्नि धातर्येतत्प्रतिष्ठितम्।
सदसत्तेन सत्येन मय्यसौ यातु सौम्यताम्॥ १६
स्मृते सकलकल्याणभाजनं यत्र जायते।
पुरुषस्तमजं नित्यं व्रजामि शरणं हरिम्॥ १७

श्रीपराशर उवाच

इत्थं सञ्चिन्तयन्विष्णुं भक्तिनम्रात्ममानसः।
अक्रूरो गोकुलं प्राप्तः किञ्चित्सूर्ये विराजति॥ १८
स ददर्श तदा कृष्णमादावादोहने गवाम्।
वत्समध्यगतं फुल्लनीलोत्पलदलच्छविम्॥ १९
प्रफुल्लपद्मपत्राक्षं श्रीवत्साङ्कितवक्षसम्।
प्रलम्बबाहुमायामतुङ्गोरःस्थलमुन्नसम्॥ २०
सविलासस्मिताधारं बिभ्राणं मुखपङ्कजम्।
तुङ्गरक्तनखं पद्भ्यां धरण्यां सुप्रतिष्ठितम्॥ २१
बिभ्राणं वाससी पीते वन्यपुष्पविभूषितम्।
सेन्दुनीलाचलाभं तं सिताम्भोजावतंसकम्॥ २२
हंसकुन्देन्दुधवलं नीलाम्बरधरं द्विज।
तस्यानु बलभद्रं च ददर्श यदुनन्दनम्॥ २३
प्रांशुमुत्तङ्गबाह्वंसं विकासिमुखपङ्कजम्।
मेघमालापरिवृतं कैलासाद्रिमिवापरम्॥ २४
तौ दृष्ट्वा विकसद्वक्त्रसरोजः स महामतिः।
पुलकाञ्चितसर्वाङ्गस्तदाक्रूरोऽभवन्मुने॥ २५
तदेतत्परमं धाम तदेतत्परमं पदम्।
भगवद्वासुदेवांशो द्विधा योऽयं व्यवस्थितः॥ २६
साफल्यमक्ष्णोर्युगमेतदत्र
दृष्टे जगद्धातरि यातमुच्चैः।

'जिनकी इस पिता, पुत्र, सुहृद्, भ्राता, माता और बन्धुरूपिणी मायाको पार करनेमें संसार सर्वथा असमर्थ है, उन मायापतिको बारम्बार नमस्कार है॥ १३॥ जिनमें हृदयको लगा देनेसे पुरुष इस योगमायारूप विस्तृत अविद्याको पार कर जाता है, उन विद्यास्वरूप श्रीहरिको नमस्कार है॥ १४॥ जिन्हें याज्ञिकलोग 'यज्ञपुरुष', सात्वत (यादव अथवा भगवद्भक्त)-गण 'वासुदेव' और वेदान्तवेत्ता 'विष्णु' कहते हैं उन्हें बारम्बार नमस्कार है॥ १५॥ जिस (सत्य)-से यह सदसद्रूप जगत् उस जगदाधार विधातामें ही स्थित है उस सत्यबलसे ही वे प्रभु मुझपर प्रसन्न हों॥ १६॥ जिनके स्मरणमात्रसे पुरुष सर्वथा कल्याणपात्र हो जाता है, मैं सर्वदा उन अजन्मा हरिकी शरणमें प्राप्त होता हूँ'॥ १७॥

श्रीपराशरजी बोले—हे मैत्रेय! भक्तिविनम्रचित्त अक्रूरजी इस प्रकार श्रीविष्णुभगवान्‌का चिन्तन करते कुछ-कुछ सूर्य रहते ही गोकुलमें पहुँच गये॥ १८॥ वहाँ पहुँचनेपर पहले उन्होंने खिले हुए नीलकमलकी-सी कान्तिवाले श्रीकृष्णचन्द्रको गौओंके दोहनस्थानमें बछड़ोंके बीच विराजमान देखा॥ १९॥ जिनके नेत्र खिले हुए कमलके समान थे, वक्षःस्थलमें श्रीवत्स-चिह्न सुशोभित था, भुजाएँ लम्बी-लम्बी थीं, वक्षःस्थल विशाल और ऊँचा था तथा नासिका उन्नत थी॥ २०॥ जो सविलास हासयुक्त मनोहर मुखारविन्दसे सुशोभित थे तथा उन्नत और रक्तनखयुक्त चरणोंसे पृथिवीपर विराजमान थे॥ २१॥ जो दो पीताम्बर धारण किये थे, वन्यपुष्पोंसे विभूषित थे तथा जिनका श्वेत कमलके आभूषणोंसे युक्त श्याम शरीर सचन्द्र नीलाचलके समान सुशोभित था॥ २२॥

हे द्विज! श्रीव्रजचन्द्रके पीछे उन्होंने हंस, कुन्द और चन्द्रमाके समान गौरवर्ण नीलाम्बरधारी यदुनन्दन श्रीबलभद्रजीको देखा॥ २३॥ विशाल भुजदण्ड, उन्नत स्कन्ध और विकसित मुखारविन्द श्रीबलभद्रजी मेघमालासे घिरे हुए दूसरे कैलासपर्वतके समान जान पड़ते थे॥ २४॥

हे मुने! उन दोनों बालकोंको देखकर महामति अक्रूरजीका मुखकमल प्रफुल्लित हो गया तथा उनके सर्वांगमें पुलकावली छा गयी॥ २५॥ [और वे मन-ही-मन कहने लगे—] इन दो रूपोंमें जो यह भगवान् वासुदेवका अंश स्थित है वही परमधाम है और वही परमपद है॥ २६॥ इन जगद्विधाताके दर्शन पाकर आज मेरे नेत्रयुगल तो सफल हो गये; किंतु क्या अब

अप्यङ्गमेतद्भगवत्प्रसादा-
त्तदङ्गसङ्गे फलवन्मम स्यात्॥ २७
अप्येष पृष्ठे मम हस्तपद्मं
करिष्यति श्रीमदनन्तमूर्तिः।
यस्याङ्गुलिस्पर्शहताखिलाघै-
रवाप्यते सिद्धिरपास्तदोषा॥ २८
येनाग्निविद्युद्रविरश्मिमाला-
करालमत्युग्रमपेतचक्रम्।
चक्रं घ्नता दैत्यपतेर्हृतानि
दैत्याङ्गनानां नयनाञ्जनानि॥ २९
यत्राम्बु विन्यस्य बलिर्मनोज्ञा-
नवाप भोगान्वसुधातलस्थः।
तथामरत्वं त्रिदशाधिपत्वं
मन्वन्तरं पूर्णमपेतशत्रुम्॥ ३०
अप्येष मां कंसपरिग्रहेण
दोषास्पदीभूतमदोषदुष्टम्।
कर्तावमानोपहतं धिगस्तु
तज्जन्म यत्साधुबहिष्कृतस्य॥ ३१
ज्ञानात्मकस्यामलसत्त्वराशे-
रपेतदोषस्य सदा स्फुटस्य।
किं वा जगत्यत्र समस्तपुंसा-
मज्ञातमस्यास्ति हृदि स्थितस्य॥ ३२
तस्मादहं भक्तिविनम्रचेता
व्रजामि सर्वेश्वरमीश्वराणाम्।
अंशावतारं पुरुषोत्तमस्य
ह्यनादिमध्यान्तमजस्य विष्णोः॥ ३३

भगवत्कृपासे इनका अंगसंग पाकर मेरा शरीर भी कृतकृत्य हो सकेगा?॥ २७॥ जिनकी अंगुलीके स्पर्शमात्रसे सम्पूर्ण पापोंसे मुक्त हुए पुरुष निर्दोषसिद्धि (कैवल्यमोक्ष) प्राप्त कर लेते हैं क्या वे अनन्तमूर्ति श्रीमान् हरि मेरी पीठपर अपना करकमल रखेंगे?॥ २८॥

जिन्होंने अग्नि, विद्युत् और सूर्यकी किरणमालाके समान अपने उग्र चक्रका प्रहार कर दैत्यपतिकी सेनाको नष्ट करते हुए असुर-सुन्दरियोंकी आँखोंके अंजन धो डाले थे॥ २९॥ जिनको एक जलबिन्दु प्रदान करनेसे राजा बलिने पृथिवीतलमें अति मनोज्ञ भोग और एक मन्वन्तरतक देवत्वलाभपूर्वक शत्रुविहीन इन्द्रपद प्राप्त किया था॥ ३०॥

वे ही विष्णुभगवान् मुझ निर्दोषको भी कंसके संसर्गसे दोषी ठहराकर क्या मेरी अवज्ञा कर देंगे? मेरे ऐसे साधुजनबहिष्कृत पुरुषके जन्मको धिक्कार है॥ ३१॥ अथवा संसारमें ऐसी कौन वस्तु है जो उन ज्ञानस्वरूप, शुद्धसत्त्वराशि, दोषहीन, नित्य-प्रकाश और समस्त भूतोंके हृदयस्थित प्रभुको विदित न हो?॥ ३२॥

अतः मैं उन ईश्वरोंके ईश्वर, आदि, मध्य और अन्तरहित पुरुषोत्तम भगवान् विष्णुके अंशावतार श्रीकृष्णचन्द्रके पास भक्ति-विनम्रचित्तसे जाता हूँ। [मुझे पूर्ण आशा है, वे मेरी कभी अवज्ञा न करेंगे]॥ ३३॥

इति श्रीविष्णुपुराणे पञ्चमेंऽशे सप्तदशोऽध्यायः॥ १७॥

अठारहवाँ अध्याय

भगवान्‌का मथुराको प्रस्थान, गोपियोंकी विरह-कथा और अक्रूरजीका मोह

श्रीपराशर उवाच

**चिन्तयन्निति गोविन्दमुपगम्य स यादवः।
अक्रूरोऽस्मीति चरणौ ननाम शिरसा हरेः॥ १
सोऽप्येनं ध्वजवज्राब्जकृतचिह्नेन पाणिना।
संस्पृश्याकृष्य च प्रीत्या सुगाढं परिषस्वजे॥ २
कृतसंवन्दनौ तेन यथावद्बलकेशवौ।
ततः प्रविष्टौ संहृष्टौ तमादायात्ममन्दिरम्॥ ३
सह ताभ्यां तदाक्रूरः कृतसंवन्दनादिकः।
भुक्तभोज्यो यथान्यायमाचचक्षे ततस्तयोः॥ ४
यथा निर्भर्त्सितस्तेन कंसेनानकदुन्दुभिः।
यथा च देवकी देवी दानवेन दुरात्मना॥ ५
उग्रसेने यथा कंसस्स दुरात्मा च वर्तते।
यं चैवार्थं समुद्दिश्य कंसेन तु विसर्जितः॥ ६
तत्सर्वं विस्तराच्छ्रुत्वा भगवान्देवकीसुतः।
उवाचाखिलमप्येतज्ज्ञातं दानपते मया॥ ७
करिष्ये तन्महाभाग यदत्रौपयिकं मतम्।
विचिन्त्यं नान्यथैतत्ते विद्धि कंसं हतं मया॥ ८
अहं रामश्च मथुरां श्वो यास्यावस्सह त्वया।
गोपवृद्धाश्च यास्यन्ति ह्यादायोपायनं बहु॥ ९
निशेयं नीयतां वीर न चिन्तां कर्त्तुमर्हसि।
त्रिरात्राभ्यन्तरे कंसं निहनिष्यामि सानुगम्॥ १०**

श्रीपराशर उवाच

**समादिश्य ततो गोपानक्रूरोऽपि च केशवः।
सुष्वाप बलभद्रश्च नन्दगोपगृहे ततः॥ ११
ततः प्रभाते विमले कृष्णरामौ महाद्युती।
अक्रूरेण समं गन्तुमुद्यतौ मथुरां पुरीम्॥ १२
दृष्ट्वा गोपीजनस्सास्रः श्लथद्वलयबाहुकः।
निःशश्वासातिदुःखार्त्तः प्राह चेदं परस्परम्॥ १३
मथुरां प्राप्य गोविन्दः कथं गोकुलमेष्यति।
नगरस्त्रीकलालापमधु श्रोत्रेण पास्यति॥ १४**

श्रीपराशरजी बोले—हे मैत्रेय! यदुवंशी अक्रूरजीने इस प्रकार चिन्तन करते श्रीगोविन्दके पास पहुँचकर उनके चरणोंमें सिर झुकाते हुए 'मैं अक्रूर हूँ' ऐसा कहकर प्रणाम किया॥ १॥ भगवान्‌ने भी अपने ध्वजा-वज्र-पद्मांकित करकमलोंसे उन्हें स्पर्शकर और प्रीतिपूर्वक अपनी ओर खींचकर गाढ़ आलिंगन किया॥ २॥ तदनन्तर अक्रूरजीके यथायोग्य प्रणामादि कर चुकनेपर श्रीबलरामजी और कृष्णचन्द्र अति आनन्दित हो उन्हें साथ लेकर अपने घर आये॥ ३॥ फिर उनके द्वारा सत्कृत होकर यथायोग्य भोजनादि कर चुकनेपर अक्रूरने उनसे वह सम्पूर्ण वृत्तान्त कहना आरम्भ किया जैसे कि दुरात्मा दानव कंसने आनकदुन्दुभि वसुदेव और देवी देवकीको डाँटा था तथा जिस प्रकार वह दुरात्मा अपने पिता उग्रसेनसे दुर्व्यवहार कर रहा है और जिसलिये उसने उन्हें (अक्रूरजीको) वृन्दावन भेजा है॥ ४—६॥ भगवान् देवकीनन्दनने यह सम्पूर्ण वृत्तान्त विस्तारपूर्वक सुनकर कहा—"हे दानपते! ये सब बातें मुझे मालूम हो गयीं॥ ७॥ हे महाभाग! इस विषयमें मुझे जो उपयुक्त जान पड़ेगा वही करूँगा। अब तुम कंसको मेरेद्वारा मरा हुआ ही समझो, इसमें किसी और तरहका विचार न करो॥ ८॥ भैया बलराम और मैं दोनों ही कल तुम्हारे साथ मथुरा चलेंगे, हमारे साथ ही दूसरे बड़े-बूढ़े गोप भी बहुत-सा उपहार लेकर जायँगे॥ ९॥ हे वीर! आप यह रात्रि सुखपूर्वक बिताइये, किसी प्रकारकी चिन्ता न कीजिये। तीन रात्रिके भीतर मैं कंसको उसके अनुचरोंसहित अवश्य मार डालूँगा"॥ १०॥

श्रीपराशरजी बोले—तदनन्तर अक्रूरजी, श्रीकृष्णचन्द्र और बलरामजी सम्पूर्ण गोपोंको कंसकी आज्ञा सुना नन्दगोपके घर सो गये॥ ११॥ दूसरे दिन निर्मल प्रभातकाल होते ही महातेजस्वी राम और कृष्णको अक्रूरके साथ मथुरा चलनेकी तैयारी करते देख जिनकी भुजाओंके कंकण ढीले हो गये हैं वे गोपियाँ नेत्रोंमें आँसू भरकर तथा दुःखार्त्त होकर दीर्घ निश्श्वास छोड़ती हुई परस्पर कहने लगीं—॥ १२-१३॥ "अब मथुरापुरी जाकर श्रीकृष्णचन्द्र फिर गोकुलमें क्यों आने लगे? क्योंकि वहाँ तो ये अपने कानोंसे नगरनारियोंके मधुर आलापरूप मधुका ही पान करेंगे॥ १४॥

विलासवाक्यपानेषु नागरीणां कृतास्पदम्।
चित्तमस्य कथं भूयो ग्राम्यगोपीषु यास्यति॥ १५
सारं समस्तगोष्ठस्य विधिना हरता हरिम्।
प्रहृतं गोपयोषित्सु निर्घृणेन दुरात्मना॥ १६
भावगर्भस्मितं वाक्यं विलासललिता गतिः।
नागरीणामतीवैतत्कटाक्षेक्षितमेव च॥ १७
ग्राम्यो हरिरयं तासां विलासनिगडैर्युतः।
भवतीनां पुनः पार्श्वं कया युक्त्या समेष्यति॥ १८
एषैष रथमारुह्य मथुरां याति केशवः।
क्रूरेणाक्रूरकेणात्र निर्घृणेन प्रतारितः॥ १९
किं न वेत्ति नृशंसोऽयमनुरागपरं जनम्।
येनैवमक्ष्णोराह्लादं नयत्यन्यत्र नो हरिम्॥ २०
एष रामेण सहितः प्रयात्यत्यन्तनिर्घृणः।
रथमारुह्य गोविन्दस्त्वर्यतामस्य वारणे॥ २१
गुरूणामग्रतो वक्तुं किं ब्रवीषि न नः क्षमम्।
गुरवः किं करिष्यन्ति दग्धानां विरहाग्निना॥ २२
नन्दगोपमुखा गोपा गन्तुमेते समुद्यताः।
नोद्यमं कुरुते कश्चिद्गोविन्दविनिवर्तने॥ २३
सुप्रभाताद्य रजनी मथुरावासियोषिताम्।
पास्यन्त्यच्युतवक्त्राब्जं यासां नेत्रालिपङ्क्तयः॥ २४
धन्यास्ते पथि ये कृष्णमितो यान्त्यनिवारिताः।
उद्वहिष्यन्ति पश्यन्तस्स्वदेहं पुलकाञ्चितम्॥ २५
मथुरानगरीपौरनयनानां महोत्सवः।
गोविन्दावयवैर्दृष्टैरतीवाद्य भविष्यति॥ २६
को नु स्वप्नस्सभाग्याभिर्दृष्टस्ताभिरधोक्षजम्।
विस्तारिकान्तिनयना या द्रक्ष्यन्त्यनिवारिताः॥ २७
अहो गोपीजनस्यास्य दर्शयित्वा महानिधिम्।
उत्कृत्तान्यद्य नेत्राणि विधिनाकरुणात्मना॥ २८
अनुरागेण शैथिल्यमस्मासु व्रजिते हरौ।
शैथिल्यमुपयान्त्याशु करेषु वलयान्यपि॥ २९

नगरकी [विदग्ध] वनिताओंके विलासयुक्त वचनोंके रसपानमें आसक्त होकर फिर इनका चित्त गँवारी गोपियोंकी ओर क्यों जाने लगा?॥ १५॥ आज निर्दयी दुरात्मा विधाताने समस्त व्रजके सारभूत (सर्वस्वस्वरूप) श्रीहरिको हरकर हम गोपनारियोंपर घोर आघात किया है॥ १६॥ नगरकी नारियोंमें भावपूर्ण मुसकानमयी बोली, विलासललित गति और कटाक्षपूर्ण चितवनकी स्वभावसे ही अधिकता होती है। उनके विलास-बन्धनोंसे बँधकर यह ग्राम्य हरि फिर किस युक्तिसे तुम्हारे [हमारे] पास आवेगा?॥ १७-१८॥ देखो, देखो, क्रूर एवं निर्दयी अक्रूरके बहकावेमें आकर ये कृष्णचन्द्र रथपर चढ़े हुए मथुरा जा रहे हैं॥ १९॥ यह नृशंस अक्रूर क्या अनुरागीजनोंके हृदयका भाव तनिक भी नहीं जानता? जो यह इस प्रकार हमारे नयनानन्दवर्धन नन्दनन्दनको अन्यत्र लिये जाता है॥ २०॥ देखो, यह अत्यन्त निष्ठुर गोविन्द रामके साथ रथपर चढ़कर जा रहे हैं; अरी! इन्हें रोकनेमें शीघ्रता करो''॥ २१॥

[इसपर गुरुजनोंके सामने ऐसा करनेमें असमर्थता प्रकट करनेवाली किसी गोपीको लक्ष्य करके उसने फिर कहा—] ''अरी! तू क्या कह रही है कि अपने गुरुजनोंके सामने हम ऐसा नहीं कर सकतीं?'' भला अब विरहाग्निसे भस्मीभूत हुई हमलोगोंका गुरुजन क्या करेंगे?॥ २२॥ देखो, यह नन्दगोप आदि गोपगण भी उन्हींके साथ जानेकी तैयारी कर रहे हैं। इनमेंसे भी कोई गोविन्दको लौटानेका प्रयत्न नहीं करता॥ २३॥ आजकी रात्रि मथुरावासिनी स्त्रियोंके लिये सुन्दर प्रभातवाली हुई है; क्योंकि आज उनके नयन-भृंग श्रीअच्युतके मुखारविन्दका मकरन्द पान करेंगे॥ २४॥ जो लोग इधरसे बिना रोक-टोक श्रीकृष्णचन्द्रका अनुगमन कर रहे हैं वे धन्य हैं; क्योंकि वे उनका दर्शन करते हुए अपने रोमांचयुक्त शरीरका वहन करेंगे॥ २५॥ 'आज श्रीगोविन्दके अंग-प्रत्यंगोंको देखकर मथुरावासियोंके नेत्रोंको अत्यन्त महोत्सव होगा॥ २६॥ आज न जाने उन भाग्यशालिनियोंने ऐसा कौन शुभ स्वप्न देखा है जो वे कान्तिमय विशाल नयनोंवाली (मथुरापुरीकी स्त्रियाँ) स्वच्छन्दतापूर्वक श्रीअधोक्षजको निहारेंगी?॥ २७॥ अहो! निष्ठुर विधाताने गोपियोंको महानिधि दिखलाकर आज उनके नेत्र निकाल लिये॥ २८॥ देखो! हमारे प्रति श्रीहरिके अनुरागमें शिथिलता आ जानेसे हमारे हाथोंके कंकण भी तुरंत ही ढीले पड़ गये हैं॥ २९॥

अक्रूरः क्रूरहृदयश्शीघ्रं प्रेरयते हयान्।
एवमार्त्तासु योषित्सु कृपा कस्य न जायते॥ ३०

एष कृष्णरथस्योच्चैश्चक्ररेणुर्निरीक्ष्यताम्।
दूरीभूतो हरिर्येन सोऽपि रेणुर्न लक्ष्यते॥ ३१

श्रीपराशर उवाच

इत्येवमतिहार्द्देन गोपीजननिरीक्षितः।
तत्याज व्रजभूभागं सह रामेण केशवः॥ ३२

गच्छन्तो जवनाश्वेन रथेन यमुनातटम्।
प्राप्ता मध्याह्नसमये रामाक्रूरजनार्दनाः॥ ३३

अथाह कृष्णमक्रूरो भवद्भ्यां तावदास्यताम्।
यावत्करोमि कालिन्द्यां आह्निकार्हणमम्भसि॥ ३४

श्रीपराशर उवाच

तथेत्युक्तस्ततस्स्नातस्स्वाचान्तस्स महामतिः।
दध्यौ ब्रह्म परं विप्र प्रविष्टो यमुनाजले॥ ३५

फणासहस्रमालाढ्यं बलभद्रं ददर्श सः।
कुन्दमालाङ्गमुन्निद्रपद्मपत्रायतेक्षणम्॥ ३६

वृतं वासुकिरम्भाद्यैर्महद्भिः पवनाशिभिः।
संस्तूयमानमुद्गन्धिवनमालाविभूषितम्॥ ३७

दधानमसिते वस्त्रे चारुरूपावतंसकम्।
चारुकुण्डलिनं भान्तमन्तर्जलतले स्थितम्॥ ३८

तस्योत्संगे घनश्याममाताम्रायतलोचनम्।
चतुर्बाहुमुदाराङ्गं चक्राद्यायुधभूषणम्॥ ३९

पीते वसानं वसने चित्रमाल्योपशोभितम्।
शक्रचापतडिन्मालाविचित्रमिव तोयदम्॥ ४०

श्रीवत्सवक्षसं चारु स्फुरन्मकरकुण्डलम्।
ददर्श कृष्णमक्लिष्टं पुण्डरीकावतंसकम्॥ ४१

सनन्दनाद्यैर्मुनिभिस्सिद्धयोगैरकल्मषैः।
सञ्चिन्त्यमानं तत्रस्थैर्नासाग्रन्यस्तलोचनैः॥ ४२

भला हम-जैसी दुःखिनी अबलाओंपर किसे दया न आवेगी? परन्तु देखो, यह क्रूर-हृदय अक्रूर तो बड़ी शीघ्रतासे घोड़ोंको हाँक रहा है!॥ ३०॥ देखो, यह कृष्णचन्द्रके रथकी धूलि दिखलायी दे रही है; किन्तु हा! अब तो श्रीहरि इतनी दूर चले गये कि वह धूलि भी नहीं दीखती'॥ ३१॥

श्रीपराशरजी बोले—इस प्रकार गोपियोंके अति अनुरागसहित देखते-देखते श्रीकृष्णचन्द्रने बलरामजीके सहित व्रजभूमिको त्याग दिया॥ ३२॥ तब वे राम, कृष्ण और अक्रूर शीघ्रगामी घोड़ोंवाले रथसे चलते-चलते मध्याह्नके समय यमुनातटपर आ गये॥ ३३॥ वहाँ पहुँचनेपर अक्रूरने श्रीकृष्णचन्द्रसे कहा—"जबतक मैं यमुनाजलमें मध्याह्नकालीन उपासनासे निवृत्त होऊँ तबतक आप दोनों यहीं विराजें"॥ ३४॥

श्रीपराशरजी बोले—हे विप्र ! तब भगवान्के 'बहुत अच्छा' कहनेपर महामति अक्रूरजी यमुनाजलमें घुसकर स्नान और आचमन आदिके अनन्तर परब्रह्मका ध्यान करने लगे॥ ३५॥ उस समय उन्होंने देखा कि बलभद्रजी सहस्रफणावलिसे सुशोभित हैं, उनका शरीर कुन्दमालाओंके समान [शुभ्रवर्ण] है तथा नेत्र प्रफुल्ल कमलदलके समान विशाल हैं॥ ३६॥ वे वासुकि और रम्भ आदि महासर्पोंसे घिरकर उनसे प्रशंसित हो रहे हैं तथा अत्यन्त सुगन्धित वनमालाओंसे विभूषित हैं॥ ३७॥ वे दो श्याम वस्त्र धारण किये, सुन्दर कर्णभूषण पहने तथा मनोहर कुण्डली (गँडुली) मारे जलके भीतर विराजमान हैं॥ ३८॥

उनकी गोदमें उन्होंने आनन्दमय कमलभूषण श्रीकृष्णचन्द्रको देखा, जो मेघके समान श्यामवर्ण, कुछ लाल-लाल विशाल नयनोंवाले, चतुर्भुज, मनोहर अंगोपांगोंवाले तथा शंख-चक्रादि आयुधोंसे सुशोभित हैं; जो पीताम्बर पहने हुए हैं और विचित्र वनमालासे विभूषित हैं, तथा [उनके कारण] इन्द्रधनुष और विद्युन्मालामण्डित सजल मेघके समान जान पड़ते हैं तथा जिनके वक्षःस्थलमें श्रीवत्सचिह्न और कानोंमें देदीप्यमान मकराकृत कुण्डल विराजमान हैं॥ ३९—४१॥ [अक्रूरजीने यह भी देखा कि] सनकादि मुनिजन और निष्पाप सिद्ध तथा योगिजन उस जलमें ही स्थित होकर नासिकाग्र दृष्टिसे उन (श्रीकृष्णचन्द्र)-का ही चिन्तन कर रहे हैं॥ ४२॥

बलकृष्णौ तथाक्रूरः प्रत्यभिज्ञाय विस्मितः।
अचिन्तयद्रथाच्छीघ्रं कथमत्रागताविति॥ ४३
विवक्षोः स्तम्भयामास वाचं तस्य जनार्दनः।
ततो निष्क्रम्य सलिलाद्रथमभ्यागतः पुनः॥ ४४
ददर्श तत्र चैवोभौ रथस्योपरि निष्ठितौ।
रामकृष्णौ यथापूर्वं मनुष्यवपुषान्वितौ॥ ४५
निमग्नश्च पुनस्तोये ददर्श च तथैव तौ।
संस्तूयमानौ गन्धर्वैर्मुनिसिद्धमहोरगैः॥ ४६
ततो विज्ञातसद्भावस्स तु दानपतिस्तदा।
तुष्टाव सर्वविज्ञानमयमच्युतमीश्वरम्॥ ४७

अक्रूर उवाच

सन्मात्ररूपिणेऽचिन्त्यमहिम्ने परमात्मने।
व्यापिने नैकरूपैकस्वरूपाय नमो नमः॥ ४८
सर्वरूपाय तेऽचिन्त्य हविर्भूताय ते नमः।
नमो विज्ञानपाराय पराय प्रकृतेः प्रभो॥ ४९
भूतात्मा चेन्द्रियात्मा च प्रधानात्मा तथा भवान्।
आत्मा च परमात्मा च त्वमेकः पञ्चधा स्थितः॥ ५०
प्रसीद सर्व सर्वात्मन् क्षराक्षरमयेश्वर।
ब्रह्मविष्णुशिवाख्याभिः कल्पनाभिरुदीरितः॥ ५१
अनाख्येयस्वरूपात्मन्ननाख्येयप्रयोजन।
अनाख्येयाभिधानं त्वां नतोऽस्मि परमेश्वर॥ ५२
न यत्र नाथ विद्यन्ते नामजात्यादिकल्पनाः।
तद्ब्रह्म परमं नित्यमविकारि भवानजः॥ ५३
न कल्पनामृतेऽर्थस्य सर्वस्याधिगमो यतः।
ततः कृष्णाच्युतानन्तविष्णुसंज्ञाभिरीड्यते॥ ५४
सर्वार्थास्त्वमज विकल्पनाभिरेतै-
　देवाद्यैर्भवति हि यैरनन्त विश्वम्।
विश्वात्मा त्वमिति विकारहीनमेत-
　त्सर्वस्मिन्न हि भवतोऽस्ति किञ्चिदन्यत्॥ ५५
त्वं ब्रह्मा पशुपतिरर्यमा विधाता
　धाता त्वं त्रिदशपतिस्समीरणोऽग्निः।
तोयेशो धनपतिरन्तकस्त्वमेको
　भिन्नार्थैर्जगदभिपासि शक्तिभेदैः॥ ५६

इस प्रकार वहाँ राम और कृष्णको पहचानकर अक्रूरजी बड़े ही विस्मित हुए और सोचने लगे कि ये यहाँ इतनी शीघ्रतासे रथसे कैसे आ गये?॥ ४३॥ जब उन्होंने कुछ कहना चाहा तो भगवान्‌ने उनकी वाणी रोक दी। तब वे जलसे निकलकर रथके पास आये और देखा कि वहाँ भी राम और कृष्ण दोनों ही मनुष्य-शरीरसे पूर्ववत् रथपर बैठे हुए हैं॥ ४४-४५॥ तदनन्तर, उन्होंने जलमें घुसकर उन्हें फिर गन्धर्व, सिद्ध, मुनि और नागादिकोंसे स्तुति किये जाते देखा॥ ४६॥ तब तो दानपति अक्रूरजी वास्तविक रहस्य जानकर उन सर्वविज्ञानमय अच्युत भगवान्‌की स्तुति करने लगे॥ ४७॥

अक्रूरजी बोले—जो सन्मात्रस्वरूप, अचिन्त्यमहिम, सर्वव्यापक तथा [कार्यरूपसे] अनेक और [कारणरूपसे] एक रूप हैं उन परमात्माको नमस्कार है, नमस्कार है॥ ४८॥ हे अचिन्तनीय प्रभो! आप सर्वरूप एवं हविःस्वरूप परमेश्वरको नमस्कार है। आप बुद्धिसे अतीत और प्रकृतिसे परे हैं, आपको बारम्बार नमस्कार है॥ ४९॥ आप भूतस्वरूप, इन्द्रियस्वरूप और प्रधानस्वरूप हैं तथा आप ही जीवात्मा और परमात्मा हैं। इस प्रकार आप अकेले ही पाँच प्रकारसे स्थित हैं॥ ५०॥ हे सर्व! हे सर्वात्मन्! हे क्षराक्षरमय ईश्वर! आप प्रसन्न होइये। एक आप ही ब्रह्मा, विष्णु और शिव आदि कल्पनाओंसे वर्णन किये जाते हैं॥ ५१॥ हे परमेश्वर! आपके स्वरूप, प्रयोजन और नाम आदि सभी अनिर्वचनीय हैं। मैं आपको नमस्कार करता हूँ॥ ५२॥

हे नाथ! जहाँ नाम और जाति आदि कल्पनाओंका सर्वथा अभाव है आप वही नित्य अविकारी और अजन्मा परब्रह्म हैं॥ ५३॥ क्योंकि कल्पनाके बिना किसी भी पदार्थका ज्ञान नहीं होता इसीलिये आपका कृष्ण, अच्युत, अनन्त और विष्णु आदि नामोंसे स्तवन किया जाता है [वास्तवमें तो आपका किसी भी नामसे निर्देश नहीं किया जा सकता]॥ ५४॥ हे अज! जिन देवता आदि कल्पनामय पदार्थोंसे अनन्त विश्वकी उत्पत्ति हुई है वे समस्त पदार्थ आप ही हैं तथा आप ही विकारहीन आत्मवस्तु हैं, अतः आप विश्वरूप हैं। हे प्रभो ! इन सम्पूर्ण पदार्थोंमें आपसे भिन्न और कुछ भी नहीं है॥ ५५॥ आप ही ब्रह्मा, महादेव, अर्यमा, विधाता, धाता, इन्द्र, वायु, अग्नि, वरुण, कुबेर और यम हैं। इस प्रकार एक आप ही भिन्न-भिन्न कार्यवाले अपनी शक्तियोंके भेदसे इस सम्पूर्ण जगत्‌की रक्षा कर रहे हैं॥ ५६॥

विश्वं भवान्सृजति सूर्यगभस्तिरूपो
विश्वेश ते गुणमयोऽयमतः प्रपञ्चः।
रूपं परं सदिति वाचकमक्षरं य-
ज्ज्ञानात्मने सदसते प्रणतोऽस्मि तस्मै॥ ५७
ॐ नमो वासुदेवाय नमस्संकर्षणाय च।
प्रद्युम्नाय नमस्तुभ्यमनिरुद्धाय ते नमः॥ ५८

हे विश्वेश! सूर्यकी किरणरूप होकर आप ही [वृष्टिद्वारा] विश्वकी रचना करते हैं, अतः यह गुणमय प्रपंच आपका ही रूप है। 'सत्' पद ['ॐ तत्, सत्' इस रूपसे] जिसका वाचक है वह 'ॐ' अक्षर आपका परम स्वरूप है, आपके उस ज्ञानात्मा सदसत्स्वरूपको नमस्कार है॥ ५७॥ हे प्रभो! वासुदेव, संकर्षण, प्रद्युम्न और अनिरुद्धस्वरूप आपको बारम्बार नमस्कार है॥ ५८॥

इति श्रीविष्णुपुराणे पञ्चमेंऽशेऽष्टादशोऽध्यायः॥ १८॥

उन्नीसवाँ अध्याय

भगवान्‌का मथुरा-प्रवेश, रजक-वध तथा मालीपर कृपा

श्रीपराशर उवाच

एवमन्तर्जले विष्णुमभिष्टूय स यादवः।
अर्चयामास सर्वेशं धूपपुष्पैर्मनोमयैः॥ १
परित्यक्तान्यविषयो मनस्तत्र निवेश्य सः।
ब्रह्मभूते चिरं स्थित्वा विरराम समाधितः॥ २
कृतकृत्यमिवात्मानं मन्यमानो महामतिः।
आजगाम रथं भूयो निर्गम्य यमुनाम्भसः॥ ३
ददर्श रामकृष्णौ च यथापूर्वमवस्थितौ।
विस्मिताक्षस्तदाक्रूरस्तं च कृष्णोऽभ्यभाषत॥ ४

श्रीकृष्ण उवाच

नूनं ते दृष्टमाश्चर्यमक्रूर यमुनाजले।
विस्मयोत्फुल्लनयनो भवान्संलक्ष्यते यतः॥ ५

अक्रूर उवाच

अन्तर्जले यदाश्चर्यं दृष्टं तत्र मयाच्युत।
तदत्रापि हि पश्यामि मूर्तिमत्पुरतः स्थितम्॥ ६
जगदेतन्महाश्चर्यरूपं यस्य महात्मनः।
तेनाश्चर्यपरेणाहं भवता कृष्ण सङ्गतः॥ ७
तत्किमेतेन मथुरां यास्यामो मधुसूदन।
बिभेमि कंसाद्धिग्जन्म परपिण्डोपजीविनाम्॥ ८
इत्युक्त्वा चोदयामास स हयान् वातरंहसः।
सम्प्राप्तश्चापि सायाह्ने सोऽक्रूरो मथुरां पुरीम्॥ ९

श्रीपराशरजी बोले—यदुकुलोत्पन्न अक्रूरजीने श्रीविष्णुभगवान्‌का जलके भीतर इस प्रकार स्तवनकर उन सर्वेश्वरका मनःकल्पित धूप, दीप और पुष्पादिसे पूजन किया॥ १॥ उन्होंने अपने मनको अन्य विषयोंसे हटाकर उन्हींमें लगा दिया और चिरकालतक उन ब्रह्मभूतमें ही समाहितभावसे स्थित रहकर फिर समाधिसे विरत हो गये॥ २॥ तदनन्तर महामति अक्रूरजी अपनेको कृतकृत्य-सा मानते हुए यमुनाजलसे निकलकर फिर रथके पास चले आये॥ ३॥ वहाँ आकर उन्होंने आश्चर्ययुक्त नेत्रोंसे राम और कृष्णको पूर्ववत् रथमें बैठे देखा। उस समय श्रीकृष्णचन्द्रने अक्रूरजीसे कहा॥ ४॥

श्रीकृष्णजी बोले—अक्रूरजी! आपने अवश्य ही यमुना-जलमें कोई आश्चर्यजनक बात देखी है, क्योंकि आपके नेत्र आश्चर्यचकित दीख पड़ते हैं॥ ५॥

अक्रूरजी बोले—हे अच्युत! मैंने यमुनाजलमें जो आश्चर्य देखा है उसे मैं इस समय भी अपने सामने मूर्तिमान् देख रहा हूँ॥ ६॥ हे कृष्ण! यह महान् आश्चर्यमय जगत् जिस महात्माका स्वरूप है उन्हीं परम आश्चर्यस्वरूप आपके साथ मेरा समागम हुआ है॥ ७॥ हे मधुसूदन! अब उस आश्चर्यके विषयमें और अधिक कहनेसे लाभ ही क्या है? चलो, हमें शीघ्र ही मथुरा पहुँचना है; मुझे कंससे बहुत भय लगता है। दूसरेके दिये हुए अन्नसे जीनेवाले पुरुषोंके जीवनको धिक्कार है!॥ ८॥

ऐसा कहकर अक्रूरजीने वायुके समान वेगवाले घोड़ोंको हाँका और सायंकालके समय मथुरापुरीमें पहुँच गये॥ ९॥

विलोक्य मथुरां कृष्णं रामं चाह स यादवः।
पद्भ्यां यातं महावीरौ रथेनैको विशाम्यहम्॥ १०
गन्तव्यं वसुदेवस्य नो भवद्भ्यां तथा गृहम्।
युवयोर्हि कृते वृद्धस्स कंसेन निरस्यते॥ ११

श्रीपराशर उवाच

इत्युक्त्वा प्रविवेशाथ सोऽक्रूरो मथुरां पुरीम्।
प्रविष्टौ रामकृष्णौ च राजमार्गमुपागतौ॥ १२
स्त्रीभिर्नरैश्च सानन्दं लोचनैरभिवीक्षितौ।
जग्मतुर्लीलया वीरौ मत्तौ बालगजाविव॥ १३
भ्रममाणौ ततो दृष्ट्वा रजकं रंगकारकम्।
अयाचेतां सुरूपाणि वासांसि रुचिराणि तौ॥ १४
कंसस्य रजकः सोऽथ प्रसादारूढविस्मयः।
बहून्याक्षेपवाक्यानि प्राहोच्चै रामकेशवौ॥ १५
ततस्तलप्रहारेण कृष्णस्तस्य दुरात्मनः।
पातयामास रोषेण रजकस्य शिरो भुवि॥ १६
हत्वादाय च वस्त्राणि पीतनीलाम्बरौ ततः।
कृष्णरामौ मुदा युक्तौ मालाकारगृहं गतौ॥ १७
विकासिनेत्रयुगलो मालाकारोऽतिविस्मितः।
एतौ कस्य सुतौ यातौ मैत्रेयाचिन्तयत्तदा॥ १८
पीतनीलाम्बरधरौ तौ दृष्ट्वातिमनोहरौ।
स तर्कयामास तदा भुवं देवावुपागतौ॥ १९
विकासिमुखपद्माभ्यां ताभ्यां पुष्पाणि याचितः।
भुवं विष्टभ्य हस्ताभ्यां पस्पर्श शिरसा महीम्॥ २०
प्रसादपरमौ नाथौ मम गेहमुपागतौ।
धन्योऽहमर्चयिष्यामीत्याह तौ माल्यजीवनः॥ २१
ततः प्रहृष्टवदनस्तयोः पुष्पाणि कामतः।
चारूण्येतान्यथैतानि प्रददौ स प्रलोभयन्॥ २२
पुनः पुनः प्रणम्योभौ मालाकारो नरोत्तमौ।
ददौ पुष्पाणि चारूणि गन्धवन्त्यमलानि च॥ २३
मालाकाराय कृष्णोऽपि प्रसन्नः प्रददौ वरान्।
श्रीस्त्वां मत्संश्रया भद्र न कदाचित्त्यजिष्यति॥ २४

मथुरापुरीको देखकर अक्रूरने राम और कृष्णसे कहा—"हे वीरवरो! अब मैं अकेला ही रथसे जाऊँगा, आप दोनों पैदल चले आवें॥ १०॥ मथुरामें पहुँचकर आप वसुदेवजीके घर न जायँ; क्योंकि आपके कारण ही उन वृद्ध वसुदेवजीका कंस सर्वदा निरादर करता रहता है"॥ ११॥

श्रीपराशरजी बोले—ऐसा कह—अक्रूरजी मथुरापुरीमें चले गये। उनके पीछे राम और कृष्ण भी नगरमें प्रवेशकर राजमार्गपर आये॥ १२॥ वहाँके नर-नारियोंसे आनन्दपूर्वक देखे जाते हुए वे दोनों वीर मतवाले तरुण हाथियोंके समान लीलापूर्वक जा रहे थे॥ १३॥

मार्गमें उन्होंने एक वस्त्र रँगनेवाले रजकको घूमते देख उससे रंग-विरंगे सुन्दर वस्त्र माँगे॥ १४॥ वह रजक कंसका था और राजाके मुँहलगा होनेसे बड़ा घमण्डी हो गया था, अतः राम और कृष्णके वस्त्र माँगनेपर उसने विस्मित होकर उनसे बड़े जोरोंके साथ अनेक दुर्वाक्य कहे॥ १५॥ तब श्रीकृष्णचन्द्रने क्रुद्ध होकर अपने करतलके प्रहारसे उस दुष्ट रजकका सिर पृथिवीपर गिरा दिया॥ १६॥ इस प्रकार उसे मारकर राम और कृष्णने उसके वस्त्र छीन लिये तथा क्रमशः नील और पीत वस्त्र धारणकर वे प्रसन्नचित्तसे मालीके घर गये॥ १७॥

हे मैत्रेय! उन्हें देखते ही उस मालीके नेत्र आनन्दसे खिल गये और वह आश्चर्यचकित होकर सोचने लगा कि 'ये किसके पुत्र हैं और कहाँसे आये हैं?'॥ १८॥ पीले और नीले वस्त्र धारण किये उन अति मनोहर बालकोंको देखकर उसने समझा मानो दो देवगण ही पृथिवीतलपर पधारे हैं॥ १९॥ जब उन विकसितमुखकमल बालकोंने उससे पुष्प माँगे तो उसने अपने दोनों हाथ पृथिवीपर टेककर सिरसे भूमिको स्पर्श किया॥ २०॥ फिर उस मालीने कहा—"हे नाथ! आपलोग बड़े ही कृपालु हैं जो मेरे घर पधारे। मैं धन्य हूँ, क्योंकि आज मैं आपका पूजन कर सकूँगा"॥ २१॥ तदनन्तर उसने 'देखिये, ये बहुत सुन्दर हैं, ये बहुत सुन्दर हैं'—इस प्रकार प्रसन्नमुखसे लुभा-लुभाकर उन्हें इच्छानुसार पुष्प दिये॥ २२॥ उसने उन दोनों पुरुषश्रेष्ठोंको पुनः-पुनः प्रणामकर अति निर्मल और सुगन्धित मनोहर पुष्प दिये॥ २३॥

तब कृष्णचन्द्रने भी प्रसन्न होकर उस मालीको यह वर दिया कि "हे भद्र! मेरे आश्रित रहनेवाली लक्ष्मी तुझे

बलहानिर्न ते सौम्य धनहानिरथापि वा।
यावद्दिनानि तावच्च न नशिष्यति सन्ततिः॥ २५
भुक्त्वा च विपुलान्भोगांस्त्वमन्ते मत्प्रसादतः।
ममानुस्मरणं प्राप्य दिव्यं लोकमवाप्स्यसि॥ २६
धर्मे मनश्च ते भद्र सर्वकालं भविष्यति।
युष्मत्सन्ततिजातानां दीर्घमायुर्भविष्यति॥ २७
नोपसर्गादिकं दोषं युष्मत्सन्ततिसम्भवः।
अवाप्स्यति महाभाग यावत्सूर्यो भविष्यति॥ २८

श्रीपराशर उवाच

इत्युक्त्वा तद्गृहात्कृष्णो बलदेवसहायवान्।
निर्जगाम मुनिश्रेष्ठ मालाकारेण पूजितः॥ २९

कभी न छोड़ेगी॥ २४॥ हे सौम्य! तेरे बल और धनका ह्रास कभी न होगा और जबतक दिन (सूर्य)-की सत्ता रहेगी तबतक तेरी सन्तानका उच्छेद न होगा॥ २५॥ तू भी यावज्जीवन नाना प्रकारके भोग भोगता हुआ अन्तमें मेरी कृपासे मेरा स्मरण करनेके कारण दिव्य लोकको प्राप्त होगा॥ २६॥ हे भद्र! तेरा मन सर्वदा धर्मपरायण रहेगा तथा तेरे वंशमें जन्म लेनेवालोंकी आयु दीर्घ होगी॥ २७॥ हे महाभाग! जबतक सूर्य रहेगा तबतक तेरे वंशमें उत्पन्न हुआ कोई भी व्यक्ति उपसर्ग (आकस्मिक रोग) आदि दोषोंको प्राप्त न होगा''॥ २८॥

श्रीपराशरजी बोले—हे मुनिश्रेष्ठ! ऐसा कहकर श्रीकृष्णचन्द्र बलभद्रजीके सहित मालाकारसे पूजित हो उसके घरसे चल दिये॥ २९॥

इति श्रीविष्णुपुराणे पञ्चमेंऽशे एकोनविंशोऽध्यायः॥ १९॥

बीसवाँ अध्याय

कुब्जापर कृपा, धनुर्भंग, कुवलयापीड और चाणूरादि मल्लोंका नाश तथा कंस-वध

श्रीपराशर उवाच

राजमार्गे ततः कृष्णस्सानुलेपनभाजनाम्।
ददर्श कुब्जामायान्तीं नवयौवनगोचराम्॥ १
तामाह ललितं कृष्णः कस्येदमनुलेपनम्।
भवत्या नीयते सत्यं वदेन्दीवरलोचने॥ २
सकामेनेव सा प्रोक्ता सानुरागा हरिं प्रति।
प्राह सा ललितं कुब्जा तद्दर्शनबलात्कृता॥ ३
कान्त कस्मान्न जानासि कंसेन विनियोजिताम्।
नैकवक्रेति विख्यातामनुलेपनकर्मणि॥ ४
नान्यपिष्टं हि कंसस्य प्रीतये ह्यनुलेपनम्।
भवाम्यहमतीवास्य प्रसादधनभाजनम्॥ ५

श्रीपराशरजी बोले—तदनन्तर श्रीकृष्णचन्द्रने राजमार्गमें एक नवयौवना कुब्जा स्त्रीको अनुलेपनका पात्र लिये आती देखा॥ १॥ तब श्रीकृष्णने उससे विलासपूर्वक कहा—''अयि कमललोचने! तू सच-सच बता यह अनुलेपन किसके लिये ले जा रही है?''॥ २॥ भगवान् कृष्णके कामुक पुरुषकी भाँति इस प्रकार पूछनेपर अनुरागिणी कुब्जाने उनके दर्शनसे हठात् आकृष्टचित्त हो अति ललितभावसे इस प्रकार कहा—॥ ३॥ ''हे कान्त! क्या आप मुझे नहीं जानते? मैं अनेकवक्रा नामसे विख्यात हूँ, राजा कंसने मुझे अनुलेपन-कार्यमें नियुक्त किया है॥ ४॥ राजा कंसको मेरे अतिरिक्त और किसीका पीसा हुआ उबटन पसन्द नहीं है, अतः मैं उनकी अत्यन्त कृपापात्री हूँ''॥ ५॥

श्रीकृष्ण उवाच

सुगन्धमेतद्राजार्हं रुचिरं रुचिरानने।
आवयोर्गात्रसदृशं दीयतामनुलेपनम्॥ ६

श्रीकृष्णजी बोले—हे सुमुखि! यह सुन्दर सुगन्धमय अनुलेपन तो राजाके ही योग्य है, हमारे शरीरके योग्य भी कोई अनुलेपन हो तो दो॥ ६॥

श्रीपराशर उवाच

श्रुत्वैतदाह सा कुब्जा गृह्यतामिति सादरम्।
अनुलेपनं च प्रददौ गात्रयोग्यमथोभयोः॥ ७
भक्तिच्छेदानुलिप्ताङ्गौ ततस्तौ पुरुषर्षभौ।
सेन्द्रचापौ व्यराजेतां सितकृष्णाविवाम्बुदौ॥ ८
ततस्तां चिबुके शौरिरुल्लापनविधानवित्।
उत्पाट्य तोलयामास द्व्यङ्गुलेनाग्रपाणिना॥ ९
चकर्ष पद्भ्यां च तदा ऋजुत्वं केशवोऽनयत्।
ततस्सा ऋजुतां प्राप्ता योषितामभवद्वरा॥ १०
विलासललितं प्राह प्रेमगर्भभरालसम्।
वस्त्रे प्रगृह्य गोविन्दं मम गेहं व्रजेति वै॥ ११
एवमुक्तस्तया शौरी रामस्यालोक्य चाननम्।
प्रहस्य कुब्जां तामाह नैकवक्रामनिन्दिताम्॥ १२
आयास्ये भवतीगेहमिति तां प्रहसन्हरिः।
विससर्ज जहासोच्चै रामस्यालोक्य चाननम्॥ १३
भक्तिभेदानुलिप्ताङ्गौ नीलपीताम्बरौ तु तौ।
धनुश्शालां ततो यातौ चित्रमाल्योपशोभितौ॥ १४
आयागं तद्धनूरत्नं ताभ्यां पृष्टैस्तु रक्षिभिः।
आख्याते सहसा कृष्णो गृहीत्वापूरयद्धनुः॥ १५
ततः पूरयता तेन भज्यमानं बलाद्धनुः।
चकार सुमहच्छब्दं मथुरा येन पूरिता॥ १६
अनुयुक्तौ ततस्तौ तु भग्ने धनुषि रक्षिभिः।
रक्षिसैन्यं निहत्योभौ निष्क्रान्तौ कार्मुकालयात्॥ १७
अक्रूरागमवृत्तान्तमुपलभ्य महद्धनुः।
भग्नं श्रुत्वा च कंसोऽपि प्राह चाणूरमुष्टिकौ॥ १८

कंस उवाच

गोपालदारकौ प्राप्तौ भवद्भ्यां तु ममाग्रतः।
मल्लयुद्धेन हन्तव्यौ मम प्राणहरौ हि तौ॥ १९
नियुद्धे तद्विनाशेन भवद्भ्यां तोषितो ह्यहम्।
दास्याम्यभिमतान्कामान्नान्यथैतौ महाबलौ॥ २०

श्रीपराशरजी बोले—यह सुनकर कुब्जाने कहा—'लीजिये' और फिर उन दोनोंको आदरपूर्वक उनके शरीरयोग्य चन्दनादि दिये॥ ७॥ उस समय वे दोनों पुरुषश्रेष्ठ [कपोल आदि अंगोंमें] पत्ररचनाविधिसे यथावत् अनुलिप्त होकर इन्द्रधनुषयुक्त श्याम और श्वेत मेघके समान सुशोभित हुए॥ ८॥ तत्पश्चात् उल्लापन (सीधे करनेकी)-विधिके जाननेवाले भगवान् कृष्णचन्द्रने उसकी ठोड़ीमें अपनी आगेकी दो अँगुलियाँ लगा उसे उचकाकर हिलाया तथा उसके पैर अपने पैरोंसे दबा लिये। इस प्रकार श्रीकेशवने उसे ऋजुकाय (सीधे शरीरवाली) कर दी। तब सीधी हो जानेपर वह सम्पूर्ण स्त्रियोंमें सुन्दरी हो गयी॥ ९-१०॥

तब वह श्रीगोविन्दका पल्ला पकड़कर अन्तर्गर्भित प्रेम-भारसे अलसायी हुई विलासललित वाणीमें बोली—'आप मेरे घर चलिये'॥ ११॥ उसके ऐसा कहनेपर श्रीकृष्णचन्द्रने उस कुब्जासे, जो पहले अनेक अंगोंसे टेढ़ी थी, परंतु अब सुन्दरी हो गयी थी, बलरामजीके मुखकी ओर देखकर हँसते हुए कहा—॥ १२॥'हाँ, तुम्हारे घर भी आऊँगा'—ऐसा कहकर श्रीहरिने उसे मुसकाते हुए विदा किया और बलभद्रजीके मुखकी ओर देखते हुए जोर-जोरसे हँसने लगे॥ १३॥

तदनन्तर पत्र-रचनादि विधिसे अनुलिप्त तथा चित्र-विचित्र मालाओंसे सुशोभित राम और कृष्ण क्रमशः नीलाम्बर और पीताम्बर धारण किये हुए यज्ञशालातक आये॥ १४॥ वहाँ पहुँचकर उन्होंने यज्ञरक्षकोंसे उस यज्ञके उद्देश्यस्वरूप धनुषके विषयमें पूछा और उनके बतलानेपर श्रीकृष्णचन्द्रने उसे सहसा उठाकर प्रत्यंचा (डोरी) चढ़ा दी॥ १५॥ उसपर बलपूर्वक प्रत्यंचा चढ़ाते समय वह धनुष टूट गया, उस समय उसने ऐसा घोर शब्द किया कि उससे सम्पूर्ण मथुरापुरी गूँज उठी॥ १६॥ तब धनुष टूट जानेपर उसके रक्षकोंने उनपर आक्रमण किया, उस रक्षक सेनाका संहार कर वे दोनों बालक धनुश्शालासे बाहर आये॥ १७॥

तदनन्तर अक्रूरके आनेका समाचार पाकर तथा उस महान् धनुषको भग्न हुआ सुनकर कंसने चाणूर और मुष्टिकसे कहा॥ १८॥

कंस बोला—यहाँ दोनों गोपालबालक आ गये हैं। वे मेरा प्राण-हरण करनेवाले हैं, अतः तुम दोनों मल्लयुद्धसे उन्हें मेरे सामने मार डालो। यदि तुमलोग मल्लयुद्धमें उन दोनोंका विनाश करके मुझे सन्तुष्ट कर

न्यायतोऽन्यायतो वापि भवद्भ्यां तौ ममाहितौ।
हन्तव्यौ तद्वधाद्राज्यं सामान्यं वां भविष्यति॥ २१
इत्यादिश्य स तौ मल्लौ ततश्चाहूय हस्तिपम्।
प्रोवाचोच्चैस्त्वया मल्लसमाजद्वारि कुञ्जरः॥ २२
स्थाप्यः कुवलयापीडस्तेन तौ गोपदारकौ।
घातनीयौ नियुद्धाय रङ्गद्वारमुपागतौ॥ २३
तमप्याज्ञाप्य दृष्ट्वा च सर्वान्मञ्चानुपाकृतान्।
आसन्नमरणः कंसः सूर्योदयमुदैक्षत॥ २४
ततः समस्तमञ्चेषु नागरस्स तदा जनः।
राजमञ्चेषु चारूढास्सह भृत्यैर्नराधिपाः॥ २५
मल्लप्राश्निकवर्गश्च रङ्गमध्यसमीपगः।
कृतः कंसेन कंसोऽपि तुङ्गमञ्चे व्यवस्थितः॥ २६
अन्तःपुराणां मञ्चाश्च तथान्ये परिकल्पिताः।
अन्ये च वारमुख्यानामन्ये नागरयोषिताम्॥ २७
नन्दगोपादयो गोपा मञ्चेष्वन्येष्ववस्थिताः।
अक्रूरवसुदेवौ च मञ्चप्रान्ते व्यवस्थितौ॥ २८
नागरीयोषितां मध्ये देवकीपुत्रगर्द्धिनी।
अन्तकालेऽपि पुत्रस्य द्रक्ष्यामीति मुखं स्थिता॥ २९
वाद्यमानेषु तूर्येषु चाणूरे चापि वल्गति।
हाहाकारपरे लोके ह्यास्फोटयति मुष्टिके॥ ३०
ईषद्धसन्तौ तौ वीरौ बलभद्रजनार्दनौ।
गोपवेषधरौ बालौ रङ्गद्वारमुपागतौ॥ ३१
ततः कुवलयापीडो महामात्रप्रचोदितः।
अभ्यधावत वेगेन हन्तुं गोपकुमारकौ॥ ३२
हाहाकारो महाञ्जज्ञे रङ्गमध्ये द्विजोत्तम।
बलदेवोऽनुजं दृष्ट्वा वचनं चेदमब्रवीत्॥ ३३
हन्तव्यो हि महाभाग नागोऽयं शत्रुचोदितः॥ ३४
इत्युक्तस्सोऽग्रजेनाथ बलदेवेन वै द्विज।
सिंहनादं ततश्चक्रे माधवः परवीरहा॥ ३५
करेण करमाकृष्य तस्य केशिनिषूदनः।
भ्रामयामास तं शौरिरैरावतसमं बले॥ ३६

दोगे तो मैं तुम्हारी समस्त इच्छाएँ पूर्ण कर दूँगा; मेरे इस कथनको तुम मिथ्या न समझना। तुम न्यायसे अथवा अन्यायसे मेरे इन महाबलवान् अपकारियोंको अवश्य मार डालो। उनके मारे जानेपर यह सारा राज्य [हमारा और] तुम दोनोंका सामान्य होगा॥ १९—२१॥

मल्लोंको इस प्रकार आज्ञा दे कंसने अपने महावतको बुलाया और उसे आज्ञा दी कि तू कुवलयापीड हाथीको मल्लोंकी रंगभूमिके द्वारपर खड़ा रख और जब वे गोपकुमार युद्धके लिये यहाँ आवें तो उन्हें इससे नष्ट करा दे॥ २२-२३॥ इस प्रकार उसे आज्ञा देकर और समस्त सिंहासनोंको यथावत् रखे देखकर, जिसकी मृत्यु पास आ गयी है वह कंस सूर्योदयकी प्रतीक्षा करने लगा॥ २४॥

प्रातःकाल होनेपर समस्त मंचोंपर नागरिक लोग और राजमंचोंपर अपने अनुचरोंके सहित राजालोग बैठे॥ २५॥ तदनन्तर रंगभूमिके मध्यभागके समीप कंसने युद्धपरीक्षकोंको बैठाया और फिर स्वयं आप भी एक ऊँचे सिंहासनपर बैठा॥ २६॥ वहाँ अन्तःपुरकी स्त्रियोंके लिये पृथक् मचान बनाये गये थे तथा मुख्य-मुख्य वारांगनाओं और नगरकी महिलाओंके लिये भी अलग-अलग मंच थे॥ २७॥ कुछ अन्य मंचोंपर नन्दगोप आदि गोपगण बिठाये गये थे और उन मंचोंके पास ही अक्रूर और वसुदेवजी बैठे थे॥ २८॥ नगरकी नारियोंके बीचमें 'चलो, अन्तकालमें ही पुत्रका मुख तो देख लूँगी' ऐसा विचारकर पुत्रके लिये मंगलकामना करती हुई देवकीजी बैठी थीं॥ २९॥

तदनन्तर जिस समय तूर्य आदिके बजने तथा चाणूरके अत्यन्त उछलने और मुष्टिकके ताल ठोंकनेपर दर्शकगण हाहाकार कर रहे थे, गोपवेषधारी वीर बालक बलभद्र और कृष्ण कुछ हँसते हुए रंगभूमिके द्वारपर आये॥ ३०-३१॥ वहाँ आते ही महावतकी प्रेरणासे कुवलयापीड नामक हाथी उन दोनों गोपकुमारोंको मारनेके लिये बड़े वेगसे दौड़ा॥ ३२॥ हे द्विजश्रेष्ठ! उस समय रंगभूमिमें महान् हाहाकार मच गया तथा बलदेवजीने अपने अनुज कृष्णकी ओर देखकर कहा—''हे महाभाग! इस हाथीको शत्रुने ही प्रेरित किया है; अतः इसे मार डालना चाहिये''॥ ३३-३४॥

हे द्विज! ज्येष्ठ भ्राता बलरामजीके ऐसा कहनेपर शत्रुसूदन श्रीश्यामसुन्दरने बड़े जोरसे सिंहनाद किया॥ ३५॥ फिर केशिनिषूदन भगवान् श्रीकृष्णने बलमें ऐरावतके समान उस महाबली हाथीकी सूँड अपने हाथसे पकड़कर उसे घुमाया॥ ३६॥

ईशोऽपि सर्वजगतां बाललीलानुसारतः।
क्रीडित्वा सुचिरं कृष्णः करिदन्तपदान्तरे॥ ३७
उत्पाट्य वामदन्तं तु दक्षिणेनैव पाणिना।
ताडयामास यन्तारं तस्यासीच्छतधा शिरः॥ ३८
दक्षिणं दन्तमुत्पाट्य बलभद्रोऽपि तत्क्षणात्।
सरोषस्तेन पार्श्वस्थान् गजपालानपोथयत्॥ ३९
ततस्तूत्प्लुत्य वेगेन रौहिणेयो महाबलः।
जघान वामपादेन मस्तके हस्तिनं रुषा॥ ४०
स पपात हतस्तेन बलभद्रेण लीलया।
सहस्त्राक्षेण वज्रेण ताडितः पर्वतो यथा॥ ४१
हत्वा कुवलयापीडं हस्त्यारोहप्रचोदितम्।
मदासृगनुलिप्ताङ्गौ हस्तिदन्तवरायुधौ॥ ४२
मृगमध्ये यथा सिंहौ गर्वलीलावलोकिनौ।
प्रविष्टौ सुमहारङ्गं बलभद्रजनार्दनौ॥ ४३
हाहाकारो महाञ्जज्ञे महारङ्गे त्वनन्तरम्।
कृष्णोऽयं बलभद्रोऽयमिति लोकस्य विस्मयः॥ ४४
सोऽयं येन हता घोरा पूतना बालघातिनी।
क्षिप्तं तु शकटं येन भग्नौ तु यमलार्जुनौ॥ ४५
सोऽयं यः कालियं नागं ममर्दारुह्य बालकः।
धृतो गोवर्द्धनो येन सप्तरात्रं महागिरिः॥ ४६
अरिष्टो धेनुकः केशी लीलयैव महात्मना।
निहता येन दुर्वृत्ता दृश्यतामेष सोऽच्युतः॥ ४७
अयं चास्य महाबाहुर्बलभद्रोऽग्रतोऽग्रजः।
प्रयाति लीलया योषिन्मनोनयननन्दनः॥ ४८
अयं स कथ्यते प्राज्ञैः पुराणार्थविशारदैः।
गोपालो यादवं वंशं मग्नमभ्युद्धरिष्यति॥ ४९
अयं हि सर्वलोकस्य विष्णोरखिलजन्मनः।
अवतीर्णो महीमंशो नूनं भारहरो भुवः॥ ५०
इत्येवं वर्णिते पौरै रामे कृष्णे च तत्क्षणात्।
उरस्तताप देवक्याः स्नेहस्नुतपयोधरम्॥ ५१
महोत्सवमिवासाद्य पुत्राननविलोकनात्।
युवेव वसुदेवोऽभूद्विहायाभ्यागतां जराम्॥ ५२

भगवान् कृष्ण यद्यपि सम्पूर्ण जगत्के स्वामी हैं तथापि उन्होंने बहुत देरतक उस हाथीके दाँत और चरणोंके बीचमें खेलते-खेलते अपने दाएँ हाथसे उसका बायाँ दाँत उखाड़कर उससे महावतपर प्रहार किया। इससे उसके सिरके सैकड़ों टुकड़े हो गये॥ ३७-३८॥ उसी समय बलभद्रजीने भी क्रोधपूर्वक उसका दायाँ दाँत उखाड़कर उससे आस-पास खड़े हुए महावतोंको मार डाला॥ ३९॥ तदनन्तर महाबली रोहिणीनन्दनने रोषपूर्वक अति वेगसे उछलकर उस हाथीके मस्तकपर अपनी बायीं लात मारी॥ ४०॥ इस प्रकार वह हाथी बलभद्रजीद्वारा लीलापूर्वक मारा जाकर इन्द्र-वज्रसे आहत पर्वतके समान गिर पड़ा॥ ४१॥

तब महावतसे प्रेरित कुवलयापीडको मारकर उसके मद और रक्तसे लथपथ राम और कृष्ण उसके दाँतोंको लिये हुए गर्वयुक्त लीलामयी चितवनसे निहारते उस महान् रंगभूमिमें इस प्रकार आये जैसे मृगसमूहके बीचमें सिंह चला जाता है॥ ४२-४३॥ उस समय महान् रंगभूमिमें बड़ा कोलाहल होने लगा और सब लोगोंमें 'ये कृष्ण हैं, ये बलभद्र हैं' ऐसा विस्मय छा गया॥ ४४॥

[वे कहने लगे—] "जिसने बालघातिनी घोर राक्षसी पूतनाको मारा था, शकटको उलट दिया था और यमलार्जुनको उखाड़ डाला था वह यही है। जिस बालकने कालियनागके ऊपर चढ़कर उसका मान मर्दन किया था और सात रात्रितक महापर्वत गोवर्द्धनको अपने हाथपर धारण किया था वह यही है॥ ४५-४६॥ जिस महात्माने अरिष्टासुर, धेनुकासुर और केशी आदि दुष्टोंको लीलासे ही मार डाला था; देखो, वह अच्युत यही हैं॥ ४७॥ ये इनके आगे इनके बड़े भाई महाबाहु बलभद्रजी हैं जो बड़े लीलापूर्वक चल रहे हैं। ये स्त्रियोंके मन और नयनोंको बड़ा ही आनन्द देनेवाले हैं?॥ ४८॥ पुराणार्थवेत्ता विद्वान् लोग कहते हैं कि ये गोपालजी डूबे हुए यदुवंशका उद्धार करेंगे॥ ४९॥ ये सर्वलोकमय और सर्वकारण भगवान् विष्णुके ही अंश हैं, इन्होंने पृथिवीका भार उतारनेके लिये ही भूमिपर अवतार लिया है"॥ ५०॥

राम और कृष्णके विषयमें पुरवासियोंके इस प्रकार कहते समय देवकीके स्तनोंसे स्नेहके कारण दूध बहने लगा और उनके हृदयमें बड़ा अनुताप हुआ॥ ५१॥ पुत्रोंका मुख देखनेसे अत्यन्त उल्लास-सा प्राप्त होनेके कारण वसुदेवजी भी मानो आयी हुई जराको छोड़कर फिरसे नवयुवक-से हो गये॥ ५२॥

विस्तारिताक्षियुगलो राजान्तःपुरयोषिताम्।
नागरस्त्रीसमूहश्च द्रष्टुं न विरराम तम्॥ ५३

सख्यः पश्यत कृष्णस्य मुखमत्यरुणेक्षणम्।
गजयुद्धकृतायासस्वेदाम्बुकणिकाचितम्॥ ५४

विकासिशरदम्भोजमवश्यायजलोक्षितम्।
परिभूय स्थितं जन्म सफलं क्रियतां दृशः॥ ५५

श्रीवत्साङ्कं महद्धाम बालस्यैतद्विलोक्यताम्।
विपक्षक्षपणं वक्षो भुजयुग्मं च भामिनि॥ ५६

किं न पश्यसि दुग्धेन्दुमृणालधवलाकृतिम्।
बलभद्रमिमं नीलपरिधानमुपागतम्॥ ५७

वल्गता मुष्टिकेनैव चाणूरेण तथा सखि।
क्रीडतो बलभद्रस्य हरेर्हास्यं विलोक्यताम्॥ ५८

सख्यः पश्यत चाणूरं नियुद्धार्थमयं हरिः।
समुपैति न सन्त्यत्र किं वृद्धा मुक्तकारिणः॥ ५९

क्व यौवनोन्मुखीभूतसुकुमारतनुर्हरिः।
क्व वज्रकठिनाभोगशरीरोऽयं महासुरः॥ ६०

इमौ सुललितैरङ्गैर्वर्तेते नवयौवनौ।
दैतेयमल्लाश्चाणूरप्रमुखास्त्वतिदारुणाः॥ ६१

नियुद्धप्राश्निकानां तु महानेष व्यतिक्रमः।
यद्बालबलिनोर्युद्धं मध्यस्थैस्समुपेक्ष्यते॥ ६२

श्रीपराशर उवाच

इत्थं पुरस्त्रीलोकस्य वदतश्चालयन्भुवम्।
ववल्ग बद्धकक्ष्योऽन्तर्जनस्य भगवान्हरिः॥ ६३

बलभद्रोऽपि चास्फोट्य ववल्ग ललितं तथा।
पदे पदे तथा भूमिर्यन्न शीर्णा तदद्भुतम्॥ ६४

चाणूरेण ततः कृष्णो युयुधेऽमितविक्रमः।
नियुद्धकुशलो दैत्यो बलभद्रेण मुष्टिकः॥ ६५

सन्निपातावधूतैस्तु चाणूरेण समं हरिः।
प्रक्षेपणैर्मुष्टिभिश्च कीलवज्रनिपातनैः॥ ६६

राजाके अन्तःपुरकी स्त्रियाँ तथा नगर निवासिनी महिलाएँ भी उन्हें एकटक देखते-देखते उपराम न हुईं॥ ५३॥ [वे परस्पर कहने लगीं—] "अरी सखियो! अरुणनयनसे युक्त श्रीकृष्णचन्द्रका अति सुन्दर मुख तो देखो, जो कुवलयापीडके साथ युद्ध करनेके परिश्रमसे स्वेद बिन्दुपूर्ण होकर हिम-कण-सिंचित शरत्कालीन प्रफुल्ल कमलको लज्जित कर रहा है। अरी! इसका दर्शन करके अपने नेत्रोंका होना सफल कर लो"॥ ५४-५५॥

[एक स्त्री बोली—] "हे भामिनि! इस बालकका यह लक्ष्मी आदिका आश्रयभूत श्रीवत्सांकयुक्त वक्षःस्थल तथा शत्रुओंको पराजित करनेवाली इसकी दोनों भुजाएँ तो देखो!"॥ ५६॥

[दूसरी०—] "अरी! क्या तुम नीलाम्बर धारण किये इन दुग्ध, चन्द्र अथवा कमलनालके समान शुभ्रवर्ण बलदेवजीको आते हुए नहीं देखती हो?"॥ ५७॥

[तीसरी०—] "अरी सखियो! [अखाड़ेमें] चक्कर देकर घूमनेवाले चाणूर और मुष्टिकके साथ क्रीडा करते हुए बलभद्र तथा कृष्णका हँसना देख लो।"॥ ५८॥

[चौथी०—] "हाय! सखियो! देखो तो चाणूरसे लड़नेके लिये ये हरि आगे बढ़ रहे हैं; क्या इन्हें छुड़ानेवाले कोई भी बड़े-बूढ़े यहाँ नहीं हैं?"॥ ५९॥ 'कहाँ तो यौवनमें प्रवेश करनेवाले सुकुमार-शरीर श्याम और कहाँ वज्रके समान कठोर शरीरवाला यह महान् असुर!'॥ ६०॥ ये दोनों नवयुवक तो बड़े ही सुकुमार शरीरवाले हैं, [किंतु इनके प्रतिपक्षी] ये चाणूर आदि दैत्य मल्ल अत्यन्त दारुण हैं॥ ६१॥ मल्लयुद्धके परीक्षकगणोंका यह बहुत बड़ा अन्याय है जो वे मध्यस्थ होकर भी इन बालक और बलवान् मल्लोंके बीच युद्ध करा रहे हैं॥ ६२॥

श्रीपराशरजी बोले— नगरकी स्त्रियोंके इस प्रकार वार्तालाप करते समय भगवान् कृष्णचन्द्र अपनी कमर कसकर उन समस्त दर्शकोंके बीचमें पृथिवीको कम्पायमान करते हुए रंगभूमिमें कूद पड़े॥ ६३॥ श्रीबलभद्रजी भी अपने भुजदण्डोंको ठोंकते हुए अति मनोहरभावसे उछलने लगे। उस समय उनके पद-पदपर पृथिवी नहीं फटी, यही बड़ा आश्चर्य है॥ ६४॥

तदनन्तर अमित-विक्रम कृष्णचन्द्र चाणूरके साथ और द्वन्द्वयुद्धकुशल राक्षस मुष्टिक बलभद्रके साथ युद्ध करने लगे॥ ६५॥ कृष्णचन्द्र चाणूरके साथ परस्पर भिड़कर,

पादोद्धूतैः प्रमृष्टैश्च तयोर्युद्धमभून्महत्॥ ६७
अशस्त्रमतिघोरं तत्तयोर्युद्धं सुदारुणम्।
बलप्राणविनिष्पाद्यं समाजोत्सवसन्निधौ॥ ६८
यावद्यावच्च चाणूरो युयुधे हरिणा सह।
प्राणहानिमवापाग्र्यां तावत्तावल्लवाल्लवम्॥ ६९
कृष्णोऽपि युयुधे तेन लीलयैव जगन्मयः।
खेदाच्चालयता कोपान्निजशेखरकेसरम्॥ ७०
बलक्षयं विवृद्धिं च दृष्ट्वा चाणूरकृष्णयोः।
वारयामास तूर्याणि कंसः कोपपरायणः॥ ७१
मृदङ्गादिषु तूर्येषु प्रतिषिद्धेषु तत्क्षणात्।
खे सङ्गतान्यवाद्यन्त देवतूर्याण्यनेकशः॥ ७२
जय गोविन्द चाणूरं जहि केशव दानवम्।
अन्तर्द्धानगता देवास्तमूचुरतिहर्षिताः॥ ७३
चाणूरेण चिरं कालं क्रीडित्वा मधुसूदनः।
उत्थाप्य भ्रामयामास तद्वधाय कृतोद्यमः॥ ७४
भ्रामयित्वा शतगुणं दैत्यमल्लममित्रजित्।
भूमावास्फोटयामास गगने गतजीवितम्॥ ७५
भूमावास्फोटितस्तेन चाणूरः शतधाभवत्।
रक्तस्रावमहापङ्कां चकार च तदा भुवम्॥ ७६
बलदेवोऽपि तत्कालं मुष्टिकेन महाबलः।
युयुधे दैत्यमल्लेन चाणूरेण यथा हरिः॥ ७७
सोऽप्येनं मुष्टिना मूर्ध्नि वक्षस्याहत्य जानुना।
पातयित्वा धरापृष्ठे निष्पिपेष गतायुषम्॥ ७८
कृष्णस्तोशलकं भूयो मल्लराजं महाबलम्।
वाममुष्टिप्रहारेण पातयामास भूतले॥ ७९
चाणूरे निहते मल्ले मुष्टिके विनिपातिते।
नीते क्षयं तोशलके सर्वे मल्लाः प्रदुद्रुवुः॥ ८०
ववल्गतुस्ततो रंगे कृष्णसङ्कर्षणावुभौ।
समानवयसो गोपान्बलादाकृष्य हर्षितौ॥ ८१

नीचे गिराकर, उछालकर, घूँसे और वज्रके समान कोहनी मारकर, पैरोंसे ठोकर मारकर तथा एक-दूसरेके अंगोंको रगड़कर लड़ने लगे। उस समय उनमें महान् युद्ध होने लगा॥ ६६-६७॥

इस प्रकार उस समाजोत्सवके समीप केवल बल और प्राणशक्तिसे ही सम्पन्न होनेवाला उनका अति भयंकर और दारुण शस्त्रहीन युद्ध हुआ॥ ६८॥ चाणूर जैसे-जैसे भगवान्से भिड़ता गया वैसे-ही-वैसे उसकी प्राणशक्ति थोड़ी-थोड़ी करके अत्यन्त क्षीण होती गयी॥ ६९॥ जगन्मय भगवान् कृष्ण भी, श्रम और कोपके कारण अपने पुष्पमय शिरोभूषणोंमें लगे हुए केशरको हिलानेवाले उस चाणूरसे लीलापूर्वक लड़ने लगे॥ ७०॥ उस समय चाणूरके बलका क्षय और कृष्णचन्द्रके बलका उदय देख कंसने खीझकर तूर्य आदि बाजे बन्द करा दिये॥ ७१॥ रंगभूमिमें मृदंग और तूर्य आदिके बन्द हो जानेपर आकाशमें अनेक दिव्य तूर्य एक साथ बजने लगे॥ ७२॥ और देवगण अत्यन्त हर्षित होकर अलक्षितभावसे कहने लगे—"हे गोविन्द! आपकी जय हो। हे केशव! आप शीघ्र ही इस चाणूर दानवको मार डालिये।"॥ ७३॥

भगवान् मधुसूदन बहुत देरतक चाणूरके साथ खेल करते रहे, फिर उसका वध करनेके लिये उद्यत होकर उसे उठाकर घुमाया॥ ७४॥ शत्रुविजयी श्रीकृष्णचन्द्रने उस दैत्य मल्लको सैकड़ों बार घुमाकर आकाशमें ही निर्जीव हो जानेपर पृथिवीपर पटक दिया॥ ७५॥ भगवान्के द्वारा पृथिवीपर गिराये जाते ही चाणूरके शरीरके सैकड़ों टुकड़े हो गये और उस समय उसने रक्तस्रावसे पृथिवीको अत्यन्त कीचड़मय कर दिया॥ ७६॥ इधर, जिस प्रकार भगवान् कृष्ण चाणूरसे लड़ रहे थे, उसी प्रकार महाबली बलभद्रजी भी उस समय दैत्य मल्ल मुष्टिकसे भिड़े हुए थे॥ ७७॥ बलरामजीने उसके मस्तकपर घूँसोंसे तथा वक्षःस्थलमें जानुसे प्रहार किया और उस गतायु दैत्यको पृथिवीपर पटककर रौंद डाला॥ ७८॥

तदनन्तर श्रीकृष्णचन्द्रने महाबली मल्लराज तोशलको बायें हाथसे घूँसा मारकर पृथिवीपर गिरा दिया॥ ७९॥ मल्लश्रेष्ठ चाणूर और मुष्टिकके मारे जानेपर तथा मल्लराज तोशलके नष्ट होनेपर समस्त मल्लगण भाग गये॥ ८०॥ तब कृष्ण और संकर्षण अपने समवयस्क गोपोंको बलपूर्वक खींचकर [आलिंगन करते हुए] हर्षसे रंगभूमिमें उछलने लगे॥ ८१॥

कंसोऽपि कोपरक्ताक्षः प्राहोच्चैर्व्यायतान्नरान्।
गोपावेतौ समाजौघान्निष्क्राम्येतां बलादितः॥ ८२
नन्दोऽपि गृह्यतां पापो निर्गलैरायसैरिह।
अवृद्धार्हेण दण्डेन वसुदेवोऽपि वध्यताम्॥ ८३
वल्गन्ति गोपाः कृष्णेन ये चेमे सहिताः पुरः।
गावो निगृह्यतामेषां यच्चास्ति वसु किञ्चन॥ ८४
एवमाज्ञापयन्तं तु प्रहस्य मधुसूदनः।
उत्प्लुत्यारुह्य तं मञ्चं कंसं जग्राह वेगतः॥ ८५
केशेष्वाकृष्य विगलत्किरीटमवनीतले।
स कंसं पातयामास तस्योपरि पपात च॥ ८६
अशेषजगदाधारगुरुणा पततोपरि।
कृष्णेन त्याजितः प्राणानुग्रसेनात्मजो नृपः॥ ८७
मृतस्य केशेषु तदा गृहीत्वा मधुसूदनः।
चकर्ष देहं कंसस्य रङ्गमध्ये महाबलः॥ ८८
गौरवेणातिमहता परिघा तेन कृष्यता।
कृता कंसस्य देहेन वेगेनेव महाम्भसः॥ ८९
कंसे गृहीते कृष्णेन तद्भ्राताऽभ्यागतो रुषा।
सुमाली बलभद्रेण लीलयैव निपातितः॥ ९०
ततो हाहाकृतं सर्वमासीत्तद्रङ्गमण्डलम्।
अवज्ञया हतं दृष्ट्वा कृष्णेन मथुरेश्वरम्॥ ९१
कृष्णोऽपि वसुदेवस्य पादौ जग्राह सत्वरः।
देवक्याश्च महाबाहुर्बलदेवसहायवान्॥ ९२
उत्थाप्य वसुदेवस्तं देवकी च जनार्दनम्।
स्मृतजन्मोक्तवचनौ तावेव प्रणतौ स्थितौ॥ ९३

श्रीवसुदेव उवाच

प्रसीद सीदतां दत्तो देवानां यो वरः प्रभो।
तथावयोः प्रसादेन कृतोद्धारस्स केशव॥ ९४
आराधितो यद्भगवानवतीर्णो गृहे मम।
दुर्वृत्तनिधनार्थाय तेन नः पावितं कुलम्॥ ९५
त्वमन्तः सर्वभूतानां सर्वभूतमयः स्थितः।
प्रवर्तेते समस्तात्मंस्त्वत्तो भूतभविष्यती॥ ९६

तदनन्तर कंसने क्रोधसे नेत्र लाल करके वहाँ एकत्रित हुए पुरुषोंसे कहा—"अरे! इस समाजसे इन ग्वालबालोंको बलपूर्वक निकाल दो॥ ८२॥ पापी नन्दको लोहेकी शृंखलामें बाँधकर पकड़ लो तथा वृद्ध पुरुषोंके अयोग्य दण्ड देकर वसुदेवको भी मार डालो॥ ८३॥ मेरे सामने कृष्णके साथ ये जितने गोपबालक उछल रहे हैं इन सबको भी मार डालो तथा इनकी गौएँ और जो कुछ अन्य धन हो वह सब छीन लो"॥ ८४॥ जिस समय कंस इस प्रकार आज्ञा दे रहा था, उसी समय श्रीमधुसूदन हँसते-हँसते उछलकर मंचपर चढ़ गये और शीघ्रतासे उसे पकड़ लिया॥ ८५॥ भगवान् कृष्णने उसके केशोंको खींचकर उसे पृथिवीपर पटक दिया तथा उसके ऊपर आप भी कूद पड़े, इस समय उसका मुकुट सिरसे खिसककर अलग जा पड़ा॥ ८६॥ सम्पूर्ण जगत्‌के आधार भगवान् कृष्णके ऊपर गिरते ही उग्रसेनात्मज राजा कंसने अपने प्राण छोड़ दिये॥ ८७॥ तब महाबली कृष्णचन्द्रने मृतक कंसके केश पकड़कर उसके देहको रंगभूमिमें घसीटा॥ ८८॥ कंसका देह बहुत भारी था, इसलिये उसे घसीटनेसे जलके महान् वेगसे हुई दरारके समान पृथिवीपर परिघा बन गयी॥ ८९॥

श्रीकृष्णचन्द्रद्वारा कंसके पकड़ लिये जानेपर उसके भाई सुमालीने क्रोधपूर्वक आक्रमण किया। उसे बलरामजीने लीलासे ही मार डाला॥ ९०॥ इस प्रकार मथुरापति कंसको कृष्णचन्द्रद्वारा अवज्ञापूर्वक मरा हुआ देखकर रंगभूमिमें उपस्थित सम्पूर्ण जनता हाहाकार करने लगी॥ ९१॥ उसी समय महाबाहु कृष्णचन्द्र बलदेवजी-सहित वसुदेव और देवकीके चरण पकड़ लिये॥ ९२॥ तब वसुदेव और देवकीको पूर्वजन्ममें कहे हुए भगवद्वाक्योंका स्मरण हो आया और उन्होंने श्रीजनार्दनको पृथिवीपरसे उठा लिया तथा उनके सामने प्रणतभावसे खड़े हो गये॥ ९३॥

श्रीवसुदेवजी बोले—हे प्रभो! अब आप हमपर प्रसन्न होइये। हे केशव! आपने आर्त्त देवगणोंको जो वर दिया था, वह हम दोनोंपर अनुग्रह करके पूर्ण कर दिया॥ ९४॥ भगवन्! आपने जो मेरी आराधनासे दुष्टजनोंके नाशके लिये मेरे घरमें जन्म लिया, उससे हमारे कुलको पवित्र कर दिया है॥ ९५॥ आप सर्वभूतमय हैं और समस्त भूतोंके भीतर स्थित हैं। हे समस्तात्मन्! भूत और भविष्यत् आपहीसे प्रवृत्त होते हैं॥ ९६॥

यज्ञैस्त्वमिज्यसेऽचिन्त्य सर्वदेवमयाच्युत।
त्वमेव यज्ञो यष्टा च यज्वनां परमेश्वर॥ ९७
समुद्भवस्समस्तस्य जगतस्त्वं जनार्दन॥ ९८
सापह्नवं मम मनो यदेतत्त्वयि जायते।
देवक्याश्चात्मजप्रीत्या तदत्यन्तविडम्बना॥ ९९
त्वं कर्ता सर्वभूतानामनादिनिधनो भवान्।
त्वां मनुष्यस्य कस्यैषा जिह्वा पुत्रेति वक्ष्यति॥ १००
जगदेतज्जगन्नाथ सम्भूतमखिलं यतः।
कया युक्त्या विना मायां सोऽस्मत्तः सम्भविष्यति॥ १०१
यस्मिन्प्रतिष्ठितं सर्वं जगत्स्थावरजङ्गमम्।
स कोष्ठोत्सङ्गशयनो मानुषो जायते कथम्॥ १०२
स त्वं प्रसीद परमेश्वर पाहि विश्व-
मंशावतारकरणैर्न ममासि पुत्रः।
आब्रह्मपादपमिदं जगदेतदीश
त्वत्तो विमोहयसि किं पुरुषोत्तमास्मान्॥ १०३
मायाविमोहितदृशा तनयो ममेति
कंसाद्भयं कृतमपास्तभयातितीव्रम्।
नीतोऽसि गोकुलमरातिभयाकुलेन
वृद्धिं गतोऽसि मम नास्ति ममत्वमीश॥ १०४
कर्माणि रुद्रमरुदश्विशतक्रतूनां
साध्यानि यस्य न भवन्ति निरीक्षितानि।
त्वं विष्णुरीश जगतामुपकारहेतोः
प्राप्तोऽसि नः परिगतो विगतो हि मोहः॥ १०५

हे अचिन्त्य! हे सर्वदेवमय! हे अच्युत! समस्त यज्ञोंसे आपहीका यजन किया जाता है तथा हे परमेश्वर! आप ही यज्ञ करनेवालोंके यष्टा और यज्ञस्वरूप हैं॥ ९७॥ हे जनार्दन! आप तो सम्पूर्ण जगत्‌के उत्पत्ति-स्थान हैं, आपके प्रति पुत्रवात्सल्यके कारण जो मेरा और देवकीका चित्त भ्रान्तियुक्त हो रहा है यह बड़ी ही हँसीकी बात है॥ ९८-९९॥ आप आदि और अन्तसे रहित हैं तथा समस्त प्राणियोंके उत्पत्तिकर्त्ता हैं, ऐसा कौन मनुष्य है जिसकी जिह्वा आपको 'पुत्र' कहकर सम्बोधन करेगी?॥ १००॥

हे जगन्नाथ! जिन आपसे यह सम्पूर्ण जगत् उत्पन्न हुआ है वही आप बिना मायाशक्तिके और किस प्रकार हमसे उत्पन्न हो सकते हैं॥ १०१॥ जिसमें सम्पूर्ण स्थावर-जंगम जगत् स्थित है वह प्रभु कुक्षि (कोख) और गोदमें शयन करनेवाला मनुष्य कैसे हो सकता है?॥ १०२॥

हे परमेश्वर! वही आप हमपर प्रसन्न होइये और अपने अंशावतारसे विश्वकी रक्षा कीजिये। आप मेरे पुत्र नहीं हैं। हे ईश! ब्रह्मासे लेकर वृक्षादिपर्यन्त यह सम्पूर्ण जगत् आपहीसे उत्पन्न हुआ है, फिर हे पुरुषोत्तम! आप हमें क्यों मोहित कर रहे हैं?॥ १०३॥ हे निर्भय! 'आप मेरे पुत्र हैं' इस मायासे मोहित होकर मैंने कंससे अत्यन्त भय माना था और उस शत्रुके भयसे ही मैं आपको गोकुल ले गया था। हे ईश! आप वहीं रहकर इतने बड़े हुए हैं, इसलिये अब आपमें मेरी ममता नहीं रही है॥ १०४॥ अबतक मैंने आपके ऐसे अनेक कर्म देखे हैं जो रुद्र, मरुद्गण, अश्विनीकुमार और इन्द्रके लिये भी साध्य नहीं हैं। अब मेरा मोह दूर हो गया है। हे ईश! [मैंने निश्चयपूर्वक जान लिया है कि] आप साक्षात् श्रीविष्णुभगवान् ही जगत्‌के उपकारके लिये प्रकट हुए हैं॥ १०५॥

इति श्रीविष्णुपुराणे पञ्चमेंऽशे विंशोऽध्यायः॥ २०॥

इक्कीसवाँ अध्याय

उग्रसेनका राज्याभिषेक तथा भगवान्‌का विद्याध्ययन

श्रीपराशर उवाच

तौ समुत्पन्नविज्ञानौ भगवत्कर्मदर्शनात्।
देवकीवसुदेवौ तु दृष्ट्वा मायां पुनर्हरिः।
मोहाय यदुचक्रस्य विततान स वैष्णवीम्॥ १
उवाच चाम्ब हे तात चिरादुत्कण्ठितेन मे।
भवन्तौ कंसभीतेन दृष्टौ सङ्कर्षणेन च॥ २
कुर्वतां याति यः कालो मातापित्रोरपूजनम्।
तत्खण्डमायुषो व्यर्थमसाधूनां हि जायते॥ ३
गुरुदेवद्विजातीनां मातापित्रोश्च पूजनम्।
कुर्वतां सफलः कालो देहिनां तात जायते॥ ४
तत्क्षन्तव्यमिदं सर्वमतिक्रमकृतं पितः।
कंसवीर्यप्रतापाभ्यामावयोः परवश्ययोः॥ ५

श्रीपराशर उवाच

इत्युक्त्वाथ प्रणम्योभौ यदुवृद्धाननुक्रमात्।
यथावदभिपूज्याथ चक्रतुः पौरमाननम्॥ ६
कंसपत्न्यस्ततः कंसं परिवार्य हतं भुवि।
विलेपुर्मातरश्चास्य दुःखशोकपरिप्लुताः॥ ७
बहुप्रकारमत्यर्थं पश्चात्तापातुरो हरिः।
तास्समाश्वासयामास स्वयमस्राविलेक्षणः॥ ८
उग्रसेनं ततो बन्धान्मुमोच मधुसूदनः।
अभ्यसिञ्चत्तदैवैनं निजराज्ये हतात्मजम्॥ ९
राज्येऽभिषिक्तः कृष्णेन यदुसिंहस्सुतस्य सः।
चकार प्रेतकार्याणि ये चान्ये तत्र घातिताः॥ १०
कृतौर्द्ध्वदैहिकं चैनं सिंहासनगतं हरिः।
उवाचाज्ञापय विभो यत्कार्यमविशङ्कितः॥ ११
ययातिशापाद्वंशोऽयमराज्यार्होऽपि साम्प्रतम्।
मयि भृत्ये स्थिते देवानाज्ञापयतु किं नृपैः॥ १२

श्रीपराशर उवाच

इत्युक्त्वा सोऽस्मरद्वायुमाजगाम च तत्क्षणात्।
उवाच चैनं भगवान्केशवः कार्यमानुषः॥ १३

श्रीपराशरजी बोले—अपने अति अद्‌भुत कर्मोंको देखनेसे वसुदेव और देवकीको विज्ञान उत्पन्न हुआ देखकर भगवान्‌ने यदुवंशियोंको मोहित करनेके लिये अपनी वैष्णवी मायाका विस्तार किया॥ १॥ और बोले—"हे मातः! हे पिताजी! बलरामजी और मैं बहुत दिनोंसे कंसके भयसे छिपे हुए आपके दर्शनोंके लिये उत्कण्ठित थे, सो आज आपका दर्शन हुआ है॥ २॥ जो समय माता-पिताकी सेवा किये बिना बीतता है वह असाधु पुरुषोंकी ही आयुका भाग व्यर्थ जाता है॥ ३॥ हे तात! गुरु, देव, ब्राह्मण और माता-पिताका पूजन करते रहनेसे देहधारियोंका जीवन सफल हो जाता है॥ ४॥ अतः हे तात! कंसके वीर्य और प्रतापसे भीत हम परवशोंसे जो कुछ अपराध हुआ हो वह क्षमा करें"॥ ५॥

श्रीपराशरजी बोले—राम और कृष्णने इस प्रकार कह माता-पिताको प्रणाम किया और फिर क्रमशः समस्त यदुवृद्धोंका यथायोग्य अभिवादन कर पुरवासियोंका सम्मान किया॥ ६॥ उस समय कंसकी पत्नियाँ और माताएँ पृथिवीपर पड़े हुए मृतक कंसको घेरकर दुःख-शोकसे पूर्ण हो विलाप करने लगीं॥ ७॥ तब कृष्णचन्द्रने भी अत्यन्त पश्चात्तापसे विह्वल हो स्वयं आँखोंमें आँसू भरकर उन्हें अनेकों प्रकारसे ढाँढ़स बँधाया॥ ८॥

तदनन्तर श्रीमधुसूदनने उग्रसेनको बन्धनसे मुक्त किया और पुत्रके मारे जानेपर उन्हें अपने राज्यपदपर अभिषिक्त किया॥ ९॥ श्रीकृष्णचन्द्रद्वारा राज्याभिषिक्त होकर यदुश्रेष्ठ उग्रसेनने अपने पुत्र तथा और भी जो लोग वहाँ मारे गये थे, उन सबके और्ध्वदैहिक कर्म किये॥ १०॥ और्ध्वदैहिक कर्मोंसे निवृत्त होनेपर सिंहासनारूढ़ उग्रसेनसे श्रीहरि बोले—"हे विभो! हमारे योग्य जो सेवा हो उसके लिये हमें निश्शंक होकर आज्ञा दीजिये॥ ११॥ ययातिका शाप होनेसे यद्यपि हमारा वंश राज्यका अधिकारी नहीं है तथापि इस समय मुझ दासके रहते हुए राजाओंको तो क्या, आप देवताओंको भी आज्ञा दे सकते हैं"॥ १२॥

श्रीपराशरजी बोले—उग्रसेनसे इस प्रकार कह [धर्मसंस्थापनादि] कार्यसिद्धिके लिये मनुष्यरूप धारण करनेवाले भगवान् कृष्णने वायुका स्मरण किया और वह उसी समय वहाँ उपस्थित हो गया। तब भगवान्‌ने उससे कहा—॥ १३॥

गच्छेदं ब्रूहि वायो त्वमलं गर्वेण वासव।
दीयतामुग्रसेनाय सुधर्मा भवता सभा॥ १४
कृष्णो ब्रवीति राजार्हमेतद्रत्नमनुत्तमम्।
सुधर्माख्यसभा युक्तमस्यां यदुभिरासितुम्॥ १५

श्रीपराशर उवाच

इत्युक्तः पवनो गत्वा सर्वमाह शचीपतिम्।
ददौ सोऽपि सुधर्माख्यां सभां वायोः पुरन्दरः॥ १६
वायुना चाहृतां दिव्यां सभां ते यदुपुङ्गवाः।
बुभुजुस्सर्वरत्नाढ्यां गोविन्दभुजसंश्रयाः॥ १७
विदिताखिलविज्ञानौ सर्वज्ञानमयावपि।
शिष्याचार्यक्रमं वीरौ ख्यापयन्तौ यदूत्तमौ॥ १८
ततस्सान्दीपनिं काश्यमवन्तिपुरवासिनम्
विद्यार्थं जग्मतुर्बालौ कृतोपनयनक्रमौ॥ १९
वेदाभ्यासकृतप्रीती सङ्कर्षणजनार्दनौ।
तस्य शिष्यत्वमभ्येत्य गुरुवृत्तिपरौ हि तौ।
दर्शयाञ्चक्रतुर्वीरावाचारमखिले जने॥ २०
सरहस्यं धनुर्वेदं ससङ्ग्रहमधीयताम्।
अहोरात्रचतुष्षष्ट्या तदद्भुतमभूद्द्विज॥ २१
सान्दीपनिरसम्भाव्यं तयोः कर्मातिमानुषम्।
विचिन्त्य तौ तदा मेने प्राप्तौ चन्द्रदिवाकरौ॥ २२
साङ्गांश्च चतुरो वेदान्सर्वशास्त्राणि चैव हि।
अस्त्रग्राममशेषं च प्रोक्तमात्रमवाप्य तौ॥ २३
ऊचतुर्व्रियतां या ते दातव्या गुरुदक्षिणा॥ २४
सोऽप्यतीन्द्रियमालोक्य तयोः कर्म महामतिः।
अयाचत मृतं पुत्रं प्रभासे लवणार्णवे॥ २५
गृहीतास्त्रौ ततस्तौ तु सार्घ्यहस्तो महोदधिः।
उवाच न मया पुत्रो हृतस्सान्दीपनेरिति॥ २६
दैत्यः पञ्चजनो नाम शङ्खरूपस्स बालकम्।
जग्राह योऽस्ति सलिले ममैवासुरसूदन॥ २७

श्रीपराशर उवाच

इत्युक्तोऽन्तर्जलं गत्वा हत्वा पञ्चजनं च तम्।
कृष्णो जग्राह तस्यास्थिप्रभवं शङ्खमुत्तमम्॥ २८

"हे वायो! तुम जाओ और इन्द्रसे कहो कि हे वासव! व्यर्थ गर्व छोड़कर तुम उग्रसेनको अपनी सुधर्मा नामकी सभा दो॥ १४॥ कृष्णचन्द्रकी आज्ञा है कि यह सुधर्मा-सभा नामक सर्वोत्तम रत्न राजाके ही योग्य है इसमें यादवोंका विराजमान होना उपयुक्त है"॥ १५॥

श्रीपराशरजी बोले—भगवान्‌की ऐसी आज्ञा होनेपर वायुने यह सारा समाचार इन्द्रसे जाकर कह दिया और इन्द्रने भी तुरन्त ही अपनी सुधर्मा नामकी सभा वायुको दे दी॥ १६॥ वायुद्वारा लायी हुई उस सर्वरत्न-सम्पन्न दिव्य सभाका सम्पूर्ण भोग वे यदुश्रेष्ठ श्रीकृष्णचन्द्रकी भुजाओंके आश्रित रहकर करने लगे॥ १७॥

तदनन्तर समस्त विज्ञानोंको जानते हुए और सर्वज्ञान-सम्पन्न होते हुए भी वीरवर कृष्ण और बलराम गुरु-शिष्य-सम्बन्धको प्रकाशित करनेके लिये उपनयन-संस्कारके अनन्तर विद्योपार्जनके लिये काशीमें उत्पन्न हुए अवन्तिपुरवासी सान्दीपनि मुनिके यहाँ गये॥ १८-१९॥ वीर संकर्षण और जनार्दन सान्दीपनिका शिष्यत्व स्वीकार कर वेदाभ्यासपरायण हो यथायोग्य गुरुशुश्रूषादिमें प्रवृत्त रह सम्पूर्ण लोकोंको यथोचित शिष्टाचार प्रदर्शित करने लगे॥ २०॥ हे द्विज! यह बड़े आश्चर्यकी बात हुई कि उन्होंने केवल चौंसठ दिनमें रहस्य (अस्त्र-मन्त्रोपनिषद्) और संग्रह (अस्त्रप्रयोग)-के सहित सम्पूर्ण धनुर्वेद सीख लिया॥ २१॥ सान्दीपनिने जब उनके इस असम्भव और अतिमानुष-कर्मको देखा तो यही समझा कि साक्षात् सूर्य और चन्द्रमा ही मेरे घर आ गये हैं॥ २२॥ उन दोनोंने अंगोंसहित चारों वेद, सम्पूर्ण शास्त्र और सब प्रकारकी अस्त्रविद्या एक बार सुनते ही प्राप्त कर ली और फिर गुरुजीसे कहा—"कहिये, आपको क्या गुरुदक्षिणा दें?"॥ २३-२४॥ महामति सान्दीपनिने उनके अतीन्द्रिय-कर्म देखकर प्रभासक्षेत्रके खारे समुद्रमें डूबकर मरे हुए अपने पुत्रको माँगा॥ २५॥ तदनन्तर जब वे शस्त्र ग्रहणकर समुद्रके पास पहुँचे तो समुद्र अर्घ्य लेकर उनके सम्मुख उपस्थित हुआ और कहा—"मैंने सान्दीपनिका पुत्र हरण नहीं किया॥ २६॥ हे दैत्यदवन! मेरे जलमें ही पंचजन नामक एक दैत्य शंखरूपसे रहता है; उसीने उस बालकको पकड़ लिया था"॥ २७॥

श्रीपराशरजी बोले—समुद्रके इस प्रकार कहनेपर कृष्णचन्द्रने जलके भीतर जाकर पंचजनका वध किया और उसकी अस्थियोंसे उत्पन्न हुए शंखको ले लिया॥ २८॥

यस्य नादेन दैत्यानां बलहानिरजायत।
देवानां ववृधे तेजो यात्यधर्मश्च सङ्क्षयम्॥ २९
तं पाञ्चजन्यमापूर्य गत्वा यमपुरं हरिः।
बलदेवश्च बलवाञ्जित्वा वैवस्वतं यमम्॥ ३०
तं बालं यातनासंस्थं यथापूर्वशरीरिणम्।
पित्रे प्रदत्तवान्कृष्णो बलश्च बलिनां वरः॥ ३१
मथुरां च पुनः प्राप्तावुग्रसेनेन पालिताम्।
प्रहृष्टपुरुषस्त्रीकामुभौ रामजनार्दनौ॥ ३२

जिसके शब्दसे दैत्योंका बल नष्ट हो जाता है, देवताओंका तेज बढ़ता है और अधर्मका क्षय होता है॥ २९॥ तदनन्तर उस पांचजन्य शंखको बजाते हुए श्रीकृष्णचन्द्र और बलवान् बलराम यमपुरको गये और सूर्यपुत्र यमको जीतकर यमयातना भोगते हुए उस बालकको पूर्ववत् शरीरयुक्तकर उसके पिताको दे दिया॥ ३०-३१॥

इसके पश्चात् वे राम और कृष्ण राजा उग्रसेनद्वारा परिपालित मथुरापुरीमें, जहाँके स्त्री-पुरुष [उनके आगमनसे] आनन्दित हो रहे थे, पधारे॥ ३२॥

इति श्रीविष्णुपुराणे पञ्चमेऽशे एकविंशोऽध्यायः॥ २१॥

बाईसवाँ अध्याय

जरासन्धकी पराजय

श्रीपराशर उवाच

जरासन्धसुते कंस उपयेमे महाबलः।
अस्तिं प्राप्तिं च मैत्रेय तयोर्भर्तृहणं हरिम्॥ १
महाबलपरीवारो मगधाधिपतिर्बली।
हन्तुमभ्याययौ कोपाज्जरासन्धस्सयादवम्॥ २
उपेत्य मथुरां सोऽथ रुरोध मगधेश्वरः।
अक्षौहिणीभिस्सैन्यस्य त्रयोविंशतिभिर्वृतः॥ ३
निष्क्रम्याल्पपरीवारावुभौ रामजनार्दनौ।
युयुधाते समं तस्य बलिनौ बलिसैनिकैः॥ ४
ततो रामश्च कृष्णश्च मतिं चक्रतुरञ्जसा।
आयुधानां पुराणानामादाने मुनिसत्तम॥ ५
अनन्तरं हरेश्शार्ङ्गं तूणौ चाक्षयसायकौ।
आकाशादागतौ विप्र तथा कौमोदकी गदा॥ ६
हलं च बलभद्रस्य गगनादागतं महत्।
मनसोऽभिमतं विप्र सुनन्दं मुसलं तथा॥ ७
ततो युद्धे पराजित्य ससैन्यं मगधाधिपम्।
पुरीं विविशतुर्वीरावुभौ रामजनार्दनौ॥ ८
जिते तस्मिन्सुदुर्वृत्ते जरासन्धे महामुने।
जीवमाने गते कृष्णस्तेनामन्यत नाजितम्॥ ९

श्रीपराशरजी बोले—हे मैत्रेय! महाबली कंसने जरासन्धकी पुत्री अस्ति और प्राप्तिसे विवाह किया था, अतः वह अत्यन्त बलिष्ठ मगधराज क्रोधपूर्वक एक बहुत बड़ी सेना लेकर अपनी पुत्रियोंके स्वामी कंसको मारनेवाले श्रीहरिको यादवोंके सहित मारनेकी इच्छासे मथुरापर चढ़ आया॥ १-२॥ मगधेश्वर जरासन्धने तेईस अक्षौहिणी सेनाके सहित आकर मथुराको चारों ओरसे घेर लिया॥ ३॥

तब महाबली राम और जनार्दन थोड़ी-सी सेनाके साथ नगरसे निकलकर जरासन्धके प्रबल सैनिकोंसे युद्ध करने लगे॥ ४॥ हे मुनिश्रेष्ठ! उस समय राम और कृष्णने अपने पुरातन शस्त्रोंको ग्रहण करनेका विचार किया॥ ५॥ हे विप्र! हरिके स्मरण करते ही उनका शार्ङ्ग धनुष, अक्षय बाणयुक्त दो तरकश और कौमोदकी नामकी गदा आकाशसे आकर उपस्थित हो गये॥ ६॥ हे द्विज! बलभद्रजीके पास भी उनका मनोवांछित महान् हल और सुनन्द नामक मूसल आकाशसे आ गये॥ ७॥

तदनन्तर दोनों वीर राम और कृष्ण सेनाके सहित मगधराजको युद्धमें हराकर मथुरापुरीमें चले आये॥ ८॥ हे महामुने! दुराचारी जरासन्धको जीत लेनेपर भी उसके जीवित चले जानेके कारण कृष्णचन्द्रने अपनेको अपराजित नहीं समझा॥ ९॥

पुनरप्याजगामाथ जरासन्धो बलान्वितः।
जितश्च रामकृष्णाभ्यामपक्रान्तो द्विजोत्तम॥ १०
दश चाष्टौ च सङ्ग्रामानेवमत्यन्तदुर्मदः।
यदुभिर्मागधो राजा चक्रे कृष्णपुरोगमैः॥ ११
सर्वेष्वेतेषु युद्धेषु यादवैस्स पराजितः।
अपक्रान्तो जरासन्धस्स्वल्पसैन्यैर्बलाधिकः॥ १२
न तद्बलं यादवानां विजितं यदनेकशः।
तत्तु सन्निधिमाहात्म्यं विष्णोरंशस्य चक्रिणः॥ १३
मनुष्यधर्मशीलस्य लीला सा जगतीपतेः।
अस्त्राण्यनेकरूपाणि यदरातिषु मुञ्चति॥ १४
मनसैव जगत्सृष्टिं संहारं च करोति यः।
तस्यारिपक्षक्षपणे कियानुद्यमविस्तरः॥ १५
तथापि यो मनुष्याणां धर्मस्तमनुवर्तते।
कुर्वन्बलवता सन्धिं हीनैर्युद्धं करोत्यसौ॥ १६
साम चोपप्रदानं च तथा भेदं च दर्शयन्।
करोति दण्डपातं च क्वचिदेव पलायनम्॥ १७
मनुष्यदेहिनां चेष्टामित्येवमनुवर्तते।
लीला जगत्पतेस्तस्यच्छन्दतः परिवर्तते॥ १८

हे द्विजोत्तम! जरासन्ध फिर उतनी ही सेना लेकर आया, किन्तु राम और कृष्णसे पराजित होकर भाग गया॥ १०॥ इस प्रकार अत्यन्त दुर्धर्ष मगधराज जरासन्धने राम और कृष्ण आदि यादवोंसे अट्ठारह बार युद्ध किया॥ ११॥ इन सभी युद्धोंमें अधिक सैन्यशाली जरासन्ध थोड़ी-सी सेनावाले यदुवंशियोंसे हारकर भाग गया॥ १२॥ यादवोंकी थोड़ी-सी सेना भी जो [उसकी अनेक बड़ी सेनाओंसे] पराजित न हुई, यह सब भगवान् विष्णुके अंशावतार श्रीकृष्णचन्द्रकी सन्निधिका ही माहात्म्य था॥ १३॥ उन मानवधर्मशील जगत्पतिकी यह लीला ही है जो कि ये अपने शत्रुओंपर नाना प्रकारके अस्त्र-शस्त्र छोड़ रहे हैं॥ १४॥ जो केवल संकल्पमात्रसे ही संसारकी उत्पत्ति और संहार कर देते हैं, उन्हें अपने शत्रुपक्षका नाश करनेके लिये भला उद्योग फैलानेकी कितनी आवश्यकता है?॥ १५॥ तथापि वे बलवानोंसे सन्धि और बलहीनोंसे युद्ध करके मानव-धर्मोंका अनुवर्तन कर रहे थे॥ १६॥ वे कहीं साम, कहीं दान और कहीं भेदनीतिका व्यवहार करते थे तथा कहीं दण्ड देते और कहींसे स्वयं भाग भी जाते थे॥ १७॥ इस प्रकार मानवदेहधारियोंकी चेष्टाओंका अनुवर्तन करते हुए श्रीजगत्पतिकी अपनी इच्छानुसार लीलाएँ होती रहती थीं॥ १८॥

इति श्रीविष्णुपुराणे पञ्चमेऽशे द्वाविंशोऽध्यायः॥ २२॥

तेईसवाँ अध्याय

द्वारका-दुर्गकी रचना, कालयवनका भस्म होना तथा मुचुकुन्दकृत भगवत्स्तुति

श्रीपराशर उवाच

गार्ग्यं गोष्ठ्यां द्विजं श्यालष्षण्ढ इत्युक्तवान्द्विज।
यदूनां सन्निधौ सर्वे जहसुर्यादवास्तदा॥ १
ततः कोपपरीतात्मा दक्षिणापथमेत्य सः।
सुतमिच्छंस्तपस्तेपे यदुचक्रभयावहम्॥ २
आराधयन्महादेवं लोहचूर्णमभक्षयत्।
ददौ वरं च तुष्टोऽस्मै वर्षे तु द्वादशे हरः॥ ३
सन्तोषयामास च तं यवनेशो ह्यनात्मजः।
तद्योषित्सङ्गमाच्चास्य पुत्रोऽभूदलिसन्निभः॥ ४

श्रीपराशरजी बोले—हे द्विज! एक बार महर्षि गार्ग्यसे उनके सालेने यादवोंकी गोष्ठीमें नपुंसक कह दिया। उस समय समस्त यदुवंशी हँस पड़े॥ १॥ तब गार्ग्यने अत्यन्त कुपित हो दक्षिण-समुद्रके तटपर जा यादवसेनाको भयभीत करनेवाले पुत्रकी प्राप्तिके लिये तपस्या की॥ २॥ उन्होंने श्रीमहादेवजीकी उपासना करते हुए केवल लोहचूर्ण भक्षण किया तब भगवान् शंकरने बारहवें वर्षमें प्रसन्न होकर उन्हें अभीष्ट वर दिया॥ ३॥

एक पुत्रहीन यवनराजने महर्षि गार्ग्यकी अत्यन्त सेवाकर उन्हें सन्तुष्ट किया, उसकी स्त्रीके संगसे ही इनके एक भौंरेके समान कृष्णवर्ण बालक हुआ॥ ४॥

तं कालयवनं नाम राज्ये स्वे यवनेश्वरः।
अभिषिच्य वनं यातो वज्राग्रकठिनोरसम्॥ ५

स तु वीर्यमदोन्मत्तः पृथिव्यां बलिनो नृपान्।
अपृच्छन्नारदस्तस्मै कथयामास यादवान्॥ ६

म्लेच्छकोटिसहस्राणां सहस्रैस्सोऽभिसंवृतः।
गजाश्वरथसम्पन्नैश्चकार परमोद्यमम्॥ ७

प्रययौ सोऽव्यवच्छिन्नं छिन्नयानो दिने दिने।
यादवान्प्रति सामर्षो मैत्रेय मथुरां पुरीम्॥ ८

कृष्णोऽपि चिन्तयामास क्षपितं यादवं बलम्।
यवनेन रणे गम्यं मागधस्य भविष्यति॥ ९

मागधस्य बलं क्षीणं स कालयवनो बली।
हन्तैतदेवमायातं यदूनां व्यसनं द्विधा॥ १०

तस्माद्दुर्गं करिष्यामि यदूनामरिदुर्जयम्।
स्त्रियोऽपि यत्र युद्ध्येयुः किं पुनर्वृष्णिपुङ्गवाः॥ ११

मयि मत्ते प्रमत्ते वा सुप्ते प्रवसितेऽपि वा।
यादवाभिभवं दुष्टा मा कुर्वन्त्वरयोऽधिकाः॥ १२

इति सञ्चिन्त्य गोविन्दो योजनानां महोदधिम्।
ययाचे द्वादश पुरीं द्वारकां तत्र निर्ममे॥ १३

महोद्यानां महावप्रां तटाकशतशोभिताम्।
प्रासादगृहसम्बाधामिन्द्रस्येवामरावतीम्॥ १४

मथुरावासिनं लोकं तत्रानीय जनार्दनः।
आसन्ने कालयवने मथुरां च स्वयं ययौ॥ १५

बहिरावासिते सैन्ये मथुराया निरायुधः।
निर्जगाम च गोविन्दो ददर्श यवनश्च तम्॥ १६

स ज्ञात्वा वासुदेवं तं बाहुप्रहरणं नृपः।
अनुयातो महायोगिचेतोभिः प्राप्यते न यः॥ १७

तेनानुयातः कृष्णोऽपि प्रविवेश महागुहाम्।
यत्र शेते महावीर्यो मुचुकुन्दो नरेश्वरः॥ १८

वह यवनराज उस कालयवन नामक बालकको, जिसका वक्षःस्थल वज्रके समान कठोर था, अपने राज्यपदपर अभिषिक्त कर स्वयं वनको चला गया॥ ५॥

तदनन्तर वीर्यमदोन्मत्त कालयवनने नारदजीसे पूछा कि पृथिवीपर बलवान् राजा कौन-कौनसे हैं? इसपर नारदजीने उसे यादवोंको ही सबसे अधिक बलशाली बतलाया॥ ६॥ यह सुनकर कालयवनने हजारों हाथी, घोड़े और रथोंके सहित सहस्रों करोड़ म्लेच्छसेनाको साथ ले बड़ी भारी तैयारी की॥ ७॥ और यादवोंके प्रति क्रुद्ध होकर वह प्रतिदिन [हाथी, घोड़े आदिके थक जानेपर] उन वाहनोंका त्याग करता हुआ [अन्य वाहनोंपर चढ़कर] अविच्छिन्न-गतिसे मथुरापुरीपर चढ़ आया॥ ८॥

[एक ओर जरासन्धका आक्रमण और दूसरी ओर कालयवनकी चढ़ाई देखकर] श्रीकृष्णचन्द्रने सोचा—"यवनोंके साथ युद्ध करनेसे क्षीण हुई यादव-सेना अवश्य ही मगधनरेशसे पराजित हो जायगी॥ ९॥ और यदि प्रथम मगधनरेशसे लड़ते हैं तो उससे क्षीण हुई यादवसेनाको बलवान् कालयवन नष्ट कर देगा। हाय! इस प्रकार यादवोंपर [एक ही साथ] यह दो तरहकी आपत्ति आ पहुँची है॥ १०॥ अतः मैं यादवोंके लिये एक ऐसा दुर्जय दुर्ग तैयार कराता हूँ जिसमें बैठकर वृष्णिश्रेष्ठ यादवोंकी तो बात ही क्या है, स्त्रियाँ भी युद्ध कर सकें॥ ११॥ उस दुर्गमें रहनेपर यदि मैं मत्त, प्रमत्त (असावधान), सोया अथवा कहीं बाहर भी गया होऊँ तब भी, अधिक-से-अधिक दुष्ट शत्रुगण भी यादवोंको पराभूत न कर सकें"॥ १२॥

ऐसा विचारकर श्रीगोविन्दने समुद्रसे बारह योजन भूमि माँगी और उसमें द्वारकापुरी निर्माण की॥ १३॥ जो इन्द्रकी अमरावतीपुरीके समान महान् उद्यान, गहरी खाईं, सैकड़ों सरोवर तथा अनेकों महलोंसे सुशोभित थी॥ १४॥ कालयवनके समीप आ जानेपर श्रीजनार्दन सम्पूर्ण मथुरा-निवासियोंको द्वारकामें ले आये और फिर स्वयं मथुरा लौट गये॥ १५॥ जब कालयवनकी सेनाने मथुराको घेर लिया तो श्रीकृष्णचन्द्र बिना शस्त्र लिये मथुरासे बाहर निकल आये। तब यवनराज कालयवनने उन्हें देखा॥ १६॥ महायोगीश्वरोंका चित्त भी जिन्हें प्राप्त नहीं कर पाता उन्हीं वासुदेवको केवल बाहुरूप शस्त्रोंसे ही युक्त [अर्थात् खाली हाथ] देखकर वह उनके पीछे दौड़ा॥ १७॥

कालयवनसे पीछा किये जाते हुए श्रीकृष्णचन्द्र उस महा गुहामें घुस गये जिसमें महावीर्यशाली राजा मुचुकुन्द

सोऽपि प्रविष्टो यवनो दृष्ट्वा शय्यागतं नृपम्।
पादेन ताडयामास मत्वा कृष्णं सुदुर्मतिः॥ १९
उत्थाय मुचुकुन्दोऽपि ददर्श यवनं नृपः॥ २०
दृष्टमात्रश्च तेनासौ जज्वाल यवनोऽग्निना।
तत्क्रोधजेन मैत्रेय भस्मीभूतश्च तत्क्षणात्॥ २१
स हि देवासुरे युद्धे गतो हत्वा महासुरान्।
निद्रार्त्तस्सुमहाकालं निद्रां वव्रे वरं सुरान्॥ २२
प्रोक्तश्च देवैस्संसुप्तं यस्त्वामुत्थापयिष्यति।
देहजेनाग्निना सद्यस्स तु भस्मीभविष्यति॥ २३
एवं दग्ध्वा स तं पापं दृष्ट्वा च मधुसूदनम्।
कस्त्वमित्याह सोऽप्याह जातोऽहं शशिनः कुले।
वसुदेवस्य तनयो यदोर्वंशसमुद्भवः॥ २४
मुचुकुन्दोऽपि तत्रासौ वृद्धगार्ग्यवचोऽस्मरत्॥ २५
संस्मृत्य प्रणिपत्यैनं सर्वं सर्वेश्वरं हरिम्।
प्राह ज्ञातो भवान्विष्णोरंशस्त्वं परमेश्वर॥ २६
पुरा गार्ग्येण कथितमष्टाविंशतिमे युगे।
द्वापरान्ते हरेर्जन्म यदुवंशे भविष्यति॥ २७
स त्वं प्राप्तो न सन्देहो मर्त्यानामुपकारकृत्।
तथापि सुमहत्तेजो नालं सोढुमहं तव॥ २८
तथा हि सजलाम्भोदनादधीरतरं तव।
वाक्यं नमति चैवोर्वी युष्मत्पादप्रपीडिता॥ २९
देवासुरमहायुद्धे दैत्यसैन्यमहाभटाः।
न सेहुर्मम तेजस्ते त्वत्तेजो न सहाम्यहम्॥ ३०
संसारपतितस्यैको जन्तोस्त्वं शरणं परम्।
प्रसीद त्वं प्रपन्नार्तिहर नाशय मेऽशुभम्॥ ३१
त्वं पयोनिधयश्शैलसरितस्त्वं वनानि च।
मेदिनी गगनं वायुरापोऽग्निस्त्वं तथा मनः॥ ३२
बुद्धिरव्याकृतप्राणाः प्राणेशस्त्वं तथा पुमान्।
पुंसः परतरं यच्च व्याप्यजन्मविकारवत्॥ ३३
शब्दादिहीनमजरममेयं क्षयवर्जितम्।
अवृद्धिनाशं तद्ब्रह्म त्वमाद्यन्तविवर्जितम्॥ ३४

सो रहा था॥ १८॥ उस दुर्मति यवनने भी उस गुफामें जाकर सोये हुए राजाको कृष्ण समझकर लात मारी॥ १९॥ उसके लात मारनेसे उठकर राजा मुचुकुन्दने उस यवनराजको देखा। हे मैत्रेय! उनके देखते ही वह यवन उसकी क्रोधाग्निसे जलकर भस्मीभूत हो गया॥ २०-२१॥

पूर्वकालमें राजा मुचुकुन्द देवताओंकी ओरसे देवासुर-संग्राममें गये थे; असुरोंको मार चुकनेपर अत्यन्त निद्रालु होनेके कारण उन्होंने देवताओंसे बहुत समयतक सोनेका वर माँगा था॥ २२॥ उस समय देवताओंने कहा था कि तुम्हारे शयन करनेपर तुम्हें जो कोई जगावेगा वह तुरन्त ही अपने शरीरसे उत्पन्न हुई अग्निसे जलकर भस्म हो जायगा॥ २३॥

इस प्रकार पापी कालयवनको दग्ध कर चुकनेपर राजा मुचुकुन्दने श्रीमधुसूदनको देखकर पूछा—'आप कौन हैं?' तब भगवान्ने कहा—"मैं चन्द्रवंशके अन्तर्गत यदुकुलमें वसुदेवजीके पुत्ररूपसे उत्पन्न हुआ हूँ"॥ २४॥ तब मुचुकुन्दको वृद्ध गार्ग्य मुनिके वचनोंका स्मरण हुआ। उनका स्मरण होते ही उन्होंने सर्वरूप सर्वेश्वर श्रीहरिको प्रणाम करके कहा—"हे परमेश्वर! मैंने आपको जान लिया है; आप साक्षात् भगवान् विष्णुके अंश हैं॥ २५-२६॥ पूर्वकालमें गार्ग्य मुनिने कहा था कि अट्ठाईसवें युगमें द्वापरके अन्तमें यदुकुलमें श्रीहरिका जन्म होगा॥ २७॥ निस्सन्देह आप भगवान् विष्णुके अंश हैं और मनुष्योंके उपकारके लिये ही अवतीर्ण हुए हैं तथापि मैं आपके महान् तेजको सहन करनेमें समर्थ नहीं हूँ॥ २८॥ हे भगवन्! आपका शब्द सजल मेघकी घोर गर्जनाके समान अति गम्भीर है तथा आपके चरणोंसे पीडिता होकर पृथिवी झुकी हुई है॥ २९॥ हे देव! देवासुर-महासंग्राममें दैत्य-सेनाके बड़े-बड़े योद्धागण भी मेरा तेज नहीं सह सके थे और मैं आपका तेज सहन नहीं कर सकता॥ ३०॥ संसारमें पतित जीवोंके एकमात्र आप ही परम आश्रय हैं। हे शरणागतोंका दुःख दूर करनेवाले! आप प्रसन्न होइये और मेरे अमंगलोंको नष्ट कीजिये॥ ३१॥

आप ही समुद्र हैं, आप ही पर्वत हैं, आप ही नदियाँ हैं और आप ही वन हैं तथा आप ही पृथिवी, आकाश, वायु, जल, अग्नि और मन हैं॥ ३२॥ आप ही बुद्धि, अव्याकृत, प्राण और प्राणोंका अधिष्ठाता पुरुष हैं; तथा पुरुषसे भी परे जो व्यापक और जन्म तथा विकारसे शून्य तत्त्व है वह भी आप ही हैं॥ ३३॥ जो शब्दादिसे रहित, अजर, अमेय, अक्षय और नाश तथा वृद्धिसे रहित है, वह आद्यन्तहीन ब्रह्म भी आप ही हैं॥ ३४॥

त्वत्तोऽमरास्सपितरो यक्षगन्धर्वकिन्नराः।
सिद्धाश्चाप्सरसस्त्वत्तो मनुष्याः पशवः खगाः॥ ३५
सरीसृपा मृगास्सर्वे त्वत्तस्सर्वे महीरुहाः।
यच्च भूतं भविष्यं च किञ्चिदत्र चराचरम्॥ ३६
मूर्तामूर्तं तथा चापि स्थूलं सूक्ष्मतरं तथा।
तत्सर्वं त्वं जगत्कर्ता नास्ति किञ्चित्त्वया विना॥ ३७
मया संसारचक्रेऽस्मिन्भ्रमता भगवन् सदा।
तापत्रयाभिभूतेन न प्राप्ता निर्वृतिः क्वचित्॥ ३८
दुःखान्येव सुखानीति मृगतृष्णा जलाशया।
मया नाथ गृहीतानि तानि तापाय मेऽभवन्॥ ३९
राज्यमुर्वी बलं कोशो मित्रपक्षस्तथात्मजाः।
भार्या भृत्यजनो ये च शब्दाद्या विषयाः प्रभो॥ ४०
सुखबुद्ध्या मया सर्वं गृहीतमिदमव्ययम्।
परिणामे तदेवेश तापात्मकमभून्मम॥ ४१
देवलोकगतिं प्राप्तो नाथ देवगणोऽपि हि।
मत्तस्साहाय्यकामोऽभूच्छाश्वती कुत्र निर्वृतिः॥ ४२
त्वामनाराध्य जगतां सर्वेषां प्रभवास्पदम्।
शाश्वती प्राप्यते केन परमेश्वर निर्वृतिः॥ ४३
त्वन्मायामूढमनसो जन्ममृत्युजरादिकान्।
अवाप्य तापान्पश्यन्ति प्रेतराजमनन्तरम्॥ ४४
ततो निजक्रियासूति नरकेष्वतिदारुणम्।
प्राप्नुवन्ति नरा दुःखमस्वरूपविदस्तव॥ ४५
अहमत्यन्तविषयी मोहितस्तव मायया।
ममत्वगर्वगर्त्तान्तर्भ्रमामि परमेश्वर॥ ४६
सोऽहं त्वां शरणमपारमप्रमेयं
सम्प्राप्तः परमपदं यतो न किञ्चित्।
संसारभ्रमपरितापतप्तचेता
निर्वाणे परिणतधाम्नि साभिलाषः॥ ४७

आपहीसे देवता, पितृगण, यक्ष, गन्धर्व, किन्नर, सिद्ध और अप्सरागण उत्पन्न हुए हैं। आपहीसे मनुष्य, पशु, पक्षी, सरीसृप और मृग आदि हुए हैं तथा आपहीसे सम्पूर्ण वृक्ष और जो कुछ भी भूत-भविष्यत् चराचर जगत् है वह सब हुआ है॥ ३५-३६॥ हे प्रभो! मूर्त-अमूर्त, स्थूल-सूक्ष्म तथा और भी जो कुछ है वह सब आप जगत्कर्ता ही हैं,आपसे भिन्न और कुछ भी नहीं है॥ ३७॥

हे भगवन्! तापत्रयसे अभिभूत होकर सर्वदा इस संसार-चक्रमें भ्रमण करते हुए मुझे कभी शान्ति प्राप्त नहीं हुई॥ ३८॥ हे नाथ! जलकी आशासे मृगतृष्णाके समान मैंने दुःखोंको ही सुख समझकर ग्रहण किया था; परन्तु वे मेरे सन्तापके ही कारण हुए॥ ३९॥ हे प्रभो! राज्य, पृथिवी, सेना, कोश, मित्रपक्ष, पुत्रगण, स्त्री तथा सेवक आदि और शब्दादि विषय इन सबको मैंने अविनाशी तथा सुख-बुद्धिसे ही अपनाया था; किन्तु हे ईश! परिणाममें वे ही दुःखरूप सिद्ध हुए॥ ४०-४१॥ हे नाथ! जब देवलोक प्राप्त करके भी देवताओंको मेरी सहायताकी इच्छा हुई तो उस (स्वर्गलोक)-में भी नित्य-शान्ति कहाँ है?॥ ४२॥ हे परमेश्वर! सम्पूर्ण जगत्की उत्पत्तिके आदि-स्थान आपकी आराधना किये बिना कौन शाश्वत शान्ति प्राप्त कर सकता है?॥ ४३॥ हे प्रभो! आपकी मायासे मूढ हुए पुरुष जन्म, मृत्यु और जरा आदि सन्तापोंको भोगते हुए अन्तमें यमराजका दर्शन करते हैं॥ ४४॥ आपके स्वरूपको न जाननेवाले पुरुष नरकोंमें पड़कर अपने कर्मोंके फलस्वरूप नाना प्रकारके दारुण क्लेश पाते हैं॥ ४५॥ हे परमेश्वर! मैं अत्यन्त विषयी हूँ और आपकी मायासे मोहित होकर ममत्वाभिमानके गड्ढेमें भटकता रहा हूँ॥ ४६॥ वही मैं आज अपार और अप्रमेय परमपदरूप आप परमेश्वरकी शरणमें आया हूँ जिससे भिन्न दूसरा कुछ भी नहीं है और संसारभ्रमणके खेदसे खिन्न-चित्त होकर मैं निरतिशय तेजोमय निर्वाणस्वरूप आपका ही अभिलाषी हूँ''॥ ४७॥

इति श्रीविष्णुपुराणे पञ्चमेंऽशे त्रयोविंशोऽध्यायः॥ २३॥

चौबीसवाँ अध्याय

मुचुकुन्दका तपस्याके लिये प्रस्थान और बलरामजीकी व्रजयात्रा

श्रीपराशर उवाच

इत्थं स्तुतस्तदा तेन मुचुकुन्देन धीमता।
प्राहेशः सर्वभूतानामनादिनिधनो हरिः॥ १

श्रीभगवानुवाच

यथाभिवाञ्छितान्दिव्यान्गच्छ लोकान्नराधिप।
अव्याहतपरैश्वर्यो मत्प्रसादोपबृंहितः॥ २
भुक्त्वा दिव्यान्महाभोगान्भविष्यसि महाकुले।
जातिस्मरो मत्प्रसादात्ततो मोक्षमवाप्स्यसि॥ ३

श्रीपराशर उवाच

इत्युक्तः प्रणिपत्येशं जगतामच्युतं नृपः।
गुहामुखाद्विनिष्क्रान्तस्स ददर्शाल्पकान्नरान्॥ ४
ततः कलियुगं मत्वा प्राप्तं तप्तुं नृपस्तपः।
नरनारायणस्थानं प्रययौ गन्धमादनम्॥ ५
कृष्णोऽपि घातयित्वारिमुपायेन हि तद्बलम्।
जग्राह मथुरामेत्य हस्त्यश्वस्यन्दनोज्ज्वलम्॥ ६
आनीय चोग्रसेनाय द्वारवत्यां न्यवेदयत्।
पराभिभवनिश्शङ्कं बभूव च यदोः कुलम्॥ ७
बलदेवोऽपि मैत्रेय प्रशान्ताखिलविग्रहः।
ज्ञातिदर्शनसोत्कण्ठः प्रययौ नन्दगोकुलम्॥ ८
ततो गोपांश्च गोपीश्च यथा पूर्वममित्रजित्।
तथैवाभ्यवदत्प्रेम्णा बहुमानपुरस्सरम्॥ ९
स कैश्चित्सम्परिष्वक्तः कांश्चिच्च परिषस्वजे।
हास्यं चक्रे समं कैश्चिद्गोपैर्गोपीजनैस्तथा॥ १०
प्रियाण्यनेकान्यवदन् गोपास्तत्र हलायुधम्।
गोप्यश्च प्रेमकुपिताः प्रोचुस्सेर्ष्यमथापराः॥ ११
गोप्यः पप्रच्छुरपरा नागरीजनवल्लभः।
कच्चिदास्ते सुखं कृष्णश्चलप्रेमलवात्मकः॥ १२
अस्मच्चेष्टामपहसन्न कच्चित्पुरयोषिताम्।
सौभाग्यमानमधिकं करोति क्षणसौहृदः॥ १३

श्रीपराशरजी बोले—परम बुद्धिमान् राजा मुचुकुन्दके इस प्रकार स्तुति करनेपर सर्वभूतोंके ईश्वर अनादिनिधन भगवान् हरि बोले॥ १॥

श्रीभगवान्‌ने कहा—हे नरेश्वर! तुम अपने अभिमत दिव्य लोकोंको जाओ; मेरी कृपासे तुम्हें अव्याहत परम ऐश्वर्य प्राप्त होगा॥ २॥ वहाँ अत्यन्त दिव्य भोगोंको भोगकर तुम अन्तमें एक महान् कुलमें जन्म लोगे, उस समय तुम्हें अपने पूर्वजन्मका स्मरण रहेगा और फिर मेरी कृपासे तुम मोक्षपद प्राप्त करोगे॥ ३॥

श्रीपराशरजी बोले—भगवान्‌के इस प्रकार कहनेपर राजा मुचुकुन्दने जगदीश्वर श्रीअच्युतको प्रणाम किया और गुफासे निकलकर देखा कि लोग बहुत छोटे-छोटे हो गये हैं॥ ४॥ उस समय कलियुगको वर्तमान समझकर राजा तपस्या करनेके लिये श्रीनरनारायणके स्थान गन्धमादनपर्वतपर चले गये॥ ५॥ इस प्रकार कृष्णचन्द्रने उपायपूर्वक शत्रुको नष्टकर फिर मथुरामें आ उसकी हाथी, घोड़े और रथादिसे सुशोभित सेनाको अपने वशीभूत किया और उसे द्वारकामें लाकर राजा उग्रसेनको अर्पण कर दिया। तबसे यदुवंश शत्रुओंके दमनसे निःशंक हो गया॥ ६-७॥

हे मैत्रेय! इस सम्पूर्ण विग्रहके शान्त हो जानेपर बलदेवजी अपने बान्धवोंके दर्शनकी उत्कण्ठासे नन्दजीके गोकुलको गये॥ ८॥ वहाँ पहुँचकर शत्रुजित् बलभद्रजीने गोप और गोपियोंका पहलेहीकी भाँति अति आदर और प्रेमके साथ अभिवादन किया॥ ९॥ किसीने उनका आलिंगन किया और किसीको उन्होंने गले लगाया तथा किन्हीं गोप और गोपियोंके साथ उन्होंने हास-परिहास किया॥ १०॥ गोपोंने बलरामजीसे अनेकों प्रिय वचन कहे तथा गोपियोंमेंसे कोई प्रणयकुपित होकर बोलीं और किन्हींने उपालम्भयुक्त बातें की॥ ११॥

किन्हीं अन्य गोपियोंने पूछा—चंचल एवं अल्प प्रेम करना ही जिनका स्वभाव है, वे नगर-नारियोंके प्राणाधार कृष्ण तो आनन्दमें हैं न?॥ १२॥ वे क्षणिक स्नेहवाले नन्दनन्दन हमारी चेष्टाओंका उपहास करते हुए क्या नगरकी महिलाओंके सौभाग्यका मान नहीं बढ़ाया करते?॥ १३॥

कच्चित्स्मरति नः कृष्णो गीतानुगमनं कलम्।
अप्यसौ मातरं द्रष्टुं सकृदप्यागमिष्यति॥ १४
अथवा किं तदालापैः क्रियन्तामपराः कथाः।
यस्यास्माभिर्विना तेन विनास्माकं भविष्यति॥ १५
पिता माता तथा भ्राता भर्ता बन्धुजनश्च किम्।
सन्त्यक्तस्तत्कृतेऽस्माभिरकृतज्ञध्वजो हि सः॥ १६
तथापि कच्चिदालापमिहागमनसंश्रयम्।
करोति कृष्णो वक्तव्यं भवता राम नानृतम्॥ १७
दामोदरोऽसौ गोविन्दः पुरस्त्रीसक्तमानसः।
अपेतप्रीतिरस्मासु दुर्दर्शः प्रतिभाति नः॥ १८

श्रीपराशर उवाच

आमन्त्रितश्च कृष्णेति पुनर्दामोदरेति च।
जहसुस्सस्वरं गोप्यो हरिणा हृतचेतसः॥ १९
सन्देशैस्सामम‍धुरैः प्रेमगर्भैरगर्वितैः।
रामेणाश्वासिता गोप्यः कृष्णस्यातिमनोहरैः॥ २०
गोपैश्च पूर्ववद्रामः परिहासमनोहराः।
कथाश्चकार रेमे च सह तैर्व्रजभूमिषु॥ २१

क्या कृष्णचन्द्र कभी हमारे गीतानुयायी मनोहर स्वरका स्मरण करते हैं? क्या वे एक बार अपनी माताको भी देखनके लिये यहाँ आवेंगे?॥ १४॥ अथवा अब उनकी बात करनेसे हमें क्या प्रयोजन है, कोई और बात करो। जब उनकी हमारे बिना निभ गयी तो हम भी उनके बिना निभा ही लेंगी॥ १५॥ क्या माता, क्या पिता, क्या बन्धु, क्या पति और क्या कुटुम्बके लोग? हमने उनके लिये सभीको छोड़ दिया, किन्तु वे तो अकृतज्ञोंकी ध्वजा ही निकले॥ १६॥ तथापि बलरामजी! सच-सच बतलाइये क्या कृष्ण कभी यहाँ आनेके विषयमें भी कोई बातचीत करते हैं?॥ १७॥ हमें ऐसा प्रतीत होता है कि दामोदर कृष्णका चित्त नागरी-नारियोंमें फँस गया है; हममें अब उनकी प्रीति नहीं है, अतः अब हमें तो उनका दर्शन दुर्लभ ही जान पड़ता है॥ १८॥

श्रीपराशरजी बोले—तदनन्तर श्रीहरिने जिनका चित्त हर लिया है, वे गोपियाँ बलरामजीको कृष्ण और दामोदर कहकर सम्बोधन करने लगीं और फिर उच्चस्वरसे हँसने लगीं॥ १९॥ तब बलभद्रजीने कृष्णचन्द्रका अति मनोहर और शान्तिमय, प्रेमगर्भित और गर्वहीन सन्देश सुनाकर गोपियोंको सान्त्वना दी॥ २०॥ तथा गोपोंके साथ हास्य करते हुए उन्होंने पहलेकी भाँति बहुत-सी मनोहर बातें कीं और उनके साथ व्रजभूमिमें नाना प्रकारकी लीलाएँ करते रहे॥ २१॥

इति श्रीविष्णुपुराणे पञ्चमेंऽशे चतुर्विंशोऽध्यायः॥ २४॥

पचीसवाँ अध्याय

बलभद्रजीका व्रज-विहार तथा यमुनाकर्षण

श्रीपराशर उवाच

वने विचरतस्तस्य सह गोपैर्महात्मनः।
मानुषच्छद्मरूपस्य शेषस्य धरणीधृतः॥ १
निष्पादितोरुकार्यस्य कार्येणोर्वीप्रचारिणः।
उपभोगार्थमत्यर्थं वरुणः प्राह वारुणीम्॥ २
अभीष्टा सर्वदा यस्य मदिरे त्वं महौजसः।
अनन्तस्योपभोगाय तस्य गच्छ मुदे शुभे॥ ३
इत्युक्ता वारुणी तेन सन्निधानमथाकरोत्।
वृन्दावनसमुत्पन्नकदम्बतरुकोटरे॥ ४

श्रीपराशरजी बोले—अपने कार्योंसे पृथिवीको विचलित करनेवाले, बड़े विकट कार्य करनेवाले, धरणीधर शेषजीके अवतार माया-मानवरूप महात्मा बलरामजीको गोपोंके साथ वनमें विचरते देख उनके उपभोगके लिये वरुणने वारुणी (मदिरा)-से कहा—॥ १-२॥ "हे मदिरे! जिन महाबलशाली अनन्तदेवको तुम सर्वदा प्रिय हो; हे शुभे! तुम उनके उपभोग और प्रसन्नताके लिये जाओ"॥ ३॥ वरुणकी ऐसी आज्ञा होनेपर वारुणी वृन्दावनमें उत्पन्न हुए कदम्ब-वृक्षके कोटरमें रहने लगी॥ ४॥

विचरन् बलदेवोऽपि मदिरागन्धमुत्तमम्।
आघ्राय मदिरातर्षमवापाथ वरानन:॥ ५
ततः कदम्बात्सहसा मद्यधारां स लाङ्गली।
पतन्तीं वीक्ष्य मैत्रेय प्रययौ परमां मुदम्॥ ६
पपौ च गोपगोपीभिस्समुपेतो मुदान्वित:।
प्रगीयमानो ललितं गीतवाद्यविशारदैः॥ ७
स मत्तोऽत्यन्तघर्माम्भः कणिकामौक्तिकोज्ज्वलः।
आगच्छ यमुने स्नातुमिच्छामीत्याह विह्वलः॥ ८
तस्य वाचं नदी सा तु मत्तोक्तामवमत्य वै।
नाजगाम ततः क्रुद्धो हलं जग्राह लाङ्गली॥ ९
गृहीत्वा तां हलान्तेन चकर्ष मदविह्वलः।
पापे नायासि नायासि गम्यतामिच्छयान्यतः॥ १०
साकृष्टा सहसा तेन मार्गं सन्त्यज्य निम्नगा।
यत्रास्ते बलभद्रोऽसौ प्लावयामास तद्वनम्॥ ११
शरीरिणी तदाभ्येत्य त्रासविह्वललोचना।
प्रसीदेत्यब्रवीद्रामं मुञ्च मां मुसलायुध॥ १२
ततस्तस्याः सुवचनमाकर्ण्य स हलायुधः।
सोऽब्रवीदवजानासि मम शौर्यबले नदि।
सोऽहं त्वां हलपातेन नयिष्यामि सहस्रधा॥ १३

श्रीपराशर उवाच

इत्युक्तयातिसन्त्रासात्तया नद्या प्रसादितः।
भूभागे प्लाविते तस्मिन्मुमोच यमुनां बलः॥ १४
ततस्स्नातस्य वै कान्तिरजायत महात्मनः॥ १५
अवतंसोत्पलं चारु गृहीत्वैकं च कुण्डलम्।
वरुणप्रहितां चास्मै मालामम्लानपङ्कजाम्।
समुद्राभे तथा वस्त्रे नीले लक्ष्मीरयच्छत॥ १६
कृतावतंसस्स तदा चारुकुण्डलभूषितः।
नीलाम्बरधरस्स्रग्वी शुशुभे कान्तिसंयुतः॥ १७
इत्थं विभूषितो रेमे तत्र रामस्तथा व्रजे।
मासद्वयेन यातश्च स पुनर्द्वारकां पुरीम्॥ १८
रेवतीं नाम तनयां रैवतस्य महीपतेः।
उपयेमे बलस्तस्यां जज्ञाते निशठोल्मुकौ॥ १९

तब मनोहर मुखवाले बलदेवजीको वनमें विचरते हुए मदिराकी अति उत्तम गन्ध सूँघनेसे उसे पीनेकी इच्छा हुई॥ ५॥ हे मैत्रेय! उसी समय कदम्बसे मद्यकी धारा गिरती देख हलधारी बलरामजी बड़े प्रसन्न हुए॥ ६॥ तथा गाने-बजानेमें कुशल गोप और गोपियोंके मधुर स्वरसे गाते हुए उन्होंने उनके साथ प्रसन्नतापूर्वक मद्यपान किया॥ ७॥

तदनन्तर अत्यन्त घामके कारण स्वेद-बिन्दुरूप मोतियोंसे सुशोभित मदोन्मत्त बलरामजीने विह्वल होकर कहा—"यमुने! आ, मैं स्नान करना चाहता हूँ"॥ ८॥ उनके वाक्यको उन्मत्तका प्रलाप समझकर यमुनाने उसपर कुछ भी ध्यान न दिया और वह वहाँ न आयी। इसपर हलधरने क्रोधित होकर अपना हल उठाया॥ ९॥ और मदसे विह्वल होकर यमुनाको हलकी नोकसे पकड़कर खींचते हुए कहा—"अरी पापिनि! तू नहीं आती थी! अच्छा अब [यदि शक्ति हो तो] इच्छानुसार अन्यत्र जा तो सही॥ १०॥" इस प्रकार बलरामजीके खींचनेपर यमुनाने अकस्मात् अपना मार्ग छोड़ दिया और जिस वनमें बलरामजी खड़े थे उसे आप्लावित कर दिया॥ ११॥

तब वह शरीर धारणकर बलरामजीके पास आयी और भयवश डबडबाती आँखोंसे कहने लगी—"हे मुसलायुध! आप प्रसन्न होइये और मुझे छोड़ दीजिये"॥ १२॥ उसके उन मधुर वचनोंको सुनकर हलायुध बलभद्रजीने कहा—"अरी नदि! क्या तू मेरे बल-वीर्यकी अवज्ञा करती है? देख, इस हलसे मैं अभी तेरे हजारों टुकड़े कर डालूँगा"॥ १३॥

श्रीपराशरजी बोले—बलरामजीद्वारा इस प्रकार कही जानेसे भयभीत हुई यमुनाके उस भू-भागमें बहने लगनेपर उन्होंने प्रसन्न होकर उसे छोड़ दिया॥ १४॥ उस समय स्नान करनेपर महात्मा बलरामजीकी अत्यन्त शोभा हुई। तब लक्ष्मीजीने [सशरीर प्रकट होकर] उन्हें एक सुन्दर कर्णफूल, एक कुण्डल, एक वरुणकी भेजी हुई कभी न कुम्हलानेवाले कमल-पुष्पोंकी माला और दो समुद्रके समान कान्तिवाले नीलवर्ण वस्त्र दिये॥ १५-१६॥ उन कर्णफूल, सुन्दर कुण्डल, नीलाम्बर और पुष्प-मालाको धारणकर श्रीबलरामजी अतिशय कान्तियुक्त हो सुशोभित होने लगे॥ १७॥ इस प्रकार विभूषित होकर श्रीबलभद्रजीने व्रजमें अनेकों लीलाएँ कीं और फिर दो मास पश्चात् द्वारकापुरीको चले आये॥ १८॥ वहाँ आकर बलदेवजीने राजा रैवतकी पुत्री रेवतीसे विवाह किया; उससे उनके निशठ और उल्मुक नामक दो पुत्र हुए॥ १९॥

इति श्रीविष्णुपुराणे पञ्चमेंऽशे पञ्चविंशोऽध्यायः॥ २५॥

छब्बीसवाँ अध्याय

रुक्मिणी-हरण

श्रीपराशर उवाच

भीष्मकः कुण्डिने राजा विदर्भविषयेऽभवत्।
रुक्मी तस्याभवत्पुत्रो रुक्मिणी च वरानना॥ १

रुक्मिणीं चकमे कृष्णस्सा च तं चारुहासिनी।
न ददौ याचते चैनां रुक्मी द्वेषेण चक्रिणे॥ २

ददौ च शिशुपालाय जरासन्धप्रचोदितः।
भीष्मको रुक्मिणा सार्धं रुक्मिणीमुरुविक्रमः॥ ३

विवाहार्थं ततः सर्वे जरासन्धमुखा नृपाः।
भीष्मकस्य पुरं जग्मुश्शिशुपालप्रियैषिणः॥ ४

कृष्णोऽपि बलभद्राद्यैर्यदुभिः परिवारितः।
प्रययौ कुण्डिनं द्रष्टुं विवाहं चैद्यभूभृतः॥ ५

श्वोभाविनि विवाहे तु तां कन्यां हृतवान्हरिः।
विपक्षभारमासज्य रामादिष्वथ बन्धुषु॥ ६

ततश्च पौण्ड्रकश्श्रीमान्दन्तवक्त्रो विदूरथः।
शिशुपालजरासन्धशाल्वाद्याश्च महीभृतः॥ ७

कुपितास्ते हरिं हन्तुं चक्रुरुद्योगमुत्तमम्।
निर्जिताश्च समागम्य रामाद्यैर्यदुपुङ्गवैः॥ ८

कुण्डिनं न प्रवेक्ष्यामि ह्यहत्वा युधि केशवम्।
कृत्वा प्रतिज्ञां रुक्मी च हन्तुं कृष्णमनुद्रुतः॥ ९

हत्वा बलं सनागाश्वं पत्तिस्यन्दनसङ्कुलम्।
निर्जितः पातितश्चोर्व्यां लीलयैव स चक्रिणा॥ १०

निर्जित्य रुक्मिणं सम्यगुपयेमे च रुक्मिणीम्।
राक्षसेन विवाहेन सम्प्राप्तां मधुसूदनः॥ ११

तस्यां जज्ञे च प्रद्युम्नो मदनांशस्सवीर्यवान्।
जहार शम्बरो यं वै यो जघान च शम्बरम्॥ १२

श्रीपराशरजी बोले—विदर्भदेशान्तर्गत कुण्डिनपुर नामक नगरमें भीष्मक नामक एक राजा थे। उनके रुक्मी नामक पुत्र और रुक्मिणी नामकी एक सुमुखी कन्या थी॥ १॥ श्रीकृष्णने रुक्मिणीकी और चारुहासिनी रुक्मिणीने श्रीकृष्णचन्द्रकी अभिलाषा की, किंतु भगवान् श्रीकृष्णचन्द्रके प्रार्थना करनेपर भी उनसे द्वेष करनेके कारण रुक्मीने उन्हें रुक्मिणी न दी॥ २॥ महापराक्रमी भीष्मकने जरासन्धकी प्रेरणासे रुक्मीसे सहमत होकर शिशुपालको रुक्मिणी देनेका निश्चय किया॥ ३॥ तब शिशुपालके हितैषी जरासन्ध आदि सम्पूर्ण राजागण विवाहमें सम्मिलित होनेके लिये भीष्मकके नगरमें गये॥ ४॥ इधर बलभद्र आदि यदुवंशियोंके सहित श्रीकृष्णचन्द्र भी चेदिराजका विवाहोत्सव देखनेके लिये कुण्डिनपुर आये॥ ५॥

तदनन्तर विवाहका एक दिन रहनेपर अपने विपक्षियोंका भार बलभद्र आदि बन्धुओंको सौंपकर श्रीहरिने उस कन्याका हरण कर लिया॥ ६॥ तब श्रीमान् पौण्ड्रक, दन्तवक्त्र, विदूरथ, शिशुपाल, जरासन्ध और शाल्व आदि राजाओंने क्रोधित होकर श्रीहरिको मारनेका महान् उद्योग किया, किन्तु वे सब बलराम आदि यदुश्रेष्ठोंसे मुठभेड़ होनेपर पराजित हो गये॥ ७-८॥ तब रुक्मीने यह प्रतिज्ञाकर कि 'मैं युद्धमें कृष्णको मारे बिना कुण्डिनपुरमें प्रवेश न करूँगा' कृष्णको मारनेके लिये उनका पीछा किया॥ ९॥ किन्तु श्रीकृष्णने लीलासे ही हाथी, घोड़े, रथ और पदातियोंसे युक्त उसकी सेनाको नष्ट करके उसे जीत लिया और पृथिवीमें गिरा दिया॥ १०॥

इस प्रकार रुक्मीको युद्धमें परास्तकर श्रीमधुसूदनने राक्षसविवाहसे मिली हुई रुक्मिणीका सम्यक् (वेदोक्त) रीतिसे पाणिग्रहण किया॥ ११॥ उससे उनके कामदेवके अंशसे उत्पन्न हुए वीर्यवान् प्रद्युम्नजीका जन्म हुआ, जिन्हें शम्बरासुर हर ले गया था और फिर जिन्होंने [काल-क्रमसे] शम्बरासुरका वध किया था॥ १२॥

इति श्रीविष्णुपुराणे पञ्चमेंऽशे षड्विंशोऽध्यायः॥ २६॥

सत्ताईसवाँ अध्याय

प्रद्युम्न-हरण तथा शम्बर-वध

श्रीमैत्रेय उवाच

शम्बरेण हृतो वीरः प्रद्युम्नः स कथं मुने।
शम्बरः स महावीर्यः प्रद्युम्नेन कथं हतः॥ १
यस्तेनापहृतः पूर्वं स कथं विजघान तम्।
एतद्विस्तरतः श्रोतुमिच्छामि सकलं गुरो॥ २

श्रीपराशर उवाच

षष्ठेऽह्नि जातमात्रं तु प्रद्युम्नं सूतिकागृहात्।
ममैष हन्तेति मुने हृतवान्कालशम्बरः॥ ३
हत्वा चिक्षेप चैवैनं ग्राहोग्रे लवणार्णवे।
कल्लोलजनितावर्त्ते सुघोरे मकरालये॥ ४
पातितं तत्र चैवैको मत्स्यो जग्राह बालकम्।
न ममार च तस्यापि जठराग्निप्रदीपितः॥ ५
मत्स्यबन्धैश्च मत्स्योऽसौ मत्स्यैरन्यैस्सह द्विज।
घातितोऽसुरवर्याय शम्बराय निवेदितः॥ ६
तस्य मायावती नामपत्नी सर्वगृहेश्वरी।
कारयामास सूदानामाधिपत्यमनिन्दिता॥ ७
दारिते मत्स्यजठरे सा ददर्शातिशोभनम्।
कुमारं मन्मथतरोर्दग्धस्य प्रथमाङ्कुरम्॥ ८
कोऽयं कथमयं मत्स्यजठरे प्रविवेशितः।
इत्येवं कौतुकाविष्टां तन्वीं प्राहाथ नारदः॥ ९
अयं समस्तजगतः स्थितिसंहारकारिणः।
शम्बरेण हृतो विष्णोस्तनयः सूतिकागृहात्॥ १०
क्षिप्तस्समुद्रे मत्स्येन निगीर्णस्ते गृहं गतः।
नररत्नमिदं सुभ्रु विस्रब्धा परिपालय॥ ११

श्रीपराशर उवाच

नारदेनैवमुक्ता सा पालयामास तं शिशुम्।
बाल्यादेवातिरागेण रूपातिशयमोहिता॥ १२
स यदा यौवनाभोगभूषितोऽभून्महामते।
साभिलाषा तदा सापि बभूव गजगामिनी॥ १३

श्रीमैत्रेयजी बोले—हे मुने! वीरवर प्रद्युम्नको शम्बरासुरने कैसे हरण किया था? और फिर उस महाबली शम्बरको प्रद्युम्नने कैसे मारा?॥ १॥ जिसको पहले उसने हरण किया था उसीने पीछे उसे किस प्रकार मार डाला? हे गुरो! मैं यह सम्पूर्ण प्रसंग विस्तारपूर्वक सुनना चाहता हूँ॥ २॥

श्रीपराशरजी बोले—हे मुने! कालके समान विकराल शम्बरासुरने प्रद्युम्नको, जन्म लेनेके छठे ही दिन 'यह मेरा मारनेवाला है' ऐसा जानकर सूतिकागृहसे हर लिया॥ ३॥ उसको हरण करके शम्बरासुरने लवणसमुद्रमें डाल दिया, जो तरंगमालाजनित आवर्तोंसे पूर्ण और बड़े भयानक मकरोंका घर है॥ ४॥ वहाँ फेंके हुए उस बालकको एक मत्स्यने निगल लिया, किन्तु वह उसकी जठराग्निसे जलकर भी न मरा॥ ५॥

कालान्तरमें कुछ मछेरोंने उसे अन्य मछलियोंके साथ अपने जालमें फँसाया और असुरश्रेष्ठ शम्बरको निवेदन किया॥ ६॥ उसकी नाममात्रकी पत्नी मायावती सम्पूर्ण अन्त:पुरकी स्वामिनी थी और वह सुलक्षणा सम्पूर्ण सूदों (रसोइयों)-का आधिपत्य करती थी॥ ७॥ उस मछलीका पेट चीरते ही उसमें एक अति सुन्दर बालक दिखायी दिया जो दग्ध हुए कामवृक्षका प्रथम अंकुर था॥ ८॥ 'तब यह कौन है और किस प्रकार इस मछलीके पेटमें डाला गया' इस प्रकार अत्यन्त आश्चर्यचकित हुई उस सुन्दरीसे देवर्षि नारदने आकर कहा—॥ ९॥ "हे सुन्दर भृकुटिवाली! यह सम्पूर्ण जगत्के स्थिति और संहारकर्ता भगवान् विष्णुका पुत्र है; इसे शम्बरासुरने सूतिकागृहसे चुराकर समुद्रमें फेंक दिया था। वहाँ इसे यह मत्स्य निगल गया और अब इसीके द्वारा यह तेरे घर आ गया है। तू इस नररत्नका विश्वस्त होकर पालन कर"॥ १०-११॥

श्रीपराशरजी बोले—नारदजीके ऐसा कहनेपर मायावतीने उस बालककी अतिशय सुन्दरतासे मोहित हो बाल्यावस्थासे ही उसका अति अनुरागपूर्वक पालन किया॥ १२॥ हे महामते! जिस समय वह नवयौवनके समागमसे सुशोभित हुआ तब वह गजगामिनी उसके प्रति कामनायुक्त अनुराग प्रकट करने लगी॥ १३॥

मायावती ददौ तस्मै मायास्सर्वा महामुने।
प्रद्युम्नायानुरागान्धा तन्न्यस्तहृदयेक्षणा॥ १४
प्रसज्जन्तीं तु तां प्राह स कार्ष्णिः कमलेक्षणाम्।
मातृत्वमपहायाद्य किमेवं वर्तसेऽन्यथा॥ १५
सा तस्मै कथयामास न पुत्रस्त्वं ममेति वै।
तनयं त्वामयं विष्णोर्हृतवान्कालशम्बरः॥ १६
क्षिप्तः समुद्रे मत्स्यस्य सम्प्राप्तो जठरान्मया।
सा हि रोदिति ते माता कान्ताद्याप्यतिवत्सला॥ १७

श्रीपराशर उवाच

इत्युक्तश्शम्बरं युद्धे प्रद्युम्नः स समाह्वयत्।
क्रोधाकुलीकृतमना युयुधे च महाबलः॥ १८
हत्वा सैन्यमशेषं तु तस्य दैत्यस्य यादवः।
सप्त माया व्यतिक्रम्य मायां प्रयुयुजेऽष्टमीम्॥ १९
तया जघान तं दैत्यं मायया कालशम्बरम्।
उत्पत्त्य च तया सार्धमाजगाम पितुः पुरम्॥ २०
अन्तःपुरे निपतितं मायावत्या समन्वितम्।
तं दृष्ट्वा कृष्णसङ्कल्पा बभूवुः कृष्णयोषितः॥ २१
रुक्मिणी साभवत्प्रेम्णा सास्त्रदृष्टिरनिन्दिता।
धन्यायाः खल्वयं पुत्रो वर्तते नवयौवने॥ २२
अस्मिन्वयसि पुत्रो मे प्रद्युम्नो यदि जीवति।
सभाग्या जननी वत्स सा त्वया का विभूषिता॥ २३
अथवा यादृशः स्नेहो मम यादृग्वपुस्तव।
हरेरपत्यं सुव्यक्तं भवान्वत्स भविष्यति॥ २४

श्रीपराशर उवाच

एतस्मिन्नन्तरे प्राप्तस्सह कृष्णेन नारदः।
अन्तःपुरचरां देवीं रुक्मिणीं प्राह हर्षयन्॥ २५
एष ते तनयः सुभ्रु हत्वा शम्बरमागतः।
हृतो येनाभवद्बालो भवत्यास्सूतिकागृहात्॥ २६
इयं मायावती भार्या तनयस्यास्य ते सती।
शम्बरस्य न भार्येयं श्रूयतामत्र कारणम्॥ २७
मन्मथे तु गते नाशं तदुद्भवपरायणा।
शम्बरं मोहयामास मायारूपेण रूपिणी॥ २८

हे महामुने! जो अपना हृदय और नेत्र प्रद्युम्नमें अर्पित कर चुकी थी उस मायावतीने अनुरागसे अन्धी होकर उसे सब प्रकारकी माया सिखा दी॥ १४॥ इस प्रकार अपने ऊपर आसक्त हुई उस कमललोचनासे कृष्णनन्दन प्रद्युम्नने कहा—"आज तुम मातृभावको छोड़कर यह अन्य प्रकारका भाव क्यों प्रकट करती हो?"॥ १५॥ तब मायावतीने कहा—"तुम मेरे पुत्र नहीं हो, तुम भगवान् विष्णुके तनय हो। तुम्हें कालशम्बरने हरकर समुद्रमें फेंक दिया था; तुम मुझे एक मत्स्यके उदरमें मिले हो। हे कान्त! आपकी पुत्रवत्सला जननी आज भी रोती होगी"॥ १६-१७॥

श्रीपराशरजी बोले—मायावतीके इस प्रकार कहनेपर महाबलवान् प्रद्युम्नजीने क्रोधसे विह्वल हो शम्बरासुरको युद्धके लिये ललकारा और उससे युद्ध करने लगे॥ १८॥ यादवश्रेष्ठ प्रद्युम्नजीने उस दैत्यकी सम्पूर्ण सेना मार डाली और उसकी सात मायाओंको जीतकर स्वयं आठवीं मायाका प्रयोग किया॥ १९॥ उस मायासे उन्होंने दैत्यराज कालशम्बरको मार डाला और मायावतीके साथ [विमानद्वारा] उड़कर आकाशमार्गसे अपने पिताके नगरमें आ गये॥ २०॥

मायावतीके सहित अन्तःपुरमें उतरनेपर श्रीकृष्णचन्द्रकी रानियोंने उन्हें देखकर कृष्ण ही समझा॥ २१॥ किन्तु अनिन्दिता रुक्मिणीके नेत्रोंमें प्रेमवश आँसू भर आये और वे कहने लगीं—"अवश्य ही यह नवयौवनको प्राप्त हुआ किसी बड़भागिनीका पुत्र है॥ २२॥ यदि मेरा पुत्र प्रद्युम्न जीवित होगा तो उसकी भी यही आयु होगी। हे वत्स! तू ठीक-ठीक बता तूने किस भाग्यवती जननीको विभूषित किया है?॥ २३॥ अथवा, बेटा! जैसा मुझे तेरे प्रति स्नेह हो रहा है और जैसा तेरा स्वरूप है, उससे मुझे ऐसा भी प्रतीत होता है कि तू श्रीहरिका ही पुत्र है"॥ २४॥

श्रीपराशरजी बोले—इसी समय श्रीकृष्णचन्द्रके साथ वहाँ नारदजी आ गये। उन्होंने अन्तःपुरनिवासिनी देवी रुक्मिणीको आनन्दित करते हुए कहा—॥ २५॥ "हे सुभ्रु! यह तेरा ही पुत्र है। यह शम्बरासुरको मारकर आ रहा है, जिसने कि इसे बाल्यावस्थामें सूतिकागृहसे हर लिया था॥ २६॥ यह सती मायावती भी तेरे पुत्रकी ही स्त्री है; यह शम्बरासुरकी पत्नी नहीं है। इसका कारण सुन॥ २७॥ पूर्वकालमें कामदेवके भस्म हो जानेपर उसके पुनर्जन्मकी प्रतीक्षा करती हुई इसने अपने मायामयरूपसे शम्बरासुरको मोहित किया था॥ २८॥

विहाराद्युपभोगेषु रूपं मायामयं शुभम्।
दर्शयामास दैत्यस्य तस्येयं मदिरेक्षणा॥ २९

यह मत्तविलोचना उस दैत्यको विहारादि उपभोगोंके समय अपने अति सुन्दर मायामय रूप दिखलाती रहती थी॥ २९॥

कामोऽवतीर्णः पुत्रस्ते तस्येयं दयिता रतिः।
विशङ्का नात्र कर्तव्या स्नुषेयं तव शोभने॥ ३०

कामदेवने ही तेरे पुत्ररूपसे जन्म लिया है और यह सुन्दरी उसकी प्रिया रति ही है। हे शोभने! यह तेरी पुत्रवधू है, इसमें तू किसी प्रकारकी विपरीत शंका न कर''॥ ३०॥

ततो हर्षसमाविष्टौ रुक्मिणीकेशवौ तदा।
नगरी च समस्ता सा साधुसाध्वित्यभाषत॥ ३१

यह सुनकर रुक्मिणी और कृष्णको अतिशय आनन्द हुआ तथा समस्त द्वारकापुरी भी 'साधु-साधु' कहने लगी॥ ३१॥

चिरं नष्टेन पुत्रेण सङ्गतां प्रेक्ष्य रुक्मिणीम्।
अवाप विस्मयं सर्वो द्वारवत्यां तदा जनः॥ ३२

उस समय चिरकालसे खोये हुए पुत्रके साथ रुक्मिणीका समागम हुआ देख द्वारकापुरीके सभी नागरिकोंको बड़ा आश्चर्य हुआ॥ ३२॥

इति श्रीविष्णुपुराणे पञ्चमेंऽशे सप्तविंशोऽध्यायः॥ २७॥

अट्ठाईसवाँ अध्याय

रुक्मीका वध

श्रीपराशर उवाच

चारुदेष्णं सुदेष्णं च चारुदेहं च वीर्यवान्।
सुषेणं चारुगुप्तं च भद्रचारुं तथा परम्॥ १
चारुविन्दं सुचारुं च चारुं च बलिनां वरम्।
रुक्मिण्यजनयत्पुत्रान्कन्यां चारुमतीं तथा॥ २

श्रीपराशरजी बोले—हे मैत्रेय! रुक्मिणीके [प्रद्युम्नके अतिरिक्त] चारुदेष्ण, सुदेष्ण, वीर्यवान्, चारुदेह, सुषेण, चारुगुप्त, भद्रचारु, चारुविन्द, सुचारु और बलवानोंमें श्रेष्ठ चारु नामक पुत्र तथा चारुमती नामकी एक कन्या हुई॥ १-२॥

अन्याश्च भार्याः कृष्णस्य बभूवुः सप्त शोभनाः।
कालिन्दी मित्रविन्दा च सत्या नाग्नजिती तथा॥ ३
देवी जाम्बवती चापि रोहिणी कामरूपिणी।
मद्रराजसुता चान्या सुशीला शीलमण्डना॥ ४
सात्राजिती सत्यभामा लक्ष्मणा चारुहासिनी।
षोडशासन् सहस्त्राणि स्त्रीणामन्यानि चक्रिणः॥ ५

रुक्मिणीके अतिरिक्त श्रीकृष्णचन्द्रके कालिन्दी, मित्रविन्दा, नग्नजित्की पुत्री सत्या, जाम्बवान्की पुत्री कामरूपिणी रोहिणी, अतिशीलवती मद्रराजसुता सुशीला भद्रा, सत्राजित्की पुत्री सत्यभामा और चारुहासिनी लक्ष्मणा—ये अति सुन्दरी सात स्त्रियाँ और थीं, इनके सिवा उनके सोलह हजार स्त्रियाँ और भी थीं॥ ३—५॥

प्रद्युम्नोऽपि महावीर्यो रुक्मिणस्तनयां शुभाम्।
स्वयंवरे तां जग्राह सा च तं तनयं हरेः॥ ६

महावीर प्रद्युम्नने रुक्मीकी सुन्दरी कन्याको और उस कन्याने भी भगवान्के पुत्र प्रद्युम्नजीको स्वयंवरमें ग्रहण किया॥ ६॥

तस्यामस्याभवत्पुत्रो महाबलपराक्रमः।
अनिरुद्धो रणेऽरुद्धवीर्योदधिररिन्दमः॥ ७

उससे प्रद्युम्नजीके अनिरुद्ध नामक एक महाबलपराक्रमसम्पन्न पुत्र हुआ जो युद्धमें रुद्ध (प्रतिहत) न होनेवाला, बलका समुद्र तथा शत्रुओंका दमन करनेवाला था॥ ७॥

तस्यापि रुक्मिणः पौत्रीं वरयामास केशवः।
दौहित्राय ददौ रुक्मी तां स्पर्द्धन्नपि चक्रिणा॥ ८

कृष्णचन्द्रने उस (अनिरुद्ध)-के लिये भी रुक्मीकी पौत्रीका वरण किया और रुक्मीने कृष्णचन्द्रसे ईर्ष्या रखते हुए भी अपने दौहित्रको अपनी पौत्री देना स्वीकार कर लिया॥ ८॥

तस्या विवाहे रामाद्या यादवा हरिणा सह।
रुक्मिणो नगरं जग्मुर्नाम्ना भोजकटं द्विज॥ ९
विवाहे तत्र निर्वृत्ते प्राद्युम्नेस्तु महात्मनः।
कलिङ्गराजप्रमुखा रुक्मिणं वाक्यमब्रुवन्॥ १०
अनक्षज्ञो हली द्यूते तथास्य व्यसनं महत्।
न जयामो बलं कस्माद्द्यूतेनैनं महाबलम्॥ ११

श्रीपराशर उवाच

तथेति तानाह नृपान्रुक्मी बलमदान्वितः।
सभायां सह रामेण चक्रे द्यूतं च वै तदा॥ १२
सहस्रमेकं निष्काणां रुक्मिणा विजितो बलः।
द्वितीयेऽपि पणे चान्यत्सहस्रं रुक्मिणा जितः॥ १३
ततो दशसहस्राणि निष्काणां पणमाददे।
बलभद्रोऽजयत्तानि रुक्मी द्यूतविदां वरः॥ १४
ततो जहास स्वनवत्कलिङ्गाधिपतिर्द्विज।
दन्तान्विदर्शयन्मूढो रुक्मी चाह मदोद्धतः॥ १५
अविद्योऽयं मया द्यूते बलभद्रः पराजितः।
मुधैवाक्षावलेपान्धो योऽवमेनेऽक्षकोविदान्॥ १६
दृष्ट्वा कलिङ्गराजन्तं प्रकाशदशनाननम्।
रुक्मिणं चापि दुर्वाक्यं कोपं चक्रे हलायुधः॥ १७
ततः कोपपरीतात्मा निष्ककोटिं समाददे।
ग्लहं जग्राह रुक्मी च तदर्थेऽक्षानपातयत्॥ १८
अजयद्बलदेवस्तं प्राहोच्चैर्विजितं मया।
मयेति रुक्मी प्राहोच्चैरलीकोक्तेरलं बल॥ १९
त्वयोक्तोऽयं ग्लहस्सत्यं न मयैषोऽनुमोदितः।
एवं त्वया चेद्विजितं विजितं न मया कथम्॥ २०

श्रीपराशर उवाच

अथान्तरिक्षे वागुच्चैः प्राह गम्भीरनादिनी।
बलदेवस्य तं कोपं वर्द्धयन्ती महात्मनः॥ २१
जितं बलेन धर्मेण रुक्मिणा भाषितं मृषा।
अनुक्त्वापि वचः किञ्चित्कृतं भवति कर्मणा॥ २२
ततो बलः समुत्थाय कोपसंरक्तलोचनः।
जघानाष्टापदेनैव रुक्मिणं स महाबलः॥ २३

हे द्विज! उसके विवाहमें सम्मिलित होनेके लिये कृष्णचन्द्रके साथ बलभद्र आदि अन्य यादवगण भी रुक्मीकी राजधानी भोजकट नामक नगरको गये॥ ९॥ जब प्रद्युम्न-पुत्र महात्मा अनिरुद्धका विवाह-संस्कार हो चुका तो कलिंगराज आदि राजाओंने रुक्मीसे कहा—॥ १०॥ "ये बलभद्र द्यूतक्रीडा [अच्छी तरह] जानते तो हैं नहीं तथापि इन्हें उसका व्यसन बहुत है; तो फिर हम इन महाबली रामको जुएसे ही क्यों न जीत लें?"॥ ११॥

श्रीपराशरजी बोले—तब बलके मदसे उन्मत्त रुक्मीने उन राजाओंसे कहा—'बहुत अच्छा' और सभामें बलरामजीके साथ द्यूतक्रीडा आरम्भ कर दी॥ १२॥ रुक्मीने पहले ही दाँवमें बलरामजीसे एक सहस्र निष्क जीते तथा दूसरे दाँवमें एक सहस्र निष्क और जीत लिये॥ १३॥ तब बलभद्रजीने दस हजार निष्कका एक दाँव और लगाया। उसे भी पक्के जुआरी रुक्मीने ही जीत लिया॥ १४॥ हे द्विज! इसपर मूढ कलिंगराज दाँत दिखाता हुआ जोरसे हँसने लगा और मदोन्मत्त रुक्मीने कहा—॥ १५॥ "द्यूतक्रीडासे अनभिज्ञ इन बलभद्रजीको मैंने हरा दिया है; ये वृथा ही अक्षके घमण्डसे अन्धे होकर अक्षकुशल पुरुषोंका अपमान करते थे"॥ १६॥

इस प्रकार कलिंगराजको दाँत दिखाते और रुक्मीको दुर्वाक्य कहते देख हलायुध बलभद्रजी अत्यन्त क्रोधित हुए॥ १७॥ तब उन्होंने अत्यन्त कुपित होकर करोड़ निष्कका दाँव लगाया और रुक्मीने भी उसे ग्रहणकर उसके निमित्त पाँसे फेंके॥ १८॥ उसे बलदेवजीने ही जीता और वे जोरसे बोल उठे, 'मैंने जीता।' इसपर रुक्मी भी चिल्लाकर बोला—'बलराम! असत्य बोलनेसे कुछ लाभ नहीं हो सकता, यह दाँव भी मैंने ही जीता है॥ १९॥ आपने इस दाँवके विषयमें जिक्र अवश्य किया था, किंतु मैंने उसका अनुमोदन तो नहीं किया। इस प्रकार यदि आपने इसे जीता है तो मैंने भी क्यों नहीं जीता?"॥ २०॥

श्रीपराशरजी बोले—उसी समय महात्मा बलदेवजीके क्रोधको बढ़ाती हुई आकाशवाणीने गम्भीर स्वरमें कहा—॥ २१॥ "इस दाँवको धर्मानुसार तो बलरामजी ही जीते हैं; रुक्मी झूठ बोलता है क्योंकि [अनुमोदनसूचक] वचन न कहनेपर भी [पाँसे फेंकने आदि] कार्यसे वह अनुमोदित ही माना जायगा"॥ २२॥

तब क्रोधसे अरुणनयन हुए महाबली बलभद्रजीने उठकर रुक्मीको जुआ खेलनेके पाँसोंसे ही मार डाला॥ २३॥

कलिङ्गराजं चादाय विस्फुरन्तं बलाद्बलः।
बभञ्ज दन्तान्कुपितो यैः प्रकाशं जहास सः॥ २४
आकृष्य च महास्तम्भं जातरूपमयं बलः।
जघान तान्ये तत्पक्षे भूभृतः कुपितो भृशम्॥ २५
ततो हाहाकृतं सर्वं पलायनपरं द्विज।
तद्राजमण्डलं भीतं बभूव कुपिते बले॥ २६
बलेन निहतं दृष्ट्वा रुक्मिणं मधुसूदनः।
नोवाच किञ्चिन्मैत्रेय रुक्मिणीबलयोर्भयात्॥ २७
ततोऽनिरुद्धमादाय कृतदारं द्विजोत्तम।
द्वारकामाजगामाथ यदुचक्रं च केशवः॥ २८

फिर फड़कते हुए कलिंगराजको बलपूर्वक पकड़कर बलरामजीने उसके दाँत, जिन्हें दिखलाता हुआ वह हँसा था, तोड़ दिये॥ २४॥ इनके सिवा उसके पक्षके और भी जो कोई राजालोग थे, उन्हें बलरामजीने अत्यन्त कुपित होकर एक सुवर्णमय स्तम्भ उखाड़कर उससे मार डाला॥ २५॥ हे द्विज! उस समय बलरामजीके कुपित होनेसे हाहाकार मच गया और सम्पूर्ण राजालोग भयभीत होकर भागने लगे॥ २६॥

हे मैत्रेय! उस समय रुक्मीको मारा गया देख श्रीमधुसूदनने एक ओर रुक्मिणीके और दूसरी ओर बलरामजीके भयसे कुछ भी नहीं कहा॥ २७॥ तदनन्तर, हे द्विजश्रेष्ठ! यादवोंके सहित श्रीकृष्णचन्द्र सपत्नीक अनिरुद्धको लेकर द्वारकापुरीमें चले आये॥ २८॥

इति श्रीविष्णुपुराणे पञ्चमेंऽशेऽष्टाविंशोऽध्यायः॥ २८॥

उनतीसवाँ अध्याय

नरकासुरका वध

श्रीपराशर उवाच

द्वारवत्यां स्थिते कृष्णे शक्रस्त्रिभुवनेश्वरः।
आजगामाथ मैत्रेय मत्तैरावतपृष्ठगः॥ १
प्रविश्य द्वारकां सोऽथ समेत्य हरिणा ततः।
कथयामास दैत्यस्य नरकस्य विचेष्टितम्॥ २
त्वया नाथेन देवानां मनुष्यत्वेऽपि तिष्ठता।
प्रशमं सर्वदुःखानि नीतानि मधुसूदन॥ ३
तपस्विव्यसनार्थाय सोऽरिष्टो धेनुकस्तथा।
प्रवृत्तो यस्तथा केशी ते सर्वे निहतास्त्वया॥ ४
कंसः कुवलयापीडः पूतना बालघातिनी।
नाशं नीतास्त्वया सर्वे येऽन्ये जगदुपद्रवाः॥ ५
युष्मद्दोर्दण्डसम्भूतिपरित्राते जगत्त्रये।
यज्वयज्ञांशसम्प्राप्त्या तृप्तिं यान्ति दिवौकसः॥ ६
सोऽहं साम्प्रतमायातो यन्निमित्तं जनार्दन।
तच्छ्रुत्वा तत्प्रतीकारप्रयत्नं कर्तुमर्हसि॥ ७

श्रीपराशरजी बोले—हे मैत्रेय! एक बार जब श्रीभगवान् द्वारकामें ही थे त्रिभुवनपति इन्द्र अपने मत्त गजराज ऐरावतपर चढ़कर उनके पास आये॥ १॥ द्वारकामें आकर वे भगवान्से मिले और उनसे नरकासुरके अत्याचारोंका वर्णन किया॥ २॥ [वे बोले—] "हे मधुसूदन! इस समय मनुष्यरूपमें स्थित होकर भी आप सम्पूर्ण देवताओंके स्वामीने हमारे समस्त दुःखोंको शान्त कर दिया है॥ ३॥ जो अरिष्ट, धेनुक और केशी आदि असुर सर्वदा तपस्वियोंको क्लेशित करते रहते थे उन सबको आपने मार डाला॥ ४॥ कंस, कुवलयापीड और बालघातिनी पूतना तथा और भी जो-जो संसारके उपद्रवरूप थे उन सबको आपने नष्ट कर दिया॥ ५॥ आपके बाहुदण्डकी सत्तासे त्रिलोकीके सुरक्षित हो जानेके कारण याजकोंके दिये हुए यज्ञभागोंको प्राप्तकर देवगण तृप्त हो रहे हैं॥ ६॥ हे जनार्दन! इस समय जिस निमित्तसे मैं आपके पास उपस्थित हुआ हूँ, उसे सुनकर आप उसके प्रतीकारका प्रयत्न करें॥ ७॥

भौमोऽयं नरको नाम प्राग्ज्योतिषपुरेश्वरः।
करोति सर्वभूतानामुपघातमरिन्दम॥ ८
देवसिद्धासुरादीनां नृपाणां च जनार्दन।
हत्वा तु सोऽसुरः कन्या रुरुधे निजमन्दिरे॥ ९
छत्रं यत्सलिलस्त्रावि तज्जहार प्रचेतसः।
मन्दरस्य तथा शृङ्गं हृतवान्मणिपर्वतम्॥ १०
अमृतस्त्राविणी दिव्ये मन्मातुः कृष्ण कुण्डले।
जहार सोऽसुरोऽदित्या वाञ्छत्यैरावतं गजम्॥ ११
दुर्नीतमेतद्गोविन्द मया तस्य निवेदितम्।
यदत्र प्रति कर्तव्यं तत्स्वयं परिमृश्यताम्॥ १२

श्रीपराशर उवाच

इति श्रुत्वा स्मितं कृत्वा भगवान्देवकीसुतः।
गृहीत्वा वासवं हस्ते समुत्तस्थौ वरासनात्॥ १३
सञ्चित्यागतमारुह्य गरुडं गगनेचरम्।
सत्यभामां समारोप्य ययौ प्राग्ज्योतिषं पुरम्॥ १४
आरुह्यैरावतं नागं शक्रोऽपि त्रिदिवं ययौ।
ततो जगाम कृष्णश्च पश्यतां द्वारकौकसाम्॥ १५
प्राग्ज्योतिषपुरस्यापि समन्ताच्छतयोजनम्।
आचिता मौरवैः पाशैः क्षुरान्तैर्भूर्द्विजोत्तम॥ १६
तांश्चिच्छेद हरिः पाशान्क्षिप्त्वा चक्रं सुदर्शनम्।
ततो मुरस्समुत्तस्थौ तं जघान च केशवः॥ १७
मुरस्य तनयान्सप्त सहस्त्रांस्तांस्ततो हरिः।
चक्रधाराग्निनिर्दग्धांश्चकार शलभानिव॥ १८
हत्वा मुरं हयग्रीवं तथा पञ्चजनं द्विज।
प्राग्ज्योतिषपुरं धीमांस्त्वरावान्समुपाद्रवत्॥ १९
नरकेणास्य तत्राभून्महासैन्येन संयुगम्।
कृष्णस्य यत्र गोविन्दो जघ्ने दैत्यान्सहस्त्रशः॥ २०
शस्त्रास्त्रवर्षं मुञ्चन्तं तं भौमं नरकं बली।
क्षिप्त्वा चक्रं द्विधा चक्रे चक्री दैतेयचक्रहा॥ २१
हते तु नरके भूमिर्गृहीत्वादितिकुण्डले।
उपतस्थे जगन्नाथं वाक्यं चेदमथाब्रवीत्॥ २२

हे शत्रुदमन! यह पृथिवीका पुत्र नरकासुर प्राग्ज्योतिषपुरका स्वामी है; इस समय यह सम्पूर्ण जीवोंका घात कर रहा है॥ ८॥ हे जनार्दन! उसने देवता, सिद्ध, असुर और राजा आदिकोंकी कन्याओंको बलात् लाकर अपने अन्तःपुरमें बन्द कर रखा है॥ ९॥ इस दैत्यने वरुणका जल बरसानेवाला छत्र और मन्दराचलका मणिपर्वत नामक शिखर भी हर लिया है॥ १०॥

हे कृष्ण! उसने मेरी माता अदितिके अमृतस्त्रावी दोनों दिव्य कुण्डल ले लिये हैं और अब इस ऐरावत हाथीको भी लेना चाहता है॥ ११॥ हे गोविन्द! मैंने आपको उसकी ये सब अनीतियाँ सुना दी हैं; इनका जो प्रतीकार होना चाहिये, वह आप स्वयं विचार लें'' ॥ १२॥

श्रीपराशरजी बोले—इन्द्रके ये वचन सुनकर श्रीदेवकीनन्दन मुसकाये और इन्द्रका हाथ पकड़कर अपने श्रेष्ठ आसनसे उठे॥ १३॥ फिर स्मरण करते ही उपस्थित हुए आकाशगामी गरुडपर सत्यभामाको चढ़ाकर स्वयं चढ़े और प्राग्ज्योतिषपुरको चले॥ १४॥ तदनन्तर इन्द्र भी ऐरावतपर चढ़कर देवलोकको गये तथा भगवान् कृष्णचन्द्र सब द्वारकावासियोंके देखते-देखते [नरकासुरको मारने] चले गये॥ १५॥

हे द्विजोत्तम! प्राग्ज्योतिषपुरके चारों ओर पृथिवी सौ योजनतक मुर दैत्यके बनाये हुए छुरेकी धाराके समान अति तीक्ष्ण पाशोंसे घिरी हुई थी॥ १६॥ भगवान्‌ने उन पाशोंको सुदर्शनचक्र फेंककर काट डाला; फिर मुर दैत्य भी सामना करनेके लिये उठा तब श्रीकेशवने उसे भी मार डाला॥ १७॥ तदनन्तर श्रीहरिने मुरके सात हजार पुत्रोंको भी अपने चक्रकी धाररूप अग्निमें पतंगके समान भस्म कर दिया॥ १८॥ हे द्विज! इस प्रकार मतिमान् भगवान्‌ने मुर, हयग्रीव एवं पंचजन आदि दैत्योंको मारकर बड़ी शीघ्रतासे प्राग्ज्योतिषपुरमें प्रवेश किया॥ १९॥ वहाँ पहुँचकर भगवान्‌का अधिक सेनावाले नरकासुरसे युद्ध हुआ, जिसमें श्रीगोविन्दने उसके सहस्त्रों दैत्योंको मार डाला॥ २०॥ दैत्यदलका दलन करनेवाले महाबलवान् भगवान् चक्रपाणिने शस्त्रास्त्रकी वर्षा करते हुए भूमिपुत्र नरकासुरके सुदर्शनचक्र फेंककर दो टुकड़े कर दिये॥ २१॥ नरकासुरके मरते ही पृथिवी अदितिके कुण्डल लेकर उपस्थित हुई और श्रीजगन्नाथसे कहने लगी॥ २२॥

पृथ्व्युवाच

यदाहमुद्धृता नाथ त्वया सूकरमूर्तिना।
त्वत्स्पर्शसम्भवः पुत्रस्तदायं मय्यजायत॥ २३
सोऽयं त्वयैव दत्तो मे त्वयैव विनिपातितः।
गृहाण कुण्डले चेमे पालयास्य च सन्ततिम्॥ २४
भारावतरणार्थाय ममैव भगवानिमम्।
अंशेन लोकमायातः प्रसादसुमुखः प्रभो॥ २५
त्वं कर्ता च विकर्ता च संहर्ता प्रभवोऽप्ययः।
जगतां त्वं जगद्रूपः स्तूयतेऽच्युत किं तव॥ २६
व्याप्तिर्व्याप्यं क्रिया कर्ता कार्यं च भगवान्यथा।
सर्वभूतात्मभूतस्य स्तूयते तव किं तथा॥ २७
परमात्मा च भूतात्मा त्वमात्मा चाव्ययो भवान्।
यथा तथा स्तुतिर्नाथ किमर्थं ते प्रवर्तते॥ २८
प्रसीद सर्वभूतात्मन्नरकेण तु यत्कृतम्।
तत्क्षम्यतामदोषाय त्वत्सुतस्त्वन्निपातितः॥ २९

श्रीपराशर उवाच

तथेति चोक्त्वा धरणीं भगवान्भूतभावनः।
रत्नानि नरकावासाज्जग्राह मुनिसत्तम॥ ३०
कन्यापुरे स कन्यानां षोडशातुलविक्रमः।
शताधिकानि ददृशे सहस्राणि महामुने॥ ३१
चतुर्दंष्ट्रान्गजांश्चाग्र्यान् षट्सहस्रांश्च दृष्टवान्।
काम्बोजानां तथाश्वानां नियुतान्येकविंशतिम्॥ ३२
ताः कन्यास्तांस्तथा नागांस्तानश्वान् द्वारकां पुरीम्।
प्रापयामास गोविन्दस्सद्यो नरककिङ्करैः॥ ३३
ददृशे वारुणं छत्रं तथैव मणिपर्वतम्।
आरोपयामास हरिर्गरुडे पतगेश्वरे॥ ३४
आरुह्य च स्वयं कृष्णस्सत्यभामासहायवान्।
अदित्याः कुण्डले दातुं जगाम त्रिदशालयम्॥ ३५

पृथिवी बोली—हे नाथ! जिस समय वराहरूप धारणकर आपने मेरा उद्धार किया था, उसी समय आपके स्पर्शसे मेरे यह पुत्र उत्पन्न हुआ था॥ २३॥ इस प्रकार आपहीने मुझे यह पुत्र दिया था और अब आपहीने इसको नष्ट किया है; आप ये कुण्डल लीजिये और अब इसकी सन्तानकी रक्षा कीजिये॥ २४॥ हे प्रभो! मेरे ऊपर प्रसन्न होकर ही आप मेरा भार उतारनेके लिये अपने अंशसे इस लोकमें अवतीर्ण हुए हैं॥ २५॥ हे अच्युत! इस जगत्के आप ही कर्ता, आप ही विकर्ता (पोषक) और आप ही हर्ता (संहारक) हैं; आप ही इसकी उत्पत्ति और लयके स्थान हैं तथा आप ही जगत्रूप हैं। फिर हम आपकी स्तुति किस प्रकार करें?॥ २६॥ हे भगवन्! जब कि व्याप्ति, व्याप्य, क्रिया, कर्ता और कार्यरूप आप ही हैं, तब सबके आत्मस्वरूप आपकी किस प्रकार स्तुति की जा सकती है?॥ २७॥ हे नाथ! जब आप ही परमात्मा, आप ही भूतात्मा और आप ही अव्यय जीवात्मा हैं, तब किस वस्तुको लेकर आपकी स्तुति हो सकती है?॥ २८॥ हे सर्वभूतात्मन्! आप प्रसन्न होइये और इस नरकासुरके सम्पूर्ण अपराध क्षमा कीजिये। निश्चय ही आपने अपने पुत्रको निर्दोष करनेके लिये ही स्वयं मारा है॥ २९॥

श्रीपराशरजी बोले—हे मुनिश्रेष्ठ! तदनन्तर भगवान् भूतभावनने पृथिवीसे कहा—"तुम्हारी इच्छा पूर्ण हो" और फिर नरकासुरके महलसे नाना प्रकारके रत्न लिये॥ ३०॥ हे महामुने! अतुलविक्रम श्रीभगवान्‌ने नरकासुरके कन्यान्तःपुरमें जाकर सोलह हजार एक सौ कन्याएँ देखीं॥ ३१॥ तथा चार दाँतवाले छः हजार गजश्रेष्ठ और इक्कीस लाख काम्बोजदेशीय अश्व देखे॥ ३२॥ उन कन्याओं, हाथियों और घोड़ोंको श्रीकृष्णचन्द्रने नरकासुरके सेवकोंद्वारा तुरन्त ही द्वारकापुरी पहुँचवा दिया॥ ३३॥

तदनन्तर भगवान्‌ने वरुणका छत्र और मणिपर्वत देखा, उन्हें उठाकर उन्होंने पक्षिराज गरुडपर रख लिया॥ ३४॥ और सत्यभामाके सहित स्वयं भी उसीपर चढ़कर अदितिके कुण्डल देनेके लिये स्वर्गलोकको गये॥ ३५॥

इति श्रीविष्णुपुराणे पञ्चमेंऽशे एकोनत्रिंशोऽध्यायः॥ २९॥

तीसवाँ अध्याय

पारिजात-हरण

श्रीपराशर उवाच

गरुडो वारुणं छत्रं तथैव मणिपर्वतम्।
सभार्यं च हृषीकेशं लीलयैव वहन्ययौ॥ १
ततश्शङ्खमुपाध्मासीत्स्वर्गद्वारगतो हरिः।
उपतस्थुस्तथा देवास्सार्घ्यहस्ता जनार्दनम्॥ २
स देवैरर्चितः कृष्णो देवमातुर्निवेशनम्।
सिताभ्रशिखराकारं प्रविश्य ददृशेऽदितिम्॥ ३
स तां प्रणम्य शक्रेण सह ते कुण्डलोत्तमे।
ददौ नरकनाशं च शशंसास्यै जनार्दनः॥ ४
ततः प्रीता जगन्माता धातारं जगतां हरिम्।
तुष्टावादितिरव्यग्रा कृत्वा तत्प्रवणं मनः॥ ५

अदितिरुवाच

नमस्ते पुण्डरीकाक्ष भक्तानामभयंकर।
सनातनात्मन् सर्वात्मन् भूतात्मन् भूतभावन॥ ६
प्रणेतर्मनसो बुद्धेरिन्द्रियाणां गुणात्मक।
त्रिगुणातीत निर्द्वन्द्व शुद्धसत्त्व हृदि स्थित॥ ७
सितदीर्घादिनिश्शेषकल्पनापरिवर्जित।
जन्मादिभिरसंस्पृष्ट स्वप्नादिपरिवर्जित॥ ८
सन्ध्या रात्रिरहो भूमिर्गगनं वायुरम्बु च।
हुताशनो मनो बुद्धिर्भूतादिस्त्वं तथाच्युत॥ ९
सर्गस्थितिविनाशानां कर्ता कर्तृपतिर्भवान्।
ब्रह्मविष्णुशिवाख्याभिरात्ममूर्तिभिरीश्वर॥ १०
देवा दैत्यास्तथा यक्षा राक्षसास्सिद्धपन्नगाः।
कूष्माण्डाश्च पिशाचाश्च गन्धर्वा मनुजास्तथा॥ ११
पशवश्च मृगाश्चैव पतंगाश्च सरीसृपाः।
वृक्षगुल्मलता बह्व्यः समस्तास्तृणजातयः॥ १२
स्थूला मध्यास्तथा सूक्ष्मास्सूक्ष्मात्सूक्ष्मतराश्च ये।
देहभेदा भवान् सर्वे ये केचित्पुर्गलाश्रयाः॥ १३
माया तवेयमज्ञातपरमार्थातिमोहिनी।
अनात्मन्यात्मविज्ञानं यया मूढो निरुद्ध्यते॥ १४

श्रीपराशरजी बोले—पक्षिराज गरुड उस वारुणछत्र, मणिपर्वत और सत्यभामाके सहित श्रीकृष्णचन्द्रको लीलासे-ही लेकर चलने लगे॥ १॥ स्वर्गके द्वारपर पहुँचते ही श्रीहरिने अपना शंख बजाया। उसका शब्द सुनते ही देवगण अर्घ्य लेकर भगवान्‌के सामने उपस्थित हुए॥ २॥ देवताओंसे पूजित होकर श्रीकृष्णचन्द्रजीने देवमाता अदितिके श्वेत मेघशिखरके समान गृहमें जाकर उनका दर्शन किया॥ ३॥ तब श्रीजनार्दनने इन्द्रके साथ देवमाताको प्रणामकर उसके अत्युत्तम कुण्डल दिये और उसे नरक-वधका वृत्तान्त सुनाया॥ ४॥ तदनन्तर जगन्माता अदितिने प्रसन्नतापूर्वक तन्मय होकर जगद्धाता श्रीहरिकी अव्यग्रभावसे स्तुति की॥ ५॥

अदिति बोली—हे कमलनयन! हे भक्तोंको अभय करनेवाले! हे सनातनस्वरूप! हे सर्वात्मन्! हे भूतस्वरूप! हे भूतभावन! आपको नमस्कार है॥ ६॥ हे मन, बुद्धि और इन्द्रियोंके रचयिता! हे गुणस्वरूप! हे त्रिगुणातीत! हे निर्द्वन्द्व! हे शुद्धसत्त्व! हे अन्तर्यामिन्! आपको नमस्कार है॥ ७॥ हे नाथ! आप श्वेत, दीर्घ आदि सम्पूर्ण कल्पनाओंसे रहित हैं, जन्मादि विकारोंसे पृथक् हैं तथा स्वप्नादि अवस्थात्रयसे परे हैं; आपको नमस्कार है॥ ८॥ हे अच्युत! सन्ध्या, रात्रि, दिन, भूमि, आकाश, वायु, जल, अग्नि, मन, बुद्धि और अहंकार—ये सब आप ही हैं॥ ९॥

हे ईश्वर! आप ब्रह्मा, विष्णु और शिव नामक अपनी मूर्तियोंसे जगत्‌की उत्पत्ति, स्थिति और नाशके कर्ता हैं तथा आप कर्ताओंके भी स्वामी हैं॥ १०॥ देवता, दैत्य, यक्ष, राक्षस, सिद्ध, पन्नग (नाग), कूष्माण्ड, पिशाच, गन्धर्व, मनुष्य, पशु, मृग, पतंग, सरीसृप (साँप), अनेकों वृक्ष, गुल्म और लताएँ, समस्त तृणजातियाँ तथा स्थूल मध्यम सूक्ष्म और सूक्ष्मसे भी सूक्ष्म जितने देह-भेद पुर्गल (परमाणु)-के आश्रित हैं वे सब आप ही हैं॥ ११—१३॥

हे प्रभो! आपकी माया ही परमार्थतत्त्वके न जाननेवाले पुरुषोंको मोहित करनेवाली है, जिससे मूढ पुरुष अनात्मामें आत्मबुद्धि करके बन्धनमें पड़ जाते हैं॥ १४॥

अस्वे स्वमिति भावोऽत्र यत्पुंसामुपजायते।
अहं ममेति भावो यत्प्रायेणैवाभिजायते।
संसारमातुर्मायायास्तवैतन्नाथ चेष्टितम्॥ १५
यैः स्वधर्मपरैर्नाथ नरैराराधितो भवान्।
ते तरन्त्यखिलामेतां मायामात्मविमुक्तये॥ १६
ब्रह्माद्यास्सकला देवा मनुष्याः पशवस्तथा।
विष्णुमायामहावर्तमोहान्धतमसावृताः॥ १७
आराध्य त्वामभीप्सन्ते कामानात्मभवक्षयम्।
यदेते पुरुषा माया सैवेयं भगवंस्तव॥ १८
मया त्वं पुत्रकामिन्या वैरिपक्षजयाय च।
आराधितो न मोक्षाय मायाविलसितं हि तत्॥ १९
कौपीनाच्छादनप्राया वाञ्छा कल्पद्रुमादपि।
जायते यदपुण्यानां सोऽपराधः स्वदोषजः॥ २०
तत्प्रसीदाखिलजगन्मायामोहकराव्यय।
अज्ञानं ज्ञानसद्भावभूतं भूतेश नाशय॥ २१
नमस्ते चक्रहस्ताय शार्ङ्गहस्ताय ते नमः।
गदाहस्ताय ते विष्णो शङ्खहस्ताय ते नमः॥ २२
एतत्पश्यामि ते रूपं स्थूलचिह्नोपलक्षितम्।
न जानामि परं यत्ते प्रसीद परमेश्वर॥ २३

श्रीपराशर उवाच

अदित्यैवं स्तुतो विष्णुः प्रहस्याह सुरारणिम्*।
माता देवि त्वमस्माकं प्रसीद वरदा भव॥ २४

अदितिरुवाच

एवमस्तु तथेच्छा ते त्वमशेषैस्सुरासुरैः।
अजेयः पुरुषव्याघ्र मर्त्यलोके भविष्यसि॥ २५

श्रीपराशर उवाच

ततः कृष्णस्य पत्नी च शक्रपत्न्या सहादितिम्।
सत्यभामा प्रणम्याह प्रसीदेति पुनः पुनः॥ २६

अदितिरुवाच

मत्प्रसादान्न ते सुभ्रु जरा वैरूप्यमेव वा।
भविष्यत्यनवद्याङ्गि सुस्थिरं नवयौवनम्॥ २७

हे नाथ! पुरुषको जो अनात्मामें आत्मबुद्धि और 'मैं-मेरा' आदि भाव प्रायः उत्पन्न होते हैं वह सब आपकी जगज्जननी मायाका ही विलास है॥ १५॥ हे नाथ! जो स्वधर्मपरायण पुरुष आपकी आराधना करते हैं, वे अपने मोक्षके लिये इस सम्पूर्ण मायाको पार कर जाते हैं॥ १६॥ ब्रह्मा आदि सम्पूर्ण देवगण तथा मनुष्य और पशु आदि सभी विष्णुमायारूप महान् आवर्तमें पड़कर मोहरूप अन्धकारसे आवृत हैं॥ १७॥ हे भगवन्! [जन्म और मरणके चक्रमें पड़े हुए] ये पुरुष जीवके भव-बन्धनको नष्ट करनेवाले आपकी आराधना करके भी जो नाना प्रकारकी कामनाएँ ही माँगते हैं, यह आपकी माया ही है॥ १८॥ मैंने भी पुत्रोंकी जयकामनासे शत्रुपक्षको पराजित करनेके लिये ही आपकी आराधना की है, मोक्षके लिये नहीं। यह भी आपकी मायाका ही विलास है॥ १९॥ पुण्यहीन पुरुषोंको जो कल्पवृक्षसे भी कौपीन और आच्छादन-वस्त्रमात्रकी ही कामना होती है यह उनका कर्म-दोष-जन्य अपराध ही है॥ २०॥

हे अखिलजगन्माया-मोहकारी अव्यय प्रभो! आप प्रसन्न होइये और हे भूतेश्वर! 'मैं ज्ञानवान् हूँ' मेरे इस अज्ञानको नष्ट कीजिये॥ २१॥ हे चक्रपाणे! आपको नमस्कार है, हे शार्ङ्गधर! आपको नमस्कार है; हे गदाधर! आपको नमस्कार है; हे शंखपाणे! हे विष्णो! आपको बारम्बार नमस्कार है॥ २२॥ मैं स्थूल चिह्नोंसे प्रतीत होनेवाले आपके इस रूपको ही देखती हूँ; आपके वास्तविक परस्वरूपको मैं नहीं जानती; हे परमेश्वर! आप प्रसन्न होइये॥ २३॥

श्रीपराशरजी बोले—अदितिद्वारा इस प्रकार स्तुति किये जानेपर भगवान् विष्णु देवमातासे हँसकर बोले—"हे देवि! तुम तो हमारी माता हो; तुम प्रसन्न होकर हमें वरदायिनी होओ"॥ २४॥

अदिति बोली—हे पुरुषसिंह! तुम्हारी इच्छा पूर्ण हो। तुम मर्त्यलोकमें सम्पूर्ण सुरासुरोंसे अजेय होगे॥ २५॥

श्रीपराशरजी बोले—तदनन्तर शक्रपत्नी शचीके सहित कृष्णप्रिया सत्यभामाने अदितिको पुनः-पुनः प्रणाम करके कहा—"माता! आप प्रसन्न होइये"॥ २६॥

अदिति बोली—हे सुन्दर भृकुटिवाली! मेरी कृपासे तुझे कभी वृद्धावस्था या विरूपता व्याप्त न होगी। हे अनिन्दितांगि! तेरा नवयौवन सदा स्थिर रहेगा॥ २७॥

* दीपयिवीम्

श्रीपराशर उवाच

अदित्या तु कृतानुज्ञो देवराजो जनार्दनम्।
यथावत्पूजयामास बहुमानपुरस्सरम्॥ २८
शची च सत्यभामायै पारिजातस्य पुष्पकम्।
न ददौ मानुषीं मत्वा स्वयं पुष्पैरलङ्कृता॥ २९
ततो ददर्श कृष्णोऽपि सत्यभामासहायवान्।
देवोद्यानानि हृद्यानि नन्दनादीनि सत्तम॥ ३०
ददर्श च सुगन्धाढ्यं मञ्जरीपुञ्जधारिणम्।
नित्याह्लादकरं ताम्रबालपल्लवशोभितम्॥ ३१
मथ्यमानेऽमृते जातं जातरूपोपमत्वचम्।
पारिजातं जगन्नाथः केशवः केशिसूदनः॥ ३२
तुतोष परमप्रीत्या तरुराजमनुत्तमम्।
तं दृष्ट्वा प्राह गोविन्दं सत्यभामा द्विजोत्तम।
कस्मान्न द्वारकामेष नीयते कृष्ण पादपः॥ ३३
यदि चेत्त्वद्वचः सत्यं त्वमत्यर्थं प्रियेति मे।
मद्गेहनिष्कुटार्थाय तदयं नीयतां तरुः॥ ३४
न मे जाम्बवती तादृगभीष्टा न च रुक्मिणी।
सत्ये यथा त्वमित्युक्तं त्वया कृष्णासकृत्प्रियम्॥ ३५
सत्यं तद्यदि गोविन्द नोपचारकृतं मम।
तदस्तु पारिजातोऽयं मम गेहविभूषणम्॥ ३६
बिभ्रती पारिजातस्य केशपक्षेण मञ्जरीम्।
सपत्नीनामहं मध्ये शोभेयमिति कामये॥ ३७

श्रीपराशर उवाच

इत्युक्तस्स प्रहस्यैनां पारिजातं गरुत्मति।
आरोपयामास हरिस्तमूचुर्वनरक्षिणः॥ ३८
भो शची देवराजस्य महिषी तत्परिग्रहम्।
पारिजातं न गोविन्द हर्तुमर्हसि पादपम्॥ ३९
उत्पन्नो देवराजाय दत्तस्सोऽपि ददौ पुनः।
महिष्यै सुमहाभाग देव्यै शच्यै कुतूहलात्॥ ४०
शचीविभूषणार्थाय देवैरमृतमन्थने।
उत्पादितोऽयं न क्षेमी गृहीत्वैनं गमिष्यसि॥ ४१

श्रीपराशरजी बोले—तदनन्तर अदितिकी आज्ञासे देवराजने अत्यन्त आदर-सत्कारके साथ श्रीकृष्णचन्द्रका पूजन किया॥ २८॥ किन्तु कल्पवृक्षके पुष्पोंसे अलंकृता इन्द्राणीने सत्यभामाको मानुषी समझकर वे पुष्प न दिये॥ २९॥ हे साधुश्रेष्ठ! तदनन्तर सत्यभामाके सहित श्रीकृष्णचन्द्रने भी देवताओंके नन्दन आदि मनोहर उद्यानोंको देखा॥ ३०॥ वहाँपर केशिनिषूदन जगन्नाथ श्रीकृष्णने सुगन्धपूर्ण मंजरी-पुंजधारी, नित्याह्लादकारी और ताम्रवर्ण बाल पत्तोंसे सुशोभित, अमृत-मन्थनके समय प्रकट हुआ तथा सुनहरी छालवाला पारिजात-वृक्ष देखा॥ ३१-३२॥

हे द्विजोत्तम! उस अत्युत्तम वृक्षराजको देखकर परम प्रीतिवश सत्यभामा अति प्रसन्न हुई और श्रीगोविन्दसे बोली—"हे कृष्ण! इस वृक्षको द्वारकापुरी क्यों नहीं ले चलते?॥ ३३॥ यदि आपका यह वचन कि 'तुम ही मेरी अत्यन्त प्रिया हो' सत्य है तो मेरे गृहोद्यानमें लगानेके लिये इस वृक्षको ले चलिये॥ ३४॥ हे कृष्ण! आपने कई बार मुझसे यह प्रिय वाक्य कहा है कि 'हे सत्ये! मुझे तू जितनी प्यारी है उतनी न जाम्बवती है और न रुक्मिणी ही'॥ ३५॥ हे गोविन्द! यदि आपका यह कथन सत्य है—केवल मुझे बहलाना ही नहीं है—तो यह पारिजातवृक्ष मेरे गृहका भूषण हो॥ ३६॥ मेरी ऐसी इच्छा है कि मैं अपने केश-कलापोंमें पारिजातपुष्प गूँथकर अपनी अन्य सपत्नियोंमें सुशोभित होऊँ"॥ ३७॥

श्रीपराशरजी बोले—सत्यभामाके इस प्रकार कहनेपर श्रीहरिने हँसते हुए उस पारिजातवृक्षको गरुडपर रख लिया; तब नन्दनवनके रक्षकोंने कहा—॥ ३८॥ "हे गोविन्द! देवराज इन्द्रकी पत्नी जो महारानी शची हैं यह पारिजातवृक्ष उनकी सम्पत्ति है, आप इसका हरण न कीजिये॥ ३९॥ क्षीर-समुद्रसे उत्पन्न होनेके अनन्तर यह देवराजको दिया गया था; फिर हे महाभाग! देवराजने कुतूहलवश इसे अपनी महिषी शचीदेवीको दे दिया है॥ ४०॥ समुद्र-मन्थनके समय शचीको विभूषित करनेके लिये ही देवताओंने इसे उत्पन्न किया था; इसे लेकर आप कुशलपूर्वक नहीं जा सकेंगे॥ ४१॥

देवराजो मुखप्रेक्षी यस्यास्तस्याः परिग्रहम्।
मौढ्यात्प्रार्थयसे क्षेमी गृहीत्वैनं हि को व्रजेत्॥ ४२
अवश्यमस्य देवेन्द्रो निष्कृतिं कृष्ण यास्यति।
वज्रोद्यतकरं शक्रमनुयास्यन्ति चामराः॥ ४३
तदलं सकलैर्देवैर्विग्रहेण तवाच्युत।
विपाककटु यत्कर्म तन्न शंसन्ति पण्डिताः॥ ४४

श्रीपराशर उवाच

इत्युक्ते तैरुवाचैतान् सत्यभामातिकोपिनी।
का शची पारिजातस्य को वा शक्रस्सुराधिपः॥ ४५
सामान्यस्सर्वलोकस्य यद्येषोऽमृतमन्थने।
समुत्पन्नस्तरुः कस्मादेको गृह्णाति वासवः॥ ४६
यथा सुरा यथैवेन्दुर्यथा श्रीर्वनरक्षिणः।
सामान्यस्सर्वलोकस्य पारिजातस्तथा द्रुमः॥ ४७
भर्तृबाहुमहागर्वाद्रुणद्ध्येनमथो शची।
तत्कथ्यतामलं क्षान्त्या सत्या हारयति द्रुमम्॥ ४८
कथ्यतां च द्रुतं गत्वा पौलोम्या वचनं मम।
सत्यभामा वदत्येतदिति गर्वोद्धताक्षरम्॥ ४९
यदि त्वं दयिता भर्तुर्यदि वश्यः पतिस्तव।
मद्भर्तुर्हरतो वृक्षं तत्कारय निवारणम्॥ ५०
जानामि ते पतिं शक्रं जानामि त्रिदशेश्वरम्।
पारिजातं तथाप्येनं मानुषी हारयामि ते॥ ५१

श्रीपराशर उवाच

इत्युक्ता रक्षिणो गत्वा शच्याः प्रोचुर्यथोदितम्।
श्रुत्वा चोत्साहयामास शची शक्रं सुराधिपम्॥ ५२
ततस्समस्तदेवानां सैन्यैः परिवृतो हरिम्।
प्रययौ पारिजातार्थमिन्द्रो योद्धुं द्विजोत्तम॥ ५३
ततः परिघनिस्त्रिंशगदाशूलवरायुधाः।
बभूवुस्त्रिदशास्सज्जाः शक्रे वज्रकरे स्थिते॥ ५४
ततो निरीक्ष्य गोविन्दो नागराजोपरिस्थितम्।
शक्रं देवपरीवारं युद्धाय समुपस्थितम्॥ ५५
चकार शङ्खनिर्घोषं दिशश्शब्देन पूरयन्।
मुमोच शरसङ्घातान्सहस्त्रायुतशश्शितान्॥ ५६

देवराज भी जिसका मुँह देखते रहते हैं, उस शचीकी सम्पत्ति इस पारिजातकी इच्छा आप मूढताहीसे करते हैं; इसे लेकर भला कौन सकुशल जा सकता है?॥ ४२॥ हे कृष्ण! देवराज इन्द्र इस वृक्षका बदला चुकानेके लिये अवश्य ही वज्र लेकर उद्यत होंगे और फिर देवगण भी अवश्य ही उनका अनुगमन करेंगे॥ ४३॥ अतः हे अच्युत! समस्त देवताओंके साथ रार बढ़ानेसे आपका कोई लाभ नहीं; क्योंकि जिस कर्मका परिणाम कटु होता है, पण्डितजन उसे अच्छा नहीं कहते''॥ ४४॥

श्रीपराशरजी बोले—उद्यान-रक्षकोंके इस प्रकार कहनेपर सत्यभामाने अत्यन्त क्रुद्ध होकर कहा—''शची अथवा देवराज इन्द्र ही इस पारिजातके कौन होते हैं?॥ ४५॥ यदि यह अमृत-मन्थनके समय उत्पन्न हुआ है, तो सबकी समान सम्पत्ति है। अकेला इन्द्र ही इसे कैसे ले सकता है?॥ ४६॥ अरे वनरक्षको! जिस प्रकार [समुद्रसे उत्पन्न हुए] मदिरा, चन्द्रमा और लक्ष्मीका सब लोग समानतासे भोग करते हैं, उसी प्रकार पारिजातवृक्ष भी सभीकी सम्पत्ति है॥ ४७॥ यदि पतिके बाहुबलसे गर्विता होकर शचीने ही इसपर अपना अधिकार जमा रखा है तो उससे कहना कि सत्यभामा उस वृक्षको हरण कराकर लिये जाती है, तुम्हें क्षमा करनेकी आवश्यकता नहीं है॥ ४८॥ अरे मालियो! तुम तुरन्त जाकर मेरे ये शब्द शचीसे कहो कि सत्यभामा अत्यन्त गर्वपूर्वक कड़े अक्षरोंमें यह कहती है कि यदि तुम अपने पतिको अत्यन्त प्यारी हो और वे तुम्हारे वशीभूत हैं तो मेरे पतिको पारिजात हरण करनेसे रोकें॥ ४९-५०॥ मैं तुम्हारे पति शक्रको जानती हूँ और यह भी जानती हूँ कि वे देवताओंके स्वामी हैं तथापि मैं मानवी ही तुम्हारे इस पारिजातवृक्षको लिये जाती हूँ''॥ ५१॥

श्रीपराशरजी बोले—सत्यभामाके इस प्रकार कहनेपर वनरक्षकोंने शचीके पास जाकर उससे सम्पूर्ण वृत्तान्त ज्यों-का-त्यों कह दिया। यह सब सुनकर शचीने अपने पति देवराज इन्द्रको उत्साहित किया॥ ५२॥ हे द्विजोत्तम! तब देवराज इन्द्र पारिजातवृक्षको छुड़ानेके लिये सम्पूर्ण देवसेनाके सहित श्रीहरिसे लड़नेके लिये चले॥ ५३॥ जिस समय इन्द्रने अपने हाथमें वज्र लिया उसी समय सम्पूर्ण देवगण परिघ, निस्त्रिंश, गदा और शूल आदि अस्त्र-शस्त्रोंसे सुसज्जित हो गये॥ ५४॥ तदनन्तर देवसेनासे घिरे हुए ऐरावतारूढ इन्द्रको युद्धके लिये उद्यत देख श्रीगोविन्दने सम्पूर्ण दिशाओंको शब्दायमान करते हुए शंख-ध्वनि की और हजारों-लाखों तीखे बाण छोड़े॥ ५५-५६॥

ततो दिशो नभश्चैव दृष्ट्वा शरशतैश्चितम्।
मुमुचुस्त्रिदशास्सर्वे ह्यस्त्रशस्त्राण्यनेकशः॥ ५७
एकैकमस्त्रं शस्त्रं च देवैर्मुक्तं सहस्रशः।
चिच्छेद लीलयैवेशो जगतां मधुसूदनः॥ ५८
पाशं सलिलराजस्य समाकृष्योरगाशनः।
चकार खण्डशश्चञ्च्वा बालपन्नगदेहवत्॥ ५९
यमेन प्रहितं दण्डं गदाविक्षेपखण्डितम्।
पृथिव्यां पातयामास भगवान् देवकीसुतः॥ ६०
शिबिकां च धनेशस्य चक्रेण तिलशो विभुः।
चकार शौरिरर्कं च दृष्टिदृष्टहतौजसम्॥ ६१
नीतोऽग्निश्शीततां बाणैर्द्राविता वसवो दिशः।
चक्रविच्छिन्नशूलाग्रा रुद्रा भुवि निपातिताः॥ ६२
साध्या विश्वेऽथ मरुतो गन्धर्वाश्चैव सायकैः।
शार्ङ्गिणा प्रेरितैरस्ता व्योम्नि शाल्मलितूलवत्॥ ६३
गरुत्मानपि तुण्डेन पक्षाभ्यां च नखाङ्कुरैः।
भक्षयंस्ताडयन् देवान् दारयंश्च चचार वै॥ ६४
ततश्शरसहस्रेण देवेन्द्रमधुसूदनौ।
परस्परं ववर्षाते धाराभिरिव तोयदौ॥ ६५
ऐरावतेन गरुडो युयुधे तत्र संकुले।
देवैस्समस्तैर्युयुधे शक्रेण च जनार्दनः॥ ६६
भिन्नेष्वशेषबाणेषु शस्त्रेष्वस्त्रेषु च त्वरन्।
जग्राह वासवो वज्रं कृष्णश्चक्रं सुदर्शनम्॥ ६७
ततो हाहाकृतं सर्वं त्रैलोक्यं द्विजसत्तम।
वज्रचक्रकरौ दृष्ट्वा देवराजजनार्दनौ॥ ६८
क्षिप्तं वज्रमथेन्द्रेण जग्राह भगवान्हरिः।
न मुमोच तदा चक्रं शक्रं तिष्ठेति चाब्रवीत्॥ ६९
प्रणष्टवज्रं देवेन्द्रं गरुडक्षतवाहनम्।
सत्यभामाब्रवीद्वीरं पलायनपरायणम्॥ ७०
त्रैलोक्येश न ते युक्तं शचीभर्तुः पलायनम्।
पारिजातस्रगाभोगा त्वामुपस्थास्यते शची॥ ७१

इस प्रकार सम्पूर्ण दिशाओं और आकाशको सैकड़ों बाणोंसे पूर्ण देख देवताओंने अनेकों अस्त्र-शस्त्र छोड़े॥ ५७॥

त्रिलोकीके स्वामी श्रीमधुसूदनने देवताओंके छोड़े हुए प्रत्येक अस्त्र-शस्त्रके लीलासे ही हजारों टुकड़े कर दिये॥ ५८॥ सर्पाहारी गरुडने जलाधिपति वरुणके पाशको खींचकर अपनी चोंचसे सर्पके बच्चेके समान उसके कितने ही टुकड़े कर डाले॥ ५९॥ श्रीदेवकीनन्दनने यमके फेंके हुए दण्डको अपनी गदासे खण्ड-खण्ड कर पृथिवीपर गिरा दिया॥ ६०॥ कुबेरके विमानको भगवान्ने सुदर्शनचक्रद्वारा तिल-तिल कर डाला और सूर्यको अपनी तेजोमय दृष्टिसे देखकर ही निस्तेज कर दिया॥ ६१॥ भगवान्ने तदनन्तर बाण बरसाकर अग्निको शीतल कर दिया और वसुओंको दिशा-विदिशाओंमें भगा दिया तथा अपने चक्रसे त्रिशूलोंकी नोंक काटकर रुद्रगणको पृथिवीपर गिरा दिया॥ ६२॥ भगवान्के चलाये हुए बाणोंसे साध्यगण, विश्वेदेवगण, मरुद्गण और गन्धर्वगण सेमलकी रूईके समान आकाशमें ही लीन हो गये॥ ६३॥ श्रीभगवान्के साथ गरुडजी भी अपनी चोंच, पंख और पंजोंसे देवताओंको खाते, मारते और फाड़ते फिर रहे थे॥ ६४॥

फिर जिस प्रकार दो मेघ जलकी धाराएँ बरसाते हों उसी प्रकार देवराज इन्द्र और श्रीमधुसूदन एक-दूसरेपर बाण बरसाने लगे॥ ६५॥ उस युद्धमें गरुडजी ऐरावतके साथ और श्रीकृष्णचन्द्र इन्द्र तथा सम्पूर्ण देवताओंके साथ लड़ रहे थे॥ ६६॥ सम्पूर्ण बाणोंके चूक जाने और अस्त्र-शस्त्रोंके कट जानेपर इन्द्रने शीघ्रतासे वज्र और कृष्णने सुदर्शनचक्र हाथमें लिया॥ ६७॥ हे द्विजश्रेष्ठ! उस समय सम्पूर्ण त्रिलोकीमें इन्द्र और कृष्णचन्द्रको क्रमशः वज्र और चक्र लिये हुए देखकर हाहाकार मच गया॥ ६८॥ श्रीहरिने इन्द्रके छोड़े हुए वज्रको अपने हाथोंसे पकड़ लिया और स्वयं चक्र न छोड़कर इन्द्रसे कहा—"अरे, ठहर!"॥ ६९॥

इस प्रकार वज्र छिन जाने और अपने वाहन ऐरावतके गरुडद्वारा क्षत-विक्षत हो जानेके कारण भागते हुए वीर इन्द्रसे सत्यभामाने कहा—॥ ७०॥ "हे त्रैलोक्येश्वर! तुम शचीके पति हो, तुम्हें इस प्रकार युद्धमें पीठ दिखलाना उचित नहीं है। तुम भागो मत, पारिजात-पुष्पोंकी मालासे विभूषिता होकर शची शीघ्र ही तुम्हारे पास आवेगी॥ ७१॥

कीदृशं देवराज्यं ते पारिजातस्त्रगुज्ज्वलाम्।
अपश्यतो यथापूर्वं प्रणयाभ्यागतां शचीम्॥ ७२

अलं शक्र प्रयासेन न व्रीडां गन्तुमर्हसि।
नीयतां पारिजातोऽयं देवास्सन्तु गतव्यथाः॥ ७३

पतिगर्वावलेपेन बहुमानपुरस्सरम्।
न ददर्श गृहं यातामुपचारेण मां शची॥ ७४

स्त्रीत्वादगुरुचित्ताहं स्वभर्तृश्लाघनापरा।
ततः कृतवती शक्र भवता सह विग्रहम्॥ ७५

तदलं पारिजातेन परस्वेन हृतेन मे।
रूपेण गर्विता सा तु भर्त्रा का स्त्री न गर्विता॥ ७६

श्रीपराशर उवाच

इत्युक्तो वै निववृते देवराजस्तया द्विज।
प्राह चैनामलं चण्डि सख्युः खेदोक्तिविस्तरैः॥ ७७

न चापि सर्गसंहारस्थितिकर्ताखिलस्य यः।
जितस्य तेन मे व्रीडा जायते विश्वरूपिणा॥ ७८

यस्माज्जगत्सकलमेतदनादिमध्या-
द्यस्मिन्यतश्च न भविष्यति सर्वभूतात्।
तेनोद्भवप्रलयपालनकारणेन
व्रीडा कथं भवति देवि निराकृतस्य॥ ७९

सकलभुवनसूतिर्मूर्तिरल्पाल्पसूक्ष्मा
विदितसकलवेदैर्ज्ञायते यस्य नान्यैः।
तमजमकृतमीशं शाश्वतं स्वेच्छयैनं
जगदुपकृतिमर्त्यं को विजेतुं समर्थः॥ ८०

अब प्रेमवश अपने पास आयी हुई शचीको पहलेकी भाँति पारिजात-पुष्पकी मालासे अलंकृत न देखकर तुम्हें देवराजत्वका क्या सुख होगा?॥ ७२॥ हे शक्र! अब तुम्हें अधिक प्रयास करनेकी आवश्यकता नहीं है, तुम संकोच मत करो; इस पारिजात-वृक्षको ले जाओ। इसे पाकर देवगण सन्तापरहित हों॥ ७३॥ अपने पतिके बाहुबलसे अत्यन्त गर्विता शचीने अपने घर जानेपर भी मुझे कुछ अधिक सम्मानकी दृष्टिसे नहीं देखा था॥ ७४॥ स्त्री होनेसे मेरा चित्त भी अधिक गम्भीर नहीं है, इसलिये मैंने भी अपने पतिका गौरव प्रकट करनेके लिये ही तुमसे यह लड़ाई ठानी थी॥ ७५॥ मुझे दूसरेकी सम्पत्ति इस पारिजातको ले जानेकी क्या आवश्यकता है? शची अपने रूप और पतिके कारण गर्विता है तो ऐसी कौन-सी स्त्री है जो इस प्रकार गर्वीली न हो?''॥ ७६॥

श्रीपराशरजी बोले—हे द्विज! सत्यभामाके इस प्रकार कहनेपर देवराज लौट आये और बोले—''हे क्रोधिते! मैं तुम्हारा सुहृद् हूँ, अतः मेरे लिये ऐसी वैमनस्य बढ़ानेवाली उक्तियोंके विस्तार करनेका कोई प्रयोजन नहीं है?॥ ७७॥ जो सम्पूर्ण जगत्की उत्पत्ति, स्थिति और संहार करनेवाले हैं, उन विश्वरूप प्रभुसे पराजित होनेमें भी मुझे कोई संकोच नहीं है॥ ७८॥ जिस आदि और मध्यरहित प्रभुसे यह सम्पूर्ण जगत् उत्पन्न हुआ है, जिसमें यह स्थित है और फिर जिसमें लीन होकर अन्तमें यह न रहेगा; हे देवि! जगत्की उत्पत्ति, प्रलय और पालनके कारण उस परमात्मासे ही परास्त होनेमें मुझे कैसे लज्जा हो सकती है?॥ ७९॥ जिसकी अत्यन्त अल्प और सूक्ष्म मूर्तिको, जो सम्पूर्ण जगत्को उत्पन्न करनेवाली है, सम्पूर्ण वेदोंको जाननेवाले अन्य पुरुष भी नहीं जान पाते तथा जिसने जगत्के उपकारके लिये अपनी इच्छासे ही मनुष्यरूप धारण किया है उस अजन्मा, अकर्ता और नित्य ईश्वरको जीतनेमें कौन समर्थ है?''॥ ८०॥

इति श्रीविष्णुपुराणे पञ्चमेंऽशे त्रिंशोऽध्यायः॥ ३०॥

इकतीसवाँ अध्याय

भगवान्‌का द्वारकापुरीमें लौटना और सोलह हजार एक सौ कन्याओंसे विवाह करना

श्रीपराशर उवाच

संस्तुतो भगवानित्थं देवराजेन केशवः।
प्रहस्य भावगम्भीरमुवाचेन्द्रं द्विजोत्तम॥ १

श्रीकृष्ण उवाच

देवराजो भवानिन्द्रो वयं मर्त्या जगत्पते।
क्षन्तव्यं भवतैवेदमपराधं कृतं मम॥ २
पारिजाततरुश्चायं नीयतामुचितास्पदम्।
गृहीतोऽयं मया शक्र सत्यावचनकारणात्॥ ३
वज्रं चेदं गृहाण त्वं यदत्र प्रहितं त्वया।
तवैवैतत्प्रहरणं शक्र वैरिविदारणम्॥ ४

इन्द्र उवाच

विमोहयसि मामीश मर्त्योऽहमिति किं वदन्।
जानीमस्त्वां भगवतो न तु सूक्ष्मविदो वयम्॥ ५
योऽसि सोऽसि जगत्त्राणप्रवृत्तो नाथ संस्थितः।
जगतश्शल्यनिष्कर्षं करोष्यसुरसूदन॥ ६
नीयतां पारिजातोऽयं कृष्ण द्वारवतीं पुरीम्।
मर्त्यलोके त्वया त्यक्ते नायं संस्थास्यते भुवि॥ ७
देवदेव जगन्नाथ कृष्ण विष्णो महाभुज।
शङ्खचक्रगदापाणे क्षमस्वैतद्व्यतिक्रमम्॥ ८

श्रीपराशर उवाच

तथेत्युक्त्वा च देवेन्द्रमाजगाम भुवं हरिः।
प्रसक्तैः सिद्धगन्धर्वैः स्तूयमानः सुरर्षिभिः॥ ९
ततश्शङ्खमुपाध्माय द्वारकोपरि संस्थितः।
हर्षमुत्पादयामास द्वारकावासिनां द्विज॥ १०
अवतीर्याथ गरुडात्सत्यभामासहायवान्।
निष्कुटे स्थापयामास पारिजातं महातरुम्॥ ११
यमभ्येत्य जनस्सर्वो जातिं स्मरति पौर्विकीम्।
वास्यते यस्य पुष्पोत्थगन्धेनोर्वी त्रियोजनम्॥ १२

श्रीपराशरजी बोले—हे द्विजोत्तम! इन्द्रने जब इस प्रकार स्तुति की तो भगवान् कृष्णचन्द्र गम्भीर-भावसे हँसते हुए इस प्रकार बोले—॥ १॥

श्रीकृष्णजी बोले—हे जगत्पते! आप देवराज इन्द्र हैं और हम मरणधर्मा मनुष्य हैं। हमने आपका जो अपराध किया है उसे आप क्षमा करें॥ २॥ मैंने जो यह पारिजातवृक्ष लिया था इसे इसके योग्य स्थान (नन्दनवन)-को ले जाइये। हे शक्र! मैंने तो इसे सत्यभामाके कहनेसे ही ले लिया था॥ ३॥ और आपने जो वज्र फेंका था उसे भी ले लीजिये; क्योंकि हे शक्र! यह शत्रुओंको नष्ट करनेवाला शस्त्र आपहीका है॥ ४॥

इन्द्र बोले—हे ईश! 'मैं मनुष्य हूँ' ऐसा कहकर मुझे क्यों मोहित करते हैं? हे भगवन्! मैं तो आपके इस सगुणस्वरूपको ही जानता हूँ, हम आपके सूक्ष्म-स्वरूपको जाननेवाले नहीं हैं॥ ५॥ हे नाथ! आप जो हैं वही हैं, [हम तो इतना ही जानते हैं कि] हे दैत्यदलन! आप लोकरक्षामें तत्पर हैं और इस संसारके काँटोंको निकाल रहे हैं॥ ६॥ हे कृष्ण! इस पारिजात-वृक्षको आप द्वारकापुरी ले जाइये, जिस समय आप मर्त्यलोक छोड़ देंगे, उस समय वह भूर्लोकमें नहीं रहेगा॥ ७॥ हे देवदेव! हे जगन्नाथ! हे कृष्ण! हे विष्णो! हे महाबाहो! हे शंखचक्रगदापाणे! मेरी इस धृष्टताको क्षमा कीजिये॥ ८॥

श्रीपराशरजी बोले—तदनन्तर श्रीहरि देवराजसे 'तुम्हारी जैसी इच्छा है वैसा ही सही' ऐसा कहकर सिद्ध, गन्धर्व और देवर्षिगणसे स्तुत हो भूर्लोकमें चले आये॥ ९॥ हे द्विज! द्वारकापुरीके ऊपर पहुँचकर श्रीकृष्णचन्द्रने [अपने आनेकी सूचना देते हुए] शंख बजाकर द्वारकावासियोंको आनन्दित किया॥ १०॥ तदनन्तर सत्यभामाके सहित गरुडसे उतरकर उस पारिजात-महावृक्षको [सत्यभामाके] गृहोद्यानमें लगा दिया॥ ११॥ जिसके पास आकर सब मनुष्योंको अपने पूर्वजन्मका स्मरण हो आता है और जिसके पुष्पोंसे निकली हुई गन्धसे तीन योजनतक पृथिवी सुगन्धित रहती है॥ १२॥

ततस्ते यादवास्सर्वे देहबन्धानमानुषान्।
ददृशुः पादपे तस्मिन् कुर्वन्तो मुखदर्शनम्॥ १३

यादवोंने उस वृक्षके पास जाकर अपना मुख देखा तो उन्हें अपना शरीर अमानुष दिखलायी दिया॥ १३॥

किंकरैस्समुपानीतं हस्त्यश्वादि ततो धनम्।
विभज्य प्रददौ कृष्णो बान्धवानां महामतिः॥ १४
कन्याश्च कृष्णो जग्राह नरकस्य परिग्रहान्॥ १५

तदनन्तर महामति श्रीकृष्णचन्द्रने नरकासुरके सेवकोंद्वारा लाये हुए हाथी-घोड़े आदि धनको अपने बन्धु-बान्धवोंमें बाँट दिया और नरकासुरकी वरण की हुई कन्याओंको स्वयं ले लिया॥ १४-१५॥

ततः काले शुभे प्राप्ते उपयेमे जनार्दनः।
ताः कन्या नरकेणासन्सर्वतो यास्समाहृताः॥ १६

शुभ समय प्राप्त होनेपर श्रीजनार्दनने उन समस्त कन्याओंके साथ, जिन्हें नरकासुर बलात् हर लाया था, विवाह किया॥ १६॥

एकस्मिन्नेव गोविन्दः काले तासां महामुने।
जग्राह विधिवत्पाणीन्पृथग्गेहेषु धर्मतः॥ १७

हे महामुने! श्रीगोविन्दने एक ही समय पृथक्-पृथक् भवनोंमें उन सबके साथ विधिवत् धर्मपूर्वक पाणिग्रहण किया॥ १७॥

षोडशस्त्रीसहस्त्राणि शतमेकं ततोऽधिकम्।
तावन्ति चक्रे रूपाणि भगवान् मधुसूदनः॥ १८

वे सोलह हजार एक सौ स्त्रियाँ थीं; उन सबके साथ पाणिग्रहण करते समय श्रीमधुसूदनने इतने ही रूप बना लिये॥ १८॥

एकैकमेव ताः कन्या मेनिरे मधुसूदनः।
ममैव पाणिग्रहणं मैत्रेय कृतवानिति॥ १९

हे मैत्रेय! परंतु उस समय प्रत्येक कन्या 'भगवान्ने मेरा ही पाणिग्रहण किया है' इस प्रकार उन्हें एक ही समझ रही थी॥ १९॥

निशासु च जगत्स्रष्टा तासां गेहेषु केशवः।
उवास विप्र सर्वासां विश्वरूपधरो हरिः॥ २०

हे विप्र! जगत्स्रष्टा विश्वरूपधारी श्रीहरि रात्रिके समय उन सभीके घरोंमें रहते थे॥ २०॥

इति श्रीविष्णुपुराणे पञ्चमेंऽशे एकत्रिंशोऽध्यायः॥ ३१॥

बत्तीसवाँ अध्याय

उषा-चरित्र

श्रीपराशर उवाच

प्रद्युम्नाद्या हरेः पुत्रा रुक्मिण्यां कथितास्तव।
भानुभौमेरिकाद्यांश्च सत्यभामा व्यजायत॥ १

श्रीपराशरजी बोले—रुक्मिणीके गर्भसे उत्पन्न हुए भगवान्के प्रद्युम्न आदि पुत्रोंका वर्णन हम पहले ही कर चुके हैं; सत्यभामाने भानु और भौमेरिक आदिको जन्म दिया॥ १॥

दीप्तिमत्ताम्रपक्षाद्या रोहिण्यां तनया हरेः।
बभूवुर्जाम्बवत्यां च साम्बाद्या बलशालिनः॥ २

श्रीहरिके रोहिणीके गर्भसे दीप्तिमान् और ताम्रपक्ष आदि तथा जाम्बवतीसे बलशाली साम्ब आदि पुत्र हुए॥ २॥

तनया भद्रविन्दाद्या नाग्नजित्यां महाबलाः।
सङ्ग्रामजित्प्रधानास्तु शैव्यायां च हरेस्सुताः॥ ३

नाग्नजिती (सत्या)-से महाबली भद्रविन्द आदि और शैव्या (मित्रविन्दा)-से संग्रामजित् आदि उत्पन्न हुए॥ ३॥

वृकाद्याश्च सुता माद्र्यां गात्रवत्प्रमुखान्सुतान्।
अवाप लक्ष्मणा पुत्रान्कालिन्द्याश्च श्रुतादयः॥ ४

माद्रीसे वृक आदि, लक्ष्मणासे गात्रवान् आदि तथा कालिन्दीसे श्रुत आदि पुत्रोंका जन्म हुआ॥ ४॥

अन्यासां चैव भार्याणां समुत्पन्नानि चक्रिणः।
अष्टायुतानि पुत्राणां सहस्त्राणि शतं तथा॥ ५

इसी प्रकार भगवान्की अन्य स्त्रियोंके भी आठ अयुत आठ हजार आठ सौ (अट्ठासी हजार आठ सौ) पुत्र हुए॥ ५॥

प्रद्युम्नः प्रथमस्तेषां सर्वेषां रुक्मिणीसुतः।
प्रद्युम्नादनिरुद्धोऽभूद्वज्रस्तस्मादजायत ॥ ६
अनिरुद्धो रणेऽरुद्धो बलेः पौत्रीं महाबलः।
उषां बाणस्य तनयामुपयेमे द्विजोत्तम ॥ ७
यत्र युद्धमभूद्धोरं हरिशङ्करयोर्महत्।
छिन्नं सहस्रं बाहूनां यत्र बाणस्य चक्रिणा ॥ ८

श्रीमैत्रेय उवाच

कथं युद्धमभूद्ब्रह्मन्नुषार्थे हरकृष्णयोः।
कथं क्षयं च बाणस्य बाहूनां कृतवान्हरिः ॥ ९
एतत्सर्वं महाभाग ममाख्यातुं त्वमर्हसि।
महत्कौतूहलं जातं कथां श्रोतुमिमां हरेः ॥ १०

श्रीपराशर उवाच

उषा बाणसुता विप्र पार्वतीं सह शम्भुना।
क्रीडन्तीमुपलक्ष्योच्चैः स्पृहां चक्रे तदाश्रयाम् ॥ ११
ततस्सकलचित्तज्ञा गौरी तामाह भामिनीम्।
अलमत्यर्थतापेन भर्त्रा त्वमपि रंस्यसे ॥ १२
इत्युक्ता सा तया चक्रे कदेति मतिमात्मनः।
को वा भर्ता ममेत्याह पुनस्तामाह पार्वती ॥ १३

पार्वत्युवाच

वैशाखशुक्लद्वादश्यां स्वप्ने योऽभिभवं तव।
करिष्यति स ते भर्ता राजपुत्रि भविष्यति ॥ १४

श्रीपराशर उवाच

तस्यां तिथावुषास्वप्ने यथा देव्या समीरितम्।
तथैवाभिभवं चक्रे कश्चिद्रागं च तत्र सा ॥ १५
ततः प्रबुद्धा पुरुषमपश्यन्ती समुत्सुका।
क्व गतोऽसीति निर्लज्जा मैत्रेयोक्तवती सखीम् ॥ १६
बाणस्य मन्त्री कुम्भाण्डश्चित्रलेखा च तत्सुता।
तस्याः सख्यभवत्सा च प्राह कोऽयं त्वयोच्यते ॥ १७
यदा लज्जाकुला नास्यै कथयामास सा सखी।
तदा विश्वासमानीय सर्वमेवाभ्यवादयत् ॥ १८

इन सब पुत्रोंमें रुक्मिणीनन्दन प्रद्युम्न सबसे बड़े थे; प्रद्युम्नसे अनिरुद्धका जन्म हुआ और अनिरुद्धसे वज्र उत्पन्न हुआ॥ ६ ॥ हे द्विजोत्तम! महाबली अनिरुद्ध युद्धमें किसीसे रोके नहीं जा सकते थे। उन्होंने बलिकी पौत्री एवं बाणासुरकी पुत्री उषासे विवाह किया था॥ ७ ॥ उस विवाहमें श्रीहरि और भगवान् शंकरका घोर युद्ध हुआ था और श्रीकृष्णचन्द्रने बाणासुरकी सहस्र भुजाएँ काट डाली थीं॥ ८ ॥

श्रीमैत्रेयजी बोले—हे ब्रह्मन्! उषाके लिये श्रीमहादेव और कृष्णका युद्ध क्यों हुआ और श्रीहरिने बाणासुरकी भुजाएँ क्यों काट डालीं?॥ ९ ॥ हे महाभाग! आप मुझसे यह सम्पूर्ण वृत्तान्त कहिये; मुझे श्रीहरिकी यह कथा सुननेका बड़ा कुतूहल हो रहा है॥ १० ॥

श्रीपराशरजी बोले—हे विप्र! एक बार बाणासुरकी पुत्री उषाने श्रीशंकरके साथ पार्वतीजीको क्रीडा करती देख स्वयं भी अपने पतिके साथ रमण करनेकी इच्छा की॥ ११ ॥ तब सर्वान्तर्यामिनी श्रीपार्वतीजीने उस सुकुमारीसे कहा—"तू अधिक सन्तप्त मत हो, यथासमय तू भी अपने पतिके साथ रमण करेगी"॥ १२ ॥ पार्वतीजीके ऐसा कहनेपर उषाने मन-ही-मन यह सोचकर कि 'न जाने ऐसा कब होगा? और मेरा पति भी कौन होगा?' [इस सम्बन्धमें] पार्वतीजीसे पूछा, तब पार्वतीजीने उससे फिर कहा— ॥ १३ ॥

पार्वतीजी बोलीं—हे राजपुत्रि! वैशाख शुक्ला द्वादशीकी रात्रिको जो पुरुष स्वप्नमें तुझसे हठात् सम्भोग करेगा वही तेरा पति होगा॥ १४ ॥

श्रीपराशरजी बोले—तदनन्तर उसी तिथिको उषाकी स्वप्नावस्थामें किसी पुरुषने उससे, जैसा श्रीपार्वतीदेवीने कहा था, उसी प्रकार सम्भोग किया और उसका भी उसमें अनुराग हो गया॥ १५ ॥ हे मैत्रेय! तब उसके बाद स्वप्नसे जगनेपर जब उसने उस पुरुषको न देखा तो वह उसे देखनेके लिये अत्यन्त उत्सुक होकर अपनी सखीकी ओर लक्ष्य करके निर्लज्जतापूर्वक कहने लगी—"हे नाथ! आप कहाँ चले गये?"॥ १६ ॥

बाणासुरका मन्त्री कुम्भाण्ड था; उसकी चित्रलेखा नामकी पुत्री थी, वह उषाकी सखी थी, [उषाका यह प्रलाप सुनकर] उसने पूछा—"यह तुम किसके विषयमें कह रही हो?"॥ १७ ॥ किन्तु जब लज्जावश उषाने उसे कुछ भी न बतलाया तब चित्रलेखाने [सब बात गुप्त रखनेका] विश्वास दिलाकर उषासे सब वृत्तान्त कहला लिया॥ १८ ॥

विदितार्थां तु तामाह पुनश्चोषा यथोदितम्।
देव्या तथैव तत्प्राप्तौ यो ह्युपायः कुरुष्व तम्॥ १९

चित्रलेखोवाच

दुर्विज्ञेयमिदं वक्तुं प्राप्तुं वापि न शक्यते।
तथापि किञ्चित्कर्तव्यमुपकारं प्रिये तव॥ २०
सप्ताष्टदिनपर्यन्तं तावत्कालः प्रतीक्ष्यताम्।
इत्युक्त्वाभ्यन्तरं गत्वा उपायं तमथाकरोत्॥ २१

श्रीपराशर उवाच

ततः पटे सुरान्दैत्यान्गन्धर्वांश्च प्रधानतः।
मनुष्यांश्च विलिख्यास्यै चित्रलेखा व्यदर्शयत्॥ २२
अपास्य सा तु गन्धर्वांस्तथोरगसुरासुरान्।
मनुष्येषु ददौ दृष्टिं तेष्वप्यन्धकवृष्णिषु॥ २३
कृष्णरामौ विलोक्यासीत्सुभ्रूर्लज्जाजडेव सा।
प्रद्युम्नदर्शने व्रीडादृष्टिं निन्येऽन्यतो द्विज॥ २४
दृष्टमात्रे ततः कान्ते प्रद्युम्नतनये द्विज।
दृष्ट्वात्यर्थविलासिन्या लज्जा क्वापि निराकृता॥ २५
सोऽयं सोऽयमितीत्युक्ते तया सा योगगामिनी।
चित्रलेखाब्रवीदेनामुषां बाणसुतां तदा॥ २६

चित्रलेखोवाच

अयं कृष्णस्य पौत्रस्ते भर्ता देव्या प्रसादितः।
अनिरुद्ध इति ख्यातः प्रख्यातः प्रियदर्शनः॥ २७
प्राप्नोषि यदि भर्तारमिमं प्राप्तं त्वयाखिलम्।
दुष्प्रवेशा पुरी पूर्वं द्वारका कृष्णपालिता॥ २८
तथापि यत्नाद्भर्तारमानयिष्यामि ते सखि।
रहस्यमेतद्वक्तव्यं न कस्यचिदपि त्वया॥ २९
अचिरादागमिष्यामि सहस्व विरहं मम।
ययौ द्वारवतीं चोषां समाश्वास्य ततः सखीम्॥ ३०

चित्रलेखाके सब बात जान लेनेपर उषाने जो कुछ श्रीपार्वतीजीने कहा था, वह भी उसे सुना दिया और कहा कि अब जिस प्रकार उसका पुनः समागम हो वही उपाय करो॥ १९॥

चित्रलेखाने कहा—हे प्रिये! तुमने जिस पुरुषको देखा है उसे तो जानना भी बहुत कठिन है फिर उसे बतलाना या पाना कैसे हो सकता है? तथापि मैं तुम्हारा कुछ-न-कुछ उपकार तो करूँगी ही॥ २०॥ तुम सात या आठ दिनतक मेरी प्रतीक्षा करना—ऐसा कहकर वह अपने घरके भीतर गयी और उस पुरुषको ढूँढनेका उपाय करने लगी॥ २१॥

श्रीपराशरजी बोले—तदनन्तर [सात-आठ दिन पश्चात् लौटकर] चित्रलेखाने चित्रपटपर मुख्य-मुख्य देवता, दैत्य, गन्धर्व और मनुष्योंके चित्र लिखकर उषाको दिखलाये॥ २२॥ तब उषाने गन्धर्व, नाग, देवता और दैत्य आदिको छोड़कर केवल मनुष्योंपर और उनमें भी विशेषतः अन्धक और वृष्णिवंशी यादवोंपर ही दृष्टि दी॥ २३॥ हे द्विज! राम और कृष्णके चित्र देखकर वह सुन्दर भृकुटिवाली लज्जासे जडवत् हो गयी तथा प्रद्युम्नको देखकर उसने लज्जावश अपनी दृष्टि हटा ली॥ २४॥ तत्पश्चात् प्रद्युम्नतनय प्रियतम अनिरुद्धजीको देखते ही उस अत्यन्त विलासिनीकी लज्जा मानो कहीं चली गयी॥ २५॥ [वह बोल उठी]—'वह यही है, वह यही है।' उसके इस प्रकार कहनेपर योगगामिनी चित्रलेखाने उस बाणासुरकी कन्यासे कहा—॥ २६॥

चित्रलेखा बोली—देवीने प्रसन्न होकर यह कृष्णका पौत्र ही तेरा पति निश्चित किया है; इसका नाम अनिरुद्ध है और यह अपनी सुन्दरताके लिये प्रसिद्ध है॥ २७॥ यदि तुझको यह पति मिल गया तब तो तूने मानो सभी कुछ पा लिया; किन्तु कृष्णचन्द्रद्वारा सुरक्षित द्वारकापुरीमें पहले प्रवेश ही करना कठिन है॥ २८॥ तथापि हे सखि! किसी उपायसे मैं तेरे पतिको लाऊँगी ही, तू इस गुप्त रहस्यको किसीसे भी न कहना॥ २९॥ मैं शीघ्र ही आऊँगी, इतनी देर तू मेरे वियोगको सहन कर। अपनी सखी उषाको इस प्रकार ढाढस बँधाकर चित्रलेखा द्वारकापुरीको गयी॥ ३०॥

इति श्रीविष्णुपुराणे पञ्चमेंऽशे द्वात्रिंशोऽध्यायः॥ ३२॥

तैंतीसवाँ अध्याय

श्रीकृष्ण और बाणासुरका युद्ध

श्रीपराशर उवाच

बाणोऽपि प्रणिपत्याग्रे मैत्रेयाह त्रिलोचनम्।
देव बाहुसहस्रेण निर्विण्णोऽस्म्याहवं विना॥ १
कच्चिन्ममैषां बाहूनां साफल्यजनको रणः।
भविष्यति विना युद्धं भाराय मम किं भुजैः॥ २

श्रीशंकर उवाच

मयूरध्वजभङ्गस्ते यदा बाण भविष्यति।
पिशिताशिजनानन्दं प्राप्स्यसे त्वं तदा रणम्॥ ३

श्रीपराशर उवाच

ततः प्रणम्य वरदं शम्भुमभ्यागतो गृहम्।
सभग्नं ध्वजमालोक्य हृष्टो हर्षं पुनर्ययौ॥ ४
एतस्मिन्नेव काले तु योगविद्याबलेन तम्।
अनिरुद्धमथानिन्ये चित्रलेखा वराप्सराः॥ ५
कन्यान्तःपुरमभ्येत्य रममाणं सहोषया।
विज्ञाय रक्षिणो गत्वा शशंसुर्दैत्यभूपतेः॥ ६
व्यादिष्टं किंकराणां तु सैन्यं तेन महात्मना।
जघान परिघं घोरमादाय परवीरहा॥ ७
हतेषु तेषु बाणोऽपि रथस्थस्तद्वधोद्यतः।
युध्यमानो यथाशक्ति यदुवीरेण निर्जितः॥ ८
मायया युयुधे तेन स तदा मन्त्रिचोदितः।
ततस्तं पन्नगास्त्रेण बबन्ध यदुनन्दनम्॥ ९
द्वारवत्यां क्व यातोऽसावनिरुद्धेति जल्पताम्।
यदूनामाचचक्षे तं बद्धं बाणेन नारदः॥ १०
तं शोणितपुरं नीतं श्रुत्वा विद्याविदग्धया।
योषिता प्रत्ययं जग्मुर्यादवा नामरैरिति॥ ११
ततो गरुडमारुह्य स्मृतमात्रागतं हरिः।
बलप्रद्युम्नसहितो बाणस्य प्रययौ पुरम्॥ १२

श्रीपराशरजी बोले—हे मैत्रेय! एक बार बाणासुरने भी भगवान् त्रिलोचनको प्रणाम करके कहा था कि हे देव! बिना युद्धके इन हजार भुजाओंसे मुझे बड़ा ही खेद हो रहा है॥ १॥ क्या कभी मेरी इन भुजाओंको सफल करनेवाला युद्ध होगा? भला बिना युद्धके इन भाररूप भुजाओंसे मुझे लाभ ही क्या है?॥ २॥

श्रीशंकरजी बोले—हे बाणासुर! जिस समय तेरी मयूरचिह्नवाली ध्वजा टूट जायगी, उसी समय तेरे सामने मांसभोजी यक्ष-पिशाचादिको आनन्द देनेवाला युद्ध उपस्थित होगा॥ ३॥

श्रीपराशरजी बोले—तदनन्तर, वरदायक श्रीशंकरको प्रणामकर बाणासुर अपने घर आया और फिर कालान्तरमें उस ध्वजाको टूटी देखकर अति आनन्दित हुआ॥ ४॥ इसी समय अप्सराश्रेष्ठ चित्रलेखा अपने योगबलसे अनिरुद्धको वहाँ ले आयी॥ ५॥ अनिरुद्धको कन्यान्तःपुरमें आकर उषाके साथ रमण करता जान अन्तःपुररक्षकोंने सम्पूर्ण वृत्तान्त दैत्यराज बाणासुरसे कह दिया॥ ६॥ तब महावीर बाणासुरने अपने सेवकोंको उससे युद्ध करनेकी आज्ञा दी; किंतु शत्रु-दमन अनिरुद्धने अपने सम्मुख आनेपर उस सम्पूर्ण सेनाको एक लोहमय दण्डसे मार डाला॥ ७॥

अपने सेवकोंके मारे जानेपर बाणासुर अनिरुद्धको मार डालनेकी इच्छासे रथपर चढ़कर उनके साथ युद्ध करने लगा; किंतु अपनी शक्तिभर युद्ध करनेपर भी वह यदुवीर अनिरुद्धजीसे परास्त हो गया॥ ८॥ तब वह मन्त्रियोंकी प्रेरणासे मायापूर्वक युद्ध करने लगा और यदुनन्दन अनिरुद्धको नागपाशसे बाँध लिया॥ ९॥

इधर द्वारकापुरीमें जिस समय समस्त यादवोंमें यह चर्चा हो रही थी कि 'अनिरुद्ध कहाँ गये?' उसी समय देवर्षि नारदने उनके बाणासुरद्वारा बाँधे जानेकी सूचना दी॥ १०॥ नारदजीके मुखसे योगविद्यामें निपुण युवती चित्रलेखाद्वारा उन्हें शोणितपुर ले जाये गये सुनकर यादवोंको विश्वास हो गया कि देवताओंने उन्हें नहीं चुराया*॥ ११॥ तब स्मरणमात्रसे उपस्थित हुए गरुडपर

* अबतक यादवगण यही सोच रहे थे कि परिजात हरणसे चिढ़कर देवता ही अनिरुद्धको चुरा ले गये हैं।

पुरप्रवेशे प्रमथैर्युद्धमासीन्महात्मनः।
ययौ बाणपुराभ्याशं नीत्वा तान्सङ्क्षयं हरिः॥ १३
ततस्त्रिपादस्त्रिशिरा ज्वरो माहेश्वरो महान्।
बाणरक्षार्थमभ्येत्य युयुधे शार्ङ्गधन्वना॥ १४
तद्भस्मस्पर्शसम्भूततापः कृष्णाङ्गसङ्गमात्।
अवाप बलदेवोऽपि श्रममामीलितेक्षणः॥ १५
ततस्स युद्ध्यमानस्तु सह देवेन शार्ङ्गिणा।
वैष्णवेन ज्वरेणाशु कृष्णदेहान्निराकृतः॥ १६
नारायणभुजाघातपरिपीडनविह्वलम्।
तं वीक्ष्य क्षम्यतामस्येत्याह देवः पितामहः॥ १७
ततश्च क्षान्तमेवेति प्रोच्य तं वैष्णवं ज्वरम्।
आत्मन्येव लयं निन्ये भगवान्मधुसूदनः॥ १८

ज्वर उवाच

मम त्वया समं युद्धं ये स्मरिष्यन्ति मानवाः।
विज्वरास्ते भविष्यन्तीत्युक्त्वा चैनं ययौ ज्वरः॥ १९
ततोऽग्नीन्भगवान्पञ्च जित्वा नीत्वा तथा क्षयम्।
दानवानां बलं कृष्णश्चूर्णयामास लीलया॥ २०
ततस्समस्तसैन्येन दैतेयानां बलेस्सुतः।
युयुधे शङ्करश्चैव कार्त्तिकेयश्च शौरिणा॥ २१
हरिशङ्करयोर्युद्धमतीवासीत्सुदारुणम्।
चुक्षुभुस्सकला लोकाः शस्त्रास्त्रांशुप्रतापिताः॥ २२
प्रलयोऽयमशेषस्य जगतो नूनमागतः।
मेनिरे त्रिदशास्तत्र वर्तमाने महारणे॥ २३
जृम्भकास्त्रेण गोविन्दो जृम्भयामास शंकरम्।
ततः प्रणेशुर्दैतेयाः प्रमथाश्च समन्ततः॥ २४
जृम्भाभिभूतस्तु हरो रथोपस्थ उपाविशत्।
न शशाक ततो योद्धुं कृष्णेनाक्लिष्टकर्मणा॥ २५
गरुडक्षतवाहश्च प्रद्युम्नास्त्रेण पीडितः।
कृष्णहुङ्कारनिर्धूतशक्तिश्चापययौ गुहः॥ २६

चढ़कर श्रीहरि बलराम और प्रद्युम्नके सहित बाणासुरकी राजधानीमें आये॥ १२॥ नगरमें घुसते ही उन तीनोंका भगवान् शंकरके पार्षद प्रमथगणोंसे युद्ध हुआ; उन्हें नष्ट करके श्रीहरि बाणासुरकी राजधानीके समीप चले गये॥ १३॥

तदनन्तर बाणासुरकी रक्षाके लिये तीन सिर और तीन पैरवाला माहेश्वर नामक महान् ज्वर आगे बढ़कर श्रीभगवान्से लड़ने लगा॥ १४॥ [उस ज्वरका ऐसा प्रभाव था कि] उसके फेंके हुए भस्मके स्पर्शसे सन्तप्त हुए श्रीकृष्णचन्द्रके शरीरका आलिंगन करनेपर बलदेवजीने भी शिथिल होकर नेत्र मूँद लिये॥ १५॥ इस प्रकार भगवान् शार्ङ्गधरके साथ [उनके शरीरमें व्याप्त होकर] युद्ध करते हुए उस माहेश्वर ज्वरको वैष्णव ज्वरने तुरंत उनके शरीरसे निकाल दिया॥ १६॥ उस समय श्रीनारायणकी भुजाओंके आघातसे उस माहेश्वर ज्वरको पीड़ित और विह्वल हुआ देखकर पितामह ब्रह्माजीने भगवान्से कहा—'इसे क्षमा कीजिये'॥ १७॥ तब भगवान् मधुसूदनने 'अच्छा, मैंने क्षमा की' ऐसा कहकर उस वैष्णव ज्वरको अपनेमें लीन कर लिया॥ १८॥

ज्वर बोला—जो मनुष्य आपके साथ मेरे इस युद्धका स्मरण करेंगे वे ज्वरहीन हो जायँगे, ऐसा कहकर वह चला गया॥ १९॥

तदनन्तर भगवान् कृष्णचन्द्रने पंचाग्नियोंको जीतकर नष्ट किया और फिर लीलासे ही दानवसेनाको नष्ट करने लगे॥ २०॥ तब सम्पूर्ण दैत्यसेनाके सहित बलि-पुत्र बाणासुर, भगवान् शंकर और स्वामिकार्त्तिकेयजी भगवान् कृष्णके साथ युद्ध करने लगे॥ २१॥ श्रीहरि और श्रीमहादेवजीका परस्पर बड़ा घोर युद्ध हुआ, इस युद्धमें प्रयुक्त शस्त्रास्त्रोंके किरणजालसे सन्तप्त होकर सम्पूर्ण लोक क्षुब्ध हो गये॥ २२॥ इस घोर युद्धके उपस्थित होनेपर देवताओंने समझा कि निश्चय ही यह सम्पूर्ण जगत्का प्रलयकाल आ गया है॥ २३॥ श्रीगोविन्दने जृम्भकास्त्र छोड़ा जिससे महादेवजी निद्रित-से होकर जमुहाई लेने लगे; उनकी ऐसी दशा देखकर दैत्य और प्रमथगण चारों ओर भागने लगे॥ २४॥ भगवान् शंकर निद्राभिभूत होकर रथके पिछले भागमें बैठ गये और फिर अनायास ही अद्भुत कर्म करनेवाले श्रीकृष्णचन्द्रसे युद्ध न कर सके॥ २५॥ तदनन्तर गरुडद्वारा वाहनके नष्ट हो जानेसे, प्रद्युम्नजीके शस्त्रोंसे पीड़ित होनेसे तथा कृष्णचन्द्रके हुंकारसे शक्तिहीन हो जानेसे स्वामिकार्त्तिकेय भी भागने लगे॥ २६॥

जृम्भिते शङ्करे नष्टे दैत्यसैन्ये गुहे जिते।
नीते प्रमथसैन्ये च सङ्क्षयं शार्ङ्गधन्वना॥ २७
नन्दिना संगृहीताश्वमधिरुढो महारथम्।
बाणस्तत्रcraयौ योद्धुं कृष्णकार्ष्णिबलैस्सह॥ २८
बलभद्रो महावीर्यो बाणसैन्यमनेकधा।
विव्याध बाणैः प्रभ्रश्य धर्मतश्च पलायत॥ २९
आकृष्य लाङ्गलाग्रेण मुसलेनाशु ताडितम्।
बलं बलेन ददृशे बाणो बाणैश्च चक्रिणा॥ ३०
ततः कृष्णेन बाणस्य युद्धमासीत्सुदारुणम्।
समस्यतोरिषून्दीप्तान्कायत्राणविभेदिनः॥ ३१
कृष्णश्चिच्छेद बाणैस्तान्बाणेन प्रहिताञ्छितान्।
विव्याध केशवं बाणो बाणं विव्याध चक्रधृक्॥ ३२
मुमुचाते तथास्त्राणि बाणकृष्णौ जिगीषया।
परस्परं क्षतिकरौ लाघवादनिशं द्विज॥ ३३
भिद्यमानेष्वशेषेषु शरेष्वस्त्रे च सीदति।
प्राचुर्येण ततो बाणं हन्तुं चक्रे हरिर्मनः॥ ३४
ततोऽर्कशतसङ्घाततेजसा सदृशद्युति।
जग्राह दैत्यचक्रारिर्हरिश्चक्रं सुदर्शनम्॥ ३५
मुञ्चतो बाणनाशाय ततश्चक्रं मधुद्विषः।
नग्ना दैतेयविद्याभूत्कोटरी पुरतो हरेः॥ ३६
तामग्रतो हरिर्दृष्ट्वा मीलिताक्षस्सुदर्शनम्।
मुमोच बाणमुद्दिश्यच्छेत्तुं बाहुवनं रिपोः॥ ३७
क्रमेण तत्तु बाहूनां बाणस्याच्युतचोदितम्।
छेदं चक्रेऽसुरापास्तशस्त्रौघक्षपणादृतम्॥ ३८
छिन्ने बाहुवने तत्तु करस्थं मधुसूदनः।
मुमुक्षुर्बाणनाशाय विज्ञातस्त्रिपुरद्विषा॥ ३९
समुपेत्याह गोविन्दं सामपूर्वमुमापतिः।
विलोक्य बाणं दोर्दण्डच्छेदासृक्स्राववर्षिणम्॥ ४०

इस प्रकार श्रीकृष्णचन्द्रद्वारा महादेवजीके निद्राभिभूत, दैत्य-सेनाके नष्ट, स्वामिकार्त्तिकेयके पराजित और शिवगणोंके क्षीण हो जानेपर कृष्ण, प्रद्युम्न और बलभद्रजीके साथ युद्ध करनेके लिये वहाँ बाणासुर साक्षात् नन्दीश्वरद्वारा हाँके जाते हुए महान् रथपर चढ़कर आया॥ २७-२८॥ उसके आते ही महावीर्यशाली बलभद्रजीने अनेकों बाण बरसाकर बाणासुरकी सेनाको छिन्न-भिन्न कर डाला; तब वह वीरधर्मसे भ्रष्ट होकर भागने लगी॥ २९॥ बाणासुरने देखा कि उसकी सेनाको बलभद्रजी बड़ी फुर्तीसे हलसे खींच-खींचकर मूसलसे मार रहे हैं और श्रीकृष्णचन्द्र उसे बाणोंसे बींधें डालते हैं॥ ३०॥ तब बाणासुरका श्रीकृष्णचन्द्रके साथ घोर युद्ध छिड़ गया। वे दोनों परस्पर कवचभेदी बाण छोड़ने लगे। परंतु भगवान् कृष्णने बाणासुरके छोड़े हुए तीखे बाणोंको अपने बाणोंसे काट डाला, और फिर बाणासुर कृष्णको तथा कृष्ण बाणासुरको बींधने लगे॥ ३१-३२॥ हे द्विज! उस समय परस्पर चोट करनेवाले बाणासुर और कृष्ण दोनों ही विजयकी इच्छासे निरन्तर शीघ्रतापूर्वक अस्त्र-शस्त्र छोड़ने लगे॥ ३३॥

अन्तमें, समस्त बाणोंके छिन्न और सम्पूर्ण अस्त्र-शस्त्रोंके निष्फल हो जानेपर श्रीहरिने बाणासुरको मार डालनेका विचार किया॥ ३४॥ तब दैत्यमण्डलके शत्रु भगवान् कृष्णने सैकड़ों सूर्योंके समान प्रकाशमान अपने सुदर्शनचक्रको हाथमें ले लिया॥ ३५॥

जिस समय भगवान् मधुसूदन बाणासुरको मारनेके लिये चक्र छोड़ना ही चाहते थे उसी समय दैत्योंकी विद्या (मन्त्रमयी कुलदेवी) कोटरी भगवान्के सामने नग्नावस्थामें उपस्थित हुई॥ ३६॥ उसे देखते ही भगवान्ने नेत्र मूँद लिये और बाणासुरको लक्ष्य करके उस शत्रुकी भुजाओंके वनको काटनेके लिये सुदर्शनचक्र छोड़ा॥ ३७॥ भगवान् अच्युतके द्वारा प्रेरित उस चक्रने दैत्योंके छोड़े हुए अस्त्रसमूहको काटकर क्रमशः बाणासुरकी भुजाओंको काट डाला [केवल दो भुजाएँ छोड़ दीं]॥ ३८॥ तब त्रिपुरशत्रु भगवान् शंकर जान गये कि श्रीमधुसूदन बाणासुरके बाहुवनको काटकर अपने हाथमें आये हुए चक्रको उसका वध करनेके लिये फिर छोड़ना चाहते है॥ ३९॥ अतः बाणासुरको अपने खण्डित भुजदण्डोंसे लोहूकी धारा बहाते देख श्रीउमापतिने गोविन्दके पास आकर सामपूर्वक कहा—॥ ४०॥

श्रीशंकर उवाच

कृष्ण कृष्ण जगन्नाथ जाने त्वां पुरुषोत्तमम्।
परेशं परमात्मानमनादिनिधनं हरिम्॥ ४१
देवतिर्यङ्मनुष्येषु शरीरग्रहणात्मिका।
लीलेयं सर्वभूतस्य तव चेष्टोपलक्षणा॥ ४२
तत्प्रसीदाभयं दत्तं बाणस्यास्य मया प्रभो।
तत्त्वया नानृतं कार्यं यन्मया व्याहृतं वचः॥ ४३
अस्मत्संश्रयदृप्तोऽयं नापराधी तवाव्यय।
मया दत्तवरो दैत्यस्ततस्त्वां क्षमयाम्यहम्॥ ४४

श्रीपराशर उवाच

इत्युक्तः प्राह गोविन्दः शूलपाणिमुमापतिम्।
प्रसन्नवदनो भूत्वा गतामर्षोऽसुरं प्रति॥ ४५

श्रीभगवानुवाच

युष्मद्दत्तवरो वाणो जीवतामेष शङ्कर।
त्वद्वाक्यगौरवादेतन्मया चक्रं निवर्तितम्॥ ४६
त्वया यदभयं दत्तं तद्दत्तमखिलं मया।
मत्तोऽविभिन्नमात्मानं द्रष्टुमर्हसि शङ्कर॥ ४७
योऽहं स त्वं जगच्चेदं सदेवासुरमानुषम्।
मत्तो नान्यदशेषं यत्तत्त्वं ज्ञातुमिहार्हसि॥ ४८
अविद्यामोहितात्मानः पुरुषा भिन्नदर्शिनः।
वदन्ति भेदं पश्यन्ति चावयोरन्तरं हर॥ ४९
प्रसन्नोऽहं गमिष्यामि त्वं गच्छ वृषभध्वज॥ ५०

श्रीपराशर उवाच

इत्युक्त्वा प्रययौ कृष्णः प्राद्युम्निर्यत्र तिष्ठति।
तद्बन्धफणिनो नेशुर्गरुडानिलपोथिताः॥ ५१
ततोऽनिरुद्धमारोप्य सपत्नीकं गरुत्मति।
आजग्मुर्द्वारकां रामकार्ष्णिदामोदराः पुरीम्॥ ५२
पुत्रपौत्रैः परिवृतस्तत्र रेमे जनार्दनः।
देवीभिस्सततं विप्र भूभारतरणेच्छया॥ ५३

श्रीशंकरजी बोले— हे कृष्ण! हे कृष्ण!! हे जगन्नाथ!! मैं यह जानता हूँ कि आप पुरुषोत्तम परमेश्वर, परमात्मा और आदि-अन्तसे रहित श्रीहरि हैं॥ ४१॥ आप सर्वभूतमय हैं। आप जो देव, तिर्यक् और मनुष्यादि योनियोंमें शरीर धारण करते हैं यह आपकी स्वाधीन चेष्टाकी उपलक्षिका लीला ही है॥ ४२॥ हे प्रभो! आप प्रसन्न होइये। मैंने इस बाणासुरको अभयदान दिया है। हे नाथ! मैंने जो वचन दिया है उसे आप मिथ्या न करें॥ ४३॥ हे अव्यय! यह आपका अपराधी नहीं है; यह तो मेरा आश्रय पानेसे ही इतना गर्वीला हो गया है। इस दैत्यको मैंने ही वर दिया था, इसलिये मैं ही आपसे इसके लिये क्षमा कराता हूँ॥ ४४॥

श्रीपराशरजी बोले— त्रिशूलपाणि भगवान् उमापतिके इस प्रकार कहनेपर श्रीगोविन्दने बाणासुरके प्रति क्रोधभाव त्याग दिया और प्रसन्नवदन होकर उनसे कहा—॥ ४५॥

श्रीभगवान् बोले— हे शंकर! यदि आपने इसे वर दिया है तो यह बाणासुर जीवित रहे। आपके वचनका मान रखनेके लिये मैं इस चक्रको रोके लेता हूँ॥ ४६॥ आपने जो अभय दिया है वह सब मैंने भी दे दिया। हे शंकर! आप अपनेको मुझसे सर्वथा अभिन्न देखें॥ ४७॥ आप यह भली प्रकार समझ लें कि जो मैं हूँ सो आप हैं तथा यह सम्पूर्ण जगत्, देव, असुर और मनुष्य आदि कोई भी मुझसे भिन्न नहीं हैं॥ ४८॥ हे हर! जिन लोगोंका चित्त अविद्यासे मोहित है, वे भिन्नदर्शी पुरुष ही हम दोनोंमें भेद देखते और बतलाते हैं। हे वृषभध्वज! मैं प्रसन्न हूँ, आप पधारिये, मैं भी अब जाऊँगा॥ ४९-५०॥

श्रीपराशरजी बोले— इस प्रकार कहकर भगवान् कृष्ण जहाँ प्रद्युम्नकुमार अनिरुद्ध थे वहाँ गये। उनके पहुँचते ही अनिरुद्धके बन्धनरूप समस्त नागगण गरुडके वेगसे उत्पन्न हुए वायुके प्रहारसे नष्ट हो गये॥ ५१॥ तदनन्तर सपत्नीक अनिरुद्धको गरुडपर चढ़ाकर बलराम, प्रद्युम्न और कृष्णचन्द्र द्वाराकापुरीमें लौट आये॥ ५२॥ हे विप्र! वहाँ भू-भार-हरणकी इच्छासे रहते हुए श्रीजनार्दन अपने पुत्र-पौत्रादिसे घिरे रहकर अपनी रानियोंके साथ रमण करने लगे॥ ५३॥

इति श्रीविष्णुपुराणे पञ्चमेंऽशे त्रयस्त्रिंशोऽध्यायः॥ ३३॥

चौंतीसवाँ अध्याय

पौण्ड्रक-वध तथा काशीदहन

श्रीमैत्रेय उवाच

चक्रे कर्म महच्छौरिर्बिभ्राणो मानुषीं तनुम्।
जिगाय शक्रं शर्वं च सर्वान्देवांश्च लीलया॥ १
यच्चान्यदकरोत्कर्म दिव्यचेष्टाविघातकृत्।
तत्कथ्यतां महाभाग परं कौतूहलं हि मे॥ २

श्रीपराशर उवाच

गदतो मम विप्रर्षे श्रूयतामिदमादरात्।
नरावतारे कृष्णेन दग्धा वाराणसी यथा॥ ३
पौण्ड्रको वासुदेवस्तु वासुदेवोऽभवद्भुवि।
अवतीर्णस्त्वमित्युक्तो जनैरज्ञानमोहितैः॥ ४
स मेने वासुदेवोऽहमवतीर्णो महीतले।
नष्टस्मृतिस्ततस्सर्वं विष्णुचिह्नमचीकरत्॥ ५
दूतं च प्रेषयामास कृष्णाय सुमहात्मने।
त्यक्त्वा चक्रादिकं चिह्नं मदीयं नाम चात्मनः॥ ६
वासुदेवात्मकं मूढ त्यक्त्वा सर्वमशेषतः।
आत्मनो जीवितार्थाय ततो मे प्रणतिं व्रज॥ ७
इत्युक्तस्सम्प्रहस्यैनं दूतं प्राह जनार्दनः।
निजचिह्नमहं चक्रं समुत्स्रक्ष्ये त्वयीति वै॥ ८
वाच्यश्च पौण्ड्रको गत्वा त्वया दूत वचो मम।
ज्ञातस्त्वद्वाक्यसद्भावो यत्कार्यं तद्विधीयताम्॥ ९
गृहीतचिह्नवेषोऽहमागमिष्यामि ते पुरम्।
उत्स्रक्ष्यामि च तच्चक्रं निजचिह्नमसंशयम्॥ १०
आज्ञापूर्वं च यदिदमागच्छेति त्वयोदितम्।
सम्पादयिष्ये श्वस्तुभ्यं समागम्याविलम्बितम्॥ ११
शरणं ते समभ्येत्य कर्तास्मि नृपते तथा।
यथा त्वत्तो भयं भूयो न मे किञ्चिद्भविष्यति॥ १२

श्रीपराशर उवाच

इत्युक्तेऽपगते दूते संस्मृत्याभ्यागतं हरिः।
गरुत्मन्तमथारुह्य त्वरितस्तत्पुरं ययौ॥ १३

श्रीमैत्रेयजी बोले—हे गुरो! श्रीविष्णुभगवान्‌ने मनुष्य-शरीर धारणकर जो लीलासे ही इन्द्र, शंकर और सम्पूर्ण देवगणको जीतकर महान् कर्म किये थे [वह मैं सुन चुका]॥ १॥ इनके सिवा देवताओंकी चेष्टाओंका विघात करनेवाले उन्होंने और भी जो कर्म किये थे, हे महाभाग! वे सब मुझे सुनाइये; मुझे उनके सुननेका बड़ा कुतूहल हो रहा है॥ २॥

श्रीपराशरजी बोले—हे ब्रह्मर्षे! भगवान्‌ने मनुष्यावतार लेकर जिस प्रकार काशीपुरी जलायी थी वह मैं सुनाता हूँ, तुम ध्यान देकर सुनो॥ ३॥ पौण्ड्रकवंशीय वासुदेव नामक एक राजाको अज्ञानमोहित पुरुष 'आप वासुदेवरूपसे पृथिवीपर अवतीर्ण हुए हैं' ऐसा कहकर स्तुति किया करते थे॥ ४॥ अन्तमें वह भी यही मानने लगा कि 'मैं वासुदेवरूपसे पृथिवीमें अवतीर्ण हुआ हूँ!' इस प्रकार आत्मविस्मृत हो जानेसे उसने विष्णुभगवान्‌के समस्त चिह्न धारण कर लिये॥ ५॥ और महात्मा कृष्णचन्द्रके पास यह सन्देश लेकर दूत भेजा कि ''हे मूढ़! अपने वासुदेव नामको छोड़कर मेरे चक्र आदि सम्पूर्ण चिह्नोंको छोड़ दे और यदि तुझे जीवनकी इच्छा है तो मेरी शरणमें आ''॥ ६-७॥

दूतने जब इसी प्रकार कहा तो श्रीजनार्दन उससे हँसकर बोले—''ठीक है, मैं अपने चिह्न चक्रको तेरे प्रति छोड़ूँगा। हे दूत! मेरी ओरसे तू पौण्ड्रकसे जाकर यह कहना कि मैंने तेरे वाक्यका वास्तविक भाव समझ लिया है, तुझे जो करना हो सो कर॥ ८-९॥ मैं अपने चिह्न और वेष धारणकर तेरे नगरमें आऊँगा और निस्सन्देह अपने चिह्न चक्रको तेरे ऊपर छोड़ूँगा॥ १०॥ 'और तूने जो आज्ञा करते हुए 'आ' ऐसा कहा है, सो मैं उसे भी अवश्य पालन करूँगा और कल शीघ्र ही तेरे पास पहुँचूँगा॥ ११॥ हे राजन्! तेरी शरणमें आकर मैं वही उपाय करूँगा जिससे फिर तुझसे मुझे कोई भय न रहे॥ १२॥

श्रीपराशरजी बोले—श्रीकृष्णचन्द्रके ऐसा कहनेपर जब दूत चला गया तो भगवान् स्मरण करते ही उपस्थित हुए गरुडपर चढ़कर तुरंत उसकी राजधानीको चले॥ १३॥

ततस्तु केशवोद्योगं श्रुत्वा काशिपतिस्तदा।
सर्वसैन्यपरीवारः पार्ष्णिग्राह उपाययौ॥ १४
ततो बलेन महता काशिराजबलेन च।
पौण्ड्रको वासुदेवोऽसौ केशवाभिमुखो ययौ॥ १५
तं ददर्श हरिर्दूरादुदारस्यन्दने स्थितम्।
चक्रहस्तं गदाशार्ङ्गबाहुं पाणिगताम्बुजम्॥ १६
स्रग्धरं पीतवसनं सुपर्णरचितध्वजम्।
वक्षःस्थले कृतं चास्य श्रीवत्सं ददृशे हरिः॥ १७
किरीटकुण्डलधरं नानारत्नोपशोभितम्।
तं दृष्ट्वा भावगम्भीरं जहास गरुडध्वजः॥ १८
युयुधे च बलेनास्य हस्त्यश्वबलिना द्विज।
निस्त्रिंशासिगदाशूलशक्तिकार्मुकशालिना॥ १९
क्षणेन शार्ङ्गनिर्मुक्तैश्शरैररिविदारणैः।
गदाचक्रनिपातैश्च सूदयामास तद्बलम्॥ २०
काशिराजबलं चैवं क्षयं नीत्वा जनार्दनः।
उवाच पौण्ड्रकं मूढमात्मचिह्नोपलक्षितम्॥ २१

श्रीभगवानुवाच

पौण्ड्रकोक्तं त्वया यत्तु दूतवक्त्रेण मां प्रति।
समुत्सृजेति चिह्नानि तत्ते सम्पादयाम्यहम्॥ २२
चक्रमेतत्समुत्सृष्टं गदेयं ते विसर्जिता।
गरुत्मानेष चोत्सृष्टस्समारोहतु ते ध्वजम्॥ २३

श्रीपराशर उवाच

इत्युच्चार्य विमुक्तेन चक्रेणासौ विदारितः।
पातितो गदया भग्नो ध्वजश्चास्य गरुत्मता॥ २४
ततो हाहाकृते लोके काशिपुर्यधिपो बली।
युयुधे वासुदेवेन मित्रस्यापचितौ स्थितः॥ २५
ततश्शार्ङ्गधनुर्मुक्तैश्छित्त्वा तस्य शिरश्शरैः।
काशिपुर्यां स चिक्षेप कुर्वँल्लोकस्य विस्मयम्॥ २६
हत्वा तं पौण्ड्रकं शौरिः काशिराजं च सानुगम्।
पुनर्द्वारवतीं प्राप्तो रेमे स्वर्गगतो यथा॥ २७
तच्छिरः पतितं तत्र दृष्ट्वा काशिपतेः पुरे।
जनः किमेतदित्याहच्छिन्नं केनेति विस्मितः॥ २८

भगवान्‌के आक्रमणका समाचार सुनकर काशीनरेश भी उसका पृष्ठपोषक (सहायक) होकर अपनी सम्पूर्ण सेना ले उपस्थित हुआ॥ १४॥ तदनन्तर अपनी महान् सेनाके सहित काशीनरेशकी सेना लेकर पौण्ड्रक वासुदेव श्रीकृष्णचन्द्रके सम्मुख आया॥ १५॥ भगवान्‌ने दूरसे ही उसे हाथमें चक्र, गदा, शार्ङ्गधनुष और पद्म लिये एक उत्तम रथपर बैठे देखा॥ १६॥ श्रीहरिने देखा कि उसके कण्ठमें वैजयन्तीमाला है, शरीरमें पीताम्बर है, गरुडरचित ध्वजा है और वक्षःस्थलमें श्रीवत्सचिह्न हैं॥ १७॥ उसे नाना प्रकारके रत्नोंसे सुसज्जित किरीट और कुण्डल धारण किये देखकर श्रीगरुडध्वज भगवान् गम्भीरभावसे हँसने लगे॥ १८॥ और हे द्विज! उसकी हाथी-घोड़ोंसे बलिष्ठ तथा निस्त्रिंश खड्ग, गदा, शूल, शक्ति और धनुष आदिसे सुसज्जित सेनासे युद्ध करने लगे॥ १९॥ श्रीभगवान्‌ने एक क्षणमें ही अपने शार्ङ्गधनुषसे छोड़े हुए शत्रुओंको विदीर्ण करनेवाले तीक्ष्ण बाणों तथा गदा और चक्रसे उसकी सम्पूर्ण सेनाको नष्ट कर डाला॥ २०॥ इसी प्रकार काशिराजकी सेनाको भी नष्ट करके श्रीजनार्दनने अपने चिह्नोंसे युक्त मूढमति पौण्ड्रकसे कहा॥ २१॥

श्रीभगवान् बोले—हे पौण्ड्रक! मेरे प्रति तूने जो दूतके मुखसे यह कहलाया था कि मेरे चिह्नोंको छोड़ दे सो मैं तेरे सम्मुख उस आज्ञाको सम्पन्न करता हूँ॥ २२॥ देख, यह मैंने चक्र छोड़ दिया, यह तेरे ऊपर गदा भी छोड़ दी और यह गरुड भी छोड़े देता हूँ, यह तेरी ध्वजापर आरूढ़ हों॥ २३॥

श्रीपराशरजी बोले—ऐसा कहकर छोड़े हुए चक्रने पौण्ड्रकको विदीर्ण कर डाला, गदाने नीचे गिरा दिया और गरुडने उसकी ध्वजा तोड़ डाली॥ २४॥ तदनन्तर सम्पूर्ण सेनामें हाहाकार मच जानेपर अपने मित्रका बदला चुकानेके लिये खड़ा हुआ काशीनरेश श्रीवासुदेवसे लड़ने लगा॥ २५॥ तब भगवान्‌ने शार्ङ्गधनुषसे छोड़े हुए एक बाणसे उसका सिर काटकर सम्पूर्ण लोगोंको विस्मित करते हुए काशीपुरीमें फेंक दिया॥ २६॥ इस प्रकार पौण्ड्रक और काशीनरेशको अनुचरों-सहित मारकर भगवान् फिर द्वारकाको लौट आये और वहाँ स्वर्ग सदृश सुखका अनुभव करते हुए रमण करने लगे॥ २७॥

इधर काशीपुरीमें काशिराजका सिर गिरा देख सम्पूर्ण नगरनिवासी विस्मयपूर्वक कहने लगे—'यह क्या हुआ? इसे किसने काट डाला?'॥ २८॥

ज्ञात्वा तं वासुदेवेन हतं तस्य सुतस्ततः।
पुरोहितेन सहितस्तोषयामास शङ्करम्॥ २९
अविमुक्ते महाक्षेत्रे तोषितस्तेन शङ्करः।
वरं वृणीष्वेति तदा तं प्रोवाच नृपात्मजम्॥ ३०
स वव्रे भगवन्कृत्या पितृहन्तुर्वधाय मे।
समुत्तिष्ठतु कृष्णस्य त्वत्प्रसादान्महेश्वर॥ ३१

श्रीपराशर उवाच

एवं भविष्यतीत्युक्ते दक्षिणाग्नेरनन्तरम्।
महाकृत्या समुत्तस्थौ तस्यैवाग्नेर्विनाशिनी॥ ३२
ततो ज्वालाकरालास्या ज्वलत्केशकपालिका।
कृष्ण कृष्णेति कुपिता कृत्या द्वारवतीं ययौ॥ ३३
तामवेक्ष्य जनस्त्रासाद्विचलल्लोचनो मुने।
ययौ शरण्यं जगतां शरणं मधुसूदनम्॥ ३४
काशिराजसुतेनेयमाराध्य वृषभध्वजम्।
उत्पादिता महाकृत्येत्यवगम्याथ चक्रिणा॥ ३५
जहि कृत्यामिमामुग्रां वह्निज्वालाजटालकाम्।
चक्रमुत्सृष्टमक्षेषु क्रीडासक्तेन लीलया॥ ३६
तदग्निमालाजटिलज्वालोद्गारातिभीषणाम्।
कृत्यामनुजगामाशु विष्णुचक्रं सुदर्शनम्॥ ३७
चक्रप्रतापनिर्दग्धा कृत्या माहेश्वरी तदा।
ननाश वेगिनी वेगात्तदप्यनुजगाम ताम्॥ ३८
कृत्या वाराणसीमेव प्रविवेश त्वरान्विता।
विष्णुचक्रप्रतिहतप्रभावा मुनिसत्तम॥ ३९
ततः काशीबलं भूरि प्रमथानां तथा बलम्।
समस्तशस्त्रास्त्रयुतं चक्रस्याभिमुखं ययौ॥ ४०
शस्त्रास्त्रमोक्षचतुरं दग्ध्वा तद्बलमोजसा।
कृत्यागर्भामशेषां तां तदा वाराणसीं पुरीम्॥ ४१
सभूभृद्भृत्यपौरां तु साश्वमातङ्गमानवाम्।
अशेषगोष्ठकोशां तां दुर्निरीक्ष्यां सुरैरपि॥ ४२

जब उसके पुत्रको मालूम हुआ कि उसे श्रीवासुदेवने मारा है तो उसने अपने पुरोहितके साथ मिलकर भगवान् शंकरको सन्तुष्ट किया॥ २९॥ अविमुक्त महाक्षेत्रमें उस राजकुमारसे सन्तुष्ट होकर श्रीशंकरने कहा—'वर माँग'॥ ३०॥ वह बोला—"हे भगवन्! हे महेश्वर!! आपकी कृपासे मेरे पिताका वध करनेवाले कृष्णका नाश करनेके लिये (अग्निसे) कृत्या उत्पन्न हो"*॥ ३१॥

श्रीपराशरजी बोले—भगवान् शंकरने कहा, 'ऐसा ही होगा।' उनके ऐसा कहनेपर दक्षिणाग्निका चयन करनेके अनन्तर उससे उस अग्निका ही विनाश करनेवाली कृत्या उत्पन्न हुई॥ ३२॥ उसका कराल मुख ज्वालामालाओंसे पूर्ण था तथा उसके केश अग्निशिखाके समान दीप्तिमान् और ताम्रवर्ण थे। वह क्रोधपूर्वक 'कृष्ण! कृष्ण!!' कहती द्वारकापुरीमें आयी॥ ३३॥

हे मुने! उसे देखकर लोगोंने भय-विचलित नेत्रोंसे जगद्गति भगवान् मधुसूदनकी शरण ली॥ ३४॥ जब भगवान् चक्रपाणिने जाना कि श्रीशंकरकी उपासना कर काशिराजके पुत्रने ही यह महाकृत्या उत्पन्न की है तो अक्षक्रीडामें लगे हुए उन्होंने लीलासे ही यह कहकर कि 'इस अग्निज्वालामयी जटाओंवाली भयंकर कृत्याको मार डाल' अपना चक्र छोड़ा॥ ३५-३६॥

तब भगवान् विष्णुके सुदर्शनचक्रने उस अग्नि-मालामण्डित जटाओंवाली और अग्निज्वालाओंके कारण भयानक मुखवाली कृत्याका पीछा किया॥ ३७॥ उस चक्रके तेजसे दग्ध होकर छिन्न-भिन्न होती हुई वह माहेश्वरी कृत्या अति वेगसे दौड़ने लगी तथा वह चक्र भी उतने ही वेगसे उसका पीछा करने लगा॥ ३८॥ हे मुनिश्रेष्ठ! अन्तमें विष्णुचक्रसे हतप्रभाव हुई कृत्याने शीघ्रतासे काशीमें ही प्रवेश किया॥ ३९॥ उस समय काशी-नरेशकी सम्पूर्ण सेना और प्रथमगण अस्त्र-शस्त्रोंसे सुसज्जित होकर उस चक्रके सम्मुख आये॥ ४०॥

तब वह चक्र अपने तेजसे शस्त्रास्त्र-प्रयोगमें कुशल उस सम्पूर्ण सेनाको दग्धकर कृत्याके सहित सम्पूर्ण वाराणसीको जलाने लगा॥ ४१॥ जो राजा, प्रजा और सेवकोंसे पूर्ण थी; घोड़े, हाथी और मनुष्योंसे भरी थी; सम्पूर्ण गोष्ठ और कोशोंसे युक्त थी और देवताओंके

* इस वाक्यका अर्थ यह भी होता है कि 'मेरे वधके लिये मेरे पिताके मारनेवाले कृष्णके पास कृत्या उत्पन्न हो।' इसलिये यदि इस वरका विपरीत परिणाम हुआ तो उसमें शंका नहीं करनी चाहिये।

ज्वालापरिष्कृताशेषगृहप्राकारचत्वराम्।
ददाह तद्द्वेरेश्चक्रं सकलामेव तां पुरीम्॥ ४३

लिये भी दुर्दर्शनीय थी, उसी काशीपुरीको भगवान् विष्णुके उस चक्रने उसके गृह, कोट और चबूतरोंमें अग्निकी ज्वालाएँ प्रकटकर जला डाला॥ ४२-४३॥

अक्षीणामर्षमत्युग्रसाध्यसाधनसस्पृहम्।
तच्चक्रं प्रस्फुरद्दीप्ति विष्णोरभ्याययौ करम्॥ ४४

अन्तमें, जिसका क्रोध अभी शान्त नहीं हुआ तथा जो अत्यन्त उग्र कर्म करनेको उत्सुक था और जिसकी दीप्ति चारों ओर फैल रही थी, वह चक्र फिर लौटकर भगवान् विष्णुके हाथमें आ गया॥ ४४॥

इति श्रीविष्णुपुराणे पञ्चमेंऽशे चतुस्त्रिंशोऽध्यायः॥ ३४॥

पैंतीसवाँ अध्याय

साम्बका विवाह

श्रीमैत्रेय उवाच

भूय एवाहमिच्छामि बलभद्रस्य धीमतः।
श्रोतुं पराक्रमं ब्रह्मन् तन्ममाख्यातुमर्हसि॥ १
यमुनाकर्षणादीनि श्रुतानि भगवन्मया।
तत्कथ्यतां महाभाग यदन्यत्कृतवान्बलः॥ २

श्रीमैत्रेयजी बोले— हे ब्रह्मन्! अब मैं फिर मतिमान् बलभद्रजीके पराक्रमकी वार्ता सुनना चाहता हूँ, आप वर्णन कीजिये॥ १॥ हे भगवन्! मैंने उनके यमुनाकर्षणादि पराक्रम तो सुन लिये; अब हे महाभाग! उन्होंने जो और-और विक्रम दिखलाये हैं, उनका वर्णन कीजिये॥ २॥

श्रीपराशर उवाच

मैत्रेय श्रूयतां कर्म यद्रामेणाभवत्कृतम्।
अनन्तेनाप्रमेयेन शेषेण धरणीधृता॥ ३

श्रीपराशरजी बोले— हे मैत्रेय! अनन्त, अप्रमेय, धरणीधर शेषावतार श्रीबलरामजीने जो कर्म किये थे, वह सुनो—॥ ३॥

सुयोधनस्य तनयां स्वयंवरकृतक्षणाम्।
बलाददत्तवान्वीरस्साम्बो जाम्बवतीसुतः॥ ४
ततः क्रुद्धा महावीर्याः कर्णदुर्योधनादयः।
भीष्मद्रोणादयश्चैनं बबन्धुर्युधि निर्जितम्॥ ५
तच्छ्रुत्वा यादवास्सर्वे क्रोधं दुर्योधनादिषु।
मैत्रेय चक्रुः कृष्णश्च तान्निहन्तुं महोद्यमम्॥ ६
तान्निवार्य बलः प्राह मदलोलकलाक्षरम्।
मोक्ष्यन्ति ते मद्वचनाद्यास्याम्येको हि कौरवान्॥ ७

एक बार जाम्बवतीनन्दन वीरवर साम्बने स्वयंवरके अवसरपर दुर्योधनकी पुत्रीको बलात् हरण किया॥ ४॥ तब महावीर कर्ण, दुर्योधन, भीष्म और द्रोण आदिने क्रुद्ध होकर उसे युद्धमें हराकर बाँध लिया॥ ५॥ यह समाचार पाकर कृष्णचन्द्र आदि समस्त यादवोंने दुर्योधनादिपर क्रुद्ध होकर उन्हें मारनेके लिये बड़ी तैयारी की॥ ६॥ उनको रोककर श्रीबलरामजीने मदिराके उन्मादसे लड़खड़ाते हुए शब्दोंमें कहा—"कौरवगण मेरे कहनेसे साम्बको छोड़ देंगे, अतः मैं अकेला ही उनके पास जाता हूँ"॥ ७॥

श्रीपराशर उवाच

बलदेवस्ततो गत्वा नगरं नागसाह्वयम्।
बाह्योपवनमध्येऽभून्न विवेश च तत्पुरम्॥ ८
बलमागतमाज्ञाय भूपा दुर्योधनादयः।
गामर्घ्यमुदकं चैव रामाय प्रत्यवेदयन्॥ ९

श्रीपराशरजी बोले— तदनन्तर, श्रीबलदेवजी हस्तिनापुरके समीप पहुँचकर उसके बाहर एक उद्यानमें ठहर गये; उन्होंने नगरमें प्रवेश नहीं किया॥ ८॥ बलरामजीको आये जान दुर्योधन आदि राजाओंने उन्हें गौ, अर्घ्य और पाद्यादि निवेदन किये॥ ९॥

गृहीत्वा विधिवत्सर्वं ततस्तानाह कौरवान्।
आज्ञापयत्युग्रसेनस्साम्बमाशु विमुञ्चत॥ १०
ततस्तद्वचनं श्रुत्वा भीष्मद्रोणादयो नृपाः।
कर्णदुर्योधनाद्याश्च चुक्षुभुर्द्विजसत्तम॥ ११
ऊचुश्च कुपितास्सर्वे बाह्लिकाद्याश्च कौरवाः।
अराज्यार्हं यदोर्वंशमवेक्ष्य मुसलायुधम्॥ १२
भो भो किमेतद्भवता बलभद्रेरितं वचः।
आज्ञां कुरुकुलोत्थानां यादवः कः प्रदास्यति॥ १३
उग्रसेनोऽपि यद्याज्ञां कौरवाणां प्रदास्यति।
तदलं पाण्डुरैश्छत्रैर्नृपयोग्यैर्विडम्बनैः॥ १४
तद्गच्छ बल मा वा त्वं साम्बमन्यायचेष्टितम्।
विमोक्ष्यामो न भवतश्चोग्रसेनस्य शासनात्॥ १५
प्रणतिर्या कृतास्माकं मान्यानां कुकुरान्धकैः।
ननाम सा कृता केयमाज्ञा स्वामिनि भृत्यतः॥ १६
गर्वमारोपिता यूयं समानासनभोजनैः।
को दोषो भवतां नीतिर्यत्प्रीत्या नावलोकिता॥ १७
अस्माभिरर्घो भवतो योऽयं बल निवेदितः।
प्रेम्णैतन्नैतदस्माकं कुलाद्युष्मत्कुलोचितम्॥ १८

श्रीपराशर उवाच

इत्युक्त्वा कुरवः साम्बं मुञ्चामो न हरेस्सुतम्।
कृतैकनिश्चयास्तूर्णं विविशुर्गजसाह्वयम्॥ १९
मत्तः कोपेन चाघूर्णंस्ततोऽधिक्षेपजन्मना।
उत्थाय पार्ष्ण्या वसुधां जघान स हलायुधः॥ २०
ततो विदारिता पृथ्वी पार्ष्णिघातान्महात्मनः।
आस्फोटयामास तदा दिशश्शब्देन पूरयन्॥ २१
उवाच चातिताम्राक्षो भृकुटीकुटिलाननः॥ २२
अहो मदावलेपोऽयमसाराणां दुरात्मनाम्।
कौरवाणां महीपत्वमस्माकं किल कालजम्।
उग्रसेनस्य ये नाज्ञां मन्यन्तेऽद्यापि लङ्घनम्॥ २३
उग्रसेनः समध्यास्ते सुधर्मां न शचीपतिः।
धिङ्मानुषशतोच्छिष्टे तुष्टिरेषां नृपासने॥ २४

उन सबको विधिवत् ग्रहण कर बलभद्रजीने कौरवोंसे कहा—"राजा उग्रसेनकी आज्ञा है आपलोग साम्बको तुरन्त छोड़ दें"॥ १०॥

हे द्विजसत्तम! बलरामजीके इन वचनोंको सुनकर भीष्म, द्रोण, कर्ण और दुर्योधन आदि राजाओंको बड़ा क्षोभ हुआ॥ ११॥ और यदुवंशको राज्यपदके अयोग्य समझ बाह्लिक आदि सभी कौरवगण कुपित होकर मूसलधारी बलभद्रजीसे कहने लगे—॥ १२॥ "हे बलभद्र! तुम यह क्या कह रहे हो; ऐसा कौन यदुवंशी है जो कुरुकुलोत्पन्न किसी वीरको आज्ञा दे?॥ १३॥ यदि उग्रसेन भी कौरवोंको आज्ञा दे सकता है तो राजाओंके योग्य कौरवोंके इस श्वेत छत्रका क्या प्रयोजन है?॥ १४॥ अतः हे बलराम! तुम जाओ अथवा रहो, हमलोग तुम्हारी या उग्रसेनकी आज्ञासे अन्यायकर्मा साम्बको नहीं छोड़ सकते॥ १५॥ पूर्वकालमें कुकुर और अन्धकवंशीय यादवगण हम माननीयोंको प्रणाम किया करते थे सो अब वे ऐसा नहीं करते तो न सही, किन्तु स्वामीको यह सेवककी ओरसे आज्ञा देना कैसा?॥ १६॥ तुमलोगोंके साथ समान आसन और भोजनका व्यवहार करके तुम्हें हमहीने गर्वीला बना दिया है; इसमें तुम्हारा कोई दोष नहीं है; क्योंकि हमने ही प्रीतिवश नीतिका विचार नहीं किया॥ १७॥ हे बलराम! हमने जो तुम्हें यह अर्घ्य आदि निवेदन किया है यह प्रेमवश ही किया है, वास्तवमें हमारे कुलकी तरफसे तुम्हारे कुलको अर्घ्यादि देना उचित नहीं है"॥ १८॥

श्रीपराशरजी बोले—ऐसा कहकर कौरवगण यह निश्चय करके कि "हम कृष्णके पुत्र साम्बको नहीं छोड़ेंगे" तुरन्त हस्तिनापुरमें चले गये॥ १९॥ तदनन्तर हलायुध श्रीबलरामजीने उनके तिरस्कारसे उत्पन्न हुए क्रोधसे मत्त होकर घूरते हुए पृथिवीमें लात मारी॥ २०॥ महात्मा बलरामजीके पाद-प्रहारसे पृथिवी फट गयी और वे अपने शब्दसे सम्पूर्ण दिशाओंको गुँजाकर कम्पायमान करने लगे तथा लाल-लाल नेत्र और टेढ़ी भृकुटि करके बोले-॥ २१-२२॥ "अहो! इन सारहीन दुरात्मा कौरवोंको यह कैसा राजमदका अभिमान है। कौरवोंका महीपालत्व तो स्वतःसिद्ध है और हमारा सामयिक—ऐसा समझकर ही आज ये महाराज उग्रसेनकी आज्ञा नहीं मानते; बल्कि उसका उल्लंघन कर रहे हैं॥ २३॥ आज राजा उग्रसेन सुधर्मा-सभामें स्वयं विराजमान होते हैं, उसमें शचीपति इन्द्र भी नहीं बैठने पाते। परन्तु इन

पारिजाततरोः पुष्पमञ्जरीर्वनिताजनः।
बिभर्ति यस्य भृत्यानां सोऽप्येषां न महीपतिः॥ २५
समस्तभूभृतां नाथ उग्रसेनस्स तिष्ठतु।
अद्य निष्कौरवामुर्वीं कृत्वा यास्यामि तत्पुरीम्॥ २६
कर्णं दुर्योधनं द्रोणमद्य भीष्मं सबाह्लिकम्।
दुश्शासनादीन्भूरिं च भूरिश्रवसमेव च॥ २७
सोमदत्तं शलं चैव भीमार्जुनयुधिष्ठिरान्।
यमौ च कौरवांश्चान्यान्हत्वा साश्वरथद्विपान्॥ २८
वीरमादाय तं साम्बं सपत्नीकं ततः पुरीम्।
द्वारकामुग्रसेनादीन्गत्वा द्रक्ष्यामि बान्धवान्॥ २९
अथ वा कौरवावासं समस्तैः कुरुभिस्सह।
भागीरथ्यां क्षिपाम्याशु नगरं नागसाह्वयम्॥ ३०

श्रीपराशर उवाच

इत्युक्त्वा मदरक्ताक्षः कर्षणाधोमुखं हलम्।
प्राकारवप्रदुर्गस्य चकर्ष मुसलायुधः॥ ३१
आघूर्णितं तत्सहसा ततो वै हास्तिनं पुरम्।
दृष्ट्वा संक्षुब्धहृदयाश्चुक्षुभुः सर्वकौरवाः॥ ३२
राम राम महाबाहो क्षम्यतां क्षम्यतां त्वया।
उपसंह्रियतां कोपः प्रसीद मुसलायुध॥ ३३
एष साम्बस्सपत्नीकस्तव निर्यातितो बल।
अविज्ञातप्रभावाणां क्षम्यतामपराधिनाम्॥ ३४

श्रीपराशर उवाच

ततो निर्यातयामासुस्साम्बं पत्नीसमन्वितम्।
निष्क्रम्य स्वपुरात्तूर्णं कौरवा मुनिपुङ्गव॥ ३५
भीष्मद्रोणकृपादीनां प्रणम्य वदतां प्रियम्।
क्षान्तमेव मयेत्याह बलो बलवतां वरः॥ ३६
अद्याप्याघूर्णिताकारं लक्ष्यते तत्पुरं द्विज।
एष प्रभावो रामस्य बलशौर्योपलक्षणः॥ ३७
ततस्तु कौरवास्साम्बं सम्पूज्य हलिना सह।
प्रेषयामासुरुद्वाहधनभार्यासमन्वितम्॥ ३८

कौरवोंको धिक्कार है जिन्हें सैकड़ों मनुष्योंके उच्छिष्ट राजसिंहासनमें इतनी तुष्टि है॥ २४॥ जिनके सेवकोंकी स्त्रियाँ भी पारिजात-वृक्षकी पुष्प-मंजरी धारण करती हैं वह भी इन कौरवोंके महाराज नहीं हैं? [यह कैसा आश्चर्य है?]॥ २५॥ वे उग्रसेन ही सम्पूर्ण राजाओंके महाराज बनकर रहें। आज मैं अकेला ही पृथिवीको कौरवहीन करके उनकी द्वारकापुरीको जाऊँगा॥ २६॥ आज कर्ण, दुर्योधन, द्रोण, भीष्म, बाह्लिक, दुश्शासनादि, भूरि, भूरिश्रवा, सोमदत्त, शल, भीम, अर्जुन, युधिष्ठिर, नकुल और सहदेव तथा अन्यान्य समस्त कौरवोंको उनके हाथी-घोड़े और रथके सहित मारकर तथा नववधूके साथ वीरवर साम्बको लेकर ही मैं द्वारकापुरीमें जाकर उग्रसेन आदि अपने बन्धु-बान्धवोंको देखूँगा॥ २७—२९॥ अथवा समस्त कौरवोंके सहित उनके निवासस्थान इस हस्तिनापुर नगरको ही अभी गंगाजीमें फेंके देता हूँ''॥ ३०॥

श्रीपराशरजी बोले—ऐसा कहकर मदसे अरुणनयन मुसलायुध श्रीबलभद्रजीने हलकी नोंकको हस्तिनापुरके खाईं और दुर्गसे युक्त प्राकारके मूलमें लगाकर खींचा॥ ३१॥ उस समय सम्पूर्ण हस्तिनापुर सहसा डगमगाता देख समस्त कौरवगण क्षुब्धचित्त होकर भयभीत हो गये॥ ३२॥ [और कहने लगे—] ''हे राम! हे राम! हे महाबाहो! क्षमा करो, क्षमा करो। हे मुसलायुध! अपना कोप शान्त करके प्रसन्न होइये॥ ३३॥ हे बलराम! हम आपको पत्नीके सहित इस साम्बको सौंपते हैं। हम आपका प्रभाव नहीं जानते थे, इसीसे आपका अपराध किया; कृपया क्षमा कीजिये''॥ ३४॥

श्रीपराशरजी बोले—हे मुनिश्रेष्ठ! तदनन्तर कौरवोंने तुरन्त ही अपने नगरसे बाहर आकर पत्नीसहित साम्बको श्रीबलरामजीके अर्पण कर दिया॥ ३५॥ तब प्रणामपूर्वक प्रिय वाक्य बोलते हुए भीष्म, द्रोण, कृप आदिसे वीरवर बलरामजीने कहा—''अच्छा मैंने क्षमा किया''॥ ३६॥ हे द्विज! इस समय भी हस्तिनापुर [गंगाकी ओर] कुछ झुका हुआ-सा दिखायी देता है, यह श्रीबलरामजीके बल और शूरवीरताका परिचय देनेवाला उनका प्रभाव ही है॥ ३७॥ तदनन्तर कौरवोंने बलरामजीके सहित साम्बका पूजन किया तथा बहुत-से दहेज और वधूके सहित उन्हें द्वारकापुरी भेज दिया॥ ३८॥

इति श्रीविष्णुपुराणे पञ्चमेंऽशे पञ्चत्रिंशोऽध्यायः॥ ३५॥

छत्तीसवाँ अध्याय

द्विविद-वध

श्रीपराशर उवाच

मैत्रेयैतद्बलं तस्य बलस्य बलशालिनः।
कृतं यदन्यत्तेनाभूत्तदपि श्रूयतां त्वया॥ १
नरकस्यासुरेन्द्रस्य देवपक्षविरोधिनः।
सखाभवन्महावीर्यो द्विविदो वानरर्षभः॥ २
वैरानुबन्धं बलवान्स चकार सुरान्प्रति।
नरकं हतवान्कृष्णो देवराजेन चोदितः॥ ३
करिष्ये सर्वदेवानां तस्मादेतत्प्रतिक्रियाम्।
यज्ञविध्वंसनं कुर्वन् मर्त्यलोकक्षयं तथा॥ ४
ततो विध्वंसयामास यज्ञानज्ञानमोहितः।
बिभेद साधुमर्यादां क्षयं चक्रे च देहिनाम्॥ ५
ददाह सवनान्देशान्पुरग्रामान्तराणि च।
क्वचिच्च पर्वताक्षेपैर्ग्रामादीन्समचूर्णयत्॥ ६
शैलानुत्पाट्य तोयेषु मुमोचाम्बुनिधौ तथा।
पुनश्चार्णवमध्यस्थः क्षोभयामास सागरम्॥ ७
तेन विक्षोभितश्चाब्धिरुद्वेलो द्विज जायते।
प्लावयंस्तीरजान्ग्रामान्पुरादीनतिवेगवान्॥ ८
कामरूपी महारूपं कृत्वा सस्यान्यशेषतः।
लुठन्भ्रमणसम्मर्दैस्सञ्चूर्णयति वानरः॥ ९
तेन विप्रकृतं सर्वं जगदेतद्दुरात्मना।
निस्स्वाध्यायवषट्कारं मैत्रेयासीत्सुदुःखितम्॥ १०
एकदा रैवतोद्याने पपौ पानं हलायुधः।
रेवती च महाभागा तथैवान्या वरस्त्रियः॥ ११
उद्गीयमानो विलसल्ललनामौलिमध्यगः।
रेमे यदुकुलश्रेष्ठः कुबेर इव मन्दरे॥ १२
ततस्स वानरोऽभ्येत्य गृहीत्वा सीरिणो हलम्।
मुसलं च चकारास्य सम्मुखं च विडम्बनम्॥ १३
तथैव योषितां तासां जहासाभिमुखं कपिः।
पानपूर्णांश्च करकाञ्चिक्षेपाहत्य वै तदा॥ १४

श्रीपराशरजी बोले—हे मैत्रेय! बलशाली बलरामजीका ऐसा ही पराक्रम था। अब, उन्होंने जो और एक कर्म किया था वह भी सुनो॥ १॥ द्विविद नामक एक महावीर्यशाली वानरश्रेष्ठ देवविरोधी दैत्यराज नरकासुरका मित्र था॥ २॥ भगवान् कृष्णने देवराज इन्द्रकी प्रेरणासे नरकासुरका वध किया था, इसलिये वीर वानर द्विविदने देवताओंसे वैर ठाना॥ ३॥ [उसने निश्चय किया कि] "मैं मर्त्यलोकका क्षय कर दूँगा और इस प्रकार यज्ञ-यागादिका उच्छेद करके सम्पूर्ण देवताओंसे इसका बदला चुका लूँगा"॥ ४॥ तबसे वह अज्ञानमोहित होकर यज्ञोंको विध्वंस करने लगा और साधुमर्यादाको मिटाने तथा देहधारी जीवोंको नष्ट करने लगा॥ ५॥ वह वन, देश, पुर और भिन्न-भिन्न ग्रामोंको जला देता तथा कभी पर्वत गिराकर ग्रामादिकोंको चूर्ण कर डालता॥ ६॥ कभी पहाड़ोंकी चट्टान उखाड़कर समुद्रके जलमें छोड़ देता और फिर कभी समुद्रमें घुसकर उसे क्षुभित कर देता॥ ७॥ हे द्विज! उससे क्षुभित हुआ समुद्र ऊँची-ऊँची तरंगोंसे उठकर अति वेगसे युक्त हो अपने तीरवर्ती ग्राम और पुर आदिको डुबो देता था॥ ८॥ वह कामरूपी वानर महान् रूप धारणकर लोटने लगता था और अपने लुण्ठनके संघर्षसे सम्पूर्ण धान्यों (खेतों)-को कुचल डालता था॥ ९॥ हे द्विज! उस दुरात्माने इस सम्पूर्ण जगत्को स्वाध्याय और वषट्कारसे शून्य कर दिया था, जिससे यह अत्यन्त दुःखमय हो गया॥ १०॥

एक दिन श्रीबलभद्रजी रैवतोद्यानमें [क्रीड़ासक्त होकर] मद्यपान कर रहे थे। साथ ही महाभागा रेवती तथा अन्य सुन्दर रमणियाँ भी थीं॥ ११॥ उस समय यदुश्रेष्ठ श्रीबलरामजी मन्दराचलपर्वतपर कुबेरके समान [रैवतकपर स्वयं] रमण कर रहे थे॥ १२॥ इसी समय वहाँ द्विविद वानर आया और श्रीहलधरके हल और मूसल लेकर उनके सामने ही उनकी नकल करने लगा॥ १३॥ वह दुरात्मा वानर उन स्त्रियोंकी ओर देख-देखकर हँसने लगा और उसने मदिरासे भरे हुए घड़े फोड़कर फेंक दिये॥ १४॥

ततः कोपपरीतात्मा भर्त्सयामास तं हली।
तथापि तमवज्ञाय चक्रे किलकिलध्वनिम्॥ १५
ततः स्मयित्वा स बलो जग्राह मुसलं रुषा।
सोऽपि शैलशिलां भीमां जग्राह प्लवगोत्तमः॥ १६
चिक्षेप स च तां क्षिप्तां मुसलेन सहस्रधा।
बिभेद यादवश्रेष्ठस्सा पपात महीतले॥ १७
अथ तन्मुसलं चासौ समुल्लङ्घ्य प्लवङ्गमः।
वेगेनागत्य रोषेण करेणोरस्यताडयत्॥ १८
ततो बलेन कोपेन मुष्टिना मूर्ध्नि ताडितः।
पपात रुधिरोद्गारी द्विविदः क्षीणजीवितः॥ १९
पतता तच्छरीरेण गिरेश्शृङ्गमशीर्यत।
मैत्रेय शतधा वज्रिवज्रेणेव विदारितम्॥ २०
पुष्पवृष्टिं ततो देवा रामस्योपरि चिक्षिपुः।
प्रशशंसुस्ततोऽभ्येत्य साध्वेतत्ते महत्कृतम्॥ २१
अनेन दुष्टकपिना दैत्यपक्षोपकारिणा।
जगन्निराकृतं वीर दिष्ट्या स क्षयमागतः॥ २२
इत्युक्त्वा दिवमाजग्मुर्देवा हृष्टास्सगुह्यकाः॥ २३

श्रीपराशर उवाच

एवंविधान्यनेकानि बलदेवस्य धीमतः।
कर्माण्यपरिमेयानि शेषस्य धरणीभृतः॥ २४

तब श्रीहलधरने क्रुद्ध होकर उसे धमकाया तथापि वह उनकी अवज्ञा करके किलकारी मारने लगा॥ १५॥ तदनन्तर श्रीबलरामजीने मुसकाकर क्रोधसे अपना मूसल उठा लिया तथा उस वानरने भी एक भारी चट्टान ले ली॥ १६॥ और उसे बलरामजीके ऊपर फेंकी, किन्तु यदुवीर बलभद्रजीने मूसलसे उसके हजारों टुकड़े कर दिये; जिससे वह पृथिवीपर गिर पड़ी॥ १७॥ तब उस वानरने बलरामजीके मूसलका वार बचाकर रोषपूर्वक अत्यन्त वेगसे उनकी छातीमें घूँसा मारा॥ १८॥ तत्पश्चात् बलभद्रजीने भी क्रुद्ध होकर द्विविदके सिरमें घूँसा मारा जिससे वह रुधिर वमन करता हुआ निर्जीव होकर पृथिवीपर गिर पड़ा॥ १९॥ हे मैत्रेय! उसके गिरते समय उसके शरीरका आघात पाकर इन्द्र-वज्रसे विदीर्ण होनेके समान उस पर्वतके शिखरके सैकड़ों टुकड़े हो गये॥ २०॥

उस समय देवतालोग बलरामजीके ऊपर फूल बरसाने लगे और वहाँ आकर "आपने यह बड़ा अच्छा किया" ऐसा कहकर उनकी प्रशंसा करने लगे॥ २१॥ "हे वीर! दैत्यपक्षके उपकारक इस दुष्ट वानरने संसारको बड़ा कष्ट दे रखा था; यह बड़े ही सौभाग्यका विषय है कि आज यह आपके हाथों मारा गया।" ऐसा कहकर गुह्यकोंके सहित देवगण अत्यन्त हर्षपूर्वक स्वर्गलोकको चले आये॥ २२-२३॥

श्रीपराशरजी बोले—शेषावतार धरणीधर धीमान् बलभद्रजीके ऐसे ही अनेकों कर्म हैं, जिनका कोई परिमाण (तुलना) नहीं बताया जा सकता॥ २४॥

इति श्रीविष्णुपुराणे पञ्चमेंऽशे षट्त्रिंशोऽध्यायः॥ ३६॥

सैंतीसवाँ अध्याय

ऋषियोंका शाप, यदुवंशविनाश तथा भगवान्‌का स्वधाम सिधारना

श्रीपराशर उवाच

एवं दैत्यवधं कृष्णो बलदेवसहायवान्।
चक्रे दुष्टक्षितीशानां तथैव जगतः कृते॥ १
क्षितेश्च भारं भगवान्फाल्गुनेन समन्वितः।
अवतारयामास विभुस्समस्ताक्षौहिणीवधात्॥ २
कृत्वा भारावतरणं भुवो हत्वाखिलान्नृपान्।
शापव्याजेन विप्राणामुपसंहृतवान्कुलम्॥ ३

श्रीपराशरजी बोले—हे मैत्रेय! इसी प्रकार संसारके उपकारके लिये बलभद्रजीके सहित श्रीकृष्णचन्द्रने दैत्यों और दुष्ट राजाओंका वध किया॥ १॥ तथा अन्तमें अर्जुनके साथ मिलकर भगवान् कृष्णने अठारह अक्षौहिणी सेनाको मारकर पृथिवीका भार उतारा॥ २॥ इस प्रकार सम्पूर्ण राजाओंको मारकर पृथिवीका भारावतरण किया और फिर ब्राह्मणोंके शापके मिषसे अपने कुलका भी उपसंहार कर दिया॥ ३॥

उत्सृज्य द्वारकां कृष्णस्त्यक्त्वा मानुष्यमात्मनः।
सांशो विष्णुमयं स्थानं प्रविवेश मुने निजम्॥ ४

श्रीमैत्रेय उवाच

स विप्रशापव्याजेन संजह्रे स्वकुलं कथम्।
कथं च मानुषं देहमुत्ससर्ज जनार्दनः॥ ५

श्रीपराशर उवाच

विश्वामित्रस्तथा कण्वो नारदश्च महामुनिः।
पिण्डारके महातीर्थे दृष्टा यदुकुमारकैः॥ ६
ततस्ते यौवनोन्मत्ता भाविकार्यप्रचोदिताः।
साम्बं जाम्बवतीपुत्रं भूषयित्वा स्त्रियं यथा॥ ७
प्रश्रितास्तान्मुनीनूचुः प्रणिपातपुरस्सरम्।
इयं स्त्री पुत्रकामा वै ब्रूत किं जनयिष्यति॥ ८

श्रीपराशर उवाच

दिव्यज्ञानोपपन्नास्ते विप्रलब्धाः कुमारकैः।
मुनयः कुपिताः प्रोचुर्मुसलं जनयिष्यति॥ ९
सर्वयादवसंहारकारणं भुवनोत्तरम्।
येनाखिलकुलोत्सादो यादवानां भविष्यति॥ १०
इत्युक्तास्ते कुमारास्तु आचचक्षुर्यथातथम्।
उग्रसेनाय मुसलं जज्ञे साम्बस्य चोदरात्॥ ११
तदुग्रसेनो मुसलमयश्चूर्णमकारयत्।
जज्ञे तदेरकाचूर्णं प्रक्षिप्तं तैर्महोदधौ॥ १२
मुसलस्याथ लोहस्य चूर्णितस्य तु यादवैः।
खण्डं चूर्णितशेषं तु ततो यत्तोमराकृति॥ १३
तदप्यम्बुनिधौ क्षिप्तं मत्स्यो जग्राह जालिभिः।
घातितस्योदरात्तस्य लुब्धो जग्राह तज्जराः॥ १४
विज्ञातपरमार्थोऽपि भगवान्मधुसूदनः।
नैच्छत्तदन्यथा कर्तुं विधिना यत्समीहितम्॥ १५
देवैश्च प्रहितो वायुः प्रणिपत्याह केशवम्।
रहस्येवमहं दूतः प्रहितो भगवन्सुरैः॥ १६
वस्वश्विमरुदादित्यरुद्रसाध्यादिभिस्सह।
विज्ञापयति शक्रस्त्वां तदिदं श्रूयतां विभो॥ १७

हे मुने! अन्तमें द्वारकापुरीको छोड़कर तथा अपने मानव-शरीरको त्यागकर श्रीकृष्णचन्द्रने अपने अंश (बलराम-प्रद्युम्नादि)-के सहित अपने विष्णुमय धाममें प्रवेश किया॥ ४॥

श्रीमैत्रेयजी बोले—हे मुने! श्रीजनार्दनने विप्रशापके मिषसे किस प्रकार अपने कुलका नाश किया और अपने मानव-देहको किस प्रकार छोड़ा?॥ ५॥

श्रीपराशरजी बोले—एक बार कुछ यदुकुमारोंने महातीर्थ पिण्डारक क्षेत्रमें विश्वामित्र, कण्व और नारद आदि महामुनियोंको देखा॥ ६॥ तब यौवनसे उन्मत्त हुए उन बालकोंने होनहारकी प्रेरणासे जाम्बवतीके पुत्र साम्बका स्त्री वेष बनाकर उन मुनीश्वरोंको प्रणाम करनेके अनन्तर अति नम्रतासे पूछा—"इस स्त्रीको पुत्रकी इच्छा है, हे मुनिजन! कहिये यह क्या जनेगी?"॥ ७-८॥

श्रीपराशरजी बोले—यदुकुमारोंके इस प्रकार धोखा देनेपर उन दिव्य ज्ञानसम्पन्न मुनिजनोंने कुपित होकर कहा—"यह एक लोकोत्तर मूसल जनेगी, जो समस्त यादवोंके नाशका कारण होगा और जिससे यादवोंका सम्पूर्ण कुल संसारमें निर्मूल हो जायगा॥ ९-१०॥

मुनिगणके इस प्रकार कहनेपर उन कुमारोंने सम्पूर्ण वृत्तान्त ज्यों-का-त्यों राजा उग्रसेनसे कह दिया तथा साम्बके पेटसे एक मूसल उत्पन्न हुआ॥ ११॥ उग्रसेनने उस लोहमय मूसलका चूर्ण करा डाला और उसे उन बालकोंने [ले जाकर] समुद्रमें फेंक दिया, उससे वहाँ बहुत-से सरकण्डे उत्पन्न हो गये॥ १२॥ यादवोंद्वारा चूर्ण किये गये इस मूसलके लोहेका जो भालेकी नोंकके समान एक खण्ड चूर्ण करनेसे बचा उसे भी समुद्रहीमें फिकवा दिया। उसे एक मछली निगल गयी। उस मछलीको मछेरोंने पकड़ लिया तथा चीरनेपर उसके पेटसे निकले हुए उस मूसलखण्डको जरा नामक व्याधने ले लिया॥ १३-१४॥ भगवान् मधुसूदन इन समस्त बातोंको यथावत् जानते थे तथापि उन्होंने विधाताकी इच्छाको अन्यथा करना न चाहा॥ १५॥

इसी समय देवताओंने वायुको भेजा। उसने एकान्तमें श्रीकृष्णचन्द्रको प्रणाम करके कहा—"भगवन्! मुझे देवताओंने दूत बनाकर भेजा है॥ १६॥ "हे विभो! वसुगण, अश्विनीकुमार, रुद्र, आदित्य, मरुद्गण और साध्यादिके सहित इन्द्रने आपको जो सन्देश भेजा है वह सुनिये॥ १७॥

भारावतरणार्थाय वर्षाणामधिकं शतम्।
भगवानवतीर्णोऽत्र त्रिदशैस्सह चोदितः॥ १८

दुर्वृत्ता निहता दैत्या भुवो भारोऽवतारितः।
त्वया सनाथास्त्रिदशा भवन्तु त्रिदिवे सदा॥ १९

तदतीतं जगन्नाथ वर्षाणामधिकं शतम्।
इदानीं गम्यतां स्वर्गो भवता यदि रोचते॥ २०

देवैर्विज्ञाप्यते देव तथात्रैव रतिस्तव।
तत्स्थीयतां यथाकालमाख्येयमनुजीविभिः॥ २१

श्रीभगवानुवाच

यत्त्वमात्थाखिलं दूत वेद्म्येतदहमप्युत।
प्रारब्ध एव हि मया यादवानां परिक्षयः॥ २२

भुवो नाद्यापि भारोऽयं यादवैरनिबर्हितैः।
अवतार्य करोम्येतत्सप्तरात्रेण सत्वरः॥ २३

यथा गृहीतामम्भोधेर्दत्त्वाहं द्वारकाभुवम्।
यादवानुपसंहृत्य यास्यामि त्रिदशालयम्॥ २४

मनुष्यदेहमुत्सृज्य संकर्षणसहायवान्।
प्राप्त एवास्मि मन्तव्यो देवेन्द्रेण तथामरैः॥ २५

जरासन्धादयो येऽन्ये निहता भारहेतवः।
क्षितेस्तेभ्यः कुमारोऽपि यदूनां नापचीयते॥ २६

तदेतं सुमहाभारमवतार्य क्षितेरहम्।
यास्याम्यमरलोकस्य पालनाय ब्रवीहि तान्॥ २७

श्रीपराशर उवाच

इत्युक्तो वासुदेवेन देवदूतः प्रणम्य तम्।
मैत्रेय दिव्यया गत्या देवराजान्तिकं ययौ॥ २८

भगवानप्यथोत्पातान्दिव्यभौमान्तरिक्षजान्।
ददर्श द्वारकापुर्यां विनाशाय दिवानिशम्॥ २९

तान्दृष्ट्वा यादवानाह पश्यध्वमतिदारुणान्।
महोत्पाताञ्छमायैषां प्रभासं याम मा चिरम्॥ ३०

श्रीपराशर उवाच

एवमुक्ते तु कृष्णेन यादवप्रवरस्ततः।
महाभागवतः प्राह प्रणिपत्योद्धवो हरिम्॥ ३१

हे भगवन्! देवताओंकी प्रेरणासे उनके ही साथ पृथिवीका भार उतारनेके लिये अवतीर्ण हुए आपको सौ वर्षसे अधिक बीत चुके हैं॥ १८॥ अब आप दुराचारी दैत्योंको मार चुके और पृथिवीका भार भी उतार चुके, अतः [हमारी प्रार्थना है कि] अब देवगण सर्वदा स्वर्गमें ही आपसे सनाथ हों [अर्थात् आप स्वर्ग पधारकर देवताओंको सनाथ करें]॥ १९॥ हे जगन्नाथ! आपको भूमण्डलमें पधारे हुए सौ वर्षसे अधिक हो गये, अब यदि आपको पसन्द आवे तो स्वर्गलोक पधारिये॥ २०॥ हे देव! देवगणका यह भी कथन है कि यदि आपको यहीं रहना अच्छा लगे तो रहें, सेवकोंका तो यही धर्म है कि [स्वामीको] यथासमय कर्तव्यका निवेदन कर दे''॥ २१॥

श्रीभगवान् बोले—हे दूत! तुम जो कुछ कहते हो वह मैं सब जानता हूँ, इसलिये अब मैंने यादवोंके नाशका आरम्भ कर ही दिया है॥ २२॥ इन यादवोंका संहार हुए बिना अभीतक पृथिवीका भार हल्का नहीं हुआ है, अतः अब सात रात्रिके भीतर [इनका संहार करके] पृथिवीका भार उतारकर मैं शीघ्र ही [जैसा तुम कहते हो] वही करूँगा॥ २३॥ जिस प्रकार यह द्वारकाकी भूमि मैंने समुद्रसे माँगी थी इसे उसी प्रकार उसे लौटाकर तथा यादवोंका उपसंहार कर मैं स्वर्गलोकमें आऊँगा॥ २४॥ अब देवराज इन्द्र और देवताओंको यह समझना चाहिये कि संकर्षणके सहित मैं मनुष्य-शरीरको छोड़कर स्वर्ग पहुँच ही चुका हूँ॥ २५॥ पृथिवीके भारभूत जो जरासन्ध आदि अन्य राजागण मारे गये हैं, ये यदुकुमार भी उनसे कम नहीं हैं॥ २६॥ अतः तुम देवताओंसे जाकर कहो कि मैं पृथिवीके इस महाभारको उतारकर ही देवलोकका पालन करनेके लिये स्वर्गमें आऊँगा॥ २७॥

श्रीपराशरजी बोले—हे मैत्रेय! भगवान् वासुदेवके इस प्रकार कहनेपर देवदूत वायु उन्हें प्रणाम करके अपनी दिव्य गतिसे देवराजके पास चले आये॥ २८॥ भगवान्‌ने देखा कि द्वारकापुरीमें रात-दिन नाशके सूचक दिव्य, भौम और अन्तरिक्ष-सम्बन्धी महान् उत्पात हो रहे हैं॥ २९॥ उन उत्पातोंको देखकर भगवान्‌ने यादवोंसे कहा—''देखो, ये कैसे घोर उपद्रव हो रहे हैं, चलो, शीघ्र ही इनकी शान्तिके लिये प्रभासक्षेत्रको चलें''॥ ३०॥

श्रीपराशरजी बोले—कृष्णचन्द्रके ऐसा कहनेपर महाभागवत यादवश्रेष्ठ उद्धवने श्रीहरिको प्रणाम करके

भगवन्यन्मया कार्यं तदाज्ञापय साम्प्रतम्।
मन्ये कुलमिदं सर्वं भगवान्संहरिष्यति॥ ३२
नाशायास्य निमित्तानि कुलस्याच्युत लक्षये॥ ३३

श्रीभगवानुवाच

गच्छ त्वं दिव्यया गत्या मत्प्रसादसमुत्थया।
यद्बदर्याश्रमं पुण्यं गन्धमादनपर्वते।
नरनारायणस्थाने तत्पवित्रं महीतले॥ ३४
मन्मना मत्प्रसादेन तत्र सिद्धिमवाप्स्यसि।
अहं स्वर्गं गमिष्यामि ह्युपसंहृत्य वै कुलम्॥ ३५
द्वारकां च मया त्यक्तां समुद्रः प्लावयिष्यति।
मद्वेश्म चैकं मुक्त्वा तु भयान्मत्तो जलाशये।
तत्र सन्निहितश्चाहं भक्तानां हितकाम्यया॥ ३६

श्रीपराशर उवाच

इत्युक्तः प्रणिपत्यैनं जगामाशु तपोवनम्।
नरनारायणस्थानं केशवेनानुमोदितः॥ ३७
ततस्ते यादवास्सर्वे रथानारुह्य शीघ्रगान्।
प्रभासं प्रययुस्सार्धं कृष्णरामादिभिर्द्विज॥ ३८
प्रभासं समनुप्राप्ताः कुकुरान्धकवृष्णयः।
चक्रुस्तत्र महापानं वासुदेवेन चोदिताः॥ ३९
पिबतां तत्र चैतेषां सङ्घर्षेण परस्परम्।
अतिवादेन्धनो जज्ञे कलहाग्निः क्षयावहः॥ ४०

श्रीमैत्रेय उवाच

स्वं स्वं वै भुञ्जतां तेषां कलहः किंनिमित्तकः।
सङ्घर्षो वा द्विजश्रेष्ठ तन्ममाख्यातुमर्हसि॥ ४१

श्रीपराशर उवाच

मृष्टं मदीयमन्नं ते न मृष्टमिति जल्पताम्।
मृष्टामृष्टकथा जज्ञे सङ्घर्षकलहौ ततः॥ ४२
ततश्चान्योन्यमभ्येत्य क्रोधसंरक्तलोचनाः।
जघ्नुः परस्परं ते तु शस्त्रैर्दैवबलात्कृताः॥ ४३
क्षीणशस्त्राश्च जगृहुः प्रत्यासन्नामथैरकाम्॥ ४४

कहा—॥ ३१॥ "भगवन्! मुझे ऐसा प्रतीत होता है कि अब आप इस कुलका नाश करेंगे; क्योंकि हे अच्युत! इस समय सब ओर इसके नाशके सूचक कारण दिखायी दे रहे हैं, अतः मुझे आज्ञा दीजिये कि मैं क्या करूँ?"॥ ३२-३३॥

श्रीभगवान् बोले—हे उद्धव! अब तुम मेरी कृपासे प्राप्त हुई दिव्य गतिसे नर-नारायणके निवासस्थान गन्धमादनपर्वतपर जो पवित्र बदरिकाश्रम क्षेत्र है वहाँ जाओ। पृथिवीतलपर वही सबसे पावन स्थान है॥ ३४॥ वहाँपर मुझमें चित्त लगाकर तुम मेरी कृपासे सिद्धि प्राप्त करोगे। अब मैं भी इस कुलका संहार करके स्वर्गलोकको चला जाऊँगा॥ ३५॥ मेरे छोड़ देनेपर सम्पूर्ण द्वारकाको समुद्र जलमें डुबो देगा; मुझसे भय माननेके कारण केवल मेरे भवनको छोड़ देगा; अपने इस भवनमें मैं भक्तोंकी हितकामनासे सर्वदा निवास करता हूँ॥ ३६॥

श्रीपराशरजी बोले—भगवान्के ऐसा कहनेपर उद्धवजी उन्हें प्रणामकर तुरन्त ही उनके बतलाये हुए तपोवन श्रीनरनारायणके स्थानको चले गये॥ ३७॥ हे द्विज! तदनन्तर कृष्ण और बलराम आदिके सहित सम्पूर्ण यादव शीघ्रगामी रथोंपर चढ़कर प्रभासक्षेत्रमें आये॥ ३८॥ वहाँ पहुँचकर कुकुर, अन्धक और वृष्णि आदि वंशोंके समस्त यादवोंने कृष्णचन्द्रकी प्रेरणासे महापान और भोजन[1] किया॥ ३९॥ पान करते समय उनमें परस्पर कुछ विवाद हो जानेसे वहाँ कुवाक्यरूप ईंधनसे युक्त प्रलयकारिणी कलहाग्नि धधक उठी॥ ४०॥

श्रीमैत्रेयजी बोले—हे द्विज! अपना-अपना भोजन करते हुए उन यादवोंमें किस कारणसे कलह (वाग्युद्ध) अथवा संघर्ष (हाथापाई) हुआ, सो आप कहिये॥ ४१॥

श्रीपराशरजी बोले—'मेरा भोजन शुद्ध है, तेरा अच्छा नहीं है।' इस प्रकार भोजनके अच्छे-बुरेकी चर्चा करते-करते उनमें परस्पर विवाद और हाथापाई हो गयी॥ ४२॥ तब वे दैवी प्रेरणासे विवश होकर आपसमें क्रोधसे रक्तनेत्र हुए एक-दूसरेपर शस्त्रप्रहार करने लगे और जब शस्त्र समाप्त हो गये तो पासहीमें उगे हुए सरकण्डे ले लिये॥ ४३-४४॥

१. मैत्रेयजीके अग्रिम प्रश्न और पराशरजीके उत्तरसे वहाँ यदुवंशियोंका अन्न-भोजन करना भी सिद्ध होता है।

एरका तु गृहीता वै वज्रभूतेव लक्ष्यते।
तया परस्परं जघ्नुस्संप्रहारे सुदारुणे॥ ४५
प्रद्युम्नसाम्बप्रमुखाः कृतवर्माथ सात्यकिः।
अनिरुद्धादयश्चान्ये पृथुर्विपृथुरेव च॥ ४६
चारुवर्मा चारुकश्च तथाक्रूरादयो द्विज।
एरकारूपिभिर्वज्रैस्ते निजघ्नुः परस्परम्॥ ४७
निवारयामास हरिर्यादवांस्ते च केशवम्।
सहायं मेनिरेऽरीणां प्राप्तं जघ्नुः परस्परम्॥ ४८
कृष्णोऽपि कुपितस्तेषामेरकामुष्टिमाददे।
वधाय सोऽपि मुसलं मुष्टिर्लौहमभूत्तदा॥ ४९
जघान तेन निश्शेषान्यादवानाततायिनः।
जघ्नुस्ते सहसाभ्येत्य तथान्येऽपि परस्परम्॥ ५०
ततश्चार्णवमध्येन जैत्रोऽसौ चक्रिणो रथः।
पश्यतो दारुकस्याथ प्रायादश्वैर्धृतो द्विज॥ ५१
चक्रं गदा तथा शार्ङ्गं तूणी शङ्खोऽसिरेव च।
प्रदक्षिणं हरिं कृत्वा जग्मुरादित्यवर्त्मना॥ ५२
क्षणेन नाभवत्कश्चिद्यादवानामघातितः।
ऋते कृष्णं महात्मानं दारुकं च महामुने॥ ५३
चङ्क्रम्यमाणौ तौ रामं वृक्षमूले कृतासनम्।
ददृशाते मुखाच्चास्य निष्क्रामन्तं महोरगम्॥ ५४
निष्क्रम्य स मुखात्तस्य महाभोगो भुजङ्गमः।
प्रययावर्णवं सिद्धैः पूज्यमानस्तथोरगैः॥ ५५
ततोऽर्घ्यमादाय तदा जलधिस्सम्मुखं ययौ।
प्रविवेश ततस्तोयं पूजितः पन्नगोत्तमैः॥ ५६
दृष्ट्वा बलस्य निर्याणं दारुकं प्राह केशवः।
इदं सर्वं समाचक्ष्व वसुदेवोग्रसेनयोः॥ ५७
निर्याणं बलभद्रस्य यादवानां तथा क्षयम्।
योगे स्थित्वाहमप्येतत्परित्यक्ष्ये कलेवरम्॥ ५८
वाच्यश्च द्वारकावासी जनस्सर्वस्तथाहुकः।
यथेमां नगरीं सर्वां समुद्रः प्लावयिष्यति॥ ५९
तस्माद्भवद्भिस्सर्वैस्तु प्रतीक्ष्यो ह्यर्जुनागमः।
न स्थेयं द्वारकामध्ये निष्क्रान्ते तत्र पाण्डवे॥ ६०

उनके हाथमें लगे हुए वे सरकण्डे वज्रके समान प्रतीत होते थे, उन वज्रतुल्य सरकण्डोंसे ही वे उस दारुण युद्धमें एक-दूसरेपर प्रहार करने लगे॥ ४५॥

हे द्विज! प्रद्युम्न और साम्ब आदि कृष्णपुत्रगण, कृतवर्मा, सात्यकि और अनिरुद्ध आदि तथा पृथु, विपृथु, चारुवर्मा, चारुक और अक्रूर आदि यादवगण एक-दूसरेपर एरकारूपी वज्रोंसे प्रहार करने लगे॥ ४६-४७॥ जब श्रीहरिने उन्हें आपसमें लड़नेसे रोका तो उन्होंने उन्हें अपने प्रतिपक्षीका सहायक होकर आये हुए समझा और [उनकी बातकी अवहेलनाकर] एक-दूसरेको मारने लगे॥ ४८॥ कृष्णचन्द्रने भी कुपित होकर उनका वध करनेके लिये एक मुट्ठी सरकण्डे उठा लिये। वे मुट्ठीभर सरकण्डे लोहेके मूसल [समान] हो गये॥ ४९॥ उन मूसलरूप सरकण्डोंसे कृष्णचन्द्र सम्पूर्ण आततायी यादवोंको मारने लगे तथा अन्य समस्त यादव भी वहाँ आ-आकर एक-दूसरेको मारने लगे॥ ५०॥ हे द्विज! तदनन्तर भगवान् कृष्णचन्द्रका जैत्र नामक रथ घोड़ोंसे आकृष्ट हो दारुकके देखते-देखते समुद्रके मध्यपथसे चला गया॥ ५१॥ इसके पश्चात् भगवान्के शंख, चक्र, गदा, शार्ङ्गधनुष, तरकश और खड्ग आदि आयुध श्रीहरिकी प्रदक्षिणा कर सूर्यमार्गसे चले गये॥ ५२॥

हे महामुने! एक क्षणमें ही महात्मा कृष्णचन्द्र और उनके सारथी दारुकको छोड़कर और कोई यदुवंशी जीवित न बचा॥ ५३॥ उन दोनोंने वहाँ घूमते हुए देखा कि श्रीबलरामजी एक वृक्षके तले बैठे हैं और उनके मुखसे एक बहुत बड़ा सर्प निकल रहा है॥ ५४॥ वह विशाल फणधारी सर्प उनके मुखसे निकलकर सिद्ध और नागोंसे पूजित हुआ समुद्रकी ओर गया॥ ५५॥ उसी समय समुद्र अर्घ्य लेकर उस (महासर्प)-के सम्मुख उपस्थित हुआ और वह नागश्रेष्ठोंसे पूजित हो समुद्रमें घुस गया॥ ५६॥

इस प्रकार श्रीबलरामजीका प्रयाण देखकर श्रीकृष्णचन्द्रने दारुकसे कहा—"तुम यह सब वृत्तान्त उग्रसेन और वसुदेवजीसे जाकर कहो"॥ ५७॥ बलभद्रजीका निर्याण, यादवोंका क्षय और मैं भी योगस्थ होकर शरीर छोड़ूँगा—[यह सब समाचार उन्हें] जाकर सुनाओ॥ ५८॥ सम्पूर्ण द्वारकावासी और आहुक (उग्रसेन)-से कहना कि अब इस सम्पूर्ण नगरीको समुद्र डुबो देगा॥ ५९॥ इसलिये आप सब केवल अर्जुनके आगमनकी प्रतीक्षा और करें तथा अर्जुनके यहाँसे लौटते

तेनैव सह गन्तव्यं यत्र याति स कौरवः ॥ ६१
गत्वा च ब्रूहि कौन्तेयमर्जुनं वचनान्मम।
पालनीयस्त्वया शक्त्या जनोऽयं मत्परिग्रहः ॥ ६२
त्वमर्जुनेन सहितो द्वारवत्यां तथा जनम्।
गृहीत्वा याहि वज्रश्च यदुराजो भविष्यति ॥ ६३

श्रीपराशर उवाच

इत्युक्तो दारुकः कृष्णं प्रणिपत्य पुनः पुनः।
प्रदक्षिणं च बहुशः कृत्वा प्रायाद्यथोदितम् ॥ ६४
स च गत्वा तदाचष्ट द्वारकायां तथार्जुनम्।
आनिनाय महाबुद्धिर्वज्रं चक्रे तथा नृपम् ॥ ६५
भगवानपि गोविन्दो वासुदेवात्मकं परम्।
ब्रह्मात्मनि समारोप्य सर्वभूतेष्वधारयत्।
निष्प्रपञ्चे महाभाग संयोज्यात्मानमात्मनि।
तुर्यावस्थं सलीलं च शेते स्म पुरुषोत्तमः ॥ ६६
सम्मानयन्द्विजवचो दुर्वासा यदुवाच ह।
योगयुक्तोऽभवत्पादं कृत्वा जानुनि सत्तम ॥ ६७
आययौ च जरानाम तदा तत्र स लुब्धकः।
मुसलावशेषलोहैकसायकन्यस्ततोमरः ॥ ६८
स तत्पादं मृगाकारमवेक्ष्यारादवस्थितः।
तले विव्याध तेनैव तोमरेण द्विजोत्तम ॥ ६९
ततश्च ददृशे तत्र चतुर्बाहुधरं नरम्।
प्रणिपत्याह चैवैनं प्रसीदेति पुनः पुनः ॥ ७०
अजानता कृतमिदं मया हरिणशंकया।
क्षम्यतां मम पापेन दग्धं मां त्रातुमर्हसि ॥ ७१

श्रीपराशर उवाच

ततस्तं भगवानाह न तेऽस्तु भयमण्वपि।
गच्छ त्वं मत्प्रसादेन लुब्ध स्वर्गं सुरास्पदम् ॥ ७२
विमानमागतं सद्यस्तद्वाक्यसमनन्तरम्।
आरुह्य प्रययौ स्वर्गं लुब्धकस्तत्प्रसादतः ॥ ७३

ही फिर कोई भी व्यक्ति द्वारकामें न रहे; जहाँ वे कुरुनन्दन जायँ वहीं सब लोग चले जायँ ॥ ६०-६१ ॥ कुन्तीपुत्र अर्जुनसे तुम मेरी ओरसे कहना कि ''अपने सामर्थ्यानुसार तुम मेरे परिवारके लोगोंकी रक्षा करना'' ॥ ६२ ॥ और तुम द्वारकावासी सभी लोगोंको लेकर अर्जुनके साथ चले जाना। [हमारे पीछे] वज्र यदुवंशका राजा होगा ॥ ६३ ॥

श्रीपराशरजी बोले—भगवान् श्रीकृष्णचन्द्रके इस प्रकार कहनेपर दारुकने उन्हें बारम्बार प्रणाम किया और उनकी अनेक परिक्रमाएँ कर उनके कथनानुसार चला गया ॥ ६४ ॥ उस महाबुद्धिने द्वारकामें पहुँचकर सम्पूर्ण वृत्तान्त सुना दिया और अर्जुनको वहाँ लाकर वज्रको राज्याभिषिक्त किया ॥ ६५ ॥

इधर भगवान् कृष्णचन्द्रने समस्त भूतोंमें व्याप्त वासुदेवस्वरूप परब्रह्मको अपने आत्मामें आरोपित कर उनका ध्यान किया तथा हे महाभाग! वे पुरुषोत्तम लीलासे ही अपने चित्तको निष्प्रपंच परमात्मामें लीनकर तुरीयपदमें स्थित हुए ॥ ६६ ॥ हे मुनिश्रेष्ठ! दुर्वासाजीने [श्रीकृष्णचन्द्रके लिये] जैसा कहा था उस द्विज-वाक्यका* मान रखनेके लिये वे अपनी जानुओंपर चरण रखकर योगयुक्त होकर बैठे ॥ ६७ ॥ इसी समय, जिसने मूसलके बचे हुए तोमर (बाणमें लगे हुए लोहेके टुकड़े)-के आकारवाले लोहखण्डको अपने बाणकी नोंकपर लगा लिया था; वह जरा नामक व्याध वहाँ आया ॥ ६८ ॥ हे द्विजोत्तम! उस चरणको मृगाकार देख उस व्याधने उसे दूरहीसे खड़े-खड़े उसी तोमरसे बींध डाला ॥ ६९ ॥ किंतु वहाँ पहुँचनेपर उसने एक चतुर्भुजधारी मनुष्य देखा। यह देखते ही वह चरणोंमें गिरकर बारम्बार उनसे कहने लगा—''प्रसन्न होइये, प्रसन्न होइये ॥ ७० ॥ मैंने बिना जाने ही मृगकी आशंकासे यह अपराध किया है, कृपया क्षमा कीजिये। मैं अपने पापसे दग्ध हो रहा हूँ, आप मेरी रक्षा कीजिये'' ॥ ७१ ॥

श्रीपराशरजी बोले—तब भगवान्ने उससे कहा—''लुब्धक! तू तनिक भी न डर; मेरी कृपासे तू अभी देवताओंके स्थान स्वर्गलोकको चला जा ॥ ७२ ॥ इन भगवद्वाक्योंके समाप्त होते ही वहाँ एक विमान आया, उसपर चढ़कर वह व्याध भगवान्की कृपासे उसी समय स्वर्गको चला गया ॥ ७३ ॥

* महाभारतमें यह प्रसंग आया है कि—एक बार महर्षि दुर्वासा श्रीकृष्णचन्द्रजीके यहाँ आये और भगवान्से सत्कार पाकर उन्होंने कहा कि आप मेरा जूँठा जल अपने सारे शरीरमें लगाइये। भगवान्ने वैसा ही किया, परंतु 'ब्राह्मणका जूँठ पैरसे नहीं छूना चाहिये' ऐसा सोचकर पैरमें नहीं लगाया। इसपर दुर्वासाने शाप दिया कि आपके पैरमें कभी छेद हो जायगा।

गते तस्मिन्स भगवान्संयोज्यात्मानमात्मनि।
ब्रह्मभूतेऽव्ययेऽचिन्त्ये वासुदेवमयेऽमले॥ ७४
अजन्मन्यमरे विष्णावप्रमेयेऽखिलात्मनि।
तत्याज मानुषं देहमतीत्य त्रिविधां गतिम्॥ ७५

उसके चले जानेपर भगवान् कृष्णचन्द्रने अपने आत्माको अव्यय, अचिन्त्य, वासुदेवस्वरूप, अमल, अजन्मा, अमर, अप्रमेय, अखिलात्मा और ब्रह्मस्वरूप विष्णुभगवान्में लीन कर त्रिगुणात्मक गतिको पार करके इस मनुष्य-शरीरको छोड़ दिया॥ ७४-७५॥

इति श्रीविष्णुपुराणे पञ्चमेंऽशे सप्तत्रिंशोऽध्यायः॥ ३७॥

अड़तीसवाँ अध्याय

यादवोंका अन्त्येष्टि-संस्कार, परीक्षित्‌का राज्याभिषेक तथा पाण्डवोंका स्वर्गारोहण

श्रीपराशर उवाच

अर्जुनोऽपि तदान्विष्य रामकृष्णकलेवरे।
संस्कारं लम्भयामास तथान्येषामनुक्रमात्॥ १
अष्टौ महिष्यः कथिता रुक्मिणीप्रमुखास्तु याः।
उपगुह्य हरेर्देहं विविशुस्ता हुताशनम्॥ २
रेवती चापि रामस्य देहमाश्लिष्य सत्तमा।
विवेश ज्वलितं वह्निं तत्सङ्गाह्लादशीतलम्॥ ३
उग्रसेनस्तु तच्छ्रुत्वा तथैवानकदुन्दुभिः।
देवकी रोहिणी चैव विविशुर्जातवेदसम्॥ ४
ततोऽर्जुनः प्रेतकार्यं कृत्वा तेषां यथाविधि।
निश्चक्राम जनं सर्वं गृहीत्वा वज्रमेव च॥ ५
द्वारवत्या विनिष्क्रान्ताः कृष्णपत्न्यः सहस्रशः।
वज्रं जनं च कौन्तेयः पालयञ्छनकैर्ययौ॥ ६
सभा सुधर्मा कृष्णेन मर्त्यलोके समुज्झिते।
स्वर्गं जगाम मैत्रेय पारिजातश्च पादपः॥ ७
यस्मिन्दिने हरिर्यातो दिवं सन्त्यज्य मेदिनीम्।
तस्मिन्नेवावतीर्णोऽयं कालकायो बली कलिः॥ ८
प्लावयामास तां शून्यां द्वारकां च महोदधिः।
वासुदेवगृहं त्वेकं न प्लावयति सागरः॥ ९
नातिक्रान्तुमलं ब्रह्मंस्तदद्यापि महोदधिः।
नित्यं सन्निहितस्तत्र भगवान्केशवो यतः॥ १०

श्रीपराशरजी बोले— अर्जुनने राम और कृष्ण तथा अन्यान्य मुख्य-मुख्य यादवोंके मृत देहोंकी खोज कराकर क्रमशः उन सबके और्ध्वदैहिक संस्कार किये॥ १॥ भगवान् कृष्णकी जो रुक्मिणी आदि आठ पटरानी बतलायी गयी हैं, उन सबने उनके शरीरका आलिंगन कर अग्निमें प्रवेश किया॥ २॥ सती रेवतीजी भी बलरामजीके देहका आलिंगन कर, उनके अंग-संगके आह्लादसे शीतल प्रतीत होती हुई प्रज्वलित अग्निमें प्रवेश कर गयीं॥ ३॥ इस सम्पूर्ण अनिष्टका समाचार सुनते ही उग्रसेन, वसुदेव, देवकी और रोहिणीने भी अग्निमें प्रवेश किया॥ ४॥

तदनन्तर अर्जुन उन सबका विधिपूर्वक प्रेत-कर्म कर वज्र तथा अन्यान्य कुटुम्बियोंको साथ लेकर द्वारकासे बाहर आये॥ ५॥ द्वारकासे निकली हुई कृष्णचन्द्रकी सहस्रों पत्नियों तथा वज्र और अन्यान्य बान्धवोंकी [सावधानतापूर्वक] रक्षा करते हुए अर्जुन धीरे-धीरे चले॥ ६॥ हे मैत्रेय! कृष्णचन्द्रके मर्त्यलोकका त्याग करते ही सुधर्मा सभा और पारिजात-वृक्ष भी स्वर्गलोकको चले गये॥ ७॥ जिस दिन भगवान् पृथिवीको छोड़कर स्वर्ग सिधारे थे, उसी दिनसे यह मलिनदेह महाबली कलियुग पृथिवीपर आ गया॥ ८॥ इस प्रकार जनशून्य द्वारकाको समुद्रने डुबो दिया, केवल एक कृष्णचन्द्रके भवनको वह नहीं डुबाता है॥ ९॥ हे ब्रह्मन्! उसे डुबानेमें समुद्र आज भी समर्थ नहीं है; क्योंकि उसमें भगवान् कृष्णचन्द्र सर्वदा निवास करते हैं॥ १०॥

तदतीव महापुण्यं सर्वपातकनाशनम्।
विष्णुश्रियान्वितं स्थानं दृष्ट्वा पापाद्विमुच्यते॥ ११
पार्थः पञ्चनदे देशे बहुधान्यधनान्विते।
चकार वासं सर्वस्य जनस्य मुनिसत्तमः॥ १२
ततो लोभस्समभवत्पार्थेनैकेन धन्विना।
दृष्ट्वा स्त्रियो नीयमाना दस्यूनां निहतेश्वराः॥ १३
ततस्ते पापकर्माणो लोभोपहतचेतसः।
आभीरा मन्त्रयामासुस्समेत्यात्यन्तदुर्मदाः॥ १४
अयमेकोऽर्जुनो धन्वी स्त्रीजनं निहतेश्वरम्।
नयत्यस्मानतिक्रम्य धिगेतद्भवतां बलम्॥ १५
हत्वा गर्वसमारूढो भीष्मद्रोणजयद्रथान्।
कर्णादींश्च न जानाति बलं ग्रामनिवासिनाम्॥ १६
यष्टिहस्तानवेक्ष्यास्मान्धनुष्पाणिस्स दुर्मतिः।
सर्वानेवावजानाति किं वो बाहुभिरुन्नतैः॥ १७
ततो यष्टिप्रहरणा दस्यवो लोष्टधारिणः।
सहस्रशोऽभ्यधावन्त तं जनं निहतेश्वरम्॥ १८
ततो निर्भर्त्स्य कौन्तेयः प्राहाभीरान्हसन्निव।
निवर्तध्वमधर्मज्ञा यदि न स्थ मुमूर्षवः॥ १९
अवज्ञाय वचस्तस्य जगृहुस्ते तदा धनम्।
स्त्रीधनं चैव मैत्रेय विष्वक्सेनपरिग्रहम्॥ २०
ततोऽर्जुनो धनुर्दिव्यं गाण्डीवमजरं युधि।
आरोपयितुमारेभे न शशाक च वीर्यवान्॥ २१
चकार सज्यं कृच्छ्राच्च तच्चाभूच्छिथिलं पुनः।
न सस्मार ततोऽस्त्राणि चिन्तयन्नपि पाण्डवः॥ २२
शरान्मुमोच चैतेषु पार्थो वैरिष्वमर्षितः।
त्वग्भेदं ते परं चक्रुरस्ता गाण्डीवधन्विना॥ २३
वह्निना येऽक्षया दत्ताश्शरास्तेऽपि क्षयं ययुः।
युद्ध्यतस्सह गोपालैरर्जुनस्य भवक्षये॥ २४
अचिन्तयच्च कौन्तेयः कृष्णस्यैव हि तद्बलम्।
यन्मया शरसङ्घातैस्सकला भूभृतो हताः॥ २५
मिषतः पाण्डुपुत्रस्य ततस्ताः प्रमदोत्तमाः।
आभीरैरपकृष्यन्त कामं चान्याः प्रदुद्रुवुः॥ २६

वह भगवदैश्वर्यसम्पन्न स्थान अति पवित्र और समस्त पापोंको नष्ट करनेवाला है; उसके दर्शनमात्रसे मनुष्य सम्पूर्ण पापोंसे छूट जाता है॥ ११॥

हे मुनिश्रेष्ठ ! अर्जुनने उन समस्त द्वारकावासियोंको अत्यन्त धन-धान्य-सम्पन्न पंचनद (पंजाब) देशमें बसाया॥ १२॥ उस समय अनाथा स्त्रियोंको अकेले धनुर्धारी अर्जुनको ले जाते देख लुटेरोंको लोभ उत्पन्न हुआ॥ १३॥ तब उन अत्यन्त दुर्मद, पापकर्मा और लुब्धहृदय आभीर दस्युओंने परस्पर मिलकर सम्मति की—॥ १४॥ 'देखो, यह धनुर्धारी अर्जुन अकेला ही हमारा अतिक्रमण करके इन अनाथा स्त्रियोंको लिये जाता है; हमारे ऐसे बल-पुरुषार्थको धिक्कार है!॥ १५॥ यह भीष्म, द्रोण, जयद्रथ और कर्ण आदि [नगर-निवासियों]-को मारकर ही इतना अभिमानी हो गया है, अभी हम ग्रामीणोंके बलको यह नहीं जानता॥ १६॥ हमारे हाथोंमें लाठी देखकर यह दुर्मति धनुष लेकर हम सबकी अवज्ञा करता है, फिर हमारी इन ऊँची-ऊँची भुजाओंसे क्या लाभ है?'॥ १७॥

ऐसी सम्मतिकर वे सहस्त्रों लुटेरे लाठी और ढेले लेकर उन अनाथ द्वारकावासियोंपर टूट पड़े॥ १८॥ तब अर्जुनने उन लुटेरोंको झिड़ककर हँसते हुए कहा—"अरे पापियो! यदि तुम्हें मरनेकी इच्छा न हो तो अभी लौट जाओ"॥ १९॥ किन्तु हे मैत्रेय! लुटेरोंने उनके कथनपर कुछ भी ध्यान न दिया और भगवान् कृष्णके सम्पूर्ण धन और स्त्रीधनको अपने अधीन कर लिया॥ २०॥ तब वीरवर अर्जुनने युद्धमें अक्षीण अपने गाण्डीव धनुषको चढ़ाना चाहा; किन्तु वे ऐसा न कर सके॥ २१॥ उन्होंने जैसे-तैसे अति कठिनतासे उसपर प्रत्यंचा (डोरी) चढ़ा भी ली तो फिर वे शिथिल हो गये और बहुत कुछ सोचनेपर भी उन्हें अपने अस्त्रोंका स्मरण न हुआ॥ २२॥ तब वे क्रुद्ध होकर अपने शत्रुओंपर बाण बरसाने लगे; किन्तु गाण्डीवधारी अर्जुनके छोड़े हुए उन बाणोंने केवल उनकी त्वचाको ही बींधा॥ २३॥ अर्जुनका उद्भव क्षीण हो जानेके कारण अग्निसे दिये हुए उनके अक्षय बाण भी उन अहीरोंके साथ लड़नेमें नष्ट हो गये॥ २४॥

तब अर्जुनने सोचा कि मैंने जो अपने शरसमूहसे अनेकों राजाओंको जीता था, वह सब कृष्णचन्द्रका ही प्रभाव था॥ २५॥ अर्जुनके देखते-देखते वे अहीर उन स्त्रीरत्नोंको खींच-खींचकर ले जाने लगे तथा कोई-कोई अपनी इच्छानुसार इधर-उधर भाग गयीं॥ २६॥

ततश्शरेषु क्षीणेषु धनुष्कोट्या धनञ्जयः।
जघान दस्यूंस्ते चास्य प्रहाराञ्जहसुर्मुने॥ २७
प्रेक्षतस्तस्य पार्थस्य वृष्ण्यन्धकवरस्त्रियः।
जग्मुरादाय ते म्लेच्छाः समस्ता मुनिसत्तम॥ २८
ततस्सुदुःखितो जिष्णुः कष्टं कष्टमिति ब्रुवन्।
अहो भगवतानेन वञ्चितोऽस्मि रुरोद ह॥ २९
तद्धनुस्तानि शस्त्राणि स रथस्ते च वाजिनः।
सर्वमेकपदे नष्टं दानमश्रोत्रिये यथा॥ ३०
अहोऽतिबलवद्दैवं विना तेन महात्मना।
यदसामर्थ्ययुक्तेऽपि नीचवर्गे जयप्रदम्॥ ३१
तौ बाहू स च मे मुष्टिः स्थानं तत्सोऽस्मि चार्जुनः।
पुण्येनैव विना तेन गतं सर्वमसारताम्॥ ३२
ममार्जुनत्वं भीमस्य भीमत्वं तत्कृते ध्रुवम्।
विना तेन यदाभीरैर्जितोऽहं रथिनां वरः॥ ३३

श्रीपराशर उवाच

इत्थं वदन्ययौ जिष्णुरिन्द्रप्रस्थं पुरोत्तमम्।
चकार तत्र राजानं वज्रं यादवनन्दनम्॥ ३४
स ददर्श ततो व्यासं फाल्गुनः काननाश्रयम्।
तमुपेत्य महाभागं विनयेनाभ्यवादयत्॥ ३५
तं वन्दमानं चरणाववलोक्य मुनिश्चिरम्।
उवाच वाक्यं विच्छायः कथमद्य त्वमीदृशः॥ ३६
अवीरजोऽनुगमनं ब्रह्महत्या कृताथ वा।
दृढाशाभङ्गदुःखीव भ्रष्टच्छायोऽसि साम्प्रतम्॥ ३७
सान्तानिकादयो वा ते याचमाना निराकृताः।
अगम्यस्त्रीरतिर्वा त्वं येनासि विगतप्रभः॥ ३८
भुङ्क्तेऽप्रदाय विप्रेभ्यो मिष्टमेकोऽथ वा भवान्।
किं वा कृपणवित्तानि हृतानि भवतार्जुन॥ ३९
कच्चिन्नु शूर्पवातस्य गोचरत्वं गतोऽर्जुन।
दुष्टचक्षुर्हतो वाऽसि निश्श्रीकः कथमन्यथा॥ ४०
स्पृष्टो नखाम्भसा वाथ घटवार्युक्षितोऽपि वा।
केन त्वं वासि विच्छायो न्यूनैर्वा युधि निर्जितः॥ ४१

बाणोंके समाप्त हो जानेपर धनंजय अर्जुनने धनुषकी नोंकसे ही प्रहार करना आरम्भ किया, किन्तु हे मुने! वे दस्युगण उन प्रहारोंकी और भी हँसी उड़ाने लगे॥ २७॥ हे मुनिश्रेष्ठ! इस प्रकार अर्जुनके देखते-देखते वे म्लेच्छगण वृष्टि और अन्धकवंशकी उन समस्त स्त्रियोंको लेकर चले गये॥ २८॥ तब सर्वदा जयशील अर्जुन अत्यन्त दुःखी होकर 'हा! कैसा कष्ट है? कैसा कष्ट है?' ऐसा कहकर रोने लगे [और बोले—] ''अहो! मुझे उन भगवान्ने ही ठग लिया॥ २९॥ देखो, वही धनुष है, वे ही शस्त्र हैं, वही रथ है और वे ही अश्व हैं, किन्तु अश्रोत्रियको दिये हुए दानके समान आज सभी एक साथ नष्ट हो गये॥ ३०॥ अहो! दैव बड़ा प्रबल है, जिसने आज उन महात्मा कृष्णके न रहनेपर असमर्थ और नीच अहीरोंको जय दे दी॥ ३१॥ देखो! मेरी वे ही भुजाएँ हैं, वही मेरी मुष्टि (मुट्ठी) है, वही (कुरुक्षेत्र) स्थान है और मैं भी वही अर्जुन हूँ तथापि पुण्यदर्शन कृष्णके बिना आज सब सारहीन हो गये॥ ३२॥ अवश्य ही मेरा अर्जुनत्व और भीमका भीमत्व भगवान् कृष्णकी कृपासे ही था। देखो, उनके बिना आज महारथियोंमें श्रेष्ठ मुझको तुच्छ आभीरोंने जीत लिया''॥ ३३॥

श्रीपराशरजी बोले—अर्जुन इस प्रकार कहते हुए अपनी राजधानी इन्द्रप्रस्थमें आये और वहाँ यादवनन्दन वज्रका राज्याभिषेक किया॥ ३४॥ तदनन्तर वे विपिनवासी व्यासमुनिसे मिले और उन महाभाग मुनिवरके निकट जाकर उन्हें विनयपूर्वक प्रणाम किया॥ ३५॥ अर्जुनको बहुत देरतक अपने चरणोंकी वन्दना करते देख मुनिवरने कहा— ''आज तुम ऐसे कान्तिहीन क्यों हो रहे हो?॥ ३६॥ क्या तुमने भेड़ोंकी धूलिका अनुगमन किया है अथवा ब्रह्महत्या की है या तुम्हारी कोई सुदृढ़ आशा भंग हो गयी है? जिसके दुःखसे तुम इस समय इतने श्रीहीन हो रहे हो॥ ३७॥ तुमने किसी सन्तानके इच्छुकका विवाहके लिये याचना करनेपर निरादर तो नहीं किया अथवा किसी अगम्य स्त्रीसे रमण तो नहीं किया, जिससे तुम ऐसे तेजोहीन हो रहे हो॥ ३८॥ हे अर्जुन! तुम ब्राह्मणोंको बिना दिये मिष्टान्न अकेले तो नहीं खा लेते हो अथवा तुमने किसी कृपणका धन तो नहीं हर लिया है॥ ३९॥ हे अर्जुन! तुमने सूपकी वायुका तो सेवन नहीं किया? क्या तुम्हारी आँखें दुखती हैं अथवा तुम्हें किसीने मारा है? तुम इस प्रकार श्रीहीन कैसे हो रहे हो?॥ ४०॥ तुमने नखजलका स्पर्श तो नहीं किया? तुम्हारे ऊपर घड़ेसे छलके हुए जलकी छींटें

श्रीपराशर उवाच

ततः पार्थो विनिःश्वस्य श्रूयतां भगवन्निति।
उक्त्वा यथावदाचष्टे व्यासायात्मपराभवम्॥ ४२

अर्जुन उवाच

यद्बलं यच्च मत्तेजो यद्वीर्यं यः पराक्रमः।
या श्रीश्छाया च नः सोऽस्मान्परित्यज्य हरिर्गतः॥ ४३
ईश्वरेणापि महता स्मितपूर्वाभिभाषिणा।
हीना वयं मुने तेन जातास्तृणमया इव॥ ४४
अस्त्राणां सायकानां च गाण्डीवस्य तथा मम।
सारता याभवन्मूर्त्तिस्स गतः पुरुषोत्तमः॥ ४५
यस्यावलोकनादस्माञ्छ्रीर्जयः सम्पदुन्नतिः।
न तत्याज स गोविन्दस्त्यक्त्वास्मान्भगवानातः॥ ४६
भीष्मद्रोणाङ्गराजाद्यास्तथा दुर्योधनादयः।
यत्प्रभावेण निर्दग्धास्स कृष्णस्त्यक्तवान्भुवम्॥ ४७
निर्यौवना गतश्रीका नष्टच्छायेव मेदिनी।
विभाति तात नैकोऽहं विरहे तस्य चक्रिणः॥ ४८
यस्य प्रभावाद्भीष्माद्यैर्मय्यग्नौ शलभायितम्।
विना तेनाद्य कृष्णेन गोपालैरस्मि निर्जितः॥ ४९
गाण्डीवस्त्रिषु लोकेषु ख्यातिं यदनुभावतः।
गतस्तेन विनाभीरलगुडैस्स तिरस्कृतः॥ ५०
स्त्रीसहस्त्राण्यनेकानि मन्नाथानि महामुने।
यततो मम नीतानि दस्युभिर्लगुडायुधैः॥ ५१
आनीयमानमाभीरैः कृष्ण कृष्णावरोधनम्।
हृतं यष्टिप्रहरणैः परिभूय बलं मम॥ ५२
निश्श्रीकता न मे चित्रं यज्जीवामि तदद्भुतम्।
नीचावमानपङ्काङ्की निर्लज्जोऽस्मि पितामह॥ ५३

श्रीव्यास उवाच

अलं ते व्रीडया पार्थ न त्वं शोचितुमर्हसि।
अवेहि सर्वभूतेषु कालस्य गतिरीदृशी॥ ५४
कालो भवाय भूतानामभवाय च पाण्डव।
कालमूलमिदं ज्ञात्वा भव स्थैर्यपरोऽर्जुन॥ ५५

तो नहीं पड़ गयीं अथवा तुम्हें किसी हीनबल पुरुषने युद्धमें पराजित तो नहीं किया? फिर तुम इस तरह हतप्रभ कैसे हो रहे हो?"॥ ४१॥

श्रीपराशरजी बोले—तब अर्जुनने दीर्घ निःश्वास छोड़ते हुए कहा—"भगवन्! सुनिये" ऐसा कहकर उन्होंने अपने पराजयका सम्पूर्ण वृत्तान्त व्यासजीको ज्यों-का-त्यों सुना दिया॥ ४२॥

अर्जुन बोले—जो हरि मेरे एकमात्र बल, तेज, वीर्य, पराक्रम, श्री और कान्ति थे, वे हमें छोड़कर चले गये॥ ४३॥ जो सब प्रकार समर्थ होकर भी हमसे मित्रवत् हँस-हँसकर बातें किया करते थे, हे मुने! उन हरिके बिना हम आज तृणमय पुतलेके समान निःसत्त्व हो गये हैं॥ ४४॥ जो मेरे दिव्यास्त्रों, दिव्यबाणों और गाण्डीव धनुषके मूर्तिमान् सार थे वे पुरुषोत्तम भगवान् हमें छोड़कर चले गये हैं॥ ४५॥ जिनकी कृपादृष्टिसे श्री, जय, सम्पत्ति और उन्नतिने कभी हमारा साथ नहीं छोड़ा, वे ही भगवान् गोविन्द हमें छोड़कर चले गये हैं॥ ४६॥ जिनकी प्रभावाग्निमें भीष्म, द्रोण, कर्ण और दुर्योधन आदि अनेक शूरवीर दग्ध हो गये थे, उन कृष्णचन्द्रने इस भूमण्डलको छोड़ दिया है॥ ४७॥ हे तात! उन चक्रपाणि कृष्णचन्द्रके विरहमें एक मैं ही क्या, सम्पूर्ण पृथिवी ही यौवन, श्री और कान्तिसे हीन प्रतीत होती है॥ ४८॥ जिनके प्रभावसे अग्निरूप मुझमें भीष्म आदि महारथीगण पतंगवत् भस्म हो गये थे, आज उन्हीं कृष्णके बिना मुझे गोपोंने हरा दिया!॥ ४९॥ जिनके प्रभावसे यह गाण्डीव धनुष तीनों लोकोंमें विख्यात हुआ था उन्हींके बिना आज यह अहीरोंकी लाठियोंसे तिरस्कृत हो गया!॥ ५०॥ हे महामुने! भगवान्‌की जो सहस्रों स्त्रियाँ मेरी देख-रेखमें आ रही थीं उन्हें, मेरे सब प्रकार यत्न करते रहनेपर भी दस्युगण अपनी लाठियोंके बलसे ले गये॥ ५१॥ हे कृष्णद्वैपायन! लाठियाँ ही जिनके हथियार हैं उन आभीरोंने आज मेरे बलको कुण्ठितकर मेरे द्वारा साथ लाये हुए सम्पूर्ण कृष्ण-परिवारको हर लिया॥ ५२॥ ऐसी अवस्थामें मेरा श्रीहीन होना कोई आश्चर्यकी बात नहीं है; हे पितामह! आश्चर्य तो यह है कि नीच पुरुषोंद्वारा अपमान-पंकमें सनकर भी मैं निर्लज्ज अभी जीवित ही हूँ॥ ५३॥

श्रीव्यासजी बोले—हे पार्थ! तुम्हारी लज्जा व्यर्थ है, तुम्हें शोक करना उचित नहीं है। तुम सम्पूर्ण भूतोंमें कालकी ऐसी ही गति जानो॥ ५४॥ हे पाण्डव! प्राणियोंकी उन्नति और अवनतिका कारण काल ही है,

नद्यः समुद्रा गिरयस्सकला च वसुन्धरा।
देवा मनुष्याः पशवस्तरवश्च सरीसृपाः॥ ५६

सृष्टाः कालेन कालेन पुनर्यास्यन्ति संक्षयम्।
कालात्मकमिदं सर्वं ज्ञात्वा शममवाप्नुहि॥ ५७

कालस्वरूपी भगवान्कृष्णः कमललोचनः।
यच्चात्थ कृष्णमाहात्म्यं तत्तथैव धनञ्जय॥ ५८

भारावतारकार्यार्थमवतीर्णस्स मेदिनीम्।
भाराक्रान्ता धरा याता देवानां समितिं पुरा॥ ५९

तदर्थमवतीर्णोऽसौ कालरूपी जनार्दनः।
तच्च निष्पादितं कार्यमशेषा भूभुजो हताः॥ ६०

वृष्ण्यन्धककुलं सर्वं तथा पार्थोपसंहृतम्।
न किञ्चिदन्यत्कर्तव्यं तस्य भूमितले प्रभोः॥ ६१

अतो गतस्स भगवान्कृतकृत्यो यथेच्छया।
सृष्टिं सर्गे करोत्येष देवदेवः स्थितौ स्थितिम्।
अन्तेऽन्ताय समर्थोऽयं साम्प्रतं वै यथा गतः॥ ६२

तस्मात्पार्थ न सन्तापस्त्वया कार्यः पराभवे।
भवन्ति भावाः कालेषु पुरुषाणां यतः स्तुतिः॥ ६३

त्वयैकेन हता भीष्मद्रोणकर्णादयो रणे।
तेषामर्जुन कालोत्थः किं न्यूनाभिभवो न सः॥ ६४

विष्णोस्तस्य प्रभावेण यथा तेषां पराभवः।
कृतस्तथैव भवतो दस्युभ्यस्स पराभवः॥ ६५

स देवेशश्शरीराणि समाविश्य जगत्स्थितिम्।
करोति सर्वभूतानां नाशमन्ते जगत्पतिः॥ ६६

भगोदये ते कौन्तेय सहायोऽभूज्जनार्दनः।
तथान्ते तद्विपक्षास्ते केशवेन विलोकिताः॥ ६७

कश्श्रद्दध्यात्सगाङ्गेयान्हन्यास्त्वं कौरवानिति।
आभीरेभ्यश्च भवतः कः श्रद्दध्यात्पराभवम्॥ ६८

अतः हे अर्जुन! इन जय-पराजयोंको कालके अधीन समझकर तुम स्थिरता धारण करो॥ ५५॥ नदियाँ, समुद्र, गिरिगण, सम्पूर्ण पृथिवी, देव, मनुष्य, पशु, वृक्ष और सरीसृप आदि सम्पूर्ण पदार्थ कालके ही रचे हुए हैं और फिर कालहीसे ये क्षीण हो जाते हैं, अतः इस सारे प्रपंचको कालात्मक जानकर शान्त होओ॥ ५६-५७॥

हे धनंजय! तुमने कृष्णचन्द्रका जैसा माहात्म्य बतलाया है वह सब सत्य ही है; क्योंकि कमलनयन भगवान् कृष्ण साक्षात् कालस्वरूप ही हैं॥ ५८॥ उन्होंने पृथिवीका भार उतारनेके लिये ही मर्त्यलोकमें अवतार लिया था। एक समय पूर्वकालमें पृथिवी भाराक्रान्त होकर देवताओंकी सभामें गयी थी॥ ५९॥ कालस्वरूपी श्रीजनार्दनने उसीके लिये अवतार लिया था। अब सम्पूर्ण दुष्ट राजा मारे जा चुके, अतः वह कार्य सम्पन्न हो गया॥ ६०॥ हे पार्थ! वृष्णि और अन्धक आदि सम्पूर्ण यदुकुलका भी उपसंहार हो गया; इसलिये उन प्रभुके लिये अब पृथिवीतलपर और कुछ भी कर्तव्य नहीं रहा॥ ६१॥ अतः अपना कार्य समाप्त हो चुकनेपर भगवान् स्वेच्छानुसार चले गये, ये देवदेव प्रभु सर्गके आरम्भमें सृष्टि-रचना करते हैं, स्थितिके समय पालन करते हैं और अन्तमें ये ही उसका नाश करनेमें समर्थ हैं—जैसे इस समय वे [राक्षस आदिका संहार करके] चले गये हैं॥ ६२॥

अतः हे पार्थ! तुझे अपनी पराजयसे दुःखी न होना चाहिये, क्योंकि अभ्युदय-काल उपस्थित होनेपर ही पुरुषोंसे ऐसे कर्म बनते हैं जिनसे उनकी स्तुति होती है॥ ६३॥ हे अर्जुन! जिस समय तुझ अकेलेने ही युद्धमें भीष्म, द्रोण और कर्ण आदिको मार डाला था वह क्या उन वीरोंका कालक्रमसे प्राप्त हीनबल पुरुषसे पराभव नहीं था?॥ ६४॥ जिस प्रकार भगवान् विष्णुके प्रभावसे तुमने उन सबोंको नीचा दिखलाया था, उसी प्रकार तुझे दस्युओंसे दबना पड़ा है॥ ६५॥ वे जगत्पति देवेश्वर ही शरीरोंमें प्रविष्ट होकर जगत्‌की स्थिति करते हैं और वे ही अन्तमें समस्त जीवोंका नाश करते हैं॥ ६६॥

हे कौन्तेय! जिस समय तेरा भाग्योदय हुआ था उस समय श्रीजनार्दन तेरे सहायक थे और जब उस (सौभाग्य)-का अन्त हो गया तो तेरे विपक्षियोंपर श्रीकेशवकी कृपादृष्टि हुई है॥ ६७॥ तू गंगानन्दन भीष्मपितामहके सहित सम्पूर्ण कौरवोंको मार डालेगा—इस बातको कौन मान सकता था और फिर यह भी किसे विश्वास होगा कि तू आभीरोंसे हार जायगा॥ ६८॥

पार्थैतत्सर्वभूतस्य हरेर्लीलाविचेष्टितम्।
त्वया यत्कौरवा ध्वस्ता यदाभीरैर्भवाञ्जितः॥ ६९
गृहीता दस्युभिर्याश्च भवाञ्छोचति तास्स्त्रियः।
एतस्याहं यथावृत्तं कथयामि तवार्जुन॥ ७०
अष्टावक्रः पुरा विप्रो जलवासरतोऽभवत्।
बहून्वर्षगणान्पार्थ गृणन्ब्रह्म सनातनम्॥ ७१
जितेष्वसुरसङ्घेषु मेरुपृष्ठे महोत्सवः।
बभूव तत्र गच्छन्त्यो ददृशुस्तं सुरस्त्रियः॥ ७२
रम्भातिलोत्तमाद्यास्तु शतशोऽथ सहस्रशः।
तुष्टुवुस्तं महात्मानं प्रशशंसुश्च पाण्डव॥ ७३
आकण्ठमग्नं सलिले जटाभारवहं मुनिम्।
विनयावनताश्चैनं प्रणेमुः स्तोत्रतत्पराः॥ ७४
यथा यथा प्रसन्नोऽसौ तुष्टुवुस्तं तथा तथा।
सर्वास्ताः कौरवश्रेष्ठ तं वरिष्ठं द्विजन्मनाम्॥ ७५

अष्टावक्र उवाच

प्रसन्नोऽहं महाभागा भवतीनां यदिष्यते।
मत्तस्तद्व्रियतां सर्वं प्रदास्याम्यतिदुर्लभम्॥ ७६
रम्भातिलोत्तमाद्यास्तं वैदिक्योऽप्सरसोऽब्रुवन्।
प्रसन्ने त्वय्यपर्याप्तं किमस्माकमिति द्विज॥ ७७
इतरास्त्वब्रुवन्विप्र प्रसन्नो भगवान्यदि।
तदिच्छामः पतिं प्राप्तुं विप्रेन्द्र पुरुषोत्तमम्॥ ७८

श्रीव्यास उवाच

एवं भविष्यतीत्युक्त्वा ह्युत्ततार जलान्मुनिः।
तमुत्तीर्णं च ददृशुर्विरूपं वक्रमष्टधा॥ ७९
तं दृष्ट्वा गूहमानानां यासां हासः स्फुटोऽभवत्।
ताश्शशाप मुनिः कोपमवाप्य कुरुनन्दन॥ ८०
यस्माद्विकृतरूपं मां मत्वा हासावमानना।
भवतीभिः कृता तस्मादेतं शापं ददामि वः॥ ८१
मत्प्रसादेन भर्तारं लब्ध्वा तु पुरुषोत्तमम्।
मच्छापोपहतास्सर्वा दस्युहस्तं गमिष्यथ॥ ८२

श्रीव्यास उवाच

इत्युदीरितमाकर्ण्य मुनिस्ताभिः प्रसादितः।
पुनस्सुरेन्द्रलोकं वै प्राह भूयो गमिष्यथ॥ ८३

हे पार्थ! यह सब सर्वात्मा भगवान्‌की लीलाका ही कौतुक है कि तुझ अकेलेने कौरवोंको नष्ट कर दिया और फिर स्वयं अहीरोंसे पराजित हो गया॥ ६९॥

हे अर्जुन! तू जो उन दस्युओंद्वारा हरण की गयी स्त्रियोंके लिये शोक करता है सो मैं तुझे उसका यथावत् रहस्य बतलाता हूँ॥ ७०॥ एक बार पूर्वकालमें विप्रवर अष्टावक्रजी सनातन ब्रह्मकी स्तुति करते हुए अनेकों वर्षतक जलमें रहे॥ ७१॥ उसी समय दैत्योंपर विजय प्राप्त करनेसे देवताओंने सुमेरु पर्वतपर एक महान् उत्सव किया। उसमें सम्मिलित होनेके लिये जाती हुई रम्भा और तिलोत्तमा आदि सैकड़ों-हजारों देवांगनाओंने मार्गमें उन मुनिवरको देखकर उनकी अत्यन्त स्तुति और प्रशंसा की॥ ७२-७३॥ वे देवांगनाएँ उन जटाधारी मुनिवरको कण्ठपर्यन्त जलमें डूबे देखकर विनयपूर्वक स्तुति करती हुई प्रणाम करने लगीं॥ ७४॥ हे कौरवश्रेष्ठ! जिस प्रकार वे द्विजश्रेष्ठ अष्टावक्रजी प्रसन्न हों उसी प्रकार वे अप्सराएँ उनकी स्तुति करने लगीं॥ ७५॥

अष्टावक्रजी बोले—हे महाभागाओ! मैं तुमसे प्रसन्न हूँ, तुम्हारी जो इच्छा हो मुझसे वही वर माँग लो; मैं अति दुर्लभ होनेपर भी तुम्हारी इच्छा पूर्ण करूँगा॥ ७६॥ तब रम्भा और तिलोत्तमा आदि वैदिकी (वेदप्रसिद्ध) अप्सराओंने उनसे कहा—"हे द्विज! आपके प्रसन्न हो जानेपर हमें क्या नहीं मिल गया॥ ७७॥ तथा अन्य अप्सराओंने कहा—"यदि भगवान् हमपर प्रसन्न हैं तो हे विप्रेन्द्र! हम साक्षात् पुरुषोत्तमभगवान्‌को पतिरूपसे प्राप्त करना चाहती हैं"॥ ७८॥

श्रीव्यासजी बोले—तब 'ऐसा ही होगा'—यह कहकर मुनिवर अष्टावक्र जलसे बाहर आये। उनके बाहर आते समय अप्सराओंने आठ स्थानोंमें टेढ़े उनके कुरूप देहको देखा॥ ७९॥ उसे देखकर जिन अप्सराओंकी हँसी छिपानेपर भी प्रकट हो गयी, हे कुरुनन्दन! उन्हें मुनिवरने क्रुद्ध होकर यह शाप दिया—॥ ८०॥ "मुझे कुरूप देखकर तुमने हँसते हुए मेरा अपमान किया है, इसलिये मैं तुम्हें यह शाप देता हूँ कि मेरी कृपासे श्रीपुरुषोत्तमको पतिरूपसे पाकर भी तुम मेरे शापके वशीभूत होकर लुटेरोंके हाथोंमें पड़ोगी"॥ ८१-८२॥

श्रीव्यासजी बोले—मुनिका यह वाक्य सुनकर उन अप्सराओंने उन्हें फिर प्रसन्न किया, तब मुनिवरने उनसे कहा "उसके पश्चात् तुम फिर स्वर्गलोकमें चली जाओगी"॥ ८३॥

एवं तस्य मुनेश्शापादष्टावक्रस्य चक्रिणम्।
भर्तारं प्राप्त ता याता दस्युहस्तं सुराङ्गनाः॥ ८४

तत्त्वया नात्र कर्त्तव्यश्शोकोऽल्पोऽपि हि पाण्डव।
तेनैवाखिलनाथेन सर्वं तदुपसंहृतम्॥ ८५

भवतां चोपसंहार आसन्नस्तेन पाण्डव।
बलं तेजस्तथा वीर्यं माहात्म्यं चोपसंहृतम्॥ ८६

जातस्य नियतो मृत्युः पतनं च तथोन्नतेः।
विप्रयोगावसानस्तु संयोगः सञ्चये क्षयः॥ ८७

विज्ञाय न बुधाश्शोकं न हर्षमुपयान्ति ये।
तेषामेवेतरे चेष्टां शिक्षन्तस्सन्ति तादृशाः॥ ८८

तस्मात्त्वया नरश्रेष्ठ ज्ञात्वैतद्भ्रातृभिस्सह।
परित्यज्याखिलं तन्त्रं गन्तव्यं तपसे वनम्॥ ८९

तद्गच्छ धर्मराजाय निवेद्यैतद्वचो मम।
परश्वो भ्रातृभिस्सार्धं यथा यासि तथा कुरु॥ ९०

इत्युक्तोऽभ्येत्य पार्थाभ्यां यमाभ्यां च सहार्जुनः।
दृष्टं चैवानुभूतं च सर्वमाख्यातवांस्तथा॥ ९१

व्यासवाक्यं च ते सर्वे श्रुत्वार्जुनमुखेरितम्।
राज्ये परीक्षितं कृत्वा ययुः पाण्डुसुता वनम्॥ ९२

इत्येतत्तव मैत्रेय विस्तरेण मयोदितम्।
जातस्य यद्यदोर्वंशे वासुदेवस्य चेष्टितम्॥ ९३

यश्चैतच्चरितं तस्य कृष्णस्य शृणुयात्सदा।
सर्वपापविनिर्मुक्तो विष्णुलोकं स गच्छति॥ ९४

इस प्रकार मुनिवर अष्टावक्रके शापसे ही वे देवांगनाएँ श्रीकृष्णचन्द्रको पति पाकर भी फिर दस्युओंके हाथमें पड़ी हैं॥ ८४॥

हे पाण्डव! तुझे इस विषयमें तनिक भी शोक न करना चाहिये क्योंकि उन अखिलेश्वरने ही सम्पूर्ण यदुकुलका उपसंहार किया है॥ ८५॥ तथा तुमलोगोंका अन्त भी अब निकट ही है; इसलिये उन सर्वेश्वरने तुम्हारे बल, तेज, वीर्य और माहात्म्यका संकोच कर दिया है॥ ८६॥ 'जो उत्पन्न हुआ है उसकी मृत्यु निश्चित है, उन्नतका पतन अवश्यम्भावी है, संयोगका अन्त वियोग ही है तथा संचय (एकत्र करने)-के अनन्तर क्षय (व्यय) होना सर्वथा निश्चित ही है'—ऐसा जानकर जो बुद्धिमान् पुरुष लाभ या हानिमें हर्ष अथवा शोक नहीं करते उन्हींकी चेष्टाका अवलम्बन कर अन्य मनुष्य भी अपना वैसा आचरण बनाते हैं॥ ८७-८८॥ इसलिये हे नरश्रेष्ठ! तुम ऐसा जानकर अपने भाइयोंसहित सम्पूर्ण राज्यको छोड़कर तपस्याके लिये वनको जाओ॥ ८९॥ अब तुम जाओ तथा धर्मराज युधिष्ठिरसे मेरी ये सारी बातें कहो और जिस तरह परसों भाइयोंसहित वनको चले जा सको वैसा यत्न करो॥ ९०॥

मुनिवर व्यासजीके ऐसा कहनेपर अर्जुनने [इन्द्रप्रस्थमें] आकर पृथा-पुत्र (युधिष्ठिर और भीमसेन) तथा यमजों (नकुल और सहदेव)-से उन्होंने जो कुछ जैसा-जैसा देखा और सुना था, सब ज्यों-का-त्यों सुना दिया॥ ९१॥ उन सब पाण्डु-पुत्रोंने अर्जुनके मुखसे व्यासजीका सन्देश सुनकर राज्यपदपर परीक्षित्को अभिषिक्त किया और स्वयं वनको चले गये॥ ९२॥

हे मैत्रेय! भगवान् वासुदेवने यदुवंशमें जन्म लेकर जो-जो लीलाएँ की थीं, वह सब मैंने विस्तारपूर्वक तुम्हें सुना दीं॥ ९३॥ जो पुरुष भगवान् कृष्णके इस चरित्रको सर्वदा सुनता है, वह सम्पूर्ण पापोंसे मुक्त होकर अन्तमें विष्णुलोकको जाता है॥ ९४॥

इति श्रीविष्णुपराणे पञ्चमेंऽशे अष्टात्रिंशोऽध्यायः॥ ३८॥

इति श्रीपराशरमुनिविरचिते श्रीविष्णुपरत्वनिर्णायके
श्रीमति विष्णुमहापुराणे पञ्चमोंऽशः समाप्तः।

ॐ

श्रीमन्नारायणाय नमः

श्रीविष्णुपुराण

षष्ठ अंश

पहला अध्याय

कलिधर्मनिरूपण

श्रीमैत्रेय उवाच

व्याख्याता भवता सर्गवंशमन्वन्तरस्थितिः।
वंशानुचरितं चैव विस्तरेण महामुने॥ १

श्रोतुमिच्छाम्यहं त्वत्तो यथावदुपसंहृतिम्।
महाप्रलयसंज्ञां च कल्पान्ते च महामुने॥ २

श्रीपराशर उवाच

मैत्रेय श्रूयतां मत्तो यथावदुपसंहृतिः।
कल्पान्ते प्राकृते चैव प्रलये जायते यथा॥ ३

अहोरात्रं पितॄणां तु मासोऽब्दस्त्रिदिवौकसाम्।
चतुर्युगसहस्रे तु ब्रह्मणो वै द्विजोत्तम॥ ४

कृतं त्रेता द्वापरं च कलिश्चेति चतुर्युगम्।
दिव्यैर्वर्षसहस्रैस्तु तद्द्वादशभिरुच्यते॥ ५

चतुर्युगाण्यशेषाणि सदृशानि स्वरूपतः।
आद्यं कृतयुगं मुक्त्वा मैत्रेयान्त्यं तथा कलिम्॥ ६

आद्ये कृतयुगे सर्गो ब्रह्मणा क्रियते यथा।
क्रियते चोपसंहारस्तथान्ते च कलौ युगे॥ ७

श्रीमैत्रेय उवाच

कलेस्स्वरूपं भगवन्विस्तराद्वक्तुमर्हसि।
धर्मश्चतुष्पाद्भगवान्यस्मिन्विप्लवमृच्छति॥ ८

श्रीपराशर उवाच

कलेस्स्वरूपं मैत्रेय यद्भवाञ्छ्रोतुमिच्छति।
तन्निबोध समासेन वर्तते यन्महामुने॥ ९

वर्णाश्रमाचारवती प्रवृत्तिर्न कलौ नृणाम्।
न सामऋग्यजुर्धर्मविनिष्पादनहैतुकी॥ १०

विवाहा न कलौ धर्म्या न शिष्यगुरुसंस्थितिः।
न दाम्पत्यक्रमो नैव वह्निदेवात्मकः क्रमः॥ ११

श्रीमैत्रेयजी बोले—हे महामुने! आपने सृष्टिरचना, वंश-परम्परा और मन्वन्तरोंकी स्थितिका तथा वंशोंके चरित्रोंका विस्तारसे वर्णन किया॥ १॥ अब मैं आपसे कल्पान्तमें होनेवाले महाप्रलय नामक संसारके उपसंहारका यथावत् वर्णन सुनना चाहता हूँ॥ २॥

श्रीपराशरजी बोले—हे मैत्रेय! कल्पान्तके समय प्राकृत प्रलयमें जिस प्रकार जीवोंका उपसंहार होता है, वह सुनो॥ ३॥ हे द्विजोत्तम! मनुष्योंका एक मास पितृगणका, एक वर्ष देवगणका और दो सहस्र चतुर्युग ब्रह्माका एक दिन-रात होता है॥ ४॥ सत्ययुग, त्रेता, द्वापर और कलि—ये चार युग हैं, इन सबका काल मिलाकर बारह हजार दिव्य वर्ष कहा जाता है॥ ५॥ हे मैत्रेय! [प्रत्येक मन्वन्तरके] आदि कृतयुग और अन्तिम कलियुगको छोड़कर शेष सब चतुर्युग स्वरूपसे एक समान हैं॥ ६॥ जिस प्रकार आद्य (प्रथम) सत्ययुगमें ब्रह्माजी जगत्की रचना करते हैं उसी प्रकार अन्तिम कलियुगमें वे उसका उपसंहार करते हैं॥ ७॥

श्रीमैत्रेयजी बोले—हे भगवन्! कलिके स्वरूपका विस्तारसे वर्णन कीजिये, जिसमें चार चरणोंवाले भगवान् धर्मका प्रायः लोप हो जाता है॥ ८॥

श्रीपराशरजी बोले—हे मैत्रेय! आप जो कलियुगका स्वरूप सुनना चाहते हैं सो उस समय जो कुछ होता है वह संक्षेपसे सुनिये॥ ९॥ कलियुगमें मनुष्योंकी प्रवृत्ति वर्णाश्रम-धर्मानुकूल नहीं रहती और न वह ऋक्-साम-यजुरूप त्रयी-धर्मका सम्पादन करनेवाली ही होती है॥ १०॥ उस समय धर्मविवाह, गुरु-शिष्य-सम्बन्धकी स्थिति, दाम्पत्यक्रम और अग्निमें देवयज्ञक्रियाका क्रम (अनुष्ठान) भी नहीं रहता॥ ११॥

यत्र कुत्र कुले जातो बली सर्वेश्वरः कलौ।
सर्वेभ्य एव वर्णेभ्यो योग्यः कन्यावरोधने॥ १२

येन केन च योगेन द्विजातिर्दीक्षितः कलौ।
यैव सैव च मैत्रेय प्रायश्चित्तं कलौ क्रिया॥ १३

सर्वमेव कलौ शास्त्रं यस्य यद्वचनं द्विज।
देवता च कलौ सर्वा सर्वस्सर्वस्य चाश्रमः॥ १४

उपवासस्तथायासो वित्तोत्सर्गस्तपः कलौ।
धर्मो यथाभिरुचितैरनुष्ठानैरनुष्ठितः॥ १५

वित्तेन भविता पुंसां स्वल्पेनाढ्यमदः कलौ।
स्त्रीणां रूपमदश्चैवं केशैरेव भविष्यति॥ १६

सुवर्णमणिरत्नादौ वस्त्रे चोपक्षयं गते।
कलौ स्त्रियो भविष्यन्ति तदा केशैरलङ्कृताः॥ १७

परित्यक्ष्यन्ति भर्त्तारं वित्तहीनं तथा स्त्रियः।
भर्त्ता भविष्यति कलौ वित्तवानेव योषिताम्॥ १८

यो वै ददाति बहुलं स्वं स स्वामी सदा नृणाम्।
स्वामित्वहेतुस्सम्बन्धो न चाभिजनता तथा॥ १९

गृहान्ता द्रव्यसङ्घाता द्रव्यान्ता च तथा मतिः।
अर्थाश्चात्मोपभोग्यान्ता भविष्यन्ति कलौ युगे॥ २०

स्त्रियः कलौ भविष्यन्ति स्वैरिण्यो ललितस्पृहाः।
अन्यायावाप्तवित्तेषु पुरुषाः स्पृहयालवः॥ २१

अभ्यर्थितापि सुहृदा स्वार्थहानिं न मानवाः।
पणार्धार्धार्द्धमात्रेऽपि करिष्यन्ति कलौ द्विज॥ २२

समानपौरुषं चेतो भावि विप्रेषु वै कलौ।
क्षीरप्रदानसम्बन्धि भावि गोषु च गौरवम्॥ २३

अनावृष्टिभयप्रायाः प्रजाः क्षुद्भयकातराः।
भविष्यन्ति तदा सर्वे गगनासक्तदृष्टयः॥ २४

कन्दमूलफलाहारास्तापसा इव मानवाः।
आत्मानं घातयिष्यन्ति ह्यनावृष्ट्यादिदुःखिताः॥ २५

कलियुगमें जो बलवान् होगा वही सबका स्वामी होगा चाहे किसी भी कुलमें क्यों न उत्पन्न हुआ हो, वह सभी वर्णोंसे कन्या ग्रहण करनेमें समर्थ होगा॥ १२॥ उस समय द्विजातिगण जिस-किसी उपायसे [अर्थात् निषिद्ध द्रव्य आदिसे] भी 'दीक्षित' हो जायँगे और जैसी-तैसी क्रियाएँ ही प्रायश्चित्त मान ली जायँगी॥ १३॥ हे द्विज! कलियुगमें जिसके मुखसे जो कुछ निकल जायगा वही शास्त्र समझा जायगा; उस समय सभी (भूत-प्रेत-मशान आदि) देवता होंगे और सभीके सब आश्रम होंगे॥ १४॥ उपवास, तीर्थाटनादि कायक्लेश, धन-दान तथा तप आदि अपनी रुचिके अनुसार अनुष्ठान किये हुए ही धर्म समझे जायँगे॥ १५॥

कलियुगमें अल्प धनसे ही लोगोंको धनाढ्यताका गर्व हो जायगा और केशोंसे ही स्त्रियोंको सुन्दरताका अभिमान होगा॥ १६॥ उस समय सुवर्ण, मणि, रत्न और वस्त्रोंके क्षीण हो जानेसे स्त्रियाँ केश-कलापोंसे ही अपनेको विभूषित करेंगी॥ १७॥ जो पति धनहीन होगा उसे स्त्रियाँ छोड़ देंगी। कलियुगमें धनवान् पुरुष ही स्त्रियोंका पति होगा॥ १८॥ जो मनुष्य [चाहे वह कितनाहू निन्द्य हो] अधिक धन देगा वही लोगोंका स्वामी होगा; यह धन-दानका सम्बन्ध ही स्वामित्वका कारण होगा, कुलीनता नहीं॥ १९॥

कलिमें सारा द्रव्य-संग्रह घर बनानेमें ही समाप्त हो जायगा [दान-पुण्यादिमें नहीं], बुद्धि धन-संचयमें ही लगी रहेगी [आत्मज्ञानमें नहीं], सारी सम्पत्ति अपने उपभोगमें ही नष्ट हो जायगी [उससे अतिथि-सत्कारादि न होगा]॥ २०॥

कलिकालमें स्त्रियाँ सुन्दर पुरुषकी कामनासे स्वेच्छाचारिणी होंगी तथा पुरुष अन्यायोपार्जित धनके इच्छुक होंगे॥ २१॥ हे द्विज! कलियुगमें अपने सुहृदोंके प्रार्थना करनेपर भी लोग एक-एक दमड़ीके लिये भी स्वार्थहानि नहीं करेंगे॥ २२॥ कलिमें ब्राह्मणोंके साथ शूद्र आदि समानताका दावा करेंगे और दूध देनेके कारण ही गौओंका सम्मान होगा॥ २३॥

उस समय सम्पूर्ण प्रजा क्षुधाकी व्यथासे व्याकुल हो प्रायः अनावृष्टिके भयसे सदा आकाशकी ओर दृष्टि लगाये रहेगी॥ २४॥ मनुष्य [अन्नका अभाव होनेसे] तपस्वियोंके समान केवल कन्द, मूल और फल आदिके सहारे ही रहेंगे तथा अनावृष्टिके कारण दुःखी होकर आत्मघात करेंगे॥ २५॥

दुर्भिक्षमेव सततं तथा क्लेशमनीश्वराः।
प्राप्स्यन्ति व्याहतसुखप्रमोदा मानवाः कलौ॥ २६

अस्नानभोजिनो नाग्निदेवतातिथिपूजनम्।
करिष्यन्ति कलौ प्राप्ते न च पिण्डोदकक्रियाम्॥ २७

लोलुपा ह्रस्वदेहाश्च बह्वन्नादनतत्पराः।
बहुप्रजाल्पभाग्याश्च भविष्यन्ति कलौ स्त्रियः॥ २८
उभाभ्यामपि पाणिभ्यां शिरःकण्डूयनं स्त्रियः।
कुर्वन्त्यो गुरुभर्तॄणामाज्ञां भेत्स्यन्त्यनादराः॥ २९
स्वपोषणपराः क्षुद्रा देहसंस्कारवर्जिताः।
परुषानृतभाषिण्यो भविष्यन्ति कलौ स्त्रियः॥ ३०
दुःशीला दुष्टशीलेषु कुर्वन्त्यस्सततं स्पृहाम्।
असद्वृत्ता भविष्यन्ति पुरुषेषु कुलाङ्गनाः॥ ३१

वेदादानं करिष्यन्ति वटवश्चाकृतव्रताः।
गृहस्थाश्च न होष्यन्ति न दास्यन्त्युचितान्यपि॥ ३२
वानप्रस्था भविष्यन्ति ग्राम्याहारपरिग्रहाः।
भिक्षवश्चापि मित्रादिस्नेहसम्बन्धयन्त्रणाः॥ ३३

अरक्षितारो हर्त्तारश्शुल्कव्याजेन पार्थिवाः।
हारिणो जनवित्तानां सम्प्राप्ते तु कलौ युगे॥ ३४
यो योऽश्वरथनागाढ्यस्स स राजा भविष्यति।
यश्च यश्चाबलस्सर्वस्स स भृत्यः कलौ युगे॥ ३५
वैश्याः कृषिवणिज्यादि सन्त्यज्य निजकर्म यत्।
शूद्रवृत्त्या प्रवर्त्स्यन्ति कारुकर्मोपजीविनः॥ ३६
भैक्षव्रतपराः शूद्राः प्रव्रज्यालिङ्गिनोऽधमाः।
पाषण्डसंश्रयां वृत्तिमाश्रयिष्यन्ति सत्कृताः॥ ३७
दुर्भिक्षकरपीडाभिरतीवोपद्रुता जनाः।
गोधूमान्नयवान्नाढ्यान्देशान्यास्यन्ति दुःखिताः॥ ३८

वेदमार्गे प्रलीने च पाषण्डाढ्ये ततो जने।
अधर्मवृद्ध्या लोकानामल्पमायुर्भविष्यति॥ ३९
अशास्त्रविहितं घोरं तप्यमानेषु वै तपः।
नरेषु नृपदोषेण बाल्ये मृत्युर्भविष्यति॥ ४०

कलियुगमें असमर्थ लोग सुख और आनन्दके नष्ट हो जानेसे प्रायः सर्वदा दुर्भिक्ष तथा क्लेश ही भोगेंगे॥ २६॥ कलिके आनेपर लोग बिना स्नान किये ही भोजन करेंगे, अग्नि, देवता और अतिथिका पूजन न करेंगे और न पिण्डोदक क्रिया ही करेंगे॥ २७॥

उस समयकी स्त्रियाँ विषयलोलुप, छोटे शरीरवाली, अति भोजन करनेवाली, अधिक सन्तान पैदा करनेवाली और मन्दभाग्या होंगी॥ २८॥ वे दोनों हाथोंसे सिर खुजलाती हुई अपने गुरुजनों और पतियोंके आदेशका अनादरपूर्वक खण्डन करेंगी॥ २९॥ कलियुगकी स्त्रियाँ अपना ही पेट पालनेमें तत्पर, क्षुद्र चित्तवाली, शारीरिक शौचसे हीन तथा कटु और मिथ्या भाषण करनेवाली होंगी॥ ३०॥ उस समयकी कुलांगनाएँ निरन्तर दुश्चरित्र पुरुषोंकी इच्छा रखनेवाली एवं दुराचारिणी होंगी तथा पुरुषोंके साथ असद्व्यवहार करेंगी॥ ३१॥

ब्रह्मचारिगण वैदिक व्रत आदिसे हीन रहकर ही वेदाध्ययन करेंगे तथा गृहस्थगण न तो हवन करेंगे और न सत्पात्रको उचित दान ही देंगे॥ ३२॥ वानप्रस्थ [वनके कन्द-मूलादिको छोड़कर] ग्राम्य भोजनको स्वीकार करेंगे और संन्यासी अपने मित्रादिके स्नेह-बन्धनमें ही बँधे रहेंगे॥ ३३॥

कलियुगके आनेपर राजालोग प्रजाकी रक्षा नहीं करेंगे, बल्कि कर लेनेके बहाने प्रजाका ही धन छीनेंगे॥ ३४॥ उस समय जिस-जिसके पास बहुत-से हाथी, घोड़े और रथ होंगे वह-वह ही राजा होगा तथा जो-जो शक्तिहीन होगा वह-वह ही सेवक होगा॥ ३५॥ वैश्यगण कृषि-वाणिज्यादि अपने कर्मोंको छोड़कर शिल्पकारी आदिसे जीवन-निर्वाह करते हुए शूद्रवृत्तियोंमें ही लग जायँगे॥ ३६॥ आश्रमादिके चिह्नसे रहित अधम शूद्रगण संन्यास लेकर भिक्षावृत्तिमें तत्पर रहेंगे और लोगोंसे सम्मानित होकर पाषण्ड-वृत्तिका आश्रय लेंगे॥ ३७॥ प्रजाजन दुर्भिक्ष और करकी पीडासे अत्यन्त उपद्रवयुक्त और दुःखित होकर ऐसे देशोंमें चले जायँगे जहाँ गेहूँ और जौकी अधिकता होगी॥ ३८॥

उस समय वेदमार्गका लोप, मनुष्योंमें पाषण्डकी प्रचुरता और अधर्मकी वृद्धि हो जानेसे प्रजाकी आयु अल्प हो जायगी॥ ३९॥ लोगोंके शास्त्रविरुद्ध घोर तपस्या करनेसे तथा राजाके दोषसे प्रजाओंकी बाल्यावस्थामें मृत्यु होने लगेगी॥ ४०॥

भविता योषितां सूतिः पञ्चषट्सप्तवार्षिकी।
नवाष्टदशवर्षाणां मनुष्याणां तथा कलौ॥ ४१
पलितोद्भवश्च भविता तथा द्वादशवार्षिकः।
नातिजीवति वै कश्चित्कलौ वर्षाणि विंशतिः॥ ४२
अल्पप्रज्ञा वृथालिङ्गा दुष्टान्तःकरणाः कलौ।
यतस्ततो विनङ्क्ष्यन्ति कालेनाल्पेन मानवाः॥ ४३
यदा यदा हि मैत्रेय हानिर्धर्मस्य लक्ष्यते।
तदा तदा कलेर्वृद्धिरनुमेया विचक्षणैः॥ ४४
यदा यदा हि पाषण्डवृद्धिर्मैत्रेय लक्ष्यते।
तदा तदा कलेर्वृद्धिरनुमेया महात्मभिः॥ ४५
यदा यदा सतां हानिर्वेदमार्गानुसारिणाम्।
तदा तदा कलेर्वृद्धिरनुमेया विचक्षणैः॥ ४६
प्रारम्भाश्चावसीदन्ति यदा धर्मभृतां नृणाम्।
तदानुमेयं प्राधान्यं कलेर्मैत्रेय पण्डितैः॥ ४७
यदा यदा न यज्ञानामीश्वरः पुरुषोत्तमः।
इज्यते पुरुषैर्यज्ञैस्तदा ज्ञेयं कलेर्बलम्॥ ४८
न प्रीतिर्वेदवादेषु पाषण्डेषु यदा रतिः।
कलेर्वृद्धिस्तदा प्राज्ञैरनुमेया विचक्षणैः॥ ४९
कलौ जगत्पतिं विष्णुं सर्वस्रष्टारमीश्वरम्।
नार्चयिष्यन्ति मैत्रेय पाषण्डोपहता जनाः॥ ५०
किं देवैः किं द्विजैर्वेदैः किं शौचेनाम्बुजन्मना।
इत्येवं विप्र वक्ष्यन्ति पाषण्डोपहता जनाः॥ ५१
स्वल्पाम्बुवृष्टिः पर्जन्यः सस्यं स्वल्पफलं तथा।
फलं तथाल्पसारं च विप्र प्राप्ते कलौ युगे॥ ५२
शाणीप्रायाणि वस्त्राणि शमीप्राया महीरुहाः।
शूद्रप्रायास्तथा वर्णा भविष्यन्ति कलौ युगे॥ ५३
अणुप्रायाणि धान्यानि अजाप्रायं तथा पयः।
भविष्यति कलौ प्राप्ते ह्यौशीरं चानुलेपनम्॥ ५४
श्वश्रूश्वशुरभूयिष्ठा गुरवश्च नृणां कलौ।
श्यालाद्या हारिभार्याश्च सुहृदो मुनिसत्तम॥ ५५
कस्य माता पिता कस्य यथा कर्मानुगः पुमान्।
इति चोदाहरिष्यन्ति श्वशुरानुगता नराः॥ ५६

कलिमें पाँच-छः अथवा सात वर्षकी स्त्री और आठ-नौ या दस वर्षके पुरुषोंके ही सन्तान हो जायगी॥ ४१॥ बारह वर्षकी अवस्थामें ही लोगोंके बाल पकने लगेंगे और कोई भी व्यक्ति बीस वर्षसे अधिक जीवित न रहेगा॥ ४२॥ कलियुगमें लोग मन्द-बुद्धि, व्यर्थ चिह्न धारण करनेवाले और दुष्ट चित्तवाले होंगे, इसलिये वे अल्पकालमें ही नष्ट हो जायँगे॥ ४३॥

हे मैत्रेय! जब-जब धर्मकी अधिक हानि दिखलायी दे तभी-तभी बुद्धिमान् मनुष्यको कलियुगकी वृद्धिका अनुमान करना चाहिये॥ ४४॥ हे मैत्रेय! जब-जब पाषण्ड बढ़ा हुआ दीखे तभी-तभी महात्माओंको कलियुगकी वृद्धि समझनी चाहिये॥ ४५॥ जब-जब वैदिक मार्गका अनुसरण करनेवाले सत्पुरुषोंका अभाव हो तभी-तभी बुद्धिमान् मनुष्य कलिकी वृद्धि हुई जाने॥ ४६॥ हे मैत्रेय! जब धर्मात्मा पुरुषोंके आरम्भ किये हुए कार्योंमें असफलता हो तब पण्डितजन कलियुगकी प्रधानता समझें॥ ४७॥ जब-जब यज्ञोंके अधीश्वर भगवान् पुरुषोत्तमका लोग यज्ञोंद्वारा यजन न करें तब-तब कलिका प्रभाव ही समझना चाहिये॥ ४८॥ जब वेद-वादमें प्रीतिका अभाव हो और पाषण्डमें प्रेम हो तब बुद्धिमान् प्राज्ञ पुरुष कलियुगको बढ़ा हुआ जानें॥ ४९॥

हे मैत्रेय! कलियुगमें लोग पाषण्डके वशीभूत हो जानेसे सबके रचयिता और प्रभु जगत्पति भगवान् विष्णुका पूजन नहीं करेंगे॥ ५०॥ हे विप्र! उस समय लोग पाषण्डके वशीभूत होकर कहेंगे—'इन देव, द्विज, वेद और जलसे होनेवाले शौचादिमें क्या रखा है?'॥ ५१॥ हे विप्र! कलिके आनेपर वृष्टि अल्प जलवाली होगी, खेती थोड़ी उपजवाली होगी और फलादि अल्प सारयुक्त होंगे॥ ५२॥ कलियुगमें प्रायः सनके बने हुए सबके वस्त्र होंगे, अधिकतर शमीके वृक्ष होंगे और चारों वर्ण बहुधा शूद्रवत् हो जायँगे॥ ५३॥ कलिके आनेपर धान्य अत्यन्त अणु होंगे, प्रायः बकरियोंका ही दूध मिलेगा और उशीर (खस) ही एकमात्र अनुलेपन होगा॥ ५४॥

हे मुनिश्रेष्ठ! कलियुगमें सास और ससुर ही लोगोंके गुरुजन होंगे और हृदयहारिणी भार्या तथा साले ही सुहृद् होंगे॥ ५५॥ लोग अपने ससुरके अनुगामी होकर कहेंगे कि 'कौन किसका पिता है और कौन किसकी माता; सब पुरुष अपने कर्मानुसार जन्मते-मरते रहते हैं'॥ ५६॥

वाङ्मनःकायजैर्दोषैरभिभूताः पुनः पुनः।
नराः पापान्यनुदिनं करिष्यन्त्यल्पमेधसः॥ ५७
निस्सत्त्वानामशौचानां निर्ह्रीकाणां तथा नृणाम्।
यद्यद्दुःखाय तत्सर्वं कलिकाले भविष्यति॥ ५८
निस्स्वाध्यायवषट्कारे स्वधास्वाहाविवर्जिते।
तदा प्रविरलो धर्मः क्वचिल्लोके निवत्स्यति॥ ५९
तत्राल्पेनैव यत्नेन पुण्यस्कन्धमनुत्तमम्।
करोति यं कृतयुगे क्रियते तपसा हि सः॥ ६०

उस समय अल्पबुद्धि पुरुष बारम्बार वाणी, मन और शरीरादिके दोषोंके वशीभूत होकर प्रतिदिन पुनः-पुनः पापकर्म करेंगे॥ ५७॥ शक्ति, शौच और लज्जाहीन पुरुषोंको जो-जो दुःख हो सकते हैं कलियुगमें वे सभी दुःख उपस्थित होंगे॥ ५८॥ उस समय संसारके स्वाध्याय और वषट्कारसे हीन तथा स्वधा और स्वाहासे वर्जित हो जानेसे कहीं-कहीं कुछ-कुछ धर्म रहेगा॥ ५९॥ किंतु कलियुगमें मनुष्य थोड़ा-सा प्रयत्न करनेसे ही जो अत्यन्त उत्तम पुण्यराशि प्राप्त करता है वही सत्ययुगमें महान् तपस्यासे प्राप्त किया जा सकता है॥ ६०॥

इति श्रीविष्णुपुराणे षष्ठेंऽशे प्रथमोऽध्यायः॥ १॥

दूसरा अध्याय

श्रीव्यासजीद्वारा कलियुग, शूद्र और स्त्रियोंका महत्त्व-वर्णन

श्रीपराशर उवाच

व्यासश्चाह महाबुद्धिर्यदत्रैव हि वस्तुनि।
तच्छ्रूयतां महाभाग गदतो मम तत्त्वतः॥ १
कस्मिन्कालेऽल्पको धर्मो ददाति सुमहत्फलम्।
मुनीनां पुण्यवादोऽभूत्कैश्चासौ क्रियते सुखम्॥ २
सन्देहनिर्णयार्थाय वेदव्यासं महामुनिम्।
ययुस्ते संशयं प्रष्टुं मैत्रेय मुनिपुङ्गवाः॥ ३
ददृशुस्ते मुनिं तत्र जाह्नवीसलिले द्विज।
वेदव्यासं महाभागमर्द्धस्नातं सुतं मम॥ ४
स्नानावसानं ते तस्य प्रतीक्षन्तो महर्षयः।
तस्थुस्तीरे महानद्यास्तरुषण्डमुपाश्रिताः॥ ५
मग्नोऽथ जाह्नवीतोयादुत्थायाह सुतो मम।
शूद्रस्साधुः कलिस्साधुरित्येवं शृण्वतां वचः॥ ६
तेषां मुनीनां भूयश्च ममज्ज स नदीजले।
साधु साध्विति चोत्थाय शूद्र धन्योऽसि चाब्रवीत्॥ ७
निमग्नश्च समुत्थाय पुनः प्राह महामुनिः।
योषितः साधु धन्यास्तास्ताभ्यो धन्यतरोऽस्ति कः॥ ८

श्रीपराशरजी बोले—हे महाभाग! इसी विषयमें महामति व्यासदेवने जो कुछ कहा है वह मैं यथावत् वर्णन करता हूँ, सुनो॥ १॥ एक बार मुनियोंमें [परस्पर] पुण्यके विषयमें यह वार्तालाप हुआ कि 'किस समयमें थोड़ा-सा पुण्य भी महान् फल देता है और कौन उसका सुखपूर्वक अनुष्ठान कर सकते हैं?'॥ २॥ हे मैत्रेय! वे समस्त मुनिश्रेष्ठ इस सन्देहका निर्णय करनेके लिये महामुनि व्यासजीके पास यह प्रश्न पूछने गये॥ ३॥ हे द्विज! वहाँ पहुँचनेपर उन मुनिजनोंने मेरे पुत्र महाभाग व्यासजीको गंगाजीमें आधा स्नान किये देखा॥ ४॥ वे महर्षिगण व्यासजीके स्नान कर चुकनेकी प्रतीक्षामें उस महानदीके तटपर वृक्षोंके तले बैठे रहे॥ ५॥

उस समय गंगाजीमें डुबकी लगाये मेरे पुत्र व्यासने जलसे उठकर उन मुनिजनोंके सुनते हुए 'कलियुग ही श्रेष्ठ है, शूद्र ही श्रेष्ठ है' यह वचन कहा। ऐसा कहकर उन्होंने फिर जलमें गोता लगाया और फिर उठकर कहा—"शूद्र! तुम ही श्रेष्ठ हो, तुम ही धन्य हो"॥ ६-७॥ यह कहकर वे महामुनि फिर जलमें मग्न हो गये और फिर खड़े होकर बोले—"स्त्रियाँ ही साधु हैं, वे ही धन्य हैं, उनसे अधिक धन्य और कौन है?"॥ ८॥

ततः स्नात्वा यथान्यायमायान्तं च कृतक्रियम्।
उपतस्थुर्महाभागं मुनयस्ते सुतं मम॥ ९
कृतसंवन्दनांश्चाह कृतासनपरिग्रहान्।
किमर्थमागता यूयमिति सत्यवतीसुतः॥ १०
तमूचुः संशयं प्रष्टुं भवन्तं वयमागताः।
अलं तेनास्तु तावन्नः कथ्यतामपरं त्वया॥ ११
कलिस्साध्विति यत्प्रोक्तं शूद्रः साध्विति योषितः।
यदाह भगवान् साधु धन्याश्चेति पुनः पुनः॥ १२
तत्सर्वं श्रोतुमिच्छामो न चेद् गुह्यं महामुने।
तत्कथ्यतां ततो हृत्स्थं पृच्छामस्त्वां प्रयोजनम्॥ १३

श्रीपराशर उवाच

इत्युक्तो मुनिभिर्व्यासः प्रहस्येदमथाब्रवीत्।
श्रूयतां भो मुनिश्रेष्ठा यदुक्तं साधु साध्विति॥ १४

श्रीव्यास उवाच

यत्कृते दशभिर्वर्षैस्त्रेतायां हायनेन तत्।
द्वापरे तच्च मासेन ह्यहोरात्रेण तत्कलौ॥ १५
तपसो ब्रह्मचर्यस्य जपादेश्च फलं द्विजाः।
प्राप्नोति पुरुषस्तेन कलिस्साध्विति भाषितम्॥ १६
ध्यायन्कृते यजन्यज्ञैस्त्रेतायां द्वापरेऽर्चयन्।
यदाप्नोति तदाप्नोति कलौ संकीर्त्य केशवम्॥ १७
धर्मोत्कर्षमतीवात्र प्राप्नोति पुरुषः कलौ।
अल्पायासेन धर्मज्ञास्तेन तुष्टोऽस्म्यहं कलेः॥ १८
व्रतचर्यापरैर्ग्राह्या वेदाः पूर्वं द्विजातिभिः।
ततस्स्वधर्मसम्प्राप्तैर्यष्टव्यं विधिवद्धनैः॥ १९
वृथा कथा वृथा भोज्यं वृथेज्या च द्विजन्मनाम्।
पतनाय ततो भाव्यं तैस्तु संयमिभिस्सदा॥ २०
असम्यक्करणे दोषस्तेषां सर्वेषु वस्तुषु।
भोज्यपेयादिकं चैषां नेच्छाप्राप्तिकरं द्विजाः॥ २१
पारतन्त्र्यं समस्तेषु तेषां कार्येषु वै यतः।
जयन्ति ते निजाँल्लोकान्क्लेशेन महता द्विजाः॥ २२

तदनन्तर जब मेरे महाभाग पुत्र व्यासजी स्नान करनेके अनन्तर नियमानुसार नित्यकर्मसे निवृत्त होकर आये तो वे मुनिजन उनके पास पहुँचे॥ ९॥ वहाँ आकर जब वे यथायोग्य अभिवादनादिके अनन्तर आसनोंपर बैठ गये तो सत्यवतीनन्दन व्यासजीने उनसे पूछा—"आपलोग कैसे आये हैं?"॥ १०॥

तब मुनियोंने उनसे कहा—"हमलोग आपसे एक सन्देह पूछनेके लिये आये थे, किंतु इस समय उसे तो जाने दीजिये, एक और बात हमें बतलाइये॥ ११॥ भगवन्! आपने जो स्नान करते समय कई बार कहा था कि 'कलियुग ही श्रेष्ठ है, शूद्र ही श्रेष्ठ हैं, स्त्रियाँ ही साधु और धन्य हैं', सो क्या बात है? हम यह सम्पूर्ण विषय सुनना चाहते हैं। हे महामुने! यदि गोपनीय न हो तो कहिये। इसके पीछे हम आपसे अपना आन्तरिक सन्देह पूछेंगे"॥ १२-१३॥

श्रीपराशरजी बोले—मुनियोंके इस प्रकार पूछनेपर व्यासजीने हँसते हुए कहा—"हे मुनिश्रेष्ठो! मैंने जो इन्हें बारम्बार साधु-साधु कहा था, उसका कारण सुनो"॥ १४॥

श्रीव्यासजी बोले—हे द्विजगण! जो फल सत्ययुगमें दस वर्ष तपस्या, ब्रह्मचर्य और जप आदि करनेसे मिलता है उसे मनुष्य त्रेतामें एक वर्ष, द्वापरमें एक मास और कलियुगमें केवल एक दिन-रातमें प्राप्त कर लेता है, इस कारण ही मैंने कलियुगको श्रेष्ठ कहा है॥ १५-१६॥ जो फल सत्ययुगमें ध्यान, त्रेतामें यज्ञ और द्वापरमें देवार्चन करनेसे प्राप्त होता है वही कलियुगमें श्रीकृष्णचन्द्रका नाम-कीर्तन करनेसे मिल जाता है॥ १७॥ हे धर्मज्ञगण! कलियुगमें थोड़े-से परिश्रमसे ही पुरुषको महान् धर्मकी प्राप्ति हो जाती है, इसीलिये मैं कलियुगसे अति सन्तुष्ट हूँ॥ १८॥

[अब शूद्र क्यों श्रेष्ठ हैं, यह बतलाते हैं] द्विजातियोंको पहले ब्रह्मचर्यव्रतका पालन करते हुए वेदाध्ययन करना पड़ता है और फिर स्वधर्माचरणसे उपार्जित धनके द्वारा विधिपूर्वक यज्ञ करने पड़ते हैं॥ १९॥ इसमें भी व्यर्थ वार्तालाप, व्यर्थ भोजन और व्यर्थ यज्ञ उनके पतनके कारण होते हैं; इसलिये उन्हें सदा संयमी रहना आवश्यक है॥ २०॥ सभी कामोंमें अनुचित (विधिके विपरीत) करनेसे उन्हें दोष लगता है; यहाँतक कि भोजन और पानादि भी वे अपने इच्छानुसार नहीं भोग सकते॥ २१॥ क्योंकि उन्हें सम्पूर्ण कार्योंमें परतन्त्रता रहती है। हे द्विजगण! इस प्रकार वे अत्यन्त क्लेशसे पुण्य-लोकोंको प्राप्त करते हैं॥ २२॥

द्विजशुश्रूषयैवैष पाकयज्ञाधिकारवान्।
निजाञ्जयति वै लोकाञ्छूद्रो धन्यतरस्ततः॥ २३
भक्ष्याभक्ष्येषु नास्यास्ति पेयापेयेषु वै यतः।
नियमो मुनिशार्दूलास्तेनासौ साध्वितीरितः॥ २४
स्वधर्मस्याविरोधेन नरैर्लब्धं धनं सदा।
प्रतिपादनीयं पात्रेषु यष्टव्यं च यथाविधि॥ २५
तस्यार्जने महाक्लेशः पालने च द्विजोत्तमाः।
तथासद्विनियोगेन विज्ञातं गहनं नृणाम्॥ २६
एवमन्यैस्तथा क्लेशैः पुरुषा द्विजसत्तमाः।
निजाञ्जयन्ति वै लोकान्प्राजापत्यादिकान्क्रमात्॥ २७
योषिच्छुश्रूषणाद्भर्त्तुः कर्मणा मनसा गिरा।
तद्धिता शुभमाप्नोति तत्सालोक्यं यतो द्विजाः॥ २८
नातिक्लेशेन महता तानेव पुरुषो यथा।
तृतीयं व्याहृतं तेन मया साध्विति योषितः॥ २९
एतद्वः कथितं विप्रा यन्निमित्तमिहागताः।
तत्पृच्छत यथाकामं सर्वं वक्ष्यामि वः स्फुटम्॥ ३०
ऋषयस्ते ततः प्रोचुर्यत्प्रष्टव्यं महामुने।
अस्मिन्नेव च तत् प्रश्ने यथावत्कथितं त्वया॥ ३१

श्रीपराशर उवाच

ततः प्रहस्य तानाह कृष्णद्वैपायनो मुनिः।
विस्मयोत्फुल्लनयनांस्तापसांस्तानुपागतान्॥ ३२
मयैष भवतां प्रश्नो ज्ञातो दिव्येन चक्षुषा।
ततो हि वः प्रसङ्गेन साधु साध्विति भाषितम्॥ ३३
स्वल्पेन हि प्रयत्नेन धर्मस्सिद्ध्यति वै कलौ।
नरैरात्मगुणाम्भोभिः क्षालिताखिलकिल्बिषैः॥ ३४
शूद्रैश्च द्विजशुश्रूषातत्परैर्द्विजसत्तमाः।
तथा स्त्रीभिरनायासात्पतिशुश्रूषयैव हि॥ ३५
ततस्त्रितयमप्येतन्मम धन्यतरं मतम्।
धर्मसम्पादने क्लेशो द्विजातीनां कृतादिषु॥ ३६
भवद्भिर्यदभिप्रेतं तदेतत्कथितं मया।
अपृष्टेनापि धर्मज्ञाः किमन्यत्क्रियतां द्विजाः॥ ३७

किंतु जिसे केवल [मन्त्रहीन] पाक-यज्ञका ही अधिकार है वह शूद्र द्विजोंकी सेवा करनेसे ही सद्गति प्राप्त कर लेता है, इसलिये वह अन्य जातियोंकी अपेक्षा धन्यतर है॥ २३॥ हे मुनिशार्दूलो! शूद्रको भक्ष्याभक्ष्य अथवा पेयापेयका कोई नियम नहीं है, इसलिये मैंने उसे साधु कहा है॥ २४॥

[अब स्त्रियोंको किसलिये श्रेष्ठ कहा, यह बतलाते हैं—] पुरुषोंको अपने धर्मानुकूल प्राप्त किये हुए धनसे ही सर्वदा सुपात्रको दान और विधिपूर्वक यज्ञ करना चाहिये॥ २५॥ हे द्विजोत्तमगण! इस द्रव्यके उपार्जन तथा रक्षणमें महान् क्लेश होता है और उसको अनुचित कार्यमें लगानेसे भी मनुष्योंको जो कष्ट भोगना पड़ता है वह मालूम ही है॥ २६॥ इस प्रकार हे द्विजसत्तमो! पुरुषगण इन तथा ऐसे ही अन्य कष्टसाध्य उपायोंसे क्रमशः प्राजापत्य आदि शुभ लोकोंको प्राप्त करते हैं॥ २७॥ किंतु स्त्रियाँ तो तन-मन-वचनसे पतिकी सेवा करनेसे ही उनकी हितकारिणी होकर पतिके समान शुभ लोकोंको अनायास ही प्राप्त कर लेती हैं जो कि पुरुषोंको अत्यन्त परिश्रमसे मिलते हैं। इसीलिये मैंने तीसरी बार यह कहा था कि 'स्त्रियाँ साधु हैं'॥ २८-२९॥ ''हे विप्रगण! मैंने आपलोगोंसे यह [अपने साधुवादका रहस्य] कह दिया, अब आप जिसलिये पधारे हैं वह इच्छानुसार पूछिये। मैं आपसे सब बातें स्पष्ट करके कह दूँगा''॥ ३०॥ तब ऋषियोंने कहा—''हे महामुने! हमें जो कुछ पूछना था उसका यथावत् उत्तर आपने इसी प्रश्नमें दे दिया है। [इसलिये अब हमें और कुछ पूछना नहीं है]॥ ३१॥

श्रीपराशरजी बोले—तब मुनिवर कृष्णद्वैपायनने विस्मयसे खिले हुए नेत्रोंवाले उन समागत तपस्वियोंसे हँसकर कहा॥ ३२॥ मैं दिव्य दृष्टिसे आपके इस प्रश्नको जान गया था इसीलिये मैंने आपलोगोंके प्रसंगसे ही 'साधु-साधु' कहा था॥ ३३॥ जिन पुरुषोंने गुणरूप जलसे अपने समस्त दोष धो डाले हैं उनके थोड़े-से प्रयत्नसे ही कलियुगमें धर्म सिद्ध हो जाता है॥ ३४॥ हे द्विजश्रेष्ठो! शूद्रोंको द्विजसेवापरायण होनेसे और स्त्रियोंको पतिकी सेवामात्र करनेसे ही अनायास धर्मकी सिद्धि हो जाती है॥ ३५॥ इसीलिये मेरे विचारसे ये तीनों धन्यतर हैं, क्योंकि सत्ययुगादि अन्य तीन युगोंमें भी द्विजातियोंको ही धर्म सम्पादन करनेमें महान् क्लेश उठाना पड़ता है॥ ३६॥ हे धर्मज्ञ ब्राह्मणो! इस प्रकार आपलोगोंका जो अभिप्राय था वह मैंने आपके बिना पूछे ही कह दिया, अब और क्या करूँ?''॥ ३७॥

श्रीपराशर उवाच

ततस्सम्पूज्य ते व्यासं प्रशशंसुः पुनः पुनः।
यथाऽऽगतं द्विजा जग्मुर्व्यासोक्तिकृतनिश्चयाः॥ ३८

भवतोऽपि महाभाग रहस्यं कथितं मया।
अत्यन्तदुष्टस्य कलेरयमेको महान्गुणः।
कीर्तनादेव कृष्णस्य मुक्तबन्धः परं व्रजेत्॥ ३९

यच्चाहं भवता पृष्टो जगतामुपसंहतिम्।
प्राकृतामन्तरालां च तामप्येष वदामि ते॥ ४०

श्रीपराशरजी बोले—तदनन्तर उन्होंने व्यासजीका पूजनकर उनकी बारम्बार प्रशंसा की और उनके कथनानुसार निश्चयकर जहाँसे आये थे वहाँ चले गये॥ ३८॥ हे महाभाग मैत्रेयजी! आपसे भी मैंने यह रहस्य कह दिया। इस अत्यन्त दुष्ट कलियुगमें यही एक महान् गुण है कि इस युगमें केवल कृष्णचन्द्रका नाम-संकीर्तन करनेसे ही मनुष्य परमपद प्राप्त कर लेता है॥ ३९॥ अब आपने मुझसे जो संसारके उपसंहार—प्राकृत प्रलय और अवान्तर प्रलयके विषयमें पूछा था वह भी सुनाता हूँ॥ ४०॥

इति श्रीविष्णुपुराणे षष्ठेंऽशे द्वितीयोऽध्यायः॥ २॥

तीसरा अध्याय

निमेषादि काल-मान तथा नैमित्तिक प्रलयका वर्णन

श्रीपराशर उवाच

सर्वेषामेव भूतानां त्रिविधः प्रतिसञ्चरः।
नैमित्तिकः प्राकृतिकस्तथैवात्यन्तिको लयः॥ १

ब्राह्मो नैमित्तिकस्तेषां कल्पान्ते प्रतिसञ्चरः।
आत्यन्तिकस्तु मोक्षाख्यः प्राकृतो द्विपरार्द्धकः॥ २

श्रीमैत्रेय उवाच

परार्द्धसंख्यां भगवन्ममाचक्ष्व यया तु सः।
द्विगुणीकृतया ज्ञेयः प्राकृतः प्रतिसञ्चरः॥ ३

श्रीपराशर उवाच

स्थानात्स्थानं दशगुणमेकस्माद्गण्यते द्विज।
ततोऽष्टादशमे भागे परार्द्धमभिधीयते॥ ४

परार्द्धद्विगुणं यत्तु प्राकृतस्स लयो द्विज।
तदाव्यक्तेऽखिलं व्यक्तं स्वहेतौ लयमेति वै॥ ५

निमेषो मानुषो योऽसौ मात्रा मात्राप्रमाणतः।
तैः पञ्चदशभिः काष्ठा त्रिंशत्काष्ठा कला स्मृता॥ ६

नाडिका तु प्रमाणेन सा कला दश पञ्च च।
उन्मानेनाम्भसस्सा तु पलान्यर्द्धत्रयोदश॥ ७

श्रीपराशरजी बोले—सम्पूर्ण प्राणियोंका प्रलय नैमित्तिक, प्राकृतिक और आत्यन्तिक तीन प्रकारका होता है॥ १॥ उनमेंसे जो कल्पान्तमें ब्राह्म प्रलय होता है वह नैमित्तिक, जो मोक्ष नामक प्रलय है वह आत्यन्तिक और जो दो परार्द्धके अन्तमें होता है वह प्राकृत प्रलय कहलाता है॥ २॥

श्रीमैत्रेयजी बोले—भगवन्! आप मुझे परार्द्धकी संख्या बतलाइये, जिसको दूना करनेसे प्राकृत प्रलयका परिमाण जाना जा सके॥ ३॥

श्रीपराशरजी बोले—हे द्विज! एकसे लेकर क्रमशः दशगुण गिनते-गिनते जो अठारहवीं बार* गिनी जाती है वह संख्या परार्द्ध कहलाती है॥ ४॥ हे द्विज! इस परार्द्धकी दूनी संख्यावाला प्राकृत प्रलय है, उस समय यह सम्पूर्ण जगत् अपने कारण अव्यक्तमें लीन हो जाता है॥ ५॥ मनुष्यका निमेष ही एक मात्रावाले अक्षरके उच्चारण-कालके समान परिमाणवाला होनेसे मात्रा कहलाता है; उन पन्द्रह निमेषोंकी एक काष्ठा होती है और तीस काष्ठाकी एक कला कही जाती है॥ ६॥ पन्द्रह कला एक नाडिकाका प्रमाण है। वह नाडिका साढ़े बारह पल ताँबेके बने हुए जलके पात्रसे जानी जा सकती है॥ ७॥

* वायुपुराणमें इन अठारह संख्याओंके इस प्रकार नाम हैं—एक, दस, शत, सहस्र, अयुत, नियुत, प्रयुत, अर्बुद, न्यर्बुद, वृन्द, खर्व, निखर्व, शंख, पद्म, समुद्र, मध्य, अन्त, परार्द्ध।

मागधेन तु मानेन जलप्रस्थस्तु स स्मृतः।
हेममाषैः कृतच्छिद्रश्चतुर्भिश्चतुरङ्गुलैः॥ ८
नाडिकाभ्यामथ द्वाभ्यां मुहूर्तो द्विजसत्तम।
अहोरात्रं मुहूर्तास्तु त्रिंशन्मासो दिनैस्तथा॥ ९
मासैर्द्वादशभिर्वर्षमहोरात्रं तु तद्दिवि।
त्रिभिर्वर्षशतैर्वर्षं षष्ट्या चैवासुरद्विषाम्॥ १०
तैस्तु द्वादशसाहस्रैश्चतुर्युगमुदाहृतम्।
चतुर्युगसहस्रं तु कथ्यते ब्रह्मणो दिनम्॥ ११
स कल्पस्तत्र मनवश्चतुर्दश महामुने।
तदन्ते चैव मैत्रेय ब्राह्मो नैमित्तिको लयः॥ १२
तस्य स्वरूपमत्युग्रं मैत्रेय गदतो मम।
शृणुष्व प्राकृतं भूयस्तव वक्ष्याम्यहं लयम्॥ १३
चतुर्युगसहस्रान्ते क्षीणप्राये महीतले।
अनावृष्टिरतीवोग्रा जायते शतवार्षिकी॥ १४
ततो यान्यल्पसाराणि तानि सत्त्वान्यशेषतः।
क्षयं यान्ति मुनिश्रेष्ठ पार्थिवान्यनुपीडनात्॥ १५
ततः स भगवान्विष्णू रुद्ररूपधरोऽव्ययः।
क्षयाय यतते कर्तुमात्मस्थास्सकलाः प्रजाः॥ १६
ततस्स भगवान्विष्णुर्भानोस्सप्तसु रश्मिषु।
स्थितः पिबत्यशेषाणि जलानि मुनिसत्तम॥ १७
पीत्वाम्भांसि समस्तानि प्राणिभूमिगतान्यपि।
शोषं नयति मैत्रेय समस्तं पृथिवीतलम्॥ १८
समुद्रान्सरितः शैलनदीप्रस्रवणानि च।
पातालेषु च यत्तोयं तत्सर्वं नयति क्षयम्॥ १९
ततस्तस्यानुभावेन तोयाहारोपबृंहिताः।
त एव रश्मयस्सप्त जायन्ते सप्त भास्कराः॥ २०
अधश्चोर्ध्वं च ते दीप्तास्ततस्सप्त दिवाकराः।
दहन्त्यशेषं त्रैलोक्यं सपातालतलं द्विज॥ २१
दह्यमानं तु तैर्दीप्तैस्त्रैलोक्यं द्विज भास्करैः।
साद्रिनद्यर्णवाभोगं निस्नेहमभिजायते॥ २२
ततो निर्दग्धवृक्षाम्बु त्रैलोक्यमखिलं द्विज।
भवत्येषा च वसुधा कूर्मपृष्ठोपमाकृतिः॥ २३

मगधदेशीय मापसे वह पात्र जलप्रस्थ कहलाता है; उसमें चार अंगुल लम्बी चार मासेकी सुवर्ण-शलाकासे छिद्र किया रहता है [उसके छिद्रको ऊपर करके जलमें डुबो देनेसे जितनी देरमें वह पात्र भर जाय उतने ही समयको एक नाडिका समझना चाहिये]॥ ८॥ हे द्विजसत्तम! ऐसी दो नाडिकाओंका एक मुहूर्त होता है, तीस मुहूर्तका एक दिन-रात होता है तथा इतने (तीस) ही दिन-रातका एक मास होता है॥ ९॥ बारह मासका एक वर्ष होता है, देवलोकमें यही एक दिन-रात होता है। ऐसे तीन सौ साठ वर्षोंका देवताओंका एक वर्ष होता है॥ १०॥ ऐसे बारह हजार दिव्य वर्षोंका एक चतुर्युग होता है और एक हजार चतुर्युगका ब्रह्माका एक दिन होता है॥ ११॥

हे महामुने! यही एक कल्प है। इसमें चौदह मनु बीत जाते हैं। हे मैत्रेय! इसके अन्तमें ब्रह्माका नैमित्तिक प्रलय होता है॥ १२॥ हे मैत्रेय! सुनो, मैं उस नैमित्तिक प्रलयका अत्यन्त भयानक रूप वर्णन करता हूँ। इसके पीछे मैं तुमसे प्राकृत प्रलयका भी वर्णन करूँगा॥ १३॥ एक सहस्र चतुर्युग बीतनेपर जब पृथिवी क्षीणप्राय हो जाती है तो सौ वर्षतक अति घोर अनावृष्टि होती है॥ १४॥ हे मुनिश्रेष्ठ! उस समय जो पार्थिव जीव अल्प शक्तिवाले होते हैं वे सब अनावृष्टिसे पीड़ित होकर सर्वथा नष्ट हो जाते हैं॥ १५॥ तदनन्तर, रुद्ररूपधारी अव्ययात्मा भगवान् विष्णु संसारका क्षय करनेके लिये सम्पूर्ण प्रजाको अपनेमें लीन कर लेनेका प्रयत्न करते हैं॥ १६॥ हे मुनिसत्तम! उस समय भगवान् विष्णु सूर्यकी सातों किरणोंमें स्थित होकर सम्पूर्ण जलको सोख लेते हैं॥ १७॥ हे मैत्रेय! इस प्रकार प्राणियों तथा पृथिवीके अन्तर्गत सम्पूर्ण जलको सोखकर वे समस्त भूमण्डलको शुष्क कर देते हैं॥ १८॥ समुद्र तथा नदियोंमें, पर्वतीय सरिताओं और स्रोतोंमें तथा विभिन्न पातालोंमें जितना जल है वे उस सबको सुखा डालते हैं॥ १९॥ तब भगवान्‌के प्रभावसे प्रभावित होकर तथा जलपानसे पुष्ट होकर वे सातों सूर्यरश्मियाँ सात सूर्य हो जाती हैं॥ २०॥ हे द्विज! उस समय ऊपर-नीचे सब ओर देदीप्यमान होकर वे सातों सूर्य पातालपर्यन्त सम्पूर्ण त्रिलोकीको भस्म कर डालते हैं॥ २१॥ हे द्विज! उन प्रदीप्त भास्करोंसे दग्ध हुई त्रिलोकी पर्वत, नदी और समुद्रादिके सहित सर्वथा नीरस हो जाती है॥ २२॥ उस समय सम्पूर्ण त्रिलोकीके वृक्ष और जल आदिके दग्ध हो जानेसे यह पृथिवी कछुएकी पीठके समान कठोर हो जाती है॥ २३॥

ततः कालाग्निरुद्रोऽसौ भूत्वा सर्वहरो हरिः।
शेषाहिश्वाससम्भूतः पातालानि दहत्यधः॥ २४
पातालानि समस्तानि स दग्ध्वा ज्वलनो महान्।
भूमिमभ्येत्य सकलं बभस्ति वसुधातलम्॥ २५
भुवर्लोकं ततस्सर्वं स्वर्लोकं च सुदारुणः।
ज्वालामालामहावर्तस्तत्रैव परिवर्तते॥ २६
अम्बरीषमिवाभाति त्रैलोक्यमखिलं तदा।
ज्वालावर्तपरीवारमुपक्षीणचराचरम्॥ २७
ततस्तापपरीतास्तु लोकद्वयनिवासिनः।
कृताधिकारा गच्छन्ति महर्लोकं महामुने॥ २८
तस्मादपि महातापतप्ता लोकात्ततः परम्।
गच्छन्ति जनलोकं ते दशावृत्त्या परैषिणः॥ २९
ततो दग्ध्वा जगत्सर्वं रुद्ररूपी जनार्दनः।
मुखनिःश्वासजान्मेघान्करोति मुनिसत्तम॥ ३०
ततो गजकुलप्रख्यास्तडित्वन्तोऽतिनादिनः।
उत्तिष्ठन्ति तथा व्योम्नि घोरास्संवर्तका घनाः॥ ३१
केचिन्नीलोत्पलश्यामाः केचित्कुमुदसन्निभाः।
धूम्रवर्णा घनाः केचित्केचित्पीताः पयोधराः॥ ३२
केचिद्रासभवर्णाभा लाक्षारसनिभास्तथा।
केचिद्वैडूर्यसंकाशा इन्द्रनीलनिभाः क्वचित्॥ ३३
शङ्खकुन्दनिभाश्चान्ये जात्यञ्जननिभाः परे।
इन्द्रगोपनिभाः केचित्ततश्शिखिनिभास्तथा॥ ३४
मनश्शिलाभाः केचिद्वै हरितालनिभाः परे।
चाषपत्रनिभाः केचिदुत्तिष्ठन्ते महाघनाः॥ ३५
केचित्पुरवराकाराः केचित्पर्वतसन्निभाः।
कूटागारनिभाश्चान्ये केचित्स्थलनिभा घनाः॥ ३६
महारावा महाकायाः पूरयन्ति नभःस्थलम्।
वर्षन्तस्ते महासारांस्तमग्निमतिभैरवम्।
शमयन्त्यखिलं विप्र त्रैलोक्यान्तरधिष्ठितम्॥ ३७
नष्टे चाग्नौ च सततं वर्षमाणा ह्यहर्निशम्।
प्लावयन्ति जगत्सर्वमम्भोभिर्मुनिसत्तम॥ ३८

तब सबको नष्ट करनेके लिये उद्यत हुए श्रीहरि कालाग्नि-रुद्ररूपसे शेषनागके मुखसे प्रकट होकर नीचेसे पातालोंको जलाना आरम्भ करते हैं॥ २४॥ वह महान् अग्नि समस्त पातालोंको जलाकर पृथिवीपर पहुँचता है और सम्पूर्ण भूतलको भस्म कर डालता है॥ २५॥ तब वह दारुण अग्नि भुवर्लोक तथा स्वर्गलोकको जला डालता है और वह ज्वाला-समूहका महान् आवर्त वहीं चक्कर लगाने लगता है॥ २६॥ इस प्रकार अग्निके आवर्तोंसे घिरकर सम्पूर्ण चराचरके नष्ट हो जानेपर समस्त त्रिलोकी एक तप्त कराहके समान प्रतीत होने लगती है॥ २७॥ हे महामुने! तदनन्तर अवस्थाके परिवर्तनसे परलोककी चाहवाले भुवर्लोक और स्वर्गलोकमें रहनेवाले [मन्वादि] अधिकारिगण अग्निज्वालासे सन्तप्त होकर महर्लोकको चले जाते हैं किन्तु वहाँ भी उस उग्र कालानलके महातापसे सन्तप्त होनेके कारण वे उससे बचनेके लिये जनलोकमें चले जाते हैं॥ २८-२९॥

हे मुनिश्रेष्ठ! तदनन्तर रुद्ररूपी भगवान् विष्णु सम्पूर्ण संसारको दग्ध करके अपने मुख-निःश्वाससे मेघोंको उत्पन्न करते हैं॥ ३०॥ तब विद्युत्से युक्त भयंकर गर्जना करनेवाले गजसमूहके समान बृहदाकार संवर्तक नामक घोर मेघ आकाशमें उठते हैं॥ ३१॥ उनमेंसे कोई मेघ नील कमलके समान श्यामवर्ण, कोई कुमुद-कुसुमके समान श्वेत, कोई धूम्रवर्ण और कोई पीतवर्ण होते हैं॥ ३२॥ कोई गधेके-से वर्णवाले, कोई लाखके-से रंगवाले, कोई वैडूर्य-मणिके समान और कोई इन्द्रनील-मणिके समान होते हैं॥ ३३॥ कोई शंख और कुन्दके समान श्वेत-वर्ण, कोई जाती (चमेली)-के समान उज्ज्वल और कोई कज्जलके समान श्यामवर्ण, कोई इन्द्रगोपके समान रक्तवर्ण और कोई मयूरके समान विचित्र वर्णवाले होते हैं॥ ३४॥ कोई गेरूके समान, कोई हरितालके समान और कोई महामेघ, नील-कण्ठके पंखके समान रंगवाले होते हैं॥ ३५॥ कोई नगरके समान, कोई पर्वतके समान और कोई कूटागार (गृहविशेष)-के समान बृहदाकार होते हैं तथा कोई पृथिवीतलके समान विस्तृत होते हैं॥ ३६॥ वे घनघोर शब्द करनेवाले महाकाय मेघगण आकाशको आच्छादित कर लेते हैं और मूसलाधार जल बरसाकर त्रिलोकव्यापी भयंकर अग्निको शान्त कर देते हैं॥ ३७॥ हे मुनिश्रेष्ठ! अग्निके नष्ट हो जानेपर भी अहर्निश निरन्तर बरसते हुए वे मेघ सम्पूर्ण जगत्को जलमें डुबो देते हैं॥ ३८॥

धाराभिरतिमात्राभिः प्लावयित्वाखिलं भुवम्।
भुवर्लोकं तथैवोर्ध्वं प्लावयन्ति हि ते द्विज॥ ३९

अन्धकारीकृते लोके नष्टे स्थावरजङ्गमे।
वर्षन्ति ते महामेघा वर्षाणामधिकं शतम्॥ ४०

एवं भवति कल्पान्ते समस्तं मुनिसत्तम।
वासुदेवस्य माहात्म्यान्नित्यस्य परमात्मनः॥ ४१

हे द्विज! अपनी अति स्थूल धाराओंसे भूर्लोकको जलमें डुबोकर वे भुवर्लोक तथा उसके भी ऊपरके लोकोंको भी जलमग्न कर देते हैं॥ ३९॥ इस प्रकार सम्पूर्ण संसारके अन्धकारमय हो जानेपर तथा सम्पूर्ण स्थावर-जंगम जीवोंके नष्ट हो जानेपर भी वे महामेघ सौ वर्षसे अधिक कालतक बरसते रहते हैं॥ ४०॥ हे मुनिश्रेष्ठ! सनातन परमात्मा वासुदेवके माहात्म्यसे कल्पान्तमें इसी प्रकार यह समस्त विप्लव होता है॥ ४१॥

इति श्रीविष्णुपुराणे षष्ठेंऽशे तृतीयोऽध्यायः॥ ३॥

चौथा अध्याय

प्राकृत प्रलयका वर्णन

श्रीपराशर उवाच

सप्तर्षिस्थानमाक्रम्य स्थितेऽम्भसि महामुने।
एकार्णवं भवत्येतत्त्रैलोक्यमखिलं ततः॥ १

मुखनिःश्वासजो विष्णोर्वायुस्ताञ्जलदांस्ततः।
नाशयन्वाति मैत्रेय वर्षाणामपरं शतम्॥ २

सर्वभूतमयोऽचिन्त्यो भगवान्भूतभावनः।
अनादिरादिर्विश्वस्य पीत्वा वायुमशेषतः॥ ३

एकार्णवे ततस्तस्मिञ्छेषशय्यागतः प्रभुः।
ब्रह्मरूपधरश्शेते भगवानादिकृद्धरिः॥ ४

जनलोकगतैस्सिद्धैस्सनकाद्यैरभिष्टुतः।
ब्रह्मलोकगतैश्चैव चिन्त्यमानो मुमुक्षुभिः॥ ५

आत्ममायामयीं दिव्यां योगनिद्रां समास्थितः।
आत्मानं वासुदेवाख्यं चिन्तयन्मधुसूदनः॥ ६

एष नैमित्तिको नाम मैत्रेय प्रतिसञ्चरः।
निमित्तं तत्र यच्छेते ब्रह्मरूपधरो हरिः॥ ७

यदा जागर्ति सर्वात्मा स तदा चेष्टते जगत्।
निमीलत्येतदखिलं मायाशय्यां गतेऽच्युते॥ ८

पद्मयोनेर्दिनं यत्तु चतुर्युगसहस्रवत्।
एकार्णवीकृते लोके तावती रात्रिरिष्यते॥ ९

श्रीपराशरजी बोले—हे महामुने! जब जल सप्तर्षियोंके स्थानको भी पार कर जाता है तो यह सम्पूर्ण त्रिलोकी एक महासमुद्रके समान हो जाती है॥ १॥ हे मैत्रेय! तदनन्तर, भगवान् विष्णुके मुख-निःश्वाससे प्रकट हुआ वायु उन मेघोंको नष्ट करके पुनः सौ वर्षतक चलता रहता है॥ २॥ फिर जनलोकनिवासी सनकादि सिद्धगणसे स्तुत और ब्रह्मलोकको प्राप्त हुए मुमुक्षुओंसे ध्यान किये जाते हुए सर्वभूतमय, अचिन्त्य, अनादि, जगत्के आदिकारण, आदिकर्ता, भूतभावन, मधुसूदन भगवान् हरि विश्वके सम्पूर्ण वायुको पीकर अपनी दिव्य-मायारूपिणी योगनिद्राका आश्रय ले अपने वासुदेवात्मक स्वरूपका चिन्तन करते हुए उस महासमुद्रमें शेषशय्यापर शयन करते हैं॥ ३—६॥ हे मैत्रेय! इस प्रलयके होनेमें ब्रह्मारूपधारी भगवान् हरिका शयन करना ही निमित्त है; इसलिये यह नैमित्तिक प्रलय कहलाता है॥ ७॥ जिस समय सर्वात्मा भगवान् विष्णु जागते रहते हैं उस समय सम्पूर्ण संसारकी चेष्टाएँ होती रहती हैं और जिस समय वे अच्युत मायारूपी शय्यापर सो जाते हैं उस समय संसार भी लीन हो जाता है॥ ८॥ जिस प्रकार ब्रह्माजीका दिन एक हजार चतुर्युगका होता है उसी प्रकार संसारके एकार्णवरूप हो जानेपर उनकी रात्रि भी उतनी ही बड़ी होती है॥ ९॥

ततः प्रबुद्धो रात्र्यन्ते पुनस्सृष्टिं करोत्यजः।
ब्रह्मस्वरूपधृग्विष्णुर्यथा ते कथितं पुरा॥ १०
इत्येष कल्पसंहारोऽवान्तरप्रलयो द्विज।
नैमित्तिकस्ते कथितः प्राकृतं शृण्वतः परम्॥ ११
अनावृष्ट्यादिसम्पर्कात्कृते संक्षालने मुने।
समस्तेष्वेव लोकेषु पातालेष्वखिलेषु च॥ १२
महदादेर्विकारस्य विशेषान्तस्य संक्षये।
कृष्णेच्छाकारिते तस्मिन्प्रवृत्ते प्रतिसञ्चरे॥ १३
आपो ग्रसन्ति वै पूर्वं भूमेर्गन्धात्मकं गुणम्।
आत्तगन्धा ततो भूमिः प्रलयत्वाय कल्पते॥ १४
प्रणष्टे गन्धतन्मात्रे भवत्युर्वी जलात्मिका।
आपस्तदा प्रवृद्धास्तु वेगवत्यो महास्वनाः॥ १५
सर्वमापूरयन्तीदं तिष्ठन्ति विचरन्ति च।
सलिलेनोर्मिमालेन लोका व्याप्ताः समन्ततः॥ १६
अपामपि गुणो यस्तु ज्योतिषा पीयते तु सः।
नश्यन्त्यापस्ततस्ताश्च रसतन्मात्रसंक्षयात्॥ १७
ततश्चापो हृतरसा ज्योतिषं प्राप्नुवन्ति वै।
अग्न्यवस्थे तु सलिले तेजसा सर्वतो वृते॥ १८
स चाग्निः सर्वतो व्याप्य चादत्ते तज्जलं तथा।
सर्वमापूर्यतेऽर्चिर्भिस्तदा जगदिदं शनैः॥ १९
अर्चिर्भिस्संवृते तस्मिंस्तिर्यगूर्ध्वमधस्तदा।
ज्योतिषोऽपि परं रूपं वायुरत्ति प्रभाकरम्॥ २०
प्रलीने च ततस्तस्मिन्वायुभूतेऽखिलात्मनि।
प्रणष्टे रूपतन्मात्रे हृतरूपो विभावसुः॥ २१
प्रशाम्यति तदा ज्योतिर्वायुर्दोधूयते महान्।
निरालोके तथा लोके वाय्ववस्थे च तेजसि॥ २२
ततस्तु मूलमासाद्य वायुस्सम्भवमात्मनः।
ऊर्ध्वं चाधश्च तिर्यक्च दोधवीति दिशो दश॥ २३
वायोरपि गुणं स्पर्शमाकाशो ग्रसते ततः।
प्रशाम्यति ततो वायुः खं तु तिष्ठत्यनावृतम्॥ २४
अरूपरसमस्पर्शमगन्धं न च मूर्त्तिमत्।
सर्वमापूरयच्चैव सुमहत्तत्प्रकाशते॥ २५

उस रात्रिका अन्त होनेपर अजन्मा भगवान् विष्णु जागते हैं और ब्रह्मारूप धारणकर, जैसा तुमसे पहले कहा था उसी क्रमसे फिर सृष्टि रचते हैं॥ १०॥

हे द्विज! इस प्रकार तुमसे कल्पान्तमें होनेवाले नैमित्तिक एवं अवान्तर-प्रलयका वर्णन किया। अब दूसरे प्राकृत प्रलयका वर्णन सुनो॥ ११॥ हे मुने! अनावृष्टि आदिके संयोगसे सम्पूर्ण लोक और निखिल पातालोंके नष्ट हो जानेपर तथा भगवदिच्छासे उस प्रलयकालके उपस्थित होनेपर जब महत्तत्त्वसे लेकर [पृथिवी आदि पंच] विशेषपर्यन्त सम्पूर्ण विकार क्षीण हो जाते हैं तो प्रथम जल पृथिवीके गुण गन्धको अपनेमें लीन कर लेता है। इस प्रकार गन्ध छिन लिये जानेसे पृथिवीका प्रलय हो जाता है॥ १२—१४॥ गन्ध-तन्मात्राके नष्ट हो जानेपर पृथिवी जलमय हो जाती है, उस समय बड़े वेगसे घोर शब्द करता हुआ जल बढ़कर इस सम्पूर्ण जगत्को व्याप्त कर लेता है। यह जल कभी स्थिर होता और कभी बहने लगता है। इस प्रकार तरंगमालाओंसे पूर्ण इस जलसे सम्पूर्ण लोक सब ओरसे व्याप्त हो जाते हैं॥ १५-१६॥ तदनन्तर जलके गुण रसको तेज अपनेमें लीन कर लेता है। इस प्रकार रस-तन्मात्राका क्षय हो जानेसे जल भी नष्ट हो जाता है॥ १७॥ तब रसहीन हो जानेसे जल अग्निरूप हो जाता है तथा अग्निके सब ओर व्याप्त हो जानेसे जलके अग्निमें स्थित हो जानेपर वह अग्नि सब ओर फैलकर सम्पूर्ण जलको सोख लेता है और धीरे-धीरे यह सम्पूर्ण जगत् ज्वालासे पूर्ण हो जाता है॥ १८-१९॥ जिस समय सम्पूर्ण लोक ऊपर-नीचे तथा सब ओर अग्नि-शिखाओंसे व्याप्त हो जाता है उस समय अग्निके प्रकाशक स्वरूपको वायु अपनेमें लीन कर लेता है॥ २०॥ सबके प्राणस्वरूप उस वायुमें जब अग्निका प्रकाशक रूप लीन हो जाता है तो रूप-तन्मात्राके नष्ट हो जानेसे अग्नि रूपहीन हो जाता है॥ २१॥ उस समय संसारके प्रकाशहीन और तेजके वायुमें लीन हो जानेसे अग्नि शान्त हो जाता है और अति प्रचण्ड वायु चलने लगता है॥ २२॥ तब अपने उद्भवस्थान आकाशका आश्रय कर वह प्रचण्ड वायु ऊपर-नीचे तथा सब ओर दसों दिशाओंमें बड़े वेगसे चलने लगता है॥ २३॥ तदनन्तर वायुके गुण स्पर्शको आकाश लीन कर लेता है; तब वायु शान्त हो जाता है और आकाश आवरणहीन हो जाता है॥ २४॥ उस समय रूप, रस, स्पर्श, गन्ध तथा आकारसे रहित अत्यन्त महान् एक आकाश ही सबको व्याप्त करके प्रकाशित होता है॥ २५॥

परिमण्डलं च सुषिरमाकाशं शब्दलक्षणम्।
शब्दमात्रं तदाकाशं सर्वमावृत्य तिष्ठति॥ २६
ततश्शब्दगुणं तस्य भूतादिर्ग्रसते पुनः।
भूतेन्द्रियेषु युगपद्भूतादौ संस्थितेषु वै।
अभिमानात्मको ह्येष भूतादिस्तामसस्स्मृतः॥ २७
भूतादिं ग्रसते चापि महान्वै बुद्धिलक्षणः॥ २८
उर्वी महांश्च जगतः प्रान्तेऽन्तर्बाह्यतस्तथा॥ २९
एवं सप्त महाबुद्धे क्रमात्प्रकृतयस्स्मृताः।
प्रत्याहारे तु तास्सर्वाः प्रविशन्ति परस्परम्॥ ३०
येनेदमावृतं सर्वमण्डमप्सु प्रलीयते।
सप्तद्वीपसमुद्रान्तं सप्तलोकं सपर्वतम्॥ ३१
उदकावरणं यत्तु ज्योतिषा पीयते तु तत्।
ज्योतिर्वायौ लयं याति यात्याकाशे समीरणः॥ ३२
आकाशं चैव भूतादिर्ग्रसते तं तथा महान्।
महान्तमेभिस्सहितं प्रकृतिर्ग्रसते द्विज॥ ३३
गुणसाम्यमनुद्रिक्तमन्यूनं च महामुने।
प्रोच्यते प्रकृतिर्हेतुः प्रधानं कारणं परम्॥ ३४
इत्येषा प्रकृतिस्सर्वा व्यक्ताव्यक्तस्वरूपिणी।
व्यक्तस्वरूपमव्यक्ते तस्मान्मैत्रेय लीयते॥ ३५
एकश्शुद्धोऽक्षरो नित्यस्सर्वव्यापी तथा पुमान्।
सोऽप्यंशस्सर्वभूतस्य मैत्रेय परमात्मनः॥ ३६
न सन्ति यत्र सर्वेशे नामजात्यादिकल्पनाः।
सत्तामात्रात्मके ज्ञेये ज्ञानात्मन्यात्मनः परे॥ ३७
तद्ब्रह्म परमं धाम परमात्मा स चेश्वरः।
स विष्णुस्सर्वमेवेदं यतो नावर्तते यतिः॥ ३८
प्रकृतिर्या मयाऽऽख्याता व्यक्ताव्यक्तस्वरूपिणी।
पुरुषश्चाप्युभावेतौ लीयेते परमात्मनि॥ ३९
परमात्मा च सर्वेषामाधारः परमेश्वरः।
विष्णुनामा स वेदेषु वेदान्तेषु च गीयते॥ ४०

उस समय चारों ओरसे गोल, छिद्रस्वरूप, शब्दलक्षण आकाश ही शेष रहता है; और वह शब्दमात्र आकाश सबको आच्छादित किये रहता है॥ २६॥ तदनन्तर, आकाशके गुण शब्दको भूतादि ग्रस लेता है। इस भूतादिमें ही एक साथ पंचभूत और इन्द्रियोंका भी लय हो जानेपर केवल अहंकारात्मक रह जानेसे यह तामस (तमःप्रधान) कहलाता है फिर इस भूतादिको भी [सत्त्वप्रधान होनेसे] बुद्धिरूप महत्तत्त्व ग्रस लेता है॥ २७-२८॥

जिस प्रकार पृथ्वी और महत्तत्त्व ब्रह्माण्डके अन्तर्जगत्‌की आदि-अन्त सीमाएँ हैं उसी प्रकार उसके बाह्य जगत्‌का भी हैं॥ २९॥ हे महाबुद्धे! इसी तरह जो सात आवरण बताये गये हैं वे सब भी प्रलयकालमें [पूर्ववत् पृथिवी आदि क्रमसे] परस्पर (अपने-अपने कारणोंमें) लीन हो जाते हैं॥ ३०॥ जिससे यह समस्त लोक व्याप्त है वह सम्पूर्ण भूमण्डल सातों द्वीप, सातों समुद्र, सातों लोक और सकल पर्वतश्रेणियोंके सहित जलमें लीन हो जाता है॥ ३१॥ फिर जो जलका आवरण है उसे अग्नि पी जाता है तथा अग्नि वायुमें और वायु आकाशमें लीन हो जाता है॥ ३२॥ हे द्विज! आकाशको भूतादि (तामस अहंकार), भूतादिको महत्तत्त्व और इन सबके सहित महत्तत्त्वको मूल प्रकृति अपनेमें लीन कर लेती है॥ ३३॥ हे महामुने! न्यूनाधिकसे रहित जो सत्त्वादि तीनों गुणोंकी साम्यावस्था है उसीको प्रकृति कहते हैं; इसीका नाम प्रधान भी है। यह प्रधान ही सम्पूर्ण जगत्‌का परम कारण है॥ ३४॥ यह प्रकृति व्यक्त और अव्यक्तरूपसे सर्वमयी है। हे मैत्रेय! इसीलिये अव्यक्तमें व्यक्तरूप लीन हो जाता है॥ ३५॥

इससे पृथक् जो एक शुद्ध, अक्षर, नित्य और सर्वव्यापक पुरुष है वह भी सर्वभूत परमात्माका अंश ही है॥ ३६॥ जिस सत्तामात्रस्वरूप आत्मा (देहादि संघात)-से पृथक् रहनेवाले ज्ञानात्मा एवं ज्ञातव्य सर्वेश्वरमें नाम और जाति आदिकी कल्पना नहीं है वही सबका परम आश्रय परब्रह्म परमात्मा है और वही ईश्वर है। वह विष्णु ही इस अखिल विश्वरूपसे अवस्थित है उसको प्राप्त हो जानेपर योगिजन फिर इस संसारमें नहीं लौटते॥ ३७-३८॥ जिस व्यक्त और अव्यक्तस्वरूपिणी प्रकृतिका मैंने वर्णन किया है वह तथा पुरुष—ये दोनों भी उस परमात्मामें ही लीन हो जाते हैं॥ ३९॥ वह परमात्मा सबका आधार और एकमात्र अधीश्वर है; उसीका वेद और वेदान्तोंमें विष्णुनामसे वर्णन किया है॥ ४०॥

प्रवृत्तं च निवृत्तं च द्विविधं कर्म वैदिकम्।
ताभ्यामुभाभ्यां पुरुषैस्सर्वमूर्त्तिस्स इज्यते॥ ४१
ऋग्यजुस्सामभिर्मार्गैः प्रवृत्तैरिज्यते ह्यसौ।
यज्ञेश्वरो यज्ञपुमान्पुरुषैः पुरुषोत्तमः॥ ४२
ज्ञानात्मा ज्ञानयोगेन ज्ञानमूर्त्तिः स चेज्यते।
निवृत्ते योगिभिर्मार्गे विष्णुर्मुक्तिफलप्रदः॥ ४३
ह्रस्वदीर्घप्लुतैर्यत्तु किञ्चिद्वस्त्वभिधीयते।
यच्च वाचामविषयं तत्सर्वं विष्णुरव्ययः॥ ४४
व्यक्तस्स एव चाव्यक्तस्स एव पुरुषोऽव्ययः।
परमात्मा च विश्वात्मा विश्वरूपधरो हरिः॥ ४५
व्यक्ताव्यक्तात्मिका तस्मिन्प्रकृतिस्सम्प्रलीयते।
पुरुषश्चापि मैत्रेय व्यापिन्यव्याहतात्मनि॥ ४६
द्विपरार्द्धात्मकः कालः कथितो यो मया तव।
तदहस्तस्य मैत्रेय विष्णोरीशस्य कथ्यते॥ ४७
व्यक्ते च प्रकृतौ लीने प्रकृत्यां पुरुषे तथा।
तत्र स्थिते निशा चास्य तत्प्रमाणा महामुने॥ ४८
नैवाहस्तस्य न निशा नित्यस्य परमात्मनः।
उपचारस्तथाप्येष तस्येशस्य द्विजोच्यते॥ ४९
इत्येष तव मैत्रेय कथितः प्राकृतो लयः।
आत्यन्तिकमथो ब्रह्मन्निबोध प्रतिसञ्चरम्॥ ५०

वैदिक कर्म दो प्रकारका है—प्रवृत्तिरूप (कर्मयोग) और निवृत्तिरूप (सांख्ययोग)। इन दोनों प्रकारके कर्मोंसे उस सर्वभूत पुरुषोत्तमका ही यजन किया जाता है॥ ४१॥ ऋक्, यजुः और सामवेदोक्त प्रवृत्ति-मार्गसे लोग उन यज्ञपति पुरुषोत्तम यज्ञ-पुरुषका ही पूजन करते हैं॥ ४२॥ तथा निवृत्ति-मार्गमें स्थित योगिजन भी उन्हीं ज्ञानात्मा ज्ञानस्वरूप मुक्ति-फलदायक भगवान् विष्णुका ही ज्ञानयोगद्वारा यजन करते हैं॥ ४३॥ ह्रस्व, दीर्घ और प्लुत—इन त्रिविध स्वरोंसे जो कुछ कहा जाता है तथा जो वाणीका विषय नहीं है वह सब भी अव्ययात्मा विष्णु ही है॥ ४४॥ वह विश्वरूपधारी विश्वरूप परमात्मा श्रीहरि ही व्यक्त, अव्यक्त एवं अविनाशी पुरुष हैं॥ ४५॥ हे मैत्रेय! उन सर्वव्यापक और अविकृतरूप परमात्मामें ही व्यक्ताव्यक्तरूपिणी प्रकृति और पुरुष लीन हो जाते हैं॥ ४६॥

हे मैत्रेय! मैंने तुमसे जो द्विपरार्द्धकाल कहा है वह उन विष्णुभगवान्का केवल एक दिन है॥ ४७॥ हे महामुने! व्यक्त जगत्के अव्यक्त-प्रकृतिमें और प्रकृतिके पुरुषमें लीन हो जानेपर इतने ही कालकी विष्णुभगवान्की रात्रि होती है॥ ४८॥ हे द्विज! वास्तवमें तो उन नित्य परमात्माका न कोई दिन है और न रात्रि, तथापि केवल उपचार (अध्यारोप)-से ऐसा कहा जाता है॥ ४९॥ हे मैत्रेय! इस प्रकार मैंने तुमसे यह प्राकृत प्रलयका वर्णन किया, अब तुम आत्यन्तिक प्रलयका वर्णन और सुनो॥ ५०॥

इति श्रीविष्णुपुराणे षष्ठेंऽशे चतुर्थोऽध्यायः॥ ४॥

पाँचवाँ अध्याय

आध्यात्मिकादि त्रिविध तापोंका वर्णन, भगवान् तथा वासुदेव शब्दोंकी व्याख्या और भगवान्के पारमार्थिक स्वरूपका वर्णन

श्रीपराशर उवाच

आध्यात्मिकादि मैत्रेय ज्ञात्वा तापत्रयं बुधः।
उत्पन्नज्ञानवैराग्यः प्राप्नोत्यात्यन्तिकं लयम्॥ १
आध्यात्मिकोऽपि द्विविधश्शारीरो मानसस्तथा।
शारीरो बहुभिर्भेदैर्भिद्यते श्रूयतां च सः॥ २

श्रीपराशरजी बोले—हे मैत्रेय! आध्यात्मिक, आधिदैविक और आधिभौतिक—तीनों तापोंको जानकर ज्ञान और वैराग्य उत्पन्न होनेपर पण्डितजन आत्यन्तिक प्रलय प्राप्त करते हैं॥ १॥ आध्यात्मिक ताप शारीरिक और मानसिक दो प्रकारके होते हैं; उनमें शारीरिक तापके भी कितने ही भेद हैं, वह सुनो॥ २॥

शिरोरोगप्रतिश्यायज्वरशूलभगन्दरैः ।
गुल्मार्शःश्वयथुश्वासच्छर्द्यादिभिरनेकधा ॥ ३
तथाक्षिरोगातीसारकुष्ठाङ्गामयसंज्ञितैः ।
भिद्यते देहजस्तापो मानसं श्रोतुमर्हसि ॥ ४
कामक्रोधभयद्वेषलोभमोहविषादजः ।
शोकासूयावमानेर्ष्यामात्सर्यादिमयस्तथा ॥ ५
मानसोऽपि द्विजश्रेष्ठ तापो भवति नैकधा ।
इत्येवमादिभिर्भेदैस्तापो ह्याध्यात्मिकः स्मृतः ॥ ६
मृगपक्षिमनुष्याद्यैः पिशाचोरगराक्षसैः ।
सरीसृपाद्यैश्च नृणां जायते चाधिभौतिकः ॥ ७
शीतवातोष्णवर्षाम्बुवैद्युतादिसमुद्भवः ।
तापो द्विजवर श्रेष्ठैः कथ्यते चाधिदैविकः ॥ ८
गर्भजन्मजराज्ञानमृत्युनारकजं तथा ।
दुःखं सहस्त्रशो भेदैर्भिद्यते मुनिसत्तम ॥ ९
सुकुमारतनुर्गर्भे जन्तुर्बहुमलावृते ।
उल्बसंवेष्टितो भुग्नपृष्ठग्रीवास्थिसंहतिः ॥ १०
अत्यम्लकटुतीक्ष्णोष्णलवणैर्मातृभोजनैः ।
अत्यन्ततापैरत्यर्थं वर्द्धमानातिवेदनः ॥ ११
प्रसारणाकुञ्चनादौ नाङ्गानां प्रभुरात्मनः ।
शकृन्मूत्रमहापङ्कशायी सर्वत्र पीडितः ॥ १२
निरुच्छ्वासः सचैतन्यस्स्मरञ्जन्मशतान्यथ ।
आस्ते गर्भेऽतिदुःखेन निजकर्मनिबन्धनः ॥ १३
जायमानः पुरीषासृङ्मूत्रशुक्राविलाननः ।
प्राजापत्येन वातेन पीड्यमानास्थिबन्धनः ॥ १४
अधोमुखो वै क्रियते प्रबलैस्सूतिमारुतैः ।
क्लेशान्निष्क्रान्तिमाप्नोति जठरान्मातुरातुरः ॥ १५
मूर्च्छामवाप्य महतीं संस्पृष्टो बाह्यवायुना ।
विज्ञानभ्रंशमाप्नोति जातश्च मुनिसत्तम ॥ १६
कण्टकैरिव तुन्नाङ्गः क्रकचैरिव दारितः ।
पूतिव्रणान्निपतितो धरण्यां कृमिको यथा ॥ १७
कण्डूयनेऽपि चाशक्तः परिवर्तेऽप्यनीश्वरः ।
स्नानपानादिकाहारमप्याप्नोति परेच्छया ॥ १८

शिरोरोग, प्रतिश्याय (पीनस), ज्वर, शूल, भगन्दर, गुल्म, अर्श (बवासीर), शोथ (सूजन), श्वास (दमा), छर्दि तथा नेत्ररोग, अतिसार और कुष्ठ आदि शारीरिक कष्ट-भेदसे दैहिक तापके कितने ही भेद हैं। अब मानसिक तापोंको सुनो॥ ३-४॥ हे द्विजश्रेष्ठ! काम, क्रोध, भय, द्वेष, लोभ, मोह, विषाद, शोक, असूया (गुणोंमें दोषारोपण), अपमान, ईर्ष्या और मात्सर्य आदि भेदोंसे मानसिक तापके अनेक भेद हैं। ऐस ही नाना प्रकारके भेदोंसे युक्त तापको आध्यात्मिक कहते हैं॥ ५-६॥ मनुष्योंको जो दुःख मृग, पक्षी, मनुष्य, पिशाच, सर्प, राक्षस और सरीसृप (बिच्छू) आदिसे प्राप्त होता है उसे आधिभौतिक कहते हैं॥ ७॥ तथा हे द्विजवर! शीत, उष्ण, वायु, वर्षा, जल और विद्युत् आदिसे प्राप्त हुए दुःखको श्रेष्ठ पुरुष आधिदैविक कहते हैं॥ ८॥

हे मुनिश्रेष्ठ! इनके अतिरिक्त गर्भ, जन्म, जरा, अज्ञान, मृत्यु और नरकसे उत्पन्न हुए दुःखके भी सहस्रों प्रकारके भेद हैं॥ ९॥ अत्यन्त मलपूर्ण गर्भाशयमें उल्ब (गर्भकी झिल्ली)-से लिपटा हुआ यह सुकुमारशरीर जीव, जिसकी पीठ और ग्रीवाकी अस्थियाँ कुण्डलाकार मुड़ी रहती हैं, माताके खाये हुए अत्यन्त तापप्रद खट्टे, कड़वे, चरपरे, गर्म और खारे पदार्थोंसे जिसकी वेदना बहुत बढ़ जाती है, जो मल-मूत्ररूप महापंकमें पड़ा-पड़ा सम्पूर्ण अंगोंमें अत्यन्त पीड़ित होनेपर भी अपने अंगोंको फैलाने या सिकोड़नेमें समर्थ नहीं होता और चेतनायुक्त होनेपर भी श्वास नहीं ले सकता, अपने सैकड़ों पूर्वजन्मोंका स्मरण कर कर्मोंसे बँधा हुआ अत्यन्त दुःखपूर्वक गर्भमें पड़ा रहता है॥ १०—१३॥ उत्पन्न होनेके समय उसका मुख मल, मूत्र, रक्त और वीर्य आदिमें लिपटा रहता है और उसके सम्पूर्ण अस्थिबन्धन प्राजापत्य (गर्भको संकुचित करनेवाली) वायुसे अत्यन्त पीड़ित होते हैं॥ १४॥ प्रबल प्रसूति-वायु उसका मुख नीचेको कर देती है और वह आतुर होकर बड़े क्लेशके साथ माताके गर्भाशयसे बाहर निकल पाता है॥ १५॥

हे मुनिसत्तम! उत्पन्न होनेके अनन्तर बाह्य वायुका स्पर्श होनेसे अत्यन्त मर्च्छित होकर वह जीव बेसुध हो जाता है॥ १६॥ उस समय वह जीव दुर्गन्धयुक्त फोड़ेमेंसे गिरे हुए किसी कण्टक-विद्ध अथवा आरेसे चीरे हुए कीड़ेके समान पृथिवीपर गिरता है॥ १७॥ उसे स्वयं खुजलाने अथवा करवट लेनेकी भी शक्ति नहीं रहती। वह स्नान तथा दुग्धपानादि आहार भी दूसरेहीकी इच्छासे प्राप्त करता है॥ १८॥

अशुचिप्रस्तरे सुप्तः कीटदंशादिभिस्तथा।
भक्ष्यमाणोऽपि नैवेषां समर्थो विनिवारणे॥ १९

जन्मदुःखान्यनेकानि जन्मनोऽनन्तराणि च।
बालभावे यदाप्नोति ह्याधिभौतादिकानि च॥ २०

अज्ञानतमसाऽऽच्छन्नो मूढान्तःकरणो नरः।
न जानाति कुतः कोऽहं क्वाहं गन्ता किमात्मनः॥ २१

केन बन्धेन बद्धोऽहं कारणं किमकारणम्।
किं कार्यं किमकार्यं वा किं वाच्यं किं च नोच्यते॥ २२

को धर्मः कश्च वाधर्मः कस्मिन्वर्तेऽथ वा कथम्।
किं कर्तव्यमकर्तव्यं किं वा किं गुणदोषवत्॥ २३

एवं पशुसमैर्मूढैरज्ञानप्रभवं महत्।
अवाप्यते नरैर्दुःखं शिश्नोदरपरायणैः॥ २४

अज्ञानं तामसो भावः कार्यारम्भप्रवृत्तयः।
अज्ञानिनां प्रवर्तन्ते कर्मलोपास्ततो द्विज॥ २५

नरकं कर्मणां लोपात्फलमाहुर्मनीषिणः।
तस्मादज्ञानिनां दुःखमिह चामुत्र चोत्तमम्॥ २६

जराजर्जरदेहश्च शिथिलावयवः पुमान्।
विगलच्छीर्णदशनो वलिस्नायुशिरावृतः॥ २७

दूरप्रणष्टनयनो व्योमान्तर्गततारकः।
नासाविवरनिर्यातलोमपुञ्जश्चलद्वपुः॥ २८

प्रकटीभूतसर्वास्थिर्नतपृष्ठास्थिसंहतिः।
उत्सन्नजठराग्नित्वादल्पाहारोऽल्पचेष्टितः॥ २९

कृच्छ्राच्चङ्क्रमणोत्थानशयनासनचेष्टितः।
मन्दीभवच्छ्रोत्रनेत्रस्स्रवल्लालाविलाननः॥ ३०

अनायत्तैस्समस्तैश्च करणैर्मरणोन्मुखः।
तत्क्षणेऽप्यनुभूतानामस्मर्ताखिलवस्तुनाम्॥ ३१

अपवित्र (मल-मूत्रादिमें सने हुए) बिस्तरपर पड़ा रहता है, उस समय कीड़े और डाँस आदि उसे काटते हैं तथापि वह उन्हें दूर करनेमें भी समर्थ नहीं होता॥ १९॥

इस प्रकार जन्मके समय और उसके अनन्तर बाल्यावस्थामें जीव आधिभौतिकादि अनेकों दुःख भोगता है॥ २०॥ अज्ञानरूप अन्धकारसे आवृत होकर मूढ़हृदय पुरुष यह नहीं जानता कि 'मैं कहाँसे आया हूँ? कौन हूँ? कहाँ जाऊँगा? तथा मेरा स्वरूप क्या है?॥ २१॥ मैं किस बन्धनसे बँधा हूँ? इस बन्धनका क्या कारण है? अथवा यह अकारण ही प्राप्त हुआ है? मुझे क्या करना चाहिये और क्या न करना चाहिये? तथा क्या कहना चाहिये और क्या न कहना चाहिये?॥ २२॥ धर्म क्या है? अधर्म क्या है? किस अवस्थामें मुझे किस प्रकार रहना चाहिये? क्या कर्तव्य है और क्या अकर्तव्य है? अथवा क्या गुणमय और क्या दोषमय है?'॥ २३॥ इस प्रकार पशुके समान विवेकशून्य शिश्नोदर-परायण पुरुष अज्ञानजनित महान् दुःख भोगते हैं॥ २४॥

हे द्विज! अज्ञान तामसिक भाव (विकार) है, अतः अज्ञानी पुरुषोंकी (तामसिक) कर्मोंके आरम्भमें प्रवृत्ति होती है; इससे वैदिक कर्मोंका लोप हो जाता है॥ २५॥ मनीषिजनोंने कर्म-लोपका फल नरक बतलाया है; इसलिये अज्ञानी पुरुषोंको इहलोक और परलोक दोनों जगह अत्यन्त ही दुःख भोगना पड़ता है॥ २६॥ शरीरके जरा-जर्जरित हो जानेपर पुरुषके अंग-प्रत्यंग शिथिल हो जाते हैं, उसके दाँत पुराने होकर उखड़ जाते हैं और शरीर झुर्रियों तथा नस-नाड़ियोंसे आवृत हो जाता है॥ २७॥ उसकी दृष्टि दूरस्थ विषयके ग्रहण करनेमें असमर्थ हो जाती है, नेत्रोंके तारे गोलकोंमें घुस जाते हैं, नासिकाके रन्ध्रोंमेंसे बहुत-से रोम बाहर निकल आते हैं और शरीर काँपने लगता है॥ २८॥ उसकी समस्त हड्डियाँ दिखलायी देने लगती हैं, मेरुदण्ड झुक जाता है तथा जठराग्निके मन्द पड़ जानेसे उसके आहार और पुरुषार्थ कम हो जाते हैं॥ २९॥ उस समय उसकी चलना-फिरना, उठना-बैठना और सोना आदि सभी चेष्टाएँ बड़ी कठिनतासे होती हैं, उसके श्रोत्र और नेत्रोंकी शक्ति मन्द पड़ जाती है तथा लार बहते रहनेसे उसका मुख मलिन हो जाता है॥ ३०॥ अपनी सम्पूर्ण इन्द्रियाँ स्वाधीन न रहनेके कारण वह सब प्रकार मरणासन्न हो जाता है तथा [स्मरणशक्तिके क्षीण हो जानेसे] वह उसी समय अनुभव किये हुए समस्त पदार्थोंको भी भूल जाता है॥ ३१॥

सकृदुच्चारिते वाक्ये समुद्भूतमहाश्रमः।
श्वासकाशसमुद्भूतमहायासप्रजागरः ॥ ३२

अन्येनोत्थाप्यतेऽन्येन तथा संवेश्यते जरी।
भृत्यात्मपुत्रदाराणामवमानास्पदीकृतः ॥ ३३

प्रक्षीणाखिलशौचश्च विहाराहारसस्पृहः।
हास्यः परिजनस्यापि निर्विण्णाशेषबान्धवः॥ ३४

अनुभूतमिवान्यस्मिञ्जन्मन्यात्मविचेष्टितम्।
संस्मरन्यौवने दीर्घं निःश्वसत्यभितापितः॥ ३५

एवमादीनि दुःखानि जरायामनुभूय वै।
मरणे यानि दुःखानि प्राप्नोति शृणु तान्यपि॥ ३६

श्लथद्ग्रीवाङ्घ्रिहस्तोऽथ व्याप्तो वेपथुना भृशम्।
मुहुर्ग्लानिपरवशो मुहुर्ज्ञानलवान्वितः॥ ३७

हिरण्यधान्यतनयभार्याभृत्यगृहादिषु ।
एते कथं भविष्यन्तीत्यतीव ममताकुलः॥ ३८

मर्मभिद्भिर्महारोगैः क्रकचैरिव दारुणैः।
शरैरिवान्तकस्योग्रैश्छिद्यमानासुबन्धनः॥ ३९

परिवर्तितताराक्षो हस्तपादं मुहुः क्षिपन्।
संशुष्यमाणताल्वोष्ठपुटो घुरघुरायते॥ ४०

निरुद्धकण्ठो दोषौघैरुदानश्वासपीडितः।
तापेन महता व्याप्तस्तृषा चार्त्तस्तथा क्षुधा॥ ४१

क्लेशादुत्क्रान्तिमाप्नोति यमकिङ्करपीडितः।
ततश्च यातनादेहं क्लेशेन प्रतिपद्यते॥ ४२

एतान्यन्यानि चोग्राणि दुःखानि मरणे नृणाम्।
शृणुष्व नरके यानि प्राप्यन्ते पुरुषैर्मृतैः॥ ४३

याम्यकिङ्करपाशादिग्रहणं दण्डताडनम्।
यमस्य दर्शनं चोग्रमुग्रमार्गविलोकनम्॥ ४४

उसे एक वाक्य उच्चारण करनेमें भी महान् परिश्रम होता है तथा श्वास और खाँसी आदिके महान् कष्टके कारण वह [दिन-रात] जागता रहता है॥ ३२॥ वृद्ध पुरुष औरोंकी सहायतासे ही उठता तथा औरोंके बिठानेसे ही बैठ सकता है, अतः वह अपने सेवक और स्त्री-पुत्रादिके लिये सदा अनादरका पात्र बना रहता है॥ ३३॥ उसका समस्त शौचाचार नष्ट हो जाता है तथा भोग और भोजनकी लालसा बढ़ जाती है; उसके परिजन भी उसकी हँसी उड़ाते हैं और बन्धुजन उससे उदासीन हो जाते हैं॥ ३४॥ अपनी युवावस्थाकी चेष्टाओंको अन्य जन्ममें अनुभव की हुई-सी स्मरण करके वह अत्यन्त सन्तापवश दीर्घ निःश्वास छोड़ता रहता है॥ ३५॥

इस प्रकार वृद्धावस्थामें ऐसे ही अनेकों दुःख अनुभव कर उसे मरणकालमें जो कष्ट भोगने पड़ते हैं वे भी सुनो॥ ३६॥ कण्ठ और हाथ-पैर शिथिल पड़ जाते तथा शरीरमें अत्यन्त कम्प छा जाता है। बार-बार उसे ग्लानि होती और कभी कुछ चेतना भी आ जाती है॥ ३७॥ उस समय वह अपने हिरण्य (सोना), धन-धान्य, पुत्र-स्त्री, भृत्य और गृह आदिके प्रति 'इन सबका क्या होगा?' इस प्रकार अत्यन्त ममतासे व्याकुल हो जाता है॥ ३८॥ उस समय मर्मभेदी क्रकच (आरे) तथा यमराजके विकराल बाणके समान महाभयंकर रोगोंसे उसके प्राण-बन्धन कटने लगते हैं॥ ३९॥ उसकी आँखोंके तारे चढ़ जाते हैं, वह अत्यन्त पीड़ासे बारम्बार हाथ-पैर पटकता है तथा उसके तालु और ओंठ सूखने लगते हैं॥ ४०॥ फिर क्रमशः दोष-समूहसे उसका कण्ठ रुक जाता है अतः वह 'घरघर' शब्द करने लगता है; तथा ऊर्ध्वश्वाससे पीड़ित और महान् तापसे व्याप्त होकर क्षुधा-तृष्णासे व्याकुल हो उठता है॥ ४१॥ ऐसी अवस्थामें भी यमदूतोंसे पीड़ित होता हुआ वह बड़े क्लेशसे शरीर छोड़ता है और अत्यन्त कष्टसे कर्मफल भोगनेके लिये यातना-देह प्राप्त करता है॥ ४२॥ मरणकालमें मनुष्योंको ये और ऐसे ही अन्य भयानक कष्ट भोगने पड़ते हैं; अब, मरणोपरान्त उन्हें नरकमें जो यातनाएँ भोगनी पड़ती हैं वह सुनो—॥ ४३॥

प्रथम यम-किंकर अपने पाशोंमें बाँधते हैं; फिर उनके दण्ड-प्रहार सहने पड़ते हैं, तदनन्तर यमराजका दर्शन होता है और वहाँतक पहुँचनेमें बड़ा दुर्गम मार्ग देखना पड़ता है॥ ४४॥

करम्भवालुकावह्नियन्त्रशस्त्रादिभीषणे ।
प्रत्येकं नरके याश्च यातना द्विज दुःसहाः ॥ ४५
क्रकचैः पाट्यमानानां मूषायां चापि दह्यताम् * ।
कुठारैः कृत्यमानानां भूमौ चापि निखन्यताम् ॥ ४६
शूलेष्वारोप्यमाणानां व्याघ्रवक्त्रे प्रवेश्यताम् ।
गृध्रैस्सम्भक्ष्यमाणानां द्वीपिभिश्चोपभुज्यताम् ॥ ४७
क्वाथ्यतां तैलमध्ये च क्लिद्यतां क्षारकर्दमे ।
उच्चान्निपात्यमानानां क्षिप्यतां क्षेपयन्त्रकैः ॥ ४८
नरके यानि दुःखानि पापहेतूद्भवानि वै ।
प्राप्यन्ते नारकैर्विप्र तेषां संख्या न विद्यते ॥ ४९
न केवलं द्विजश्रेष्ठ नरके दुःखपद्धतिः ।
स्वर्गेऽपि पातभीतस्य क्षयिष्णोर्नास्ति निर्वृतिः ॥ ५०
पुनश्च गर्भे भवति जायते च पुनः पुनः ।
गर्भे विलीयते भूयो जायमानोऽस्तमेति वै ॥ ५१
जातमात्रश्च म्रियते बालभावेऽथ यौवने ।
मध्यमं वा वयः प्राप्य वार्द्धके वाथ वा मृतिः ॥ ५२
यावज्जीवति तावच्च दुःखैर्नानाविधैः प्लुतः ।
तन्तुकारणपक्ष्मौघैरास्ते कार्पासबीजवत् ॥ ५३
द्रव्यनाशे तथोत्पत्तौ पालने च सदा नृणाम् ।
भवन्त्यनेकदुःखानि तथैवेष्टविपत्तिषु ॥ ५४
यद्यत्प्रीतिकरं पुंसां वस्तु मैत्रेय जायते ।
तदेव दुःखवृक्षस्य बीजत्वमुपगच्छति ॥ ५५
कलत्रपुत्रमित्रार्थगृहक्षेत्रधनादिकैः ।
क्रियते न तथा भूरि सुखं पुंसां यथाऽसुखम् ॥ ५६
इति संसारदुःखार्कतापतापितचेतसाम् ।
विमुक्तिपादपच्छायामृते कुत्र सुखं नृणाम् ॥ ५७
तदस्य त्रिविधस्यापि दुःखजातस्य वै मम ।
गर्भजन्मजराद्येषु स्थानेषु प्रभविष्यतः ॥ ५८
निरस्तातिशयाह्लादसुखभावैकलक्षणा ।
भेषजं भगवत्प्राप्तिरेकान्तात्यन्तिकी मता ॥ ५९
तस्मात्तत्प्राप्तये यत्नः कर्तव्यः पण्डितैर्नरैः ।
तत्प्राप्तिहेतुर्ज्ञानं च कर्म चोक्तं महामुने ॥ ६०

हे द्विज! फिर तप्त बालुका, अग्नि-यन्त्र और शस्त्रादिसे महाभयंकर नरकोंमें जो यातनाएँ भोगनी पड़ती हैं वे अत्यन्त असह्य होती हैं॥ ४५॥ आरेसे चीरे जाने, मूसमें तपाये जाने, कुल्हाड़ीसे काटे जाने, भूमिमें गाड़े जाने, शूलीपर चढ़ाये जाने, सिंहके मुखमें डाले जाने, गिद्धोंके नोचने, हाथियोंसे दलित होने, तेलमें पकाये जाने, खारे दलदलमें फँसने, ऊपर ले जाकर नीचे गिराये जाने और क्षेपण-यन्त्रद्वारा दूर फेंके जानेसे नरकनिवासियोंको अपने पाप-कर्मोंके कारण जो-जो कष्ट उठाने पड़ते हैं उनकी गणना नहीं हो सकती॥ ४६—४९॥

हे द्विजश्रेष्ठ! केवल नरकमें ही दुःख हों, सो बात नहीं है, स्वर्गमें भी पतनका भय लगे रहनेसे कभी शान्ति नहीं मिलती॥ ५०॥ [नरक अथवा स्वर्ग-भोगके अनन्तर] बार-बार वह गर्भमें आता है और जन्म ग्रहण करता है तथा फिर कभी गर्भमें ही नष्ट हो जाता है और कभी जन्म लेते ही मर जाता है॥ ५१॥ जो उत्पन्न हुआ है वह जन्मते ही, बाल्यावस्थामें, युवावस्थामें, मध्यमवयमें अथवा जराग्रस्त होनेपर अवश्य मर जाता है॥ ५२॥ जबतक जीता है तबतक नाना प्रकारके कष्टोंसे घिरा रहता है, जिस तरह कि कपासका बीज तन्तुओंके कारण सूत्रोंसे घिरा रहता है॥ ५३॥ द्रव्यके उपार्जन, रक्षण और नाशमें तथा इष्ट-मित्रोंके विपत्तिग्रस्त होनेपर भी मनुष्योंको अनेकों दुःख उठाने पड़ते हैं॥ ५४॥

हे मैत्रेय! मनुष्योंको जो-जो वस्तुएँ प्रिय हैं, वे सभी दुःखरूपी वृक्षका बीज हो जाती हैं॥ ५५॥ स्त्री, पुत्र, मित्र, अर्थ, गृह, क्षेत्र और धन आदिसे पुरुषोंको जैसा दुःख होता है वैसा सुख नहीं होता॥ ५६॥ इस प्रकार सांसारिक दुःखरूप सूर्यके तापसे जिनका अन्तःकरण तप्त हो रहा है उन पुरुषोंको मोक्षरूपी वृक्षकी [घनी] छायाको छोड़कर और कहाँ सुख मिल सकता है?॥ ५७॥ अतः मेरे मतमें गर्भ, जन्म और जरा आदि स्थानोंमें प्रकट होनेवाले आध्यात्मिकादि त्रिविध दुःख-समूहकी एकमात्र सनातन ओषधि भगवत्प्राप्ति ही है जिसका निरतिशय आनन्दरूप सुखकी प्राप्ति कराना ही प्रधान लक्षण है॥ ५८-५९॥ इसलिये पण्डितजनोंको भगवत्प्राप्तिका प्रयत्न करना चाहिये। हे महामुने! कर्म और ज्ञान—ये दो ही उसकी प्राप्तिके कारण कहे गये हैं॥ ६०॥

*दह्यतामित्यादिषु परस्मैपदमार्षम्।

आगमोत्थं विवेकाच्च द्विधा ज्ञानं तदुच्यते।
शब्दब्रह्मागममयं परं ब्रह्म विवेकजम्॥ ६१
अन्धं तम इवाज्ञानं दीपवच्चेन्द्रियोद्भवम्।
यथा सूर्यस्तथा ज्ञानं यद्विप्रर्षे विवेकजम्॥ ६२
मनुरप्याह वेदार्थं स्मृत्वा यन्मुनिसत्तम।
तदेतच्छ्रूयतामत्र सम्बन्धे गदतो मम॥ ६३
द्वे ब्रह्मणी वेदितव्ये शब्दब्रह्म परं च यत्।
शब्दब्रह्मणि निष्णातः परं ब्रह्माधिगच्छति॥ ६४
द्वे वै विद्ये वेदितव्ये इति चाथर्वणी श्रुतिः।
परया त्वक्षरप्राप्तिर्ऋग्वेदादिमयापरा॥ ६५
यत्तदव्यक्तमजरमचिन्त्यमजमव्ययम्।
अनिर्देश्यमरूपं च पाणिपादाद्यसंयुतम्॥ ६६
विभुं सर्वगतं नित्यं भूतयोनिरकारणम्।
व्याप्यव्याप्तं यतः सर्वं यद्वै पश्यन्ति सूरयः॥ ६७
तद्ब्रह्म तत्परं धाम तद्ध्येयं मोक्षकाङ्क्षिभिः।
श्रुतिवाक्योदितं सूक्ष्मं तद्विष्णोः परमं पदम्॥ ६८
तदेव भगवद्वाच्यं स्वरूपं परमात्मनः।
वाचको भगवच्छब्दस्तस्याद्यस्याक्षयात्मनः॥ ६९
एवं निगदितार्थस्य तत्तत्त्वं तस्य तत्त्वतः।
ज्ञायते येन तज्ज्ञानं परमन्यत्त्रयीमयम्॥ ७०
अशब्दगोचरस्यापि तस्य वै ब्रह्मणो द्विज।
पूजायां भगवच्छब्दः क्रियते ह्युपचारतः॥ ७१
शुद्धे महाविभूत्याख्ये परे ब्रह्मणि शब्द्यते।
मैत्रेय भगवच्छब्दस्सर्वकारणकारणे॥ ७२
सम्भर्तेति तथा भर्ता भकारोऽर्थद्वयान्वितः।
नेता गमयिता स्रष्टा गकारार्थस्तथा मुने॥ ७३
ऐश्वर्यस्य समग्रस्य धर्मस्य यशसश्श्रियः।
ज्ञानवैराग्ययोश्चैव षण्णां भग इतीरणा॥ ७४
वसन्ति तत्र भूतानि भूतात्मन्यखिलात्मनि।
स च भूतेष्वशेषेषु वकारार्थस्ततोऽव्ययः॥ ७५

ज्ञान दो प्रकारका है—शास्त्रजन्य तथा विवेकज। शब्दब्रह्मका ज्ञान शास्त्रजन्य है और परब्रह्मका बोध विवेकज॥ ६१॥ हे विप्रर्षे! अज्ञान घोर अन्धकारके समान है। उसको नष्ट करनेके लिये शास्त्रजन्य* ज्ञान दीपकवत् और विवेकज ज्ञान सूर्यके समान है॥ ६२॥ हे मुनिश्रेष्ठ! इस विषयमें वेदार्थका स्मरणकर मनुजीने जो कुछ कहा है वह बतलाता हूँ, श्रवण करो॥ ६३॥

ब्रह्म दो प्रकारका है—शब्दब्रह्म और परब्रह्म। शब्दब्रह्म (शास्त्रजन्य ज्ञान)-में निपुण हो जानेपर जिज्ञासु [विवेकज ज्ञानके द्वारा] परब्रह्मको प्राप्त कर लेता है॥ ६४॥ अथर्ववेदकी श्रुति है कि विद्या दो प्रकारकी है—परा और अपरा। परासे अक्षर ब्रह्मकी प्राप्ति होती है और अपरा ऋगादि वेदत्रयीरूपा है॥ ६५॥ जो अव्यक्त, अजर, अचिन्त्य, अज, अव्यय, अनिर्देश्य, अरूप, पाणि-पादादिशून्य, व्यापक, सर्वगत, नित्य, भूतोंका आदिकारण, स्वयं कारणहीन तथा जिससे सम्पूर्ण व्याप्य और व्यापक प्रकट हुआ है और जिसे पण्डितजन [ज्ञाननेत्रोंसे] देखते हैं वह परमधाम ही ब्रह्म है, मुमुक्षुओंको उसीका ध्यान करना चाहिये और वही भगवान् विष्णुका वेदवचनोंसे प्रतिपादित अति सूक्ष्म परमपद है॥ ६६—६८॥ परमात्माका वह स्वरूप ही 'भगवत्' शब्दका वाच्य है और भगवत् शब्द ही उस आद्य एवं अक्षय स्वरूपका वाचक है॥ ६९॥

जिसका ऐसा स्वरूप बतलाया गया है उस परमात्माके तत्त्वका जिसके द्वारा वास्तविक ज्ञान होता है वही परमज्ञान (परा विद्या) है। त्रयीमय ज्ञान (कर्मकाण्ड) इससे पृथक् (अपरा विद्या) है॥ ७०॥ हे द्विज! वह ब्रह्म यद्यपि शब्दका विषय नहीं है तथापि आदरप्रदर्शनके लिये उसका 'भगवत्' शब्दसे उपचारतः कथन किया जाता है॥ ७१॥ हे मैत्रेय! समस्त कारणोंके कारण, महाविभूतिसंज्ञक परब्रह्मके लिये ही 'भगवत्' शब्दका प्रयोग हुआ है॥ ७२॥ इस ('भगवत्' शब्द)-में भकारके दो अर्थ हैं—पोषण करनेवाला और सबका आधार तथा गकारके अर्थ कर्म-फल प्राप्त करनेवाला, लय करनेवाला और रचयिता हैं॥ ७३॥ सम्पूर्ण ऐश्वर्य, धर्म, यश, श्री, ज्ञान और वैराग्य—इन छःका नाम 'भग' है॥ ७४॥ उस अखिल भूतात्मामें समस्त भूतगण निवास करते हैं और वह स्वयं भी समस्त भूतोंमें विराजमान है, इसलिये वह अव्यय (परमात्मा) ही वकारका अर्थ है॥ ७५॥

* श्रवण-इन्द्रियद्वारा शास्त्रका ग्रहण होता है; इसलिये शास्त्रजन्य ज्ञान ही 'इन्द्रियोद्भव' शब्दसे कहा गया है।

एवमेष महाञ्छब्दो मैत्रेय भगवानिति।
परमब्रह्मभूतस्य वासुदेवस्य नान्यगः॥ ७६
तत्र पूज्यपदार्थोक्तिपरिभाषासमन्वितः।
शब्दोऽयं नोपचारेण त्वन्यत्र ह्युपचारतः॥ ७७
उत्पत्तिं प्रलयं चैव भूतानामागतिं गतिम्।
वेत्ति विद्यामविद्यां च स वाच्यो भगवानिति॥ ७८
ज्ञानशक्तिबलैश्वर्यवीर्यतेजांस्यशेषतः।
भगवच्छब्दवाच्यानि विना हेयैर्गुणादिभिः॥ ७९
सर्वाणि तत्र भूतानि वसन्ति परमात्मनि।
भूतेषु च स सर्वात्मा वासुदेवस्ततः स्मृतः॥ ८०
खाण्डिक्यजनकायाह पृष्टः केशिध्वजः पुरा।
नामव्याख्यामनन्तस्य वासुदेवस्य तत्त्वतः॥ ८१
भूतेषु वसते सोऽन्तर्वसन्त्यत्र च तानि यत्।
धाता विधाता जगतां वासुदेवस्ततः प्रभुः॥ ८२
स सर्वभूतप्रकृतिं विकारान्-
गुणादिदोषांश्च मुने व्यतीतः।
अतीतसर्वावरणोऽखिलात्मा
तेनास्तृतं यद्भुवनान्तराले॥ ८३
समस्तकल्याणगुणात्मकोऽसौ
स्वशक्तिलेशावृतभूतवर्गः।
इच्छागृहीताभिमतोरुदेह-
स्संसाधिताशेषजगद्धितो यः॥ ८४
तेजोबलैश्वर्यमहावबोध-
सुवीर्यशक्त्यादिगुणैकराशिः।
परः पराणां सकला न यत्र
क्लेशादयस्सन्ति परावरेशे॥ ८५
स ईश्वरो व्यष्टिसमष्टिरूपो
व्यक्तस्वरूपोऽप्रकटस्वरूपः।
सर्वेश्वरस्सर्वदृक् सर्वविच्च
समस्तशक्तिः परमेश्वराख्यः॥ ८६
संज्ञायते येन तदस्तदोषं
शुद्धं परं निर्मलमेकरूपम्।
संदृश्यते वाप्यवगम्यते वा
तज्ज्ञानमज्ञानमतोऽन्यदुक्तम्॥ ८७

हे मैत्रेय! इस प्रकार यह महान् 'भगवान्' शब्द परब्रह्मस्वरूप श्रीवासुदेवका ही वाचक है, किसी औरका नहीं॥ ७६॥ पूज्य पदार्थोंको सूचित करनेके लक्षणसे युक्त इस 'भगवान्' शब्दका परमात्मामें मुख्य प्रयोग है तथा औरोंके लिये गौण॥ ७७॥ क्योंकि जो समस्त प्राणियोंके उत्पत्ति और नाश, आना और जाना तथा विद्या और अविद्याको जानता है वही भगवान् कहलानेयोग्य है॥ ७८॥ त्याग करनेयोग्य [त्रिविध] गुण [और उनके क्लेश] आदिको छोड़कर ज्ञान, शक्ति, बल, ऐश्वर्य, वीर्य और तेज आदि सद्गुण ही 'भगवत्' शब्दके वाच्य हैं॥ ७९॥

उन परमात्मामें ही समस्त भूत बसते हैं और वे स्वयं भी सबके आत्मारूपसे सकल भूतोंमें विराजमान हैं, इसलिये उन्हें वासुदेव भी कहते हैं॥ ८०॥ पूर्वकालमें खाण्डिक्य जनकके पूछनेपर केशिध्वजने उनसे भगवान् अनन्तके 'वासुदेव' नामकी यथार्थ व्याख्या इस प्रकार की थी॥ ८१॥ 'प्रभु समस्त भूतोंमें व्याप्त हैं और सम्पूर्ण भूत भी उन्हींमें रहते हैं तथा वे ही संसारके रचयिता और रक्षक हैं; इसलिये वे 'वासुदेव' कहलाते हैं'॥ ८२॥ हे मुने! वे सर्वात्मा समस्त आवरणोंसे परे हैं। वे समस्त भूतोंकी प्रकृति, प्रकृतिके विकार तथा गुण और उनके कार्य आदि दोषोंसे विलक्षण हैं! पृथिवी और आकाशके बीचमें जो कुछ स्थित है उन्होंने वह सब व्याप्त किया है॥ ८३॥ वे सम्पूर्ण कल्याण-गुणोंके स्वरूप हैं, उन्होंने अपनी मायाशक्तिके लेशमात्रसे ही सम्पूर्ण प्राणियोंको व्याप्त किया है और वे अपनी इच्छासे स्वमनोऽनुकूल महान् शरीर धारणकर समस्त संसारका कल्याण-साधन करते हैं॥ ८४॥ वे तेज, बल, ऐश्वर्य, महाविज्ञान, वीर्य और शक्ति आदि गुणोंकी एकमात्र राशि हैं, प्रकृति आदिसे भी परे हैं और उन परावरेश्वरमें अविद्यादि सम्पूर्ण क्लेशोंका अत्यन्ताभाव है॥ ८५॥ वे ईश्वर ही समष्टि और व्यष्टिरूप हैं, वे ही व्यक्त और अव्यक्तस्वरूप हैं, वे ही सबके स्वामी, सबके साक्षी और सब कुछ जाननेवाले हैं तथा उन्हीं सर्वशक्तिमान्की परमेश्वर संज्ञा है॥ ८६॥ जिसके द्वारा वे निर्दोष, विशुद्ध, निर्मल और एकरूप परमात्मा देखे या जाने जाते हैं उसीका नाम ज्ञान (परा विद्या) है और जो इसके विपरीत है वही अज्ञान (अपरा विद्या) है॥ ८७॥

इति श्रीविष्णुपुराणे षष्ठेंऽशे पञ्चमोऽध्यायः॥ ५॥

छठा अध्याय

केशिध्वज और खाण्डिक्यकी कथा

श्रीपराशर उवाच

स्वाध्यायसंयमाभ्यां स दृश्यते पुरुषोत्तमः।
तत्प्राप्तिकारणं ब्रह्म तदेतदिति पठ्यते॥ १
स्वाध्यायाद्योगमासीत योगात्स्वाध्यायमावसेत्।
स्वाध्याययोगसम्पत्त्या परमात्मा प्रकाशते॥ २
तदीक्षणाय स्वाध्यायश्चक्षुर्योगस्तथा परम्।
न मांसचक्षुषा द्रष्टुं ब्रह्मभूतस्स शक्यते॥ ३

श्रीमैत्रेय उवाच

भगवंस्तमहं योगं ज्ञातुमिच्छामि तं वद।
ज्ञाते यत्राखिलाधारं पश्येयं परमेश्वरम्॥ ४

श्रीपराशर उवाच

यथा केशिध्वजः प्राह खाण्डिक्याय महात्मने।
जनकाय पुरा योगं तमहं कथयामि ते॥ ५

श्रीमैत्रेय उवाच

खाण्डिक्यः कोऽभवद्ब्रह्मन्को वा केशिध्वजः कृती।
कथं तयोश्च संवादो योगसम्बन्धवानभूत्॥ ६

श्रीपराशर उवाच

धर्मध्वजो वै जनकस्तस्य पुत्रोऽमितध्वजः।
कृतध्वजश्च नाम्नासीत्सदाध्यात्मरतिर्नृपः॥ ७
कृतध्वजस्य पुत्रोऽभूत् ख्यातः केशिध्वजो नृपः।
पुत्रोऽमितध्वजस्यापि खाण्डिक्यजनकोऽभवत्॥ ८
कर्ममार्गेण खाण्डिक्यः पृथिव्यामभवत्कृती।
केशिध्वजोऽप्यतीवासीदात्मविद्याविशारदः॥ ९
तावुभावपि चैवास्तां विजिगीषू परस्परम्।
केशिध्वजेन खाण्डिक्यस्स्वराज्यादवरोपितः॥ १०
पुरोधसा मन्त्रिभिश्च समवेतोऽल्पसाधनः।
राज्यान्निराकृतस्सोऽथ दुर्गारण्यचरोऽभवत्॥ ११
इयाज सोऽपि सुबहून्यज्ञाञ्ज्ञानव्यपाश्रयः।
ब्रह्मविद्यामधिष्ठाय तर्तुं मृत्युमविद्यया॥ १२

श्रीपराशरजी बोले—वे पुरुषोत्तम स्वाध्याय और संयमद्वारा देखे जाते हैं, ब्रह्मकी प्राप्तिका कारण होनेसे ये भी ब्रह्म ही कहलाते हैं॥ १॥ स्वाध्यायसे योगका और योगसे स्वाध्यायका आश्रय करे। इस प्रकार स्वाध्याय और योगरूप सम्पत्तिसे परमात्मा प्रकाशित (ज्ञानके विषय) होते हैं॥ २॥ ब्रह्मस्वरूप परमात्माको मांसमय चक्षुओंसे नहीं देखा जा सकता, उन्हें देखनेके लिये स्वाध्याय और योग ही दो नेत्र हैं॥ ३॥

श्रीमैत्रेयजी बोले—भगवन्! जिसे जान लेनेपर मैं अखिलाधार परमेश्वरको देख सकूँगा उस योगको मैं जानना चाहता हूँ; उसका वर्णन कीजिये॥ ४॥

श्रीपराशरजी बोले—पूर्वकालमें जिस प्रकार इस योगका केशिध्वजने महात्मा खाण्डिक्य जनकसे वर्णन किया था मैं तुम्हें वही बतलाता हूँ॥ ५॥

श्रीमैत्रेयजी बोले—ब्रह्मन्! यह खाण्डिक्य और विद्वान् केशिध्वज कौन थे? और उनका योगसम्बन्धी संवाद किस कारणसे हुआ था?॥ ६॥

श्रीपराशरजी बोले—पूर्वकालमें धर्मध्वज जनक नामक एक राजा थे। उनके अमितध्वज और कृतध्वज नामक दो पुत्र हुए। इनमें कृतध्वज सर्वदा अध्यात्मशास्त्रमें रत रहता था॥ ७॥ कृतध्वजका पुत्र केशिध्वज नामसे विख्यात हुआ और अमितध्वजका पुत्र खाण्डिक्य जनक हुआ॥ ८॥ पृथिवीमण्डलमें खाण्डिक्य कर्म-मार्गमें अत्यन्त निपुण था और केशिध्वज अध्यात्मविद्याका विशेषज्ञ था॥ ९॥ वे दोनों परस्पर एक-दूसरेको पराजित करनेकी चेष्टामें लगे रहते थे। अन्तमें, कालक्रमसे केशिध्वजने खाण्डिक्यको राज्यच्युत कर दिया॥ १०॥ राज्यभ्रष्ट होनेपर खाण्डिक्य पुरोहित और मन्त्रियोंके सहित थोड़ी-सी सामग्री लेकर दुर्गम वनोंमें चला गया॥ ११॥ केशिध्वज ज्ञाननिष्ठ था तो भी अविद्या (कर्म)-द्वारा मृत्युको पार करनेके लिये ज्ञानदृष्टि रखते हुए उसने अनेकों यज्ञोंका अनुष्ठान किया॥ १२॥

एकदा वर्तमानस्य यागे योगविदां वर।
धर्मधेनुं जघानोग्रश्शार्दूलो विजने वने॥ १३
ततो राजा हतां श्रुत्वा धेनुं व्याघ्रेण चर्त्विजः।
प्रायश्चित्तं स पप्रच्छ किमत्रेति विधीयताम्॥ १४
तेऽप्यूचुर्न वयं विद्मः कशेरुः पृच्छ्यतामिति।
कशेरुरपि तेनोक्तस्तथैव प्राह भार्गवम्॥ १५
शुनकं पृच्छ राजेन्द्र नाहं वेद्मि स वेत्स्यति।
स गत्वा तमपृच्छच्च सोऽप्याह श्रृणु यन्मुने॥ १६
न कशेरुर्न चैवाहं न चान्यः साम्प्रतं भुवि।
वेत्त्येक एव त्वच्छत्रुः खाण्डिक्यो यो जितस्त्वया॥ १७
स चाह तं व्रजाम्येष प्रष्टुमात्मरिपुं मुने।
प्राप्त एव महायज्ञो यदि मां स हनिष्यति॥ १८
प्रायश्चित्तमशेषेण स चेत्पृष्टो वदिष्यति।
ततश्चाविकलो यागो मुनिश्रेष्ठ भविष्यति॥ १९

श्रीपराशर उवाच

इत्युक्त्वा रथमारुह्य कृष्णाजिनधरो नृपः।
वनं जगाम यत्रास्ते स खाण्डिक्यो महामतिः॥ २०
तमापतन्तमालोक्य खाण्डिक्यो रिपुमात्मनः।
प्रोवाच क्रोधताम्राक्षस्समारोपितकार्मुकः॥ २१

खाण्डिक्य उवाच

कृष्णाजिनं त्वं कवचमाबध्यास्मान्हनिष्यसि।
कृष्णाजिनधरे वेत्सि न मयि प्रहरिष्यति॥ २२
मृगाणां वद पृष्ठेषु मूढ कृष्णाजिनं न किम्।
येषां मया त्वया चोग्राः प्रहिताश्शितसायकाः॥ २३
स त्वामहं हनिष्यामि न मे जीवन्विमोक्ष्यसे।
आततायाय्यसि दुर्बुद्धे मम राज्यहरो रिपुः॥ २४

केशिध्वज उवाच

खाण्डिक्य संशयं प्रष्टुं भवन्तमहमागतः।
न त्वां हन्तुं विचार्यैतत्कोपं बाणं विमुञ्च वा॥ २५

श्रीपराशर उवाच

ततस्स मन्त्रिभिस्सार्द्धमेकान्ते सपुरोहितः।
मन्त्रयामास खाण्डिक्यस्सर्वैरेव महामतिः॥ २६

हे योगिश्रेष्ठ! एक दिन जब राजा केशिध्वज यज्ञानुष्ठानमें स्थित थे उनकी धर्मधेनु (हविके लिये दूध देनेवाली गौ)-को निर्जन वनमें एक भयंकर सिंहने मार डाला॥ १३॥ व्याघ्रद्वारा गौको मारी गयी सुन राजाने ऋत्विजोंसे पूछा कि 'इसमें क्या प्रायश्चित्त करना चाहिये?'॥ १४॥ ऋत्विजोंने कहा—'हम [इस विषयमें] नहीं जानते; आप कशेरुसे पूछिये।' जब राजाने कशेरुसे यह बात पूछी तो उन्होंने भी उसी प्रकार कहा कि 'हे राजेन्द्र! मैं इस विषयमें नहीं जानता। आप भृगुपुत्र शुनकसे पूछिये, वे अवश्य जानते होंगे।' हे मुने! जब राजाने शुनकसे जाकर पूछा तो उन्होंने भी जो कुछ कहा, वह सुनिये—॥ १५-१६॥

"इस समय भूमण्डलमें इस बातको न कशेरु जानता है, न मैं जानता हूँ और न कोई और ही जानता है, केवल जिसे तुमने परास्त किया है वह तुम्हारा शत्रु खाण्डिक्य ही इस बातको जानता है"॥ १७॥ यह सुनकर केशिध्वजने कहा—'हे मुनिश्रेष्ठ! मैं अपने शत्रु खाण्डिक्यसे ही यह बात पूछने जाता हूँ। यदि उसने मुझे मार दिया तो भी मुझे महायज्ञका फल तो मिल ही जायगा और यदि मेरे पूछनेपर उसने मुझे सारा प्रायश्चित्त यथावत् बतला दिया तो मेरा यज्ञ निर्विघ्न पूर्ण हो जायगा'॥ १८-१९॥

श्रीपराशरजी बोले—ऐसा कहकर राजा केशिध्वज कृष्ण मृगचर्म धारणकर रथपर आरूढ़ हो वनमें, जहाँ महामति खाण्डिक्य रहते थे, आये॥ २०॥ खाण्डिक्यने अपने शत्रुको आते देखकर धनुष चढ़ा लिया और क्रोधसे नेत्र लाल करके कहा—॥ २१॥

खाण्डिक्य बोले—अरे! क्या तू कृष्णाजिनरूप कवच बाँधकर हमलोगोंको मारेगा? क्या तू यह समझता है कि कृष्ण मृगचर्म धारण किये हुए मुझपर यह प्रहार नहीं करेगा?॥ २२॥ हे मूढ़! मृगोंकी पीठपर क्या कृष्ण मृगचर्म नहीं होता, जिनपर कि मैंने और तूने दोनोंहीने तीक्ष्ण बाणोंकी वर्षा की है॥ २३॥ अतः अब मैं तुझे अवश्य मारूँगा, तू मेरे हाथसे जीवित बचकर नहीं जा सकता। हे दुर्बुद्धे! तू मेरा राज्य छीननेवाला शत्रु है, इसलिये आततायी है॥ २४॥

केशिध्वज बोले—हे खाण्डिक्य! मैं आपसे एक सन्देह पूछनेके लिये आया हूँ, आपको मारनेके लिये नहीं आया, इस बातको सोचकर आप मुझपर क्रोध अथवा बाण छोड़ दीजिये॥ २५॥

श्रीपराशरजी बोले—यह सुनकर महामति

तमूचुर्मन्त्रिणो वध्यो रिपुरेष वशं गतः।
हतेऽस्मिन्पृथिवी सर्वा तव वश्या भविष्यति॥ २७
खाण्डिक्यश्चाह तान्सर्वानिवमेतन्न संशयः।
हतेऽस्मिन्पृथिवी सर्वा मम वश्या भविष्यति॥ २८
परलोकजयस्तस्य पृथिवी सकला मम।
न हन्मि चेल्लोकजयो मम तस्य वसुन्धरा॥ २९
नाहं मन्ये लोकजयादधिका स्याद्वसुन्धरा।
परलोकजयोऽनन्तस्स्वल्पकालो महीजयः॥ ३०
तस्मान्नैनं हनिष्यामि यत्पृच्छति वदामि तत्॥ ३१

श्रीपराशर उवाच

ततस्तमभ्युपेत्याह खाण्डिक्यजनको रिपुम्।
प्रष्टव्यं यत्त्वया सर्वं तत्पृच्छस्व वदाम्यहम्॥ ३२
ततस्सर्वं यथावृत्तं धर्मधेनुवधं द्विज।
कथयित्वा स पप्रच्छ प्रायश्चित्तं हि तद्गतम्॥ ३३
स चाचष्ट यथान्यायं द्विज केशिध्वजाय तत्।
प्रायश्चित्तमशेषेण यद्वै तत्र विधीयते॥ ३४
विदितार्थस्स तेनैव ह्यनुज्ञातो महात्मना।
यागभूमिमुपागम्य चक्रे सर्वाः क्रियाः क्रमात्॥ ३५
क्रमेण विधिवद्यागं नीत्वा सोऽवभृथाप्लुतः।
कृतकृत्यस्ततो भूत्वा चिन्तयामास पार्थिवः॥ ३६
पूजिताश्च द्विजास्सर्वे सदस्या मानिता मया।
तथैवार्थिजनोऽप्यर्थैर्योजितोऽभिमतैर्मया॥ ३७
यथार्हमस्य लोकस्य मया सर्वं विचेष्टितम्।
अनिष्पन्नक्रियं चेतस्तथापि मम किं यथा॥ ३८
इत्थं सञ्चिन्तयन्नेव सस्मार स महीपतिः।
खाण्डिक्याय न दत्तेति मया वै गुरुदक्षिणा॥ ३९
स जगाम तदा भूयो रथमारुह्य पार्थिवः।
मैत्रेय दुर्गगहनं खाण्डिक्यो यत्र संस्थितः॥ ४०
खाण्डिक्योऽपि पुनर्दृष्ट्वा तमायान्तं धृतायुधम्।
तस्थौ हन्तुं कृतमतिस्तमाह स पुनर्नृपः॥ ४१
भो नाहं तेऽपराधाय प्राप्तः खाण्डिक्य मा क्रुधः।
गुरोर्निष्क्रयदानाय मामवेहि त्वमागतम्॥ ४२

खाण्डिक्यने अपने सम्पूर्ण पुरोहित और मन्त्रियोंसे एकान्तमें सलाह की॥ २६॥ मन्त्रियोंने कहा कि 'इस समय शत्रु आपके वशमें है, इसे मार डालना चाहिये। इसको मार देनेपर यह सम्पूर्ण पृथिवी आपके अधीन हो जायगी'॥ २७॥ खाण्डिक्यने कहा—"यह निस्सन्देह ठीक है, इसके मारे जानेपर अवश्य सम्पूर्ण पृथिवी मेरे अधीन हो जायगी; किन्तु इसे पारलौकिक जय प्राप्त होगी और मुझे सम्पूर्ण पृथिवी। परन्तु यदि इसे नहीं मारूँगा तो मुझे पारलौकिक जय प्राप्त होगी और इसे सारी पृथिवी॥ २८-२९॥ मैं पारलौकिक जयसे पृथिवीको अधिक नहीं मानता; क्योंकि परलोक-जय अनन्तकालके लिये होती है और पृथिवी तो थोड़े ही दिन रहती है। इसलिये मैं इसे मारूँगा नहीं, यह जो कुछ पूछेगा, बतला दूँगा"॥ ३०-३१॥

श्रीपराशरजी बोले—तब खाण्डिक्य जनकने अपने शत्रु केशिध्वजके पास आकर कहा—'तुम्हें जो कुछ पूछना हो पूछ लो, मैं उसका उत्तर दूँगा'॥ ३२॥

हे द्विज! तब केशिध्वजने जिस प्रकार धर्मधेनु मारी गयी थी वह सब वृत्तान्त खाण्डिक्यसे कहा और उसके लिये प्रायश्चित्त पूछा॥ ३३॥ खाण्डिक्यने भी वह सम्पूर्ण प्रायश्चित्त, जिसका कि उसके लिये विधान था, केशिध्वजको विधिपूर्वक बतला दिया॥ ३४॥ तदनन्तर पूछे हुए अर्थको जान लेनेपर महात्मा खाण्डिक्यकी आज्ञा लेकर वे यज्ञभूमिमें आये और क्रमशः सम्पूर्ण कर्म समाप्त किया॥ ३५॥

फिर कालक्रमसे यज्ञ समाप्त होनेपर अवभृथ (यज्ञान्त) स्नानके अनन्तर कृतकृत्य होकर राजा केशिध्वजने सोचा॥ ३६॥ "मैंने सम्पूर्ण ऋत्विज् ब्राह्मणोंका पूजन किया, समस्त सदस्योंका मान किया, याचकोंको उनकी इच्छित वस्तुएँ दीं, लोकाचारके अनुसार जो कुछ कर्तव्य था वह सभी मैंने किया, तथापि न जाने, क्यों मेरे चित्तमें किसी क्रियाका अभाव खटक रहा है?"॥ ३७-३८॥ इस प्रकार सोचते-सोचते राजाको स्मरण हुआ कि मैंने अभीतक खाण्डिक्यको गुरु-दक्षिणा नहीं दी॥ ३९॥ हे मैत्रेय! तब वे रथपर चढ़कर फिर उसी दुर्गम वनमें गये, जहाँ खाण्डिक्य रहते थे॥ ४०॥ खाण्डिक्य भी उन्हें फिर शस्त्र धारण किये आते देख मारनेके लिये उद्यत हुए। तब राजा केशिध्वजने कहा—॥ ४१॥ "खाण्डिक्य! तुम क्रोध न करो, मैं तुम्हारा कोई अनिष्ट करनेके लिये नहीं आया, बल्कि तुम्हें गुरु-दक्षिणा देनेके लिये आया हूँ—ऐसा समझो॥ ४२॥

निष्पादितो मया यागः सम्यक्त्वदुपदेशतः।
सोऽहं ते दातुमिच्छामि वृणीष्व गुरुदक्षिणाम्॥ ४३

मैंने तुम्हारे उपदेशानुसार अपना यज्ञ भली प्रकार समाप्त कर दिया है, अब मैं तुम्हें गुरु-दक्षिणा देना चाहता हूँ, तुम्हें जो इच्छा हो माँग लो''॥ ४३॥

श्रीपराशर उवाच

भूयस्स मन्त्रिभिस्सार्द्धं मन्त्रयामास पार्थिवः।
गुरुनिष्क्रयकामोऽयं किं मया प्रार्थ्यतामिति॥ ४४

तमूचुर्मन्त्रिणो राज्यमशेषं प्रार्थ्यतामयम्।
शत्रुभिः प्रार्थ्यते राज्यमनायासितसैनिकैः॥ ४५

प्रहस्य तानाह नृपस्स खाण्डिक्यो महामतिः।
स्वल्पकालं महीपाल्यं मादृशैः प्रार्थ्यते कथम्॥ ४६

एवमेतद्भवन्तोऽत्र ह्यर्थसाधनमन्त्रिणः।
परमार्थः कथं कोऽत्र यूयं नात्र विचक्षणाः॥ ४७

श्रीपराशरजी बोले—तब खाण्डिक्यने फिर अपने मन्त्रियोंसे परामर्श किया कि ''यह मुझे गुरु-दक्षिणा देना चाहता है, मैं इससे क्या माँगूँ?''॥ ४४॥ मन्त्रियोंने कहा—''आप इससे सम्पूर्ण राज्य माँग लीजिये, बुद्धिमान् लोग शत्रुओंसे अपने सैनिकोंको कष्ट दिये बिना राज्य ही माँगा करते हैं''॥ ४५॥ तब महामति राजा खाण्डिक्यने उनसे हँसते हुए कहा—''मेरे-जैसे लोग कुछ ही दिन रहनेवाला राज्यपद कैसे माँग सकते हैं?॥ ४६॥ यह ठीक है आपलोग स्वार्थ-साधनके लिये ही परामर्श देनेवाले हैं; किन्तु 'परमार्थ क्या और कैसा है?' इस विषयमें आपको विशेष ज्ञान नहीं है''॥ ४७॥

श्रीपराशर उवाच

इत्युक्त्वा समुपेत्यैनं स तु केशिध्वजं नृपः।
उवाच किमवश्यं त्वं ददासि गुरुदक्षिणाम्॥ ४८

बाढमित्येव तेनोक्तः खाण्डिक्यस्तमथाब्रवीत्।
भवानध्यात्मविज्ञानपरमार्थविचक्षणः॥ ४९

यदि चेद्दीयते मह्यं भवता गुरुनिष्क्रयः।
तत्क्लेशप्रशमायालं यत्कर्म तदुदीरय॥ ५०

श्रीपराशरजी बोले—यह कहकर राजा खाण्डिक्य केशिध्वजके पास आये और उनसे कहा, 'क्या तुम मुझे अवश्य गुरु-दक्षिणा दोगे?'॥ ४८॥ जब केशिध्वजने कहा कि 'मैं अवश्य दूँगा' तो खाण्डिक्य बोले—''आप आध्यात्मज्ञानरूप परमार्थ-विद्यामें बड़े कुशल हैं॥ ४९॥ सो यदि आप मुझे गुरु-दक्षिणा देना ही चाहते हैं तो जो कर्म समस्त क्लेशोंकी शान्ति करनेमें समर्थ हो वह बतलाइये''॥ ५०॥

इति श्रीविष्णुपुराणे षष्ठेंऽशे षष्ठोऽध्यायः॥ ६॥

सातवाँ अध्याय

ब्रह्मयोगका निर्णय

केशिध्वज उवाच

न प्रार्थितं त्वया कस्मादस्मद्राज्यमकण्टकम्।
राज्यलाभाद्विना नान्यत्क्षत्रियाणामतिप्रियम्॥ १

केशिध्वज बोले—क्षत्रियोंको तो राज्य-प्राप्तिसे अधिक प्रिय और कुछ भी नहीं होता, फिर तुमने मेरा निष्कण्टक राज्य क्यों नहीं माँगा?॥ १॥

खाण्डिक्य उवाच

केशिध्वज निबोध त्वं मया न प्रार्थितं यतः।
राज्यमेतदशेषं ते यत्र गृध्नन्त्यपण्डिताः॥ २

खाण्डिक्य बोले—हे केशिध्वज ! मैंने जिस कारणसे तुम्हारा राज्य नहीं माँगा वह सुनो। इन राज्यादिकी आकांक्षा तो मूर्खोंको हुआ करती है॥ २॥

क्षत्रियाणामयं धर्मो यत्प्रजापरिपालनम्।
वधश्च धर्मयुद्धेन स्वराज्यपरिपन्थिनाम्॥ ३

क्षत्रियोंका धर्म तो यही है कि प्रजाका पालन करें और अपने राज्यके विरोधियोंका धर्म-युद्धसे वध करें॥ ३॥

तत्राशक्तस्य मे दोषो नैवास्त्यपहृते त्वया।
बन्धायैव भवत्येषा ह्यविद्याप्यक्रमोज्झिता॥ ४
जन्मोपभोगलिप्सार्थमियं राज्यस्पृहा मम।
अन्येषां दोषजा सैव धर्मं वै नानुरुध्यते॥ ५

न याच्ञा क्षत्रबन्धूनां धर्मायैतत्सतां मतम्।
अतो न याचितं राज्यमविद्यान्तर्गतं तव॥ ६

राज्ये गृध्नन्त्यविद्वांसो ममत्वाहृतचेतसः।
अहंमानमहापानमदमत्ता न मादृशाः॥ ७

श्रीपराशर उवाच

प्रहृष्टस्साध्विति प्राह ततः केशिध्वजो नृपः।
खाण्डिक्यजनकं प्रीत्या श्रूयतां वचनं मम॥ ८

अहं ह्यविद्यया मृत्युं तर्तुकामः करोमि वै।
राज्यं यागांश्च विविधान्भोगैः पुण्यक्षयं तथा॥ ९

तदिदं ते मनो दिष्ट्या विवेकैश्वर्यतां गतम्।
तच्छ्रूयतामविद्यायास्स्वरूपं कुलनन्दन॥ १०

अनात्मन्यात्मबुद्धिर्या चास्वे स्वमिति या मतिः।
संसारतरुसम्भूतिबीजमेतद्द्विधा स्थितम्॥ ११

पञ्चभूतात्मके देहे देही मोहतमोवृतः।
अहं ममैतदित्युच्चैः कुरुते कुमतिर्मतिम्॥ १२

आकाशवाय्वग्निजलपृथिवीभ्यः पृथक् स्थिते।
आत्मन्यात्ममयं भावं कः करोति कलेवरे॥ १३

कलेवरोपभोग्यं हि गृहक्षेत्रादिकं च कः।
अदेहे ह्यात्मनि प्राज्ञो ममेदमिति मन्यते॥ १४

इत्थं च पुत्रपौत्रेषु तद्देहोत्पादितेषु कः।
करोति पण्डितस्स्वाम्यमनात्मनि कलेवरे॥ १५

सर्वं देहोपभोगाय कुरुते कर्म मानवः।
देहश्चान्यो यदा पुंसस्तदा बन्धाय तत्परम्॥ १६

मृण्मयं हि यथा गेहं लिप्यते वै मृदम्भसा।
पार्थिवोऽयं तथा देहो मृदम्ब्वालेपनस्थितः॥ १७

शक्तिहीन होनेके कारण यदि तुमने मेरा राज्य हरण कर लिया है, तो [असमर्थतावश प्रजापालन न करनेपर भी] मुझे कोई दोष न होगा। [किन्तु राज्याधिकार होनेपर यथावत् प्रजापालन न करनेसे दोषका भागी होना पड़ता है] क्योंकि यद्यपि यह (स्वकर्म) अविद्या ही है तथापि नियमविरुद्ध त्याग करनेपर यह बन्धनका कारण होती है॥ ४॥ यह राज्यकी चाह मुझे तो जन्मान्तरके [कर्मोंद्वारा प्राप्त] सुखभोगके लिये होती है; और वही मन्त्री आदि अन्य जनोंको राग एवं लोभ आदि दोषोंसे उत्पन्न होती है केवल धर्मानुरोधसे नहीं॥ ५॥ 'उत्तम क्षत्रियोंका [राज्यादिकी] याचना करना धर्म नहीं है' यह महात्माओंका मत है। इसीलिये मैंने अविद्या (पालनादि कर्म)-के अन्तर्गत तुम्हारा राज्य नहीं माँगा॥ ६॥ जो लोग अहंकाररूपी मदिराका पान करके उन्मत्त हो रहे हैं तथा जिनका चित्त ममताग्रस्त हो रहा है वे मूढ़जन ही राज्यकी अभिलाषा करते हैं; मेरे-जैसे लोग राज्यकी इच्छा नहीं करते॥ ७॥

श्रीपराशरजी बोले—तब राजा केशिध्वजने प्रसन्न होकर खाण्डिक्य जनकको साधुवाद दिया और प्रीतिपूर्वक कहा, मेरा वचन सुनो—॥ ८॥ मैं अविद्याद्वारा मृत्युको पार करनेकी इच्छासे ही राज्य तथा विविध यज्ञोंका अनुष्ठान करता हूँ और नाना भोगोंद्वारा अपने पुण्योंका क्षय कर रहा हूँ॥ ९॥ हे कुलनन्दन! बड़े सौभाग्यकी बात है कि तुम्हारा मन विवेकसम्पन्न हुआ है अतः तुम अविद्याका स्वरूप सुनो॥ १०॥ संसार-वृक्षकी बीजभूता यह अविद्या दो प्रकारकी है—अनात्मामें आत्मबुद्धि और जो अपना नहीं है उसे अपना मानना॥ ११॥ यह कुमति जीव मोहरूपी अन्धकारसे आवृत होकर इस पंचभूतात्मक देहमें 'मैं' और 'मेरापन' का भाव करता है॥ १२॥ जब कि आत्मा आकाश, वायु, अग्नि, जल और पृथिवी आदिसे सर्वथा पृथक् है तो कौन बुद्धिमान् व्यक्ति शरीरमें आत्मबुद्धि करेगा?॥ १३॥ और आत्माके देहसे परे होनेपर भी देहके उपभोग्य गृह-क्षेत्रादिको कौन प्राज्ञ पुरुष 'अपना' मान सकता है॥ १४॥ इस प्रकार इस शरीरके अनात्मा होनेसे इससे उत्पन्न हुए पुत्र-पौत्रादिमें भी कौन विद्वान् अपनापन करेगा॥ १५॥ मनुष्य सारे कर्म देहके ही उपभोगके लिये करता है; किन्तु जब कि यह देह अपनेसे पृथक् है, तो वे कर्म केवल बन्धन (देहोत्पत्ति)-के ही कारण होते हैं॥ १६॥ जिस प्रकार मिट्टीके घरको जल और मिट्टीसे लीपते-पोतते हैं उसी प्रकार यह पार्थिव

पञ्चभूतात्मकैर्भोगैः पञ्चभूतात्मकं वपुः।
आप्यायते यदि ततः पुंसो भोगोऽत्र किं कृतः॥ १८
अनेकजन्मसाहस्रीं संसारपदवीं व्रजन्।
मोहश्रमं प्रयातोऽसौ वासनारेणुकुण्ठितः॥ १९
प्रक्षाल्यते यदा सोऽस्य रेणुर्ज्ञानोष्णवारिणा।
तदा संसारपान्थस्य याति मोहश्रमश्शमम्॥ २०
मोहश्रमे शमं याते स्वस्थान्तःकरणः पुमान्।
अनन्यातिशयाबाधं परं निर्वाणमृच्छति॥ २१
निर्वाणमय एवायमात्मा ज्ञानमयोऽमलः।
दुःखाज्ञानमया धर्माः प्रकृतेस्ते तु नात्मनः॥ २२
जलस्य नाग्निसंसर्गः स्थालीसंगात्तथापि हि।
शब्दोद्रेकादिकान्धर्मांस्तत्करोति यथा नृप॥ २३
तथात्मा प्रकृतेस्सङ्गादहम्मानादिदूषितः।
भजते प्राकृतान्धर्मानन्यस्तेभ्यो हि सोऽव्ययः॥ २४
तदेतत्कथितं बीजमविद्याया मया तव।
क्लेशानां च क्षयकरं योगादन्यन्न विद्यते॥ २५

खाण्डिक्य उवाच

तं तु ब्रूहि महाभाग योगं योगविदुत्तम।
विज्ञातयोगशास्त्रार्थस्त्वमस्यां निमिसन्ततौ॥ २६

केशिध्वज उवाच

योगस्वरूपं खाण्डिक्य श्रूयतां गदतो मम।
यत्र स्थितो न च्यवते प्राप्य ब्रह्मलयं मुनिः॥ २७
मन एव मनुष्याणां कारणं बन्धमोक्षयोः।
बन्धाय विषयासङ्गि मुक्त्यै निर्विषयं मनः॥ २८
विषयेभ्यस्समाहृत्य विज्ञानात्मा मनो मुनिः।
चिन्तयेन्मुक्तये तेन ब्रह्मभूतं परेश्वरम्॥ २९
आत्मभावं नयत्येनं तद्ब्रह्म ध्यायिनं मुनिम्।
विकार्यमात्मनश्शक्त्या लोहमाकर्षको यथा॥ ३०
आत्मप्रयत्नसापेक्षा विशिष्टा या मनोगतिः।
तस्या ब्रह्मणि संयोगो योग इत्यभिधीयते॥ ३१

शरीर भी मृत्तिका (मृण्मय अन्न) और जलकी सहायतासे ही स्थिर रहता है॥ १७॥ यदि यह पंचभूतात्मक शरीर पांचभौतिक पदार्थोंसे पुष्ट होता है तो इसमें पुरुषने क्या भोग किया॥ १८॥ यह जीव अनेक सहस्र जन्मोंतक सांसारिक भोगोंमें पड़े रहनेसे उन्हींकी वासनारूपी धूलिसे आच्छादित हो जानेके कारण केवल मोहरूपी श्रमको ही प्राप्त होता है॥ १९॥ जिस समय ज्ञानरूपी गर्म जलसे उसकी वह धूलि धो दी जाती है तब इस संसार-पथके पथिकका मोहरूपी श्रम शान्त हो जाता है॥ २०॥ मोह-श्रमके शान्त हो जानेपर पुरुष स्वस्थ-चित्त हो जाता है और निरतिशय एवं निर्बाध परम निर्वाण पद प्राप्त कर लेता है॥ २१॥ यह ज्ञानमय निर्मल आत्मा निर्वाण-स्वरूप ही है, दुःख आदि जो अज्ञानमय धर्म हैं वे प्रकृतिके हैं, आत्माके नहीं॥ २२॥ हे राजन्! जिस प्रकार स्थाली (बटलोई)-के जलका अग्निसे संयोग नहीं होता तथापि स्थालीके संसर्गसे ही उसमें खौलनेके शब्द आदि धर्म प्रकट हो जाते हैं, उसी प्रकार प्रकृतिके संसर्गसे ही आत्मा अहंकारादिसे दूषित होकर प्राकृत धर्मोंको स्वीकार करता है; वास्तवमें तो वह अव्ययात्मा उनसे सर्वथा पृथक् है॥ २३-२४॥ इस प्रकार मैंने तुम्हें यह अविद्याका बीज बतलाया; इस अविद्यासे प्राप्त हुए क्लेशोंको नष्ट करनेवाला योगसे अतिरिक्त और कोई उपाय नहीं है॥ २५॥

खाण्डिक्य बोले—हे योगवेत्ताओंमें श्रेष्ठ महाभाग केशिध्वज! तुम निमिवंशमें योगशास्त्रके मर्मज्ञ हो, अतः उस योगका वर्णन करो॥ २६॥

केशिध्वज बोले—हे खाण्डिक्य! जिसमें स्थित होकर ब्रह्ममें लीन हुए मुनिजन फिर स्वरूपसे च्युत नहीं होते, मैं उस योगका वर्णन करता हूँ; श्रवण करो॥ २७॥

मनुष्यके बन्धन और मोक्षका कारण केवल मन ही है; विषयका संग करनेसे वह बन्धनकारी और विषयशून्य होनेसे मोक्षकारक होता है॥ २८॥ अतः विवेकज्ञानसम्पन्न मुनि अपने चित्तको विषयोंसे हटाकर मोक्षप्राप्तिके लिये ब्रह्मस्वरूप परमात्माका चिन्तन करे॥ २९॥ जिस प्रकार अयस्कान्तमणि अपनी शक्तिसे लोहेको खींचकर अपनेमें संयुक्त कर लेता है उसी प्रकार ब्रह्मचिन्तन करनेवाले मुनिको परमात्मा स्वभावसे ही स्वरूपमें लीन कर देता है॥ ३०॥ आत्मज्ञानके प्रयत्नभूत यम, नियम आदिकी अपेक्षा रखनेवाली जो मनकी विशिष्ट गति है, उसका ब्रह्मके साथ संयोग होना ही 'योग' कहलाता है॥ ३१॥

एवमत्यन्तवैशिष्ट्ययुक्तधर्मोपलक्षणः ।
यस्य योगस्स वै योगी मुमुक्षुरभिधीयते ॥ ३२

योगयुक् प्रथमं योगी युञ्जानो ह्यभिधीयते ।
विनिष्पन्नसमाधिस्तु परं ब्रह्मोपलब्धिमान् ॥ ३३

यद्यन्तरायदोषेण दूष्यते चास्य मानसम् ।
जन्मान्तरैरभ्यसतो मुक्तिः पूर्वस्य जायते ॥ ३४

विनिष्पन्नसमाधिस्तु मुक्तिं तत्रैव जन्मनि ।
प्राप्नोति योगी योगाग्निदग्धकर्मचयोऽचिरात् ॥ ३५

ब्रह्मचर्यमहिंसां च सत्यास्तेयापरिग्रहान् ।
सेवेत योगी निष्कामो योग्यतां स्वमनो नयन् ॥ ३६

स्वाध्यायशौचसन्तोषतपांसि नियतात्मवान् ।
कुर्वीत ब्रह्मणि तथा परस्मिन्प्रवणं मनः ॥ ३७

एते यमास्सनियमाः पञ्च पञ्च च कीर्तिताः ।
विशिष्टफलदाः काम्या निष्कामाणां विमुक्तिदाः ॥ ३८

एकं भद्रासनादीनां समास्थाय गुणैर्युतः ।
यमाख्यैर्नियमाख्यैश्च युञ्जीत नियतो यतिः ॥ ३९

प्राणाख्यमनिलं वश्यमभ्यासात्कुरुते तु यत् ।
प्राणायामस्स विज्ञेयस्सबीजोऽबीज एव च ॥ ४०

परस्परेणाभिभवं प्राणापानौ यथानिलौ ।
कुरुतस्सद्विधानेन तृतीयस्संयमात्तयोः ॥ ४१

तस्य चालम्बनवतः स्थूलरूपं द्विजोत्तम ।
आलम्बनमनन्तस्य योगिनोऽभ्यसतः स्मृतम् ॥ ४२

शब्दादिष्वनुरक्तानि निगृह्याक्षाणि योगवित् ।
कुर्याच्चित्तानुकारीणि प्रत्याहारपरायणः ॥ ४३

वश्यता परमा तेन जायतेऽतिचलात्मनाम् ।
इन्द्रियाणामवश्यैस्तैर्न योगी योगसाधकः ॥ ४४

प्राणायामेन पवने प्रत्याहारेण चेन्द्रिये ।
वशीकृते ततः कुर्यात्स्थितं चेतश्शुभाश्रये ॥ ४५

जिसका योग इस प्रकारके विशिष्ट धर्मसे युक्त होता है वह मुमुक्षु योगी कहा जाता है ॥ ३२ ॥ जब मुमुक्षु पहले-पहले योगाभ्यास आरम्भ करता है तो उसे 'योगयुक्त योगी' कहते हैं और जब उसे परब्रह्मकी प्राप्ति हो जाती है तो वह 'विनिष्पन्नसमाधि' कहलाता है ॥ ३३ ॥ यदि किसी विघ्नवश उस योगयुक्त योगीका चित्त दूषित हो जाता है तो जन्मान्तरमें भी उसी अभ्यासको करते रहनेसे वह मुक्त हो जाता है ॥ ३४ ॥ विनिष्पन्नसमाधि योगी तो योगाग्निसे कर्मसमूहके भस्म हो जानेके कारण उसी जन्ममें थोड़े ही समयमें मोक्ष प्राप्त कर लेता है ॥ ३५ ॥ योगीको चाहिये कि अपने चित्तको ब्रह्मचिन्तनके योग्य बनाता हुआ ब्रह्मचर्य, अहिंसा, सत्य, अस्तेय और अपरिग्रहका निष्कामभावसे सेवन करे ॥ ३६ ॥ तथा संयत चित्तसे स्वाध्याय, शौच, सन्तोष और तपका आचरण करे तथा मनको निरन्तर परब्रह्ममें लगाता रहे ॥ ३७ ॥ ये पाँच-पाँच यम और नियम बतलाये गये हैं। इनका सकाम आचरण करनेसे पृथक्-पृथक् फल मिलते हैं और निष्कामभावसे सेवन करनेसे मोक्ष प्राप्त होता है ॥ ३८ ॥

यतिको चाहिये कि भद्रासनादि आसनोंमेंसे किसी एकका अवलम्बन कर यम-नियमादि गुणोंसे युक्त हो योगाभ्यास करे ॥ ३९ ॥ अभ्यासके द्वारा जो प्राणवायुको वशमें किया जाता है उसे 'प्राणायाम' समझना चाहिये। वह सबीज (ध्यान तथा मन्त्रपाठ आदि आलम्बनयुक्त) और निर्बीज (निरालम्ब) भेदसे दो प्रकारका है ॥ ४० ॥ सद्गुरुके उपदेशसे जब योगी प्राण और अपानवायुद्वारा एक-दूसरेका निरोध करता है तो [क्रमशः रेचक और पूरक नामक] दो प्राणायाम होते हैं और इन दोनोंका एक ही समय संयम करनेसे [कुम्भक नामक] तीसरा प्राणायाम होता है ॥ ४१ ॥ हे द्विजोत्तम! जब योगी सबीज प्राणायामका अभ्यास आरम्भ करता है तो उसका आलम्बन भगवान् अनन्तका हिरण्यगर्भ आदि स्थूलरूप होता है ॥ ४२ ॥ तदनन्तर वह प्रत्याहारका अभ्यास करते हुए शब्दादि विषयोंमें अनुरक्त हुई अपनी इन्द्रियोंको रोककर अपने चित्तकी अनुगामिनी बनाता है ॥ ४३ ॥ ऐसा करनेसे अत्यन्त चंचल इन्द्रियाँ उसके वशीभूत हो जाती हैं। इन्द्रियोंको वशमें किये बिना कोई योगी योग-साधन नहीं कर सकता ॥ ४४ ॥ इस प्रकार प्राणायामसे वायु और प्रत्याहारसे इन्द्रियोंको वशीभूत करके चित्तको उसके शुभ आश्रयमें स्थित करे ॥ ४५ ॥

खाण्डिक्य उवाच

कथ्यतां मे महाभाग चेतसो यश्शुभाश्रयः।
यदाधारमशेषं तद्धन्ति दोषमलोद्भवम्॥ ४६

केशिध्वज उवाच

आश्रयश्चेतसो ब्रह्म द्विधा तच्च स्वभावतः।
भूप मूर्त्तममूर्त्तं च परं चापरमेव च॥ ४७
त्रिविधा भावना भूप विश्वमेतन्निबोधताम्।
ब्रह्माख्या कर्मसंज्ञा च तथा चैवोभयात्मिका॥ ४८
कर्मभावात्मिका ह्येका ब्रह्मभावात्मिका परा।
उभयात्मिका तथैवान्या त्रिविधा भावभावना॥ ४९
सनन्दनादयो ये तु ब्रह्मभावनया युताः।
कर्मभावनया चान्ये देवाद्याः स्थावराश्चराः॥ ५०
हिरण्यगर्भादिषु च ब्रह्मकर्मात्मिका द्विधा।
बोधाधिकारयुक्तेषु विद्यते भावभावना॥ ५१
अक्षीणेषु समस्तेषु विशेषज्ञानकर्मसु।
विश्वमेतत्परं चान्यद्भेदभिन्नदृशां नृणाम्॥ ५२
प्रत्यस्तमितभेदं यत्सत्तामात्रमगोचरम्।
वचसामात्मसंवेद्यं तज्ज्ञानं ब्रह्मसंज्ञितम्॥ ५३
तच्च विष्णोः परं रूपमरूपाख्यमनुत्तमम्।
विश्वस्वरूपवैरूप्यलक्षणं परमात्मनः॥ ५४
न तद्योगयुजा शक्यं नृप चिन्तयितुं यतः।
ततः स्थूलं हरे रूपं चिन्तयेद्विश्वगोचरम्॥ ५५
हिरण्यगर्भो भगवान्वासुदेवः प्रजापतिः।
मरुतो वसवो रुद्रा भास्करास्तारका ग्रहाः॥ ५६
गन्धर्वयक्षदैत्याद्यास्सकला देवयोनयः।
मनुष्याः पशवश्शैलास्समुद्रास्सरितो द्रुमाः॥ ५७
भूप भूतान्यशेषाणि भूतानां ये च हेतवः।
प्रधानादिविशेषान्तं चेतनाचेतनात्मकम्॥ ५८
एकपादं द्विपादं च बहुपादमपादकम्।
मूर्त्तमेतद्धरे रूपं भावनात्रितयात्मकम्॥ ५९
एतत्सर्वमिदं विश्वं जगदेतच्चराचरम्।
परब्रह्मस्वरूपस्य विष्णोश्शक्तिसमन्वितम्॥ ६०

खाण्डिक्य बोले—हे महाभाग! यह बतलाइये कि जिसका आश्रय करनेसे चित्तके सम्पूर्ण दोष नष्ट हो जाते हैं वह चित्तका शुभाश्रय क्या है?॥ ४६॥

केशिध्वज बोले—हे राजन्! चित्तका आश्रय ब्रह्म है जो कि मूर्त और अमूर्त अथवा अपर और पर-रूपसे स्वभावसे ही दो प्रकारका है॥ ४७॥ हे भूप! इस जगत्में ब्रह्म, कर्म और उभयात्मक नामसे तीन प्रकारकी भावनाएँ हैं॥ ४८॥ इनमें पहली कर्मभावना, दूसरी ब्रह्मभावना और तीसरी उभयात्मिकाभावना कहलाती है। इस प्रकार ये त्रिविध भावनाएँ हैं॥ ४९॥ सनन्दनादि मुनिजन ब्रह्मभावनासे युक्त हैं और देवताओंसे लेकर स्थावर-जंगमपर्यन्त समस्त प्राणी कर्मभावनायुक्त हैं॥ ५०॥ तथा [स्वरूपविषयक] बोध और [स्वर्गादिविषयक] अधिकारसे युक्त हिरण्यगर्भादिमें ब्रह्मकर्ममयी उभयात्मिकाभावना है॥ ५१॥

हे राजन् ! जबतक विशेष ज्ञानके हेतु कर्म क्षीण नहीं होते तभीतक अहंकारादि भेदके कारण भिन्न दृष्टि रखनेवाले मनुष्योंको ब्रह्म और जगत्की भिन्नता प्रतीत होती है॥ ५२॥ जिसमें सम्पूर्ण भेद शान्त हो जाते हैं, जो सत्तामात्र और वाणीका अविषय है तथा स्वयं ही अनुभव करनेयोग्य है, वही ब्रह्मज्ञान कहलाता है॥ ५३॥ वही परमात्मा विष्णुका अरूप नामक परम रूप है, जो उनके विश्वरूपसे विलक्षण है॥ ५४॥

हे राजन्! योगाभ्यासी जन पहले-पहल उस रूपका चिन्तन नहीं कर सकते, इसलिये उन्हें श्रीहरिके विश्वमय स्थूल रूपका ही चिन्तन करना चाहिये॥ ५५॥ हिरण्यगर्भ, भगवान् वासुदेव, प्रजापति, मरुत्, वसु, रुद्र, सूर्य, तारे, ग्रहगण, गन्धर्व, यक्ष और दैत्य आदि समस्त देवयोनियाँ तथा मनुष्य, पशु, पर्वत, समुद्र, नदी, वृक्ष, सम्पूर्ण भूत एवं प्रधानसे लेकर विशेष (पंचतन्मात्रा) पर्यन्त उनके कारण तथा चेतन, अचेतन, एक, दो अथवा अनेक चरणोंवाले प्राणी और बिना चरणोंवाले जीव—ये सब भगवान् हरिके भावनात्रयात्मक मूर्तरूप हैं॥ ५६—५९॥ यह सम्पूर्ण चराचर जगत्, परब्रह्मस्वरूप भगवान् विष्णुका, उनकी शक्तिसे सम्पन्न 'विश्व' नामक रूप है॥ ६०॥

विष्णुशक्तिः परा प्रोक्ता क्षेत्रज्ञाख्या तथाऽपरा।
अविद्या कर्मसंज्ञान्या तृतीया शक्तिरिष्यते॥ ६१

यया क्षेत्रज्ञशक्तिस्सा वेष्टिता नृप सर्वगा।
संसारतापानखिलानवाप्नोत्यतिसन्ततान्॥ ६२

तया तिरोहितत्वाच्च शक्तिः क्षेत्रज्ञसंज्ञिता।
सर्वभूतेषु भूपाल तारतम्येन लक्ष्यते॥ ६३

अप्राणवत्सु स्वल्पा सा स्थावरेषु ततोऽधिका।
सरीसृपेषु तेभ्योऽपि ह्यतिशक्त्या पतत्त्रिषु॥ ६४

पतत्त्रिभ्यो मृगास्तेभ्यस्तच्छक्त्या पशवोऽधिकाः।
पशुभ्यो मनुजाश्चातिशक्त्या पुंसः प्रभाविताः॥ ६५

तेभ्योऽपि नागगन्धर्वयक्षाद्या देवता नृप॥ ६६

शक्रस्समस्तदेवेभ्यस्ततश्चाति प्रजापतिः।
हिरण्यगर्भोऽपि ततः पुंसः शक्त्युपलक्षितः॥ ६७

एतान्यशेषरूपाणि तस्य रूपाणि पार्थिव।
यतस्तच्छक्तियोगेन युक्तानि नभसा यथा॥ ६८

द्वितीयं विष्णुसंज्ञस्य योगिध्येयं महामते।
अमूर्त्तं ब्रह्मणो रूपं यत्सदित्युच्यते बुधैः॥ ६९

समस्ताः शक्तयश्चैता नृप यत्र प्रतिष्ठिताः।
तद्विश्वरूपवैरूप्यं रूपमन्यद्धरेर्महत्॥ ७०

समस्तशक्तिरूपाणि तत्करोति जनेश्वर।
देवतिर्यङ्मनुष्यादिचेष्टावन्ति स्वलीलया॥ ७१

जगतामुपकाराय न सा कर्मनिमित्तजा।
चेष्टा तस्याप्रमेयस्य व्यापिन्यव्याहतात्मिका॥ ७२

तद्रूपं विश्वरूपस्य तस्य योगयुजा नृप।
चिन्त्यमात्मविशुद्ध्यर्थं सर्वकिल्बिषनाशनम्॥ ७३

यथाग्निरुद्धतशिखः कक्षं दहति सानिलः।
तथा चित्तस्थितो विष्णुर्योगिनां सर्वकिल्बिषम्॥ ७४

तस्मात्समस्तशक्तीनामाधारे तत्र चेतसः।
कुर्वीत संस्थितिं सा तु विज्ञेया शुद्धधारणा॥ ७५

शुभाश्रयः स चित्तस्य सर्वगस्याचलात्मनः।
त्रिभावभावनातीतो मुक्तये योगिनो नृप॥ ७६

विष्णुशक्ति परा है, क्षेत्रज्ञ नामक शक्ति अपरा है और कर्म नामकी तीसरी शक्ति अविद्या कहलाती है॥ ६१॥ हे राजन्! इस अविद्या-शक्तिसे आवृत होकर वह सर्वगामिनी क्षेत्रज्ञ-शक्ति सब प्रकारके अति विस्तृत सांसारिक कष्ट भोगा करती है॥ ६२॥ हे भूपाल! अविद्या-शक्तिसे तिरोहित रहनेके कारण ही क्षेत्रज्ञ-शक्ति सम्पूर्ण प्राणियोंमें तारतम्यसे दिखलायी देती है॥ ६३॥ वह सबसे कम जड पदार्थोंमें है, उनसे अधिक वृक्ष-पर्वतादि स्थावरोंमें, स्थावरोंसे अधिक सरीसृपादिमें और उनसे अधिक पक्षियोंमें है॥ ६४॥ पक्षियोंसे मृगोंमें और मृगोंसे पशुओंमें वह शक्ति अधिक है तथा पशुओंकी अपेक्षा मनुष्य भगवान्‌की उस (क्षेत्रज्ञ) शक्तिसे अधिक प्रभावित हैं॥ ६५॥ मनुष्योंसे नाग, गन्धर्व और यक्ष आदि समस्त देवगणोंमें, देवताओंसे इन्द्रमें, इन्द्रसे प्रजापतिमें और प्रजापतिसे हिरण्यगर्भमें उस शक्तिका विशेष प्रकाश है॥ ६६-६७॥ हे राजन्! ये सम्पूर्ण रूप उस परमेश्वरके ही शरीर हैं, क्योंकि ये सब आकाशके समान उनकी शक्तिसे व्याप्त हैं॥ ६८॥

हे महामते! विष्णु नामक ब्रह्मका दूसरा अमूर्त (आकारहीन) रूप है, जिसका योगिजन ध्यान करते हैं और जिसे बुधजन 'सत्' कहकर पुकारते हैं॥ ६९॥ हे नृप! जिसमें कि ये सम्पूर्ण शक्तियाँ प्रतिष्ठित हैं वही भगवान्‌का विश्वरूपसे विलक्षण द्वितीय रूप है॥ ७०॥ हे नरेश! भगवान्‌का वही रूप अपनी लीलासे देव, तिर्यक् और मनुष्यादिकी चेष्टाओंसे युक्त सर्वशक्तिमय रूप धारण करता है॥ ७१॥ इन रूपोंमें अप्रमेय भगवान्‌की जो व्यापक एवं अव्याहत चेष्टा होती है वह संसारके उपकारके लिये ही होती है, कर्मजन्य नहीं होती॥ ७२॥ हे राजन्! योगाभ्यासीको आत्म-शुद्धिके लिये भगवान् विश्वरूपके उस सर्वपापनाशक रूपका ही चिन्तन करना चाहिये॥ ७३॥ जिस प्रकार वायुसहित अग्नि ऊँची ज्वालाओंसे युक्त होकर शुष्क तृणसमूहको जला डालता है उसी प्रकार चित्तमें स्थित हुए भगवान् विष्णु योगियोंके समस्त पाप नष्ट कर देते हैं॥ ७४॥ इसलिये सम्पूर्ण शक्तियोंके आधार भगवान् विष्णुमें चित्तको स्थिर करे, यही शुद्ध धारणा है॥ ७५॥

हे राजन्! तीनों भावनाओंसे अतीत भगवान् विष्णु ही योगिजनोंकी मुक्तिके लिये उनके [स्वतः] चंचल तथा [किसी अनूठे विषयमें] स्थिर रहनेवाले चित्तके शुभ आश्रय हैं॥ ७६॥

अन्ये तु पुरुषव्याघ्र चेतसो ये व्यपाश्रयाः।
अशुद्धास्ते समस्तास्तु देवाद्याः कर्मयोनयः॥ ७७
मूर्त्तं भगवतो रूपं सर्वापाश्रयनिःस्पृहम्।
एषा वै धारणा प्रोक्ता यच्चित्तं तत्र धार्यते॥ ७८
यच्च मूर्त्तं हरे रूपं यादृक्चिन्त्यं नराधिप।
तच्छ्रूयतामनाधारा धारणा नोपपद्यते॥ ७९
प्रसन्नवदनं चारुपद्मपत्रोपमेक्षणम्।
सुकपोलं सुविस्तीर्णललाटफलकोज्ज्वलम्॥ ८०
समकर्णान्तविन्यस्तचारुकुण्डलभूषणम्।
कम्बुग्रीवं सुविस्तीर्णश्रीवत्साङ्किकतवक्षसम्॥ ८१
वलित्रिभङ्गिना मग्ननाभिना ह्युदरेण च।
प्रलम्बाष्टभुजं विष्णुमथवापि चतुर्भुजम्॥ ८२
समस्थितोरुजङ्घं च सुस्थिताङ्घ्रिवराम्बुजम्।
चिन्तयेद्ब्रह्मभूतं तं पीतनिर्मलवाससम्॥ ८३
किरीटहारकेयूरकटकादिविभूषितम् ॥ ८४
शार्ङ्गशङ्खगदाखड्गचक्राक्षवलयान्वितम्।
वरदाभयहस्तं च मुद्रिकारत्नभूषितम्॥ ८५
चिन्तयेत्तन्मयो योगी समाधायात्ममानसम्।
तावद्यावद्दृढीभूता तत्रैव नृप धारणा॥ ८६
व्रजतस्तिष्ठतोऽन्यद्वा स्वेच्छया कर्म कुर्वतः।
नापयाति यदा चित्तात्सिद्धां मन्येत तां तदा॥ ८७
ततः शङ्खगदाचक्रशार्ङ्गादिरहितं बुधः।
चिन्तयेद्भगवद्रूपं प्रशान्तं साक्षसूत्रकम्॥ ८८
सा यदा धारणा तद्वदवस्थानवती ततः।
किरीटकेयूरमुखैर्भूषणै रहितं स्मरेत्॥ ८९
तदेकावयवं देवं चेतसा हि पुनर्बुधः।
कुर्यात्ततोऽवयविनि प्रणिधानपरो भवेत्॥ ९०

हे पुरुषसिंह! इसके अतिरिक्त मनके आश्रयभूत जो अन्य देवता आदि कर्मयोनियाँ हैं, वे सब अशुद्ध हैं॥ ७७॥ भगवान्‌का यह मूर्तरूप चित्तको अन्य आलम्बनोंसे निःस्पृह कर देता है। इस प्रकार चित्तका भगवान्‌में स्थिर करना ही धारणा कहलाती है॥ ७८॥

हे नरेन्द्र! धारणा बिना किसी आधारके नहीं हो सकती; इसलिये भगवान्‌के जिस मूर्तरूपका जिस प्रकार ध्यान करना चाहिये, वह सुनो॥ ७९॥ जो प्रसन्नवदन और कमलदलके समान सुन्दर नेत्रोंवाले हैं, सुन्दर कपोल और विशाल भालसे अत्यन्त सुशोभित हैं तथा अपने सुन्दर कानोंमें मनोहर कुण्डल पहने हुए हैं, जिनकी ग्रीवा शंखके समान और विशाल वक्षःस्थल श्रीवत्सचिह्नसे सुशोभित है, जो तरंगाकार त्रिवली तथा नीची नाभिवाले उदरसे सुशोभित हैं, जिनके लम्बी-लम्बी आठ अथवा चार भुजाएँ हैं तथा जिनके जंघा एवं ऊरु समानभावसे स्थित हैं और मनोहर चरणारविन्द सुघरतासे विराजमान हैं उन निर्मल पीताम्बरधारी ब्रह्मस्वरूप भगवान् विष्णुका चिन्तन करे॥ ८०—८३॥ हे राजन्! किरीट, हार, केयूर और कटक आदि आभूषणोंसे विभूषित, शार्ङ्गधनुष, शंख, गदा, खड्ग, चक्र तथा अक्षमालासे युक्त वरद और अभययुक्त हाथोंवाले* [तथा अँगुलियोंमें धारण की हुई] रत्नमयी मुद्रिकासे शोभायमान भगवान्‌के दिव्य रूपका योगीको अपना चित्त एकाग्र करके तन्मयभावसे तबतक चिन्तन करना चाहिये जबतक यह धारणा दृढ़ न हो जाय॥ ८४—८६॥ जब चलते-फिरते, उठते-बैठते अथवा स्वेच्छानुकूल कोई और कर्म करते हुए भी ध्येय मूर्ति अपने चित्तसे दूर न हो तो इसे सिद्ध हुई माननी चाहिये॥ ८७॥

इसके दृढ़ होनेपर बुद्धिमान् व्यक्ति शंख, चक्र, गदा और शार्ङ्ग आदिसे रहित भगवान्‌के स्फटिकाक्षमाला और यज्ञोपवीतधारी शान्त स्वरूपका चिन्तन करे॥ ८८॥ जब यह धारणा भी पूर्ववत् स्थिर हो जाय तो भगवान्‌के किरीट, केयूरादि आभूषणोंसे रहित रूपका स्मरण करे॥ ८९॥ तदनन्तर विज्ञ पुरुष अपने चित्तमें एक (प्रधान) अवयव-विशिष्ट भगवान्‌का हृदयसे चिन्तन करे और फिर सम्पूर्ण अवयवोंको छोड़कर केवल अवयवीका ध्यान करे॥ ९०॥

* चतुर्भुज-मूर्तिके ध्यानमें चारों हाथोंमें क्रमशः शंख, चक्र, गदा और पद्मकी भावना करे तथा अष्टभुजरूपका ध्यान करते समय छः हाथोंमें तो शार्ङ्ग आदि छः आयुधोंकी भावना करे तथा शेष दोमें पद्म और बाण अथवा वरद और अभय-मुद्राका चिन्तन करे।

तद्रूपप्रत्यया चैका सन्ततिश्चान्यनिःस्पृहा।
तद्ध्यानं प्रथमैरङ्गैः षड्भिर्निष्पाद्यते नृप॥ ९१
तस्यैव कल्पनाहीनं स्वरूपग्रहणं हि यत्।
मनसा ध्याननिष्पाद्यं समाधिः सोऽभिधीयते॥ ९२
विज्ञानं प्रापकं प्राप्ये परे ब्रह्मणि पार्थिव।
प्रापणीयस्तथैवात्मा प्रक्षीणाशेषभावनः॥ ९३
क्षेत्रज्ञः करणी ज्ञानं करणं तस्य तेन तत्।
निष्पाद्य मुक्तिकार्यं वै कृतकृत्यो निवर्तते॥ ९४
तद्भावभावमापन्नस्ततोऽसौ परमात्मना।
भवत्यभेदी भेदश्च तस्याज्ञानकृतो भवेत्॥ ९५
विभेदजनकेऽज्ञाने नाशमात्यन्तिकं गते।
आत्मनो ब्रह्मणो भेदमसन्तं कः करिष्यति॥ ९६
इत्युक्तस्ते मया योगः खाण्डिक्य परिपृच्छतः।
संक्षेपविस्तराभ्यां तु किमन्यत्क्रियतां तव॥ ९७

खाण्डिक्य उवाच

कथिते योगसद्भावे सर्वमेव कृतं मम।
तवोपदेशेनाशेषो नष्टश्चित्तमलो यतः॥ ९८
ममेति यन्मया चोक्तमसदेतन्न चान्यथा।
नरेन्द्र गदितुं शक्यमपि विज्ञेयवेदिभिः॥ ९९
अहं ममेत्यविद्येयं व्यवहारस्तथानयोः।
परमार्थस्त्वसंलापो गोचरे वचसां न यः॥ १००
तद्गच्छ श्रेयसे सर्वं ममैतद्भवता कृतम्।
यद्विमुक्तिप्रदो योगः प्रोक्तः केशिध्वजाव्ययः॥ १०१

श्रीपराशर उवाच

यथार्हं पूजया तेन खाण्डिक्येन स पूजितः।
आजगाम पुरं ब्रह्मंस्ततः केशिध्वजो नृपः॥ १०२
खाण्डिक्योऽपि सुतं कृत्वा राजानं योगसिद्धये।
वनं जगाम गोविन्दे विनिवेशितमानसः॥ १०३
तत्रैकान्तमतिर्भूत्वा यमादिगुणसंयुतः।
विष्ण्वाख्ये निर्मले ब्रह्मण्यवाप नृपतिर्लयम्॥ १०४

हे राजन्! जिसमें परमेश्वरके रूपकी ही प्रतीति होती है, ऐसी जो विषयान्तरकी स्पृहासे रहित एक अनवरत धारा है उसे ही ध्यान कहते हैं; यह अपनेसे पूर्व यम-नियमादि छः अंगोंसे निष्पन्न होता है॥ ९१॥ उस ध्येय पदार्थका ही जो मनके द्वारा ध्यानसे सिद्ध होनेयोग्य कल्पनाहीन (ध्याता, ध्येय और ध्यानके भेदसे रहित) स्वरूप ग्रहण किया जाता है उसे ही समाधि कहते हैं॥ ९२॥ हे राजन्! [समाधिसे होनेवाला भगवत्साक्षात्काररूप] विज्ञान ही प्राप्तव्य परब्रह्मतक पहुँचानेवाला है तथा सम्पूर्ण भावनाओंसे रहित एकमात्र आत्मा ही प्रापणीय (वहाँतक पहुँचनेवाला) है॥ ९३॥ मुक्ति-लाभमें क्षेत्रज्ञ कर्ता है और ज्ञान करण है; [ज्ञानरूपी करणके द्वारा क्षेत्रज्ञके] मुक्तिरूपी कार्यको सिद्ध करके वह विज्ञान कृतकृत्य होकर निवृत्त हो जाता है॥ ९४॥ उस समय यह भगवद्भावसे भरकर परमात्मासे अभिन्न हो जाता है। इसका भेद-ज्ञान तो अज्ञानजन्य ही है॥ ९५॥ भेद उत्पन्न करनेवाले अज्ञानके सर्वथा नष्ट हो जानेपर ब्रह्म और आत्मामें असत् (अविद्यमान) भेद कौन कर सकता है?॥ ९६॥ हे खाण्डिक्य! इस प्रकार तुम्हारे पूछनेके अनुसार मैंने संक्षेप और विस्तारसे योगका वर्णन किया; अब मैं तुम्हारा और क्या कार्य करूँ?॥ ९७॥

खाण्डिक्य बोले—आपने इस महायोगका वर्णन करके मेरा सभी कार्य कर दिया, क्योंकि आपके उपदेशसे मेरे चित्तका सम्पूर्ण मल नष्ट हो गया है॥ ९८॥ हे राजन्! मैंने जो 'मेरा' कहा यह भी असत्य ही है, अन्यथा ज्ञेय वस्तुको जाननेवाले तो यह भी नहीं कह सकते॥ ९९॥ 'मैं' और 'मेरा' ऐसी बुद्धि और इनका व्यवहार भी अविद्या ही है, परमार्थ तो कहने-सुननेकी बात नहीं है क्योंकि वह वाणीका अविषय है॥ १००॥ हे केशिध्वज! आपने इस मुक्तिप्रद योगका वर्णन करके मेरे कल्याणके लिये सब कुछ कर दिया, अब आप सुखपूर्वक पधारिये॥ १०१॥

श्रीपराशरजी बोले—हे ब्रह्मन्! तदनन्तर खाण्डिक्यसे यथोचित पूजित हो राजा केशिध्वज अपने नगरमें चले आये॥ १०२॥ तथा खाण्डिक्य भी अपने पुत्रको राज्य दे* श्रीगोविन्दमें चित्त लगाकर योग सिद्ध करनेके लिये [निर्जन] वनको चले गये॥ १०३॥ वहाँ यमादि गुणोंसे युक्त होकर एकाग्रचित्तसे ध्यान करते हुए राजा खाण्डिक्य विष्णु नामक निर्मल ब्रह्ममें लीन हो गये॥ १०४॥

* यद्यपि खाण्डिक्य उस समय राजा नहीं था; तथापि वनमें जो उसके दुर्ग, मन्त्री और भृत्य आदि थे उन्हींका स्वामी अपने पुत्रको बनाया।

केशिध्वजो विमुक्त्यर्थं स्वकर्मक्षपणोन्मुखः।
बुभुजे विषयान्कर्म चक्रे चानभिसंहितम्॥ १०५

सकल्याणोपभोगैश्च क्षीणपापोऽमलस्तथा।
अवाप सिद्धिमत्यन्तां तापक्षयफलां द्विज॥ १०६

किन्तु केशिध्वज विदेहमुक्तिके लिये अपने कर्मोंको क्षय करते हुए समस्त विषय भोगते रहे। उन्होंने फलकी इच्छा न करके अनेकों शुभ-कर्म किये॥ १०५॥ हे द्विज! इस प्रकार अनेकों कल्याणप्रद भोगोंको भोगते हुए उन्होंने पाप और मल (प्रारब्ध-कर्म) का क्षय हो जानेपर तापत्रयको दूर करनेवाली आत्यन्तिक सिद्धि प्राप्त कर ली॥ १०६॥

इति श्रीविष्णुपुराणे षष्ठेंऽशे सप्तमोऽध्यायः॥ ७॥

आठवाँ अध्याय

शिष्यपरम्परा, माहात्म्य और उपसंहार

श्रीपराशर उवाच

इत्येष कथितः सम्यक् तृतीयः प्रतिसञ्चरः।
आत्यन्तिको विमुक्तिर्या लयो ब्रह्मणि शाश्वते॥ १

सर्गश्च प्रतिसर्गश्च वंशमन्वन्तराणि च।
वंशानुचरितं चैव भवतो गदितं मया॥ २

पुराणं वैष्णवं चैतत्सर्वकिल्बिषनाशनम्।
विशिष्टं सर्वशास्त्रेभ्यः पुरुषार्थोपपादकम्॥ ३

तुभ्यं यथावन्मैत्रेय प्रोक्तं शुश्रूषवेऽव्ययम्।
यदन्यदपि वक्तव्यं तत्पृच्छाद्य वदामि ते॥ ४

श्रीमैत्रेय उवाच

भगवन्कथितं सर्वं यत्पृष्टोऽसि मया मुने।
श्रुतं चैतन्मया भक्त्या नान्यत्प्रष्टव्यमस्ति मे॥ ५

विच्छिन्नाःसर्वसन्देहा वैमल्यं मनसः कृतम्।
त्वत्प्रसादान्मया ज्ञाता उत्पत्तिस्थितिसंक्षयाः॥ ६

ज्ञातश्चतुर्विधो राशिः शक्तिश्च त्रिविधा गुरो।
विज्ञाता सा च कार्त्स्न्येन त्रिविधा भावभावना॥ ७

त्वत्प्रसादान्मया ज्ञातं ज्ञेयमन्यैरलं द्विज।
यदेतदखिलं विष्णोर्जगन्न व्यतिरिच्यते॥ ८

श्रीपराशरजी बोले—हे मैत्रेय! इस प्रकार मैंने तुमसे तीसरे आत्यन्तिक प्रलयका वर्णन किया, जो सनातन ब्रह्ममें लयरूप मोक्ष ही है॥ १॥ मैंने तुमसे संसारकी उत्पत्ति, प्रलय, वंश, मन्वन्तर तथा वंशोंके चरित्रोंका वर्णन किया॥ २॥ हे मैत्रेय! मैंने तुम्हें सुननेके लिये उत्सुक देखकर यह सम्पूर्ण शास्त्रोंमें श्रेष्ठ सर्वपापविनाशक और पुरुषार्थका प्रतिपादक वैष्णवपुराण सुना दिया। अब तुम्हें जो और कुछ पूछना हो पूछो। मैं उसका तुमसे वर्णन करूँगा॥ ३-४॥

श्रीमैत्रेयजी बोले—भगवन्! मैंने आपसे जो कुछ पूछा था वह सभी आप कह चुके और मैंने भी उसे श्रद्धाभक्तिपूर्वक सुना, अब मुझे और कुछ भी पूछना नहीं है॥ ५॥ हे मुने! आपकी कृपासे मेरे समस्त सन्देह निवृत्त हो गये और मेरा चित्त निर्मल हो गया तथा मुझे संसारकी उत्पत्ति, स्थिति और प्रलयका ज्ञान हो गया॥ ६॥ हे गुरो! मैं चार प्रकारकी राशि[1] और तीन प्रकारकी शक्तियाँ[2] जान गया तथा मुझे त्रिविध भाव-भावनाओंका[3] भी सम्यक् बोध हो गया॥ ७॥ हे द्विज! आपकी कृपासे मैं, जो जानना चाहिये वह भली प्रकार जान गया कि यह सम्पूर्ण जगत् श्रीविष्णुभगवान्‌से भिन्न नहीं है, इसलिये अब मुझे अन्य बातोंके जाननेसे कोई लाभ नहीं॥ ८॥

१-देखिये—प्रथम अंश अध्याय २२ श्लोक २३—३३।
२- ,, षष्ठ अंश अध्याय ७ श्लोक ६१—६३।
३- ,, षष्ठ अंश अध्याय ७ श्लोक ४८—५१।

कृतार्थोऽहमसन्देहस्त्वत्प्रसादान्महामुने ।
वर्णधर्मादयो धर्मा विदिता यदशेषतः॥ ९
प्रवृत्तं च निवृत्तं च ज्ञातं कर्म मयाखिलम्।
प्रसीद विप्रप्रवर नान्यत्प्रष्टव्यमस्ति मे॥ १०
यदस्य कथनायासैर्योजितोऽसि मया गुरो।
तत्क्षम्यतां विशेषोऽस्ति न सतां पुत्रशिष्ययोः॥ ११

श्रीपराशर उवाच

एतत्ते यन्मयाख्यातं पुराणं वेदसम्मतम्।
श्रुतेऽस्मिन्सर्वदोषोत्थः पापराशिः प्रणश्यति॥ १२
सर्गश्च प्रतिसर्गश्च वंशमन्वन्तराणि च।
वंशानुचरितं कृत्स्नं मयात्र तव कीर्तितम्॥ १३
अत्र देवास्तथा दैत्या गन्धर्वोरगराक्षसाः।
यक्षविद्याधरास्सिद्धाः कथ्यन्तेऽप्सरसस्तथा॥ १४
मुनयो भावितात्मानः कथ्यन्ते तपसान्विताः।
चातुर्वर्ण्यं तथा पुंसां विशिष्टचरितानि च॥ १५
पुण्याः प्रदेशा मेदिन्याः पुण्या नद्योऽथ सागराः।
पर्वताश्च महापुण्याश्चरितानि च धीमताम्॥ १६
वर्णधर्मादयो धर्मा वेदशास्त्राणि कृत्स्नशः।
येषां संस्मरणात्सद्यः सर्वपापैः प्रमुच्यते॥ १७
उत्पत्तिस्थितिनाशानां हेतुर्यो जगतोऽव्ययः।
स सर्वभूतस्सर्वात्मा कथ्यते भगवान्हरिः॥ १८
अवशेनापि यन्नाम्नि कीर्तिते सर्वपातकैः।
पुमान्विमुच्यते सद्यः सिंहत्रस्तैर्वृकैरिव॥ १९
यन्नामकीर्तनं भक्त्या विलायनमनुत्तमम्।
मैत्रेयाशेषपापानां धातूनामिव पावकः॥ २०
कलिकल्मषमत्युग्रं नरकार्तिप्रदं नृणाम्।
प्रयाति विलयं सद्यः सकृद्यत्र च संस्मृते॥ २१
हिरण्यगर्भदेवेन्द्ररुद्रादित्याश्विवायुभिः ।
पावकैर्वसुभिः साध्यैर्विश्वेदेवादिभिः सुरैः॥ २२
यक्षरक्षोरगैः सिद्धैर्दैत्यगन्धर्वदानवैः।
अप्सरोभिस्तथा तारानक्षत्रैः सकलैर्ग्रहैः॥ २३

हे महामुने! आपके प्रसादसे मैं निस्सन्देह कृतार्थ हो गया क्योंकि मैंने वर्ण-धर्म आदि सम्पूर्ण धर्म और प्रवृत्ति तथा निवृत्तिरूप समस्त कर्म जान लिये। हे विप्रवर! आप प्रसन्न रहें; अब मुझे और कुछ भी पूछना नहीं है॥ ९-१०॥ हे गुरो! मैंने आपको जो इस सम्पूर्ण पुराणके कथन करनेका कष्ट दिया है, उसके लिये आप मुझे क्षमा करें; साधुजनोंकी दृष्टिमें पुत्र और शिष्यमें कोई भेद नहीं होता॥ ११॥

श्रीपराशरजी बोले—हे मुने! मैंने तुमको जो यह वेदसम्मत पुराण सुनाया है इसके श्रवणमात्रसे सम्पूर्ण दोषोंसे उत्पन्न हुआ पापपुंज नष्ट हो जाता है॥ १२॥ इसमें मैंने तुमसे सृष्टिकी उत्पत्ति, प्रलय, वंश, मन्वन्तर और वंशोंके चरित—इन सभीका वर्णन किया है॥ १३॥ इस ग्रन्थमें देवता, दैत्य, गन्धर्व, नाग, राक्षस, यक्ष, विद्याधर, सिद्ध और अप्सरागणका भी वर्णन किया गया है॥ १४॥ आत्माराम और तपोनिष्ठ मुनिजन चातुर्वर्ण्य-विभाग, महापुरुषोंके विशिष्ट चरित, पृथिवीके पवित्र क्षेत्र, पवित्र नदी और समुद्र, अत्यन्त पावन पर्वत, बुद्धिमान् पुरुषोंके चरित, वर्ण-धर्म आदि धर्म तथा वेद और शास्त्रोंका भी इसमें सम्यक्‌रूपसे निरूपण हुआ है, जिनके स्मरणमात्रसे मनुष्य समस्त पापोंसे मुक्त हो जाता है॥ १५—१७॥

जो अव्ययात्मा भगवान् हरि संसारकी उत्पत्ति, स्थिति और प्रलयके एकमात्र कारण हैं उनका भी इसमें कीर्तन किया गया है॥ १८॥ जिनके नामका विवश होकर कीर्तन करनेसे ही मनुष्य सिंहसे डरे हुए गीदड़ोंके समान पापोंसे मुक्त हो जाता है॥ १९॥ हे मैत्रेय! जिनका भक्तिपूर्वक किया हुआ नाम-संकीर्तन सम्पूर्ण धातुओंको पिघलानेवाले अग्निके समान समस्त पापोंका सर्वोत्तम विलयन (लीन कर देनेवाला) है॥ २०॥ जिनका एक बार भी स्मरण करनेसे मनुष्योंको नरक-यातनाएँ देनेवाला अति उग्र कलि-कल्मष तुरन्त नष्ट हो जाता है॥ २१॥ हे द्विजोत्तम! हिरण्यगर्भ, देवेन्द्र, रुद्र, आदित्य, अश्विनीकुमार, वायु, अग्नि, वसु, साध्य और विश्वेदेव आदि देवगण, यक्ष, राक्षस, उरग, सिद्ध, दैत्य, गन्धर्व, दानव, अप्सरा, तारा, नक्षत्र, समस्त ग्रह,

सप्तर्षिभिस्तथा धिष्ण्यैर्धिष्ण्याधिपतिभिस्तथा।
ब्राह्मणाद्यैर्मनुष्यैश्च तथैव पशुभिर्मृगैः॥ २४
सरीसृपैर्विहङ्गैश्च पलाशाद्यैर्महीरुहैः।
वनाग्निसागरसरित्पातालैः सधरादिभिः॥ २५
शब्दादिभिश्च सहितं ब्रह्माण्डमखिलं द्विज।
मेरोरिवाणुर्यस्यैतद्यन्मयं च द्विजोत्तम॥ २६
स सर्वः सर्ववित्सर्वस्वरूपो रूपवर्जितः।
भगवान्कीर्तितो विष्णुरत्र पापप्रणाशनः॥ २७
यदश्वमेधावभृथे स्नातः प्राप्नोति वै फलम्।
मानवस्तदवाप्नोति श्रुत्वैतन्मुनिसत्तम॥ २८
प्रयागे पुष्करे चैव कुरुक्षेत्रे तथार्णवे।
कृतोपवासः प्राप्नोति तदस्य श्रवणान्नरः॥ २९
यदग्निहोत्रे सुहुते वर्षेणाप्नोति मानवः।
महापुण्यफलं विप्र तदस्य श्रवणात्सकृत्॥ ३०
यज्ज्येष्ठशुक्ल द्वादश्यां स्नात्वा वै यमुनाजले।
मथुरायां हरिं दृष्ट्वा प्राप्नोति पुरुषः फलम्॥ ३१
तदाप्नोत्यखिलं सम्यगध्यायं यः शृणोति वै।
पुराणस्यास्य विप्रर्षे केशवार्पितमानसः॥ ३२
यमुनासलिलस्नातः पुरुषो मुनिसत्तम।
ज्येष्ठामूले सिते पक्षे द्वादश्यां समुपोषितः॥ ३३
समभ्यर्च्याच्युतं सम्यङ् मथुरायां समाहितः।
अश्वमेधस्य यज्ञस्य प्राप्नोत्यविकलं फलम्॥ ३४
आलोक्यर्द्धिमथान्येषामुन्नीतानां स्ववंशजैः।
एतत्किलोचुरन्येषां पितरः सपितामहाः॥ ३५
कच्चिदस्मत्कुले जातः कालिन्दीसलिलाप्लुतः।
अर्चयिष्यति गोविन्दं मथुरायामुपोषितः॥ ३६
ज्येष्ठामूले सिते पक्षे येनैवं वयमप्युत।
परामृद्धिमवाप्स्यामस्तारिताः स्वकुलोद्भवैः॥ ३७
ज्येष्ठामूले सिते पक्षे समभ्यर्च्य जनार्दनम्।
धन्यानां कुलजः पिण्डान्यमुनायां प्रदास्यति॥ ३८
तस्मिन्काले समभ्यर्च्य तत्र कृष्णं समाहितः।
दत्त्वा पिण्डं पितृभ्यश्च यमुनासलिलाप्लुतः॥ ३९

सप्तर्षि, लोक, लोकपालगण, ब्राह्मणादि मनुष्य, पशु, मृग, सरीसृप, विहंग, पलाश आदि वृक्ष, वन, अग्नि, समुद्र, नदी, पाताल तथा पृथिवी आदि और शब्दादि विषयोंके सहित यह सम्पूर्ण ब्रह्माण्ड जिनके आगे सुमेरुके सामने एक रेणुके समान है तथा जो इसके उपादान-कारण हैं उन सर्व सर्वज्ञ सर्वस्वरूप रूपरहित और पापनाशक भगवान् विष्णुका इसमें कीर्तन किया गया है॥ २२—२७॥

हे मुनिसत्तम! अश्वमेध-यज्ञमें अवभृथ (यज्ञान्त) स्नान करनेसे जो फल मिलता है वही फल मनुष्य इसको सुनकर प्राप्त कर लेता है॥ २८॥ प्रयाग, पुष्कर, कुरुक्षेत्र तथा समुद्रतटपर रहकर उपवास करनेसे जो फल मिलता है वही इस पुराणको सुननेसे प्राप्त हो जाता है॥ २९॥ एक वर्षतक नियमानुसार अग्निहोत्र करनेसे मनुष्यको जो महान् पुण्यफल मिलता है वही इसे एक बार सुननेसे हो जाता है॥ ३०॥ ज्येष्ठ शुक्ला द्वादशीके दिन मथुरापुरीमें यमुना-स्नान करके कृष्णचन्द्रका दर्शन करनेसे जो फल मिलता है हे विप्रर्षे! वही भगवान् कृष्णमें चित्त लगाकर इस पुराणके एक अध्यायको सावधानतापूर्वक सुननेसे मिल जाता है॥ ३१-३२॥

हे मुनिश्रेष्ठ! ज्येष्ठ मासके शुक्लपक्षकी द्वादशीको मथुरापुरीमें उपवास करते हुए यमुना-स्नान करके समाहितचित्तसे श्रीअच्युतका भलीप्रकार पूजन करनेसे मनुष्यको अश्वमेध-यज्ञका सम्पूर्ण फल मिलता है॥ ३३-३४॥ कहते हैं अपने वंशजोंद्वारा [यमुनातटपर पिण्डदान करनेसे] उन्नति लाभ किये हुए अन्य पितरोंकी समृद्धि देखकर दूसरे लोगोंके पितृ-पितामहोंने [अपने वंशजोंको लक्ष्य करके] इस प्रकार कहा था—॥ ३५॥ क्या हमारे कुलमें उत्पन्न हुआ कोई पुरुष ज्येष्ठ-मासके शुक्ल पक्षमें [द्वादशी तिथिको] मथुरामें उपवास करते हुए यमुनाजलमें स्नान करके श्रीगोविन्दका पूजन करेगा, जिससे हम भी अपने वंशजोंद्वारा उद्धार पाकर ऐसा परम ऐश्वर्य प्राप्त कर सकेंगे? जो बड़े भाग्यवान् होते हैं उन्हींके वंशधर ज्येष्ठमासीय शुक्लपक्षमें भगवान्का अर्चन करके यमुनामें पितृगणको पिण्डदान करते हैं॥ ३६—३८॥ उस समय यमुनाजलमें स्नान करके सावधानतापूर्वक भलीप्रकार भगवान्का पूजन

यदाप्नोति नरः पुण्यं तारयन्स्वपितामहान्।
श्रुत्वाध्यायं तदाप्नोति पुराणस्यास्य भक्तितः॥ ४०
एतत्संसारभीरूणां परित्राणमनुत्तमम्।
श्राव्याणां परमं श्राव्यं पवित्राणामनुत्तमम्॥ ४१
दुःस्वप्ननाशनं नृणां सर्वदुष्टनिबर्हणम्।
मङ्गलं मङ्गलानां च पुत्रसम्पत्प्रदायकम्॥ ४२
इदमार्षं पुरा प्राह ऋभवे कमलोद्भवः।
ऋभुः प्रियव्रतायाह स च भागुरयेऽब्रवीत्॥ ४३
भागुरिः स्तम्भमित्राय दधीचाय स चोक्तवान्।
सारस्वताय तेनोक्तं भृगुस्सारस्वतेन च॥ ४४
भृगुणा पुरुकुत्साय नर्मदायै स चोक्तवान्।
नर्मदा धृतराष्ट्राय नागायापूरणाय* च॥ ४५
ताभ्यां च नागराजाय प्रोक्तं वासुकये द्विज।
वासुकिः प्राह वत्साय वत्सश्चाश्वतराय वै॥ ४६
कम्बलाय च तेनोक्तमेलापुत्राय तेन वै॥ ४७
पातालं समनुप्राप्तस्ततो वेदशिरा मुनिः।
प्राप्तवानेतदखिलं स च प्रमतये ददौ॥ ४८
दत्तं प्रमतिना चैतज्जातुकर्णाय धीमते।
जातुकर्णेन चैवोक्तमन्येषां पुण्यकर्मणाम्॥ ४९
पुलस्त्यवरदानेन ममाप्येतत्स्मृतिं गतम्।
मयापि तुभ्यं मैत्रेय यथावत्कथितं त्विदम्॥ ५०
त्वमप्येतच्छिनीकाय कलेरन्ते वदिष्यसि॥ ५१
इत्येतत्परमं गुह्यं कलिकल्मषनाशनम्।
यः शृणोति नरो भक्त्या सर्वपापैः प्रमुच्यते॥ ५२
समस्ततीर्थस्नानानि समस्तामरसंस्तुतिः।
कृता तेन भवेदेतद्यः शृणोति दिने दिने॥ ५३
कपिलादानजनितं पुण्यमत्यन्तदुर्लभम्।
श्रुत्वैतस्य दशाध्यायानवाप्नोति न संशयः॥ ५४
यस्त्वेतत्सकलं शृणोति पुरुषः
कृत्वा मनस्यच्युतं

करनेसे और पितृगणको पिण्ड देनेसे अपने पितामहोंको तारता हुआ पुरुष जिस पुण्यका भागी होता है वही पुण्य भक्तिपूर्वक इस पुराणका एक अध्याय सुननेसे प्राप्त हो जाता है।॥ ३९-४०॥ यह पुराण संसारसे भयभीत हुए पुरुषोंका अति उत्तम रक्षक, अत्यन्त श्रवणयोग्य तथा पवित्रोंमें परम उत्तम है॥ ४१॥ यह मनुष्योंके दुःस्वप्नोंको नष्ट करनेवाला, सम्पूर्ण दोषोंको दूर करनेवाला, मांगलिक वस्तुओंमें परम मांगलिक और सन्तान तथा सम्पत्तिका देनेवाला है॥ ४२॥

इस आर्षपुराणको सबसे पहले भगवान् ब्रह्माजीने ऋभुको सुनाया था। ऋभुने प्रियव्रतको सुनाया और प्रियव्रतने भागुरिसे कहा॥ ४३॥ फिर इसे भागुरिने स्तम्भमित्रको, स्तम्भमित्रने दधीचिको, दधीचिने सारस्वतको और सारस्वतने भृगुको सुनाया॥ ४४॥ तथा भृगुने पुरुकुत्ससे, पुरुकुत्सने नर्मदासे और नर्मदाने धृतराष्ट्र एवं पूरणनागसे कहा॥ ४५॥ हे द्विज! इन दोनोंने यह पुराण नागराज वासुकिको सुनाया। वासुकिने वत्सको, वत्सने अश्वतरको, अश्वतरने कम्बलको और कम्बलने एलापुत्रको सुनाया॥ ४६-४७॥ इसी समय मुनिवर वेदशिरा पाताललोकमें पहुँचे, उन्होंने यह समस्त पुराण प्राप्त किया और फिर प्रमतिको सुनाया॥ ४८॥ प्रमतिने उसे परम बुद्धिमान् जातुकर्णको दिया तथा जातुकर्णने अन्यान्य पुण्यशील महात्माओंको सुनाया॥ ४९॥

[पूर्व-जन्ममें सारस्वतके मुखसे सुना हुआ यह पुराण] पुलस्त्यजीके वरदानसे मुझे भी स्मरण रह गया। सो मैंने ज्यों-का-त्यों तुम्हें सुना दिया। अब तुम भी कलियुगके अन्तमें इसे शिनीकको सुनाओगे॥ ५०-५१॥

जो पुरुष इस अति गुह्य और कलि-कल्मष-नाशक पुराणको भक्तिपूर्वक सुनता है वह सब पापोंसे मुक्त हो जाता है॥ ५२॥ जो मनुष्य इसका प्रतिदिन श्रवण करता है उसने तो मानो सभी तीर्थोंमें स्नान कर लिया और सभी देवताओंकी स्तुति कर ली॥ ५३॥ इसके दस अध्यायोंका श्रवण करनेसे निःसन्देह कपिला गौके दानका अति दुर्लभ पुण्य-फल प्राप्त होता है॥ ५४॥

* नागाया (आर्ष दीर्घ)।

सर्वं सर्वमयं समस्तजगता-
माधारमात्माश्रयम् ।
ज्ञानज्ञेयमनादिमन्तरहितं
सर्वामराणां हितं
स प्राप्नोति न संशयोऽस्त्यविकलं
यद्वाजिमेधे फलम् ॥ ५५
यत्रादौ भगवांश्चराचरगुरु-
र्मध्ये तथान्ते च सः
ब्रह्मज्ञानमयोऽच्युतोऽखिलजग-
न्मध्यान्तसर्गप्रभुः ।
तत्सर्वं पुरुषः पवित्रममलं
शृण्वन्पठन्वाचय-
न्प्राप्नोत्यस्ति न तत्फलं त्रिभुवने-
ष्वेकान्तसिद्धिर्हरिः ॥ ५६
यस्मिन्न्यस्तमतिर्न याति नरकं
स्वर्गोऽपि यच्चिन्तने
विघ्नो यत्र निवेशितात्ममनसो
ब्राह्मोऽपि लोकोऽल्पकः ।
मुक्तिं चेतसि यः स्थितोऽमलधियां
पुंसां ददात्यव्ययः
किं चित्रं यदघं प्रयाति विलयं
तत्राच्युते कीर्तिते ॥ ५७
यज्ञैर्यज्ञविदो यजन्ति सततं
यज्ञेश्वरं कर्मिणो
यं वै ब्रह्ममयं परावरमयं
ध्यायन्ति च ज्ञानिनः ।
यं सञ्चिन्त्य न जायते न म्रियते
नो वर्द्धते हीयते
नैवासन्न च सद्भवत्यति ततः
किं वा हरेः श्रूयताम् ॥ ५८
कव्यं यः पितृरूपधृग्विधिहुतं
हव्यं च भुङ्क्ते विभु-
र्देवत्वे भगवाननादिनिधनः
स्वाहास्वधासंज्ञिते ।

जो पुरुष सम्पूर्ण जगत्के आधार, आत्माके अवलम्ब, सर्वस्वरूप, सर्वमय ज्ञान और ज्ञेयरूप आदि-अन्तरहित तथा समस्त देवताओंके हितकारक श्रीविष्णुभगवान्का चित्तमें ध्यान कर इस सम्पूर्ण पुराणको सुनता है उसे निःसन्देह अश्वमेध-यज्ञका समग्र फल प्राप्त होता है ॥ ५५ ॥

जिसके आदि, मध्य और अन्तमें अखिल जगत्की सृष्टि, स्थिति तथा संहारमें समर्थ ब्रह्मज्ञानमय चराचरगुरु भगवान् अच्युतका ही कीर्तन हुआ है उस परम श्रेष्ठ और अमल पुराणको सुनने, पढ़ने और धारण करनेसे जो फल प्राप्त होता है वह सम्पूर्ण त्रिलोकीमें और कहीं प्राप्त नहीं हो सकता, क्योंकि एकान्त मुक्तिरूप सिद्धिको देनेवाले भगवान् विष्णु ही इसके प्राप्तव्य फल हैं ॥ ५६ ॥

जिनमें चित्त लगानेवाला कभी नरकमें नहीं जा सकता, जिनके स्मरणमें स्वर्ग भी विघ्नरूप है, जिनमें चित्त लग जानेपर ब्रह्मलोक भी अति तुच्छ प्रतीत होता है तथा जो अव्यय प्रभु निर्मलचित्त पुरुषोंके हृदयमें स्थित होकर उन्हें मोक्ष देते हैं उन्हीं अच्युतका कीर्तन करनेसे यदि पाप विलीन हो जाते हैं तो इसमें आश्चर्य ही क्या है? ॥ ५७ ॥ यज्ञवेत्ता कर्मनिष्ठ लोग यज्ञोंद्वारा जिनका यज्ञेश्वररूपसे यजन करते हैं, ज्ञानीजन जिनका परावरमय ब्रह्मस्वरूपसे ध्यान करते हैं, जिनका स्मरण करनेसे पुरुष न जन्मता है, न मरता है, न बढ़ता है और न क्षीण ही होता है तथा जो न सत् (कारण) हैं और न असत् (कार्य) ही हैं उन श्रीहरिके अतिरिक्त और क्या सुना जाय? ॥ ५८ ॥ जो अनादिनिधन भगवान् विभु पितृरूप धारणकर स्वधासंज्ञक कव्यको और देवता होकर अग्निमें विधिपूर्वक हवन किये हुए स्वाहा नामक हव्यको ग्रहण करते हैं तथा जिन समस्त शक्तियोंके आश्रयभूत भगवान्के विषयमें बड़े-बड़े

यस्मिन्ब्रह्मणि सर्वशक्तिनिलये
मानानि नो मानिनां
निष्ठायै प्रभवन्ति हन्ति कलुषं
श्रोत्रं स यातो हरिः॥ ५९

नान्तोऽस्ति यस्य न च यस्य समुद्भवोऽस्ति
वृद्धिर्न यस्य परिणामविवर्जितस्य।
नापक्षयं च समुपैत्यविकारि वस्तु
यस्तं नतोऽस्मि पुरुषोत्तममीशमीड्यम्॥ ६०

तस्यैव योऽनु गुणभुग्बहुधैक एव
शुद्धोऽप्यशुद्ध इव भाति हि मूर्तिभेदैः।
ज्ञानान्वितः सकलसत्त्वविभूतिकर्ता
तस्मै नमोऽस्तु पुरुषाय सदाव्ययाय॥ ६१

ज्ञानप्रवृत्तिनियमैक्यमयाय पुंसो
भोगप्रदानपटवे त्रिगुणात्मकाय।
अव्याकृताय भवभावनकारणाय
वन्दे स्वरूपभवनाय सदाजराय॥ ६२

व्योमानिलाग्निजलभूरचनामयाय
शब्दादिभोग्यविषयोपनयक्षमाय।
पुंसः समस्तकरणैरुपकारकाय
व्यक्ताय सूक्ष्मबृहदात्मवते नतोऽस्मि॥ ६३

इति विविधमजस्य यस्य रूपं
प्रकृतिपरात्ममयं सनातनस्य।
प्रदिशतु भगवानशेषपुंसां
हरिरपजन्मजरादिकां स सिद्धिम्॥ ६४

प्रमाणकुशल पुरुषोंके प्रमाण भी इयत्ता करनेमें समर्थ नहीं होते वे श्रीहरि श्रवण-पथमें जाते ही समस्त पापोंको नष्ट कर देते हैं॥ ५९॥

जिन परिणामहीन प्रभुका आदि, अन्त, वृद्धि और क्षय कुछ भी नहीं होता, जो नित्य निर्विकार पदार्थ हैं उन स्तवनीय प्रभु पुरुषोत्तमको मैं नमस्कार करता हूँ॥ ६०॥ जो उन्हींके समान गुणोंको भोगनेवाला है, एक होकर भी अनेक रूप है तथा शुद्ध होकर भी विभिन्न रूपोंके कारण अशुद्ध-(विकारवान्)-सा प्रतीत होता है और जो ज्ञानस्वरूप एवं समस्त भूत तथा विभूतियोंका कर्ता है उस नित्य अव्यय पुरुषको नमस्कार है॥ ६१॥ जो ज्ञान (सत्त्व), प्रवृत्ति (रज) और नियमन (तम)-की एकतारूप है, पुरुषको भोग प्रदान करनेमें कुशल है, त्रिगुणात्मक तथा अव्याकृत है, संसारकी उत्पत्तिका कारण है, उस स्वतःसिद्ध तथा जराशून्य प्रभुको सर्वदा नमस्कार करता हूँ॥ ६२॥ जो आकाश, वायु, अग्नि, जल और पृथिवीरूप है, शब्दादि भोग्य विषयोंकी प्राप्ति करानेमें समर्थ है और पुरुषका उसकी समस्त इन्द्रियोंद्वारा उपकार करता है उस सूक्ष्म और विराट्‌रूप व्यक्त परमात्माको नमस्कार करता हूँ॥ ६३॥

इस प्रकार जिन नित्य सनातन परमात्माके प्रकृति-पुरुषमय ऐसे अनेक रूप हैं वे भगवान् हरि समस्त पुरुषोंको जन्म और जरा आदिसे रहित (मुक्तिरूप) सिद्धि प्रदान करें॥ ६४॥

इति श्रीविष्णुपुराणे षष्ठेंऽशे अष्टमोऽध्यायः॥ ८॥

इति श्रीपराशरमुनिविरचिते श्रीविष्णुपरत्वनिर्णायके श्रीमति
विष्णुमहापुराणे षष्ठोंऽशः समाप्तः।

इति श्रीविष्णुमहापुराणं सम्पूर्णम्
॥ श्रीविष्णवर्पणमस्तु॥

समाप्त

॥ श्रीहरिः ॥

श्रीविष्णुपुराणान्तर्गतश्लोकानामकारादिक्रमेणानुक्रमः